DICIO NÁRIO LATIM — PORTUGUÊS

TERMOS E EXPRESSÕES

O livro é a porta que se abre para a realização do homem.

Jair Lot Vieira

SUPERVISÃO EDITORIAL
JAIR LOT VIEIRA

DICIONÁRIO LATIM — PORTUGUÊS

TERMOS E EXPRESSÕES

REVISÃO TÉCNICA
ALEXANDRE HASEGAWA

Professor do Departamento de Letras Clássicas e Vernáculas da Faculdade de Filosofia, Letras e Ciências Humanas da Universidade de São Paulo (FFLCH/USP). Doutor em Letras Clássicas pela USP. Coordenador do VerVe (Verbum Vertere), grupo de pesquisa sobre poética e tradução de textos latinos e gregos.

edipro

Grafia conforme o novo Acordo Ortográfico da Língua Portuguesa.

1ª edição, 2ª reimpressão 2023.

Editores: Jair Lot Vieira e Maíra Lot Vieira Micales
Coordenação editorial: Fernanda Godoy Tarcinalli
Produção gráfica editorial: Alexandre Rudyard Benevides
Revisão técnica: Alexandre Hasegawa
Revisão: Beatriz Rodrigues de Lima
Arte de capa: Paulo Damasceno

Dados Internacionais de Catalogação na Publicação (CIP)
(Câmara Brasileira do Livro, SP, Brasil)

Dicionário latim-português : termos e expressões / supervisão editorial Jair Lot Vieira – São Paulo : Edipro, 2016.

ISBN 978-85-7283-977-8

1. Latim – Dicionários – Português I. Vieira, Jair Lot.

16-02347 CDD-475.03

Índice para catálogo sistemático:
1. Latim-português : Dicionários : 475.03

edipro

São Paulo: (11) 3107-7050 • Bauru: (14) 3234-4121
www.edipro.com.br • edipro@edipro.com.br
@editoraedipro @editoraedipro

ABREVIATURAS

abl.	•	ablativo
ac.	•	acusativo
adj.	•	adjetivo
adv.	•	advérbio
arc.	•	arcaico
comp.	•	comparativo
dat.	•	dativo
decl.	•	declinável
defect.	•	defectivo
dem.	•	demonstrativo
desus.	•	desusado
dim.	•	diminutivo
distr.	•	distributivo
gen.	•	genitivo
ger.	•	gerúndio
gerund.	•	gerundivo
imp.	•	imperativo
indecl.	•	indeclinável
inf.	•	infinitivo
inter.	•	interrogativo
interj.	•	interjeição
irreg.	•	irregular
loc.adv.	•	locução adverbial
n.	•	neutro
nom.	•	nominativo
num.	•	numeral
num.card.	•	numeral cardinal
num.distr.	•	numeral distributivo
num.ord.	•	numeral ordinal
o.m.q.	•	o mesmo que
part.p.	•	particípio passado
part.pres.	•	particípio presente
partic.enclit.	•	partícula enclítica

pass.	passivo
pl.	plural
poss.	possessivo
prep.	preposição
pron.	pronome
pron. demonst.	pronome demonstrativo
pron. indef.	pronome indefinido
pron. inter.	pronome interrogativo
pron.pess.	pronome pessoal
pron.poss.	pronome possessivo
pron.refl.	pronome reflexivo
rel.	relativo
s.	substantivo
s.f.	substantivo feminino
s.m.	substantivo masculino
s.m.f.	substantivo masculino e feminino
s.n.	substantivo neutro
sin.	sinônimo
sing.	singular
subj.	subjuntivo
suf.	sufixo
suf.pron.	sufixo pronominal
superl.	superlativo
v.defect.	verbo defectivo
v.dep.	verbo depoente
v.imp.	verbo impessoal
v.incoat.	verbo incoativo
v.int.	verbo intransitivo
v.int./t.	verbo intransitivo e transitivo
v.int./t.dep.	verbo intransitivo e transitivo depoente
v.int.dep.	verbo intransitivo depoente
v.int.unip.	verbo intransitivo unipessoal
v.t.	verbo transitivo
v.t./int.	verbo transitivo e intransitivo
v.unip.	verbo unipessoal
voc.	vocativo

A

a, ab, abs: *prep.abl.* – de, fora de, desde, da parte de, por, a favor de.
a, ah: *interj.* – ah.
ab abrupto: bruscamente, de repente.
ab absurdo: por absurdo – raciocinando, ou argumentando, com o obsurdo.
ab accusatione desistere: desistir de uma acusação.
ab actis: dos efeitos, dos autos, que pertence aos autos.
abactor, -oris: *s.m.* – ladrão de animais ou gado.
abactus, -a, -um: *part.* – tirado por violência.
abacus, -i: *s.m.* – mesa, aparador, cofre, gaveta, tabuleiro de jogo, ábaco.
ab aeterno: desde a eternidade.
ab aeterno tempore: desde a eternidade, desde os tempos imemoriais, desde sempre.
abalienatio, -onis: *s.f.* – cessão, transmissão de propriedade por cessão.
abalieno, -as, -avi, -atum, -are: *v.t.* – alienar, vender, ceder, passar uma propriedade a alguém, afastar, separar, rejeitar.
ab aliquo: de alguém.
ab alto: por alto, superficialmente.
abannatio, -onis: *s.f.* – o banimento, forçado ou voluntário, durante um ano.
ab ante: antes, por antecipação.
ab antecedente: de antemão.
ab antiquo: desde há muito tempo, desde os tempos antigos.
abarceo, -es, -ui, -ere: *v.t.* – apartar, proibir.
ab asino lanam quaeris: procuras lã em burro.
abavus, -i: *s.m.* – trisavô; *pl.* – avós, avoengos.
abba: *indecl.m.* – pai.
abbatissa, -ae: *s.f.* – abadessa.
abbreviatus, -a, -um: *part.p.* – abreviado, resumido.
abdicatio, -onis: *s.f.* – renúncia, abdicação.
abdicatio tutelae: renúncia à tutela.
abdicatus, -a, -um: *part.p.* – privado, deserdado, rejeitado, renunciado.
abdico, -as, -avi, -atum, -are: *v.t.* – abdicar, renunciar a, demitir-se de, rejeitar, repelir, recusar, desaprovar.
abditae causae: causas desconhecidas.
abdita mentis: os segredos da mente.
abdite: *adv.* – ocultamente, secretamente, às escondidas.
abditum, -i: *s.n.* – lugar oculto, solitário.
abditus, -a, -um: *part.p.* – escondido, oculto, afastado.
abdo, -is, -didi, -ditum, -ere: *v.t.* – ocultar, esconder, encobrir.
abdomen, -inis: *s.n.* – ventre, barriga, glutoneria, intemperança.
abduco, -is, -xi, -ctum, -ere: *v.t.* – afastar, tirar de, levar, desviar, separar, furtar.
abductor, -oris: *s.m.* – sedutor, enganador.
abductus, -a, -um: *part.p.* – levado com violência, apartado.
abedo, -is ou **abes, -edi, -esum, -ere** ou **-esse**: *v.t.* – comer, consumir.
abeo, -is, -ivi ou **-ii, -itum, -ire**: *v.int.* – ir-se embora, retirar-se, separar-se, demitir-se de, desistir de.
ab epistolis: das cartas – título de alguns funcionários da chancelaria romana.
abequito, -as, -avi, -atum, -are: *v.int.* – fugir a cavalo.
aberrare a scopo: errar o alvo.
aberratio, -onis: *s.f.* – desvio, distração, alívio.
aberratio criminis: erro do crime, desvio do crime.
aberratio delicti: desvio do delito – erro por parte do criminoso quanto à pessoa da vítima.
aberratio finis legis: afastamento da finalidade da lei.
aberratio ictus: erro de alvo, erro do golpe, desvio do alvo – ocorre quando o agente não atinge a pessoa visada, mas, acidentalmente, uma terceira – é o erro de alvo.
aberratio personae: erro de pessoa (o agente atinge pessoa diversa da que pretendia atingir).
aberratio rei: erro de coisa.
aberro, -as, -avi, -atum, -ere: *v.int.* – afastar-se, desviar-se, sair do caminho.
ab exordio mundi: desde o começo do mundo, desde a criação do mundo.
ab exordio vitae: desde o começo da vida.
ab extra: de fora, vindo de fora.

A

ab extrinseco: (vindo) de fora.
abfuturus, -a, -um: *part.* – que faltará, que estará ausente.
abgrego, -as, -avi, -atum, -are: *v.t.* – escolher, separar do rebanho, segregar.
abhinc: *adv.* – desde, até hoje, de agora em diante.
ab hoc et ab hac: deste e desta – a torto e a direito, desordenadamente.
ab hodierno die: a partir de hoje.
abhorrens, -entis: *part.pres.* – que aborrece, que não combina com, alheio a, intempestivo, fora de propósito.
abhorreo, -es, -ui, -ere: *v.int.* e, às vezes, *t.* – ter horror a, ter repugnância a, não querer saber de, não concordar com.
abhortor, -aris, -atus, -ari: *v.t.* – desviar, dissuadir, desaconselhar.
abi ad corvos!: vai para os corvos!, que o diabo te carregue!
abiectio, -onis: *s.f.* – abatimento, desânimo.
abiectus, -a, -um: *part.p.* – lançado fora, ordinário, rasteiro, abjeto, desanimado.
abiegnus, -a, -um: *adj.* – de abeto ou pinho.
abies, -etis: *s.f.* – abeto (espécie de pinho).
abigens, -entis: *part.pres.* – que furta, aparta.
ab igne ignem: do fogo só se tira fogo.
abigo, -is, -egi, -actum, -ere: *v.t.* – afastar, enxotar, expelir, repudiar.
abi in malam crucem: vai para o inferno.
abi in malam rem!: que a má sorte te alcance!, que o diabo te carregue!
abiit tempus: o tempo passou.
ab illa die: a partir daquele dia.
ab imis fundamentis: desde os mais profundos alicerces.
ab immemorabili: desde tempo imemorial.
ab imo corde: do fundo do coração, com sinceridade, com toda a franqueza.
ab imo pectore: do íntimo do peito [*o.m.q.* **ab imo corde**: do fundo do coração].
ab incepto: desde o começo.
ab incunabulis: desde o berço, desde a infância, desde o princípio, desde a origem.
ab initio: desde o início [*o.m.q.* **ab ovo** e **ab origine**: desde o começo].
ab initio ad finem: do início ao fim.
ab initio validi, post invalidi: a princípio, válidos, depois, inválidos.
ab instantia: de instância.
ab integro: não alterado, inteiramente, fielmente.
ab intestato: sem testamento.
ab intra: (vindo) de dentro.
ab intrinseco: (vindo) do interior, (vindo) de dentro, internamente.
ab ipso lare: da própria casa, da própria origem.
ab ira: de raiva.
ab iracundo cave: toma cuidado com o homem irado.
ab irato: de uma pessoa irada.
abitus, -us: *s.m.* – partida, ida, saída.
abiudico, -as, -avi, -atum, -are: *v.t.* – tirar por sentença, tirar, furtar, renunciar a.
abiungo, -is, -iunxi, -iunctum, -ere: *v.t.* – desatrelar, separar.
abiuro, -as, -avi, -atum, -are: *v.t.* – negar com juramento falso.
abjecte: *adv.* – vilmente, baixamente, com vileza.
abjectio, -onis: *s.f.* – a vileza, a baixeza, o abatimento.
abjestus, -a, -um: *adj.* – vil, baixo, desprezível, rejeitado.
abjicio, -is, -ieci, -iectum, -icere: *v.t.* – atirar para longe, despedir, derribar, abater, renunciar a, rejeitar.
abjungens, -entis: *adj.* – que separa, aparta.
abjungo, -is, -xi, -ctum, -ere: *v.t.* – desunir, separar, apartar.
abjuro, -as, -avi, -atum, -are: *v.t.* – negar a verdade com juramento.
ablacto, -as, -avi, -are: *v.t.* – desmamar.
ablatus, -a, -um: *part.p.* – tirado, levado, apartado.
ablegatio, -onis: *s.f.* – ação de fazer partir, de separar.
ablego, -as, -avi, -atum, -are: *v.t.* – enviar para outro lugar, afastar, apartar.
ablevo, -as, -avi, -atum, -are: *v.t.* – diminuir, reduzir o peso.
ablienatus, -a, -um: *adj.* – alienado, separado.
abloco, -as, -avi, -atum, -are: *v.t.* – alugar, arrendar.
abludo, -is, -usi, -usum, -ere: *v.int.* – não estar de acordo com, ser diferente de.
abluis Aethiopem frustra: lavas o etíope (o negro) em vão – queres o impossível.
abluit manus manum: uma mão lava a outra.
abluo, -is, -ui, -utum, -ere: *v.t.* – tirar lavando, lavar, enxugar, estancar (a sede).
ablutio, -onis: *s.f.* – ablução, ação de lavar.
abluvium, -ii: *s.n.* – o dilúvio, a inundação universal.
abneco, -as, -avi, -atum, -are: *v.t.* – matar.

abnego, -as, -avi, -atum, -are: *v.t.* – negar, recusar.

abnepos, -otis: *s.m.* – trineto.

abneptis, -is: *s.f.* – trineta.

abnocto, -as, -are: *v.int.* – passar a noite fora de casa.

abnormis, -e: *adj.* – que não está de acordo com as normas, sem regras.

abnuo, -is, -ui, -utum, -ere: *v.t./int.* – fazer sinal que não, recusar acenando, não consentir.

ab officio decedere: faltar à obrigação, não cumprir o dever.

ab officio et beneficio: (suspenso) de sua função e benefícios.

aboleo, -es, -evi ou **-ui, -olitum, -olere**: *v.t.* – abolir, destruir, apagar, enfraquecer, lavar, purificar.

abolesco, -is, -evi, -ere: *v.int.* – ir-se destruindo, extinguir-se aos poucos, apagar-se.

abolitio, -onis: *s.f.* – abolição, destruição, anistia.

abolitio criminis: absolvição do crime.

abolitus, -a, -um: *part.p.* – apagado, riscado, extinto, anulado.

abominandus, -a, -um: *ger.* – que se deve aborrecer, abominável.

abominatus, -a, -um: *part.p.* – que abominou, que foi abominado.

abominor, -aris, -atus sum, -ari: *v.t.dep.* – abominar, aborrecer, detestar.

ab omni munere immunis: isento de todo imposto.

ab omni parte: sob todos os aspectos.

a bonis ad meliora: do bom para o melhor.

a bonis bona disce: aprende coisas boas com os bons.

ab ore ad aurem: da boca ao ouvido, reservadamente, em segredo.

ab ore usque ad os: de uma extremidade à outra.

aborigenes, -um: *s.m.* – aborígenes, habitantes primitivos.

ab origine: desde a origem [*o.m.q.* **ab initio** e **ab ovo**: desde o princípio].

ab origine mundi: desde a criação do mundo.

aborior, -eris [-iris é forma arcaica], -ortus sum, -iri: *v.int.dep.* – morrer, perecer, extinguir-se.

abortio, onis: *s.f.* – aborto,

abortivus, -a, -um: *adj.* – nascido antes do tempo.

aborto, -as, -avi, -atum, -are: *v.t.* – abortar.

ab ovo (usque) ad mala: do ovo até as maçãs (falando das antigas refeições romanas), do princípio ao fim, da sopa à sobremesa.

ab pace mea: com minha permissão.

abrado, -is, -si, sum, -dere: *v.t.* – raspar, tirar, apagar.

ab re: contra toda razão, contrariamente a seus interesses, fora de propósito.

ab re esse: estar fora de propósito.

ab reo dicere: falar em favor do réu.

abripio, -is, -ui, -eptum, -ere: *v.t.* – arrebatar, arrastar, arrancar, levar à força, desviar.

abrogatio, -onis: *s.f.* – abrogação, suspensão de uma lei por intermédio de outra, anulação.

abrogo, -as, -avi, -atum, -are: *v.t.* – abrogar (uma lei), revogar, anular, tomar, tirar.

abrumpo, -is, -upi, -uptum, -ere: *v.t.* – quebrar, despedaçar, interromper, separar, destruir, violar.

abrupte: *adv.* – abruptamente, precipitadamente.

abruptio, -onis: *s.f.* – rompimento, ruptura, divórcio.

abruptum: *s.m.* – precipício, abismo, perdição, desgraça.

abruptus, -a, -um: *part.p.* e *adj.* – separado, quebrado, rasgado, arrebatado, precipitado; íngreme, inacessível, intratável.

abs: *prep.abl.* – de, por.

abscedo, -is, -cessi, -cessum, -cedere: *v.int.* – afastar-se, retirar-se, renunciar a, cessar, desaparecer.

abscessio, -onis: *s.f.* – afastamento, retirada, separação.

abscessus, -us: *s.m.* – partida, retirada, ausência.

abscido, -is, -idi, -isum, -idere: *v.t.* – cortar com instrumento, separar.

abscindo, -is, -idi, -issum, -indere: *v.t.* – separar, arrancar, rasgar, interromper, impedir.

abscise: *adv.* – concisamente, de modo conciso, brevemente.

abscissus, -a, -um: *part.p.* – separado, arrancado, dividido.

abscisus, -a, -um: *part.p.* – cortado, truncado.

abscondo, -is, -ondi, -onditum, -ondere: *v.t.* – esconder, ocultar, cobrir.

abscondite: *adv.* – ocultamente, secretamente, obscuramente.

absconditum mentis: o escondido da mente.

A

absconditus, -a, -um: *part.p.* – oculto, secreto, misterioso.
absens, -entis: *part.pres.* – ausente, distante.
absens haeres non erit: o ausente não herda.
absens non dicitur reversurus: não se considera ausente o que vai voltar.
absentem laedit cum ebrio qui litigat: ofende a uma ausente quem discute com um ébrio.
absente reo: estando ausente o réu.
absentia, -ae: *s.f.* – ausência, afastamento.
absentia omnis doloris: ausência de toda dor.
absentivus, -a, -um: *adj.* – ausente.
absilio, -is, -ire, silui (-silivi) ou **-ii**: *v.int.* – saltar para longe de, afastar-se saltando.
absimilis, -e: *adj.* – dessemelhante, diferente.
absinthium, -i: *s.n.* – absinto, qualquer coisa amargosa.
absisto, -is, -stiti, -sistere: *v.int.* – afastar-se, retirar-se, desistir de.
absit iniuria verbo: não haja ofensa na palavra, seja dito sem ofensa.
absit omen!: fora com esse (mau) agouro!, sai, azar!
absolesco, -is, -lui, -ere: *v.int.* – envelhecer, passar da moda.
absolute: *adv.* – perfeitamente, inteiramente, de modo determinado.
absolutio, -onis: *s.f.* – absolvição de um acusado, perfeição.
absolutio ab instantia: absolvição da instância.
absolutorium, -ii: *s.n.* – remédio específico para algum mal.
absolutus, -a, -um: *part.p.* – solto, desembaraçado, livre, isento, acabado, perfeito.
absolvo, -is, -vi, -utum, -ere: *v.t.* – desatar, desprender, desembaraçar, absolver, explicar, acabar, terminar.
absonans, -tis: *part.pres.* – oposto, contrário.
absonus, -a, -um: *adj.* – desentoado, discordante, falso.
absorbeo, -es, -ui ou **absorpsi, -ptum, -ere**: *v.t.* – absorver, engolir, tragar, consumir, arruinar.
absque: *prep.abl.* – na ausência de, sem, exceto.
absque canibus et retibus: sem cães nem redes, com os próprios recursos.
absque Deo nihil: sem Deus, nada.
absque oleo pingere: pintar sem tinta, fazer trabalho inútil.
absque praeiudicio: sem opinião preconcebida.
absque praeparatione praevia. sem preparação prévia.
absque ulla condicione: sem qualquer condição, incondicionalmente.
absque ulla fraude: sem qualquer fraude.
absque ulla nota: sem qualquer marca, sem qualquer anotação.
abstemius, -a, -um: *adj.* – abstêmio, antialcoólico, sóbrio.
abstergeo, -es, -ersi, -ersum, -gere: *v.t.* – enxugar, limpar, apagar, dissipar.
absterreo, -es, -ui, -ritum, -ere: *v.t.* – afastar pelo temor, apartar, fazer recuar.
abstinax, -acis: *adj.* – abstinente, continente.
abstine et sustine: abstém-te e suporta.
abstinens, -entis: *part.pres.* – que se abstém, casto.
abstinenter: *adv.* – moderadamente, com recato.
abstinentia, -ae: *s.f.* – desinteresse, abstinência, continência, moderação.
abstineo, -es, -ui, -entum, -ere: *v.t.* – apartar, ter afastado, conter, *v.int.*, abster-se, conter-se, fazer dieta, privar-se de alimentação.
absto, -as, -stiti, -stitum ou -**statum, -stare**: *v.int.* – estar distante, afastado.
abstraho, -is, -axi, -actum, -ahere: *v.t.* – arrancar, tirar com violência, desligar, desviar, distrair.
abstrudo, -is, -usi, -usum, -dere: *v.t.* – impelir para longe, empurrar, ocultar, esconder.
abstrusus, -a, -um: *part.p.* – abstruso, oculto, secreto, impenetrável, reservado, difícil de compreender.
absum, abes, abfui, abesse: *v.int.* – estar afastado, ausente, faltar a alguém, diferir de, não convir a, faltar.
absumo, -is, -mpsi, -mptum, -ere: *v.t.* – consumir, absorver, despender, gastar, empregar, destruir.
absurde: *adv.* – absurdamente, mal, fora de propósito.
absurdo uno dato, sequitur alterum: permitido um absurdo, logo se segue outro.
absurdus, -a, -um: *adj.* – desagradável ao ouvido, disparatado, absurdo, inoportuno, inepto, desajeitado.
ab ultima cave: cuidado com a última hora.
abundans, -antis: *part.pres.* – abundante, caudaloso, copioso, rico, muito provido de.

abundans cautella non nocet: cautela abundante não prejudica.
abundanter: *adv.* – abundantemente, à farta.
abundantia, -ae: *s.f.* – transbordamento, abundância, cópia, fartura, excesso.
abundantia contemptum parit: a abundância gera desprezo.
abunde: *adv.* – abundantemente, muito, folgadamente.
abundo, -as, -avi, -atum, -are: *v.int.* – transbordar, abundar ou ter em abundância, ser ou estar rico, ser demais ou redundante.
ab uno ad omnes: de um para todos.
ab uno discant omnes: por um, aprendam todos.
ab uno disce omnes: por um conhece a todos.
ab urbe condita: desde a fundação da cidade (de Roma): cômputo usado pelos historiadores romanos, que datavam os fatos a partir da fundação de Roma (753 a.C.); empregavam na escrita as iniciais u.c. (*urbis conditae*), isto é, da fundação da cidade.
abusive: *adv.* – usando mal, abusando, por abuso.
abusque ou **usque ab**: *prep.abl.* – de, desde.
abusque argento omnia vana: sem prata tudo é inútil – sem dinheiro tudo é vão.
abusus, -a, -um: *part.p.* – gasto, que abusou ou tem abusado de.
abusus, -us: *s.m.* – abuso, mau uso.
abusus non tollit usum: o abuso não impede o uso.
abusus optimi pessimus: o abuso do ótimo é o pior.
abutor, -eris, -usus sum, -uti: *v.dep.* – gastar, consumir pelo uso, abusar, tirar todo o proveito de.
ab utraque parte: de ambas as partes.
ab utroque latere: de ambos os lados.
abyssus, -i: *s.f.* – abismo.
abyssus abyssum invocat: o abismo chama outro abismo.
ac: *conj.* (*o.m.q.* **atque**) – e, que, do que, como.
academia, -ae: *s.f.* – academia, jardim e ginásio nos arredores de Atenas.
academici, -orum: *s.m.pl.* – acadêmicos, filósofos da academia.
a caelo ad terram: do céu à terra.
acalanthis, -anthidis: *s.f.* – pintassilgo (passarinho).
a calce ad carcerem: do fim para o princípio.
acanthus, -i: *s.m.* – acanto (planta).
a cantu avis dignoscitur: pelo canto se conhece a ave.
a capillis usque ad ungues: dos cabelos até as unhas, da cabeça aos pés.
a capite: desde a cabeça, desde o princípio.
a capite bona valetudo: a boa saúde vem da cabeça.
a capite incipiendum: deve-se começar do princípio.
a capite usque ad calcem: da cabeça aos pés – de alto a baixo.
a carcere: desde ponto de partida, desde o princípio.
a caula ad aulam: do curral para a corte, ontem vaqueiro, hoje cavaleiro.
accanto ou **adcanto, -as, -avi, -atum, -are**: *v.int.* – cantar com outro, junto de outro.
accedas ad curiam: compareças ao tribunal.
accedo, -is, -essi, -essum, -dere: *v.int.* – aproximar-se, chegar, abordar, marchar contra, pôr-se ao lado de, seguir o partido de, dar-se a, parecer-se com.
accelero, -as, -avi, -atum, -are: *v.t.* – acelerar, apressar, *v.int.* apressar-se.
accendo, -is, -ndi, -nsum, -ere: *v.t.* – acender, alumiar, pôr fogo em, esclarecer, instigar, excitar.
accenseo, -es, -ui, -itum, -ere: *v.t.* – contar, ajuntar, unir, associar a.
accensus, -i: *s.m.* – oficial subalterno às ordens de funcionário civil ou militar, ordenança, soldado de reserva.
accentus, -us: *s.m.* – acentuação de uma palavra, acento, entonação.
acceptabilis, -ie: *adj.* – agradável, digno de receber, aceitável.
acceptio, -onis: *s.f.* – ação de receber, aceitação.
accepto, -as, -avi, -atum, -are: *v.t.* – aceitar, receber muitas vezes.
acceptor, -oris: *s.m.* – aquele que recebe, o que aprova, recebedor.
acceptrix, -icis: *s.f.* – aquela que recebe, a que aprova, recebedora.
acceptum, -i: *s.n.* – coisa recebida, o que se recebe, receita.
acceptum habeo: tenho como aceito.
acceptum reddimus officium: retribuímos o favor recebido.
acceptus, -a, -um: *part.p.* – aceito, agradável, recebido.

accessio, -onis: *s.f.* – ação de aproximar-se, chegada, acréscimo, adição, complemento, audiência.

accessio cedat principali: o acréscimo faz parte do principal.

accessio possessionis: o acréscimo da posse.

accessit: atingiu (fórmula usada para indicar que o candidato obteve votos suficientes para a aprovação).

accessus, -us: *s.m.* – aproximação, chegada, audiência, entrada, acesso.

accidit divinitus: aconteceu por inspiração divina, foi a mão de Deus.

accido, -is, -idi, -ere: *v.int.* – cair, chegar, concluir, chegar a um resultado, acontecer.

accido, -is, -idi, -isum, -idere: *v.t.* – cortar rente, destruir, arruinar.

accieo, -es, -ere, -ivi, -itum: *v.t.* – mandar vir, chamar.

accinctus, -a, -um: *part.p.* – bem ajustado, pronto, disposto.

accingo ou **adcingo, -is, -nxi, -nctum, -gere**: *v.t.* – cingir, ligar por meio de um cinto, cercar, prover, fornecer, preparar, dispor, armar-se de, aprestar, aparelhar, preparar, preparar-se para.

accio, -is, -ire, -ivi (-ii), -itum: *v.t.* – chamar, mandar vir.

accipiens, -entis: *part.pres.* – o que recebe – pessoa que recebe um pagamento, recebedor.

accipio, -is, -epi, -eptum, -ipere: *v.t.* – tomar, aceitar, receber, perceber, tomar conhecimento de, compreender, receber em sua casa, acolher, admitir, aprovar.

accipis ut taceas: recebes (dinheiro) para ficar calado.

accipiter, -pitris: *s.m.* – ave de rapina, falcão, gavião.

accitus, -a, -um: *part.p.* e *adj.* – chamado, mandado vir; importado, de origem estrangeira.

accitus, us: *s.m.* – chamamento, convocação, ordem de vir.

acclamatio, -onis: *s.f.* – aclamação, aplauso, vozearia, alarido.

acclamo, -as, -avi, -atum, -are: *v.int.* – gritar, dar grandes gritos de aclamação ou de desaprovação, aclamar, apupar, declarar alguém culpado a altos brados.

acclaro, -as, -avi, -atum, -are: *v.t.* – fazer claro, tornar inteligível, explicar, manifestar, revelar.

acclinis, -e: *adj.* – encostado, apoiado em, inclinado a.

acclino, -as, -avi, -atum, -are: *v.t.* – inclinar, encostar, seguir o parecer de.

acclivis, -e: *adj.* – que se eleva, em rampas.

acclivitas, -atis: *s.f.* – elevação de um terreno, ladeira, pendor suave.

accognosco ou **adcognosco, is, -ere, ovi, -itum**: *v.t.* – reconhecer.

accola, -ae: *s.f.* – vizinho, vizinha, afluente, tributário de outro rio.

accolo, -is, -lui, -cultum, -olere: *v.t./int.* – habitar, morar perto de.

accommodate: *adv.* – apropriadamente, a propósito.

accommodatio, -onis: *s.f.* – disposição, adaptação, condescendência

accommodatus ou **adcommodatus, -a, -um**: *part.p.* – apropriado a ou para, próprio para, apto, conforme.

accommode ou **adcommode**: *adv.* – de modo apropriado, apropriadamente, convenientemente.

accommodo, -as, -avi, -atum, -are: *v.t.* – ajustar, adaptar, apropriar, aplicar, empregar para.

accommodus, -a, -um: *adj.* (*poet.*) – próprio, conveniente, cômodo para.

accredo, -is, -didi, -ditum, -ere: *v.t.* – acreditar, crer sem reserva, dar crédito.

accresco, -is, -crevi, -cretum, -scere: *v.int.* – crescer, aumentar crescendo, ajuntar-se a.

accretio, -onis: *s.f.* – aumento, acréscimo.

acctio, -onis: *s.f.* – a evocação mágica.

accubitio, -onis: *s.f.* – ação de estar deitado ou encostado à mesa

accubo, -as, -ui, -itum, -are: *v.int.* – estar deitado ao pé de alguém, pôr-se ou estar à mesa, ser hóspede de alguém.

accudo, -is, -ere, -udi, usum: *v.t.* – ajuntar (a uma quantia).

accumbo, -is, -cubui, -cubitum, -mbere: *v.int..* – deitar-se ou encostar-se à mesa (para comer), pôr-se ou tomar lugar à mesa.

accumulate: *adv.* – abundantemente.

accumulator, -oris: *s.m.* – acumulador, amontoador.

accumulo, -as, -avi, -atum, -are: *v.t.* – acumular, amontoar.

accurate: *adv.* – com cuidado, com exatidão, destramente.

accuratio, -onis: *s.f.* – ação de cuidar, zelar, prestar atenção.

accuro, -as, -avi, -atum, -are: *v.t.* – cuidar de, empenhar-se em, preparar.

accurro, -is, -curri, -cursum, -rere: *v.int.* – correr para, em direção a.

accursus, -us: *s.m.* – corrida para, concurso.

accusabilis, -e: *adj.* – acusável, censurável.

accusatio, -onis: *s.f.* – acusação, denúncia, censura, libelo.

accusatio suspecti tutoris: acusação do tutor suspeito.

accusatio testamenti: acusação do testamento.

accusator, -oris: *s.m.* – acusador, denunciador, crítico.

accusatorie: *adv.* – à maneira de uma acusação, com paixão, como acusador.

accusatorius, -a, -um: *adj.* – de acusador, acusatório.

accusatrix, -icis: *s.f.* – acusadora, denunciadora, crítica.

accuso, -as, -avi, -atum, -are: *v.t.* – acusar, repreender, censurar.

acer, -eris: *s.m.* – bordo, árvore.

acer, acris, acre: *adj.* – acre, azedo, agudo, cortante, áspero, duro, penetrante, forte, ativo, pungente, cruel, atento, solícito.

acerba lingua: uma língua ferina.

acerbe: *adv.* – severamente, duramente, cruelmente.

acerbitas, -atis: *s.f.* – azedume, sabor desagradável de frutos verdes, dureza, crueldade, mau humor, tristeza, contratempo, miséria.

acerbo, -as, -avi, -atum, -are: *v.t.* – tornar amargoso, azedar, exacerbar, agravar, exagerar,

acerbum nuntium: uma notícia amarga.

acerbus, -a, -um: *adj.* – acerbo, amargo, azedo, verde (fruta), não terminado, prematuro, rigoroso, austero, duro, cruel.

acer iudex: um juiz severo.

acernus, -a, -um: *adj.* – de bordo, feito da madeira desta árvore.

acerra, -ae: *s.f.* – caixinha de incenso, naveta.

acervatim: *adv.* – em montão, de roldão, confusamente.

acervatio, onis: *s.f.* – acumulação.

acervo, -as, -avi, -atum, -are: *v.t.* – acumular, amontoar, acervar.

acervus, -i: *s.m.* – montão, pilha, grande quantidade de.

acesco, -is, -acui, -ere: *v.int.* – tornar-se azedo.

acetabulum, -i: *s.n.* – vinagreira, acetábulo.

acetaria, -orum: *s.n.pl.* – legumes temperados com vinagre.

ac etiam: e também.

aceto acrius: mais azedo que o vinagre.

acetum, -i: *s.m.* – vinagre, gracejos pesados, mordazes.

acheros, -ontis: *s.m.* – Aqueronte, rio do inferno.

acheta, -ae: *s.f.* – cigarra.

achivi, -orum: *s.m.pl.* – os aquivos, isto é, os gregos.

acidente in itinere: acidente ocorrido no trajeto que o empregado utiliza para ir e voltar do trabalho.

acidus, -a, -um: *adj.* – azedo, amargo, ácido, duro, desagradável ao ouvido, molesto, mordaz.

acies, -ei: *s.f.* – gume, ponta, fio (de espada), agudeza (de vista, de inteligência), força, penetração, linha de soldados, exército em linha de batalha, combate, disputa.

acies hebescit: a espada perde o fio.

acinaces, -is: *s.m.* – sabre, espada curta e direita usada pelos persas e medos.

acinum, -i: *s.n.* e **acinus**: *s.m.* – bago de uva, bagas de fruto ou cacho.

acipenser, -eris: *s.m.* – peixe de mar, muito estimado em Roma.

aclis, -aclidis: *s.f.* – dardo curto, arma de arremesso.

a contrario sensu: em sentido contrário.

acontum ou **aconitum, -i**: *s.n.* – acônito (planta venenosa), veneno.

acosmos: *adj.* – mal composto, sem ornato, beleza descuidada.

acquiesco ou **adquiesco, -is, -evi, -etum, -escere**: *v.int.* – repousar, dormir, morrer, não ser atacado, contentar-se com, achar consolação ou satisfação em.

acquiro, -is, -isivi, -istum, -rere: *v.t.* – ajuntar ao capital, adquirir, alcançar, ganhar.

acraeus, -a, -uns: *adj.* – epíteto dado a divindades veneradas em lugares altos.

acratophoros ou **acratophorum, -i**: *s.m.* – vasilha para vinho.

acre (*acus.* de *n.* de **acer**: empregado como advérbio) – com ardor, com acrimônia, de mau humor.

acredula, -ae: *s.f.* – nome de pássaro não identificado.

acriculus, -a, -um: *adj.* – um tanto acre, picante, mordaz.

acrimonia, -ae: *s.f.* – acrimônia, acidez, energia, veemência.

acriter: *adv.* – com ardor, energicamente, duramente.

acroama, -amatis: *s.n.* – o que é agradável ao ouvido, concerto, músico, farcista, narrador divertido.

Acroceraunia, -iorum: *s.n.pl.* – os montes Acroceráunios, montes no Epiro, escolho, perigo.

a cruce salus: da cruz (vem) a salvação.

acta, -orum: *s.n.pl.* – as obras, ações, feitos, registros, jornal.

acta, -se: *s.m.* – praia aprazível, baía, enseada.

acta agimus: fazemos o que já está feito.

acta diurna: atos do dia, acontecimentos diários, crônicas.

acta eruditorum: documentos elaborados por eruditos.

acta est fabula: acabou-se o espetáculo, acabou-se a festa.

acta, non verba: atos e não palavras.

acta publica: atos públicos.

ac tenebras: entre trevas.

acteus, -a, -um: *adj.* – da Ática, ático, ateniense.

actio, -onis: *s.f.* – ação, movimento, ação do orador, do ator (gesto, voz, movimento), ato, operação, negócio, causa, processo.

actio ad exhibendum: ação de exibição.

actio aestimatoria: ação estimatória.

actio aquae pluviae arcendae: ação de tirada de água de chuva.

actio arbitraria: ação arbitrária.

actio arborum furtim caesarum: ação de cortar árvores furtivamente.

actio auctoritatis: ação de autoridade.

actio calumniae: ação de calúnia.

actio commodati: ação de comodato.

actio communi dividundo: ação de divisão das coisas comuns.

actio conditio ex mutuo: ação de pagamento de empréstimo.

actio conducti: ação de arrendamento.

actio confessoria: ação de confessória.

actio contratia seu negatoria: ação contrária ou negatória.

actio criminalis: ação criminal.

actio damni infecti: ação de dano temido.

actio damni injuriae: ação de dano por injúria.

actio de damno infecto: ação de dano não realizado.

actio de dote: ação de dote.

actio de edendo: ação de edição.

actio de eo quod certo loco dare oportet: ação do que é preciso ser dado em lugar certo.

actio de in rem verso: ação destinada a recuperar o que obtido à sua custa com locupletamento alheio, ação de locupletamento indevido contra quem o obteve.

actio de partu agnoscendo: ação de reconhecimento de parto.

actio de pastu: ação de pastagem.

actio de pauperie: ação de pobreza.

actio de peculio: ação de pecúlio.

actio depensi: ação de cobrança de gastos.

actio depositi: ação de depósito.

actio doli: ação de dolo.

actio dotis: ação de dote.

actio duplex: ação de dúplice.

actio est jus persequendi judicio quod sibi debeatur: ação é o direito de perseguir, diante do magistrado, aquilo que nos é devido.

actio ex delicto: ação do delito.

actio ex empti: ação de coisa comprada e não entregue.

actio ex empto: ação de reivindicação pelo comprador da entrega da coisa vendida.

actio familae erciscundae: ação de partilha de herança.

actio finium resgundorum: ação de demarcação.

actio furti: ação de furto.

actio furti et damni: ação de furto e dano.

actio hypothecaria: ação de hipotecária.

actio indebiti: ação do indébito.

actio in personam: ação pessoal.

actio in rem: ação real ou que tem por objeto a propriedade imóvel.

actio inter vivos: ato entre vivos.

actio judicati: ação que tem por fundamento a coisa julgada.

actio jurejurando: ação por juramento.

actio libera in causa: ação livre na causa.

actio mandati: ação de mandato.

actio metus et doli: ação de medo e de dolo.

actio negatoria: ação de negatória.

actio negotiorum gestorum: ação do gestor de negócios para haver o reembolso das despesas em virtude da gestão.

actionem dare: intentar uma ação, acusar em juízo.

actiones in rem: ações sobre a coisa.

actiones legis: ações legais.

actiones poenales: ações penais.

actiones praejudiciales: ações prejudiciais.

actio nullitatis: ação de nulidade.
actio ob sepulchrum violatum: ação por violação de sepulcro.
actio pauliana: ação pauliana.
actio personalis moritur cum persona: a ação pessoal extingue-se com o indivíduo.
actio pignoratitia: ação de penhor.
actio popularis: ação popular.
actio possessoria: ação possessória.
actio quanti minoris: ação de diminuição de preço.
actio quod metus causa: ação por causa do medo.
actio redhibitoria: ação redibitória.
actio rei uxoriae: ação da coisa da mulher.
actio rescissoria: ação rescisória.
actito, -as, -avi, -atum, -are: *v.t.* – tratar, advogar frequentemente, advogar muitas coisas.
activus, -a, -um: *adj.* – ativo, em ação.
acto causa mortis: ato por causa da morte.
actor, -oris: *s.m.* – o que faz alguma coisa, executor, agente.
actore non probante, reus absolvitur: se o autor não prova, o réu é o absolvido.
actor forum rei sequi debet: o autor deve seguir o foro do réu.
actori incumbit onus probandi: ao autor cabe o ônus da prova.
actori non licet quod reo denegatur: ao autor não é lícito o que ao réu se nega.
actor in replicando, actor est: o autor replicando, é autor.
actor negotii: o procurador.
actor potius credendum est: deve-se, de preferência, acreditar no autor.
actor probat actionem: o autor prova a ação.
actor rei forum sequitur: o autor segue o foro do réu.
actuariola, -ae: *s.f.* – chalupa, embarcação de pequeno porte.
actuariolum: *s.n.* – barco pequeno e ligeiro.
actuarius, -a, -um: *adj.* – ligeiro, veloz.
actuarius, -ii: *s.m.* – escrivão, notário, copista.
actum est: está terminado.
actum est de republica!: o país está perdido!, estamos perdidos!
actum ne agas: não faças o que já está feito.
actus, -us: *s.m.* – movimento, impulso, ação, gesticulação de orador e do ator, ato (de drama), representação de uma peça teatral, ofício, administração, governo.
actus corruit omissa forma legis: o ato é nulo, omissa a forma da lei.
actus curiae: um ato do senado, um ato da corte, um ato do tribunal.
actus Dei: ato de Deus, diz-se do acontecimento inevitável, que não pode ser atribuído a ninguém.
actus iudicialis: um ato do juiz.
actus legitimus: um ato legítimo, um ato imposto pela lei.
actutum: *adv.* – depressa, sem demora, imediatamente.
acula ou **aquola** ou **aquula, -ae**: *s.f.* – fio de água.
aculeatus, -a, -um: *adj.* – provido de ferrão, mordaz, sutil.
aculei irriti: farpas que não ferem.
aculeus, -i: *s.m.* – ferrão, ponta, estímulo, sutileza, sarcasmo.
acumen, -inis: *s.n.* – ponta, dardo, aguilhão, ferrão, sutileza (de espírito, de estilo, de argumentação), estímulo, astúcia.
acuo, -is, -ui, -utum, -uere: *v.t.* – tornar agudo, aguçar, fazer ponta em, afiar, avivar, excitar, aguilhoar, aumentar.
acus, -us: *s.f.* – agulha (de coser, de bordar ou de cirurgião), alfinete.
a cuspide corona: uma coroa obtida com a lança.
acu tangere: tocar com uma agulha, dar no cravo, acertar na mosca.
acute: *adv.* – de modo penetrante, sutilmente.
acutulus, -a, -um: *adj.* – ligeiramente agudo, sutil.
acutus, -a, -um: *adj.* – agudo, afiado, penetrante, lancinante, ativo, espirituoso, fino, sutil, engenhoso.
ad: *prep.ac.* – para, a, ao pé de, contra, até, cerca de, quanto a, conforme, por.
ad abundantiorem cautelam: para maior cautela.
ad accusandum: para acusar.
adactio, -onis: *s.f.* – ação de obrigar, de forçar, obrigação.
ad adjuvandum: a fim de ajudar, para ajudar.
ad aemulationem: para emulação.
adaeque: *adv.* – igualmente, do mesmo modo.
adaequo, -as, -avi, -atum, -are: *v.t.* – igualar, fazer igual, nivelar, comparar, atingir, alcançar.
ad aeternum: para sempre.
ad agendum: para agir.
ad alium diem: para outro dia.

adamante durior: mais duro que diamante.
adamante notare: registrar com diamante, registrar coisas que merecem ser eternamente lembradas.
adamanteus, -a, -um: *adj.* – de diamante, de aço, duro como aço.
adamantinus, -a, -um: *adj.* – de diamante, de ferro, de aço, duro como aço.
adamantinus homo: um homem duro como o diamante, um homem incansável, um homem inexorável.
adamas ou **adamans, -antis**: *s.m.* – o diamante, o ferro, o aço, o que há de mais duro e sólido.
adambulo, -as, -are, -avi, atum: *v.int.* – passear ou andar junto a, ao redor de.
adamo, -as, -avi, -atum, -are: *v.t.* – apaixonar-se, enamorar-se, amar muito, apaixonadamente.
ad animum: no ânimo.
ad annum: dentro de um ano, no fim de um ano.
adaperio, -is, -erui, -ertum, -erire: *v.t.* – abrir de par em par, deixar ver, pôr a descoberto.
adapertilis, -e: *adj.* – fácil de abrir.
ad appellandum: para apelar.
adapto, -as, are, avi, atum: *v.t.* – adaptar, ajustar.
ad aquam: à beira-mar.
ad arbitrium: à sua vontade, a seu bel-prazer.
ad arbitrium principis: ao arbítrio do príncipe.
ad argumentandum: para argumentar.
ad argumentandum tantum: só para argumentar.
ad astra: às estrelas, a uma posição elevada.
ad astra per aspera: [chega-se] aos astros pelos caminhos ásperos.
a datu: por dádiva, por doação.
adauctus, -us: *s.m.* – aumento, crescimento.
ad audiendum verbum: para ouvir a palavra.
adaugeo, -es, -xi, -atum, -ere: *v.t.* – aumentar, ampliar.
adaugesco, -is, -scere: *v.int.* – começar a aumentar, a crescer.
adaugmen, inis: *s.n.* – crescimento, aumento.
ad beneplacitum: a gosto, com permissão.
ad benevolentiam: para a benevolência.
ad bestias: (condenação) às feras.
adbibo, -is, -ibi, -itum, -ere: *v.t.* – absorver bebendo, escutar com ateção.
ad breve: por pouco tempo.
ad calendas graecas: para as calendas gregas, no dia de são nunca, nunca.
ad captandum: para capturar, para cativar, para agradar.
ad captandum vulgus: para cativar a multidão.
ad casus dubios: nas situações adversas.
ad causam: para a causa.
ad causam pertinenti: relativo à causa.
ad cautelam: por cautela, por preocupação, por segurança.
ad cineres usque: até as cinzas, até a morte.
ad clerum: ao clero.
ad coetum geniti sumus: nascemos para a união.
ad colorandam possessionem: para colorir a posse.
ad conclusum: para concluir, em resumo.
ad confessionem: para confessar.
ad convicia surdus: surdo para ofensas.
ad corpus: por corpo.
addat et laborem: aumenta em dor.
addatur: junte-se, acrescente-se.
ad defensionem: para defesa.
ad deliberandum: para deliberar.
addenda: adendo, acréscimo, coisas que devem ser acrescentadas.
addendum: coisa que deve ser acrescentada, um suplemento.
addenseo, -es, -ui, -ere: *v.t.* – condensar, tornar denso.
addenso, -as, -ere: *v.t.* – tornar espesso, condenar-se.
ad dicendum: para dizer.
addico, -is, -xi, -ctum, -ere: *v.t.* – exprimir a sua aprovação, aprovar, adjudicar, outorgar, consagrar, votar, entregar.
addictio, -onis: *s.f.* – adjudicação.
addictio hereditatis: adjudicação da herança.
addictio in diem: adjudicação no dia.
addictus, -a, -um: *part.p.* – adjudicado ao seu credor, como devedor insolvável, condenado a pagar, entregue à mercê de, obrigado a.
ad diem: até o dia, dia em que termina o prazo.
ad dies vitae: pelos dias de sua vida, por toda sua vida, enquanto viver.
ad discendum: para aprender.
addisco, -is, -didici, -discere: *v.t.* – acrescentar ao que se sabe, aprender.
additamentum, -i: *s.n.* – acréscimo, aumento, adição.
addit scientiam: aumenta em conhecimento.
addo, -is, -didi, -ditum, -dere: *v.t.* – ajuntar, acrescentar, juntar, trazer, dar, associar.

addoceo, -es, -cui, -ctum, -ere: *v.t.* – ensinar, aumentar a instrução.
ad domum: em casa.
addubito, -as, -avi, -atum, -are: *v.t./int.* – inclinar-se à dúvida, estar em dúvida, duvidar.
adduco, -is, -xi, -ctum, -ere: *v.t.* – levar, conduzir, estender, enrugar, contrair, emagrecer, produzir, causar.
adductus, -a, -um: *adj.* – conduzido, trazido, contraído, enrugado, grave, severo.
adedo, -is, -edi, -esum, -dere: *v.t./int.* – começar a comer, a roer, consumir.
a deducto: por dedução.
ad effectum: para efeito.
ad effectum videndi: para efeito de ver.
ademptio, -onis: *s.f.* – ação de tirar, supressão, privação.
adeo: *adv.* – a este lugar, a este ponto, até a tanto, de tal modo, muito mais ainda, até, justamente, sobretudo.
adeo, -is, -ivi ou **-ii, -itum, -ire**: *v.int.* – ir, vir a ou para, ir ver, visitar, recorrer a, empreender, tentar.
a Deo est enim omnis medela: de Deus vem todo remédio.
a Deo et rege: por Deus e pelo rei.
a Deo lux nostra: nossa luz vem de Deus.
a Deo principium: o começo vem de Deus.
a Deo rex, a rege lex: o rei vem de Deus, a lei vem do rei.
a Deo vitoria: nossa vitória vem de Deus.
adeps, adipis: *s.m.f.* – banha, gordura, moleza, frouxidão.
adeptio, -onis: *s.f.* – aquisição, ação de alcançar.
adeptus, -a, -um: *part.p.* – tendo alcançado, que adquiriu ou tem adquirido.
adequito, -as, -avi, -atum, -are: *v.int.* – ir a cavalo junto, ao pé de, apresentar-se a cavalo diante de.
aderro, -as, -avi, -atum, -are: *v.int.* – errar ou vaguear em torno de ou junto de.
adesse alicui: prestar assistência a alguém, defender alguém na justiça.
adest Deus ubique: Deus está em toda parte.
ad eumdem gradum: no mesmo grau.
ad evacuandum: para desocupar.
ad excludendum: para excluir, eliminar.
ad exemplum: para exemplo, por exemplo.
ad exemplum legis: de acordo com o exemplo da lei.
ad exhibendum: para exibir.
ad eximendum tempus: para ganhar tempo.
ad eximere tempus: para gastar o tempo.
ad experimentum: para um experimento.
ad extra: para fora, por fora, exteriormente.
ad extrema perventum est: chegou-se à situação extrema.
ad extremum: no fim, até o fim, até o final, finalmente.
ad extremum casum: em caso extremo.
ad extremum virium: até o máximo das forças.
a dextris: à direita, pela direita.
ad fastigium: até enjoar, até a saciedade.
ad feminam: contra a mulher.
ad fidem: com lealdade, por lealdade.
adfiliatio, -onis: *s.f.* afiliação (adoção).
ad finem: até o fim, até o extremo.
ad finem fidelis: fiel até o fim.
adfinitas, -tatis: *s.f.* afinidade.
adflictio, -onis: *s.f.* aflição.
adflictio spiritus: aflição de espírito.
ad fontes: de volta às fontes, de volta às origens.
ad futuram memoriam: para a lembrança futura.
ad gloriam: pela glória, sem proveito material.
adgnatio, -onis: *s.f.* (*o.m.q.* **agnatio**) – agnação.
ad habendum et tenendum: para ter e manter.
adhaec ou **adhoc**: diante disso, além disso.
ad haec quis non trepidat?: diante disso quem não treme?
adhaereo, -es, -aesi, -aesum, -rere: *v.int.* – estar aderente, preso, pegado, unido a, estar vizinho, contíguo, aderir a, vir após.
adhaeresco, -is, -haesi, -haesum, -escere: *v.int.* – tornar-se aderente, preso a, prender-se a, ser fiel a, convir a, parar, ficar indeciso.
adhaese: *adv.* – falar gaguejando, com hesitação.
adhaesio, -onis: *s.f.* – aderência, adesão, união.
ad hanc diem: até este dia, até hoje.
ad hastam publicam: para leilão judicial.
adhibeo, -es, -ui, -itum, -ere: *v.t.* – aplicar, aproximar, oferecer, juntar, fazer aproximar, convidar, acolher.
adhinnio, -is, -ivi ou **ii, -itum, -ire**: *v.int.* – relinchar, nitrir, dar um grito de alegria.
ad hoc tempus: até este momento, até hoje.
ad hominem: contra o homem, ao homem.
ad honorem: para honra, por honra, a título honorário, sem remuneração.

A

ad honores: para as honras, como título de glória – foi nomeado *ad honores*, isto é, para um cargo ou função meramente honorífico – *sin.*: *honoris causa*.
ad horam compositam: à hora convencionada.
adhortatio, -onis: *s.f.* – exortação, animação.
adhortator, -oris: *s.m.* – o que exorta, animador.
adhortor, -aris, -atus sum, -ari: *v.t.dep.* – exortar, animar.
adhuc: *adv.* – até aqui, até agora, ainda, ainda sempre, ainda mais, além disto.
adhuc caelum volvitur!: o céu ainda gira!
adhuc difficiliora manent: ainda ficou a parte mais difícil.
adhuc et semper iustitia: justiça, ainda e sempre.
adhuc sub iudice lis est: a lide está ainda com o juiz.
adhuc tempus: ainda há tempo.
ad hunc diem: para este dia.
ad hunc modo: assim, desta forma.
adiacens, -entis: *part.pres.* – vizinho, adjacente.
adiaceo, -es, -cui, -ere: *v.int.* – estar deitado ao pé de, estar junto ou próximo a, ser contíguo a.
adicere aliquem canibus: atirar alguém aos cães, atirar às feras.
ad id: até esse dia.
ad idem: ao mesmo ponto.
a die: a partir desse dia, a partir do dia do início da contagem do prazo.
adiectio, -onis: *s.f.* – aumento, incorporação.
a digito cognoscitur leo: pelo dedo se conhece o leão.
adigo, -is, -egi, -actum, -igere: *v.t.* – impelir para, obrigar, lançar, obrigar a, forçar, constranger.
adiicio ou **adjicio, -is, -eci, -ectum, -icere**: *v.t.* – atirar, lançar para, deitar, pôr em, aplicar, unir, acrescentar.
ad ima (*o.m.q.* **ad imum**): até o fim.
ad immortalitatem: para a imortalidade.
adimo, -is, -emi, -emptum, -ere: *v.t.* – tirar, tomar, subtrair a, privar de.
adimpleatur: multiplicados.
ad impossibilia nemo tenetur: ninguém está obrigado ao impossível.
ad imum: até o fim, em suma.
ad inferos: aos infernos.
ad infinitum: até o infinito, sem fim, sem limite.
ad initium: no começo, para o começo.
ad inquirendum: para ser feito um inquérito, para inquirir.
ad instantiam partis: por insistência da parte, a pedido da parte.
ad instar: à semelhança de, à maneira de, à guisa de.
ad integrum: inteiramente.
ad interim: nesse meio tempo, enquanto isso, temporariamente.
ad internecionem: até o extermínio.
ad intra: por dentro, interiormente.
ad introitum: para começo, como introdução.
ad invitas: contra a vontade.
adipatus, -a, -um: *adj.* – gordo, cheio de gordura, grosseiro, pesado.
adipiscor, -eris, -adeptus sum, isci: *v.t.dep.* – chegar a, atingir, alcançar com esforço, adquirir, compreender.
aditus, -us: *s.m.* – aproximação, acesso, chegada, entrada (de edifício), acesso (a um lugar), direito de entrar, de passagem.
adiudicatio, onis: *s.f.* adjudicação.
ad iudicem: na presença do juiz.
ad iudicem dicere: falar perante o juiz.
ad iudicia: para as coisas da justiça.
ad iudicia et extra: para fins judiciais e extrajudiciais.
ad iudicium provocare: começar uma ação judicial.
adiudico, -as, -avi, -atum, -are: *v.t.* – adjudicar a, atribuir.
adiumentum ou **adjumentum, -i**: *s.m.* – ajuda, auxílio, socorro.
adiunctio ou **adjunctio, -onis**: *s.f.* – união, ajuntamento.
adiunctor ou **adjunctor, -onis**: *s.m.* – o que acrescenta, ajunta.
adiunctus ou **adjunctus, -a, -um**: *part.p.* – ligado a, atrelado, unido com, limítrofe, próximo.
adiungo ou **adjungo, -is, -nxi, -nctum, -ere**: *v.t.* – atrelar, jungir, juntar, acrescentar.
adiuro ou **adjuro, -as, -avi, -atum, -are**: *v.t.* – jurar de mais, jurar, prometer com juramento, conjurar, suplicar com instância.
adiutor ou **adjutor, -oris**: *s.m.* – o que ajuda, fautor, partidário, auxiliar de, cúmplice, comparsa.
adiutrix, -icis: *s.f.* – a que ajuda, auxilia, suplementar.

adiuvo ou **adjuvo, -as, -iuvi, -iutum, -are**: *v.t.* – ajudar, auxiliar, favorecer, animar, sustentar, ser útil a.
a divinis: (afastado) das funções sacras.
adjaceo, -es, -ere, -cui: *v.int.* – jazer perto, estar deitado.
adjectio, -onis: *s.m.* – adição, aumento, anexação.
adjectus, -us: *s.m.* – ação de pôr em contato, aproximação.
ad judicem agere: agir perante o juiz.
ad judicem dicere: falar na presença do juiz.
ad judicia: para o foro judicial.
ad judicia et extra: para fins judiciais e extrajudiciais.
ad judicium: ao julgamento.
adjudico, -as, -avi, -atum, -are: *v.t.* – adjudicar, atribuir, pronunciar, decidir.
adjuto, -as, -avi, -atum, -are: *v.t.* – ajudar, socorrer, aliviar.
adjutor, -oris: *s.m.* – o que ajuda, o ajudante.
adjutorium, -i: *s.n.* – a ajuda, socorro, auxílio.
adjutrix, -icis: *s.f.* – a que ajuda ou assiste, auxiliar.
ad libitum: à vontade, a seu bel-prazer, a seu critério.
ad litem: para este processo, relativamente ao litígio.
ad literam: ao pé da letra, literalmente.
ad litteris et verbis: letra por letra, palavra por palavra.
ad locum: no lugar, para o lugar, sem demora.
ad locum suum: apressa-se.
ad lucem: para a luz.
ad maiora!: ao sucesso!
ad maiora nati sumus: nascemos para as coisas mais elevadas.
ad maiorem cautelam: para maior segurança.
Ad Majorem Dei Gloriam (**AMDG**): Para Maior Glória de Deus [lema da Companhia de Jesus].
ad mandatum faciendi: para cumprir o mandato.
ad manes abiit: foi (juntar-se) às almas, morreu.
ad manum: à mão, pronto para ser usado.
ad marginem: à margem.
admaturo, -as, -avi, -atum, -are: *v.t.* – apressar.
ad me: a mim, para mim.
ad mediam noctem: até a meia-noite.
ad meliora: às coisas melhores.
ad meliorandum: para melhorar.
ad meliora tempora: para tempos melhores.
ad mensuram: por medida, de acordo com a medida; venda estipulada de acordo com o peso ou a medida.
admensus, -a, -um: *part.p.* – medido, que mediu.
ad meridiem: ao meio-dia.
ad metalla: (condenação) às minas, condenação a trabalhos forçados.
admetior, -iris, -ensus sum, -iri: *v.t.dep.* – medir, dar por medida.
admigro, -as, -avi, -atum, -are: *v.int.* – ir para, juntar-se a, ir juntar-se a.
adminiculo, -as, -avi, -atum, -are: *v.t.* – escorar, apoiar, sustentar, auxiliar.
adminiculor, -aris, -atos sum, -ari: *v.t.dep.* – apoiar, erguer, empar uma vinha.
adminiculum, -i: *s.n.* – escora, estaca para apoiar, auxílio, apoio, recurso.
administer, -tri: *s.m.* – o que ajuda, o auxiliar, colaborador, cúmplice.
administra, -ae: *s.f.* – colaboradora, auxiliadora, admistradora.
administratio, -onis: *s.f.* – auxílio, serviço, governo, administração, manejo, negócio.
administrator, -oris: *s.m.* – administrador, gerente, diretor.
administro, -as, -avi, -atum, -are: *v.t.* – ajudar, servir a alguém, ministrar, cuidar de governar, dirigir, administrar, executar.
admirabilis, -e: *adj.* – admirável, maravilhoso, extraordinário.
admirabilitas, -atis: *s.f.* – o que excita, provoca admiração.
admirandus, -a, -um: *part.fut.* – digno de admiração, admirável, maravilhoso.
admiratio, -onis: *s.f.* – admiração, surpresa, espanto.
admirator, -oris: *s.m.* – admirador.
admiror, -aris, -atus sum, -ari: *v.t.dep.* – admirar, venerar, apetecer, ficar ou estar admirando de.
admisceo, -es, -scui, -xtum, -scere: *v.t.* – misturar, mesclar, juntar a, confundir.
ad misericordiam: por compaixão.
admissarius, -a, -um: *adj.* – garanhão, reprodutor, homem lascivo, libertino.
admissio, -onis: *s.f.* – ação de admitir à presença de alguém, à audiência.
admissum, -i: *s.n.* – ação, ato (no sentido pejorativo), má ação, crime.

A

admissus, -a, -um: *part.p.* – admitido, introduzido, recebido em algum lugar.
admittatur: que ele seja admitido, o candidato está aceito.
admitto, -is, -isi, -issum, -ittere: *v.t.* – admitir, dar acesso a, introduzir, dar audiência, largar, impelir para, permitir.
admixtio ou **admistio, -onis**: *s.f.* – a mistura.
admoderate: *adv.* – proporcionalmente, de modo adequado.
ad modum: segundo o modo, conforme o uso, dentro dos limites.
admodum: *adv.* – muito, excessivamente, bastante, pelo menos, precisamente.
admoenio, -is, -iri, -ivi: *v.t.* – fazer trabalhos de cerco, sitiar, cercar (a muralha).
admolior, -iris, -itus sum, -ri: *v.t./int.* – fazer esforço, empenhar-se em, erigir, construir.
admoneo, -es, -ui, -itum, -ere: *v.t.* – advertir, fazer lembrar, avisar, admoestar, exortar, castigar.
admonitio, -onis: *s.f.* – aviso, advertência, recordação, conselho, exortação.
admonitor, -oris: *s.m.* – admoestador, exortador, o que faz lembrar.
admonitrix, -icis: *s.f.* – admoestadora, exortadora,
admonitum, -i: *s.n.* – aviso, advertência.
admonitus, -us: *s.m.* – aviso, admoestação, conselho.
admordeo, -es, -ordi, -orsum, -dere: *v.t.* – morder, tirar mordendo, calotear.
admotio, -onis: *s.f.* – a aproximação.
admoveo, -es, -ovi, -otum, -overe: *v.t.* – mover alguma coisa, aproximar, fazer aproximar, encostar, levar a ou até, apressar, castigar, estimular.
admugio, -is, -ire, -gii (-givi), -gitum: *v.int.* – responder mugindo, mugir para.
ad multos annos: por muitos anos.
ad mundum meliorem: para um mundo melhor.
admurmuratio, -onis: *s.f.* – murmúrio de aprovação ou desagrado, sussurro.
admurmuro, -as, -avi, -atum, -are: *v.int.* – aprovar ou desaprovar com murmúrio, sussurro.
admutilo, -as, -ari, -avi, -atim: *v.t.* – tosquiar.
adn-, ver também **ann-**.
adnato, -as, -avi, -atum, -are: *v.int.* – nadar para, nadar ao lado de.
ad naturam: conforme a natureza, naturalmente, sem artifício.
ad nauseam: até a exaustão, até a saciedade.
adnavigo, -as, -avi, -atum, -are: *v.int.* – navegar para.
ad necessitatem: por necessidade.
ad negotia: para os negócios, refere-se ao mandato outorgado para fins de negócio.
adno, -as, -avi, -atum, -are: *v.int.* – nadar para, em direção a, ao longo de.
ad normam: segundo a norma, segundo o prescrito.
ad nostram consuetudinem: conforme o nosso costume.
ad nullam rem utilis: (que) não serve para nada.
ad nummum: até a última moeda.
ad nutum: a um sinal de cabeça, a um aceno.
ad nutum legislatoris: de acordo com a vontade do legislador.
adoleo, -es, -olui, -ultum, -ere: *v.t.* – queimar, fazer queimar, aumentar, queimar em um sacrifício, oferecer aos deuses, queimar, *v.int.* – cheirar.
adolescens, -entis: *s.* ou *adj.m.f.* – jovem, moço, novo, adolescente.
adolescentia, -ae: *s.f.* – adolescência, mocidade.
adolescentulus, -i: *s.m.* – rapazinho, menino.
adolesco, -is, -evi, -ultum, -ere: *v.int.* – crescer, brotar, desenvolver-se, fazer-se grande, fortificar-se, ser abrasado, transformar-se em vapor, arder, queimar.
adoperio, -is, -ui, -ertum, -ire: *v.t.* – encobrir, esconder, obscurecer.
adopinor, -aris, -ari, atus sum: *v.t.dep.* – conjecturar, pensar, julgar.
ad oponendum: para opor-se.
adoptio, -onis: *s.f.* – ação de adotar.
adoptio naturam imitatur: a adoção imita a natureza.
adoptio per testamentum: adoção por testamento.
adoptivus, -a, -um: *adj.* – adotivo, que é adotado.
adopto, -as, -avi, -atum, -are: *v.t.* – adotar, escolher, enxertar.
ador, -oris: *s.m.* – espécie de trigo usado nos sacrifícios.
adorabilis, -e: *adj.* – adorável.
adoratio, -onis: *s.f.* – adoração, atitude de quem suplica, submissão.
adorea, -ae: *s.f.* – todo fruto dos campos, prêmio em trigo dado aos soldados vencedores, glória militar, vitória.

A

adoreus, -a, -um: *adj.* – feito de trigo.
adorior, -reris, -ortus sum, -oriri: *v.t./int. dep.* – aproximar-se de alguém, conferenciar com, abordar, atacar, empreender, tentar.
adorno, -as, -avi, -atum, -are: *v.t.* – preparar, aprontar, prover de, enfeitar, ornar.
adoro, -as, -avi, -atum, -are: *v.t.* – rogar, pedir orando, implorar, adorar, prostrar-se diante de, reverenciar.
ad ostentationem: por ostentação, por vaidade, por bazófia.
ad ostium ecclesiae: à porta da igreja.
adp-, ver também **app-**.
ad pariendum: para parir, gerar, adquirir.
ad patiendum: para suportar.
ad patres: para os antepassados – expressão bíblica usada para indicar a morte: ir *ad patres* (morrer).
ad patres abiit: voltou aos antepassados, morreu.
ad perpetuam rei memoriam: para que se perpetue a recordação de uma coisa ou fato.
ad perpetuum: para sempre, definitivamente.
ad personam: contra a pessoa.
ad personam domini: contra a pessoa do dono.
ad petendam pacem: para conseguir a paz.
ad petendam pluviam: para pedir chuva.
ad petitionem: a pedido.
ad pios usus: para usos nobres, com objetivo nobre.
ad pompam: por ostentação, para ostentação.
ad pompam et ostentationem: para a pompa e a ostentação.
adposco, -is, -ere: *v.t.* – pedir, rogar.
ad posteritatis memoriam: para a recordação da posteridade.
ad postremum: finalmente, por último.
ad praescriptum: conforme as ordens.
ad praesens: presentemente.
ad praeteritum: para o passado, retroativo.
ad probandum tantum: apenas para provar.
ad probationem: para prova, como prova, a título de prova.
ad processum: para o processo.
ad pugnam canere: dar o toque de atacar.
ad quem: para quem – juiz ou tribunal de instância superior para onde se encaminha o processo, dia ou termo final de contagem de um prazo – ponto de chegada.
adquo: *adv.* – quando, até quando, até que ponto.
adr-, ver também **arr-**.
adrado, -is, -asi, -asum, -ere: *v.t.* – raspar, rapar, tosar, cortar.
ad referendum: para apreciação posterior, para aprovação.
ad rem: à coisa, ao assunto.
ad reparationem et sustentationem: para reparar e manter.
ad retro: para trás.
adrogatio, -onis: *s.f.* – arrogação, atribuição.
ads-, ver também **ass-**.
ad saeculum: para sempre.
ad salutem: para salvação.
ad satiatem: em grande número, a fartar.
ad scribendum: assunto para ser escrito.
ad semen nata respondent: os frutos correspondem à semente.
ad sensum: pelo sentido, de acordo com o sentido.
ad signum: pelo sinal, pela marca.
ad similia: por semelhança, por analogia.
ad sinistram: à esquerda.
ad solemnitatem: para solenidade, para o cumprimento de uma formalidade.
ad solis occasum: ao pôr do sol.
ad solvendum: para pagar, para pagamento.
ad spem: relativamente ao que se espera.
ad submovendam turbam: para afastar a multidão.
ad substantiam actus: para a substância do ato, diz-se do instrumento público exigido como formalidade solene.
ad substantiam negotii: para a essência do negócio.
adsum, -des, -desse, adfui ou **affui**: *v.int.* – estar perto, estar presente, estar entre, ou junto de.
ad summam: em resumo, em uma palavra, definitivamente.
ad summa nitamur: busquemos a perfeição.
ad summa per ardua: a resultados grandiosos com muito trabalho, não é fácil o caminho do céu.
ad summum: ao mais alto ponto, no máximo, quanto muito.
adsurde: *adv.* – de modo discordante, desafinadamente, absurdamente.
adt-, ver também **att-**.
ad te: para ti.
ad tempus: até certo tempo, para um tempo determinado.

A

ad terrorem: para atemorizar.
ad tutelam: para proteção.
adulans, -antis: *part.pres.* – afável, adulador, lisonjeador.
adulatio, -onis: *s.f.* – festa (que fazem os cães), adulação, servilismo.
adulatio inimica amicitiae: a bajulação é inimiga da amizade.
adulator, -oris: *s.m.* – adulador, vil, lisonjeiro.
adulator cum laudat, pungit: o adulador, quando louva, destrói.
adulatorius, -a, -um: *adj.* – adulador, lisonjeiro.
adulescens, ver **adolescens**.
adulescentia, ver **adolescentia**.
adulescentulus, ver **adolescentulus**.
adulo ou **adulor, -as, -are, avi, -atum**: *v.t.* – aproximar-se fazendo festa, acariciar.
adulor, -aris, -atus sum, -ari: *v.t.* – adular, lisonjear. [melhor fazer um único verbete com o de cima]
adulter, -a, -um: *adj.* – adulterado, estragado, falsificado, adúltero, de adúltero.
adulter, -teri: *s.m.* – adúltero, amásio.
adultera, -ae: *s.f.* – adúltera.
adulteratores monetae: falsificadores de moeda.
adulterinus a matre: adulterino por parte da mãe.
adulterinus a patre: adulterino por parte do pai.
adulterium, -i: *s.n.* – adultério.
adulterium sine dolo malo non comittitur: não se comete adultério sem dolo.
adultero, -as, -avi, -atum, -are: *v.t./int.* – alterar, falsificar, corromper.
adulteror, -aris, -atus sum, -ari: *v.dep.* – cometer adultério.
ad ultimum: por último, no fim.
adultus, -a, -um: *part.p.* – crescido, grande, nutrido, e daí: adulto.
adumbratim: *adv.* – escuramente, de modo vago, sem contornos precisos, imperfeitamente.
adumbratio, -onis: *s.f.* – bosquejo, esboço, disfarce, simulação.
adumbratus, -a, -um: *part.p.* – escondido, esboçado, aparente, exterior, confuso, falso, fingido.
adumbro, -as, -avi, -atum, -are: *v.t.* – cobrir de sombra, pôr à sombra, esboçar, traçar, reproduzir, inventar.
ad una: todos juntos.
aduncitas, -atis: *s.f.* – arqueamento, curvatura, inflexão.
aduncus, -a, -um: *adj.* – curvo, recurvado, adunco.
ad unguem: à unha, com esmero.
ad unguem factum: feito à unha, feito com esmero, feito com cuidado.
ad unum: até um só, até o último.
ad unum (omnes): até o último, até o fim.
adurgeo, -es, -ursi, -ere: *v.t.* – apertar muito, oprimir, constranger.
aduro, -is, -ussi, -ustum, -ere: *v.t.* – queimar superficialmente, queimar, destruir, abrasar.
adusque: *prep.ac.* – até a, inteiramente.
adustus, -a, -um: *part.p.* – queimado, crestado.
ad usucapionem: para o usucapião.
ad usum: segundo o uso, de acordo com o costume.
ad usum asinorum: para uso dos burros (ignorantes).
ad usum doctorum: para uso dos eruditos.
ad usum fidelium: para uso dos fiéis.
ad usum forensem: para o uso do foro.
ad usum privatum: para uso privado.
ad usum proprium: para o próprio uso.
ad usum publicum: para uso público.
ad utilitatem: para utilidade.
ad validitatem: para validade.
ad valorem: pelo valor, conforme o valor, segundo o valor, proporcionalmente ao valor.
ad vanum: inutilmente.
advecticius, -a, -um: *adj.* – trazido de fora, importado.
advectio, -onis: *s.f.* ou **advectus, -us**: *s.m.* – ação de transportar, transporte, carreto, viagem.
advecto, -as, -avi, -atum, -are: *v.t.* – transportar frequentemente.
advectus, -us, ver **advectio**.
adveho, -is, -exi, -ectum, -ere: *v.t.* – levar para, transportar.
advelo, -as, -avi, atum, -are: *v.t.* – lançar um véu em, cobrir, velar, esconder.
advena, -ae: *s.m.* – estrangeiro, *adj.m.f.* – estrangeiro, estranho a.
advena fui in terra aliena: peregrino fui em terra estranha.
adveniente die praefixo: chegado o dia marcado.
advenio, -is, -eni, -entum, -ire: *v.int.* – chegar, aproximar-se, sobrevir.
adventicia doctrina: uma doutrina importada.

adventitius, -a, -um: *adj.* – adventício, que vem de fora, emprestado, estranho, sobre excedente, suplementar, relativo à chegada.

advento, -as, -avi, -atum, -are: *v.int.* – vir chegando, aproximar-se.

adventor, -oris: *s.m.* – o que vem visitar, visitante, cliente.

adventorius, -a, -um: *adj.* – que se oferece a quem chega, pertencente a um hóspde.

adventus, -us: *s.m.* – chegada, vinda, ataque, agressão.

ad verbum: palavra por palavra, ao pé da letra.

ad verbum reddere: traduzir palavra por palavra.

adverro, -is, -ere: *v.t.* – varrer, arrastar, e daí: exterminar, expulsar.

adversae res: a má sorte.

adversa fortuna: a má sorte, o infortúnio.

adversante natura: com a oposição da natureza, contra a vontade da natureza.

adversaria, -orum: *s.m.pl.* – livro de apontamentos, de lembranças, rascunho.

adversarius, -a, -um: *adj.* – adverso, contrário, adversário, oposto, hostil.

adversator, -oris: *s.m.* – o que se opõe, adversário, opositor.

adversatrix, -icis: *s.f.* – a que se opõe, adversária, opositora.

adversa virtute repello: com coragem, enfrento a adversidade.

adversio, -onis ou **anima adversio**: *s.f.* – atenção, advertência, ação de dirigir para, aplicação do espírito.

adverso flumine: contra o fluxo do rio, contra a corrente.

adversor, -aris, -atus sum, -ari: *v.int.* – ser contrário, contrariar, opor-se.

adversus, -a, -um: *part.p.* – que está oposto, fronteiro a, voltado para, contrário, oposto, desfavorável.

adversus aerem certare: lutar contra o ar.

adversus bonos mores: contra os bons costumes.

adversus clavos calcitrare: dar chutes em pregos, dar murro em ponta de faca.

adversus omnes: contra todos, para com todos.

adverto, -is, -erti, -esum, ere: *v.t.* – voltar para ou contra, virar para, dirigir a, aplicar, prestar atenção, advertir, fazer lembrar, punir.

advesperascit, -avit, -ere: *v.imp.* – anoitecer, fazer-se noite.

ad vesperum: ao anoitecer, até o anoitecer.

ad vicem: à semelhança, à maneira.

advigilo, -as, -avi, -atum, are: *v.int.* – velar, vigiar sobre, vigiar, olhar por, estar atento.

ad vindictam: por vingança.

ad vitam: para a vida, para toda a vida.

ad vitam aeternam: para a vida eterna, para sempre.

advocatio, -onis: *s.f.* – ofício ou exercício de advogar, advocacia, assembleia, reunião, ordem ou corporação de advogados, convocação de peritos.

advocatus, -i: *s.m.* – advogado, patrono, defensor.

advocatus diaboli: o advogado do diabo.

advocatus fisci: advogado do físico.

advocatus non accusat: o advogado não acusa.

ad vocem: por falar nisso, a propósito.

advoco, -as, -avi, -atum, -are: *v.t.* – chamar para si, convocar, chamar em auxílio, tomar alguém por defensor, pôr advogado, empregar aplicar.

advolatus, -us: *s.m.* – o voo das aves, voo para algum lugar.

advolo, -as, -avi, atum, -are: *v.int.* – voar a ou para alguma parte, ir à pressa, acudir a.

ad voluntatem: à sua vontade, a seu bel--prazer.

ad voluntatem domini: à vontade do dono.

ad voluptatem: para o prazer.

advolvo, -is, -volvi, -volutum, -ere: *v.t.* – trazer rolando, rolar ao pé ou para, lançar diante ou por terra.

adytum, -i: *s.n.* – lugar mais secreto do templo, santuário.

aedicula, -ae:, *s.f.* – capela, ermida, casa pequena, cubículo.

aedificatio, -onis: *s.f.* – ação de edificar, de construir, construção, edifício.

aedificator, -oris: *s.m.* – o que edifica, construtor, arquiteto.

aedificia solo cohaerent: o edifício está ligado ao solo.

aedificium, -ii: *s.n.* – edifício, construção.

aedifico, -as, -avi, -atum, -are: *v.t.* – edificar, construir, fundar, fabricar.

aedilicius, -a, -um: *adj.* – relativo ao edil ou às suas atribuições.

aedilis, -is: *s.m.* – edil, magistrado investido de funções fiscais, como as de inspecionar edifícios, aquedutos, serviços de abastecimento e jogos públicos, vereador.

aedilitas, -atis: *s.f.* – edilidade, cargo de edil.

A

aedis ou **aedes, -is**: *s.f.* – lareira, lugar onde se põe fogo, o singular indica especialmente a morada dos deuses, o templo.
aeditimus ou **aeditumus** ou **aedituus, -i**: *s.m.* – guarda do templo, sacristão, guarda.
aedon, -onis: *s.f.* – o rouxinol.
aeger, -gra, -grum: *adj.* – doente, enfermo, danificado, corrompido, fraco, que sofre, triste, aflito, infeliz, árduo, penoso.
aegis, aegidis: *s.m.* – égide, escudo de Palas, escudo de Júpiter, peito de armas.
aegre: *adv.* – com pesar, com dor, penosamente, de má vontade.
aegreo, -es, -ui, -ere: *v.int.* – estar doente.
aegrescit medendo: adoeceu curando.
aegresco, -is, ere: *v.int.* – tornar-se enfermo, adoecer, enfadar-se, irritar-se.
aegrimonia, -ae: *s.f.* – enfermidade, aflição, tristeza.
aegri somnia: delírios de enfermo.
aegritudo, -inis: *s.f.* – doença, enfermidade, pesar, aflição.
aegror, -oris: *s.m.* – doença.
aegrotat: estar doente.
aegrotatio, -onis: *s.f.* – enfermidade, dor, ansiedade, tristeza.
aegroto, -as, -avi, -atum, -are: *v.int.* – adoecer, estar doente, mal disposto, aflito.
aegrotus, -a, -um: *adj.* – doente, enfermo, triste, inquieto.
Aegyptus, *s.f.*: Egito.
aelinos, -i: *s.m.* – canto fúnebre, lamentação.
aemulatio, -onis: *s.f.* ou **aemulatus, -us**: *s.m.* – emulação, competição, rivalidade.
aemulor, -aris, -atus sum, -ari: *v.dep.* – procurar imitar, igualar, imitar, competir, rivalizar.
aemulus, -a, -um: *adj.* – que se esforça por imitar ou igualar alguém, êmulo, rival, invejoso, inimigo.
aeneator ou **abeneator, -oris**: *s.m.* – tocador de trombeta.
aenigma, -atis: *s.n.* – enigma, obscuridade, o que é oculto ou misterioso.
aenipes, -edis ou **aeripes, -edis**: *adj.* – de pés de bronze, forte, vigoroso, ágil.
aenum ou **abenum, -i**: *s.n.* – caldeirão, marmita, vaso de bronze.
aenus ou **abenus, -a, -um**: *adj.* – de bronze, de cobre, firme, inflexível, inexorável.
aequabilis, -e: *adj.* – igual, uniforme, equitativo, justo.
aequabilitas, -atis: *s.f.* – igualdade, uniformidade, retidão, firmeza, equidade, justiça.
aequabiliter: *adv.* – igualmente, uniformimente.
aequa et iniqua: o justo e o injusto.
aequaevus, -a, -um: *adj.* – da mesma idade.
aequalis, -e: *adj.* – igual, nivelado ou do mesmo nível, uniforme; *s.m.f.* – contemporâneo.
aequalis aequalem delectat: igual agrada a igual.
aequalitas, -atis: *s.f.* – igualdade, uniformidade, conformidade, paridade, semelhança.
aequanimitas, -tatis: *s.f.* – benevolência, equanimidade, igualdade de ânimo.
aequanimiter: *adv.* – com equanimidade.
aequatio, -onis: *s.f.* – ação de igualar, equiparação, repartição igual, igualdade.
aeque: *adv.* – igualmente, uniformemente, do mesmo modo, justamente, inteiramente.
aequilibritas, -tatis: *s.f.* – exata proporção das partes.
aequilibrium, -i: *s.m.* – equilíbrio, nível.
aequinoctialis, -e: *adj.* – equinocial, que diz respeito ao equinócio.
aequinoctium, -i: *s.n.* – equinócio.
aequiparabalis, -e: *adj.* – comparável.
aequiparo ou **aequipero, -as, -avi, -atum, -are**: *v.t.* – igualar, pôr em paralelo, comparar.
aequitas, -atis: *s.f.* – igualdade, equidade, moderação, tranquilidade, imparcialidade.
aequitas religio judicantis: a equidade é a religião do julgador.
aequitas sequitur legem: a equidade segue a lei – a lei deve ser justa.
aequo, -as, -avi, -atum, -are: *v.t.* – igualar, aplainar, nivelar, repartir por igual, comparar.
aequo animo: com a mente tranquila, com serenidade.
aequo marte: com forças iguais.
aequo pede propera: avança com passo firme.
aequo pulsat pede: bate com pé igual – expressão de Horácio (*carm.* 1.4, 13), referindo-se à morte, que esmaga tanto os habitantes dos palácios como os das choupanas.
aequor, -oris: *s.n.* – plano, planície, campo, superfície plana ou líquida, o mar.
aequoreus, -a, -um: *adj.* – que se refere ao mar, marinho, marítimo.
aequum, -i: *s.n.* – terreno plano, planície, e daí: equidade, justiça.
aequum est: é justo.

aequum iudica: julga de acordo com o direito.
aequus, -a, -um: *adj.* – igual, plano, aplanado, favorável, equitativo, justo, reto.
aer, aeris: *s.m.* – ar, vento, nevoeiro, cerração.
aera christiana: a era cristã.
aeraria, -ae (cella): *s.f.* – mina de cobre.
aerarii praefectus: o tesoureiro.
aerarium, -i: *s.n.* – tesouro público, erário, tesouro, templo de Saturno onde se guardavam o texto das leis e as insígnias militares.
aerarius, -a, -um: *adj.* – de bronze, de cobre, que se refere ao tesouro.
aerarius, -ii: *s.m.* – o que trabalha em bronze, em latão, cinzelador, latoeiro, soldado, cidadão da mais baixa classe em Roma.
aeratus, -a, -um: *part.p.* – coberto de bronze, ornado, chapeado de bronze, endinheirado.
aere alieno premi: estar sobrecarregado de dívidas.
aerem ferire: bater no ar, um ato inútil.
aere perennius: mais durável que o bronze (expressão de Horácio).
aereus, -a, -um: *adj.* – de latão, cobre ou bronze, guarnecido de bronze.
aerifer, -fera, -ferum: *adj.* – que leva cobre, de cobre (pandeiro).
aerius, -a, -um: *adj.* – aéreo, do ar, vão, alto, elevado.
aeruginosus, -a, -um: *adj.* – coberto de azinhavre, ferrugento.
aerugo, -inis: *s.f.* – azinhavre, rancor, fel, inveja, avareza, cobiça.
aerumna, -ae:, *s.f.* – a miséria, desastre, sofrimento, provação, revés, desgraça, aflição.
aerumnabilis, -e: *adj.* – atribulado, aflitivo, desgraçado.
aerumnosus, -a, -um: *adj.* – infeliz, desgraçado, agitado, perigoso.
aes, aeris: *s.n.* – latão, bronze, cobre, instrumento, objeto ou estátua de bronze ou cobre, dinheiro, moeda, soldo, salário.
aes alienum solvere: pagar a dívida.
aesculetum, -i: *s.n.* – mata de carvalhos, carvalhal.
aesculeus, -a, -um: *adj.* – de carvalho.
aesculus, -i: *s.f.* – espécie de carvalho.
aestas, -atis: *s.f.* – verão, estio, ano, céu sereno.
aestifer, -a, -um: *adj.* – que traz ou produz calor, quente, ardente, sujeito a grandes calores.
aestimabilis, -e: *adj.* – estimável, digno de apreço.
aestimatio, -onis: *s.f.* – estimação, avaliação, cálculo, conta, preço, valor, apreciação, juízo.
aestimatio capitis: a estimativa da cabeça, o preço ou valor de um homem.
aestimator, -oris: *s.m.* – apreciador, avaliador.
aestimo, -as, -avi, -atum, -are: *v.t.* – avaliar, pôr preço, estimar, julgar, ter em conta de, opinar, pensar.
aestiva, -orum: *s.n.pl.* – acampamento de estio, de verão, campanha, pastagens de verão.
aestive: *adv.* – como no verão, com roupas leves.
aestivo, -as, -avi, -atum, -are: *v.int.* – passar o estio em algum lugar, veranear.
aestivosus, -a, -um: *adj.* – de verão, que tem o calor do verão.
aestuans, -antis: *part.pres.* – quente, fervente, estuante.
aestuarium, -i: *s.n.* – estreito formado pelo mar na vazante, charco, lagoa, braço de mar.
aestuo, -as, -avi, -atum, -are: *v.int.* – arder, inflamar-se, desejar ardentemente, ferver, agitar-se.
aestuosus, -a, -um: *adj.* – ardente, estuante, agitado.
aestus, -us: *s.m.* – calma, grande calor, agitação do mar, maré, agitação do espírito inflamação, violência, paixão.
aetas, atis: *s.f.* – idade, geração, duração da vida das coisas, tempo, período, época.
aetas excusationem meretur: a idade merece ser excusada.
aetate et usu doctus: instruído pelo tempo e pela experiência.
aetate nostra: em nosso tempo, na nossa época.
aetatis suae: de sua idade.
aetatula, -ae: *s.f.* – tenra idade, juventude, paixão juvenil.
aeterna urbs: a cidade eterna, Roma.
aeterni, -is: *s.n.* – o eterno.
aeternitas, -atis: *s.f.* – eternidade, perpetuidade, duração indefinida, vida eterna.
aeterno, -as, -avi, -atum, -are: *v.t.* – eternizar, perpetuar.
aeternum: *adv.*. – sempre.
aeternum fieri nihil: nada é eterno.
aeternus, -a, -um: *adj.* – eterno, perpétuo, imortal.

aether, -eris: *s.m.* – ar sutil das camadas superiores, fogo, ar, ares, céu.
aetherius, -a, -um: *adj.* – etéreo, relativo ao ar, de fogo, celeste.
aethra, -ae: *s.f.* – a parte mais elevada do céu, ar fino e sereno, ar, céu.
aetiologia, -ae: *s.f.* – investigação das causas.
aevum, -i: *s.n.* – tempo (considerado em sua duração contínua), eternidade, longa duração, época, século.
a fabulis ad facta veniamus: passemos das lendas aos fatos.
a falsis principiis proficisci: partir de princípios falsos.
afer, afra, afrum: *adj.* – africano.
affabilis ou **adfabilis, -e**: *adj.* – acessível, afável, polido, bondoso.
affabilitas ou **adfabilitas, -atis**: *s.f.* – afabilidade, maneiras finas e polidas, bondade.
affabre ou **adfabre**: *adv.* – habilmente, com arte, artificiosamente.
affamen, -inis: *s.n.* – encontro, entrevista, conferência.
affari ou **adfari, -atus sum, -ari**: *v.dep.* – falar a, chamar, invocar.
affatim ou **adfatim**: *adv.* – abundantemente, amplamente.
affectatio ou **adfectatio, -onis**: *s.f.* – pretensão, aspiração para alguma coisa, procura, paixão.
affectio ou **adfectio, -onis**: *s.f.* – disposição, maneira de ser inclinação, afeição, amor.
affectio maritalis: afeição conjugal.
affectio possidendi: a vontade de possuir.
affectio tenendi: vontade de reter a coisa.
affecto ou **adfecto, -as, -avi, -atum, -are**: *v.t.* – buscar, procurar, empreender, ambicionar, empenhar-se em, querer parecer, fingir, afetar.
affectus ou **adfectus, -a, -um**: *adj.* – tomado ou cheio de, afetado, bem ou mal disposto, vexado, abatido.
affectus ou **adfectus, -us**: *s.m.* – estado (físico ou moral) afeição, disposição, inclinação, afeto, ternura.
affero, -affers, -attuli, -allatum, afferre: *v.t.* – levar para ou contra, trazer, causar, produzir, narrar, relatar, alegar.
afficere poena: aplicar uma punição.
afficio ou **adficio, -is, -eci, -ectum, -icere**: *v.t.* – afetar, tratar (bem ou mal), dispor, mover, fazer ou causar impressão, dar, conceder, encher de, oprimir de.
affidavit: afirmação ou confirmação, declaração jurada (direito tributário), deu fé, certificou, confirmou.
affigo ou **adfigo, -is, -xi, -xum, -gere**: *v.t.* – pregar, fixar, gravar, inculcar.
affines inter se non sunt affines: os afins, entre si, não são afins.
affingo ou **adfingo, -is, -inxi, -ictum, -ere**: *v.t.* – ajuntar, formar, acomodar, atribuir, imputar.
affinis ou **adfinis, -e**: *adj.* – vizinho, contíguo, afim, parente, cúmplice, participante, inclinado.
affinitas ou **adfinitas, -tatis**: *s.f.* – o parentesco por afinidade, a semelhança.
affinitas affinitatem non parit: a afinidade não gera afinidade.
affinitas non egredietur ex persona: a afinidade não vem da pessoa.
affinitatis causa fit ex nuptiis: a causa da afinidade vem das núpcias.
affirmans probat: quem afirma prova.
affirmans probet: prove quem afirma.
affirmanti incumbit probatio: a prova incumbe a quem afirma.
affirmater ou **adfirmater**: *adv.* – afirmativamente, com asseveração.
affirmatio ou **adfirmatio, -onis**: *s.f.* – afirmação, asseveração.
affirmo ou **adfirmo, as, -avi, -atum, -are**: *v.t.* – firmar, fortalecer, provar, afirmar, asseverar.
afflatus ou **adflatus, -us**: *s.m.* – sopro, vento, bafo, respiração, inspiração.
affleo ou **adfleo, -es, -evi, -ere**: *v.int.* – chorar junto a, com.
afflictatio ou **adflictatio, -onis**: *s.f.* – aflição, dor, sofrimento, tribulação.
afflicto ou **adflicto, -as, -avi, -atum, -are**: *v.t.* – maltratar, vexar, agitar, atormentar, abater, afligir muito.
afflictor ou **adfflictor, -oris**: *s.m.* – o que arruína, vexa, destrói.
afflictus ou **adflictus, -a, -um**: *part.p.* – perturbado, abatido, arremetido contra, despedaçado.
affligo ou **adfligo, -is, -xi, -ctum, -gere**: *v.t.* – quebrar, despedaçar, bater com violência, arremessar, atirar contra, molestar, arruinar.
afflo ou **adflo, -as, -avi, -atum, -are**: *v.t./int.* – assoprar, soprar sobre, bafejar, favorecer, inspirar, sentir a inspiração, ser inspirado.

affluens ou **adfluens, -entis**: *part.pres.* e *adj.* – que corre para ou junto a, abundante, copioso.

affluentia ou **adfluentia, -ae**: *s.f.* – fluxo, ação de correr para.

affluo ou **adfluo, -is, -xi, -xum, -ere**: *v.int.* – correr para, afluir, vir, acudir em quantidade, abundar, transbordar.

affore ou **adfore**: *inf.fut.* e **afforem** ou **adforem**: *pret.imp.sub.* de **adsum**.

affulgeo ou **adfulgeo, -es, -si, -ere**: *v.int.* – resplandecer, brilhar, aparecer brilhando, favorecer.

affundo ou **adfundo, -is, -ere, -fudi, -fusum**: *v.t.* – derramar em ou sobre, espalhar, verter.

a filo pendet: está pendurado por um fio.

a fine usque ad finem: de uma extremidade a outra.

a fonte: da fonte, da origem, desde a origem.

a fortiori: com maior razão.

a fortiori ratione: com mais forte razão, por mais forte razão.

africatus ou **adfricatus, -us**: *s.m.* – ação de esfregar, fricção.

africus, -i: *s.m.* – Áfrico, vento sudoeste que, sopra da África (para a Itália.)

a fronte atque a tergo: pela frente e pelas costas, por todos os lados.

a fronte et occipitio oculatus est: tem olhos no rosto e na nuca.

a fructibus eorum cognoscetis eos: pelo fruto deles vós os conhecereis, pela obra se conhece o obreiro.

agamus quod agendum: façamos o que deve ser feito.

agaso, -onis: *s.m.* – arrieiro, almocreve, moço de cavalariça, criado.

age: *2ª pess. sing. do imp.* de **agere** – eia, ânimo, coragem, seja, pois não, agora, eis pois, vamos.

agedum: *adv.* – eia pois, ânimo, vamos, adiante.

agellus, -i: *s.m.* – pequeno campo.

agema, -atis: *s.n.* – corpo ou divisão de soldados (no exército macedônico).

agenda: coisas que devem ser feitas.

a generatione in generationem: de geração em geração.

age quid libet: faze o que te agrade.

age quod agis: faze o que fazes – presta atenção no que fazes, concentra-te no teu trabalho.

ager, agri: *s.m.* – campo, terreno cultivado, herdade, pomar, território, região.

agere flammam: alimentar a chama.

agere gratias: agradecer.

agere invitus nemo compellitur: ninguém é compelido a agir contra a vontade.

ager privatus: terra particular.

ager publicus: terra pública.

aggemo ou **adgemo, -is, -ui, -itum, -ere**: *v.int.* – gemer junto a.

agger ou **adger, -eris**: *s.m.* – material de aterro, montão, outeiro, colina, estrada alta, dique, eirado, muralha, trincheira.

aggero ou **adgero, -as, -avi, -atum, -are**: *v.t.* – entulhar, amontoar, elevar a terra, aumentar, exagerar.

aggestus ou **adgestus, -us**: *s.m.* – ação de amontoar, ajuntar, montão, leva, transporte.

agglomero ou **adglomero, -as, -avi, -atum, -are**: *v.t.* – ajuntar, empilhar, reunir, aglomerar.

agglutino ou **adglutino, -as, -avi, -atum, -are**: *v.t.* – colar, soldar, unir, aglutinar.

aggravo ou **adgravo, -as, -avi, -atum, -are**: *v.t.* – sobrecarregar, oprimir, agravar.

aggredior ou **adgredior, -eris, -essus sum, -gredi**: *v.dep.* – aproximar-se de, ir ter com, procurar, atacar, agredir, empreender.

aggrego ou **adgrego, -as, -avi, -atum, -are**: *v.t.* – ajuntar, reunir, associar, agregar.

aggressio ou **adgressio, -onis**: *s.f.* – agressão, assalto, ataque.

agilis, -e: *adj.* – que facilmente se move, movediço, ágil, ativo, rápido.

agilitas, -atis: *s.f.* – agilidade, rapidez.

agitabilis, -e: *adj.* – agitável, fácil de se mover.

agitatio, -onis: *s.f.* – agitação, movimento, prática, exercício.

agitator, -oris: *s.m.* – condutor de cavalos, almocreve, arrieiro.

agitatus, -a, -um: *part.p.* – agitado, impelido, posto em movimento.

agito, -as, -avi, -atum, -are: *v.t.* – levar adiante de si, conduzir, fazer caminhar, sacudir, agitar, afugentar, maltratar, repreender, tratar, exercer, praticar, passar (a vida, o tempo), refletir.

agmen, -inis: *s.n.* – multidão em movimento, multidão, exército, marcha do exército, ordem, série, esquadrão.

agna, ae: *s.f.* – cordeira, ovelha nova.

agnascor, -eris, -natus sum, -sci: *v.int.* – nascer em ou ao pé de, nascer depois de o pai ter feito testamento.

agnatio, -onis: *s.f.* – agnação, parentesco pela linha paterna.

agnatio a patre sit, cognatio a matre: a agnação vem do pai, a cognação da mãe.
agnatus, -i: *s.m.* – agnato, parente pelo lado paterno.
agnina, -ae: *s.f.* – carne de cordeiro.
agnitio, -onis: *s.f.* – conhecimento, reconhecimento.
agnitor, -oris: *s.m.* – que reconhece.
agnomen, -inis: *s.n.* – agnome, apelido, sobrenome.
agnomentum, -i: *s.n.* – o apelido, alcunha.
agnosco, -is, -ovi, agnitum, -oscere: *v.t.* – conhecer, reconhecer, admitir, aceitar, confessar, ter por, considerar como.
agnovi erratum meum: reconheci meu engano.
agnus, -i: *s.m.* – cordeiro.
agnus Dei: cordeiro de Deus; **1.** Jesus Cristo; **2.** invocação usada durante a missa depois da fração da hóstia e no final das ladainhas; **3.** pequeno relicário de cera do círio pascal e óleo bento, moldado com a imagem do cordeiro, que o papa benze no sábado santo, atribuem-lhe os devotos a virtude de salvaguarda nos perigos, doenças e tempestades.
ago, -is, egi, actum, -ere: *v.t.* – levar adiante de si, conduzir, transportar, lançar fora, perseguir, fazer, obrar, exercer, praticar, tratar, advogar, defender em juízo, meditar, considerar, representar.
agon, -onis: *s.m.* – luta, combate nos jogos públicos, jogo público.
agonalia, iam ou **-orum**: *s.n.pl.* (*o.m.q.* **agonia, -orum**) – agonais, festas em honra de Jano.
agralis, -ie: *adj.* – pertencente ao campo.
agrammantus, -i: *s.m.* – o que não sabe ler, o idiota.
agrarius, -a, -um: *adj.* – que se refere aos campos, agrário, rural; *s.m.* – agricultor, lavrador, camponês.
a gratia: por graça, por favor, não por direito.
a gratia excidistis: vós decaístes da graça.
agrestis, -e: *adj.* – agreste, que se refere aos campos, rústico, grosseiro, duro, rude, severo, bravio.
agricola, -ae: *s.m.* – agricultor, lavrador.
agrios (us), -a, -um: *adj.* – selvagem, agreste (com relação às plantas).
agunt, non cogunt: conduzem, mas não obrigam.
ah!: *interj.* – ah! ai!
aheneus, -a, -um: *adj.* (*o.m.q.* **ahenus, -a, -um**) – de bronze, brônzeo, feito de bronze, cobre ou latão.
ahenum, -i: *s.n.* – caldeira, caldeirão.
ai!: *interj.* – ai! ah!
aiens, -entis: *part.pres.* – que diz ou afirma, afirmativo.
aio, -ais, -ait: *v.defect.* – digo, dizes, diz; **aiunt**: *pl.* – dizem.
ala, -ae: *s.f.* – asa, ala (de um edifício), ala de cavalaria, espádua, braço, vela, remo do navio.
alacer, -cris, -cre: *adj.* – pronto, disposto, ágil, veloz, ligeiro, vivo, animado, alegre.
alacritas, -atis: *s.f.* – vivacidade, energia, ardor, alacridade, alegria.
alapa, -ae: *s.f.* – bofetada.
alaris -e ou **alarias, -a, -um**: *adj.* – relativo aos flancos ou às alas do exército, auxiliar.
alas accidere: cortar as asas.
a lasso rixa quaeris: procuras briga com um homem cansado.
alata aetas: o tempo tem asas.
a latere: ao lado, do seu lado, paralelamente.
alatus, -a, -um: *adj.* – alado, que tem asas, ligeiro, rápido.
alauda, -ae: *s.f.* – calhandra, cotovia.
alba, -ae: *s.f.* – branca.
alba charta: o papel branco, a carta branca, carta branca; autorização plena dada a alguém para agir como achar conveniente.
alba sicut nix: branca como a neve.
albatus, -a, -um: *adj.* – vestido de branco.
albeo, es, ere: *v.int.* – branquejar, alvejar.
albesco, -is, -ere: *v.int.* – começar a branquejar, fazer-se branco.
albicapillus, -i: *s.m.* – velho de cabelos brancos.
albico, -as, -avi, -atum, -are: *v.t./int.* – branquejar, alvejar, estar branco, embranquecer.
albidus, -a, -um: *adj.* – esbranquiçado.
albo lapillo notare diem: marcar o dia com pedra branca – ser feliz durante o dia.
albulus, -a, -um: *adj.* – um tanto branco, alvacento, esbranquiçado de espuma.
album, -i: *s.n.* – quadro branco em que se registravam os nomes dos magistrados.
album et nigrum novit: conhece o branco e o preto, conhece o mal e o bem.
albus, -a, -um: *adj.* – branco, alvo, descorado, pálido, claro, puro, sereno, favorável, feliz.
albus aterve: branco ou preto, é indiferente.

albus dies: um dia branco, um dia feliz, um dia favorável.

alcyon, -onis: *s.n.* – maçarico, ave marinha, alcião.

alea, ae: *s.f.* – dado de jogar, jogo de dados, jogo de sorte, azar, risco, perigo.

alea jacta est: o dado está lançado, o jogo está feito, a sorte está lançada.

alea judiciorum: o dado dos julgamentos, a sorte dos julgamentos.

aleam fuge: foge dos jogos de azar.

alea non facit omnia: não é a sorte que decide tudo.

aleator, -oris: *s.m.* – jogador.

aleatorius, -a, -um: *adj.* – relativo a jogo de sorte ou aos jogadores.

ale flammam: alimenta a chama.

ale luporum catulos: alimenta filhotes de lobos.

ales, alitis: *adj.* – alado, que tem asas, veloz; *s.m.f.* – ave, agouro, auspício.

alex, -ecis: *s.m.* – peixe miúdo ou de pouco valor, salmoura de peixe.

algeo, -es, -alsi, -alsum, -ere: *v.int.* – sentir frio, ficar enregelado de frio.

algidus, -a, -um: *adj.* – álgido, frio, gelado.

algor, -oris: *s.m.* – frio rigoroso, inverno.

alia dicunt, alia faciunt: dizem umas coisas, fazem outras.

alia ex aliis eveniunt: umas coisas nascem de outras.

alias: *adv.* – por outro lado, alguma vez, em outro lugar, algures, aliás, de outro modo.

alia vice: outra vez, em outra ocasião, mais uma vez.

alibi: *adv.* – em outro lugar, em outra parte, algures.

alibi natus: nascido em outro lugar, estrangeiro.

alicubi: *adv.* – em qualquer parte, em algum lugar.

alicunde: *adv.* – de qualquer lugar, de alguma parte.

aliena gratia: em favor de terceiro, por interesse de terceiro.

aliena insania frui: tirar proveito da loucura alheia.

alienatio, -onis: *s.f.* – alienação, transmissão de propriedade, venda, desinteligência, separação, perturbação, alienação (de espírito).

alienatio rei: a alienação da coisa.

alienatus, -a, -se: *part.p.* – fora de si, alienado, louco, cedido, vendido.

aliena vivere quadra: viver do pão alheio.

alienigena, -ae: *adj.m.f.* – que é de origem estranha, estrangeiro; *s.m.f.* – estrangeiro.

alieni juris: de direito alheio – sujeito à autoridade de outrem.

alienis malis discere: aprender com os males alheios.

alienis malis ridere: rir da desgraça alheia.

alieni temporis flores: flores de um tempo que passou.

alieno, -as, -avi, -atum, -are: *v.t.* – alienar, transtornar, perturbar, desunir, tornar inimigo, isentar, vender, ceder.

alieno arbitrio: sob o arbítrio de outrem, conforme a vontade de outrem.

alieno nomine: em nome alheio.

alieno nomine detinendi: deter em nome alheio.

alieno tempore: em outro tempo, em outro momento, fora do tempo.

alienum fundum arare: arar terra alheia.

alienus, -a, -um: *adj.* – alheio, estranho, que não convém, impróprio, inoportuno, desfavorável, contrário, oposto, livre, isento.

aliger, -a, -um: *adj.* – que tem asas, alado, ligeiro.

alii aliis opitulemur: ajudemo-nos uns aos outros.

alii meliora dabunt: outros darão coisas melhores.

alii serunt, alii metunt: uns semeiam, outros colhem.

aliis lingua, aliis dentes: uns (usam) a língua, outros (usam) os dentes, uns são loquazes, outros, vorazes.

alimentum, -i: *s.n.* – alimento, sustento, salário; *pl.* – víveres.

a limine: desde o início.

alimonium, -i: *s.n.* (*o.m.q.* **alimonia, -ae**: *s.f.*) – alimento, sustento.

a linea: desde a linha de partida, desde o princípio.

a lineis excidis: ultrapassas os limites, sais dos limites.

alio: *adv.* – para outro lugar, para outra parte.

alioqui ou **alioquin**: *adv.* – demais, aliás, de outro modo, ao contrário, além disso.

aliptes, -ae ou **alipta, -ae**: *s.m.* – o que unta e perfuma os atletas e os que saem do banho, perfumador.

aliqua: *adv.* – por ou de alguma parte, de algum modo.

aliquamdiu: *adv.* – por algum tempo, durante algum tempo.

A

aliquammultus, -a, -um: *adj.* – bastante grande, bastante, numeroso.
aliquando: *adv.* – outrora, em outro tempo, algum dia, algumas vezes, afinal.
aliquantillus, -a, -um: *adj.* – que é em pequena quantidade; *s.n.* um pouco de.
aliquantius: *adv.* – até certo ponto, até certo grau, um tanto.
aliquantulum: *adv.* – um pouquinho, um quase nada.
aliquantum: *adv.* – um pouco, algum tanto.
aliquantus: **-a, -um**: *adj.* – um tanto ou bastante grande, algum.
aliquid novi: algo de novo, alguma novidade.
aliquis, -qua, -quod ou **quid**: *pron.* – alguém, algum, qualquer, algum outro.
aliquis latet error: nisso há alguma armadilha escondida.
aliquis malo sit usus ab illo: tire-se algum proveito desse mal.
aliquo: *adv.* – para algum lugar, em algum lugar.
aliquot: *adj. e pron.num.indecl. plur.indecl.* – alguns.
aliquotiens: *adv.* – algumas vezes.
alis nil grave: para (quem tem) as asas, nada é difícil.
alis volat propriis: voa com as próprias asas.
aliter: *adv.* – de outro modo, diferentemente.
aliubi: *adv.* – em outra parte, alhures.
aliud dicis, aliud sentis: uma coisa dizes, outra sentes.
aliud est celere, aliud tacere: uma coisa é ocultar, outra, calar.
aliud est dare, aliud promittere: uma coisa é dar, outra, prometer.
aliud pro alio: uma coisa pela outra.
aliunde: *adj.* – de outro lugar, de outra parte, de outra pessoa.
aliund in ore, aliund in corde: diz uma coisa e sente outra.
alius, -a, -ud: *adj.* – outro, um outro, o outro, segundo, diferente, diverso.
alius est amor, alius cupido: amor é uma coisa, desejo é outra.
alius est atque erat olim: ele está diferente do que era.
allabor ou **adlabor, -eris, -apsus sum, -abi**: *v.t.dep.* – correr para, escorregar, chegar a ou até.
allaboro ou **adlaboro, -as, iivi, -atum, -are**: *v.t.* – trabalhar muito, com esforço, acrescentar com trabalho.
allacrimans ou **adlacrimans, -antis**: *part. prest.* – chorando junto de, por causa de.
allacrimo ou **adlacrimo, -as, -avi, -atum, -are** e **allacrimor, -aris, -atus sum, -ari**: *v.int.* – chorar à vista, junto de ou na lembrança de.
allapsus ou **adlapsus, -us**: *s.m.* – aproximação em silêncio, ataque.
allatro ou **adlatro, -as, -avi, -atum, -are**: *v.t./int.* – ladrar atrás de, contra, invectivar, gritar contra, injuriar.
allaudabilis ou **adlaudabilis, -e**: *adj.* – digno de louvor.
allaudo ou **adlaudo, -as, -avi, -atum, -are**: *v.t.* – exaltar, louvar, encher de elogios.
allectio, -onis: *s.f.* – a eleição, escolha.
allecto ou **adlecto, -as, -avi, -atum, -are**: *v.t.* – atrair muitas vezes, aliciar, convidar a.
allegata et probata: alegadas e comprovadas (coisas).
allegatio ou **adlegatio, -onis**: *s.f.* – missão, embaixada, solicitação.
allego ou **adlego, -as, -avi, -atum, are**: *v.t.* – enviar, mandair, deputar, alegar, apresentar.
allevamentum ou **adlevamentum, i**: *s.n.* – consolação, alívio, remédio.
allevatio ou **adlevatio, -onis**: *s.f.* – ação de levantar, elevação, consolação, alívio.
allevo ou **adlevo, -as, -avi, -atum, -are**: *v.t.* – levantar, erguer, acalmar, aliviar.
allicio ou **adlicio, -is, -lexi, -lectum, -licere**: *v.t.* – aliciar, atrair, persuadir, acariciar.
allido ou **adlido, -is, -isi, -isum, -are**: *v.t.* – arrojar, quebrar (uma coisa contra outra), arriscar, despedaçar.
alligo ou **adligo, -as, -avi, -atum, -are**: *v.t.* – atar, prender, ajuntar, ligar, apertar, reter, impedir, obrigar.
allino ou **adlino, -is, -evi** ou **-ivi, -itum, -nere**: *v.t.* – untar, esfregar, ungir, pôr sinal com líquido, manchar.
allium ou **adlium, -i**: *s.n.* – alho (planta hortense).
allocutio ou **adlocutio, -onis**: *s.f.* – fala, alocução, consolação por palavras, exortação.
alloquium ou **adloquium, -i**, ver **allocutio, -onis**.
alloquor ou **adloquor, -eris, -cutus sum, -qui**: *v.t./int.* – falar a, dirigir a palavra, conversar.
allubesco ou **adlubesco, -is, -ere**: *v.int.* – agradar (a alguém).
alludio ou **adludio, -as, -avi, -atum, -are**: *v.int.* – gracejar, brincar com.

alludo ou **adludo, -is, -usi, -usum, -ere**: *v.t./int.* – dirigir gracejos a, gracejar, brincar.

alluo ou **adluo, -is, -ui, -ere**: *v.t.* – vir molhar, banhar, lavar, regar.

alluvies ou **adluvies, -ei**: *s.f.* – aluvião, inundação, enchente.

alluvio ou **adluvio, -onis**: *s.f.* – ação de trazer banhando, aluvião.

alma mater: mãe criadora.

almus, -a, -um: *adj.* – o que alimenta, nutriente, animador, criador, santo, ilustre.

alnus, -i: *s.m.* – álamo, navio feito de alno.

alo, -is, -lui, -litum ou **altum, -ere**: *v.t.* – alimentar, nutrir, fazer crescer, criar, fortalecer, fomentar, favorecer.

alogia, -ae: *s.f.* – o despropósito, loucura, disparate, tolice.

alpha et omega: alfa e ômega, primeira e última letras do alfabeto grego. No Apocalipse designa Cristo, princípio e fim de todas as criaturas.

alsiosus ou **alsius, -a, -um**: *adj.* – friorento, que teme o frio.

alta a longe cognoscuntur: de longe se veem as coisas altas.

altaria, -ium: *s.n.pl.* – altar, a parte mais alta do altar.

alte: *adv.* – altamente, alto, de alto, em cima, mais profundamente.

alter, -a, -um: *adj.* – um (de dois), o outro (falando de dois), diferente, oposto.

altera die: no dia seguinte, no outro dia.

alteratio, -onis: *s.f.* – alteração, mudança para pior, falsificação.

altera vice: pela segunda vez.

altercatio, -onis: *s.f.* – disputa, altercação, contenda.

altercator, -oris: *s.m.* – interpelador, aparteante.

alterco, -as, -are: *v.int.* – altercar, disputar.

altercor, -aris, -atus sum, -ari: *v.int.dep.* – discutir, altercar.

alter ego: o outro eu, o confidente.

alter ego est amicus. um amigo é um segundo eu.

alter idem: outro igual, outro eu.

alteri sic tibi age!: faze ao outro como fazes a ti!

alternis: *adv.* – alternadamente, ora um ora outro.

alternis diebus: em dias alternados.

alternis horis: em horas alternadas.

alterno, -as, -avi, -atum, -are: *v.t.* – alternar, fazer alternadamente, revezar.

alternus, -a, -um: *adj.* – um depois do outro, alternativo, que se reveza.

alter parens: um segundo pai, um protetor.

alter se: um outro eu.

alteruter, -utra, -utrum: *adj.* – um ou outro, um dos dois.

alteruterque, -traque, -trumque: *pron.* – um e outro.

alticinetus, -a, -um: *adj.* – que tem os vestidos apanhados para cima.

altilis, -e: *adj.* – que está para engordar, engordado.

altiora peto: aspiro a coisas mais elevadas.

altisonus, -a, -um ou **altisonans, -antis**: *adj.* – que estrondeia nos ares, que soa alto.

altitonans, -antis: *adj.* – que retumba, que troveja nas alturas.

altitudo, -inis: *s.f.* – altura, elevação, profundeza.

altivolans, -antis: *part.pres.* e *adj.* (*o.m.q.* **altivolus, -a, -um**) – que voa alto.

altor, -oris: *s.m.* – o que alimenta, nutre ou mantém.

altrinsecus: *adv.* – do outro lado, de um e de outro lado.

altrix, -icis: *s.f.* – a que alimenta, ama, a que nutriu, produziu.

altum, -i: *s.n.* – o alto mar, o alto do céu, o profundo.

altum silentium: um silêncio profundo.

altus, -a, -um: *adj.* – alto, elevado, profundo, poderoso, nobre, ilustre, soberbo.

aluceo ou **adluceo, -es, -ere, -iuxi**: *v.t.* – luzir perto, brilhar junto de.

alucinari in meridie: sonhar ao meio-dia.

alucinor, -aris, -atus sum, -ari: *v.int.* – divagar, tresvariar, delirar.

a lucis ortu: desde o nascer do sol.

a lumine motus: movido pela luz.

alumna, -ae: *s.f.* – a pupila, a que é mantida, aluna, discípula.

alumnus, -i: *s.m.* – criança de peito, o que é mantido, aluno, discípulo, menino, filho.

aluta, ae: *s.f.* – pele curtida, couro tenro.

alvarium ou **alvearium, -i** ou **alveare, is** : *s.n.* – cortiço de abelhas, colmeia.

alveolus, -i: *s.m.* – leito pequeno de rio, pequeno vaso, escudela, regador, tabuleiro (de jogo).

alveus, -i: *s.m.* – leito de um rio, bacia, canal, pia, banheiro, barco, cortiço de abelhas, colmeia, tabuleiro.

alvus, -i: *s.f.* – ventre, barriga, intestinos, entranhas.

amabilis, -e: *adj.* – digno de amor, amável, agradável, polido.
amabilitas, -tatis: *s.f.* – amabilidade.
amabiliter: *adv.* – com amor, amorosamente.
a magnis maxima: as maiores coisas (saem) das grandes.
a magnis proprio vivitur arbitrio: vive-se segundo a vontade dos poderosos.
a maiori ad minus: do maior para o menor.
a maioribus sumitur enim exemplum: o homem sempre segue o exemplo dos mais velhos.
amandatio, onis: *s.f.* – afastamento, separação, desterro.
amando, -as, -avi, -atum, -are: *v.t.* – afastar, exilar, apartar para longe, desterrar.
amandus, -a, -um: *adj.* – amável, que deve ser amado.
a mane ad noctem usque: desde a manhã até a noite.
a mane cognoscitur bonus dies: o bom dia se conhece pela manhã.
amans, -antis: *part.pres.* e *adj.* – que ama, amante, afeiçoado, amigo.
amans amanti medico: um namorado é médico do outro.
amantem redama: ama a quem te ama.
amanter: *adv.* – como amigo, amigavelmente, afetuosamente.
amantes, amentes: apaixonados, loucos.
amantibus omnia communia: para os namorados tudo é comum.
amanuensis, -is: *s.m.* – secretário, copista, amanuense.
a manu servi: (escrito) pela mão do servo, diz-se de texto elaborado por escritor assalariado.
ama proximum: ama teu próximo.
amaracinum, -i: *s.n.* – essência da manjerona.
amaracinus, -a, -um: *adj.* – de manjerona.
amaracum, -i: *s.n.* (*o.m.q.* **amaracus, -i**: *s.m.*) – manjerona (planta odorífera).
amara est veritas: a verdade é amarga.
amarantus, -i: *s.m.* – amaranto, flor perpétua.
amara tempera risu: ameniza a amargura com o riso.
amare oportet omnes: é preciso que todos amem.
amare volo, potiri nolo: amar, eu quero, ser poderoso, não quero.
amaritudo, -inis: *s.f.* e **amaror, -oris**: *s.m.* – amargor, amargura, sabor amargo, desgosto.
a mari usque ad mare: de um mar a outro.
amarum: *adv.* – com mágoa, com dissabor.
amarus, -a, -um: *adj.* – amargo, de sabor amargo, áspero, agudo, desagradável.
amarus vitiorum fructus: o fruto do pecado é amargo.
amascus, -i: *s.m.* – o namorado.
amasincula, -ae: *s.f.* – a namoradinha.
amasinculus, -i: *s.m.* – o namoradinho.
amasius, -i: *s.m.* – amante, namorado.
amatio, -onis: *s.f.* – a manifestação do amor, o amor impudico.
amat me, ut lupus ovem: ele me ama como o lobo ama a ovelha.
amator, -oris: *s.m.* – o que ama, amigo, amador, amante, namorado, dissoluto.
amatores amant flores: namorados gostam de flores.
amatorius, -a, -um: *adj.* – relativo ao amor, que inspira amor, erótico.
amatrix, icis: *s.f.* – aquela que ama, namorada, amante.
amatus, -a, -um: *adj.* – amado, querido.
amat victoria curam: a vitória ama o esforço.
a maximis ad minima: das maiores coisas para as menores.
ambabus manibus arripere: agarrar com as duas mãos.
ambactus, -i: *s.m.* – escravo, servo.
ambages, -um: *s.f.pl.* – rodeios, sinuosidades, circunlóquios, obscuridades, enigma.
ambedo, -is, -edi, -esum, -ere: *v.t.* – comer ao redor, consumir.
ambi-, amb-, am- ou **an-** – primeiro elemento de palavras compostas: em volta de, de cada lado.
ambiendus, -a, -um: *ger.* – que deve ser lançado de volta.
ambigo, -is, -ere: *v.int.* – rodear, cercar, empurrar de um lado e de outro, pôr nos pratos da balança, hesitar, duvidar, disputar, contestar.
ambigue: *adv.* – ambiguamente, de modo duvidoso.
ambiguitas, -atis: *s.f.* – ambiguidade, dúvida, obscuridade.
ambiguus, -a, -um: *adj.* – ambíguo, que tem dois sentidos, duvidoso, incerto, enganador, arriscado, contrário.
ambio, -is, -ivi ou **-ii, -itum, -ire**: *v.int./t.* – andar ao redor, cercar, rodear com o fim de obter, fazer por conseguir, ambicionar.
ambitio, -onis: *s.f.* – o circuito, a ambição, desejo demasiado de honras e dignidade.

ambitiosa non est fames: a fome não é ambiciosa, à fome não há pão duro.
ambitiosum decretum: uma resolução iníqua.
ambitiosus, -a, -um: *adj.* – que rodeia, solicitador, ambicioso, interesseiro, que deseja agradar, ostentador, rico.
ambitus, -us: *s.m.* – rodeio em volta de, circunlocução, empenho em conseguir, ostentação, ambição.
ambo, -ae, -o: *adj.num.* – os dois, um e outro, ambos.
ambro, -onis: *s.m.* – o vagabundo, dissipador, vadio.
ambrosia, -ae: *s.m.* – ambrosia, alimento dos deuses, perfume dos deuses.
ambrosius, -a, -um: *adj.* – de ambrosia, gostoso ou cheiroso como o alimento dos deuses, imortal, divino.
ambubaiae, -arum: *s.f.pl.* – tocadoras de flauta sírias, dançarinas, cortesãs.
ambulans, -antis: *adj.* – que anda, que passeia.
ambulatio, -onis: *s.f.* – ação de passear, passeio, lugar de passeio.
ambulator, -oris: *s.m.* – o vagabundo, vadio, ocioso.
ambulavimus vias difficiles: trilhamos caminhos difíceis.
ambulo, -as, -avi, -atum, -are: *v.int.* – dar a volta, passear, andar, caminhar.
amburo, -is, -ussi, -ussum, -ere: *v.t.* – queimar ao redor, queimar.
ambustio, -onis: *s.f.* – ação de queimar, queimadura.
ambustulatus, -a, -um: *adj.* – queimado em volta, tostado.
amelius, -i: *s.m.* – amelo, planta de flor vermelha.
amemus patriam: amemos a pátria.
amens, -mentis: *adj.* – que está fora de si, desvairado, louco, insensato.
amens amansque: louco de amor.
amentatus, -a, -um: *adj.* – atado com uma correia, pronto, preparado.
amentia, -ae: *s.f.* – alienação mental, loucura, demência, assombro, extrema perturbação.
amentum, -i: *s.n.* – correia de atar lanças, dardos, dardo, rojão.
ames, itis: *s.m.* – estaca, forquilha para armadilhas de pássaros.
amfractus ou **anfraetus, -us**: *s.m.* – curva, cotovelo de caminho, volta, dobra, rodeio.
amica, -ae: *s.f.* – amiga, amásia, amante.
amice: *adv.* – amigavelmente.
amici firmamentum sapientia: o apoio do amigo é a sabedoria.
amicio, -is, -icui ou **-ixi, -ietum, -cire**: *v.t.* – lançar a volta de, aos ombros (falando de vestido), envolver-se (com um manto, capa), pôr, vestir.
amicis aequa ibit hora: entre amigos, a hora passará serena.
amicis inest adulatio: a lisonja é própria dos amigos.
amicis opitulare: ajuda teus amigos.
amicis semper fidelis: sempre fiel aos amigos.
amicitia, -ae: *s.f.* – amizade, afeição, simpatia, pacto, aliança.
amicitia est amor sine alis : amizade é amor sem asas.
amicitia in aeternum: amizade para sempre.
amicitia vera, rara avis in terra: amizade verdadeira é ave rara no mundo.
amiciula, -ae: *s.f.* – pequena amiga, amiguinha.
amicos cole: honra teus amigos.
amicos pecuniae faciunt: dinheiro faz amigos.
amictus, -us: *s.m.* – ação de lançar o vestido a volta do corpo, toga, capa, manto, vestido, modo de trajar, envoltório, atmosfera.
amiculum, i: *s.n.* – vestido, manto, camisa.
amiculus, -i: *s.m.* – amiguinho, caro amigo (expressão de ternura).
amicus, -a, -um: *adj.* – que ama, amigo, que gosta de, favorável, benévolo, agradável, caro, querido, aliado; *s.m.* – amigo confidente, valido.
amicus alter ego: um amigo é um outro eu.
amicus amicum adjuvat: um amigo ajuda ao autor.
amicus curiae: um amigo da corte (pessoa que não é parte no processo, mas que fornece informação que contribui para esclarecer a questão), um conselheiro, um aliado.
amicus usque ad aras: amigo até a morte.
amigro, -as, -are: *v.int.* – emigrar.
a minimis ad maxima: das menores coisas para as maiores.
amissio, -onis: *s.f.* – a perda.
amissio lucri est damnum: a perda do lucro é prejuízo.
amita, -ae: *s.f.* – tia, tia paterna.
amittere tempus: perder a oportunidade, não aproveitar a ocasião.

amitto, -is, -misi, -missum, -ere: *v.t.* – enviar de, afastar, deixar ir, mandar embora, licenciar, despedir, perder.
ammentum, i: *s.n.* – correia de atar, correia de armas de arremesso, dardo.
amnicola, -ae: *s.m.f.* – que habita junto a um rio.
amniculus, -i: *s.m.* – pequeno rio, regato.
amnis, -is: *s.m.* – rio, corrente, torrente.
amo, -as, -avi, -atum, -are: *v.t.* – amar, querer bem, ter amor por, ter inclinação a, aprovar.
amoenitas, -atis: *s.f.* – amenidade, beleza, encanto.
amoeno, -as, -avi, -atum, -are: *v.t.* – recrear, alegrar, divertir.
amoenus, -a, -um: *adj.* – belo, encantador, ameno, aprazível.
amo libertatem loquendi: amo a liberdade de falar.
amolior, -iris, itus sum, iri: *v.t.dep.* – remover, afastar, retirar, repelir, refutar.
amomum, -i: *s.n.* – amorno (planta odorífera), perfume, bálsamo muito aromático.
amor, -oris: *s.m.* – amizade, afeição, amor, ternura, grande desejo, paixão.
amorabundus, -a, -um: *adj.* – louco de amor.
amor addocet artes: o amor ensina novos artifícios.
amor aedificat: o amor constrói.
amor aeternus: o amor é eterno.
amor amara dat satis: o amor dá muita amargura.
amor amore compensatur: amor com amor se paga.
amor ardua vincit: o amor vence as dificuldades.
amor caecus est: o amor é cego.
amor cognitionis: o desejo de conhecer.
amore et fortitudine: com amor e coragem.
amore et timore: com amor e medo.
amore et virtute: com amor e valor.
amore langueo: desfaleço de amor.
amor elegantiae pater: o amor é o pai da elegância.
amor est parens multarum voluptatum: o amor é pai de muitos prazeres.
amor et honor: amor e honra.
amor et lux non celantur: amor e luz não se escondem.
amor et tussis non celantur: o amor e a tosse não se escondem.
amor fati: a aceitação do destino.
amor formae rationis est oblivio: amar a beleza é esquecer a razão.
amor habendi: o desejo de possuir, a avareza.
amor hominibus furor est: para os homens o amor é uma loucura.
amor legem non habet: o amor não tem lei.
amor mentes nectit: o amor une os espíritos.
amor metu vacat: o amor não tem medo.
amor nummi: o amor ao dinheiro.
amor omnia rectificat: o amor tudo conserta.
amor omnibus idem: o amor é igual para todos.
amor omnis vincit: o amor vence tudo.
amor ordinem nescit: o amor desconhece regra.
amor patriae: o amor à pátria.
amor platonicus: o amor platônico.
amor populi praesidium regis: o amor do povo é a segurança do rei.
amor post funera vivit: o amor sobrevive à morte.
amortaculus, -i: *s.m.* – pequeno amante.
amortarie: *adv.* – apaixonadamente.
amortarium, -i: *s.n.* – meio de provocar amor, filtro amoroso.
amor tenebras infundit: o amor espalha trevas.
amor tenet omnia: o amor tudo pode.
a morte nullum est effugium: da morte não há escapatória.
a mortuo tributum exigere: cobrar imposto de morto, tirar sangue de pedra.
amotio, -onis: *s.f.* – ação de apartar, afastamento.
amoto ludo: afastada a brincadeira, fora de brincadeira.
amotus, -a, -um: *adj.* – afastado, distante.
amo ut invenio: gosto da coisa como a encontro.
amoveo, -es, -movi, -motum, -vere: *v.t.* – afastar, arredar, remover, banir, desterrar, esbulhar, subtrair, furtar.
amphibolia, -ae ou **amphibologia, -ae**: *s.f.* – anfibologia, ambiguidade, equívoco.
amphitheatrum, -i: *s.n.* – anfiteatro.
amphora, -ae: *s.f.* – ânfora, vaso grande e alto com asas.
ample: *adv.* – amplamente, largamente, com magnificência.
amplector, -oris, -plexus sum, -eti: *v.t.dep.* – abraçar, abarcar, abranger, cercar, rodear, apertar nos braços, abraçar, escolher, aceitar, aprovar, amar, acariciar.
amplexor, -aris, -atus sum, -ari: *v.t.dep.* – abraçar, enlaçar, escolher, abraçar uma causa, um partido, uma opinião, acariciar.

amplexus, -us: *s.m.* – volta, contorno, circuito, abraço, enlaçamento.
amplificatio, -onis: *s.f.* – aumento, acréscimo, amplificação.
amplificator, -oris: *s.m.* – que aumenta, amplificador.
amplifice: *adv.* – magnificamente.
amplifico, -as, -avi, -atum, -are: *v.t.* – acrescentar, aumentar, amplificar.
amplio, -as, -avi, -atum, -are: *v.t.* – acrescentar, alargar, ampliar, realçar, adiar.
amplitudo, -inis: *s.f.* – amplitude, vastidão, grandeza, pompa, riqueza, magnificência.
amplius: *adv.* – mais, por mais tempo, mais amplamente, em maior quantidade.
amplus, -a, -um: *adj.* – amplo, vasto, extenso, considerável, importante, ilustre, majestoso, magnífico.
ampulla, -ae: *s.f.* – pequeno vaso de guardar óleo para banhos, vaso de perfumes, frasco; *pl.* – palavras enfáticas, empoladas.
ampullas loquitur: ele fala bolhas, coisas sem sentido.
ampullor, -aris, -atus sum, -ari: *v.int.dep.* – usar de linguagem ou estilo enfático, afetado.
amputatio, -onis: *s.f.* – ação de cortar, corte, poda.
amputo, -as, -avi, -atum, -are: *v.t.* – cortar, amputar, podar, desbastar, diminuir, desfalcar.
amuletum, -i: *s.n.* – amuleto, talismã.
a multo fortiori: por razão muito mais forte.
amurca, -ae: *s.f.* – fezes ou borras do azeite.
amyctica, -orum: *s.n.* – medicamentos que cauterizam.
amygdala, -ae: *s.f.* – amêndoa, amendoeira.
amystis, idis: *s.f.* – ação de esvaziar um copo de um só trago.
an: *conj.* – ou, pois então, porventura, acaso, se.
anabasius, -i: *s.m.* – o correio, o mensageiro.
anabathrum, -i: *s.n.* – estrado ou arquibancada móvel.
anachiresis, -is: *s.f.* – a solidão, o retiro.
anachoreta, -ae: *s.m.* – o anacoreta, solitário, eremita, o que vive em retiro.
anacleta, -ae: *s.m.* – escravo que tira a mesa após a refeição.
anaglyptus, -a, -um: *adj.* – esculpido em baixo relevo.
anagnostes, -ae: *s.m.* – leitor, o que lê para outros ouvirem.
analogia, -ae: *s.f.* – analogia, relação, semelhança, proporção, simetria.
analogia iuris: a analogia do direito.
analogia legis: a analogia da lei.
anapaestum, -i: *s.n.* – verso anapéstico, poesia em anapestos.
anapaestus, -i: *s.m.* – anapesto, pé composto de duas sílabas breves e uma longa.
anaphora, -ae: *s.f.* – ascensão dos signos do horóscopo.
anas, -atis: *s.f.* – adem (ave), pato; *dim.* – **anaticula, ae**: *s.m.* – patinho.
anatina, -ae: *s.f.* ou **anatinus, -i**: *s.m.* – carne de pato.
a nativitate: desde o nascimento.
anatocismus, -i: *s.m.* – juros compostos.
anceps, cipitis: *adj.* – que tem duas cabeças, dois rostos, duplo, que tem dois sentidos, equívoco, duvidoso, arriscado.
ancile, -is: *s.n.* ou **ancilia, -ium** ou **-orum**: *s.n.pl.* – escudo sagrado, broquel.
ancilla, -ae: *s.f.* – criada, escrava, que serve ou está à disposição de.
ancillaris, -e: *adj.* – servil, próprio de escrava.
ancilla semel, numquam era: uma vez criada, nunca patroa.
ancillor, -aris, -ari, -atus sum: *v.int.dep.* – ser escravo, servir como criado.
ancillula, -ae: *s.f.* – pequena escrava, criadinha.
ancisus, -a, -um: *adj.* – cortado em volta.
ancora, -ae: *s.f.* – âncora, recurso, esperança.
ancora domus: minha casa é minha âncora.
ancorale, -is: *s.n.* – cabo da âncora.
ancorarius, -a, -um: *adj.* – relativo ou que pertence à âncora.
ancoras tollere: recolher âncoras.
andabata, -ae: *s.m.* – gladiador que combatia a cavalo e com os olhos vendados.
androgynes, -is: *s.f.* – mulher com coragem de homem.
androgynus, -is: *s.m.* – andrógino, hermafrodita, que tem os dois sexos.
anellus, -i: *s.m.* – anelzinho.
anfractus ou **amfractus, -us**: *s.m.* – curva, cotovelo de caminho, volta, dobra, rodeio.
angellus, -i: *s.m.* – pequeno canto, pequeno ângulo.
angelus, -i: *s.m.* – anjo.
angelus custos: anjo custódio, o anjo da guarda.
angelus domini: o anjo do Senhor.
angina, -ae: *s.f.* – inflamação da garganta.
angiportum, -i: *s.n.* ou **angiportus, -i**: *s.m.* – viela, travessa, beco.

ango, -is, -xi, -gere: *v.t.* – apertar, comprimir, afogar, angustiar.
angor, -oris: *s.m.* – opressão (moral), aflição, angústia.
anguicomus, -a, -um: *adj.* – que tem cobra na cabeça, como cabelos.
anguiculus, -i: *s.m.* – cobra pequena, cobrinha.
anguifer, -era, -erum: *adj.* – que produz ou traz cobras.
anguilla lubricior: mais escorregadio que a enguia, diz-se de pessoa astuta.
anguinum, -i: *s.n.* – ovo de cobra.
anguinus, -a, -um: *adj.* – de cobra, semelhante a cobra, de serpente.
anguipes, -edis: *s.m.* – que acaba em serpente; *pl.* – gigantes.
anguis, -is: *s.m.f.* – cobra, serpente.
anguis in herba: a serpente esconde-se na relva.
angulatus, -a, -um ou **angularis, -e**: *adj.* – formado em ângulo, anguloso.
angulus, -i: *s.m.* – ângulo, canto, recanto.
anguste: *adv.* – estreitamente, apertadamente, de modo apertado.
angustia, -ae: *s.f.* – curteza, brevidade, estreiteza (de tempo, de lugar), carestia, miséria; *pl.* – espaço estreito, apuros, apertos.
angustia rerum: a escassez de recursos, a miséria.
angusto, -as, -avi, -atum, -are: *v.t.* – tornar estreito, apertar, estreitar.
angustum, -i: *s.n.* – espaço estreito, desfiladeiro, garganta, estreito.
angustus, -a, -um: *adj.* – estreito, apertado, terminado em ponta, breve, conciso, difícil, rude, espinhoso.
anhelitus, -us: *s.m.* – respiração difícil, respiração, hálito, sopro, exalação, vapor.
anhelo, -as, -avi, -atum, -are: *v.int.* – respirar com dificuldade, arquejar, exalar, desejar ardentemente, anelar.
anhelus, -a, -um: *adj.* – arquejante, esbaforido, esfalfado, que esfalfa.
anicula, -ae: *s.f.* – velhinha.
aniles fabellae: histórias de velhas, histórias da carochinha.
anilis, -e: *adj.* – de velha, próprio de velha, senil.
aniliter: *adv.* – à maneira de velha.
anima, ae: *s.f.* – a alma, o espírito, sopro, emanação, brisa, vento, hálito, respiração.
anima pro anima: vida por vida.
animadversio, -onis: *s.f.* – aplicação do espírito, atenção, observação, reflexão, advertência, repreensão.
animadversor, -oris: *s.m.* – o que observa, presta atenção, observador.
animadverto, -is, -ti, -sum, -ere: *v.t.* – observar, notar, dar atenção a, olhar por, repreender, castigar, punir.
animae duae, animus unus: duas vidas, uma só alma.
animae et corporis dulce consortium : é agradável a união da alma e do corpo.
animae sal est amor: o amor é o sal da vida.
animal, -alis: *s.n.* – tudo o que e animado, ser animado, animal, alimária.
animal disputans: um animal que argumenta, o ser humano.
animalis, -e: *adj.* – do ar, aéreo, que respira, que tem vida, animado.
animam debet: deve até a alma, isto é, está cheio de dívidas.
anima mundi: a alma do mundo.
animans, -antis: *part.pres.* – que anima, vivificante, que tem alma, animado, vivo.
anima pro anima, oculus pro oculo: vida por vida, olho por olho.
animatio, -onis: *s.f.* – vivificação, infusão da vida, ser animado.
animatus, -a, -um: *adj.* – animado, que recebeu vida, disposto (bem ou mal), resolvido, corajoso.
anima una: uma só alma.
animi firmitas: a firmeza de espírito.
animi limina: as portas do espírito.
animo, -as, -avi, -atum: *v.t./int.* – soprar, animar, dar vida, tocar (instrumento de sopro), dar coragem.
animo abalienare: estar fora de si.
animo cancellandi: com intenção de anular.
animo et corpore: com a mente e com o corpo, com a intenção e a ação.
animo et facto: por intenção e ação.
animo et fide: com coragem e fé.
animo et prudentia: com coragem e discrição.
animo lucri faciendi: com intenção de obter lucro.
animo manendi: com intenção de permanecer.
animo, non astutia: com coragem, não com artifícios.
animose: *adv.* – com coragem, corajosamente, com energia.

animosus, -a, -um: *adj.* – resoluto, corajoso, intrépido, que assopra com força, impetuoso, que parece ter vida.
animum fortuna sequitur: a sorte segue a coragem.
animum nudare: revelar seus sentimentos.
animus, -i: *s.m.* – princípio vital, vida, alma, espírito, razão, pensamento, desígnio, inclinação, movimento da alma, ânimo, coragem, caráter, condição.
animus abandonandi: intenção de abandonar.
animus abutendi: intenção de abusar.
animus adjuvandi: intenção de ajudar.
animus alieno nomine tenendi: intenção de possuir em nome de terceiro.
animus ambulandi: intenção de ir e vir.
animus apropriandi: intenção de apropriar--se.
animus calumniandi: intenção de caluniar.
animus cancellandi: intenção de cancelar.
animus celandi: intenção de ocultar.
animus confidendi: intenção de confiar.
animus confitendi: intenção de confessar.
animus consulendi: intenção de consultar.
animus contrahendae societatis: intenção de fazer sociedade.
animus corrigendi: intenção de corrigir.
animus defendendi: intenção de defender.
animus derelinquendi: intenção de abandonar.
animus difamandi: intenção de difamar.
animus dolandi: intenção dolosa de prejudicar.
animus domini: intenção de ser dono, de agir como dono – de assenhorear-se.
animus donandi: intenção de dar.
animus falsandi: intenção de falsificar.
animus furtandi: intenção de furtar.
animus infringendi: intenção de infringir.
animus injuriandi: intenção de injuriar.
animus jocandi: intenção de gracejar.
animus laedendi: intenção de ofender.
animus lucrandi: intenção de lucrar.
animus ludendi: intenção de brincar.
animus manendi: intenção de fixar residência.
animus narrandi: intenção de narrar.
animus necandi: intenção de matar.
animus nocendi: intenção de prejudicar.
animus novandi: intenção de inovar uma obrigação.
animus obligandi: intenção de obrigar.
animus possidendi: intenção de possuir.
animus recipiendi: intenção de receber.
animus rem sibi habendi: intenção de ter a coisa para si.
animus restituendi: intenção de restituir.
animus retinendi possessionem: intenção de conservar a posse.
animus simulandi: intenção de simular.
animus solvendi: intenção de pagar.
animus violandi: intenção de violar.
an irrisorie, an serio?: com ironia ou a sério?
annales, -ium: *s.m.pl.* – livros de anais, fastos, crônicas.
annalis, -e: *adj.* – anual, de cada ano, relativo ao ano.
annato ou **adnato, -as, -avi, -atum, -are**: *v.int.* – dirigir-se a nado para, aproximar-se ou chegar nadando.
anne ou **an**: *conj.* – ou, porventura, acaso, se.
annecto, -is, -exui, -exum, -ectere: *v.t.* – atar, prender, ligar, unir, acrescentar.
annexus, -us: *s.m.* – união de uma coisa a outra, reunião.
anniculus, -a, -um: *adj.* – que tem um ano de idade.
anni currentis: do ano corrente.
annifer, -fera, -ferum: *adj.* – que produz (frutos) todo o ano, que se renova todos os anos.
anni futuri: do ano que vem, do próximo ano.
anni nubiles: a idade de casar.
annitor, -eris, -isus ou **-ixus sum, -iti**: *v.int. dep.* – encostar-se, apoiar-se em, trabalhar por, procurar com esforço.
anniversarius, -a, -um: *adj.* – que se faz ou volta todos os anos, anual.
anno domini: no ano do senhor.
annona, -ae: *s.f.* – colheita anual dos frutos, cereais, provisões, víveres, mantimentos.
anno salutis: no ano da salvação.
annosus, -a, -um: *adj.* – carregado de anos, velho, antigo.
annotatio, -onis: *s.f.* – anotação, nota, observação.
annotator ou **adnotator, -oris**: *s.m.* – observador, o que espia, toma nota de.
annotinus, -a, -um: *adj.* – de um ano, do último ano.
annoto ou **adnoto, -as, -avi, -atum, -are**: *v.t.* – anotar, tomar nota, observar.
annuente Deo: se Deus o permitir, com a permissão de Deus.
annuit e caelo Deus: Deus do céu aprovou.
annularius ou **anularius, -i**: *s.n.* – fabricante de anéis.

A

annulatus ou **anulatus, -a, -um**: *adj.* – que tem ou traz anel.
annulus ou **anulus, -i**: *s.m.* – anel, argola.
annumero ou **adnumero, -as, -avi, -atum, -are**: *v.t.* – contar, incluir no número de.
annuntio ou **adnuntio, -as, -avi, -atum, -are**: *v.t.* – anunciar, dar notícias.
annuo ou **adnuo, -is, -ui, -utum, -ere**: *v. int.* – aprovar acenando com a cabeça, consentir, concordar, afirmar, indicar.
annuo toto capite: concordo totalmente.
annus ou **adnus, -i**: *s.m.* – ano, idade, tempo decorrido, tempo da colheita, estação.
annus gratiae: ano da graça.
annus horribilis: um ano horrível.
annus luctus: ano de luto.
annus mirabilis: um ano notável.
annuto ou **adnuto, -as, -are**: *v.int.* – fazer sinal afirmativo com a cabeça, consentir.
annuus, -a, -um: *adj.* – de um ano, que dura um ano, anual.
anomalia, -ae: *s.m.f.* – anomalia, irregularidade.
a non domino: sem título de domínio ou de propriedade – de não proprietário – de quem não é proprietário.
a notis ad ignota: do conhecido ao desconhecido.
a novo: de novo, novamente.
anquiro, -is, -isivi, -isitum, -rere: *v.t.* – procurar com cuidaddo, inquirir, investigar, perguntar, devassar, processar criminalmente.
ansa, -ae: *s.f.* – asa, alça de um vaso, argola (de abrir ou fechar a porta), ocasião.
ansatus, -a, -um: *adj.* – provido de asas.
anser, -eris: *s.m.f.* – pato, pata, ganso.
anser inter olores: um ganso entre cisnes.
ante: *prep.ac.* – diante, em frente de, perante, de preferência, antes; *adv.* – antes, primeiro, adiante, dantes, outrora.
antea: *adv.* – até agora, até então, antes disso, antes, outrora.
ante acta: antes do ato, preliminarmente.
anteambulo, onis: *s.m.* – escravo que vai na frente do senhor.
ante annos non multos: há poucos anos.
anteaquam: *adv.* – antes que.
ante bellum: antes da guerra.
antecapio, -is, -cepi, -captum, -pere: *v.t.* – ocupar primeiro, prevenir, antecipar.
antecedens, -entis: *part.pres.* – que precede, precedente, anterior, superior.
antecedo, -is, -cessi, -cessum, -dere: *v.int.* – preceder, ir adiante, tomar a dianteira, exceder, levar vantagem.
antecellens, -entis: *adj.* – excelente, superior, que leva vantagem.
antecello, -is, -ere: *v.int.* – exceder, levar vantagem, sobrepujar.
antecessio, -onis: *s.f.* – ação de ir adiante, precedente, primazia, antecedente.
antecessor, -oris: *s.m.* – que precede na marcha, explorador.
antecessus, -us: *s.m.* – a antecipação, prevenção.
ante Christum natum: antes do nascimento de Cristo.
ante cibum: antes da refeição.
antecursor, -oris: *s.m.* – batedor, explorador.
ante decem annos: há dez anos.
ante diem: antes do dia, antes do prazo, antes do tempo.
anteeo, -is, -ivi ou **-ii, -itum, -ire**: *v.int.* – caminhar adiante, preceder, adiantar-se, avantajar-se, exceder, antecipar, prevenir.
ante faciem tuam: diante de ti.
antefero, -fers, -tuli, -latum, -ferre: *v.t.* – levar adiante, antepor, preferir.
antefixus, -a, -um: *adj.* – pregado diante, na frente.
antegredior, -eris, -essus sum, -di: *v.int.* – caminhar, ir adiante, preceder.
antehabeo, -es, -ui, itum, -ere: *v.t.* – antepor, preferir.
antehac: *adv.* – antes disso, outrora, até agora.
ante litem: antes do litígio, antes do começo do processo.
ante litteram: antes da letra, antes de ser escrito, antes de ser oficializado.
antelucanum, -i: *s.n.* – aurora.
antelucanus, -a, -um: *adj.* – que se faz antes do amanhecer, matinal.
ante lucem: antes da aurora, antes do amanhecer.
ante lucem creatam Deus non fuit in tenebris: antes de ser criada a luz, Deus não estava em trevas.
ante mare, undae: antes do mar, a água.
ante me: antes de mim.
antemeridianus, -a, -um: *adj.* – que se faz antes do meio-dia.
ante meridiem (a.m.): antes do meio-dia, usa-se quando se referem horas [o oposto é **post meridiem (p.m.)**].
antemitto, -is, -isi, -issum, -ere: *v.t.* – mandar adiante, enviar antes.
antemna, -ae, ou **antenna, -ae**: *s.f.* – antena, verga de navio.

ante mortem: antes da morte.
ante natus: o que nasceu antes.
ante nos: antes de nós.
ante nuptias: antes do casamento.
anteoccupatio, -onis: *s.f.* – antecipação, preocupação.
anteoccupo, -as, -avi, -atum, -are: *v.t.* – antecipar, ir adiante, preocupar.
ante oculos omnium: à vista de todos.
ante omnia: antes de tudo.
ante ora patrum: na presença dos pais.
anteparo, -as, -avi, -atum, -are: *v.t.* – preparar, aprontar, aparelhar.
anteparta, -orum: *s.n.pl.* – bens adquiridos antes.
ante partum: antes do parto, antes do nascimento.
antepedes, -um: *s.m.pl.* – pés dianteiros.
antepilani, -orum: *s.m.pl.* – os que vão adiante dos soldados de dardos (triários), segunda linha no exército.
antepolleo, -es, -ui, -er: *v.t.* – ultrapassar, exceder em força ou poder.
antepono, -is, -posui, -positum, -ere: *v.t.* – antepor, pôr adiante, servir a mesa, preferir.
antepotens, -entis: *adj.* – mais poderoso, superior.
antequam: *conj.* – antes que, primeiro que.
antequam loquaris, disce: aprende antes de falar, não fales do que não entendes.
antequam viceris ne triumphum pares: não soltes foquetes antes da festa.
antes, antium: *s.m.pl.* – primeiras fileiras de cepas numa vinha.
antescholarius, -i: *s.m.* – professor auxiliar, repetidor.
antesignanus, -i: *s.m.* – soldado encarregado da guarda da bandeira.
antesto ou **antisto, -as, -stiti, -statum, -stare**: *v.t./int.* – estar em primeiro, levar vantagem, ter a primazia.
antestor, -aris, -atus sum, -ari: *v.t.dep.* – tomar por testemunha.
ante tempus: antes do tempo, antes da hora, prematuramente.
antevenio, -is, -veni, -ventum, -ire: *v.t./int.* – chegar adiante, vir primeiro, preceder, prevenir.
anteverto, -is, -ti, -sum, -ere: *v.int.* – chegar mais cedo, tomar a dianteira, prevenir.
anticipatio, -onis: *s.f.* – antecipação, pressentimento.
anticipo, -as, -avi, -atum, -are: *v.t.* – tomar com antecipação, antecipar, prevenir.
antidotum ou **antidotus, -i**: *s.n.* ou *f.* – antídoto, contraveneno.
antidotum ante venenum: tomar o antídoto antes do veneno.
antidotum vitae patientia: a paciência é o antídoto da vida.
antinomia, -ae: *s.f.* – antinomia, oposição de duas leis.
antipodes, -um: *s.m.pl.* – antípodas, habitantes de um lugar da terra diametralmente oposto.
antiquarius, -i: *s.m.* – amador de antiguidades; **-a, -um**: *adj.* – que é ou se refere a antiquário, antiquário.
antiqua sunt optima: as coisas antigas são as melhores.
antique: *adv.* – à moda antiga, antigamente.
antiqui mores serventur: respeitem-se os costumes antigos.
antiquior omnibus veritas: a verdade é mais antiga do que tudo.
antiquitas, -atis: *s.f.* – a antiguidade, tempo antigo; *pl.* – história antiga.
antiquo, -as, -avi, -atum, -are: *v.t.* – rejeitar.
antiquum decus floreat: que floresça a glória antiga.
antiquus, -a, -um: *adj.* – antigo, velho, passado, importante, notável, probo, leal.
antiquus amor cancer est: um amor antigo é um câncer.
antistes, -itis: *s.m.* – chefe, principal, mestre, sacerdote, pontífice.
antisto, -as, -steti, -statum, -are: *v.t./int.*– ver **antesto**.
antrorsum: *adv.* – por diante.
antrum, -i: *s.n.* – antro, caverna, gruta.
anularius ou **annularius, -ii**: *s.m.* – fabricante de anéis, joalheiro.
anulus ou **annulus** ou **anus, -i**: *s.m.* – anel, anel do dedo, sinete, distintivo, título de cavaleiro romano, anel (dos cabelos, de porta), círculo, argola.
anulus et baculus: o anel e o báculo (símbolos da investidura do bispo).
a numine salus: a salvação vem do deus.
anus, -us: *s.f.* – mulher velha, feiticeira, bruxa; *adj.* – velho, velha.
anxietas, -atis: *s.f.* – ânsia, inquietação, desassossego.
anxietas animi: a ansiedade do espírito, uma preocupação.
anxifer, fera, ferum: *adj.* – que atormenta, atormentador.

anxitudo, -inis: *s.f.* – desassossego, inquietação, ansiedade.
anxius, -a, -um: *adj.* – inquieto, desassossegado, aflito, ansioso, irresoluto, difícil, molesto.
apage: *interj.* – retira-te, afasta-te, vai-te embora!
apage satanas!: fora, satanás!
a pari: por paridade, por igual razão.
a pari ratione: por razão igual.
a pedibus usque ad caput: dos pés à cabeça.
aper, -pri: *s.m.f.* – javali, porco montês.
aperio, -is, -ui, -ertum, -ire: *v.t.* – abrir, fender, penetrar, descobrir, explicar, manifestar, oferecer.
aperire cuniculos: descobrir os subterrâneos, desvendar um segredo.
aperta veritas: a verdade sem cobertura, a verdade nua e crua.
aperte: *adv.* – abertamente, publicamente, com clareza.
apertis verbis: com palavras explícitas.
aperto, -as, -are: *v.t.* – abrir, descobrir.
aperto capite: de cabeça descoberta, abertamente. sem se ocultar.
aperto libro: de livro aberto, sem auxílio de dicionário.
aperto pectore: de peito aberto, de coração aberto.
aperto vivere voto: viver às claras.
apertum, -i: *s.n.* – lugar aberto, plano, descoberto.
apex, -icis: *s.m.* – ponta, cume, cimo, fio, gume, altura, grandeza, sutileza, barrete sacerdotal, coroa real.
apex iuris: uma sutileza do direito.
apex montis: o cume da montanha.
aphractus, -i: *s.f.* – navio sem coberta.
aphye, -es ou **aphya, -ae**: *s.f.* – anchova ou sardinha, gente miúda, populacho.
apicatus, -a, -um: *adj.* – coberto com o barrete (*apex*) dos flâmines (sacerdotes).
apices juris non sunt jura: as culminâncias do direito não são os direitos.
apices litigandi: as sutilezas do demandar.
apicula, -ae: *s.f.* – pequena abelha.
apinae, -arum: *s.f.pl.* – ninharias.
apis, -is: *s.f.* – abelha.
apiscor, -eris, aptus sum, apisci: *v.t.dep.* – alcançar, atingir, apanhar, conseguir obter.
apium, -ii: *s.n.* – aipo, salsa, hortelã (planta).
aplustre, -is: *s.n.* – aplustres, ornatos da popa de um navio.
apoculo, -as, -are: *v.t.* – renunciar.
apodyterium, -ii: *s.n.* – lugar onde se guardam roupas de banho.
apologo, -as, -are: *v.t.* – rebater, rejeitar, repudiar.
apologus, -i: *s.m.* – apólogo, fábula.
apoproegmena, orum: *s.n.pl.* – aquilo que se deve rejeitar (na moral estoica).
aposiopesis, -is: *s.f.* – aposiopese, reticência, figura de retórica.
apositum, -i: *s.n.* – epiteto, o que qualifica (o substantivo).
a posse ad esse: da possibilidade para a atualidade – do poder ao ser.
a posteriori: depois do fato, a partir da observação.
apostrophe, -es ou **apostropha, -ae**: *s.f.* – apóstrofe, figura de retórica.
apotheca, -ae: *s.f.* – copa, despensa, armazém, adega, celeiro.
apparate: *adv.* – com aparato, suntuosamente.
apparatio, -onis: *s.f.* – preparação, apresto, aparato, suntuosidade, afetação.
apparatus, -a, -um: *adj.* – fornecido, munido, aparelhado, suntuoso, trabalhado.
apparatus, -us: *s.m.* – preparação, apetrechos, aparato, pompa, magnificência.
apparatus belli: equipamento para a guerra.
apparatus criticus: aparato crítico.
appareo, -es, -ui, -itum, -ere: *v.int.* – aparecer, apresentar-se, estar pronto para servir, efetuar-se, ser claro, evidente.
appario, -is, -ere: *v.t.* – obter, adquirir.
apparitio, -onis: *s.f.* – ofício de beleguim, emprego de oficial subalterno, oficial de justiça.
apparitor, -oris: *s.m.* – funcionário subalterno a serviço de magistrados.
apparo ou **adparo, -as, -avi, -atum, -are**: *v.t.* – preparar, aparelhar, aprestar.
appellatio, -onis: *s.f.* – ação de dirigir a palavra, pronúncia, apelação, nome, denominação, título.
appellatio admittenda videtur in dubio: na dúvida, deve-se admitir a apelação.
appellator, -oris: *s.m.* – o que apela, apelante, recorrente.
appello ou **adpello, -as, -avi, -atum, -are**: *v.t.* – dirigir-se a alguém, falar-lhe, discorrer, solicitar a, chamar por socorro, apelar, recorrer, nomear, tomar por testemunha, pronunciar.
appendicula, -ae: *s.f.* – acréscimo, acessório.

A

appendix, -icis: *s.f.* – o que pende, apêndice, suplemento, acessório.

appendix animi corpus: o corpo é um complemento do espírito.

appendo ou **adpendo, -is, -di, -dum, -ere**: *v.t.* – suspender, pesar, averiguar o peso, dar a peso ou por peso.

appetens ou **adpetens, -entis**: *part.pres.* – que apetece, desejoso, ávido, ambicioso.

appetenter ou **adpetenter**: *adv.* – com avidez, avidamente, com sofreguidão.

appetentia, -ae: *s.f.* – desejo, vontade, apetite.

appetitio ou **adpetitio, -onis**: *s.f.* – ação de querer alcançar alguma coisa, desejo, cobiça, apetite.

appetitus ou **adpetitus, -us**: *s.m.* – apetite, desejo, cobiça.

appetitus rationi oboediant: os apetites obedecem à razão.

appetitus vindictae: o desejo de vingança.

appeto ou **adpeto, -is, -ivi** ou **-ii, -itum, -ere**: *v.t.* – aproximar-se, avançar, atacar, assaltar, buscar, apetecer, cobiçar, vir, chegar.

appingo ou **adpingo, -is, -inxi, -ictum, -ere**: *v.t.* – pintar sobre ou junto a, acrescentar pintando ou escrevendo.

applaudo ou **adplaudo, -is, -si, -sum, -dere**: *v.t.* – bater contra, bater com estrondo, aplaudir.

applicatio ou **adplicatio, -onis**: *s.m.* – ação de juntar uma coisa a outra, aplicação, dedicação.

applicatio est vita regulae: a aplicação é a vida de uma regra.

applico ou **adplico, -as, -avi** ou **icui, -atum, -are**: *v.t./int.* – ajuntar, aplicar, prender, ligar, adaptar, prepor, aportar, aproximar-se.

apploro ou **adploro, -as, -avi, -atum, -are**: *v.int.* – chorar com ou junto a alguém, lamentar.

appono ou **adpono, -is, -osui, -situm, -onere**: *v.t.* – pôr sobre, ao pé, depositar, pôr sobre a mesa, dar, acrescentar.

apporrectus, -a, -um: *adj.* – estirado, estendido ao pé de, junto a.

apportatio, -onis: *s.f.* – o trazer, conduzir, a condução.

apporto ou **adporto, -as, -avi, -atum, -are**: *v.t.* – trazer, conduzir, transportar, causar.

apposco ou **adposco, -is**: *v.t.* – pedir a mais, rogar ainda.

apposite ou **adposite**: *adv.* – convenientemente, de modo apropriado.

apposito ou **adposito, onis**: *s.f.* – acréscimo, adição.

appositus, -a, -um: *adj.* – posto ou colocado junto a, posto na mesa, inclinado a, acomodado, conveniente.

appotus ou **adpotus, -a, -um**: *adj.* – o que bebeu muito.

apprecor ou **adprecor, -aris, -atus sum, -ari**: *v.t.dep.* – pedir, invocar com preces, adorar.

apprehendo ou **adprehendo, -is, -endi, -ensum, -ere**: *v.t.* – tomar, apoderar-se de, abarcar, abranger, compreender.

appretio, -as, -avi, -are: *v.t.* – apreciar, estimar, avaliar.

apprime ou **adprime**: *adv.* – antes de tudo, sobretudo, principalmente.

apprimo, -is, -esi, -essum, -imere: *v.t.* – apertar contra ou de encontro.

approbatio, -onis: *s.f.* – consentimento, aprovação, decisão.

approbator, -oris: *s.m.* – o que aprova, consente, aprovado.

approbo ou **adprobo, -as, -avi, -atum, -are**: *v.t.* – aprovar, provar, dar prova, fazer aprovar.

appromitto ou **adpromitto, -is, -isi, -issum, -ere**: *v.t.* – prometer ou responder por alguém, ficar por fiador.

approno, -as, -avi, -are: *v.t.* – curvar-se, ajoelhar-se.

appropero ou **adpropero, -as, -avi, -atum, -are**: *v.t./int.* – apressar, acelerar, apressar-se.

appropinquat hora: tua hora se aproxima, está chegando a hora.

appropinquatio, -onis: *s.f.* – aproximação, chegada, vizinhança.

appropinquo ou **adpropinquo, -as, -avi, -atum, -are**: *v.int.* – aproximar-se, acercar-se, chegar.

appugno ou **adpugno, -as, -avi, -atum, -are**: *v.t.* – combater diante, em frente, atacar, assaltar.

appulsus, -a, -um: *adj.* – que apartou, que saiu em terra, desembarcado.

appulsus, -us: *s.m.* – ação de aportar, de atacar, aproximação, chegada.

apricatio, -onis: *s.f.* – ação de se aquecer ao sol, soalheira.

aprici senes sunt: os velhos amam o sol.

apricor, -aris, -atus sum, -ari: *v.int.dep.* – aquecer-se ao sol no inverno, tomar sol, estar em soalheiro.

apricum, -i: *s.n.* – lugar ensolarado, às claras, à luz do dia.

apricus, -a, -um: *adj.* – exposto ao sol, soalheiro, que gosta do sol; *s.n.pl.* – lugares expostos ao sol, soalheiros.

aprilis, -is: *s.m.* – o mês de abril; **-le**: *adj.* – relativo a abril.

a prima aetate: desde a primeira idade, desde pequeno.

a prima die: desde o primeiro dia.

a primaevo flore iuventae: desde a primeira flor da juventude.

a prima luce ad noctem usque: do amanhecer até a noite.

a primis temporibus: desde os primeiros tempos.

a primis vitae rudimentis: desde os primeiros sinais de vida.

a primo ad ultimum: do primeiro ao último.

a primo tempore: em primeiro lugar, antes de tudo.

a principio: desde o princípio.

a principio ad finem: do princípio ao fim.

a priori: antes de verificar, sem verificação, da causa para o efeito.

a priori ratione quam experientia: por um raciocínio anterior à experiência.

a progenie in progeniem: de geração em geração.

apsis ou **absis, -idis**: *s.f.* – arco, abóbada.

apte: *adv.* – convenientemente, a propósito, com propriedade.

apto, -as, -avi, -atum, -are: *v.t.* – adaptar, ajustar, apropriar, aplicar, preparar, prover, aparelhar.

apto tempore: no tempo certo, no momento próprio.

aptus, -a, -um: *adj.* – preso, ligado, único, aplicado a, próprio, apto, ajustado, conveniente.

apud ou **aput**: *prep.ac.* – ao pé, junto de, perto de, diante, em, por, entre, em caso de.

apud acta: nos autos, nos registros oficiais.

apud Athenienses: entre os atenienses.

apud aures nostras: em nossa presença.

apud caecos monoculus rex: em terra de cego quem tem um olho é rei.

apud inferos est aequalitas: entre os mortos há igualdade.

apud iudicem: junto ao juiz, diante do juiz.

apud matrem esse: estar junto à mãe, não se arriscar, não tomar nenhuma iniciativa.

apud populum: perante o povo, entre o povo.

apud se esse: estar em si, estar senhor da própria razão, estar senhor de si.

apud te est fons vitae: em ti está a fonte da vida.

a pueritia usque ad hanc aetatem: desde a infância até esta idade.

a puero: desde menino.

a pumice aquam petis: buscas água numa pedra.

a puro fonte defluit aqua pura: de fonte limpa corre água limpa.

aqua, -ae: *s.f.* – água, mar, lago, rio, chuva, enchente, lágrimas, suor – *pl.* fontes, águas termais, banhos.

aqua benedicta: a água benta.

aqua caelestis: a água da chuva.

aqua cedit solo: a água acompanha o solo.

aqua currens: água corrente.

aqua dulcis: a água doce.

aquaeductus, -us: *s.m.* – aqueduto, canal, sarjeta, bueiro.

aquae guttae saxa excavant: gotas de água furam pedras.

aquae inscribere: registrar, escrever na água.

aqua fontanea: a água da fonte.

aqua fortis: ácido nítrico.

aqualiculus, -i: *s.m.* – ventre, pança.

aqualis, -ie: *adj.* – pertencente à água.

aqua marina: a água do mar.

aquam foras, vinum intro: água para fora, vinho para dentro.

aquam igni miscere: misturar água ao fogo.

aquam liberam gustabunt: eles beberão a água da liberdade.

aquam scindere: cortar água, fazer trabalho inútil.

aqua pluviae: a água da chuva.

aqua pura: a água pura.

aqua regia: água-régia, mistura de ácido nítrico com ácido clorídrico, utilizada para dissolver metais nobres.

aquarius -a, -um: *adj.* – que pertence ou é relativo à água; (**-ii**) *s.m.* – escravo aguadeiro fiscal de águas ou de aquedutos.

aqua salsa: água salgada.

aquaticus, -a, -um: *adj.* – que nasce, vive na água ou perto, aquático, aquoso, úmido, aguacento.

aquatilis, -e: *adj.* – aquático, aquoso.

aquatio, -onis: *s.f.* – ação de fazer provisão de água, aguada.

aquator, oris: *s.m* – o que faz aguada ou vai buscar água, aguadeiro (no exército).

aqua vitae: a água da vida; o termo **aqua vitae** é usado para designar a aguardente.

aquila, -ae: *s.f.* – águia, insígnia da legião romana, constelação.
aquila in nubibus: é uma águia nas nuvens, está fora do teu alcance.
aquilam volare doces: ensinas a águia a voar.
aquila non captat muscas: a águia não apanha moscas.
aquilifer, -eri: *s.m.* – porta-águia (na legião romana), porta-bandeira.
aquilo, -onis: *s.m.* – aquilão, vento do norte.
aquilonalis, -e ou **aquilonaris, -e**: *adj.* – setentrional, do norte.
aquilus, -a, -um: *adj.* – escuro, moreno,
a quo: do qual (procede ou vem) – ponto de partida – da parte de cá; **1.** na ignorância, sem entender, sem saber; **2.** *dir.* – diz-se do dia a partir do qual se começa a contar um prazo; **3.** *dir.* – diz-se do juiz de um tribunal de cuja decisão se recorre: juiz *a quo* (opõe-se, neste caso, a *ad quem*, juiz, ou tribunal, para o qual se recorre); **4.** *lóg.* – diz-se do termo ou princípio sobre que se fundamenta uma conclusão.
aquola ou **acula** ou **aquula, -ae**: *s.f.* – fio de água.
aquor, -aris, -atus sum, -ari: *v.int.dep.* – ir buscar água, prover-se de água, ir beber.
aquosus, -a, -um: *adj.* – aguacento, úmido, que habita ou prefere lugares úmidos, límpidos, claros.
aquula ou **acula** ou **aquola, -ae**: *s.f.* – fio de água.
ara, ae: *s.f.* – altar, lar dos deuses, base, assento, lugar elevado, ajuda, proteção.
a radice: desde a raiz, desde a origem.
aranea, -ae: *s.f.* – aranha, teia de aranha.
araneola, -ae: *s.f.* – ou **araneolus, -i**: *s.m.* – aranhinha, pequena aranha.
araneum, -i: *s.n.* – teia de aranha.
araneus, -i: *s.m.* – aranha.
aras litus: aras a praia, malhas em ferro frio.
arate sulco recto: abram um sulco reto.
aratio, -onis: *s.f.* – ação de lavrar, lavoura, campo lavrado; *pl.* – terrenos lavradios, terras de cultura pública.
a ratione: pela razão, pela imaginação, por conjetura, por hipótese, sem fundamento nos fatos reais.
arator, -oris: *s.m.* – lavrador, rendeiro de terras públicas.
aratrum, -i: *s.n.* – arado, charrua.
arbiter, -tri: *s.m.* – juiz, árbitro, senhor, regulador, espectador, testemunha, o que vê, assiste.
arbiter bibendi: o árbitro da bebida, o rei do festim.
arbiter pugnae: o juiz da luta.
arbitra, -ae: *s.f.* – testemunha, confidente.
arbitratu meo: por minha escolha, como eu quiser.
arbitratus, -us: *s.m.* – arbitramento, parecer, sentença, autoridade, vontade, arbítrio.
arbitrii mihi iura mei: minhas leis são minha vontade.
arbitrio suo: por sua autoridade, por sua decisão.
arbitrium, -i: *s.m.* – testemunho, arbitramento, sentença, parecer, decisão, arbítrio, vontade, taxa, tabela.
arbitrium iudicis: o arbítrio do juiz.
arbitror, -aris, -atus sum, -ari: *v.t./int. dep.* (*o.m.q.* **arbitro, -as, -avi, -atum, -are**: *v.t./int.*) – ver, observar, espiar, julgar, dar parecer, decidir, crer, pensar.
arbor, -oris: *s.f.* – árvore, madeira, navio, mastro.
arbor civilis: árvore genealógica.
arboreus, -a, -um: *adj.* – relativo ou pertencente a árvore, de árvore.
arbor scientiae: a árvore do conhecimento.
arbuscula, -ae: *s.f.* – pequena árvore, arbusto.
arbustum, -i: *s.m.* – lugar plantado de árvores, bosque, árvore.
arbuteus, -a, -um: *adj.* – de medronheiro (arbusto silvestre).
arbutum, -i: *s.n.* – medronho (fruto do medronheiro), medronheiro.
arbutus, -i: *s.f.* – medronheiro (arbusto silvestre).
arca, -ae: *s.f.* – caixa, cofre, arca, caixa forte, burra, caixão, ataúde, cárcere, masmorra.
arcadicus ou **arcadius, -a, -um**: *adj.* – arcádico ou arcádio, de Arcádia (província do Peloponeso).
arcam habet: ele tem cofre, é podre de rico.
arcana caelestia: os segredos do céu.
arcana cordis: os segredos do coração.
arcana imperii: os segredos do governo, os segredos de Estado.
arcana sacra: os segredos sagrados.
arcano: *adv.* – secretamente, em segredo, em particular.
arcanum, -i: *s.n.* – segredo, mistério.
arcanum arcanorum: o segredo dos segredos.
arcanum demens detegit ebrietas: a embriaguez insana descobre o segredo.

arcanus, -a, -um: *adj.* – secreto, escondido, arcano, misterioso, que oculta, discreto.
arca testamenti: a arca do testamento, a arca da aliança.
arceo, -es, -ui, -ere: *v.t.* – conter, reter, apartar, afastar, repelir.
arcessitor, -oris: *s.m.* – o que chama.
arcessitus, -a, -um: *adj.* – vindo de longe, de origem estrangeira, não natural.
arcessitus, -us: *s.m.* – chamada, ordem para vir, convite.
arcesso, -is, -ivi, -itum, -ere: *v.t.* – chamar, mandar vir, convidar, conseguir, procurar, demandar, acusar, tirar.
archetypum, -i: *s.n.* – original, modelo, arquétipo.
archetypus, -a, -um: *adj.* – original, que foi feito em primeiro lugar.
archimagirus, -i: *s.m.* – chefe dos cozinheiros.
archipirata, -ae: *s.m.* – chefe dos piratas.
architector, -aris, -atus sum, -ari: *v.t.dep.* – edificar, construir, arquitetar, imaginar.
architectura: *s.f.* – arquitetura.
architectus, -i ou **architecton, -onis**: *s.m.* – arquiteto, construtor.
archon, -ontis: *s.m.* – arconte (magistrado em Atenas).
arcisellium, -i: *s.n.* – poltrona.
arcitenens, -entis: *adj.* – que usa de arco, armado de arco.
arcte ou **arte**: *adv.* – apertadamente, estreitamente, com dificuldade, brevemente, breve.
arcto ou **arto, -as, -avi, -atum, -are**: *v.t.* – apertar fortemente, estreitar.
arctos ou **arctus, -i**: *s.f.* – a Ursa (constelação setentrional), o norte; *pl.* – as ursas.
Arcturus, -i: *s.m.* – Arturo, estrela, outono.
arctus ou **artus, -a, -um**: *adj.* – estreito, apertado, restrito, rigoroso, severo.
arcuatus, -a, -um: *adj.* – curvado em arco, arqueado, abobadado.
arcula, -ae: *s.f.* – caixinha, pequena arca.
arcus, -us: *s.m.* – arco de atirar flechas, arco, arcada, abóbada.
arcus pluvius: o arco-íris.
ardalio, -onis: *s.m.* – homem intrometido, metediço, trapalhão.
ardea, -ae: *s.f.* – garça real, garça.
ardens, -entis: *part.pres.* – que ferve, ardente, vivo, brilhante.
ardenter: *adv.* – ardentemente, de modo ardente.
ardenter et constanter: com ardor e constância.
ardentia verba: palavras ardentes, palavras furiosas.
ardeo, -es, arsi, arsum, -ere: *v.int.* – arder, abrasar-se, brilhar, sofrer, padecer de, estar ansioso por.
ardesco, -is, -scere: *v.int.* – começar a arder, pegar fogo, cintilar, inflamar-se, apaixonar-se, arder em desejos de, aguçar, aumentar.
ardor, -oris: *s.m.* – ardor, calor, fogo, brilho, resplendor, desejo ardente, paixão.
ardua ad gloriam via: o caminho para a glória é árduo.
arduum, -i: *s.n.* – lugar alto, altura, montanha, serra.
arduus, -a, -um: *adj.* – alto, íngreme, empinado, ladeirento, escarpado, altivo, arrogante, difícil, penoso.
area, -ae: *s.f.* – superfície plana, terreno, área, praça pública, pátio, eira, alfobre, campo, espaço de tempo, idade.
a rebus alienis manus abstine: afasta as mãos das coisas alheias.
a re decedunt: eles se afastam da questão.
arefacio, -is, -ere, -feci, -factum: *v.t.* – fazer secar, secar, esgotar.
a remotis: ao longe, de longe, afastado.
arena, -ae: *s.f.* – areia, praia, margem, solo terreno, arena, campo de batalha.
arenam metiris: contas os grãos de areia, fazes trabalho inútil.
arenaria, -ae: *s.f.* ou **arenarium**: *s.n.* – lugar de onde se tira areia.
arena sine calce: areia sem cal, um discurso incoerente.
arenosus, -a, -um: *adj.* – arenoso, areento.
arens, -entis: *adj.* – ressequido, seco, árido.
areo, -es, -ui, -ere: *v.int.* – estar seco, enxuto, ressecado, arder em sede.
Areopagites, -ae ou **Aeropagita, -ae**: *s.m.* – areopagita, membro do Areópago.
Areopagus, -i: *s.m.* – Areópago (tribunal de Atenas).
aresco, -is, -rui, -scere: *v.int.* – secar-se, dessecar-se, endurecer.
aretalogus, -i: *s.m.* – tagarela, falador, charlatão.
Argei, -orum: *s.m.* – lugares em Roma destinados a sacrifícios, Argeu.
argentaria, -ae: *s.f.* – mina de prata, casa bancária, ofício de banqueiro, banco.

argentarius, -a, -um: *adj.* – relativo ou pertencente à prata, referente a dinheiro.
argentatus, -a, -um: *adj.* – prateado, guarnecido de prata.
argenteus, -a, -um: *adj.* – de prata, prateado, guarnecido de prata, branco como prata, argênteo, de dinheiro.
argento oboediunt omnia: tudo obedece ao dinheiro.
argentum, -i: *s.n.* – prata, baixela, moeda (de prata), riqueza, dinheiro.
argentum hoc facit: o dinheiro faz isso.
argentum vivum: a prata viva, o mercúrio.
argilla, -ae: *s.f.* – argila, barro dos oleiros.
argitis, -is: *s.f.* – argita, videira que dá uvas brancas.
argumenta afferre: apresentar provas.
argumenta contra: os argumentos contrários.
argumenta ex vano: argumentos sem fundamento.
argumentalis, -e: *adj.* – que contém uma prova.
argumenta solvere: destruir provas.
argumentatio, -onis: *s.f.* – argumentação, argumento, raciocínio.
argumentor, -aris, -atus sum, -ari: *v.int.dep.* – argumentar, provar com argumentos, raciocinar.
argumentum, -i: *s.n.* – argumento, prova, indício, assunto, matéria, fábula, drama, representação, imagem, motivo.
argumentum a baculo: argumento de bastão, convencimento pela força.
argumentum ad crumenam: argumento da bolsa – emprego do suborno, na falta de razões convincentes.
argumentum ad invidiam: um apelo às baixas paixões.
argumentum ad iudicium: um apelo à inteligência.
argumentum ad misericordiam: um apelo à misericórdia.
argumentum ad populum: um apelo ao povo.
argumentum ad rem: um argumento que trata da questão que se está discutindo.
argumentum ad terrorem: um apelo ao sentimento de medo.
argumentum ad verecundiam: um apelo ao pudor, à consciência.
argumentum baculinum: argumento do porrete – emprego da violência para a consecução de um objetivo.
argumentum est deformitatis pudicitia: castidade é prova de feiura.
argumentum in contrario: um argumento em contrário.
argumentum maioris ponderis: um argumento do maior peso.
argumentum pari: um argumento baseado em semelhança.
argumentum pessimi turba est: a multidão é exemplo do pior.
arguo, -is, -ui, -utum ou **-uitum, -ere**: *v.t.* – indicar, demonstrar, manifestar, arguir, acusar, censurar, declarar.
argutatio, -onis: *s.f.* – estrépito, ranger, ruído, tagarelice.
argute: *adv.* – sutilmente, com agudeza, finura.
argutiae, -arum: *s.f.pl.* – argúcias, sutilezas, ditos agudos, gracejos, graça, elegância, gorjeio, melodias.
arguto, -as, -are: *v.t.* – repetir sem cessar, repisar constantemente, tagarelar.
argutor, -aris, -atus sum, -ari: *v.int.* – palrar, falar de mais, tagarelar.
argutulus, -a, -um: *adj.* – um tanto engenhoso, sutil, mordaz.
argutus, -a, -um: *adj.* – claro, distinto, arguto, expressivo, sutil, engenhoso.
arida nubila: nuvens sem chuva.
aride: *adv.* – secamente.
ariditas, -tatis: *s.f.* – aridez, secura.
aridulus, -a, -um: *adj.* – um pouco seco.
aridum, -i: *s.n.* – terreno seco, terra firme (praia, margem).
aridus, -a, -um: *adj.* – árido, seco, ressequido, magro, parco, sóbrio.
aries, -etis: *s.m.* – carneiro, aríete ou máquina de bater os muros, nos cercos de cidades, escora, esteio, pontilhão, arrimo, apoio.
arieto, -as, -vi, -atum, -are: *v.t.* – dar marradas como carneiro, bater, assestar, topar, tropeçar.
ariolor, ariolus ver **hariolor, hariolus**.
arista, -ae: *s.f.* – aresta, barba de espiga, espiga do trigo, espiga.
arithmetica, -orum: *s.n.pl.* ou **arithmetica, -ae** ou **arithmetice, -es**: *s.f.* – aritmética.
arma, -orum: *s.n.pl.* – armas (ofensivas ou defensivas), soldados, tropas, exército, guerra, combates, instrumentos, utensílios, aprestos.
arma accipere: receber as armas, ser feito cavalheiro.
arma armis propulsantur: armas repelem-se com armas.

arma deponimus: estamos depondo as armas.

arma ferunt pacem: as armas trazem a paz.

armamaxa, -ae: *s.f.* – carro de viagem coberto, liteira usada entre os persas.

armamentarium, -i: *s.n.* – arsenal de marinha, armazém, depósito de armas e de aprestos de navios.

arma nesciunt leges: as armas não conhecem leis.

arma placent miseris: aos desesperados agrada tomar armas.

armarium, -i: *s.n.* – armário (guarda-louça, guarda-roupa), cofre, caixa.

armata vis: a força armada.

armati, -orum: *s.m.pl.* – homens armados, soldados, soldadesca.

armatura, -ae: *s.f.* – armadura, armas, soldados, tropas.

armatus, -a, -um: *adj.* – armado, que está aparelhado, equipado.

armatus, -us: *s.m.* – armas, armadura.

armentalis, -e: *adj.* – que pertence ao rebanho.

armentarius, -a, -um: *adj.* – relativo a rebanho, ao gado grosso; **-ii**: *s.m.* – pastor de gado grosso.

armentum, -i: *s.n.* – rebanho (de gado grosso), manada.

armifer, -era, -erum: *adj.* – que traz armas, guerreiro, belicoso.

armiger, -gera, -gerum: *adj.* – que traz armas, armado, guerreiro.

armilla, -ae: *s.f.* – bracelete, manilha.

armillatus, -a, -um: *adj.* – que tem ou usa braceletes, que traz coleira.

armilustrium, -i: *s.n.* – lugar onde se celebrava a cerimônia de purificação das armas.

armipotens, -entis: *adj.* – poderoso nas armas, valente, belicoso.

armis et castris: com armas e bagagens, com todos os recursos disponíveis.

armisonus, -a, -um: *adj.* – que faz estrondos com as armas.

armis vicit, vitiis victus est: venceu pelas armas, foi vencido pelos vícios.

armo, -as, -avi, -atum, -are: *v.t.* – armar, prover de armas, aparelhar, equipar, munir, preparar.

armus, -i. *s.m.* – espádua, braço; *pl.* – quartos traseiros do cavalo.

aro, -as, -avi, -atum, -are: *v.t.* – lavrar a terra, cultivar, sulcar.

arrectis auribus: com os ouvidos atentos.

arrectus ou **adrectus, -a, -um**: *adj.* – erguido, levantado, atento.

arrepo ou **adrepo, -is, -psi, -ptum, -ere**: *v.int.* – trepar, engatinhar para, entrar com pés de lã (suavemente), insinuar-se.

arrideo ou **adrideo, -es, -si, -sum, -ere**: *v.int.* – rir-se para, sorrir para, rir, sorrir, favorecer.

arrigo ou **adrigo, -is, -exi, -ectum, -gere**: *v.t.* – erguer, levantar, eriçar, excitar.

arripe ansam: agarra a alça, aproveita a ocasião.

arripio ou **adripio, -is, -ui, -eptum, -ere**: *v.t.* – tomar, arrebatar, apoderar-se, assaltar de improviso, levar a juízo, acusar, aprender.

arrisor ou **adrisor, -oris**: *s.m.* – o que sorri quando fala, adulador.

arrodo, -is, -osi, -osum, -ere: *v.t.* – roer à volta de, roer, estragar.

arrogans, -antis: *adj.* – arrogante, soberbo.

arroganter: *adv.* – com orgulho, com arrogância.

arrogantia, -ae: *s.f.* – arrogância, insolência, bravata, altivez, obstinação.

arrogantia odium parit: a arrogância gera ódio.

arrogatio, -onis: *s.f.* – adoção ou perfilhamento de quem já não está sob o poder paterno.

arrogo, -as, -avi, -atum, -are: *v.t.* – pedir a mais, perguntar, adotar, perfilhar, ajuntar, atribuir-se, arrogar, atribuir.

arrosor ou **adrosor, oris**: *s.m.* – o que rói, parasita.

ars, artis: *s.f.* – arte, indústria, ciência, ofício, mister, profissão, instrução, conhecimento, perícia, destreza, expediente, recurso, artifício, ardil, astúcia; *pl.* – as musas, regras ou tratado de uma arte.

ars adulandi: a arte de adular.

ars aemula naturae: a arte é imitadora da natureza.

ars amatoria: a arte de amar.

ars artium: a arte das artes, a lógica.

ars artium, regimen animarum: o governo das almas é a arte das artes.

ars cogitandi: a arte de pensar, lógica.

ars deluditur arte: um artifício se vence com outro.

ars dicendi: a arte de dizer, a retórica.

ars discendi: a arte de aprender.

ars docendi: a arte de ensinar.

ars est celare artem: a arte está em esconder na arte.

ars fallendi homines: a arte de enganar os homens.

ars gratia artis: a arte pela arte.

ars litigandi: a arte de pleitear em juízo.

ars longa, vita brevis: a arte é longa e a vida é breve.

ars moriendi: a arte de morrer.

ars neminem gravat: o saber não pesa na cabeça.

ars perficit naturam: a arte completa a natureza.

ars praedicandi: a arte de pregar (o evangelho).

ars, scientia, veritas: arte, conhecimento, verdade.

ars scribendi, legendi, numerandi: a arte de escrever, ler e contar.

ars sterilis: o conhecimento inútil.

arsus, -a, -um: *adj.* – que esteve ao fogo, cozido.

ars vincit naturam: a arte vence a natureza.

arte, non vi: usando arte, não força.

arte et marte: com habilidade e luta.

arte magistra: com a arte como mestra.

arteria, -ae: *s.f.* – artéria, traqueia arterial; *pl.* – brônquios.

artes bonorum fontes: os ofícios são fontes de riqueza.

artes honorabit: ele engrandecerá as artes.

artes ingenuae: as artes liberais, os conhecimentos que convêm ao homem livre.

artes, scientiae, veritas: artes, ciências, verdade.

arthriticus, -a, -um: *adj.* – que padece de gota, artrítico.

articulate: *adv.* – articuladamente, com boa articulação, distintamente.

articulatim: *adv.* – por partes, por artigos, distintamente.

articulo, -as, -are, -avi, atum: *v.t.* – articular, pronunciar distintamente.

articulo mortis: no instante da morte.

articulosus, -a, -um: *adj.* – cheio de nós, retalhado.

articulus, -i: *s.m.* – articulação, junta dos ossos, ligação, conexão, termo, palavra, artigo, parte, divisão, circunstância, ponto, momento.

artifex, -icis: *s.m.f.* e *adj.* – o que exerce uma arte, artífice, operário, artista, destro, hábil, engenhoso, feito com arte, com artifício.

artifex mundi: o construtor do mundo.

artificia docet fames: a fome ensina artes.

artificialis, -e: *adj.* – feito segundo os princípios da arte.

artificialiter: *adv.* – com arte.

artificiosus, -a, -um: *adj.* – feito com arte, artificial, hábil, engenhoso.

artificium, -i: *s.n.* – arte, arte mecânica, indústria, ofício, profissão, habilidade, ciência, teoria, artifício, manejo.

artis magistra necessitas: a necessidade é a mestra da arte.

artium baccalaureus: bacharel em artes.

artium magister: mestre em artes.

arto ou **areto, -as, -avi, -atum, -are**: *v.t.* – apertar, estreitar, reduzir.

artum, -i ou **arctum, -i**: *s.n.* – espaço limitado, estreito, aperto.

artus ou **arctus, -a, -um**: *adj.* – apertado, limitado, estreito, rigoroso, severo, mesquinho, avarento.

artus, -us: *s.m.* ou **artua, -uum**: *s.m.pl.* – articulação, junta dos ossos, membros do corpo, nós das plantas.

a rudibus annis: desde os anos em que não tinha experiência, em tenra idade.

arula, -ae: *s.f.* – altar pequeno, altarzinho.

arundifer, -era, -erum: *adj.* – que produz ou traz canas.

arundineus, -a, -um: *adj.* – de cana, relativo, semelhante à cana.

arundo, -inis: *s.f.* – cana, caniço, flauta, gaita de pastoril, bengala, bastão, vara (de pescar).

aruspex ou **haruspex, -icis**: *s.m.* – arúspice, adivinho que tirava agouros consultando as entranhas das vítimas.

arvina, -ae: *s.f.* – banha, gordura de porco, toucinho.

arvum, -i: *s.n.* – terra lavrada, lavoura, campo, seara, margem, litoral, região.

arx, arcis: *s.f.* – altura, cimo, cume, cimeira, serra, montanha, fortaleza, cidadela, cidade, eminência, culminância.

a sacris: (afastado) das coisas sagradas, (afastado) das ordens sacras.

ascendo ou **adscendo, -is, -di, -sum, -are**: *v.t./int.* – subir, trepar, escalar, montar, alcançar, ascender, elevar-se, crescer, chegar.

ascensio, -onis: *s.f.* – ação de trepar, subida, ascensão, progresso.

ascensio domini: [do calendário católico] a ascensão do senhor.

ascensus, -us: *s.m.* – ação de subir, subida, ascensão, encosta, ladeira.

ascia, -ae: *s.f.* – enxó, enxada, machadinha.
ascio ou **adscio, -is, -ivi, -itum, -ire**: *v.t.* – mandar vir, receber, juntar-se a.
ascisco ou **adscisco, -is, -ivi, -itum, -ere**: *v.t.* – juntar por decreto, associar oficialmente, mandar vir, chamar a si, juntar, admitir, adotar.
ascitus ou **adscitus, -a, -um**: *adj.* – tomado emprestado, admitido.
ascribo ou **adscribo, -is, -psi, -ptum, -ere**: *v.t.* – escrever mais, juntar escrevendo, inscrever, imprimir, gravar, alistar, imputar, atribuir.
ascripticius ou **adscripticius, -a, -um**: *adj.* – acrescentado, ajuntado, arrolado, novo, suplementar.
ascriptio ou **adscriptio, -onis**: *s.f.* – subscrição, o que se ajunta a um escrito, pós-escrito.
ascriptor ou **adscriptor, -oris**: *s.m.* – o que aprova, fautor, partidário.
a se: por si, por seus próprios meios.
asellus, -i: *s.m.* – pequeno jumento, burrico.
asilus, -i: *s.m.* – tavão, moscardo, mutuca, tipo de inseto.
a sinistris: pela esquerda, do lado esquerdo.
asino gramen et baculus: para o burro, capim e vara.
asino pigrior: mais lento que um asno.
asinus, -i: *s.m.* – asno, burro, jumento, estúpido.
asinus asino, et sus sui pulcher est: o asno é bonito para outro asno, e o porco para outro porco – igual com igual.
asinus asinum fricat: um burro coça outro burro – diz-se de pessoas sem merecimento que se elogiam mutuamente e com exagero.
asinus in cathedra: é um burro na cátedra, um indivíduo ignorante que quer ensinar aos outros.
asinus volans: é um burro voando, é um absurdo.
a solis ortu usque ad occasum: do nascer do sol ao ocaso.
aspectabilis ou **adspectabllis, -e**: *adj.* – visível, que pode ser visto, digno de se ver.
aspecto ou **adspecto, -as, -avi, -atum, -are**: *v.t.* – olhar muitas vezes ou atentamente.
aspectus ou **adspectus, -us**: *s.m.* – ação de olhar, vista de olhos, exterior, aparência, forma, aspecto.
aspello, -is, -uli, -ulsum, -ere: *v.t.* – afastar, afugentar, expulsar.
asper, -era, -erum: *adj.* – áspero, desigual, agudo, grosseiro, intratável, árduo, difícil, severo, cruel.
asperandus, -a, -um: *adj.* – desprezível.
aspere: *adv.* – asperamente, com vigor, duramente.
asperges: **1.** antífona cantada ou recitada antes das missas dominicais, durante a aspersão e que começa pelas palavras: *asperges me*; **2.** aspersão com água benta durante a missa e em outras circunstâncias.
aspergo ou **adspergo, -is, -ersi, -ersum, -ere**: *v.t.* – regar, banhar, aspergir, lançar sobre, espalhar.
asperitas, -atis: *s.f.* – aspereza, desigualdade, escabrosidade, rigidez, dureza, dificuldade, vigor, violência.
aspernatio, -onis: *s.f.* – ato de afastar, desprezo, desdém, menosprezo.
aspernor, -aris, -atus sum, -ari: *v.t.* – afastar, rejeitar, recusar, evitar, renegar, desprezar, menosprezar.
aspero, -as, -avi, -atum, -are: *v.t.* – tornar áspero, desigual, endurecer, encrespar, aguçar, excitar, irritar.
aspersio ou **adspersio, -onis**: *s.f.* – ação de espalhar, rega, adspersão, borrifo.
aspice, respice, prospice: olha o presente, recorda o passado, olha o futuro.
aspicio ou **adspicio, -is, -exi, -ectum, -ere**: *v.t.* – olhar para, dirigir os olhos para, prestar atenção, considerar.
aspidis morsus: uma mordida de serpente, uma língua viperina.
aspirat fortuna labori: a sorte favorece o trabalho.
aspiratio ou **adspiratio, -onis**: *s.f.* – aspiração, ação de soprar, bafo, aragem, exalação.
aspiro ou **adspiro, -as, -avi, -atum, -are**: *v.t./int.* – soprar para, assoprar, aspirar a, pretender, comunicar, inspirar, favorecer, chegar.
aspis, -idis: *s.f.* – reptil, áspide, víbora.
asportalio, -onis: *s.f.* – ação de levar, transporte.
asporto, -as, -avi, -atum, -are: *v.t.* – levar (afastar), transportar (de um lado para outro), conduzir.
aspreta, -orum: *s.n.pl.* – lugares pedregosos.
aspretum, -i: *s.n.* – lugar pedregoso, escabroso.

assa, -ae: *s.f.* – ama-seca (que cuida das crianças sem amamentá-las).
assecla ou **assecula, -ae**: *s.m.* – o que segue, o que faz parte de uma comitiva, pessoa do séquito de alguém, partidário.
assectatio ou **adsectatio, -onis**: *s.f.* – acompanhamento, cortejo.
assectator ou **adsectator, -oris**: *s.m.* – o que acompanha, sequaz, o que busca, indagador, discípulo.
assector, -aris, -atus sum, -ari: *v.t.* – acompanhar, seguir, cortejar.
assensio ou **adsensio, -onis**: *s.f.* – adesão, consentimento, aprovação.
assensor ou **adsensor, -oris**: *s.m.* – o que consente, aprovador.
assensus ou **adsensus, -us**: *s.m.* – assentimento, consentimento, aprovação.
assentatio ou **adsentatio, -onis**: *s.f.* – lisonja, adulação.
assentatiuncula ou **adsentatiuncula, -ae**: *s.f.* – lisonja mesquinha, adulação vil, ridícula.
assentator ou **adsentator, -oris**: *s.m.* – o que presta seu consentimento, lisonjeiro, adulador.
assentatorie ou **adsentatorie**: *adv.* – lisonjeiramente, como um bajulador.
assentio ou **adsentio, -is, -si, -sum, -ire**: *v.int.* – ser da mesma opinião, concordar com, aprovar, apoiar.
assentior ou **adsentior, -iris, -ensus sum, -tiri**: *v.int.dep.* – aprovar, concordar com, partilhar a opinião de alguém.
assentor ou **adsentor, -aris, -atus sum, -ari**: *v.int.* e *t.dep.* – ser do mesmo parecer, aprovar, lisonjear, comprazer.
assequor ou **adsequor, -eris, quutus** ou **etus sum, -equi**: *v.t.dep.* – alcançar, apanhar, chegar a, conseguir, compreender.
asser, -eris: *s.m.* – travessa, barrote, viga, esteio, varal de liteira.
assero ou **adsero, -is, -erui, -ertum, -erere**: *v.t.* – tomar, agarrar, atribuir, arrogar, reclamar, libertar, defender, sustentar.
assero ou **adsero, -is, -evi, -itum, -erere**: *v.t.* – plantar ou semear junto a, semear, plantar.
assertor ou **adsertor, -oris**: *s.m.* – o que liberta, alforria, o que reclama alguém como escravo, defensor, partidário.
asservio ou **adservio, -is, -ivi, -itum, -ire**: *v.int.* – sujeitar-se, auxiliar, contribuir para.
asservo ou **adservo, -as, -avi, -atum, -are**: *v.t.* – conservar, guardar, ter a vista, observar.
assessio ou **adsessio, -onis**: *s.f.* – ação de sentar-se junto a alguém, para o consolar, assistência, emprego de assessor.
assessor ou **adsessor, -oris**: *s.m.* – assessor, assistente, adjunto.
assetrix, -icis: *s.f.* – defensora, protetora, parteira.
asseveranter ou **adseveranter**: *adv.* – positivamente, com segurança.
asseveratio ou **adseveratio, -onis**: *s.f.* – afirmação com vigor, asseveração.
assevero ou **adsevero, -as, -avi, -atum, -are**: *v.t.* – asseverar, sustentar, atestar, provar.
assideo ou **adsideo, -es, -edi, -essum, -idere**: *v.t./int.* – estar sentado junto a, assentar-se, acudir, ajudar, assistir, acampar, sitiar, assemelhar-se a.
assido ou **adsido, -is, -edi, -ere**: *v.t./int.* – sentar-se ao pé de, assentar-se.
assidue: *adv.* – continuamente, incessantemente.
assiduitas ou **adsiduitas, -atis**: *s.f.* – assiduidade, frequência, perseverança.
assiduus ou **adsiduus, -a, -um**: *adj.* – assíduo, frequente, perseverante, pertinaz, contínuo, estabelecido, domiciliado.
assiduus ou **adsiduus, -i**: *s.m.* – tributário, contribuinte.
assignatio ou **adsignatio, -onis**: *s.f.* – partilha, distribuição.
assigno ou **adsigno, -as, -avi, -atum, -are**: *v.t.* – distribuir, repartir, atribuir, pôr em depósito, selar, gravar, imprimir.
assilio ou **adsilio, -is, -silui, -sultum, -ire**: *v.t./int.* – saltar para ou sobre, assaltar, acometer.
assimilis ou **adsimilis, -e**: *adj.* – perfeitamente parecido.
assimilo ou **adsimilo, -as, -avi, -atum, -are**: *v.t.* – assemelhar, tornar semelhante.
assimulatio ou **adsimulatio, -onis**: *s.f.* – semelhança, conformidade, simulação.
assimulatus ou **adsimulatus, -a, -um**: *adj.* – simulador, fingido.
assimulo ou **adsimulo, -as, -avi, -atum, -are**: *v.t.* – imitar, arremedar, assimilar, fingir, simular.
assis ou **adsis, -is**: *s.f.* – prancha, tábua, talhada, fatia.
assisto ou **adsisto, -is, -stiti, -stitum, -sistere**: *v.int.* – estar ou conservar-se de pé junto a, estar presente, comparecer, assistir em juízo.

associo, -as, -avi, -atum, -are: *v.t.* – acompanhar, fazer companhia.

assoleo ou **adsoleo, -solitum est, -ere**: *v.unip.* – ter costume, acostumar-se.

assono ou **adsono, -as, -ui, -itum, -are**: *v.int.* – soar juntamente, responder a uma voz, fazer eco.

assotus, -a, -um: *adj.* – pródigo, perdulário, lascivo, devasso.

assuefacio ou **adsuefacio, -is, -eci, -actum, -acere**: *v.t.* – acostumar, habituar, adestrar.

assuesco ou **adsuesco, -is, -evi, -etum, -ire**: *v.t./int.* – acostumar-se, afazer-se, habituar.

assuetudo, -inis: *s.f.* – o costume, o uso.

assuetudo mali animos effert: o hábito do mal aniquila o espírito.

assuetudo omnia reddit facilia: o hábito torna tudo fácil.

assuetus, -a, -um: *adj.* – acostumado, habituado.

assugo ou **adsugo, -is, -ere, -suctum**: *v.t.* – tirar sugando, sugar, chupar.

assulto ou **adsulto, -as, -are, -avi, atum**: *v.t./int.* – saltar a, saltar, lançar-se a, assaltar, atacar.

assultus ou **adsultus, -us**: *s.m.* – pulo, assalto, ataque.

assum ou **adsum, -i**: *s.n.* – assado, estufa, suadouro.

assum ou **adsum, ades, adfui** ou **affui**: *v.int.* – estar presente, assistir, comparecer em juízo, chegar, prestar assistência, atenção, existir, haver.

assumo ou **adsumo, -is, -umpsi, -umptum, -mere**: *v.t.* – tomar, receber para si, tomar alimento, comer, arrogar, atribuir, aplicar, apresentar a menor (de um silogismo).

assumptio ou **adsumptio, -onis**: *s.f.* – ação de tomar, de receber, escolha, a menor (de um silogismo).

assuo ou **adsuo, -is, -i, -utum, -ere**: *s.f.* – ajuntar por meio de costura, fazer remendo.

assurgam: eu me erguerei.

assurgo ou **adsurgo, -is, -rexi, -rectum, -gere**: *v.t.* – levantar-se, erguer-se, começar a aparecer, apontar, crescer, levantar-se contra, arrebatar-se.

assus ou **adsus, -a, -um**: *adj.* – assado, seco, simples, sem acompanhamento.

assyrius ou **adsyrius, -a, -um**: *adj.* – assírio, da Assíria.

ast ou **at**: *conj.* – mas, porém, doutro lado, doutra parte.

aster, -eris: *s.m.* – estrela.

asterno ou **adsterno, -is, -ere**: *v.t.* – estender ao pé de, estirar, deitar-se junto.

asticus, -a, -um: *adj.* – relativo à cidade, urbano.

astipulator ou **adstipulator, oris**: *s.m.* – o que se obriga por outro, o que presta fiança, o que é da mesma opinião, seguidor, partidário.

astipulor ou **adstipulor, -aris, -atus sum, ari**: *v.int.dep.* – obrigar-se por outro, ser do mesmo parecer, aprovar.

astituo ou **adstituo, -is, -ui, -utum, -ere**: *v.t.* – colocar ao pé de.

asto ou **adato, -as, -stiti, -statum, -are**: *v.int.* – parar, estar perto de, estar presente, levantar-se, assistir em juízo.

astra castra, numen lumen: as estrelas são meu campo, o deus é minha luz.

astrepo ou **adstrepo, -is, -ui, -itum, -ere**: *v.int.* – aplaudir, aprovar, repetir com ruído, molestar com qualquer ruído, aturdir.

astricte ou **adstricte**: *adv.* – de modo cerrado, estreitamente, estritamente.

astrictus ou **adstrictus, -a, -um**: *adj.* – apertado, atado, emagrecido, contraído, ocupado em, atento a.

astrictus necessitate: dominado pela necessidade.

astrifer, -fera, -ferum: *adj.* – que traz os astros, que conduz os astros.

astriger, -gera, -gerum: *adj.* – que leva os astros.

astringo ou **adstringo, -is, -inxi, -ictum, -ere**: *v.t.* – ligar a, apertar, contrair, diminuir, enrugar, gelar, esfriar, forçar, sujeitar, resumir.

astrologia, ae: *s.f.* – astronomia, astrologia.

astrologus, -i: *s.m.* – astrônomo, astrólogo.

astroploplectos, -on: *adj.* – atingido pelo raio.

astrum, -i: *s.n.* – constelação, astro, estrela.

astruo ou **adstruo, -is, -uxi, -uctum, -ere**: *v.t.* – edificar ao lado de, amontoar, acrescentar, atribuir, subornar.

astupeo ou **adstupeo, -es, -ui, -ere**: *v.int.* – tomar-se de espanto, pasmar a vista de.

astus, -us: *s.m.* – sagacidade, astúcia, destreza, manha, embuste.

astutia, -ae: *s.f.* – astúcia, sagacidade, destreza, embuste, trapaça.

astutus, -a, -um: *adj.* – hábil, astuto, velhaco.

a summo usque deorsum: de alto a baixo.

asylum, -i: *s.n.* – templo, lugar inviolável, asilo, lugar de refúgio.

at: *conj.* – mas, porém, entretanto, contudo, ora, mas, ao menos, pelo menos, pois ainda, mas também, pois.

atabulus, -i: *s.m.* – vento seco e quente, siroco.

atavus, -i: *s.m.* – o pai do trisavô ou da trisavó.

atellana, -ae: *s.f.* – pequena peça de teatro.

a teneris annis: desde os tenros anos, desde garotinho.

ater, -tra, -trum: *adj.* – negro, preto, escuro, obscuro, tenebroso, horrível, funesto, infeliz, ininteligível, desagradável, molesto, cruel.

ater dies: um dia infeliz.

a tergo: pela retaguarda, por trás, da parte de trás.

athleta, -ae: *s.m.* – lutador, o que combate nos jogos públicos, atleta.

athletice: *adv.* – atleticamente, à maneira dos atletas.

atlanteus ou **atlanticus, -a, -um**: *adj.* – e **atlantis, -idis**: *adj.* – de Atlas ou atlante, atlântico.

atomus, -i: *s.m.* – átomo, corpúsculo, partícula indivisível, partícula, instante.

atque: *conj.* – e, e ainda, e mais, desde que, tanto que, ora, mas, entretanto, e contudo, com efeito, como, assim como.

atqui ou **atquin**: *conj.* – ora, mas, contudo, todavia, porém, certamente, com efeito.

atra bilis: a bílis negra, a melancolia.

atra cura: uma preocupação negra, uma grande angústia.

atramentum, -i: *s.n.* – tinta preta, líquido negro, substância negra, tinta de escrever.

atratus, -a, -um: *adj.* – enegrecido, vestido de preto.

atriarius, -i: *s.m.* – escravo que guarda o átrio, a entrada.

atriensis, -e: *adj.* – relativo ou pertencente ao átrio (pátio da casa).

atriolum, -i: *s.n.* – pequeno pátio ou átrio, pequena entrada.

atrium, -i: *s.n.* – átrio, pátio interno e coberto nas casas romanas, sala de entrada, alpendre, pórtico, casa.

atrocitas, -atis: *s.f.* – atrocidade, crueldade, infelicidade, dureza, violência.

atrociter: *adv.* – atrozmente, cruelmente.

atrox, -ocis: *adj.* – atroz, medonho, sinistro, funesto, feroz, terrível, cruel, atroz, enérgico, violento.

at spes non fracta: mas a esperança não se acabou.

attactus ou **adtactus, -us**: *s.m.* – ação de tocar, toque, contato, tato.

attagen ou **adtagen, -inis**: *s.m.* (*o.m.q.* **attagena, -ae**: *s.f.*) – galinha brava ou silvestre.

Attalicus ou **adtalicus, -a, -um**: *adj.* – átalico, de Átalo, rico, magnífico, suntuoso.

attamen ou **adtamen**: *conj.* – entretanto, todavia, contudo.

attegiae ou **adtegiae, -arum**: *s.f.* – choça, cabana.

attempero ou **adtempero, -as, -are**: *v.t.* – adaptar, ajustar.

attendo ou **adtendo, -is, -endi, -entum, -ere**: *v.t.* – esticar, entesar, estender para, prestar atenção, atender, aplicar-se.

attente ou **adtente**: *adv.* – atentamente, com atenção, com aplicação.

attentio ou **adtentio, -onis**: *s.f.* – atenção, aplicação.

attento ou **adtento, -as, -avi, -atum, -are**: *v.t.* – tocar, manejar, tentar, experimentar, subornar, acometer, atacar.

attentus ou **adtentus, -a, -um**: *adj.* – inclinado para, atento a, atento, aplicado, solícito, econômico, poupado.

attenuatus ou **adtenuatus, -a, -um**: *adj.* – fraco, diminuído, atenuado, gasto, consumido, limado, polido.

attenuo ou **adtenuo, -as, -avi, -atum, -are**: *v.t.* – atenuar, adelgaçar, gastar, desbastar, enfraquecer, aliviar.

attero ou **adtero, -is, -trivi** ou **-terui, -tritum, -terere**: *v.t.* – esfregar, gastar roçando, moer, triturar, abater, arruinar, oprimir.

attestor ou **adtestor, -aris, -atus sum, -ari**: *v.t.dep.* – atestar, testemunhar, provar.

attexo ou **adtexo, -is, -exui, -extum, -ere**: *v.t.* – enlaçar, entrelaçar, tecer, ajuntar, acomodar.

attica fides: fidelidade de ateniense, uma fidelidade a toda prova.

attice ou **adtice**: *adv.* – aticamente, à maneira ou ao gosto dos áticos.

atticus ou **adticus, -a, -um**: *adj.* – ático, relativo à Ática, de Atenas, elegante, preciso.

attineo ou **adtineo, -es, -ui, -entum, -ere**: *v.t.* – reter, deter, estar próximo, vizinho, estar de guarda, guardar, referir-se, ser relativo a, importar, ser útil.

attingere scopum: atingir o alvo, atingir o objetivo.

attingo ou **adtingo, -is, -tigi, -tactum, tingere**: *v.t./int.* – tocar em, atingir, alcançar, chegar a, abordar, estar próximo, confinar, dizer respeito a, tocar a.

attollo ou **adtollo, -is, -ere**: *v.t.* – levantar para, erguer, exaltar, elevar.
attondeo, -es, -ondi, -onsum, -ere: *v.t.* – tosquiar, cortar os cabelos, desbastar.
attonitus ou **adtonitus, -a, -um**: *adj.* – assombrado, atordoado pelo raio, espantado, atônito, que causa assombro, temor.
attono ou **adtono, -is, -ui, -itum, -ere**: *v.t.* – assombrar com o raio ou pelo trovão, atemorizar, causar pasmo, espanto.
attorqueo ou **adtorqueo, -es, -orsi, -ortum, -ere**: *v.t.* – lançar contra ou para, brandir.
attraho ou **adtraho, -is, -axi, -actum, -ere**: *v.t.* – atrair, puxar para si, mandar trazer, granjear.
attrectatus ou **adtrectatus, -us**: *s.m.* (*o.m.q.* **attrectatio, -onis**) – ação de tocar com frequência, toque, contato.
attrecto ou **adtrecto, -as, -avi, -atum, -are**: *v.t.* – por a mão, tocar em, manusear, folhear, violar, empreender, intentar.
attribuo ou **adtribuo, -is, -ui, -utum, -ere**: *v.t.* – designar, dar, atribuir, unir, ajuntar, imputar.
attritus ou **adtritus, -a, -um**: *adj.* – gasto à força de esfregar, moído pelo atrito, pisado, arruinado, abatido.
a tuo lare incipe: começa pela tua própria casa.
a tutiori: do lado mais seguro (da questão), com mais segurança.
at vobis male sit!: que vós tenhais azar!
auceps, **aucupis**: *s.m.* – caçador de aves, passarinheiro, o que consegue alguma coisa, o que procura com empenho.
auctifer, fera, -ferim: *adj.* – fecundo, fértil.
auctificus, -a, -um: *adj.* – que aumenta, faz crescer ou aumentar.
auctio, -onis: *s.f.* – aumento, acréscimo, hasta pública, leilão.
auctionarius, -a, -um: *adj.* – relativo a leilão, a lanços ou a vendas em leilão.
auctionor, -aris, -atus sum, -ari: *v.t.dep.* – fazer venda em leilão, pôr em leilão.
aucto ou **auctito, -as, -avi, -atum, -are**: *v.t.* – aumentar sempre, acrescentar.
auctor, -oris: *s.m.f.* – o que produz, gerador, pai, criador, produtor, autor, mestre, conselheiro, fiador, garante, advogado.
auctoramentum, -i: *s.n.* – preço de um ajuste, obrigação, ajuste, contrato.
auctor ignotus: um autor desconhecido, o autor é desconhecido.
auctori incumbit onus probandi: ao autor cabe o trabalho de provar.
auctor invidiae diabolus: foi o diabo o criador da inveja.
auctoritas, -atis: *s.f.* – cumprimento, execução, conselho, parecer, testemunho, autoridade, crédito, confiança, garantia, caução, direito de compra, de evicção.
auctoritas prudentum: a autoridade dos jurisconsultos.
auctoritas tutoris: a autoridade do tutor.
auctoro, -as, -avi, -atum, -are: *v.t.* – garantir, afiançar, obrigar por contrato.
auctoror, -aris, -ari, atus sum: *v.t.dep.* – dar, vender ou alugar mediante um salário.
auctor probatus: um autor aprovado.
auctum, -i: *s.n.* – aumento, acréscimo, excrescência, inchação.
auctus, -a, -um: *adj.* – aumentado, acrescido, amplificado, erguido, exaltado.
auctus, -us: *s.m.* – acréscimo, incremento, desenvolvimento.
aucupium, -i: *s.n.* – caça de aves, o que se apanha da caça de pássaros, caçada de aves.
aucupor, -aris, -atus sum, -ari: *v.t.dep.* – caçar aves, espreitar, buscar com empenho.
audaces fortuna juvat: a sorte favorece aos audaciosos.
audacia, -ae: *s.f.* – audácia, ousadia, coragem, denodo.
audacter: *adv.* – com ousadia, temerariamente.
audacter et sincere: com coragem e lealdade.
audaculus, -a, -um: *adj.* – pouco audacioso.
audax, -acis: *adj.* – audacioso, corajoso, audaz, arrojado, atrevido, temerário.
audax et cautus: audaz e cauteloso.
audax et celer: audaz e ágil.
aude aliquid dignum: ousa algo que valha a pena.
audendum est, age: vamos, é preciso ousar.
audens, -entis: *part.pres.* – o que empreende com audácia, o que se atreve, audaz, audacioso.
audent cuncta mali: os maus ousam tudo.
audentes fortuna juvat: a fortuna ajuda aos ousados.
audentia, -ae: *s.f.* – ousadia, desembaraço, coragem, resolução.
audentior: com mais audácia.
audeo, -es, ausus sum, -dere: *v.t./int.* – ter desejo de, querer muito, empreender, tentar, ousar, atrever-se, aventurar-se.
audere semper: ousar sempre.
aude sapere: tem a coragem de saber.

audiatur et altera pars: que a parte contrária seja também ouvida.

audiens, -entis: *part.pres.* – auditor, ouvinte, obediente.

audientia, -ae: *s.f.* – silêncio dos ouvintes, atenção, audiência, julgamento.

audio, -is, -ivi, -itum, -ire: *v.t.* – ouvir, ouvir dizer, ter conhecimento de, ouvir um mestre (ser discípulo de), escutar, atender, obedecer, aprovar.

audio et quiesco: ouço e fico quieto.

audio, haud ausculto: ouço, mas não presto atenção.

audi partem alteram: ouve a parte contrária.

audire est oboedire: ouvir é obedecer.

audire est operae pretium: vale a pena ouvir (o que vou dizer).

audi, tace, fuge: ouve, cala, foge.

audite et intellegite: ouvi e entendei.

auditio, -onis: *s.f.* – ação de ouvir, boato, rumor, notícia, preleção.

auditis partibus: tendo sido ouvidas as partes.

auditor, -oris: *s.m* – auditor, ouvinte discípulo.

auditorium, -i: *s.n.* – auditório, sala de audiência, de aula, escola.

auditus, -us: *s.m.* – o sentido da audição.

aufero, -fers, abstuli, ablatum, auferre: *v.t.* – levar, arrebatar, retirar, renunciar a, roubar, obter, alcançar, destruir.

aufer te in beatam rem: que tudo te saia bem.

aufer te in malam rem: que tudo te saia mal.

aufugio, -is, -ugi, -itum, -ere: *v.int.* – fugir, escapar-se, ausentar-se.

augeo, -es, auxi, auctum, -gere: *v.t.* – produzir, acrescentar, aumentar, encher, carregar, prover de, exaltar, engrandecer.

augesco, -is, -ere: *v.int.* – começar a crescer, ir crescendo.

auget largiendo: ela cresce dando com liberalidade.

augmen, -inis ou **augmentun, -i**: *s.n.* – aumento, acréscimo.

augur, -uris: *s.m.* – adivinho que prediz o futuro pelo voo ou canto das aves, áugure, o que anuncia, interpreta.

augurale, -is: *s.n.* – tenda ou barraca onde o general, nos acampamentos, tomava os auspícios.

auguralis, -e: *adj.* – relativo aos áugures, augural, de áugure.

auguratio, -onis: *s.f.* – predição por meio de agouros, adivinhação.

augurato: *adv.* – depois de tomados os agouros, por agouro, com a aprovação dos deuses.

auguratus, -us: *s.m.* – dignidade ou cargo de áugure ou agoureiro.

augurium, -i: *s.n.* – augúrio, adivinhação pelo canto e voo das aves, ciência dos áugures, agouro, presságio, interpretação.

augurius, -a, -um: *adj.* – relativo aos áugures, que se refere a agouros.

auguro, -as, -avi, -atum, -are: *v.t.* (*o.m.q.* **auguror, -aris, -atus sum, -ari**: *v.t.dep.*) – tomar agouros, predizer por agouros, pressagiar, prever, anunciar, julgar.

auguste: *adv.* – reverentemente, segundo o rito, religiosamente.

augustus, -a, -um: *adj.* – sagrado, santo, religioso, augusto, magnífico.

aula, -ae: *s.f.* – pátio de uma casa, corte, palácio, curral, aprisco.

aulaeum, -i: *s.n.* – pano de armar, tapete, pano de boca do teatro.

aula regis: o palácio real, a corte.

auletes, -ae: *s.m.* – tocador de flauta, gaiteiro.

aulici, -orum: *s.m.pl.* – escravos da corte, cortesãos.

aulicus, -a, -um: *adj.* – relativo a corte ou palácio do príncipe.

aulieus, -a, -um: *adj.* – relativo ou pertencente à corte.

auloedus, -i: *s.m.* – o que canta ao toque de flauta, aulete.

aura, -ae: *s.f.* – viração, vento, ar, sopro, fôlego, alma, vida, aroma, fulguração, brilho.

aura popularis: a brisa popular, a popularidade, a opinião pública.

auraria, -ae: *s.f.* – mina de ouro.

aurarius, -a, -um: *adj.* – relativo a ouro, de ouro.

aura rumoris: o boato.

aura sacra fames: a ambição do ouro (dinheiro).

auras diverberat: ele corta ventos, faz trabalho inútil.

aurata, -ae: *s.f.* – dourado (nome de peixe)

aura terraque generosa: este céu e esta terra são generosos.

auratus, -a, -um: *adj.* – dourado, ornado ou guarnecido de ouro, de ouro.

aurea dicta: palavras de ouro, frases de ouro.

aureae compedes: grilhões de ouro.

aureolus, -a, -um: *adj.* – da cor de ouro, enfeitado de ouro, áureo, de ouro, precioso, belo.
aureolus, -i: *s.n.* – moeda de ouro.
aureos montes polliceri: prometer montes de ouro – prometer mundos e fundos.
auresco, -is, -ere: *v.int.* – tornar cor de ouro.
aures serva: preserva teus ouvidos.
aureus, -a, -um: *adj.* – de ouro, áureo, guarnecido, ornado de ouro, excelente, formoso.
auricomus, -a, -um: *adj.* – de cabelo cor de ouro.
auricula, -ae: *s.f.* – a parte inferior da orelha, o lóbulo.
aurifer, -era, -erum: *adj.* – que produz ou tem ouro, aurífero.
aurifex, -icis: *s.m.* – o que trabalha em ouro, ourives.
auriga, -ae: *s.m.* – o que dirige as rédeas, o que governa um carro, condutor, cocheiro, auriga.
aurigarius, -i: *s.m.* – cocheiro de circo.
aurigatio, onis: *s.f.* – ação de guiar um carro.
aurigena, -ae: *s.m.* – nascido de uma chuva de ouro.
auriger, -era, -erum: *adj.* – que traz ouro, de ouro, dourado.
aurigo, -as, -are, -avi, -atum: *v.int.* – guiar um carro, governar, dirigir.
auri imperiosa fames: a dominadora fome de ouro.
auris, -is: *s.f.* – orelha, ouvido, ouvinte.
auritulus, -i: *s.m.* – orelhudo, burro, jumento.
auritus, -a, -um: *adj.* – que tem orelhas compridas, que ouve, auricular, atento.
auro, -as, -avi, -are: *v.t.* – dourar, cobrir de ouro.
auro, haud ferro: com ouro, não com a espada.
aurora, -ae: *s.f.* – aurora, alva, nascente, levante.
aurora hora aurea: a aurora é hora de ouro.
aurum, -i: *s.n.* – ouro, dinheiro, riqueza.
ausculor, -aris, -atus sum, -ari: *v.t.* – beijar.
ausculta et perpende: ouve e avalia.
auscultator, -oris: *s.m.* – o que escuta, auditor, ouvinte, obediente.
ausculto, -as, -avi, -atum, -are: *v.t./int.* – escutar, ouvir com atenção, atender, obedecer, auscultar.
ausonius, -a, -um: *s.m.* – italiano.
auspex, -icis: *s.m.f.* – o que prediz pelo canto, voo ou modo de comer das aves, áugure, agoureiro, guia, protetor, que fornece auspício.
auspicato: *adv.* – depois de tomados os auspícios, em boa hora, com feliz auspício.
auspicatus, -a, -um: *adj.* – que tomou os auspícios, sagrado, consagrado, favorável.
auspicium, -i: *s.n.* – predição pelo voo, canto ou modo de comer das aves, agouro, presságio, autoridade, arbítrio.
auspicor, -aris, -atus sum, -ari: *v.t.dep.* (*o.m.q.* **auspico, -as, -avi, -atum, -are**: *v.t./int.*) – observar o voo e o canto das aves, tomar os auspícios, entrar no exercício de, começar.
auster, -tri: *s.m.* – austro, vento sul, vento do meio-dia, o sul, país do sul.
austerus, -a, -um: *adj.* – rígido, rigoroso, austero, desabrido, cruel, penoso.
australis, -e: *adj.* – relativo ao sul, meridional, austral.
austrinus, -a, -um: *adj.* – relativo ao meio-dia, ao sul, meridional, austral.
aut: *conj.* – ou, doutro modo, ora... ora, nem, aliás, do contrário.
aut ai aut nega: dize sim ou não.
aut amat aut odit mulier, nihil est tertium: a mulher ou ama ou odeia, não há terceira opção.
aut disce aut discede: ou estuda, ou vai embora.
autem: *conj.* – por outro lado, mas, porém, ao contrário, entretanto, também, além disso, logo, ora, pois.
aut est aut non est: ou é ou não é.
aut etiam aut non: ou sim ou não.
aut flectitur, aut frangitur: ou se dobra, ou quebra.
authepsa, -ae: *s.f.* – panela de dois fundos, em um dos quais se põe fogo, e no outro, a carne ou peixe para cozer.
aut libertas, aut nihil!: ou liberdade, ou nada.
aut nunc aut nunquam: ou agora, ou nunca.
autochthon, onis: *s.m.* – autóctone, indígena.
autographus, -a, -um: *adj.* – autógrafo, assinatura.
automaton ou **automatum, -i**: *s.n.* – autômato, máquina que se move por si mesma.
automatus, -a, -um: *adj.* – espontâneo, voluntário.
aut pati, aut mori: ou sofrer, ou morrer.
aut perdet aut peribit: ou destruirá ou será destruído.
aut per vim aut dolis: pela força ou pela astúcia.

autumnalis, -e: *adj.* – relativo ao outono, outonal.
autumno, -as, -avi, -atum, -are: *v.t.* – dizer, contar, pensar.
autumno incipiente: no começo do outono.
autumnus, -a, -um: *adj.* – outonal, outoniço, de outono.
autumnus, -i: *s.m.* – outono.
aut victor, aut victus: ou vencedor, ou vencido.
auxiliaris, -e: *adj.* ou **auxiliarius -a, -um**: *adj.* – que socorre, ajuda, auxiliar, eficaz.
auxiliator, -oris: *s.m.* – o que ajuda ou está a serviço de, auxiliar.
auxilio divino: com o auxílio de Deus.
auxilior, -aris, -atus sum, -ari: *v.int.dep.* – auxiliar, socorrer, ser eficaz.
auxilium, -i: *s.n.* – ajuda, auxílio, socorro, remédio, tropa auxiliar, reforço.
auxilium in periculo: um auxílio na hora do perigo.
auxilium meum a domino: o auxílio me vem do senhor.
auxilium mutuum: auxílio mútuo.
avare: *adv.* – com cobiça, com avareza.
avaritia, -ae: *s.f.* – a avareza, cobiça.
avarus, -a, -um: *adj.* – ávido, cobiçoso, avaro, avarento.
avarus aurum deum habet: o avarento tem o ouro como seu Deus.
avarus bis solvit: o avarento paga duas vezes.
ave, Caesar, morituri te salutant: salve, César, os que vão morrer te saúdam.
ave aurora!: salve, ó aurora!
aveho, -is, -exi, -ectum, -ere: *v.t.* – levar, conduzir, transportar.
avello, -is, -vulsi ou **-velli, -vulsum, -ere**: *v.t.* – arrancar, separar violentamente, afastar, roubar.
avena, -ae: *s.f.* – aveia, colmo, cana, palha do centeio, gaita campestre, flauta pastoril.
avenalis, -e: *adj.* – do Averno, relativo ao Averno, aos infernos.
aveo, -es, -ere: *v.int.* – desejar muito, estar ou ir bem de saúde, desejar bom dia.
a verbis ad verbera: (passar) das palavras às pancadas.
a verbis legis non recedendum: não se deve afastar das palavras da lei.
Averna, -orum: *s.n.pl.* ou **Avernus, -i**: *s.m.* – Averno, lago dos infernos, infernos.
a vero domino: pelo verdadeiro dono, do verdadeiro proprietário.
averro, -is, -ere, -verri: *v.t.* – tirar, despojar.
averrunco, -as, -avi, -atum, -are: *v.t.* – afastar, desviar um mal, livrar de um perigo.
aversabilis, -e: *adj.* – abominável.
aversatio, -onis: *s.f.* – a aversão, ódio, afastamento.
aversio, -onis: *s.f.* – afastamento, desgasto, incômodo, aversão.
aversor, -aris, -atus sum, -ari: *v.int./t.dep.* – voltar o rosto para outra parte, abominar, desprezar, rejeitar, repelir.
aversor, -oris: *s.m.* – o que desvia em seu proveito, aproveitador, ladrão.
aversum, -i: *s.n.* ou **aversa, -orum**: *s.n.pl.* – a parte traseira, posterior, retaguarda, fundos (de uma casa).
aversus, -a, -um: *adj.* – que tem as costas voltadas, virado para o outro lado, desviado, afastado, oposto, contrário, inimigo.
avertat Deus!: que Deus impeça!, Deus me livre!, Deus nos livre!
averto, -is, -ti, -sum, -ere: *v.t.* – voltar para outro lado, voltar ou dar as costas a, esquivar-se, fugir de, afastar, desviar, furtar.
avia, -ae: *s.f.* – avó.
avia, -orum: *s.m.pl.* – lugares sem caminhos, ou por onde não se pode andar.
aviarium, -i: *s.n.* – viveiro, aviário, pombal, galinheiro; *pl.* – onde as aves fazem os ninhos, bosques.
aviditas, -atis: *s.f.* – desejo ardente, avidez, sofreguidão, cobiça, avareza.
avidus, -a, -um: *adj.* – ávido, ambicioso, sôfrego, cobiçoso, voraz.
avidus laudum: desejoso de elogios.
avidus pugnae: desejoso de luta.
a vinculo matrimonii: (dissolução) do vínculo do matrimônio.
avis, -is: *s.f.* – ave, presságio, agouro.
avis mala: uma ave má, um mau agouro.
avis matura vermem capit: pássaro que madruga apanha minhoca.
avis rara: ave rara, coisa rara.
avis sinistra: uma ave má, um mau agouro.
a vitiis abstineto: fica longe dos vícios.
avito viret honore: floresce com as honras dos ancestrais.
avitum bonum: um bem da família.
avitus, -a, -um: *adj.* – que vem do avô ou dos avós, hereditário, velho, antigo.
avius, -a, -um: *adj.* – que não oferece caminho, que se desviou ou desviado da estrada.
avocatio, -onis: *s.f.* – ação de distrair, diversão.

avoco, -as, -avi, -atum, -are: *v.t.* – chamar para outra parte, divertir, afastar, desviar, distrair, anular.

avolat: (o tempo) passa voando, a voar.

avolo, -as, -avi, -atum, -are: *v.int.* – fugir voando, retirar-se precipitadamente, escapar-se depressa.

avunculus, -i: *s.m.* – tio materno.

avus, -i: *s.m.* – avô – *pl.* avoengos, antepassados.

axicia, -ae: *s.f.* – tesoura de cortar cabelos.

axila, -ae: *s.f.* – asa pequena, asinha, axila.

axis, -is: *s.m.* – eixo, carro, trópico, polo (norte ou sul), abóbada (do céu, do firmamento)

axungia, -ae: *s.f.* – banha ou gordura de porco.

B

babecalus, -a, -um: *adj.* – indecente, desonesto ou livre no falar.

babecalus, -i: *s.m.* – indiscreto, dissoluto, libertino.

bacalusiae, -arum: *s.f.* – hipóteses absurdas, suposições.

bacca, -ae: *s.f.* – baga, grãos de árvores ou de arbustos, azeitona, pérola.

baccar ou bacchar, -aris: *s.n.* ou **baccaris, -is**: *s.f.* – erva tida como antídoto dos feitiços, valeriana.

baccatus, -a, -um: *adj.* – feito ou ornado de pérolas.

baccha, -ae ou **bacche, -es**: *s.f.* – bacante, mulher que celebrava os mistérios de Baco.

bacchabundus, -a, -um: *adj.* – que se entrega aos excessos da devassidão, libertino.

bacchanal, -is: *s.n.* – lugar em que se reúnem as bacantes, orgia, bacanal.

bacchatio, -onis: *s.f.* – celebração das orgias de Baco, orgia, devassidão.

baccheius ou **baceheus, -a, -um**: *adj.* – relativo a Baco, de Baco.

bacchis, -idis: *s.f.* – bacante, sacerdotisa de Baco.

bacchor, -aris, -atus sum, -ari: *v.int.dep.* – celebrar os mistérios de Baco, gritar como as bacantes, estar agitado, enfurecer-se, debater-se, retumbar aos gritos.

Baccho temulentior: mais bêbedo que Baco.

Bacchus, -i: *s.m.* – Baco, deus do vinho.

bacillum, -i: *s.n.* – varinha, vêrga, bastão pequeno.

baculatoria argumenta: argumentos de bastão, apelo à violência.

baculum, -i, *s.n.* ou **baculus, -i**: *s.m.* – báculo, cajado, bengala.

Bagoas, -ae: *s.m.* – o eunuco, o capado.

Baiae, -arum: *s.f.pl.* – baías ou baía, cidade famosa por seus banhos, lugar de banhos ou de recreio.

bainearius, -a, -um: *adj.* – relativo a banhos, de banho.

baineator, -oris: *s.m.* – diretor de uma casa de banhos, escravo que cuida dos banhos.

bajulo, -as, -avi, -atum, -are: *v.t.* – levar nos braços ou às costas, carregar.

bajulus, -i: *s.m.* – carregador.

balaena, -ae: *s.f.* – a baleia, o monstro marinho.

balanus, -i: *s.m.* – bolota (do carvalho), tâmara, castanha.

balatro, -onis: *s.m.* – velhaco, tratante, palhaço.

balatus, -us: *s.m.* – balido, berro (de ovelha).

balbus, -a, -um: *adj.* – que balbucia, que pronuncia mal, gago.

balbus balbum intellegit: um gago compreende outro.

balbutio, -is, -ivi, -ire: *v.t./int.* – balbuciar, gaguejar, falar mal.

ballista, -ae: *s.m.* – máquina de guerra, de lançar pedras, trabuco.

balneae, -arum: *s.f.* – banhos, banhos públicos.

balnearia, -orum: *s.n.pl.* – banhos, lugar para banhos.

balneolae, -arum: *s.f.pl.* – banhos pequenos.

balneum, -i: *s.n.* – sala de banhos, banho, banhos públicos.

balo, -as, -avi, -atum, -are: *v.int.* – balir, berrar, dar balidos (a ovelha).

balsamum, -i: *s.n.* – árvore que dá o bálsamo, bálsamo.

balteus, -i: *s.m.* – talabarte, cinturão, cinto, correia (de açoitar escravos), cilha (de cavalo).

banni nuptiarum: os proclamas de casamento.

bannum, -i: *s.n.* ou **bannus, -i**: *s.m.* – desterro.

barathrum, i: *s.n.* – cova profunda, precipício, abismo, sorvedouro, inferno.

barba, -ae: *s.f.* – barba.

barba non facit philosophum: a barba não faz o filósofo.

barbaria, -ae ou **barbaries, -ei**: *s.f.* – país estrangeiro (em relação aos gregos e romanos), rusticidade, ignorância, rudeza, barbárie.

barbarica lingua: língua estrangeira.

barbaricus, -a, -um: *adj.* – estrangeiro, bárbaro.

barbaries, -ei: *s.f.* – barbaridade, crueldade, rusticidade.

B

barbarus, -a, -um: *adj.* – estrangeiro, bárbaro, inculto, grosseiro, selvagem.

barbatulus, -i: *s.m.* – que tem pouca barba.

barbatus, -a, -um: *adj.* – barbado, velho, bode.

barbitos ou **barbitus** ou **barbiton, i**: *s.n.* – alaúde, lira, melodia, canto.

barbula, -ae: *s.f.* – barbinha, barba rala.

barditus, -us: *s.m.* – grito, canto de guerra dos germanos,

bardus, -a, -um: *adj.* – lento, vagaroso, pesado, estúpido, ignorante.

baro, -onis: *s.m.* – néscio, pateta, estúpido, tolo, insensato.

barritus, -us: *s.m.* – grito ou urro do elefante.

barrus, -i: *s.m.* – elefante.

basiatio, -onis: *s.f.* – ação de beijar, beijo.

basilica, -ae: *s.f.* – basílica, vasto edifício de magistrados, com pórticos, para o comércio.

basilicie: *adv.* – esplendidamente, magnificamente.

basio, -as, -avi, -atum, -are: *v.t.* – beijar amorosamente.

basiolum, -i: *s.n.* – beijinho.

basis, -is: *s.f.* – base, pedestal.

basis virtutum constantia: a constância é a base das virtudes.

basium, -i: *s.n.* – beijo, principalmente o amoroso.

bassaris, -idis: *s.f.* – bacante, sacerdotisa de Baco.

batillus, -i: *s.m.* ou **batillum, -i**: *s.n.* – pá de ferro ou de pau, braseiro.

battuo, -is, -ere: *v.t./int.* – bater, ferir.

beatae memoriae: de feliz memória.

beata simplicitas: bendita ingenuidade.

beate: *adv.* – bem-aventuradamente, venturosamente, felizmente.

beatifico, -as, -avi, -are: *v.t.* – favorecer, fazer feliz ou ditoso.

beati pacifici: bem-aventurados os que promovem a paz.

beati pauperes spiritu: bem-aventurados os pobres de espírito.

beati possidentes: felizes os que têm a posse.

bella delectat cruor: o sangue ama as guerras.

bella! horrida bella!: guerras! horrendas guerras!

bella infausta gerunt: as guerras causam desgraças.

bella matribus detestata: a guerra detestada pelas mães.

bellandi rationes: táticas de guerra.

bellaria, -orum: *s.n.pl.* – doces, frutas, sobremesa.

bellator, -oris: *s.m.* – combatente, guerreiro.

bellator Dei: um soldado de Deus.

bellatrix, -icis: *s.f.* e *adj.* – guerreira, combatente, belicosa.

belle: *adv.* – belamente, lindamente, perfeitamente.

bellicosus, -a, -um: *adj.* – guerreiro, valente, belicoso.

bellicum, -i: *s.n.* – toque de trombeta, chamando às armas, brado ou sinal de combate.

bellicus, -a, -um: *adj.* – relativo ou pertencente à guerra, belicoso, guerreiro.

belli domique: na guerra e na paz.

belli exitus incertus: o resultado da guerra é incerto.

belliger, -era, -erum: *adj.* – que traz a guerra, belicoso.

belligero, -as, -avi, -atum, -are: *v.int.* – fazer a guerra, combater.

bellipotens, -entis: *adj.* – poderoso na guerra (epíteto de Marte).

bello, -as, -avi, -atum, -are: *v.int.* – fazer a guerra, guerrear.

bellua, -ae: *s.f.* – animal corpulento, besta, fera, animal feroz, o homem cruel ou selvagem.

bellule: *adv.* – belamente, perfeitamente.

bellulus, -a, -um: *adj.* – belo, lindo, engraçadinho.

bellum, -i: *s.n.* – guerra, hostilidade, combate, peleja.

bellum defensivum: a guerra defensiva.

bellum domesticum: a guerra doméstica, civil.

bellum externum: guerra externa.

bellum indiget celeritatis: a guerra exige rapidez.

bellum internecivum: a guerra de extermínio.

bellum non bellum: a guerra não é coisa bela.

bellum pacis est causa: a própria guerra é a causa da paz.

bellum peractum est: a guerra terminou.

belluosus, -a, -um: *adj.* – abundante em animais selvagens.

bellus, -a, -um: *adj.* – bom, belo, bonito, elegante, engraçado.

bene: *adv.* – bem, de modo agradável, felizmente, com eficácia, às largas, muito.

bene ambula!: vai com sorte!, que a sorte te acompanhe!
bene audire: ter boa fama.
bene cogitata respiciet Deus: Deus favorecerá as boas ideias.
bene consulit, sed male facit: planeja bem, mas executa mal.
bene decessit: teve morte natural.
benedicamus Domino: bendigamos ao Senhor.
benedicat tibi Dominus: o Senhor te abençoe.
benedice: *adv.* – com boas palavras.
benedicite: bendizei.
benedicite Deum Dominum: bendizei ao Senhor Deus.
benedico, -is, -xi, -ctum, -ere: *v.t.* – dizer bem, louvar, dizer palavras de bom agouro, bendizer, abençoar.
benedictio, -onis: *s.f.* – benção.
benedictus, -a, -um: *adj.* – louvado, abençoado.
bene est tentare: é bom experimentar, vale a pena tentar.
benefacio, -is, -eci, -actum, -ere: *v.int.* – fazer bem, beneficiar, prestar serviços.
benefactum, -i: *s.n.* – benefício, serviço.
beneficentia, -ae: *s.f.* – tendência a fazer o bem, bondade, beneficência.
beneficia non obtruduntur: benefícios não se impõem.
beneficiarius, -i: *s.m.* – o que deve a alguém sua promoção no exército, beneficiado.
beneficio principis: por favor do príncipe.
beneficium, -i: *s.n.* – benefício, favor, graça, mercê, qualquer bem que se faz, serviço, privilégio, pensão.
beneficium aetatis: o privilégio da idade.
beneficium cedendarum actionum: benefício de cessão de ações.
beneficium commune. um favor feito a várias pessoas.
beneficium fortunae: um favor da sorte, uma circunstância favorável.
beneficus, -a, -um: *adj.* – benfazejo, benéfico, serviçal, generoso.
bene nos dicite!: desejai bem a nós!, à nossa saúde!
bene omnibus nobis: à saúde de todos nós.
bene preco tibi: desejo-te sucesso.
bene te cognosco: eu te conheço bem.
bene tibi: à tua saúde, que tudo te corra bem!
bene vobis!: que tudo vos corra bem!
benevolens, -entis: *adj.* – que quer bem, benevolente, favorável, o amigo.
benevolentia, -ae: *s.f.* – benquerença, afeição, bondade, boa vontade ou disposição para servir, benevolência.
benevolentia regis: benevolência do rei, perdão do rei.
benevolus, -a, -um: *adj.* – afeiçoado, benévolo, dedicado.
benigne: *adv.* – com bondade, benignamente, de bom grado, afavelmente, com profusão.
benignitas, -atis: *s.f.* – benignidade, indulgência, afabilidade, liberalidade.
benigno numine: com o favor dos deuses, sob a proteção dos deuses.
benignus, -a, -um: *adj.* – benigno, benévolo, bondoso, afável, cortês, liberal, abundante, fértil, favorável.
beryllos ou **berillus, -i**: *s.m.* – o berilo, pedra preciosa.
bes, bessis: *s.m.* – dois terços de uma unidade (de peso, medida ou moeda).
bestia, -ae: *s.f.* – animal, besta feroz, fera.
bestia bestiam novit: uma fera conhece outra.
bestiarius, -ii: *s.m.* – gladiador que combate com animais ferozes, bestiário.
bestiola, -ae: *s.f.* – animal pequeno, animalejo, inseto.
beta, -ae: *s.f.* – acelga (planta hortense).
betizo ou **betisso, -as, -avi, -atum, -are**: *v.int.* – estar mole, lânguido.
bibamus, moriendum est: bebamos, pois a morte é inevitável.
bibamus papaliter: bebamos à maneira do papa.
bibax, -acis: adj. – amigo de beber, que bebe muito.
bibere venenum in auro: beber veneno em taça de ouro.
bibe, si bibis: se vais beber, bebe logo.
bibliopola, -ae: *s.m.* – o livreiro, o que vende livros.
bibliotheca, -ae: *s.f.* – biblioteca, estante, livros, livraria.
bibo, -is, -i, -itum, -ere: *v.t./int.* – beber, sorver, chupar, absorver, aspirar, haurir.
bibo, ergo sum: bebo, logo existo.
bibulus, -a, -um:, *adj.* – que gosta de beber, amador de vinho, bebedor, que chupa, absorve, que se embebe (papel).
biceps, -cipitis: *adj.* – que tem duas cabeças, dois rostos, que tem dois gumes, dois fios.

B

bicolor, -oris: *adj.* – que é de duas cores, pintado a duas cores.

bicornis, -e, ou **bicorniger, -gera, -gerum**: *adj.* – que tem dois chifres, duas pontas, bicórneo, dividido em dois braços.

bicorpor, -oris: *adj.* ou **bicorporeus, -a, -um**: *adj.* – o que tem dois corpos (os centauros).

bidens, -entis: *adj.* – que tem dois dentes, que tem dois braços, dois galhos; *s.m.* – enxada, alvião; *s.f.* – ovelha de dois anos, própria para o sacrifício.

bidental, -alis: *s.n.* – lugar que, tocado de raio, é cercado e consagrado pelos sacerdotes.

biduum, -i: *s.n.* – espaço de dois dias.

biennium, -i: *s.n.* – espaço de dois anos, biênio.

bifariam: *adv.* – em dois lugares, em duas partes.

bifer, -era, -erum: *adj.* – que dá frutos duas vezes ao ano.

bifidus ou **bifidatus, -a, -um**: *adj.* – dividido, separado em dois.

biforis, -e: *adj.* – que tem duas portas, duas entradas, duas aberturas.

biformatus, -a, -um: *adj.* – de forma dupla, de dois corpos.

biformis, -e: *adj.* – de duas formas, de dois rostos.

bifrons, -ontis: *adj.* – que tem duas faces, dois rostos.

bifurcus, -a, -um: *adj.* – fendido em dois, bifurcado.

biga, -ae, -arum: *s.f.* – carro puxado por dois cavalos, biga.

bigatus, -a, -um: *adj.* – moeda que tem por emblema uma biga.

bijugis, -e, ou **bijugus, -a, -um**: *adj.* – de dois cavalos, puxado por uma parelha de cavalos.

bilibra, -ae: *s.f.* – peso de duas libras.

bilibris, -e: *adj.* – que tem o peso de duas libras.

bilingues cavendi: cuidado com os hipócritas.

bilis, -is: *s.f.* – bílis, mau humor, irritação.

bilix, -icis: *adj.* – que tem dois fios, de dois tecidos.

bimaris, -e: *adj.* – situado entre, banhado por dois mares.

bimater, -atris: *adj.* – que teve duas mães.

bimembris, -e: *adj.* – que tem natureza dupla, que participa de duas naturezas; *s.m.* – os centauros.

bimensis, -is: *s.m.* – espaço de dois meses.

bimestris, -e: *adj.* – de dois meses.

bimus, -a, -um ou **bimulus, -a, -um**: *adj.* – que tem dois anos de idade, de dois anos.

bini, -ae, -a: *adj.num.distr.* – dois juntos, ambos, dois e dois, dois a dois.

binoctium, -ii: *s.n.* – espaço de duas noites.

binus, -a, -um: *adj.* – duplo.

bipalmis, -e, ou **bipalmus, -a, -um**: *adj.* – que tem dois palmos.

bipartito: *adv.* – em duas partes, ao meio, de dois modos.

bipartitus, -a, -um: *adj.* – dividido em dois.

bipatens, -entis: *adj.* – aberto para os dois lados.

bipedalis, -e: *adj.* – que tem ou mede dois pés.

bipennifer, -era, -erum: *adj.* – armado de machado de dois gumes.

bipennis, -e: *adj.* – que tem duas asas, que tem dois cortes ou gumes.

bipes, -edis: *adj.* – que tem dois pés, bípede.

biremis, -e: *adj.* – que tem duas ordens de remos, movido a dois remos.

bis: *adv.* – duas vezes, em dobro, pela segunda vez.

bisaccium, -i: *s.n.* – sacola, alforge.

bis ad eumdem: duas vezes na mesma coisa.

bis dat qui cito dat: dá duas vezes quem dá prontamente.

bis discit qui docet: quem ensina, aprende duas vezes.

bis in die: duas vezes por dia.

bis in idem: duas vezes a mesma coisa, repetição.

bis legit, qui scribit: duas vezes lê quem escreve.

bis peccare in bello non licet: na guerra não é lícito errar duas vezes.

bis peccat, qui crimem negat: duas vezes erra quem nega o crime.

bis pereo: morro duas vezes.

bis pueri senes: os velhos são outra vez meninos.

bisquini ou bis quini, -ae, -a: *num.* – dez, que são em número de dez.

bis repetita placent: as coisas repetidas agradam.

bissseni ou bis seni, -ae, -a: *num.* – doze, que são em número de doze.

bis terque beati: felizes e mais que felizes.

bis terve: duas vezes ou três.

bisulcus, -a, -um: *adj.* – fendido, rachado em dois.

bis vivit qui bene: quem vive bem, vive duas vezes.

bitio, -is, -ivi, ire ou **bito, -is, -ere** ou **beto, -as, -ere**: *v.int.* – marchar, caminhar, andar.

bitumen, -inis: *s.n.* – o betume.

bitumineus, -a, -um: *adj.* – betume, betuminoso.

bivium, -i: *s.n.* – cruzamento de dois caminhos, dúvida, embaraço.

bivius, -a, -um: *adj.* – que se divide em dois caminhos.

blandimentum, -i: *s.n.* – carinho, afago, tempero (das comidas), prazeres, deleites.

blandior, -iris, -itus sum, -iri: *v.int.dep.* – acariciar, afagar, lisonjear.

blanditia, -ae, ou **blanditiae, -arum**, ou **blandities, -ei**: *s.f.* – carícias, ternuras, agrados, lisonjas, prazeres, encantos.

blandus, -a, -um: *adj.* – carinhoso, afável, brando, insinuante, lisonjeiro.

blatero, -as, -avi, -atum, -are: *v.t./int.* – palrar, tagarelar.

blatta, -ae: *s.f.* – traça, barata.

blattinus, -a, -um: *adj.* – da cor da púrpura.

blennus, -a, um: *adj.* – estúpito, tolo, estouvado.

blitteus, -a, -um: *adj.* – insípido, desprezível, de nenhum valor.

boarius, -a, -um: *adj.* – relativo aos, bois.

boletus, -i: *s.m.* – tortulho, cogumelo.

bolus, -i: *s.m.* – o lance de dados.

bombus, -i: *s.m.* – zumbido, estrépito, ruído, aclamação.

bona bonis contingunt: aos homens de bem acontecem coisas boas.

bonae fidei possessio: posse de boa-fé.

bona est offa post panem: à falta de pão, massa é bom.

bona fide: de boa fé.

bona fide polliceor: prometo com sinceridade.

bona fiscalia: os bens públicos.

bona gratia: por mútuo consentimento, voluntariamente.

bona mobilia: os bens móveis.

bona notabilia: bens de valor suficiente para serem contabilizados.

bona peritura: bens perecíveis.

bona pro bonis: o bem se paga com o bem.

bona publica: os bens públicos.

bona res quies: boa coisa é o repouso.

bona terrae comedetis: comereis os bens da terra.

bona terra, mala gens: terra boa, gente ruim.

bona verba, quaeso!: por favor, dize-me algo de bom!

bona volutate: de boa vontade.

bone Deus!: bom Deus!

boni et mali genii: espíritos bons e espíritos maus.

boni mores: bons costumes.

boni principii bonus finis: de bom começo, bom fim.

bonis avibus: sob bons auspícios.

bonitas, -atis: *s.f.* – a bondade, benevolência, liberalidade, afeição.

bono animo es!: tem coragem!

bonorum cumulus: acumulação de coisas boas.

bonum, -i: *s.n.* – o que é bom, o bem, o justo, bem, interesse, proveito.

bonum est nos hic esse: é bom nós estarmos aqui.

bonum est potentius malo: o bem é mais poderoso que o mal.

bonum et aequum: o bom e o justo.

bonum publicum: o bem público, o bem-estar do povo.

bonum summum: o bem supremo.

bonum vinum laetificat cor hominis: o bom vinho alegra o coração do homem.

bonus, -a, -um: *adj.* – bom, útil, favorável, virtuoso, honrado, feliz, tranquilo.

bonus intra, melior exi!: entra bom, sai melhor!

bonus liber amicus optimus: o bom livro é o melhor dos amigos.

bonus orator, pessimus vir: bom orador, péssimo homem.

bonus pater familiae: bom pai de família, homem cumpridor de seus deveres.

bonus quilibet praesumitur: presume-se que todos sejam bons.

boo, -as, -avi, -atum, -are: *v.int.* – mugir, retumbar, gritar muito.

boreas, -ae: *s.m.* – aquilão, vento do norte.

boreus, -a, -um: *adj.* – boreal, setentrional, do norte.

bos, bovis: *s.m.* – boi, vaca.

bos cognoscit possessorem: o boi conhece seu dono.

bovem asino non iunges: não atreles o boi ao asno.

bovile, -is, ou **bubile, -is**: *s.n.* – curral de boi.

bovillus, -a, -um: *adj.* – relativo ao boi, bovino.

braca, -ae: *s.f.* ou **bracae, -arum**: *pl.* – calças largas apertadas embaixo, ceroulas, bombacha, bragas.

bracatus, -a, -um: *adj.* – que usa bragas, bombachas.

bracchium, -ii: *s.n.* – braço, ramo, galho, *pl.* – verga ou antena de navio,

bractea, -ae: *s.f.* – folha ou lâminas (de metal), especialmente de ouro.

brassica, -ae: *s.f.* – couve.

breves dies hominis sunt: são breves os dias do homem.

breves sunt, sint utiles: as horas são breves, que elas sejam úteis.

brevi: *adv.* – brevemente, logo, em pouco tempo.

brevia, -ium: *s.n.pl.* – baixios, bancos de areia.

brevi ante: pouco antes.

breviarium, -ii: *s.n.* – resumo, sinopse, compilação, compêndio, estatística.

breviloquens, -entis: *adj.* – conciso, lacônico.

brevi manu: com a mão rápida, sem formalidade, sumariamente, de pronto.

brevio, -as, -avi, -atum, -are: *v.t.* – abreviar, resumir.

brevis, -e: *adj.* – estreito, curto, breve, efêmero, conciso, limitado.

brevis aetas, vita fugax: o tempo é curto, a vida é fugaz.

brevis est via: o caminho é curto.

brevis hominum vita: a vida dos homens é curta.

brevis missa cito decantatur: missa breve canta-se rápido.

brevis oratio penetrat caelum: a oração breve penetra no céu.

brevitas, -atis: *s.f.* – pequenez, brevidade, concisão.

brevitas delectat: a brevidade agrada.

brevitatis causa: por concisão.

brevitatis gratia: por amor à brevidade.

brevi tempore: dentro de pouco tempo, em pouco tempo.

breviter: *adv.* – em resumo, resumidamente.

bruma, -ae: *s.f.* – solstício de inverno, o dia mais curto do ano.

brumalis, -e: *adj.* – relativo ao solstício de inverno, do inverno, hibernal.

bruta fortuna: a insensível sorte, a sorte é insensível.

brutus, -a, -um: *adj.* – grave, pesado, maciço, imóvel, bronco, grosseiro.

bubalus, -i: *s.m.* – o búfalo, o boi selvagem.

bubile, -is: *s.n.* – curral de bois.

bubo, -onis: *s.m.* – mocho, coruja.

bubo canit lusciniae: a coruja canta para o rouxinol, anda o mundo às avessas.

bubula, -ae: *s.f.* – carne de boi ou de vaca.

bubulcus, -i: *s.m.* – boiadeiro, vaqueiro.

bubulus, -a, -um: *adj.* – bovino, vacum.

bucca, -ae: *s.f.* – boca, bochecha, bocado.

buccea, -ae: *s.f.* – bocado.

buccinator, -oris: *s.m.* – corneta, trombeteiro.

buccula, -ae: *s.f.* – boca pequena, boquinha.

bucina, -ae: *s.f.* – trombeta, corneta, buzina.

bucolicus, -a, -um: *adj.* – pastoril, bucólico.

bucula, -ae: *s.f.* – novilha.

bufo, -onis: *s.m.* – sapo.

bulla, -ae: *s.f.* – bolha de água, empola, cabeça de prego, prego, botão, bola de ouro que os filhos de famílias patrícias traziam ao pescoço, até dezessete anos, selo, bula.

bulla est vita hominum: a vida dos homens é uma bolha.

bumastus, -i: *s.m.* – uva de bagos grandes.

bura, -ae, ou **buris, is**: *s.f.* – rabiça do arado.

burgus, -i: *s.m.* – fortaleza, castelo.

bustuarius, -a, -um: *adj.* – relativo às fogueiras, aos túmulos.

bustum, -i: *s.n.* – fogueira, túmulo, sepultura, lugar de suplício, monumento fúnebre.

buxifer, -era, -erum: *adj.* – que dá ou produz buxo.

buxum, -i: *s.n.* ou **buxus, -i**: *s.m.* – buxo, flauta, pião, pitorra, pente.

C

caballinus, -a, -um: *adj.* – de cavalo.
caballio, -onis: *s.m.* – cavalo-marinho.
caballus, -i: *s.m.* – cavalo ruim, cavalo de trabalho.
cacaturio, -is, -ire: *v.int.* – ter vontade de ir ao banheiro, ter vontade de defecar.
cachinnabilis, -e: *adj.* – que tem a faculdade de rir, fácil de rir.
cachinnatio, -onis: *s.f.* – riso decomposto, risada, gargalhada.
cachinno, -as, -avi, -atum, -are: *v.int.* – rir imoderadamente, dar gargalhadas.
cacinnus, -i: *s.m.* – riso franco e ruidoso, gargalhada.
caco, -as, -avi, -atum, -are: *v.int.* – defecar, sujar.
cacoethes, -is: *s.n.* – ferida incurável, tipo de câncer, mau hábito, mania, cacoete.
cacoethes carpendi: a mania de criticar.
cacoethes loquendi: a mania de falar.
cacoethes scribendi: a mania de escrever.
cacozelia, -ae: *s.n.* – imitação de mau gosto, imitação ridícula.
cacozelus, -a, -um: *adj.* – imitador ridículo.
cacumen, -inis: *s.n.* – cume, o lugar mais alto, píncaro.
cacumino, -as, -avi, -atum, -are: *v.t.* – alongar em ponta, aguçar.
cadaver, -eris: *s.n.* – cadáver, corpo morto, o que é muito magro, esqueleto.
cadit ira metu: com o medo passa a ira.
cadit quaestio: cai a questão, o assunto está encerrado.
cado, -is, cecidi, casum, -ere: *v.int.* – cair, escorregar, cessar, morrer, cair em sorte, acontecer, convir.
caduceus, -i: *s.m.* – caduceu, vara, insígnia de Mercúrio.
caduciter: *adv.* – precipitadamente.
caducum, -i: *s.n.* – propriedade sem dono, caduco.
caducus, -a, -um: *adj.* – caído ou que está para cair, caduco, frágil, abandonado.
cadus, -i: *s.m.* – pote, talha, cântaro, barril.
caeca fortuna: a sorte é cega.
caeca invidia est: a inveja é cega.
caecis hoc clarum est: isso está claro até para cegos.
caecitas, -atis: *s.f.* – cegueira.
caeco, -as, -avi, -atum, -are: *v.t.* – cegar, deslumbrar, corromper.
caecum odium: ódio cego.
caecus, -a, -um: *adj.* – cego, escuro, tenebroso, secreto.
caecus caecum ducit: é um cego que guia outro.
caedere aut caedi: matar ou morrer.
caedes, -is: *s.f.* – golpe de arma, morte, matança, sacrifício, sangue derramado.
caedo, -is, cecidi, caesum, -dare: *v.t.* – cortar, gravar, bater, dar em, ferir, matar, imolar.
caelamen, -inis: *s.n.* – cinzeladura.
caelator, -oris: *s.m.* – cinzelador, burilador.
caelebs, -ibis: *adj.* – celibatário, solteiro.
caeles ou **coeles, -itis**: *adj.* – do céu, celeste; *pl.* – habitantes do céu, deuses.
caelestes omnia possunt: os deuses tudo podem.
caeletis ou **coelestis, -ae**: *adj.* – celestial, divino.
caelfier ou **coelifer, -era, -erum**: *adj.* – que traz ou sustenta o céu.
caeli enarrant gloriam Dei: os céus contam a glória de Deus.
caelicolae ou **coelicolae, -arum**: *s.m.* – habitantes do céu, deuses.
caelitus mihi vires: minhas forças vêm do céu.
caelo, -as, -avi, -atum, -are: *v.t.* – cinzelar, burilar, recamar, ornar.
caelo ne fide sereno: não confies no céu sem nuvens.
caelum ou **coelum, -i**: *s.n.* – céu, firmamento, ar, atmosfera, clima, espaço.
caelum ac terras miscere: misturar o céu com a terra.
caelum digito attingere: tocar o céu com o dedo.
caelum, non solum: o céu, não a terra.
caementum, -i: *s.n.* – pedra de alvenaria, pedra britada.
caenum ou **coenum, -i**: *s.n.* – lama, lodo, esterco.
caepa, -ae: *s.f.* ou **caepe**: *s.n.* – cebola.
caerimoniae, -arum: *s.f.* – cerimônia, rito religioso, acatamento, veneração.

caerulus ou **caeruleus, -a, -um**: *adj.* – azul, azulado, escuro, do mar, marinho.
caesa, -ae: *s.f.* – incisão, corte.
caesaries, -ei: *s.f.* – cabeleira, cabelo comprido.
caesim: *adv.* – a golpes de talho.
caespes ou **cespes, -itis**:, *s.m.* – torrão, leiva, terra coberta de relva, altar, cabana, país, região.
caetero: *adv.* – além disso, quanto ao mais.
caeterum: *conj.* ou *adv.* – porém, além disso.
caetra ou **cetra, -ae**: *s.f.* – pequeno escudo de couro.
caetratus, -a, -um: *adj.* – armado de escudo de couro.
caiolus, -i: *s.m.* – menino.
calamister ou **calamistrus, -i**: *s.m.* – ferro de frisar o cabelo, afetação no estilo.
calamistratus, -a, -um: *adj.* – que tem o cabelo encrespado a ferro.
calamitas, -atis: *s.f.* – perda das colheitas causada pela geada, má colheita, calamidade, desgraça.
calamitas nulla sola: nenhuma desgraça vem só.
calamitas virtutis est occasio: a desgraça é o momento da coragem.
calamitose: *adv.* – miseravelmente, infelizmente.
calamitosus, -a, -um: *adj.* – calamitoso, sujeito às calamidades do tempo, que destrói as sementeiras, funesto, infeliz.
calamo currente: ao correr da pena, de improviso.
calamus, -i: *s.m.* – cana, flauta pastoril, caneta, flecha, caniço.
calathus, -i: *s.m.* – alcova, cesto, copo, taça.
calcamen, -inis ou **calceamentum, -i**: *s.n.* – calçado, sapato.
calcar, -aris: *s.n.* – espora, acicate, aguilhão, estímulo.
calcata, -ae: *s.f.* – a faxina.
calceo, -as, -avi, -atum, -are: *v.t.* – calçar, por os sapatos.
calceus, -i: *s.m.* – calçado, sapato.
calcitro, -as, -avi, -atum, -are: *v.int.* – escoicear, dar coices, resistir, recalcitrar.
calco, -as, -avi, -atum, -ire: *v.t.* – calcar, pisar, trilhar, esmagar, desprezar.
calculator, -oris: *s.m.* – calculador, guarda-livros.
calculus, -i:, *s.m.* – pedra pequena, seixo, calhau, pedra (na bexiga), conta, cálculo.
calda, -ae: *s.f.* – água quente.
caldarium, -i: *s.n.* – estufa, caldeira.
caldicerebrius, -i: *s.n.* – cabeça quente.
calefacio, -is, -eci, -actum, -acere: *v.t.* – aquecer, esquentar, inflamar, excitar.
calefacto, -as, -avi, -atum, -are: *v.t.* – aquecer muito ou com frequência.
calendae, -arum: *s.f.pl.* – calendas, o primeiro dia de cada mês.
caleo, -es, -ui, -itum, -ere: *v.int.* – estar quente, ter calor, ter ardor, desejo, ânsia de, inflamar-se, desvelar-se.
calesco, -is, -ere: *v.int.* – tornar-se quente, aquecer-se.
calide: *adv.* – com ardor, prontamente, depressa.
calidus, -a, -um: *adj.* – quente, ardente, fogoso, precipitado.
caliendrum, -i: *s.n.* – enfeite de cabelo, usado pelas mulheres, peruca.
caliga, -ae: *s.f.* – sapato de soldado, profissão militar, milícia.
caligatus, -i: *s.m.* – soldado raso.
caliginosus, -a, -um: *adj.* – escuro, tenebroso.
caligo, -as, -avi, -atum, -are: *v.t./int.* – estar envolvido pela cerração, cobrir-se de nevoeiro, escurecer, tornar-se cego.
caligo, -inis: *s.f.* – obscuridade, cerração, trevas, nuvem, escuridão.
calix, icis: *s.m.* – copo, cálice, vaso de barro.
calleo, -es, -ui, -ere: *v.t./int.* – fazer ou ter calos, calejar, endurecer-se, conhecer a fundo.
callide: *adv.* – com habilidade, habilmente, astutamente.
calliditas, -atis: *s.j.* – astúcia, manha, agudeza, finura de espírito, conhecimento.
calliditas vulpina: astúcia de raposa.
callidus, -a, -um: *adj.* – astuto, engenhoso, malicioso, hábil, versado, sagaz, sábio, experimentado.
Calliope, es ou **Calliopea, -ae**: *s.f.* – Calíope, musa da eloquência, da poesia.
callis, -is: *s.m.* – atalho, vereda, caminho feito pelos animais.
callosus, -a, -um: *adj.* – caloso, endurecido, calejado.
callus ou **callum, -i**: *s.n.* – calo, calosidade, sola, pele espessa e dura (dos animais).
calo, -as, -avi, -atum, -are: *v.t.* – chamar, convocar.
calo, -onis: *s.m.* – escravo encarregado de ir buscar lenha e água, criado.
calophanta, -ae: *s.m.* – o que fala bem e realiza mal, hipócrita.

calor, -oris: *s.m.* – calor, coragem, ardor, paixão.
caltha, -ae: *s.f.* – flor amarela de aroma ativo, a bem-me-quer.
calumnia, -ae: *s.f.* – calúnia, acusação falsa, chicana, cabala, fraude, astúcia.
calumnia litium: trapaça das lides.
calumniare est falsa crimina intendere: caluniar é imputar crimes falsos.
calumniator, -oris: *s.m.* – caluniador, acusador, impostor.
calumnior, -aris, -atus sum, -ari: *v.t.* – caluniar, usar de fraude em juízo, fazer chicana, recear sem razão, acusar falsamente.
calva, -ae: *s.f.* – crânio, caveira.
calvitas, -atis: *s.f.* – o engano, a trapaça.
calvitium, -ii: *s.n.* ou **calvities, -ei**: *s.f.* – calvície, calva.
calvor, -eris, -i: *v.t./int./dep.* – enganar, iludir, escapar.
calvus comatus: é um careca usando peruca.
calx, calcis: *s.f.* – calcanhar, pé, cal, termo (de carreira), limite, ponto.
camella, -ae: *s.f.* – vaso de madeira usado em sacrifícios, gamela.
camelus, -i: *s.m.* – camelo.
Camena, -ae: *s.f.* – musa, canto poético, poesia.
camera, -ae: *s.f.* – abóbada, teto abobadado, navio coberto.
caminus, -i: *s.m.* – forno, fornalha, forja, chaminé, lareira, fogão.
campensis, -e: *adj.* – relativo ao campo.
campester, -tris, -tre ou **campestris, -tre**: *adj.* – do campo, camponês.
campestre, -tris: *s.m.* – calção usado pelos que se exercitam no campo de Marte.
campi partitio: partilha de terras.
campso, -as, -are: *v.t.* – trocar, rodear.
campus, -i: *s.m.* – planície, plaino, campo, carreira, assembleia, eleições, campo de batalha.
camur ou **camurus, -a, -um**: *adj.* – curvo, voltado para dentro.
canalis, -is: *s.m.* – cano, tubo, canal, fosso, aqueduto.
cancelli, -orum: *s.m.pl.* – grades, balaustrada, cancela, marco, limites.
cancer, -cri e **canceris**: *s.m.* – câncer, cancro, caranguejo, Câncer (constelação).
candela, -ae: *s.f.* – vela, tocha.
candelabrum, -i: *s.n.* – candelabro, candeeiro de muitos bicos.
candeo, -es, -ui, -ere: *v.int.* – ser branco, ser brilhante, estar em brasa, queimar.
candesco, -is, -ere: *v.int.* – fazer-se em brasa, inflamar-se, embranquecer, tornar-se branco como a neve.
candida pax: a paz vestida de branco.
candidatorius, -a, -um: *adj.* – relativo à candidatura, a candidato.
candidatus, -i: *s.m.* – vestido de branco, candidato.
candide, secure: *adv.* – com sinceridade, com tranquilidade.
candide et constanter: com franqueza e firmeza.
candido, -as, -are: *v.int.* – fazer-se branco.
candidus, -a, -um: *adj.* – branco, alvo, brilhante, belo, sereno, feliz, ingênuo, cândido, leal.
candor, -oris: *s.m.* – brancura, esplendor, beleza, candura, inocência, franqueza, sinceridade.
candor dat viribus alas: a pureza dá asas à força.
candor illaesus: alvura imaculada.
canem mortuum persequeris: persegues a um cão morto.
canem sopitum ne excita: não acordes o cão que dorme.
caneo, -es, -ui, -ere: *v.int.* – ter os cabelos brancos, embranquecer, branquejar.
canes defensores: cães de guarda.
canesco, -is, -ere: *v.int.* – ficar de cabelos brancos, envelhecer, mirrar.
canibus agnos obicere: oferecer os cordeiros aos cães.
canicula, -ae: *s.f.* – cadela pequena, cachorrinha, canícula (constelação).
caninus, -a, -um: *adj.* – de cão, canino.
canis, -is: *s.m.* – cão, cadela, sabujo, parasita.
canis, dum latrat, non mordet: o cão, quando ladra, não morde.
canis qui mordet, mordetur: cão que morde é mordido.
canistrum, -i: *s.n.* ou **canistra, -orum**: *s.n.* – cesto, alcofa, açafate.
canities, -ei: *s.f.* – cabelos brancos, cãs, velhice, brancura.
canna, -ae: *s.f.* – cana, junco, flauta pastoril.
cano, -is, cecini, cantum, canere: *v.t.* – cantar, celebrar, narrar, vaticinar, tanger, tocar ou dar sinal pelo toque de um instrumento, encantar.
canon, -onis: *s.m.* – norma, regra, lei, regulamento, medida, cânone.

C

C

canor, -oris: *s.m.* – canto, melodia, harmonia, música, som.
canorus, -a, -um: *adj.* – sonoro, melodioso, canoro.
canta et ambula: canta e caminha.
cantabundus, -a, -um: *adj.* – o que canta, cantante.
cantamen, -inis: *s.n.* – encanto, encantamento.
cantare amantis est: quem ama, canta.
cantas surdo: cantas para um surdo.
cantator, -oris: *s.m.* – cantor, músico.
canterius, i: *s.m* – cavalo castrado.
cantharis, -idis: s.*f.* – escaravelho, cantárida.
canticum, -i: *s.n.* – canto, canção.
cantilena, -ae: *s.f.* – canto, cantiga, cantilena.
cantio, -onis: *s.f.* – canto, canção, feitiço, encantamento.
cantito, -as, -avi, -atum, -are: *v.t./int.* – estar sempre a cantar.
cantiuncula, -ae: *s.f.* – modinha, cançoneta.
canto, -as, -avi, -atum, -are: *v.t./int.* – cantar, celebrar, exaltar, anunciar, tocar (um instrumento), encantar (por atos ou palavras mágicas).
cantor, -oris: *s.m.* – cantor, músico, ator.
cantores amant humores: cantores gostam de bebidas.
cantu dignoscitur ales: pelo canto se conhece a ave.
cantus, -us: *s.m.* – canto, poesia, som (de instrumento musical), encantamento.
cantus sirenae: o canto da sereia.
canus, -a, -um: *adj.* – branco, alvo (com referência a barba e cabelos), encanecido, antigo, velho, venerando.
capacitas, -atis: *s.f.* – capacidade (o que uma coisa possa conter).
capax, -acis: *adj.* – que tem capacidade, largo, extenso, apto, capaz.
capax doli: capaz de cometer um crime.
capax dominii: capaz de domínio.
capax imperii: capaz de governar, capaz de comandar.
capax negotii: competente para transações comerciais.
capedo, -inis: s.*f.* ou **capis, -idis**: *s.f.* – vaso de asas, usado nos sacrifícios, púcaro, taça.
capeduncula, -ae: *s.f.* – pequena taça, copo de beber.
capella, -ae: *s.f.* – cabra pequena, cabrita.
caper, -pri: *s.m.* – bode, catinga, bodum.
caper emissarius: o bode expiatório.
capesso, -is, -ivi ou **-ii, -itum, -ere**: *v.t.* – tomar, agarrar, apoderar-se de, empreender, tentar, exercer, alcançar, dirigir-se para.
capias restim ac te suspendas: pega uma corda e te enforca.
capillatus, -a, -um: *adj.* – cabeludo.
capillus, -i: s.*m.* ou **capillum, -i**: *s.n.* – cabelo, cabeleira.
capio, -is, cepi, captum, capere: *v.t.* – tomar, apanhar, ganhar, cativar, escolher, conter, compreender, adquirir, alcançar, ter, surpreender.
capistro, -as, -avi, -atum, -are: *v.t.* – açaimar, por mordaça, encabrestar, fazer calar.
capistrum, -i: *s.n.* – açaimo, freio, cabresto.
capita aut navia: cara ou coroa.
capitalis, -e: *adj.* – relativo a cabeça ou à vida, capital, referente à pena de morte, criminoso, pernicioso, malvado.
capitaliter: *adv.* – criminalmente, com perigo de morte, mortalmente.
capitis diminutio: perda dos direito civis, redução de direito; a diminuição da capacidade.
capitis execratio: a maldição capital.
capitis minutio est status permutatio: a diminuição de capacidade é uma mudança de estado.
capito, -onis: *s.m.* – que tem cabeça grande, cabeçudo.
capitulatim: *adv.* – sumariamente, em resumo.
capitulum, -i: *s.m.* – cabeça pequena, cabeça, homem, indivíduo, capitel (de coluna), capítulo.
capra, -ae: *s.f.* – cabra.
caprea, -ae: *s.f.* – cabra montesa, cabrito.
capreolus, -i: *s.m.* – cabrito, espécie de cabra montês.
Capricornius, -i: *s.m.* – Capricórnio (signo do Zodíaco).
caprificus, -i: *s.f.* – figueira brava, fruto de figueira brava.
caprigenus, -a, -um: *adj.* – que nasceu de cabra.
caprinus, -a, -um: *adj.* – relativo a cabra, caprino.
capsa ou **capsula, -ae**: *s.f.* – caixinha, cofre, arca.
captatio, -onis: *s.f.* – ação de captar, captação, espreita, o estar à escuta, busca, indagação.
captator, -oris: *s.m.* – o que procura ou anda à caça de, caçador de dotes.

captio, -onis: *s.f.* – armadilha, engano, sedução, emboscada, argumento capcioso, sofisma.
captiose: *adv.* – com engano, capciosamente, sofisticamente.
captiosus, -a, -um: *adj.* – capcioso, enganador, sofístico.
captiuncula, -ae: *s.f.* – pequeno sofisma ou engano.
captiva, -ae: *s.f.* – cativa, escrava.
captivitas, -atis: *s.f.* – cativeiro, escravidão.
captivus, -a, -um: *adj.* – referente a cativos, de cativo.
captivus, -i:, *s.m.* – cativo, escravo, prisioneiro de guerra.
capto, -as, -avi, -atum, -are: *v.t.* – tentar agarrar, apanhar, procurar, cortejar, lisonjear, fazer por enganar, espreitar.
captus, -us: *s.m.* – ação de tomar, tomada, modo de ver, de alcançar (pela inteligência).
captus es: foste apanhado.
captus mente: insano.
capulus, -i: s: *m.* – a tumba, esquife, caixão de defunto, punho de espada, rabiça de arado.
caput, -pitis: *s.n.* – cabeça, ponta, extremidade, pessoa, indivíduo, chefe, capital (dinheiro), capital (cidade), capítulo, sumário, origem, princípio.
caput anni: o primeiro dia do ano, o início do ano.
caput et usurae: o principal e os juros.
caput familias: o chefe da família.
caput mundi: a capital do mundo.
caput vacuum cerebro: uma cabeça vazia de cérebro.
carbasa, -orum: *s.n.pl.* – vestido de linho fino, vela (de navio), véu.
carbaseus, a, um: *adj.* – feito de linho fino.
carbasus, -i: *s.m.* ou **carbasum, -i**: *s.n.* – linho finíssimo, vela de navio.
carbo, -onis: *s.m.* – carvão, brasa apagada.
carcer, -eris: *s.m.* – cárcere, prisão, preso, lugar de partida dos carros nas corridas, princípio.
carchesium, -ii: *s.n.* – copo para beber, cesto da gávea de navio, espécie de vaso com asas.
carcinoma, -atis: *s.n.* – câncer, cancro, chaga.
cardaces, -um: *s.m.pl.* – tropa persa, aguerrida, mas dada à pilhagem.
cardo, -inis: *s.m.* – soleira, gonzo, eixo, extremidade, polo, ponto principal.
carduus, -i: *s.m.* – cardo, alcachofra.
care: *adv.* – caro, de alto valor.
carectum, -i: *s.n.* – chão de tábuas, tabual.
careo, -es, -ui, -ere: *v.int.* – ter falta de alguma coisa, estar privado de, passar sem, abster-se.
caret initio et fine: não tem começo nem fim.
carex, -icis: *s.f.* – tábua, junco das lagoas.
carica, -ae: *s.f.* – figo seco (vindo da Cária), figo.
caries, -ei: *s.f.* – caruncho, carcoma da madeira, podridão.
carina, -ae:, *s.f.* – casca de noz, quilha, fundo ou casco de navio, navio.
carior fides quam pecunia: mais vale crédito que dinheiro.
cariosus, -a, -um: *adj.* – apodrecido, carcomido, seco, que destrói, que gasta.
caritas, -atis: *s.f.* – carestia, preço alto, amor, ternura, afeição.
caritas erga proximum colenda: deve-se cultivar o amor ao próximo.
caritas non peccat: o amor não comete faltas.
caritas omnia potest: o amor tudo pode.
caritas omnia sustinet: o amor tudo suporta.
caritas patriae: o amor à pátria.
caritatem habete: tende amor.
caritatem non peccare: o amor não comete erros.
carmen, -inis: *s.n.* – canto, verso, poema, presságio, vaticínio, encantamento, fórmula, disposição de lei.
carmen solutum: um poema em prosa.
carmen triumphale: um canto triunfal.
carmina morte carent: poemas não morrem.
carmina non dant panem: poemas não dão pão.
carmina poscit amor: o amor exige canções.
carnarius, -i: *s.m.* – grande comedor ou apreciador de carne.
carnifex, -icis: *s.m.* – algoz, verdugo.
carnificina, -ae: *s.f.* – lugar de execuções, patíbulo, exercício de algoz, tortura, suplício:
carnifico, -as, -avi, -atum, -are: *v.t.* – fazer em pedaços o corpo humano.
carnis, -is: *s.f.* – a carne.
caro, carnis: *s.f.* – carne, corpo, polpa (dos frutos).
caro data vermibus: carne dada aos vermes.

C

caro de carne mea: carne de minha carne.
caro infirma: a carne é fraca.
carpamus dulcia: aproveitemos o que é doce.
carpe diem: aproveita o dia.
carpe noctem: aproveita a noite.
carpens, -entis: *adj.* – que colhe.
carpentum, -i: *s.n.* – carruagem, para uso das mulheres, carro, carroça.
carpere et colligere: colher e juntar.
carpo, -is, -psi, -ptum, -ere: *v.t.* – colher (frutos, flores), tomar alimento, comer, desprender, arrancar, tosquiar, consumir, percorrer.
carptim: *adv.* – por partes, em pedaços, separadamente.
carrum ou **carrus, -i**: *s.m.* – carro, carroça.
caruncula, -ae: *s.f.* – pedaço de carne.
carus, -a, -um: *adj.* – caro, que custa, querido, amado.
casa, -ae: *s.f.* – choupana, casebre.
cascus, -a, -um: *adj.* – antigo, velho.
cascus cascam ducit: velho se casa com velha.
caseus, -i: *s.m.* – queijo.
casia, -ae: *s.f.* – árvore da canela, lauréola (arbusto).
cassida, -ae, ou **cassis, -idis**: *s.f.* – capacete de metal.
cassis, -is: *s.m.* – rede, armadilha para caça, cilada.
cassum: *adv.* – sem motivo, sem razão.
cassus, -a, -um: *adj.* – vazio, oco, privado de, vão, inútil.
cassus est labor: isso é trabalho inútil.
Castalia, -ae: *s.f.* – Castália, fonte consagrada às musas.
castanea, -ae: *s.f.* – castanheiro, castanha.
castaneus, -a, -um: *adj.* – relativo ao castanheiro, de castanha.
caste: *adv.* – honestamente, virtuosamente, segundo os rituais.
castellani, -orum: *s.m.pl.* – guarnição do castelo fortificado.
castellanus, -a, -um: *adj.* – relativo a castelo, a praça, forte.
castellatim: *adv.* – à maneira de fortaleza, de ou por castelo.
castellum, -i: *s.n.* – praça, fortificada, fortaleza, castelo, lugar alto, trincheira.
castigate: *adv.* – apuradamente, com perfeição.
castigatio, -onis: *s.f.* – repreensão, censura, castigo.
castigator, -oris: *s.m.* – o que repreende, castiga, censor.
castigat ridendo mores: rindo, (a sátira) corrige os costumes.
castigo, -as, -avi, -atum, -are: *v.t.* – castigar, repreender, censurar, reprimir, emendar.
castimonia, -ae: *s.f.* – continência, pureza, moralidade.
castis omnia casta: para os puros, tudo é puro.
castitas, -atis: *s.f.* – castidade, pureza de costumes.
castra, -orum: *s.n.pl.* – acampamento, quartéis, arraiais, fosso, trincheiras, dias de marcha.
castratos castras: castras quem já foi castrado, arrombas a porta aberta.
castrensis, -e: *adj.* – relativo ao acampamento, ao exército.
castro, -as, -avi, -atum, -are: *v.t.* – castrar, capar, cortar, podar, limpar, roer.
castrum, -i: *s.n.* – castelo, praça fortificada, fortaleza.
castus, -a, -um: *adj.* – casto, puro, íntegro, piedoso, sagrado.
casus, -us: *s.m.* – queda, acidente, ocasião, acaso, caso, acontecimento, enfermidade, desventura.
casus adversi: caso adverso.
casus belli: um caso de guerra, um motivo de guerra.
casus conscientiae: um caso de consciência.
casus foederis: causa de aliança.
casus fortuitus: caso fortuito.
casus maior: um acidente, um sinistro.
casus necessitatis: caso de necessidade.
casus omissus: um caso omisso, um caso não previsto.
casusne? Deusne?: foi o acaso? foi Deus?
catadupa, -orum: *s.n.pl.* – catadupas, catarata.
catagraphus, -a, -um: *adj.* – bordado, enfeitado, pintura de meio perfil.
catalogus auctorum: catálogo de autores, relação de autores consultados.
cataphagas, -ae: *s.m.* – comilão, glutão.
cataphractes, -ae ou **cataphracta, -ae**: *s.f.* – cota de armas, couraça.
cataphractus, -a, -um: *adj.* – coberto de ferro, encouraçado.
cataplexis, -is: *s.f.* – admiração, beleza estarrecedora.
cataplus, -i: *s.m.* – regresso de um navio ao porto.

catapulta, -ae: *s.f.* – catapulta, máquina de guerra para arremessar pedras.
cataracta, -ae ou **catarates, -ae**: *s.f.* – catarata, cachoeira.
catascopus, -i: *s.m.* – navio de reconhecimento, exploração, espia.
cate: *adv.* – cautelosamente, com habilidade, com tato, com arte.
cateia, -ae: *s.f.* – dardo guarnecido, de pregos e ligado por uma correia, usado por gauleses e germanos.
catella, -ae: *s.f.* – cadelinha, pequena cadeia, colar, afogador.
catellus, -i: *s.m.* – cãozinho, cachorro, pequena pulseira.
catena, -ae: *s.f.* – cadeia, ferros, freio.
cateno, -as, -avi, -atum, -are: *v.t.* – encadear, acorrentar.
caterva, -ae: *s.f.* – bando (armado e em desordem), tropas de bárbaros.
catervatim: *adv.* – por pelotões, por turmas, aos bandos.
cathedra, -ae: *s.f.* – cadeira do mestre, assento, poltrona.
catillus, -i: *s.m.* – prato pequeno.
catonianus, -a, -um: *adj.* – catoniano, próprio de Catão, severo.
catulus, -i: *s.m.* – cachorrinho, cachorro, filhote ou cria de quadrúpedes.
catus, -a, -um: *adj.* – acautelado, prudente, sábio, esperto, sagaz, agudo, pontiagudo.
cauda, -ae: *s.f.* – cauda, rabo.
cauda de vulpe testatur: a raposa se conhece pela cauda.
caudam inter crura subicit: enfiou o rabo entre as pernas.
caudex, -icis: *s.m.* – tronco ou raiz de árvore, juntura de tábuas.
caulae, -arum: s.*f.pl.* – aprisco, redil, curral.
caupo, -onis: *s.m.* – estalajadeiro, taberneiro.
caupona, -ae: s.*f.* – estalagem, baiuca, taberna.
cauponula, -ae: *s.f.* – pequena estalagem, taverninha.
caurus, -i: *s.m.* – vento noroeste.
causa ou **caussa, -ae**: s.*f.* – causa, motivo, pretexto, assunto, matéria, causa, demanda, ligação, partido.
causa adquirendi: causa de aquisição.
causa agendi: motivo de agir.
causa aliqua subest: existe alguma coisa oculta.
causa belandi est amor: o amor é causa de lutas.
causa causans: a causa determinante.
causa causata: a causa que é resultado de uma causa anterior.
causa celebrationis: a causa da comemoração.
causa cognita: a causa conhecida, por causa conhecida.
causa cognoscitur ab effectu: conhece-se a causa pelo efeito.
causa contentiosa: causa contestatória.
causa criminalis non praejudicat civilis: a ação criminal não prejudica a civil.
causa debendi: causa da dívida.
causa debet praecedere effectum: a causa deve preceder o efeito.
causa detentionis: a causa da detenção.
causa donandi: a causa da doação.
causa efficiens: a causa efetiva.
causa fiendi: a causa de tornar-se.
causa finalis: a causa final.
causa finita est: a questão está encerrada.
causa formalis: a causa formal.
causa honoris: por causa da honra.
causa mali: a causa do mal.
causa materialis: a causa material.
causa mortis: a causa da morte.
causa mortis donatio: doação por morte.
causa movens: a razão para realizar-se determinada ação.
causa obligationis: a causa da obrigação.
causa patet: a razão é óbvia, a causa é evidente.
causa pendet ex causa: uma causa está presa a outra.
causa petendi: a causa do pedido.
causa principalis semper attendi debet: a causa principal deve ser sempre atendida.
causa proxima: a causa imediata, a causa inicial.
causa remota: a causa remota.
causa secunda: a causa secundária.
causa simulandi: causa da simulação.
causa sine qua non: causa sem a qual a coisa (ato) não pode ser feita, uma condição indispensável.
causa superveniens: causa superveniente.
causa traditionis: a causa da entrega, por causa da tradição.
causa turpis: uma causa torpe.
causa vera: um causa verdadeira.
causarius, -a, -um: *adj.* – enfermo, doente, inválido.
causidicus, -i: *s.m.* – advogado, causídico.

causificor, -aris, -ari: *v.int.* – pretextar, refutar.
causor, -aris, -atus sum, -ari: *v.t.dep.* – alegar, pretextar, acusar.
causula, -ae: s.*f.* – pequena causa, motivo.
caute: *adv.* – com cautela, prudentemente.
cautela, -ae: *s.f.* – desconfiança, precaução, cautela, caução.
cautes, -is: *s.f.* – rocha, rochedo, penhasco.
cautim: *adv.* – com precaução, prudentemente.
cautio, -onis: *s.f.* – precaução, cautela, garantia, fiança, caução, obrigação.
cautio damnini infecti: caução do dano temido; caução do proprietário de prédio em favor de vizinho como garantia de que não será molestado.
cautio de bene utendo: caução para usar bem.
cautio de bene vivendo: caução para viver bem.
cautio de iudicato solvendo: caução para pagamento do julgado.
cautio de opere demoliendo: caução prestada pelo nunciado para continuação de obra embargada de que reste prejuízo se paralisada.
cautio de rato: caução para ratificação.
cautio de restituendo: caução para restituição.
cautio fideijussoria: caução fidejussória.
cautio rei uxoriae: caução do dote da mulher.
cautor, -oris: *s.m.* – homem precavido, o que cuida de alguém, fiador.
cautus, -a, -um: *adj.* – acautelado, garantido, seguro, cauteloso, precatado, circunspeto.
cautus metuit: o avisado tem medo.
cavaedium, -i: *s.n.* – pátio da casa.
cave!: cuidado!
cave a signatis: cuidado com as pessoas diferentes.
cave ancillam: cuidado com a criada, paredes têm ouvidos.
cave canem: cuidado com o cão.
cave furem: cuidado com o ladrão.
cave ignoscas: trata de não ignorar, trata de não perdoar.
cave ne cadas: cuidado para não caíres.
cave ne obliviscaris: cuidado para não esqueceres.
cave quid dicis, quando, et cui: cuidado com o que dizes, quando o dizes, e a quem o dizes.
cave ultimam: cuidado com a (tua) última (hora).
cave virum dolosum!: cuidado com o trapaceiro!
cavea, -ae: *s.f.* – cova, caverna, gaiola, parte do teatro destinada aos espectadores, plateia, teatro.
caveat populus: que o povo tome cuidado.
caveo, -es, -vi, cautum, -ere: *v.t./int.* – acautelar-se, precaver-se, desviar-se de, cuidar de, olhar por, dar garantia, fiança, dispor, ordenar.
caverna, -ae: *s.f.* – cavidade, caverna, cova, covil.
cavillatio, -onis: *s.f.* – escárnio, gracejo, zombaria, sutileza, sofisma.
cavillationes iuris: os artifícios do direito.
cavillator, -oris: *s.m.* – motejador, escarnecedor, sofista.
cavillor, -aris, -atus sum, -ari: *v.t./int.* – gracejar, escarnecer, sofismar, interpretar maliciosamente.
cavo, -as, -avi, -atum, -are: *v.t.* – cavar, escavar.
cavum, -i: *s.n.* – cavidade, buraco.
cavus, -a, -um: *adj.* – oco, encovado, côncavo, profundo, incompleto, vazio.
cecropius, -a, -um: *adj.* – de Atenas, ateniense, da Ática.
cedant arma legibus: submetam-se os exércitos às leis.
cede Deo: submete-te a Deus.
cedendum multitudini: deve-se ceder à multidão.
cedit oneri fortuna suo: a sorte cede a seu próprio peso.
cedit viribus aequum: o direito se submete à força.
cedo, -is, cessi, cessum, cedere: *v.t./int.* – ceder, ir, vir, andar, acontecer, suceder, ir-se, retirar-se, morrer, abandonar, largar, caber, tocar a.
cedo, cette: (*somente usado na 2ª pessoa do imperativo*) – dá, deixa ver, mostra, dize, fala, explica-te.
cedo maiori: dou meu lugar a alguém mais importante.
cedo nulli: não me submeto a ninguém.
cedrus, -i: s.*f.* – cedro, resina de cedro.
celabitur auctor: o autor permanecerá desconhecido.
celata virtus ignavia est: virtude oculta é covardia.
celeber, -bris, -bre: *adj.* – célebre, famoso, ilustre, festivo, consagrado, muito frequentado (lugar), de muita afluência.

celebratio, -onis: s.*f.* – celebração, festividade, favor público, consideração, afluência, concorrência.
celebrator, -oris: *s.m.* – o que celebra, o que louva.
celebratus, -a, -um: *part.p.* – celebrado, louvado, famoso, frequentado, de muita afluência, que está em moda.
celebritas, -atis: s.*f.* – celebridade, fama, multidão, afluência, frequência, festa.
celebriter: *adv.* – com esplendor, com glória, frequentemente.
celebro, -as, -avi, -atum, -are: *v.t.* – celebrar, exaltar, dar nome, tornar conhecido, afluir em grande número, visitar com frequência, festejar.
celer, -eris, -ere: *adv.* – veloz, rápido, ligeiro, ativo, ardente, impetuoso.
celer et audax: veloz e audaz.
celere: *adv.* – celeremente, rapidamente.
celeripes, -pedis: *adj.* – ligeiro de pés, veloz na carreira.
celeritas, -atis: *s.f.* – rapidez, velocidade, presteza.
celeritas et veritas: prontidão e verdade.
celeriter: *adv.* – depressa, ligeiramente, com presteza.
celero, -as, -avi, -atum, -are: *v.t./int.* – fazer depressa, acelerar, apressar-se.
cella, -ae: *s.f.* – despensa, adega, celeiro, quarto pequeno, cela, gabinete.
cellula mater: a célula mãe.
celo, -as, -avi, -atum, -are: *v.t.* – ocultar, esconder, calar, iludir, esconder-se.
celox, -ocis: *adj.* – ligeiro, veloz.
celox, -ocis: *s.f.* – embarcação pequena e ligeira, navio de exploração, aviso.
celse: *adv.* – altamente, em alta.
celsitas, -atis ou **excelsitas, -atis**: *s.f.* – altura, eminência, elevação.
celsus, -a, -um: *adj.* – alto, elevado, excelso, arrogante, altivo.
cena, -ae ou **coena, -ae**: *s.f.* – jantar, coberta de mesa, sala de jantar.
cena domini: a ceia do senhor.
cenaculum, -i: *s.n.* – sala de jantar, andar superior, quarto, alcova em andar superior.
cenito ou **coenito, -as, -avi, -atum, -are**: *v.int.* – jantar muitas vezes, a miúdo.
ceno ou **coeno, -as, -avi, -atum, -ire**: *v.int.* – jantar.
censeo, -es, -ui, -itum, ere: *v.t.* – avaliar, contar, arrolar, recensear, dar ou pôr preço a, julgar, opinar, prescrever, decretar.
censio, -onis: *s.f.* – avaliação (feita pelo censor), recenseamento.
censor, -oris: *s.m.* – censor, o que repreende, censura, crítico.
censor morum: um censor dos costumes.
censorius, -a, -um: *adj.* – relativo a censor, de censor, grave, severo.
censura, -ae: *s.f.* – censura, cargo de censor, exame, crítica.
census, -us: *s.m.* – censo, recenseamento feito pelo censor, registro dos censores, bens, rendimento, riqueza.
centaureum, -i: *s.n.* – centáurea (planta).
centaureus, -a, -um: *adj.* – dos Centauro, relativo aos Centauros.
Centaurus, -i: *s.m.* – Centauro, ser fabuloso meio homem meio cavalo.
centeni, -ae, -a: *adj.num.distr.* – por centenas, de cem em cem, cem.
centesimus, -a, -um: *adj.num.ord.* – um de cem, primeiro ou último de cem, centésimo, cêntuplo.
centiceps, -cipitis: *adj.* – que tem cem cabeças.
centies ou **centiens**: *adv.* – cem vezes.
centimanus, -us: *s.m.* – o que tem cem mãos.
cento, -onis: *s.m.* – vestido feito de retalhos e de várias cores, manto de farrapos, coberta de cama, manta ou colchão.
centonarius, -a, -um: *adj.* – trapeiro, que anda em farrapos.
centum: *adj.num.card.* – cem.
centum puer artium: o rapaz dos cem talentos, é o homem dos sete instrumentos.
centumgeminus, -a, -um: *adj.* – de cem membros, de cem braços.
centumviralis, -e: *adj.* – relativo aos centúnviros.
centumviri, -orum: *s.m.pl.* – centúnviros, tribunal ou colégio composto de cem juízes, para julgar dos negócios civis.
centunculus, -i: *s.m.* – vestido feito com panos de cores diferentes, manta de cavalo.
centuria, -ae: *s.f.* – centúria, uma das classes em que se distribuía o povo romano, companhia de cem soldados.
centuriatim: *adv.* – por centúrias.
centuriatus, -us: *s.m.* – divisão em centúrias.
centurio, -as, -avi, -atum, -are: *v.t.* – dividir de cem em cem.
centurio, -onis: *s.m.* – centurião, comandante de cem soldados.

C

centurionatus, -us: *s.m.* – revista, inspeção dos centuriões.

cepisti, perfice: começaste, completa.

cera, -ae: *s.f.* – tabuinha encerada em que se escrevia, selo, imagem de cera, resina; *pl.* – favos de mel.

cerarium, -i: *s.n.* – imposto para cera, direito de selo.

Cerberus, -i: *s.m.* – Cérbero, cão de três cabeças, vigia dos infernos.

cerdo, -onis: *s.m.* – artífice, operário de baixa categoria.

cerealis, -e: *adj.* – relativo ao trigo, ao pão, cereal, relativo ou consagrado a Ceres.

cerebrosus, -a, -um: *adj.* – arrebatado, fogoso.

cerebrum, i: *s.n.* – cérebro, cabeça, espírito, raciocínio, juízo.

cereus, -a, -um: *adj.* – de cera, feito de cera.

cereus, -i: *s.m.* – círio de cera, vela, tocha.

cernit omnia Deus: Deus vê tudo.

cerno, -is, crevi, cretum, cernere: *v.t.* – separar, distinguir, perceber, compreender, julgar, decidir, decretar, combater.

cernuus, -a, -um: *adj.* – inclinado para diante, caído de bruços.

ceroma, -atis: *s.n.* – unguento de cera e azeite com que os atletas untavam o corpo, sala de exercícios.

cerritus, -a, -um: *adj.* – que está fora de si, frenético, furioso.

certa viriliter, sustine patienter: combate virilmente, suporta com paciência.

certamen, -inis: *s.n.* – batalha, combate, luta (nos jogos públicos), concurso, certame, disputa, emulação.

certaminis gaudia: os prazeres da luta, as alegrias da batalha.

certatim: *adv.* – em competição, com emulação, à porfia.

certatio, -onis: *s.f.* – luta (nos jogos públicos), controvérsia, contenda.

certavi et vici: lutei e triunfei.

certe ou **certo**: *adv.* – por certo, certamente, seguramente, sem dúvida, ao menos, com segurança.

certe aequa mors est: a morte, sem dúvida, é imparcial.

certo, -as, -avi, -atum, -are: *v.t./int.* – combater, lutar, disputar, competir, porfiar, discutir, demandar, empenhar-se.

certo: *adv.* – certamente, com certeza, sem dúvida.

certum est: é certo, a coisa está clara.

certus, -a, -um: *adj.* – decidido, determinado, fixo, certo, firme, constante, seguro, evidente, manifesto.

cerula, -ae: *s.f.* – pedacinho de cera, lápis vermelho para anotar.

cerva, -ae: *s.f.* – corça, fêmea do veado.

cervinus, -a, -um: *adj.* – relativo ao veado, de veado.

cervisia, -ae: *s.f.* – cerveja.

cervix, -icis: *s.f.* – nuca, pescoço, cabeça, cerviz, gargalo, língua de terra.

cervus, -i: *s.m.* – cervo, veado, tronco de árvore com galhos, de que se fazem trincheiras.

cesarus, -i: *s.f.* – cerejeira, cereja.

cessante causa, tollitur effectus: cessando a causa, tira-se o efeito.

cessatio, -onis: *s.f.* – interrupção, suspensão, repouso.

cessator, -oris: *s.m.* – que cessa, vagaroso, preguiçoso.

cessio, -onis: *s.f.* – ação de ceder, cessão.

cessio bonorum: a cessão de bens.

cessio perpetua: cessão perpétua.

cesso, -as, -avi, -atum, -are: *v.int.* – cessar, desistir, interromper, descansar.

cestrosphendone, -es: *s.f.* – arma de arremesso usada pelos macedônios.

cetaria, -ium: *s.f.* ou **cetariae, -arum**: *s.f.* – viveiro de peixes, tanque, piscina.

cetarius, -i: *s.m.* – pescador, vendedor de peixe.

cete: *s.n.pl.* – peixes grandes, cetáceos.

cetera desunt: falta o resto.

ceteris paribus: mantidas iguais as demais coisas, em igualdade de condições.

ceteroquin: *adv.* – ademais, quanto ao mais, de resto.

ceterus, -a, -um: *adj.* – que resta, restante, excedente.

cetus, -i ou **cetos, -i**: *s.m.* – cetácio, baleia, golfinhos.

ceu: *conj.* e *adv:* – assim, como, bem como, como se.

chalybelus ou chalybeius: -a, -um: *adj.* – de aço.

chalybs, -ybis: *s.m.* – artefato de aço, espada.

chao antiquiora: são coisas mais antigas que o caos, isso é velho como o mundo.

chaos, -i: *s.n.* – confusão, caos, começo do mundo, criação, infernos.

chara, -ae: *s.f.* – raiz, planta (não identificada).

character, eris: *s.m.* – marca a ferro nos animais, estigma, caráter, estilo.

charistia, -orum: *s.n.* – banquete de família, feito de três em três anos, e em que os parentes se reconciliam.
charta, -ae: *s.f.* – papel feito da entrecasca do papiro, papel, papiro, escrito, livro, carta.
chartae libertatum: as cartas das liberdades.
chartula, -ae: *s.f.* – papel pequeno, pedaço de papel, pequeno escrito.
chasma, -atis: *s.n.* – abertura, abismo, sorvedouro.
chauceus, -a, -um: *adj.* – de bronze.
Chelae, arum: *s.f.pl.* – os braços do caranguejo, do Escorpião (constelação).
chelydrus, -i: *s.m.* – quélidro, espécie de cobra venenosa.
chelys, -yos: *s.f.* – cítara, tartaruga.
chiliarchus, -i: *s.m.* – comandante de mil homens, quiliarco.
Chimaera, -ae: *s.f.* – montanha da Lícia, em que havia um vulcão, monstro fabuloso, Quimera.
chimaerifer, -era, -erum: *adj.* – quimérico, que produziu a Quimera.
chiragra, -ae ou **cheragra, -ae**: *s.f.* – gota das mãos, doença.
chiramaxium, -orum: *s.n.* – carrinho de mão.
chirographum, chirographus ou **chirographon, -i**: *s.n.* – o que escreve de próprio punho, autógrafo.
chirographum, -i *s.n.* ou **chirographus, -i**: *s.m.* – manuscrito, escrito, escritura, obrigação por escrito.
chirurgia, -ae: *s.f.* – cirurgia.
chlamydatus, a, um: *adj.* – de capa, coberto com a clâmide.
chlamys, -ydis: *s.f.* – capa, manto, clâmide.
chorda, -ae: *s.f.* – corda (de instrumento musical).
chorea, -ae: *s.f.* – a dança, o baile.
chorus, -i: *s.m.* – coro de dançarinos, músicos ou cantores, chusma, roda (de gente).
Christi crux est mea lux: a cruz de Cristo é minha luz.
christiani, -orum: *s.m.* – os cristãos.
christianos ad leones!: (atirem os) cristãos aos leões!
Christus lux mundi: o Cristo é a luz do mundo.
chronicus, -a, -um: *adj.* – relativo à cronologia.
chryseus, -a, -um: *adj.* – de ouro; *pl.* – objetos de ouro.
chrysos, -i: *s.m.* – ouro.
cibaria, -orum: *s.n.pl.* – alimentos, víveres, ração.
cibarius, -a, -um: *adj.* – relativo a víveres, a alimento, vulgar, grosseiro.
cibatus, -us: *s.m.* – alimento, comida.
cibi condimentum est fames: a fome é o tempero da comida.
cibo, -as, -avi, -atum, -are: *v.t.* – alimentar, nutrir, sustentar, manter
cibor, -aris, -ari: *v.dep.int.* – tomar alimentos, nutrir-se.
ciborium, -i ou **ciboria, -orum**: *s.n.pl.* – copos para beber, vasilhas para provisões.
cibus, -i: *s.m.* – o comer, alimento, comida.
cibus sine sale: comida sem sal.
cicada, -ae: *s.f.* – cigarra.
cicaro, -onis: *s.m.* – menino querido (afetivo, uso familiar).
cicatricosus, -a, -um: *adj.* – coberto de cicatrizes, muito emendado.
cicatrix, -icis: *s.f.* – cicatriz, sinal.
cicer, -eris: *s.n.* – grão de bico.
cichoreum, -ii: *s.n.* – chicória.
cicidela, -ae: *s.f.* – pirilampo, vagalume.
ciconia, -ae: *s.f.* – cegonha.
cicuma ou **cecuma, -ae**: *s.f.* – coruja, ave noturna.
cicur, -uris: *adj.* – domesticado, manso, tratável.
cicuta, -ae: *s.f.* – cicuta, gaita, flauta pastoril.
cieo, -es, civi, citum, ciere: *v.t.* – mover, mandar vir, chamar, produzir, causar, excitar.
cilicium, -i: *s.n.* – tecido de pêlo de cabra.
cimex, -icis: *s.m.* – percevejo.
cincinnatus, -a, -um: *adj.* – que tem cabelo anelado, encrespado.
cincinnus, -i: *s.m.* – anel de cabelo, ornato artificial.
cinctus, -us: *s.m.* – espécie de túnica comprida e cingida ao meio do corpo, modo de trazer a toga, cintura de vestido.
cinctutus, -a, -um: *adj.* – vestido de *cinctus,* isto é, de uma túnica, cingida ao meio do corpo, e que chegava aos pés.
cinefactus, -a, -um: *adj.* – reduzido a cinzas.
cinereus, -a, -um: *adj.* – de cinza, semelhante a cinza.
cingo, -is, cinxi, cinctum, cingere: *v.t.* – cingir, cercar, rodear, vestir, ornar, cortejar.
cingulum, -i: *s.n.* – cintura, cinto, cinturão.
ciniflo, -onis: *s.m.* – escravo cabeleireiro, penteador.

cinis, -eris: *s.m.* – cinzas, restos mortais, morto.

cinnamomum, -i ou **cinnamum, -i**: *s.n.* – caneleira, canela.

cippus, -i: *s.m.* – marco, poste, pedra funerária, entrincheiramento feito de troncos de árvores, trincheira.

circa: *adv.* e *prep.* – ao redor, à volta de, junto, ao pé de, em, por, pelo tempo de, mais ou menos.

circa idem tempus: mais ou menos na mesma época.

circa merita: a respeito dos méritos.

circaeus, -a, -um: *adj.* – circeu, de Circe, mágico, envenenado.

circensis, -e: *adj.* – relativo ao circo, de circo.

circiter: *adv.* – em toda a volta, em todos os sentidos.

circiter: *prep.* – nas vizinhanças de, próximo de.

circito, -as, -are: *v.t.* – perturbar, agitar, fazer andar à roda.

circos ou **circus, -i**: *s.m.* – o circo.

circuitus ou **circumitus, -us**: *s.m.* – ação de andar à volta, rodeio, âmbito, circuito, período.

circuitus verborum: um cincunlóquio.

circulatim: *adv.* – circularmente, em círculo, em grupos.

circulator, **-oris**: *s.m.* – saltimbanco, charlatão.

circulo, -as, -avi, -atum, -are: *v.t.* – cercar.

circulor, -aris, -ari, -atus sum: *v.dep.int.* – circular, formar um círculo, reunir-se em círculo.

circulus, -i: *s.m.* – círculo, circuito, giro, roda, ajuntamento, reunião.

circulus in definiendo: um círculo no ato de definir.

circulus in demonstrando: um círculo no ato de demonstrar.

circulus in probando: um círculo no ato de provar.

circulus vitiosus: um círculo vicioso.

circum: *prep.* e *adv.* – ao redor, à volta de, perto de.

circumago, -is, -egi, -actum, -egere: *v.t.* – levar, conduzir ao redor, girar, fazer girar, rodear, mudar.

circumceco, -as, -are, -secui, -sectum: *v.t.* – cortar em volta.

circumcido, -is, -di, -sum, -dere: *v.t.* – cortar ao redor, decotar, podar, reduzir.

circumcisus, -a, -um: *adj.* – cortado ao redor, íngreme, escarpado, breve, curto.

circumclaudo, -is, -ere: *v.t.* – rodear por todos os lados, cercar.

circumcolo, -is, -ui, -cultum, -ere: *v.t.* – habitar ao redor, ao longo de.

circumcurso, -as, -avi, -atum, -are: *v.t./int.* – correr em volta de, percorrer.

circumdo, -as, -dedi, -datum, -are: *v.t.* – por ao redor de, cercar, rodear, cingir.

circumduco, -is, -xi, -ctum, -cere: *v.t.* – conduzir ao redor de, contornar, cercar, enganar, corrupiar.

circumeo, -is, -ivi, -itum, -ire: *v.t./int.* – andar à volta de, rodear, cingir, envolver, solicitar, cabalar, enganar.

circumfero, -fers, -tuli, -latum, -ferre: *v.t.* – levar ao redor, de uma a outra parte, de mão em mão, difundir, derramar, propalar.

circumflecto, -is, -ere: *v.t.* – descrever em redor.

circumflo, -as, -avi, atum, -are: *v.t./int.* – soprar para todas as partes.

circumfluo, -is, -fluxi, -fluxum, -uere: *v.t./int.* – correr ao redor de, transbordar, inundar, estar ou viver na abundância.

circumfluus, -a, -um: *adj:* – que corre ao redor, cercado de.

circumforaneus, -a, -um: *adj.* – que está perto do fórum, do mercado, que anda pelas praças, de mercado em mercado.

circumfundo, -is, -fudi, -fusum, -ere: *v.t.* – espalhar em redor, envolver, cercar, espalhar-se em roda ou em grande massa.

circumgemo, -is, -ui, -itum, -ere: *v.int.* – roncar, gemer à volta, ao redor de.

circumgesto, -as, -avi, -atum, -are: *v.t.* – levar de uma a outra parte, vender pelas ruas.

circumgredior, -eris, -gressus sum, -edi: *v.t.dep.* – assaltar, acometer ao redor.

circumiacio ou **circumiicio, -is, -eci, -ectum, icere**: *v.t.* – fazer, colocar ao redor, cercar.

circumiectus, -us: *s.m.* – ação de envolver, de rodear, cerca, âmbito, circuito.

circumjaceo, -es, -iu, -ere: *v.int.* – jazer ao redor, estender-se ao pé, limitar com.

circumligo, -as, -avi, -atum, -are: *v.t.* – ligar, atar ao redor.

circumlino, -is, -ini, -evi ou **-ivi, -itum, -inere**: v.*t.* – untar, ungir ao redor.

circumluo, -is, -ui, -ere: *v.t.* – cercar, banhar ou regar em volta.

circumluvio, -onis: *s.f.* – lodaçal, lameiro formado por inundação.

circummitto, -is, -isi, -issum, -ere: *v.t.* – enviar ao redor, para todas as partes.

circummunio, -is, -ivi, -itum, -ire: *v.t.* – cercar com obras de circunvalação, sitiar.

circummunitio, -onis: *s.f.* – fortificação ao redor, para bloqueio ou defesa.

circumpendens, -entis: *part.pres.* – pendente, suspenso ao redor.

circumplaudo, -is, -plausi, -plausum, -dere: *v.t.* – aplaudir ao redor.

circumplector, -eris, -plexus sum, -plecti: *v.t.dep.* – abraçar, cingir, cercar.

circumplico, -as, -are: *v.t.* – envolver, enlear, enroscar.

circumpono, -is, -posui, -positum, -ponere: *v.t.* – dispor, colocar ao redor de.

circumpotatio, -onis: *s.f.* – ação de beber à volta de, passando o copo, a taça de mão em mão.

circumretio, -is, -ivi, -itum, -ire: *v.t.* – armar laços, enredar, embaraçar.

circumsaepio ou **circumsepio, -is, -psi, -ptum, -ire**: *v.t.* – cercar, rodear.

circumscribo, -is, -psi, -ptum, -bere: *v.t.* – traçar ou escrever em redor, rodear com um círculo, cercar, limitar, circunscrever, proibir, enganar, explicar.

circumscripte: *adv.* – precisamente, com limites precisos.

circumscriptio, -onis: *s.f.* – círculo traçado ao redor, espaço medido, limitado, ação de definir, período, fraude, engano.

circumscriptor, -oris: *s.m.* – enganador, velhaco, trapaceiro.

circumsedeo, -es, -edi, -essum, -dere: *v.int.* – sentar-se ao redor de, rodear, cercar.

circumsessio, -onis: *s.f.* – cerco, sítio de uma cidade.

circumsido, -is, -idi, -ere: *v.int.* – cercar, sitiar.

circumsisto, -is, -stiti ou **-steti, -stitum, -ere**: *v.t./int.* – estar sentado ou sentar-se à roda, rodear, cercar.

circumsono, -as, -aui, -itum, -are: *v.int.* – retumbar, fazer soar ao redor, soar, troar.

circumsonus, -a, -um: *adj.* – que retumba ao redor.

circumspcte: *adv.* – com prudência, cautelosamente, com circunspecção.

circumspectio, -onis: *s.f.* – ação de olhar ao redor de, aplicação, desvelo.

circumspectus, -a, -um: *adj.* – observado, visitado, explorado, examinado, ponderado, circunspecto, moderado, discreto.

circumspectus, -us: *s.m.* – ação de olhar à roda, para todos os lados, reflexão.

circumspicio, -is, -exi, -ectum, -icere: *v.t.* – olhar ao redor, prestar atenção a, examinar, observar, espiar, procurar descobrir.

circumsto, -as, -steti, -stitum, -are: *v.t./int.* – conservar-se ao redor, cercar, bloquear.

circumstrepo, -es, -ui, -ere: *v.t./int.* – fazer ruído, estrépito ao redor, gritar para todos os lados.

circumtono, -as, -ui, -itum, -are: *v.t./int.* – trovejar ao redor de, atordoar.

circumundique: *adv.* – de todas as partes.

circumvado, -is, -si, -ere: *v.t.* – assaltar, invadir por todos os lados.

circumvagus, -a, -um: *adj.* – que vaga ao redor, que se espalha por todos os lados.

circumvallo, -as, -avi, -atum, -are: *v.t.* – cercar com linhas de circunvalação, sitiar, bloquear.

circumvectio, -onis: *s.f.* – transporte de mercadorias, movimento circular, giro.

circumvecto, -as, -avi, -atum, -are: *v.t.* – levar ao redor, transportar por diversas partes.

circumveho, -is, -exi, -ectum, -ere: *v.t./int.* – levar ao redor, fazer ou dar a volta, costear.

circumvelo, -as, -are: *v.t.* – cobrir em volta, envolver.

circumvenio, -is, -veni, -ventum, -ire: *v.t.* – rodear, atacar por todos os lados, bloquear, enganar, iludir.

circumvestio, -is, -ire: *v.t.* – cobrir ao redor, envolver.

circumvolito, -as, -are: *v.t.* – voltejar ao longo ou à volta de.

circumvolo, -as, -are: *v.t.* – voar ao redor de, envolver.

circumvolvo, -is, -ere: *v.t.* – voltear ao redor, envolver, revolver.

circus, -i: *s.m.* – círculo, circo em que se celebravam jogos.

ciris, -is: *s.f.* – garça, ave do litoral.

cirrus, -i: *s.m.* – anel (de cabelos); *pl.* – franjas de vestido.

cis: *prep.ac.* – aquém de, da parte de cá, antes de.

cis dies paucos: há poucos dias.

cisalpinus, -a, -um: *adj.* – que habita ou é situado aquém dos Alpes, cisalpino.

cisium, -i: *s.n.* – carro, carruagem de duas rodas.

cista, -ae: *s.f.* – cesta, pequeno cesto de vime usado em sacrifícios.

C

cisterna, -ae: *s.f.* – cisterna, reservatório.
cistophoros, -i: *s.m.* – moeda asiática, cujo cunho era a cesta de Baco.
citaroedus, -i: *s.m.* – o que canta ao som da cítara.
citatim: *adv.* – velozmente, apressadamente, depressa.
citatio, -onis: *s.f.* – citação.
citatio est fundamentum totius iudicii: a citação é o fundamento de todo direito.
citatio per edictum: citação por edital.
citato loco: no lugar citado.
citatoria scheda: mandado de citação.
citatur reus ad petitionem actoris: cita-se o réu a pedido do autor.
citatus, -a, -um: *adj.* – chamado, citado em juízo, apressado, rápido, veloz.
citerior, -ius: *adj.comp.* – que está mais para cá, mais próximo, anterior, menor.
citerius: *adv.* – muito aquém, menos.
cithara, -ae: *s.f.* – cítara, lira, canto ao som da cítara.
citharista, -ae: *s.m.* – tocador de cítara, citarista.
citharizo, -as, -avi, -atum, -are: *v.t./int.* – tocar cítara.
citimus, a, um: *adj.superl.* – o mais próximo, vizinho.
citius, altius, fortius: mais rápido, mais alto, com mais força.
citius tardiusve: mais cedo ou mais tarde.
cito: *adv.* – depressa, brevemente, logo, facilmente.
cito, -as, -avi, -atum, -are: *v.t.* – mover, sacudir, apertar, apressar, chamar, convocar, chamar a juízo, nomear, proclamar.
cito arescit lacrima: a lágrima seca rápido.
cito lucratur, cito perditur: rápido se ganha, rápido se perde.
cito pede labitur aetas: o tempo se vai com passo ligeiro.
cito pereunt flores: as flores logo morrem, a beleza depressa acaba.
citra: *prep.ac.* – aquém de, na frente de, antes de, sem, abaixo de; *adv.* – aquém, da parte de cá.
citra petita: aquém do solicitado, do pedido.
citra sanguinis effusionem: sem derramamento de sangue.
citra satietatem: sem se fartar.
citreus, -a, -um: *adj.* – relativo ao limoeiro, de limoeiro.
citrus, -i: *s.f.* – limoeiro, cidreiro.
citus, -a, -um: *part.p.* – impelido, movido, pronto, ativo, rápido, ligeiro.
cives totius mundi: cidadão do mundo inteiro.
civicus, -a, -um: *adj.* – relativo cidade, cívico, civil.
civilis, -e: *adj.* – relativo ou pertencente ao cidadão ou à cidade, civil, político, popular, moderado, urbano, cortês.
civilis actio: ação civil.
civilis multitudo: a sociedade civil.
civilitas, -atis: *s.f.* – politica ou arte de governar, cortesia, civilidade.
civiliter: *adv.* – conforme o direito civil, como bom cidadão, com moderação, com bondade.
civis, -is: *s.m.f.* – cidadão, concidadão, companheiro.
civis bonus: um patriota.
civis romanus sum: sou cidadão romano.
civis totius mundi: cidadão de todo o mundo.
civitas, -atis: *s.f.* – cidade, povo da cidade, direito de cidadão, Estado, pátria, nação.
civitas Dei: a cidade de Deus.
civitas diaboli: a cidade do diabo.
clades, -is: *s.f.* – o estrago, destruição, desastre, ruína, calamidade, derrota.
clam: *adv.* – às ocultas, às escondidas, secretamente.
clamare in deserto: pregar no deserto.
clamator, -oris: *s.m.* – gritador, declamador.
clamitatio, -onis: *s.f.* – o clamor, brado, grito, gritaria.
clamito, -as, -avi, -atum, -are: *v.t./int.* – gritar muitas vezes, chamar em altas vozes, clamar.
clamo, -as, -avi, -atum, -are: *v.t./int.* – clamar, chamar aos gritos, bradar, proclamar.
clamor, -oris: *s.m.* – brado, clamor, vozearia, ruído, aclamação.
clancularius, -a, -um: *adj.* – secreto, oculto, anônimo.
clanculo: *adv.* – furtivamente, discretamente.
clanculum: *adv.* – em segredo.
clandestina possessio: a posse clandestina.
clandestinus, -a, -um: *adj.* – secreto, oculto, clandestino, que age em segredo.
clangor, -oris: *s.m.* – som da trombeta, clangor, grito de aves, som estridente.
clara et distincta cognitio: entendimento claro e distinto.
clara voce: em voz clara, em voz alta.
clare: *adv.* – claramente, nitidamente.
clareo, -es, -ui, -ere: *v.int.* – brilhar, ser claro, evidente, ser ou tornar-se ilustre.

claresco, -is, -ere: *v.int.* – esclarecer, tornar-se brilhante, começar a luzir, tornar-se evidente, ilustre, esclarecido.
clarigatio, -onis: *s.f.* – ação ou direito de reclamar, direito de apoderar-se da pessoa ou bens do inimigo.
clarior e tenebris: mais brilhante (quando vem) da escuridão.
clarisonus, -a, -um: *adj.* – claro, retumbante.
claritas, -atis: *s.f.* – brilho, claridade, clareza (de voz, de som), ilustração.
claritudo, -inis: *s.f.* – claridade, brilho, ilustração, dignidade.
claro, -as, -avi, -atum, -are: *v.t.* – aclarar, fazer claro, alumiar, esclarecer, ilustrar.
clarus, -a, -um: *adj.* – brilhante, claro, esclarecido, ilustre, manifesto, sonoro.
classiarius, -a, -um: *adj.* – relativo à armada; *s.m.* – operário de arsenal; *s.m.pl.* – marinheiros, remadores.
classicula, -ae: *s.f.* – pequena esquadra, flotilha.
classicum, -i: *s.n.* – sinal ou toque de trombeta, trombeta.
classicus, -a, -um: *adj.* – da armada, naval, que pertence à primeira classe, de primeira ordem, clássico.
classis, -is: *s.f.* – uma das partes (classe) em que é dividido o povo, divisão, frota, armada, navio.
clatri, -orum: *s.m.pl.* – grades, ralo, gelosia, cancela.
claude os, aperi oculos: fecha a boca, abre os olhos.
claudenda est ianua belli: deve-se fechar a porta da guerra.
claudicatio, -onis: *s.f.* – ação de coxear, claudicação.
claudico, -as, -avi, -atum, -are: *v.int.* – coxear, claudicar, não andar bem, vacilar.
claudo, -is, clausi, clausum, -dere: *v.t.* – fechar, cerrar, cercar, murar, cingir, deter, embargar, terminar.
claudus, -a, -um: *adj.* – coxo, manco, claudicante, desigual, incerto, vacilante, defeituoso.
claustrum, -i: *s.n.* ou **clastra, -orum**: *s.n.pl.* – tranca, ferrolho, chave, muro, recinto fechado, claustro, barreira, fortificação.
clausula, -ae: *s.f.* – conclusão, termo, fecho ou remate de um período.
clausum, -i: *s.n.* – claustro, lugar fechado.
clava, -ae: *s.f.* – pau grosso, maça, clava.
clavicula, -ae: *s.f.* – pequena clave, renovo da videira.
claviger, -era, -erum: *adj.* – que traz chaves, que anda com clava.
clavis, -is: *s.f.* – chave, tranca de porta.
clavus, -i: *s.m.* – prego, cravo, cana do leme, debrum de púrpura da túnica de senador ou de cavaleiro.
clemens, -entis: *adj.* – clemente, benigno, ligeiro, suave, brando, manso.
clemens victor: vencedor clemente.
clementia, -ae: *s.f.* – clemência, bondade, bonança, serenidade, brandura.
clementia in potentia: clemência no poder.
clementia principis: a clemência do príncipe.
clepo, -is, -ere, clepsi: *v.t.* – roubar, furtar, esconder, ocultar, dissimular.
clepo, -onis: *s.m.* – salteador, ladrão.
clepsydra, -ae: *s.f.* – clepsidra, relógio de água.
cliens, -entis: *s.m.* – que está sob o patrocínio de outrem, cliente, protegido, aliado.
clienta, -ae: *s.f.* – afilhada, protegida.
clientela, -ae: *s.f.* – proteção que o patrono dispensa ao cliente, patrocínio, conjunto de clientes, clientela.
clinamen, -inis: *s.n.* – inclicação, declinação, pendor, desvio.
clinicus, -i: *s.m.* – clínico, médico que visita os doentes.
clino, -as, -are: *v.t.* – inclinar, fazer pender.
clipeatus, -a, -um: *adj.* – armado de escudo, soldado de armadura pesada.
clipeus, -i: *s.m.* – escudo (geralmente de metal), escudo de armas.
clitellae, -arum: *s.f.pl.* – albarda, carga de animal.
clitellarius, -a, -um: *adj.* – relativo a albarda, de albarda.
clivus, -i: *s.m.* – ladeira, encosta, colina, declive.
cloaca, -ae: *s.f.* – esgoto, cano por onde se depejam as imundícies.
clueo, -es, -ere: *v.t./int.* – ser nomeado, ter reputação de, afamar-se.
clunis, -is: *s.m.f.* e **clunes, -ium**: *pl.* – nádegas, anca.
cluo, -is, -ere: *v.t.* – limpar.
clurinus, -a, -um: *adj.* – disforme como um macaco sem rabo.
coacervatio, -onis: *s.f.* – ação de amontoar, de acumular.
coacervo, -as, -avi, -atum, -are: *v.t.* – ajuntar, amontoar.
coacesco, -is, -acui, -escere: *v.int.* – tornar-se azedo, azedar, ficar rabugento.

C

coacte: *adv.* – depressa, rapidamente, apressadamente, logo.
coactim: *adv.* – confusamente.
coactio, -onis: *s.f.* – ação de recolher, arrecadação.
coacto, -as, -are: *v.t.* – forçar, obrigar, coagir, coatar.
coactor, -oris: *s.m.* – o que ajunta, arrebanha, caixeiro de cobrança, coletor.
coactus, -us: s.*m.* – força, violência, instigação.
coactus, tamen voluit: coagido, mas concordou.
coaedifico, -as, -avi, -atum, -are: *v.t.* – juntar por meio de edificações, construir.
coaequalis, -e: *adj.* – da mesma idade, semelhante, parecido.
coagmentatio, onis: *s.f.* – reunião de partes, ação de ajuntar.
coagmento, -as, -avi, -atum, -are: *v.t.* – reunir as partes de um todo, juntar, consolidar.
coagmentum, -i: *s.n.* – reunião de partes, juntura, ajuntamento.
coagulo, -as, -avi, -atum, -are: *v.t.* – coagular, condensar, tornar espesso.
coalesco, -is, -alui, -alitum, -alescere: *v.int.* – crescer juntamente, medrar, aumentar, fortalecer-se, reunir-se, fechar, gelar.
coangusto, -as, -avi, -atum, -are: *v.t.* – apertar, restringir, estreitar.
coarctatio ou **coartatio, -onis**: *s.f.* – ação de apertar, ajuntamento, reunião.
coarcto ou **coarto, -as, -avi, -atum, -are**: *v.t.* – apertar, estreitar, reunir, ajuntar, resumir, abreviar.
coarguo, -is, -ere: *v.t.* – convencer, provar, demonstrar, refutar, repreender.
coccum, -i: *s.n.* – cochonilha, grão que produz tinta vermelha, estofo ou pano escarlate.
cochlea, -ae: *s.f.* – caracol, lesma.
cochlear ou **cochleare, -aris**: s.*n.* – colher.
coctilis, -e: *adj.* – cozido ao fogo.
coctor, -oris ou **cocus** ou **coquus, -i**: *s.m.* – cozinheiro.
codemnatio, onis: *s.f.* – condenação, pena.
codex, codicis: *s.m.* – tabuinha encerada onde se escrevia, escrito, livro, código.
Codex Canonum Ecclesiarum Orientalium: Código das Leis das Igrejas Orientais.
Codex Iuris Canonici: Código de Direito Canônico.
Codex Iuris Civilis: Código de Direito Civil.
codicillus, -i: *s.m.* – pequeno livro, caderno (de apontamentos), escrito, carta, codicilo de testamento.
coe- vide **ce-**.
coelibes esse prohibento: sejam proibidos os celibatos.
coemo, -is, -empsi, -emptum, -emere: *v.t.* – comprar ao mesmo tempo, comprar.
coemptio, -onis: *s.f.* – compra mútua, coempção, forma de casamento entre os romanos.
coeo, -is, -ivi ou **-ii, -itum, -ire**: *v.t./int.* – unir-se, juntar-se, associar-se.
coepi, -isti, -ptum, -isse: *perf.* de **coepio** (arcaico): *v.t./int.* – ter começado, começar.
coepta tene: continua o que começaste.
coepto, -as, -avi, -atum, -are: *v.t./int.* – começar, empreender, tentar.
coeptum, -i: *s.n.* – empreendimento, projeto, plano.
coeptus, -a, -um: *adj.* – começado, empreendido, estabelecido.
coeptus, -us: *s.m.* – começo, tentativa, empresa.
coerceo, -es, -ui, -itum, -ere: *v.t.* – comprimir, apertar, conter, reprimir, desbastar, corrigir.
coercitor, -oris: *s.m.* – o que detém, o que contém, o que reprime.
coerctio ou **coercitio, -onis**: *s.f.* – constrangimento, repressão, castigo, repreensão.
coetus, -us: *s.m.* – união, reunião, ajuntamento, assembleia, bando, manada, refrega.
cogitabilis, -e: *adj.* – concebível, que se pode cogitar.
cogitare prius quam conari: pensar antes de tentar.
cogitate ou **cogitato**: *adv.* – consideradamente, com reflexão, de caso pensado.
cogitatio, -onis: *s.f.* – pensamento, imaginação, reflexão, meditação, cogitação.
cogitationis poenam nemo patitur: ninguém pode sofrer pena pelo pensamento.
cogitatum, -i: *s.n.* – pensamento, consideração, projeto, plano.
cogito, -as, -avi, -atum, -are: *v.t./int.* – pensar, meditar, conceber, entender, projetar.
cogito, ergo doleo: penso, logo sofro.
cogito, ergo sum: penso, logo existo.
cognatio, -onis: *s.f.* – parente por consanguinidade.
cognatus, -a, -um: *adj.* – parentesco por consanguinidade.

cognita causa: após o exame dos fatos.

cognitio, -onis: *s.f.* – ação de conhecer, ideia, noção, conhecimento, averiguação, revista, processo.

cognitio extra ordinem: conhecimento fora de ordem.

cognitor, -oris: *s.m.* – o que responde por alguém, fiador, procurador, advogado.

cognomen, -inis ou **cognomentum, -i**: *s.n.* – nome que designa a família, cognome, sobrenome, apelido.

cognosco, -is, -ovi, -itum, -ere: *v.t.* – conhecer, saber, experimentar, reconhecer, julgar, examinar.

cogo, -is, coegi, coactum, -gere: *v.t.* – impelir, congregar, ajuntar, coalhar, congelar, reduzir, constranger, obrigar, concluir.

cohaerenter: *adv.* – de modo contínuo, ininterruptamente, continuamente.

cohaerentia, -ae: *s.f.* – união, proporção das partes, coerência.

cohaereo, -es, -si, -sum, -ere: *v.int.* – estar ligado, unido a, unir-se, formar um todo, concordar, subsistir.

cohaeres ou **coheres, -edis**: *s.m.f.* – coerdeiro, coerdeira.

cohaeresco, -is, -ere: *v.int.* – ligar-se a, estar pegado, unido.

cohibeo -es, -bui, -bitum, -bere: *v.t.* – encerrar, conter, reprimir, embargar, coibir, governar.

cohonesto, -as, -avi, -atum, -are: *v.t.* – honrar, adornar, enfeitar, dar brilho, realçar.

cohorreo, -es, -ui, -ere: *v.t.* – arrepiar-se, ter calafrios, tremer.

cohors, -hortis: *s.f.* – pátio, curral, galinheiro, décima parte da legião romana, comitiva, corte, séquito de um magistrado, multidão.

cohortatio, -onis: *s.f.* – exortação, admoestação.

cohorticula, -ae: *s.f.* – pequena corte, pelotão de soldados.

cohortor, -aris, -atus sum, -ari: *v.t.* – exortar, admoestar.

coitio, -onis: *s.f.* – reunião de pessoas, assembleia, peleja, combate.

coitus interruptus: o coito interrompido.

coitus, -us: *s.m.* – o coito, a cópula.

colaphus, -i: *s.m.* – bofetão, soco, murro.

colativus, -a, -um: *adj.* – que recebe todas as contribuições, todas as ofertas.

coleus, -i: *s.m.* – testículos.

colineo, -as, -avi, -atum, -are: *v.t.* – apontar, pôr na mira, alvejar.

collabasco, -is, -ere: *v.int.* – vacilar, ameaçar, ruir, baquear.

collabefacto, -as, -avi, -atum, -are: *v.t.* – abalar, mover, sacudir.

collabefio, -is, -factus sum, -fieri: *v.int.* – ser feito em pedaços, cair em ciladas, em ruína, ser derrotado.

collabor, -eris, -lapsus sum, -labi: *v.int.* – escorregar, cair com ou ao mesmo tempo.

collaceratus, -a, -um: *adj.* – feito em pedaços, dilacerado.

collacrymatio, -onis: *s.f.* – choro, pranto, lamentação.

collacrymo, -as, -are: *v.int.* – chorar juntamente, chorar, deplorar.

collactea, -ae: *s.f.* – irmã de leite.

collapsus, -a, -um: *adj.* – desmaiado, em choque, arruinado.

collaris: *adv.* – do pescoço.

collaticius, -a, -um: *adj.* – fornecido por várias pessoas, misturado.

collatio, -onis: *s.f.* – ajuntamento, reunião, contribuição, subscrição, comparação, encontro, combate.

collator, -oris: *s.m.* – contribuinte, subscritor.

collaudatio, -onis: *s.f.* – ação de fazer elogio, louvor.

collaudo, -as, -avi, -atum, -are: *v.t.* – elogiar muito, encher de louvores.

collecta, -ae: *s.f.* – quota, o que toca a cada um, colheita.

collecticius, -a, -um: *adj.* – ajuntado, recolhido de todas as partes.

collectio, -onis: *s.f.* – ação de ajuntar, coleção, reunião, recapitulação, resumo.

collectum durabit robur: a força unida durará.

collectus, -a, -um: *adj.* – reunido, congregado, composto de, recolhido, reduzido.

collega, -ae: *s.m.* – companheiro no mesmo emprego, dignidade ou associação, colega, oficial do mesmo ofício, camarada.

collegium, -i: *s.n.* – colégio, associação, corporação, composição.

collevo ou **collaevo, -as, -are**: *v.t.* – tornar inteiramente liso, aplainar.

collibeo ou **conlubeo, -es, -ere, collibui**: *v.int.* – agradar, ser do gosto.

collibet, -uit e **-itum est, -ere**: *v.int.unip.* – apraz, agrada, vem à mente, ao pensamento.

collicio, -is, -ere: *v.t.* – arrastar, levar a.

collido, -is, -isi, -isum, -ere: *v.t.* – bater contra, quebrar um de encontro a outro, despedaçar.

colliduntur leges inter se: há leis que se contradizem.
colligatio, -onis: *s.f.* – conexão, relação, liame, vínculo, união.
colligo, -as, -avi, -atum, -are: *v.t.* – atar, prender, ligar, abranger, embargar.
collino, -is, -levi, -litum, -linere: *v.t.* – untar com, esfregar, cobrir de.
collis, -is: *s.m.* – colina, outeiro, ladeira, encosta.
collocatio, -onis: *s.f.* – a colocação, arranjo, disposição, casamento (referindo-se à mulher).
collocatio pecuniae: aplicação financeira.
colloco, -as, -avi, -atum, -are: *v.t.* – pôr, colocar, arranjar, dispor, estabelecer, dar em casamento, casar (uma mulher), empregar, gastar, despender.
collocutio, -onis: *s.f.* – conversação, colóquio.
colloquium, -i: *s.n.* – conversa, colóquio, entrevista.
colloquor, -eris, -quutus sum, -qui: *v.t./int. dep.* – conversar com alguém, ter entrevista, conferenciar.
colluceo, -es, -xi, -cere: *v.t.* – lançar muita luz, resplandecer.
colludo, -is, -si, -sum, -ere: *v.t.* – jogar com, entrar em entendimento com.
collum, -i: *s.n.* – pescoço, talo, haste, gargalo.
colluo ou **conluo, -is, -ere, collui, collutum**: *v.t.* – lavar, limpar completamente.
collusio, -onis: *s.f.* – trama, conluio, fraude.
collusor, -oris: *s.m.* – companheiro de jogo, parceiro.
collustro, -as, -avi, -atum, -are: *v.t.* – iluminar, ilustrar, percorrer com os olhos.
colluvio, -onis ou **colluvies, -ei**: *s.f.* – água suja, água de lavagem, imundície, escória, pertubação, confusão.
collybus, -i: *s.m.* – câmbio, valor do câmbio.
collyrium, -i: *s.n.* – colírio, remédio para os olhos.
colo, -is, -ui, -cultum, -ere: *v.t./int.* – adorar, honrar, habitar, morar, lavrar, cultivar, cuidar, olhar por, adornar, tratar de, ocupar-se com.
colona, -ae: *s.f.* – camponesa, rendeira, colona.
colonia, -ae: *s.f.* – colônia, herdade, propriedade rural.
colonicus, -a, -um: *adj.* – relativo a colônias, de colônia.
colonus, -i: *s.m.* – agricultor, lavrador, colono.
color, -oris: *s.f.* – a formosura, o ornato, cor, colorido, tintura, estado, aspecto, condição.
colorem habent, substantiam vero nullam: tem aparência, mas não possui substância.
coloro, -as, -avi, -atum, -are: *v.t.* – dar uma cor, colorir, tisnar, tostar.
colossus ou **colossos, -i**: *s.m.* – colosso, muito grande.
colostra, -ae: *s.f.* e **colostrum, -i**: *s.m.* – colostro, primeiro leite dos mamíferos.
coluber, -bri: *s.m.* – cobra, serpente.
colubra, -ae: *s.f.* – cobra (fêmea), serpente.
colum, -i: *s.n.* – peneira de junco ou de vime, coador.
columba, -ae: *s.f.* – pomba.
columbinus, -a, -um: *adj.* – de pomba, columbino, pombinho, borracho.
columella, -ae: *s.f.* – pequena coluna.
columen, -inis: *s.n.* – cume, cumeeira, ponta, arrimo, coluna, o principal.
columna, -ae: *s.f.* – coluna, sustentáculo, apoio.
columnarius, -ii: *s.m.* – o que está sempre ao pé da Columna Menia ou do tribunal de polícia, vagabundo, mandrião.
colurnus, -a, -um: *adj.* – feito de aveleira.
colus, -us ou **colus, -i**: *s.f.* – roca.
coma, -ae: *s.f.* – cabelo, madeixa, crina, folhagem, lanugem do pergaminho.
comans, -antis: *part.pres.* – que tem vasta cabeleira ou crina, ramalhudo, folhoso.
comarchus, -i: *s.m.* – comarco, chefe ou prefeito de uma aldeia.
combibo, -is, -i, -itum, -ere: *v.t./int.* – beber com outros, absorver, tragar, impregnar-se de.
combibo, -onis: *s.m.* – companheiro nas bebedeiras.
comburo, -is, -ussi, -ustum, -ere: *v.t.* – queimar juntamente, queimar.
comedo, -is ou **comes, -edi, -esum, -edre** ou **-esse**: *v.t.* – comer inteiramente, devorar, gastar.
comes, -itis: *s.m.f.* – companheiro de viagem, partidário, pessoa de séquito, cortejo.
comes noster: nosso companheiro.
cometes, -ae: *s.m.* – cometa.
comica virtus: a força cômica, a verve.
comice: *adv.* – comicamente, de modo cômico.
comicus, -a, -um: *adj.* – de comédia, cômico.
comis, -e: *adj.* – cortês, polido, afável, benigno, atencioso.

comissabundus, -a, -um: *adj.* – que come muito ou fora de hora, comilão, desregrado.
comissatio, -onis: *s.f.* – festim fora de hora, ceia noturna, comezaina, orgia.
comissator, -oris: *s.m.* – o que gosta de comezainas, o que se excede nos prazeres da mesa, folgazão.
comissor, -aris, -atus sum, -ari: *v.int.dep.* – dar-se aos prazeres da mesa.
comitas, -atis: *s.f.* – liberalidade, delicadeza de trato, afabilidade, benevolência.
comitatus, -us: *s.m.* – acompanhamento, séquito, cortejo.
comitialis, -e: *adj.* – relativo aos comícios.
comitiatus, -us: *s.m.* – assembleia do povo nos comícios.
comitium, -i: *s.n.* – lugar onde se reunia o povo para os comícios; *pl.* – reunião, comício, assembleia geral do povo.
comitor, -aris, -atus sum, -ari: *v.t.dep.* – acompanhar, juntar-se a alguém.
commaculo, -as, -avi, -atum, -are: *v.t.* – sujar, manchar, conspurcar.
commeator, -oris: *s.m.* – mensageiro.
commeatus, -us: *s.m.* – transporte, meios de condução, comboio, víveres, provisão de boca, abastecimento, baixa militar, licença.
commemini, -isti, -isse: *v.t./int.* – recordar-se, ter-se recordado de.
commemorabilis, -e: *adj.* – memorável.
commemoratio, -onis: *s.f.* – lembrança, recordação, menção.
commemoro, -as, -avi, -atum, -are: *v.t./int.* – recordar, trazer à lembrança de, fazer menção de.
commendabilis, -e: *adj.* – recomendável, digno de recomendação.
commendare nihil aliud est quam deponere: depositar nada mais é do que confiar.
commendaticius, -a, -um: *adj.* – relativo à recomendação.
commendatio, -onis: *s.f.* – recomendação, louvor, o que recomenda, consideração, estima.
commendatrix, -icis: *s.f.* – a que recomenda, que dá valor.
commendatus, -a, -um: *adj.* – posto em depósito, confiado, recomendável, estimado.
commendo, -as, -avi, -atum, -are: *v.t.* – depositar, confiar, recomendar, dar valor, louvar.
commentariolum, -i: *s.n.* – pequeno comentário, caderno de lembranças, livrinho.
commentarius, -i: *s.m.* – livro de apontamentos, coleção de notas, memorial, memórias, comentário.
commentatio, -onis: *s.f.* – reflexão, estudo, meditação.
commenticius, -a, -um: *adj.* – inventado, imaginário, fictício, mentiroso.
commentor, -aris, -atus sum, -ari: *v.t.dep.* – refletir, meditar, compor, comentar, explicar, inventar, imaginar.
commentor, -oris: *s.m.* – inventor, autor.
commentum, -i: *s.n.* – invenção, descoberta, falsidade, fingimento, ficção.
commentus, -a, -um: *adj.* – que imaginou, descobriu, inventado, fingido.
commeo, -as, -avi, -atum, -are: *v.t./int.* – ir, passar por um lugar, ir e vir, viajar.
commercium, -ii: *s.n.* – tráfico, comércio, direito de comerciar, feira, mercado, preço.
commercium est emmendi vendendique invicem ius: o comércio é o direito de comprar e vender mutuamente.
commetior, -iris, -mensus sum, -metiri: *v.t. dep.* – medir, confrontar.
commigro, -as, -avi, -atum, -are: *v.int.* – passar de um lugar para outro, mudar de casa, de residência.
commilitium, -ii: *s.n.* – ação de militar juntamente, exercício das armas com outro, camaradagem militar, participação em.
commilito, -onis: *s.m.* – companheiro de armas, camarada.
comminatio, -onis: s.f. – ação de ameaçar, ameaça violenta, demonstração de hostilidade.
comminiscor, -eris, -mentus sum, -minisci: *v.t.dep.* – imaginar, inventar, descobrir.
comminor, -aris, -atus sum, -ari: *v.t./int. dep.* – ameaçar energicamente, ameaçar.
comminuo, -is, -ui, -utum, -uere: *v.t.* – despedaçar, esmagar, enfraquecer.
comminus ou **cominus**: *adv.* – de perto, diretamente, sem demora.
comminus et eminus: de perto e de longe.
commisceo, -es, -scui, -xtum, -scere: *v.t.* – misturar com, fazer mistura de.
commiseratio, -onis: *s.f.* – compaixão.
commiseror, -aris, -atus sum, -ari: *v.t.dep.* – lastimar, deplorar.
commissio, -onis: *s.f.* – começo (dos jogos), representação teatral.
commissum, -i: *s.n.* – erro, crime, confiscação, segredo.
commissura, -ae: *s.f.* – união, junta, juntura.

C

C

committo, -is, -misi, -missum, -mittere: *v.t.* – juntar, pôr em contraste, pelejar, comparar, começar, errar, delinquir, incorrer em, confiar.
commodatio, -onis: *s.f.* – o empréstimo.
commode: *adv.* – de modo conveniente, comodamente, com bons modos, a propósito.
commoditas, -atis: *s.f.* – proporção, igualdade, comodidade, ensejo, conveniência, vantagem, benevolência.
commodo, -as, -avi, -atum, -are: *v.t./int.* – apropriar, acomodar, fornecer, dar, prestar (serviços), obsequiar, emprestar.
commodum: *adv.* – a propósito, a tempo, precisamente.
commodum, -i: *s.n.* – comodidade, o que convém, vantagem, proveito, recompensa, privilégio, coisa emprestada.
commodus, -a, -um: *adj.* – conveniente, que está bem, vantajoso, útil, cômodo, afável, benévolo.
commolior, -iris, -itus sum, -iri: *v.t.dep.* – pôr em movimento, inventar, maquinar.
commonefacio, -is, -feci, -factum, -ere: *v.t.* – lembrar, recordar, advertir.
commoneo, -es, -ui, -itum, -ere: *v.t.* – advertir, avisar, admoestar.
commonstro, -as, -avi, -atum, -are: *v.t.* – mostrar, fazer ver.
commoratio, -onis: *s.f.* – morada, habitação, demora.
commoror, -aris, -atus sum, -ari: *v.t./int. dep.* – deter-se, demorar-se, demorar.
commotio, onis: *s.f.* – movimento, agitação, comoção, alvoroço.
commotiuncula, -ae: *s.f.* – pequeno movimento, ligeira agitação.
commoveo, -es, -ovi, -otum, -ere: *v.t.* – pôr em movimento, mover, agitar, excitar, despertar; *pass.* – padecer de, ter febre.
commune, -is: *s.n.* – o comum, povo, comunidade, Estado.
commune bonum: o bem comum.
communes loci: lugares-comuns.
communi consensu: com a concordância de todos, por unanimidade de votos.
communicatio, onis: *s.f.* – comunicação, participação, sociedade.
communico, -as, -avi, -atum, -are: *v.t./int.* – comunicar, repartir, partilhar, reunir, misturar, ter relações com, praticar, conversar.
communio, -is, -ivi ou **-ii, -itum, -ire**: *v.t.* – fortificar, entrincheirar.
communio, -onis: *s.f.* – comunidade, associação.
communis, -e: *adj.* – comum, público, trivial, vulgar, ordinário.
communis error: erro comum.
communitas, -atis: *s.f.* – comunidade, conformidade, sociabilidade, afabilidade.
communiter: *adv.* – em comum, de comum acordo.
communitio, -onis: *s.f.* – fortificação, precaução.
commurmuror, -aris, -atus sum, ari: *v.int. dep.* – murmurar, falar a meia voz, cochichar.
commutabilis, -e: *adj.* – sujeito a mudança, mudável, variável.
commutatio, -onis: *s.f.* – mudança, troca, alteração.
commuto, -as, -avi, -atum, -are: *v.t.* – transformar totalmente, mudar, trocar, comutar.
como, -is, -mpsi ou **-msi, -mptum** ou **-mtum, -mere**: *v.t.* – combinar, reunir, pentear, compor, enfeitar o cabelo.
comoedia, -ae: *s.f.* – comédia, gênero cômico.
comoedus, -i: *s.m.* – ator cômico, comediante.
comosus, -a, -um: *adj.* – cabeludo, de cabelos compridos.
compaciscor, -eris, -pactus sum, -pacisci: *v.t.dep.* – concluir um tratado, fazer um pacto.
compactio, -onis: *s.f.* – união, ligação (de partes), travejamento.
compactum ou **compectum, -i**: *s.n.* – pacto, contrato, compromisso.
compactus, -a, -um: *part.p.* – unido, junto, travado, refeito, reforçado.
compages, -is: *s.f.* ou **compago, -inis**: *s.f.* – união, junta, encaixe, articulação.
compar, -paris: *adj.* – igual, semelhante.
compar, -paris: *s.m.* – marido, companheiro, camarada.
compar amat similem: cada qual ama seu igual.
comparabilis, -e: *adj.* – comparável.
comparate: *adv.* – em comparação, a respeito.
comparatio, -onis: *s.f.* – 1. comparação, combate, acordo, 2. preparação, aprestos, aquisição, compra.
comparativus, -a, -um: *adj.* – que serve para comparar, comparativo.
comparco ou **comperco, -is, -ere, -si**: *v.t.* – pôr de lado, poupar, cessar de.

compareo, -es, -ui, -itum, -ere: *v.int.* – mostrar-se, aparecer, comparecer, realizar-se, existir.

comparo, -as, -avi, -atum, -are: *v.t.* (de **compar**) – reunir, ajuntar, emparelhar, confrontar, comparar, consertar.

comparo, -as, -avi, -atum, -are: *v.t.* (de **cum** e **paro**) – preparar, aprestar, ordenar, adquirir, granjear, dispor, estabelecer.

compascuus, -a, -um: *adj.* – relativo a pastagens, a pastos comuns.

compedes aureae: grilhões de ouro.

compedio, -is, -ire, -ivi, -itum: *v.t.* – prender junto, ligar, unir.

compellatio, -onis: *s.f.* – repreensão, exprobração, interpelação.

compellere ad concordiam: forçar à concordância, forçar ao acordo.

compello, -as, -avi, -atum, -are: *v.t.* – dirigir-se ou falar a alguém, chamar de, insultar, invectivar.

compello, -is, -uli, -ulsum, -ellere: *v.t.* – empurrar, impelir, obrigar, constranger.

compendiarius, -a, -um: *adj.* – abreviado, resumido, sumário.

compendium, -ii: *s.n.* – economia, parcimônia, ganho, lucro, utilidade, resumo, compêndio.

compensatio, -onis: *s.f.* – compensação, recompensa, gratificação.

compensatio est instar solutionis: a compensação é semelhante de pagamento.

compenso, -as, -avi, -tum, -are: *v.t.* – compensar, contrapesar, cotejar.

comperendinatio, -onis: *s.f.* ou **comperendinatus, -us**: *s.m.* – prorrogação por três ou mais dias (para julgamento).

comperendino, -as, -avi, -atum, -are: *v.t./int.* – diferir, prorrogar por três ou mais dias (um julgamento).

comperio, -is, -eri, -ertum, -ire: *v.t.* – descobrir, ser informado, conhecer, vir a saber.

compertus, -a, -um: *part.p.* – descoberto, averiguado, tido como certo, convencido.

compes, -pedis: *s.f.* (mais usado no plural) – grilhões, algemas, cadeia.

compesce mentem: domina teu espírito.

compesco, -is, -ui, -itum, -ere: *v.t.* – deter, refrear, reprimir, conter, moderar.

competens auctoritas: a autoridade competente.

competens iudex: o juiz competente.

competitor, -oris: *s.m.* – competidor, êmulo, rival, opositor.

competitrix, -icis: *s.f.* – concorrente, rival, competidora.

competo, -is, -ivi ou **-ii, -itum, -ere**: *v.t./int.* – concorrer, competir, corresponder a, ser capaz de, coincidir.

compilo, -as, -avi, -atum, -are: *v.t.* – pilhar, despojar, roubar, ocultar.

compilo, -as, -avi, -atum, -are: *v.t.* (de **cum** e **pilum**) – bater, espancar.

compingo, -is, -pinxi, -ere: *v.t.* – recobrir uma pintura, pintar, representar.

compingo, -is, -pegi, -pactum, -pingere: *v.t.* (de **cum** e **pango**) – juntar, reunir, inventar, construir, fabricar, impelir, encerrar.

compitalicius, -a, -um: *adj.* – relativo às encruzilhadas ou às festas compitais que se realizavam em honra dos deuses.

compitalis, -ium ou **-iorum**: *s.n.* – festas que se realizavam em honra dos deuses nas encruzilhadas.

compitum, -i: *s.n.* (mais usado no plural) – lugar onde se encontram várias ruas ou caminhos, encruzilhadas.

complaceo, -es, -ui, -itum, -ere: *v.int.* – agradar a muitos ou ao mesmo tempo, agradar muito, comprazer.

complano, -as, -avi, -atum, -are: *v.t.* – aplainar, deitar por terra, arrasar.

complaudo, -is, -plausi, -plausum, -dere: *v.t.* – aplaudir ao mesmo tempo, ou conjuntamente.

complector, -eris, -plexus sum, -plecti: *v.t.* – cercar, abranger, encerrar, abraçar, compreender, concluir, amar, gostar de, cultivar, encontrar, alcançar.

complementum, -i: *s.n.* – complemento, suplemento.

compleo, -es, -evi, -etum, -ere: *v.t.* – encher, completar, preencher, cumprir, concluir, acabar.

complete: *adv.* – completamente.

complexio, -onis: *s.f.* – união, juntura, ligação, exposição sucinta, resumo, conclusão (de um raciocínio).

complexus, -us: *s.m.* – ação de cercar, de apertar, abraço, combate, amor, afeição.

complicatus, -a, -um: *adj.* – enrolado, dobrado, complicado, obscuro.

complico, -as, -avi ou **-ui, -atum** ou **-itum, -are**: *v.t.* – enrolar, apertar, dobrar.

comploratio, -onis: *s.f.* ou **comploratus, -us**: *s.m.* – pranto, choro, lamentos.

comploro, -as, -avi, -atum, -are: *v.t./int.* – lamentar-se, lastimar, deplorar.

C

complures, -ura: *adj.pl.* – muitos, vários, mais numerosos.
compono, -is, -posui, -positum, -ponere: *v.t.* – compor, juntar, reunir, edificar, escrever, fazer, arranjar, ordenar, enfeitar, apaziguar, constituir, comparar, enterrar.
comporto, -as, -avi, -atum, -are: *v.t.* – conduzir, transportar, ajuntar, amontoar.
compos, -potis: *adj.* – que está de posse de, que está senhor de, que goza de, que possui, que adquiriu, recuperou.
compos sui: cônscio de si.
compositio, -onis: *s.f.* – reunião, ação de ajuntar, construção, composição, preparação, arranjo, acordo, conciliação.
compositor, -oris: *s.m.* – o que dispõe, ordena, regula, o que compõe, ordenador.
compositura, -ae: *s.f.* – ligação das partes, nexo.
compositus, -a, -um: *adj.* – composto, combinado, preparado, ordenado, propenso a, sossegado, tranquilo.
compotatio, -onis: *s.f.* – reunião de pessoas para beber.
compotor, -oris: *s.m.* – companheiro no beber.
compotrix, -icis: *s.f.* – companheira no beber.
compransor, -oris: *s.m.* – companheiro de mesa, comensal.
comprecatio, -onis: *s.f.* – súplica pelo sacerdote, acompanhada pelo povo, preces públicas.
comprecor, -aris, -ari, -atus sum: *v.t./int. dep.* – rogar, invocar, suplicar.
comprehendo, -is, -di, -sum, -dere: *v.t.* – prender, agarrar, apoderar-se de, surpreender, apanhar, abranger, compreender, exprimir, contar, granjear.
comprehense: *adv.* – sucintamente, com precisão.
comprehensio, -onis: *s.f.* – compreensão, conhecimento, o todo, o conjunto, ação de agarrar, de prender, prisão,.
compressio, -onis: *s.f.* – ação de comprimir, concisão, compressão.
compressus, -a, -um: *adj.* – comprimido, apertado, cerrado.
comprimo, -is, -essi, -essum, -primere: *v.t.* – comprimir, apertar, fechar, cerrar, reter, refrear, conter, ocultar.
comprobatio, -onis: *s.f.* – aprovação.
comprobator, -oris: *s.m.* – o que aprova, aprovador.
comprobo, -as, -avi, -atum, -are: *v.t.* – aprovar, atestar, justificar.
compromissum, -i: *s.n.* – obrigação recíproca, compromisso.
compromitto, -is, -misi, -missum, -mittere: *v.int.* – obrigar-se, comprometer-se.
compte: *adv.* – com esmero, cuidadosamente.
comptus, -a, -um: *adj.* – penteado (o cabelo), arranjado, composto, enfeitado.
compungo, -is, -unxi, -unctum, -ungere: *v.t.* – picar, ferir, ofender.
compurgo, -as, -are: *v.t.* – purificar, limpar, esclarecer.
computatio, -onis: *s.f.* – cálculo, conta, computação.
computator, -oris: *s.m.* – calculador.
computo, -as, -avi, -atum, -are: *v.t.* – contar, calcular, computar.
computresco, -is, -eri, -putrui: *v.int.* – apodrecer completamente, decompor-se.
comula, -i: *s.n.* – cabelo curto, pequena cabeleira.
conamen, -inis: *s.n.* – esforço, empenho.
conatum, -i: *s.n.* (mais usado no plural) ou **conatus, -us**: *s.m.* – esforço, impulso, tentativa, empenho.
conc-, ver também **cont-**.
concaco, -as, -are: *v.t.* – sujar com excremento, borrar.
concado, -is, -ere: *v.int.* – cair junto, cair ao mesmo tempo.
concaedes, -ium ou **-is**: *s.f.pl.* – derrubada, corte de árvores.
concalefacio, -is, -feci, -factum, -cere: *v.t.* – aquecer inteiramente, esquentar.
concaleo, -es, -ere: *v.int.* – estar muito quente.
concallesco, -is, -callui, -ere ou **concalleo, -es, -callui, -ere**: *v.int.* – tornar-se caloso, endurecer, tornar-se insensível, calejar-se.
concastigo, -as, -are: *v.t.* – castigar, repreender severamente.
concavo, -as, -avi, -atum, -are: *v.t.* – fazer côncavo, curvar, dobrar, arquear.
concavus, -a, -um: *adj.* – côncavo, cavado, oco.
concede!: perdoa!
concedo, -is, -cessi, -cessum, -cedere: *v.t./int.* – conceder, perdoar, admitir, autorizar, concordar, ir-se embora, ausentar-se, morrer, dar o lugar a, ceder, seguir uma opinião, abraçar um partido.
concelebro, -as, -avi, -atum, -are: *v.t.* – celebrar, festejar, divulgar, frequentar, encher, povoar.

concentus, -us: *s.m.* – canto coral, concerto, harmonia (de vozes ou de instrumentos), acordo, união.
conceptio, -onis: *s.f.* ou **conceptus, -us**: *s.m.* – ação de conter, encerrar, reter, conteúdo, concepção, gravidez, conceito, pensamento.
conceptum, -i: *s.n.* – o feto concebido, o fruto.
concerpo, -is, -psi, -ptum, -pere: *v.t.* – rasgar, lacerar, despedaçar.
concertatio, -onis: *s.f.* – combate, disputa, contenda, altercação.
concertator, -oris: *s.m.* – competidor, rival, antagonista.
concertatorius, -a, -um: *adj.* – relativo a discussão, a controvérsia.
concerto, -as, -avi, -atum, -are: *v.int.* – lutar, combater, disputar, altercar.
concessa venia: com a devida licença.
concessio, -onis: *s.f.* – concessão, permissão, licença.
concessio usus: a delegação do poder.
concessum, -i: *s.n.* – concessão, favor, consentimento, licença.
concha, -ae: *s.f.* – concha, búzio, marisco de concha, madrepérola.
conchyliatus, -a, -um: *adj.* – tingido de púrpura.
concido, -is, -cidi, -ere: *v.int.* – cair, cair morto, ser imolado, decair, sucumbir, acabar, cessar.
concido, -is, -cidi, -isum, -dere: *v.t.* – lacerar, fazer em pedaços, cortar, abater, arruinar.
concidunt artes: as artes estão decadentes.
concieo, -es, -ivi, -itum, -ere: *v.t.* – mover, reunir, chamar, convocar, excitar, causar, produzir.
conciliabulum, -i: *s.n.* – lugar de reunião, assembleia, feira.
conciliatio, -onis: *s.f.* – união, ligação, laço, sociedade, benevolência, favor, propensão
conciliator, -oris: *s.m.* – o que prepara, ajusta, mediador, agente, promotor.
conciliatricula, -ae ou **conciliatrix, -icis**: *s.f.* – medianeira, casamenteira, alcoviteira.
conciliatus, -a, -um: *adj.* – ligado, reunido, querido, amado, comprado.
concilio, -as, -avi, -atum, -are: *v.t.* – ajuntar, unir, chamar a si, conciliar, arranjar, diligenciar, adquirir, comprar.
concilium, -i: *s.n.* – ajuntamento, união, assembleia, conselho.
concinnitas, -atis: *s.f.* – arranjo, disposição, combinação, ornato.
concinno, -as, -avi, -atum, -are: *v.t.* – arranjar, preparar, ajustar, ornar, enfeitar, produzir, causar.
concinnus, -a, -um: *adj.* – proporcionado, bem feito, ornado, agradável, belo, elegante.
concino, -is, -ui, -centum, -ere: *v.t./int.* – cantar, tocar em concerto, cantar, fazer harmonia, concordar, celebrar, prognosticar.
concipio, -is, -cepi, -ceptum, -ipere: *v.t.* – tomar, juntar, conter, conceber, fazer uma ideia, compreender, redigir, compor, formular, concluir (um tratado).
concise: *adv.* – de modo breve, conciso, concisamente.
concisio, -onis: *s.f.* – ação de cortar, redução, concisão (de palavras).
concisus, -a, -um: *adj.* – cortado, feito em pedaços, derrotado, breve, conciso.
concitate: *adv.* – depressa, com ímpeto.
concitatio, -onis: *s.f.* – excitação, comoção, motim, sedição.
concitator, -oris: *s.m.* – instigador, incitador.
concitatus, -a, -um: *adj.* – impelido, atirado com força, arrebatado, tumultuoso.
concito, -as, -avi, -atum, -are: *v.t.* – impelir com força, arremeter contra, excitar, sublevar, suscitar.
concitor, -oris: *s.m.* – excitador, amotinador.
concitus, -a, -um: *adj.* – impetuoso, apressado, acelerado, rápido, veloz.
conciuncula, -ae: *s.f.* – pequeno discurso, alocução.
conclamare ad arma: dar o toque de atacar.
conclamatio, -onis: *s.f.* – clamor, gritaria, aclamação.
conclamo, -as, -avi, -atum, -are: *v.t./int.* – gritar, bradar, chamar às armas, proclamar, exclamar, invocar, retumbar.
conclave, -is: *s.n.* – gabinete, quarto, compartimento da casa fechado com chave, alcova, sala.
concludo, -is, -si, -sum, -dere: *v.t.* – fechar, encerrar, compreender, terminar, concluir, acabar, aperfeiçoar.
concluse et apte: com exatidão e de acordo com as regras.
conclusio, onis: *s.f.* – ação de fechar, cerco, clausura, recinto, conclusão.
conclusiuncula, -ae: *s.f.* – pequeno argumento, raciocínio sem valor, sofisma.
conclusus, -a, -um: *adj.* – fechado, cerrado, encerrado.

C

concolor, -oris: *adj.* – da mesma cor, de uma só cor, semelhante, igual.
concoquo, -is, -xi, -ctum, -quere: *v.t.* – cozer, cozinhar juntamente.
concordia, -ae: *s.f.* – acordo, harmonia, união.
concordia, industria, integritas: união, trabalho, honestidade.
concordia invicta: a união é invencível.
concordia prorsum: avante em harmonia.
concordia vincit: a união vence.
concorditer: *adv.* – de bom acordo, em boa disposição, perfeitamente.
concordo, -as, -avi, -atum, -are: *v.int.* – estar de acordo, concordar.
concors, -ordis: *adj.* – que se dá ou vive bem com, concordante, harmonioso.
concredo, -is, -idi, -itum, -ere: *v.t./int.* – confiar, entregar em confiança, fiar-se de, abrir-se com.
concremo, -as, -avi, -atum, -are: *v.t.* – queimar até o fim, incendiar.
concrepo, -as, -ui, -itum, -are: *v.t./int.* – bater com estrondo, fazer ruído, estalos, retumbar.
concresco, -is, -crevi, -cretum, -escere: *v.int.* – formar-se por agregação, crescer, condensar-se, congelar.
concretio, -onis: *s.f.* – formação por agregação, endurecimento, condensação.
concretus, -a, -um: *adj.* – formado por agregação, composto, endurecido, condensado, espesso.
concrisptor, -oris: *s.m.* – redator, escritor, autor.
concubina, -ae: *s.f.* – concubina, amante.
concubius, -a, -um: *adj.* – relativo às horas de noite alta, calada da noite.
concubo, -is, -ere, -cubui, -cubitum: *v.int.* – deitar-se juntamente ou ao lado.
conculco, -as, -avi, -atum, -are: *v.t.* – calcar com os pés, tratar com desdém, oprimir.
concupisco, -is, -ivi ou **-ii, -itum, -piscere**: *v.t.* – cobiçar, ter grande desejo de, ambicionar.
concuro, -as, -are: *v.t.* – cuidar bem, tratar bem.
concurro, -is, -ri, -sum, -ere: *v.int.* – correr com, acudir, concorrer, ir de encontro, combater, lutar, coincidir, acontecer.
concursatio, -onis: *s.f.* – concurso, ação de se encontrar, encontro, escaramuça, viagem.
concursator, -oris: *s.m.* – o que corre juntamente, soldado de corpos ligeiros (caçadores, infantaria).
concursio, -onis: *s.f.* – encontro, conjunção, concurso.
concurso, -as, -avi, -atum, -are: *v.int.* – correr de um lado para outro, andar por, percorrer.
concursus, -us: *s.m.* – o concurso, encontro, choque, combate, concorrência.
concursus delictorum: concurso de crimes.
concursus delictorum realis: concurso real de delitos.
concursus delinquentium: concurso de criminosos, coautoria.
concussio, -onis: *s.f.* – abalo, tremor, agitação.
concutio, -is, -ussi, -ussum, -utere: *v.t.* – sacudir, agitar, abalar, comover, dar ou bater em, extorquir.
condecet, -ere: *v.imp.* – convir.
condecore: *adv.* – decentemente.
condecoro, -as, -avi, -atum, -are: *v.t.* – ornar, decorar, realçar, honrar.
condemnator, -oris: *s.m.* – o que condena ou faz condenar, juiz, acusador.
condemno, -as, -avi, -atum, -are: *v.t.* – condenar, fazer condenar, acusar.
condenso, -as, -avi, -atum, -are: *v.t.* – tornar compacto, espesso, condensar, coagular, coalhar.
condensus, -a, -um: *adj.* – unido, denso, cerrado.
condicio, -onis ou **conditio, -onis**: *s.f.* – condição, estado, qualidade, cláusula, ajuste, arranjo, casamento.
condico, -is, -xi, -ctum, -ere: *v.t.* – ajustar, combinar, avisar (que vai jantar em casa de outrem), aprazar, reclamar em juízo, acordar, notificar.
condictio, -onis: *s.f.* – acordo, condição, fixação de um dia para tratar de um assunto.
condimentum, -i: *s.n.* – tempero, adubo.
condio, -is, -vi ou **-ii, -itum, -ire**: *v.t.* – temperar, adubar, preparar, fazer conserva de, curtir, embalsamar.
condiscens, -entis: *adj.* – que aprende.
condiscipulatus, -us: *s.m.* – condição ou estado de condiscípulo, vida de escola.
condiscipulus, -i: *s.m.* – colega, condiscípulo.
condisco, -is, -didici, -discere: *v.t.* – aprender com outros.

conditio, -onis (de **condere**): *s.f.* – fundação, ação de fundar, a condição, o estado, a fortuna, o grau.
conditio, -onis (de **condire**): *s.f.* – a preparação (de conservas), tempero.
conditio iuris: condição de direito.
conditio potestativa: condição potestativa: condição que depende no todo ou em parte da vontade de um dos contratantes.
conditio sine causa: condição sem causa.
conditio sine qua non: condição sem a qual não, indispensável.
conditionaliter: *adv.* – condicionalmente.
conditivum, -i: *s.m.* – túmulo, sepultura.
conditor, -oris: *s.m.* – (de **condere**) inventor, fundador, autor.
conditor, -oris: *s.m.* – (de **condire**) preparador (de festim).
conditorium, -ii: *s.m.* – a tumba, o depósito.
condo, -is, -didi, -ditum, -ere: *v.t.* – pôr juntamente, reunir coisas dispersas, estabelecer, fundar, instituir, compor, pôr de conserva, curtir, conservar, esconder, enterrar, passar, consumir.
condocefacio, -is, -feci, -factum, -facere: *v.t.* – instruir, ensinar, adestrar.
condoleo, -es, -ui, -ere: *v.int.* – sofrer, sentir dores, doer, condoer-se.
condolesco, -is, -lui, -escere: *v.int.* – sofrer muito, ter dores.
condonatio, -onis: *s.f.* – dádiva, doação.
condono, -as, -avi, -atum, -are: *v.t.* – dar de presente, doar, entregar, dedicar, sacrificar, perdoar, relevar.
conduco, -is, -xi, -ctum, -ere: *v.t./int.* – conduzir, levar, reunir, ajuntar, coagular, alugar, arrendar; *unip.* – convir a, ser útil.
conductio, -onis: *s.f.* – a conclusão, o epílogo, reunião, arrendamento, empreitada.
conductor, -oris: *s.m.* – o que aluga, arrenda, empreiteiro, rendeiro.
conductus, -a, -um: *adj.* – ajuntado, reunido, tomado de aluguel, assalariado.
conduplico, -as, -avi, -atum, -are: *v.t.* – duplicar, aumentar, reunir.
conduro, -as, -are: *v.t.* – tornar mais duro, endurecer.
conecto ou **connecto, -is, -exui, -exum, -ectere**: *v.t.* – ajuntar, atar, ligar, associar, reunir.
conexio ou **connexio, -onis**: *s.f.* – ligação, ajuntamento, conexão, conclusão.
conexum ou **connexum, -i**: *s.n.* – ligação, nexo, oração conjuntiva.
confabulor, -onis: *s.m.* – falar, confabular, conversar.
confarreatio, -onis: *s.f.* – forma solene de casamento, que se realizava em casa do pai da noiva, perante o grande pontífice e na qual se oferecia, em sacrifício a Juno, um bolo de farinha de trigo (**farreum**).
confarreo, -as, -avi, -atum, -are: *v.t.* – casar pela forma solene (**confarreatio**), usada nas grandes famílias patrícias.
confatalis, -e: *adj.* – sujeito à mesma sorte, ao mesmo destino.
confectio, -onis: *s.f.* – ação de fazer, de executar, composição, redação, terminação, arrecadação.
confector, -oris, *s.m.* – o que faz, executa, agente, destruidor.
confercio, -is, -ersi, -ertum, -ercire: *v.t.* – acumular, juntar, encher, amontoar.
confero, -fers, -tuli, -latum, -ferre: *v.t./int.* – levar, trazer, ajuntar, combater, contribuir para, conferir, comparar, transportar, mudar em, empregar, adiar.
confertim: *adv.* – densamente, com aperto.
confertus, -a, -um: *adj.* – amontoado, apertado, denso, abarrotado.
confessio, -onis: *s.f.* – confissão, reconhecimento, testemunho.
confessio amantis: confissão de namorado.
confessio dividi non debet: não se deve dividir a confissão.
confessio est probatio omnibus melior: a confissão é a melhor de todas as provas.
confessio est regina probationum: a confissão é a rainha das provas.
confessio facta in iudicio non potest retractari: não pode ser retratada a confissão feita em juízo.
confessus, -a, -um: *adj.* – que confessa, que manifesta, confessado, reconhecido, testemunhado.
confestim: *adv.* – imediatamente, sem demora, logo.
conficiens, -entis: *part.pres.* – que faz, realiza, eficiente.
conficio, -is, -feci, -fectum, -icere: *v.t.* – fazer, executar, preparar, arranjar, terminar, concluir, causar, consumir, destruir, matar.
confictio, -onis: *s.f.* – a suposição, ação de inventar, forjar, acusação falsa.
confide, et noli timere: confia, e não temas.
confide recte agens: confia, agindo com justiça.
confidens, -entis: *part.pres.* – que confia em si, resoluto, audaz, temerário.

C

confidenter: *adv.* – confiadamente, com ânimo, coragem, audaciosamente.
confidentia, -ae: *s.f.* – confiança, firmeza, segurança, intrepidez, audácia.
confido, -is, -isus sum ou **-idi, -idere**: *v.int.* – confiar em, fiar-se de, ter confiança.
configo, -is, -xi, -xum, -gere: *v.t.* – pregar, varar, trespassar, aplicar.
confingo, -is, -inxi, -ictum, -ingere: *v.t.* – fazer, modelar, imaginar, fingir.
confinis, -e: *adj.* – vizinho, próximo, confinante.
confinium, -i: *s.n.* – limite, fronteira, proximidade, vizinhança.
confio, -is, -fectus sum, -fieri: *v.pass.* (usado somente na 3ª pessoa) – ser feito, realizar-se, acontecer.
confirmate: *adv.* – firmemente.
confirmatio, -onis: *s.f.* – ação de firmar, firmeza, confirmação, animação, consolo.
confirmator, -oris: *s.m.* – o que dá segurança, garante, fiador.
confirmatus, -a, -um: *adj.* – corajoso, fortificado, firme, confirmado.
confirmitas, -tatis: *s.f.* – teimosia, obstinação.
confirmo, -as, -avi, -atum, -are: *v.t.* – fortificar, consolidar, curar, ratificar, confirmar, animar.
confiscatio, -onis: *s.f.* – confiscação.
confisco, -as, -avi, -atum, -are: *v.t.* – guardar (em uma caixa, em um cofre), confiscar, tomar para o fisco.
confisio, -onis: *s.f.* – confiança, crença.
confit, -fieri: *adj.* (de **conficio**) – ser feito, realizar-se, acontecer.
confitens, -entis: *adj.* – que confessa.
confiteor, -eris, -fessus sum, -iteri: *v.t.dep.* – manifestar, confessar, deixar ver, indicar, declarar, reconhecer sua falta, seu erro.
confiteri aes debitum: reconhecer a dívida.
conflagratio, -onis: *s.f.* – conflagração, incêndio.
conflagro, -as, -avi, -atum, -are: *v.t./int.* – arder, inflamar-se, incendiar-se.
conflictatio, -onis: *s.f.* – ação de bater contra, choque, luta, choque entre dois exércitos.
conflictio, -onis: *s.f.* – encontro, combate, peleja, conflito.
conflicto, -as, -avi, -atum, -are: *v.t./int.* – lutar, combater, maltratar, atormentar, perturbar.
conflictus, -us: *s.m.* – embate, encontro, conflito.
conflictus competentiae: conflito de competência.
confligo, -is, -xi, -ctum, -gere: *v.t./int.* – dar, bater com uma coisa em outra, combater, pelejar, opor, confrontar.
conflo, -as, -avi, -atum, -are: *v.t.* – soprar, acender, excitar, derreter, fundir, reduzir a cinzas, produzir, causar.
confluens, -entis: *s.m.* – confluência, lugar em que se juntam dois rios.
confluo, -is, -xi, -xum, -ere: *v.int.* – correr, afluir, confluir, acudir.
confodio, -is, -odi, -ossum, -odere: *v.t.* – cavar, varar, trespassar ferindo.
conformatio, -onis: *s.f.* – conformação, forma, disposição, noção, ideia.
conformo, -as, -avi, -atum, -are: *v.t.* – dar forma, conformar, formar, dispor, compor.
confragosus, -a, -um: *adj.* – áspero, pedregoso, desigual.
confremo, -is, -ui, -itum, -ere: *v.int.* – murmurar, fremir de indignação.
confrico, -as, -are, fricui, -atum: *v.t.* – esfregar, friccionar.
confringo, -is, -fregi, -fractum, -fringere: *v.t.* – quebrar, abater, derrubar, romper, destruir, infringir.
confugio, -is, -ugi, -itum, -ere: *v.int.* – refugiar-se, acolher-se, recorrer.
confugium, -ii: *s.n.* – refúgio, asilo.
confulcio, -is, -ire, -fultum: *v.t.* – escorar bem, suster-se.
confulgeo, -es, -ere: *v.int.* – brilhar por todos os lados, resplandecer.
confundo, -is, -udi, -usum, -dere: *v.t.* – misturar, ajuntar, travar combate, perturbar, confundir, desfigurar, verter, espalhar.
confuse ou **confusim**: *adv.* – sem ordem, desordenadamente, confusamente.
confusio, -onis: *s.f.* – mistura, confusão, desordem, perturbação.
confuto, -as, -are: *v.t.* – derrubar, demolir, abater, reprimir, destruir, refutar, confundir.
confutuo, -is, -ere: *v.t.* – deitar-se com, ter relações com.
congelatio, -onis: *s.f.* – congelamento, geada.
congelatus, -a, -um: *adj.* – congelado, gelado.
congelidus, -a, -um: *adj.* – tépido, morno.
congelo, -as, -avi, -atum, -are: *v.t.* – gelar, congelar.
congemino, -as, -avi, -atum, -are: *v.t./int.* – redobrar, multiplicar, repetir.

congemo, -is, -ui, -itum, -ere: *v.t./int.* – dar gemidos, chorar, lamentar.

congeries, -ei: *s.f.* – montão, pilha, acervo, o acúmulo, as coisas amontoadas, o entulho, caos.

congero, -is, -essi, -estum, -erere: *v.t.* – amontoar, empilhar, encher, fazer ninho.

congerro, -onis: *s.m.* – companheiro de divertimentos.

congeste: *adv.* – sumariamente.

congestus, -us: *s.m.* – acumulação, grande cópia de, amontoado, acervo.

congiarium, -ii: *s.n.* – distribuição de comestíveis ou de dinheiro, liberalidade.

congius, -ii: *s.m.* – medida para líquidos (3 litros e ¼ – a oitava parte de uma ânfora).

conglacio, -as, -avi, -atum, -are: *v.int.* – gelar, congelar-se.

conglobatim: *adv.* – em aglomeração, aos grupos.

conglobo, -as, -avi, -atum, -are: *v.t.* – dar forma esférica, englobar, aglomerar-se.

conglutinatio, -onis: *s.f.* – ação de unir, colar, ligação.

conglutino, -as, -avi, -atum, -are: *v.t.* – colar, grudar, ajuntar, reunir.

congratulatio, -onis: *s.f.* – congratulação, felicitação.

congratulor, -aris, -atus sum, -ari: *v.t.dep.* – felicitar, dar os parábéns, congratular-se.

congredior, -eris, -gressus sum, -edi: *v.dep.* – caminhar com, acercar-se de alguém, avistar-se com, travar combate, lutar.

congregabilis, -e: *adj.* – inclinado à vida em comum, sociável.

congregatio, -onis: *s.f.* – congregação, reunião, ajuntamento, sociedade.

congrego, -as, -avi, -atum, -are: *v.t.* – ajuntar, arrebanhar, congregar, reunir.

congressio, -onis: *s.f.* ou **congressus, -us**: *s.m.* – encontro, entrevista, conversação, conferência, comércio, encontro hostil, combate.

congruens, -entis: *part.pres.* – que está de acordo com, conforme, consoante, próprio, conveniente.

congruenter: *adv.* – de maneira conveniente, de conformidade com.

congruentia, -ae: *s.f.* – conveniência, proporção, relação, congruência, conformidade.

congruo, -is, -ui, -ere: *v.int.* – estar de acordo, combinar, convir, ser conveniente, coincidir, acontecer.

congruo tempore et congruo loco: em tempo e lugar certos.

congruus, -a, -um: *adj.* – decente, conforme, conveniente, consoante.

conicetus, -us: *s.m.* – ação de atirar, lançar, arremesso.

conicio, -is, -eci, -ectum, icere: *v.t./int.* – atirar, arremessar, ajuntar, reunir, impelir, causar, conjeturar, adivinhar.

coniectio, -onis: *s.f.* – ação de lançar, arremesso, conjetura, interpretação.

coniector, -oris: *s.m.* – intérprete (de sonhos), adivinho, conjeturador.

coniectura, -ae: *s.f.* – conjetura, presunção, interpretação (dos sonhos).

coniecturalis, -e: *adj.* – que se funda em conjeturas, presumível.

conifer, -fera, -ferum e **coniger, -gera, -gerum**: *adj.* – que produz frutos de forma cônica, conífero.

coniveo, -es, -ivi ou **-ixi, -ere**: *v.t./int.* – fechar, cerrar os olhos, pestanejar, fingir que não vê, dissimular.

conj-, ver também **coni-**.

conjugalis, -e: *adj.* – conjugal, relativo ao casamento.

conjugatio, -onis: *s.f.* – mistura, união.

conjugem ama: ama tua esposa.

conjugialis, -e: *adj.* – relativo ao casamento.

conjugium, -i: *s.n.* – união, união conjugal, casamento.

conjugo, -as, -avi, -atum, -are: *v.t.* – ligar, unir, casar.

conjugus, -a, -um: *adj.* – casado.

conjuncte ou **conjunctim**: *adv.* – juntamente, ao mesmo tempo.

conjunctio, -onis: *s.f.* – união, ajuntamento, relação, união dos sexos, casamento.

conjunctis viribus: com as forças unidas.

conjunctus, -a, -um: *adj.* – junto, reunido, ligado, unido em casamento

conjungo, -is, -xi, -ctum, -gere: *v.t.* – juntar, ligar, unir por casamento.

conjungo vos: eu vos uno.

conjunx, -ungis ou **conjux, -ugis**: *s.m.f.* – esposo, esposa.

conjuratio, -onis: *s.f.* – juramento mútuo e ao mesmo tempo, conjuração, conspiração.

conjuratus, -a, -um: *adj.* – ligado por juramento, conjurado.

conl-, ver também **coll-**.

conn-, ver também **con-**.

conopeum, -i ou **conopium, -ii**: *s.n.* – cortina, tenda, barraca.

C

conor, -aris, -atus sum, -ari: *v.t./int.* – pôr-se em marcha, empreender, tentar, esforçar-se por.
conquassatio, -onis: *s.f.* – abalo, perturbação.
conquasso, -as, -avi, -atum, -are: *v.t.* – sacudir, abanar, abalar, agitar.
conqueror, -eris, -questus sum, -eri: *v.t./int.* – queixar-se, lamentar, deplorar.
conquestio, -onis: *s.f.* ou **conquestus, -us**: *s.m.* – queixa, lamentação.
conquiesco, -is, -evi, -etum, -escere: *v.int.* – descansar, ter sossego, acalmar-se, parar, cessar.
conquiro, -is, -sivi, -itum, -ere: *v.t.* – ajuntar, reunir, andar à busca de, buscar com empenho.
conquisitio, -onis: *s.f.* – arrecadação (de impostos), recrutamento, pesquisa, devassa, inquirição.
conquisitor, -onis: *s.m.* – pesquisador, espião, recrutador.
conquisitus, -a, -um: *adj.* – procurado com empenho, escolhido.
consaepio ou **consepio, -is, -psi, -ptum, -pire**: *v.t.* – fechar com sebe, cercar por todos os lados.
consaeptum, -i: *s.n.* – cercado, cerca.
consalutatio, -onis: *s.f.* – saudação de muitos ou ao mesmo tempo.
consaluto, -as, -avi, -atum, -are: *v.t.* – saudar junto, saudar cordialmente, trocar uma saudação.
consanesco, -is, -ere, -sanui: *v.incoat.int.* – restabelecer-se, curar-se, sarar.
consanguineus, -a, -um: *adj.* – do mesmo sangue, consanguíneo, parente.
consanguineus frater: irmão por parte do pai.
consanguineos, id est, fratres et sorores ex eodem patre: consaguíneos, isto é, os irmãos e irmãs por parte do mesmo pai.
consanguinitas, -atis: *s.f.* – consanguinidade, parentesco com consanguinidade.
consaucio, -as, -are: *v.t.* – ferir gravemente, ferir.
consceleratus, -a, -um: *adj.* – manchado de crimes, celerado.
conscelero, -as, -avi, -atum, -are: *v.t.* – manchar com um crime, poluir, profanar.
conscendo, -is, -di, -sum, -dere: *v.t./int.* – subir a, trepar, montar, embarcar.
conscensio, -onis: *s.f.* – ação de subir a, subida, embarque.
conscientia, -ae: *s.f.* – conhecimento, notícia, noção, sentimento, opinião, consciência.
conscientia crimen prodit: a consciência revela o crime.
conscientia fraudis: a consciência da fraude.
conscientia grave pondus: a consciência é um grande peso.
conscientiae examen: o exame de consciência.
conscindo, -is, -idi, -issum, -indere: *v.t.* – rasgar, lacerar, arrancar.
conscio, -is, -scivi, -scitum, -ire: *v.t.* – saber perfeitamente, ter conhecimento ou consciência de.
conscisco, -is, -scivi, -scitum, -sciscere: *v.t.* – resolver, determinar, executar, cumprir.
conscius, -a, -um: *adj.* – sabedor, confidente, cúmplice, que tem a consciência de, cônscio.
conscius fraudis: consciente da fraude.
conscribo, -is, -psi, -ptum, -bere: *v.t.* – alistar, recrutar, formar, estabelecer, compor, escrever.
conscriptio, -onis: *s.f.* – ação de escrever, de compor, redação, escrito.
conseco, -as, -cui, -ectum, -ecare: *v.t.* – rasgar, cortar em pedaços, lacerar.
consecratio, -onis: *s.f.* – ação de consagrar aos deuses, consagração, deificação.
consecratus, -a, -um: *adj.* – consagrado, divinizado, atribuído.
consecro, -as, -avi, -atum, -are: *v.t.* – oferecer aos deuses, consagrar, divinizar, imortalizar, dedicar, atribuir.
consectarium, -ii: *s.n.* – conclusão, raciocínio.
consectarius, -a, -um: *adj.* – o que se deduz logicamente, consequente.
consectatio, -onis: *s.f.* – prosseguimento, busca, pesquisa, averiguação.
consectatrix, -icis: *s.f.* – a que anda atrás de, amiga, acompanhante, serva.
consectio, -onis: *s.f.* – corte (de árvores).
consector, -aris, -atus sum, -ari: *v.t.dep.* – percorrer, perseguir, acossar, procurar obter, imitar.
consecutio, -onis: *s.f.* – ação de seguir, de vir atrás, construção, colocação (de palavras), conseguimento.
consenesco, -is, -ere: *v.int.* – envelhecer, gastar-se, definhar.
consensio, -onis: *s.f.* ou **consensus, -us**: *s.m.* – acordo, conformidade, harmonia, união, concordância.

consensus facit legem: o acordo faz a lei.
consensus facit nuptias: o acordo faz o casamento.
consensus gentium: um acordo de nações.
consensus maioris partis: a concordância da maioria.
consensus non facit veritatem: o consenso não cria verdade.
consensus omnium: o consenso de todos, a unanimidade.
consensus tollit errorem: o consentimento tira o erro.
consentaneus, -a, -um: *adj.* – conforme, conveniente, proporcionado.
consentiens, -entis: *part.pres.* – que pensa ou sente do mesmo modo, concorde, unânime.
consentio, -is, -si, -sum, -tire: *v.t./int.* – ser da mesma opinião, estar de acordo, conformar-se com, harmonizar-se.
consequens, -entis: *part.pres.* – que segue, consequente, resultado.
consequentia, -ae: *s.f.* – série, sucessão, consequência, resultado.
consequor, -eris, -quutus ou **-cutus sum, -equi**: *v.t.* – seguir, acompanhar, continuar, perseguir, alcançar, adquirir, compreender.
consero, -is, -erui, -ertum, -erere: *v.t.* – juntar, reunir, estabelecer, praticar, excitar à luta, combater.
consero, -is, -sevi, -situm, -erere: *v.t.* – semear, plantar.
conserte: *adv.* – com ligação, relacionadamente a.
conserva, -ae: *s.f.* – companheira de cativeiro.
conserva tempus: aproveita teu tempo.
conservans, -antis: *adj.* – que conserva, conservador.
conservatio, -onis: *s.f.* – conservação, manutenção, observação.
conservator, -oris: *s.m.* – conservador, observador, cumpridor.
conservatrix, -icis: *s.f.* – a que conserva, conservadora.
conservo, -as, -avi, -atum, -are: *v.t.* – conservar, guardar, observar, cumprir.
conservus, -i: *s.m.* – o que serve o mesmo senhor; **-us, -a, -um**: *adj.* – que partilha na escravidão.
consessor, -oris: *s.m.* – o que está sentado com ou junto a, companheiro na mesa, assessor.
consessus, -us: *s.m.* – ação de sentar-se com ou junto a, reunião, assembleia.
considerantia, -ae: *s.f.* – consideração, advertência, reflexão, prudência.
considerate: *adv.* – com reflexão, refletidamente, pensadamente.
consideratio, -onis: *s.f.* – atenção, consideração, observação.
consideratio curiae: o exame feito pela corte.
consideratus, -a, -um: *adj.* – meditado, prudente, circunspecto.
considero, -as, -avi, -atum, -are: *v.t.* – examinar com cuidado, olhar, observar, refletir em, considerar.
consido, -is, -edi, -essum, -idere: *v.int.* – assentar-se com, tomar assento, posição, parar, estabelecer-se, cair, abater-se, cessar.
consigno, -as, -avi, -atum, -are: *v.t.* – selar, assinar, redigir, marcar, assinalar.
consilarius, -a, -um: *adj.* – que dá conselhos, prudente.
consilesco, -is, -ere, -silui: *v.int.* – calar-se completamente, fazer silêncio.
consilia et facta: decisões e ações.
consiliarius, -ii: *s.m.* – o que aconselha, conselheiro.
consiliator, -oris: *s.m.* – conselheiro.
consiliator deorum: um conselheiro de deuses.
consiliis et factis: por decisões e ações.
consilio et amore: com sabedoria e amor.
consilio et animo: com sabedoria e entusiasmo.
consilio et armis: com sabedoria e armas.
consilio et concordia: com sabedoria e união.
consilio et factis: com sabedoria e ações.
consilio et facto suo: por sua decisão e ação.
consilio et industria: com sabedoria e zelo.
consilio et prudentia: com sabedoria e prudência.
consilio et virtute: com sabedoria e coragem.
consilio manuque: pela razão e pela ação.
consilior, -aris, -atus sum, -ari: *v.t./int. dep* – deliberar, reunir em conselho, aconselhar.
consilium, -ii: *s.n.* – deliberação, decreto, plano, resolução, conselho, expediente, recurso, assembleia, prudência.
consilium abeundi: a decisão de partir.
consilium agitare: meditar um projeto.
consilium amisisti?: perdeste o juízo?
consilium capere: tomar uma decisão.

C

consilium criminis: o projeto criminoso.
consilium fraudis: a intenção fraudulenta, o conluio criminoso.
consilium res sacra: o conselho é coisa sagrada.
consimilis, -e: *adj.* – completamente semelhante, semelhante, igual.
consisto, -is, -stiti, -stitum, -sistere: *v.t./int.* – parar, deter-se, pôr-se, permanecer (de pé), cessar, manter-se firme, senhor de si, consistir em, constar de.
consitio, -onis: *s.f.* – ação de plantar, semeadura, plantação.
consitor, -oris: *s.m.* – semeador, plantador.
consitura, -ae: *s.f.* – semeadura, sementeira, plantação.
consobrina, -ae: *s.f.* – a prima coirmã.
consobrinus, -i: *s.m.* – o primo coirmão.
consociatio, -onis: *s.f.* – união, sociedade, aliança.
consocio, -as, -avi, -atum, -are: *v.t.* – juntar, unir, associar, concertar, combinar, conciliar.
consolabilis, -e: *adj.* – consolável, que pode ser consolado.
consolator, -oris: *s.m.* – o que consola, consolador.
consolatorius, -a, -um: *adj.* – próprio para consolar, consolador.
consolido, -as, -avi, -atum, -are: *v.t.* – fortificar, confirmar, consolidar.
consolor, -aris, -atus sum, -ari: *v.t.dep.* – consolar, compensar, suavizar, animar.
consono, -as, -ui, -itum, -are: *v.t.* – soar junto, retumbar, estar em harmonia, concordar, corresponder.
consonus, -a, -um: *adj.* – que soa ao mesmo tempo, conforme, consoante, conveniente.
consopio, -is, -ivi, -itum, -ire: *v.t./int.* – dormir, fazer dormir profundamente.
consors, -ortis: *adj.* – consorte, coerdeiro, que compartilha, companheiro de, que está em comum; *s.m.f.* – irmão, irmã.
consortio, -onis: *s.f.* ou **consortium, -ii**: *s.n.* – associação, consórcio, comunidade, participação.
conspectus, -a, -um: *adj.* – visto, percebido, descoberto, notável.
conspectus, -us: *s.m.* – olhar, vista, vista de olhos, exame, observação, presença, aspecto.
conspergo, -is, -si, -sum, -gere: *v.t.* – molhar, derramar, espargir, verter, borrifar, aspergir.
conspiciendus, -a, -um: *part.fut.pass.* – digno de se ver, notável.
conspicio, -is, -exi, -ectum, -icere: *v.t./int.* – olhar, ver, descobrir, considerar, compreender, estar defronte, ficar em frente a.
conspicor, -aris, -atus sum, -ari: *v.t.dep.* – perceber, ver, descobrir, avisar.
conspicuus, -a, -um: *adj.* – visível, que atrai as vistas, ilustre, notável.
conspiratio, -onis: *s.f.* – ação de soprar, união, acordo, conspiração.
conspiratus, -a, -um: *adj.* – que conspira, apertado, que está de acordo.
conspiro, -as, -avi, -atum, -are: *v.int.* – concordar, conspirar, tramar, soar, tocar juntamente; *v.t./int.* – apertar, estreitar, reduzir.
conspisso, -as, -atum, -are: *v.t.* – tornar espesso, condensar, apertar.
consponsor, -oris: *s.m.* – fiador com outros, conspirador, conjurado.
conspuo, -is, -ui, -utum, -ere: *v.t.* – sujar cuspindo, sujar de baba ou de escarro.
conspurco, -as, -avi, -atum, -are: *v.t.* – sujar, manchar, conspurcar, corromper.
consputo, -as, -avi, -atum, -are: *v.t.* – cuspir em, cobrir de escarros.
constabilio, -is, -ivi, -itum, -ire: *v.t.* – estabelecer solidamente, fortificar.
constans, -antis: *part.pres.* – firme, permanente, constante, igual, perseverante, que está de acordo, coerente.
constans et fidelis: constante e fiel.
constanter: *adv.* – constantemente, invariavelmente.
constantia, -ae: *s.f.* – firmeza, constância, perseverança, calma, placidez, acordo, harmonia.
constantia comes victoriae: a perseverança é companheira da vitória.
constantia et diligentia: com perseverança e diligência.
constantia et fortitudine: com perseverança e bravura.
constantia et veritas: perseverança e verdade.
constantia et virtute: com constância e valor.
consternatio, -onis: *s.f.* – espanto, consternação, pavor, abatimento.
consterno, -as, -avi, -atum, -are: *v.t.* – espantar, assustar, consternar, excitar à sedição.
consterno, -is, -stravi, -stratum, -sternere: *v.t.* – abater, deitar por terra, juncar, cobrir.

constipo, -as, -avi, -atum, -are: *v.t.* – acumular, reunir, apertar, estreitar.
constituo, -is, -ui, -utum, -ere: *v.t.* – pôr, colocar, dispor em ordem, postar fazer, formar, construir, estabelecer, determinar, atribuir, obrigar-se a, resolver.
constitutio, -onis: *s.f.* – estado, condição, disposição, ordem, constituição.
constitutio dotis: o estabelecimento do dote.
constitutum, -i: *s.n.* – convenção, tratado, acordo, lei, decreto.
consto, -as, -stiti, -atum, -are: *v.int.* – parar, permanecer, perseverar, continuar, concordar, corresponder, consistir em, ser certo, constar, haver, existir, custar.
constrictio, -onis: *s.f.* – ação de apertar, de ligar, compressão.
constringo, -is, -inxi, -ictum, -ingere: *v.t.* – atar, prender, apertar, conter, restringir.
constructio, -onis: *s.f.* – construção, fábrica, estrutura, camada, acervo, disposição, colocação (de palavras).
construo, -is, -uxi, -uctum, -uere: *v.t.* – amontoar, acumular, construir, edificar.
construpo, -as, -avi, -atum, -are: *v.t.* – estuprar, desonrar, atentar contra o pudor, deflorar.
constupratum iudicium: um julgamento desonroso, uma sentença obtida com suborno.
consuasor, -oris: *s.m.* – o que exorta, persuade, conselheiro.
consuefacio, -is, -feci, -factum, -facere: *v.t.* – acostumar, habituar.
consuesco, -is, -evi, -etum, -escere: *v.t./int.* – acostumar-se, habituar-se.
consuetio, -onis: *s.f.* – o costume, o trato habitual.
consueto more: como de costume.
consuetudinis magna vis est: é grande a força do hábito, o costume tem força de lei.
consuetudo, -inis: *s.f.* – o costume, o uso, trato, comércio.
consuetudo, altera lex: o costume é uma segunda lei.
consuetudo, altera natura: o costume é uma segunda natureza.
consuetudo consuetudine vincitur: vence-se um costume com outro.
consuetudo fori: costume do foro.
consuetudo pro lege servatur: o costume é respeitado como lei.
consuetudo revertendi: costume de voltar.
consuetus, -a, -um: *adj.* – habitual, acostumado.
consul, -ulis: *s.m.* – cônsul, o primeiro magistrado romano.
consularis, -e: *adj.* – de cônsul, consular, personagem que foi cônsul.
consulariter: *adv.* – à maneira de cônsul, de modo digno de um cônsul.
consulatus, -us: *s.m.* – dignidade, cargo de cônsul, consulado.
consulo, -is, -ui, -ultum, -ere: *v.t./int.* – deliberar, consultar, tomar conselho, discutir, examinar, aprovar, olhar por, ocupar-se de.
consultatio, -onis: *s.f.* – ação de deliberar, decisão, pergunta, consulta, conselho.
consultator, -oris: *s.m.* – o que consulta, consulente.
consulte: *adv.* – com reflexão, prudentemente, com precaução, de propósito.
consulto: *adv.* – de propósito, de caso pensado.
consulto, -as, -avi, -atum, -are: *v.t./int.* – deliberar, consultar, submeter, olhar por, cuidar de.
consultor, -oris: *s.m.* – consultor, conselheiro.
consultrix, -icis: *s.f.* – a que prevê, que cuida de, conselheira, medianeira.
consultum, -i: *s.n.* ou **consultus, -i**: *s.m.* – ação de consultar, consulta, acórdão, decreto, deliberação, oráculo, projeto, conselho.
consultus, -a, -um: *adj.* – deliberado, refletido, sábio, prudente, versado, hábil, perito.
consumitur altera actio per alteram: uma ação consome-se por outra.
consummatio, -onis: *s.f.* – ação de adicionar, execução, consumação.
consummatum est: tudo está consumado.
consummatum opus: obra completada, ato consumado.
consummatus, -a, -um: *adj.* – acabado, perfeito, consumado.
consummo, -as, -avi, -atum, -are: *v.t.* – fazer a soma de, adicionar, acabar, completar, consumar.
consumo, -is, -psi, -ptum, -mere: *v.t.* – consumir, gastar, arruinar, enfraquecer, acabar, morrer.
consumptio, -onis: *s.f.* – destruição, esgotamento, consumpção, gasto.
consumptor, -oris: *s.m.* – o que consome, destruidor, gastador.
consuo, -is, -ere, -sui, -sutum: *v.t.* – coser juntamente, coser, fechar.

C

consurgo, -is, -rrexi, -rectum, -gere: *v.int.* – levantar-se, erguer-se juntamente, elevar-se.
consurrectio, -onis: *s.f.* – ação de se levantar juntamente (uma assembleia, uma reunião).
contabesco, -is, -bui, -bescere: *v.int.* – fundir-se, derreter, definhar, morrer.
contabulatio, -onis: *s.f.* – pavimento (de tábuas), soalho, andar, pavimento.
contabulo, -as, -avi, -atum, -are: *v.t.* – construir com tábuas, assoalhar, cercar (com madeira).
contactus, -us: *s.m.* ou **contagio, -onis**: *s.f.* – contato, união, conexão, influência, contágio.
contamino, -as, -avi, -atum, -are: *v.t.* – entrar em contato, misturar, contaminar, manchar.
contego, -is, -exi, -ectum, -egere: *v.t.* – cobrir, proteger, ocultar, esconder.
contemero, -as, -avi, -atum, -are: *v.t.* – manchar, poluir, profanar.
contemnendus, -a, -um: *adj.* – desprezível, sem valor, insignificante.
contemno, -is, -empsi, -emptum, -emnere: *v.t.* – desprezar, desdenhar, não dar importância.
contemplatio, -onis: *s.f.* – ação de olhar atentamente, contemplação, consideração.
contemplator, -oris: *s.m.* – contemplador, observador.
contemplatus, -us: *s.m.* – contemplação, atenção, respeito.
contemplor, -aris, -atus sum, -ari: *v.t.* – olhar com atenção, contemplar, considerar, meditar.
contemptim: *adv.* – desdenhosamente, com desprezo.
contemptio, -onis: *s.f.* ou **contemptus, -us**: *s.m.* – desprezo, desdém, indiferença.
contemptor, -oris: *s.m.* – o que despreza, desdenhador.
contemptus, -a, -um: *adj.* – desprezível.
contemptus, -us: *s.m.* – desprezo, ação de desprezar ou de ser desprezado.
contendo, -is, -di, -tum ou **-sum, -dere**: *v.t./int.* – entesar, armar, atirar, empregar em, fazer por, lutar, contender, marchar para, comparar.
contente (**contendo**): *adv.* – com esforço, com empenho.
contentio, -onis: *s.f.* – contenção, esforço, briga, contenda, combate, comparação.
contentio inter partes: a disputa entre as partes, a divergência entre as partes.
contentus, -a, -um: *adj.* (de **contendo**) entesado, distendido, estirado, (de **contineo**) retido, contente, satisfeito.
contentus spero: contente, tenho esperança.
contentus vivere parvo: satisfeito de viver com pouco.
contermino, -as, -avi, -atum, -are: *v.int.* – limitar, entestar com.
conterminum, -i: *s.n.* – limite, fronteira.
conterminus, -a, -um: *adj.* – limítrofe, confinante, vizinho.
contero, -is, -trivi, -tritum, -terere: *v.t.* – pisar, moer, triturar, esgotar, consumir, gastar.
conterraneus, -i: *s.m.* – conterrâneo, compatriota.
conterreo, -es, -ui, -itum, -ere: *v.t.* – aterrorizar, encher de pavor, assustar.
contestatio, -onis: *s.f.* – testemunho, prova, contestação, súplica, rogo.
contestatio litis: contestação da lide.
contestationis causa: diz-se da causa que é objeto de contestação.
contestatus, -a, -um: *adj.* – que chamou em seu auxílio, reconhecido, atestado, provado.
contestor, -aris, -atus sum, -ari: *v.t.dep.* – testemunhar, invocar, chamar em auxílio.
contexte: *adv.* – de modo encadeado, concatenadamente.
contexto, -is, -ui, -textum, -ere: *v.t.* – formar tecendo, ajuntar, unir, entrelaçar, tecer.
contextus, -a, -um: *adj.* – tecido, continuado, seguido, unido, apertado.
contextus, -us: *s.m.* – reunião, ligação, contextura, fio, seguimento.
conticesco ou **conticisco, -is, -icui, -ere**: *v.int.* – calar-se, silenciar, cessar.
contignatio, -onis: *s.f.* – vigamento, madeiramento, andar, pavimento.
contiguus, -a, -um: *adj.* – próximo, vizinho, contíguo.
continens, -entis: *part.pres.* – contíguo, próximo, confinante, unido a, contínuo, seguido, sóbrio, moderado.
continenter: *adv.* – seguidamente, continuamente, sobriamente.
continentia, -ae: *s.f.* – domínio de si, continência, moderação.
contineo, -es, -ui, -entum, -inere: *v.t.* – sustentar, conter, abranger, conservar, ter, reter, refrear, encobrir, encerrar, abraçar.

contingo ou **continguo, -is, -ere, -tinxi, -tinctum**: *v.t.* – tingir, cobrir de tinta, untar, impregnar.

contingo, -is, -tigi, -tactum, -gere: *v.t./int.* – tocar, alcançar, atingir, topar, confinar, caber por sorte, suceder.

continuatio, -onis: *s.f.* – continuidade, série, continuação.

continuatus, -a, -um: *adj.* – contínuo, sem interrupção.

continue: *adv.* – continuamente, sem interrupção.

continuo: *adv.* – imediatamente, sem demora, logo, em seguida.

continuo, -as, -avi, -atum, -are: *v.t./int.* – ajuntar, unir, construir, fazer seguir, continuar, persistir.

continuus, -a, -um: *adj.* – reunido, contínuo, seguido, ininterrupto.

contio, -onis: *s.f.* – assembleia (convocada), tribuna, oração, discurso.

contio ad clerum: um discurso ao clero.

contionabundus, -a, -um: *adj.* – que fala em público.

contionalis, -e: *adj.* – relativo às assembleias do povo, aos comícios.

contionator, -oris: *s.m.* – tribuno popular, orador que lisonjeia o povo, demagogo.

contionatorius, -a, -um ou **concionatorius, -a, -um**: *adj.* – relativo a assembleias (reunidas em praça pública), referente a discurso.

contionor, -aris, -atus sum, -ari: *v.int.dep.* – estar em assembleia, falar ao povo, discursar, bradar, proclamar.

contorqueo, -es, -si, -tum, -ere: *v.t.* – virar, torcer, arrastar, brandir, arremessar.

contorte: *adv.* – de modo confuso, confusamente.

contortio, -onis: *s.f.* – ação de torcer, de atirar, obscuridade, confusão, complicação (de estilo).

contortulus, -a, -um: *adj.* – um tanto torcido, intricado.

contra: *prep.ac.* – em frente a, em oposição a, contra, para com; *adv.* – defronte, de outro lado, em resposta, contra, ao contrário.

contra arma verbis: contra as armas (nós nos servimos de) palavras.

contra bonos mores: contra os bons costumes, contrário aos bons costumes, imoral.

contra fas et ius: contrariando as leis divinas e humanas.

contra formam statuti: contra a forma da lei.

contra ius: contra o direito.

contra ius commune: contra o direito comum.

contra ius gentium: contra o direito das nações.

contra legem: contrário à lei.

contra legem divinam: contra a lei divina.

contra legem proque lege: contra a lei e a favor da lei.

contra legem scriptam: contra a lei escrita.

contra mores: contra os costumes.

contra mundum: contra o mundo.

contra naturam: contra a natureza.

contra pacem: contra a paz.

contra torrentem niti: lutar contra a corrente.

contracte: *adv.* – brevemente, apertadamente.

contractio, -onis: *s.f.* – ação de contrair, fechar, dobrar, contração, encolhimento, aperto, abreviação.

contractiuncula, -ae: *s.f.* – pequena contração, aflição passageira.

contractus, -a, -um: *adj.* – ajuntado, reunido, composto, contraído, curto, abreviado, reduzido, moderado.

contradico, -is, -xi, -ctum, -icere: *v.t.* – contradizer, replicar.

contradictio, -onis: *s.f.* – contradição, ação de contradizer, objeção, réplica.

contraho, -is, -axi, -actum, -ahere: *v.t.* – ajuntar, reunir, contrair, restringir, apertar, cerrar, reprimir, refrear, travar, causar.

contrarie: *adv.* – contrariamente, ao contrário, em sentido oposto.

contrario sensu: em sentido contrário, em direção contrária, pelo contrário.

contrarius, -a, -um: *adj.* – contrário, oposto, fronteiro, contrário, nocivo, rival, adversário, inimigo.

contrectatio, -onis: *s.f.* – toque, contato, manuseio, apalpação.

contrecto, -as, -avi, -atum, -ire: *v.t.* – tocar (com as mãos), manusear, apalpar, tratar, examinar, considerar.

contremisco, -is, -mui, -miscere: *v.t./int.* – começar a tremer, tremer, vacilar, recear.

contribuo, -is, -bui, -butum, -buere: *v.t.* – ajuntar, reunir, fornecer, contribuir.

contristo, -as, -avi, -atum, -are: *v.t.* – entristecer, magoar, afligir.

contritus, -a, -um: *adj.* – feito em pó, moído, usado, comum, vulgar.

controversia, -ae: *s.f.* – disputa, discussão, controvérsia, pleito, processo.

C

controversia mota est: levantou-se uma controvérsia.

controversiosus, -a, -um: *adj.* – contestável, controverso, que está em litígio.

controversus, -a, -um: *adj.* – voltado em sentido contrário, controvertido, duvidoso.

contrucido, -as, -avi, -atum, -are: *v.t.* – degolar, matar (muitos e ao mesmo tempo), trucidar.

contrudo, -is, -usi, -usum, -dere: *v.t.* – impelir com força, acumular com esforço, amontoar.

contubernalis, -is: *s.m.* – companheiro de barraca ou de tenda, camarada, jovem ligado à pessoa de um general, colega.

contubernium, -ii: *s.n.* – camaradagem (entre soldados da mesma tenda), companhia de um general ao qual se está ligado, tenda de soldado, convívio, trato, coabitação.

contueor, -eris, -tuitus sum, -eri: *v.t.dep.* – olhar atentamente, fitar, considerar.

contuitus, -us: *s.m.* – o olhar, vista, contemplação.

contumacia, -ae: *s.f.* – orgulhoso, soberbo, obstinação, contumácia, resistência, rebeldia, inclinação à revolta.

contumacia est actus spernendi leges: contumácia é o ato de desprezar a lei.

contumacia in non respondendo: contumácia em não responder.

contumax, -acis: *adj.* – teimoso, altivo, desdenhoso, insolente, constante, obstinado, rebelde.

contumelia, -ae: *s.f.* – afronta, ultraje, insulto, agravo, censura, repreensão.

contumeliosus, -a, -um: *adj.* – ultrajante, afrontoso, injuriante.

contumulo, -as, -avi, -atum, -are: *v.t.* – sepultar, enterrar.

contundo, -is, -udi, -usum, -undere: *v.t.* – esmagar, quebrar, despedaçar, contundir, acabrunhar, vencer.

conturbatio, -onis: *s.f.* – perturbação, confusão.

conturbatus, -a, -um: *adj.* – perturbado, confuso, desordenado.

conturbo, -as, -avi, -atum, -are: *v.t.* – perturbar, pôr em desordem, confundir, inquietar.

contus, -i: *s.m.* – vara, hasta, lança, arpão, chuço, dardo.

conubialis, -e ou **connubialis, -e**: *adj.* – relativo ao casamento, nupcial.

conubium, -ii ou **connubium, -ii**: *s.n.* – casamento, matrimônio.

conus, -i: *s.m.* – figura cônica, cimeira de capacete.

convalesco, -is, -lui, -lescere: *v.int.* – tomar forças, crescer, restabelecer-se, convalescer.

convallis, -is: *s.f.* – planície, vale fechado por todos os lados.

convasco, -avi, -atum, -are: *v.t.* – embrulhar para carregar.

convecto, -as, -avi, -atum, -are: *v.t.* – transportar, carregar, acarretar.

convector, -oris: *s.m.* – companheiro de viagem (por mar).

conveho, -is, -exi, -ectum, -ere: *v.t./int.* – levar, transportar, conduzir.

convello, -is, -velli ou **-vulsi, -vulsum, -vellere**: *v.t.* – arrancar, desenraizar, despedaçar, destruir, arruinar, abalar.

convena, -ae: *adj.m.f.* – estrangeiro vindo com outros, forasteiro, fugitivos.

conveniens, -entis: *part.pres.* – que está de acordo, conforme, adequado, conveniente.

convenienter: *adv.* – convenientemente, conformemente, de acordo com.

convenientia, -ae: *s.f.* – acordo, conformidade, harmonia, proporção.

convenio, -is, -veni, -ventum, -venire: *v.t./int.* – vir juntamente, afluir, reunir-se, ajuntar-se, encontrar-se, visitar, citar, chamar a juízo, concordar, ajustar, ficar bem, convir.

conventicuium, -i: *s.n.* – gratificação de presença, dinheiro pago ao pobres para assistir às assembleias do povo, entre os gregos.

conventiculum, -i: *s.n.* – reunião, ajuntamento, lugar de reunião.

conventio, -onis: *s.f.* – assembleia (do povo), reunião, tratado, ajuste, convenção.

conventio est lex: ajuste é lei.

conventum, -i: *s.n.* – acordo, convenção, tratado.

conventus, -us: *s.m.* – assembleia, reunião, ajuntamento, jurisdição, justiça.

converro, -is, -erri, -ersum, -errere: *v.t.* – varrer, limpar, ajuntar varrendo, agitar.

conversatio, -onis: *s.f.* – uso frequente de alguma coisa, habitação, morada.

converse: *adv.* – limpamente, asseadamente.

conversio, -onis: *s.f.* – rotação, giro, volta (periódica), mudança, transformação.

conversor, -aris, -atus sum, -ari: *v.int.dep.* – conservar-se, parar, conviver, morar com.

converto, -is, -ti, -sum, -tere: *v.t.* – voltar, fazer virar, perturbar, transformar, atrair, fazer mudar, traduzir, converter-se, mudar-se.
convestio, -is, -ivi, -itum, -ire: *v.t.* – cobrir com vestido, cobrir, revestir.
convexus, -a, -um: *adj.* – convexo, circular, côncavo, inclinado, escarpado.
conviciator, -oris: *s.m.* – o que injuria, escarnece, motejador.
convicior, -aris, -atus sum, -ari: *v.t.dep.* – insultar, descompor, escarnecer.
convicium, -ii: *s.n.* – gritaria, alarido, balbúrdia, pergunta, desaprovação feita a gritos, insulto, agravo, zombaria.
convictio, -onis ou **convictus, -us**: *s.m.* – vida em comum, convivência, trato de intimidade, companhia, banquete.
convictus, -a, -um: *adj.* – convencido, convicto.
convinco, -is, -vici, -victum, -vincere: *v.t.* – convencer, demonstrar, refutar.
conviso, -is, -ere: *v.t.* – visitar, ir ver, observar, examinar atentamente.
conviva, -ae: *s.m.* – conviva, comensal, convidado.
convivare raro: raramente irás a banquetes.
convivator, -oris: *s.m.* – o que dá banquete, anfitrião.
convivium, -ii: *s.n.* – banquete, festim, convite, conviva.
convivo, -is, -vixi, (-victum), -ere: *v.t.* – conviver, viver com, viver junto.
convivor, -aris, -atus sum, -ari: *v.int.dep.* – dar um banquete, receber convite para um banquete.
convocatio, -onis: *s.f.* – convocação, reunião.
convoco, -as, -avi, itum, -are: *v.t.* – chamar, convocar, reunir.
convolo, -as, -avi, -atum, -are: *v.int.* – correr, acudir, convolar.
convolvo, -is, -i, -olutum, -olvere: *v.t.* – volver, voltar, envolver, enrolar.
convomo, -is, -ui, -itum, -ere: *v.t.* – vomitar, enxovalhar (vomitando).
convulnero, -as, -avi, -atum, -are: *v.t.* – ferir, prejudicar.
cooperio, -is, -ui, -ertum, -erire: *v.t.* – cobrir bem, completamente, cobrir.
cooptatio, -onis: *s.f.* – escolha, eleição, admissão.
coopto, -as, -avi, -atum, -are: *v.t.* – ajuntar, escolher, eleger, admitir.
coorior, -eris, -ortus sum, -oriri: *v.int.dep.* – nascer, começar (de repente), erguer-se, levantar-se contra, combater.
coortus, -us: *s.m.* – nascimento, aparecimento.
coosuetus, -a, -um: *adj.* – acostumado, habitual.
coosultor, -oris: *s.m.* – conselheiro, consultor, o que pede conselho, consultante.
copia, -ae: *s.f.* – abundância, cópia, grande número de, multidão, recursos, riqueza, provisões, víveres, tropas, faculdade, permissão.
copia ignaviam affert: a abundância traz preguiça.
copia verborum: a abundância verbal.
copiolae, -arum: *s.f.pl.* – pequena tropa de soldados, pequeno exército.
copiose: *adv.* – com abundância, copiosamente.
copiosus, -a, -um: *adj.* – abundante, copioso, opulento, grande, considerável, eloquente.
copis ou **cops**: *adj.* – rico, opulento, que tem abundância de.
copis, -idis: *s.f.* – sabre, espada curta, alfanje, cutelo.
coprea, -ae: *s.m.* – bobo.
copta, -ae: *s.f.* – espécie de bolo muito duro.
copula, -ae: *s.f.* – a juntura, laço, correia, união, ligação, coito.
copulatio, -onis: *s.f.* – ação de ajuntar, reunião, ligação, aglomeração.
copulatus, -a, -um: *adj.* – ligado, unido.
copulo, -as, -avi, -atum, -are: *v.t.* – ajuntar, ligar, unir, atar, associar.
coquo, -is, -xi, -ctum, -quere: *v.t.* – cozer, cozinhar, secar, amadurecer, forjar, tramar.
coquus ou **cocus, -i**: *s.m.* – cozinheiro.
cor, cordis: *s.n.* – coração, alma, ânimo, inteligência.
coram: *adv.* – perante, de frente, face a face, frente a frente, defronte, diante de.
coram: *prep.abl.* – diante de, na presença de, à vista de.
coram Deo et hominibus: diante de Deus e dos homens.
coram iudice: perante o juiz.
coram lege: perante a lei.
coram nobis: em nossa presença.
coram paribus: perante seus pares.
coram populo: diante do povo, em público.
coram testibus: em presença de testemunhas.

corbis, -is: *s.f.* – cesto, cesta de vime.
corbita, -ae: *s.f.* – navio de carga, cargueiro.
cor cordium: o coração dos corações.
corda fratres: corações irmãos.
cordatus, -a, -um: *adj.* – sensato, prudente, corajoso, denodado, cordato, sábio.
cordolium, -i: *s.n.* – dor no coração, mágoa.
cor hominis immutat faciem ejus: o coração do homem lhe muda a face.
corinthas, -adis: *s.m.* – erva que se aplicava contra as serpentes.
corium ou **corius, -ii**: *s.n.* – o couro, a pele dura, correia, látego.
cor laesum immedicabile: coração ferido não tem cura.
cor meum et caro mea: meu coração e minha carne.
corneus, -a, -um: *adj.* – cornífero, feito de chifre, cornudo.
cornicen, -cinis: s.*m.* – corneteiro.
cornicor, -aris, -ari: *v.int.dep.* – grasnar, gralhar.
cornicula, -ae: *s.f.* – gralha pequena.
cornicularius, -i: *s.m.* – secretário, oficial subalterno.
corniculum, -i: *s.n.* – corno pequeno, chavelho, cocar em forma de corno dado como prêmio militar.
corniger, -era, -erum: *adj.* – que tem chifres, cornígero.
cornipes, -edis: *adj.* – que tem pés de corno.
cornix, -icis: *s.f.* – gralha (ave).
cor non mentitur: o coração não engana.
cornu, -us: *s.n.* – corno, chifre, presa de elefante, ponta, extremidade, cimeira do elmo, verga de navio, ala, flanco, arco.
cornum, -i: *s.n.* – pilrito ou cereja brava (fruto), dardo, flecha.
cornus, -i: *s.f.* – cerejeira brava, pilriteiro (planta), dardo, rojão.
corolla, -ae: *s.f.* – pequena coroa, grinalda.
corona, -ae: *s.f.* – coroa, roda, assembleia, reunião, bloqueio.
coronarius, -a, -um: *adj.* – que tem a forma de coroa, relativo a coroa.
coronis, -idis: *s.f.* – fim de um livro, sinal com que se assinalava o fim de um livro, o remate de alguma coisa.
corono, -as, -avi, -atum, -are: *v.t.* – coroar, engrinaldar, cingir, cercar, encher até em cima.
corporalis, -e: *adj.* – corporal, relativo ao corpo.
corporaliter: *adv.* – em pessoa, corporalmente, materialmente.
corporatus, -a, -um: *adj.* – corpóreo, que tem corpo.
corpore et animo: com o corpo e o espírito, por ação e intenção.
corporeus, -a, -um: *adj.* ou **corporatus, -a, -um**: *adj.* – dotado de corpo, corpóreo, material.
corporis delicium, animae exitium: prazeres do corpo, morte da alma.
corporo, -as, -avi, -atum, -are: *v.t.* – dar corpo, tomar corpo, corporificar-se.
corpulentus, -a, -um: *adj.* – gordo, corpulento.
corpus: corpo, termo empregado para designar um conjunto extenso e ordenado de dados ou textos, científicos ou literários, que podem servir de base a uma pesquisa.
corpus, -oris: *s.n.* – corpo, carne, gordura, cadáver, tronco, conjunto de, pessoa, indivíduo, classe, corporação.
corpus alienum: um corpo estranho.
Corpus Christi: o Corpo de Cristo.
corpusculum, -i: *s.n.* – corpúsculo, corpo pequeno, átomo.
corpus delicti: o corpo de delito.
corpus iuris: corpo da lei, nome dado ao livro que contém diversas coleções de leis.
Corpus Iuris Canonici: Código de Direito Canônico.
Corpus Iuris Civilis: Código de Direito Civil.
corpus politicum: o organismo estatal.
corpus sine pectore: um corpo sem coração, uma cabeça sem juízo.
corpus vas animi: o corpo é o invólucro do espírito.
corrado ou **conrado, -is, -ere, -rasi, -rasum**: *v.t.* – raspar, levar raspando.
correctio, -onis: *s.f.* – correção, emenda, reforma, repreensão.
corrector, -oris: *s.m.* – o que emenda, corrige, reformador, censor.
correpo, -is, -psi, -ptum, -pere: *v.int.* – insinuar-se, introduzir-se ou entrar com pés de lã, deslizar, esgueirar-se.
correptio, -onis: *s.f.* – ação de tomar, agarrar.
correptus, -a, -um: *adj.* – tomado, agarrado, atacado de, abreviado, apanhado, arregaçado.
corrigenda: coisas que devem ser corrigidas.
corrigia, -ae: *s.f.* – correia, rédea, cordão de sapato.

corrigo, -is, -rexi, -rectum, -ere: *v.t.* – endireitar, corrigir, reformar, melhorar.
corripio, -is, -pui, -eptum, -pere: *v.t.* – tomar, agarrar, recolher, apoderar-se de, furtar, reduzir, encurtar, percorrer às pressas, acusar, repreender.
corrivo, -as, -atum, -are: *v.t.* – fazer correr juntamente (as águas), conduzir (águas).
corroboro, -as, -avi, -atum, -are: *v.t.* – fortificar, reforçar, corroborar.
corrodo, -is, -osi, -osum, -dere: *v.t.* – roer, corroer.
corrogo, -as, -avi, -atum, -are: *v.t.* – pedir, mendigar, obter com rogos.
corrugo, -as, -avi, -atum, -are: *v.t.* – enrugar, franzir.
corrumpo, -is, -upi, -uptum, -umpre: *v.t.* – viciar, corromper, destruir, estragar, corromper, alterar, perverter, falsificar.
corruo, -is, -ui, -itum, -uere: *v.int./t.* – desabar, cair, precipitar-se, impelir, arrebatar, amontoar.
corrupte: *adv.* – de maneira viciosa, corruptamente, falsamente.
corruptela, -ae: *s.f.* – corrupção, ruína, depravação.
corruptio, -onis: *s.f.* – corrupção, depravação.
corruptor, -oris: *s.m.* – corruptor, sedutor, subornador.
corruptrix, -icis: *s.f.* – corruptora, sedutora.
cortex, -icis: *s.m.* – cortiça, casca.
cortina, -ae: *s.f.* – caldeira, cuba, tripeça, roda, auditório.
corulus, -i ou **corylus, -i**: *s.f.* – aveleira, avelã.
corus, -i ou **caurus, -i**: *s.m.* – vento noroeste.
corusco, -as, -avi, -atum, -are: *v.t./int.* – agitar, brandir, dardejar, brilhar, cintilar.
coruscus, -a, -um: *adj.* – agitado, trêmulo, rutilante, coruscante.
corvus, -i: *s.m.* – corvo, croque, arpéu.
corvus albus: é um corvo branco, uma coisa nunca antes vista.
corybantes, -um: *s.m.pl.* – coribantes, sacerdotes de Cibele.
corybium, -i: *s.n.* – cabelos postiços (dispostos em forma de cacho de hera).
corycus, -i: *s.m.* – saco de areia para exercício de atletas, exercício.
coryletum, -i: *s.n.* – lugar plantado de aveleiras.
corymbifer, -era, -erum: *adj.* – coroado com cachos de hera.
corymbus, -i: *s.m.* – cacho de hera.
coryphaeus, -i: *s.m.* – o primeiro, o principal, corifeu.
corythus, -i: *s.m.* – aljava.
cos, cotis: *s.f.* – pedra, seixo, calhau, pedra de amolar.
cosmetes ou **cosmeta, -ae**: *s.m.* – escravo que tem a seu cargo os serviços de toucador.
cosmicus, -a, -um: *adj.* – do mundo, cósmico.
cosmos, -i: *s.m.* – o mundo.
cossis, -is e **cossus, -i**: *s.m.* – bicho da madeira, caruncho.
costa, -ae: *s.f.* – costela, ilharga, cota, flanco.
cothurnatus, -a, -um: *adj.* – calçado com coturno, severo, trágico, sublime.
cothurnus, -i: *s.m.* – coturno, espécie de bota, calçado alto dos atores trágicos, tragédia, estilo trágico.
cotidianus ou **cottidie**: *adv.* – de cada dia, cotidiano, diário, habitual, vulgar
cottidie morior: eu morro todos os dias.
cottidie peius: cada dia pior, as coisas vão de mal a pior.
coturnix, -icis: *s.f.* – codorniz.
covinnarius, -ii: *s.m.* – o que combate de carro.
covinnus, -i: *s.m.* – carro de combate, carro de viagem.
coxendix, -icis: *s.f.* – anca, quadril, coxa.
crabro, -onis: *s.m.* – vespão, moscardo.
crapula, -ae: *s.f* – indigestão, embriaguez, bebedeira.
cras: *adv.* – amanhã, para amanhã.
cras alia evenient: amanhã acontecerão coisas diferentes, amanhã será outro dia.
crassa ignorantia: crassa ignorância.
crassa neglegentia: grande negligência.
crasse: *adv.* – grosseiramente, sem arte.
crassitudo, -inis: *s.f.* – espessura, grossura, consistência, densidade.
crassus, -a, -um: *adj.* – espesso, grosso, gordo, tosco, grosseiro.
crastino die: no dia seguinte.
crastinus, -a, -um: *adj.* – relativo ao outro dia, de amanhã, posterior, futuro.
crater, -eris: s.*m.* ou **cratera, -ae**: *s.f.* – taça, vasilha de azeite, cratera, boqueirão.
crates ou **cratis, -is**: *s.f.* – caniço, grade de canas ou de vimes, grade de destorroar, grelhas (instrumento de suplício).
creamen, -inis: *s.n.* – a criação, a criatura.

C

creandus, -a, -um: *adj.* – o que há de ser criado, produzido.
creatio, -onis: *s.f.* – a criação, produção, escolha, nomeação.
creator, -oris: *s.m.* – criador, autor, fundador.
creatrix, icis: *s.f.* – criadora, mãe.
creatus, -a, -um: *adj.* – criado, produzido, nascido.
creber, -bra, -brum: *adj.* – apertado, espesso, frequente, numeroso, abarrotado.
crebresco, -is, -bui, -scere: *v.int.* – tornar-se frequente, crescer, correr, divulgar-se.
crebritas, -atis: *s.f.* – frequência, repetição, espessura.
crebro: *adv.* – frequentemente, repetidas vezes.
crede ut intellegas: crê para compreenderes.
credibilis, -e: *adj.* – que se pode acreditar, crível, provável.
credibiliter: *adv.* – de maneira crível, com verossimilhança.
creditor, -oris: *s.m.* – o credor, a quem se deve dinheiro.
creditum, -i: *s.n.* – coisa emprestada, crédito, dívida.
credo: eu creio.
credo, -is, -didi, -ditum, -dere: *v.int./t.* – crer, acreditar, julgar, confiar, entregar.
credo Deum esse: creio que Deus existe.
credula res amor: o amor é confiante.
credulitas, -atis: *s.f.* – credulidade.
credulus, -a, -um: *adj.* – fácil em acreditar, crédulo.
credunt quod vident: eles acreditam no que veem.
crematio, -onis: *s.f.* – ação de queimar, cremação.
cremo, -as, -avi, -atum, -are: *v.t.* – queimar, abrasar.
cremor, -oris: *s.m.* – sumo, suco.
creo, -as, -avi, -atum, -are: *v.t.* – criar, gerar, produzir, causar, nomear, escolher.
crepante pede: com marcha estrepitosa.
crepax, -acis: *adj.* – que faz estrépito, que dá estalos.
crepera, -erum: *adj.* – obscuro, duvidoso, incerto, crítico.
crepida, -ae: *s.f.* – alpercata, sapato grosseiro, sandália.
crepidatus, -a, -um: *adj.* – calçado de alpercatas.
crepido, -inis: *s.f.* – base, pedestal, saliência de um rochedo, molhe, cais.
crepito, -as, -avi, -atum, -are: *v.int.* – crepitar, estalar, ranger.
crepitus, us: *s.m.* – ruído, estalo, estrépito, rangido.
crepo, -as, -ui, -itum, -are: *v.t./int.* – fazer ruído, estrépito, crepitar, estalar, ranger, faiscar.
crepundia, -orum: *s.n.pl.* – brinquedos, guizos, chocalhos.
crepusculum, -i: *s.n.* – crepúsculo, lusco-fusco, luz fraca.
crescat scientia: cresça o saber.
crescite et multiplicamini: crescei e multiplicai-vos.
crescit in adversis virtus: na adversidade cresce a virtude.
crescit sub pondere virtus: a virtude cresce sob a opressão.
cresco, -is, -evi, -etum, -escere: *v.int.* – nascer, crescer, medrar, avultar, aumentar.
cresco et spero: cresço e tenho esperança.
creta, -ae: *s.f.* – argila, greda, giz, argila de lacrar.
cretosus, -a, -um: *adj.* – abundante em argila.
cretula, -ae: *s.f.* – greda, giz, argila de lacrar, sinete.
cretus, -a, -um: *adj.* – nascido, gerado, descendente de.
cribro, -as, -avi, -atum, -are: *v.t.* – crivar, peneirar, joeirar.
cribro aquam hauris: apanhas água com uma peneira.
cribrum, -i: *s.n.* – crivo, peneira.
crimen, -inis: *s.n.* – delito, crime, acusação, agravo, falta, culpado, causa, autor de um mal.
crimen falsi: crime de perjúrio.
crimen furti: crime de furto.
crimen incendii: crime de incêndio.
crimen innominatum: crime sem nome.
crimen laesae divinitatis: crime de lesa divindade.
crimen laesae maiestatis: crime de lesa-majestade, alta traição.
crimen laesae religionis: crime de lesa religião.
crimen poena sequatur: a punição seguirá o crime.
crimen privilegiatum: crime privilegiado.
crimen raptus: crime de rapto.
crimina intendere: diminuição de capacidade.
crimina morte extinguuntur: os crimes se extinguem com a morte.

criminatio, -onis: *s.f.* – acusação, calúnia.
criminator, -oris: *s.m.* – acusador, delator, caluniador.
criminor, -aris, -atus sum, -ari: *v.dep.* – acusar, processar.
criminose: *adv.* – capciosamente, com má intenção, criminosamente.
criminosus, -a, -um: *adj.* – acusatório, difamante, satírico.
crinale, -is: *s.n.* – pente, travessa ou outro ornato de cabelo, diadema.
crinalis, e: *adj.* – relativo ao cabelo.
criniger, -era, -erum: *adj.* – cabeludo.
crinis, -is: *s.m.* – cabelo, cabeleira, trança de cabelo.
crinitus, -a, -um: *adj.* – que tem muito cabelo, cabeludo.
criso ou **crisso, -as, -avi, -atum, -are**: *v.int.* – torcer-se, enrolar-se.
crispatus, -a, -um: *adj.* – encrespado, crespo.
crispo, -as, -avi, -atum, -are: *v.t./int.* – anelar, encrespar, enrugar, agitar, brandir.
crispus, -a, -um: *adj.* – crespo, anelado, ondeado, fresado.
crista, -ae: *s.f.* – crista, cimeira, penacho (de capacete).
cristatus, -a, -um: *adj.* – que tem crista, provido de penacho.
criticus, -i: *s.m.* – crítico, censor.
croceus, -a, -um: *adj.* – relativo ao açafrão, de açafrão.
crocio, -is, -ivi, -itum, -ire ou **crocito, -as, -avi, -atum, -are**: *v.int.* – crocitar, grasnar.
crocodilus, -i: *s.m.* – crocodilo.
crocus, -i: *s.m.* ou **crocum, -i**: *s.n.* – açafrão.
crostalistria, -ae: *s.f.* – tocadora de castanhola.
crotalia, -orum: *s.m.* – brincos pingentes, formados de várias pérolas.
crotalum, -i: *s.n.* – castanhola, pandeiro.
cruciabilis, -e: *adj.* – que atormenta, cruel, penoso.
cruciamentum, -i: *s.n.* – tortura, dor, sofrimento.
cruciatus, us: *s.m.* – tormento, suplício, aflição.
cruci dum spiro, fido: enquanto respiro, confio na cruz.
crucifigo (cruci figo), -is, -fixi, -fixum, -ere: *v.t.* – crucificar, pregar na cruz.
crucio, -as, -avi, -atum, -are: *v.t.* – pregar na cruz, atormentar, torturar.
crudelis, -e: *adj.* – cruel, desumano.
crudelitas, -atis: *s.f.* – crueldade, dureza, atrocidade.
crudeliter: *adv.* – com crueldade, cruelmente, duramente.
crudesco, -is, -dui, -ere: *v.int.* – sangrar, derramar sangue.
crudeseo, -is, -dui, -desecre: *v.int.* – tornar-se mais cruel, exasperar-se, aumentar.
cruditas, -atis: *s.f.* – crueza, indigestão.
crudus, -a, -um: *adj.* – sangrento, ensanguentado, cru, verde, prematuro, vigoroso, bruto, tosco, cruel, desumano.
cruenta, -orum: *s.n.pl.* – carnificina.
cruente: *adv.* – com derramamento de sangue, cruelmente.
cruento, -as, -avi, -atum, -are: *v.t./int.* – ensanguentar, dilacerar.
cruentus, -a, -um: *adj.* – sangrento, ensanguentado, sanguinário, cruel, vermelho.
crumena, -ae: *s.f.* – bolsa (de caçador, pastor), bolsa (de dinheiro), dinheiro.
cruor, -oris: *s.m.* – sangue que corre, força vital, matança, carnificina.
crupellarii, -orum: *s.m.pl.* – gladiador coberto de armadura de ferro.
crus, cruris: *s.n.* – perna, pata.
crusta, -ae: *s.f.* – crosta, côdea, casca, camada que reveste, lâmina.
crusto, -as, -avis, -atum, -are: *v.t.* – revestir, cobrir, incrustar.
crustularius, -i: *s.m.* – pasteleiro, confeiteiro.
crustulum, -i: *s.n.* – bolinhos, pastelaria, doces.
crustum, -i: *s.n.* – bolo, pão.
crux, crucis: *s.f.* – cruz, patíbulo, martírio, tormento.
crux criticorum: o tormento dos críticos.
crux medicorum: o tormento dos médicos.
crypta, -ae: *s.f.* – cripta, galeria subterrânea, gruta.
crystallinum, -i: *s.n.* – vaso de cristal.
cubans, -antis: *adj.* – que está deitado, de cama.
cubicularius, -a, -um: *adj.* – relativo a quarto de dormir, **-ii**: *s.m.* – criado de quarto.
cubile, -is: *s.n.* – leito, cama, quarto de dormir, morada, aposento, lugar a que se recolhem animais (ninho, covil, toca).
cubital, -alis: *s.n.* – almofada (para apoio do cotovelo, quando se come recostado).
cubitalis, -e: *adj.* – que tem um côvado de altura.
cubito, -as, -avi, itum, -are: *v.int.* – estar deitado, dormir.
cubitum, -i: *s.n.* ou **cubltus, -i**: *s.m.* – cotovelo, côvado.

C

cubo, -as, -ui, -itum, -are: *v.int.* – estar deitado, repousar, dormir, estar de cama, estar deitado à mesa (para refeições).
cucullus, -i: *s.m.* – capa, capote, capelo, envoltório (de papel).
cucuma, -ae: *s.f.* – caldeirão, banheira pequena.
cucumula, -ae: *s.f.* – marmita pequena.
cucurbita, -ae: *s.f.* – abóbora, cabaça.
cucurbita calvior: mais careca do que uma abóbora.
cudo, -is, -di, -sum, -dere: *v.t.* – bater, malhar, cunhar, forjar, maquinar.
cuias, -atis ou **cujas, atis**: *adj.* – de que região?, de que país?
cui des videto: olha a quem dás.
cui malo?: a quem prejudica?
cuimodi: de que maneira?, de que modo?
cui prodest?: quem aproveita?, quem leva vantagem nisso?
cuique suum: a cada um o que é seu.
cuius ou **cujus, -a, -um**: *adj.* – de quem?, a quem?, de que, de quem, cujo.
cuius, -a, -um: *adj.* – de quem?, a quem?, de que, de quem, cujo.
cuiusdammodi: *adv.* – de algum modo, de certa maneira.
cuiusmodi: *adj.* – de que espécie, de que modo.
cuiusquemodi: *adj.* – de qualquer modo, de qualquer espécie ou maneira que seja.
cujiusmodi: *adj.* – de que espécie, de que modo.
cujusdammodi: *adv.* – de algum modo, de certa maneira.
cujusquemodi: *adj.* – de qualquer modo, de qualquer espécie ou maneira que seja.
culcita, -ae: *s.f.* – colchão, travesseiro.
culex, culicis: *s.m.* – mosquito.
culina, -ae: *s.f.* – cozinha, mesa, fornecimento para mesa.
culinarius, -ii: *s.m.* – o cozinheiro.
culleus, -i: *s.m.* – saco de couro, odre.
culmen, -inis: *s.n.* – cume, sumidade, cumeeira.
culmus, -i: *s.m.* – haste, cana, espiga, telhado, teto de colmo.
culpa, -ae: *s.f.* – culpa, falta, delito, defeito, dano, prejuízo.
culpa aquiliana: culpa aquiliana, culpa extracontratual.
culpa est non praevidere quod facile potest evenire: é culpa não prever o que facilmente pode acontecer.
culpa in abstracto: culpa em abstrato.
culpa in commitendo: culpa por imprudência.
culpa in concreto: culpa em concreto.
culpa in contrahendo: culpa no contratar.
culpa in eligendo: culpa pela escolha de seus prepostos.
culpa in faciendo: culpa na forma de prestar a obrigação.
culpa in omittendo: a culpa por omissão.
culpa in vigilando: culpa em vigiar a execução de que outrem ficou encarregado.
culpa levis: a culpa leve.
culpatus, -a, -um: *adj.* – repreensível, censurável.
culpa ubi non est, nec poena esse debet: onde não existe culpa, não deve haver pena.
culpo, -as, -avi, -atum, -are: *v.t.* – repreender, criticar, deitar a culpa a alguém, inculcar.
culta, -orum: *s.n.pl.* – campos cultivados, searas.
culte: *adv.* – cultamente, com esmero, elegância.
cultellus, -i: *s.m.* – faca pequena, cutelo.
culter, -tri: *s.m.* – faca, dente de arado.
cultio, -onis: *s.f.* – cultura, lavoura.
cultor, -oris: *s.m.* – o que cultiva, agricultor, morador, habitante, partidário, amigo, cultor.
cultrix, -icis: *s.f.* – a que cultiva, habitante, moradora.
cultura, -ae: *s.f.* – lavoura, instrução, cultura.
cultus, -a, -um: *adj.* – cultivado, ornado, enfeitado.
cultus, -us: *s.m.* – cultura, amanho, lavoura, instrução, educação, culto, teor de vida, uso, costume, modo de trajar.
culullus, -i: *s.m.* – vaso, púcaro de barro, copo.
cum ou **quum**: *conj.* – quando, depois que, durante o tempo que, como, visto que, pois que, ainda que, embora; *prep.abl.* – com, com auxílio, por, por meio de, para.
cumba, -ae ou **cymba, -ae**: *s.f.* – bote, canoa, barco.
cum bona gratia: com bons modos.
cum certitudine: com certeza.
cum dignitate otium: o descanso com dignidade.
cum docemus, discimus: quando ensinamos, aprendemos.
cumera, -ae: *s.f.* – cesto de junco ou vasilha para guardar trigo.
cum fide: com fé.
cum grano salis: com um grão de sal: o enunciado não se deve tomar a sério, temperado que foi com um grão de sal.

cum hasta, cum scuto: com a lança, com o escudo, usando todos os recursos.
cum ingenti gaudio: com grande alegria.
cum insanientibus furere: com loucos, fazer-se de louco.
cuminum, -i: *s.n.* – cominho (planta).
cum labore et deo iuvante: com esforço e com a ajuda de deus.
cum laetitia: com alegria, com satisfação.
cum larvis luctari: lutar com fantasmas, criticar ausentes ou defuntos.
cum laude: com louvor.
cum licentia superiorum: com a autorização dos superiores.
cum magna voluptate: com grande prazer.
cum magno commodo: com grande proveito.
cum maiore ratione: com maior razão.
cummaxime ou **quummaxime**: *adv.* – tanto quanto possível, mais do que nunca, mormente agora, mesmo então.
cum mente et malleo: com a inteligência e com o martelo.
cum mortuis conversari: conversar com mortos; ler livros de autores antigos.
cum multo desiderio: com grande desejo.
cum mutis magistris loqui: conversar com mestres mudos; ler livros.
cum onere: com ônus.
cum pauca legat, pauca scit: como lê pouco, sabe pouco.
cum pertinentiis: com as coisas pertinentes.
cum prima luce: com a primeira luz, ao amanhecer.
cumprime ou **cumprimis**: *adv.* – principalmente, sobretudo, primeiro que tudo, no princípio.
cum privilegio: com privilégio.
cumque ou **cunque** ou **quonque**: *adv.* – em todos os casos, em quaisquer cisrcunstâncias.
cum quibus: com quê, com que recursos.
cum reus moram facit et fidejussor tenetur: quando o réu incorre em mora, o fiador é responsável.
cum silentio: com silêncio, em silêncio.
cum summo gaudio: com a maior alegria.
cum tempore mutamur: nós mudamos com o tempo.
cumulate: *adv.* – completamente, com abundância.
cumulatus, -a, -um: *adj.* – amontoado, cumulado, cheio de, completo.
cumulo, -as, -avi, -atum, -are: *v.t.* – amontoar, acumular, encher, completar.
cumulus, -i: *s.m.* – montão, acervo, abundância, cúmulo, auge, remate.
cum voluerit Deus: quando Deus quiser.
cunabula, -orum: *s.n.pl.* – berço, meninice, infância, terra natal, pouso, ninho.
cunae, -arum: *s.f.pl.* – berço, infância, ninho.
cunctabundus, -a, -um: *adj.* – hesitante, que hesita, vagaroso, irresoluto, contemporizador.
cunctando propero: temporizando, avanço.
cunctanter: *adv.* – com hesitação, lentamente, devagar.
cunctatio, -onis: *s.f.* – demora, incerteza, indecisão.
cunctator, -oris: *s.m.* – o que retarda, contemporizador, prudente, vagaroso na decisão.
cunctis suffragiis: com todos os votos, por unanimidade.
cunctor, -aris, -atus sum, -ari: *v.dep.* – tardar, hesitar, contemporizar.
cunctus, -a, -um: *adj.* – todo, inteiro.
cuneatim: *adv.* – em forma de cunha ou de triângulo.
cuneatus, -a, -um: *adj.* – em forma de cunha, cuneiforme.
cuneolus, -i: *s.m.* – pequena cunha.
cuneus, -i: *s.m.* – cunha, exército disposto em forma de cunha, bancada (no senado ou no anfiteatro), assembleia (de teatro).
cuniculus, -i: *s.m.* – o coelho, a mina, cavidade subterrânea.
cupa, -ae ou **cuppedia, -ae**: *s.f.* – vasilha de madeira, cuba.
cupedia, -ae: *s.f.* – gulodice, guloseima.
cupide: *adv.* – ardentemente, avidamente, com paixão.
cupiditas, -atis: *s.m.* – desejo, apetite, cobiça, parcialidade, paixão.
cupiditas acquirendi: o desejo de enriquecer.
cupiditas lucrandi: o desejo de lucro.
cupiditas novarum rerum: o desejo de coisas novas.
cupido, -inis: *s.f.* – desejo, cobiça, ambição, amor violento, paixão.
cupido lucis: o desejo de luz, o desejo de viver.
cupidus, -a, -um: *adj.* – desejoso, ávido, amigo de, cobiçoso, avarento, parcial, apaixonado.
cupiens, -entis: *part.pres.* – que deseja, que cobiça, ávido, amigo de.

cupio, -is, -ivi ou **-ii, -itum, -ere**: *v.t./int.* – desejar, apetecer, cobiçar, exigir, interessar-se por.
cupitor, -oris: *s.m.* – o que deseja, o cobiçoso, amigo de.
cupressetum, -i: *s.n.* – bosque de ciprestes.
cupresseus, -a, -um: *adj.* – de cipreste.
cupressifer, -era, -erum: *adj.* – que produz ciprestes.
cupressus, -i: *s.m.* – cipreste, caixinha feita com madeira de cipreste.
cur: *adv.inter.* – por quê?, por que causa?; *indir.* – por que, para que, por que razão.
cura, -ae: *s.f.* – cuidado, diligência, tratamento, cura, administração, governo, desassossego, aflição, amor.
cura angit animum: a preocupação atormenta o espírito.
curabilis, -e: *adj.* – curável.
curalium, -ii ou **coralium, -ii**: *s.n.* – coral.
curare cutem: cuidar da própria pele.
curate: *adv.* – com cuidado, com empenho.
curatio, -onis: *s.f.* – cuidado, emprego, cargo, tratamento, cura.
curator, -oris: *s.m.* – o que tem o cuidado ou a direção de, administrador, curador.
curator ad hoc: curador para isto, curador para finalidade específica.
curatus, -a, -um: *adj.* – cuidado, tratado, bem preparado.
curculio, -onis: *s.m.* – gorgulho.
curia, -ae: *s.f.* – cúria, uma das divisões do povo, lugar de reunião do senado, assembleia do senado, senado.
curio, -onis: *s.m.* – curião, chefe ou sacerdote de uma cúria.
curiose: *adv.* – curiosamente, com cuidado, com atenção, com interesse.
curiosus, -a, -um: *adj.* – curioso, cuidadoso, diligente, exato, desejoso de saber, indiscreto.
curiosus, -i: *s.m.* – o espião, o delator.
curo, -as, -avi, -atum, -are: *v.t.* – cuidar, olhar por, tratar, enfeitar, ornar, hospedar, cortejar, dirigir, governar, mandar pagar, desempenhar, cumprir.
currente calamo: ao correr da pena.
curriculum, -i: *s.n.* – carreira, lugar onde se fazem corridas (hipódromo, estádio), série, espaço, lugar, ordem, exercício, carro de corrida.
curriculum vitae: o curso da vida, currículo demonstrativo ou relação de títulos da pessoa.
curro, -is, cucurri, cursum, currere: *v.t./int.* – correr, acudir, precipitar-se.
currus, -us: *s.m.* – carro, carroça, carro de triunfo, triunfo, parelha de um carro, arado, charrua, navio.
cursim: *adv.* – às carreiras, rapidamente, depressa.
cursito, -as, -avi, -atum, -are: *v.int.* – correr frequentemente, correr de um lado para outro.
cursor, -oris: *s.m.* – corredor, correio, mensageiro, condutor de carro.
cursus, -us: *s.m.* – carreira, corrida, andar, marcha, viagem por mar, correio, curso, duração, andamento.
curto, -as, -avi, -atum, -are: *v.t.* – cortar, encurtar, diminuir.
curtus, -a, -um: *adj.* – reduzido, mutilado, curto, pequeno, incompleto.
curulis, -e: *adj.* – relativo a carro, referente a jogos de circo, próprio de magistrados de categoria superior, cadeira de marfim reservada ao pretor, edil, censor ou cônsul (**sella curulis**).
curvamen, -inis: *s.n.* ou **curvatura, -ae**: *s.f.* – curvatura, curva.
curvo, -as, -avi, -atum, -are: *v.t./int.* – curvar, dobrar, arquear, mover, comover.
curvus, -a, -um: *adj.* – recurvado, arqueado, curvo, côncavo, profundo.
cusoido, -as, -atum, -are: *v.t.* – tornar pontudo, aguçar.
cuspidatim: *adv.* – em ponta.
cuspis, -idis: *s.f.* – ponta, dardo, lança, espeto, tridente (de Netuno), ferrão.
custodes pacis: os guardiães da paz.
custodia, -ae: *s.f.* – guarda, proteção, vigia, sentinela, posto militar, prisão.
custodia legis: sob a custódia da lei.
custodio, -is, -ivi, -itum, -ire: *v.t.* – guardar, conservar, proteger, cumprir, observar, ter sob custódia, olhar, vigiar.
custos, -odis: *s.m.f.* – guarda, vigia, conservador, protetor, verificador, fiscal, o que contém ou conserva.
custos legis: o guardião da lei.
custos morum: o guardião dos costumes.
custos vigilat: a sentinela está alerta.
cuticula, -ae: *s.f.* – pelezinha, película, cutícula.
cutis, -is: *s.f.* – cobertura exterior, invólucro, pele, cútis.
cyathus, -i: *s.m.* – copo, taça.
cybea, -ae: *s.f.* – navio de transporte.

cyclas, -adis: *s.f.* – vestido largo e arredondado por baixo, usado pelas mulheres.

cyclicus, -a, -um: *adj.* – cíclico, do ciclo épico.

Cyclops, -opis: *s.m.* – Ciclope, o que tem um só olho, um dos gigantes da costa da Sicília que inventaram a arte de forjar o ferro, dança do Ciclope.

cycneus, -a , -um: *adj.* – de cisne.

cycnus ou **cygnus, -i**: *s.m.* – cisne, poeta, cantor.

cydonius, -a, -um: *adj.* – cidônio, de Cidão, cidade da ilha de Creta; *s.f.* – marmeleiro; *s.n.* – marmelo.

cylindrus, -i: *s.m.* – cilindro, ralo para aplainar a terra.

cymba, -ae: *s.f.* – canoa, bote, cimba.

cymbalum, -i: *s.n.* – pandeiro.

cymbium, -i: s.*n.* – taça para beber, lâmpada com feitio de barco.

cymbula, -ae: *s.f.* – pequeno barco.

cynicus, -a, -um: *adj.* – de cão, canino, cínico, filósofo de uma seita grega.

cynocephalus, -i: *s.m.* – cinocéfalo, macaco com cabeça de cão.

cynthius, -a, -um: *adj.* – cíntio; *s.m.* – Cíntio, Apolo; *s.f.* – Cíntia, Diana, divindade venerada no monte Cíntio.

cyparissus, -i: *s.f.* – cipreste.

cypreus, -a, -um: *adj.* – de cobre.

cyprius, -a, -um: *adj.* – cíprio, da ilha de Chipre, cipriota.

cytisus, -i: *s.f.* – codesso (arbusto).

D

dabit ira vires: a ira dará forças.
dabit qui dedit: quem deu, dará.
dactylos, -i: *s.m.* – tâmara, marisco de concha, dáctilo, pé composto de uma sílaba longa e de duas breves.
daedalus, -a, -um: *adj.* – feito com arte, engenhoso, destro, hábil.
da et accipe: dá e recebe.
da gloriam Deo: dá glória a Deus.
da laborem, dabo fructus: dá-me trabalho, que eu darei os frutos.
dama, -ae: *s.f.* – corça, cabra montês.
da mihi factum, dabo tibi ius: exponha o fato e direi o direito.
da mihi potum: dá-me de beber.
damnatio, -onis: *s.f.* – condenação.
damnatorius, -a, -um: *adj.* – relativo a condenação, condenatório.
damnatus, -a, -um: *adj.* – condenado, rejeitado, reprovado.
damno, -as, -avi, -itum, -are: *v.t.* – condenar, culpar, fazer condenar, obrigar por uma cláusula, censurar, rejeitar.
damnosus, -a, -um: *adj.* – que causa dano, prejudicial, pernicioso, que arruína gastando, que sofreu dano.
damnum, -i: *s.n.* – dano, prejuízo, lesão, moléstia, multa, castigo; *pl.* – gastos excessivos, dissipação.
damnum emergens: dano emergente.
damnum ex delicto: dano por delito.
damnum infectum: dano temido.
damnum injuria datum: dano produzido pela injúria.
danda venia lapso: deve-se desculpar quem caiu.
dant animos vina: o vinho dá coragem.
dante Deo: se Deus nos dá, por dádiva de Deus.
dant vires gloriam: o esforço dá glória.
da pacem, Domine, diebus nostris: Senhor, dá paz aos nossos dias.
dapes, -um: *s.f.* – banquete sagrado, festim, banquete.
dapsile: *adv.* – abundantemente, magnificamente, suntuosamente.
dardanides, -ae: *s.m.* – filho ou descendente de Dárdano.
dardanius ou **dardanus, -a, -um**: *adj.* – dardânio, de Dárdano, troiano.
dare et remittere paria sunt: dar e perdoar são coisas iguais.
dare fidem: dar crédito (à palavra de alguém).
dare fidem publicam: dar um salvo-conduto, prometer imunidade.
dare in solutum est vendere: dar em pagamento é vender.
dare nemo potest quod non habet: ninguém pode dar o que não tem.
da, si vis accipere: dá, se queres receber; é dando que se recebe.
data et accepta: dado e recebido, despesas e receitas.
datarius, -a, -um: *adj.* – que pode ou deve ser dado.
datatim: *adv.* – em troca, reciprocamente.
data venia: com a devida licença.
dat, donat, dicat: dá, dedica, consagra.
dat gloria vires: a glória me dá forças.
dat inania verba: diz palavras vazias.
datio, -onis: *s.f.* – ação de dar, direito de dispor dos bens próprios.
datio donandi animo: dação com intenção de doar.
datio in solutum: dação em pagamento.
datio solvendi animo: dação com intenção de pagamento.
dato, -as, -avi, -atum, -are: *v.t.* – dar muitas vezes, com frequência.
dator, -oris: *s.m.* – o que dá, doador.
dat sine mente sonum: fala sem pensar.
datum ou **datus, -i**: *s.n.* – dádiva, presente.
datum perficiemus munus: missão dada, missão cumprida!
datum serva: conserva o que te foi dado.
datur: é permitido.
datur digniori: é dado ao que mais merece.
dat verba in ventos: fala ao vento, diz mentiras, faz juramento falso.
da veniam culpae: perdoa a falta.
de: *prep.abl.* – de, vindo de, de cima de, de fora de, dentre, do meio de, a, por, por causa, conforme.
dea, -ae: *s.f.* – deusa.
dealbo, -as, -avi, -itum, -are: *v.t.* – branquear, caiar, limpar.
de alieno ludis corio: brincas com a pele alheia.

de alto peior est ruina: do alto a queda é pior.
deambulo, -as, -avi, -itum, -are: *v.int.* – passear.
deamo, -as, -avi, -atum, -are: *v.t.* – gostar muito, amar muito.
dearmo, -as, -avi, -itum, -are: *v.t.* – desarmar, roubar, subtrair.
deartuo, -as, -avi, -atum, -are: *v.t.* – desmembrar, despedaçar, deslocar.
deascio, -as, -avi, -atum, -are: *v.t.* – fazer uma velhacaria, enganar.
de auditu: por ouvir dizer.
deauratus, -a, -um: *adj.* – dourado.
debacchor, -aris, -atus sum, -ari: *v.int.* – enfurecer-se, arrebatar-se.
debellatio, -onis: *s.f.* – derrota.
debellator, -oris: *s.m.* – o que domina, subjuga, vencedor.
debello, -as, -avi, -itum, -are: *v.t.* – subjugar pelas armas, vencer em guerra.
debeo, -es, -ui, -itum, -ere: *v.t.* – dever, ser devedor, ser obrigado a, ser destinado.
debibo, -is, -ibi, -itum, -ere: *v.t.* – beber.
debilior quam culex: mais fraco que um mosquito.
debilitas, -atis: *s.f.* – debilidade, fraqueza, doença.
debilitatio, -onis: *s.f.* – abatimento, desânimo.
debiliter: *adv.* – debilmente, com fraqueza.
debilito, -as, -avi, -atum, -are: *v.t.* – enfraquecer, debilitar, fatigar, abater.
debita promissum parit: promessa gera dívidas.
debita redde mihi: paga-me o que deves.
debitio, -onis: *s.f.* – ação de dever, dívida.
debitor, -oris: *s.m.* – devedor.
debitor sui ipsius nemo esse potest: ninguém pode dever a si mesmo.
debitum, -i: *s.n.* – dívida, obrigação.
debitum insolubile: uma dívida impagável.
debitus, -a, -um: *adj.* – devido, reservado pelo destino, destinado.
deblatero, -as, -avi, -atum, -are: *v.t.* – berrar, gritar, declamar.
de bonis asportatis: dos bens retirados.
de caelo in caenum: do céu para o lodo.
decanto, -as, -avi, -atum, -are: *v.t.* – cantar, recitar, louvar, repetir, repisar.
de capite ad pedem: da cabeça ao pé.
decedo, -is, -cessi, -cessum, -cedere: *v.int.* – ausentar-se, sair, levantar acampamento, renunciar a, afastar-se de.
decedor, -oris: *adj.* – feio, vergonhoso, indigno.
decem: *adj.num.* – dez.
december, -bris: *s.m.* – dezembro, décimo mês do ano romano, que começava em março; **-bre**: *adj.* – relativo ao mês de dezembro.
decempeda, -ae: *s.f.* – vara de dez pés de comprimento, medida agrária.
decempedator, -oris: *s.m.* – medidor de terras, agrimensor.
decemplex, -icis: *adj.* – décuplo.
decemprimi, -orum: *s.m.pl.* – os dez primeiros decuriões de uma cidade.
decemscalmus, -a, -um: *adj.* – que tem dez remos.
decemvir, -iri: *s.m.* – decênviro, cada um dos dez magistrados superiores da república romana.
decemviratus, -us: *s.m.* – decenvirato, cargo de decênviro, cada um dos dez magistrados superiores da república romana.
decemvirilis, -e: *adj.* – relativo ao decênviro, cada um dos dez magistrados superiores da república romana, decenviral.
decennis, -e: *adj.* – que dura dez anos.
decens, -entis: *adj.* – conveniente, decente, belo, gracioso.
decentia, -ae: *s.f.* – decência, decoro, graça.
deceptio visus: uma ilusão de ótica.
deceptor, -oris: *s.m.* – enganador.
decerno, -is, -crevi, -cretum, -cernere: *v.t./int.* – resolver, decretar, julgar, decidir, terminar, combater, lutar.
decerpo, -is, -psi, -ptum, -ere: *v.t.* – colher, apanhar, tirar de, recolher.
de certa scientia: de conhecimento certo, com conhecimento.
decertatio, -onis: *s.f.* – combate, luta, contenda.
decerto, -as, -avi, -atum, -are: *v.int.* – combater, pelejar, disputar.
decessio, -onis: *s.f.* – partida, saída de um cargo, perda, diminuição.
decessor, -oris: *s.m.* – o que deixa um cargo, concluído o tempo, antecessor.
decessus, -us: *s.m.* – partida, terminação do exercício de um cargo, diminuição, falecimento.
decet, -cuit, -cere: *v.unip.* – convir, ser conveniente, estar bem, ser mister.
de cetero: quanto ao mais, de resto.
decido, -is, -cidi, -cisum, -dere: *v.t.* – cortar, decidir, regular, transigir.

D

decido, -is, -idi, -ere: *v.int.* – cair de, cair, decair, afastar-se de, sucumbir, morrer.
decies: *adv.* – dez vezes.
decimana ou **decumana, -ae**: *s.f.* – mulher de um recebedor do dízimo, porta que fica na parte posterior do acampamento.
decimanus ou **decumanus, -a, -um**: *adj.* – dado em pagamento do dízimo, sujeito ao dízimo.
decima ou **decuma, -ae**: *s.f.* – dízimo oferecido aos deuses, tributo do dízimo, décima parte; *pl.* – liberalidades em dinheiro feitas ao povo.
decimum: *adv.* – pela décima vez.
decimus, -a, -um: *adj.* – décimo, décima parte, dízimo.
decipio, -is, -cepi, -ceptum, -cipere: *v.t.* – enganar, iludir, lograr.
decisio, -onis: *s.f.* – decisão, sentença.
decisio litis: decisão da causa.
decisorium litis: ato decisório da lide.
declamatio, -onis: *s.f.* – exercício da arte da palavra, declamação, assunto tratado como exercício, discurso sem valor.
declamator, -oris: *s.m.* – que se exercita na arte de falar, declamador.
declamatorius, -a, -um: *adj.* – relativo à declamação.
declamito, -as, -avi, -atum, -are: *v.t./int.* – exercitar-´se na declamação, declamar, vociferar.
declamo, -as, -avi, -atum, -are: *v.t./int.* – exercitar-se em falar, declamar, esbravejar.
declaratio, -onis: *s.f.* – explicação, declaração.
declaratio nullitatis: declaração de nulidade.
declaro, -as, -avi, -atum, -are: *v.t.* – declarar, manifestar, proclamar, mostrar, anunciar.
de claro die: à luz do dia.
declinatio, -onis: *s.f.* – ação de desviar, de afastar-se, digressão, afastamento, desvio, declinação.
declinatus, -a, -um: *adj.* – apartado, desviado.
declinis, -e: *adj.* – que se inclina, que se retira, que se afasta.
declino, -as, -avi, -atum, -are: *v.t./int.* – declinar, desviar, escapar, afastar-se, evitar, fugir a.
declivis, -e: *adj.* – que é em declive, inclinado, ladeirento; *s.n.pl.* – encosta, ladeira.
declivitas, -atis: *s.f.* – declividade, ladeira.
declivus, -a, -um: *adj.* ou **declivis, -e**: *adj.* – inclinado, ladeirento.
decoctor, -oris: *s.m.* – dissipador, perdulário, falido.
decoctus, -a, -um: *adj.* – reduzido pela cocção, mal gasto, destruído, limado, polido, fraco, lânguido.
decoctus perdit administrationem suorum bonorum: o falido perde a administração de seus bens.
decolo, -as, -avi, -atum, -are: *v.t.* – esquivar-se, fugir, escapar por entre os dedos.
decolor, -oris: *adj.* – que desmaiou ou perdeu a cor, descorado, alterado, manchado, denegrido.
decoloratio, -onis: *s.f.* – alteração na cor, descoramento.
decoloro, -as, -avi, -atum, -are: *v.t.* – alterar a cor, tingir, manchar.
decondo, -is, -ere: *v.t.* – ocultar, esconder.
decoquo, -is, -coxi, -coctum, -coquere: *v.t./int.* – reduzir pela cocção, diminuir, gastar seus bens, quebrar, falir, causar dano, arruinar, fazer ferver, cozer.
decor, -oris: *s.m.* – decoro, ornamento, beleza, graça, elegância, conveniência.
decora teipsum: respeita a ti mesmo.
decore: *adv.* – gentilmente, dignamente, artisticamente.
decoro, -as, -avi, -atum, -are: *v.t.* – enfeitar, decorar, premiar, condecorar.
decorum, -i: *s.n.* – decoro, decência, conveniência.
decorus, -a, -um: *adj.* – engraçado, decoroso, ornato, elegante, belo, gentil.
decrepitus, -a, -um: *adj.* – muito velho, decrépito.
decresco, -is, -crevi, -cretum, -escere: *v.int.* – diminuir-se, minguar, decrescer.
decretorius, -a, -um: *adj.* – decisivo, definitivo, fatal.
decretum, -i: *s.n.* – decisão, julgamento, decreto, pena, castigo, preceito, doutrina.
de cujus: o falecido, geralmente empregado como a pessoa inventariada.
de cujus sucessione agitur: aquele de cuja sucessão se trata.
decumbo, -is, -cubui, -cubitum, -cumbere: *v.int.* – deitar-se, cair ou ficar de cama (doente), pôr-se à mesa, sucumbir lutando.
decuria, -ae: *s.f.* – decúria, reunião de dez, classe, assembleia, corporação.
decuriatio, -onis:. *s.f.* – divisão por decúrias.
decurio, -as, -avi, -atum, -are: *v.t.* – distribuir em decúrias ou dezenas, conluiar, conspirar.

decurio, -onis: *s.m.* – decurião, oficial comandante de dez soldados.

decurro, -is, -curri ou **cucurri, cursum, correre**: *v.t./int.* – descer correndo, correr, andar, percorrer, desfilar, recorrer a, passar, acabar.

decursio, -onis: *s.f.* – torrente (de água), ataque, investida, revista militar, parada.

decurto, -as, -avi, -atum, -are: *v.t.* – encurtar, cortar, podar, cercear, mutilar.

decus, -coris: *s.n.* – ornamento, beleza, glória, honra, dignidade.

decus et laus civitatis: a honra e a glória da nação.

decus et tutamen: ornamento e proteção.

decus in labore: a dignidade está no trabalho.

decusso, -as, -avi, -atum, -are: *v.t.* – cruzar em forma de x ou em aspa.

decutio, -is, -cussi, -cussum, -cutere: *v.t.* – deitar abaixo, fazer cair, sacudir, abalar.

dedecoro, -as, -avi, -atum, -are: *v.t.* – desonrar, difamar, denegrir, desfigurar, afear.

dedecorus, -a, -um: *adj.* – desonroso, vergonhoso.

dedect, -ere, dedecuit: *v.imp.int.* – não convir, não ficar bem.

dedecus, -oris: *s.n.* – desonra, infâmia, opróbrio, ato vergonhoso, vício.

dedicatio, -onis: *s.f.* – consagração, inauguração.

dedico, -as, -avi, -atum, -are: *v.t.* – dedicar, consagrar, inaugurar, afirmar, declarar, oferecer.

de die in diem: de dia a dia, continuadamente.

dedignatio, -onis: *s.f.* – desdém, desprezo, recusa desdenhosa.

dedignor, -aris, -atus sum, -ari: *v.dep.* – desdenhar, recusar com desprezo, não se dignar.

dedisco, -is, -didici, -scere: *v.t.* – desaprender, esquecer.

dediticius, ou **dedititius, -a, -um**: *adj.* – que se rendeu, que capitulou.

deditio, -onis: *s.f.* – rendição, capitulação.

deditus, -a, -um: *adj.* – entregue, que se rendeu, dedicado, aplicado a.

dedo, -is, -idi, -itum, -ere: *v.t.* – entregar, render-se, capitular, aplicar, consagrar.

dedoceo, -es, -cui, -ctum, -cere: *v.t.* – desensinar, fazer desaprender.

dedoleo, -es, -ui, -itum, -ere: *v.int.* – deixar de se afligir, tornar-se insensível à dor.

deduco, -is, -xi, -ctum, -cere: *v.t.* – tirar de, fazer sair, deixar cair, retirar, trazer de, arredar, atrair, seduzir, cortar, subtrair, esbulhar, conduzir, acompanhar, fiar, bordar.

deductio, -onis: *s.f.* – ação de tirar, de conduzir, desvio, derivação, esbulho, dedução.

deductus, -a, -um: *adj.* – tirado, conduzido, abatido, fraco, elaborado, composto.

de emptione et venditione: da compra e venda.

deerro, -as, -avi, -atum, -are: *v.int.* – afastar-se, desviar-se, perder-se no caminho.

de facto: de fato.

defaeco ou **defeco, -as, -avi, -atum, -are**: *v.t.* – defecar, separar as impurezas.

defatigatio, -onis: *s.f.* – fadiga, cansaço, esfalfamento.

defatigo ou **defetigo, -as, -avi, -atum, -are**: *v.int.* – fatigar, cansar, esfalfar.

defectio, -onis: *s.f.* – defecção, abandono, deserção, rebelião, desmaio, enfraquecimento, eclipse (do sol, da lua).

defector, -oris: *s.m.* – desertor, traidor, trânsfuga.

defectus, -a, -um: *adj.* – abandonado, enfraquecido, esgotado.

defectus, -us: *s.m.* – abandono de posto, defecção.

defectus potestatis: a falta de poder.

defectus solis: o eclipse do sol.

defendo, -is, -di, -sum, -dere: *s.f.* – afastar, repelir, defender, proteger, sustentar, fazer, reivindicar.

defenero, -as, -avi, -atum, -are: *v.t.* – arruinar pela usura.

defensio, -onis: *s.f.* – defesa, justificação.

defensito, -as, -avi, -atum, -are: *v.t.* – defender muitos ou com frequência.

defensor, -oris: *s.m.* – defensor, protetor, advogado, patrono, o que desvia.

defensor civitatis: defensor da cidade.

defensor fortis: um defensor corajoso.

defero, -fers, -tuli, -latum, -ferre: *v.t.* – levar, trazer, deitar abaixo, arruinar, pôr à venda, vender, apresentar, oferecer, conferir, prestar, acusar, denunciar.

defervesco, -ferbui, -vescere: *v.int.* – deixar de ferver, esfriar-se, acalmar.

defessus, -a, -um: *adj.* – cansado, esfalfado.

defetiscor, -eris, -fessus sum, -fetisci: *v.int.dep.* – estar cansado, fatigar-se.

deficiente vino, deficit omne: faltando vinho, falta tudo.

D

D

deficio, -is, -eci, -ectum, -icere: *v.t./int.*. – abandonar, largar, desertar de, falhar, faltar a, transgredir, apagar-se, eclipsar-se, cansar-se de, morrer.

deficiunt vires: faltam-me forças.

defigo, -is, -fixi, -fixum, -gere: *v.t.* – fincar, cravar, pregar, fixar, trespassar, ficar imóvel, dar atenção a, insistir em.

defingo, -is, -inxi, -ictum, -ingere: *v.t.* – formar, modelar, representar, descrever.

definio, -is, -ivi, -itum, -ire: *v.t.* – limitar, circunscrever, expor, definir, regular, completar, concluir.

definitio, -onis: *s.f.* – delimitação, determinação, definição, especificação.

definitivus, -a, -um: *adj.* – delimitado, relativo à definição.

definitus, -a, -um: *adj.* – determinado, definido, especificado, positivo.

deflagratio, -onis: *s.f.* – combustão, incêndio.

deflagro, -as, -avi, -atum, -are: *v.t./int.* – abrasar-se, incendiar, consumir pelo fogo, perecer, apagar-se, acalmar-se.

deflecto, -is, -xi, -xum, -ctere: *v.t./int.* – curvar, vergar, torcer, modificar, desviar, afastar-se.

defleo, -es, -evi, -etum, -ere: *v.t./int.* – chorar, deplorar, lamentar.

deflexus, -us: *s.m.* – ação de afstar.

deflocco, -as, -avi, -atum, -are: *v.t.* – tirar o pelo, pelar.

defloresco, -is, -escere: *v.int.* – perder as flores, murchar, perder o viço, a graça, abater-se, diminuir.

defluo, -is, -uxi, -uxum, -uere: *v.t./int.* – escorrer, deslizar de, descer (pela corrente), fazer correr, destilar, derivar, descender, escapar-se.

defodio, -is, -odi, -ossum, -odere: *v.t./int.* – cavar, escavar, abrir ou fazer cova, sepultar.

deformatio, -onis: *s.f.* – ação de desfigurar, deformação, dano, estrago.

deformis, -e: *adj.* – disforme, desfigurado, feio, vil.

deformitas, -atis: *s.f.* – deformidade, fealdade, defeito, labéu, desonra.

deformo, -as, -avi, -atum, -are: *v.t.* – esboçar, descrever, formar, afeiçoar, traçar, alterar, deformar, desfigurar.

defraudo, -as, -avi, -atum, -are: *v.t.* – tomar com fraude, defraudar, privar de.

defrenatus, -a, -um: *adj.* – desenfreado, desenvolto.

defrico, -as, -cui, -catum ou **-ictum, -are**: *v.t.* – esfregar com força, limpar.

defringo, -is, -fregi, -fractum, -ingere: *v.t.* – quebrar, despedaçar.

defrustor, -aris, ari: *v.t.dep.* – tirar o fruto de, enganar, iludir.

defugio, -is, -ugi, -itum, -ere: *v.t./int.* – fugir, esquivar, evitar.

defunctorie: *adv.* – negligentemente, frouxamente.

defunctorius, -a, -um: *adj.* – que terminou sua tarefa, rápido, passageiro.

defunctos occidere: matar defuntos, chutar cachorro morto.

defundo, -is, -udi, -usum, -dere: *v.t.* – tirar, verter de, derramar.

defungor, -eris, -functus sum, -gi: *v.dep.* – desempenhar-se de, cumprir, satisfazer, desobrigar-se.

de funiculo pendet: está pendurado por um fio.

de futuro: no futuro.

degener, -eris: *adj.* – degenerado, bastardo, mestiço, ignóbil, indigno.

degenero, -as, -avi, -atum, -are: *v.t./int.* – degenerar, desmerecer de, enfraquecer, desonrar.

degero, -is, -ere, -gessi: *v.t.* – levar, transportar, carregar.

deglubo, -is, -ere, -gluptum: *v.t.* – descascar, debulhar.

dego, -is, -i, -ere: *v.t.* – acabar, consumir, passar (o tempo).

degrandinat, -are: *v.int.* – cair granizo, saraivar, chover pedra.

de gratia: de favor, por favor.

degravo, -as, -avi, -atum, -are: *v.t.* – carregar, sobrecarregar, agravar, oprimir.

degredior, -eris, -gressus sum, -edi: *v.int.* – descer, sair de, afastar-se.

degusto, -as, -avi, -atum, -are: *v.t.* – provar, saborear, tocar de leve, tentar, experimentar.

dehinc: *adv.* – daqui por diante, desde, depois, em seguida, daí, por consequência.

dehisco, -is, -ere: *v.int.* – abrir-se, rachar, fender-se.

dehonestamentum, -i: *s.n.* – o que desfigura, torna disforme, nódoa, ultraje, desonra.

dehonesto, -as, -avi, -itum, -are: *v.t.* – desfigurar, desonrar, denegrir.

dehonestus, -a, -um: *adj.* – indecente, indecoroso.

dehortor, -aris, -atus sum, -ari: *v.t.dep.* – dissuadir, apartar de.
Dei dono: por dádiva de Deus, por favor de Deus.
deiectio, -onis: *s.f.* – esbulho, expropriação.
deiectus, -a, -um: *adj.* – deitado abaixo, que vem ou cai de, abaixado, destruído, arruinado, privado, esbulhado.
deiectus, -us: *s.m.* – queda, descida, ladeira.
Dei gratia: pela graça de Deus.
Dei iudicium: o julgamento de Deus.
de improviso: de improviso, sem ser esperado.
dein: *adv.* – depois, em seguida.
deinceps: *adv.* – logo, depois, sucessivamente, por ordem, sem interrupção.
deinde: *adv.* – depois, ao depois, em seguida, demais, além disso.
de industria: com todo o cuidado, intencionalmente.
deintegro: *adv.* – novamente, de novo, ainda.
de integro: por inteiro, não alterado, fielmente.
Dei plenus: cheio de Deus, inspirado.
Dei providentia iuvat: a providência divina me assiste.
Dei sub numine viget: floresce sob a proteção de Deus.
de iure: de direito, legítimo, a justo título, vide: **de facto**, **de gratia**.
de iure constituendo: do direito a constituir.
de iure constituto: pelo direito vigente.
de iure humano: por direito humano.
de iure sacro: do direito sagrado.
dejectio, -onis: *s.f.* – dejecção, evacuação, diarreia.
dejectus, -a, -um: *adj.* – abatido, desanimado.
dejero, -as, -avi, -are: *v.int.* – jurar, fazer um juramento.
dejicio, -is, -jeci, -jectum, -jicere: *v.t.* – deitar abaixo, derribar, expulsar, desalojar, privar de, esbulhar, impelir, destruir.
dejurim, -ii: *s.n.* – juramento.
dejuvo, -as, -are: *v.t.* – privar (ou recusar) de socorro, não ajudar.
delabor, -eris, -lapsus sum, -labi: *v.int.dep.* – cair de ou em, abaixar-se, escapar, escorregar.
delactatio, -onis: *s.f.* ou **delactamentum, -i**: *s.n.* – ação de desmamar, deleite, gosto, prazer, recreação.
delamentor, -aris, -atus sum, -ari: *v.dep.* – lamentar, chorar, lastimar, deplorar.
delasso, -as, -avi, -atum, -are: *v.t.* – cansar, fatigar, esfalfar.
de latere: do lado, colateralmente.
delatio, -onis: *s.f.* – delação, denúncia, acusação.
delator, -oris: *s.m.* – delator, acusador.
deleatur: apague-se, destrua-se.
delectabilis, -e: *adj.* – agradável, encantador, deleitável.
delectamentum, -i: *s.n.* – deleitamento, prazer, encanto, distração.
delectatio, -onis: *s.f.* – deleite, prazer, divertimento.
delectationis causa: por prazer.
delecto, -as, -avi, -atum, -are: *v.t.* – atrair, seduzir, afagar, deleitar, encantar, recrear.
delectus, -a, -um: *adj.* – escolhido, colhido, recrutado.
delectus ou **dilectus, -us**: *s.m.* – escolha, seleção, discernimento.
delegatio, -onis: *s.f.* – delegação, substituição.
de lege ferenda: da lei a criar.
de lege lata: de acordo com a lei já promulgada.
delego, -as, -avi, -atum, -are: *v.t.* – enviar, delegar, confiar, constituir um devedor, passar a outrem uma dívida, atribuir, imputar.
delenda est Carthago: Cartago deve ser destruída.
delenimentum, -i: *s.n.* – o que acalma, abranda, atrativo, encanto, engodo, sedução.
delenitor, -oris: *s.m.* – o que abranda, adoça, encanta.
deleo, -es, -evi, -etum, -ere: *v.t.* – apagar, raspar, destruir.
deletrix, -icis: *s.f.* – a que destrói, destruidora.
deliberabundus, -a, -um: *adj.* – que delibera.
deliberatio, -onis: *s.f.* – deliberação, consulta, resolução.
deliberativus, -a, -um: *adj.* – relativo à deliberação, deliberativo.
deliberator, -oris: *s.m.* – o que delibera, que consulta.
delibero, -as, -avi, -atum, -are: *v.t.* – deliberar, consultar, resolver.
delibo, -as, -avi, -atum, -are: *v.t.* – encetar, tomar uma parte de, colher, saborear, gostar, tirar.
delibuo, -is, -ere, -libui, -libutum: *v.t.* – untar, impregnar.

D

delibutus, -a, -um: *part.p.* – untado, ungido, esfregado, perfumado.
delicata, -ae: *s.f.* – criança muito mimada, querida.
delicate: *adv.* – delicadamente, com delicadeza.
delicatus, -a, -um: *adj.* – mole, tenro, delicado, efeminado, voluptuoso, delicioso, tranquilo.
deliciae, -arum: *s.f.pl.* – prazeres, delícias, gozos, divertimentos, volúpia, delicadeza, amor, afeição.
deliciolae, -arum: *s.f.pl.* ou **delicium, -i**: *s.n.* – o que é docemente amado, amor, delícia (termo de carinho).
delicta carnis: os delitos da carne, crimes sexuais.
delicta facti permanentis: delitos de fato permanente, delitos que deixam vestígios.
delicta facti transeuntis: delitos de fato temporário, delitos que não deixam vestígios.
delicta omissionis: crimes de omissão.
delicta parentum liberis non nocent: os crimes dos pais não prejudicam os filhos.
delictum, -i: *s.n.* – delito, falta, transgressão, crime, pecado, culpa.
delictum continuatum: um crime continuado.
delictum habituale: um crime habitual.
delictum iteratum gravius est: o delito reiterado é mais grave.
delictum non praesumitur: delito não se presume.
delictum non praesumitur in dubium: não se presume o delito na dúvida.
deligo, -as, -avi, -atum, -are: *v.t.* – ligar, atar, prender, amarrar.
deligo, -is, -egi, -ectum, -gere: *v t.* – escolher, eleger, colher, recrutar.
delinio ou **delinio, -is, -ere, -ivi** ou **-ii, -itum**: *v.t.* – acalmar, abrandar, adoçar.
delinquo, -is, -liqui, -lictum, -linquere: *v.t./int.* – faltar, cometer uma falta, delinquir.
deliquesco, -is, -ere: *v.int.* – derreter-se, dissolver-se.
deliramenta doctrinae: os delírios da ciência.
deliramenta poetarum: os delírios dos poetas.
deliratio, -onis: *s.f.* – desvario, desatino, delírio, extravagância.
deliro, -as, -avi, -atum, -are: *v.int.* – sair da linha reta, perder a razão, delirar, tresvariar.
delitesco, -is, -ui, -ere: *v.int.* – esconder-se, ocultar-se.
delitigo, -as, -avi, -atum, -are: *v.int.* – litigar, disputar, altercar, contender.
delphinus, -i ou **delphin, -inis**: *s.m.* – golfinho (mamífero).
delubrum, -i: *s.n.* – capela de um templo, santuário.
delucto, -as, -are e **deluctor, -aris, -ari**: *v.int.* – lutar com todas as forças, combater.
deludo, -is, -usi, -usum, -udere: *v.t.* – enganar, iludir, escarnecer.
delumbis, -e: *adj.* – sem forças, debilitado, abatido.
delumbo, -as, -avi, -atum, -are: *v.t.* – derrear, enfraquecer, enervar.
deluto, -as, -avi, -atum, -are: *v.t.* – rebocar, revestir de barro.
de malo in peius: de mau a pior.
demando, -as, -avi, -atum, -are: *v.t.* – recomendar, confiar, entregar.
demano ou **dimano, -as, -avi, -atum, -are**: *v.int.* – espalhar-se, derramar-se, dimanar.
de me cogites: pensa em mim.
demendus, -a, -um: *adj.* – o que se há de tirar.
demens, -entis: *adj.* – insensato, demente, louco.
demensio, -onis: *s.f.* – dimensão, medida.
dementer: *adv.* – loucamente.
dementia, -ae: *s.f.* – demência, desatino, desvario, loucura.
dementia a potu: a loucura resultante de bebida.
dementio, -is, -ire: *v.int.* – perder a razão, enlouquecer, delirar.
de meo: às minhas expensas, por minha conta.
demereo, -es, -ere, -merui, -meritum: *v.t.* – merecer, ganhar, cativar.
demereor, -eris, -itus sum, -eri: *v.t.dep.* – merecer a afeição de, cativar.
demergo, -is, -si, -sum, -gere: *v.t.* – afundar, meter para baixo, mergulhar, arruinar.
de meritis: pelo mérito ou merecimento, resolvidas as questões prévias da causa, examina-se o mérito, ou seja, a questão de fundo.
de mero motu: por simples impulso.
demessus, -a, -um: *adj.* – ceifado, colhido, cortado.
demetior, -iris, -mensus sum, -metiri: *v.t. dep.* – medir, traçar, alinhar.

demeto, -as, -avi, -atum, -are: *v.t.* – demarcar, medir, regular.
demeto, -is, -essui, -essum, -etere: *v.t.* – cortar, ceifar, colher, tirar, separar.
demigratio, -onis: *s.f.* – mudança de domicílio, emigração.
demigro, -as, -avi, -atum, -are: *v.int.* – mudar de habitação, retirar-se, emigrar.
de minimis non curat lex: a lei não cuida de coisas mínimas.
de minimis non curat praetor: o magistrado não deve preocupar-se com as questões insignificantes.
deminuo, -is, -ui, -utum, -uere: *v.t.* – tirar, abater de, diminuir, enfraquecer.
deminutio, -onis: *s.f.* – diminuição, perda.
deminutio capitis: perda dos direitos civis.
demiror, -aris, -atus sum, -ari: *v.dep.* – admirar-se, espantar-se, desejar saber.
demissa voce: em voz baixa.
demisse: *adv.* – baixo, rasteiramente, com submissão.
demissus, -a, -um: *adj.* – abatido, lançado abaixo.
demitigo, -as, -avi, -atum, -are: *v.t.* – abrandar, mitigar, suavizar.
demitto, -is, -isi, -issum, -ittere: *v.t.* – enviar de cima, verter, afundar, abaixar, fazer descer, deixar cair, descender de.
demiurgus, -i: *s.m.* – demiurgo, supremo magistrado de cidades gregas.
demo, -is, -mpsi, -mptum, -mere: *v.t.* – tirar, tomar, cortar.
demolior, -iris, -itus sum, -iri: *v.dep.* – demolir, derrubar, arruinar, destruir.
demolitio, -onis: *s.f.* – demolição, destruição, ruína.
demonstrandi causa: para demonstrar.
demonstratio, -onis: *s.f.* – a demonstração, evidência, descrição.
demonstrativus, -a, -um: *adj.* – que serve para mostrar, demonstrativo, convincente.
demonstrator, -oris: *s.m.* – o que indica, o que demonstra ou descreve.
demonstro, -as, -avi, -atum, -are: *v.t.* – mostrar, demonstrar, provar, expor.
demordeo, -es, -ere, -di, -morsum: *v.t.* – tirar com os dentes, morder.
de more: segundo o costume, normalmente.
de more uxorio: de costume do matrimônio, concubinato em que os concubinos convivem como se casados fossem.
demorior, -eris, -ortuus sum, -eri: *v.t./int.* – morrer, morrer de amores.
demoror, -aris, -atus aum, -ari: *v.t./int.* – retardar, demorar, aguardar, deter, impedir.
de motu proprio: por movimento próprio, por iniciativa própria, voluntariamente.
demoveo, -es, -ovi, -otum, -ere: *v.t.* – remover, afastar, desviar.
demugitus, -a, -um: *adj.* – atroado com mugidos.
demulceo, -es, -ulsi, -ulsum ou **-ulctum, -ere**: *v.t.* – afagar, acariciar.
demum: *adv.* – justamente, finalmente, certo, seguramente, por fim, afinal, ainda, somente.
demurmuro, -as, -avi, -atum, -are: *v.t.* – murmurar, falar à meia voz.
demutatio, -onis: *s.f.* – a mudança, degeneração.
demuto, -as, -avi, -atum, -are: *v.t./int.* – mudar, alterar.
denarius, -ii: *s.m.* – dezena, o que contém o número de dez, moeda, a princípio, de valor de dez asses, qualquer moeda, dinheiro.
denarius Dei: o dinheiro de Deus, uma esmola dada aos pobres.
denarro, -as, -avi, -atum, -are: *v.t.* – contar, narrar.
denego, -as, -avi, -atum, -are: *v.t.* – negar, denegar, recusar.
deni, -ae, -a: *adj.num.distr.* – dez a dez, de dez em dez.
denicales: *adj.pl.* – empregado na expressão **denicales feriae**, cerimônias para purificar a casa de um morto.
de nihilo crevit: nasceu do nada.
denique: *adv.* – finalmente, por fim, afinal, ainda, assim, em suma, até mesmo.
denique caelum!: enfim o céu!
de nocte: em plena noite.
denomino, -as, -avi, -atum, -are: *v.t.* – nomear, dar ou pôr nome, denominar.
denormo, -as, -avi, -atum, -are: *v.t.* – desordenar, desigualar, tornar irregular.
denoto, -as, -avi, -atum, -are: *v.t.* – indicar, marcar com um sinal.
de novo: de novo, desde o começo, novamente, uma outra vez.
dens, -entis: *s.m.* – dente, presa, o que serve para prender, segurar, mordedura.
denseo, -es, -ui, -ere: *v.t.* – tornar denso, compacto, condensar, coagular, redobrar.
densus, -a, -um: *adj.* – denso, espesso, apertado, numeroso, frequente.
dentalia, -ium: *s.n.pl.* – peça do arado, arado.

dentatus, -a, -um: *adj.* – que tem dentes, dentado, denticulado.
dentibus albis: com dentes alvos, sempre rindo.
denubo, -is, -psi, -ptum, -bere: *v.int.* – casar-se.
denudo, -as, -avi, -atum, -are: *v.t.* – despir, desnudar, descobrir, despojar.
denuntiatio, -onis: *s.f.* – anúncio, aviso, declaração.
denuntio, -as, -avi, -atum, -are: *v.t.* – anunciar, advertir, declarar, pressagiar, citar, ordenar.
denuo: *adv.* – novamente, de novo, outra vez.
Deo adiuvante: com a ajuda de Deus.
Deo adiuvante non timendum: com ajuda de Deus, não há o que temer.
Deo, amicis, patriae: a Deus, aos amigos, à pátria.
Deo annuente: se Deus consentir, com o consentimento de Deus.
Deo date: entregai a Deus.
Deo duce: com Deus por guia.
Deo et patriae: a Deus e à pátria.
Deo et principi: a Deus e ao príncipe.
Deo et regi fidelis: fiel a Deus e ao rei.
Deo honor et gloria: honra e glória a Deus.
Deo ignoto: ao Deus desconhecido.
de omnibus dubitandum: deve-se questionar tudo.
Deo monente: com o conselho de Deus.
Deo, non fortuna: por Deus, não pela sorte.
Deo, regi, patriae: a Deus, ao rei, à pátria.
deorsum ou **deorsus**: *adv.* – em baixo, para baixo, de cima para baixo.
deorum cibus: alimento dos deuses.
deorum manus: as mãos dos deuses.
depaciscor ou **depeciscor, -eris, -pactus sum** ou **-pectus sum, -cisci**: *v.t.dep.* – ajustar, fazer um pacto, contratar, transigir.
de pane lucrando: com o objetivo de ganhar o pão.
depasco, -is, -pavi, -pastum, -pascere: *v.t.* – apascentar, pastar, consumir.
depascor, -eris, -pastus sum, -pasci: *v.t. dep.* – consumir pastando, pastar, alimentar-se de, gastar, destruir, suprimir.
depeciscor ou **depaciscor, -eris, -cisci, -pextus** ou **pactus sum**: *v.dep.t.* – fazer um acordo, fazer um pacto, transigir, acordar, consentir.
depecto, -is, -xi ou **-exui, -exum, -ctere**: *v.t.* – pentear, separar penteando.
depeculator, -oris: *s.m.* – ladrão espoliador, o que esbulha, rouba.
depeculor, -aris, -atus sum, -ari: *v.t.* – esbulhar, roubar, tirar, arrebatar.
depello, -is, -puli, -pulsum, -pellere: *v.t.* – expulsar, afastar, desterrar, desalojar, apartar de, dissuadir.
dependeo, -es, -di, -sum, -ere: *v.int.* – estar suspenso a, pender de, vir, derivar de.
dependo, -is, -di, -sum, -ere: *v.t./int.* – pagar, despender.
deperditus, -a, -um: *adj.* – perdido, arruinado.
deperdo, -is, -didi, -ditum, -dere: *v.t.* – perder, pôr a perder.
depereo, -is, -ivi ou **-ii, -itum, -ire**: *v.t./int.* – perecer, perder-se, morrer, morrer de amor por.
de persona ad personam: de pessoa a pessoa.
depingo, -is, -pinxi, -pictum, -pingere: *v.t.* – pintar, representar (pela pintura, pelo pensamento), descrever.
deplango, -is, -anxi, -anctum, -gere: *v.t.* – prantear, chorar, lamentar.
de plano: sem dificuldade, sem formalidade, sumariamente.
deploratio, -onis: *s.f.* – pranto, lamentação.
deploro, -as, -avi, -atum, -are: *v.t./int.* – chorar, lamentar, lastimar-se.
depono, -is, -posui, -positum, -ponere: *v.t.* – pôr no chão, pousar, descansar, depor, cortar, depositar, largar, perder, renunciar, confiar.
depopulatio, -onis: *s.f.* – o roubo, pilhagem, devastação, assolação, destruição.
depopulator, -oris: *s.m.* – o que destrói, devastador.
depopulor, -aris, -atus sum, -ari: *v.t.dep.* – saquear, roubar, destruir, devastar.
deporto, -as, -avi, -atum, -are: *v.t.* – levar, transportar, obter, alcançar, desterrar.
deposco, -is, -poposci, -poscere: *v.t.* – pedir com empenho, exigir, reclamar, desafiar.
depositum, -i: *s.n.* – depósito, consignação.
depostulo, -as, -avi, -atum, -are: *v.t.* – pedir com insistência.
de potentia ad actum: da possibilidade à realização.
depravate: *adv.* – depravadamente, perversamente.
depravatio, -onis: *s.f.* – depravação, alteração, corrupção.
depravatus, -a, -um: *part.p.* – depravado, torcido, contrafeito, alterado, corrompido.
depravo, -as, -avi, -atum, -are: *v.t.* – corromper, entortar, tornar disforme, alterar, depravar.

deprecabundus, -a, -um: *adj.* – que roga, suplicante.

deprecatio, -onis: *s.f.* – afastamento de alguma coisa por súplicas, rogo, súplica, desculpa, recusa, imprecação.

deprecator, -oris: *s.m.* – o que afasta por meio de súplicas, intercessor.

deprecor, -aris, -atus sum, -ari: *v.t.dep.* – afastar por súplicas, suplicar, rogar, interceder por, implorar.

deprehendo ou **deprendo, -is, -di, -sum, -dere**: *v.t.* – apanhar, surpreender, interceptar, encontrar, compreender.

deprehensio, -onis: *s.f.* – ação de apanhar em flagrante, descobrimento.

depresse: *adv.* – profundamente.

depressus, -a, -um: *adj.* – abatido, deprimido, abaixado, baixo, enterrado, afundado.

deprimo, -is, -pressi, -pressum, -primere: *v.t.* – abaixar, enterrar, submergir, afundar, abater, deprimir.

deproelior, -aris, -atus sum, -ari: *v.int.* – combater, lutar.

depromo, -is, -mpsi, -mptum, -mere: *v.t.* – tirar de, extrair.

depropero, -as, -avi, -atum, -are: *v.t./int.* – apressar-se, fazer com pressa, apressar.

depso, -is, -ere, -psui, -pstum: *v.t.* – pisar, amassar, bater, curtir.

depudet, -uit, -ere: *v.imp.* – envergonhar-se, perder toda a vergonha.

depugis, -e: *adj.* – que não tem nádegas.

depugno, -as, -avi, -atum, -are: *v.t./int.* – lutar, pelejar, dar combate.

depulsio, -onis: *s.f.* – ação de afastar, expulsar, defesa, refutação.

depulsor, -oris: *s.m.* – o que expulsa, repele.

depungo, -is, -ere: *v.t.* – indicar, marcar.

deputo, -as, -avi, -atum, -are: *v.t.* – podar, aparar, julgar, avaliar, cortar.

depygis, -e: *adj.* – de pequena ou magras nádegas ou quadris.

de rebus pacis ac belli: das questões de paz e de guerra.

derelictio, -onis: *s.f.* – abandono, desamparo.

derelinquo, -is, -iqui, -ictum, -inquere: *v.t.* – abandonar, deixar, desamparar.

derepente: *adv.* – subitamente, de repente.

derepo, -is, -epsi, -eptum, -epere: *v.t./int.* – descer de rastros, descer furtivamente.

derideo, -es, -si, -sum, -dere: *v.int.* – rir, zombar de, escarnecer.

deridiculum, -i: *s.n.* – o que é objeto de mofa, zombaria, escárnio.

deridiculus, -a, -um: *adj.* – digno de escárnio, ridículo.

derigesco, -is, -ere: *v.int.* – ficar imóvel, hirto, enregelar, coalhar-se.

deripio, -is, -ui, -eptum, -ipere: *v.t.* – arrancar, tirar de, diminuir, cortar.

derisor, -oris: *s.m.* – motejador, zombeteiro.

derisus, -us: *s.m.* – motejo, zombaria, escárnio.

derivatio, -onis: *s.f.* – ação de desviar (as águas), derivação.

derivo, -as, -avi, -atum, -are: *v.t.* – desviar, derivar, afastar.

derodo, -is, -osi, -osum, -dere: *v.t.* – roer.

derogo, -as, -avi, -atum, -are: *v.t./int.* – derrogar, revogar, anular.

deruo, -is, -ui, -utum, -uere: *v.t.* – arrojar, derribar, destruir, arruinar.

deruptus, -a, -um: *adj.* – escarpado, inclinado.

desaevio, -is, -ii, -ire: *v.t./int.* – enfurecer-se, praticar crueldades, acalmar-se.

desalto, -as, -are, -atum: *v.t.* – dançar, representar dançando.

descendo, -is, -di, -sum, -dere: *v.int.* – descer, ir para, aproximar-se de, entrar, descender, provir, passar, concordar com, diferir.

descensio, -onis: *s.f.* – ação de descer, descida.

descisco, -is, -scivi ou **-ii, -scitum, -ciscere**: *v.int.* – abandonar um partido, rebelar-se, apartar-se.

describo, -is, -psi, -ptum, -bere: *v.t.* – copiar, desenhar, traçar, escrever, contar, referir, descrever, repreender, repartir.

descripte: *adv.* – distintamente, de modo preciso, exato, com ordem.

descriptio, -onis: *s.f.* – cópia, figura, representação, desenho, descrição, definição, ordem, plano, distribuição.

descriptus, -a, -um: *adj.* – copiado, transcrito, relatado, notado, disposto, ordenado, distribuído.

deseco, -as, -ui, -ectum, -care: *v.t.* – separar cortando, cortar, podar, separar, ceifar, talhar.

desero, -is, -rui, -ertum, -erere: *v.t.* – abandonar, deixar, desamparar.

deserta, orum: *s.n.pl.* – ermo, deserto, solidão.

desertor, -oris: *s.m.* – o que abandona, desertor.

desertum, -i: *s.n.* – deserto, solidão.

D

desertus, -a, -um: *adj.* – deserto, abandonado, inculto, selvagem.

deservio, -is, -ivi, -itum, -ire: *v.int.* – servir, ser útil, servir com zelo, dedicar-se a.

deses, -idis: *adj.* – preguiçoso, vagaroso, desocupado, ocioso.

desiderabilis, -e: *adj.* – desejável, apetecível.

desideratio, -onis: *s.f.* – desejo, saudade.

desiderium, -ii: *s.n.* – desejo, saudade; *pl.* – memorial, petição.

desidero, -as, -avi, -atum, -are: *v.t.* – desejar, sentir falta de, perder, requerer.

desidia, -ae: *s.f.* – repouso, ociosidade, preguiça.

desidiosus, -a, -um: *adj.* – indolente, preguiçoso, desocupado.

desido, -is, -edi, -essum, -idere: *v.int.* – abater-se, abaixar-se, afundar-se, enfraquecer-se.

designatio, -onis: *s.f.* – indicação, disposição, plano, designação.

designator, -oris: *s.m.* – o que designa, ordena ou guia, o mestre de cerimônias.

designo, -as, -avi, -atum, -are: *v.t.* – marcar, traçar, indicar, designar, ordenar dispor, fazer, praticar.

desilio, -is, -ui ou **-ii, -sultum, -silire**: *v.int.* – saltar, atirar-se de, cair.

desino, -is, -sivi ou **-sii, -situm, -nere**: *v.t./int.* – deixar de, cessar, terminar, acabar.

desipiens, -entis: *adj.* – tolo, néscio, idiota.

desipio, -is, -ui, -ere: *v.t./int.* – perder o senso, ser insensato, desatinar, elouquecer.

desisto, -is, -stiti, -stitum, -sistere: *v.t./int.* – deixar, desistir de, cessar, parar.

desolatus, -a, -um: *adj.* – abandonado, assolado, destruído.

desolo, -as, -avi, -atum, -are: *v.t.* – despovoar, desolar, devastar.

despectio, -onis: *s.f.* – desdém, desprezo.

despecto, -as, -avi, -atum, -are: *v.t.* – olhar de cima para baixo, olhar com desprezo, estar a cavaleiro de.

despectus, -a, -um: *adj.* – desprezado, recusado.

despectus, -us: *s.m.* – vista (de cima para baixo), desprezo.

desperanter ou **desperate**: *adv.* – desesperadamente.

desperatio, -onis: *s.f.* – desespero, falta de esperança.

despero, -as, -avi, -atum, -are: *v.int.* – desesperar, perder a esperança, desconfiar de.

despicatio, -onis: *s.f.* – desdém, desprezo.

despicatus, -a, -um: *adj.* – desprezado, tratado com desdém.

despicatus, -us: *s.m.* – desprezo.

despicientia, -ae: *s.f.* – desprezo, desdém.

despicio, -is, -exi, -ectum, -icere: *v.t./int.* – olhar de cima para baixo, olhar, pregar os olhos em, olhar para outro lado, desprezar.

despoliator, -oris: *s.m.* – o que despoja ou despe, gatuno.

despolio, -as, -avi, -atum, -are: *v.t.* – despojar, privar de, roubar, despir.

despondeo, -es, -di, -sum, -ere: *v.t.* – prometer em casamento, desposar, afiançar.

desponso, -as, -avi, -atum, -are: *v.t.* – prometer em casamento, desposar.

despumo, -as, -avi, -atum, -are: *v.t./int.* – espumar, tirar a espuma, derramar.

despuo, -is, -ui, -utum, -uere: *v.t./int.* – cuspir, repelir com desprezo.

destillo, -as, -avi, -atum, -are: *v.int.* – destilar, cair gota a gota, exalar.

destinate: *adv.* – obstinadamente.

destinatio, -onis: *s.f.* – determinação, deliberação, propósito, designação.

destinatum, -i: *s.n.* – propósito, projeto, alvo, mira.

destinatus, -a, -um: *adj.* – destinado, determinado, fixo, resoluto, firme, obstinado.

destinatus obdura: persevera na tua determinação.

destino, -as, -avi, -atum, -are: *v.t.* – prender, segurar, destinar, escolher, apontar, pôr na mira, adquirir (por compra).

destituo, -is, -ui, -utum, -uere: *v.t.* – estabelecer, colocar, largar, abandonar, deixar de cessar, enganar.

destitutio, -onis: *s.f.* – abandono, desamparo, falta de palavras, logro.

destitutus, -a, -um: *adj.* – estabelecido, posto, enganado, malogrado.

destrictus, -a, -um: *adj.* – arranhado, tocado de leve, ligeiro, repreendido.

destringo, -is, -inxi, -ictum, -ingere: *v.t.* – despegar, colher, esfregar, limpar, desembainhar, tocar de leve, criticar.

destructio, -onis: *s.f.* – destruição, ruína.

destruo, -is, -uxi, -uctum, -uere: *v.t.* – destruir, arruinar, desacreditar.

desubito: *adv.* – de repente, subitamente.

desudo, -as, -avi, -atum, -are: *v.int.* – suar muito, empenhar-se em, fatigar-se, destilar.

desuefacio, -is, -feci, -factum, -facere: *v.t.* – desabituar-se, perder o hábito.

desuetudo, -inis: *s.f.* – perda de um costume, de um hábito, desuso.
desuetus, -a, -um: *adj.* – desabituado, desacustumado.
desultor, -oris: *s.m.* – o que salta de um cavalo para outro (artista de circo), o que passa de um assunto para outro, inconstante.
desum, dees, defui, deesse: *v.int.* – faltar, faltar a, estar ausente, deixar de cumprir deveres.
desumo, -is, -mpsi, -mptum, -mere: *v.t.* – tomar para si, escolher.
desunt cetera: falta o resto.
desuper: *adv.* – de cima, do alto, em cima.
desurgo, -is, -rexi, -rectum, -gere: *v.int.* – levantar-se, erguer-se.
detego, -is, -xi, -ctum, -gere: *v.t.* – tirar fora de, descobrir, desvendar.
de tempore in tempus: de tempos em tempos.
detendo, -is, -di, -sum, -dere: *v.t.* – afrouxar, desarmar.
detergeo, -es, -si, -sum, -gere: *v.t.* – tirar enxugando, enxugar, limpar, fazer desaparecer, acabar com, abater, arrancar.
deterior, -ius: *adj.comp.* – pior, menor, inferior.
determinatio, -onis: *s.f.* – limite, demarcação.
determino, -as, -avi, -atum, -are: *v.t.* – determinar, demarcar, fixar, regular.
detero, -is, -trivi, -tritum, -terere: *v.t.* – gastar pelo atrito, desfazer, enfraquecer, estragar, destruir, limar, polir um escrito.
deterreo, -es, -ui, -itum, -ere: *v.t.* – afastar, desviar pelo terror, dissuadir, impedir.
deterrime: *adv.* – pessimamente.
deterrimus, -a, -um: *adj.superl.* – muito mau, de péssima qualidade ou condição.
detestabilis, -e: *adj.* – detestável, abominável, que é de mau agouro.
detestatio, -onis: *s.f.* – imprecação, maldição, repulsa, abominação.
detestatus, -a, -um: *adj.* – que amaldiçoou, detestado, abominável, maldito.
detestor, -aris, -atus sum, -ari: *v.t.* – amaldiçoar, abominar, rogar pragas contra, detestar, afastar com súplicas.
detexo, -is, -xui, -xtum, -xere: *v.t.* – tecer, trançar, acabar de tecer, completar, expor, descrever.
detineo, -es, -ui, -entum, -inere: *v.t.* – reter, embargar, deter, impedir, ocupar, empregar.
detondeo, -es, -di ou **-didi, -sum, -ere**: *v.t.* – tosquiar, cortar a lã, talar, destruir.
detono, -as, -ui, -itum, -are: *v.int.* – trovejar, estalar, rebentar, acalmar-se.
detorqueo, -es, -orsi, -ortum, -quere: *v.t./int.* – entortar, dobrar, torcer, desviar, desfigurar.
detractio, -onis: *s.f.* – ação de cortar, de tirar, separar, supressão, subtração.
detraho, -is, -axi, -actum, -ahere: *v.t.* – tirar, puxar para baixo, tirar, cortar, fazer agravo, depreciar.
detrectatio, -onis: *s.f.* – recusa, renúncia, réplica, repugnância.
detrectator, -oris: *s.m.* – o que recusa, o que se esquiva, detrator.
detrecto, -as, -avi, -atum, -are: *v.t.* – repelir, rejeitar, esquivar-se, furtar-se a, recusar, depreciar, deprimir.
detrimentosus, -a, -um: *adj.* – nocivo, prejudicial, desvantajoso.
detrimentum, -i: *s.n.* – detrimento, dano, prejuízo, lesão, derrota.
detrudo, -is, -si, -sum, -dere: *v.t.* – atirar com violência, precipitar, arrancar, reduzir, expulsar, desalojar.
detrunco, -as, -avi, -atum, -are: *v.t.* – cortar, mutilar, destrocar, decapitar.
deturbo, -as, -avi, -itum, -are: *v.t.* – arrojar, derrubar, precipitar, expulsar.
detur digniori: que seja dado ao mais merecedor.
deturpo, -as, -are: *v.t.* – desfigurar, tornar feio, sujar, manchar.
deunx, -uncis: *s.m.* – peso de onze onças, medida de capacidade para líquidos.
deuro, -is, -ussi, -ustum, -urere: *v.t.* – queimar, tostar, crestar.
deus, -i: *s.m.* – Deus, ser supremo, divindade.
Deus caritas est: Deus é amor.
Deus cordis mei: Deus do meu coração.
Deus dabit: Deus dará.
Deus dedit: Deus deu.
Deus det!: que Deus nos dê!
Deus dux est mihi: Deus é meu guia.
Deus et labor: Deus e trabalho.
deus ex machina: deus surgido da máquina (indica uma solução inesperada, improvável e mirabolante)
Deus fortitudo mea: Deus é minha força.
Deus in nobis: Deus está dentro de nós, há um deus em mim.
Deus ita voluit: Deus assim o quis.
Deus iuvat: Deus me assiste.

D

Deus laudetur: que Deus seja louvado.
deus loci: o deus protetor do lugar.
Deus lux est: Deus é luz.
Deus misereatur nostri: que Deus tenha piedade de nós.
Deus omnium fabricator: Deus é o criador de tudo.
Deus protector noster: Deus é nosso protetor.
Deus providebit: Deus proverá.
Deus testis est: Deus é testemunha.
deutor, -eris, -usus sum, -uti: *v. dep.* – abusar, usar mal.
devasto, -as, -avi, -itum, -are: *v.t.* – devastar, assolar, destruir.
deveho, -is, -exi, -ectum, -ehere: *v.t.* – transportar, carrear, conduzir.
devello, -is, -elli ou **-ulsum, -lere**: *v.t.* – arrancar, tirar o pelo ou cabelo, pelar.
develo, -as, -avi, -itum, -are: *v.t.* – tirar o véu, desvendar, pôr a descoberto.
deveneror, -aris, -atus sum, -ari: *v.t.dep.* – honrar, venerar.
devenio, -is, -eni, -entum, -nire: *v.int.* – vir de, dirigir-se a, chegar a, recorrer.
de vento vivere: viver de vento, viver de ar.
de verbo ad verbum: palavra por palavra, literalmente.
de verborum significatione: do significado das palavras.
de vero: na realidade.
deversor, -aris, -atus sum, -ari: *v.int.dep.* – tomar pousada, hospedar-se, morar, residir.
deversor, -oris: *s.m.* – o que toma pousada, o que se recolhe a uma estalagem, hóspede.
deversorium, -ii: *s.n.* – pousada, estalagem, hospedaria, retiro, asilo, armazém.
deverticulum, -i: *s.n.* – atalho, desvio, digressão, albergue, pousada, refúgio.
deverto, -is, -ti, -sum, -tere: *v.t./int.* – desviar, arredar, afastar-se, retirar-se, ir pousar em, desviar-se (do assunto).
devexus, -a, -um: *adj.* – inclinado, que desce, que pende para, que está em declínio.
devia, -orum: *s.n.pl.* – lugares ermos, não frequentados.
devincio, -is, -inxi, -inctum, -cire: *v.t.* – ligar, atar, prender.
devinco, -is, -ici, -ictum, -incere: *v.t.* – vencer, subjugar.
devinctus, -a, -um: *adj.* – preso, ligado, unido.
de visu: de vista, por ter visto.
de vita et moribus: a respeito da vida e dos costumes.
devitatio, -onis: *s.f.* – ação de evitar, de escapar.
devito, -as, -avi, -atum, -are: *v.t.* – evitar, escapar, fugir, esquivar-se.
devius, -a, -um: *adj.* – afastado, desviado, perdido do caminho, despropositado
devoco, -as, -avi, -atum, -are: *v.t.* – chamar, fazer descer, implorar, convidar (para jantar), trazer a, atrair.
devolo, -as, -avi, -atum, -are: *v.int.* – descer voando, descer com rapidez, atirar-se a, acudir.
devolvo, -is, -volvi, -volutum, -vere: *v.t.* – rolar, despenhar, voltar.
devoro, -as, -avi, -atum, -are: *v.t.* – engolir, devorar, gastar, destruir.
devortium, -ii: *s.n.* – desvio, atalho.
devotio, -onis: *s.f.* – dedicação, oferecimento, voto, imprecação, feitiçaria, sortilégio.
devoto, -as, -avi, -atum, -are: *v.t.* – dedicar, consagrar, oferecer-se em voto.
devotus, -a, -um: *adj.* – devotado, consagrado, dado, dedicado a, amaldiçoado, sujeito a sortilégios.
devoveo, -es, -vovi, -votum, -vere: *v.t.* – oferecer, consagrar aos deuses, votar, dedicar, amaldiçoar.
dextella, -ae: *s.f.dim.* de **dextera** – mão direita, braço direito.
dexter, -era, -erum ou **-tra, -trum**: *adj.* – direito, que está à mão direita, hábil, destro, favorável.
dextera ou **destra, -ae**: *s.f.* – mão direita, auxílio, defesa, aliança.
dexteritas, -atis: *s.f.* – habilidade, destreza.
dextrorsum ou **dextrorsus**: *adv.* – à direita, para a direita.
diadema, -atis: *s.n.* – diadema, insígnia real.
diaeta, -ae: *s.f.* – parcimônia no comer e beber, dieta, sala de comer, quarto, aposento.
dialis, -e: *adj.* (de **dies**) – que dura um só dia.
dialis, -e: *adj.* (de **dius**) – relativo a Júpiter, de Júpiter, sacerdote de Júpiter.
dialogus, -i: *s.m.* – diálogo, conversação.
diarium, -ii: *s.n.* – o sustento, a paga diária, o diário, registro do que se passa a cada dia.
diatim: *adv.* – diariamente.
dibaphus, -i: *s.f.* – vestido de púrpura, púrpura.
dica, -ae: *s.f.* – a citação, libelo, processo, demanda.

dicacitas, -atis: *s.f.* – veia satírica, mordacidade.
dicax, -acis: *adj.* – satírico, picante, mordaz, zombeteiro.
diciduus, -a, -um: *adj.* – que cai, caído.
dicio ou **ditio, -onis**: *s.f.* – poder, domínio, autoridade.
dicis: *gen.* – usado só nas expressões **dicis causa** – **dicis grada**: por falar, só por dizer.
dico, -as, -avi, -atum, -are: *v.t.* – consagrar, dedicar, oferecer em voto, inaugurar.
dico, -is, -xi, -ctum, -cere: *v.t.* – dizer, afirmar, descrever, compor, referir, falar em público, predizer, nomear, advertir, avisar.
dicrotum, -i: *s.n.* ou **dicrota, -ae**: *s.f.* – navio com duas ordens de remos.
dicta mordacia: palavras picantes.
dicta pro factis: palavras em lugar de fatos.
dictata, -orum: *s.n.pl.* – apostilas, lições, regras, instruções.
dictator, -oris: *s.m.* – ditador, supremo magistrado.
dictatorius, -a, -um: *adj.* – relativo ao ditador, ditatorial.
dictatura, -ae: *s.f.* – ditadura, dignidade de supremo magistrado.
dictimnus, -i: *s.m.* ou **dictamnum, -i**: *s.n.* – ditamno ou poejo (planta).
dictio, -onis: *s.f.* – declaração, defesa, imposição, determinação, discurso, conversa, palavra, dicção, predição.
dictis, non armis: com palavras, não com armas.
dictito, -as, -avi, -atum, -are: *v.t.* – repetir, repisar, advogar.
dicto, -as, -avi, -atum, -are: *v.t.* – repetir, dizer, ditar, compor, redigir.
dicto citius: mais rápido que a palavra.
dictum, -i: *s.n.* – palavra, termo, expressão, dito agudo, regra, preceito, ordem, mandado, composição (poética), predição.
dictum de dicto: uma informação originada de um boato, uma informação de segunda mão.
dictum de omni et de nullo: uma máxima sobre tudo e sobre coisa alguma.
dictum unius, dictum nullius: dito de um, dito de nenhum.
dicunt enim et non faciunt: dizem e não fazem.
dido, -is, -didi, -itum, -ere: *v.t.* – repartir, distribuir, espalhar.
diduco, -is, -xi, -ctum, -cere: *v.t.* – distribuir, apartar, separar, dividir, quebrar, dissolver, desenvolver.
die altera: ao outro dia, no dia seguinte.
diebus dominicis: nos domingos.
diecula, -ae: *s.f.dim.* de **dies** – pequeno prazo, pequena espera.
diem perdidi!: perdi o dia!
die nocteque: de dia e de noite.
dies, -ei: *s.m.f.* – dia, tempo, demora, prazo, jornada, luz (do dia), céu, clima.
dies ad quem: o dia até o qual, o último dia de um prazo.
dies ad quem computatur in termino: o último dia se conta no prazo.
dies amaritudinis: o dia da amargura.
dies a quo: o dia a partir do qual, o primeiro dia de um prazo.
dies cedit: dia inicial.
dies certus: o dia certo.
dies datus: o dia determinado.
dies diem docet: um dia ensina ao outro.
dies faustus: um dia de sorte, um dia favorável.
dies genitalis: dia do nascimento.
dies incertus: um dia incerto.
dies infaustus: um dia de azar, um dia aziago.
dies interpellat pro homine: o termo (prazo, data certa) interpela pelo homem.
dies natalis: dia do nascimento.
dies otiosi: dias sem trabalho.
dies pecuniae: dia de pagamento.
dies solis: dia do sol, domingo.
die statuto: no dia determinado, no dia marcado.
dies termini: o dia do término, o último dia de um prazo.
dies termini computatur in termino: o dia do vencimento se conta no termo.
dies utiles: dias úteis.
dies venit: chegou o dia, esgotou-se o prazo, é o dia do vencimento.
diffamo, -as, -avi, -atum, -are: *v.t.* – desacreditar, difamar, divulgar.
differens, -entis: *s.n.* – diferença.
differentia, -ae: *s.f.* – diferença.
differo, -fers, -distuli, dilatum, -ferre: *v.t./int.* – espalhar, semear, plantar, divulgar, difamar, retardar, adiar, despedaçar, diferir.
differtus, -a, -um: *adj.* – atulhado, cheio.
difficile est se noscere: é difícil conhecer a si mesmo.

D

difficilis, -e: *adj.* – difícil, árduo, penoso, áspero, intratável, inflexível.
difficiliter ou **difficulter**: *adv.* – penosamente, com dificuldade.
difficultas, -atis: *s.f.* – dificuldade, obstáculo, trabalho penoso, falta, escassez, impertinência, mau humor.
difficulter: *adv.* – dificilmente, penosamente.
diffidens, -entis: *adj.* – desconfiado, que suspeita.
diffidenter: *adv.* – com desconfiança, com receio.
diffidentia, -ae: *s.f.* – desconfiança.
diffido, -is, -fisus sum, -dere: *v.int.* – não se fiar em, desconfiar de, perder a esperança de.
diffindo, -is, -idi, -issum, -indere: *v.t.* – fender, separar em dois, dividir, suspender, adiar.
diffingo, -is, -inxi, -ictum, -ingere: *v.t.* – transformar, alterar, mudar.
diffiteor, -eris, -eri: *v.dep.* – negar, não confessar.
diffluo, -is, -uxi, -uxum, -uere: *v.int.* – espalhar-se, dividir-se, nadar em, transbordar, definhar, decrescer.
diffugio, -is, -i, -itum, -ere: *v.int.* – fugir em desordem, dispersar-se, dissipar-se.
diffundo, -is, -udi, -usum, -dere: *v.t.* – espalhar, derramar, estender, abrir, dilatar.
diffuse: *adv.* – difusamente, com prolixidade.
diffusus, -a, -um: *adj.* – espalhado, derramado, estendido, divulgado.
digero, -is, -gessi, -gestum, -gerere: *v.t.* – levar, separar, dividir, dissolver, diferir, absorver, ordenar, classificar, distribuir.
digestio, -onis: *s.f.* – disposição, arranjo, distribuição, digestão.
digestus, -us: *s.m.* – distribuição, divisão.
digito caelum attingit: tocou o céu com o dedo, fez coisa notável.
digitulus, -i: *s.m.dim. de* **digitus** – dedinho, dedo.
digitus, -i: *s.m.* – dedo (da mão ou do pé), medida de comprimento.
digitus Dei est hic: o dedo de Deus está aqui.
digladior, -aris, -atus sum, -ari: *v.t.dep.* – combater, lutar, digladiar.
dignatio, -onis: *s.f.* – ação de elevar às honras, dignidade, consideração.
digne: *adv.* – dignamente, convenientemente.
dignitas, -atis: *s.f.* – merecimento, título (o que se invoca para merecer), cargo público, dignidade, honra, consideração, estima.
dignitas delictum auget: o cargo agrava o delito.
digno, -as, -avi, -atum, -are: *v.t.* – julgar digno, ter em apreço.
dignor, -aris, -atus sum, -ari: *v.t.dep.* – julgar digno, estimar, aceitar, receber.
dignosco, -is, -ovi, -otum, -oscere: *v.t.* – conhecer, distinguir, discernir.
dignum et iustum est: é digno e justo.
dignus, -a, -um: *adj.* – digno, merecedor, legítimo, justo.
dignus est operarius merce sua: o operário é digno de seu salário.
dignus laude: digno de elogio.
dignus memoria: merece ser lembrado.
dignus obelisco: ele é digno de um monumento.
digredior, -eris, -gressus sum, -gredi: *v.int. dep.* – ir-se embora, sair, apartar-se, voltar.
digressio, -onis: *s.f.* ou **digressus, -us**: *s.m.* – separação, partida, afastamento, digressão.
dii facientes adiuvant: os deuses ajudam os que fazem.
dii hominesque: os deuses e os homens, todos, sem exceção.
dii magni!: ó grandes deuses!
dii maiores: os deuses superiores.
dii minores: os deuses inferiores.
diis ducibus: tendo os deuses como guias.
diis hominibusque approbantibus: com a aprovação dos deuses e dos homens.
diis hominibusque invitis: contra a vontade dos deuses e dos homens.
dii sint mihi testes: tomo os deuses por testemunhas.
diis invitis: contra a vontade dos deuses.
diis secundis: sendo os deuses favoráveis.
diis testibus: tendo os deuses por testemunhas.
dii tibi malefaciant!: que os deuses te prejudiquem!
dii tibi propitii sunt: os deuses te são propícios.
dii tibi sint faciles!: que os deuses te sejam propícios!
diiudicatio, -onis: *s.f.* – julgamento, decisão.
diiudico, -as, -avi, -atum, -are: *v.t.* – julgar, discernir, distinguir.
dii vertant bene quod agas!: que os deuses aprovem o que fazes!, boa sorte!
dij-, ver **dii-**.
dilabor, -eris, -lapsus sum, -labi: *v.int.dep.* – correr, escoar-se, dispersar-se, desvanecer, perecer, acabar.

dilacero, -as, avi, -atum, -are: *v.t.* – rasgar, dilacerar, fazer em pedaços.
dilanio, -as, -avi, -atum, -are: *v.t.* – rasgar, fazer em pedaços.
dilapido, -as, -avi, -atum, -are: *v.t.* – juncar ou cobrir de pedras, dilapidar, esbanjar.
dilargior, -eris, -itus sum, -iri: *v.t.* – repartir liberalmente, prodigalizar.
dilatio, -onis: *s.f.* – dilação, adiamento, delonga, demora.
dilato, -as, -avi, -atum, -are: *v.t.* – alargar, estender, dilatar.
dilator, -oris: *s.m.* – o que demora, temporizador.
dilaudo, -as, -avi, -atum, -are: *v.t.* – louvar, exaltar, gabar.
dilectus, -a, -um: *adj.* – amado, querido.
diligamus nos invicem: amemo-nos uns aos outros.
diligens, -entis: *adj.* – zeloso, cuidadoso, que ama, dedicado, atento, diligente, poupado.
diligentia, -ae: *s.f.* – cuidado, zelo, diligência, parcimônia.
diligentia ditat: a diligência enriquece.
diligite inimicos vestros: amai os vossos inimigos.
diligo, -is, -exi, -ectum, -igere: *v.t.* – amar, estimar, gostar.
dilligenter: *adv.* – atentamente, escrupulosamente, pontualmente.
dilorico, -as, -avi, -atum, -are: *v.t.* – abrir, tirar rasgando.
diluceo, -es, -uxi, -ere: *v.int.* – ser claro, evidente, manifesto.
dilucesco, -is, -luxi, -lucescere: *v.int.* – amanhecer, romper o dia, estar claro.
dilucidus, -a, -um: *adj.* – claro, luminoso.
diluculum, -i: *s.n.* – o amanhecer, o romper d'alva, dilúculo.
diludium, -ii: *s.n.* – interrupção do combate, suspensão de armas, tréguas.
diluo, -is, -i, -utum, -uere: *v.t.* – delir, gastar, dissolver, diluir, apagar.
diluvies, -ei: *s.f.* e **diluvium, -ii**: *s.n.* – inundação, dilúvio, ruína, destruição.
diluvio, -as, -are: *v.t.* – inundar.
diluvium, -i: *s.n.* – inundação, dilúvio.
dimadesco, -is, -ere, -dui: *v.int.* – derreter-se.
dimano, -as, -avi, -atum, -are: *v.int.* – espalhar-se, derramar-se, estender-se.
dimensio, -onis: *s.f.* – medida, dimensão.
dimetior, -iris, -mensus sum, -iri: *v.t.dep.* – medir, alinhar, traçar.
dimeto ou **demeto, -as, -avi, -atum, -are**: *v.t.* – demarcar, medir, regular.
dimicatio, -as, -avi, -atum, -are: *v.t.* – combate, batalha.
dimico, -as, -avi, -atum, -are: *v.t.* – abrir e fechar, agitar-se em diversas direções, esgrimir, combater, lutar.
dimidiatus, -a, -um: *adj.* – repartido em dois, dividido ao meio, meio.
dimidium, -ii: *s.n.* – metade.
dimidius, -a, -um: *adj.* – meio, metade.
diminuo, -is, -ui, -utum, -ere: *v.t.* – fazer em pedaços, quebrar, diminuir.
diminutio patrimonii: diminuição do patrimônio.
dimissio, -onis: *s.f.* – expedição, remessa, licença, baixa militar.
dimitto, -is, -misi, -missum, -mittere: *v.t.* – enviar, dar licença de sair, despedir, afastar, perdoar, renunciar, abandonar.
dimoveo, -es, -movi, -motum, -movere: *v.t.* – separar, afastar, abrir, fender, exercitar.
dinosco ou **dignosco, -is, -ovi, -otum, -scere**: *v.t.* – conhecer, distinguir.
dinumeratio, -onis: *s.f.* – conta, cálculo, enumeração, recenseamento.
dinumero, -as, -avi, -atum, -are: *v.t.* – contar, numerar, recensear, pagar.
dioecesis, -is: *s.f.* – espaço a que se estende uma jurisdição, território de um governo.
dioecetes, -ae: s.*m.* – tesoureiro, fiscal da fazenda.
diota, -ae: *s.m.* – vaso de duas asas.
diploma, -atis: *s.n.* – autorização por escrito, título, diploma.
dirae, -arum: *s.f.pl.* – as Fúrias (deusas), pragas, maldições, aves de mau agouro, maus presságios.
dira necessitas: a assustadora necessidade.
directe ou **directo**: *adv.* – diretamente, em linha reta, formalmente.
directio, -onis: *s.f.* – alinhamento, linha reta.
directo: *adv.* – em linha reta.
directus, -a, -um: *adj.* – colocado em linha reta, direito, reto, certo, direto, preciso.
diremptus, -us: *s.m.* ou **diremptio, -onis**: *s.f.* – separação.
direptio, -onis: *s.f.* – pilhagem, saque, rapina.
direptor, -oris: *s.m.* – ladrão, salteador, o que saqueia.

D

diribeo, -es, -ui, -bitum, -ere: *v.t.* – distribuir, classificar, separar, contar, repartir.
diribitio, -onis: *s.f.* – contagem, apuração (de votos).
diribitor, -oris: *s.m.* – o que conta os votos, apurador.
dirigo, -is, -exi, -ectum, -igere: *v.t./int.* – endireitar, alinhar, impelir, atirar, dispor, ordenar, dirigir, regular.
dirimo, -is, -emi, -emptum, -imere: *v.t.* – dividir, separar, quebrar, terminar, dirimir, perturbar, destruir.
diripio, -is, -ui, -reptum, -ripere: *v.t.* – tirar, rasgar, despedaçar, dispersar, roubar, saquear.
diritas, -atis: *s.f.* – desgraça, ferocidade, dureza.
dirum omen: um presságio terrível.
dirumpo ou **disrumpo, -is, -rupi, -ruptum, -rumpere**: *v.t.* – romper, quebrar, despedaçar, arrebentar.
dirum tempus: uma época de infelicidade.
diruo, -is, -ui, -utum, -uere: *v.t.* – demolir, arruinar, derrotar, abolir.
diruptio, -onis: *s.f.* – fratura.
diruptus, -a, -um: *adj.* – quebrado.
dirus, -a, -um: *adj.* – de mal agouro, terrível, funesto, bárbaro, cruel.
dirutus, -a, -um: *adj.* – arruinado.
dis: *pref.* – que indica separação, aumento, negação, e pode tomar as formas ***di-***, ***dif-***, ***dir-*** (**dispereo**, **dimoveo**, **diffundo**, **dirimo**).
dis, ditis: *adj.* – rico, opulento abundante, fecundo.
disce, doce: aprende, ensina.
disce, sed a doctis: aprende, mas com quem sabe.
disce aut discede: aprende ou vai embora.
discedo, -is, -cessi, -cessum, -cedere: *v.int.* – apartar-se, ir-se embora, fugir, sair, retirar-se, renunciar, divorciar-se.
disce docendo: aprende ensinando.
disce gaudere: aprende a alegrar-te.
disce legendo: aprende lendo.
discendo et docendo: aprendendo e ensinando.
discens, -entis: *s.m.* – aluno.
disce parere: aprende a obedecer.
disceptatio, -onis: *s.f.* – contenda, discussão, julgamento.
disceptator, -oris: *s.m.* – juiz, árbitro, medianeiro.
disceptatrix, -icis: *s.f.* – a que decide, julga.
discepto, -as, -avi, -atum, -are: *v.t.* – julgar, decidir, arbitrar, debater em juízo, discutir.
disce quod doceas: aprende o que ensinares.
discerno, -is, -crevi, -cretum, -nere: *v.t.* – separar, distinguir, discernir.
discerpo, -is, -psi, -ptum, -pere: *v.t.* – rasgar, despedaçar, dispersar, repartir.
discessio, -onis: *s.f.* – partida, separação, divisão, modo de votar, passando os senadores para o lado daquele cujo parecer se seguia, divórcio.
discessus, -us: *s.m.* – separação, divisão, partida, afastamento, retirada (militar), desterro.
discidium, -ii: *s.n.* – separação, divórcio, ação de rasgar, abertura.
discinctus, -a, -um: *adj.* – que tirou ou perdeu o cinto, privado de talabarte, desapertado ou que tem o vestido frouxo, mal arranjado, libertino, copioso.
discingo, -is, -ere, -cinxi, -cinctum: *v.t.* – tirar o cinto, desarmar, despojar.
disciplina, -ae: *s.f.* – instrução, ensino, ciência, disciplina, seita, doutrina, sistema.
disciplina mores facit: o estudo forma o caráter.
disciplinosus, -a, -um: *adj.* – bem disciplinado, dócil.
discipula, -ae: *s.f.* – discípula, aluna, educanda.
discipulus, -i: *s.m.* – discípulo, aluno, estudante.
discludo, -is, -clusi, -clusum, -dere: *v.t.* – separar, fender, encerrar, afastar, fechar.
disco, -is, -dici, -ere: *v.t.* – aprender, saber, estudar, tomar conhecimento de.
discolor, -oris: *adv.* – de várias cores, que difere de cor.
disconduco, -is, -ere: *v.int.* – não ser vantajoso a.
disconvenio, -is, -i, -itum, -ire: *v.int.* – discordar, não convir.
discordabilis, -e: *adj.* – que está em desacordo.
discordia, -ae: *s.f.* – discórdia, dissensão, oposição, luta, agitação.
discordiae pomum: o pomo da discórdia.
discordiosus, -a, -um: *adj.* – inclinado para a discórdia.
discordo, -as, -avi, -atum, -are: *v.int.* – discordar, não combinar, desavir.
discors, -cordis: *adj.* – discordante, discrepante, desarmonioso, diferente, irregular.

discrepantia, -ae: *s.f.* – desacordo, discórdia, oposição.
discrepito, -as, -are: *v.int.* – ser diferente.
discrepo, -as, -ui ou **-avi, -are**: *v.int.* – desafinar, discordar, discrepar.
discribo, -is, -psi, -ptum, -bere: *v.t.* – ordenar, distribuir, dividir.
discrimen, -inis: *s.n.* – separação, intervalo, diferença, discordância, crise, perigo.
discrimino, -as, -avi, -atum, -are: *v.t.* – separar, distinguir, diferenciar, matizar.
discriptio, -onis: *s.f.* – divisão, distribuição.
discrucio, -as, -avi, -atum, -are: *v.t.* – atormentar, torturar.
discubitus, -us: *s.m.* – ação de se pôr à mesa.
discumbo, -is, -cubui, -cubitum, -bere: *v.int.* – deitar-se para dormir, pôr-se à mesa (para comer).
discupio, -is, -ere: *v.t.* – desejar ardentemente.
discurro, -is, -curri, -cursum, -ere: *v.int.* – correr para diferentes lugares.
discursatio, -onis: *s.f.* – idas e vindas, corrida em diferentes sentidos.
discurso, -as, -avi, -atum, -are: *v.int.* – ir e vir, andar constantemente a correr por diversas partes.
discursus, -us: *s.m.* – ação de correr para diversas partes, dispersão, movimento.
discussio, -onis: *s.f.* – exame, discussão.
discutio, -is, -cussi, -cussum, -cutere: *v.t.* – deitar abaixo, quebrar, abrir, fender, arredar, dispersar, dissipar, frustrar.
disemino, -as, -avi, -atum, -are: *v.t.* – disseminar, espalhar, divulgar.
diserte: *adv.* – claramente, expressamente.
disertus, -a, -um: *adj.* – destro, hábil, perito, eloquente, elegante (em expressão).
disiectus ou **disjectus, -a, -um**: *adj.* – dividido, partido, dispersado.
disiicio ou **disjicio, -is, -ieci, -iectum, -iicere**: *v.t.* – dispersar, separar, destroçar, arruinar, destruir, frustrar.
disiunctio ou **disjunctio, -onis**: *s.f.* – separação, desunião, discordância.
disiunctus ou **disiunctus, -a, -um**: *adj.* – apartado, distante.
disiungo ou **disjungo, -is, -xi, -ctum, -gere**: *v.t.* – separar, apartar, desatrelar, distinguir.
disj-, ver **disi-**.
dispalor, -aris, -ari, -atus sum: *v.int.* – vaguear, errar.
dispando, -is, -ere, pandi, -pansum: *v.t.* – amplificar, desdobrar, estender em todas as direções.
dispar, -aris: *adj.* – dissemelhante, diferente, desigual.
disparatun, -i: *s.n.* – proposição contraditória.
disparilis, -e ou **dispar, -aris**: *adj.* – dissemelhante, desigual.
disparo, -as, -avi, -atum, -are: *v.t.* – separar-se, apartar, dividir.
dispartio ou **dispertio, -is, -ivi** ou **-ii, -itum, -ire**: *v.t.* – dividir, distribuir.
dispectus, -us: *s.m.* – consideração, discernimento.
dispello, -is, -puli, -pulsum, -pellere: *v.t.* – dispersar, dissipar.
dispendia morae: perda de tempo.
dispendium, -ii: *s.n.* – despesa, dano, perda.
dispensatio, -onis: *s.f.* – administração, cargo de administrador, partilha, distribuição.
dispensator, -oris: *s.m.* – administrador, mordomo, intendente.
dispenso, -as, -avi, -atum, -are: *v.t.* – administrar, distribuir, repartir.
disperditio, -onis: *s.f.* – ruína, destruição.
disperdo, -is, -didi, -ditum, -dere: *v.t.* – perder completamente, destruir, arruinar.
dispereo, -is, -ii, -itum, -ire: *v.int.* – acabar, perecer, arruinar-se.
dispergo, -is, -si, -sum, -gere: *v.t.* – dispersar, espalhar, semear.
disperse ou **dispersim**: *adv.* – aqui e ali, em diversas partes.
dispersus, -a, -um: *adj.* – enviado por diversas partes, disseminado, disperso.
dispersus, -us: *s.m.* – separação, dispersão.
dispertio ou **dispartio, -is, -ivi** ou **-ii, -itum, -ire**: *v.t.* – dividir, distribuir.
dispicio, -is, -pexi, -pectum, -picere: *v.t./int.* – olhar para todos os lados, ver ao redor, descobrir, distinguir, examinar.
displicentia, -ae: *s.f.* – displicência, desprazer, descontentamento, desgosto.
displicent repetita: as coisas repetidas desagradam.
displiceo, -es, -ui, -itum, -ere: *v.int.* – desagradar, descontentar.
displodo, -is, -osi, -osum, -odere: *v.t.* – abrir com estrondo, rebentar.
dispono, -is, -posui, -positum, -ponere: *v.t.* – dispor, arranjar, pôr em ordem de batalha, postar, assestar, estabelecer.
disposite: *adv.* – com ordem, por ordem, regularmente.

D

D

dispositio, -onis: *s.f.* – arranjo, ordem, disposição.

dispositura, -ae: *s.f.* – disposição, ordem.

dispositus, -a, -um: *adj.* – disposto, posto por ordem, arranjado.

dispudet, -uit, -ere: *v.imp.* – ter grande vergonha.

dispungo, -is, -ere, -punxi, -punctum: *v.t.* – dar balanço à receita e à despesa, regular, verificar.

disputabilis, -e: *adj.* – disputável, problemático.

disputatio, -onis: *s.f.* – cálculo, cômputo, disputa, controvérsia.

disputatio fori: a discussão diante do tribunal.

disputator, -oris: *s.m.* – argumentador, disputador.

disputo, -as, -avi, -atum, -are: *v.t.* – argumentar, discutir, debater, discorrer.

disquiro, -is, -sivi, -situm, -rere: *v.t.* – investigar, examinar.

disquisitio, -onis: *s.f.* – investigação, inquérito.

disrumpo ou **dirumpo, -is, -rupi, -ruptum, -rumpere**: *v.t.* – romper, quebrar, despedaçar, arrebentar.

disseco, -as, -are, -cui, -ctum: *v.t.* – cortar em dois, cortar, dissecar.

dissemino, -as, -avi, -atum, -are: *v.t.* – disseminar, propagar, espalhar, divulgar.

dissensio, -onis: *s.f.* ou **dissensus, -us**: *s.m.* – divergência, discórdia, dissensão, separação, oposição.

dissentaneus, -a, -um: *adj.* – divergente, contrário, oposto.

dissentio, -is, -ire, -sensi, -sensum: *v.int.* – ser de opinião diferente, discordar, divergir.

dissepio, -is, -psi, -ptum, -pire: *v.t.* – separar, dividir.

disseptum ou **dissaeptum, -i**: *s.n.* – separação.

disserenat, -avit, -are: *v.unip.* – fazer bom tempo, tornar-se claro, sereno.

dissero, -is, -ere, -serui, -sertum: *v.t.* – discorrer, expor, dissertar, discutir.

dissero, -is, -ere, sevi, -situm: *v.t.* – espalhar sementes, semear em diferentes partes.

disserpo, -is, -ere: *v.int.* – espalhar-se.

dissertatio, -onis: *s.f.* – dissertação, tratado.

dissertio, -onis: *s.f.* – dissolução, desagregação.

disserto, -as, -avi, -atum, -are: *v.t.* – tratar, expor, dissertar, discutir, debater.

dissideo, -es, -edi, -essum, -sidere: *v.t.* – afastar-se de, divergir, discordar, desentender.

dissigno, -as, -avi, -atum, -are: *v.t.* – distinguir por um sinal.

dissilio, -is, -ii ou -ui, -ultum, -ilire: *v.int.* – separar-se violentamente, quebrar-se, estalar.

dissimilis, -e: *adj.* – dessemelhante, diferente.

dissimiliter: *adv.* – diferentemente, diversamente.

dissimilitudo, -inis: *s.f.* – diferença, dessemelhança.

dissimulanter: *adv.* – fingidamente, com dissimulação, em segredo.

dissimulantia, -ae: *s.f.* – dissimulação.

dissimulatio, -onis: *s.f.* – dissimulação, fingimento.

dissimulator, -oris: *s.m.* – o que finge, oculta, dissimulador.

dissimulo, -as, -avi, -atum, -are: *v.t.* – encobrir, fingir, dissimular.

dissipabilis, -e: *adj.* – que se dispersa, que se dissipa.

dissipo, -as, -avi, -atum, -are: *v.t.* – dispersar, separar, destroçar, destruir.

dissociabilis, -e: *adj.* – que separa, incompatível.

dissocio, -as, -avi, -atum, -are: *v.t.* – separar, dividir, desunir.

dissolubilis, -e: *adj.* – que se pode dividir, separável.

dissolute: *adv.* – sem ligação, sem conexão.

dissolutio, -onis: *s.f.* – separação, dissolução, distribuição, moleza, frouxidão, derrota, ruína.

dissolutus, -a, -um: *adj.* – separado, dissolvido, frouxo, negligente, fraco, dissoluto.

dissolvo, -is, -vi, -olutum, -olvere: *v.t.* – desligar, desunir, dissolver, desfazer, refutar, pagar uma dívida, soltar, afrouxar.

dissonus, -a, -um: *adj.* – dissonante, discordante, diferente.

dissors, -ortis: *adj.* – excluído (da partilha), não partilhado.

dissuadeo, -es, -si, -sum, -dere: *v.t.* – dissuadir, afastar, desaconselhar, desviar de.

dissuasio, -onis: *s.f.* – ação de dissuadir, de afastar.

dissuasor, -oris: *s.m.* – o que dissuade, o que desvia de, opositor (de uma lei).

dissuavior, -aris, -atus sum, -ari: *v.dep.* – beijar com ternura.
dissulto, -as, -avi, -atum, -are: *v.int.* – saltar para diversas partes, estalar.
dissuo, -is, -ui, -utum, -uere: *v.t.* – descoser, desfazer-se de.
distaedet (me), -taesum est: *v.imp.* – aborrecer-se, enfadar-se muito.
distans, -antis: *part.pres.* – afastado, distante.
distantia, -ae: *s.f.* – distância, afastamento, diferença.
distendo, -is, -di, -sum, -dere: *v.t.* – estender, distender, entesar, encher, atormentar, repartir.
distentus, -a, -um: *adj.* (de **distento**) – inchado, cheio, empanturrado.
distentus, -a, -um: *adj.* (de **distineo**) – ocupado.
distermino, -as, -avi, -aturn, -are: *v.t.* – demarcar, batizar, separar, limitar.
distincte: *adv.* – separadamente, de maneira distinta, com nitidez, com clareza.
distinctio, -onis: *s.f.* – partilha, distribuição, distinção, diferença, brilho, ornamento.
distinctus, -a, -um: *adj.* – dividido, separado, ordenado, bem disposto, claro, distinto, ornado.
distineo, -es, -ui, -tentum, -tinere: *v.t.* – prender, segurar, separar, despedaçar, reter, embaraçar.
distinguo, -is, -nxi, -nctum, -nguere: *v.t.* – separar, cortar, distinguir, diferenciar, ressaltar, matizar.
disto, -as, -avi, -atum, -are: *v.int.* – estar distante, afastado, diferir, haver diferença.
distorqueo, -es, -si, -orturn, -quere: *v.t.* – voltar para um e outro lado, torcer, atormentar.
distortio, -onis: *s.f.* – contorção, torcedura.
distortus, -a, -um: *adj.* – torcido, contrafeito, torturado.
distractio, -onis: *s.f.* – divisão, separação, desavença, desunião.
distractus, -a, -um: *adj.* – dividido, disperso, distraído, ocupado, desavindo, esquartejado.
distraho, -is, -xi, -ctum, -here: *v.t.* – rasgar, romper, separar, desunir, dissolver, malograr, conciliar.
distribuo, -is, -ui, -utum, -uere: *v.t.* – distribuir, repartir, dividir, partilhar.
distribute: *adv.* – com método, ordenadamente.
distributio, -onis: *s.f.* – distribuição, divisão.
districtus, -a, -um: *adj.* – preso, ligado, ocupado.
distringo, -is, -inxi, -ictum, -gere: *v.t.* – estender, abrir, dividir, distrair, ocupar, atormentar, ferir.
distrunco, -as, -are: *v.t.* – cortar em dois, separar do tronco.
disturbatio, -onis: *s.f.* – destruição, demolição, ruína.
disturbo, -as, avi, -atum, -are: *v.t.* – dispersar, destruir, perturbar, transgredir, anular, impedir.
disyllabus, -a, -um: *adj.* – dissilábico, de duas sílabas.
ditat Deus: Deus nos enriquece.
ditat servata fides: a lealdade preservada enriquece.
ditesco, -is, -ere: *v.int.* – tornar-se rico, enriquecer-se.
dithyrambicus, -a, -um: *adj.* – ditirâmbico.
dithyrambus, -i: *s.m.* – ditirambo, poema em honra de Baco.
ditiae, -arum ou **divitidiae**: *s.f.pl.* – riquezas.
ditior, ditissimus: *adj.comp. e superl.* de **dives, -itis**: *adj.* – rico, opulento, fecundo.
dito, -as, -avi, -atum, -are: *v.t.* – tornar-se rico, enriquecer.
diu: *adv.* – durante o dia, por muito tempo, desde muito tempo.
diu delibera: decide sem pressa.
diurnus, -a, -um: *adj.* – diurno, feito durante o dia, que dura um dia, cotidiano, diário.
dius ou **divus, -a, -um**: *adj.* – divino, relativo aos deuses.
diutine: *adv.* – durante muito tempo, prolongado.
diutinus, -a, -um: *adj.* – de longa duração, que dura muito tempo.
diutius, diutissime: *adj.comp. e superl.* de **diu**.
diuturnus, -a, -um: *adj.* – que dura muito, diuturno.
diva, -ae: *s.f.* – deusa.
divarico, -as, -avi, -atum, -are: *v.t./int.* – estender, afastar, apartar-se.
divello, -is, -li ou -vulsi, -vulsum, -vellere: *v.t.* – rasgar, despedaçar, quebrar, arrancar.
divendo, -is, -di, -itum, -ere: *v.t.* – vender a muita gente, a retalho.
diverbero, -as, -avi, -atum, -are: *v.t.* – separar batendo, açoitar.
diverbium, -ii: *s.n.* – diálogo (no teatro).

D

diverse ou **diverso**: *adv.* – em diferentes lugares, aqui e ali, diversamente.
diversitas, -atis: *s.f.* – contradição, diversidade, diferença.
diverso intuitu: com objetivo diferente.
diverso tempore, diversa fata: novos tempos, novos acontecimentos.
diversus, -a, -um: *adj.* – apartado, que está em frente, oposto, hostil, inimigo, contrário, diferente.
diverto, -is, -i, -sum, -tere: *v.int.* – ausentar-se, separar-se, divergir.
dives, -itis: *adj.* – rico, opulento, fecundo.
divexo, -as, -avi, -atum, -are: *v.t.* – destruir, devastar, saquear, maltratar.
divide ut regnes: divide para governar.
dividia, -ae: *s.f.* – aborrecimento, preocupação, inquietação.
dividit umbra diem: a sombra divide o dia.
divido, -is, -si, -sum, -dere: *v.t.* – dividir, repartir, separar, quebrar, romper.
dividuus, -a, -um: *adj.* – dividido, separado, repartido.
divina, -ae: *sf.* – adivinhadora.
divina bonitas: a bondade divina.
divinatio, -onis: *s.f.* – adivinhação, arte de predizer, pressentimento.
divine: *adv.* – divinamente, perfeitamente, por adivinhação.
divini iuris sunt veluti res sacrae et religiosae: são de direito divino as coisas sagradas e religiosas.
divinitas, -atis: *s.f.* – divindade, poder divino, apoteose, adivinhação, excelência.
divinitus: *adv.* – por graça ou favor dos deuses, por inspiração divina, excelentemente.
divinitus accidit: aconteceu por milagre.
divino, -as, -avi, -atum, -are: *v.t./int.* – adivinhar, predizer, prever.
divinum, -i: *s.n.* – o Divino, o poder divino, a vontade divina.
divinus, -a, -um: *adj.* – divino, relativo a Deus ou aos deuses, profético, maravilhoso.
divinus, -i: *s.m.* – adivinho, astrólogo.
divisio, -onis: *s.f.* – divisão, distribuição.
divisor, -oris: *s.m.* – o que separa, reparte ou distribui, agente eleitoral.
divisus, -a, -um: *adj.* – separado, dividido.
divisus, -us: *s.m.* – partilha, divisão, repartição.
divitiae, -arum: *s.f.pl.* – bens, riquezas.
divitiae virum faciunt: a riqueza faz o homem.
divortium, -ii: *s.n.* – divórcio, separação.
divortium a toro: separação do leito.
divulgatio legis: a promulgação da lei.
divulgatus, -a, -um: *adj.* – divulgado, publicado, que é do domínio público.
divulgo, -as, -avi, -atum, -are: *v.t.* – divulgar, publicar.
divulsio, -onis: *s.f.* – ação de arrancar, separar violentamente.
divulsus, -a, -um: *adj.* – arrancado, feito em pedaços.
divum, -i ou **dium, -ii**: *s.n.* – o ar, o céu, relento.
divus, -a, -um: *adj.* – divino, relativo aos deuses.
divus, -i: *s.m.* – deus, divindade.
dixi: tenho dito.
dixi satis: eu disse o bastante.
dixit Dominus: o Senhor o disse.
do, -as, dedi, datum, dare: *v.t.* – dar, entregar, presentear, oferecer, apresentar, conceder, permitir, imputar, atribuir, produzir, granjear.
doce ac disce meliora: ensina e aprende o melhor.
docendo, discimus: ensinando, aprendemos.
doceo, -es, -cui, -ctum, -cere: *v.t.* – ensinar, instruir, indicar, compor.
doce ut discas: ensina, para aprenderes.
docilis, -e: *adj.* – que aprende facilmente, dócil, fácil de manejar, brando, flexível.
docilitas, -atis: *s.f.* – facilidade em aprender, docilidade.
docta ignorantia!: que ignorância erudita!
docte: *adv.* – sabiamente, doutamente.
doctor, -oris: *s.m.* – o que ensina, preceptor, mestre.
doctrina, -ae: *s.f.* – ensino, instrução, ciência, doutrina.
doctus, -a, -um: *adj.* – ensinado, instruído, sábio, douto, versado.
doctus dico: falo porque sei.
doctus usu: uma pessoa experiente.
documentum, -i: *s.n.* – ensino, lição, exemplos, indício, prova.
dodrans, -antis: *s.m.* – três quartas partes de uma unidade.
dodrantarius, -a, -um: *adj.* – relativo às três quartas partes de uma unidade.
dogma, -atis: *s.n.* – opinião, máxima, princípio, doutrina, dogma.
dolabra, -ae: *s.f.* – alvião, machado, enxó.
dolens, -entis: *adj.* – que causa dor, que se aflige, aflitivo.

dolenter: *adv.* – com dor, com pesar, dolorosamente.

doleo, -es, -ui, -itum, -ere: *v.t./int.* – sentir dor, afligir-se, lastimar, causar dor.

doli capax: capaz de intenção criminosa.

doli forenses: artifícios usados nas lides forenses.

doli incapax: incapaz de intenção criminosa.

doliolum, -i: *s.n.* – pequeno barril, pipa.

dolium, -ii: *s.n.* – talha, pipa, barril.

dolo, -as, -avi, -atum, -are: *v.t.* – lavrar, aparelhar com enxó, desbastar, aplainar.

dolo, -onis: *s.m.* – chuço, ferrão, vela de mezena.

dolor, -oris: *s.f.* – dor, sofrimento, aflição, pesar, sentimento.

doloris medicus tempus: o tempo é o médico da dor.

dolose: *adv.* – artificialmente, com sagacidade, com velhacaria.

dolosus, -a, -um: *adj.* – astucioso, manhoso, enganador, traiçoeiro.

dolus, -i: *s.m.* – destreza, artifício, fraude, dolo, engano.

dolus a fraude differt velut genus a specie: o dolo difere da fraude como o gênero, da espécie.

dolus apertus: dolo que se pode ver na conduta do agente, o dolo evidente.

dolus bonus: é o dolo involuntário do agente, há intenção boa e resultado mau.

dolus malus: dolo mau, tem por propósito o ato ilícito.

dolus non praesumitur nisi probetur: não se admite o dolo que não se possa provar.

dolus velatus: o dolo disfarçado.

domabilis, -e: *adj.* – domável, que se pode domar.

domefactus, -a, -um: *adj.* – domado.

domesticatim: *adv.* – em casa, interiormente.

domestici, -orum: *s.m.pl.* – os membros de uma família, as pessoas que habitam em uma casa.

domesticus, -a, -um: *adj.* – relativo à casa, caseiro, doméstico, particular, civil, nacional.

domi, us ou **domus**: *s.f.* – casa, domicílio, morada.

domi bellique: na paz e na guerra.

domicillum, -ii: *s.n.* – domicílio, morada, habitação.

domina, -ae: *s.f.* – dona de casa, matrona, esposa, senhora.

domina emax: mulher que tem mania de comprar.

dominans, -antis: *adj.* – essencial, necessário, que domina ou impera, senhor, príncipe.

dominatio, -onis: *s.f.* – domínio, governo, soberania, poder absoluto.

dominator, -oris: *s.m.* – senhor, soberano.

dominatrix, -icis: *s.f.* – senhora, soberana.

dominatus, -us: *s.m.* ou **dominatio, -onis**: *s.f.* – domínio, império, governo.

dominicus, -a, -um: *adj.* – do Senhor, que pertence ao Senhor.

Domini est terra et caelum: é do Senhor a terra e o céu.

dominium, -i: *s.n.* – propriedade, direito de propriedade.

dominium est ius utendi fruendo et abutendi re sua quatenus iuris ratio patitur: o domínio é o direito de usar, fruir e dispor do que é seu, quanto o permite a razão do direito.

Domini voluntas fiat: seja feita a vontade do Senhor.

dominor, -aris, -atus sum, -ari: *v.dep.* – dominar, imperar, reinar.

dominus, -i: *s.m.* – senhor, dono de casa, proprietário, chefe, soberano.

dominus litis: o autor da ação, o dono da lide.

dominus negotii: o dono da empresa.

dominus soli: dono do solo.

Dominus tecum: que o Senhor esteja contigo.

Dominus vobiscum: que o Senhor esteja convosco.

domiporta, -ae: *s.f.* – o que traz a casa consigo, caracol.

domito, -as, -are: *v.t.* – domar, submeter.

domitor, -oris: *s.m.* – domador, triunfador, vencedor.

domitrix, -icis: *s.f.* – domadora, domesticadora.

domitura, -ae: *s.f.* – ação de domar, de domesticar (animais).

domitus, -us: *s.m.* – ação de domar, de domesticar (animais).

domo, -as, -ui, -atum, -are: *v.t.* – domar, amansar, subjugar, vencer.

domus, -us: *s.f.* – casa, morada, habitação, família, domicílio, pátria, escola, seita.

domus aeterna: a morada eterna, a sepultura.

domus Dei: a casa de Deus, nome aplicado a hospitais e casas religiosas.

domusio, -onis: *s.f.* – uso doméstico.

domus optima: uma casa muito boa.
domus procerum: a casa dos nobres.
donabilis, -e: *adj.* – que se pode presentear.
donaria, -orum: *s.n.pl.* – lugar no templo onde se depositavam as oferendas, tesouro.
donarium, -ii: *s.n.* – mais usado no plural – tesouro (de um templo), templo, santuário, oferenda, recompensa (militar).
donatio, -onis: *s.f.* – ação de dar, dádiva, presente, liberalidade.
donatio inter vivos: doação entre vivos.
donatio mortis causa: doação por motivo de morte.
donatio omnium bonorum, reservato sibi usufructo, valida est: é válida a doação de todos os bens, reservando para si o usufruto.
donatio sub modo: doação por condição.
donativum, -i: *s.n.* – donativo, liberalidade feita a soldados.
donator, -oris: *s.m.* – o que dá, doador.
donec: *conj.* – enquanto, até que.
donec ad metam: até atingir o objetivo.
dono, -as, -avi, -atum, -are: *v.t.* – dar, doar, presentear, sacrificar, gratificar, premiar.
dono datio: entrega como doação.
donum, -i: *s.n.* – dom, presente, oferenda (aos deuses).
dorcas, -adis: *s.f.* – corça, cabra montês.
dormiens nihil lucratur: quem dorme, nada ganha.
dormientibus non succurrit ius: o direito não ajuda aos que dormem ou negligenciam em seu uso ou defesa.
dormio, -is, -ivi ou **-ii, itum, -ire**: *v.int.* – dormir, adormecer, repousar.
dormito, -as, -avi, -atum, -are: *v.int.* – ter sono, adormecer, cochilar.
dormitor, -oris: *s.n.* – dorminhoco, o que gosta de dormir.
dormitorium, -ii: *s.n.* – quarto de dormir.
dorsum, -i: *s.n.* – costas, dorso, encosta, cume, pico, recife.
doryphorus ou **doriforus, -i**: *s.m.* – soldado armado de lança, lanceiro.
dos, -otis: *s.f.* – dote, pertences, dom, ornamento.
dotalis, -e: *adj.* – dado ou trazido em dote, relativo a dote.
dotatus, -a, -um: *adj.* – bem dotado, rico.
drachma, -ae: *s.f.* – dracma, unidade de pesos, moeda de prata, em Atenas.
draco, -onis: *s.m.* – dragão, serpente.
draconigens, -ae: *s.m.* – nascido de um dragão.
dramatis personae: as personagens da peça de teatro.
draucus, -i: *s.m.* – devasso.
dromas, -adis: *s.m.* – dromedário.
dromos, -i: *s.m.* – carreira, liça.
druidae, -arum ou **druides, -dum**: *s.m.pl.* – druidas, sacerdotes dos gauleses.
dryas, -adis: *s.f.* – dríade, ninfa dos bosques.
dubia in meliorem partem interpretari debent: coisas duvidosas devem ser interpretadas pelo lado melhor.
dubie: *adv.* – dubiamente, de maneira duvidosa, incerta.
dubietas, -atis: *s.f.* – dúvida, incerteza.
dubitabilis, -e: *adj.* – duvidoso.
dubitanter ou **dubitatim**: *adv.* – duvidosamente, com hesitação.
dubitatio, -onis: *s.f.* – dúvida, hesitação.
dubito, -as, -avi, -atum, -are: *v.t./int.* – duvidar, examinar, considerar, hesitar.
dubium, -ii: *s.n.* – dúvida, hesitação, risco, perigo.
dubium apud me non est: não tenho qualquer dúvida.
dubius, -a, -um: *adj.* – dúbio, indeciso, hesitante, incerto.
dubius armorum exitus: o resultado da guerra é duvidoso.
ducatus, -us: *s.m.* – função de general, comando militar.
duceni, -ae, -a: *adj.num.* – duzentos.
ducentesimus, -a, -um: *adj.* – ducentésimo, meio por cento.
ducenti, -ae, -a: *adj.num.* – duzentos, muitíssimos.
ducenties ou **ducentiens**: *adv.* – duzentas vezes, grande número de vezes.
ducimus: nós conduzimos.
duco, -is, -xi, -ctum, -cere: *v.t.* – conduzir, levar, transportar, guiar, comandar, tomar por mulher, casar, estender, traçar, fazer, tirar de, prolongar, contar, julgar, reputar.
ductilis, -e: *adj.* – que se pode guiar, desviar, conduzir.
ductito, -as, -avi, -atum, -are: *v.int.* – conduzir, levar, enganar.
ducto, -as, -avi, -atum, -are: *v.t.* – conduzir com frequência, capitanear, comandar, lograr, julgar.
ductor, -oris: *s.m.* – condutor, guia, chefe, comandante.

ductus, -us: *s.m.* – ação de conduzir, levar, condução, governo, comando, esboço, risco, construção.
dudum: *adv.* – há algum tempo, outrora, pouco antes, recentemente, logo, sem demora.
duellator, -oris: *s.m.* – guerreiro, homem de guerra.
duellicus, -a, -um: *adj.* – belicoso, guerreiro.
duellum, -i: *s.n.* – guerra, combate.
dulcedo, -inis: *s.m.* – sabor doce, doçura, encanto, prazer, atrativo.
dulce domum: doce lar.
dulce pro patria mori: é doce morrer pela pátria.
dulciculus, -a, -um: *adj.* – um pouco, um tanto doce, adocicado.
dulcis, -e: *adj.* – doce, agradável, aprazível, caro, querido.
dulciter: *adv.* – agradavelmente.
dulcitudo, -inis: *s.f.* – doçura.
dulice: *adv.* – tal qual um escravo.
dum: *conj.* – enquanto, enquanto que, até que, contanto que.
dumetum, -i: *s.n.* – espinheiro, sarçal, matagal.
dum licet abire, profuge: foge enquanto é possível.
dum licet fruere: aproveita enquanto podes.
dummodo: *conj.* – contanto que.
dumosus, -a, -um: *adj.* – coberto de sarças, de matagal.
dum pendet, rendet: enquanto pende, rende.
dum potes vive: vive enquanto podes.
dumtaxat ou **duntaxat**: *adv.* – só, tão somente, não menos, ao menos, pelo menos.
dum vita est, spes est: enquanto há vida, há esperança.
dum vivimus, discimus: enquanto vivemos, aprendemos.
duo, duae, duo: *adj.num.* – dois.
duodecies ou **duodeciens**: *adv.* – doze vezes.
duodecim: *adj.num.* – doze.
duodecimus, -a, -um: *adj.num.ord.* – duodécimo.
duodeni, -ae, -a: *adj.num.distr.* – de doze em doze, cada doze, que são em número de doze.
duodequadragesimus, -a, -um: *adj.num.* – trigésimo oitavo.
duodetriciens e **duodetricies**: *adv.* – vinte e oito vezes.
duoetvicesimani, -orum: *s.m.pl.* – soldados da vigésima segunda legião.
duplex, -icis: *adj.* – dobrado, duplo, dividido em dois, grosseiro, traiçoeiro, dissimulado.
duplicarius, -ii: *s.m.* – soldado que tem dobrada ração.
duplicatio, -onis: *s.f.* – duplicação, ações de dobrar, duplicar.
dupliciter: *adv.* – duplamente, de duas meneiras.
duplico, -as, -avi, -atum, -are: *v.t.* – dobrar, duplicar, aumentar, repetir, encurvar.
duplum, -i: *s.n.* – dobro, dobrado, duplo.
duplus, -a, -um: *adj.* – duplo, dobrado.
dura, -orum: *s.n.pl.* – provações, palavras duras.
durabllis, -e: *adj.* – que dura, durável.
dura lex, sed lex: é uma lei dura, mas é a lei.
duramen, -inis: *s.n.* – endurecimento.
dura necessitas: a cruel necessidade.
durante absentia: durante a ausência.
durante vita: durante a vida.
durateus, -a, -um: *adj.* – de madeira.
duratus, -a, -um: *adj.* – endurecido, rijo, fortalecido.
dure: *adv.* – duramente, grosseiramente, sem graça, sem elegância.
duresco, -is, -ui, -escere: *v.int.* – endurecer-se, tomar-se duro.
duritas, atis: *s.f.* – dureza, aspereza, grosseria.
duriter: *adv.* – duramente, pesadamente.
duritia, -ae: *s.f.* – dureza, aspereza, severidade, rigor, vida dura.
duro, -as, -avi, -atum, -are: *v.t./int.* – endurecer, fortalecer, resistir, perseverar, durar, sofrer, suportar, ser cruel, desumano.
durus, -a, -um: *adj.* – duro, áspero, tasco, rude, belicoso, insensível, cruel, impudente, árduo, penoso.
duumvir, -iri: *s.m.* – duunviro, membro de um governo de dois.
dux, ducis: *s.m.* – condutor, guia, chefe, comandante, diretor, príncipe, soberano.
dux ego vester eram: eu era o vosso guia.
dux erat ille ducum: ele era chefe de chefes.
dux vitae ratio: a razão é o guia da vida.
dux vivendi natura: a natureza é o guia da vida.
dynamis, -is: *s.f.* – grande quantidade, abundância.
dynasta ou **dynastes, -ae**: *s.m.* – príncipe, potentado, soberano, dinastia.
dyseros, -i: *s.m.* – o mal sucedido em amores.

E

e e **ex**: *prep.abl.* – de, fora de, vindo de, de; de cima de, de sobre; desde; dentre; segundo, conforme; por, por causa de; por meio de; em; depois de.

ea: *adv.* – por este lugar; por onde.

eadem: *adv.* – pelo mesmo caminho; do mesmo modo.

eadem est ratio, eadem est lex: a mesma razão, a mesma lei.

eadem per eadem: o mesmo pelo mesmo; seis por meia-dúzia.

ea de re: por esse motivo.

ea fama vagatur: corre esse rumor.

ea intentione: com essa intenção.

ea re: por esse motivo.

eatenus: *adv.* – até aqui, até este ponto; até ao ponto de; tanto, enquanto.

e bello enim pax firmatur: com a guerra se firma a paz.

ebenum, -i: *s.n.* – ébano.

ebibo, -is, -i, -itum, -ere: *v.t.* – beber até o fim, sorver; esgotar, esvaziar.

eblandior, -iris, -itus sum, -iri: *v.int./t.dep.* – afagar; acariciar para obter; conseguir com afagos.

ebrietas, -atis: *s.f.* – embriaguez, bebedeira.

ebrietatis encomium: o elogio da embriaguez.

ebrio credendum: deve-se acreditar no bêbedo.

ebriositas, -atis: *s.f.* – bebedeira, embriaguez.

ebriosus, -a, -um: *adj.* – dado à embriaguez, bêbado.

ebrius, -a, -um: *adj.* – ébrio, bêbado, embriagado.

ebullio, -is, -ivi, -itum, -ire: *v.t./int.* – ferver; borbulhar; falar com ênfase.

ebulum, -i: *s.n.* ou **ebulus, -i**: *s.m.* – engos (planta).

ebur, -oris: *s.n.* – marfim; objeto feito de marfim; cadeira de marfim, própria dos primeiros magistrados.

eburneolus, -a, -um: *adj.dim.* – de marfim.

eburneus ou **eburnus, -a, -um**: *adj.* – de marfim, guarnecido de marfim; alvo como marfim.

e cantu cognoscitur avis: pelo canto se conhece a ave.

ecce: *adv.* – eis aqui; eis; eis que; de repente.

ecce adsum: eis aqui estou presente; eis-me aqui.

ecce ancilla Domini: eis aqui a escrava do Senhor.

ecce ego: eis-me aqui; estou presente.

ecce homo!: eis o homem!

ecce parens verus patriae: eis o verdadeiro pai da pátria.

ecce signum: eis o sinal; eis a prova.

ecclesiae et litteris: para a igreja e para a cultura.

ecclesia non moritur: a igreja não morre.

ecdicus, -i: *s.m.* – síndico, procurador de uma cidade.

echidna, -ae ou **echidne, -es**: *s.f.* – víbora, serpente (fêmea).

echinus, -i: *s.m.* – ouriço; vaso de boca larga para lavar os copos.

echo, echus: *s.f.* – Eco; ninfa que se transformou em rochedo, por ver Narciso insensível ao seu amor.

eclesia, -ae: *s.f.* – assembleia (do povo).

eclipsis, -is: *s.f.* – eclipse (do sol ou da lua).

ecloga, -ae: *s.f.* – escolha, seleção, compilação.

eclogarii, -orum: *s.m.* – coleção de pequenas obras literárias, trechos escolhidos.

econtrario: *adv.* – pelo contrário.

ecquando: *adv.* – em que tempo?, quando?, por ventura em algum tempo?

ecqui ou **ecquis, ecquae** ou **ecqua, ecquod** ou **ecquid**: *pron.* – por ventura alguém?, acaso algum, alguma, alguma coisa?; **ecquid**: *adv.inter.* – por ventura?, acaso?

ecquo: *adv.* – aonde, para onde.

ectypus, -a, -um: *adj.* – feito em relevo, saliente.

eculeus ou **equuleus, -i**: *s.m.* – cavalo novo, potro; cavalete, instrumento de tortura.

edacitas, -atis: *s.f.* – voracidade, glutoneria.

edax,-acis: *adj.* – comedor, comilão; voraz; devorador; que consome, que destrói.

edentulus, -a, -um: *adj.* – desdentado, que não tem dentes; velho, que perdeu a força.

ede tuum nomen: come a tua fama.

edico, -is, -xi, -ctum, -ere: *v.t.* – dizer em voz alta; declarar, anunciar; ordenar; fixar, determinar.

edictio, -onis: *s.f.* – ordem, mandado.
edicto, -as, -avi, -atum, -are: *v.t.* – dizer alto, declarar.
edictum, -i: *s.n.* – ordem, mandado; intimação; edito.
edisco, -is, -didici, -discitum, -discere: *v.t.* – aprender de cor, aprender; decorar, descobrir, vir a conhecer.
edissero, -is, -erui, -ertum, -ere: *v.t.* – expor, explicar a fundo, desenvolver, contar.
editicius, -a, -um: *adj.* – que se pode escolher.
editicli: *adj.m.pl.* – escolhidos (usado na expressão **editicli iudices**, juízes que, em certos casos, o litigante podia escolher).
editio, -onis: *s.f.* – ação de dar à luz, parto; produção, reprodução; promoção de jogos, espetáculos; publicação, edição; escolha, nomeação; apresentação; intimação.
editio cum privilegio: edição com privilégio; edição autorizada.
editio expurgata: edição expurgada:
editio princeps: edição príncipe; primeira edição impressa de um livro; edição original.
editio typica: edição oficial.
editio vulgata: uma edição popular.
editor, -oris: *s.m.* – o que produz, o que causa, autor, fundador.
editor sibi vindicat ius proprietatis: o autor se reserva o direito de propriedade.
editus, -a, -um: *adj.* – produzido, criado, nascido; publicado; escolhido; alto, elevado.
edo, edis ou **es, edi, esum, edere** ou **esse**: *v.t.* – comer, roer, consumir, devorar.
edo, -is, -ere, -didi, -ditum: *v.t.* – dar o lume, dar à luz, fazer sair, publicar; produzir, causar; expor, mostrar, fazer; escolher, nomear; declarar.
edoceo, -es, -ui, -octum, -ocere: *v.t.* – ensinar bem; instruir; mostrar, informar.
edo, ergo sum: como, logo existo.
edomo, -as, -ui, -itum, -are: *v.t.* – domar completamente; subjugar.
edormio, -is, -ivi, -itum, -ire: *v.t./int.* – dormir a sono solto; dormir; despertar do sono.
educatio, -onis: *s.f.* – criação, nutrição; amanho; cultura; educação, instrução.
educator, -oris: *s.m.* – o que cria, alimenta; criador, pai; preceptor, educador.
educatrix, -icis: *s.f.* – a que nutre; ama; preceptora; mãe.
educo, -as, -avi, -atum, -are: *v.t.* – criar, amamentar; cuidar de; educar, instruir, ensinar.
educo, -is, -xi, -ctum, -cere: *v.t.* – tirar, levar para fora; retirar; elevar, exaltar; criar, nutrir; produzir; intimar, citar; passar, empregar.
edulis, -e: *adj.* – que se come, que é de comer.
eduro, -as, -avi, -atum, -are: *v.t./int.* – endurecer; durar, subsistir.
edurus, -a, -um: *adj.* – muito duro, rijo.
eduxit aquam de petra: tirou água da pedra.
e felicitate invidia: a felicidade provoca inveja.
effarcio ou **effercio, -is, -rsi, -rtum, rcire**: *v.t.* – encher, enfartar.
effare aperte: fala abertamente.
effare ocius: fala imediatamente.
effatum, -i: *s.n.* – proposição, pensamento; máxima; predição.
effecte: *adv.* – efetivamente.
effectio, -onis: *s.f.* – execução, realização; produção; trabalho.
effectivus, -a, -um: *adj.* – ativo, que produz, produtivo.
effector, -oris: *s.m.* – o que produz; causador, autor.
effector mundi Deus: Deus é o criador do mundo.
effectum, -i: *s.n.* – efeito (em oposição à causa).
effectus, -a, -um: *adj.* – terminado, feito, executado.
effectus, -us: *s.m.* – execução; poder, eficácia; efeito, resultado.
effectus sceleris: o resultado do crime.
effeminate: *adv.* – efeminadamente, como mulher; com fraqueza.
effeminatus, -a, -um: *adj.* – efeminado; lânguido, mole; enervado.
effemino, -as, -avi, -itum, -are: *v.t.* – tornar feminino, efeminar; enervar, amolecer; debilitar.
efferatus, -a, -um: *adj.* – tornado cruel, selvagem, enfurecido; furioso; bárbaro, feroz.
efferitas (ecf-), -tatis: *s.f.* – selvageria, ferocidade.
effero, -as, -avi, -atum, -are: *v.t.* – tornar feroz; tomar um aspecto feroz ou selvagem; enfurecer, embrutecer.
effero, -fers, extuli, elatum, efferre: *v.t.* – tirar; exportar; levar a enterrar; sair; erguer, levantar; elevar; nivelar; divulgar; arder, arrebatar.
effertus, -a, -um: *adj.* (de **effercio**) – muito cheio, farto; abarrotado.

E

efferus, -a, -um: *adj.* – furioso; feroz, desumano; selvagem.
efferveo, -es, -vui ou **-vi, -vere**: *v.int.* – ferver, fermentar; borbulhar; sair em multidão; afluir.
effervesco, -is, -ere: *v.int.* – aquecer-se, esquentar-se; ferver, borbulhar; produzir-se em quantidade; derramar-se.
effetus, -a, -um: *adj.* – que deu à luz, que produziu; exausto; cansado, esgotado.
efficacia, -ae: *s.f.* – propriedade, poder eficaz, eficácia.
efficacitas, -atis: *s.f.* – força, virtude, eficácia.
efficaciter: *adv.* – eficazmente, com resultado.
efficax, -acis: *adj.* – eficaz, que produz resultado; poderoso.
efficiens, -entis: *adj.* – que produz; eficiente.
efficienter: *adv.* – de modo eficaz; efetivamente.
efficientia, -ae: *s.m.* – eficácia; poder, virtude, ação.
efficio, -is, -feci, -fectum, -ficere: *v.t.* – fazer, efetuar; executar, cumprir; criar, produzir; provar.
effigies, -ei: *s.f.* – representação, figura, imagem; busto, estátua; imitação, semelhança.
effingo, -is, -inxi, -ictum, -ingere: *v.t.* – representar, retratar; imitar, copiar; descrever; esfregar, limpar.
efflagitatio, -onis: *s.f.* ou **efflagitatus, -us**: *s.m.* – solicitação com empenho; instância.
efflagito, -as, -avi, -atum, -are: *v.t.* – rogar com insistência; instar, solicitar.
efflatus, -us: *s.m.* – saída para o ar ou para o vento, sopro.
effleo, -es, -ere, -flevi: *v.t.* – chorar copiosamente.
efflictim: *adv.* – violentamente, ardentemente.
effligo, -is, -xi, -ctum, -gere: *v.t.* – ferir; bater, espancar; derribar; matar.
efflo, -as, -avi, -atum, -are: *v.t./int.* – lançar fora, soprar, exalar, soprar.
effloresco, -is, -rui, -rescere: *v.int.* – florescer; prosperar, brilhar; nascer, resultar.
effluo, -is, -xi, -xum, -ere: *v.t./int.* – derramar-se, espalhar-se, correr de, destilar; passar; escapar; desaparecer, morrer.
effluvium, -ii: *s.n.* – escoamento, fluxo; eflúvio; lugar por onde as águas se despejam.
effoco, -as, -are: *v.t.* – sufocar, abafar.
effodio, -is, -odi, -ossum, -odere: *v.t.* – cavar, escavar; furar; tirar de, desenterrar.
effor, -faris, -fatus sum, -fari: *v.t.* – falar, contar, anunciar; predizer; consagrar.
effractarius, -i: *s.m.* – o que rouba arrombando (as portas).
effrenate: *adv.* – de uma maneira desenfreada, desregradamente, sem reserva.
effrenatio, -onis: *s.f.* – desenvoltura; dissolução, excesso, libertinagem.
effrenatus, -a, -um: *adj.* – desenfreado, solto, sem freio; desordenado, violento.
effrenus, -a, -um: *adj.* – que não tem freios, desenfreado; desregrado; violento.
effringo, -is, -fregi, -factum, -ingere: *v.t./int.* – romper, quebrar; arrombar; destruir.
effugi malum, inveni bonum: evitei o mal, encontrei o bem.
effugio, -is, -gi, -gitum, -gere: *v.t./int.* – fugir; escapar a; esquivar-se; recusar; desprezar.
effugium, -ii: *s.n.* – ação de fugir, evasão, fuga; passagem, saída.
effulgeo, -es, -si, -gere: *v.int.* – brilhar, resplandecer.
effultus, -a, -um: *adj.* – apoiado, estribado, sustentado.
effundo, -is, -udi, -usum, -undere: *v.t.* – derramar, verter; despejar; espalhar, difundir; afrouxar, alargar; soltar; produzir, prodigalizar; gastar, dilapidar; dizer, revelar; derrubar.
effusio, -onis: *s.f.* – ação de espalhar, derramamento; efusão, escoamento; saída em massa; prodigalidade, larguezas.
effusione sanguinis: com derramamento de sangue.
effusus, -a, -um: *adj.* – que se estende, vasto, largo; vertido, derramado; extenso, dilatado; afrouxado, solto; liberal; pródigo; rápido, precipitado; derrubado.
effutio, -is, -ivi, -itum, -ire: *v.t./int.* – falar sem reflexão; dizer tolices.
e fontibus haurire: beber da fonte; diz-se dos fatos de que se tomou conhecimento de fonte confiável.
e fructu arborem cognosco: pelo fruto conheço a árvore.
egelidus, -a, -um: *adj.* – tépido, morno; fresco.
egens, -entis: *part.pres.* – desprovido, privado de; pobre, indigente; necessitado.
egenus, -a, -um: *adj.* – privado de; necessitado.
egeo, -es, -ui, -ere: *v.int.* – não ter; estar privado, desprovido de; estar ou ser pobre; ter necessidade, carecer de.

egero, -is, -gessi, -gestum, -gerere: *v.t.* – levar para fora, lançar; tirar de; despejar, esgotar.
egestas, -atis: *s.f.* – pobreza, indigência.
egestas artes docet: a pobreza ensina artes.
egestatis mater inertia: a preguiça é a mãe da pobreza.
egestio, -onis: *s.f.* – ação de levar, tirar.
egestus, -us: *s.m.* – ação de tirar, extrair.
egigno, -is, -ere: *v.t.* – produzir; sair de, aumentar.
ego: *pron.pess.* – eu.
ego adsum qui feci: fui eu que fiz.
ego dies et noctes cogito: penso dia e noite.
ego feci: fui eu que fiz.
egomet sum mihi imperator: eu sou meu próprio comandante.
ego non sum de hoc mundo: eu não sou deste mundo.
ego pausam feci: eu parei um pouco.
ego sum lux mundi: eu sou a luz do mundo.
ego sum panis vitae: eu sou o pão da vida.
ego sum pastor bonus: eu sou um bom pastor.
ego sum qui sum: eu sou quem sou.
ego sum via, veritas et vita: eu sou o caminho, a verdade e a vida.
ego te intus et in cute novi: conheço-te por dentro e por fora.
ego vos sequor, non duco: eu vos sigo, não vos conduzo.
egredior, -eris, -essus sum, -edi: *v.t./int.* – sair, afastar-se; elevar-se a; subir; ultrapassar; desembarcar.
egregia, -iorum: *s.m.pl.* – vantagens, virtudes, méritos.
egregie: *adv.* – de maneira particular, especialmente.
egregius, -a, -um: *adj.* – excelente, notável, egrégio; favorável; glorioso.
egressus, -us: *s.m.* – ação de sair, saída; partida; desembarque.
egurgito, -as, -avi, -atum, -are: *v.t.* – jogar fora.
e gustu cognosco: conheço pela prova.
eheu ou **heu**: *interj.* (de dor ou de lamentação) – ai!, ah!.
eia: *interj.* (de admiração) – ah!, oh!.
ejaculor, -aris, -atus sum, -ari: *v.t.dep.* – deitar, lançar com força.
ejectio, -onis: *s.f.* – expulsão, banimento, desterro
ejecto, -as, -avi, -atum, -are: *v.t.* – expelir, lançar fora; expulsar; vomitar.
ejectus, -a, -um: *adj.* – expulso, banido; lançado.
ejicio, -is, -eci, -ectum, -icere: *v.t./int.* – lançar fora, expulsar; exilar, desterrar; fazer sair; rejeitar.
ejulatio, -onis: *s.f.* e **eiulatus, -us**: *s.m.* – queixa, lamentação.
ejulo, -as, -avi, -atum, -are: *v.t./int.* – lamentar-se, dar gritos de dor; deplorar.
ejuro, -as, -avi, -atum, -are: *v.t.* – recusar, rejeitar; renunciar a; largar, retirar-se de.
ejusdem generis: do mesmo gênero; da mesma classe; da mesma natureza.
ejusdemmodi: *adv.* – do mesmo modo, da mesma sorte; igualmente.
ejusmodi: *adv.* – deste modo; de tal modo; desta sorte; tal qual.
elabor, -eris, -lapsus sum, -labi. *v.int./t.dep.* – escorregar, escapar; fugir, sair; esquivar-se; perder-se, desaparecer.
elaborate: *adv.* – com trabalho, com aplicação.
elaboratus, -a, -um: *adj.* – elaborado, feito cuidadosamente, com esmero.
elaboro, -as, -avi, -atum, -are: *v.t.* – trabalhar com cuidado; fazer com aplicação; elaborar; conseguir pelo trabalho.
elamentabilis, -e: *adj.* – lamentável, cheio de queixas.
elanguesco, -is, -gui, -guescere: *v.int.* – enfraquecer-se; tornar-se lânguido; enervar-se.
elapso tempore: esgotado o tempo.
elargior, -iris, -iri: *v.t.dep.* – dar generosamente, prodigalizar, distribuir.
elate: *adv.* – com elevação, com nobreza.
elatio, -onis: *s.f.* – ação de, elevar, de levantar; elevação, altura; exagero.
elatro, -as, -avi, -atum, -are: *v.t./int.* – gritar; ladrar muito ou com força.
elatus, -a, -um: *adj.* – levado; alto, elevado; arrebatado; arrogante; divulgado.
elavo, -as, -lavi, -lautum (-lotum), -are: *v.t./int.* – lavar, banhar.
electa una via non datur regressus ad alteram: escolhida uma via, não se dá recurso a outra.
electio, -onis: *s.f.* – escolha, eleição.
electo, -as, -are: *v.t.* – seduzir, enganar.
electrum, -i: *s.n.* – âmbar amarelo; eletro, liga de ouro com uma quarta parte de prata.
electus, -a, -um: *adj.* – escolhido; superior, excelente.

E

E

elegans, -antis: *adj.* – que gosta de luxo, pródigo; que tem gosto; apurado, elegante; polido; adequado; honesto.
eleganter: *adv.* – com escolha, com bom gosto, com distinção.
elegantia, -ae: *s.f.* – luxo, prodigalidade; gosto, elegância; beleza, atrativo; honra.
elegantia sermonis: a elegância da linguagem.
elegi, -orum: *s.m.pl.* – versos elegíacos; dísticos compostos de hexâmetros e pentâmetros; poema elegíaco.
elegia, -ae: *s.f.* – elegia.
elego, -as, -are: *v.t.* – legar a um estranho.
eleleis, -eidis: *s.f.* – eleleide, bacante.
elementa, -orum: *s.n.pl.* – princípios, elementos, partes constitutivas.
elementa essentialia communia delicti: os elementos essenciais comuns do delito.
elementarius, -a, -um: *adj.* – do alfabeto, relativo ao alfabeto.
elementum, -i: *s.n.* – elemento; *pl.* – elementos, princípios, rudimentos.
elephantinius, -a, -um: *adj.* – de marfim, da cor do marfim.
elephantus, -i: *s.m.* ou **elephans, -antis**: *s.m.* – elefante; marfim.
elevo, -as, -avi, -atum, -are: *v.t.* – levantar, elevar, erguer; abater, rebaixar, diminuir.
elias, -adis: *adj.* – elíade, de Élida; dos jogos olímpicos.
elicio, -is, -cui, -citum, -cere: *v.t.* – fazer sair, por ardil ou por magia, evocar; tirar de, extrair, arrancar; obter, alcançar; provocar; atrair.
elido, -is, -si, -sum, -dere: *v.t.* – fazer sair apertando, esmagar; despedaçar; extrair, arrancar; enfraquecer.
eligo, -is, -egi, -ectum, -igere: *v.t.* – separar, arrancar, tirar; colher; escolher, tomar; eleger.
elimino, -as, -avi, -atum, -are: *v.t.* – pôr fora de casa, pôr na rua, expulsar, banir; divulgar.
elimo, -as, -avi, -atum, -are: *v.t.* – limar; polir, retocar.
elinguis, -e: *adj.* – privado do uso da língua, mudo; que não é eloquente.
elinguo, -as, -are, avi, -atum: *v.t.* – cortar ou arrancar a língua de alguém.
eliquo, -as, -avi, -atum, -are: *v.t.* – clarificar, purificar; destilar.
elisio, -onis: *s.f.* – ação de espremer um líquido; elisão.
elixus, -a, -um: *adj.* – cozido em água, fervido; muito molhado.
eloco, -as, -avi, -atum, -are: *v.t.* – alugar, dar de aluguel, arrendar.
elocutio, -onis: *s.f.* – maneira de falar, dicção; expressão, termo; elocução.
elocutrix, -icis: *s.f.* – a que fala.
elogium, -ii: *s.n.* – inscrição tumular, epitáfio; decisão, decreto; nota, anotação; disposição.
eloquens, -entis: *adj.* – que tem facilidade de falar, eloquente.
eloquentia, -ae: *s.m.* – facilidade de expressão; eloquência.
eloquium, -ii: *s.n.* – linguagem, palavra; discurso; eloquência.
eloquor, -eris, -quutus sum, -qui: *v.int./t. dep.* – falar, exprimir-se; expor, enunciar; dizer.
eluceo, -es, -uxi, -lucere: *v.int.* – brilhar, alumiar, resplandecer,
eluctabilis, -e: *adj.* – que se pode vencer, de que alguém se pode libertar, escapar.
eluctor, -aris, -atus sum, -ari: *v.int./t.dep.* – lutar para se livrar de, livrar-se de; romper com esforço; vencer lutando.
elucubro, -as, -avi, -atum, -are: *v.t.* e **elucubror, -aris, -atus sum, -ari**: *v.t./dep.* – passar vigílias trabalhando; trabalhar com empenho.
eludo, -is, -si, -sum, -dere: *v.t./int.* – esquivar-se, escapar a; brincar, folgar; evitar; zombar, escarnecer.
elugeo, -es, -xi, -gere: *v.t./int.* – chorar por, ficar de luto, tomar luto; deplorar.
elumbis, -e: *adj.* – derreado; fraco, débil, sem forças.
eluo, -is, -i, -utum, -uere: *v.t.* – lavar; apagar, tirar; diluir, dissolver, gastar, arruinar-se.
elutus, -a, -um: *adj.* – molhado, ensopado; diluído; lavado; fraco.
eluvies, -ei: *s.f.* – água corrente; enxurrada; barroca feita pelas enxurradas; esgoto; ignomínia.
eluvio, -onis: *s.f.* – inundação.
emacero, -as, -are: *v.t.* – emagrecer.
e malis, minimum eligendum: dos males, escolha-se o menor.
emancipatio, -onis: *s.f.* – emancipação.
emancipo, -as, -avi, -atum, -are: *v.t.* – emancipar, livrar da tutela, libertar; alienar.
emano, -as, -avi, -atum, -are: *v.t./int.* – correr de, manar; emanar, proceder de; divulgar-se.

emarcesco, -is, -marcui, -ere: *v.t.* – murchar, secar.
emathis, -idis: *adj.* – emátida, de Emátia; da Macedônia.
ematuresco, -is, -rui, -rescere: *v.int.* – chegar à maturação; amadurecer.
emax, -acis: *adj.* – que gosta de comprar, que tem a mania de comprar.
emblema, -atis: *s.n.* – obra de embutidos, ornato postiço, folheado.
embolium, -ii: *s.n.* – intercalação, acessório; entreato.
eme et habebis: compra e terás.
emendabilis, -e: *adj.* – que se pode emendar, corrigir; reparável.
emendate: *adv.* – corretamente, com correção.
emendatio, -onis: *s.f.* – ação de corrigir; emenda, correção.
emendator, -oris: *s.m.* – o que corrige, reformador.
emendatrix, -icis: *s.f.* – a que corrige, reformadora.
emendatus, -a, -um: *adj.* – emendado; correto; perfeito, acabado.
emendico, -as, -are: *v.t.* – pedir esmolas, mendigar.
emendo, -as, -avi, -atum, -are: *v.t.* – corrigir, emendar; reformar, retificar.
emensus, -a, -um: *adj.* – que mediu, que percorreu; medido.
ementior, -iris, -itus sum, -iri: *v.int./t.dep.* – mentir; inventar, caluniar; dissimular.
e mera gratia: por mera graça; por mero favor.
emercor, -aris, -itus sum, -ari: *v.t.dep.* – comprar, comerciar.
emereo, -es, -ui, -itum, -ere: *v.t.* – merecer; fazer o serviço militar; ganhar, conseguir; cativar.
emergo, -is, -si, -sum, -gere: *v.t./int.* – sair acima da água, emergir; sair de; elevar-se; aparecer.
emeritus, -a, -um: *adj.* – merecido; concluído; que acabou o tempo de serviço militar; que acabou; fatigado; veterano; emérito.
emetior, -iris, -mensus sum, -metiri: *v.t. dep.* – medir, percorrer; fornecer, prodigalizar.
emeto, -is, -essui, -essum, -tere: *v.t.* – ceifar, colher em abundância.
emico, -as, -ui, -atum, -are: *v.int.* – sair com violência; brotar, romper; saltar; luzir, cintilar.
emigro, -as, -avi, -atum, -are: *v.t./int.* – sair de, mudar de casa, emigrar.
eminatio, -onis: *s.f.* – ameaça.
eminens, -entis: *part.pres.* – que fica sobranceiro, elevado; eminente, notável.
eminentia, -ae: *s.f.* – eminência, elevação; proeminência; relevo.
emineo, -es, -ui, -nere: *v.t./int.* – elevar-se acima de, sair de; destacar-se, sobressair; exceder; mostrar-se.
eminet non imminet: ele domina, mas não ameaça.
eminiscor, -eris, mentus sum, -inisci: *v. dep.* – imaginar; lembrar-se.
eminus: *adv.* – sem vir às mãos, de longe, a distância.
emiror, -aris, -atus sum, -ari: *v.int.dep.* – admirar-se muito; maravilhar-se.
emissarium, -i: *s.n.* – abertura, canal, emissário, despejo de um lago; represa.
emissicius, -ii: *s.m.* – agente, espião; enviado, emissário.
emissio, -onis: *s.f.* – ação de lançar, de atirar; ação de soltar (um animal).
emitto, -is, -misi, -issum, -ittere: *v.t.* – mandar para fora, atirar, lançar; soltar, largar; deixar escapar; publicar.
emo, -is, emi, emptum, emere: *v.t.* – tomar, comprar
emoderandus, -a, -um: *part.fut.pl.* – que pode ou deve ser moderado, acalmado.
emodulor, -aris, -atus sum, -ari: *v.t.dep.* – cultuar, modular, cantar.
emolimentum, -i: *s.n.* (de **emoliri**) – grande construção; trabalho, dificuldade, impedimento.
emolior, -iris, -iri, -molitus sum: *v.t.dep.* – levantar um peso, elevar; executar.
emollio, -is, -ivi, -itum, -ire: *v.t.* – amolecer; abrandar; enervar
emolumentum, -i: *s.n.* (de **emolere**) – vantagem; lucro, ganho; emolumento.
emoneo, -es, -ui, -itum, -ere: *v.t.* – advertir, avisar.
emorior, -eris, -mortuus sum, -iri: *v.int.dep.* – acabar de morrer, esvair-se, apagar-se, desaparecer.
emori risu: morrer de rir.
emoveo, -es, -ovi, -otum, -ere: *v.t.* – remover, deslocar; expelir, afastar; perturbar, agitar.
empiricus, -a, -um: *adj.* – relativo à medicina empírica; **-i**: *s.m.* – médico empírico.
empiticius (empititius), -a, -um: *adj.* – que se compra, comprado.

E

E

emporium, -ii: *s.n.* – feira, mercado; empório.
emptio, -onis: *s.f.* – compra.
emptio consensu peragitur: a compra se completa pelo consentimento.
emptito, -as, -avi, -atum, -are: *v.t.* – comprar muito ou frequentemente
emptor, -oris: *s.m.* – comprador.
emulgeo, -es, -ere (-mulsi), -mulsum: *v.t.* – ordenhar, mugir até o fim; esgotar.
e multis unum: um formado de muitos; todos por um, um por todos.
emungo, -is, -xi, -ctum, -gere: *v.t.* – assoar; despojar de; limpar o dinheiro de alguém.
emunio, -is, -ivi, -itum, -ire: *v.t.* – fortalecer, fortificar.
emutatio, -onis: *s.f.* – mudança.
emuto, -as, -are, -atum: *v.t.* – mudar inteiramente.
en: *adv.* – eis, eis aqui; anda, vamos.
enarrabilis, -e: *adj.* – que se pode descrever.
enarratio, -onis: *s.f.* – desenvolvimento, explicação, comentário.
enarro, -as, -avi, -atum, -are: *v.t.* – narrar, descrever; exprimir.
enascor, -eris, -natus sum, -nasci: *v.int. dep.* – nascer de, sair de; brotar, rebentar.
enato, -as, -avi, -atum, -are: *v.int.* – salvar-se a nado; livrar-se de um negócio.
enavigo, -as, -avi, -atum, -are: *v.t./int.* – chegar ao termo da viagem, aportar; atravessar; navegar; escapar de uma dificuldade.
e necessitate: por necessidade; não tendo alternativa.
eneco (enico) -as, -are, -necui, -nectum: *v.t.* – matar, fazer morrer; esgotar, fatigar.
enervatus, -a, -um: *adj.* – sem nervos, enfraquecido, debilitado; enervado.
enervo, -as, -ivi, -atum, -are: *v.t.* – privar dos nervos, cortar os nervos; enfraquecer; enervar, esgotar.
enim: *conj.* – na verdade, de fato; pois que, com efeito; porquanto; seguramente, sem dúvida; porém.
enimvero: *conj.* – pois, com efeito; ora, mas; de certo.
eniteo, -es, -ui, -ere: *v.int.* – brilhar, reluzir; distinguir-se.
enitor, -eris, -isus ou **-ixus sum, -iti**: *v.int./t. dep.* – fazer esforço para sair; esforçar-se, trabalhar por; dar à luz.
enixe: *adv.* – com esforço, com empenho; a todo força.
enixus ou **enisus, -a, -um**: *adj.* – que faz esforço; esforçado.
en lupus in historia: eis o lobo da história.
eno, -as, -avi, -atum, -are: *v.t./int.* – salvar-se a nado; abordar; desembaraçar-se.
enodate: *adv.* – facilmente, com clareza.
enodatio, -onis: *s.f.* – explicação, esclarecimento, interpretação.
enodis, -e: *adj.* – que não tem nós; flexível; desembaraçado.
enodo, -as, avi, -atum, -are: *v.t.* – tirar os nós; desatar; explicar.
enormis, -e: *adj.* – que não está conforme a regra, irregular; desmedido; enorme.
enormitas, -tatis: *s.f.* – irregularidade, enormidade.
enotesco, -is, -tui, -tescere: *v.int.* – tornar-se público, divulgar-se, fazer-se conhecido.
enoto, -as, -avi, -atum, -are: *v.t.* – notar, consignar em notas.
Ens entium: o Ser dos seres; o Ser Supremo.
ensifer (ansiger), -era, -erum: *adj.* – que traz espada, armado de espada.
ensis, -is: *s.m.* – espada; autoridade, poder supremo.
ens legis: pessoa jurídica:
entheus, -a, -um: *adj.* – divinamente, inspirado.
enthymema, -atis: *s.n.* – concepção, pensamento; entimema, forma ou tipo de argumento.
enubo, -is, -psi, -ptum, -bere: *v.int.* – casar-se (a mulher) com pessoa fora de sua classe.
enucleate: *adv.* – de modo sóbrio e claro.
enucleatus, -a, -um: *part.p.* – esclarecido, claro; evidente, manifesto.
enucleo, -as, -avi, -atum, -are: *v.t.* – esclarecer; explicar.
enumeratio, -onis: *s.f.* – enumeração; resenha, resumo.
enumero, -as, -avi, -atum, -are: *v.t.* – contar, computar; enumerar, recapitular.
enuntiatio, -onis: *s.f.* ou **enuntiatum, -i**: *s.n.* – enunciado, proposição; exposição.
enuntio, -as, -avi, -atum, -are: *v.t.* – fazer conhecer, enunciar, dizer; expor; descobrir, revelar.
enuptio, -onis: *s.f.* – casamento (de uma mulher) fora de sua classe, mau casamento.
enutrio, -is, -ivi, -itum, -ire: *v.t.* – nutrir, alimentar; criar.
eo: *adv.* – aí, ali; para ali; até ali; a este ponto, a tal grau; com o fim de; por isso, por causa disso.

eo, is, ivi ou **ii, itum, ire**: *v.t./int.* – ir, andar; marchar contra; vir; ir-se embora, retirar-se; reduzir-se a; transformar-se em; correr, divulgar-se.
eo animo: com essa intenção.
eodem: *adv.* – para aí mesmo; para o mesmo lugar; a isto mesmo.
eodem bibere poculo: beber do mesmo copo; sofrer a mesma sorte; estar no mesmo barco.
eodem prognati sunt ovo: nasceram do mesmo ovo; são unha e carne.
eodem tempore: ao mesmo tempo.
eo die: nesse dia; no mesmo dia.
eo instante: naquela iminência; naquele mesmo momento; imediatamente.
eo intuitu: com essa intenção; com a mesma intenção.
eo ipso: por isso mesmo; por esse fato.
eo nomine: com esse nome; por esse nome; sob esse nome.
eo praetextu: com a justificativa; com essa justificativa.
Eos: *s.f.* – a aurora.
eo tempore: naquele tempo.
eous, -a, -um: *adj.* – oriental; do oriente.
eous, -i: *s.m.* – estrela d'alva; manhã, dia.
epaphaeresis, -is: *s.f.* – ação de tirar, tosquiar.
epastus, -a, -um: *adj.* – do que se alimentou, comido; pastado, roído.
ephebicus, -a, -um: *adj.* – da adolescência.
ephebus, -is: *s.m.* – adolescente.
ephemeris, -idis: *s.f.* – diário; livro em que vão registradas as despesas diárias; calendário; efemérides.
ephippiatus: *adj.* – usado no *m.pl.* **ephippiati** *(scilicet milites)* soldados montados em cavalos selados.
ephippium, -ii: *s.n.* – sela, teliz ou gualdrapa, xairel.
ephorus, -i: *s.m.* – empregado mais frequentemente no plural; Éforo, primeiro magistrado de Esparta.
epibata ou **epibates, -ae**: *s.m.* – soldados de marinha.
epicopus, -a, -um: *adj.* – guarnecido de ramos.
epicrocus, -a, -um: *adj.* – fino, transparente.
epicus, -a, -um: *adj.* – épico.
epidipnis, -idis: *s.f.* – sobremesa.
epiglottis, -idis ou **epiglossis, -is**: *s.f.* – epiglote.
epigramma, -atis: *s.n.* – inscrição, título; epitáfio; epigrama.
epilogus, -i: *s.m.* – conclusão, peroração; epílogo.
e pilo pendet: está pendurado por um fio.
epimenia, -orum: *s.n.pl.* – presente dado todos os meses, ração para um mês.
epinicion (epinicium), -ii: *s.n.* – epinício, canto de vitória.
epiphora, -ae: *s.f.* – corrimento de líquido, ou de humor; defluxo.
episcopus, -i: *s.m.* – guarda; intendente, inspetor.
epistola, -ae: *s.f.* – remessa de uma carta; carta, epístola; contrato por escrito.
epitaphium, -ii: *s.n.* – epitáfio, inscrição fúnebre.
epitaphius, -i: *s.m.* – discurso fúnebre.
epitoma, -ae e **epitome, -es**: *s.f.* – resumo, compêndio; epítome.
epops, -opis: *s.m.* – poupa (ave).
epos: *s.n.* – poema épico; epopeia.
epoto, -as, -avi, -atum ou **-epotum, -are**: *v.t.* – beber tudo; absorver.
epulae, -arum: *s.f.pl.* – alimento, banquete, festim.
epularis, -e: *adj.* – relativo a festim; de banquete.
epulatio, -onis: *s.f.* – banquete, festim.
epulis accumbere divum: participar dos banquetes dos deuses.
epulor, -aris, -atus sum, -ari: *v.int./t.dep.* – comer, participar de um festim; banquetear-se.
epulum, -i: *s.n.* – banquete público, dado nas festividades; banquete suntuoso.
equa, -ae: *s.f.* – égua.
eques, -itis: *s.m.* – cavaleiro; cavalaria; ordem dos cavaleiros.
equester ou **equestris, -e**: *adj.* – relativo a cavalo ou a cavaleiro, equestre.
equidem: *adv.* – certamente, na verdade, sem dúvida.
equinus, -a, -um: *adj.* – equino, cavalar.
equiria, -orum: *s.n.pl.* – corridas de cavalo instituídas em honra de Marte.
equis virisque: com a cavalaria e a infantaria.
equitabilis, -e: *adj.* – favorável ao emprego ou à manobra de cavalaria.
equitatus, -us: *s.m.* – ação de andar a cavalo; cavalaria; ordem equestre.
equito, -as, -avi, -atum, -are: *v.t./int.* – andar a cavalo, cavalgar; fazer corridas de cavalo; divertir-se.
equuleus, -i ou **eculeus, -i**: *s.m.* – cavalo novo; cavalete.

equus, -i: *s.m.* – cavalo; cavalaria.
era (hera), -ae: *s.f.* – dona de casa, senhora; soberana.
erado, -is, -si, -sum, -dere: *v.t.* – raspar, tirar raspando; fender; arrancar, extinguir.
Erebus, -i: *s.m.* – Érebo, divindade infernal, filho do Caos e da Noite; os infernos.
erechtheus, -a, -um: *adj.* – de Erecteu, rei de Atenas; de Atenas.
erectus, -a, -um: *adj.* – erguido, levantado; direito; atento; alto, arrogante; animado.
e re nata: a partir das coisas que surgirem; conforme as circunstâncias.
erepo, -is, -psi, -ptum, -ipere: *v.t./int.* – sair ou subir de gatinhas; arrastar-se; subir com dificuldade.
ereptio, -onis: *s.f.* – esbulho, roubo.
ereptor, -oris: *s.m.* – espoliador, ladrão.
e republica: pelo país; no interesse do país.
erga: *prep.ac.* – de fronte, em frente; para com, por; com relação a; contra.
erga alios: contra a outra parte.
erga omnes: para com todos; o que é válido contra todos.
ergastulum, -i: *s.n.* – prisão de escravos, ergástulo; *pl.* – escravos presos.
erga tertios: contra terceiros.
ergo (com um genitivo): por causa de; por; por amor de; *conj.* – pois, pois isso, portanto; pois bem, pois não; certamente.
ergo bibamus!: bebamos pois!
erigo, -is, -exi, -ectum, -igere: *v.t.* – erguer, levantar; restaurar; excitar, estimular; sublevar.
erilis ou **herilis, -e**: *adj.* – relativo a dono de casa; heril, senhoril.
eripio, -is, -ui, -eptum, -ipere: *v.t.* – tirar com força, arrancar, arrebatar; subtrair, furtar; livrar.
erodo, -is, -si, -sum, -dere: *v.t.* – roer, corroer, consumir.
erogatio, -onis: *s.f.* – gasto, despesa; distribuição.
erogo, -as, -avi, -atum, -are: *v.t.* – fornecer; despender, gastar.
erosio, -onis: *s.f.* – ação de roer, erosão.
eroticus, -a, -um: *adj.* – erótico.
errabundus, -a, -um: *adj.* – errante, vagabundo.
errando, discitur: errando, aprende-se.
errans, -antis: *adj.* – errante, incerto, inconstante.
errantis voluntas nulla est: a vontade de quem erra é nula.
errare humanum est: errar é humano.
errata: erros; coisas erradas; é o plural de **erratum**: erro.
errata corrige: corrige os erros.
erraticus, -a, -um: *adj.* – errante, erradio; vagabundo; que se estende, que trepa (com relação a plantas).
erratio, -onis: *s.f.* – ação de se afastar; desvio; derivação; volta, rodeio.
errator, -oris: *s.m.* – vagabundo.
erratum, -i: *s.n.* – erro, falta.
erratus, -us: *s.m.* – ação de se desviar; perda de rumo; engano.
erro, -as, -avi, -atum, -are: *v.int.* – vagar, andar sem destino; desviar-se, perder-se no caminho; errar, enganar-se; hesitar.
erro, -onis: *s.m.* – errante, vagabundo, andarilho.
error, -oris: *s.m.* – desvio (do caminho), volta; engano, ilusão; erro, falta; desacerto; insídia.
error calculi: erro de cálculo.
error calculi non facit ius: o erro de cálculo não faz direito.
error essentialis: um erro essencial.
error facti: erro de fato.
error facti nemini nocet: o erro de fato não prejudica ninguém.
error in iudicando: erro no julgar.
error in obiecto: erro quanto ao objeto.
error in persona: erro quanto à pessoa.
error in procedendo: erro no proceder.
error iuris: erro de direito.
error iuris non excusat: o erro de direito não inocenta.
error ius facit: o erro cria direito.
erubescendus, -a, -um: *part.fut.pl.* – de que se deve ter pejo; vergonhoso.
erubesco, -is, -bui, -bescere: *v.t./int.* – tornar-se vermelho; corar de vergonha, enrubescer; envergonhar-se; respeitar, acatar.
eruca, -ae: *s.f.* – lagarta (das hortaliças); urga (planta).
eructo, -as, -avi, -atum, -are: *v.t./int.* – vomitar, lançar para fora; exalar, arrotar.
erudio, -is, -ivi, -itum, -ire: *v.t.* – ensinar, instruir; adestrar; informar.
erudite: *adv.* – sabiamente, como uma pessoa instruída.
eruditio, -onis: *s.f.* – ação de ensinar; ensino, instrução; erudição, saber; conhecimento.
eruditio et religio: estudo e religião.
eruditulus, -a, -um: *adj.* – um tanto instruído, meio sábio.

eruditus, -a, -um: *adj.* – instruído, amestrado; hábil; versado; sábio, erudito.
erumpo, -is, -upi, -uptum, -umpere: *v.t./int.* – sair impetuosamente; precipitar-se; aparecer de repente; romper; despejar; arrojar, lançar.
eruo, -is, -ui, -utum, -uere: *v.t.* – tirar de, extrair; cavar, escavar; desenterrar; arrancar; desvendar; deitar a baixo, destruir.
eruptio, -onis: *s.f.* – saída precipitada, impetuosa; irrupção, invasão; erupção.
erus ou **herus, -i**: *s.m.* dono de casa; senhor; proprietário; soberano.
ervum, -i: *s.n.* – lentilha (planta).
es, bibe, lude, veni: come, bebe, diverte-te, vem.
esca, -ae: *s.f.* – alimento, sustento; pasto; isca, engodo.
escarius, -a, -um: *adj.* – que serve para as refeições, bom para comer.
escendo, -is, -di, -sum, -dere: *v.int.* – subir, montar, trepar.
escensio, -onis ou **exscensio, -onis**: *s.f.* – desembarque, descida.
escensus, -us: *s.m.* – subida, escalada, assalto.
esculenta, -orum: *s.n.pl.* – alimento, iguarias.
esculentus, -a, -um: *adj.* – que se pode comer; relativo à alimentação; nutritivo, suculento.
esculetum ou **aesculetum, -i**: *s.n.* – mata de carvalhos, carvalhal.
esculeus ou **aesculeus, -a, -um**: *adj.* – relativo a uma espécie de carvalho; de carvalho em geral.
esculus ou **aesculus, -i**: *s.m.* – espécie de carvalho, azinheira ou azinheiro.
espeditus, -a, -um: *adj.* – desembaraçado, desimpedido; livre de; ligeiro, pronto, expedito; fácil; que se prepara facilmente; disparado. lançado.
esquilinus, -a, -um e **esquilius** ou **exquilius, -a, -um**: *adj.* – esquilino, esquílio, ou relativo ao monte Esquilino.
essedarius, -ii: *s.m.* – soldado, gladiador que combate de carro.
essedum, -i: *s.n.* – carro de guerra, usado pelos gauleses e bretões; carro, carruagem.
esse est percipi: existir é ser percebido.
essentia, -ae: *s.f.* – essência, natureza de uma coisa.
est haec non scripta, sed nata lex: esta não é uma lei escrita, mas natural.
est homini cum deo similitudo: o homem tem semelhança com deus.
est igitur res publica res populi: o país é uma coisa do povo.
est locus unicuique suus: cada homem tem seu lugar.
est meminisse voluptas: recordar é um prazer.
est miser omnis amans: todo homem apaixonado é um sofredor.
est modus in rebus: há medida em tudo.
esto perpetua: que dures para sempre.
estote parati: ficai preparados.
esto vir: sê varonil; porta-te varonilmente.
esto vir fortis: mostra-te com valor.
est regis tueri cives: cabe ao rei proteger os cidadãos.
estrix, -icis: *s.f.* – comilona.
esurientes in popina: esfomeados na taberna.
esuries, -ei: *s.f.* – fome, apetite.
esurio, -is, -ivi ou **-ii, -itum, -ire**: *v.t./int.* – ter fome, estar faminto; ter apetite; cobiçar.
esurio, -onis: *s.m.* – comilão.
esuritio, -onis: *s.f.* – fome.
esuritor, -oris: *s.m.* – faminto, esfomeado.
et: *adv.* – também, do mesmo modo.
et: *conj.* – e; ainda, além disso; ora, mas, entretanto; até; pois, então; com efeito; **et... et** – não só...mas também.
et actum est: e assim se fez.
et alia: e outras coisas.
et alibi: e em outro lugar; e em outros lugares.
et alii: e outros.
et alius: e outro.
et caterva: e o seu grupo; e os iguais a ele(s).
et cetera: e as demais coisas; e outras coisas; e o resto.
et e contra: e vice-versa.
et ego ipse homo sum: eu também sou homem.
etenim: *conj.* – com efeito, efetivamente, na verdade.
e terra in terram: (transferir) de uma terra para outra; transplantar.
etesiae, -arum: *s.m.pl.* – ventos etésios, que sopram durante a canícula.
et hasta et clipeo: tanto com a lança como com o escudo.
ethica, -ae (ethice, -es): *s.f.* – ética, moral.
ethicos: *adv.* – com moral, moralmente.
ethologus, -i: *s.m.* – o que imita os hábitos de outrem; comediante.

E

etiam: *conj.* – e agora, agora ainda (temporal); ainda, além disso, também.

etiam atque etiam: e mais e mais; repetidamente; minuciosamente.

etiam in pace, belli tamen iura servantur: mesmo na paz se observam as leis da guerra.

etiam inter rosas aculei: até entre rosas se encontram espinhos.

etiamnum ou **etiamnunc**: *adv.* – ainda agora; ainda, além disso.

etiam saxa loquentur: até as pedras falarão.

etiamsi: *conj.* – ainda que, posto que.

etiam tum, etiam tunc: *adv.* – então, ainda então; até então.

et id genus omne: e tudo que é da mesma espécie.

et infima prosunt: até as coisas mínimas são úteis.

et ipse aderam: eu também estava lá.

et nunc erudimini: agora aprendei também vós.

et reliqua: e as outras coisas; e o mais.

et sequentes: e os seguintes.

et sequentia: e as coisas que se seguem.

etsi: *conj.* – ainda que, bem que, posto que; embora.

et sic de ceteris: e assim quanto ao resto.

et sic fecit: e assim fez.

et sic labitur aetas: e assim passa o tempo.

et sic ulterius: e assim por diante.

et ventis adversis: mesmo com os ventos contrários.

etymologia, -ae: *s.f.* – etimologia, estudo da origem e da transformação das palavras.

eu: *interj.* – bem!, muito bem!, bravo!.

euge: *interj.* – muito bem!, bravo!, coragem.

euhias, -adis: *s.f.* – bacante.

Eumenides, -um: *s.f.pl.* – Eumênides (benévolas), nome dado às Fúrias por eufemismo.

eum time qui deum non timet: teme a quem não teme a deus.

euntes ergo, docete omnes gentes: ide, pois, ensinai a todas as gentes.

euripus, -i: *s.m.* – estreito; canal; fosso cheio de água.

eurous, -a, -um: *adj.* – euro, relativo ao nascente ou leste.

Eurus, -i: *s.m.* – Euro, vento do leste.

euscheme: *adv.* – com elegância, graciosamente.

evado, -is, -si, -sum, -dere: *v.t./int.* – sair, escapar; fugir a, livrar-se de; transpor, atravessar; acabar; suceder, realizar-se.

evagatio, -onis: *s.f.* – ação de errar, andar errante.

evagor, -aris, -atus sum, -ari: *v.int./t.dep.* – vagar, andar sem rumo; afastar-se; estender-se; tresdobrar.

evalesco, -is, -lui, -lescere: *v.int.* – fortificar-se, fortalecer-se; resultar em; adquirir importância; entrar em uso; poder (empregado com infinitivo).

evalidus, -a, -um: *adj.* – muito forte, robusto.

Evan ou **Evans, -antis**: *s.m.* – Evan, um dos nomes de Baco.

evanesco, -is, -nui, -nescere: *v.int.* – esvair-se, dissipar-se, desaparecer.

evanidus, -a, -um: *adj.* – que se dissipa, que desaparece; débil, fraco.

evaporatio, -onis: *s.f.* – evaporação.

evasto, -as, -avi, -atum, -are: *v.t.* – assolar, devastar.

eveho, -is, -exi, -ectum, -ehere: *v.t.* – transportar, conduzir; elevar, erguer; aportar; transpor.

evello, -is, -elli e **-ulsi, -ulsum, -ellere**: *v.t.* – arrancar, desarraigar; afastar, extirpar; destruir.

evenio, -is, -veni, -ventum, evenire: *v.int.* – sair; ir dar ou parar, resultar em; sobrevir, acontecer.

eventum, -i: *s.n.* e **eventus, -us**: *s.m.* – acontecimento, acidente; resultado, desenlace; sucesso.

eventura, -orum: *s.m.* – o futuro.

eventus, -us: *s.m.* e **eventum, -i**: *s.n.* – acontecimento, acidente; resultado, desenlace; sucesso.

eventus damni: o resultado do dano; a ocorrência de dano.

eventus fortuitus: acontecimento fortuito; caso fortuito.

eventus rebus omnibus: tudo tem suas consequências.

everbero, -as, -avi, -atum, -are: *v.t.* – bater muitas vezes, açoitar.

evergo, -as, -are: *v.t.* – fazer saltar, jogar, derramar.

e veritate odium: da verdade (nasce) o ódio.

everriculum, -i: *s.n.* – rede de pescador.

everro, -is, -ri, -sum, -rere: *v.t.* – varrer; limpar; espoliar.

eversio, -onis: *s.f.* – ação de virar, tombo; devastação, ruína.

eversor, -oris: *s.m.* – o que destrói, destruidor; desprezador; saqueador.
everto, -is, -i, -sum, -tere: *v.t.* – virar, voltar para o outro lado; deitar abaixo; destruir; esbulhar.
evestigatus, -a, -um: *adj.* – descoberto (à custa de muita procura).
evestigo, -as, -avi, -atum, -are: *v.t.* – descobrir, pesquisar.
evidens, -entis: *adj.* – visível, manifesto; evidente.
evidentia, -ae: *s.f.* – clareza, evidência.
evigilo, -as, -avi, -atum, -are: *v.t./int.* – acordar; velar, estar de vigília; trabalhar sem descanso; fazer com esmero.
evilesco, -is, -lui, -lescere: *v.int.* – tornar-se vil, perder o valor, depreciar-se; aviltar-se.
evincio, -is, -ire, -vinxi, -victum: *v.t.* – cingir, atar, ligar.
evinco, -is, -ici, -ictum, -incere: *v.t./int.* – vencer, triunfar de; elevar-se acima de; ultrapassar; obter, alcançar; convencer.
eviratus, -a, -um: *adj.* – efeminado.
eviro, -as, -avi, -atum, -are: *v.t.* – privar da virilidade, castrar.
eviscero, -as, -avi,-atum, -are: *v.t.* – desentranhar, tirar as entranhas; esgotar.
evitabilis, -e: *adj.* – que se pode evitar, evitável.
evitatio, -onis: *s.f.* – ação de evitar, fugida.
evito, -as, -avi, -atum, -are: *v.t.* – evitar, fugir de, escapar.
evocatio, -onis: *s.f.* – convocação, chamada, invocação, apelo.
evocator, -oris: *s.m.* – o que convoca, recruta soldados, excitador, amotinador.
evocatus, -a, -um: *part.p.* – chamado, mandado vir; excitado, provocado; *m.pl.* – veteranos, convocados em ocasiões graves.
evoco, -as, -avi, -atum, -are: *v.t.* – chamar, mandar vir; convocar (soldados), recrutar; citar, notificar; fazer sair, evocar; atrair; provocar.
evoe: *interj.* – evoé, grito de júbilo, das bacantes.
evolo, -as, -avi, -atum, -are: *v.int.* – voar; sair precipitadamente; escapar-se; elevar-se.
evolutio, -onis: *s.f.* – ação de desenrolar (um manuscrito); leitura.
evolvo, -is, -ii, -olutum, -vere: *v.t.* – arrojar, despenhar; expulsar; despojar; desenrolar; folhear (um livro); esclarecer, explicar.
evomo, -is, -ui, -itum, -ere: *v.t./int.* – vomitar; descarregar, despejar.
evulgatio, -onis: *s.f.* – divulgação, publicidade.
evulgo, -as, -avi, -atum, -are: *v.t.* – divulgar, publicar.
evulsio, -onis: *s.f.* – ação de arrancar; extirpação.
evulsus, -a, -um: *adj.* – arrancado; desarraigado, extirpado.
ex (e): *prep.* e *provérbio* – indica ponto de partida (local); do interior de (movimento).
ex abrupto: subitamente; sem preparação; inesperadamente; bruscamente; de improviso.
ex absurdo: partindo do absurdo.
ex abundantia: pela abundância; com abundância.
ex abundantia cordis: com a abundância do coração; com franqueza.
ex abundanti cautela: por cautela excessiva.
exacerbo, -as, -avi, -atum, -are: *v.t.* – irritar, exasperar; exacerbar.
exaclo e **exantlo, -as, -avi, -atum, -are**: *v.t.* – esvaziar, esgotar, tolerar, suportar.
exactio, -onis: *s.f.* – deportação, desterro; cobrança (de impostos), exação.
ex actis: de acordo com os autos.
exactor, -oris: *s.m.* – o que expulsa; o que exige; cobrador (de impostos); executor de justiça, verdugo.
exactus, -a, -um: *part.p.* – expulso; rejeitado; perseguido; concluído, acabado; completo, exato.
exacuo, -is, -ui, -utum, -uere: *v.t.* – aguçar, afiar; tornar picante; excitar.
ex adverso: do lado contrário; da parte contrária.
exadversum ou **exadversus**: *prep.ac.* e *adv.* – de fronte de, em frente a; em frente, do lado oposto.
exaedificatio, -onis: *s.f.* – construção.
exaedifico, -as, -avi, -atum, -are: *v.t.* – acabar uma construção; completar, rematar.
exaequatio, -onis: *s.f.* – ação de igualar, nivelamento; comparação, paralelo.
ex aequo: com igualdade; de mérito igual; com forças iguais; do mesmo nível; sem distinção.
exaequo, -as, -avi, -atum, -are: *v.t.* – aplainar, nivelar; igualar, emparelhar.
ex aequo et bono: conforme o que é justo e bom.
ex aequo lex alligat omnes: a lei liga a todos sem distinção.

E

exaestuo, -as, -avi, -atum, -are: *v.int.* – ferver, escumar fora, crescer como a maré, fazer ondas.
exaggeratio, -onis: *s.f.* – acumulação, ação de amontoar (terras); elevação (de alma).
exaggero, -as, -avi, -atum, -are: *v.t.* – amontoar, acumular; entulhar; exagerar.
exagitator, -oris: *s.m.* – o que persegue, o que combate a todo transe; agitador, censor severo.
exagito, -as, -avi, -atum, -are: *v.t.* – perseguir, acossar; revolver, agitar; exasperar; ventilar, discutir; meditar.
exalbesco, -is, -bui, -bescere: *v.int.* – embranquecer, empalidecer.
exaltabitur: ele será exaltado.
ex altera parte: da outra parte.
exaltus, -a, -um: *adj.* – muito alto.
examen, -inis: *s.n.* – enxame; grupo numeroso (de pessoas ou de animais), rancho, manada; fiel da balança.
examinalis, -e: *adj.* – que está sem vida; mortal, que mata.
examino, -as, -avi, -atum, -are: *v.t.* – enxamear, pesar, ponderar, examinar.
exanguis ou **exsanquis**: *adj.* – que não tem sangue; pálido; seco; inanimado, fraco.
exanimatio, -onis: *s.f.* – ação de pesar, peso; exame, investigação.
exanimis, -e: *adj.* – inanimado, morto; espantado, atemorizado.
exanimo, -as, -avi, -atum, -are: *v.t.* – tirar a vida, matar; amedrontar, aterrorizar; sufocar, esfalfar; afligir.
ex animo: do fundo do coração.
exanimus, -a, -um: *adj.* – inanimado, morto.
ex aperto: abertamente; claramente.
ex arbitrio: por decisão própria.
ex arbitrio iudicis: por arbítrio do juiz.
exarcio; -is, -si, -tum, -are: *v.t.* – remendar; reparar, consertar.
exardesco, -is, -arsi, -arsum, -ardescere: *v.int.* – inflamar-se, abrasar-se; enfurecer-se; arrebatar-se; apaixonar-se.
exaresco, -is, -ui, -escere: *v.int.* – secar completamente; esgotar-se, estancar; perder-se, desaparecer.
exarmo, -as, -avi, -atum, -are: *v.t.* – desarmar; desaparelhar.
exaro, -as, -avi, -atum, -are: *v.t.* – tirar lavrando; cultivar, amanhar; escrever, exarar.
ex arte: pela arte; pela obra; segundo as regras da arte.
exaspero, -as, -avi, -atum, -are: *v.t.* – fazer áspero, tornar desigual; agravar, irritar; exasperar.
ex assensu patris: pelo consentimento do pai; com o consentimento do pai.
ex auctoritate legis: por força da lei.
ex auctoritate propria: por sua própria autoridade.
exauctoro, -as, -avi, -atum, -are: *v.t.* – dar baixa ao soldado, licenciar; exautorar.
exaudi!: ouve!
exaudio, -is, ivi ou **-ii, -itum, -ire**: *v.t.* – ouvir de longe; prestar ouvidos; escutar.
ex auditu: de ouvir dizer; por ouvir dizer.
exaugeo, -es, -ere: *v.t.* – aumentar consideravelmente, acrescentar, fortificar.
exauguratio, -onis: *s.f.* – profanação do que era sagrado.
exauguro, -as, -avi, -atum, -are: *v.t.* – privar do caráter sagrado; profanar.
ex bellis bella seruntur: as guerras nascem das guerras.
ex bello pax: da guerra vem a paz.
ex bono aliquando sequitur malum: do bem às vezes nasce um mal.
ex bono et aequo: conforme o que é bom e justo.
excaeco, -as, -avi, -atum, -are: *v.t.* – cegar; escurecer; obstruir, tapar.
excalceo, -as, -avi, -atum, -are: *v.t.* – descalçar, tirar o sapato.
excandescentia, -ae: *s.f.* – arrebatamento, acesso de cólera.
excandesco, -is, -dui, -descere: *v.int.* – inflamar-se, abrasar-se; irritar-se.
excanto, -as, -avi, -atum, -are: *v.t.* – tirar por arte mágica; evocar por encantamentos; fazer sair.
ex capite: de cabeça; de memória.
ex carne caro: a carne vem da carne.
excarnifico, -as, -avi, atum, -are: *v.t.* – raspar, dilacerar a golpes, fazer morrer na tortura.
ex cathedra: de cadeira; do alto da cátedra.
ex cauda vulpem: pelo rabo se conhece a raposa.
ex causa: pela causa.
excavatio, -onis: *s.f.* – buraco, cavidade.
excavo, -as, -avi, -atum, -are: *v.t.* – escavar, cavar; minar.
excedo, -is, -cessi, -cessum, -edere: *v.t./int.* – retirar-se, partir; sair; morrer; exceder, sobressair; ultrapassar.
excellens, -entis: *adj.* – que se eleva acima de, que sobressai; excelente, notável.

excellentia, -ae: *s.f.* – elevação; superioridade, excelência.
excello, -is, -ui, -ere: *v.int.* – elevar-se acima de, levar vantagem, sobrepujar.
excelsior!: mais alto!
excelsis Dei: maior é Deus.
excelsitas, -atis: *s.f.* – elevação; grandeza (de alma).
excelsus, -a, -um: *adj.* – elevado, alto; nobre; sublime; poderoso.
exceptio, -onis: *s.f.* – exceção, reserva; condição, cláusula (de contrato); objeção do réu contra o autor.
exceptio declinatoria fori: ação declinatória do foro.
exceptio de incompetentia iudicis: exceção de incompetência do juiz.
exceptio dilatoria: exceção dilatória.
exceptio doli: exceção de dolo.
exceptio maioris causae: exceção de causa maior.
exceptio peremptoria: exceção peremptória.
exceptio rei iudicatae: exceção de coisa julgada.
exceptio suspicionis contra aliquem: exceção de suspeita contra alguém.
exceptio veritatis: exceção da verdade.
exceptis excipiendis: excetuado o que se deve excetuar; feitas as exceções necessárias.
excepto, -as, -avi, -atum, -are: *v.t.* – tirar frequentemente; tomar; acolher, receber muitas vezes; aparar; excetuar.
excerno, -is, -crevi, -cretum, -cernere: *v.t.* – separar, apartar; peneirar, joeirar; escolher.
excerpo, -is, -psi, -ptum, -pere: *v.t.* – separar, extremar; colher, escolher; pôr à parte, excetuar.
excerptum, -i: *s.n.* – excerto, trecho escolhido.
ex certa scientia: por conhecimento seguro.
excessus, -us: *s.m.* – saída, partida, retirada; fuga; digressão; morte.
excessus defensionis: excesso de defesa.
excetra, -ae: *s.f.* – hidra de Lerna; serpente; mulher má e intrigante.
excidat illa dies aevo: que esse dia saia do tempo; apague-se a lembrança desse dia.
excidium, -ii: *s.n.* – queda, descida, destruição.
excido, -is, -di, -ere: *v.int.* – cair; errar, enganar-se; sair, escapar; sair-se mal; cair em, degenerar; desaparecer; morrer.
excido, -is, -idi, -isum, -dere: *v.t.* – separar cortando, cortar; derrubar; tirar, extrair; destruir.
excieo, -es, -ivi, -itum, -ere ou **excio, -is, -ivi ou -ii, -itum, -ire**: *v.t.* – chamar, mandar vir, convocar; evocar; excitar, levantar.
excindo ou **exscindo, -is, -idi, -issum, -indere**: *v.t.* – fender, quebrar, despedaçar, cortar, suprimir, devastar, arruinar.
excipio, -is, -cepi, -ceptum, -ipere: *v.t.* – tirar de, arrancar; recolher; acolher, receber; suportar; espreitar, observar; excetuar; prosseguir; vir depois, suceder a.
excisio, -onis: *s.f.* – encaixe, entalhe; destruição, desolação, ruína.
excitabat fluctus in simpulo: agitava a água num copo; fazer tempestade num copo d'água.
excitatus, -a, -um: *adj.* – acordado, despertado; compelido; estimulado; forte, violento.
excitus: *part.p.* (de **excieo**) – despertado, excitado.
excitus: *part.p.* (de **excio**) – chamado, amotinado, sublevado.
exclamatio, -onis: *s.f.* – gritaria; exclamação.
exclamo, -as, -avi, -atum, -are: *v.t./int.* – gritar, exclamar; declamar; aprovar por aclamação.
excludo, -is, -si, -sum, -dere: *v.t.* – excluir; expulsar, rejeitar; impedir.
excogito, -as, -avi, -atum, -are: *v.t./int.* – refletir maduramente; *s.f.* – imaginar, inventar.
excolo, -is, -ui, -cultum, -colere: *v.t.* – cultivar, amanhar; polir, aperfeiçoar; ornar; venerar, acatar.
ex commodo: à vontade; com comodidade; por conveniência.
ex concesso: do que foi concedido; por concessão.
ex consensu: com consentimento.
ex consensu omnium: com a concordância de todos.
ex consuetudine: conforme o costume.
ex consulto: por deliberação.
ex continenti: imediatamente; sem espera.
ex contractu: por contrato.
ex contrario: pelo contrário.
ex convento: conforme o ajuste; conforme o contrato.
excoquo, -is, -oxi, -octum, -coquere: *v.t.* – cozer, cozinhar; derreter; purificar ao fogo.
ex corde: do coração; cordialmente.
excors, -ordis: *adj.* – desarrazoado, insensato, louco.

E

excrementum, -i: *s.n.* – excreção, secreção; excremento; estrume, esterco.
excresco, -is, -evi, -etum, -escere: *v.int.* – crescer muito; aumentar, desenvolver-se consideravelmente.
excretus, -a, -um: *part.p.* (de **excerno**) – separado; joeirado, escolhido.
excretus, -a, -um: *part.p.* (de **exeresco**) – crescido, aumentado.
excribo, -is, -psi, -ptum, -bere: *v.t.* – copiar, transcrever.
excrucio, -as, -avi, -atum, -are: *v.t.* – submeter a torturas, atormentar; vexar, maltratar.
excubiae, -arum: *s.f.pl.* – guarda, sentinela; ação de estar de guarda, vigilância.
excubitor, -oris: *s.m.* – guarda, sentinela.
excubo, -as, -ui, -itum, -are: *v.int.* – dormir ou passar a noite fora de casa; estar de sentinela, montar guarda; vigiar.
excudo, -is, -di, -sum, -dere: *v.t.* – tirar batendo; tirar; lavrar, fabricar; compor.
exculco, -as, -avi, -atum, -are: *v.t.* – espremer calcando com os pés; calcar com os pés.
excuratus, -a, -um: *adj.* – bem preparado, bem cuidado.
ex curia: fora da corte.
excurro, -is, -ri, -sum, -rere: *v.int.* – correr; sair às pressas; sair; estender-se, avançar; dar-se a conhecer, mostrar-se.
excursio, -onis: *s.f.* – correria; excursão, viagem; sortida, invasão; escaramuça.
excursor, -oris: *s.m.* – batedor, explorador; emissário; espião.
excursus, -us: *s.m.* – excursão; correria, irrupção; digressão; saída, sacada.
excusabilis, -e: *adj.* – desculpável, perdoável.
excusate: *adv.* – de modo escusável, desculpável.
excusatio, -onis: *s.f.* – justificação, desculpa, escusa, pretexto.
excusatus, -a, -um: *adj.* – escusado, alegado como escusa; justificado; impedido.
excuso, -as, -avi, -atum, -are: *v.t.* – citar, alegar; excusar-se, desculpar; recusar; proteger; impedir.
excusse: *adv.* – lançado com força.
excussus, -a, -um: *adj.* – estendido, rijo.
excutio, -is, -ussi, -ussum, -utere: *v.t.* – sacudir, deitar abaixo sacudindo; derrubar; expelir, expulsar; provocar, excitar; verificar; explicar.
ex debito: por dívida; por direito.
ex delicto: por crime; pelo crime.
ex dictamine rationis: segundo o ditame da razão.
ex die: prazo inicial.
ex die hoc: a partir de hoje.
ex digito gigas: pelo dedo se conhece o gigante.
ex dono: por doação; em doação.
ex dono Dei: por dádiva de Deus.
ex ea causa: por isso.
exeant omnes!: que todos saiam!
exearnifico, -as, -avi, -atum, -are: *v.t.* – dilacerar, despedaçar; torturar.
exeat!: que ele saia!; fórmula que autoriza alguém a ausentar-se.
execo ou **exseco, -as, -ecui, -ectum, -ecare**: *v.t.* – cortar, cercear, aparar, castrar.
exedo, -is, -ere, -edi, -esum: *v.t.* – devorar, comer, roer; corroer, apagar, destruir.
exedra, -ae: *s.f.* – sala de reunião; sala de conversação; êxedra.
exedrium, -ii: *s.n.* – saleta de conversação.
exemplar, -aris: *s.n.* – cópia, traslado; exemplo, modelo.
exempli causa: por exemplo.
exempli gratia [e.g.] (*o.m.q.* **verbi gratia** [v.g.]): por exemplo.
exemplum, -i: *s.n.* – modelo, original; cópia, exemplar, reprodução; amostra; exemplo.
ex empto: por compra.
exemptor, -oris: *s.m.* – o que tira, o que escava pedreira.
exentero ou **exintero, -as, -are**: *v.t.* – estripar; despojar; dilacerar.
exeo, -is, -ivi ou **-ii, -itum, -ire**: *v.int.* – sair, partir; afastar-se de; provir, descender de; sair à luz, espalhar-se; prolongar-se, durar; acabar em, desaguar.
ex eodem grege: são do mesmo rebanho; são farinha do mesmo saco.
exeogitatio, -onis: *s.f.* – reflexão, invenção.
exeq-, ver **exseq-**.
exerceo, -es, -cui, -citum, -cere: *v.t./int.* – perseguir, acossar; molestar; agitar; cultivar, amanhar; exercitar, estimular; fazer, praticar, exercer.
exercitatio, -onis: *s.f.* – exercício (físico; militar; de uma profissão); prática, hábito; reflexão, meditação.
exercitatrix, -icis: *s.f.* – ginástica.
exercitatus, -a, -um: *adj.* – agitado, perturbado; exercitado, adestrado.

exercitium, -ii: *s.n.* – exercício militar; prática.
exercitium potestatis: o exercício do poder.
exercito, -as, -avi, -atum, -are: *v.t.* – exercer ou exercitar muitas vezes.
exercitor, -oris: *s.m.* – o que exercita; instrutor.
exercitus, -a, -um: *adj.* – agitado; perseguido, maltratado; exercitado; afeito; trabalhoso, fatigante.
exercitus, -us: *s.m.* – tropa, exército; grande número de, multidão.
exesor, -oris: *s.m.* – aquele que rói, roedor.
exeunt omnes: saem todos.
ex expositis: do que ficou exposto.
ex facie: pela aparência; evidentemente.
ex facili: facilmente.
ex facto: por um fato; por consequência de uma ação.
ex facto ius oritur: do fato nasce o direito.
ex facto oritur ius: o direito nasce do fato.
ex fictione iuris: por uma ficção de direito.
ex fide bona: de boa fé.
ex fide fortis: forte pela fé.
ex gratia: como favor; por favor.
exhalatio, -onis: *s.f.* – exalação.
exhalo, -as, -avi, -atum, -are: *v.t./int.* – exalar, assoprar; expirar.
exhaurio, -is, -ausi, -austum, -rire: *v.t.* – tirar para fora, esvaziar, esgotar; suportar até o fim; acabar, terminar; pagar.
exheredatio, -onis: *s.f.* – ação de deserdar, deserdação.
exheredo, -as, -avi, -atum, -are: *v.t.* – privar da herança, deserdar.
exheres, -edis: *adj.* – excluído da herança, deserdado; esbulhado.
exhibeo, -es, -ui, -itum, -ere: *v.t.* – mostrar, exibir, deixar ver; apresentar; fornecer; causar, suscitar.
exhilaro, -as, -avi, -atum, -are: *v.t.* – alegrar, divertir; avivar.
exhorresco, -is, -rui, -rescere: *v.t./int.* – tremer de medo; recear, temer; abominar.
exhortatio, -onis: *s.f.* – exortação, incitamento.
exhortor, -aris, -atus sum, -ari: *v.t.dep.* – exortar, animar, encorajar.
ex humo homo: o homem procede da terra.
ex hypothesi: por hipótese.
exigo, -is, egi, -actum, -igere: *v.t.* – expelir, expulsar; rejeitar; impelir, atirar; passar, atravessar; obrigar a pagar, cobrar imposto; reclamar, exigir; acabar, completar.
exigua manu: com mão pequena; com economia; com poucos recursos.
exigua res est ipsa iustitia: a própria justiça é limitada.
exiguitas, -atis: *s.f.* – pequenez, exiguidade; pobreza.
exiguum, -i: *s.n.* – um pouco, um tanto de; *adv.* – pouco, um pouco.
exiguus, -a, -um: *adj.* – pequeno, exíguo; estreito acanhado; curto; fraco; pouco numeroso.
exilis, -e: *adj.* – delgado, franzino; magro, fraco; pobre; seco.
exilitas, -atis: *s.f.* – delgadeza, tenuidade; fraqueza; secura.
exilium ou exsilium, -ii: *s.n.* – exílio, degredo, lugar de desterro; *pl.* – desterrados.
ex illo die: desde aquele dia.
ex illo tempore: desde aquele tempo; desde então.
eximie: *adv.* – eximiamente, excelentemente, de uma maneira fora do comum.
eximius, -a, -um: *adj.* – posto a parte, escolhido, separado para o sacrifício; isento, privilegiado; excelente, notável exímio.
eximo, -is, -emi, -emptum, -imere: *v.t.* – pôr de parte, tirar de, separar; arrancar; suprimir; livrar de.
ex imperio: por ordem de outrem.
ex improviso: de improviso; inesperadamente.
exin ou **exunde**: *adv.* – depois disto, logo, portanto.
exinanio, -is, -ivi, -itum, -ire: *v.t.* – esvaziar, esgotar; descarregar; devastar, destruir.
exinde: *adv.* – em seguida, depois (no espaço e no tempo); daquele lugar; daí em diante, desde então.
exinde ad praesentia tempora: desde aquela época até os tempos atuais.
ex industria: intencionalmente.
ex informata conscientia: com conhecimento de causa.
exingue: *adv.* – exiguamente, escassamente, mesquinhamente.
ex initiis summa colligitur: pelo começo pode-se prever o todo.
ex inopinato: inesperadamente.
ex insidiis: à traição.
ex intervallo: com intervalo; com prazo; em época posterior.
ex invidia: por inveja.
existiabilis (exitialis), -e: *adj.* – funesto, fatal, mortal.

E

existimatio, -onis: *s.f.* – apreciação; opinião, parecer; estima, reputação.
existimator, -oris: *s.m.* – avaliador, apreciador; juiz.
existimo, -as, -avi, -atum, -are: *v.t./int.* – avaliar, apreciar; julgar, pensar; ponderar, meditar.
existio, -onis: *s.f.* – saída.
existo ou **exsisto, -is, -stiti, -stitum, -ere**: *v.int.* – elevar-se acima de; sair de; nascer, aparecer; ser, existir; consistir.
exitiosus, -a, -um: *adj.* – pernicioso, funesto, fatal.
exitium, -i: *s.n.* – morte violenta, destruição, ruína, perda, derrota, queda.
exitus, -us: *s.m.* – ação de sair, saída; lugar por onde se sai, abertura, porta; resultado, sucesso, êxito; morte.
exitus in dubio est: o sucesso está sob risco.
ex iure: segundo o direito; por direito.
ex iure alieno: por direito de terceiro.
ex iusta causa: por uma causa justa; por justa causa.
ex labore dulcedo: o prazer provém do esforço.
ex lege: pela lei; segundo a lei; por força da lei.
ex legibus: segundo as leis.
exlex, -egis: *adj.* – que não está sujeito à lei; desenfreado, libertino.
ex libris: (pertencente à coleção) de livros.
ex libro gubernatores: pilotos pelo livro; não aprenderam com mestres, mas sabem somente o que leram nos livros).
ex mandato: por ordem.
ex mea sententia: na minha opinião.
ex memoria: de memória.
ex mera gratia: por um mero favor.
ex merito: por mérito.
ex mero motu: por um simples impulso; por livre vontade.
ex modo praescripto: da maneira como foi determinado.
ex mora: pela demora; pelo atraso.
ex more: segundo o costume.
ex natura ortum est ius: o direito nasceu da natureza.
ex necessitate rei: pela urgência do caso.
ex nihilo: (que vem) do nada; agressão **ex nihilo**: agressão sem motivo.
ex nihilo crevit: surgiu do nada.
ex nihilo nihil: do nada, nada; nada pode vir do nada.
ex nostro disposito: segundo minha determinação.
ex notis ad ignota: do conhecido ao desconhecido.
ex novo: novamente; daqui para frente; desde o começo.
ex numeratione dierum: pela contagem dos dias.
ex nunc: a partir de agora.
exodium, -i: *s.n.* – fim, conclusão, termo.
ex officio: em virtude do cargo; por obrigação; por imposição da lei.
exolesco, -is, -evi, -etum, -escere: *v.int.* – deixar, acabar de crescer; envelhecer; cair em desuso; aplacar-se; desaparecer.
exoletus, -a, -um: *adj.* – adulto, crescido; envelhecido, antiquado; libertino.
ex omnibus viribus: com todas as forças.
exonero, -as, -avi, -atum, -are: *v.t.* – descarregar, aliviar da carga; tirar.
exopinisso, -as, -are: *v.int.* – pensar, julgar.
exoptatus, -a, -um: *adj.* – muito desejado; esperado com impaciência.
exopto, -as, -avi, -atum, -are: *v.t.* – desejar, esperar com impaciência; escolher.
exorabilis, -e: *adj.* – que pode ser vencido com jogos; sensível a súplicas; que se deixa corromper.
ex ordine: conforme a regra; como convém.
exordior, -iris, -orsus sum, -iri: *v.t.dep.* – urdir, tramar; começar; começar (um discurso).
exordium, -ii, *s.n.* – urdidura; origem, começo; exórdio.
ex ore suo: por sua própria boca; com suas próprias palavras.
ex ore tuo te iudico: julgo-te por tuas palavras.
ex oriente lux: do oriente vem a luz.
exorior, -iris, -ortus sum, -iri: *v.int.dep.* – nascer, erguer-se; proceder, originar-se; apresentar-se, aparecer.
exornatio, -onis: *s.f.* – ornamento; ornatos (de estilo).
exornator, -oris: *s.m.* – o que orna; o que embeleza.
exorno, -as, -avi, -atum, -are: *v.t.* – ornar, embelezar; prover; aparelhar; pôr em ordem de batalha.
exoro, -as, -avi, -atum, -are: *v.t.* – rogar com instância; vencer, obter com súplicas; granjear; aplacar.
exorsum, -i: *s.n.* (usado sobretudo no plural) – preâmbulo; empresa.

exorsus, -us: *s.m.* – exórdio, preâmbulo.
exortus, -us: *s.m.* – nascimento, começo.
exos, -ossis: *adj.* – que não tem ossos, sem ossos.
exosculatio, -onis: *s.f.* – beijo de ternura.
exosculor, -aris, -atus sum, -ari: *v.t.dep.* – beijar com ternura.
exosso, -as, -avi, -atum, -are: *v.t.* – dessossar; tirar as arestas, os espinhos.
exostra, -ae: *s.f.* – ponte levadiça; máquina usada nos teatros para voltar a cena.
exosus, -a, -um: *adj.* – que detesta, que abomina; aborrecido, odiado.
exotericus, -a, -um: *adj.* – exotérico, trivial, comum.
exoticus, -a, -um: *adj.* – estrangeiro, exótico.
ex ovo omnia: tudo provém de um ovo.
ex ovo prodiit: nasceu de um ovo.
ex ovo prognatus eodem: nascido do mesmo ovo.
ex pacto: conforme o ajuste.
expallesco, -is, -ui, -ere: *v.t./int.* – empalidecer; temer, recear.
expando, -is, -di, -ansum ou **-assum, -dere**: *v.t.* – estender, desdobrar, abrir; explicar, expor.
expansis manibus: com as mãos estendidas; de braços abertos.
ex parte: de um dos lados; de uma das partes.
ex parte materna: do lado materno.
ex parte paterna: do lado paterno.
expavesco, -is, -pavi, -escere e **expaveo, -es, -pavi, -ere**: *v.t./int.* – estar apavorado; assustar-se; temer, recear.
expectatus, -a, -um: *adj.* – esperado, desejado.
expecto, -is, -ere: *v.t.* – pentear com cuidado.
expecto ou **exspecto, -as, -avi, atum, -are**: *v.t./int.* – estar na expectativa de; esperar, desejar; confiar, temer, recear; reclamar, exigir.
expeculiatus, -a, -um: *adj.* – despojado, violado.
expedio, -is, -ivi ou **-ii, -itum, -are**: *v.t./int.* – livrar de armadilha; desembaraçar, desimpedir; livrar, desprender; resolver; aprestar, preparar; arranjar; ser vantajoso, convir.
expedite: *adv.* – de maneira desembaraçada, facilmente, livremente.
expeditio, -onis: *s.f.* – preparativos de guerra, expedição, campanha.
expeditus, -a, -um: *adj.* – desimpedido, desembaraçado; sem bagagem; fácil; assegurado.
expello, -is, -puli, -pulsum, -pellere: *v.t.* – repelir, expulsar; desterrar; tirar, extirpar; lançar, atirar.
expendere omnes casus: pesar todas as possibilidades.
expendo, -is, -di, -sum, -dere: *v.t.* – pesar inteiramente; pesar com cuidado; ponderar, examinar; despender, pagar.
expensae litis: as despesas do processo.
expensum, -i: *s.n.* – paga, pagamento; despesa, gasto; adiantamento; exame, censura.
expensus, -a, -um: *adj.* – pesado, contado; emprestado; despendido; ponderado; meditado.
expergefacio, -is, -feci, -factum, -facere: *v.t.* – acordar, despertar; animar; fazer, perpetrar.
expergiscor, -eris, -gitus sum ou **-rectus sum, -ergi**: *v.dep.int.* – acordar, despertar.
expergo, -is, -pergi, -gitum, -ere: *v.t.* – despertar.
experiens, -entis: *adj.* – experiente, ativo; que suporta; calejado em; diligente, empreendedor.
experientia, -ae: *s.f.* e **experimentum, -i**: *s.n.* – ensaio, experiência; prática; prova; tentativa, esforço.
experientia docet: a experiência ensina.
experimentum crucis: uma experiência crucial; uma vivência decisiva.
experior, -eris, -ertus sum, -eriri: *v.dep.t.* – ensaiar, experimentar; tentar; suportar; entrar em luta, contender com; recorrer a.
expers, -ertis: *adj.* – *o* que não participou de; privado, desprovido, isento de.
expertus, -a, -um: *adj.* – que experimentou; experimentado em; perito, reconhecido.
expertus loquor: falo por experiência.
expetendus, -a, -um: *gerund.* – que é para desejar; apetecível.
expetibilis, -e: *adj.* – desejável.
expeto, -is, -ivi ou **-ii, -itum, -ere**: *v.t./int.* – chegar, sobrevir; desejar vivamente, cobiçar; reclamar; tender, dirigir-se para; sobrevir, acontecer.
expiatio, -onis: *s.f.* – expiação, satisfação.
expilatio, -onis: *s.f.* – saque, pilhagem; rapina.
expilator, -oris: *s.m.* – salteador; ladrão.
expilo, -as, -avi, -atum, -are: *v.t.* – pilhar, saquear; despojar.
expingo, -is, -xi, -ictum, -gere: *v.t.* – pintar ao vivo, caracterizar; descrever.

E

E

expio, -as, -avi, -atum, -are: *v.t.* – purificar (por expiações); expiar, reparar; aplacar.

expiscor, -aris, -atus sum, -ari: *v.dep.t.* – pescar; procurar com empenho; arrancar um segredo.

explanabilis, -e: *adj.* – claro, intelegível.

explanate: *adv.* – de maneira clara, intelegível.

explanatio, -onis: *s.f.* – explicação, exposição; interpretação.

explanator, -oris: *s.m.* – o que explica; comentador; expositor.

explanatus, -a, -um: *adj.* – estendido; explicado; claro.

explano, -as, -avi, -atum, -are: *v.t.* – estender, aplainar; explicar, expor; interpretar.

expleo, -es, -evi, -etum, -ere: *v.t.* – encher; completar; satisfazer; concluir, terminar; cumprir; reparar; recompensar.

expletio, -onis: *s.f.* – satisfação, contentamento.

expletus, -a, -um: *adj.* – acabado, perfeito, completo.

explicabilis, -e: *adj.* – que se pode desenvolver, desdobrável.

explicate: *adv.* – com bom desenvolvimento, claramente, distintamente.

explicatio, -onis: *s.f.* – ação de desenrolar; explicação, interpretação.

explicator, -oris: *s.m.* – o que explica; expositor.

explicatrix, -icis: *s.f.* – explicadora; a que expõe, interpreta.

explicatus, -us: *s.m.* – ação de desdobrar; explicação, exposição.

explicatus e **explicitus, -a, um**: *adj.* – desenrolado, estendido; explicado, esclarecido; cumprido; terminado.

explicit: acabou-se.

explico, -as, -avi ou **-ui, -catum** ou **citum, -are**: *v.t.* – abrir, desdobrar; estender; desembaraçar; granjear; ultimar, concluir; explicar, esclarecer; expor.

explodo ou **explaudo, -is, -si, -sum, -dere**: *v.t.* – lançar, arrojar; rejeitar (batendo com mãos), patear; desaprovar.

explorate: *adv.* – com conhecimento de causa, com toda a segurança.

exploratio, -onis: *s.f.* – exploração, observação; espionagem.

explorator, -oris: *s.m.* – explorador, batedor; observador, espia; espião.

exploratus, -a, -um: *adj.* – explorado, experimentado; observado; reconhecido.

exploro, -as, -avi, -atum, -are: *v.t.* – explorar, sondar; observar, examinar; espreitar; fazer reconhecimento militar.

expolio, -is, -ivi, -itum, -ire: *v.t.* – polir, alisar; limar, aperfeiçoar, apurar.

expolitio, -onis: *s.f.* – polimento; aperfeiçoamento.

expolitus, -a, -um: *adj.* – polido, alisado; bem tratado; embelezado, cultivado.

expono, -is, -osui, -ositum, -nere: *v.t.* – pôr para fora, expelir; pôr a vista, expor, apresentar; enjeitar; desembarcar; referir, narrar.

exportatio, -onis: *s.f.* – exportação; desterro, exílio.

exporto, -as, -avi, -atum, -are: *v.t.* – levar para fora; exportar; deportar.

exposco, -is, -poposci, -poscitum, -poscere: *v.t.* – pedir com instância, solicitar; reclamar.

ex positis: do que ficou estabelecido.

expositus ou **expostus, -a, -um**: *adj.* – posto a vista, apresentado; exposto, abandonado; aberto, acessível; arriscado a; referido, contado.

ex post facto: a partir de fato ocorrido; retrospectivamente.

expostulatio, -onis: *s.f.* – pedido com insistência; reclamação.

expostulo, -as, -avi, -atum, -are: *v.t.* – pedir com insistência; solicitar, reclamar.

ex potestate legis: por força da lei.

expressis verbis: em palavras categóricas; textualmente.

expressus, -a, -um: *adj.* – apertado; espremido, arrancado; reproduzido; claramente formulado, expresso.

exprimo, -is, -pressi, -pressum, -primere: *v.t.* – apertar, comprimir; espremer; arrancar; fazer subir (pela pressão); reproduzir, retratar; traduzir; exprimir.

ex probatione oritur fides iuridica: da prova nasce a fé jurídica.

exprobro, -as, -avi, -atum, -are: *v.t./int.* – censurar, repreender; lançar em rosto, exprobrar.

ex professo: magistralmente; com conhecimento de causa; claramente; abertamente; intencionalmente.

expromo, -is, -mpsi, -mptum, -mere: *v.t.* – tirar, deixar ver, mostrar; revelar, patentear.

expromptus, -a, -um: *adj.* – executado, pronto.

ex propria auctoritate: por autoridade própria.
ex proprio iure: por direito próprio.
ex proprio marsupio: da própria bolsa.
ex proprio marte: por força própria.
ex proprio vigore: com suas próprias forças.
expudoratus, -a, -um: *adj.* – despudorado, sem vergonha.
expugnabilis, -e: *adj.* – que pode ser vencido ou tomado, expugnável.
expugnatio, -onis: *s.f.* – ação de tomar de assalto; assalto.
expugnator, -oris: *s.m.* – o que toma de assalto; o que subjuga; vencedor.
expugnax, -acis: *adj.* – que triunfa de; que submete ou obtém à força; eficaz.
expugno, -as, -avi, -atum, -are: *v.t.* – tomar de assalto; assenhorear-se de; arrancar ou obter a força; subjugar; levar a cabo, concluir.
expulsio, -onis: *s.f.* – expulsão; deportação, desterro.
expulsor, -oris: *s.m.* – o que expulsa, rejeita.
expurgatio, -onis: *s.f.* – justificação, desculpa.
expurgo, -as, -avi, -atum, -are: *v.t.* – limpar, expurgar; purgar; emendar.
exputesco, -is, -ere: *v.t.* – cheirar muito mal.
exputo, -as, -avi, -atum, -are: *v.t.* – examinar (um assunto), compreender.
exquiro, -is, -sivi, -situm, -rere: *v.t.* – buscar com empenho; perguntar, inquirir; exigir, reclamar.
exquisite: *adv.* – com muito cuidado, com escolha.
exquisitus, -a, -um: *adj.* – bem cuidado; escolhido; apurado; excelente, esquisito.
ex quocumque capite: de qualquer fonte.
ex radice: desde a raiz; desde o início.
ex ratione loci: em razão do lugar.
ex ratione materiae: em razão da matéria.
ex ratione personae: em razão da pessoa.
ex re: a propósito.
ex re et tempore: segundo as circunstâncias.
ex rigore iuris: do rigor da lei; pelo rigor da lei.
exsacrifico, -as, -avi, -atum, -are: *v.int.* – sacrificar.
exsaevio, -is, -ii, -itum, -ire: *v.int.* – aplacar-se, acalmar-se.
exsanguis, -e: *adj.* – que não tem sangue; pálido fraco; inanimado, morto.
exsanio, -as, -are: *v.t.* – fazer supurar, extrair.
exsarcio (excersio), -is, -ere: *v.t.* – restaurar, reparar um mal.
exsatio, -as, -avi, -atum, -are: *v.t.* – fartar, saciar.
exsaturabilis, -e: *adj.* – que se pode fartar, saciável.
exsaturo, -as, -avi, -atum, -are: *v.t.* – fartar, saciar.
exsce-, ver **esce-**.
exscindo, -is, -idi, -issum, -indere: *v.t.* – fender, quebrar, despedaçar; cortar, suprimir; devastar, arruinar.
exscreo, -as, -avi, -atum, -are: *v.t./int.* – escarrar; expectorar.
exscribo, -is, -ere, -scripsi, -scriptum: *v.t.* – extrair copiando, copiar, transcrever.
ex scripto tuo te iudico: julgo-te pelo que escreveste.
exsculpo, -as, -avi, -atum, -are: *v.t.* – burilar, esculpir, gravar; raspar, apagar; arrancar, extorquir.
exseco, -as, -ecui, -ectum, -ecare: *v.t.* – cortar; cercear, aparar; castrar.
exsecrabilis, -e: *adj.* – execrável, abominável.
exsecratio, -onis: *s.f.* – juramento com imprecação; maldição, execração.
exsecratus, -a, -um: *adj.* – amaldiçoado, maldito, execrável, abominável.
exsecror, -aris, -atus sum, ari: *v.t.* – amaldiçoar; abominar, detestar.
exsectio, -onis: *s.f.* – ação de cortar; amputação.
exsecutio, -onis: *s.f.* – acabamento, conclusão; administração; prosseguimento (judiciário).
exsequatur: que a coisa tenha prosseguimento; cumpra-se.
exsequiae, -arum: *s.f.pl.* – exéquias, funerais; préstito fúnebre, enterro.
exsequialis, -e: *adj.* – relativo a funerais, fúnebre.
exsequor, -eris, -cutus ou **quutus sum, -qui**: *v.dep.* – seguir até o fim; acompanhar; prosseguir, levar a cabo; perseguir, vingar; expor, relatar; suportar.
exsero, -is, -erui, -ertum, -erere: *v.t.* – tirar; pôr à vista, mostrar; revelar; arrancar.
exserto, -as, -avi, -atum, -are: *v.t.* – tirar, pôr para fora.
exsibilo, -as, -avi, -atum, -are: *v.t.* – assobiar, apupar.
exsiccatus, -a, -um: *adj.* – ressequido, ressecado; esgotado, exaurido.

E

exsicco, -as, -avi, -atum, -are: *v.t.* – secar, estancar; esgotar.
exsigno, -as, -avi, -atum, -are: *v.t.* – tomar nota, anotar, marcar, apontar.
exsilio, -is, -ii ou **-ui, -sultum, -ire**: *v.int.* – saltar fora; romper; pular; atirar-se para ou contra; elevar-se a.
exsilium, -ii: *s.n.* – exílio, degredo; lugar de desterro; *pl.* – desterrados.
exsilium vita est: a vida é um exílio.
exsisto, -is, -stiti, -stitum, -sistere: *v.int.* – elevar-se acima de; sair de; nascer, aparecer; ser, existir; consistir.
exsolutio, -onis: *s.f.* – libertação, livramento.
exsolvo, -is, -vi, -olutum, -ere: *v.t.* – desligar, desprender; separar; dissolver; desembaraçar, livrar; pagar, liquidar.
exsomnis, -e: *adj.* – que está sempre acordado; vigilante.
exsono, -as, -are, exsonui: *v.int.* – ressoar, retumbar.
exsorbeo, -es, -ui ou **-orpsi, -orptum, -bere**: *v.t.* – engolir, sorver, tragar; devorar; vencer.
exsors, -ortis: *adj.* – que não é tirado à sorte; que não participa de; excluído; privado.
exsorsa, -orum: *s.n.pl.* – preâmbulo, começo.
exspatior, -aris, -atus sum, -ari: *v.int.dep.* – desviar-se do caminho, da direção; estender-se, difundir-se, vagar.
exspectatio, -onis: *s.f.* – expectativa, desejo de, curiosidade; esperança.
exspectes et sustineas: espera e suporta.
exspecto, -as, -avi, -atum, -are: *v.t./int.* – estar na expectativa de; esperar, desejar; confiar; temer, recear; reclamar, exigir.
exspes: *adj.* – que está sem esperança.
exspiratio, -onis: *s.f.* – exalação; sopro; respiração.
exspiro, -as, -avi, -atum, -are: *v.t./int.* – soprar, exalar; evaporar-se, exalar-se; respirar.
exsplendesco, -is, -dui, -escere: *v.int.* – brilhar, resplandecer; distinguir-se.
exspolio, -as, -avi, -atum, -are: *v.t.* – espoliar de tudo; saquear.
exspuo, -is, -i, -utum, -ure: *v.t./int.* – cuspir, escarrar; lançar, expelir.
ex statuto: de acordo com o estatuto.
exsterno ou **externo, -as, -avi, -atum, -are**: *v.t.* – tornar estranho; perturbar (a razão); tratar por estranho.
exstillesco, -is, -ere: *v.int.* ou **exstillo, -as, -avi, -atum, -are**: *v.int.* – correr gota a gota; destilar.
exstimulator, -oris: *s.m.* – instigador, incitador.
exstimulo, -as, -avi, -atum, -are: *v.t.* – picar, aguilhoar; estimular.
exstinctio, -onis: *s.f.* – extinção; morte.
exstinctor, -oris: *s.m.* – o que apaga; o que sufoca; destruidor.
exstinguo, -is, -xi, -ctum, -guere: *v.t.* – apagar, extinguir; acalmar; destruir, aniquilar; estancar, esgotar.
exstirpo, -as, -avi, -atum, -are: *v.t.* – arrancar, desarraigar; extirpar.
exsto, -as, -iti, -atum, -are: *v.t./int.* – elevar-se acima de, sobressair; mostrar-se, deixar ver; ser, existir; conservar-se, sobreviver.
exstructio, -onis: *s.f.* – ação de construir, construção, edificação.
exstruo, -is, -uxi, -uctum, -uere: *v.t.* – amontoar, ajuntar; encher; edificar; compor.
exsuccus (exsucus) -a, -um: *adj.* – sem molho, sem suco, seco, esgotado.
exsuctus, -a, -um: *adj.* – seco, ressequido; mirrado.
exsudo, -as, -avi, -atum, -are: *v.t./int.* – evaporar-se; esfalfar-se em; fazer com esforço.
exsugo, -is, -xi, -ctum, -gere: *v.t.* – chupar; esgotar.
exsul ou **exul, -ulis**: *adj.* – exilado, expatriado; banido.
exsulo ou **exulo, -as, -avi, -atum, -are**: *v.t./int.* – estar exilado; expatriado; desterrado.
exsultatio, -onis: *s.f.* – salto, pulo; transporte de alegria.
exsultim: *adv.* – aos pulos, saltando.
exsulto, -as, -avi, -atum, -are: *v.int.* – saltar, pular; borbulhar, sair em borbotões; exultar, pular de alegria; ensoberbecer.
exsuperabilis, -e: *adj.* – o que se pode sobrepujar, vencível.
exsuperantia, -ae: *s.f.* – superioridade, excelência.
exsupero, -as, -avi, -atum, -are: *v.t./int.* – elevar-se acima de; exceder; subir a; transpor, ultrapassar; vencer; sobreviver.
exsurdo, -as, -avi, -atum, -are: *v.t./int.* – ensurdecer, atordoar; embotar.
exsurgo, -is, -rexi, -rectum, -gere: *v.t./int.* – levantar; erguer-se; elevar-se; brotar; crescer.
exsuscito, -as, -avi, -atum, -are: *v.t.* – acordar; despertar, excitar; despertar assoprando, acender.

exta, -orum: *s.n.pl.* – entranhas, vísceras.
extabesco, -is, -bui, -bescere: *v.int.* – secar, mirrar; emagrecer; esvair-se.
ex tacito: tacitamente.
extemplo: *adv.* – imediatamente, logo.
extemporalis, -e: *adj.* – extemporâneo; repentino, improvisado.
ex tempore: de pronto, imediatamente.
extendo, -is, -di, -sum, -dere: *v.t.* – estender; alongar; alargar; abrir, desdobrar; prolongar, passar; aumentar.
extensus e **extentus, -a, -um**: *adj.* – estendido; alargado.
extenuatio, -onis: *s.f.* – ação de desbastar; poda; atenuação.
extenuatus, -a, -um: *adj.* – enfraquecido, atenuado; rarefeito.
extenuo, -as, -avi, -atum, -are: *v.t.* – adelgaçar, enfraquecer; reduzir, atenuar.
exter, -era, -erum: *adj.* ou **exterus, -a, -um**: *adj.* – exterior, estrangeiro, estranho.
exterebro, -as, -avi, -atum, -are: *v.t.* – tirar furando ou cavando; obter com esforço.
extergeo, -es, -si, -sum, -gere: *v.t.* – enxugar, limpar.
exterior, -ius: *adj.comp.* – que está do lado de fora, exterior.
exterius: *adv.* – exteriormente, de fora.
exterminator, -oris: *s.m.* – o que expulsa, o que desterra.
extermino, -as, -avi, -atum, -are: *v.t.* – expulsar, desterrar; rejeitar.
externi, -orum: *s.m.pl.* – os estrangeiros, os povos estrangeiros.
externo ou **exsterno, -as, -avi, -atum, -are**: *v.t.* – tornar estranho; perturbar (a razão); tratar por estranho.
externus, -a, -um: *adj.* – exterior, externo; estrangeiro; importado; de inimigo, hostil; *s.n.pl.* – as coisas estrangeiras.
extero, -is, -trivi, -tritum, -terere: *v.t.* – pisar, triturar; esmagar; esfregar; tirar raspando.
exterreo, -es, -ui, -itum, -ere: *v.t.* – espantar, atemorizar.
exterritus, -a, -um: *adj.* – atemorizado, assustado.
exterus, -a, -um: *adj.* – exterior, estrangeiro; estranho.
ex testamento: por testamento.
extimesco, -is, -mui, -mescere: *v.t./int.* – atemorizar-se; recear, temer.
extimus, -a, -um: *adj.superl.* – que está na extremidade; o mais afastado, remoto; último.
extispex, -icis: *s.m.* – arúspice, sacerdote da Roma antiga que predizia o futuro pelo exame das entranhas das vítimas sacrificadas.
exto ou **exsto, -as, -titi, -atum, -are**: *v.t./int.* – elevar-se acima de, sobressair; mostrar-se, deixar ver; ser, existir; conservar-se, sobreviver.
extollo, -is, -tuli, -latum, -tollere: *v.t.* – levantar, erguer; exultar, exagerar; animar; criar, educar; pôr fora, produzir.
extorqueo, -es, -rsi, -rtum, -quere: *v.t.* – tirar torcendo, deslocar, desencaixar; arrancar, extorquir; torturar.
extorris, -e: *adj.* – expulso, expatriado, deportado.
ex tota anima: de toda a alma.
ex tota fortitudine: de toda a força.
ex toto corde: de todo o coração.
extra: *prep.ac.* – fora de, além de; com exceção de; *adv.* – fora, do lado de fora; exceto.
extra cantionem: fora do tom; diz-se de afirmação que não tem a ver com a questão tratada.
extra commercium: fora do comércio; que não pode ser comercializado.
extra consuetudinem: fora do costume; extraordinariamente.
extra continentia urbis: fora dos limites da cidade.
ex traditione: segundo a tradição.
extraho, -is, -xi, -ctum, -ahere: *v.t.* – tirar de, extrair; arrancar; desvendar; prolongar, retardar; gastar, consumir.
extra iocum: fora de brincadeira.
extra legem: fora da proteção da lei.
extra litis: fora da demanda.
extra muros: fora das muralhas; fora dos limites da cidade.
extraneus, -a, -um: *adj.* – exterior, de fora, estranho; estrangeiro.
extraordinarius, -a, -um: *adj.* – que é fora da ordem, extraordinário; suplementar, auxiliar.
extraordinarius reus: réu extraordinário.
extra petita: além do solicitado; sentença que concede o que não constitui objeto do pedido.
extraquam: *adv.* – exceto se, a menos que.
extrarius, -a, -um: *adj.* – exterior; estrangeiro, estranho.
extra scopum iaculare: errar o alvo.

E

E

extra tempora: fora do tempo; fora da época.
extra territorium: fora do território; fora dos limites do Estado; fora da jurisdição.
extra urbem: fora da cidade.
extrema aestate: no fim do verão.
extremitas, -atis: *s.f.* – extremidade, ponta; limite; circunferência, contorno.
extremum, -i: *s.n.* – extremidade, ponta; fim, termo, remate; extremo, último recurso, apuro.
extremus, -a, -um: *adj.superl.* – extremo; último, derradeiro.
extremus actus abest: falta a última demão.
extrico, -as, -avi, -atum, -are: *v.t.* – desembaraçar, desenredar; tirar de; arranjar, obter.
extrinsecus: *adv.* – do lado de fora, de fora, no exterior.
extrudo, -is, -si, -sum, -dere: *v.t.* – expelir violentamente, expulsar; rechaçar; dispor de; estender.
extruo ou **exstruo, -is, -uxi, -uctum, -uere**: *v.t.* – amontoar, ajuntar; encher; edificar; compor.
ex tuis verbis: de acordo com tuas palavras.
extumesco, -is, -ere e **extumeo, -es, -ui, -are**: *v.int.* – inchar-se, intumescer.
ex tunc: desde então; a partir daquele momento.
extundo, -is, -udi, -usum, -undere: *v.t.* – fazer sair batendo; fazer sair, expelir; fabricar, forjar; produzir, obter com esforço.
exturbo, -as, -avi, -atum, -are: *v.t.* – expelir; expulsar, banir; demolir; perturbar.
ex tuto: em segurança.
exubero, -as, -avi, -atum, -are: *v.t./int.* – transbordar, superabundar.
exul-, ver também **exsul-**.
exulcero, -as, -avi, -atum, -are: *v.t.* – formar chagas, ulcerar; irritar, exasperar.
exululo, -as, -avi, -atum, -are: *v.int.* – dar gritos; bramir, urrar, uivar.
ex una parte: de uma das partes.
exundo, -as, -avi, -atum, -are: *v.int.* – transbordar, romper; espraiar-se.
ex uno disce omnes: por um conhece todos.
exuo, -is, -i, -utum, -uere: *v.t.* – despir; tirar, largar; despojar; esbulhar; livrar-se de.
exuro, -is, -ussi, -ustum, -urere: *v.t.* – queimar, abrasar; dessecar; consumir.
exustio, -onis: *s.f.* – ação de queimar, combustão; incêndio.
ex usu: de acordo com o uso; pelo uso; pela experiência.
ex utraque parte: de ambos os lados; de ambas as partes.
exuviae, -arum: *s.f.pl.* – pele (dos animais); despojo; espólio; produto de pilhagem, presa; vestidos largados.
ex vano: em vão; debalde.
ex verborum vi: pela força das palavras.
ex vi: consoante o disposto – pela força.
ex vi contractus: por força do contrato.
ex vi legis: por força da lei; por determinação expressa da lei.
ex visu: de vista; pelo aspecto; pela presença.
ex visu amor: o amor nasce do olhar.
ex vi termini: pela força da expressão; pelo significado da expressão.
ex voluntate: de acordo com a vontade; voluntariamente.
ex voto: em consequência de um voto; pela promessa.

F

faba, -ae: *s.f.* – fava (legume); grão ou objeto parecido com a fava.

fabalia, -ium: *s.n.pl.* – pés ou hastes das favas.

fabalis, -e: *adj.* – de favas.

fabella, -ae: *s.f.* – pequena narrativa, conto, historieta, anedota, peça teatral.

faber, -bra, -brum: *adj.* – feito com arte, trabalhado.

faber, -bri: *s.m.* – operário que trabalha com metais ou materiais duros; de obra de metal.

fabre: *adv.* – artisticamente, com arte, habilmente.

fabrefacio, -is, -feci, -factum, -ere: *v.t.* – construir com arte; trabalhar artisticamente.

fabrica, -ae: *s.f.* – mister, profissão, fabricação, construção; criação; arte de edificar; estrutura; oficina, fábrica.

fabricatio, -onis: *s.f.* – fabricação, construção, estrutura.

fabricator, -oris: *s.m.* – fabricante, artífice, construtor; autor.

fabricatus, -a, -um: *adj.* – fabricado, construído; que fabricou.

fabrico, -as, -avi, -atum, -are: *v.t.* – fabricar, fazer; forjar; edificar; instruir; inventar.

fabricor, -aris, -atus sum, -ari: *v.t.dep.* – fabricar, fazer; forjar; edificar; instruir; inventar.

fabrilia, -ium: *s.n.pl.* – utensílios de ferreiro, de serralheiro; ferragens.

fabrilis, -e: *adj.* – de artífice, de operário; relativo à forja ou a ferreiro.

fabula, -ae: *s.f.* – o de que se fala, objeto de conversa; prática, conversação; conto, historieta; fábula; mentira; peça teatral.

fabula amatoria: um conto de amor.

fabula criminalis: um conto policial.

fabulae!: histórias!; conversa fiada!

fabulae aniles: histórias de velhinhas; histórias da carochinha.

fabula impleta est: a história está completa; a festa acabou!

fabulam surdo narras: contas uma história a um surdo.

fabulator, -oris: *s.m.* – contador (de histórias), narrador; fabulista.

fabulor, -aris, -atus sum, -ari: *v.t.dep.* – falar, conversar; inventar contos ou fáulas; mentir.

fabulosus, -a, -um: *adj.* – famoso nas fábulas; que costuma inventar fábulas; fabuloso.

fac aliis sicut tibi: faze aos outros como fazes a ti.

face ferroque: a fogo e ferro.

facere quod non debeatur: fazer o que não se deve.

facesso, -is, -i ou -ivi, -itum, -ere: *v.t./int.* – executar, fazer cumprir; causar; apartar-se, retirar-se; afastar.

facete: *adv.* – de modo elegante, com graça, graciosamente.

fac et excusa: faze e justifica.

facetia, -ae: *s.f.* – gracejo, dito chistoso.

facetiae, -arum: *s.f.pl.* – jovialidade; gracejos; galanterias.

fac et spera: trabalha e confia.

facetus, -a, -um: *adj.* – elegante; delicado; complacente, agradável; espirituoso, divertido.

faciam meo modo: farei à minha maneira.

faciam ut vis: farei como queres.

facie ad faciem: face a face.

facienda: coisas que devem ser feitas; agenda.

facies, -ei: *s.f.* – face, rosto; aspecto; imagem, figura, forma; beleza; sombra, espectro; sorte, espécie, gênero.

facile: *adv.* – facilmente, sem esforço; de bom grado; bem, perfeitamente.

facilis, -e: *adj.* – fácil; acessível, sociável; bom, favorável, feliz; pronto, disposto a; móvel, flexível; dócil.

facilitas, -atis: *s.f.* – facilidade; desembaraço, boa disposição; benignidade, brandura; fraqueza; afabilidade; docilidade; licença, permissão.

facinorosus, -a, -um: *adj.* – criminoso, facinoroso.

facinus, -oris: *s.n.* – ação (boa ou má), feito, ato; crime, atentado.

facio, -is, feci, factum, facere: *v.t./int.* – fazer, executar, fabricar; cumprir; praticar, exercer; criar, cultivar; nomear, eleger; produzir, causar, excitar; supor, imaginar; pôr-se ou estar ao lado de; ser útil, ser conveniente; sacrificar.

facio ut facias: faço para que faças.

facit ius inter partes: faz direito entre as partes.
fac, si facis: se fazes, faze logo.
fac simile: faze igual; reprodução fiel de um original.
facta, non verba: atos, não palavras.
facta, transacta omnia: tudo está feito; tudo está terminado.
facta pax est: foi feita a paz.
facteon ou **faciendum est**: *gerund.* – que se deve fazer.
facticius, -a, -um: *adj.* – factício, artificial.
factio, -onis: *s.f.* – poder ou faculdade de fazer; companhia, associação; partido, facção; conjuração.
factiosus, -a, -um: *adj.* – ativo, inquieto, empreendedor; ambicioso; turbulento, faccioso.
factis non verbis: com ações, não com palavras.
facti species: particularidade do fato, espécie do fato.
factitatus, -a, -um: *adj.* – feito muitas vezes; praticado com frequência; repetido, usual.
factito, -as, -avi, -atum, -are: *v.t.* – fazer muitas vezes; fazer; praticar, exercer.
fac totum: o que faz tudo.
factum, -i: *s.n.* – ação, feito; empreendimento; obra, trabalho.
factum adserverans onus subiit probationis: quem atesta um fato, assume o ônus da prova.
factum est: foi feito; está pronto.
factum et transactum: feito e passado.
factum humanae sortis: um fato da condição humana.
factum lex, non sententiam, notat: a lei considera o feito, não a opinião.
factum negantis, nulla probatio est: nenhuma prova se exige de quem nega o fato.
factum, non dictum: ação, não conversa.
factum principis: o fato do príncipe; um ato emanado de autoridade pública que impede a realização de um serviço específico.
factum probandum: um fato que deve ser comprovado.
factum probans: um fato comprovador; uma prova circunstancial.
factum rumor dissipat: o boato divulga o fato.
factum transactum: acabado e concluído.
factus, -a, -um: *adj.* – feito, executado; criado, produzido; disposto ou inclinado a; apto para; tornado.
facultas, -atis: *s.f.* – faculdade, poder de; ocasião, possibilidade; capacidade, aptidão; abundância; *pl.* – meios, riquezas.
facultas agendi: a faculdade de agir.
facultas docendi: a habilitação para ensinar.
facundia, -ae: *s.f.* – facilidade de expressão; facúndia, eloquência.
facundus, -a, -um: *adj.* – facundo, eloquente.
faeces populi: a populaça; a ralé.
faeceus, -a, -um: *adj.* – coberto de lama.
faecula, -ae: *s.f.* – sarro, borra.
faenebris ou **foenebris, -e**: *adj.* – de usura, relativo a usura.
faeneratio ou **foeneratio, -onis**: *s.f.* – empréstimo com juros; usura.
faenerator ou **foenerator, -oris**: *s.m.* – o que empresta dinheiro a juros; usurário.
faenero ou **foenero, -as, -avi, -atum, -are**: *v.t.* e **faeneror** ou **foeneror, -aris, -atus sum, -ari**: *v.t.dep.* – emprestar a juros; arruinar alguém com usura; dar, pagar com lucro.
faeneus ou **foeneus, -a, -um**: *adj.* – de feno, relativo a feno.
faenile ou **foenile, -is**: s.*n* – lugar onde se guarda o feno; palheiro.
faenum ou **foenum, -i**: *s.n.* – feno.
faenus ou **foenus, -oris** ou **-eris**: *s.n.* – produto, rendimento; lucro, proveito, ganho; juros, usura.
fagineus e **faginus, -a, -um**: *adj.* – de faia.
fagus, -i: *s.f.* – faia.
falarica, -ae: *s.f.* – dardo incendiário, de estopa e pez, usado nos cercos.
falcarius, -ii: *s.m.* – fabricante de foices, foiceiro.
falcatus, -a, -um: *adj.* – que tem o feitio de foice; provido ou armado de foice.
falcifer ou **falciger, -era, -erum**: *adj.* – que traz uma foice.
fallacia, -ae: *s.f.* – engano, manha; trapaça, logro, esperteza; engano, erro; disfarce; feitiços.
fallax, -acis: *adj.* – enganador, mentiroso; impostor; insidioso; perigoso, arriscado; disfarçado.
fallendi ars: a arte de enganar.
fallens, -entis: *part.pres.* – que engana, que induz a erro; escondido, secreto.
fallere tempus: matar o tempo.
falleris!: tu te enganas!
fallit imago: a aparência engana.
fallitur visus: o olhar se engana; as aparências enganam.

fallo, -is, fefelli, falsum, fallere: *v.t./int.* – esconder, encobrir, ocultar; enganar, iludir; faltar a, trair; dissimular, esquivar-se a; fingir; disfarçar.
falsa causa non nocet: falsa causa não prejudica.
falsa demonstratio non nocet: a demonstração errada ou imprópria não deve prejudicar o direito alegado.
falsarius, -i: *s.m.* – falsário, falsificador.
falsidicus, -a, -um: *adj.* – falsídico, mentiroso, enganador.
falsijurius, -a, -um: *adj.* – perjuro, o que falta ao juramento.
falsiloquus, -a, -um: *adj.* – mentiroso.
falsimonia, -ae: *s.f.* – mentira.
falsiparens, -entis: *adj.* – que tem pai suposto.
falsitas, -atis: *s.f.* – mentira, falsidade; impostura.
falso: *adv.* – falsamente, injustamente, sem razão.
falsum, -i: *s.n.* – falsidade, mentira.
falsus, -a, -um: *adj.* – falso, enganador; mentiroso; ilusório; falsificado; fingido.
falsus testis: uma testemunha falsa.
falx, -alcis: *s.f.* – foice, podão; espécie de alabarda; arma de guerra usada nos cercos.
fama, -ae: *s.f.* – fama, reputação, renome; crença, tradição; notícia, boato.
fama clamosa: um escândalo.
fama prodit omnia: a fama revela tudo.
fama vagatur: corre esse rumor.
fama volat: a fama voa; a fama tem asas.
famelicus, -a, -um: *adj.* – esfomeado, faminto.
fames, -is: *s.f.* – fome; carestia, penúria; miséria.
fames magistra: a fome é mestra; a necessidade é mestra.
famigeratio, -onis: *s.f.* – voz pública, voz corrente.
famigerator, -oris: *s.m.* – boateiro, o que espalha boatos.
familia, -ae: *s.f.* – criadagem, conjunto de escravos de uma casa; casa, família; geração; haveres de uma família, herança; comitiva; seita.
familiam cura: cuida da família.
familiaris, -e: *adj.* – relativo à família, à casa; doméstico; de parente; referente a amigo, familiar, íntimo.
familiaris vita: a vida privada.
familiaritas, -atis: *s.f.* – amizade, intimidade; *pl.* – amigos.
familiariter: *adv.* – intimamente, em família, familiarmente, como amigos.
familias, *genitivo* de **familia**: usado nas expressões: **pater familias** (chefe da casa, pai de família); **mater familias** (a dona da casa); **filius** ou **filia familia** (filho ou filha de família).
famosus, -a, -um: *adj.* – o que dá o que falar, o que tem mau nome, difamado, desacreditado, infamante, difamatório; célebre, famoso.
famula, -ae: *s.f.* – serva, criada, escrava.
famularis, -e: *adj.* – relativo a escravo, de servo, servil.
famulatus, -us: *s.m.* – escravidão, servidão.
famulor, -aris, -atus sum, -ari: *v.dep.int.* – servir como criado ou escravo.
famulus, -i: *s.m.* – fâmulo, escravo; pagem, companheiro (de uma divindade); gênio (de um lugar).
fanaticus, -a, -um: *adj.* – inspirado, cheio de entusiasmo; furioso, delirante; fanático.
fandus, -a, -um: *gerund.* – que pode ser dito, divulgado; permitido, justo, legítimo.
fanum, -i: *s.n.* – lugar consagrado; templo.
far, farris: *s.n.* – trigo; qualquer espécie de cereal.
farcio, -is, -si, -tum, -cire: *v.t.* – engordar, cevar (animais); encher, atulhar, rechear.
fare, fac: fala, faz; falar não enche barriga.
farina, -ae: *s.f.* – farinha, farinha de trigo.
fari quae sentiat: falar o que sentir.
farrago, -inis: *s.f.* – ferra, mistura de cevada e de outros grãos para alimentação de animais; forragem, mistura.
fartim: *adv.* – de modo absolutamente cheio, repleto, empanturradamente.
fartor, -oris: *s.m.* – salsicheiro; o que faz chouriços; o que engorda aves.
fas: *s.n.indecl.* – justiça divina, direito divino; o que é permitido, o que é justo; justiça, direito.
fas atque nefas: o bem e o mal; o justo e o injusto.
fascia, -ae: *s.f.* – faixa, atadura, banda; fita, liga; cinta; faixa real, diadema.
fasciatim: *adv.* – em feixes, aos montes, aos grupos.
fasciculus, -i: *s.m.* – pequeno feixe, maço, fascículo; ramalhete.
fascinatio, -onis: *s.f.* – fascinação, encantamento, sedução.
fascinatio nugacitatis: o fascínio das frivolidades.

F

fascino, -as, -avi, -atum, -are: *v.t.* – encantar, fascinar, enfeitiçar.
fascinum ou **fascinus, -i**: *s.m.* – malefício, sortilégio, quebranto.
fasciola, -ae: *s.f.* – pequena faixa; fita, debrum.
fascis, -is: *s.m.* – feixe, molho, grupo; fardo, carga; *pl.* – fasces, feixes de varas, dentre os quais saía o ferro de um machado, insígnia dos primeiros magistrados; honras; poder; consulado.
faseolus, -i: *s.m.* – feijão.
fas est: é justo; é permitido.
fasti, -orum: *s.m.pl.* – fastos, calendário dos romanos; fastos, anais; história.
fastidio, -is, -ivi ou **-ii, -itum, -ire**: *v.t./int.* – enfastiar, ter fastio; desprezar; desdenhar.
fastidiose: *adv.* – com asco, com desprezo, desdenhosamente.
fastidiosus, -a, -um: *adj.* – que tem fastio, enjoado; que despreza; soberbo, altivo.
fastidium, -ii: *s.n.* – fastio; gosto difícil de contentar; repugnância, aversão; desprezo.
fastigate: *adv.* – em declive, inclinadamente, obliquamente.
fastigatio, -onis: *s.f.* – ação de elevar em ponta.
fastigatus, -a, -um: *adj.* – erguido em ponta; que se levanta em forma de cone; elevado.
fastigium, -ii: *s.n.* – declive, inclinação; cume, espigão; cumeeira (de uma casa); píncaro, crista, ponta; sumidade, elevação.
fastigo, -as, -avi, -atum, -are: *v.t.* – inclinar, construir em declive ou em ponta; afinar, tornar pontiagudo.
fastosus, -a, -um: *adj.* – soberbo, desdenhoso; magnífico.
fastus, -a, -um: *adj.* – fasto, dia *(dies fastus)* em que estavam abertos os tribunais e era permitido administrar justiça.
fastus, -us: *s.m.* – orgulho, altivez; fausto, grandeza, suntuosidade.
fatalis, -e: *adj.* – relativo ao destino; profético; fatal, marcado pelo destino; funesto, mortal.
fataliter: *adv.* – de acordo com o destino, fatalmente.
fata obstant: o destino se opõe.
fateor, -eris, fassus sum, fateri: *v.dep.t.* – confessar, declarar; revelar, patentear.
faticanus, faticinus ou **fatidicus, -a, -um**: *adj.* – profético; fatídico.
fatidicus, -a, -um: *adj.* – que prediz o futuro, profético, fatídico.
fatidicus, -i: *s.m.* – adivinho, profeta.
fatifer, -era, -erum: *adj.* – mortal, mortífero.
fatigatio, -onis: *s.f.* – fadiga, cansaço, esgotamento; sarcasmo, vexação.
fatigo, -as, -avi, -atum, -are: *v.t.* – fatigar, cansar; estafar; esgotar; perturbar, enfraquecer; animar, estimular.
fatilegus, -a, -um: *adj.* – que recolhe a morte.
fatiloquus, -a, -um: *adj.* – que prediz o futuro.
fatisco, -is, -ere: *v.int.* e **fatiscor, -eris, -i**: *v.int.dep.* – fender-se, rachar-se; fatigar-se, cair esfalfado; acalmar-se.
fatua, -ae: *s.f.* – mulher que faz o papel de bobo para entreter pessoas ricas que lhe dão o que comer.
fatuitas, -atis: *s.f.* – tolice, estupidez; loucura.
fatum, -i: *s.n.* – vaticínio, predição; fatalidade, destino, fado; sorte; desgraça, ruína; morte.
fatuor, -aris, -ari: *v.dep.int.* – delirar, desvairar, ser presa de delírio profético.
fatus, -a, -um: *adj.* – insípido; tolo, insensato.
fauces, -ium: *s.f.pl.* – garganta, goela; bueiro; canal; desfiladeiro; estreito; fonte, nascente.
fauste: *adv.* – felizmente, auspiciosamente.
faustus, -a, -um: *adj.* – feliz, ditoso; próspero; favorável.
fautor, -oris: *s.m.* – o que protege; fautor, partidário; apoio; *pl.* – partidários ou torcedores (nos espetáculos).
fautrix, -icis: *s.f.* – a que favorece; protetora, amiga.
faveat Deus!: que Deus o conceda!
faveo, -es, favi, fautum, favere: *v.int.* – favorecer, ser favorável; interessar-se por, proteger dar vivas, aplaudir; ser útil, conveniente.
favete linguis!: favorecei com vossas línguas!; guardai silêncio!
favilla, -ae: *s.f.* – cinza quente; cinza; cinzas (reatos mortais); fumo; faísca, centelha.
Favonius, -ii: *s.m.* – vento do poente; Zéfiro, Favônio.
favor, -oris: *s.m.* – favor, apoio; interesse, afeição; aplausos.
favorabilis, -e: *adj.* – que concilia, presta favor; estimado, querido; popular.
favorabiliter: *adv.* – favoravelmente, com sucesso.
favor iudicis: a benevolência do juiz.

favus, -i: *s.m.* – favo de mel, bolo de mel.

fax, facis: *s.f.* – tocha, archote, facho; rastilho de luz, de fogo; chama, calor, paixão; animação, estimulo.

faxit Deus!: Deus o queira!

febricito, -as, -avi, -atum, -are: *v.int.* – ter febre, estar febril.

febricula, -ae: *s.f.* – febrícula, febre pequena, ponta de febre.

febriculosus, -a, -um: *adj.* – que tem febre, febril.

febris, -is: *s.f.* – com febre; pesadelo.

Februa, -orum: *s.n.pl.* – Fébruas, festas religiosas de expiação e purificação, celebradas em fevereiro.

februarius, -ii: *s.m.* – o mês de fevereiro; **-a, -um**: *adj.* – relativo a fevereiro, mês das purificações – **februare**: purificar.

februum, -i: *s.n.* – oferenda expiatória.

fecialis ou **fetialis, -is**: *s.m.* – fecial, arauto que declarava a guerra e sancionava os tratados; *adj.* – relativo aos feciais.

feci, sed iure feci: fiz, mas fiz de acordo com a lei.

fecit: fez; usado em pinturas, seguido do nome do artista.

fecunde: *adv.* – de modo fecundo, abundantemente, fertilmente.

fecunditas, -atis: *s.f.* – fertilidade, fecundidade; abundância.

fecundo, -as, -avi, -atum, -are: *v.t.* – fertilizar, fecundar.

fecundum ingenium: um talento fecundo.

fecundus, -a, -um: *adj.* – fecundo, fértil; abundante; que fecunda, fecundante.

fel, fellis: *s.n.* – fel, bílis; amargura; cólera; veneno.

fele rapacior: mais ladrão que o gato.

feles (faeles) e **felis (faelis), -is**: *s.f.* – gato, gata (selvagem); doninha.

felicitas, -atis: *s.f.* – felicidade, ventura; prosperidade.

felicitas et pax: prosperidade e paz.

felicitate corrumpimur: corrompemo-nos com o sucesso.

felicitatem tuam celato: esconde tua prosperidade.

feliciter: *adv.* – felizmente; com habilidade, destramente; muito bem!, viva!.

feliciter tibi cedat!: que tudo te saia bem!

felix, -icis: *adj.* – feliz, venturoso; próspero, hábil, destro; fecundo; favorável, eficaz.

fellator, -oris: *s.m.* – o que mama, suga.

fello, -as, -are: *v.t.* – sugar, mamar, chupar.

felo de se: um assassino de si mesmo; um suicida.

femen, -inis: *s.n.* – coxa.

femina, -ae: *s.f.* – mulher; fêmea.

feminal, -alis: *s.n.* – o sexo da mulher.

feminalia, -ium: *s.n.pl.* – faixas para envolver as coxas.

femineus, -a, -um: *adj.* – de mulher, feminino; efeminado, fraco, delicado.

femininus, -a, -um: *adj.* – feminino, de mulher.

femur, -oris: *s.n.* – coxa.

fenebris (faenebris), -e: adj. – pertencente a câmbio, relativo à usura, juros.

fenestra, -ae: *s.f.* – janela, postigo; seteira; abertura, buraco.

fenestro, -as, -avi, -atum, -are: *v.t.* – abrir janelas, pôr janelas, guarnecer de janelas.

fenestrula, -ae: *s.f.* – pequena janela.

fera, -ae: *s.f.* – animal selvagem, fera.

feraciter: *adv.* – com fertilidade.

fera feram novit: uma fera conhece outra.

feralia, -ium ou **-iorum**: *s.n.pl.* – festas que se realizavam em fevereiro em honra dos deuses manes.

feralis, -e: *adj.* – relativo à festa dos deuses manes; fúnebre, funerário; lúgubre, funesto.

ferax, -acis: *adj.* – fértil, fecundo.

ferculum, -i: *s.n.* – bandeja; prato, iguaria; coberta de mesa; andor, padiola (de uso nos triunfos e em procissões).

fere: *adv.* – quase, mais ou menos, aproximadamente; ordinariamente, de ordinário.

ferenda sententia: uma sentença imposta.

ferentarius, -ii: *s.m.* – soldado de armadura leve; auxiliar.

feretrum, -i: *s.n.* – andor, padiola para levar despojos ou objetos flagrados; féretro, esquife.

feriae, -arum: *s.f.pl.* – dias de descanso; feriados, férias; festas; tréguas, armistício.

feria quarta cineris: quarta-feira de cinzas.

feriatus, -a, -um: *adj.* – que é de descanso ou de festa; feriado; desocupado.

ferina, -ae: *s.f.* – carne de veado, de javali, de gamo.

ferinus, -a, -um: *adj.* – de animal feroz, ferino; áspero, rude, agreste.

ferio, -is, -ire: *v.t.* – ferir, bater; fender, abrir; imolar uma vítima (para sancionar um tratado), concluir um tratado; enganar, lograr.

ferior, -aris, -ari, -atus sum: *v.dep.int.* – estar em festa, de férias, descansar.

feritas, -atis: *s.f.* – costumes selvagens, crueldade, fereza, ferocidade; barbárie; rigor, aspereza.

ferme: *adv.* – de modo aproximado, aproximadamente, quase, mais ou menos; ordinariamente, de ordinário.

fermenta cognitionis: os germens da ciência.

fermento, -as, -avi, -atum, -are: *v.t.* – fermentar, levedar.

fermentum, -i: *s.n.* – fermento, levedura; bebida fermentada; agitação, cólera.

fero, fers, tuli, latum, ferre: *v.t./int.* – levar, trazer; transportar; arrastar, impelir; pilhar, devastar; apresentar, propor; causar, produzir; alcançar; sofrer, tolerar; permitir; referir, contar; elogiar; espalhar.

F

ferocia, -ae: *s.f.* – violência, ferocidade; aspereza; altivez, orgulho; valentia, denodo.

ferocitas, -tis: *s.f.* – violência, impetuosidade; fereza; arrogância, altivez.

ferociter: *adv.* – com audácia, com arrojo; com dureza, com firmeza.

ferox, -ocis: *adj.* – feroz, cruel; indomável, rebelde; fogoso; violento; altivo; intrépido, corajoso.

ferramentum, -i: *s.n.* – instrumento, utensílio de ferro.

ferraria, -ae: *s.f.* – mina de ferro.

ferrarius, -a, -um: *adj.* – de ferro, relativo a ferro.

ferrarius, -i: *s.m.* – ferreiro.

ferrati, -orum: *s.m.pl.* – soldados cobertos com armaduras de ferro.

ferratus, -a, -um: *adj.* – guarnecido, armado de ferro.

ferreus, -a, -um: *adj.* – férreo, feito de ferro; duro, áspero; insensível; cruel; forte, robusto.

ferro, non auro: com a espada, não com ouro.

ferrugineus, -a, -um: *adj.* – de cor de ferro; negro, sombrio; ferruginoso; triste, fúnebre.

ferrugo, -inis: *s.f.* – ferrugem; cor de ferrugem.

ferrum, -i: *s.n.* – ferro; espada; dardo; cutelo, machado; relha do arado.

ferrum robigo consumit: a ferrugem gasta o ferro.

ferte fortiter!: suportai com coragem!

fertilis, -e: *adj.* – fértil; abundante; fertilizador.

fertilitas, -atis: *s.f.* – fertilidade, fecundidade, abundância; opulência, luxo.

fertiliter: *adv.* – com abundância, abundantemente.

ferula, -ae: *s.f.* – canaflecha (planta); vara para castigar; férula, palmatória.

ferus, -a, -um: *adj.* – selvagem, bravio; feroz, cruel; impetuoso; valente.

ferus, -i: *s.m.* – animal bravio, animal (em geral).

fervefacio, -is, -feci, -factum, -facere: *v.t.* – aquecer, ferver.

fervens, -entis: *adj.* – fervente; quente, esquentado; ardente, inflamado; ganancioso.

ferveo, -es, -bui, -vere: *v.int.* – ferver, queimar; borbulhar; estar ardente, agitado; abundar, fervilhar.

fervidus, -a, -um: *adj.* – aquecido; ardente, quente; agitado, animado; fogoso.

fervor, -oris: s.*m.* – calor, ardor; fervor; agitação, arrebatamento.

fessus, -a, -um: *adj.* – fatigado, cansado; esgotado.

festina lente: apressa-te devagar; devagar também é pressa; devagar se vai ao longe.

festinanter: *adv.* – às pressas; de atropelo, precipitadamente.

festinare nocet: apressar-se faz mal.

festinatio, -onis: *s.f.* – pressa; diligência; precipitação.

festinatio noxia: a pressa é prejudicial.

festino, -as, -avi, -atum, -are: *v.t./int.* – apressar, acelerar; dar-se pressa em; acudir prontamente.

festinum remedium: um remédio urgente.

festinus, -a, -um: *adj.* – apressado; pronto, expedito, ligeiro; precoce.

festive: *adv.* – alegremente, festivamente.

festivitas, -atis: *s.f.* – alegria, prazer de uma festa; graças (do estilo); amenidade (no trato).

festivus, -a, -um: *adj.* – alegre, jovial, festivo; amável, benigno; espirituoso.

festuca, -ae: *s.f.* – pequeno ramo, varinha; argueiro.

festum, -i: *s.n.* – dia de festa; festa.

festus, -a, -um: *adj.* – festivo; alegre, divertido; feliz; solene, público.

feta, -ae: *s.f.* – a que deu à luz.

fetialis ou **fecialis, -is**: *s.m.* – fecial, arauto que declarava a guerra e sancionava os tratados; *adj.* – relativo aos feciais.

fetidus, -a, -um: *adj.* – de mau cheiro, fétido; infecto.

fetor ou **foetor, -oris**: *s.m.* – mau cheiro, fedor; infeção.

fetura, -ae: *s.f.* – prenhez; fecundação; reprodução (dos animais).

fetus ou **foetus, -a, -um**: *adj.* – grávida, prenhe; fecundada; que deu luz ou está de parto; cheio, atulhado de; inchado.

fetus ou **foetus, -us**: *s.m.* – parto; postura; produção; ninhada; feto; filho.
fiat: faça-se; eu autorizo.
fiat Dei voluntas: faça-se a vontade de Deus.
fiat lux!: faça-se a luz!
fiat pax: faça-se a paz.
fiat quod vultis: seja feito o que desejais.
fiat voluntas Dei!: faça-se a vontade de Deus!
fiat voluntas vestra: faça-se a vossa vontade.
fiber, -bri: *s.m.* – lontra, castor.
fibra, -ae: *s.f.* – fibra (de plantas), filamento; lóbulo (dos pulmões, do fígado); entranhas.
fibula, -ae: *s.f.* – fivela, broche, colchete; cinta ou gato de ferro, para juntar pedras ou vigas, nas construções
ficta confessio: confissão fictícia; se o citado não comparecer à audiência, devem ser considerados confessados ou verdadeiros os fatos alegados pelo autor.
ficte: *adv.* – de modo artificial, fingidamente, com artifício.
ficticius, -a, -um: *adj.* – artificial, fictício.
ficti dii: falsos deuses.
fictile, -is: *s.n.* ou **fictilia, -ium**: *s.n.pl.* – vaso de argila, de barro.
fictilis, -e: *adj.* – feito de barro, de argila.
fictio, -onis: *s.f.* – formação, criação, trabalho, ficção.
fictio cedit veritati: a ficção cede à verdade.
fictio iuris: ficção jurídica.
fictio legis: ficção da lei.
fictor, -oris: *s.m.* – estatuário, escultor; artífice; inventor.
fictrix, -icis: *s.f.* – a que forma, a que modela.
fictum, -i: *s.n.* – mentira.
fictura, -ae: *s.f.* – ação de formar, formação.
fictus, -a, -um: *adj.* – feito; pintado, esculpido; ornado, preparado; ensinado; fingido, falso; disfarçado.
ficulnus, -a, -um: *adj.* – de figueira.
ficus, -i: *s.m.* – hemorroidas, verrugas.
ficus, -i ou **-us**: *s.f.* – figueira; figo.
fida amicitia: uma amizade sólida.
fida sententia: uma opinião confiável.
fide: *adv.* – com fidelidade, lealmente.
fide et amore: com fé e amor.
fide et fiducia: com fé e confiança.
fide et fortitudine: com fé e coragem.
fide et industria; com fé e esforço.
fide et iustitia: com fé e justiça.
fide et litteris: com fé e estudo.
fide et virtute: com fé e coragem.
fidei coticula crux: a cruz é a pedra de toque da fé.
fidei defensor: o defensor da fé.
fidele: *adv.* – com fidelidade, fielmente.
fidelia, -ae: *s.f.* – vaso grande (para vinho); cântaro.
fidelis, -e: *adj.* – que se pode crer, digno de fé, fiel, constante; leal; amigo.
fidelis ad urnam: fiel até a morte.
fidelis et constans: fiel e constante.
fidelis transcriptio: transcrição fiel.
fidelis translatio: tradução fiel.
fidelis usque ad mortem: fiel até a morte.
fidelitas, -atis: *s.f.* – fidelidade, constância.
fideliter: *adv.* – fielmente, com lealdade; solidamente.
fidem non habet: não merece confiança.
fide, non armis: pela fé, não pelas armas.
fidens, -entis: *adj.* – confiante, audacioso; resoluto, ousado; intrépido.
fidentia, -ae: *s.f.* – firmeza, confiança; resolução.
fide parta, fide aucta: honestamente adquirido, honestamente aumentado.
fides, -ei: *s.f.* – fé, crença; palavra dada, juramento, promessa solene.
fides ou **fidis, -is**: *s.f.* e **fides, -ium**: *s.f.pl.* – lira; cordas da lira; cítara.
fides ante intellectum: a fé antes do entendimento.
fide, sed cui, vide!: confia, mas vê em quem confias; confia desconfiando.
fides et iustitia: fé e justiça.
fides et veritas: fé e verdade.
fides facit fidem: confiança gera confiança.
fides intrepida: a fé intrépida.
fides invicta: a fé inabalável.
fides non timet: a fe não teme.
fides publica: a fé pública.
fides tua te salvam fecit: tua fé te salvou.
fidi amici: amigos fiéis.
fidicen, -inis: *s.m.* – tocador de lira; poeta lírico.
fidicula, -ae: *s.f.* – lira pequena.
fidissime: *adv.* – com muita fidelidade, fidelissimamente.
fidite ne regnis: não confieis em reis.
fido, -is, fisus sum, fidere: *v.int.* – fiar-se em ou de, ter confiança; contar com; aventurar-se; confiar demais em si.

fiducia, -ae: *s.f.* – confiança, firmeza; audácia; arrogância, presunção; depósito; penhor, garantia.
fiduciarius, -a, -um: *adj.* – dado em depósito, em confiança; confiado; fiduciário; provisório, interino.
fidus, -a, -um: *adj.* – fiel, leal; constante, seguro, durável; discreto; amigo; firme, dedicado.
fidus ad finem: fiel até o fim.
fidus et audax: fiel e corajoso.
figaro, -as, -avi, -atum, -are: *v.t./int.* – fazer, formar; figurar; conceber, imaginar.
figo, -is, -xi, -xum, -gere: *v.t.* – pregar, cravar, espetar; fixar; prender, segurar; afixar, pendurar, atravessar.
figulus, -i: *s.m.* – o que trabalha em argila; oleiro; escultor.
figura, -ae: *s.f.* – forma, figura; aspecto, aparência; sombra; modo; espécie, gênero.
figura iuris: uma figura de direito.
figuratio, -onis: *s.f.* – configuração, figura, forma; imaginação, fantasia.
figuratus, -a, -um: *adj.* – na língua retórica: figurado, trabalhado.
figuro, -as, -avi, -atum, -are: *v.t.* – moldar, modelar, dar forma; conceber, imaginar.
fila vitae: o fio da vida.
filia, -ae: *s.f.* – filha.
filia familias: filha de família, filha menor.
filicatus, -a, -um: *adj.* – guarnecido ou ornado de feto (planta).
filiola, -ae: *s.f.* – filha ainda pequena, filhinha; querida.
filiolus, -i: *s.m.* – filho ainda pequeno, filhinho; querido (expressão de ternura).
filius, -i: *s.m.* – criança de peito, filho.
filius, ergo heres: filho; logo, herdeiro.
filius est pars patris: o filho é uma parte do pai.
filius familias: filho de família, filho menor.
filius terrae: um filho da terra; uma pessoa de origem humilde.
filix, -icis: *s.f.* – feto (planta).
filum, -i: *s.n.* – fio; filamento (das plantas); corda (de instrumento musical); filete; teia (de aranha); trama, tecido.
fimbria, -ae: *s.f.* – extremidade, ponta; fímbria, franja; orla.
fimbriatus, -a, -um: *adj.* – rendado, recortado, franjado.
fimum, -i: *s.n.* e **fimus, -i**: *s.m.* – estrume, esterco; lodo, lama.
findo, -is, fidi, fissum, findere: *v.t.* – fender, abrir; sulcar; separar, dividir.
fingo, -is, finxi, fictum, fingere: *v.t.* – modelar, fazer formar; esculpir; criar, produzir; educar; imaginar; inventar; dissimular, fingir.
finiens, -entis: *part.pres.* – que limita, que termina.
finiens orbis: horizonte.
finio, -is, -ivi ou **-ii, -itum, -ire**: *v.t.* – limitar, demarcar, estabelecer, regular, definir, acabar, concluir, morrer.
finis, -is: *s.m.f.* – limite, marco, fronteira, país, região; quantidade, soma; modo, maneira, alvo, mira, escopo; fim, termo; morte.
finis adest rerum: é o fim das coisas.
finita causa, cessat effectus: finda a causa, cessa o efeito.
finite: *adv.* – de modo restrito; com medida, sem excessos.
finitimus, -a, -um: *adj.* – vizinho, contíguo, limítrofe; que se parece com; *s.m.pl.* – povos vizinhos, confinantes.
finitor, -oris: *s.m.* – o que demarca os limites (de terras); agrimensor; o que limita; o que põe termo a.
finitus, -a, -um: *adj.* – limitado, marcado; terminado; destruído.
fio, -is, factus sum, fieri: *v.pass.* de **facio** – ser feito, fazer-se; tornar-se; dar-se, acontecer; resultar; ser estimado, ser tido em; transformar-se; haver, ser.
firmamen, -inis:, *s.n.* – apoio, arrimo, sustentáculo.
firmamentum, -i: *s.n.* – apoio, sustentáculo; arrimo, auxílio; confirmação.
firmator, -oris: *s.m.* – o que dá apoio; confirmador; corroborador.
firme e **firmiter**: *adv.* – solidamente, firmemente.
firmitas, -atis e **firmitudo, -inis**: *s.f.* – solidez, firmeza; força, robustez.
firmo, -as, -avi, -atum, -are: *v.t.* – firmar, fortalecer, fortificar; reforçar; confirmar, provar; alentar; afirmar, prometer.
firmo et tueor: fortifico e protejo.
firmo passu: com passo firme.
firmus, -a, -um: *adj.* – firme, sólido; seguro; fiel; forte, robusto.
fiscalis, -e: *adj.* – fiscal, do fisco.
fiscella, -ae: *s.f.* – pequena alcova, cestinho; açaimo, focinheira (para animais).
fiscina, -ae: *s.f.* – cesta, cabaz.
fiscus, -i: *s.m.* – cesto (de junco ou vime); bolso, tesouro do príncipe; fisco, tesouro público.

fissilis, -e: *adj.* – que pode ser fendido; fácil de quebrar.
fissio, -onis: *s.f.* – ação de fender, de rachar.
fissum, -i: *s.n.* ou **fissura, -ae**: *s.f.* – fenda, racha; abertura.
fistuca, -ae: *s.f.* – martelo de bater estacas; maço de calceteiro.
fistula, -ae: *s.f.* – tubo, canal; canudo; cano, aqueduto; flauta de Pã.
fistulator, -oris: *s.m.* – tocador de flauta, flautista.
fisus, -a, -um: *adj.* – que se fiou ou se fia de; confiado.
fitrix, -icis: *s.f.* – a que faz, modela; formadora.
fit via vi: pelo esforço é que se abre o caminho.
fixo cernere oculo: olhar com olho fixo; olhar com cobiça.
fixus, -a, -um: *adj.* – pregado, espetado; fixo, imóvel; varado; suspenso.
flabellum, -i: *s.n.* – leque.
flabilis, -e: *adj.* – da natureza do ar, de sopro, de ar.
flabra, -orum: *s.n.pl.* – o soprar do vento, viração.
flacceo, -es, -ui, -ere: *v.int.* – amolecer-se; murchar; acovardar-se.
flaccesco, -is, -cui, -cescere: *v.int.* – tornar-se mole, lânguido; murchar; secar-se.
flaccidus, -a, -um: *adj.* – flácido, mole, pendente.
flacus, -a, -um: *adj.* – pendente, mole, flácido, caído.
flagello, -as, -avi, -atum, -are: *v.t.* – açoitar, flagelar; conter, abarcar.
flagellum, -i: *s.n.* – rebento, vergôntea; açoite, azorrague; flagelo, castigo.
flagellum Dei: o flagelo de Deus.
flagitatio, -onis: *s.f.* – solicitação, instância, empenho; reclamação.
flagitator, -oris: *s.m.* – o que pede com instância; reclamador; credor exigente.
flagitiose: *adv.* – escandalosamente, de modo infame; vergonhosamente, com desonra.
flagitiosus, -a, -um: *adj.* – escandaloso, torpe, vergonhoso; dissoluto.
flagitium, -ii: *s.n.* – ruído; desregramento, depravação; ignomínia, opróbrio, infâmia.
flagito, -as, -avi, -atum, -are: *v.t.* – rogar com insistência, apertar com pedidos; suplicar; reclamar.
flagrans, -antis: *part.pres.* – ardente, abrasador, inflamado, resplandecente, flagrante.
flagrans bellum: uma guerra em curso.
flagrans crimen: um crime em curso; um crime recente.
flagrantia, -ae: *s.f.* – calor intenso, abrasamento; sentimento ardente, amor, paixão.
flagro, -as, -avi, -atum, -are: *v.t.* – arder, abrasar-se em; estar possuído ou tomado de; ser vítima de.
flagrum, -i: *s.n.* – açoite, chicote.
flamen, -inis: *s.n.* – flâmine, sacerdote de divindade particular.
flamen, -inis: *s.n.* – sopro; som (de instrumentos de sopro); vento.
flamimum, -ii: s.*n.* – dignidade de flâmine.
flaminica, -ae: *s.f.* – mulher do flâmine; sacerdotisa.
flamma, -ae; *s.f.* – chama, flama; fogo; desejo ardente; amor, paixão.
flamma de stipula: fogo de palha.
flamma sine fumo: uma chama sem fumaça.
flammatus, -a, -um: *adj.* – abrasado, inflamado; ardente; consumido (pelo fogo).
flammeum, -i: *s.n.* – véu cor de fogo, com que as noivas se cobriam.
flammeus, -a, -um:, *adj.* – brilhante, luminoso; cintilante; ardente.
flammifer, -era, -erum: *adj.* – abrasado; afogueado; ardente.
flamminger, -gera, -gerum: *adj.* – inflamado, ardente; o que traz o raio.
flammo, -as, -avi, -atum, -are: *v.t.* – inflamar, incendiar; incitar.
flammula, -ae: *s.f.* – pequena chama.
flatus, -us: *s.m.* – sopro; hálito, respiração; aragem, vento; orgulho.
flatus fortunae: o bafejo da sorte.
flatus vocis: um sopro de voz; uma voz fraca; um murmúrio.
flavens, -entis: *part.pres.* – amarelo, louro.
flavesco, -is, -ere: *v.int.* – tornar-se amarelo; enlourecer.
flavus, -a, -um: *adj.* – amarelo, louro; cor de ouro.
flavus, -i: *s.m..* – moeda de ouro.
flebile e **flebiliter**: *adv.* – tristemente, dolorosamente, em pranto.
flebilis, -e: *adj.* – que é digno de ser chorado; que faz chorar; triste, doloroso.
flebiliter: *adv.* – em prantos, chorando, tristemente.
flectamus genua: ajoelhemo-nos.
flecti, non frangi: dobrar-se, mas não se quebrar.

F

flecto, -is, -xi, -xum, -ctere: *v.t./int.* – dobrar, vergar; voltar; virar-se; rodear, cercar; dirigir; evitar, desviar; mudar; mover, comover.

flendus, -a, -um: *gerund.* – que é de se lamentar; deplorável.

fleo, -es, -evi, -etum, -ere: *v.t./int.* – chorar; lamentar, deplorar; condoer-se de; arrepender-se.

fletus, -us: *s.m.* – lágrimas, pranto; lamento.

flexanimus, -a, -um: *adj.* – que subjuga os corações, enternece.

flexibllis, -e: *adj.* – flexível, maleável; tratável; inconstante; arqueado.

flexilis, -e: *adj.* – flexível, dobradiço; anelado (com referência ao cabelo).

flexiloquus, -a, -um: *adj.* – ambíguo, enigmático.

flexio, -onis: *s.f.* – ação de dobrar; volta, desvio; flexão.

flexipes, -edis: *adj.* – que sobe enroscando-se (com referência à hera).

flexuose, -a, -um: *adj.* – de modo sinuoso, tortuosamente, com rodeios.

flexuosus, -a, -um: *adj.* – sinuoso, flexuoso; tortuoso.

flexura, -ae: *s.f.* – curvatura, ação de curvar, dobrar.

flexus, -a, -um: *adj.* – curvado, dobrado, inclinado, desviado.

flexus, -us: *s.m.* – ação de dobrar; flexão, curvatura; volta, rodeio; desvio, inflexão, declínio.

flictus, -us: *s.m.* – choque; embate, encontro.

fligo, -is, -ixi, -ictum, -igere: *v.t./int.* – bater, ferir; ir de encontro a.

flo, -as, -avi, -atum, -are: *v.t./int.* – soprar, assoprar; exalar; ressoar.

floccus, -i: *s.m.* – floco, velo de lã; ninharia.

floralis, -e: *adj.* – relativo às flores.

floreat et crescat: floresça e cresça.

florens, -entis: *part.pres.* – que está em flor, florescente, florido; brilhante, próspero; feliz.

floreo, -es, -ui, -ere: *v.int.* – florescer, estar em flor; brilhar, ilustrar-se; ser próspero, poderoso, célebre; estar cheio de.

floresco, -is, -ere: *v.int.* – começar a florescer, tornar-se florescente; próspero, brilhante, embelezar-se; progredir.

floret qui laborat: quem trabalha prospera.

floreus, -a, -um: *adj.* – de flor, coberto de flores, florido.

floridulus, -a, -um: *adj.dim.* de **floridus**.

floridus, -a, -um: *adj.* – florido, coberto de flores; brilhante.

florilegus, -a, -um: *adj.* – que colhe o suco das flores.

florus, -a, -um: *adj.* – florido, brilhante.

flos, -oris: *s.m.* – flor; suco das flores; vigor; brilho; beleza; perfume; primeira barba, buço.

flosculus, -i: *s.m.* – pequena flor, florzinha.

fluctifragus, -a, -um: *adj.* – que desfaz as ondas.

fluctisonus, -a, -um: *adj.* – que retumba como o rumor das ondas.

fluctivagus, -a, -um: *adj.* – que flutua ou vaga sobre as ondas.

fluctuatio, -onis: *s.f.* – agitação, oscilação; irresolução.

fluctuo, -as, -avi, -atum, -are: *v.int.* e **fluctuor, -aris, -atus sum, -ari**: *v.dep.* – estar agitado (o mar); flutuar; ondular; hesitar.

fluctus, -us: *s.m.* – onda, vaga; água do mar; mar; marulho, tumulto, agitação.

fluctus numeras: contas as ondas; fazes trabalho inútil.

fluens, -entis: *part.pres.* – que corre; que goteja; flutuante; corrente, fluente; abundante; solto, lânguido,

fluenter: *adv.* – flutuando, correndo em cascata.

fluentisonus, -a, -um: *adj.* – que retumba como o ruído das ondas.

fluentum, -i: *s.n.* – corrente de água, riacho, rio.

fluidus, -a, -um: *adj.* – fluido, líquido, que escorre; mole, brando; lânguido; flutuante.

fluitans, -antis: *part.pres.* – flutuante; ondulante; frouxo; duvidoso, irresoluto.

fluito, -as, -avi, -atum, -are: *v.int.* – correr (com referência à água); flutuar, boiar; estar irresoluto, vacilar.

flumen, -inis: *s.n.* – corrente de água; ribeiro, rio; torrente; abundância.

flumineus, -a, -um: *adj.* – relativo a rio, fluvial.

fluo, -is, -xi, -xum, -ere: *v.t./int.* – correr, manar; escorrer, circular; transbordar, inundar-se de; emanar; ser fluente; ir, caminhar para; tender.

fluvialis, -e; **fluviaticus, -a, -um** e **fluviatilis, -e**: *adj.* – relativo a rio, fluvial.

fluvidus, -a, -um: *adj.* – fluido.

fluvius, -ii: *s.m.* – rio; água corrente; água.

fluxio, -onis: *s.f.* – corrimento, fluxo.

fluxus, -a, -um: *adj.* – fluido, líquido; corrente; brando, mole; que cai, pendente; largo, frouxo; vacilante.

fluxus, -us: *s.m.* – corrimento, fluxo.

focale, -is: *s.n.* – lenço, ou pano de lã para resguardar o pescoço.
focilo, -as, -avi, -atum, -are: *v.t.* – restabelecer, reanimar, confortar.
focula, -orum: *s.n.pl.* – aquecedor.
foculus, -i: *s.m.* – pequeno braseiro, fogãozinho; lareira, fogão; pequeno lar.
focus, -i: *s.m.* – pequeno braseiro, fogão; casa, família; fogo sagrado, altar; fogo, chama; fogueira.
fodico, -as, -avi, -atum, -are: *v.t.* – picar, furar; aguilhoar, espicaçar; atormentar.
fodio, -is, -odi, -ossum, -odere: *v.t.* – cavar, escavar; furar; picar; aguilhoar, espicaçar; torturar.
foe-, ver também **fe-**.
foede: *adv.* – de modo horroroso, horrivelmente.
foederatus, -a, -um: *adj.* – aliado, federado; associado.
foedifragus, -a, -um: *adj.* – que viola os tratados; infiel.
foeditas, -atis: *s.f.* – fealdade, disformidade; o que é asqueroso; torpeza.
foedo, -as, -avi, -atum, -are: *v.t.* – desfigurar, enfear; mutilar; poluir, manchar.
foedus, -a, -um: *adj.* – feio, horrível; sujo, asqueroso, repugnante; vergonhoso.
foedus, -eris: *s.n.* – tratado, convenção, aliança, laço, ligação, união.
foenebris ou **fenebris, -bre**: adj. – pertencente a câmbio, usura, juros.
foeteo, -es, -ere: *v.int.* – cheirar mal, feder.
foetidus, -a, -um: *adj.* – fétido, que cheira mal, mal cheiroso.
foetor, -oris: *s.m.* – mau cheiro, fedor.
folium, -ii: *s.n.* – folha; *pl.* – folhagem.
follicullus, -i: *s.m.* – pequeno fole; bolinha; bolsa de couro.
follis, -is: *s.m.* – saco ou bolsa cheia de ar, fole; bolsa de couro.
follitus, -a, -um: *adj.* – guarnecido de uma bolsa.
fomenta, -orum: *s.n.pl.* – que serve para aquecer ou acender o fogo; calmante, lenitivo, remédios.
fomentum, -i: *s.n.* – calmante, lenitivo, fomentação.
fomes, -itis: *s.m.* – lenha miúda e seca, gravetos; fogueira; estimulante, incentivo.
fons, -ontis: *s.m.* – fonte, nascente; água; origem, causa, princípio.
fons malorum: a fonte dos males.
fontanus, -a, -um: *adj.* – relativo à fonte.
fontes aquarum: as fontes das águas; a nascente.
fonticulus, -i: *s.m.* – pequena fonte; regato.
forabilis, -e: *adj.* – que pode ser furado.
foramen, -inis: *s.n.* – buraco; abertura, saída.
foras: *adv.* – para fora; do lado de fora.
forceps, -ipis: *s.m.f.* – tenaz (de ferreiro); pinça; torquês.
forda, -ae: *s.f.* – vaca prenhe.
forensis, -e: *adj.* – relativo à praça pública; forense, judiciário.
forensis, -is: *s.m.* – advogado.
forensis strepitus: o barulho da feira.
foricae, -arum: *s.f.pl.* – latrinas públicas.
foris: *adv.* – fora; de fora; do lado de fora, exteriormente.
foris, -is: *s.f.* e **fores, -ium**: *s.f.pl.* – porta; batentes; abertura, entrada.
forma, -ae: *s.f.* – forma, figura; aspecto, aparência; imagem, representação, retrato; modelo; molde, forma; beleza; espécie, gênero.
forma dat esse rei: a forma dá existência à coisa; a forma é necessária à existência da coisa; a escritura pública é necessária à existência da transferência da propriedade imóvel.
formalis, -e: *adj.* – relativo à forma.
formamentum, -i: *s.n.* – forma, figura.
formatio, -onis: *s.f.* – formação, confecção, configuração, forma.
formator, -oris: *s.m.* – modelador, formador, criador.
formatura, -ae: *s.f.* – conformação.
formica, -ae: *s.f.* – formiga.
formidabilis, -e: *adj.* – temível, formidável.
formidamen, -inis: *s.n.* – espectro, fantasma, espantalho.
formido, -as, -avi, -atum, -are: *v.t.* – ter medo, temer, recear.
formido, -inis: *s.f.* – espantalho; medo, espanto, terror;.
formidolose: *adv.* – de modo horrível, formidavelmente.
formidolosus, -a, -um: *adj.* – que enche de medo, medonho; espantoso, terrível.
formo, -as, -avi, -atum, -are: *v.t.* – formar, figurar; criar, produzir; ensinar; escrever; imaginar.
formose: *adv.* – de modo encantador, com elegância, graciosamente.
formositas, -atis: *s.f.* – formas elegantes, beleza, formosura.
formosulus, -a, -um: *adj.* – belo, encantador.

F

formosus, -a, -um: *adj.* – bem feito, bem proporcionado, belo, formoso.
formula, -ae: *s.f.* – forma delicada; figura; molde; regra, norma; fórmula.
fornax, -acis: *s.f.* – forno, fornalha.
fornicatim: *adv.* – em forma de abóboda.
fornicatio, -onis: *s.f.* – ação de construir em arco, volta da abóboda.
fornicatus, -a, -um: *adj.* – abobadado, arqueado.
fornix, -icis: *s.f.* – abóbada, arco.
foro, -as, -avi, -atum, -are: *v.t.* – furar, perfurar, transpassar.
fors: *adv.* – por acaso, por ventura.
fors, fortis: *s.f.* – acaso; sorte, fortuna; ventura.
forsan, forsite e **forsitan**: *adv.* – talvez, quiçá, por ventura.
fors omnia versat: a sorte tudo governa.
fortasse: *adv.* – talvez, por ventura; pouco mais ou menos; provavelmente.
fortassis: *adv.* – talvez, possivelmente.
forte: *adv.* – casualmente, por acaso, porventura.
forte tua?: não será talvez a tua hora?
fortia dicta: palavras arrogantes.
forticulus, -a, -um: *adj.* – um tanto forte, um tanto corajoso, enérgico.
fortis, -e: *adj.* – forte, robusto; sólido firme; valente, corajoso; opulento.
fortis et fidelis: corajoso e fiel.
fortis et liber: corajoso e livre.
fortis qui se vincit: valente é quem se vence.
fortiter: *adv.* – fortemente, com força.
fortiter, fideliter, feliciter: com coragem, fidelidade e êxito.
fortiter et feliciter: com bravura e sucesso.
fortiter et recte: com coragem e retidão.
fortiter et suaviter: com coragem e gentileza.
fortitudine et constantia: com coragem e constância.
fortitudine et prudentia: com coragem e prudência.
fortitudo, -inis: *s.f.* – força; firmeza, coragem, denodo.
fortitudo et decor animi: bravura e gentileza.
fortitudo mea in brachio: minha força está no braço.
fortuito, fortuitu: *adv.* – fortuitamente, por acaso.
fortuito, non voluntate: por acaso, não por vontade.
fortuitus, -a, -um: *adj.* – fortuito, casual.
fortuna, -ae: *s.f.* – fortuna, sorte, destino; acontecimento; ventura; haveres, riqueza.
fortuna caeca est: a sorte é cega.
fortuna imperatrix mundi: a sorte é a governadora do mundo.
fortunam nemo vitare potest: ninguém foge à sua própria sorte.
fortuna suffragante: com o favor da sorte.
fortunate: *adv.* – de maneira feliz, felizmente, afortunadamente.
fortunatus, -a, -um; *adj.* – afortunado, feliz, abastado.
fortuna virtutem superat: a sorte supera a coragem.
fortuno, -as, -avi, -atum, -are: *v.t.* – tornar feliz, afortunar, fazer prosperar.
forulli, -orum: *s.m.pl.* – armários, estantes (para livros).
forum, -i: *s.n.* – recinto ou cercado em volta de uma casa; praça pública; praça do mercado, feira; fórum, tribunal; justiça; bolsa de mercadorias, banco; lugar, cidade.
forum conscientiae: o tribunal da consciência.
forum contractus: foro do contrato.
forum rei sitae: o foro da situação da coisa.
forus, -i: *s.m.* – mesa de jogar; tabuleiro de xadrez; *pl.* – bancos de remeiros; galeria (nos teatros); colmeias.
fossa, -ae: *s.f.* – escavação, fosso; cova; estreito, canal.
fossilis, -e: *adj.* – que se tira da terra, fóssil.
fossio, -onis: *s.f.* – ação de escavar, escavação.
fossor, -oris: *s.m.* – cavador, agricultor; homem grosseiro.
fovea, -ae: *s.f.* – escavação, fossa; cova (de enterrar); armadilha (para apanhar animais).
foveo, -es, fovi, fotum, vere: *v.t.* – aquecer, esquentar; fomentar; acariciar, lisonjear; favorecer; entreter; manter, conservar.
fracte: *adv.* – de modo efeminado, molemente.
fractura, -ae: *s.f.* – estilhaço, fragmento.
fractus, -a, -um: *adj.* – quebrado, despedaçado; ruidoso; quebrantado, debilitado.
fraga, -orum: *s.n.pl.* – morangos.
fragilis, -e: *adv.* – frágil, quebradiço; franzino, fraco; lânguido; que faz ruído.
fragilitas, -atis: *s.f.* – fragilidade, fraqueza; curta duração.
fragmen, -inis: *s.n.* – lasca, fragmento; estilhaço.

fragmentum, -i: *s.n.* – lasca, fragmento; estilhaço.
fragor, -oris: *s.m.* – ação de quebrar, quebradura, fratura; ruído, estrépito, fragor.
fragosus, -a, -um: *adj.* – quebrado, quebradiço; áspero, ruidoso, estrepitoso.
fragrans, -antis: *part.pres.* – perfumado, cheiroso, aromático, fragrante.
fragrantia, -ae: *s.f.* – fragrância, cheiro agradável.
fragro, -as, -avi, -atum, -are: *v.int.* – exalar um cheiro forte, rescender; cheirar.
framea, -ae: *s.f.* – lança de ferro curta e estreita usada pelos germanos.
frangas, non flectes: podes quebrar-me, mas não me dobrarás.
frango, -is, fregi, fractum, -gere: *v.t.* – quebrar, despedaçar; dilacerar; quebrantar, amolecer; violar, infringir; reprimir, vencer; destruir.
frater, -tris: *s.m.* – irmão; primo-irmão; *pl.* – concidadãos; aliados.
fraterculus, -i: *s.m.* – irmãozinho.
fraterne: *adv.* – como irmão, fraternalmente.
fraternitas, -atis: *s.f.* – fraternidade, parentesco; união entre amigos, entre povos.
fraternus, -a, -um: *adj.* – de irmão, fraterno, fraternal.
frater uterinus: irmão por parte de mãe.
fratres enim sumus: somos irmãos.
fratricida, -ae: *s.m.f.* – fratricida.
fraudatio, -onis: *s.f.* – ação de enganar, má fé, fraude, engano.
fraudator, -oris: *s.m.* – embusteiro, trapaceiro; o que faz agravo, o que defrauda; tratante; falido, quebrado.
fraudo, -as, -avi, -atum, -are: *v.t.* – causar dano a alguém, fraudar, prejudicar, defraudar; privar de, esbulhar.
fraudulentia, -ae: *s.f.* – astúcia, velhacaria.
fraudulentus, -a, -um: *adj.* – insidioso, velhaco; fraudulento.
fraus, -audis: *s.f.* – fraude, má-fé; trapaça, perfídia; emboscada, engano, erro; agravo, prejuízo; delito.
fraus legis: fraude à lei.
fraus omnia corrumpit: a fraude tudo corrompe, ou produz nulidade.
fraxinus, -i: *s.f.* – freixo (árvore); dardo.
fraxineus ou **fraxinus, -a, -um**: *adj.* – de freixo.
fremebundus, -a, -um: *adj.* – que brame de raiva; estrondoso, ruidoso.
fremens, -entis: *part.pres.* – que brame, fremente; ruidoso; irritado.
fremitus, -us: *s.m.* – ruído, estrondo; bramido; tinir (das armas); relincho; zumbido (de abelhas); rugido; murmúrio da multidão (aclamando ou vaiando).
fremo, -is, -ui, -itum, -ere: *v.t./int.* – fazer ruído, retumbar; bramir, ressoar, uivar, gritar; aclamar, apupar.
fremor, -oris: *s.m.* – rugido; gritaria, murmúrio.
frenator, -oris: *s.m.* – o que dirige ou guia (com freio); moderador.
frendo, -is, fressum ou **fresum, -dere**: *v.t./int.* – mastigar, triturar; moer; ranger os dentes; bramir, irritar-se.
frendor, -oris: *s.m.* – ranger de dentes.
freno, -as, -avi, -atum, -are: *v.t.* – por freio a, enfrear; refrear, conter; moderar.
frenum, -i: *s.n.* e **freni, -orum**: *s.m.pl.* – freio; rédeas.
frenum accipere: aceitar o freio; considerar-se vencido.
frequens, -entis: *adj.* – assíduo, frequente; numeroso; concorrido; povoado.
frequentatio, -onis: *s.f.* – frequência, emprego frequente; abundância.
frequentatus, -a, -um: *adj.* – repetido, frequente; abundante; povoado.
frequenter: *adv.* – frequentemente, muitas vezes.
frequentia, -ae: *s.f.* – afluência, multidão; abundância, grande número de, frequência.
frequento, -as, -avi, -atum, -are: *v.t.* – frequentar; repetir, reiterar; juntar, aglomerar, povoar; festejar, celebrar.
fretensis, -e: *adj.* – de estreito; relativo a estreito (braço de mar).
fretum, -i: *s.n.* e **fretus, -us**: *s.m.* – estreito, braço de mar; mar; impetuosidade, agitação.
fretus, -a, -um: *adj.* – apoiado; estribado em; confiado em.
frico, -as, -avi, -ctum, -are: *v.t.* – esfregar, friccionar, polir.
frictura, -ae: *s.f.* – fricção.
frictus, -a, -um: *part.p.* – (de **frico**) esfregado; (de **frigo**) assado; torrado.
frigeo, -es, -gui ou **-xi, -gere**: *v.int.* – ter frio, estar enregelado de frio; afrouxar-se, esfriar-se; enlanguescer.
frigero, -as, -avi, -atum, -are: *v.t.* – arrefecer, esfriar.
frigesco, -is, -frixi ou **-frigui, -escere**: *v.int.* – arrefecer, esfriar-se; enlanguescer.

frigida, -ae: *s.f.* – água fria.
frigidarius, -a, -um: *adj.* – próprio para refrescar.
frigide: *adv.* – friamente, sem energia, frouxamente.
frigidum, -i: *s.n.* – o frio, temperatura fria.
frigidus, -a, -um: *adj.* – frio, frígido; gelado; fresco; lânguido; fútil, que é sem interesse; inútil, ocioso.
frigo, -is, -xi, -ctum, -gere: *v.t.* – fazer secar cozendo, cozer em seco; assar, frigir; torrar.
frigus, -oris: *s.n.* – frio; frescura; frieza, indiferença; frio (da morte); horror.
frio, -as, -avi, -atum, -are: *v.t.* – reduzir a pequenos pedaços, esmigalhar, moer.
frivola, -orum: *s.n.* – coisas sem importância, frivolidades.
frivolum, -i: *s.n.* – bagatela, coisa sem importância.
frivolus, -a, -um: *adj.* – de pouco preço, de pouca importância, frívolo, fútil; mesquinho.
frondator, -oris: *s.m.* – o que desbasta, desfolha ou desrama.
frondeo, -es, -ere: *v.int.* – estar coberto de folhas; ser frondoso.
frondesco, -is, -ere: *v.int.* – cobrir-se de folhas, tornar-se frondoso.
frondeus, -a, -um: *adj.* – coberto de folhas; frondoso.
frondosus, -a, -um: *adj.* – abundante de folhas, copado, ramalhudo.
frons, frondis: *s.f.* – folha, folhagem; grinalda, coroa de folhas.
frons, frontis: *s.f.* – fronte, testa; rosto; aspecto; gravidade, seriedade; frente, fachada, frontaria.
frontalia, -ium: *s.n.pl.* – testeira (de cavalos, elefantes).
fronto, -onis: *s.m.* – o que tem a testa grande.
fructuarius, -a, -um: *adj.* – relativo aos frutos, que deve dar frutos, fecundo; relativo a frutos; de usufruto.
fructuosus, -a, -um: *adj.* – que produz; fecundo, fértil; útil; rendoso.
fructus, -us: *s.m.* – uso, utilidade; rendimento, produto; colheita; fruto.
fruere die praesenti: aproveita o dia de hoje.
fruere fortuna tua: aproveita a tua sorte.
fruere hora: aproveita esta hora.
fruere tua fortuna: aproveita a tua sorte.
frugalis, -e: *adj.* – relativo a searas, frugal.
frugalitas, -atis: *s.f.* – boa colheita; moderação, frugalidade; honradez.
frugaliter: *adv.* – com moderação, economicamente, frugalmente.
fruges, -um, ver **frux**, **frugie**.
frugi: *adj.indecl.* – avisado, prudente; sóbrio; econômico, frugal, honesto, honrado.
frugifer, -fera, -ferum: *adj.* – que produz, que rente, fértil, fecundo; frutuoso, útil.
frugilegus, -a, -um: *adj.* – que junta, que apanha ou colhe grãos.
frugiparus, -a, -um: *adj.* – que produz frutos.
frumentarius, -a, -um: *adj.* – relativo aos cereais ou ao trigo.
frumentarius, -i: *s.m.* – negociante de trigo, fornecedor de trigo.
frumentatio, -onis: *s.f.* – abastecimento, distribuição de trigo.
frumentator, -oris: *s.m.* – mercador de trigo; soldado incumbido de cortar trigo.
frumentor, -aris, -atus sum, -ari: *v.dep. int./t.* – ir à procura de trigo; abastecer-se de trigo.
frumentum, -i: *s.n.* – trigo; cereais; renda em trigo.
fruor, -eris, -uitus ou **-uctus sum, -i**: *v.dep.* – usar de; gozar de; tirar lucro ou proveito de; gozar, usufruir.
frustatim: *adv.* – por pedaços, parceladamente.
frustillatim: *adv.* – aos bocadinhos, às gotas.
frustra: *adv.* – inutilmente, em vão; sem motivo; gratuitamente.
frustramen, -inis: *s.n.* – engano, embuste.
frustratio, -onis: *s.f.* – esperança vã, decepção; contratempo; logro, engano, perfídia.
frustratus, -us: *s.m.* – ação de enganar.
frustra vigilat: vigia em vão.
frustror, -aris, -atus sum, -ari: *v.dep.* e **frustro, -as, -avi, -atum, -are**: *v.t.* – enganar, lograr, frustrar; esquivar-se a; tornar sem efeito.
frustulentus, -a, -um: *adj.* – cheio de pedaços.
frustum, -i: *s.n.* – pedaço (de comida), bocado; pedaço, fragmento.
frutex, -icis: *s.f.* – arbusto; árvore; haste; ramagem.
fruticetum, -i ou **fructicetum, -i**: *s.n.* – lugar abundante de arbustos; matagal; arbusto.
fruticor, -aris, -atus sum, -ari: *v.int.* – produzir rebentos, brotar, abrolhar.
fruticosus, -a, -um: *adj.* – que tem muitos rebentos; cheio de abrolhos.
frux, frugis: *s.f.* e **fruges, -um**: *pl.* – produtos da terra; cereais, legumes, frutos; cultura; seara; utilidade; bem, virtude.

fucatus, -a, -um: *adj.* – tinto; pintado, arrebicado; enfeitado; fingido, postiço.
fuco, -as, -avi, -atum, -are: *v.t.* – tingir; pôr vermelho no rosto, pintar; arrebicar, adornar.
fucosus, -a, -um: *adj.* – colorido, enfeitado; composto com artifício; contrafeito, fingido.
fucum fecit: enganou; vendeu gato por lebre.
fucus, -i: *s.m.* – sargaço marítimo (de que se extrai vermelho para tingir); púrpura; tintura encarnada; arrebique, artifício.
fuga, -ae: *s.f.* – fuga, evasão; carreira veloz; ação de evitar, aversão; exílio, desterro.
fugax, -acis: *adj.* – fugitivo; covarde, fujão; que corre, transitório; que foge de.
fugax est aetas: o tempo é passageiro.
fuge, late, tace: foge, esconde-te, cala-te.
fugiendus, -a, -um: *gerund.* – que se deve evitar, perigoso.
fugiens, -entis: *adj.* – que foge.
fugientes afflictio sequitur: a aflição segue os que fogem.
fugio, -is, -i, -itum, -ere: *v.int.* – fugir; correr; evitar, esquivar-se a; ausentar-se; passar, decorrer; desaparecer.
fugit hora, ora: a hora foge, reza.
fugit irreparabile tempus: foge irrecuperável o tempo.
fugit iuventas: nossa juventude foge de nós.
fugitivus, -a, -um: *adj.* – fugitivo, fugido; passageiro, transitório.
fugito, -as, -avi, -atum, -are: *v.t./int.* – pôr-se em fuga, fugir; recusar.
fugo, -as, -avi, -atum, -are: *v.t.* – pôr em fuga, fazer fugir; rechaçar; expulsar; excluir, suprimir; desterrar.
fulcimen, -inis: *s.n.* e **fulcimentum, -i**: *s.n.* – apoio, esteio; arrimo; sustentáculo.
fulcio, -is, -si, -ultum, -cire: *v.t.* – escorar, sustentar, estear, suportar.
fulcrum, -i: *s.n.* – estrado em que assenta o leito; cama, leito; escora; bordão, arrimo.
fulgens, -entis: *adj.* – luminoso, brilhante, cintilante.
fulgeo, -es, -si, -gere: *v.int.* – brilhar, resplandecer, cintilar, raiar.
fulget virtus: o valor brilha.
fulgidus, -a, -um: *adj.* – luminoso, brilhante.
fulgor, -oris: *s.m.* – brilho, fulgor; clarão; esplendor, lustre.
fulgur, -uris: *s.n.* – relâmpago, raio, brilho, resplendor; clarão.
fulguralis, -e: *adj.* – referente a raio; relampejante.
fulguratio, -onis: *s.f.* – fulguração, relâmpago.
fulguritus, -a, -um: *adj.* – fulminado.
fulguro, -as; -avi, -atum, -are: *v.int.* – lançar relâmpagos; relampejar; brilhar, cintilar.
fulica, -ae ou **fulis, -icis**: *s.f.* – gaivota.
fuligineus, -a, -um: *adj.* – da cor da fuligem.
fuligo, -inis: *s.f.* – fuligem; tinta preta (para pintar as sobrancelhas).
fulmen, -inis: *s.n.* (por **falgmen**, derivado de **fulgeo**) – raio; relâmpago; golpe fulminante, desastre (imprevisto); (derivado de **fulcio**) apoio, sustentáculo.
fulmenta, -ae: *s.f.* – apoio, esteio, suporte.
fulminatio, -onis: *s.f.* – fulminação, o lançar do raio.
fulminatus, -a, -um: *adj.* – que tem o brilho do raio.
fulmineus, a, um: *adj.* – de raio, fulminante; impetuoso, arrebatado.
fulmino, -as, -avi, -atum, -are: *v.t.* – lançar, despedir o raio; cair o raio; fulminar.
fulo, -onis: *s.m.* – o que lava e prepara os panos já tecidos; pisoeiro.
fultura, -ae: *s.f.* – sustentáculo, apoio, espeque, escora; alimento que sustenta, fortificante.
fulvus, -a, -um: *adj.* – amarelado; fulvo, louro; amarelo; brilhante; pardo, moreno.
fumale, -is: *s.n.* – corda; tocha; candieiro.
fumeus, -a, -um e **fumidus, -a, -um**: *adj.* – fumegante; defumado; denegrido.
fumifer, -era, -erum: *adj.* – que deita fumo, fumegante.
fumificus, -a, -um: *adj.* – que faz ou lança fumo; defumado.
fumi venditor: um vendedor de fumaça; invencioneiro; embusteiro; vendedor de ilusões.
fumo, -as, -avi, -atum, -are: *v.int.* – deitar fumo, fumegar; enegrecer (de fumo).
fumosus, -a, -um: *adj.* – que lança fumo; tratado ao fumo, defumado.
fumus, -i: *s.m.* – fumo, fumaça.
fumus boni iuris: fumaça de bom direito; aparência de bom direito (diz-se quando a pretensão parece ter fundamento jurídico).
fumus? ergo ignis: há fumaça? logo há fogo.
funambulus, -i: *s.m.* – acrobata.
functio, -onis: *s.f.* – trabalho, exercício, execução; pagamento.
funda, -ae: *s.f.* – funda (de atirar); pedra, bala de chumbo; tarrafa.

F

fundamen, -inis e **fundamentum, -i**: *s.n.* – fundamento, base, alicerce; firmeza.
fundamenta scientiae: os fundamentos do conhecimento.
fundator, -oris: *s.m.* – fundador.
fundatus, -a, -um: *adj.* – estabelecido solidamente; bem assentado; sólido, seguro.
fundito, -as, -avi, -atum, -are: *v.t.* – espalhar em profusão.
funditor, -oris: *s.m.* – fundibulário, fundeiro.
funditus: *adv.* – até o fim, completamente, desde os alicerces, até o fundo; inteiramente, de todo.
fundo, -as, -avi, -atum, -are: *v.t.* – dar alicerces, construir; estabelecer, assentar solidamente; lançar os alicerces; edificar; firmar, consolidar; fundar.
fundo, -is, fudi, fusum, fundere: *v.t.* – verter, espalhar, deitar; estender, largar; fundir, derreter; afrouxar; produzir, dar à luz; dispersar, derrotar.
fundus, -i: *s.m.* – fundo; base; quinta, granja; propriedade; herdade, fazenda.
funebris, -e: *adj.* – fúnebre, relativo a funerais; de luto; mortal, funesto.
funereus, -a, -um: *adj.* – fúnebre, funéreo; relativo a funerais; de luto.
funero, -as; -avi, -atum, -are: *v.t.* – fazer funerais, prestar honras fúnebres.
funesto, -as, -avi, -atum, -are: *v.t.* – manchar com mortes, desgraçar.
funestus, -a, -um: *adj.* – fúnebre, funéreo, mortal, funesto, sinistro, nefasto.
fungor, -eris, -ctus sum, -gi: *v.dep.* – cumprir, exercer; executar; gozar de; satisfazer, pagar, sofrer.
fungus, -i: *s.m.* – cogumelo; morrão (de candeia).
funiculus, -i: *s.m.* – cordel, barbante.
funis, -is: *s.m.* – corda, amarra.
funus, -eris: *s.n.* – enterro, funeral; morte; assassínio; *pl.* – ruína, flagelo; carnificina.
fuodito, -as, -avi, -atum, are: *v.t.* – lançar, atirar; ferir com funda.
fur, furis: *s.m.* – ladrão, gatuno.
furaciter: *adv.* – à maneira de ladrão.
furax, -acis: *adj.* – dado ao roubo; inclinado ao roubo.
furca, -ae: *s.f.* – forcado; pau bifurcado que se lançava ao pescoço de escravos e criminosos, esteio, escora; patíbulo.
furcifer, -feri: *s.m.* – o que merece a forca.
furcilla, -ae: *s.f.* – forcado pequeno, forquilha.
furens, -entis: *part.pres.* – que está fora de si, delirante; arrebatado.
furenter: *adv.* – furiosamente, como louco.
furfur, -uris: *s.m.* (mais usado no plural) – farelo, caspa.
furgurator, -oris: *s.m.* – que dardeja raios; intérprete de raios, de relâmpagos.
furia, -ae: *s.f.* – fúria, furor, delírio; desejo violento; cólera.
furialis, -e: *adj.* – relativo à fúria; insensato, furioso; atroz.
furialiter: *adv.* – furiosamente, com fúria.
furibundus, -a, -um: *adj.* – furioso, enfurecido; inspirado.
furinus, -a, -um: adj. – de ladrão.
furio, -as, -avi, -atum, -are: *v.t.* – tornar furioso; enfurecer.
furiose: *adv.* – como um louco, furiosamente.
furiosum nullum negotium contrahere potest: o louco não pode contrair negócio algum.
furiosus, -a, -um: *adj.* – delirante, furioso, desvairado; violento, impetuoso.
furnaria, -ae: *s.f.* – profissão de forneiro.
furnus, -i: *s.m.* – forno, fornalha.
furo, -is, -ui, -ere: *v.t./int.* – estar fora de si, estar louco; delirar, devanear; estar desesperado; desejar ardentemente.
furor, -aris, -atus sum, -ari: *v.t.dep.* – roubar, furtar; ocultar obter com surpresa, por ardil.
furor, -oris: *s.m.* – delírio, loucura; furor, cólera; desejo violento; paixão; revolta, levante; entusiasmo, inspiração.
furor loquendi: o furor de falar; a loquacidade.
furor poeticus: o entusiasmo poético; a inspiração poética.
furor scribendi: a mania de escrever; o entusiasmo de escrever.
furtim: *adv.* – às escondidas, furtivamente.
furtive: *adv.* – em segredo, furtivamente.
furtivus, -a, -um: *adj.* – furtado; raptado; usurpado; clandestino, furtivo.
furto: *adv.* – às ocultas, clandestinamente; ilicitamente.
furtum, -i: *s.n.* – roubo, furto; ardil, emboscada; o que é oculto, clandestino.
furunculus, -i: *s.m.* – ladrãozinho, ratoneiro; furúnculo.
furvus, -a, -um: *adj.* – negro; sombrio, obscuro; tenebroso.
fuscina, -ae: *s.f.* – forcado, forquilha; tridente.

fusco, -as, -avi, -atum, -are: *v.t./int.* – escurecer, enegrecer; manchar, denegrir.

fuscus, -a, -um: *adj.* – escuro; fusco, moreno; sombrio; preto; denegrido.

fuse: *adv.* – com extensão, com desenvolvimento, profusamente.

fusilis, -e: *adj.* – vertido, derramado; fundido.

fusio, -onis: *s.f.* – ação de derramar; difusão.

fustis, -is: *s.m.* – pau, fueiro, varejão; bastão; arrocho (de espancar).

fustitudinus, -a, -um: *adj.* – que castiga com um bastão.

fustuarius, -ii: *s.n.* – suplício do arrocho; morte às pauladas.

fusus, -a, -um: *part.p.* – vertido, derramado, derretido; estendido; solto, dispersado.

fusus, -i: *s.m.* – fuso de fiar.

futie: *adv.* – futilmente, inutimente.

futilis, -e: *adj.* – vão, frívolo, fútil, que se derrete ou se funde; inútil.

futilitas, -atis: *s.f.* – futilidade, frivolidade.

futuo, -is, -ui, -utum, -ere: *v.t.* – ter relações com uma mulher.

futurus, -a, -um: *adj.* – o que há de ser, futuro.

fututio, -onis: *s.f.* – relações.

fututor, -oris: *s.m.* – que tem relações.

fuxus, -i: *s.m.* – moscardo; tavão (espécie de mosca); mutuca.

G

gabata, -ae: *s.f.* – escudela, tijela.
gaditanus, -a, -um: *adj.* – gaditano, habitante da cidade de Gades.
gaesa, -orum ou **gaesum, -i**: *s.n.pl.* – dardo comprido e pesado usado pelos gauleses.
galbaneus, -a, -um: *adj.* – de gálbano (resina que se extraia de certa planta).
galbanum, -i: *s.n.* – gálbano, resina que se extraia de certa planta na Síria.
galbeus, -i: *s.m.* – faixa de lã para envolver um medicamento.
galbinatus, -a, -um: *adj.* – vestido de **galbinum**, vestido efeminadamente.
galbinum, -i: *s.n.* – vestido verde-pálido (usado pelas mulheres ou homens efeminados).
galbinus, -a, -um: *adj.* – de cor verde-pálida ou amarela; mole, efeminado.
galea, -ae: *s.f.* – casco de couro; capacete.
galeatus: *adj.* – munido de capacete.
galeatus: *s.m.* – soldado munido de capacete.
galeo, -as, -avi, -atum, -are: *v.t.* – cobrir com o capacete, munir com o capacete.
galeota, -ae: *s.m.pl.* – galeota, adivinho da Sicília.
galeritus, -a, -um: *adj.* – com um barrete na cabeça.
galeritus, -i: *s.m.* – cotovia.
galerus, -i: *s.m.* e **galerum, -i**: *s.n.* – barrete de pele usado pelos sacerdotes; casquete; peruca.
gallica, -ae: *s.f.pl.* – calçado dos gauleses; galochas.
gallicanus, -a, -um: *adj.* – galicano, gaulês; da Gália.
gallicinium, -i: *s.n.* – canto do galo, hora da noite em que o galo canta, aurora.
gallicus, -a, -um: *adj.* – gálico, gaulês.
gallina, -ae: *s.f.* – galinha.
gallinaceus: *adj.* – referente à galinha ou ao galo; galináceo.
gallinarium, -ii: *s.n.* – galinheiro.
gallinarius, -ii: *s.m.* – o que cuida do galinheiro; criador de galinhas.
gallina scripsit: escreveu-o uma galinha; isso é letra de médico; ilegível.
gallos castras: castras eunucos; arrombas a porta aberta.
gallus, -i: *s.m.* – galo.
gamelio, -onis: *s.m.* – gameliāo, sétimo mês do ano ático (correspondente à 2ª metade de janeiro e à 1ª de fevereiro).
ganea, -ae: *s.f.* – taberna, espelunca; intemperança no comer, orgia.
ganeo, -onis: *s.m.* – frequentador de tabernas; devasso, beberrão.
gangaba, -ae: *s.m.* – carregador.
gannio, -is, -ire: *v.int.* – latir, ganir; roncar, rosnar; gritar, murmurar.
gannitus, -us: *s.m.* – latido, ganido.
ganta, -ae: *s.f.* – pato (branco e pequeno).
gargarizo, -as, -avi, -atum, -are: *v.t.* – gargarejar, tomar em gargarejos.
garrio, -is, -ivi ou **-ii, -itum, -ire**: *v.t./int.* – chilrear, garrular; gorjear; tagarelar; cochichar; conversar.
garrulitas, -atis: *s.f.* – chilreio, o chilrar (das aves); loquacidade; parolagem, garrulice.
garrulus, -a, -um: *adj.* – que chilreia; loquaz, palrador; gárrulo, ruidoso.
garum, -i: *s.n.* – salmoura.
gastrum, -i: *s.n.* – vaso bojudo.
gaudeo, -es, gavisus sum, -ere: *v.t./int.* – folgar, alegrar-se; regozijar-se com; estar risonho; comprazer-se em, gostar de.
gaudere in sinu: rir a socapa.
gaudet tentamine virtus: a virtude se rejubila na tentação.
gaudialis, -e: *adj.* – alegre.
gaudium, -ii: *s.n.* – alegria, regozijo; contentamento; prazer.
gaudium de veritate: a alegria da verdade.
gaulus, -i: *s.m.* – prato redondo, terrina.
gausape, -is: *s.n.* e **gausapa, -ae**: *s.f.* ou **gausapum, -i**: *s.n.* – estofo de felpa; guardanapo; toalha; capote, manto.
gaza, -ae: *s.f.* – tesouro real; haveres, riquezas.
gelasco, -is, -ere: *v.int.* – gelar, congelar-se.
gelasinus, -i: *s.m.* – rugas (formadas no rosto de quem ri), pé-de-galinha.
gelatio, -onis: *s.f.* – geada.
gelatus, -a, -um: *adj.* – gelado.
gelide: *adv.* – com frieza (sentido figurado).
gelidus, -a, -um: *adj.* – gelado, enregelado; frio; fresco.

gelo, -as, -avi, -atum, -are: *v.t.* – gelar, congelar, condensar.
gelu, -us: *s.n.* – gelo, geada; frio intenso.
gemebundus, -a, -um: *adj.* – que geme.
gemellipara, -ae: *s.f.* – mãe de gêmeos.
gemellus, -a, -um: *adj.* – gêmeo; que nasce aos pares (fruto); formado de dois; semelhante, emparelhado.
geminalio, onis: *s.f.* – repetição, reduplicação.
geminatus, -a, -um: *adj.* – dobrado, duplicado; parecido; emparelhado
gemine: *adv.* – dois a dois.
gemini, -orum: *s.m.pl.* – irmãos gêmeos; os gêmeos Castor e Pólux; gêmeos, signo do Zodíaco.
geminitudo, -inis: *s.f.* – semelhança de gêmeos.
gemino, -as, -avi, -atum, -are: *v.t.* – dobrar, duplicar; redobrar; emparelhar.
geminus, -a, -um: *adj.* – duplo, dobrado; que é em número de dois; gêmeo; parecido; um e outro
gemitus, -us: *s.m.* – gemido, lamento; pranto; murmúrio.
gemma, -ae: *s.f.* – pedra preciosa, gema; pérola; engaste de anel, sinete; rebento, botão; pião (de xadrez).
gemmans, -antis: *part.pres.* – que produz pedras preciosas; ornado de pedrarias; que deita rebentos.
gemmatus, -a, -um: *adj.* – ornado, guarnecido de pedrarias.
gemmeus, -a, -um: *adj.* – ornado de pedras preciosas; brilhante, esmaltado.
gemmifer, -fera, -ferum: *adj.* – que produz pedras preciosas, que contém pedras preciosas.
gemmo, -as, -avi, -atum, -are: *v.int.* – brilhar como, estar coberto de pedras preciosas; abrolhar, brotar.
gemmosus, -a, -um: *adj.* – que tem muitas pedras preciosas.
gemmula, -ae: *s.f.* – pequeno rebento.
gemo, -is, -ui, -itum, -ere: *v.t./int.* – gemer; suspirar, soluçar; lamentar-se; deplorar.
gena, -ae: *s.f.* – face; *pl.* – faces; olhos; pálpebras.
genealogus, -i: *s.m.* – autor de genealogia; genealogista.
gener, -eri: *s.m.* – genro; futuro genro.
generalis, -e: *adj.* – relativo a um gênero ou a uma espécie; genérico, geral.
generalis consuetudo: o costume universal.
generalitas parit obscuritatem: a generalidade gera a obscuridade.
generaliter: *adv.* – geralmente, em geral.
genera per speciem derogantur: os gêneros derrogam-se pela espécie.
generasco, -is, -ere: *v.incoat.int.* – engendrar-se, ser gerado.
generatim: *adv.* – por gêneros, por espécies; por nações; geralmente, em geral.
generatim loquendo: falando em termos gerais.
generatim membratimque: em geral e em particular.
generatio, -onis: *s.f.* – reprodução, geração (das espécies), geração (de pessoas).
generator, -oris: *s.m.* – o que produz; pai, gerador, genitor.
genero, -as, -avi, -atum, -are: *v.t.* – criar, gerar; produzir.
generose: *adv.* – nobremente, dignamente.
generosus, -a, -um: *adj.* – que é de ascendência ilustre; nobre, fidalgo; generoso; de boa raça ou qualidade.
genetivus ou **genitivus, -a, -um**: *adj.* – do nascimento natural; que gera, criador; genitivo (caso).
genetrix ou **genitrix, -icis**: *s.f.* – mãe; criadora.
gengiva, -ae: *s.f.* – gengivas.
genialis, -e: *adj.* – destinado às noivas, à geração dos filhos, conjugal; que se diverte, alegre, festivo; abundante, fértil, fecundo.
genialiter: *adv.* – alegremente, com alegria.
geniculatus ou **geniculosus, -a, -um**: *adj.* – que tem nós, nodoso.
genista, -ae: *s.f.* – giesta (planta), giesteira.
genitabilis, -e: *adj.* – capaz de produzir, fecundante.
genitalis, -e: *adj.* – que gera, criador; fecundo; genital; relativo a nascimento.
genitalis dies: dia do nascimento.
genitalis hora: hora do nascimento.
genitaliter: *adv.* – de modo fertilizante.
genitor, -oris: *s.m.* – pai; criador, fundador.
genitor patriae: o pai da pátria.
genitura, -ae: *s.f.* – geração, nascimento, procriação; semente.
genius, -i: *s.m.* – gênio, divindade titular que acompanhava o homem do nascimento à morte; protetora de um lugar, de uma coisa; anfitrião.
genius loci: o gênio protetor do lugar; o espírito do lugar.

G

gens, gentis: *s.f.* – espécie, raça; família, prole; povo, nação; *pl.* – estrangeiros, bárbaros.
gens egregia: uma raça notável.
gens togata: o povo togado; os romanos.
genticus, -a, -um: *adj.* – pertencente a um povo, nacional.
gentilicius, -a, -um: *adj.* – de família, próprio a uma família; de um povo.
gentilis, -e: *adj.* – pertencente a uma família, à casa de um senhor, a uma nação.
gentilis, -is: *s.m.* – parente (em linha colateral); o que é da mesma nação, compatriota.
gentilitas, -atis: *s.f.* – parentesco; família, parentes.
genu, -us: *s.n.* – joelho.
genualia, -ium: *s.n.pl.* – joelheiras, enfeite dos joelhos.
genuine: *adv.* – francamente.
genuinus, -a, -um: *adj.* – natural, nativo; inato, próprio; verdadeiro, genuíno.
genuinus dens: *s.m.* – dente molar; dente.
genus, -eris: *s.n.* – família, raça; sangue; nobreza; filho, descendente; povo, nação; espécie, gênero; natureza.
genus et patria: a raça e a pátria.
genus hominum: a raça humana.
genus nunquam perit: o gênero nunca se destrói.
geographia, -ae: *s.f.* – topografia; geografia.
geometra ou **geometres, -ae**: *s.m.* – geômetra.
geometria, -ae: *s.f.* e **geometrica, -orum**: *s.n.pl.* – geometria.
geometricus, -a, -um: *adj.* – geométrico.
georgicus, -a, -um: *adj.* – referente a agricultura.
gerens, -entis: adj. – aquele que se faz, gerente.
germana, -ae: *s.f.* – irmã.
germane: *adv.* – como irmão, sinceramente.
germani, -orum: *s.m.pl.* – germanos, habitantes da Germânia.
Germania, -ae: *s.f.* – Germânia, região do norte da Europa.
germanicus, -a, -um: *adj.* – relativo à Germânia; germânico.
germanitas, -atis: *s.f.* – fraternidade; afinidade, parecença.
germanus, -a, -um: *adj.* – de irmão, germano; irmão (por parte de pai e mãe); semelhante, parecido; verdadeiro.
germen, -inis: *s.n.* – germe; rebento, renovo; princípio.
germinatio, -onis: *s.f.* e **germinatus, -us**: *s.m.* – germinação, rebento.
germino, -as, -avi, -atum, -are: *v.t./int.* – germinar; brotar, abrolhar; produzir.
gero, -is, gessi, gestum, gerere: *v.t.* – trazer; criar, produzir; ter, conservar; mostrar; exercer; dirigir; executar; passar (o tempo); granjear, alcançar.
gerrae!: ninharias!; conversa fiada!
gerras clamitas: dizes bobagens.
gerro, -onis: *s.m.* – o que diz ninharias, estúpido, tolo, imbecil.
gerula, -ae: *s.f.* – aia de criança; obreira (abelha).
gerulus, -i: *s.m.* – mensageiro, portador; carregador.
gesta: as coisas realizadas; os feitos.
gesta bellica: ações de guerra; feitos bélicos.
gesta Dei: os atos de Deus.
gestamen, -inis: *s.n.* – tudo o que se pode vestir (vestido, armas, ornamento).
gesta romanorum: os feitos dos romanos.
gestatio, -onis: *s.f.* – ação de trazer, levar; passeio.
gestator, -oris: *s.m.* – o que traz ou leva, portador.
gestatorius, -a, -um: *adj.* – que serve para levar ou transportar.
gesticulatio, -onis: *s.f.* – gesticulação, gestos.
gesticulor, -aris, -atus sum, -ari: *v.dep.int/t.* – fazer uma pantomina, dançar; exprimir por gestos.
gestio, -is, -ivi ou **-ii, -itum, -ire**: *v.int.* – fazer gestos violentos sob efeito de uma emoção, exultar, pular de alegria; regozijar-se.
gestio, -onis: *s.f.* – administração; gerência, gestão.
gestito, -as, -are: *v.t.* – trazer frequentemente, ter o hábito de trazer.
gesto, -as, -avi, -atum, -are: *v.t.* – trazer, levar; transportar; estar grávida; denunciar, delatar.
gestor, -oris: *s.m.* – boateiro.
gestor negotii: o gerente da empresa.
gestus, -a, -um: *adj.* – feito, executado; administrado, exercido.
gestus, -us: *s.m.* – movimento; gesto, gesticulação.
gibber, -era, -erum: *adj.* – corcunda, giboso; arqueado; **-eris**: *s.n.* – corcunda.
gigas, -antis: *s.m.* – gigante.
gigno, -is, genui, genitum, gignere: *v.t.* – gerar, criar; produzir; causar.

gilis, -iris: *s.m.* – arganaz, rato silvestre.
gilvus, -a, -um: *adj.* – cinzento-escuro, cor de cinza.
glaber, -bra, -brum: *adj.* – sem pelos, calvo, liso; sem barba, imberbe.
glaber, -bri: *s.m.* – escravo imberbe (favorito).
glabraria, -ae: *s.f.* – mulher que gosta de escravos imberbes.
glacialis, -e: *adj.* – glacial, de gelo, muito frio.
glacies, -ei: *s.f.* – gelo; dureza, rigidez.
glacio, -as, -avi, -atum, -are: *v.t.* – mudar em gelo, gelar.
gladiator, -oris: *s.m.* – gladiador; *pl.* – combate de gladiadores.
gladiatorium, -ii: *s.n.* – salário de gladiadores.
gladiatorius, -a, -um: *adj.* – de gladiadores, gladiatório; robusto, violento.
gladiatura, -ae: *s.f.* – profissão de gladiador.
gladius, -ii: *s.m.* – espada, gládio; armas; profissão de gladiador; relha (do arado).
glaeba, -ae ou **gleba, -ae**: *s.f.* – torrão de terras, gleba; chão, terreno; granja; montão.
glaesum, -i ou **glessum, -i**: *s.n.* – âmbar amarelo.
glandifer, -era, -erum: *adj.* – que produz bolotas.
glandium, -i: *s.n.* – língua de porco.
glandula, -ae: *s.f.pl.* – glândulas do pescoço, amígdalas.
glans, -andis: *s.f.* – glande, bolota; bola de chumbo ou de barro (que se atirava como a funda).
glarea, -ae: *s.f.* – cascalho, saibro.
glaucus, -a, -um: *adj.* – verde; verde-claro, esverdeado.
gleba ou **glaeba, -ae**: *s.f.* – bola, bolinha, pedaço; solo, terreno, terra cultivada.
glis, glidis: *s.f.* – bolor de pão.
glisco, -is, -ere: *v.int.* – crescer; engordar, engrossar; desenvolver-se, redobrar.
globosus, -a, -um: *adj.* – redondo, esférico.
globus, -i: *s.m.* – globo, bola, esfera; roda; pelotão; troço, punhado.
glomeramen, -inis: *s.n.* – aglomeração, pelotão.
glomerare inglomerabilia: reunir o que não pode ser reunido.
glomerarius, -i: *s.m.* – o que anseia por reunir homens para a guerra.
glomero, -as, -avi, -atum, -are: *v.t.* – enovelar; embolar; amontoar, ajuntar, aglomerar.
glomus, -eris: *s.n.* – novelo, bola.
gloria, -ae: *s.f.* – glória, fama, honra; ornamento; rivalidade, emulação; vaidade, jactância.
gloria cuique sua est: cada um tem a sua glória.
gloriam praecedit humilitas: a humildade precede a glória.
gloria Patri: glória ao Pai.
gloria sera venit: a fama chega tarde.
gloriatio, -onis: *s.f.* – ação de se gloriar; de se vangloriar.
gloria victis!: glória aos vencidos!
gloriola, -ae: *s.f.* – pequena glória, gloríola.
glorior, -aris, atus sum, -ari: *v.int.* – gloriar-se; jactar-se de; desvanecer-se.
gloriose: *adv.* – com glória, gloriosamente.
gloriosus, -a, -um: *adj.* – glorioso, honroso; ávido de glória; orgulhoso; vaidoso, fanfarrão.
glubo, -is, -psi, -ptum, -bere: *v.t./int.* – descascar, tirar a casca; esfolar.
gluten, -inis ou **glutinum, -i**: *s.n.* – cola, grude, goma.
glutinator, -oris: *s.m.* – encadernador.
glutio ou **gluttio, -is, -ivi (-ii), -itum, -ere**: *v.t.* – engolir, tragar.
gnaritas, -atis: *s.f.* – conhecimento (dos lugares, das regiões).
gnarus, -a, -um: *adj.* – que sabe, que conhece; hábil, sabido.
gnata, -ae: *s.f.* – filha.
Gnatho, -onis: *s.m.* – Gnatão, nome de um parasita; *pl.* – papa-jantares, parasitas.
gnava iuventus: a juventude diligente.
gnavus, -a, -um: *adj.* – industrioso, diligente, ativo.
gordius nodus: nó górdio; uma dificuldade insolúvel.
grabatus, -i: *s.m.* – cama pobre; catre.
gracilis, -e: *adj.* – delgado, esguio; franzino; magro; estreito.
gracilitas, -atis: *s.f.* – delgadez; o que é esguio; fraqueza; magreza.
graciliter: *adv.* – de maneira esguia, com simplicidade.
graculus, -i: *s.m.* – gralha.
gradatim: *adv.* – gradualmente, pouco a pouco.
gradatim vincimus: vencemos passo a passo.
gradatio, -onis: *s.f.* – escada; gradação.
gradior, -eris, gressus sum, gradi: *v.int.* – caminhar, andar; marchar; adiantar-se.
gradivus, -i: *s.m.* – Gradivo, um dos nomes de Marte.

G

gradus, -us: *s.m.* – passo, modo de andar; atitude, posição; degrau (de escada); grau, ordem, categoria.
graeca fides: fidelidade grega; deslealdade.
graece: *adv.* – em grego, na língua grega; ao modo grego.
graecor, -aris, -atus sum, -ari: *v.dep.int.* – viver a maneira dos gregos; levar vida de prazeres.
Graecostasis, -is: *s.f.* – Grecóstase ou Grecostádio, edifício ou lugar, em que se reuniam, em Roma, delegados e embaixadores.
graecum est, non legitur: é grego, não se lê.
grali, -orum: *s.m.pl.* – graios, gregos (sobretudo com referência aos antigos).
grallator, -oris: *s.m.* – aquele que anda com pernas de pau.
gramen, -inis: *s.n.* – alimento de animais herbívoros, pasto, erva, relva, grama; verdura.
gramineus, -a, -um: *adj.* – de relva, gramíneo.
grammatica, -ae: *s.f.* – gramática.
grammatica falsa non vitiat instrumentum: os erros gramaticais não viciam o instrumento.
grammatice: *adv.* – gramaticalmente, segundo as regras da gramática.
grammaticus, -a, -um: *adj.* – de gramático, gramatical.
grammaticus, -i: *s.m.* – gramático; crítico, erudito.
granarium, -ii: *s.n.* (mais usado no plural) – celeiro.
grandaevus, -a, -um: *adj.* – avançado em idade, velho; decrépito.
grandesco, -is, -ere: *v.int.* – crescer, tomar corpo; desenvolver-se.
grandibus verbis: com palavras pomposas.
grandiculus, -a, -um: *adj.* – um tanto grande, um tanto corpulento.
grandifer ou glandifer, -era, erum: *adj.* – que produz bolotas; fecundo.
grandiloquus, -a, -um: *adj.* – que tem um estilo pomposo; enfático.
grandinat, -avit, -are: *v.unip.* – chover pedra, saraivar.
grandio, -is, -ire: *v.t.* – fazer britar, desenvolver.
grandis, -e: *adj.* – grande, crescido; corpulento; avançado (em idade); alto, elevado.
granditas, -atis: *s.f.* – grandeza; elevação.
granditer: *adv.* – grandemente, fortemente.
granifer, -era, -erum: *adj.* – que transporta grãos.
granum, -i: *s.n.* – grão, bago, semente.
graphice: *adv.* – com esmero, artisticamente, perfeitamente.
graphicus, -a, -um: *adj.* – feito primorosamente, perfeito, completo.
graphium, -ii: *s.n.* – ponteiro de escrever (em tabuinhas de cera).
grassator, -oris: *s.m.* – salteador; adulador, parasita.
grassatura, -ae: *s.f.* – pilhagem, roubo.
grassor, -aris, -atus sum, -ari: *v.dep.int./t.* – andar; avançar; marchar contra, atacar; assaltar; proceder; cortejar, adular; insinuar-se.
grata brevitas: a brevidade agrada.
grate: *adv.* – com prazer, gostosamente; agradecimento.
grates: *s.f.pl.* – graças, agradecimentos; ação de graças.
gratia, -ae: *s.f.* – graça, beleza; agrado; favor, benefício; agradecimento; graça, perdão; licença; benevolência; concórdia, causa, motivo.
gratia argumentandi: para argumentar.
gratia Dei: por graça de Deus.
gratia gratiam parit: gentileza gera gentileza.
gratiam et pacem in Domino!: graça e paz no Senhor!
gratia placendi: a satisfação de agradar; para agradar.
gratias Deo: graças a Deus.
gratias tibi ago: eu te agradeço; muito obrigado.
gratia tecum: que a graça (de Deus) esteja contigo.
gratificatio, -onis: *s.f.* – obséquio, benefício, favor.
gratificor, -aris, -atus sum, -ari: *v.t./int.* – servir, favorecer; obsequiar; gratificar, dar por favor; felicitar.
gratiosus, -a, -um: *adj.* – favorecido, estimado; feito ou obtido por favor; que faz obséquio; obsequiador, serviçal.
gratis: *adv.* – gratuitamente, de graça; sem interesse; sem motivo.
gratis dictum: uma asserção gratuita; uma asserção sem motivo; uma declaração espontânea.
grator, -aris, -atus sum, -ari: *v.dep.int.* – felicitar; regozijar-se, felicitar-se.
gratuito: *adv.* – gratuitamente, de graça, sem restrição.
gratuitus, -a, -um: *adj.* – gratuito; gracioso, desinteressado; que é sem motivo, inútil.

gratulabundus, -a, -um: *adj.* – que dá os parabéns; que felicita.
gratulatio, -onis: *s.f.* – felicitação, parabéns; o que provoca felicitações; ação de graças.
gratulator, -oris: *s.m.* – o que felicita, o que dá parabéns.
gratulor, -aris, -atus sum, -ari: *v.dep.t./int.* – agradecer; dar os parabéns, congratular-se com; felicitar-se; render ação de graças.
gratus, -a, -um: *adj.* – agradável, grato; delicioso; agradecido; digno de reconhecimento.
gravanter, gravate ou **gravatum**: *adv.* – com dificuldade, penosamente; de má vontade.
gravastellus, -a, -um: *adj.* – sobrecarregado pela idade.
gravate: *adv.* – a custo, contra a vontade, com dificuldade.
gravatim: *adv.* – lentamente, contra a vontade, com dificuldade.
gravedinosus, -a, -um: *adj.* – catarrento, resfriado, endefluxado; que deixa a cabeça pesada.
gravedo, -inis: *s.f.* – coriza, defluxo; peso da cabeça.
grave est fidem fallere: é grave faltar à fidelidade.
graveolens, -entis: *adj.* – que exala cheiro forte ou mau cheiro.
gravesco, -is, -ere: *v.int.* – estar carregado ou sobrecarregado; agravar-se; tornar-se grávida.
grave servitutis iugum: é pesado o jugo da servidão.
gravida, -ae: *s.f.* – mulher grávida.
graviditas, -atlis: *s.f.* – gravidez.
gravido, -as, -avi, -atum, -are: *s.f.* – engravidar, fecundar; semear.
gravidus, -a, -um: *adj.* – carregado, pesado; prenhe; cheio; acabrunhado.
graviora manent: o pior está por vir.
graviori culpae gravior poena: para crime maior, pena maior.
gravis, -e: *adj.* – pesado, grave; carregado; penoso, insuportável; rígido, duro, severo; sério, circunspecto; vagaroso.
gravis testis: uma testemunha fidedigna.
gravitas, -atis: *s.f.* – peso, gravidade; força; valor, importância; seriedade, circunspeção; severidade.
graviter: *adv.* – gravemente, pesadamente; com dificuldade; de má vontade; fortemente; com autoridade.
graviter errare: cometer erro grave.
gravo, -as, -avi, -atum, -are: *v.t.* – carregar, sobrecarregar; agravar; oprimir, acabrunhar.
gravor, -aris, -atus sum, -ari: *v.dep.int./t.* – sofrer de má vontade; levar a mal.
gregales, -ium: *s.m.pl.* – companheiros, camaradas, amigos.
gregalis, -e: *adj.* – de rebanho; pertencente ou relativo à multidão; vulgar, grosseiro.
gregarius, -a, -um: *adj.* – relativo ao rebanho, à multidão; comum, vulgar.
gregatim: *adv.* – aos bandos, em rebanhos; em chusma, em multidão.
gremium, -i: *s.n.* – aquilo que os braços podem abranger; regaço, colo, seio; abrigo; socorro, proteção.
gressus, -us: *s.m.* – o andar, passo; marcha (de navio).
grex, gregis: *s.m.* – rebanho, manada; vulgo; caterva, multidão; roda; companhia (de atores).
grex ovium: o rebanho de carneiros.
grosso modo: de modo grosseiro; sem precisão; aproximadamente.
grunnitus, -us: *s.m.* – grunhido.
grus, gruis: *s.f.* – grou (ave).
gryps, grypis: *s.m.* e **gryphus** ou **grypus, -i**: *s.m.* – grifo, animal fabuloso.
gubernabilis, -e: *adj.* – governável.
gubernaculum: *s.m.* – leme, cana do leme; direção, governo.
gubernatio, -onis: *s.f.* – governo, direção de um navio; administração.
gubernator, -oris: *s.m.* – timoneiro, piloto; o que governa, dirige.
gubernatrix, -icis: *s.f.* – a que dirige, governa; administradora.
guberno, -as, -avi, -atum, -are: *v.t.* – governar; pilotar; guiar, dirigir, administrar.
gubernum, -i: *s.n.* – leme, timão.
gula, -ae: *s.f.* – esôfago; goela, garganta; gula; glutoneria.
gulosus, -a, -um: *adj.* – guloso, glutão.
gurges, -itis: *s.m.* – abismo (de águas), pego; mar; sorvedouro; pântano; rio; lago.
gurgulio, -onis: *s.m.* – garganta, goela.
gurgustium, -ii: *s.n.* – albergue, tasca, taverna.
gustatio, -onis: *s.f.* – prato de entrada.
gustatus, -us: *s.m.* – gosto, paladar; sabor; ação de saborear; apreciar.
gusto, -as, -avi, -atum, -are: *v.t.* – gostar, saborear, provar.

G

gustus, -us: *s.m.* – gosto, paladar; sabor.
gutta, -ae: *s.f.* – gota; lágrima; orvalho; suor; pequena quantidade de; *pl.* – pingos, salpicos.
gutta cavat lapidem: a gota cava a pedra.
guttatus, -a, -um: *adj.* – malhado, mosqueado.
guttula, -ae: *s.f.* – gotinha.
guttur, -uris: *s.n.* – goela, garganta; gula.
guttus, -i: *s.m.* – vaso de gargalo estreito, garrafa, frasco.
gymnasiarcha, -ae: *s.m.* ou **gymnasiarchus, -i**: *s.m.* – diretor de ginásio, ginasiarca.
gymnasium, -ii: *s.n.* – ginásio, lugar ou edifício destinado aos exercícios físicos; escola (de filosofia).
gymnicus, -a, -um: *adj.* – gínico, ou relativo aos jogos atléticos em que os jovens se exercitam nus; referente aos exercícios físicos em geral.
gypso, -as, -avi, -atum, -are: *v.t.* – cobrir de gesso; estucar.
gypsum, -i: *s.n.* – gesso.
gyro, -as, -avi, -atum, -are: *v.t.* – fazer andar ao redor, rodear, circular, girar.
gyrus, -i: *s.m.* – giro, volta; rodeio; círculo, circuito; picadeiro; espaço.

H

habeas corpus: que tu tenhas o corpo.

habeas data: que tu tenhas os dados; as informações.

habe bonum animum: tem coragem.

habemus legem: nós temos lei.

habena, -ae: *s.f.* – correia (de capacete, de funda); látego, açoite; *pl.* – rédeas; freio; domínio, governo; cordoalha, velas.

habendum et tenendum: para ter e manter.

habentes homines: homens de posses; os ricos.

habenti datur: dá-se a quem tem; dinheiro ganha dinheiro.

habeo, -es, -ui, -itum, -ere: *v.t.* – manter, manter-se; ter, possuir; ter em si, trazer; tomar; guardar; tratar, dirigir, administrar; haver, considerar como; fazer, realizar; achar-se, estar.

habere et dispertire: ter e dividir.

habere, non haberi: possuir, não ser possuído.

habes, habebis: tens, terás; quem tem, terá.

habete fiduciam: tende fé.

habet et bellum suas leges: até a guerra tem suas leis.

habetur pro veritate: tem-se por verdade.

habiles ad matrimonium: aptos para o casamento.

habilis, -e: *adj.* – cômodo, maneável; fácil; próprio, idôneo, apto; hábil, capaz; que assenta bem, justo; bem disposto, bem proporcionado.

habilitas, -atis: *s.f.* – destreza, habilidade; disposição para; aptidão.

habiliter: *adv.* – comodamente, facilmente.

habitabilis, -e: *adj.* – habitável.

habitat: hábitat; lugar habitado por uma raça, um animal ou uma planta, no estado natural.

habitatio, -onis: *s.f.* – ação de habitar; habitação, morada.

habitatio morte finitur: a habitação acaba com a morte.

habitator, -oris: *s.m.* – habitante, morador.

habito, -as, -avi, -atum, -are: *v.t./int.* – habitar, ocupar, morar; residir; deter-se, demorar-se.

habitudo, -inis: *s.f.* – modo de ser, compleição, estado.

habitus, -a, -um: *adj.* – bem tratado, luzidio, corpulento.

habitus, -us: *s.m.* – estado, compleição; natureza, temperamento; disposição; aspecto; traje, vestido.

hac: *adv.* – por aqui, por esta parte.

hac die: neste dia.

hac fruere: goza desta (hora).

hac lege: com esta lei; sob esta condição.

hac nocte: nesta noite; esta noite.

hacpropter: *adv.* – por causa disso.

hactenus: *adv.* – até aqui, até agora; até este ponto; até então; a tal ponto; tão somente, bastante, apenas; por isso; tanto.

hactenus potui, habui, fui: até aqui, pude, tive, fui.

hac vice: desta vez.

haec dies: este dia; este é o dia.

haec est conventio: este é o acordo.

haec est veritas: esta é a verdade; eis a verdade.

haec fortasse tua: esta talvez seja a tua hora.

haec mea fama est: eis a minha glória.

haec te victoria perdet: essa vitória será tua ruína.

haec tibi dona fero: trago-te estas dádivas.

haec urbs lux orbis terrarum: esta cidade é a luz do mundo.

haedile ou **hoedile, -is**: *s.n.* – curral de cabras.

haediliae, -arum: *s.f.pl.* – cabritos.

haedinus ou **hoedinus, -a, -um**: *adj.* – de bode, de cabrito; relativo à cabra.

haedulea ou **hoedulea, -ae**: *s.f.* – cabrita.

haedus ou **hoedus, -i**: *s.m.* – bode, cabrito; *pl.* – Cabritos (constelação).

haereditas ou **hereditas, -atis**: *s.f.* – herança.

haereo, -es, -si, -sum, -rere: *v.int.* – pegar--se, aderir; prender-se a; ficar ou estar pregado; fixo, imóvel; parar, deter-se; hesitar.

haeresis, -is ou **-eos**: *s.f.* – opinião, doutrina, sistema, seita.

haesitantia, -ae: *s.f.* – embaraço, impedimento.

haesitatio, -onis: *s.f.* – incerteza, dúvida, hesitação; gagueira.

haesito, -as, -avi, -atum, -are: *v.int.* – ficar parado; parar, deter-se; embaraçar-se; hesitar.
hageter, -eris: *s.m.* – indicador de caminho, guia.
hal-, ver também **al-**.
halec ou **hallec (alec), -ecis**: *s.n.* – molho, salmoura.
halieutica, -orum: *s.n.pl.* – haliêuticas (tratado de pesca).
halitus, -us: *s.m.* – sopro, aragem; vapor, exalação; hálito, bafo; respiração.
hallucinatio (alucinatio), -onis: *s.f.* – erro, engano, alucinação.
hallucinor, -aris, -atus sum, -ari: *v.dep.* – divagar, sonhar; delirar, enganar-se.
halo, -as, -avi, -atum, -are: *v.int./t.* – exalar, exalar um cheiro.
halos, -o (*ac.*): *s.f.* – halo, círculo que por vezes se vê em torno do sol ou da lua.
halteres, -erum: *s.m.* – halteres (aparelho de ginástica).
Hamadryas, -adis: *s.f.* – ninfa das florestas (Hamadríade).
hamatilis, -e: *adj.* – de anzol.
hamatus, -a, -um: *adj.* – que tem ganchos; que tem ponta curva; adunco.
hamus, -i: *s.m.* – anzol; gancho; *pl.* – pontas recurvas; unhas aduncas; croques, arpéus; copos (de espada).
hara, -ae: *s.f.* – estábulo (para animais), curral, chiqueiro
harena, ver **arena**.
hariola, -ae: *s.f.* – adivinhadora, adivinha.
hariolatio, -onis: *s.f.* – oráculo; adivinhação.
hariolor, -aris, atus sum, -ari: *v.dep.* – adivinhar; fazer prognósticos.
hariolus, -i: *s.m.* – adivinho.
harmonia, -ae: *s.f.* – harmonia, proporção, simetria; melodia.
harpago, -as, -avi, -atum, -are: *v.t.* – roubar.
harpago, -onis: *s.m.* – fateixa, arpéu.
harpastum, -i: *s.n.* – bola de jogar.
harpe, -es: *s.f.* – alfange, espada curva; ave de rapina.
Harpyia, -ae: *s.f.* (mais usado no plural) – Harpia, monstro fabuloso, com rosto de mulher, mãos aduncas, e asas; pessoa avara; ganancioso, avarento.
harun-, ver **arun-**.
haruspex, -icis: *s.m.* – arúspice, adivinho que tirava agouros consultando as entranhas das vítimas.
haruspicina, -ae: *s.f.* – arte dos arúspices.
hasta, -ae: *s.f.* – vara; arma feita ou aparelhada de haste; chuço, dardo; lança; leilão, hasta pública.
hastae subjicere: vender em leilão público.
hastatus, -a, -um: *adj.* – que traz arma de haste; armado de chuço, dardo, lança.
hastile, -is: *s.n.* – ramo; estaca; varinha; bordão; pau ou haste de um dardo, de uma lança; dardo.
hastula, -ae: *s.f.* – fragmento de madeira, lasca.
haud: *adv.* – não (negação intensiva).
hauddum: *adv.* – ainda não, nem sequer ainda.
haud longis intervallis: em breves intervalos.
haud opinor: não sou da mesma opinião.
haudquaquam: *adv.* – de nenhum modo; de forma alguma.
haurio, -is, -si, -stum ou **-sum, -rire**: *v.t.* – esgotar, tirar, arrancar; verter, derramar; absorver, beber, haurir; esgotar; ver; escutar; receber; cavar, rasgar; sofrer; percorrer.
haustus, -us: *s.m.* – ação de esgotar, tirar água; direito de tirar água; ação de beber; gole, trago.
Hebdomada Sancta: a Semana Santa; a semana da Paixão.
hebdomas, -adis: *s.f.* – semana; o sétimo dia, dia crítico (nas doenças).
hebeo, -es, -ere: *v.int.* – estar embotado; estar gelado, enfraquecido; acalmar-se, entregar-se à indolência.
hebes, -etis: *adj.* – embotado, rombo; fraco, lânguido, indolente; insensível; estúpido.
hebesco, -is, -ere: *v.int.* – embotar-se; tornar-se obtuso; enfraquecer-se; afrouxar.
hebetatio, -onis: *s.f.* – enfraquecimento (da vista).
hebeto, -as, -avi, -atum, -are: *v.t./int.* – embotar, abolir; enfraquecer, afrouxar; obscurecer, apagar.
hedera, -ae: *s.f.* – hera (planta).
hedychrum, -i: *s.n.* – bálsamo; unguento para amaciar a pele.
hei: *interj.* (de dor) – ai!, ah!, hui!.
helcium, -i: *s.n.* – aquilo com que se puxa alguma coisa, corda de arrastar.
helluatio, -onis: *s.f.* – voracidade, glutoneria.
helluatus, -a, -um: *part.p.* – comido, dissipado.
helluo ou **heluo, -onis**: *s.m.* – comilão, glutão, devorador.
helluo librorum: um devorador de livros.

helluo patriae: depredador do Estado.
helluor ou **heluor, -aris, -atus sum, -ari**: *v. dep.t.* – devorar, tragar; fartar-se de.
helotes, -um ou **ilotae, -arum**: *s.m.pl.* – escravos de Esparta.
helvella, -ae: *s.f.* – couve pequena.
hemerodromus, -i: *s.m.* (usado sobretudo no plural) – corredor, postilhão, correio.
hemieillus, -i: *s.m.* – (do grego, em que significa *meio burro)* pedaço de asno.
hepatia, -orum: *s.n.pl.* – os intestinos.
hepatiarius, -a, -um: *adj.* – do fígado.
hepaticus, -i: *s.m.* – aquele que sofre do fígado.
hepteres, -is: *s.f.* – navio de sete ordens de remos.
hera, -ae ou **era, -ae**: *s.f.* – dona de casa, senhora; amiga; soberana.
heraerice, -es: *s.f.* ou **agema, -atis**: *s.n.* – divisão de soldados no exército macedônio.
herba, -ae: *s.f.* – erva, relva; planta.
herbesco, -is, -ere: *v.int.* – brotar (a erva); tornar-se verde (de relva)
herbeus, -a, -um: *adj.* – da cor da erva, verde.
herbidus, -a, -um: *adj.* – coberto de relva; abundante em pastagens.
herbifer, -era, -erum: *adj.* – que produz ervas; coberto de relva.
herbigradus, -a, -um: *adj.* – que anda sobre a erva.
herbosus, -a, -um: *adj.* – coberto de erva, abundante de relva.
herbula, -ae: *s.f.* – erva pequena, ervinha.
herciso (ereciso), -is, -ere: *v.t.* – repartir uma herança, fazer uma partilha.
hercle: *adv.* – forma de juramento: por Hércules.
herctum (erctum), -i: *s.n.* – herança.
Hercule fortior: mais forte que Hércules.
Herculei labores: os trabalhos de Hércules.
herculeus, -a, -um: *adj.* – hercúleo; relativo ou consagrado a Hércules.
Herculeus nodus: um nó de Hércules; um argumento indestrutível.
hereditarius, -a, -um: *adj.* – hereditário, relativo a uma herança.
hereditas, -atis: *s.f.* – ação de herdar, herança.
hereditas ab intestato: herança de pessoa intestada; sem testamento.
hereditas ex testamento: herança por testamento.
hereditas viventis non datur: não há herança de pessoa viva.
heredium, -ii: *s.n.* – propriedade ou bem de família; herança; patrimônio.
heres, -edis: *s.m.f.* – herdeiro, herdeira, legatário.
heres ex asse: herdeiro universal.
heres legitimus: o herdeiro legítimo.
heri: *adv.* – ontem; recentemente, há pouco.
heri et nudius tertius: ontem e anteontem.
herifuga, -ae: *s.m.* – escravo fugitivo.
heri, hodie et in saecula: ontem, hoje e sempre.
herilis, -e ou **erilis, -e**: *adj.* – senhoril, heril; relativo a dono ou dona de casa.
hermae, -arum: *s.m.pl.* – figuras de Hermes; bustos, hermas.
hermathena, -ae: *s.f.* – hermatena, duplo busto de Hermes (Mercúrio) e Atena (Minerva).
hermeneuma, -atis: *s.n.* – interpretação, explicação.
hermeracles, -is: *s.m.* – busto de Mercúrio (Hermes) e de Hércules.
heroicus, -a, -um: *adj.* – heroico, dos tempos heroicos; épico.
heroina, -ae ou **heroine, -es** e **herois, -idis**: *s.f.* – heroína, semideusa.
heros, -ois: *s.m.* – herói, semideus, filho de um deus ou de uma deusa; homem célebre, herói.
heroum, -i: *s.n.* – túmulo de um herói.
herous, -a, -um: *adj.* – heroico, épico.
herus (erus), -i: *s.m.* – dono de casa, senhor; proprietário; soberano.
hesperius, -a, -um: *adj.* – espério, da hespéria; ocidental.
hesperos ou **hesperus, -i**: *s.m.* – héspero, estrela de Vênus; a tarde; poente, ocidente.
hesternus, -a, -um: *adj.* – de ontem; de véspera.
hetaeria, -ae: *s.f.* – confraria, sociedade.
heu: *interj.* (de dor) – ah!, ai!, hui!.
heu me miserum!: pobre de mim!
heus: *interj.* (para chamar a atenção) – olá!, olha!, escuta!.
hexaclinon, -i: *s.n.* – sala de jantar com leito para seis pessoas.
hexameter ou **hexametrus, -i**: *adj.* – que tem seis pés, hexâmetro.
hexeres, -is: *s.f.* – galera de seis ordens de remos.
hexis, -is: *s.f.* – aptidão, habilidade.
hianti ore: de boca aberta.
hiatus, -us: *s.m.* – abertura; boca ou goela aberta; boqueirão, abismo; cobiça; ênfase; hiato.

H

hiberna, -orum: *s.n.pl.* – quartéis de inverno.
hibernacula, -orum: *s.n.pl.* – tendas para quartéis de inverno.
hiberno, -as, -avi, -atum, -are: *v.int.* – invernar, passar o inverno.
hibernus, -a, -um: *adj.* – de inverno; invernoso, hibernal, tempestuoso.
hibiscum, -i: *s.n.* – malva brava (planta).
hibrida, -ae: *s.m.f.* – híbrido, mestiço; filho de pais de diferentes países ou de condições sociais diversas.
hic: *adv.* – aqui, neste lugar; agora.
hicce, haecce, hocce: *pron.* – este, esta, isto.
hic, haec, hoc: *pron.* – este, esta, isto; aquele, aquela, aquilo; isso; tal.
H
hic et nunc: aqui e agora; imediatamente; sem demora.
hic et ubique: aqui e em toda parte.
hic et ubique terrarum: aqui e em todo lugar do mundo.
hic finis fandi: este foi o fim do discurso.
hic inter nos: cá entre nós.
hic labor est: aqui está a dificuldade.
hic sepultus est: está aqui enterrado; aqui jaz.
hic ver assiduum: aqui é eterna primavera.
hiemalis, -e: *adj.* – de inverno, hibernal; chuvoso, tempestuoso.
hiematio, -onis: *s.f.* – ação de passar o inverno.
hiemo, -as, -avi, -atum, -are: *v.t./int.* – invernar, passar o inverno; estar em quartel de inverno; estar encapelado (o mar).
hiems, -emis: *s.f.* – inverno; tempestade.
hieto, -as, -are: *v.int.* – bocejar.
hilare: *adv.* – alegremente; gostosamente; com prazer.
hilaricus, -a, -um: *adj.* – um tanto alegre.
hilaris, -e: *adj.* – alegre, contente, risonho.
hilaritas, -atis: *s.f.* – alegria, jovialidade, contentamento.
hilaro, -as, -avi, -atum, -are: *v.t.* – alegrar, deleitar, divertir.
hilarus, -a, -um: *adj.* – alegre, contente, risonho.
hilla, -ae: *s.f.* e **hillae, -arum**: *s.f.pl.* – intestinos, tripas; linguiça, chouriço.
hilo, -as, -avi, -atum, -are: *v.t./int.* – assoprar, bafejar; exalar; respirar.
hilota, -ae: *s.m.* – ilota, escravo de Esparta.
hilum, -i: *s.n.* – olho negro das favas; um pouco, um nada.
hinc: *adv.* – daqui; deste lado; dali; desde agora; depois.
hinc robur et securitas: daqui, força e segurança.
hinnio, -is, -ivi, -itum, -ire: *v.int.* – relinchar, nitrir.
hinnitus, -us: *s.m.* – relincho, rincho.
hinnuleus, -i: *s.m.* – cabrito montês; anho; corço.
hio, -as, -avi, -atum, -are: *v.t./int.* – estar aberto; abrir a boca; a goela; abrir-se, fender-se; bocejar; declamar com ênfase.
hippagogus, -i: *s.f.* (usado sobretudo no plural); **hippagus, -i**: *s.f.* e **hippagines, -um**: *s.f.pl.* – navio de transportar cavalos.
hippocentaurus, -i: *s.m.* – centauro, monstro meio homem, meio cavalo.
hippodamus, -i: *s.m.* – domador de cavalos.
hippomanes, -is: *s.n.* – verruga na testa de potros, usada nos filtros.
hippopera, -ae: *s.f.* – mala de viagem.
hippotoxotae, -arum: *s.m.pl.* – besteiros, flecheiros a cavalo.
hira, -ae: *s.f.* – o intestino.
hircinus, -a, -um: *adj.* – de bode; de pele de bode; de cabra.
hircosus, -a, -um: *adj.* – que cheira a bode, peludo como um bode.
hircuosus, -a, -um: *adj.* – semelhante ao bode.
hircus, -i: *s.m.* – bode; cheiro de bode, bodum.
hirnea, -ae: *s.f.* – vaso para vinho, copo.
hirpus (irpus), -i: *s.m.* – lobo.
hirsutus, -a, -um: *adj.* – eriçado; arrepiado; cabeludo, peludo; hirsuto; agreste, selvagem.
hirtus, -a, -um: *adj.* – eriçado; arrepiado (o cabelo); felpudo; aspero, escabroso; agreste, inculto.
hirudo, -inis: *s.f.* – sanguessuga.
hirudo aerarii: sanguessuga do tesouro público.
hirundo, -inis: *s.f.* – andorinha.
hirundo una ver non facit: uma única andorinha não faz primavera.
his artibus: com esses artifícios.
hisco, -is, -ere: *v.t./int.* – abrir-se, fender-se; abrir a boca (para falar); proferir; cantar.
his ducibus: com esses guias; sendo eles os comandantes.
hispidus, -a, -um: *adj.* – eriçado, arrepiado; cabeludo; áspero, escabroso; grosseiro.
hister, -tri: *s.m.* ou **histrio, -onis**.
his testibus: com essas testemunhas; sendo eles testemunhas.

historia, -ae: *s.f.* – narração, conto; descrição; história; historieta; *pl.* – contos frívolos, histórias.
historicus, -a, -um: *adj.* – relativo à história, histórico; de historiador; **-i**: *s.m.* – historiador.
histrio, -onis ou **hister, -tri**: *s.m.* – histrião, autor de pantomimas; comediante, farcista.
histrio in scaena: o ator está no palco.
histrionalis, -e: *adj.* – de comediante; relativo a histrião; farcista.
histrionia, -ae: *s.f.* – profissão de ator.
his verbis: com estas palavras.
hiulce: *adv.* – de boca aberta; pronunciar com hiatos, com dureza
hiulco, -as, -avi, -atum, -are: *v.t.* – abrir, fender.
hiuleus, -a, -um: *adj.* – aberto, fendido; que contém hiatos, áspera (com referência à pronúncia).
hoc: usado como *adv.* – por isto, por causa disto.
hoc age!: atenção!
hoc anno: neste ano.
hoc certum est: isto é certo.
hoc erat in votis: estes eram os meus votos.
hoc est: isto é.
hoc est signum Dei: este é o sinal de Deus.
hoc fac, et vives: faze isso e viverás.
hoc ipsum est: eis o caso.
hoc loco: neste lugar; nesse lugar.
hoc me fugit: isso me foge; ignoro isso.
hoc mihi luce clarius est: para mim isso é mais claro que a luz.
hoc modo: deste modo; desta maneira.
hoc nomine: com este nome; sob esse nome.
hoc opus, hic labor est: esse é o trabalho, essa é a fadiga.
hoc pro certo tenendum: tenha-se isto por indubitável.
hoc verbo: com essa palavra.
hodie: *adv.* – neste dia, hoje; agora, hoje em dia.
hodie, et cras, et secundum cras: hoje, amanhã e depois de amanhã.
hodie ille; cras ego: hoje ele; amanhã eu.
hodie mihi, cras tibi: hoje para mim, amanhã para ti.
hodie, non cras: hoje, amanhã não.
hodieque: *adv.* – ainda hoje.
hodiernus, -a, -um: *adj.* – de hoje, hodierno.
hoedinus ou **haedinus, -a, -um**: *adj.* – de bode, de cabrito.
holitor (olitor), -oris: *s.m.* – jardineiro, vendedor de legumes, quitandeiro.
holitorius, -a, -um: *adj.* – referente aos legumes.
holus, -eris: *s.n.* – legumes.
homicida, -ae: *s.m.* – homicida, assassino; terrível (na guerra).
homicidium, -i: *s.n.* – homicídio, assassínio.
homicidium ex casu: homicídio por acidente.
homicidium ex necessitate: homicídio por necessidade.
homicidium ex voluntate: homicídio voluntário.
homines omnes aequales sunt: todos os homens são iguais.
hominis est errare: do homem é errar; errar é humano.
homo, -inis: *s.m.* – homem; mortal; pessoa, indivíduo; homem (pessoa digna desse nome); senhor; habitante, cidadão; escravo; *pl.* – soldados de infantaria.
homo bilinguis: um homem de duas palavras.
homo bonae voluntatis: um homem de boa vontade.
homo Dei ludibrium: o homem é um gracejo de Deus.
homo, divinum animal: o homem é um animal divino.
homoeomeria, -ae: *s.f.* – identidade das partes.
homo est naturaliter liber: o homem é livre por natureza.
homo faber: o homem fabricante; o homem artífice.
homo forensis: o advogado.
homo habilis: homem capaz; homem adequado.
homo homini lupus: o homem é o lobo do homem.
homo inter homines sum: sou um homem entre homens.
homo loquens: o homem falante.
homo ludens: o homem lúdico.
homo luteus: um homem feito de lama.
homo medius: o cidadão comum.
homo multarum litterarum: um homem de muitas letras; um letrado.
homo nihili: um inútil.
homo novus: o novo homem; o homem moderno.
homo nullius coloris: um homem de nenhuma cor; sem importância.
homo oeconomicus: o homem econômico.

homo politicus: homem político.
homo privatus: o cidadão comum.
homo publicus: o homem público.
homo quantivis pretii: um homem de alto valor.
homo rusticus: o homem do campo.
homo sanae mentis: um homem de mente sã.
homo sapiens: o homem racional.
homo silvester: o homem selvagem.
homo sui iuris: o homem no gozo de seus direitos.
homo theoreticus: homem que cria teorias.
homo tressis: um homem de três vinténs; de pouco valor.
homo typicus: homem padrão; homem normal.
homullus, -i: *s.m.* – homenzinho; homem de pouco préstimo.
homuncio, -onis ou **homullus, -i** ou **homunculus, -i**: *s.m.* – homenzinho, homúnculo.
honestamentum, -i: *s.n.* – ornamento; distinção honorífica, condecoração.
honestas, -atis: *s.f.* – consideração, estima pública; dignidade, honras; honestidade, probidade; virtude; beleza.
honesta te ipsum: respeita a ti mesmo.
honestatem exerce: pratica a virtude.
honeste: *adv.* – de uma maneira honrosa, com dignidade.
honesto, -as, -avi, -atum, -are: *v.t.* – tratar com consideração, distinguir; honrar; dar realce a; embelezar.
honestum, -i: *s.n.* – honestidade, moralidade, virtude.
honestus, -a, -um: *adj.* – considerado, honrado; digno, honesto, virtuoso; belo; especioso.
honorabilis, -e: *adj.* – honroso, que dá honra.
honora Dominum: honra ao Senhor.
honor aeque onerat ac ornat: a glória tanto pesa como honra.
honorarium, -ii: *s.n.* – imposto sobre nomeação; honorários; presente.
honorarius, -a, -um: *adj.* – honorário, honorífico; relativo às honras; glorioso.
honoratus, -a, -um: *part.p.* – honrado, respeitado; premiado, condecorado, honroso.
honor ou **honos, -oris**: *s.m.* – honra, dignidade; consideração, estima, glória; ornamento; beleza; culto, homenagem; prêmio, remuneração.
honor et patria: honra e pátria.
honor et virtus: honra e virtude.
honorifice: *adv.* – honrosamente, com distinção, dignamente.
honorificus, -a, -um: *adj.* – que honra, honroso, glorioso.
honoris causa: a título de honraria; a título de homenagem.
honoro, -as, -avi, -atum, -are: *v.t.* – tratar com distinção, reverenciar, honrar; recompensar; ornar, embelezar.
honorus, -a, -um: *adj.* – honroso, glorioso.
hora, -ae: *s.f.* – hora; relógio; tempo, estação.
hora decubitus: à hora de deitar-se.
horae canonicae: as horas canônicas.
horae subsicivae: as horas desocupadas; as horas perdidas; as horas de descanso.
horae volant: as horas voam.
hora fugit: o tempo foge.
hora novissima: a hora extrema; a hora da morte.
hora pro nobis: esta hora é para nós.
hora quota est?: que horas são?
hora ruit: o tempo corre.
hora statuta: na hora marcada.
hordeum, -i: *s.n.* – cevada.
horia, -ae: *s.f.* – barca de pescador.
hornotinus e **hornus, -a, -um**: *adj.* – deste ano, de ano, anual; de um ano.
horologium, -ii: *s.n.* – relógio (mais geralmente o relógio de sol).
horoscopicus, -a, -um: *adj.* – relativo ao horóscopo.
horoscopus, -i: *s.m.* – horóscopo, constelação sob a qual alguém nasceu.
horrendus, -a, -um: *adj.* – espantoso, horrendo; terrível; cruel.
horrens, -entis: *part.pres.* – eriçado, arrepiado; medonho; terrível.
horreo, -es, -ui, -ere: *v.t./int.* – estar eriçado, arrepiado; tremer (de frio); ter horror, estremecer; ser horrível; recear.
horresco, -is, -ere: *v.t./int.* – eriçar-se, arrepiar-se; encapelar-se; tornar-se horrível; estremecer, tremer.
horreum, -i: *s.n.* – armazém, tulha, celeiro; colmeia.
horribile dictu: horrível de ser contado.
horribilis, -e: *adj.* – que causa horror, horrível; abominável; espantoso; estupendo.
horribilis visu: horrível de ser visto.
horride: *adv.* – de modo horripilante, rude, rudemente.

horridulus, -a, -um: *adj.* – um tanto eriçado; saído, saliente; desleixado; transido (de frio).
horridus, -a, -um: *adj.* – eriçado, desgrenhado; áspero, rude: inculto: sombrio; severo, violento; horrível: asqueroso; que enregela, transido (de frio).
horrifer, -era, -erum: *adj.* – horrível, medonho.
horrifico, -as, -avi, -atum, -are: *v.t.* – eriçar, arrepiar, atemorizar, aterrar.
horrificus, -a, -um: *adj.* – horrível, horroroso.
horrisonus, -a, -um: *adj.* – que faz um ruído terrível, retumbante.
horror, -oris: *s.m.* – arrepio, tremor; estremecimento; terror, espanto; regelo.
horror vacui: o horror do vazio.
horsum: *adv.* – do lado de cá, daqui.
hortamen, -inis: *s.n.* e **hortamentum, -i**: *s.n.* ou **hortatio, -onis**: *s.f.* – exortação.
hortatio, -onis: *s.f.* – exortação, encorajamento.
hortator, -oris: *s.m.* – o que exorta, estimula; instigador.
hortatus, -us: *s.m.* – exortação, conselho.
hortor, -aris, -atus sum, -ari: *v.dep.t.* – fazer querer, exortar, aconselhar, estimular, instigar.
hortulus, -i: *s.m.* – pequeno jardim; jardinzinho; *pl.* – casas de recreio.
hortus, -i: *s.m.* – cerca, tapada, propriedade cercada de muros; horto, jardim, parque; horta.
hortus siccus: um jardim seco.
hospes, -itis: *s.m.f.* – hóspede; estrangeiro, forasteiro; *adj.* – estrangeiro; hospitaleiro.
hospes, hostis: estrangeiro, inimigo.
hospita, -ae: *s.f.* – estrangeira, forasteira; hóspeda; hospedeira.
hospitalis, -e: *adj.* – de hóspede; relativo a hospitalidade; hospitaleiro.
hospitalitas, -atis: *s.f.* – condição de estrangeiro; hospitalidade.
hospitium, -ii: *s.n.* – hospitalidade, hospedagem; pousada, morada; estalagem; *pl.* – hóspedes.
hospitus, -a, -um: *adj.* – estrangeiro; peregrino, viajante; de hospitalidade; hospitaleiro.
hostes humani generis: inimigos da raça humana; os piratas.
hostia, -ae: *s.f.* – vítima oferecida aos deuses; vítima (em geral).
hostiatus, -a, -um: *adj.* – provido de vítimas.
hosticum, -i: *s.n.* – território estrangeiro ou inimigo.
hosticus, -a, -um: *adj.* – de inimigo, hostil, inimigo.
hostificus, -a, -um: *adj.* – inimigo, hostil, funesto.
hostilia, -ium: *s.n.pl.* – hostilidades.
hostilis, -e: *adj.* – de inimigo; inimigo; pernicioso.
hostiliter: *adv.* – com inimizade, hostilmente.
hostio, -is, -ere: *v.t.* – igualar, pôr no mesmo nível; pagar com a mesma moeda.
hosti portas aperire: abrir os portões ao inimigo.
hostis, -is: *s.m.f.* – estrangeiro, forasteiro; inimigo (de guerra); inimigo; rival.
hostis honori invidia: a inveja é inimiga da honra.
huc: *adv.* – aqui, para aqui; ali, aí; a este ponto; a isto, para isto.
huc et illuc: para cá e para lá; em todas as direções.
hucine: *adv.* – acaso até aqui?, até este ponto?.
hucusque, nec amplius: até aqui, mas não além.
hui: *interj.* (de admiração ou espanto) – oh!, ah!, quê?, pois não?, ora essa.
huiuscemodi e **huiusmodi**: *gen.* (empregado como advébio) – desta maneira, desta arte, deste modo.
humane: *adv.* – de acordo com a natureza humana, com resignação, filosoficamente, humanamente.
humanitas, -atis: *s.f.* – humanidade, a espécie humana; sentimento de humanidade; bondade, benevolência; instrução; humanidades, belas letras; polidez; elegância.
humaniter: *adv.* – segundo a natureza humana, humanitariamente; bondosamente; com resignação; alegremente.
humanitus: *adv.* – conforme a natureza humana; à maneira dos homens; com brandura.
humanum est errare: errar é humano.
humanus, -a, -um: *adj.* – de homem, humano; afável, benigno; instruído; civilizado.
humatio, -onis: *s.f.* – enterro, inumação.
humecto, -as, -avi, -atum, -are: *v.t./int.* – molhar, umedecer.
humens, -entis: *part.pres.* – úmido, molhado.
humeo, -es, -ui, -ere: *v.int.* – estar úmido, molhado.
humerus (umerus), -i: *s.m.* – espádua, ombro; cume, cabeço.

H

humesco, -is, -ere: *v.int.* – tornar-se úmido, umedecer, molhar-se.
humidus, -a, -um: *adj.* – úmido, molhado.
humilis, -e: *adj.* – que está no chão, que não se levanta do chão; baixo, pequeno; rasteiro; fraco; humilde.
humilitas, -atis: *s.f.* – pouca elevação, baixa estatura; pequenez; baixeza; humildade.
humo, -as, -avi, -atum, -are: *v.t.* – enterrar, sepultar.
humor, -oris: *s.m.* – líquido, fluido; linfa, humor, secreção, umidade.
humus, -i: *s.f.* – solo, chão, terra, país, região.
hyacinthus, -i: *s.m.* – jacinto (planta e flor); pedra preciosa.
hyaena, -ae: *s.f.* – hiena.
hyalus, -i: *s.m.* – pedra ou vidro de cor verde; cor verde (do vidro).
hybrida, -ae: *s.m.f.* – híbrido, mestiço; filho de pais de diferentes países ou de condições sociais diversas.
hydra, -ae: *s.f.* – cobra da água; Hidra; a hidra de Lerna, serpente de muitas cabeças, morta por Hércules no lago de Lerna.
hydraulus, -i: *s.m.* – órgão hidráulico.
hydria, -ae: *s.f.* – jarro; bilha, cântaro.
hydrus, -i: *s.m.* – cobra da água, hidra.
Hymen, -enis e **hymenaeus, -i**: *s.m.* – Himeneu, deus do casamento; himeneu, casamento; canto nupcial.
hymenaeus, hymeneus e **hymeneius, -a, -um**: *adj.* – relativo ao himeneu.
Hymettus, -i: *s.m.* – Himeto, monte da Ática, afamado pelo seu mel.
hyperborei, -orum: *s.m.pl.* – povos setentrionais.
hypocrita ou **hypocrites, -ae**: *s.m.* – comediante.
hypodidascalus, -i: *s.m.* – decurião nas classes; auxiliar do mestre, contramestre.
hypogeum, -i: *s.n.* – construção subterrânea, adega; sepultura subterrânea.
hypomnemata, -um: *s.n.pl.* – notas, apontamentos.
hypotheca, -ae: *s.f.* – hipoteca (termo jurídico: oferecimento de um bem, geralmente imóvel, como garantia na tomada de um empréstimo pecuniário).
hysterica, -ae: *s.f.* – mulher histérica.

I

i-, *vide* o termo desejado também na letra "**j**"; exemplo: **ius-**, ver **jus-**.

iacens hereditas: herança jacente; herança cujos herdeiros não são conhecidos.

iaceo, -es, -ui, -ere: *v.int.* – estar deitado; estar de cama; repousar; jazer; estar baixo, baixar; estar situado, estender-se; estar abatido, lânguido, frouxo; cair.

iacio, -is, -ere, -eci, -actum: *v.t.* – lançar, deitar; atirar; estabelecer, levantar; produzir; exalar; proferir, dizer; citar.

iactans, -antis: *part.pres.* – que abala, que dá solavancos; escabroso; que se gaba, jactancioso.

iactanter: *adv.* – com ostentação, jactanciosamente.

iactantia, -ae: *s.f.* – vaidade, presunção.

iactatio, -onis: *s.f.* – ação de abalar, de agitar; agitação, abalo; comoção; motim; ostentação, aparato; aplauso; jactância, vaidade.

iactator, -oris: *s.m.* – louvador; o que faz alarde de, fanfarrão.

iactito, -as, -avi, -atum, -are: *v.t.* – proferir, dizer.

iacto, -as, -avi, -atum, -are: *v.t.* – lançar com frequência ou em grande quantidade; arrojar, atirar; agitar, mover; perseguir; dizer; exaltar, proferir com ênfase; meditar.

iactura, -ae: *s.f.* – alijamento (de parte da carga de um navio); perda (de dinheiro); dano, prejuízo; derrota; *pl.* – prodigalidades, desperdícios.

iactus, -us: *s.m.* – ação de atirar; arremesso, lançamento.

iaculabilis, -e: *adj.* – que se pode atirar; de arremesso.

iaculari sine scopo: atirar às cegas.

iaculator, -oris: *s.m.* – o que lança, atira; soldado armado de dardo.

iaculatrix, -icis: *s.f.* – a que atira, arremessa; caçadora (epíteto de Diana).

iaculor, -aris, -atus sum, -ari: *v.t./dep.* – lançar, atirar; dardejar, vibrar; projetar; proferir, dizer.

iaculum, -i: *s.n.* – dardo, rojão; rede, tarrafa.

iam: *adv.* – já; já agora; ora; disso; ora... ora, umas vezes, outras vezes.

iambeus ou **iambieus, -a, -um**: *adj.* – iâmbico, relativo ao verso iâmbico.

iambus, -i: *s.m.* – iambo ou jambo, pé composto de uma sílaba breve e de outra longa; *pl.* – iambos, versos invectivos.

iamdudum: *adv.* – há muito tempo; desde há muito; muito tempo antes.

iamiam: *adv.* – já, agora; cedo, dentro em pouco.

iampridem: *adv.* – há já muito tempo; há muito.

iam satis est: já é o suficiente; basta.

iam tempus est: já é tempo; chegou a hora.

ianitor, -oris: *s.m.* – porteiro.

ianua, -ae: *s.f.* – porta, entrada.

ianua leti: a porta da morte.

ianuarius ou **januarius, -ii**: *s.m.* – o mês de janeiro, primeiro mês do ano, consagrado a Jano; **-a, -um**: *adj.* – relativo a janeiro.

ianuis clausis: estando as portas fechadas; com as portas fechadas; em sigilo.

Ianus, -i: *s.m.* – Jano, divindade representada com dois rostos; o mês de janeiro; pórtico que servia de bolsa ou praça de comércio; arco, abóbada.

Iapyx, -ygis: *s.m.* – Iápige, vento que sopra no sul da Itália.

iaspis, -idis: *s.f.* – jaspe (pedra preciosa de cor verde).

Iberia, -ae: *s.f.* – Ibéria, Espanha.

ibi: *adv.* – aí, ali; nesse ou neste momento, então.

ibi deficit orbis: aqui acaba o mundo.

ibidem: *adv.* – aí mesmo, ali mesmo; no mesmo lugar.

ibis, idis: *s.f.* – íbis (ave do Egito).

ibi ubi: lá onde estiver.

ibi vel ubi: nesse lugar ou onde estiver.

icanesco, -is, -ere, -nui: *v.int.* – tornar-se branco, encanecer.

iccirco, ver **idcirco**.

ico, -is, ici, ictum, icere: *v.t.* – ferir, bater; dar (pancada); concluir (um tratado).

ictu oculi: percebido pelos olhos.

ictus, -a, -um: *part.p.* – batido, ferido.

ictus, -us: *s.m.* – golpe, pancada; raio (de sol); conclusão (de um tratado).

idaeus, -a, -um: *adj.* – ideu, relativo ao monte Ida, na Frígia.

idcirco: *adv.* – por isto, por este motivo, por esta razão.

idea, -ae: *s.f.* – ideia, tipo (das coisas), noção, imagem.

idem, eadem: *pron.dem.* – este precisamente, o mesmo, a mesma coisa.
idem per idem: (explicar) o mesmo pelo mesmo.
identidem: *adv.* – sem cessar, muitas vezes, continuamente.
ideo: *adv.* – por isto, por esta razão; com este intento.
id est: isto é; ou seja.
id est genus hominum: é assim a humanidade.
id genus omne: toda essa classe; toda essa raça.
idiota, -ae: *s.m.* – ignorante, tolo, idiota.
idiotismus (-os), -i: *s.m.* – idiotismo, expressão própria de uma linguagem.
idonea vero causa!: eis um motivo digno!
idoneus, -a, -um: *adj.* – próprio para, apto a; conveniente; útil; próprio, idôneo; hábil; capaz; apropriado a; digno, bem reputado.
idos: *s.n.* – aparência, forma.
idus, -uum: *s.f.pl.* – idos, meados de qualquer mês, dia 15 em março, maio, julho e outubro, e dia 13 nos outros meses.
idyllium ou **edyllium, -i**: *s.n.* – idílio, poema pastoril.
iecur, -oris (ou **ieeinoris**): *s.n.* – fígado.
iecusculum, -i: *s.n.* – fígado pequeno.
ieiunitas, -atis: *s.f.* – fome; secura, aridez (de estilo); carência.
ieiunium, -ii: *s.n.* – privação de alimentos, dieta; jejum; fome; magreza.
ieiunus, -a, -um: *adj.* – que está em jejum; jejuno; esfaimado; seco, magro; estéril; fraco, mesquinho; raro.
ientaculum, -i: *s.n.* – almoço.
iento, -as, -avi, -atum, -are: *v.t./int.* – almoçar.
igitur: *conj.* – pois; logo, portanto; assim; finalmente; em suma; então; depois.
ignaro populo: sem o conhecimento do povo.
ignarus, -a, -um: *adj.* – que ignora, ignorante, ignaro; desconhecido, ignorado; esquecido de.
ignarus doctum docet: o ignorante ensina o sábio.
ignave: *adv.* – com fraqueza, sem energia.
ignavia, -ae: *s.f.* – frouxidão, indolência, preguiça.
ignavus, -a, -um: *adj.* – frouxo, mole; ocioso, inútil; fraco; covarde; que entorpece ou traz preguiça.
ignem dissecare: cortar o fogo.
ignesco, -is, -ere: *v.int.* – incendiar-se; acender-se, inflamar-se.
igneus, -a, -um: *adj.* – ígneo, de fogo, inflamado; cintilante; ardente, impetuoso.
igniculus, -i: *s.m.* – fogo pequeno, um pouco de fogo; centelha.
ignifer, -era, -erum: *adj.* – que traz fogo; ardente, inflamado.
igni ferroque: a fogo e ferro.
ignigena, -ae: *s.m.* – nascido do fogo (epiteto de Baco).
ignipes, -edis: *adj.* – que tem pés de fogo, ou que tem pés rápidos.
ignipotens, -entis: *s.m.* – ignipotente, deus do fogo (epíteto de Vulcano).
ignis, -is: *s.m.* – fogo; chama, incêndio; facho, fogueira; ardor, paixão.
ignis fatuus: um fogo doido.
ignitus, -a, -um: *adj.* – inflamado; ardente; forte, quente.
ignobile vulgus: a ralé.
ignobilis, -e: *adj.* – desconhecido, obscuro; baixo, desprezível, ignóbil.
ignobilitas, -atis: *s.f.* – obscuridade (de nascimento); baixeza (de condição social).
ignobiliter: *adv.* – sem honra, ignobilmente.
ignominia, -ae: *s.f.* – afronta, opróbrio, ignomínia.
ignominiose: *adv.* – vergonhosamente.
ignominiosus, -a, -um: *adj.* – vergonhoso; torpe; infamante; notado de infâmia.
ignorabilis, -e: *adj.* – que não se conhece, ignorado.
ignorantia, -ae: *s.f.* – falta de conhecimento; ignorância.
ignorantia iuris neminem excusat: a ignorância da lei não excusa ninguém.
ignorantia legis nocet: a ignorância da lei prejudica.
ignorantia non est argumentum: a ignorância não é justificativa.
ignorantia non est idem ac error: ignorância não é o mesmo que erro.
ignorantia non est peccatum: desconhecimento não é crime.
ignorantia non excusat: desconhecimento não justifica.
ignoratio, -onis: *s.f.* – ação de ignorar; ignorância.
ignoratus, -a, -um: *adj.* – desconhecido, ignorado; que não é verificado.
ignoro, -as, -avi, -atum, -are: *v.t./int.* – não saber, ignorar; desconhecer.
ignoscens, -entis: *adj.* – indulgente.
ignoscentia, -ae: *s.f.* – ação de perdoar.
ignoscibilis, -e: *adj.* – perdoável.

ignosco, -is, -ovi, -otum, -oscere: *v.t./int.* – perdoar, desculpar.

ignoto deo: ao deus desconhecido.

ignoto militi: ao soldado desconhecido.

ignotum per ignotius: uma coisa desconhecida por outra mais desconhecida.

ignotus, -a, -um: *adj.* – desconhecido, ignorado; obscuro; que não sabe.

ile, -is, ver **ilia, -ium**.

ilex, -icis: *s.f.* – azinheira (árvore).

ilia, -ium: *s.n.pl.* – ilhargas; barriga, ventre; entranhas.

Ilias, -adis: *s.f.* – Ilíada, troiana; epopeia de Homero, que tem por assunto a guerra de Ílio ou Troia.

ilicet: *adv.* – (de **ire** e **licet**) – está acabado, nada mais a fazer; logo, sem demora.

ilico: *adv.* – no mesmo lugar; imediatamente, logo, sem demora.

ilignus, -a, -um: *adj.* – de azinheira (árvore).

ilin ou **illum, -ii**: *s.n.* e **ilios, -ii**: *s.f.* – Ílio, Troia.

illa ou **illac**: *adv.* – por ali; por lá, por aquele lado; naquele ou daquele lado.

illabefactus (inl-), -a, -um: *adj.* – indestrutível.

illabor, -eris, -lapsus sum, -labi: *v.dep.int.* – escorregar para; cair em, penetrar.

illaboratus (inl-), -a, -um: *adj.* – não trabalhado, sem cultura.

illaboro, -as, -avi, -atum, -are: *v.int.* – trabalhar em.

illacessitus (inl-), -a, -um: *adj.* – que não foi atacado.

illacrimabilis (inl-), -e: *adj.* – que não se comove, inexorável; que não chorou.

illacrimo (inl-), -as, -avi, -atum, -are: *v.int.* e **illacrimor, -aris, -atus sum, -ari**: *v.dep.* – chorar; deplorar; lacrimejar.

illaesus (inl-), -a, -um: *adj.* – que não sofreu dano, ileso, intato.

illaetabilis (inl-), -e: *adj.* – triste; desagradável, penoso.

illaqueo, -as, -avi, -atum, -are: *v.t.* – enlaçar, apanhar; enganar, seduzir.

illatro (inl-), -as, -avi, -atum, -are: *v.int.* – ladrar contra.

illaudabilis (inl-), -e: *adj.* – que não merece louvores.

illaudatus (inl-), -a, -um: *adj.* – indigno de louvor; obscuro.

ille, illa, illud: *pron.* – aquele, aquela, aquilo, o, a, esse, essa, tal, alguém.

illebiralitas (inl-), -tatis: *s.f.* – falta de generosidade, mesquinharia.

illecebra (inl-), -ae: *s.f.* – afago, carícia; *pl.* – atrativos, carícias; encantos; feitiços.

illecebrosus (inl-), -a, -um: *adj.* – sedutor.

illectus (inl-), -a, -um: *part.p.* (de **illicio**) – atraído, seduzido; *part.p.* (de **inlectus**) – não lido.

ille et ille: este e aquele.

illemet, illamet: *pron.* – aquele mesmo, aquela mesma.

illepidus (inl-), -a, -um: *adj.* – que não tem graça; tasco, grosseiro.

illex (inl-), -egis: *adj.* – que não tem lei, contrário à lei.

illex, -icis: *s.m.* – ave que serve de chamariz para atrair outras; daí: isca, sedução.

illibatus (inl-), -a, -um: *adj.* – inteiro, intato; que não foi violado; sem mancha.

illiberalis, -e: *adj.* – indigno, vil, desprezível; rasteiro; avaro, mesquinho.

illic: *adv.* – ali, lá; aqui, acolá.

illicio, -is, -ixi, -entum, -icere: *v.t.* – atrair a uma armadilha, acariciar; prender, cativar; seduzir.

illicitator (inl-), -oris: *s.m.* – comprador (licitante).

illicitum collegium: uma organização ilegal; uma assembleia ilegal.

illicitus (inl-), -a, -um: *adj.* – proibido; ilícito; ilegal.

illicium (inl-), -i: *s.n.* – atrativo, chamariz; convocação do povo.

illico (ilico): *adv.* – no lugar, neste lugar.

illido, -is, -si, -sum, -dere: *v.t.* – atirar, bater contra; quebrar.

illigo (inl-), -as, -avi, -atum, -are: *v.t.* – ligar, prender ajuntar; fechar; enredar, envolver.

illimis (inl-), -e: *adj.* – que não tem limo, sem lama; claro, límpido.

illinc: *adv.* – de lá, do outro lado, daquela parte de lá.

illino (inl-), -is, -ere, -levi, -litum: *v.t.* – fazer um revestimento dentro ou sobre, untar.

illiquefactus (inl-), -a, -um: *adj.* – liquifeito, derretido; mole, brando.

illiteratus (inl-), -a, -um: *adj.* – que não é instruído; ignorante, iletrado.

illiusmodi: *adv.* – daquele modo, assim, daquela maneira.

illo: *adv.* – lá, ali; por acolá; para ali, para aquele ponto.

illocabilis (inl-), -e: *adj.* – que não pode se estabelecer, casar.

illotus, -a, -um: *adj.* – que não está lavado; sujo.

illotus, illautus ou **illutus (inl-), -e, -um**: *adj.* – que não está lavado, sujo.

illuc (illoc): *adv.* – ali, lá; para aquela parte; aquele ponto.

illuceo (inl-), -es, -ere: *v.int.* – luzir, brilhar.

illucesco (inl-), -is, -luxi, -escere: *v.t./int.* – começar a raiar o dia; amanhecer.

illuctans (inl-), -antis: *adj.* – que luta em ou sobre.

illud aut illud: isso ou aquilo.

illudo (inl-), -is, -si, -sum, -dere: *v.t./int.* – divertir-se, brincar; escarnecer, zombar; insultar; estragar, deitar a perder.

illuminate (inl-): *adv.* – com brilho de estilo, brilhantemente.

illuminatio, -onis: *s.f.* – claridade, luz.

I

illumino, -as, -avi, -atum, -are: *v.t.* – esclarecer, iluminar; tornar brilhante, fazer realçar; adornar; ilustrar.

illunis (inl-), -e e **illunius (inl-), -a, -um**: *adj.* – sem lua, não iluminado pela lua.

illusio, -onis: *s.f.* – ironia; motejo.

illustratio, -onis: *s.f.* – ação de esclarecer, de tornar brilhante, esclarecimento; descrição viva.

illustris, -e: *adj.* – alumiado, luminoso, claro, evidente; ilustre; célebre, famoso.

illustrius: *adv.* – mais claramente.

illustro (inl-), -as, -avi, -atum, -are: *v.t.* – aclarar, esclarecer; tornar evidente, explicar; abrilhantar; adornar; ilustrar.

illuvies (inl-), -ei: *s.f.* – imundície, sordidez; mancha; enxurrada.

ilotae, -arum ou **hilotae, -arum**: *s.m.pl.* – ilotas, escravos em Esparta.

imaginarius, -a, -um: *adj.* – imaginário, falso; fingido, simulado.

imaginatio, -onis: *s.f.* – imaginação; sonho, visão; pensamento.

imaginatio facit casus: a imaginação cria a situação.

imaginor, -aris, -atus sum, -ari: *v.t.dep.* – imaginar; sonhar.

imaginosus, -a, -um: *adj.* – imaginoso, cheio de fantasias, que tem alucinações.

imago, -inis: *s.f.* – forma, imagem; aspecto, aparência; retrato; ideia, lembrança; eco; semelhança.

imbecilitas, -atis: *s.f.* – debilidade, fraqueza; doença; pusilanimidade, covardia.

imbecilius: *adv.* – muito debilmente, muito fracamente.

imbecilus, -a, -um: *adj.* – fraco, débil; enfermo; pusilânime, fracalhão.

imbellis, -e: *adj.* – impróprio para a guerra; imbele, pacífico; fraco; efeminado; covarde, poltrão.

imber, -bris: *s.m.* – chuva, aguaceiro; chuveiro; água de chuva; água; nuvem, nevoeiro.

imberbis, -e e **imberbus, -a, -um**: *adj.* – imberbe, sem barba; adolescente, jovem.

imber sagittarum: uma chuva de flechas.

imbibo, -is, -ibi, -ibitum, -ere: *v.t.* – sorver; embeber-se de; conceber; dar na vontade de, obstinar-se em.

imbito, -is, -ere: *v.t.* – entrar em, penetrar.

imbrex, -icis: *s.m.* – telha de cumeeira, telha curva.

imbricus, -a, -um: *adj.* – de chuva, chuvoso.

imbrifer, -era, -erum: *adj.* – que traz chuva, chuvoso.

imbuo, -is, -ui, -atum, -uere: *v.t.* – embeber, impregnar; banhar; tingir; penetrar de, imbuir; ensinar; estrear.

imcompete: *adv.* – grosseiramente, sem arte.

imitabilis, -e: *adj.* – que pode ser imitado, imitável.

imitamen, -inis: *s.n.* – imitação, cópia.

imitatio, -onis: *s.f.* – imitação; cópia, reprodução.

imitatio veritatis: a simulação da verdade.

imitator, -oris: *s.m.* – imitador; o que arremeda.

imitatrix, -icis: *s.f.* – imitadora.

imitor, -aris, -atus sum, -ari: *v.t.* – imitar, arremedar; copiar, reproduzir; assemelhar-se a; simular, falsificar.

immaculatus, -a, -um: *adj.* – sem manchas, imaculado.

immadesco, -is, -dui, -escere: *v.int.* – molhar-se, tornar-se úmido.

immane: *adv.* – de modo horrível, terrivelmente.

immanis, -e: *adj.* – mau, cruel, desumano; medonho, horrível; gigantesco, enorme.

immanitas, -atis: *s.f.* – enormidade; coisa horrível, extraordinária; fereza, atrocidade.

immansuetus, -a, -um: *adj.* – feroz, bárbaro, selvagem.

immature: *adv.* – antes do tempo, sem maturidade, prematuramente.

immaturitas, -atis: *s.f.* – falta de madureza, imaturidade; pressa, precipitação.

immaturus, -a, -um: *adj.* – imaturo, verde; prematuro.

immedicabilis, -e: *adj.* – incurável, mortal.
immeditatus, -a, -um: *adj.* – não estudado, natural, espontâneo.
immemor, -oris: *adj.* – que não se lembra, esquecido de, que não reconhece, ingrato.
immemorabilis, -e: *adj.* – imemorável, que não merece ser relatado; que tem falta de memória.
immemoratus, -a, -um: *adj.* – que não foi ainda lembrado, ainda não referido.
immensitas, -atis: *s.f.* – imensidade.
immensum: *adv.* – enormemente, prodigiosamente.
immensum, -i: *s.n.* – imensidade, o infinito.
immensum metior: eu meço o infinito.
immensus, -a, -um: *adj.* – enorme, desmedido, imenso.
immeo, -as, -are: *v.int.* – entrar em, penetrar.
immerens, -entis: *adj.* – que não merece; inocente.
immergo, -is, -si, -sum, -gere: *v.t.* – mergulhar, imergir; submergir; afundar.
immerito: *adv.* – injustamente, sem merecer.
immeritus, -a, -um: *adj.* – que não mereceu, não merecedor; inocente; não merecido.
immersabilis, -e: *adj.* – que não pode ser mergulhado; insubmersível.
immetatus, -a, -um: *adj.* – que não está ou não foi limitado, não demarcado.
immigro, -as, -avi, -atum, -are: *v.int.* – passar para, mudar-se para, penetrar; entrar, imigrar.
immineo, -es, -ere: *v.int.* – estar iminente, sobranceiro; ficar a cavaleiro de; ir no encalço de; estar para vir, ameaçar.
imminuo, -is, -ere, -minui, -minutum: *v.t.* – diminuir, reduzir; enfraquecer, debilitar; quebrar, arruinar.
imminutio, -onis: *s.f.* – diminuição, perda; enfraquecimento.
immisceo, -es, -ui, -ixtum ou -istum, -scere: *v.t.* – misturar, confundir com; ajuntar.
immiserabilis, -e: *adj.* – que não causa compaixão.
immisericors, -ordis: *adj.* – que não tem misericórdia; impiedoso.
immissio, -onis: *s.f.* – ação de enviar para; de fazer desenvolver-se; de deixar crescer.
immissus, -a, -um: *adj.* – enviado para ou contra; lançado; cravado; afrouxado, solto, pendente; que cresce.
immite: *adv.* – violentamente.
immitis, -e: *adj.* – que não é doce, azedo; que não é maduro, verde; áspero, agreste, cruel, violento.
immitto, -is, -isi, -issum, -itere: *v.t.* – enviar para ou contra; impelir, atirar; introduzir em; soltar, desprender; deixar crescer.
immo: *adv.* – muito ao contrário, ao contrário, longe disso.
immobilis, -e: *adj.* – imóvel; insensível; firme, fiel.
immoderate: *adv.* – sem ordem, sem obedecer às regras; sem medida, imoderadamente.
immoderatio, -onis: *s.f.* – falta de medida (nas palavras); imoderação, excesso.
immoderatus, -a, -um: *adj.* – que não tem medida, imenso; imoderado, excessivo.
immodestia, -ae: *s.f.* – excesso, desregramento; indisciplina.
immodestus, -a, -um: *adj.* – imoderado, desregrado.
immodicus, -a, -um: *adj.* – que é sem medida ou sem limites; demasiado, excessivo; desregrado.
immodulatus, -a, -um: *adj.* – que não tem cadência, sem harmonia.
immolatio, -onis: *s.f.* – imolação, sacrifício.
immolator, -oris: *s.m.* – sacrificador.
immolitus, -a, -um: *adj.* – edificado em; que está em construção.
immolo, -as, -avi, -atum, -are: *v.t.* – imolar, sacrificar.
immorior, -eris, -ortuus sum, -ori: *v.dep. int.* – morrer em ou sobre; consumir-se, perecer.
immoror, -aris, -ari, -atus sum: *v.dep.int.* – ficar em, ficar, parar; deter-se em; insistir.
immorsus, -a, -um: *adj.* – mordido; excitado (o estômago).
immortale: *adv.* – eternamente, para sempre; o que não morre, não acaba.
immortales, -ium: *s.m.pl.* – os deuses, os imortais.
immortalis, -e: *adj.* – imortal; perpétuo, eterno; divino; venturoso.
immortalitas, -atis: *s.f.* – imortalidade; perpetuidade; *pl.* – os imortais, os deuses.
immortaliter: *adv.* – eternamente, infinitamente.
immortuus, -a, -um: *adj.* – morto sobre ou em; extinto.
immotus, -a, -um: *adj.* – imóvel, calmo, insensível, inabalável.
immugio, -is, -ivi ou **-ii, -itum, -ire**: *v.int.* – mugir em; bramir, rugir, retumbar de.
immulgeo, -es, -ulsi, ulctum, -ere: *v.t.* – mungir, ordenhar.

I

immunditia, -ae: *s.f.* – imundície, impureza.
immundus, -a, -um: *adj.* – imundo; desmazelado; impuro, obsceno.
immunio, -is, -ivi, -itum, -ire: *v.t.* – fortificar; guarnecer.
immunis, -e: *adj.* – imune, isento de; livre, dispensado de.
immunitas, -atis: *s.f.* – isenção (de impostos, de encargos); dispensa; imunidade.
immunitus, -a, -um: *adj.* – não fortificado.
immurmuro, -as, -avi, -atum, -are: *v.t./int.* – murmurar a ou junto de; cochichar; resmungar.
immutabile, durabile: imutável e duradouro.
immutabilis, -e: *adj.* – o que não muda, imutável; firme, estável.
immutabilitas, -tatis: *s.f.* – imutabilidade, invariabilidade.
immutatio, -onis: *s.f.* – mudança.
immutatus, -a, -um: *adj.* – não mudado, firme, imutável.
immutesco, -is, -ui, -esecere: *v.int.* – ficar mudo, emudecer, calar-se.
immutilatus, -a, -um: *adj.* – não mutilado, intacto.
immuto, -as, -avi, -atum, -are: *v.t./int.* – mudar, modificar, alterar; transformar.
imo: *adv.* – mas, antes; e ainda; pelo contrário; pois bem, ora pois.
imo pectore: do fundo do peito; do fundo do coração; com sinceridade.
impacatus, -a, -um: *adj.* – não pacificado; que não está acalmado; turbulento.
impactio, -onis: *s.f.* – choque, embate.
impaenitendus, -a, -um: *adj.* – de que não se deve arrepender.
impallesco, -is, -ere, -pallui: *v.int.* – empalidecer.
impar, -aris: *adj.* – desigual, dissemelhante; insuficiente; que não se pode medir com; impar.
imparatus -a, -um: *adj.* – que não está preparado, surpreendido, não aparelhado, apanhado de improviso.
impar coniugium: um casamento desigual.
impari marte: com força militar desigual.
impariter: *adv.* – irregularmente, desigualmente.
impastus, -a, -um: *adj.* – em jejum, que está sem comer; esfaimado.
impatibilis, -e: *adj.* – insuportável.
impatiens, -entis: *adj.* – que não pode suportar, insofrido, desassossegado, inquieto; impaciente, violento.
impatienter: *adv.* – impacientemente, sem resignação, violentamente.
impatientia, -ae: *s.f.* – dificuldade em suportar, em se conter; impaciência; arrebatamento.
impavide: *adv.* – sem receio, destemido.
impavidus, -a, -um: *adj.* – destemido, corajoso, impávido.
impedimentum, -i: *s.n.* – obstáculo, impedimento; *pl.* – bagagens; bestas de carga para transportes; embaraços.
impedimentum legale: um impedimento legal.
impedio, -is, -ui ou **-ii, -itum, -ire**: *v.t.* – embaraçar, prender; impedir, estorvar, desviar, cercar, cingir.
impeditio, -onis: *s.f.* – embaraço, obstáculo, impedimento.
impeditus, -a, -um: *adj.* – impedido, embaraçado; enredado; carregado (de bagagens).
impello, -is, -uli; -ulsum, -ellere: *v.t.* – impelir, empurrar; atirar contra, lançar; bater, ferir; agitar; mover, induzir.
impendeo, -es, -ere: *v.int.* – estar suspenso sobre; ficar sobranceiro; estar iminente; ameaçar.
impendio: *adv.* – muito, em grande quantidade.
impendiosus, -a, -um: *adj.* – gastador.
impendium, -ii: *s.n.* – despesa, gasto; prejuízo.
impendo, -is, -di, -sum, -ere: *v.t.* – despender, gastar; empregar, aplicar.
impenetrabilis, -e: *adj.* – impenetrável; inacessível.
impensa, -ae: *s.f.* – despesa, gastos; custa; utensílios.
impensae necessariae: despesas necessárias.
impense: *adv.* – com gasto, onerosamente, suntuosamente.
impensus, -a, -um: *adj.* – despendido; empregado em, aplicado a; dedicado; grande, importante.
imperator, -oris: *s.m.* – o que comanda, general; cônsul; senhor, imperador.
imperator Dei gratia: imperador pela graça de Deus.
imperatorius, -a, -um: *adj.* – de general, relativo a chefe; imperial.
imperatrix, -icis: *s.f.* – a que comanda; soberana.
imperatum, -i: *s.n.* – ordem, o que é mandado; preceito.

imperceptus, -a, -um: *adj.* – não percebido, desconhecido.
impercussus, -a, -um: *adj.* – não ferido, não tocado.
imperditus, -a, -um: *adj.* – não perdido, não destruído; salvo, livre.
imperfectus, -a, -um: *adj.* – não acabado, incompleto; imperfeito.
imperfossus, -a, -um: *adj.* – não furado; não ferido.
imperiosus, -a, -um: *adj.* – que manda, que é senhor de; imperioso, soberbo; irresistível; áspero, severo.
imperite: *adv.* – sem conhecimento, sem habilidade, desastradamente.
imperitia, -ae: *s.f.* – falta de conhecimento, inexperiência, imperícia.
imperito, -as, -avi, -atum, -are: *v.t./int.* – mandar, comandar; ordenar, imperar.
imperitus, -a, -um: *adj.* – ignorante; inábil, inexperiente.
imperium, -ii: *s.n.* – poder soberano; mandado, ordem; autoridade, poder; comando; cargo, magistratura; domínio, soberania, império.
imperium et libertas: governo e liberdade; ordem e liberdade.
imperjuratus, -a, -um: *adj.* – pelo que não se jura em vão (epíteto do Estige).
impermissus, -a, -um: *adj.* – não permitido, proibido; ilícito.
impero, -as, -avi, -atum, -are: *v.t./int.* – mandar, ordenar; exercer a autoridade, comandar; prescrever.
imperpetuus, -a, -um: *adj.* – não perpétuo, não eterno.
imperspicuus, -a, -um: *adj.* – impenetrável.
imperterritus, -a, -um: *adj.* – animoso, destemido, impávido.
impertio ou **impartio, -is, ivi** ou **-ii, -itum, -ire**: *v.t.* e **impertior, -iris, -itus sum, -iri**: *v.dep.t.* – fazer parte de, partilhar com, dar parte em; comunicar; presentear.
imperturbatus, -a, -um: *adj.* – não perturbado; sereno, tranquilo.
impervius, -a, -um: *adj.* – inacessível, impraticável, inacessível.
impete: *abl.* (usado como *adv.*) – com impetuosidade, violentamente.
impetibilis, -e: *adj.* – insuportável, intolerável.
impeto, -is, -itum, -ere: *v.t.* – lançar sobre, cair sobre, atacar,
impetrabilis, -e: *adj.* – que pode ser obtido; que consegue com facilidade, persuasivo.
impetratio, -onis: *sf.* – obtenção, ação de obter, conseguimento.
impetrio, -is, -ivi, -itum, -ire: *v.t./int.* – tomar os augúrios.
impetritum, -i: *s.n.* – bom augúrio.
impetro, -as, -avi, -atum, -are: *v.t.* – terminar, concluir; obter, impetrar; realizar.
impetus, -us: *s.m.* – impetuosidade, arrojo; impulso; violência, arrebatamento; acesso; embate; movimento, agitação.
impexus, -a, -um: *adj.* – não penteado, desgrenhado; rude, grosseiro.
impie: *adv.* – impiedosamente, modo ímpio, criminosamente.
impietas, -tatis: *s.f.* – impiedade, irreverência; falta de respeito aos deuses; falta de respeito para com os pais.
impiger, -igra, -igrum: *adj.* – altivo, diligente; pronto, veloz; incansável; denodado.
impigre: *adv.* – com diligência, rapidamente, sem hesitação.
impigritas, -atis: *s.f.* – atividade, diligência.
impingo, -is, -egi, -actum, -ingere: *v.t./int.* – enterrar, plantar, pregar; obrigar a receber, impingir; lançar; impelir, atirar; ir de encontro a.
impio, -as, -avi, -atum, -are: *v.t.* – tornar sacrílego, criminoso, tornar ímpio.
impius, -a, -um: *adj.* – ímpio, sacrílego; que não tem piedade, desumano, cruel; criminoso.
implacabilis, -e: *adj.* – implacável, inexorável.
implacatus, -a, -um: *adj.* – não aplacado, insaciável; bárbaro, cruel.
implacidus, -a, -um: *adj.* – que não tem descanso, inquieto; agitado; inflexível, duro.
implecto, -is, -ere: *v.t.* – enlaçar, tecer.
impleo, -es, -evi, -etum, -ere: *v.t.* – encher, carregar; engordar; fecundar; saciar; acabar, completar; cumprir, exercer; realizar.
implexus, -us: *s.m.* – enlaçamento.
implicatio, -onis: *s.f.* – entrelaçamento; encadeamento; empecilho, embaraço.
implicatus, -a, -um: *adj.* – embaraçado, enlaçado, entrelaçado; enrolado; ligado, unido; impedido; misturado.
implicisco, -is, -ere: *v.t.* – embaraçar, atrapalhar, perturbar, turvar.
implicite: *adv.* – de modo confuso, obscuro, atrapalhadamente.
implico, -as, -ui ou **-avi, -itum** ou **-atum, -are**: *v.t.* – enlaçar, enroscar; unir, ligar; embaraçar; introduzir, implicar em; misturar.
imploratio, -onis: *s.f.* – ação de implorar, suplicar, invocação.

I

imploro, -as, -avi, -atum, -are: *v.t.* – suplicar, implorar; invocar.

implumis, -e: *adj.* – implume; que não tem penas.

impluo, -is, -i, -utum, -uere: *v.t./int.* – chover em ou sobre; chover.

impluvium, -ii: *s.n.* – implúvio, bacia ou reservatório em que caía a água da chuva, na parte descoberta (**compluvium**) do átrio.

impolite: *adv.* – sem esmero, sem requinte, sem ornatos.

impolitus, -a, -um: *adj.* – não polido; tosco, rude, grosseiro.

impollutus, -a, -um: *adj.* – não manchado, não violado; impoluto.

impono, -is, -osui, -ositum, -onere: *v.t.* – pôr em ou dentro de, depositar; lançar em; impor, aplicar; infligir; encarregar de; enganar.

importo, -as, -avi, -atum, -are: *v.t.* – trazer para dentro, importar; introduzir; causar, provocar.

importunitas, -atis: *s.f.* – posição desfavorável (de um lugar); má índole, mau caráter; rigor, crueldade.

importunus, -a, -um: *adj.* – desfavorável (com referência à posição); desvantajoso; importuno; severo, cruel; inconstante; desenfreado.

importuosus, -a, -um: *adj.* – que não tem porto; inacessível.

impos, -otis: *adj.* – que não é senhor de.

impos animi: um fraco de espírito.

impossibilis, -e: *adj.* – impossível.

impossibilitas, -tatis: *s.f.* – impossibilidade de.

impotens, -entis: *adj.* – que não pode, fraco, incapaz; que não é senhor de; desenfreado, violento.

impotenter: *adv.* – violentamente, sem medida, tiranicamente.

impotentia, -ae: *s.f.* – fraqueza, incapacidade de; arrebatamento, excesso, violência.

impraesentiarum (inp-): *adv.* – para a ocasião, no momento.

impransus, -a, -um: *adj.* – que não se alimentou ainda, que está em jejum.

imprecatio, -onis: *s.f.* – imprecação, maldição.

imprecor, -aris, -atus sum, -ari: *v.dep.t.* – desejar (bem ou mal a alguém), suplicar, invocar.

impressio, -onis: *s.f.* – ação de carregar sobre, ação de apertar, pressão; sensação; embate, ataque, arremetida.

imprimatur: imprima-se; autorização dada por censor para que determinada obra possa ser impressa.

imprimis: *adv.* – antes de tudo, em primeiro lugar; principalmente.

imprimo, -is, -essi, -essum, -imere: *v.t.* – apertar, comprimir; firmar; gravar, estampar; imprimir.

improbabilis, -e: *adj.* – que não pode ser aprovado, reprovável.

improbatio, -onis: *s.f.* – desaprovação, reprovação.

improbe: *adv.* – indignamente, prejudicialmente; impudentemente.

improbitas, -atis: *s.f.* – má qualidade (de alguma coisa); maldade; audácia, desfaçatez; improbidade; cobiça; devassidão.

improbo, -as, -avi, -atum, -are: *v.t.* – desaprovar, condenar; zombar de; anular.

improbus, -a, -um: *adj.* – mau, de má qualidade; perverso; ousado; imprudente; desonesto, corrupto; aviltado; grande, excessivo; sôfrego, inacessível.

improbus administrator: um administrador desonesto.

improbus litigator: um litigante desonesto.

improcerus, -a, -um: *adj.* – baixo, de pouca estatura ou elevação.

improfessus, -a, -um: *adj.* – não declarado, o que não declarou (a sua condição).

impromiscus, -a, -um: *adj.* – puro, sem mistura.

impromptus, -a, -um: *adj.* – não pronto, não expedito, que não tem ardor.

improperatus, -a, -um: *adj.* – vagaroso, demorado.

impropero, -as, -are: *v.int.* – fazer censuras a alguém.

improsper, -era, -erum: *adj.* – desfavorável, desvantajoso, infeliz.

improspere: *adv.* – sem sucesso.

improvide: *adv.* – sem previdência, inconsideradamente.

improvidus, -a, -um: *adj.* – impróvido, imprevidente; descuidado; desatento; que não previu, surpreendido.

improvisa leti vis: a força imprevista da morte.

improviso: *adv.* – de improviso, repentinamente.

improvisus, -a, -um: *adj.* – imprevisto, inesperado.

imprudens, -entis: *adj.* – que não prevê; que está desprevenido; desacautelado, imprudente.

imprudenter: *adv.* – por ignorância; imprudentemente.
imprudentia, -ae: *s.f.* – ignorância; inadvertência; imprudência.
impubes, -eris ou **impubis, -is**: *adj.* – que não tem pelo ou barba; impúbere, menino.
impudens, -entis: *adj.* – impudente, que não tem vergonha, descarado.
impudens facies: uma cara despudorada.
impudentia, -ae: *s.f.* – falta de vergonha, impudência; atrevimento.
impudicitia, -ae: *s.f.* – desonestidade, impudicícia.
impudicus, -a, -um: *adj.* – que não tem vergonha, impudico, desonesto.
impugnatio, -onis: *s.f.* – investida, assalto.
impugno, -as, -avi, -atum, -are: *v.t./int.* – atacar, assaltar; combater.
impulsio, -onis: *s.f.* – embate, choque, impulso; impulsão natural, tendência; instigação.
impulsor, -oris: *s.m.* – provocador, incitador.
impulsus, -us: *s.m.* – embate, encontrão; impulso; instigação, incitamento.
impune: *adv.* – impunemente, sem castigo; sem risco, sem dano.
impunitas, -atis: *s.f.* – impunidade; excesso, licença.
impunitus, -a, -um: *adj.* – não punido, impune; sem limites, excessivo.
impure: *adv.* – de modo impuro, vergonhosamente.
impuritas, -atis: *s.f.* – impureza, impudicícia.
impurus, -a, -um: *adj.* – impuro, sujo; obsceno; perverso.
imputatio facti: imputação de um fato.
imputatio iuris: imputação de um direito.
imputator, -oris: *s.m.* – o que faz alarde de.
imputatus, -a, -um: *adj.* (de **in** e **putatus**) – não podado; *adj.* (de **imputo**) – levado em conta; imputado.
imputo, -as, -avi, -atum, are: *v.t.* – levar em conta; atribuir, imputar.
imulus, -a, -um: *adj.* – que está mais abaixo, inferior.
imum, -i: *s.n.* – baixo, a parte mais baixa; o fundo; fim, extremidade.
imus, -a, -um: *adj.* – que está embaixo, profundo; extremo, derradeiro.
imus, venimus, videmus: vamos, vimos, estamos vendo.
in: *prep.abl.* – em, a; sobre; com respeito a; durante; entre; sob; para com, por causa de; *prep.ac.* – a, para, por, através; diante; contra; para com; até a; durante.
inabruptus, -a, -um: *adj.* – não quebrado, intacto.
in abscondito: escondido; oculto.
in absentia: na ausência.
in abstracto: em abstrato; subjetivamente.
in absurdum: até o absurdo.
inaccessus, -a, -um: *adj.* – inacessível.
inacesco, -is, -cui, -cescere: *v.int.* – azedar-se; desagradar
in acie novaculae: no fio da navalha.
in actu: no ato.
in adulescentia: na juventude.
inadustus, a, um: *adj.* – que não arde; incombustível.
inaedifico, -as, -avi, -atum, -are: *v.t.* – edificar, construir sobre; amontoar.
inaequabilis, -e: *adj.* – dessemelhante, desigual.
inaequalibiter, -e: *adj.* – desigualmente, irregularmente.
inaequalis, -e: *adj.* – que não está ao nível; que não é liso; desigual; variável, inconstante.
inaequalitas, -tatis: *s.f.* – desigualdade, diversidade, disparidade.
inaequaliter: *adv.* – de modo desigual, sem equilíbrio.
inaequatus: *adv.* – desigual.
in aequilibrio: em equilíbrio; em completa igualdade.
inaequo, -as, -are: *v.t.* – igualar, nivelar.
in aere aedificare: construir no ar; construir castelos no ar.
inaestimabilis, -e: *adj.* – que não tem valor; detestável; inestimável, que não pode ser apreciado.
inaestuo, -as, -avi, -atum, -are: *v.int.* – aquecer-se muito, ferver em.
in aeternum: para a eternidade; para sempre.
in aeternum vive: vive eternamente; vive para a eternidade.
inaffectatus, -a, -um: *adj.* – não afetado, natural.
inagitabilis, -e: *adj.* – que não pode ser agitado, imóvel.
inagitatus, -a, -um: *adj.* – não agitado.
in albis: em branco; sem modificação; sem que se faça qualquer coisa.
in alieno solo: em terra alheia.
in alio loco: em outro lugar.
in alio mundo: em outro mundo.
inalpinus, -a, -um: *adj.* – inalpino, ou alpino, que habita os Alpes.

inamabilis, -e: *adj.* – desagradável; intolerável; odioso.
inamaresco, -is, -ere: *v.int.* – tornar-se amargo, azedar-se.
in ambiguo: na dúvida.
inambitiosus, -a, -um: *adj.* – sem ambição; simples, desinteressado.
inambulatio, -onis: *s.f.* – ação de passear, passeio; lugar de passeio.
inambulo, -as, -avi, -atum, -are: *v.int.* – passear.
inamoenus, -a, -um: *adj.* – que não tem amenidade, desagradável, horrível.
in amplissima forma: na forma mais abrangente.
inane, -is: *s.n.* – vácuo, espaço vazio; *pl.* – amplidão do ar, do espaço.
inaniae, -arum: *s.f.pl.* – vazios, nadas.
inania verba: palavras vãs.
inaniloquus, -i: *s.m.* – o que tem conversas fúteis.
inanimalis, -e e **inanimus, -a, -um**: *adj.* – inanimado.
inanimis, -e: *adj.* – inânime, sem respiração, sem vida.
inanimus, -a, -um: *adj.* – inanimado.
inanio, -is, -ere, -ivi, -itum: *v.t.* – tornar vazio, esvaziar.
inanis, -e: *adj.* – vazio; pobre, indigente; que é sem consistência; frívolo; vaidoso, soberbo.
inanitas, -atis: *s.f.* – vácuo, vacuidade, frivolidade, vaidade.
inaniter: *adv.* – sem razão, sem fundamento.
in annum: para o período de um ano.
in aperta luce: à luz do dia; durante o dia.
in aperto: abertamente; sem dissimulação; claramente; ao ar livre.
in apicibus iuris: nas sutilezas do direito.
inaratus, -a, -um: *adj.* – não lavrado.
inardesco, -is, -arsi, -desecere: *v.int.* – incendiar-se; abrasar-se.
in ardua virtus: contra as dificuldades, coragem.
in arduis fortitudo: coragem nas dificuldades.
in arena aedificas: constróis na areia; constróis castelos no ar.
in arena scribis: escreves na areia; prometes mundos e fundos.
inaresco, -is, -ere, -arui: *v.int.* – tornar seco, secar.
in armis iura!: as leis estão nas armas!
in articulo: num momento; imediatamente.
in articulo mortis: em caso de morte eminente; no momento da morte.
in articulo necessitatis: no momento de necessidade.
inartificialis, -e: *adj.* – sem arte, sem artifício.
inartificialiter: *adv.* – naturalmente, sem artifício.
inascensus, -a, -um: *adj.* – não escalável, difícil de ser escalado.
inassuetus, -a, -um: *adj.* – que não tem costume; não acostumado.
inattenuatus, -a, -um: *adj.* – não diminuído, não enfraquecido.
inaudax, -acis: *adj.* – tímido, sem audácia, covarde.
inaudio, -is, -ivi, -itum, -ire: *v.t.* – ouvir dizer.
inaudita altera parte: não ouvida a outra parte.
inauditus, -a, -um: *adj.* – que não foi escutado; inaudito, sem exemplo; estranho.
inauguro, -as, -avi, -atum, -are: *v.t./int.* – tomar augúrios; adivinhar, predizer; consagrar, inaugurar.
in aula: no palácio.
in aurem dicere: dizer ao ouvido; segredar.
inaures, -ium: *s.f.pl.* – brincos, adornos.
inauro, -as, -avi, -atum, -are: *v.t.* – dourar; cobrir de riquezas.
inauspicato: *adv.* – antes de haver tomado os auspícios; sem auspícios, em má hora.
inauspicatus, -a, -um: *adj.* – feito sem se terem tomado os auspícios; mal agourado, funesto.
inausus, -a, -um: *adj.* – não empreendido, não tentado.
in bonam partem: em bom sentido; favoravelmente.
in bonis defuncti: entre os bens do falecido.
in brevi: em breve; brevemente.
incaeduus, -a, -um: *adj.* – não cortado.
in caelo et in terra: no céu e na terra.
in caelo patria vestra, non in terra: vossa pátria fica no céu, não na terra.
in caelo quies: só no céu há descanso.
in caelo salus: a salvação está no céu.
incalesco, -is, -lui, -lescere: *v.int.* – aquecer-se, esquentar-se.
incallidus, -a, -um: *adj.* – inábil, incapaz, simples.
in camera: na sala do juiz; em sessão secreta.
incandesco, -is, -dui, descere: *v.int.* – abrasar-se.

incantamentum, -i: *s.n.* e **incantatio, -onis**: *s.f.* – encantamento, encantos.

incanto, -as, -avi, -atum, -are: *v.t./int.* – submeter a encantamentos, encantar, enfeitiçar.

incanus, -a, -um: *adj.* – branco, encanecido.

in capite: como chefe; no comando.

in casibus extraordinariis: nos casos extraordinários.

incassum: *adv.* – em vão, inutilmente, debalde.

in cassum laboras: trabalhas em vão.

incastigatus, -a, -um: *adj.* – não repreendido, não castigado.

in casu: neste caso.

in casu appellationis: no caso de apelação.

in casu consimile: em caso semelhante.

in casu exceptionis de incompetentia: no caso de exceção de incompetência.

in casu peremptionis: no caso de perempção.

in casu suspicionis: no caso de suspeição.

in casu urgentis necessitatis: em caso de necessidade urgente.

incaute: *adv.* – sem cautela, imprudentemente.

incautus, -a, -um: *adj.* – que não está prevenido; incauto, imprudente; temerário.

incedo, -is, -essi, -essum, -edere: *v.int.* – andar (com gravidade); andar, caminhar; avançar contra; apoderar-se de.

incelebratus, -a, -um: *adj.* – não mencionado, desconhecido.

incenatus, -a, -um: *adj.* – que não jantou.

incendiarius, -ii: *s.m.* – incendiário.

incendium, -ii: *s.n.* – calor; abrasamento; fogo, incêndio; ardor, exaltação; perda, ruína.

incendo, -is, -di, -sum, -dere: *v.t.* – acender; queimar, incendiar; inflamar; incitar, provocar; perturbar.

incensum, -i: *s.n.* – incenso.

in censura: em censura.

incensus, -a, -um: *adj.* – ardente.

incensus, -a, -um: *adj.* – não recenseado.

incensus, -a, -um: *part.p.* (de **incendo**) – aceso; abrasado, incendiado; inflamado.

inceptio, -onis: *s.f.* – ação de começar, começo, tentativa; empreendimento.

incepto, -as, -avi, -are: *v.t./int.* – começar, empreender, tentar.

inceptor, -oris: *s.m.* – o que dá começo (a alguma coisa).

inceptum, -i: *s.n.* e **inceptus, -us**: *s.m.* – começo; tentativa, projeto; empresa.

incerno, -is, -crevi, -cretum, -nere: *v.t.* – peneirar.

incerte: *adv.* – de modo duvidoso, incertamente.

incertitudo vitiat actum: a imprecisão vicia o ato.

incerto, -as, -are: *v.t.* – tornar incerto, não dar certeza.

incertum, -i: s.*n.* – incerteza; *pl.* – riscos, perigos.

incertus, -a, -um: *adj.* – que não é fixo; variável; incerto, duvidoso, irresoluto; grave, arriscado.

incesso, -is, -i ou **-ivi, -itum, -ere**: *v.t./int.* – assaltar, investir contra; atacar; apoderar-se de.

incessus, -us: *s.m.* – ação de andar; passo; procedimento; passagem, caminho; ataque, invasão.

inceste: *adv.* – de modo impuro, pecaminosamente.

incestificus, -a, -um: *adj.* – incestuoso.

incesto, -as, -avi, -atum, -are: *v.t.* – manchar, poluir; desonrar; manchar com incesto.

incestum, -i: *s.n.* – mancha, impureza; incesto.

incestus, -a, -um: *adj.* – impuro; poluído; torpe, obsceno; incestuoso.

incestus, -us: *s.m.* – incesto.

inchoatus, -a, -um: *part.p.* – começado; esboçado, incompleto.

inchoo, -as, -avi, -atum, -are: *v.t./int.* – edificar, construir; levantar; começar, intentar.

in Christi nomine: em nome de Cristo.

incidenter: incidentalmente.

incido, -is, -di, -casum, -dere: *v.int.* – cair em ou sobre; sobrevir, suceder; encontrar (por acaso).

incido, -is, -di, -sum, -dere: *v.t.* – abrir, incidir, gravar; entalhar; cortar; interromper; suprimir.

incile, -is: *s.n.* – rego, vala; regato.

incilo, -as, -are: *v.t.* – injuriar, censurar.

in cineres scribere: escrever nas cinzas; prometer o que não cumprirá.

incingo, -is, -xi, -ctum, -gere: *v.t.* – rodear, cercar; cingir.

incino, -as, -are, -cinui, -centum: *v.int./t.* – entoar um canto, cantar.

incipesso (incipisso), -is, -ere: *v.t.* – começar, iniciar.

incipio, -is, -epi, -eptum, -ipere: *v.t./int.* – começar, dar princípio a; começar a falar.

incipit: começa aqui.
incipit vita nova: aqui começa uma nova vida.
incise ou **incisim**: *adv.* – por incisos, por pedaços.
incisio, -onis: *s.f.* e **incisum, -i**: *s.n.* – incisão, corte; golpe; membro de uma frase, inciso.
incita, -orum: *s.n.pl.* e **incitae, -arum**: *s.f.pl.* – última ordem ou fila do xadrez; ficar num impasse, num beco sem saída.
incitamentum, -i: *s.n.* – estímulo, incitamento.
incitatio, -onis: *s.f.* – rapidez, impetuosidade; veemência, impulso; instigação.
incitatius: *adv.* – com um movimento muito rápido, precipitadamente.
incitatus, -a, -um: *adj.* – posto em movimento, impelido; apressado; rápido, veloz; excitado.
incito, -as, -avi, -atum, -are: *v.t.* – lançar, impelir, acelerar; agitar; atirar; apressar, estimular, induzir; aumentar.
incitus, -a, -um: *adj.* – impelido, atirado; rápido, veloz.
incivilis, -e: *adj.* – violento, brutal.
incivilius: *adv.* – com muita violência, muito brutalmente.
inclamo, -as, -avi, -atum, -are: *v.t./int.* – gritar a alguém, chamar em voz alta; invocar; repreender.
inclaresco, -is, -rui, -escere: *v.int.* – tornar-se célebre; distinguir-se, ilustrar-se.
inclemenes, -entis: *adj.* – inclemente, cruel, impiedoso.
inclementia, -ae: *s.f.* – inclemência, dureza, severidade.
inclinabilis, -e: *adj.* – inclinável, que se pode inclinar, fazer pender.
inclinat, non necessitat: indica, mas não obriga.
inclinatio, -onis: *s.f.* – inclinação, pendor, propensão; inflexão (da voz).
inclinatus, -a, -um: *adj.* – inclinado, propenso a; que declina; baixo, profundo.
inclino, -as, -avi, -atum, -are: *v.t./int.* – fazer pender, inclinar; propender; declinar; atribuir, imputar.
inclitus ou **inclytus, -a, -um**: *adj.* – célebre, afamado; ilustre, ínclito.
includo, -is, -si, -sum, -dere: *v.t.* – encerrar; fechar; cercar; limitar; embargar; concluir.
inclusio, -onis: *s.f.* – encerramento, prisão.
inclutus (inclyt-, inclit-), -a, -um: *adj.* – ilustre, célebre, ínclito.

I

incoagtus, -a, -um: *adj.* – não obrigado, voluntário.
incoctus, -a, -um: *adj.* – cru, que não está cozido.
incogitabilis, -e: *adj.* – irrefletido, imprudente.
incogitatus, -a, -um: *adj.* – não medido, irrefletido; inconsiderado.
incogito, -as, -avi, -atum, -are: *v.t.* – meditar, excogitar; ponderar.
incognitus, -a, -um: *adj.* – desconhecido, ignorado; não reconhecido; despercebido.
incoho, -as, -avi, -atum, -are: *v.t.* – começar, empreender, erigir.
incola, -ae: *s.m.f.* – morador, habitante; compatriota, natural do país; domiciliado.
incolo, -is, -ui, -ultum, -ere: *v.t./int.* – habitar, morar; habitar em, morar em.
incolumis, -e: *adj.* – que não sofreu dano ou mal, incólume; inteiro, intacto.
incolumitas, -atis: s.*f.* – conservação, segurança.
incomitatus, -a, -um: *adj.* – não acompanhado, sem comitiva.
incomitio, -as, -are: *v.t.* – injuriar, insultar publicamente.
in commendam: em confiança.
incommendatus, -a, -um: *adj.* – não respeitado; desacatado, ultrajado.
in commercio: no comércio.
incommode: *adv.* – inconvenientemente, fora de propósito, de maneira incômoda.
incommoditas, -atis: *s.f.* – inconveniência, importunidade; dano, desgraça.
incommodo, -as, -avi, -atum, -are: *v.t./int.* – fazer mal, prejudicar; molestar; desagradar.
incommodum, -i: *s.n.* – mau estado; inconveniente, dano, prejuízo; incômodo, doença.
incommodus, -a, -um: *adj.* – desvantajoso, adverso; impróprio, desagradável, molesto; impertinente.
incommutabilis, -e: *adj.* – imutável.
incomparabilis, -e: *adj.* – incomparável, sem igual.
incompertus, -a, -um: *adj.* – não esclarecido, desconhecido, ignorado.
incomposite: *adv.* – sem ordem, desordenadamente.
incompositus, -a, -um: *adj.* – que está em desordem, desordenado, desregrado; não composto; desarmonioso.
incomprehensibilis, -e: *adj.* – que não se pode apanhar, que escapa; incompreensível, inconcebível.
incomptus, -a, -um: *adj.* – não penteado, desgrenhado; desleixado, grosseiro.

inconcessus, -a, -um: *adj.* – não permitido, vedado.
inconcilio, -as, -avi, -atum, -are: *v.t.* – agir com habilidade, conseguir com astúcia, enganando; criar embaraços.
inconcinne: *adv.* – desajeitadamente.
inconcinnitas, -tatis: *s.f.* – assimetria.
inconcinnus, -a, -um: *adj.* – deselegante, desleixado; grosseiro, tosco.
in concreto: em concreto; neste caso; objetivamente.
inconcussus, -a, -um: *adj.* – firma, inabalável, inalterável, inconcusso.
incondite: *adv.* – sem ordem, confusamente.
inconditus, -a, -um: *adj.* – que não é regulado; desordenado, confuso; desarmonioso; rude, bárbaro.
incongruens, -entis: *adj.* – incongruente, inconveniente.
inconsiderantia, -ae: *s.f.* – falta de reflexão; inadvertência.
inconsiderate: *adv.* – sem reflexão, inconsideradamente.
inconsideratus, -a, -um: *adj.* – irrefletido, desatento.
inconsolabilis, -e: *adj.* – incurável; irreparável.
in conspectu legum: na presença das leis.
in conspectu tuo: em tua presença; diante de teus olhos.
inconstans, -antis: *adj.* – variável, inconstante; incoerente; indeciso.
inconstantia, -ae: *s.f.* – inconstância; inconsequência, mudança.
inconsultus, -a, -um: *adj.* – irrefletido, imprudente; não aconselhado.
inconsumptus, -a, -um: *adj.* – não consumido; intato; eterno.
incontaminatus, -a, -um: *adj.* – puro, não contaminado.
incontentus, -a, -um: *adj.* – não estirado, frouxo.
incontinens, -entis: *adj.* – que não se contém; incontinente; impetuoso; lascivo.
incontinenter: *adv.* – sem moderação, excessivamente.
in continenti ou **ex intervallo**: no início do contrato, imediatamente.
incontinentia, -ae: *s.f.* – excesso, intemperança; cobiça.
in contione: publicamente.
in contumacia: no caso de recusa de comparecer em juízo.
inconveniens, -entis: *adj.* – dissemelhante; discordante.
incoquo, -is, -ere, -coxi, -coctum: *v.t.* – cozinhar em, ferver, cozer.
incorporalis, -e: *adj.* – incorporal, incorpóreo, imaterial.
in corpore: em matéria; em substância; inteiramente.
incorrectus, -a, -um: *adj.* – não corrigido, incorreto.
incorrupte: *adv.* – sem corrupção, com integridade.
incorruptus, -a, -um: *adj.* – não corrompido; intato, puro, incorrupto; incorruptível; seguro, fiel.
in crastino: no dia seguinte.
increbesco, -is, -brui, -brescere: *v.int.* – crescer; espalhar-se, propagar-se.
incredendus, -a, -um: *adj.* – incrível.
incredibile dictu: incrível de ser dito.
incredibilis, -e: *adj.* – inacreditável, incrível; estranho, inaudito.
incredulus odi: odeio, porque não creio nisso.
incrementum, -i: *s.n.* – crescimento, desenvolvimento; prole, descendência, filho; tronco, origem.
increpito, -as, -avi, -atum, -are: *v.t./int.* – elevar a voz, gritar; repreender, exprobar; afrontar, injuriar; exortar.
increpo, -as, -ui, -itum, -are: *v.t./int.* – soar, ranger, retumbar; bater, tanger; censurar, increpar; descompor; estimular, incitar.
incresco, -is, -evi, -etum, -escere: *v.int.* – crescer em ou sobre; aumentar-se, crescer.
incretus, -a, -um: *adj.* – não peneirado; confundido, misturado.
incruentatus, -a, -um: *adj.* – não ensanguentado.
incruentus, -a, -um: *adj.* – não ensanguentado, incruento; não ferido.
incrusto, -as, -avi, -atum, -are: *v.t.* – incrustar, cobrir com um revestimento.
incruvo, -as, -avi, -atum, -are: *v.t.* – curvar, vergar.
incubito, -as, -are: *v.t.* – estar escondido, encoberto.
incubo, -as, -ui e **-avi, -itum** e **-atum, -are**: *v.t./int.* – estar deitado em ou sobre; inclinar-se, cair sobre; guardar cuidadosamente; chocar; habitar.
incubo, -onis: *s.m.* – guarda de um tesouro.
incudo, -is, -di, -sum, -dere: *v.t.* – malhar em; trabalhar, forjar.
inculcatus, -a, -um: *adj.* – introduzido à força; inculcado, gravado.

I

inculco, -as, -avi, -atum, -are: *v.t.* – amontoar com os pés, amontoar, calcar.
inculpatus, -a, -um: *adj.* – não culpado, irrepreensível, inocente.
inculte: *adv.* – de modo descuidado, sem preparo.
incultus, -a, -um: *adj.* – não cultivado, inculto, não tratado; rústico, grosseiro; sem elegância, tosco.
incultus, -us: *s.m.* – falta de cultura, negligência, desalinho.
incumbo, -is, -ubui, -ubitum, -umbere: *v.t./int.* – deitar sobre; recostar-se; aplicar-se a, esforçar-se por; perseguir; assaltar.
incunabula, -orum: *s.n.pl.* – berço; origem, princípio.
incuratus, -a, -um: *adj.* – não tratado.
incuria, -ae: *s.f.* – falta de cuidado, desleixo, negligência; indiferença.
in curia: no tribunal.
incuriosus, -a, -um: *adj.* – descuidado, negligente.
incurro, -is, -curri, -cursum, -rere: *v.t./int.* – correr para; atirar-se, investir; assaltar; expor-se a, incorrer; sobrevir, ocorrer.
incursio, -onis: *s.f.* – choque, encontro, embate; incursão; ataque.
incurso, -as, -avi, -atum, -are: *v.t./int.* – correr contra, lançar-se sobre, bater contra; acometer, assaltar.
incursus, -us: *s.m.* – choque, embate, encontro, conflito, ataque.
incurvatus, -a, -um: *adj.* – encurvado, vergado.
incurvesco, -is, -ere: *v.int.* – dobrar-se, encurvar-se.
incurvo, -as, -avi, -atum, -are: *v.t.* – encurvar, curvar, dobrar, vergar.
incurvus, -a, -um: *adj.* – arqueado, curvo.
incus, -udis: *s.f.* – bigorna.
incusatio, -onis: *s.f.* – censura, repreensão, acusação.
incuso, -as, -avi, -atum, -are: *v.t.* – acusar, incriminar; censurar; exprobrar.
incussus, -us: *s.m.* – choque, embate.
in custodia legis: sob a guarda da lei.
incustoditus, -a, -um: *adj.* – não guardado; não observado.
incusus, -a, -um: *adj.* – trabalhado ou picado ao martelo; limado.
incutio, -is, -ussi, -ussum, -utere: *v.t.* – enterrar, espetar sacudindo, sacudir, brandir contra.
indagatio, -onis: *s.f.* – investigação, pesquisa; indagação.
indagator, -oris: *s.m.* – o que busca, indagador.
indagatrix, -icis: *s.f.* – a que procura, indagadora.
indago, -as, -avi, -atum, -are: *v.t./int.* – seguir a pista, rastear; indagar, inquirir.
indago, -inis: *s.f.* – cerco (feito por caçadores); fosso; rodes, armadilhas; *pl.* – indagações, pesquisas.
inde: *adv.* – dali, de lá, daquele lugar; disso; por isso; desde então; depois.
indebiti solutio: pagamento do indébito.
indebiti soluti repetitio: reclamação do indébito pago.
indebitum: coisa não devida; indébito.
indebitus, -a, -um: *adj.* – que não é devido.
inde caput morbi: eis a origem do mal.
indecens, -entis: *adj.* – inconveniente; feio, disforme.
indecenter: *adv.* – de modo inconveniente.
indeclinabilis, -e: *adj.* – que não se desvia; indeclinável.
indeclinatus, -a, -um: *adj.* – firme, inabalável, constante.
indecor ou **indecoris, -e**: *adj.* – indigno, inglório; vergonhoso.
indecorus, -a, -um: *adj.* – inconveniente, impróprio; feio; indecoroso.
indefensus, -a, -um: *adj.* – indefeso.
indefessus, -a, -um: *adj.* – não cansado; infatigável.
indefletus, -a, -um: *adj.* – não chorado.
indefluxos, -a, -um: *adj.* – não desviado; não curvado.
indejectus, -a, -um: *adj.* – não derrubado.
indelebilis, -e: *adj.* – que não pode ser apagado, indelével.
indelectatus, -a, -um: *adj.* – contrariado.
indelibatus, -a, -um: *adj.* – em que não se tocou, intacto, inteiro.
indemnatus, -a, -um: *adj.* – não condenado; inocente.
indemnis, -e: *adj.* – que não teve prejuízo.
indenuntiatus, -a, -um: *adj.* – não declarado, não anunciado.
indeploratus, -a, -um: *adj.* – não lamentado, não chorado.
indepravatus, -a, -um: *adj.* – não alterado, não estragado.
indeprensus, -a, -um: *adj.* – que não se pode descobrir, imperceptível.
indesertus, -a, -um: *adj.* – não abandonado.
indestrictus, -a, -um: *adj.* – não ferido.

indetonsus, -a, -um: *adj.* – que deixou os cabelos crescidos; não tosquiado.
indevitatus, -a, -um: *adj.* – não evitado.
index, -icis: *s.m.* – o que indica, indicador, sinal; delator, testemunha; pedra de toque; inscrição; registro, catálogo; índice.
index expurgatorius: índice expurgatório.
index mendorum: lista de erros a corrigir.
indicatio, -onis: *s.f.* – indicação; taxa.
indicens, -entis: *adj.* – que não fala.
indicina, -ae: *s.f.* – denúncia, delação, informação.
indicium, -ii: *s.n.* – indicação, informação, revelação; denúncia, acusação; prova, indício; sinal; termo, expressão.
indico, -as, -avi, -atum, -are: *v.t.* – revelar, denunciar; mostrar, divulgar; marcar o preço; apreciar.
indico, -is, -xi, -ctum, -cere: *v.t.* – anunciar, divulgar; marcar; intimar; impor; ordenar, prescrever.
indictio, -onis: *s.f.* – declaração, imposto, taxa extraordinária.
indictum sit: fica não dito; fica o dito por não dito.
indictus, -a, -um: *adj.* (de **in** e **dictus**) – que não foi dito; não pleiteado; *adj.* (de **indico**) – anunciado, fixado; imposto.
indidem: *adv.* – do mesmo lugar, de lá mesmo; da mesma coisa.
in diebus illis: naqueles dias; naquele tempo.
in diem: para um dia marcado.
in diem vivo: vivo para o dia; vivo o dia a dia.
indifferens, -entis: *adj.* – indiferente.
indifferenter: *adv.* – indiferentemente, sem distinção.
indigena, -ae: *s.m.* e *adj.* – natural do país, indígena.
indigens, -entis: *adj.* – necessitado de; indigente.
indigentia, -ae: *s.f.* – carência; necessidade, precisão.
indigeo, -es, -ui, -ere: *v.int.* – ter falta de, estar desprovido de; carecer, necessitar de.
indiges, -etis: *s.m.pl.* – heróis divinizados, divindade pátria.
indigestus, -a, -um: *adj.* – sem ordem, confuso; não digerido, indigesto.
indignabundus, -a, -um: *adj.* – cheio de indignação, exasperado.
indignans, -antis: *part.pres.* – que se indigna; revoltado, irritado.
indignatio, -onis: *s.f.* – indignação; indignidade.
indigne: *adv.* – indignamente.
indignitas, -atis: *s.f.* – indignidade; opróbrio, infâmia; crueldade; indignação.
indignor, -aris, -atus sum, -ari: *v.dep.int./t.* – indignar-se, exasperar-se; enfurecer; tornar odioso; desprezar.
indignus, -a, -um: *adj.* – indigno; não merecedor de; vergonhoso; horrível; excessivo.
indigus, -a, -um: *adj.* – necessitado; que precisa de.
indiligens, -entis: *adj.* – descuidado, negligente; maltratado.
indiligentia, -ae: *s.f.* – falta de cuidado, desleixo, negligência, incúria.
indipiscor, -eris, -eptus sum, -ipisci: *v. dep.t.* – atingir, alcançar, apanhar; granjear; começar.
indirectus, -a, -um: *adj.* – indireto.
indireptus, -a, -um: *adj.* – não roubado, não saqueado.
indiscrete (indiscretim): *adv.* – confusamente, indistintamente.
indiscretus, -a, -um: *adj.* – que não se distingue, confundido; não separado, reunido.
indiserte: *adv.* – sem eloquência, sem talento.
indisertus, -a, -um: *adj.* – não eloquente.
indisposite: *adv.* – sem regularidade, desordenadamente.
indispositus, -a, -um: *adj.* – mal ordenado, confuso.
indissolubilis, -e: *adj.* – que não se pode desunir, indissolúvel.
indistinctus, -a, -um: *adj.* – não separado; indistinto.
individuus, -a, -um: *adj.* – que não se pode separar ou não foi separado; indivisível.
indo, -is, -didi, -ditum, -dere: *v.t.* – pôr em ou sobre, colocar sobre; aplicar; pôr, dar; estabelecer.
indocilis, -e: *adj.* – que não pode ser ensinado; que não pode aprender; indócil, rebelde; rude, grosseiro.
indocte: *adv.* – ignorantemente, sem conhecimento.
indoctus, -a, -um: *adj.* – que não aprendeu, que não sabe; inábil; ignorante; tosco, grosseiro.
indolentia, -ae: *s.f.* – ausência de dor, insensibilidade.
indoles, is: *s.f.* – aumento, crescimento; inclinação natural, propensão; índole, natureza; qualidade; boa índole.
indolesco, -is, -lui, -lescere: *v.t./int.* – sentir dor, sofrer; afligir-se com, magoar-se.

I

indomabilis, -e: *adj.* – indomável.
indomitus, -a, -um: *adj.* – não submetido, indomado; invencível; arrebatado, violento.
indormio, -is, -ivi, -itum, -ire: *v.int.* – dormir em ou sobre; dormir, adormecer; descuidar-se de.
in dorso: nas costas; no verso.
indotatus, -a, -um: *adj.* – não dotado; desprovido de ornatos.
in dubiis: no caso de dúvida.
in dubiis abstine: na dúvida, abstém-te; na dúvida, não faças.
in dubiis rebus: nos momentos críticos; na adversidade.
in dubio, contra fiscum: na dúvida, contra o fisco.
in dubio: na dúvida; em caso de dúvida.
in dubio pro matrimonio: na dúvida, pelo matrimônio.
in dubio pro operatio: em caso de dúvida, deve-se beneficiar o empregado.
in dubio pro reo: a dúvida interpreta-se a favor do acusado.
in dubio pro societate: na dúvida, deve-se interpretar a norma a favor da sociedade.
indubitatus, -a, -um: *adj.* – que é fora de dúvida, incontestável.
indubito, -as, -avi, atum, -are: *v.int.* – duvidar de.
indubius, -a, -um: *adj.* – indubitável, certo.
induco, -si, -xi, -ctum, -cere: *v.t.* – conduzir, levar; introduzir; pôr, aplicar revestir, cobrir; riscar; induzir; enganar.
inductio, -onis: *s.f.* – ação de introduzir, de conduzir; introdução, condução; aplicação em ou sobre; indução.
inductor, -oris: *s.m.* – o que introduz; o que castiga.
inductus, -a, -um: *part.p.* – conduzido, levado; introduzido; posto sobre, aplicado; coberto; riscado; induzido a; enganado.
inductus, -us: s.*m.* – conselho, instigação.
in dulci iubilo: em doce júbilo.
indulgens, -entis: *adj.* – inclinado, propenso; benévolo, indulgente.
indulgentia, -ae: *s.f.* – bondade, complacência; brandura, beneficio.
indulgeo, -es, -si, -tum, -gere: *v.t./int.* – ser bondoso, complacente para; favorecer, condescender; aplicar-se a, cuidar de; conceder.
induo, -is, -i, -utum, -uere: *v.t.* – por sobre si, revestir, cobrir; tomar ou pôr (um vestido); armar; tomar; inculcar.
in duplo: em duplicata.
indurandus est animus: o espírito deve ser fortalecido.
induratus, -a, -um: *adj.* – endurecido.
induresco, -is, -rui, -rescere: *v.int.* – endurecer-se, enrijar; acostumar-se a.
induro, -as, -avi, -atum, -are: *v.t./int.* – endurecer; congelar; petrificar.
indus, -i: *s.m.* – indo ou hindu, natural da Índia.
industria, -ae: *s.f.* – atividade, aplicação; indústria; empenho, diligência.
industria crescimus: crescemos pelo esforço.
industriae nil impossibile: ao esforço nada é impossível.
industria murus: o esforço é uma muralha.
industrie: *adv.* – com zelo, ativamente.
industrius, -a, -um: *adj.* – ativo, diligente, laborioso.
indutiae, -arum: *s.f.pl.* – tréguas, armistício; descanso.
indutus, -us: *s.m.* – ação de vestir ou pôr sobre si uma vestimenta.
inealfacio, -is, -eci, -actum, -facere: *v.t.* – aquecer, esquentar.
inebrio, -as, -avi, -atum, -are: *v.t.* – embebedar, embriagar; impregnar, saturar, encher.
inecnesco, -is, -nui, -nescere: *v.int.* – tornar-se branco; encanecer.
inedia, -ae: *s.f.* – privação de alimento, fome, inanição.
ineditus, -a, -um: *adj.* – não publicado, não divulgado, inédito.
ineffabilis, -e: *adj.* – que não se pode exprimir, inefável.
inefficax, -acis: *adj.* – inútil, ineficaz.
inelegans, -antis: *adj.* – que não tem elegância; tosco, grosseiro.
ineleganter: *adv.* – sem gosto, sem finura, deselegantemente, rudemente.
ineluctabilis, -e: *adj.* – invencível, inevitável, inelutável.
inemendabilis, -e: *adj.* – incorrigível, que não se pode corrigir.
inemorior, -eris, -ortuus sum, -ori: *v.dep. int.* – morrer em.
inemptus, -a, -um: *adj.* – não comprado.
inenarrabilis, -e: *adj.* – indizível, inenarrável.
inenodabilis, -e: *adj.* – que não pode ser desatado; inexplicável; insolúvel.
ineo, -is, -ivi ou **-ii, -tum, -ire**: *v.t./int.* – entrar em; ir para; tomar, adotar; acometer, atacar; começar.

inepte: *adv.* – desastradamente, grosseiramente, estupidamente.
ineptiae, -arum: *s.f.* – loucuras, impertinências, absurdos, tolices, bagatelas, ninharias, frivolidades.
ineptio, -is, -ire: *v.int.* – delirar, dizer tolices, perder a cabeça.
ineptus, -a, -um: *adj.* – inábil, inepto; desajeitado; tolo; impertinente, molesto.
inequitabilis, -e: *adj.* – a que não se pode ir a cavalo; impróprio para cavalaria.
inermis, -e ou **inermus, -a, -um**: *adj.* – desarmado; fraco, sem defesa.
inerrans, -antis: *part.pres.* – que não vagueia, não errante, fixo.
inerro, -as, -avi, -atum, -are: *v.int.* – errar em ou sobre.
iners, -ertis: *adj.* – incapaz, inábil; estéril; ocioso, inerte; fraco, covarde; insípido; que torna inerte, que enregela.
inertia, -ae: *s.f.* – incapacidade, ignorância; preguiça, inércia; negligência; covardia.
inertiae dulcedo: o prazer da ociosidade.
inertia est laboris excusatio: evitar o trabalho é preguiça.
ineruditus, -a, -um: *adj.* – não erudito; ignorante.
inesco, -as, -avi, -atum, -are: *v.t.* – engodar, atrair com afagos, iludir.
in esse: em existência.
inevectus, -a, -um: *adj.* – elevado, o que eu se eleva.
inevitabile est fatum: o destino é inevitável.
inevitabilis, -e: *adj.* – inevitável.
inevoluus, -a, -um: *adj.* – não desenrolado.
in examine: em exame.
inexaustus, -a, -um: *adj.* – não esgotado. inesgotável, insaciável.
in excelsis: nas alturas; no céu.
inexcitabilis, -e: *adj.* – letárgico, que se pode despertar.
inexcitus, -a, -um: *adj.* – não agitado, tranquilo, calmo.
inexcusabilis, -e: *adj.* – inescusável, indesculpável; que não pode servir de dispensa.
inexcussus, -a, -um: *adj.* – não abalado, não abatido.
inexercitatus, -a, -um: *adj.* – não exercitado; novato, sem prática.
inexhaustus, -a, -um: *adj.* – não exausto, inesgotável; insaciável.
in exitu: no fim; no resultado.
inexorabilis, -e: *adj.* – inexorável; inflexível, implacável; sem piedade.
inexperrectus, -a, -um: *adj.* – não despertado, adormecido.
inexpertus, -a, -um: *adj.* – que não tem experiência; não experimentado, não provado.
inexpiabilis, -e: *adj.* – inexpiável; enfurecido, implacável.
inexplebile lucrum: a ganância é insaciável.
inexplebilis, -e: *adj.* – que não pode ser saciado, insaciável.
inexpletus, -a, -um: *adj.* – não saciado, insaciável.
inexplicabilis, -e: *adj.* – que não se pode desatar; que não pode ser deslindado; impraticável; que não tem fim; inexplicável.
inexplicitus, -a, -um: *adj.* – inexplícito, embaraçado, obscuro, enigmático.
inexplorato: *adv.* – sem indagação, sem prévio reconhecimento.
inexploratus, -a, -um: *adj.* – não explorado, não examinado.
inexpugnabilis, -e: *adj.* – que não pode ser tomado de assalto; invencível, inexpugnável; invencível; inextirpável.
inexspectatus, -a, -um: *adj.* – inesperado.
inexstinctus, -a, -um: *adj.* – não extinto, não apagado; insaciável; imortal.
inexsuperabilis, -e: *adj.* – que não pode ser ultrapassado; intransitável; insuperável.
in extenso: por extenso; na íntegra.
in extremis: no último momento.
inextricabilis, -e: *adj.* – que não pode ser deslindado; que não se pode arrancar; inextricável.
infabre: *adv.* – sem arte, grosseiramente.
infabricatus, -a, -um: *adj.* – não trabalhado, tosco.
infacetus ou **inficetus, -a, -um**: *adj.* – grosseiro, mal educado; rústico, tosco, incivil.
in facie curiae: diante do tribunal.
in facie ecclesiae: diante da igreja.
in faciendo: no fazer.
infacundus, -a, -um: *adj.* – que tem dificuldade em se exprimir; não eloquente.
infamia, -ae: *s.f.* – má reputação; opróbrio; desonra; infâmia.
infamis, -e: *adj.* – que tem má fama; desonrado; mal afamado; vergonhoso, infame.
infamo, -as, -avi, -atum, -are: *v.t.* – desacreditar, infamar; acusar.
infandus, -a, -um: *adj.* – que não se pode ou não se deve falar, infando; excessivo; abominável, horrível.
infans, -antis: *adj.* – que não fala; que tem pouca idade, infantil; novo, recente; que é sem eloquência; *s.m.* – infante, criança.

I

infantarius, -a, -um: *adj.* – que gosta de criança.
infantia, -ae: *s.f.* – incapacidade de falar, mudez; primeira idade, infância; o que é novo; falta de eloquência.
infantulus, -i: *s.m.* – menino.
infatigabilis, -e: *adj.* – infatigável.
infatula, -ae: *s.f.* – menina.
infatuo, -as, -avi, -atum, -are: *v t.* – tornar tolo, estúpido; insensato; enfatuar.
infaustus, -a, -um: *adj.* – infausto, funesto; mal agourado; infeliz.
in favorem vitae: em favor da vida.
infector, -oris: *s.m.* – tintureiro, o que serve para tingir.
infectus, -a, -um: *adj.* – não feito, não realizado, o que não aconteceu.
infecunditas, -atis: *s.f.* – esterilidade.
infecundus, -a, -um: *adj.* – infecundo, estéril.
infelicitas, -atis: *s.f.* – infelicidade, desgraça.
infeliciter: *adv.* – infelizmente.
infelix, -icis: *adj.* – estéril, que não produz, infrutífero; infeliz; que faz infeliz; deplorável; funesto, fatal.
infelix ego homo!: pobre de mim!
infense: *adv.* – de maneira hostil, como inimigo.
infenso, -as, -avi, -atum, -are: *v.t./int.* – hostilizar, proceder como inimigo; assolar, destruir.
infensus, -a, -um: *adj.* – irritado, infenso; hostil, inimigo; funesto.
infercio, -is, -si, -tum, -cire: *v.t.* – encher, ajuntar, acumular, amontoar, meter em.
inferi, -orum: *s.m.pl.* – habitantes das regiões dos mortos, os infernos.
inferiae, -arum: *s.f.pl.* – sacrifício oferecido a alma de alguém; oferenda (a um morto); vítima oferecida aos manes.
inferior, -ius; *gen.:* **-oris**: *adj.comp.* – mais baixo, inferior; posterior, seguinte.
inferna, -orum: *s.n.pl.* – as regiões infernais, a mora dos deuses infernais.
inferne: *adv.* – embaixo, inferiormente.
inferni, -orum: *s.n.pl.* – os infernos.
infernus, -a, -um: *adj.* – que está em baixo, inferior; dos infernos, infernal.
infero, -fers, -tuli, illatum, inferre: *v.t.* – levar a ou contra, trazer para; dirigir-se; ir contra, avançar; apresentar, oferecer; dar, concluir.
inferus, -a, -um: *adj.* – que está abaixo, inferior.
infervesco, -is, -bui, -vescere: *v.int.* – aquecer-se; começar a ferver.
infeste: *adv.* – como inimigo, hostilmente.
infesto, -as, -avi, -atum, -are: *v.t.* – infestar, atacar; devastar; invadir; estragar.
infestus, -a, -um: *adj.* – adverso, hostil; inimigo; infestado; que não está seguro, que corre perigo.
inficio, -is, -ere, -feci, -fectum: *v.t.* – mergulhar, por num banho, meter na tinta, tingir; estragar, corromper.
infidelis, -e: *adj.* – inconstante, mutável; infiel; indiscreto.
infidelitas, -atis: *s.f.* – infidelidade, deslealdade.
infidus, -a, -um: *adj.* – que não se pode confiar, pouco seguro; inconstante, infiel; perigoso, arriscado.
in fieri: a se construir; a se formar.
infigo, -is, -xi; -xum, -gere: *v.t.* – fixar em, pregar, fincar; inculcar.
infimas (infimatis), -atis: *adj.* – de baixa condição.
infimus (infumus), -a, -um: *adj.superl.* – o mais baixo, o derradeiro, o último; ínfimo.
infindo, -is, -idi, -issum, -indere: *v.t.* – fender, abrir.
in fine: no fim; no final.
in finem: até o fim; para sempre.
infinitas, -atis e **infinitio, -onis**: *s.f.* – imensidade, extensão infinita.
infinito: *adv.* – infinitamente, imensamente, sem limite.
infinitus, -a, -um: *adj.* – ilimitado; infinito, imenso; inumerável; indeterminado, geral.
infirmatio, -onis: *s.f.* – ação de enfraquecer, enfraquecimento; refutação.
infirme: *adv.* sem vigor, sem firmeza, fracamente, debilmente.
infirmitas, -atis: *s.f.* – fraqueza, falta de forças; debilidade; inconstância; enfermidade.
infirmo, -as, -avi, -atum, -are: *v.t.* – enfraquecer, infirmar, debilitar; invalidar; refutar.
infirmus, -a, -um: *adj.* – fraco, débil; pusilânime; enfermo, doente.
infit: *v.defect.* – começar a.
infitialis, -e: *adj.* – negativo.
infitiatio, -onis: *s.f.* – denegação, recusa.
infitiator, -oris: *s.m.* – o que nega uma dívida; mau pagador, caloteiro.
infitior, -aris, -atus sum, -ari: *v.dep.t.* – negar (uma dívida); negar; desconhecer, não reconhecer.
in flagranti: em flagrante.
inflammatio, -onis: *s.f.* – ação de incendiar, incêndio; exaltação; inflamação.

inflammo, -as, -avi, -atum, -are: *v.t.* – atear fogo a, acender, incendiar; inflamar, excitar; agitar.

inflatio, -onis: *s.f.* – inchação, tumefação; cólica; flatuosidade.

inflatus, -a, -um: *adj.* – inchado, enfunado; excitado; orgulhoso; empolado.

inflatus, -us: *s.m.* – ação de soprar, sopro; som; inspiração; inchação

inflecto, -is, -exi, -exum, -ectere: *v.t.* – curvar, vergar, dobrar; atrair para, desviar; mover, abrandar.

infletus, -a, -um: *adj.* – não chorado.

inflexibilis, -e: *adj.* – que não pode ser dobrado, inflexível.

inflexio, -onis: *s.f.* – ação de dobrar; volta; inflexão.

inflexus, -us: *s.m.* – volta (de uma rua), sinuosidade.

infligo, -is, -xi, -ctum, -gere: *v.t.* – bater contra, dar com força, atirar; aplicar, lançar; causar, infligir.

inflo, -as, -avi, -atum, -are: *v.t./int.* – soprar, assoprar em ou a; tocar (instrumento de sopro); insuflar; encher de vento; enfunar; ensoberbecer, inchar; exaltar.

influo, -is, -xi, -xum, -ere: *v.t./int.* – correr para dentro; entrar em, penetrar; invadir; afluir; espalhar-se.

infodio, -is, -odi, -ossum, -odere: *v.t.* – cavar, enterrar, sepultar; plantar.

in folio: na folha; diz-se dos livros impressos em que cada folha tem uma única dobra e quatro páginas.

in forma pauperis: como um pobre.

informatio, -onis: *s.f.* – ação de formar, fabricação; formação; forma; planta, desenho.

informatio delicti: investigação criminal, informação sobre o delito.

informis, -e: *adj.* – tosco, informe; feio; disforme, hediondo.

informo, -as, -avi, -atum, -are: *v.t.* – dar forma a, formar; retratar; imaginar, instruir.

in foro conscientiae: no tribunal da consciência.

in foro contentioso: no tribunal da disputa.

infortunatus, -a, -um: *adj.* – infeliz, desafortunado.

infortunium, -ii: *s.n.* – desgraça, infortúnio.

infra: *prep.ac.* – abaixo de, inferior; posterior a; *adv.* – abaixo, embaixo.

infra aetatem: abaixo da idade.

infra annos nubiles: abaixo da idade de contrair matrimônio.

infractio, -onis: *s.f.* – ação de quebrar; abatimento.

infractus, -a, -um: *adj.* (de **infringo**) – quebrado; abatido, derribado; acalmado; *adj.* (de **in** e **fractus**) – não abatido, não quebrado.

infra dignitatem: abaixo da dignidade.

infragilis, -e: *adj.* – que não pode ser quebrado; firme, inabalável.

infra petita: menos que o solicitado.

in fraudem creditorum: com intenção de iludir os credores.

in fraudem legis: em fraude da lei.

infremo, -is, -ui, -tum, -ere: *v.int.* – fazer ruído, bramir.

infrenatus, -a, -um: *adj.* (de **infreno**) que tem freio, refreado; *adj.* (de **in** e **frenatus**) – não freado, desenfreado.

infrendeo, -es, -ui, -dere: *v.int.* – ranger os dentes, estar furioso.

infrenis, -e ou **infrenus, -a, -um**: *adj.* – que não tem freio; desenfreado.

infreno, -as, -avi, -atum, -are: *v.t.* – pôr freio, enfrear; atrelar; governar, reprimir.

infrequens, -entis: *adj.* – não frequente, não assíduo; pouco numeroso; que tem em pequeno número, pouco frequentado.

infrequentia, -ae: *s.f.* – falta de número; pequeno número; solidão, deserto.

in freta fluvii currunt: os rios correm para o mar.

infringo, -is, -egi, -actum, -gere: *v.t.* – atirar com força contra, quebrar atirando; quebrar, despedaçar; abater; frustrar; destruir.

infrons, -ondis: *adj.* – que está sem folhas.

infructuosus, -a, -um: *adj.* – que não produz, infrutífero, estéril.

infrunitus, -a, -um: *adj.* – insípido.

infucatus, -a, -um: *adj.* – não pintado.

infula, -ae: *s.f.* – fita, faixa; banda ou faixa de lã que os sacerdotes traziam na cabeça e de que se enfeitavam as vítimas; enfeite, ornato.

infundo, -is, -udi, -usum, -undere: *v.t.* – verter, vazar, derramar; introduzir; descarregar, atirar; inculcar.

infusco, -as, -avi, -atum, -are: *v.t.* – tornar escuro, enegrecer, ofuscar; manchar.

infusio, -onis: *s.f.* – ação de derramar em infusão, injeção.

in futuro: no futuro.

ingemino, -as, -avi, -atum, -are: *v.t./int.* – redobrar, amiudar, repetir; aumentar; tornar-se mais forte.

I

ingemisco, -is, -mui, -miscere: *v.int.* – gemer, lamentar-se.

ingemo, -is, -ui, -itum, -ere: *v.t./int.* – gemer, lamentar-se; fazer ruído, ranger; deplorar.

in generationem et generationem: através das gerações.

ingeneratus, -a, -um: *adj.* – gerado, criado em; natural a, inato.

in genere: em geral.

ingenero, -as, -avi, -atum, -are: *v.t.* – engendrar, gerar, produzir, procriar; inspirar, infundir.

ingeniatus, -a, -um: *adj.* – disposto pela natureza.

ingeniosus, -a, -um: *adj.* – apto; hábil, destro; engenhoso; que tem talento; esperto.

ingenitus, -a, -um: *adj.* – natural, ingênito, inato.

ingenium, -ii: *s.m.* – qualidade; natureza, índole, disposição natural; capacidade, discernimento, sagacidade, talento, engenho.

ingens, -entis: *adj.* – grande; alto; corpulento; enorme; vasto, extenso: avultado; importante, ilustre.

ingens opus: um trabalho imenso.

ingenuae artes: as artes liberais.

ingenue: *adv.* – de homem livre, liberalmente; francamente, sinceramente, lealmente.

ingenue educatus: educado como filho de boa família.

ingenuitas, -atis: *s.f.* – condição de homem nascido livre; nobreza (de sentimentos); probidade, honradez; franqueza.

ingenuus, -a, -um: *adj.* – natural, puro; legítimo, nascido livre; digno de homem livre; nobre; honesto, recatado; liberal; casto, ingênuo; leal.

ingero, -is, -essi, -estum, -gerere: *v.t.* – pôr em, lançar, deitar sobre; dar, atirar; trazer; oferecer, apresentar; amontoar.

ingigno, -is, -genui, -genitum, -gignere: *v.t.* – inspirar, fazer nascer; infundir, inculcar desde o nascimento.

in globo: globalmente; no conjunto.

inglomero, -as, -are: *v.t.* – aglomerar, acumular.

inglorius, -a, -um: *adj.* – inglório; que não tem celebridade, obscuro.

ingluvies, -ei: *s.f.* – garganta, goela, papo (das aves); estômago; voracidade; avidez.

ingrate: *adv.* – de modo desagradável, de má vontade; com ingratidão.

ingratia, -ae: *s.f.* – ingratidão, descontentamento.

ingratis: *abl.* tomado como *adv.* – de má vontade, a mal, constrangidamente.

ingratitudo, -inis: *s.f.* – má vontade, descontentamento; ingratidão.

ingratus, -a, -um: *adj.* – desagradável; ingrato, desagradecido; mal recompensado.

ingravesco, -is, -ere: *v.int.* – tornar-se pesado; crescer; ficar grávida; irritar-se.

ingravo, -as, -avi, -atum, -are: *v.t./int.* – carregar; sobrecarregar, agravar.

ingredere, ut proficias: entra, para progredires.

ingredior, -eris, -gressus sum, -gredi: *v. dep.int.* – caminhar, marchar; adiantar-se; entrar em; começar.

in gremio legis: no seio da lei; sob a proteção da lei.

ingressio, -onis: *s.f.* e **ingressus, -us**: *s.m.* – entrada em, acesso; passo, andar; caminho; começo.

ingressus, -us: *s.m.* – ingresso, entrada, acesso.

ingruo, -is, -grui, -ere: *v.int.* – lançar-se sobre, cair sobre, atacar.

inguen, -inis: *s.n.* – virilha; ventre, barriga;os órgão genitais.

in gurgite vasto: no vasto mar.

ingurgito, -as, -avi, -atum, -are: *v.t./int.* – mergulhar, afundar; enchafurdar-se; atirar-se sobre ou a.

ingustatus, -a, -um: *adj.* – não gostado, não provado.

inhabilis, -e: *adj.* – difícil de manejar, incômodo; impróprio para; inábil; incapaz; impraticável.

inhabitabilis, -e: *adj.* – inabitável.

inhabito, -as, -avi, -atum, -are: *v.t./int.* – habitar em, morar, residir.

in hac cruce salus: nesta cruz está a salvação.

in hac vice: desta vez.

inhaereo, -es, -si, -sum, -rere: *v.t./int.* – estar fixado, pegado a; ligar-se, prender-se a; estar gravado; aplicar-se.

inhaeresco, -is, -ere: *v.int.* – fixar-se a, ficar pegado a; aderir; gravar-se em.

inhalo, -as, -avi, -atum, -are: *v.t./int.* – soprar; exalar.

in hanc diem: até este dia; até hoje.

inhibeo, -es, -ui, -itum, -ere: *v.t.* – fazer parar, fazer recuar; reter, impedir; aplicar, exercer.

inhibitio, -onis: *s.f.* – ação de fazer parar, de fazer recuar; remar para trás.

inhio, -as, -avi, -atum, -are: *v.t./int.* – ter a boca aberta; admirar, pasmar; esperar avidamente, cobiçar.
in hoc tempore: neste tempo; atualmente.
inhonestas, -atis: *s.f.* – desonra, opróbrio.
inhoneste: *adv.* – desonestamente.
inhonesto, -as, -avi, -atum, -are: *v.t.* – desonrar.
inhonestus, -a, -um: *adj.* – não nobre, desonroso, desonesto.
inhonoratus, -a, -um: *adj.* – não honrado, que não teve recompensa.
inhonorificus, -a, -um: *adj.* – pouco honroso, desonroso.
inhonorus, -a, -um: *adj.* – sem honra, não respeitado, sem crédito; feio, disforme.
in horam vivere: viver para a hora; não se preocupar com o futuro.
inhorreo, -es, -ui, -ere: *v.t./int.* – estar eriçado; tremer de frio; ser espantoso.
inhorresco, -is, -rui, -rescere: *v.t./int.* – eriçar-se; tremer de frio, tiritar; tomar-se medonho; tremer à vista de.
inhospitalis, -e: *adj.* – inospitaleiro, inóspito.
inhospitalitas, -atis: *s.f.* – inospitalidade.
inhospitus, -a, -um: *adj.* – inóspito.
inhumane: *adv.* – duramente, desumanamente.
inhumanitas, -atis: *s.f.* – desumanidade, crueldade; incivilidade, grosseria.
inhumaniter: *adv.* – rudemente, incivilmente.
inhumanus, -a, -um: *adj.* – desumano, cruel: severo; descortês, grosseiro, incivil.
inhumatus: *adj.* – não sepultado.
inhumo, -as, -are: *v.t.* – meter na terra, plantar.
inibi: *adv.* – naquele lugar; naquele mesmo lugar, ali mesmo, logo, perto.
inicio, -is, -eci, -ectum, -icere: *v.t.* – lançar sobre, atirar; pôr, aplicar; causar, suscitar; espalhar, dizer.
in ictu oculi: num abrir e fechar de olhos.
iniectus, -us: *s.m.* – ação de atirar sobre; lanço, arremesso; cobertura.
iniercise: *adv.* – por partes; aos pedaços.
inigo, -is, inegi, -actum, -ere: *v.t.* – impelir, conduzir.
in illo tempore: naquele tempo.
inimice: *adv.* – como inimigo, hostilmente.
inimicitia, -ae: *s.f.* – aversão; inimizade, ódio.
inimico, -as, -avi, -atum, -are: *v.t.* – inimizar, tornar inimigo; semear discórdias.
inimicus, -a, -um: *adj.* – adverso; inimigo, hostil; funesto.
inimicus reipublicae: um inimigo do estado.
in infinitum: infinitamente; sem fim.
in initio litis: no começo da lide.
in integrum: por inteiro; intacto.
in intellectu: na inteligência.
iniqua partitio: é injusta essa divisão.
inique: *adv.* – desigualmente, diferentemente.
iniquitas, -atis: *s.f.* – desigualdade; injustiça, iniquidade; desventura; desvantagem (de uma posição militar).
iniquo secernere iustum: separar o justo do iníquo.
iniquus, -a, -um: *adj.* – desigual; injusto, iníquo; infeliz, desfavorável, contrário, inimigo.
initiis mederi praestat: é melhor tratar no começo.
initimenta, -orum: *s.n.pl.* – iniciação (em ritos secretos).
in itinere: no caminho; ao longo do caminho; durante a viagem.
initio litis: no começo da lide.
initium, -ii: *s.n.* – começo, estreia, origem, princípio; *pl.* – princípios (de uma ciência), mistérios, sacrifícios; auspícios.
initus, -a, -um: *adj.* – em que se entrou; começado; feito, terminado.
initus, -us: *s.m.* – começo; chegada.
injectio, -onis: *s.f.* – ação de lançar para dentro ou sobre.
injucunditas, -atis: *s.f.* – falta de doçura, de suavidade; aspereza.
injucundus, -a, -um: *adj.* – desagradável; áspero, duro.
injudicatus, -a, -um: *adj.* – não julgado.
in judicio: diante do juiz.
injungo, -is, -xi, -ctum, -gere: *v.t.* – unir, ajuntar; impor; ordenar; infligir, causar.
injuratus, -a, -um: *adj.* – que não jurou.
in jure: de acordo com o direito; em juízo; diante do juiz.
injuria, -ae: *s.f.* – injustiça; severidade excessiva; injúria, agravo, dano, lesão.
injuria absque damno: injustiça sem dano.
injuriae verbales: injúrias verbais.
injuria non excusat iniuriam: uma injustiça não justifica outra.
injuria unius, minae multorum: injustiça a um, ameaças a muitos.
injuriose: *adv.* – injustamente, injuriosamente.
injuriosus, -a, -um: *adj.* – injusto; prejudicial; funesto.
injussu populi: sem o mandado do povo.

I

injussus, -a, -um: *adj.* – que não foi convidado, que não teve ordem; que vem espontaneamente.
injussus, -us: *s.m.* (usado somente no *abl.)* – sem ordem de; contra a ordem de.
injustitia: *s.f.* – injustiça; severidade, dureza.
injustum: *s.n.* – injustiça.
injustus, -a, -um: *adj.* – duro, severo; cruel; injusto; adverso, inimigo.
in labore quies: a paz está no trabalho.
in lecto mortali: no leito de morte.
in limine: no limiar; desde logo; no início; liminarmente.
in limine litis: no começo da lide.
in litem: na lide.
in loco: no lugar; no próprio lugar; neste lugar; em lugar de.
in loco citato: no lugar citado.
in loco conveniente: no lugar conveniente.
in loco parentis: em lugar do pai.
in maiorem cautelam: para maior segurança.
in malam partem: em mau sentido.
in manu: na mão; nas mãos; sob o poder.
in media culpa: no meio do crime; em flagrante delito.
in mediis rebus: no meio das coisas; no meio dos acontecimentos.
in medio: no meio.
in medio plebis: no meio do povo.
in medio stat veritas: a verdade está no meio.
in memoriam: em lembrança de.
in mente: na mente; na intenção; no pensamento.
in mitiori sensu: em significado mais suave.
in momento: num momento; num piscar de olhos.
in mora: em atraso.
in morem: segundo o costume.
in motu immobile: inabalável no meio da agitação.
innabilis, -e: *adj.* – que não se pode passar a nado; inavegável.
innascor, -eris, -natus sum, -nasci: *v.dep.int.* – nascer em ou sobre; ser congênito, inato.
innato, -as, -avi, -atum, -are: *v.int.* – nadar para; nadar sobre; flutuar, espraiar-se; vacilar.
in natura: em estado natural.
in naturalibus: no estado da natureza; completamente nu.
innatus, -a, -um: *adj.* – nascido, natural, inato.
innavigabilis, -e: *adj.* – inavegável.
innecto, -is, -exui, -exum, -ectere: *v.t.* – ligar com, atar; unir, prender; urdir.
innitor, -eris, -ixus ou **isus sum, -iti**: *v.dep. int.* – estribar-se, apoiar-se sobre; arrimar-se a, repousar em.
inno, -as, -avi, -atum, -are: *v.int.* – nadar em, passar a nado; sobrenadar, flutuar; desaguar.
innobservabilis, -e: *adj.* – que não pode ser observado.
innobservantia, -ae: *s.f.* – falta de observação, falta de atenção.
innocens, -entis: *adj.* – que não faz mal, inofensivo; inocente, puro; honesto; desinteressado.
innocenter: *adv.* – sem prejuízo.
innocentia, -ae: *s.f.* – brandura, mansidão, inocência; desinteresse.
innocentia est eloquentia: inocência é eloquência.
innocua non metuenda: não se deve temer o que não prejudica.
innocue: *adv.* – sem causar dano; virtuosamente.
innocuus, -a, -um: *adj.* – que não faz mal, inócuo; inofensivo; inocente; que não sofreu dano.
in nomine: nominalmente; só para constar.
in nomine Dei: em nome de Deus.
in nomine Domini: em nome do Senhor.
in nomine Patris et Filii et Spiritus Sancti: em nome do Pai, do Filho e do Espírito Santo.
in nomine Sanctae Trinitatis: em nome da Santíssima Trindade.
innotesco, -is, -tui, -tescere: *v.int.* – vir a conhecimento; fazer-se conhecido.
in novissimis: em último lugar; no fim.
innovo, -as, -avi, -atum, -are: *v.t.* – renovar, restaurar.
innoxie: *adv.* – sem fazer mal.
innoxius, -a, -um: *adj.* – que não causa dano, inofensivo; inocente; honesto, virtuoso.
innuba, -ae: *adj.f.* – solteira, não casada; sempre virgem.
innubilus, -a, -um e **innubis, -e**: *adj.* – sem nuvens, claro, sereno.
innubo, -is, -psi, -ptum, -bere: *v.int.* – casar-se.
in nuce: numa noz; em resumo; em forma condensada.
in nuda veritate: na verdade nua; sem fingimento; com sinceridade.

innumerabilis, -e: *adj.* – inumerável.
innumerabilitas, -atis: *s.f.* – número infinito, infinidade.
innumerus, -a, -um: *adj.* – inumerável, inúmero.
innuo, -is, -ui, -utum, -uere: *v.t./int.* – fazer sinal, acenar; indicar.
innupta, -ae: *adj.f.* – não casada; solteira.
innutrio, -is, -ire: *v.t.* – alimentar, criar em.
inoblitus, -a, -um: *adj.* – não esquecido, que não se esquece.
inobrutus, -a, -um: *adj.* – não engolido, não submerso.
in obscuris: nos casos obscuros.
inobsequens, -entis: *adj.* – que não obedece, intratável, indócil.
inobservatus, -a, -um: *adj.* – não observado.
in occulto: em segredo.
in oculis omnium: à vista de todos; em público.
in odium auctoris: por ódio ao autor.
inodorus, -a, -um: *adj.* – inodoro, sem cheiro.
inoffense: *adv.* – sem obstáculo, livremente.
inoffensus, -a, -um: *adj.* – não ofendido; livre, desembaraçado.
inofficiosus, -a, -um: *adj.* – desatencioso; descuidado, desleixado.
inolesco, -is, -evi, -itum, -escere: *v.t./int.* – crescer em, brotar, abrolhar, criar raízes.
inominatus, -a, -um: *adj.* – sinistro, mal agourado, funesto.
in omnia paratus: preparado para tudo.
in omnibus caritas: o amor em todas as coisas.
in omnibus rebus: em todas as coisas; em tudo.
in omni loco: em todo lugar; em toda parte.
inopertus, -a, -um: *adj.* – descoberto, nu; não escondido.
inopia, -ae: *s.f.* – carência, falta; necessidade; carestia; pobreza, indigência.
inopinans, -antis: *adj.* – tomado de surpresa.
inopinanter, inopinate e **innopinato**: *adv.* – de improviso, repentinamente.
inopinatus, -a, -um: *adj.* – inesperado; imprevisto, inopinado.
inopi nullus amicus: o pobre não tem nenhum amigo.
inopinus, -a, -um: *adj.* – inesperado, inopinado; repentino.
inops, -opis: *adj.* – falto de, desprovido de; fraco; pobre, indigente.
inoptabilis, -e: *adj.* – não desejável.
inoratus, -a, -um: *adj.* – não declarado, não exposto.
inordinatum, -i: *s.n.* – desordem, confusão.
inordinatus, -a, -um: *adj.* – desordenado, confuso, desregrado.
in ordinem redactus: recolocado em seu lugar.
inornatus, -a, -um: *adj.* – não enfeitado; que não tem ornato; vulgar; tosco, grosseiro.
in ovo: no ovo; no embrião; ainda por nascer.
inp-, ver também **imp-**.
in pace et bello: na paz e na guerra.
in pari causa: numa causa igual.
in pari delicto: numa falta igual.
in pari materia: em matéria igual; sobre o mesmo assunto.
in parvo: em miniatura; em pequena escala.
in pectore: no peito; no coração.
in pedes cadere: cair de pé.
in pedes se dare: fugir; dar no pé.
in periculis audax: corajoso nos perigos.
in periculo mortis: em risco de morte.
in perpetuum tempus: para sempre.
in personam: contra a pessoa; sobre a pessoa.
in pleno: completamente.
in pleno lumine: em plena luz do dia; em público.
in poculis: entre copos; com o copo na mão.
in pontificalibus: em roupas pontifícias.
in posse: em potência; potencialmente.
in posterum: para o futuro.
in potestate parentis: sob o poder de um dos pais.
in praesenti: no tempo presente; atualmente.
in praeteritum non vivitur: não se vive para o passado.
in praxi: na prática.
in prima instantia: em primeira instância.
in primis: em primeiro lugar; antes de tudo; principalmente.
in primis et ante omnia: primeiro e antes de tudo.
in primo limine vitae: no primeiro momento da vida.
in principio: no princípio.
in principio creavit Deus caelum et terram: no começo Deus criou o céu e a terra.
in principio erat Verbum: no princípio era o Verbo.
in promptu: preparado; à mão.
in propria persona: pessoalmente; em seu próprio nome.
inquam, -is, -it: *v.defect.* – digo, dizes.

inquies, -etis: *adj.* – inquieto, agitado, desassossegado.
inquieta inertia: um descanso desassossegado.
inquietatio, -onis: *s.f.* – agitação, movimento, desassossego.
inquieto, -as, -avi, -atum, -are: *v.t.* – agitar, perturbar, inquietar.
inquietus, -a, -um: *adj.* – agitado, inquieto; turbulento.
inquilinus, -a, -um: *adj.* – locatário, inquilino; habitante; *s.m.f.* – locatário, inquilino.
inquinate loqui: *adv.* – falar sem pureza, falar mal, usar uma linguagem incorreta.
inquinatus, -a, -um: *adj.* – manchado; viciado, corrompido; tinto; imbuído de; torpe, desonrado.
inquino, -as, -avi, -atum, -are: *v.t.* – manchar, poluir; alterar; corromper; denegrir, desonrar.
inquiro, -is, -sivi ou **-sii, -situm, -rere**: *v.t./int.* – buscar, procurar; investigar; instruir (um processo).
inquisitio, -onis: *s.f.* – busca; investigação, pesquisa; inquérito, devassa.
inquisitor, -oris: *s.m.* – o que busca; indagador; investigador; que devassa; espião.
inquisitus, -a, -um: *adj.* – não examinado, não procurado.
in quovis: em qualquer que seja.
inr-, ver também **irr-**.
in radice: na raiz; no começo.
in re: na coisa; na realidade; na questão.
in rebus: nas coisas; nos casos; nas causas; nas questões.
in rebus veneris: em coisas do amor.
in re dubia: em questão dúbia.
in rem: contra a coisa; sobre a coisa.
in rem propriam: em causa própria.
in rerum natura: na natureza; na realidade.
in sacris: nas coisas sagradas.
in saeculo: no mundo; na sociedade.
insaluber ou **insalubris, -e**: *adj.* – insalubre, não saudável, nocivo a saúde.
insalutato hospite: sem cumprimentar o dono da casa; sair à francesa.
insalutatus, -a, -um: *adj.* – não saudado.
insanabilis, -e: *adj.* – incurável, irremediável, insanável.
insane: *adv.* – tolamente, de maneira insensata.
in sanguine foedus: um pacto de sangue.
insania, -ae: *s.f.* – loucura, demência; desvario; devaneio, luxo desmedido; furor, paixão.
insanio, -is, -ivi ou **-ii, -itum, -ire**: *v.t./int.* – estar louco, furioso; ter paixão, morrer de amores; gastar prodigamente.
insanitas, -tatis: *s.f.* – falta de saúde, doença, insanidade.
insanum: *adv.* – loucamente, extremamente.
insanus, -a, -um: *adj.* – louco, demente; insensato, estouvado; desordenado; furioso; inspirado; que faz perder o juízo.
insatiabilis, -e: *adj.* – que não se farta, insaciável; que não causa fastio.
insaturabilis, -e: *adj.* – insaciável.
inscendo, -is, -di, -sum, -dere: *v.t./int.* – subir em, montar; embarcar.
insciens, -entis: *adj.* – que não sabe, que ignora; mal informado, inadvertido; tolo, néscio.
insciens et imprudens: ignorando e desprevenido.
inscientia, -ae: *s.f.* – ignorância, inexperiência; incapacidade; inaptidão.
inscite: *adv.* – sem arte, grosseiramente, desastradamente.
inscitia, -ae: *s.f.* – ignorância; inexperiência; incapacidade.
inscitus, -a, -um: *adj.* – inábil, incapaz; desajeitado; inepto, estúpido.
inscius, -a, -um: *adj.* – que não sabe; ignorante; inexperiente; desprevenido.
inscribo, -is, -psi, -ptum, -bere: *v.t.* – escrever sobre, inscrever; gravar em; marcar; atribuir, imputar.
inscriptio, -onis: *s.f.* – ação de escrever sobre; marca, ferrete; título; inscrição.
in scriptis: por escrito.
inscriptus, -a, -um: *adj.* – não escrito, não registrado.
insculpo, -is, -psi, -ptum, -pere: *v.int.* – gravar sobre; insculpir.
insecabilis, -e: *adj.* – que não pode ser cortado, indivisível.
inseco, -as, -ui, -ctum, -are: *v.t.* – cortar; despedaçar.
insecta, -orum: *s.m.pl.* – insetos.
insectatio, -onis: *s.f.* – ação de perseguir; perseguição; enfurecimento contra; *pl.* – ataques, invectivas.
insectator, -oris: *s.m.* – perseguidor, tirano; censurador.
insector, -aris, -atus sum, -ari: *v.t.dep.* – perseguir sem descanso, encarniçar-se contra; atacar; exprobrar.
in secunda instantia: em segunda instância.
insedabiliter: *adv.* – sem poder ser acalmado, intranquilamente.
in se ipsa: em si mesma.

insenesco, -is, -nui, -nescere: *v.int.* – envelhecer; empalidecer; afligir-se.
insensibilis, -e: *adj.* – insensível, imaterial, incompreensível.
insensilis, -e: *adj.* – imperceptível, insensível.
in sententia stare: persistir em sua decisão.
inseparabilis, -e: *adj.* – inseparável, indivisível, indissolúvel.
insepultus, -a, -um: *adj.* – não sepultado; insepulto.
insequor, -eris, -cutus ou **-quutus sum, -qui**: *v.dep.* – seguir; perseguir; acometer; esforçar-se por; seguir-se.
insero, -is, -serui, -sertum, -serere: *v.t.* – meter em, introduzir; intercalar; pôr, colocar; inserir.
insero, -is, -sevi ou **-serui, -situm** ou **-sertum, -serere**: *v.t.* – semear, implantar; enxertar.
inserto, -as, -avi, -atum, -are: *v.t.* – introduzir, inserir.
inservio, -is, -ivi ou **-ii, -itum, -ire**: *v.t./int.* – ser escravo de, estar sujeito a; submeter a; servir a; procurar; ocupar-se com; cuidar de.
insibilio, -as, -avi, -atum, -are: *v.t./int.* – sibilar, assobiar.
insiccatus, -a, -um: *adj.* – não seco.
insideo, -es, -edi, -essum, -idere: *v.t./int.* – estar sentado sobre; estar situado em; estabelecer-se em; fixar-se; apoderar-se.
insidiae, -arum: *s.f.pl.* – emboscada, cilada, esparrela, ardil; traição.
insidiator, -oris: *s.m.* – o que arma emboscadas; traidor.
insidiatores viarum: assaltantes de estradas.
insidior, -aris, -atus sum, -ari: *v.dep.int.* – armar ciladas; estar de espreita.
insidiose: *adv.* – por fraude, insidiosamente, perfidamente, com traição.
insidiosus, -a, -um: *adj.* – que arma traições, embocadas; pérfido, insidioso.
insido, -is, -edi, -essum, -idere: *v.t./int.* – assentar-se em ou sobre; colocar-se, pousar em; entrar em, penetrar.
insigne, -is: *s.n.* – sinal distintivo; insígnia; enfeite, ornamento; *pl.* – honras, distinções.
insignio, -is, -ivi ou **-ii, -itum, -ire**: *v.t.* – tornar notável (a boa ou má parte); tornar insigne, distinguir, realçar; adornar.
insignis, -e: *adj.* – que tem um sinal distintivo; notável; feio, disforme; ilustre, insigne; famoso.
insignite: *adv.* – de modo notável, notavelmente, extraordinariamente.
insignitus, -a, -um: *adj.* – marcado por qualquer sinal; feio, disforme; insigne, notável.
insilio, -is, -ui e **-ii, -ultum, -ire**: *v.t./int.* – saltar sobre, montar; atirar-se a; saltar; atacar, acometer.
insilitus, -a, -um: *adj.* – desacostumado; não afeito a; desusado, insólito.
insimulatio, -onis: *s.f.* – acusação.
insimulo, -as, -avi, -atum, -are: *v.t.* – acusar falsamente; acusar, lançar em rosto.
insincerus, -a, -um: *adj.* – não genuíno, não puro; alterado, viciado; corrompido.
insinuatio, -onis: *s.f.* – ação de se introduzir, de se insinuar; exórdio de insinuação.
insinuo, -as, -avi, -atum, -are: *v.t./int.* – fazer entrar em, introduzir, inserir; insinuar; penetrar em; manifestar.
insipiens, -entis: *adj.* – tolo, estouvado, insensato.
insipienter: *adv.* – estupidamente, insensatamente, sem reflexão.
insipientia, -ae: *s.f.* – estupidez, loucura; extravagância, sandice.
insipo (insupo), -is, -ere: *v.t.* – lançar em ou sobre.
insisto, -is, -stiti, -stitum, -sistere: *v.t./int.* – firmar-se sobre; encostar-se a; deter-se, insistir; andar, caminhar sobre; aplicar-se a; seguir, cumprir.
insiticius, -a, -um: *adj.* – inserido em, intercalado.
insitio, -onis: *s.f.* – ação de enxertar; enxertia, enxerto; tempo de enxertar.
insitivus, -a, -um: *adj.* – de enxerto; ilegítimo, não natural.
in situ: no local; na própria posição; no lugar original.
insitus, -a, -um: *adj.* – introduzido; enxertado; transmitido pela natureza, inato.
insociabilis, -e: *adj.* – insociável; que não admite partilha; incompatível.
insolabiliter: *adv.* – inconsolavelmente.
insolens, -entis: *adj.* – que não está habituado; desusado, novo; não frequentado; excessivo; dissipador; variável; altivo, insolente.
insolentia, -ae: *s.f.* – falta de hábito, inexperiência; prodigalidade; altivez, arrogância.
insolesco, -is, -ere: *v.int.* – inchar-se (sentido físico e moral); tornar-se altivo, arrogante.
in solido: em segurança; em lugar seguro.

I

in solidum: solidariamente; por completo; por inteiro.
insolidus, -a, -um: *adj.* – não sólido; fraco, débil.
insolitus, -a, -um: *adj.* – insólito, que não tem o hábito de.
in solo alieno: em terra alheia.
in solo proprio: em terra própria.
insolubilis, -e: *adj.* – indissolúvel, que não se pode desatar.
insomnia, -ae: *s.f.* – insônia, falta de sono.
insomnis, -e: *adj.* – que não dorme; estar acordado; insone.
insomnium, -ii: *s.n.* (usado sobretudo no plural) – sonho, visão.
insono, -as, -ui, -itum, -are: *v.int.* – fazer ruído, ressoar; ressonar.
insons, -ontis: *adj.* – não culpado, inocente; inofensivo; pacífico.
insonus, -a, -um: *adj.* – que não faz ruído, silencioso.
insopitus, -a, -um: *adj.* – não adormecido.
in specie: em espécie; separadamente.
inspeciosus, -a, -um: *adj.* – feio, disforme.
inspectio, -onis: *s.f.* – ação de olhar; exame, inspeção.
inspecto, -as, -avi, -atum, -are: *v.t.* – examinar, observar; ver.
inspector, -oris: *s.m.* – observador, inspetor, examinador.
insperans, antis: *adj.* – que não espera.
insperatus, -a, -um: *adj.* – inesperado; imprevisto.
inspergo, -is, -si, -sum, -gere: *v.t.* – espalhar em ou sobre; salpicar.
inspicio, -is, -exi, -ectum, -icere: *v.t./int.* – olhar para; observar, examinar; ver.
inspico, -as, -avi, -atum, -are: *v.t.* – tornar pontudo; aguçar.
in spiritualibus: nas coisas espirituais.
inspiro, -as, -avi, -atum, -are: *v.t./int.* – soprar em ou sobre; mover, inspirar.
inspoliatus, -a, -um: *adj.* – não despojado; não roubado.
inspuo, -is, -ere: *v.int./t.* – cuspir em ou sobre, lançar com a boca.
inspurco, -as, -are: *v.t.* – manchar, sujar, conspurcar.
instabilis: **-e**: *adj.* – que não está firme; mal seguro; instável, inconstante.
instans, -antis: *adj.* – que insta, que persegue; ameaçador, iminente; próximo.
instantia, -ae: *s.f.* – proximidade; complemento; assiduidade, aplicação.
instar: *s.n.indecl.* – semelhança, parecença; (empregado como *adv.*) – à semelhança de, como.
instar omnium: como toda gente; como todo mundo.
in statu gratiae: em estado de graça.
in statu nascendi: no processo de formação.
in statu quo nunc est: no estado em que atualmente está.
instauratio, -onis: *s.f.* – reconstrução, renovação, repetição, prosseguimento.
instaurativus, -a, -um: *adj.* (usado no plural) – que começa de novo.
instauro, -as, -avi, -atum, -are: *v.t.* – renovar, recomeçar; estabelecer, construir; preparar; restaurar; prosseguir.
insterno, -is, -stravi, -stratum, -sternere: *v.t.* – estender sobre; cobrir.
instigator, -oris: *s.m.* – instigador, amotinador.
instigatrix, -icis: *s.f.* – incitadora, estimuladora.
instigo, -as, -avi, -atum, -are: *v.t.* – impelir; instigar, aguilhoar; induzir.
instillo, -as, -avi, -atum, -are: *v.t.* – gotejar, verter, instilar; introduzir, inculcar.
instimulator, -oris: *s.m.* – instigador, incitador.
instimulo, -as, -avi, -atum, -are: *v.t.* – incitar; estimular.
instinctor, -oris: *s.m.* – instigador, excitador.
instinctus, -us: *s.m.* – impulso, incitação; inspiração.
instinguo, -is, -xi, -ctum, -guere: *v.t.* – impelir, instigar.
instita, -ae: *s.f.* – guarnição para vestido; vestido (de mulher); matrona.
institio, -onis: *s.f.* – descanso, repouso.
institor, -oris: *s.m.* – vendedor, negociante, mercador.
instituo, -is, -ui, -utum, -uere: *v.t.* – pôr em, estabelecer; construir; preparar, formar, instituir; encetar; instruir, ensinar.
instituta vitae: regras de vida; regras de conduta.
institutio, -onis: *s.f.* – criação; plano, disposição; ensino; sistema, doutrina.
institutor, -oris: *s.m.* – autor, fundador, administrador.
institutum, -i: *s.n.* – disposição, plano; propósito, fim; regra de proceder; prática, costume; princípios; assunto; tratado, convenção.

insto, -as, -stiti, -statum, -stare: *v.t./int.* – estar sobranceiro a; estar suspenso; inclinar-se sobre; estar iminente; aproximar-se; ir no encalço de, perseguir; instar.

instratus, -a, -um: *adj.* – não coberto, não estendido sobre.

instrenuus, -a, -um: *adj.* – preguiçoso, inativo; poltrão.

instrepo, -is, -ui, -itum, -ere: *v.t./int.* – fazer ruído, estrépito; ranger.

instringo, -is, -ere, -strinxi, -strictum: *v.t.* – ligar.

instructio, -onis: *s.f.* – construção, edificação; ação de ordenar, disposição; ajustamento, adaptação.

instructor, -oris: *s.m.* – o que põe em ordem; preparador, organizador; fundador.

instructus, -a, -um: *adj.* – ordenado, disposto; provido de, aparelhado; instruído; versado.

instructus, -us: *s.m.* – bagagem, equipamento, aparelhamento, apresto.

instrumenta sceleris: os instrumentos do crime.

instrumentum, -i: *s.n.* – o que serve para equipar; mobília, alfaia; bagagem; instrumento, utensílios; paramentos, vestidos; recurso, meio; aparato; arquivos.

instruo, -is, -uxi, -uctum, -uere: *v.t.* – construir, levantar; dispor, ordenar; preparar; prover de; ensinar.

insuavis, e: *adj.* – desagradável (de gosto); que é de mau humor, impertinente; áspero, duro (ao,ouvido); desagradável; infeliz.

in subsidium: em auxílio; em reforço.

insudo, -as, -avi, -atum, -are: *v.int.* – suar sobre; suar, transpirar.

insuefactus, -a, -um: *adj.* – afeito, acostumado.

insuesco, -is, -evi, -etum, -escere: *v.t./int.* – acostumar-se; habituar a.

insuetus, -a, -um: *adj.* (de **in** e **suetus**) – não acostumado a; desusado, novo; *adj.* (de **insuesco**) – habituado, afeito.

insula, -ae: *s.f.* – ilha; casa isolada; habitação coletiva, cortiço; bairro.

insulanus, -a, -um: *adj.* – insular; insulano, ilhéu.

insularius, -i: *s.m.* – locatário, inquilino.

insulse: *adv.* – de maneira tola, estúpida.

insulsitas, -atis: *s.f.* – insipidez; tolice, ninharia.

insulsus, -a, -um: *adj.* – sem sal, não salgado, insulso, insípido; tolo, estúpido.

insultatio, -onis: *s.f.* – ação saltar em; insultos; ataque, assalto,

insulto, -as, -avi, -atum, -are: *v.t./int.* – saltar sobre; saltar; afrontar, insultar; exprobrar.

insum, ines, infui, inesse: *v.int.* – estar em ou sobre; achar-se em; existir.

insumo, -is, -umpsi, -umptum, -mere: *v.t.* – despender, gastar; empregar em.

insuo, -is, -i, -utum, -uere: *v.t.* – coser em; juntar a, prender; aplicar.

insuper: *prep.ac. e abl.* – sobre, além de; *adv.* – por cima, em cima; de cima; além de, demais.

insuperabilis, -e: *adj.* – que não pode ser alcançado, insuperável; invencível; inevitável.

in supremis: no último momento; em grande dificuldade.

insurgo, -is, -rexi, -rectum, -gere: *v.t./int.* – levantar-se sobre; elevar-se; levantar-se contra, insurgir-se.

in suspenso: em suspenso; indefinido.

insusurro, -as, -avi, -atum, -are: *v.t./int.* – cochichar, murmurar.

intabesco, -is, -bui, -bescere: *v.int.* – derreter-se; definhar-se, consumir-se.

intactus, -a, -um: *adj.* – não tocado, intacto; livre de, salvo; não violado, puro.

intaminatus, -a, -um: *adj.* – não manchado, não poluído, não contaminado.

intectus, -a, -um: *adj.* – nu, não vestido; não dissimulado, franco, sincero.

integellus, -a, -um: *adj.dim.* – não tocado, inteirinho.

integer, -egra, -egrum: *adj.* – não tocado, inteiro, novo; bem conservado; que está de saúde; forte, vigoroso; íntegro, puro, honrado.

intego, -is, -exi, -ectum, -egere: *v.t.* – cobrir; ensombrar, proteger.

integrasco, -is, -ere: *v.t.* – renovar-se.

integratio, -onis: *s.f.* – renovação.

integre: *adv.* – corretamente, com pureza (quanto ao estilo); com integridade; imparcialmente.

integritas, -atis: *s.f.* – integridade, inteireza; boa saúde; pureza, correção (de linguagem); castidade; probidade, honradez.

integro, -as, -avi, -atum, -are: *v.t.* – recomeçar, renovar; restabelecer; recrear.

integros haurire fontes: beber de fontes puras.

integumentum, -i: *s.n.* – vestido; cobertura; máscara.

in tela: em tela; em exame.

I

intercalo, -as, -avi, -atum, -are: *v.t./int.* – intercalar.
intellectus, -us: *s.m.* – conhecimento; entendimento, inteligência.
intellegens, -entis: *adj.* – que compreende, conhecedor; inteligente, esclarecido.
intellegentia, -ae: *s.f.* – inteligência; noção, conhecimento; ciência, arte; *pl.* – ideias, conceitos.
intellegibilis, -e: *adj.* – que pode ser compreendido, intelegível, perceptível.
intellego, -is, -exi, -ectum, -igere: *v.t.* – discernir, distinguir; entender, compreender; ser inteligente; ser conhecedor de; perceber, sentir.
intemeratus, -a, -um: *adj.* – imaculado; puro, casto; incorruptível.
intemperans, -antis: *adj.* – imoderado, desregrado, intemperante; indiscreto; dissoluto.
intemperanter: *adv.* – sem moderação, excessivamente.
intemperantia, -ae: *s.f.* – falta de moderação; intemperança, excessos; desregramento, indisciplina; indiscrição.
intemperatus, -a, -um: *adj.* – imoderado; destemperado; excessivo.
intemperies, -ei: *s.f.* – intempérie; desgraça, infortúnio; excesso; desordem, indisciplina; impertinência.
intempestivus, -a, -um: *adj.* – que não vem a propósito, intempestivo; inoportuno.
intempestus, -a, -um: *adj.* – que tem intempéries, tempestuoso; insalubre.
in temporalibus: nas coisas temporais.
in tempore illo: naquele tempo.
in tempore venio: eu chego na hora certa.
intendo, -is, -di, -tum e **-sum, -dere**: *v.t./ int.* – estender, entesar; dirigir, caminhar; aplicar; sustentar; reforçar.
in tenebris lucem: nas trevas, (vejo) uma luz.
in tenebris lucet: brilhar na escuridão.
in tenebris saltare: dançar nas trevas.
intensio, -onis: *s.f.* – ação de estender, entesar, tensão.
intentatio, -onis: *s.f.* – ação de estender para, de se dirigir para.
intentatus, -a, -um: *adj.* – não ensaiado, não experimentado; não tocado.
intente: *adv.* – com esforço, rijamente; com vigor; com atenção.
intentio, -onis: *s.f.* – ação de estender, entesamento; tensão, esforço; contensão; aplicação; desígnio, vontade; intenção.
intentio legis: a intenção da lei.
intentio litis: a intenção do processo.
intento, -as, -avi, -atum, -are: *v.t.* – estender para; apresentar, ameaçar com; intentar; atacar.
intentus, -a, -um: *part.p.* – estendido, dirigido para; entesado; apresentado; aplicado, atento; intenso; severo.
intentus, -us: *s.m.* – ação de estender; extensão.
intepeo, -es, -ui, -ere: *v.int.* – estar tépido, estar morno.
intepesco, -is, -pui, -pescere: *v.t.* – amornar-se, tornar-se tépido; abrandar.
inter: *prep.ac.* – entre, no meio de; junto a; em, durante; a, para, em direção a; a respeito de.
inter absentes: entre ausentes.
interaestuo, -as, -are: *v.int.* – estar inquieto, ter sufocações periodicamente.
inter alia: entre outras coisas.
inter alios: entre outros; entre pessoas estranhas à questão.
interamenta, -orum:, *s.m.pl.* – aparelhos ou peças (de navio); cavername.
interaresco, -is, -ere: *v.int.* – secar-se, ressequir-se.
inter arma: entre armas; na guerra.
interbibo, -is, -ere: *v.t.* – beber inteiramente.
interbito, -is, -ere: *v.int.* – morrer.
intercalaris, -e ou **intercalarius, -a, -um**: *adj.* – o intercalar, intercalado; inserido, acrescentado.
intercapedo, -dinis: *s.f.* – intervalo, interrupção, pausa; suspensão; demora.
intercedo, -is, -cessi, -cessum, -cedere: *v.t./int.* – interpor-se, mediar; interromper; decorrer entre; embargar; afiançar.
interceptio, -onis: *s.f.* – subtração, furto, roubo.
interceptor, -oris: *s.m.* – o que intercepta, o que subtrai, furta ou rouba.
intercessio, -onis: *s.f.* – mediação, intervenção; oposição; fiança, caução.
intercessor, -oris: *s.m.* – opositor; o que embarga, impede; garante, fiador.
intercido, -is, -cidi, -cesum, -idere: *v.int.* – cair entre; sobrevir; acabar, perecer; cair em desuso; extinguir-se.
intercido, -is, -idi, -isum, -idere: *v.t.* – cortar pelo meio; abrir; interromper.
intercino, -is, -nere: **v.***t.* – cantar no intervalo.
intercipio, -is, -epi, -eptum, -ipere: *v.t.* – tomar na passagem, interceptar; interromper; roubar; surpreender.

intercludo, -is, -si, -sum, -dere: *v.t.* – fechar; cortar; privar, excluir; impedir, encerrar.
interclusio, -onis: *s.f.* – ação de fechar, obstrução; sufocação.
intercurro, -is, -ri, -sum, -rere: *v.int.* – correr entre; interpor-se; sobrevir.
intercurso, -as, -avi, -atum, -are: *v.t.* – correr pelo meio; entrecortar.
intercursus, -us: *s.m.* – intervenção.
intercus, -cutis: *adj.* – que está sob a pele, subcutâneo.
inter dapes: entre iguarias; no banquete.
interdatus, -a, -um: *adj.* – distribuído, espalhado.
interdico, -is, -xi, -ctum, -cere: *v.t./int.* – proibir, interdizer; fazer um edito; decretar.
interdictio, -onis: *s.f.* – proibição, interdição.
interdiu: *adv.* – de dia, durante o dia.
interdo, -as, -are: *v.t.* – dar com intervalo, distribuir, espalhar.
interductus, -us: *s.m.* – pausa, pontuação.
interdum: *adv.* – algumas vezes, de vez em quando; ora... ora (quando repetido).
interea: *adv.* – durante este tempo; entretanto; neste momento, neste meio tempo.
interemptor, -oris: *s.m.* – assassino.
intereo, -is, -ii, -itum, -ire: *v.int.* – perder-se, estar perdido; perecer, morrer; extinguir-se; acabar.
interequito, -as, -avi, -atum, -are: *v.t./int.* – passar ou andar a cavalo no meio; percorrer a cavalo.
interest, -fuit, -esse: *v.int.unip.* – ser do interesse de, importar; cumprir, pertencer.
interfatio, -onis: *s.f.* – interrupção.
interfectio, -onis: *s.f.* – morte, assassínio.
interfector, -oris: *s.m.* – matador, assassino.
interfectrix, -icis: *s.f.* – a que mata; destruidora.
interficio, -is, -eci, -ectum, -icere: *v.t.* – privar de; destruir, exterminar; matar.
interfluo, -is, -xi, -xum, -ere: *v.int.* – correr por ou entre.
interfodio, -is, -ere, -fodi, -fossum: *v.t.* – furar, cavar entre.
interfor, -aris, -atus sum, -ari: *v.int.* – interromper, cortar a palavra.
interfulgens, -entis: *adj.* – que brilha entre.
interfusus, -a, -um: *adj.* – derramado, espalhado; que corre entre.
interiaceo, -es, -ui, -ere: *v.t./int.* – estar colocado entre; jazer.
intericio, -is, -eci, -ectum, -ere: *v.t.* – interpor, intercalar; inserir; dizer (de passagem).
interiectus, -a, -um: *adj.* – interposto; intercalado; decorrido entre.
interiectus, -us: *s.m.* – interposição; intervalo; prazo, dilação.
interim: *adv.* – durante este tempo, no mesmo tempo; entretanto; por agora, desta vez.
interimo, -is, -emi, -emptum, -imere: *v.t.* – destruir, aniquilar; matar.
inter invitos: entre pessoas que resistem.
interior, -ius; *gen.*: **-oris**: *adj.comp.* – que está dentro, interior; recôndito, retirado; íntimo; mais próximo.
interitio, -onis: *s.f.* – destruição; morte, assassínio.
interit ira mora: a raiva passa com o tempo.
interitus, -us: *s.m.* – destruição, ruína; morte, assassínio.
interiungo, -is, -xi, -ctum, -ungere: *v.t./int.* – juntar, unir; desjungir, desatrelar.
interius: *adv.* – mais para dentro, interiormente.
interjectio, -onis: *s.f.* – intercalação; intervalo de tempo.
interjicio, -is, -jeci, -jectum, -ere: *v.t.* – jogar entre, lançar entre, colocar entre, interpor.
interjungo, -is, -junxi, -junctum, -ere: *v.t.* – ligar um ao outro, juntar, unir.
interlabor, -eris, -lapsus sum, -labi: *v.dep. int.* – escorregar por entre; cair entre, correr entre.
interlego, -is, -egi, -ectum, -egere: *v.t.* – colher com intervalos; colher aqui e ali.
interligo, -as, -are: *v.t.* – amarrar junto.
interlino, -is, -levi, -litum, -linere: *v.t.* – cancelar, apagar, riscar, rasurar; misturar, untar entre.
interloquor, -eris, -cutus sum, -qui: *v.dep.* – cortar a palavra, interromper.
interluceo, -es, -xi, -ere: *v.int.* – luzir, brilhar entre.
interlunium, -ii: *s.n.* – interlúnio, tempo em que a lua não aparece, espaço entre duas lunações.
interluo, -is, -ui, -utum, -uere: *v.t.* – banhar, lavar, correr entre.
intermaneo, -es, -ere: *v.int.* – ficar entre, no meio.
intermenstruum, -i: *s.n.* – espaço de tempo em que a lua não aparece, interlúnio.
intermeo, -es, -ere: *v.int.* – correr entre, atravessar.
interminatus, -a, -um: *adj.* – não limitado; *adj.* (de **intermino**) – proibido, vedado.

in terminis: em último lugar; nas palavras finais; para encerrar o processo.
intermisceo, -es, -scui, -ixtum ou **-istum, -ere**: *v.t.* – misturar, mesclar.
intermissio, -onis: *s.f.* – interrupção, suspensão; férias, descanso.
intermissus, -a, -um: *adj.* – colocado entre; separado; interrompido; livre, desocupado.
intermitto, -is, -isi, -issum, -ittere: *v.t./int.* – deixar espaço; interromper, suspender; descansar; cessar; omitir.
intermorior, -eris, mortuus sum, -ri: *v.dep. int.* – morrer entre, no intervalo; ser esquecido; ser destruído.
intermortuus, -a, -um: *adj.* – que está morrendo; que ficou como morto; quase destruído.
intermundium, -ii: *s.n.* – espaço entre os mundos; intermúndio.
intermuralis, -e: *adj.* – que está entre os muros; intermural.
interna corporis: no âmbito do próprio corpo; internamente; no âmbito da própria instituição.
internascor, -eris, -natus sum, -nasci: *v.int.* – nascer no meio, entre.
internecio, -onis: *s.f.* – matança; extermínio, carnificina; ruína, destruição.
internecivus, -a, -um: *adj.* – mortífero, mortal; de morte.
internecto, -is, -xui, -xum, -tere: *v.t.* – entrelaçar; unir.
interniteo, -es, -ui, -ere: *v.int.* – brilhar entre, resplandecer.
internodium, -ii: *s.n.* – espaço entre dois nós; parte entre as junturas (do corpo).
inter nolentes: entre pessoas que resistem; ver: **inter invitos**.
inter nos: entre nós; entre ti e mim; na intimidade; confidencialmente.
internosco, -is, -ovi, -otum, -oscere: *v.t.* – reconhecer, discernir, distinguir.
internuntio, -as, -avi, -atum, -are: *v.t.* – enviar mensageiros; parlamentar.
internuntius, -ii: *s.m.* – intermediário, medianeiro; mensageiro.
internus, -a, -um: *adj.* – interior, interno.
inter parietes: entre paredes; dentro de casa.
inter partes: entre as partes.
interpellatio, -onis: *s.f.* – aparte, interrupção; interpelação; impedimento, estorvo; intimação.
interpellator, -oris: *s.m.* – o que interrompe, aparteador; impertinente; sedutor.
interpello, -as, -avi, -atum, -are: *v.t.* – interromper, perturbar; impedir, opor-se; intimar; interpelar; solicitar.
interpolis, -e: *adj.* – que se renova, rejuvenesce.
interpolo, -as, -avi, -atum, -are: *v.t.* – dar uma nova forma, refazer; consertar, reparar; alterar; acrescentar, interpolar; misturar.
interpono, -is, -osui, -ositum, -onere: *v.t.* – pôr entre, postar entre; interpor, intercalar; inserir; propor, alegar; opor.
interposita persona: por meio de um intermediário.
interpositio, -onis: *s.f.* – interposição; introdução.
interpositus, -us: *s.m.* (usado somente no *abl.)* – interposição.
interpres, -etis: *s.m.f.* – intermediário, medianeiro; mensageiro, enviado; intérprete.
interpretatio, -onis: *s.f.* – interpretação, explicação.
interpretatio cessat in claris: a interpretação cessa nas coisas claras.
interpretatio restricta: interpretação restrita.
interpretor, -aris, -atus sum, -ari: *v.t.dep.* – interpretar, explicar; traduzir; julgar, estimar; compreender.
interpunctio; -onis: *s.f.* – sinal de pontuação.
interpunctum, -i: *s.n.* – pausa, repouso.
interpunctus, -a, -um: *adj.* – separado por, entremeado; discriminado.
interquiesco, -is, -evi, -etum, -escere: *v.int.* – fazer uma pausa; descansar aos poucos.
in terra repromissionis: na terra da promessa.
interregnum, -i: *s.n.* – interregno, tempo decorrido entre a morte de um rei e a proclamação de outro, ou entre dois consulados.
interrex, -egis: *s.m.* – regente, magistrado que governava até a eleição de um rei ou de cônsules.
interritus, -a, -um: *adj.* – intrépido, destemido.
interrogatio, -onis: *s.f.* – pergunta; interrogatório; argumento.
interrogatiuncula, -ae: *s.f.* – pequena pergunta.
interrogo, -as, -avi, -atum, -are: *v.t.* – pedir as opiniões, interrogar, perguntar; acusar.
in terrorem: para assustar; como advertência.
interrumpo, -is, -upi, -uptum, -umpere: *v.t.* – interromper, entrecortar; cortar; perturbar.
interrupte: *adv.* – de modo cortado, interrompido.

intersaepio, -is, -epsi, -eptum, -epire: *v.t.* – separar; fechar; embargar.
interscindo, -is, -scidi, -scissum, -indere: *v.t.* – romper pelo meio, cortar; dividir; interromper.
inter se: entre si.
intersero, -is, erui, -ertum, -ere: *v.t.* – inserir, pôr de permeio; ajuntar.
intersero, -is, -sevi e **-serui, -situm, serere**: *v.t.* – plantar entre; semear; introduzir, entremear.
intersisto, -is, -ere, -stiti: *v.int.* – parar entre, para no meio, interromper.
interspiratio, -onis: *s.f.* – respiração, pausa para respirar.
intersum, -es, -fui, -esse: *v.int.* – estar entre, mediar; estar presente; diferir.
in tertia vice: pela terceira vez.
intertrimentum, -i: *s.n.* – estrago, deterioração; dano, perda.
interturbatio, -onis: *s.f.* – perturbação, agitação.
interturbo, -as, -are: *v.t.* – perturbar.
interustraque: *adv.* – entre dois, entre um e outro.
intervallum, -i: *s.n.* – intervalo; espaço entre, distância; demora, repouso; diferença.
intervenio, -is, -eni, -entum, -ire: *v.t./int.* – estar entre; sobrevir; acudir, assistir; intervir; pôr obstáculo; impedir.
interventor, -oris: *s.m.* – o que sobrevém, visitador; fiador.
interventus, -us: *s.m.* – chegada (inesperada); interposição; mediação; abono, garantia.
interverto, -is, -ti, -sum, -tere: *v.t.* – desviar; subtrair, furtar; sonegar; desperdiçar.
inter virum et uxorem: entre marido e mulher.
interviso, -is, -isi, -isum, -ere: *v.t.* – ir ver de vez em quando; visitar.
inter vivos: entre os vivos.
inter volentes: entre pessoas que querem; entre pessoas que concordam.
intervolito, -as, -avi, -atum, -are: *v.int.* – voar entre.
intestabilis, -e: *adj.* – intestável, o que não pode testemunhar; amaldiçoado; infame, abominável.
intestatus, -a, -um: *adj.* – que não fez testamento, intestado.
in testimonium: em testemunho; em comprovação.
intestinum, -i: *s.n.* (usado sobretudo no plural) – intestinos, entranhas.
intestinus, -a, -um: *adj.* – interior, interno; intestino, civil.
intexo, -is, -ui, -extum, -texere: *v.t.* – entrelaçar; entremear; tecer; inserir; escrever.
in theatro versari: estar no palco; estar numa posição de destaque.
in thesi: em tese.
intibum ou **intubum, -i**: *s.n.* – chicória.
intima mentis: os segredos do coração.
intime: *adv.* – cordialmente, sinceramente, intimamente; interiormente; com intimidade.
intimus, -a, -um: *adj.superl.* – o mais recôndito, o mais profundo; secreto; íntimo.
intingo, -is, -xi, -ctum, -gere: *v.t.* – embeber, impregnar; temperar.
intolerabilis, e: *adj.* – insuportável, intolerável.
intolerans, -antis: *adj.* – que não pode tolerar; insuportável.
intolerantia, -ae: *s.f.* – o que é insuportável; estado de não sofrer; insolência, soberba; intolerância.
intonatus, -a, -um: *adj.* – que estala ou retumba como o trovão.
intono, -as, -ui ou **-avi, -atum, -are**: *v.t./int.* – trovejar; atroar, retumbar; fazer barulho, gritar.
intonsus, -a, -um: *adj.* – não cortado; que tem os cabelos crescidos; não desbastado; agreste; severo.
intorqueo, -es, -si, -ortum, -quere: *v.t.* – torcer, entortar; revolver; brandir, atirar.
in totidem verbis: em tantas palavras; palavra por palavra; textualmente.
in toto: no todo; completamente; inteiramente.
in totum: inteiramente; no todo.
intra: *prep.* de *oc.* – no interior de, em; para dentro de; aquém; até a; abaixo de; durante; *adv.* – no interior; por dentro.
intra anni spatium: dentro do espaço de um ano.
intrabilis, -e: *adj.* – em que se pode entrar.
intractabilis, -e: *adj.* – intratável, incorrigível, áspero, desabrido; feroz.
intractatus, -a, -um: *adj.* – indomado; não amansado; não experimentado.
intra legem: dentro da lei; previsto na lei.
intra muros: dentro dos muros; dentro da cidade; internamente.
in transitu: em trânsito; na passagem; ao passar; de passagem.
intra parietes: entre paredes; dentro de casa; entre amigos.

I

intra vires: dentro dos poderes; nos limites da autoridade.
intremo, -is, -ui, -ere: *v.int.* – tremer, estremecer.
intrepidus, -a, -um: *adj.* – destemido, intrépido, corajoso; que passa sem sobressaltos.
in tribus verbis: em três palavras; resumindo; em resumo.
intrico, -as, -avi, -atum, -are: *v.t.* – confundir, embaraçar; enredar, emaranhar.
intrinsecus: *adv.* – no interior, dentro, interiormente.
intrinsecus et extrinsecus: por dentro e por fora.
intritus, -a, -um: *adj.* – não pisado.
in trivio sum: estou numa encruzilhada.
intro: *adv.* – para dentro, para o interior.
intro, -as, -avi, -atum, -are: *v.t./int.* – entrar, penetrar em.
I
introduco, -is, -xi, -ctum, -cere: *v.t.* – introduzir, fazer entrar; apresentar, propor.
introductio, -onis: *s.f.* – introdução.
introeo, -is, -ivi ou **-ii, -itum, -ire**: *v.t./int.* – entrar, ir para dentro, penetrar.
introfero, -fers, -tuli, -latum, -ferre: *v.t.* – levar para dentro.
introgredior, -eris, -gressus sum, -edi: *v.t./int.* – entrar em; introduzir.
introitus, -us: *s.m.* – ação de entrar; entrada; alameda; começo; introito, exórdio.
intromitto, -is, -isi, -issum, ittere: *v.t.* – fazer entrar, introduzir; admitir; enviar.
introrsum e **introrsus**: *adv.* – para dentro de; dentro, no interior de.
introrumpo, -is, -upi, -uptum, -umpere: *v.int.* – entrar rapidamente, irromper.
introspicio, -is, -exi, -ectum, -icere: *v.t./int.* – olhar dentro; sondar, penetrar; ver.
introvoco, -as, -avi, -atum, -are: *v.t.* – chamar para dentro, fazer entrar.
intubum ou **intibum, -i**: *s.n.* – chicória.
intueor, -eris, -itus sum, -eri: *v.dep.* – olhar atentamente, ter os olhos em; observar, examinar; descobrir.
intuitu familiae: visando à família.
intuitu personae: em consideração à pessoa.
intumesco, -is, -ui, -scere: *v.int.* – inchar-se; engrossar, crescer; irritar-se.
intumulatus, -a, -um: *adj.* – insepulto, privado de sepultura.
inturbatus, -a, -um: *adj.* – não pertubardo, calmo.
inturbidus, -a, -um: *adj.* – não perturbado, calmo, aplacado.
intus: *adv.* – dentro; lá dentro; no interior; *prep.gen.* e *ac.* – em, dentro de; para dentro de.
intus et in cute: por dentro e na pele; de dentro e de fora; por dentro e por fora.
intutus, -a, -um: *adj.* – não seguro; pouco seguro, perigoso.
in ultimis: no último momento; em grande dificuldade.
in ultimo casu: em último caso.
inultus, -a, -um: *adj.* – não vingado; não punido, impune.
in umbra desino: na escuridão, eu paro.
inumbro, -as, -avi, -atum, -are: *v.t./int.* – cobrir de sombra, obscurecer; ocultar.
inundatio, -onis: *s.f.* – inundação, cheia, dilúvio.
inundo, -as, -avi, -atum, -are: *v.t./int.* – inundar; transbordar.
inungo, -is, -xi, -ctum, -gere: *v.t.* – untar, ungir; esfregar; banhar.
in universo orbe: no mundo inteiro.
inurbane: *adv.* – sem elegância, sem espírito, sem graça.
inurbanus, -a, -um: *adj.* – não delicado; incivil; rústico, grosseiro.
inurgeo, -es, -ere: *v.t.* – empurar, lançar contra, perseguir.
inuro, -is, -ussi, -ustum, -urere: *v.t.* – queimar em; marcar com ferro quente; pôr ou impor (um ferrete); infamar; fazer entrar até o fundo.
inusitate: *adv.* – de modo diferente, contra o uso, desusadamente.
inusitatus, -a, -um: *adj.* – desusado; raro, novo.
in usu: em uso; em uso frequente.
in usum: para uso.
in usum delphini: para o uso do delfim.
inutilis, -e: *adj.* – vão, inútil, supérfluo; inapto, incapaz de; perigoso.
inutilitas, -atis: *s.f.* – inutilidade; nocividade.
in utraque fortuna: com a sorte favorável ou desfavorável.
in utroque casu: em qualquer caso; em ambos os casos.
in utroque iure: em ambos os direitos; no direito civil e no direito canônico.
in vacuo: no vazio.
invado, -is, -si, -sum, -dere: *v.t./int.* – atirar-se contra ou a; acometer, assaltar; apoderar-se de; invadir, empreender; intentar; percorrer.
invalesco, -is, -lui, -lescere: *v.int.* – tornar-se forte, poderoso, desenvolver-se, consolidar-se, entrar em uso.

invalidus, -a, -um: *adj.* – fraco, débil; enfermo.
in valle lacrimarum: neste vale de lágrimas.
invecticius, -a, -um: *adj.* – importado, exótico, estrangeiro.
invectio, -onis: *s.f.* – importação.
inveho, -is, -exi, -ectum, -ehere: *v.t./int.* – trazer para; arrastar, transportar; levar para; causar; romper contra, arrebatar.
invendibilis, -e: *adj.* – que não se pode vender, invendável.
invenio, -is, -veni, -ventum, -venire: *v.t.* – vir sobre, achar, descobrir; inventar; encontrar; adquirir; promover, causar.
inventa lege, inventa fraude: criada a lei, é criada a fraude.
inventio, -onis: *s.f.* – descoberta, invenção.
inventor, -oris: *s.m.* – descobridor, inventor; autor.
inventrix, -icis: *s.f.* – a que acha, descobre; inventora.
inventum, -i: *s.n.* – invento, descoberta, invenção.
invenuste: *adv.* – sem graça, sem elegância.
invenustus, -a, -um: *adj.* – desgracioso; que é sem elegância; infeliz.
in verbis: textualmente; nestes termos.
inverecundus, -a, -um: *adj.* – impudente, desavergonhado.
invergo, -is, -ere: *v.t.* – entornar em; verter, derramar.
in veritate victoria: a vitória está na verdade.
inversio, -onis: *s.f.* – inversão, transposição; ironia.
inverso ordine: em ordem inversa.
inverto, -is, -i, -sum, -tere: *v.t.* – voltar, virar, revolver; lavrar; inverter, transtornar; derrubar.
invesperascit, -ere: *v.int.unip.* – faz-se tarde, entardece, cai a noite.
investigatio, -onis: *s.f.* – indagação; investigação.
investigator, -oris: *s.m.* – indagador, perscrutador.
investigo, -as, -avi, -atum, -are: *v.t.* – seguir o rasto de; procurar, indagar; inquirir; descobrir, encontrar.
inveterasco, -is, -ere: *v.int.* – enfraquecer-se com o tempo; consolidar-se, fortalecer (com o tempo); crescer.
inveteratio, -onis: *s.f.* – doença antiga ou crônica.
inveteratus, -a, -um: *adj.* – envelhecido; antiquado; inveterado.
invetero, -as, -avi, -atum, -are: *v.int./t.* – tornar-se velho; arraigar-se, estabelecer-se; conservar.
in viam redire: retornar à estrada.
invicem: *adv.* – alternadamente, ora um ora outro; de parte a parte, mutuamente, um ao outro; ao contrário.
in vicem: um de cada vez; sucessivamente.
invictus, -a, -um: *adj.* – não vencido, invencível; que resiste a; indestrutível.
invidens, -entis: *part.pres.* – invejoso.
invidentia, -ae: *s.f.* – inveja.
invideo, -es, -di, -sum, -dere: *v.t./int.* – invejar; ver com maus olhos, aborrecer; recusar; roubar; estorvar.
invidia, -ae: *s.f.* – inveja, despeito; ódio; avareza, mesquinhez; desgraça.
invidiosus, -a, -um: *adj.* – invejoso; invejado; que provoca o ódio, odioso.
invidus, -a, -um: *adj.* – invejoso, ciumento; contrário, adverso; inimigo.
invigilo, -as, -avi, -atum, -are: *v.int.* – velar por; estar alerta ou atento a; aplicar-se a.
in vino veritas: no vinho, a verdade.
inviolabilis, -e: *adj.* – inviolável, invulnerável.
inviolatus, -a, -um: *adj.* – não violado, respeitado; intato, inviolável.
invisitatus, -a, -um: *adj.* – não visitado.
inviso, -is, -i, -sum, -ere: *v.t.* – ir ver, visitar.
invisus, -a, -um: *adj.* (de **invideo**) – odioso, detestado; *adj.* (de **in** e **visus**) – não visto, oculto, invisível.
in vitae primordiis: no começo da vida.
invitamentum, -i: *s.n.* – convite; engodo, atrativo.
invitatio, -onis: *s.f.* e **invitatus, -us**: *s.m.* – convite; provocação; instigação.
invito, -as, -avi, -atum, -are: *v.t.* – convidar, banquetear, regalar; fazer vir; provocar, incitar.
invito debitore: contra a vontade do devedor.
invito domino: contra a vontade do dono.
in vitro: no vidro; no tubo de ensaio.
invitus, -a, -um: *adj.* – que age contra a vontade, constrangido, forçado, involuntário.
invius, -a, -um: *adj.* – sem caminho, inacessível, impraticável.
in vivo: em organismo vivo.
invocatio, -onis: *s.f.* – invocação.
invocatus, -a, -um: *adj.* – não chamado, não convidado.
invoco, -as, vi, -atum, -are: *v.t.* – chamar, chamar em socorro, invocar.

I

involatus, -us: *s.m.* – ação de voar para, voo.
involito, -as, -avi, -atum, -are: *v.int.* – voar sobre, esvoaçar, flutuar.
involo, -as, -avi, -atum, -are: *v.int.* – voar em; atirar-se a, precipitar-se.
involucrum, -i: *s.n.* – envoltório; véu, disfarce; penteador.
involutus, -a, -um: *adj.* – envolvido, obscuro.
involvo, -is, -i, -olutum, -vere: *v.t.* – rolar sobre; enrolar; envolver, cobrir, rodear, obscurecer.
invulnerabilis, -a, -um: *adj.* – invulnerável.
invulneratus, -a, -um: *adj.* – não ferido.
io: *interj.* (grito de alegria, de admiração ou de dor) – ah!, eia!, oh!.
iocandi causa: por brincadeira.
iocatio, -onis: *s.f.* – gracejo, zombaria.
ioci causa: de brincadeira; por gracejo.
iocor, -aris, -atus sum, -ari: *v.dep.int./t.* – gracejar; zombar, escarnecer.
ioco remoto: fora de brincadeira; a sério.
iocosus, -a, -um: *adj.* – que gosta de gracejar; folgazão, divertido, jocoso.
iocularia, -orum: *s.n.pl.* – gracejos, sarcasmos; historietas engraçadas.
iocularis, -e: *adj.* – divertido, engraçado.
ioculator, -oris: *s.m.* – gracejador, trocista; zombador.
ioculor, -aris, -atus sum, -ari: *v.dep.* – dizer gracejos; motejar.
iocus, -i: *s.m.* (*pl.* **ioci, -orum** e **ioca, -orum**) – gracejo, pilhéria; zombaria; sarcasmo; passatempo, divertimento.
Iones, -um: *s.m.pl.* – jônios, habitantes da Jônia.
ipsaque mors nihil: a própria morte não é nada.
ipse, -a, -um: *gen.* **ipsius**: *pron.* – mesmo, mesma; ele mesmo, ela mesma; por si, de si mesmo.
ipse dixit, magister dixit: o próprio mestre disse; não há mais o que discutir.
ipsis litteris: com as próprias letras; literalmente; textualmente.
ipsissima verba: as mesmíssimas palavras.
ipsis verbis: exatamente igual; com as mesmas palavras.
ipso articulo temporis: no mesmo momento.
ipso facto: por esse mesmo fato; por isso mesmo; em consequência.
ipso iure: pela própria lei; de acordo com a lei.
ira, -ae: *s.f.* – ira; cólera; furor, arrebatamento; indignação.
iracunde: *adv.* – com cólera, raivosamente.
iracundia, -ae: *s.f.* – irascibilidade; cólera; indignação.
iracundiam rege: domina tua cólera.
iracundus, -a, -um: *adj.* – irascível, colérico; arrebatado.
ira et lacrimae: ira e lágrimas.
ira motus: movido pela ira.
iram prudentia vincit: a prudência vence a ira.
irascor, -eris, -ratus sum, -rasci: *v.dep.int.* – irar-se, encolerizar-se; indignar-se; enfurecer-se.
iratus, -a, -um: *adj.* – irado, irritado; indignado.
ire docetur eundo: andando aprende-se a andar.
ironia, -ae: *s.f.* – ironia.
irrationalis, -e: *adj.* – irracional, privado de razão.
irrauceo, -es, -si, -cere: *v.int.* – ficar rouco, enrouquecer.
irreligatus, -a, -um: *adj.* – não ligado, não atado.
irreligiosus, -a, -um: *adj.* – irreligioso, ímpio.
irremeabilis, -e: *adj.* – de que ou onde não se pode voltar.
irreparabilis, -e: *adj.* – irreparável.
irrepertus, -a, -um: *adj.* – não achado, não encontrado.
irrepo, -is, -psi, -eptum, -pere: *v.int./t.* – ir se arrastando para, ir de gatinhas; introduzir--se; insinuar-se.
irreprehensus, -a, -um: *adj.* – irrepreensível.
irrepto, -as, -are: *v.int./t.* – esgueirar-se para, deslizar para; intriduzir-se furtivamente.
irrequietus, -a, -um: *adj.* – que não descansa; irrequieto.
irresectus, -a, -um: *adj.* – não cortado.
irresolutus, -a, -um: *adj.* – não afrouxado.
irretio, -is, -ivi ou **-ii, -itum, -ire**: *v.t.* – enredar, enlaçar; embaraçar, envolver; impedir; enlear, seduzir.
irretortus, -a, -um: *adj.* – que não se volta, que não é virado para trás.
irreverens, -entis: *adj.* – irreverente, menos respeitoso.
irreverentia, -ae: *s.f.* – licença, irreverência, desacato.
irrevocabilis, -e: *adj.* – irrevogável; que não pode ser retido; irreparável.
irrevocatus, -a, -um: *adj.* – não retido.

irrideo, -es, -si, -sum, -dere: *v.int./t.* – rir-se de, escarnecer; ridicularizar, zombar.
irridicule: *adv.* – sem graça; ridiculamente.
irridiculus, -a, -um: *adj.* – sem graça; ridículo.
irrigatio, -onis: *s.f.* – irrigação.
irrigo, -as, -avi, -atum, -are: *v.t.* – irrigar, regar; banhar; inundar, derramar.
irriguus, -a, -um: *adj.* – irrigado, banhado, que serve para banhar; que se espalha.
irrisio, -onis: *s.f.* – irrisão, zombaria, escárnio.
irrisor, -oris: *s.m.* – escarnecedor, zombador.
irrisus, -a, -um: *adj.* – escarnecido, ludibriado; ridicularizado.
irrisus, -us: *s.m.* – mofa, zombaria.
irritabilis, -e: *adj.* – irritável, irascível.
irritatio, -onis: *s.f.* – ação de irritar; estímulo, incentivo.
irritimen, -inis e **irritamentum, -i**: *s.n.* – o que irrita; estímulo, incitamento.
irrito, -as, -avi, -itum, -are: *v.t.* – irritar; incitar, provocar; suscitar, causar; estimular.
irritus, -a, -um: *adj.* – anulado; nulo, írrito; inútil, ineficaz; malogrado.
irritus conatus: um esforço inútil; uma tentativa inútil.
irrogatio, -onis: *s.f.* – ação de infligir; irrogação; condenação a pagar.
irrogo, -as, -avi, -atum, -are: *v.t.* – infligir, impor; condenar; irrogar; conceder; suscitar.
irroro, -as, -avi, -atum, -are: *v.t./int.* – orvalhar; gotejar, borrifar; umedecer; banhar.
irrumo (inrrumo), -as, -avi, -atum, -are: *v.t.* – meter na boca de alguém, dar de mamar.
irrumpo, -is, -upi, -uptum, -umpere: *v.int./t.* – entrar precipitadamente; atirar-se; cair sobre, assaltar; penetrar; invadir, usurpar.
irruo, -is, -i, -utum, -uere: *v.int.* – atirar-se a ou sobre, arremessar-se; entrar precipitadamente; acometer; invadir, apoderar-se.
irruptio, -onis: *s.f.* – investida, ataque; irrupção; invasão.
irruptus, -a, -um: *adj.* – não rompido, não quebrado.
is, ea, id: *gen.;* **eius**: *pron.* – este, esta, isto; aquele, aquela, aquilo; ele, ela; tal.
isolenter: *adv.* – contrariamente ao hábito, raramente; insolentemente, com arrogância.
is pater est, quem iustas nuptiae demonstrat: pai é quem se casou com a mulher de quem nasceu o filho.
istactenus: *adv.* – até este ponto, até aí.
iste, ista, istud: *gen.;* **istius**: *pron.*- esse, essa, isso; este, esta, isto; tal, qual.
iste sol erat: este era o sol; anagrama de Aristóteles.
Isthmia, -iorum: *s.n.pl.* – jogos celebrados no istmo de Corinto, em honra de Netuno.
istic, istaec, istoc, istuc: *pron.* – esse, essa, isso; este, esta, isto.
isticine: *adv.inter.* – por que motivo?, por quê?.
isticine: *pron.inter.* – porventura esse?, porventura essa?.
istinc: *adv.* – daí, dali, desse lugar.
istiusmodi: *adv.* – de tal modo, desta sorte.
isto: *adv.* – aí, ali; para esse lugar.
istorsum: *adv.* – desse lado, dali.
istuc e **istoc**: *adv.* – para ali; para esse lugar; aí; para isso.
ita: *adv.* – assim, deste modo; da mesma sorte, de tal modo, tão, tanto; muito; certamente, sem dúvida; então, logo; assim pois, por consequência; daí; na mesma proporção.
ita est, fili: tens razão, filho.
ita est: assim é; é verdade.
ita ingenium meum est: minha natureza é esta.
ita iustitia sperat: assim a justiça espera.
ita lex dicit: assim diz a lei.
ita lex dixit: assim disse a lei.
Itali, -orum: *s.m.pl.* – ítalos, habitantes da Itália.
italice: em italiano; à italiana.
italicus, -a, -um: *adj.* – itálico, da Itália.
itaque: *conj.* – assim pois, logo, portanto; assim, pois; *adv.* – e deste modo.
ita res se habet: é assim que a coisa está; essa é a verdade.
ita speratur: assim se espera.
ita te Deus adiuvet!: que Deus te ajude!
ita ut dicam: por assim dizer.
ita vero: certamente.
ite bonis avibus!: ide com bons auspícios.
itidem: *adv.* – do mesmo modo; igualmente.
ite in pace: ide em paz.
item: *adv.* – da mesma forma, igualmente; outra vez, de novo.
iter, itineris: *s.n.* – caminho, estrada; jornada, viagem; marcha; direito de passagem; modo, meio, recurso.
iter: procedimento, etapas.
iteratio, -onis: *s.f.* – repetição.
iterato: *adv.* – outra vez, reiteradamente.

iter criminis: o caminho do crime; as fases do ato criminoso.
itero, -as, -avi, -atum, -are: *v.t.* – recomeçar, repetir, reiterar; contar, relatar.
iter para tutum: prepara um caminho seguro.
iterum: *adv.* – outra vez, de novo, repetidamente; por sua vez.
iterum et amplius: duas vezes e mais; mais de duas vezes.
ite, si itis: se ides, ide logo.
itio, -onis: *s.f.* – ação de ir, ida.
ito, -as, -avi, -atum, -are: *v.int.* – ir frequentemente.
itus, -us: *s.m.* – ação de ir, ida; caminho.
iuba, -ae: *s.f.* – crina, juba; crista; cimeira, penacho.
iubar, -aris: *s.n.* – astro; estrela d'alva; brilho, luz (dos astros); esplendor, clarão.
iubatus, -a, -um: *adj.* – que tem crina; guarnecido de crina; que tem crista; de cauda (estrela).
iubente Deo: por ordem de Deus.
iubeo, -es, -iussi, -iussum, -bere: *v.int./t.* – ordenar, mandar; prescrever; designar; decretar; resolver; exortar.
iucunditas, -atis: *s.f.* – amenidade; agrado, encanto; prazer; graça; amabilidade; alegria; felicidade; *pl.* – obséquios.
iucundum nil agere: ficar sem fazer nada é gostoso.
iucundus, -a, -um: *adj.* – ameno, jocundo; agradável, suave, deleitoso; próspero, feliz; alegre; serviçal, prestadio.
Iudae osculum: o beijo de Judas.
iudex, -icis: *s.m.* – árbitro, juiz; entendido, apreciador, crítico.
iudex ad quem: juiz ou tribunal superior a que se recorre.
iudex a quo: juiz ou tribunal de cuja decisão se recorre.
iudex competens: o juiz competente.
iudex est lex loquens: o juiz é a lei falando; o juiz é a voz da lei.
iudex est peritus peritorum: o juiz é o perito dos peritos.
iudex extra territorium est privatus: fora de sua jurisdição, o juiz é um particular.
iudex idoneus: o juiz idôneo.
iudex inhabilis: o juiz impedido.
iudex non debet lege esse clementior: o juiz não deve ser mais clemente do que a lei.
iudex suspectus: um juiz suspeito.
iudex ultra petita condemnare non potest: o juiz não pode condenar além do pedido.
iudicalis, -e: *adj.* – judiciário, judicial.
iudicare munus publicum est: julgar é função pública.
iudicatio, -onis: *s.f.* – julgamento, deliberação.
iudicatum, -i: *s.n.* – julgamento, sentença, despacho; juízo, opinião.
iudicatus, -us: *s.m.* – judicatura; ofício de juiz.
iudice me: sendo eu juiz; na minha opinião.
iudicio meo: na minha opinião.
iudicis potestas: o poder do juiz.
iudicium, -ii: *s.n.* – julgamento, decisão, sentença; ofício de juiz; ação judicial, processo, demanda; juízo, tribunal; voto, parecer; discernimento, reflexão.
iudicium accusationis: juízo de acusação.
iudicium causae: juízo da causa.
iudicium contentiosum: juízo contencioso.
iudicium criminale: juízo criminal.
iudicium Dei: o julgamento de Deus.
iudicium extremum: o juízo final.
iudicium ultimum: o juízo final.
iudico, -as, -avi, -atum, -are: *v.int./t.* – julgar, exercer o ofício de juiz; dar sentença; condenar; ajuizar, apreciar; decidir.
iufectus, -a, -um: *adj.* (de **inficio**) – colorido, pintado; deslustrado; imbuído; *adj.* (de **in** e **factus**) – não feito; inacabado; tosco.
iugalis, -e: *adj.* – de jugo; que tem feitio de jugo; conjugal; *s.m.pl.* – cavalos emparelhados, parelhas.
iugatio, -onis: *s.f.* – ação de empar ou de atar parreiras a estacas.
iugerum, -i: *s.n.* – jeira (medida agrária de aproximadamente 2.500 metros quadrados).
iugo, -as, -avi, -atum, -are: *v.t.* – prender, ajuntar; empar (a vinha); unir; casar.
iugosus, -a, -um: *adj.* – montanhoso.
iugulatio, -onis: *s.f.* – degolação, matança.
iugulo, -as, -avi, -atum, -are: *v.t.* – degolar; matar, assassinar; abater, derrubar.
iugulum, -i: *s.n.* e **iugulus, -i**: *s.m.* – garganta, pescoço.
iugum, -i: *s.n.* – jugo; junta, parelha; casal; servidão; banco de remeiro; cilindro, peça do tear; monte, cordilheira; píncaro, cume.
iuleus, -a, -um: *adj.* – iuleu, de Iulo; romano; do mês de julho.
iulius, -a, -um: *adj.* – Júlio, de Júlio César ou de seus descendentes; do mês de julho; **-ii**: *s.m.* – julho, sétimo mês do ano.

I

iumentum, -i: *s.n.* – animal de carga; burro, cavalo, boi, camelo.
iunceus, -a, -um: *adj.* – de junco; semelhante a junco.
iuncosus, -a, -um: *adj.* – que dá juncos, cheio de juncos.
iunctim: *adv.* – juntamente, a par; sem interrupção, seguidamente.
iunctio, -onis: *s.f.* – união.
iuncti progrediamur: avancemos juntos.
iunctis viribus: com forças reunidas.
iuncus, -i: *s.m.* – junco.
iungo, -is, -xi, -ctum, -gere: *v.t.* – jungir, ajuntar, unir; formar (sociedade, aliança), ligar, acrescentar.
iuniores ad labores: os jovens (devem ir) para o trabalho.
iuniperes, -i: *s.f.* – zimbro, junípero (arbusto e fruto).
Iuno, -onis: *s.f.* – Juno, deusa, irmã e, mulher de Júpiter.
iunonicola, -ae: *s.m.f.* – adorador ou adoradora de Juno.
iunonius, -a, -um e **iunonalis, -e**: *adj.* – de Juno, relativo a deusa Juno.
Iuppiter ou **Iupiter**, *gen.;* **Iovis**: *s.m.* – Júpiter, filho de Saturno, e o maior dos deuses; céu, ar, relento; destino.
iura et officia: os direitos e os deveres.
iura in re aliena: os direitos sobre coisa alheia.
iura in rem: os direitos sobre a coisa.
iura naturae sunt immutabilia: as leis da natureza são imutáveis.
iura negant: as leis se opõem.
iura novit curia: o tribunal conhece as leis.
iura quaesita: os direitos adquiridos.
iura regalia: os direitos reais.
iurator, -oris: *s.m.* – o que presta juramento.
iuratus, -a, -um: *adj.* – jurado; por que ou quem se jurou; ligado por juramento; que jurou; fiel, verdadeiro.
iure: por direito; pela lei.
iure ac merito: por direito e por mérito.
iure an iniuria: de maneira justa ou injusta; com razão ou sem razão; pela lei ou contra a lei.
iure belli: pelo direito de guerra; pela lei de guerra.
iure constituendo: pelo direito a ser constituído.
iure divino: pelo direito divino.
iure et de facto: por direito e de fato.
iure et dignitate: com justiça e dignidade.
iure gentium: pelo direito das nações.
iure hereditario: por direito hereditário.
iure humano: pelo direito humano.
iure meritoque: por direito e por mérito.
iure non dono: por direito, não por dádiva.
iure, non vi: pela lei, não pela força.
iure propinquitatis: por direito de parentesco.
iure proprio: por direito próprio.
iure representationis: por direito de representação.
iure sanguinis: por direito de sangue.
iure uxoris: por direito uxóreo; no direito da esposa.
iurgium, -ii: *s.n.* – disputa, querela, discussão.
iurgo, -as, -avi, -atum, -are: *v.int.* e **iurgor, -aris, -atus sum, -ari**: *v.dep.int.* – demandar, pleitear; contender, altercar, disputar.
iuridicialis, -e: *adj.* – relativo a uma questão de direito; jurídico.
iuris apices: as sutilezas do direito.
iurisdictio, -onis: *s.f.* – ação de administrar justiça, judicatura; direito de administrar justiça, jurisdição; alçada, tribunal.
iuris et de iure: de direito e por direito.
iuris nodi: os nós da lei.
iuris peritus: um especialista em direito.
iuris tantum: somente de direito, a admitir prova em contrário.
iuris vinculum: o vínculo jurídico.
iurium suorum tuitio: a defesa dos próprios direitos.
iuro: eu juro.
iuro, -as, -avi, -atum, -are: *v.int./t.* – jurar, fazer juramento; afirmar, prometer com juramento; protestar; assegurar; conspirar, conjurar.
ius, iuris: *s.n.* – caldo, suco de carne; molho.
ius, iuris: *s.n.* – direito, equidade, justiça; lei; juízo, tribunal; autoridade, poder; condição.
ius abutendi: o direito de abusar.
ius accusationis: direito de acusar.
ius actionis: o direito de ação.
ius ad rem: o direito à coisa.
ius agendi: o direito de agir.
ius ambulandi: o direito de ir e vir.
ius belli: o direito de guerra.
ius canonicum: o direito canônico.
ius capiendi: o direito de receber uma herança.
ius civile: o direito civil.
ius civitatis: o direito de cidade.

ius cogens: o direito cogente; norma cuja aplicação é obrigatória, sem possibilidade de a parte a ela renunciar.
ius commercii: o direito do comércio.
ius commune: o direito comum.
ius communicationis: o direito de livre comunicação.
ius constituendum: direito a se constituir.
ius constitutum: direito constituído.
ius convocandi: o direito de convocar.
ius cosmopoliticum: o direito universal.
ius curia novit: o tribunal conhece a lei.
ius discendi et docendi: o direito de aprender e de ensinar.
ius disponendi: o direito de dispor.
ius dispositivum: o direito dispositivo.
ius divinum: o direito divino.
ius domicilii: a lei do domicílio.
ius egit vi: o direito precisa da força.
ius empirii: direito da autoridade, direito do governo, direito do que tem o poder.
ius est: é permitido.
ius est ars boni et aequi: o direito é a arte do bom e do justo.
ius est norma agendi: o direito é a norma de agir.
ius et officium: o direito e o dever.
ius eundi: direito de ir e vir.
ius ex facto oritur: o direito nasce do fato.
ius faciendi: o direito de fazer.
ius facit iudex: o juiz faz o direito.
ius fasque est: é justo e correto.
ius fruendi: o direito de usufruir.
ius generale: o direito comum.
ius gentium: o direito dos povos.
ius gladii: o direito da espada; o poder do comandante.
ius gratia iuris: o direito pelo direito.
ius habendi: o direito de ter.
ius hereditatis: o direito de herança.
ius hominum: o direito da humanidade.
ius hospitii: as leis da hospitalidade.
ius humanum et divinum: o direito humano e o divino.
ius imperii: direito de governo; direito de quem tem o poder.
ius in armis: o direito está na força.
ius in re: direito sobre a coisa; direito de propriedade.
ius in re aliena: direito sobre a coisa alheia (usufruto, hipoteca).
ius in re propria: o direito sobre coisa própria.
ius itineris: o direito de passagem.
ius iudicandi: o direito de julgar.
iusiurandum sacrum: juramento é coisa sagrada.
ius iurisdictionis: o direito de jurisdição.
ius libertatis: o direito à liberdade; direito dos homens livres.
ius mancipii: o direito da propriedade.
ius mariti: o direito do marido (de administrar os bens da mulher).
ius migrandi: o direito de migrar.
ius murmurandi: o direito de segredar; direito de resmungar.
ius naturae: a lei da natureza.
ius navigandi: o direito de navegar.
ius necessitas constituit: a necessidade faz a lei; necessidade cria o direito.
ius necessitudinis: as ligações de parentesco.
ius necis atque vitae: o direito de morte e de vida.
ius negotiandi: o direito de negociar.
ius non scriptum: o direito não escrito.
ius novi: eu conheço a lei.
ius obiectivum: o direito objetivo.
ius obligationum: o direito das obrigações.
ius particulare: o direito particular.
ius patruum: a autoridade dos pais.
ius peregrinandi: o direito de migrar.
ius perpetuum: direito perpétuo.
ius persequendi: direito de perseguir.
ius positivum: o direito positivo.
ius possessionis: o direito de posse (independe da propriedade).
ius possidendi: o direito de possuir.
ius postulandi: o direito de postular.
ius praedicandi: o direito de pregar.
ius prohibendi: o direito de proibir.
ius puniendi: o direito de punir.
ius querelandi: o direito de questionar.
ius recusandi: o direito de recusar.
ius reivindicandi: o direito de reivindicar.
ius respondendi: o direito de responder.
ius restitutionis: o direito de reparação.
ius retentionis: o direito de retenção.
ius sacrum: o direito sagrado; direito religioso.
ius sanguinis: o direito de sangue; de parentesco.
ius scriptum: o direito escrito.
ius soli: o direito do solo.
ius strictum: o direito estrito.
ius subiectivum: o direito subjetivo.
ius successendi: o direito de suceder.
ius suffragii: direito do voto.

iussu iudicis: por ordem do juiz.

iussum, -i: *s.n.* – ordem, mandado; preceito; lei.

ius suum unicuique tribuere: dar a cada um aquilo a que tem direito.

iusta, -orum: *s.n.pl.* – o que se deve fazer conforme a lei, o costume; deveres, obrigação; o que é devido, o que se tem de fazer; ração; salário; exéquias.

iusta absentiae excusatio: a justificação de ausência.

iusta causa: a justa causa; por justa causa.

iustae nuptiae: o casamento legal.

ius Talionis: o direito de retaliação; lei de Talião.

iustitia, -ae: *s.f.* – justiça, equidade; o que é devido ou de direito; lei; exatidão.

iustitia civilis: a justiça civil.

iustitiae soror fides: a confiança é irmã da justiça.

iustitia nemini neganda est: a justiça não deve ser negada a ninguém.

iustitia omnibus: justiça para todos.

ius tollendi: o direito de retirar.

iusto pretio: pelo preço justo.

iusto tempore: no tempo certo.

iustum matrimonium: o casamento legal; casamento civil.

iustum pretium: o preço justo.

iustus, -a, -um: *adj.* – que tem a devida medida; conveniente, apropriado; justo, legítimo; o que é de equidade, exato; benigno.

ius utendi: o direito de usar.

ius vendendi: o direito de vender.

ius viae: o direito de passagem.

ius vigens: o direito vigente.

ius vitae et necis: o direito de vida e de morte.

iuvat, iuvit, -are: *v.int.unip.* – ser agradável, aprazer; ser útil, vantajoso.

iuvenalis, -e: *adj.* – de mocidade, juvenil.

iuvenca, -ae: *s.f.* – novilha; menina.

iuvencus, -a, -um: *adj.* – que é de pouca idade, novo (com respeito aos animais); **-i**: *s.m.* – bezerro, novilho; moço, rapaz.

iuvenesco, -is, -nui, -nescere: *v.int.* – fazer-se moço, crescer; remoçar-se.

iuvenilia: obras produzidas na mocidade.

iuvenilis, -e: *adj.* – próprio de moço; de mocidade, juvenil.

iuvenis, -e: *adj.* – jovem, novo; juvenil; **-is**: *s.m.* – moço, rapaz.

iuvenor, -aris, -atus sum, -ari: *v.dep.int.* – fazer de moço; proceder como rapaz.

iuventa, -ae e **iuventas, -atis**: *s.f.* – mocidade, idade de rapaz; os moços.

iuventus, -utis: *s.f.* – mocidade, moços, rapaziada; força, tropa; juventude.

iuvo, -as, iuvi, iutum, iuvare: *v.t.* – ajudar, socorrer; servir, ser útil; agradar, contentar.

iuxta: *prep.ac.* – perto de, junto a; a par de; depois de; conforme a; *adv.* – muito perto, próximo; igualmente.

iuxta conventionem: de acordo com a convenção.

iuxta legem: segundo a lei; conforme a lei.

J

j-, *vide* o termo desejado também na letra "**i**"; exemplo: **jus-**, ver **ius-**.

jacens hereditas: herança jacente; herança cujos herdeiros não são conhecidos.

jaceo, -es, -ui, -ere: *v.int.* – estar deitado; estar de cama; repousar; jazer; estar baixo, baixar; estar situado, estender-se; estar abatido, lânguido, frouxo; cair.

jacio, -is, -ere, -eci, -actum: *v.t.* – lançar, deitar; atirar; estabelecer, levantar; produzir; exalar; proferir, dizer; citar.

jactans, -antis: *part.pres.* – que abala, que dá solavancos; escabroso; que se gaba, jactancioso.

jactanter: *adv.* – com ostentação, jactanciosamente.

jactantia, -ae: *s.f.* – vaidade, presunção.

jactatio, -onis: *s.f.* – ação de abalar, de agitar; agitação, abalo; comoção; motim; ostentação, aparato; aplauso; jactância, vaidade.

jactator, -oris: *s.m.* – louvador; o que faz alarde de, fanfarrão.

jactito, -as, -avi, -atum, -are: *v.t.* – proferir, dizer.

jacto, -as, -avi, -atum, -are: *v.t.* – lançar com frequência ou em grande quantidade; arrojar, atirar; agitar, mover; perseguir; dizer; exaltar, proferir com ênfase; meditar.

jactura, -ae: *s.f.* – alijamento (de parte da carga de um navio); perda (de dinheiro); dano, prejuízo; derrota; *pl.* – prodigalidades, desperdícios.

jactus, -us: *s.m.* – ação de atirar; arremesso, lançamento.

jaculabilis, -e: *adj.* – que se pode atirar; de arremesso.

jaculari sine scopo: atirar às cegas.

jaculator, -oris: *s.m.* – o que lança, atira; soldado armado de dardo.

jaculatrix, -icis: *s.f.* – a que atira, arremessa; caçadora (epíteto de Diana).

jaculor, -aris, -atus sum, -ari: *v.t.dep.* – lançar, atirar; dardejar, vibrar; projetar; proferir, dizer.

jaculum, -i: *s.n.* – dardo, rojão; rede, tarrafa.

jam: *adv.* – já; já agora; ora; disso; ora... ora, umas vezes, outras vezes.

jambeus ou **iambeus, -a, -um**: *adj.* – iâmbico, relativo ao verso iâmbico.

jambus, -i: *s.m.* – iambo ou jambo, pé composto de uma sílaba breve e de outra longa; *pl.* – iambos, versos invectivos.

jamdudum: *adv.* – há muito tempo; há pouco tempo; pouco antes.

jamiam: *adv.* – já, agora; cedo, dentro em pouco.

jampridem: *adv.* – há já muito tempo; há muito.

jam satis est: já é o suficiente; basta.

jam tempus est: já é tempo; chegou a hora.

janitor, -oris: *s.m.* – porteiro.

janua, -ae: *s.f.* – porta, entrada.

janua leti: a porta da morte.

januarius, -a, -um: *adj.* – de janeiro; **-ii**: *s.m.* – janeiro, primeiro mês do ano, consagrado a Jano.

januis clausis: estando as portas fechadas; com as portas fechadas; em sigilo.

Janus, -i: *s.m.* – Jano, divindade representada com dois rostos; o mês de janeiro; pórtico que servia de bolsa ou praça de comércio; arco, abóbada.

Japyx, -ygis: *s.m.* – Jápige, vento que sopra no sul da Itália.

jaspis, -idis: *s.f.* – jaspe (pedra preciosa de cor verde).

jecur, -oris (ou **iecinoris**): *s.n.* – fígado.

jecusculum, -i: *s.n.* – fígado pequeno.

jeiunium, -ii: *s.n.* – privação de alimentos, dieta; jejum; fome; magreza.

jeiunus, -a, -um: *adj.* – que está em jejum; jejuno; esfaimado; seco, magro; estéril; fraco, mesquinho; raro.

jentaculum, -i: *s.n.* – almoço.

jento, -as, -avi, -atum, -are: *v.t./int.* – almoçar.

jocandi causa: por brincadeira.

jocatio, -onis: *s.f.* – gracejo, zombaria.

joci causa: de brincadeira; por gracejo.

jocor, -aris, -atus sum, -ari: *v.dep.int./t.* – gracejar; zombar, escarnecer.

joco remoto: fora de brincadeira; a sério.

jocosus, -a, -um: *adj.* – que gosta de gracejar; folgazão, divertido, jocoso.

jocularia, -orum: *s.n.pl.* – gracejos, sarcasmos; historietas engraçadas.

jocularis, -e: *adj.* – divertido, engraçado.

joculator, -oris: *s.m.* – gracejador, trocista; zombador.

joculor, -aria, -atus sum, -ari: *v.dep.* – dizer gracejos; motejar.
jocus, -i: *s.m.* (*pl.* **ioci, -orum** e **ioca, -orum**) – gracejo, pilhéria; zombaria; sarcasmo; passatempo, divertimento.
Judae osculum: o beijo de Judas.
judex, -icis: *s.m.* – árbitro, juiz; entendido, apreciador, crítico.
judex ad quem: juiz ou tribunal superior a que se recorre.
judex a quo: juiz ou tribunal de cuja decisão se recorre.
judex competens: o juiz competente.
judex est lex loquens: o juiz é a lei falando; o juiz é a voz da lei.
judex est peritus peritorum: o juiz é o perito dos peritos.
judex extra territorium est privatus: fora de sua jurisdição, o juiz é um particular.
judex idoneus: o juiz idôneo.
judex inhabilis: o juiz impedido.
judex non debet lege esse clementior: o juiz não deve ser mais clemente do que a lei.
judex suspectus: um juiz suspeito.
judex ultra petita condemnare non potest: o juiz não pode condenar além do pedido.
judicalis, -e: *adj.* – judiciário, judicial.
judicare munus publicum est: julgar é função pública.
judicatio, -onis: *s.f.* – julgamento, deliberação.
judicatum, -i: *s.n.* – julgamento, sentença, despacho; juízo, opinião.
judicatus, -us: *s.m.* – judicatura; ofício de juiz.
judice me: sendo eu juiz; na minha opinião.
judicio meo: na minha opinião.
judicis potestas: o poder do juiz.
judicium, -ii: *s.n.* – julgamento, decisão, sentença; ofício de juiz; ação judicial, processo, demanda; juízo, tribunal; voto, parecer; discernimento, reflexão.
judicium accusationis: juízo da acusação.
judicium causae: juízo da causa.
judicium contentiosum: juízo contencioso.
judicium criminale: juízo criminal.
judicium Dei: o julgamento de Deus.
judicium extremum: o juízo final.
judicium ultimum: o juízo final.
judico, -as, -avi, -atum, -are: *v.int./t.* – julgar, exercer o ofício de juiz; dar sentença; condenar; ajuizar, apreciar; decidir.
jufectus, -a, -um: *adj.* (de **inficio**) – colorido, pintado; deslustrado; imbuído; *adj.* (de **in** e **factus**) – não feito; inacabado; tosco.
jugalis, -e: *adj.* – de jugo; que tem feitio de jugo; conjugal; *s.m.pl.* – cavalos emparelhados, parelhas.
jugatio, -onis: *s.f.* – ação de empar ou de atar parreiras a estacas.
jugerum, -i: *s.n.* – jeira (medida agrária de aproximadamente 2.500 metros quadrados).
jugo, -as, -avi, -atum, -are: *v.t.* – prender, ajuntar; empar (a vinha); unir; casar.
jugosus, -a, -um: *adj.* – montanhoso.
jugulatio, -onis: *s.f.* – degolação, matança.
jugulo, -as, -avi, -atum, -ire: *v.t.* – degolar; matar,assassinar; abater, derrubar.
jugulum, -i: *s.n.* e **iugulus, -i**: *s.m.* – garganta, pescoço.
jugum, -i: *s.n.* – jugo; junta, parelha; casal; servidão; banco de remeiro; cilindro, peça do tear; monte, cordilheira; píncaro, cume.
juleus, -a, -um: *adj.* – iuleuo, de Julo; romano; do mês de julho.
julius, -ii: *s.m.* – julho, sétimo mês do ano; **-a, -um**: *adj.* – Júlio, de Júlio César ou de seus descendentes; relativo ao mês de julho.
jumentum, -i: *s.n.* – animal de carga; burro, cavalo, boi, camelo.
junceus, -a, -um: *adj.* – de junco; semelhante a junco.
juncosus, -a, -um: *adj.* – que dá juncos, cheio de juncos.
junctim: *adv.* – juntamente, a par; sem interrupção, seguidamente.
junctio, -onis: *s.f.* – união.
juncti progrediamur: avancemos juntos.
junctis viribus: com forças reunidas.
juncus, -i: *s.m.* – junco.
jungo, -is, -xi, -ctum, -gere: *v.t.* – jungir, ajuntar, unir; formar (sociedade, aliança), ligar, acrescentar.
juniores ad labores: os jovens (devem ir) para o trabalho.
juniperes, -i: *s.f.* – zimbro, junípero (arbusto e fruto).
junius ou **iunius, -ii**: *s.m.* – o mês de junho; **-a, -um**: *adj.* – relativo a junho, em honra ao deus Juno.
Juno, -onis: *s.f.* – Juno, deusa, irmã e mulher de Júpiter
junonicola, -ae: *s.m.f.* – adorador ou adoradora de Juno.

J

junonius, -a, -um e **junonalis, -e**: *adj.* – de Juno, relativo a deusa Juno.
Juppiter ou **Jupiter**, *gen.*: **Jovis**: *s.m.* – Júpiter, filho de Saturno, e o maior dos deuses; céu, ar, relento; destino.
jura et officia: os direitos e os deveres.
jura in re aliena: os direitos sobre coisa alheia.
jura in rem: os direitos sobre a coisa.
jura naturae sunt immutabilia: as leis da natureza são imutáveis.
jura negant: as leis se opõem.
jura novit curia: o tribunal conhece as leis.
jura quaesita: os direitos adquiridos.
jura regalia: os direitos reais.
jurator, -oris: *s.m.* – o que presta juramento.
jure: por direito; pela lei.
jure ac merito: por direito e por mérito.
jure an iniuria: de maneira justa ou injusta; com razão ou sem razão; pela lei ou contra a lei.

J

jure belli: pelo direito de guerra; pela lei de guerra.
jure constituendo: pelo direito a ser constituído.
jure divino: pelo direito divino.
jure et de facto: por direito e de fato.
jure et dignitate: com justiça e dignidade.
jure gentium: pelo direito das nações.
jure hereditario: por direito hereditário.
jure humano: pelo direito humano.
jure meritoque: por direito e por mérito.
jure non dono: por direito, não por dádiva.
jure, non vi: pela lei, não pela força.
jure propinquitatis: por direito de parentesco.
jure proprio: por direito próprio.
jure representationis: por direito de representação.
jure sanguinis: por direito de sangue.
jure uxoris: por direito uxóreo; no direito da esposa.
jurgium, -ii: *s.n.* – disputa, querela, discussão.
jurgo, -as, -avi, -atum, -are: *v.int.* e **iurgor, -aris, -atus sum, -ari**: *v.dep.int.* – demandar, pleitear; contender, altercar, disputar.
juridicialis, -e: *adj.* – relativo a uma questão de direito; jurídico.
juris apices: as sutilezas do direito.
jurisdictio, -onis: *s.f.* – ação de administrar justiça, judicatura; direito de administrar justiça, jurisdição; alçada, tribunal.
juris et de iure: de direito e por direito.
juris nodi: os nós da lei.
juris peritus: um especialista em direito.
juris tantum: somente de direito, a admitir prova em contrário.
juris vinculum: o vínculo jurídico.
jurium suorum tuitio: a defesa dos próprios direitos.
juro: eu juro.
juro, -as, -avi, -atum, -are: *v.int./t.* – jurar, fazer juramento; afirmar, prometer com juramento; protestar; assegurar; conspirar, conjurar.
jus, iuris: *s.n.* – caldo, suco de carne; molho.
jus, iuris: *s.n.* – direito, equidade, justiça; lei; juízo, tribunal; autoridade, poder; condição.
jus abutendi: o direito de abusar.
jus accusationis: direito de acusar.
jus actionis: o direito de ação.
jus ad rem: o direito à coisa.
jus agendi: o direito de agir.
jus ambulandi: o direito de ir e vir.
jus belli: o direito de guerra.
jus canonicum: o direito canônico.
jus capiendi: o direito de receber uma herança.
jus civile: o direito civil.
jus civitatis: o direito de cidade.
jus cogens: o direito cogente; norma cuja aplicação é obrigatória, sem possibilidade de a parte a ela renunciar.
jus commercii: o direito do comércio.
jus commune: o direito comum.
jus communicationis: o direito de livre comunicação.
jus constituendum: direito a se constituir.
jus constitutum: direito constituído.
jus convocandi: o direito de convocar.
jus cosmopoliticum: o direito universal.
jus curia novit: o tribunal conhece a lei.
jus discendi et docendi: o direito de aprender e de ensinar.
jus disponendi: o direito de dispor.
jus dispositivum: o direito dispositivo.
jus divinum: o direito divino.
jus domicilii: a lei do domicílio.
jus egit vi: o direito precisa da força.
jus empirii: direito da autoridade, direito do governo, direito do que tem o poder.
jus est: é permitido.
jus est ars boni et aequi: o direito é a arte do bom e do justo.
jus est norma agendi: o direito é a norma de agir.

jus et officium: o direito e o dever.
jus eundi: direito de ir e vir.
jus ex facto oritur: o direito nasce do fato.
jus faciendi: o direito de fazer.
jus facit iudex: o juiz faz o direito.
jus fasque est: é justo e correto.
jus fruendi: o direito de usufruir.
jus generale: o direito comum.
jus gentium: o direito dos povos.
jus gladii: o direito da espada; o poder do comandante.
jus gratia iuris: o direito pelo direito.
jus habendi: o direito de ter.
jus hereditatis: o direito de herança.
jus hominum: o direito da humanidade.
jus hospitii: as leis da hospitalidade.
jus humanum et divinum: o direito humano e o divino.
jus imperii: direito de governo; direito de quem tem o poder.
jus in armis: o direito está na força.
jus in re: direito sobre a coisa; direito de propriedade.
jus in re aliena: direito sobre a coisa alheia (usufruto, hipoteca).
jus in re propria: o direito sobre coisa própria.
jus itineris: o direito de passagem.
jus judicandi: o direito de julgar.
jusiurandum sacrum: juramento é coisa sagrada.
jus jurisdictionis: o direito de jurisdição.
jus libertatis: o direito à liberdade; direito dos homens livres.
jus mancipii: o direito da propriedade.
jus mariti: o direito do marido (de administrar os bens da mulher).
jus migrandi: o direito de migrar.
jus murmurandi: o direito de segredar; direito de resmungar.
jus naturae: a lei da natureza.
jus navigandi: o direito de navegar.
jus necessitas constituit: a necessidade faz a lei; necessidade cria o direito.
jus necessitudinis: as ligações de parentesco.
jus necis atque vitae: o direito de morte e de vida.
jus negotiandi: o direito de negociar.
jus non scriptum: o direito não escrito.
jus novi: eu conheço a lei.
jus obiectivum: o direito objetivo.
jus obligationum: o direito das obrigações.
jus particulare: o direito particular.
jus patruum: a autoridade dos pais.
jus peregrinandi: o direito de migrar.
jus perpetuum: direito perpétuo.
jus persequendi: direito de perseguir.
jus positivum: o direito positivo.
jus possessionis: o direito de posse (independe da propriedade).
jus possidendi: o direito de possuir.
jus postulandi: o direito de postular.
jus praedicandi: o direito de pregar.
jus prohibendi: o direito de proibir.
jus puniendi: o direito de punir.
jus querelandi: o direito de questionar.
jus recusandi: o direito de recusar.
jus reivindicandi: o direito de reivindicar.
jus respondendi: o direito de responder.
jus restitutionis: o direito de reparação.
jus retentionis: o direito de retenção.
jus sacrum: o direito sagrado; direito religioso.
jus sanguinis: o direito de sangue; de parentesco.
jus scriptum: o direito escrito.
jus soli: o direito do solo.
jus strictum: o direito estrito.
jus subiectivum: o direito subjetivo.
jus successendi: o direito de suceder.
jus suffragii: direito do voto.
jussu iudicis: por ordem do juiz.
jussum, -i: *s.n.* – ordem, mandado; preceito; lei.
jus suum unicuique tribuere: dar a cada um aquilo a que tem direito.
justa, -orum: *s.n.pl.* – o que se deve fazer conforme a lei, o costume; deveres, obrigação; o que é devido, o que se tem de fazer; ração; salário; exéquias.
justa absentiae excusatio: a justificação de ausência.
justa causa: a justa causa; por justa causa.
justae nuptiae: o casamento legal.
jus Talionis: o direito de retaliação; lei de Talião.
justitia, -ae: *s.f.* – justiça, equidade; o que é devido ou de direito; lei; exatidão.
justitia civilis: a justiça civil.
justitiae soror fides: a confiança é irmã da justiça.
justitia nemini neganda est: a justiça não deve ser negada a ninguém.
justitia omnibus: justiça para todos.
jus tollendi: o direito de retirar.
justo pretio: pelo preço justo.
justo tempore: no tempo certo.

justum matrimonium: o casamento legal; casamento civil.
justum pretium: o preço justo.
justus, -a, -um: *adj.* – que tem a devida medida; conveniente, apropriado; justo, legítimo; o que é de equidade, exato; benigno.
jus utendi: o direito de usar.
jus vendendi: o direito de vender.
jus viae: o direito de passagem.
jus vigens: o direito vigente.
jus vitae et necis: o direito de vida e de morte.
juvat, iuvit, -are: *v.int.unip.* – ser agradável, aprazer; ser útil, vantajoso.
juvenalis, -e: *adj.* – de mocidade, juvenil.
juvenca, -ae: *s.f.* – novilha; menina.
juvencus, -a, -um: *adj.* – que é de pouca idade, novo (com respeito aos animais); **-i**: *s.m.* – bezerro, novilho; moço, rapaz.
juvenesco, -is, -nui, -nescere: *v.int.* – fazer-se moço, crescer; remoçar-se.
juvenilia: obras produzidas na mocidade.
juvenilis, -e: *adj.* – próprio de moço; de mocidade, juvenil.
juvenis, -e: *adj.* – jovem, novo; juvenil; **-is**: *s.m.* – moço, rapaz.
juvenor, -aris, -atus sum, -ari: *v.dep.int.* – fazer de moço; proceder como rapaz.
juventa, -ae e **iuventas, -atis**: *s.f.* – mocidade, idade de rapaz; os moços.
juventus, -utis: *s.f.* – mocidade moços, rapaziada; força, tropa; juventude.
juvo, -as, iuvi, iutum, iuvare: *v.t.* – ajudar, socorrer; servir, ser útil; agradar, contentar.
juxta: *prep.ac.* – perto de, junto a; a par de; depois de; conforme a; *adv.* – muito perto, próximo; igualmente.
juxta conventionem: de acordo com a convenção.
juxta legem: segundo a lei; conforme a lei.
juxtim: *adv.* – igualmente.

K

k-, *vide* o termo desejado na letra "**c-**".

L

labasco, -is, -ere: *v.int.* – cambalear, desabar, abater.

labea, -ae: *s.f.* – lábio, beiço.

labecula, -ae: *s.f.* – pequena nódoa; manchazinha.

labefacio, -is, -feci, -factum, facere: *v.t.* – abalar, quebrar; arruinar; tornar doente; desacreditar.

labefacto, -as, -avi, -atum, -are: *v.t.* – fazer cair, abater; abalar, sacudir; perturbar, agitar; destruir.

labellum, -i: *s.n.* – labiozinho; lábio delicado; baciazinha; pequeno alguidar.

labes, -is: *s.f.* – queda; ruína, destruição; enfermidade; mancha, nódoa.

labium, -ii: *s.n.* (usado sobretudo no plural) – lábios; beiço, borda.

labo, -as, -avi, -atum, -are: *v.int.* – escorregar de modo a cair, ir abaixo; vacilar; estar para cair; ceder, desabar.

labor, -eris, lapsus sum, labi: *v.int.dep.* – cair; resvalar, escorrer; escapar; descer resvalando; tropeçar; errar, enganar-se; afastar-se; fazer digressão.

labor, -oris: *s.m.* – trabalho, esforço; fadiga; cuidado, empenho; empreendimento, obra; sofrimento, doença; desgraça, provação.

laborantes Deus adiuvat: Deus ajuda a quem trabalha.

laborare est orare: trabalhar é orar.

labore et constantia: com trabalho e constância.

labore et diligentia: com trabalho e diligência.

labore et honore: com trabalho e dignidade.

labore et vigilantia: com trabalho e atenção.

labore omnia florent: tudo prospera com o trabalho.

labores pariunt honores: o trabalho dá glória.

labor et fides: trabalho e fé.

labor gloriae pater: o trabalho é o pai da glória.

laborifer, -era, -erum: *adj.* – que suporta o trabalho, as fadigas; laborioso.

laboriosus, -a, -um: *adj.* – que suporta fadigas; muito ocupado; que sofre; em que se trabalha muito; trabalhoso, penoso.

labor ipse voluptas: o próprio trabalho é um prazer.

laboro, -as, -avi, -atum, -are: *v.int./t.* – trabalhar; empenhar em, ocupar-se com; executar; estar fatigado, sucumbir; padecer, estar doente.

labor omnia vincit: o trabalho tudo vence.

labor prima virtus: o trabalho é a principal virtude.

labor ubique est: o trabalho está em toda parte.

labrum, -i: *s.n.* (usado sobretudo no plural) – lábio, beiço; bordo, orla; bacia, tina, banheira.

labrusca, -ae: *s.f.* – videira silvestre.

labyrinthus, -i: *s.m.* – labirinto.

lac, lactis: *s.n.* – leite; suco, sumo (de plantas).

lacer, era, erum: *adj.* – espedaçado, dilacerado; arrancado; que rasga, faz em pedaços.

laceratio, -onis: *s.f.* – ação de despedaçar; dilaceração.

lacerna, -ae: *s.f.* – manto ou capa, que se punha sobre a toga; espécie de sobretudo.

lacero, -as, -avi, -atum, -are: *v.t.* – espedaçar, rasgar, dilacerar; atormentar; despojar; arruinar.

lacerta, -ae: *s.f.* – lagarto; lagartixa.

lacertosus, -a, -um: *adj.* – que tem os braços musculosos; robusto.

lacertus, -i: *s.m.* – braço; braço musculoso; força, robustez; lagarto.

lacesso, -is, -si ou **-sivi, -situm, -sere**: *v.t.* – inquietar, perseguir; atacar; bater, ferir; incitar, provocar.

lacinia, -ae: *s.f.* – fragmento, porção; pedaço de pano, retalho; fralda (de vestido); orla, aba.

laciniosus, -a, -um: *adj.* – recortado, dividido em seguimentos.

laconismo utar: usarei de laconismo; direi em duas palavras.

laco ou **lacon, -onis**: *s.m.* – lacedemônio; espartano.

lacrima, -ae: *s.f.* (geralmente no plural) – lágrima.

lacrimabilis, -e: *adj.* – que faz chorar; lamentável, triste; choroso.

lacrimabundus, -a, -um: *adj.* – banhado em lágrimas; chorando copiosamente.

lacrimae crocodili: lágrimas de crocodilo.
lacrimae simulatae: lágrimas fingidas.
lacrimo, -as, -avi, -atum, -are: *v.int./t.* e **lacrimor, -aris, -atus sum, -ari**: *v.dep.* – derramar lágrimas, chorar; deplorar.
lacrimosus, -a, -um: *adj.* – que chora, lacrimoso; triste, deplorável.
lacrimula, -ae: *s.f.* – pequena lágrima.
lactans, -antis: *part.pres.* – que dá leite, que amamenta.
lactens, -entis: *part.pres.* – que mama; de criança de peito; tenro, delicado; da primeira idade; novo.
lacteo, -es, -ere: *v.int.* – mamar, ser amamentado.
lacteolus, -a, -um: *adj.* – branco como o leite, parecido com o leite.
lactes, -ium: *s.f.pl.* – intestino delgado (no homem); ovas de peixe.
lactesco, -is, -ere: *v.int.* – transformar-se em leite.
lacteus, -a, -um: *adj.* – de leite; branco como o leite, lácteo; que ainda mama.
lacto, -as, -are: *v.t.* – atrair com carícias, seduzir.
lacto, -as, -avi, -atum, -are: *v.int./t.* – ter leite, amamentar, nutrir com leite.
lactuca, -ae: *s.f.* – alface pequena.
lacuna, -ae: *s.f.* – água de cisterna; cisterna, fosso, cavidade, abertura, buraco; lacuna, brecha, vácuo, falta de.
lacuna legis: lacuna da lei.
lacunar, -aris: *s.n.* e **lacunarium, -ii**: *s.n.* – teto; teto estucado ou artesoado.
lacuno, -as, -avi, -atum, -are: *v.t.* – estucar com ornamentos; artesoar.
lacunosus, -a, -um: *adj.* – esburacado, desigual.
lacus, -us: *s.m.* – lago; fonte, reservatório; cuba: pia de ferreiro.
laede neminem: não faças mal a ninguém.
laedo, -is, -si, -sum, -dere: *v.t.* – bater, ferir; danificar; prejudicar, ofender.
laena, -ae: *s.f.* – capa usada por cima da túnica.
laesa maiestas: lesa-majestade.
laesio, -onis: *s.f.* – ataque, acusação; ferida, lesão; agravo; enfermidade.
laetabilis; -e: *adj.* – que causa alegria; próspero, feliz.
laetamini: alegrai-vos.
laetans, -antis: *adj.* – alegre, risonho, agradável.
laetatio, -onis: *s.f.* – regozijo, alegria, prazer.
laete: *adv.* – com alegria, alegremente; com fertilidade, abundantemente.
laetifico, -as, -avi, -atum, -are: *v.t.* – tornar abundante ou produtivo; fertilizar, fecundar.
laetificus, -a, -um: *adj.* – que dá alegria.
laetitia, -ae: *s.f.* – fecundidade, fertilidade; alegria; prazer, contentamento; abundância; vigor.
laetor, -aris, -atus sum, -ari: *v.t.* – regozijar-se, folgar; gostar de.
laetus, -a, -um: *adj.* – bem nutrido, belo; fértil, abundante, feliz; alegre, contente, agradável.
laev-, ver também **lev-**.
laeva, -ae: *s.f.* – mão esquerda; lado esquerdo.
laeve: *adv.* – desajeitadamente, rudemente, mal.
laevus, -a, -um: *adj.* – que está do lado esquerdo, esquerdo; desfavorável, sinistro, funesto.
laganum, -i: *s.n.* – espécie de bolo de farinha e azeite.
lagena ou **lagoena, -ae**: *s.f.* – bilha, vasilha de barro.
lagois, -oldis: *s.f.* – lebre marinha (peixe).
lama, -ae: *s.f.* – pântano, atoleiro; lama.
lambo, -is, -i, -itum, -ere: *v.t.* – lamber; tocar de leve, banhar; sorver.
lamenta, -orum: *s.n.pl.* – prantos, lamentações; gemidos.
lamentabilis, -e: *adj.* – lamentável, triste, queixoso.
lamentatio, -onis: *s.f.* – lamentação, queixa, gemido.
lamentor, -aris, -atus sum, -ari: *v.dep.int./t.* – lamentar-se, gemer; deplorar.
lamia, -ae: *s.f.* – bruxa, feiticeira, que, segundo a lenda, chupava o sangue das crianças.
lamina, -ae: *s.f.* – lâmina ou folha (de metal); barra, chapa; serra; instrumento de suplício; vaso de metal; casca de noz.
lampas, -adis: *s.f.* – facho, archote; lâmpada, candeeiro, lustre; luz, disco (dos astros).
lana, -ae: *s.f.* – lã, velo de lã; pelo (de cabra, de lebre); algodão; lanugem (de frutos).
lana caprina: lã de cabra; coisa sem importância; questão insignificante.
lanatus, -a, -um: *adj.* – coberto de lã, que traz lã, lanígero; penugento.
lancea, -ae: *s.f.* – lança, dardo.
lancino, -as, -avi, -atum, -are: *v.t.* – despedaçar, retalhar, rasgar; golpear.

L

laneus, -a, -um: *adj.* – de lã; penugento; tenro, macio.
languefacio, -is, -feci, -factum, -facere: *v.t.* – tornar lânguido, afrouxar.
languens, -entis: *part.pres.* – lânguido; mole, brando; débil; abatido; enfermo.
langueo, -es, -gui, -guere: *v.int.* – estar lânguido, frouxo, débil, doente; enfraquecer-se; desfalecer.
languesco, -is, gui, -guescere: *v.int.* – tornar-se lânguido; afrouxar-se; definhar; cair doente.
languidus, -a, -um: *adj.* – lânguido, frouxo; débil, abatido; doente; negligente; fatigado; efeminado; que torna lânguido, indolente.
languor, -oris: *s.m.* – fadiga, languidez, preguiça; frouxidão; debilidade; doença.
laniatus, -us: *s.m.* – ação de rasgar; dilaceração; dentadas.
lanicium ou **lanitium, -ii**: *s.n.* – lã, velo de lã; tosquia.
laniena, -ae: *s.f.* – açougue, talho.
lanifica, -ae: *s.f.* – fiadeira de lã.
laniger, -era, -erum: *adj.* – que dá ou produz lã; lanígero; **-i**: *s.m.* – cordeiro, carneiro.
lanio, -as, -avi, -atum, -are: *v.t.* – rasgar, dilacerar; despedaçar; arrancar; criticar sem piedade.
lanionius, -a, -um: *adj.* – de carniceiro, que serve para esfolar.
lanista, -ae: *s.m.* – o que compra e vende gladiadores e mestre de gladiadores; mestre de esgrima; o que atrai à luta os adversários.
lanius, -ii: *s.m.* – carniceiro, açougueiro; o que mata as vítimas para sacrifício.
lanterna ou **laterna, -ae**: *s.f.* – lanterna.
lanternarius ou **laternarius, -ii**: *s.m.* – o que alumia com a lanterna; que serve às paixões de alguém.
lanugo, -inis: *s.f.* – lanugem, penugem; buço.
lanx, lancis: *s.f.* – prato; prato de balança; travessa usada em sacrifícios.
lapicida, -ae: *s.m.* – o que corta ou grava sobre pedras.
lapicidinae, -arum: *s.f.pl.* – pedreiras.
lapidarius, -a, -um: *adj.* – de pedras, carregado de pedras, gravado em pedra.
lapidat, -avit, -atum, -are: *v.int.unip.* – chover pedra.
lapidatio, -onis: *s.f.* – apedrejamento; chuva de pedra.
lapidator, -oris: *s.m.* – o que lança pedras, apedrejador.
lapidem omnem movebo: moverei todas as pedras; intentarei todos os meios.
lapidem verberas: chicoteias a pedra; malhas em ferro frio.
lapidesco, -is, -ere: *v.incoat.int.* – petrificar-se, transformar-se em pedra.
lapideus, -a, -um: *adj.* – de pedra; pedregoso; insensível.
lapidi loqueris: falas com uma pedra.
lapido, -as, -avi, -atum, -are: *v.t.* – apedrejar.
lapidosus, -a, -um: *adj.* – pedregoso; empedrado; duro como pedra.
lapillus, -i: *s.m.* – pequeno seixo, pedrinha; pedra preciosa; mármore.
lapis, -idis: *s.m.* – pedra; pedra preciosa; mármore, pedra funerária; marco que indicava as milhas nas estradas, milha; estrado ou tribuna onde se vendiam escravos.
lapis philosophorum: a pedra filosofal.
lappa, -ae: *s.f.* – bardana (erva).
lapsio, -onis: *s.f.* – queda; ruína; ação de escorregar.
lapso, -as, -avi, -atum, -are: *v.int.* – escorregar; cambalear, tropeçar; cair.
lapsus, -us: *s.m.* – queda; deslizamento; voo (em descida); curso; corrente; erro, falta; pecado.
lapsus calami: erro de caneta.
lapsus linguae: erro de linguagem.
lapsus loquendi: erro no falar.
lapsus memoriae: um escorregão de memória; uma falha de memória.
lapsus pennae: um escorregão da pena; um erro de escrita.
lapsus scribendi: erro no escrever.
laquear, -aris: *s.n.*, **laqueare, -is**: *s.n.* e **laquearium, -ii**: *s.n.* ou **laquearia, ium**: *s.n.pl.* – forro, teto com molduras.
laqueatus, -a, -um: *adj.* – forrado, estucado, artesoado.
laqueo, -as, -avi, -atus, -are: *v.t.* – estucar, forrar, cobrir de lambris.
laqueus, -i: *s.m.* – laço; rede, armadilha; cilada; embaraço.
laqueus diaboli: o laço do diabo.
lar, laris: *s.m.* (usado sobretudo no plural) – lar, lares, deuses domésticos; lareira, fogão; lar; casa, habitação.
lardum, -i: *s.n.* ou **laridum, -i**: *s.n.* – toucinho.
lares et penates: os lares e os penates: (os deuses domésticos romanos).
larga manu: às mancheias.

large: *adv.* – abundantemente, amplamente, liberalmente.
largificus, -a, -um: *adj.* – abundante.
largior, -iris, -itus sum, -iri: *v.dep.t.* – dar em abundância; distribuir como presentes; presentear; prodigalizar; dar, conceder; subornar; deixar impune, perdoar.
largiri de alieno: ser liberal com o alheio.
largitas, -atis: *s.f.* – prodigalidade; larguezas; liberalidade.
largiter: *adv.* – com largueza, abundantemente.
largitio, -onis: *s.f.* – distribuição (de donativos, presentes); liberalidade; suborno (por meio de dádivas); repartição; concessão.
largitor, -oris: *s.m.* – o que faz liberalidades, subornador, corruptor.
largus, -a, -um: *adj.* – abundante, copioso; opulento; largo, pródigo, liberal.
laridum ou **lardum, -i**: *s.n.* – toucinho.
larifuga, -ae: *s.m.* – vagabundo.
laris et fundi defectus: sem casa nem terreno.
lars ou **lar, lartis**: *s.m.* – príncipe, senhor (entre os etruscos); chefe militar.
larva, -ae: *s.f.* – espectros, fantasmas, boneco; máscara (de teatro).
larvalis ou **larualis, -e**: *adj.* – espectral, esquelético, medonho.
lasanum, -i: *s.n.* – penico, urinol.
lascivia, ae: *s.f.* – ação de brincar, de saltar; divertimento; vivacidade; jovialidade, gracejo; excesso; intemperança, lascívia, devassidão.
lascivio, -is, -ii, -itum, -ire: *v.int.* – divertir-se; zombar, gracejar; exceder-se.
lascivus, -a, -um: *adj.* – brincalhão; folgazão, galhofeiro, petulante; lascivo, dissoluto.
lassesco, -is, -ere: *v.incoat.int.* – cansar-se, fatigar-se; definhar-se.
lassitudo, -inis: *s.f.* – cansaço, fadiga.
lasso, -as, -avi, -atum, -are: *v.t.* – cansar, fatigar; estafar.
lassus, -a, -um: *adj.* – cansado; esfalfado; caído, derrubado; abatido; enfermo; abaixado.
lastaurus, -i: *s.m.* – devasso, dissoluto.
lata culpa: negligência excessiva.
late: *adv.* – largamente, por largo espaço; de longe, ao longe; amplamente; extensamente.
latebra, -ae: *s.f.* – esconderijo; asilo, refúgio; covil, toca; segredo; subterfúgio.
latebricola, -ae: *s.m.* – o que frequenta bordéis.
latebros: *adv.* – em um lugar secreto, em um esconderijo.
latebrosus, -a, -um: *adj.* – que tem esconderijos; oculto, secreto; escuro.
latens, -entis: *part.pres.* – escondido; oculto, misterioso.
latenter: *adv.* – secretamente, às escondidas, em segredo.
latent futura: o que vai acontecer está oculto.
lateo, -es, -ui, -ere: *v.int.* – estar escondido, ocultar-se; ignorar-se, ser oculto; estar seguro ou livre de; viver retirado.
later, -eris: *s.m.* – tijolo, ladrilho.
laterculus, -i: *s.m.* – tijolinho, ladrilho pequeno.
latericium, -ii: *s.n.* – construção ou alvenaria de tijolo.
latericius, -a, -um: *adj.* – que é feito de tijolo; de ladrilho, feito de ladrilho.
laterna (lanterna), -ae: *s.f.* – lanterna.
laternarius (lanternarius), -i: *s.m.* – o que alumia com uma lanterna.
latesco, -is, -ui, -ere: *v.int.* – esconder-se, ocultar-se.
latex, -icis: *s.m.* – líquido em geral; água, vinho, azeite.
latialis, -e e **latiaris, -e** ou **latiarius, -a, -um**: *adj.* – lacial, do Lácio, latino.
latibulum, -i: *s.n.* – esconderijo; asilo; covil.
laticlavius, -a, -um: *adj.* – debruado de púrpura; que usa de laticlavo, patrício.
latifundium, -i: *s.n.* – latifúndio, grande propriedade territorial.
latine: *adv.* – em latim; em bom latim, corretamente.
latine dictum: dito em latim; dito para todos entenderem.
latine loquor: estou falando em latim; estou falando para todos entenderem.
latinitas, -atis: *s.f.* – latinidade; a língua latina; direito latino ou do Lácio.
latinus, -a, -um: *adj.* – latino, do Lácio.
latio, -onis: *s.f.* – ação de dar, de trazer, de prestar; proposta (de lei).
latitio, -onis: *s.f.* – ação de conservar oculto.
latito, -as, -avi, -atum, -are: *v.int.* – esconder-se; conservar-se oculto, retirado; não comparecer (em juízo).
latitudo, -inis: *s.f.* – largura; extensão.
Latium, -ii: *s.n.* – Lácio, região entre a Etrúria e a Campânia, na Itália; Itália.
latius, -a, -um: *adj.* – do Lácio, lacial, latino; romano.

L

latomiae e **lautumiae, -arum**: *s.f.pl.* – pedreiras; cárcere de Siracusa; cárcere, masmorra.
lator, -oris: *s.m.* – o que traz ou leva; portador; autor (de uma proposta de lei).
lato sensu: em sentido amplo; em sentido geral.
latrans, -antis: *part.pres.* e *s.m.* – que ladra, ladrador, cão.
latrator, -oris: *s.m.* – o que ladra; ladrador; gritador.
latratus, -us: *s.m.* – latido, ladrido.
latrina, -ae: *s.f.* – latrina, privada.
latro, -as, -avi, -atum, -are: *v.int./t.* – latir, ladrar; pedir aos gritos; retumbar, agitar-se.
latro, -onis: *s.m.* – soldado mercenário; bandido, salteador; caçador; ladrão; assassino; peça de xadrez.
latrocinium, -ii: *s.n.* – serviço militar; roubo à mão armada; ataque (de salteadores); latrocínio; violência; deslealdade, traição.
latrocinor, -aris, -atus sum, -ari: *v.dep.* – servir em milícia; ser soldado; roubar à mão armada, praticar latrocínios.
latrunculus, -i: *s.m.* – salteador, bandido; peça do jogo de xadrez.
latus, -a, -um: *adj.* – largo; vasto, extenso; abundante.
latus, -eris: *s.n.* – lado, flanco, ilharga; peito, pulmões; margem, encosta; linha colateral (parentesco).
latusculum, -i: *s.n.dim.* de **latus, -eris**, *s.n.*
laudabilis, -e: *adj.* – louvável, digno de elogios; afamado.
lauda finem: louva o fim.
laudamus te: nós te louvamos.
laudatio, -onis: *s.f.* – elogio, panegírico; depoimento (a favor).
laudatio funebris: o elogio fúnebre.
laudator, adulator: louvador, adulador.
laudator, -oris: *s.m.* – o que louva, apologista; o que faz um panegírico ou um elogio fúnebre; testemunha de defesa.
laudatrix, -icis: *s.f.* – a que louva, a que aprova; apologista.
laudatus, -a, -um: *adj.* – louvado, estimado, considerado, afamado.
laudo, -as, -avi, -atum, -are: *v.t.* – louvar, exaltar; felicitar; nomear, citar.
laudum: decisão arbitral.
laudum immensa cupido: o imenso desejo de glória.
laurea, -ae: *s.f.* – folha de loureiro; coroa de louros; loureiro; glória militar, vitória.
laureatus, -a, -um: *adj.* – ornado, coroado de loureiro; laureado.
laureola, -ae: *s.f.* – folha de loureiro; coroa de louros; pequeno triunfo.
laureus, -a, -um: *adj.* – de loureiro.
laurifer, -era, -erum e **lauriger, -era, -erum**: *adj.* – que traz, produz loureiros; ornado de loureiro.
laurus, -i ou **-us**: *s.f.* – loureiro; coroa de loureiro; vitória.
laus, laudis: *s.f.* – elogio, louvor; fama, glória; façanha, merecimento.
laus Deo: glória a Deus.
laus Deo omnipotenti: glória a Deus todo poderoso.
laus emori non potest: a glória não pode morrer.
laus est iucunda: a glória é agradável.
laus est publica: a glória é do domínio público.
laus impiorum brevis: é breve a glória dos ímpios.
laute: *adv.* – esplendidamente, suntuosamente; com grandeza; com abundância de ornatos; grandemente.
lautia, -orum: *s.n.pl.* – presentes dados aos embaixadores estrangeiros pelo Senado.
lautitia, -ae: *s.f.* (mais usado no plural) – luxo, magnificência, fausto.
lautumiae, -arum, ver **latomiae, -arum**.
lautus, -a, -um: *adj.* – lavado, banhado; delicado, elegante; encantador, lauto, suntuoso.
lavatio, -onis: *s.f.* – ação de se lavar, lavagem; banho; utensílios para se banhar; casa de banhos.
lavo, -as, -lavi e **lavavi, lavatum, -are**: *v.t./int.* e **lavo, -is, -lavi, lautum** ou **latum, lavere**: *v.t.* – lavar, limpar; banhar; molhar, umedecer.
laxamentum, -i: *s.n.* – extensão, relaxamento; descanso; demora, espera; brandura.
laxe: *adv.* – largamente, amplamente, espaçosamente.
laxitas, -atis: *s.f.* – grande extensão, espaço.
laxo, -as, -avi, -atum, -are: *v.t.* – afrouxar; relaxar, abrandar; estender, alargar; amolecer; adiar; alegrar, divertir; aliviar.
laxus, -a, -um: *adj.* – frouxo, desarmado; extenso, largo; desapertado; solto.
lea, -ae e **leaena, -ae**: *s.f.* – leoa.
lebes, -etis: *s.m.* – bacia de lavar as mãos; bacia.

lecte: *adv.* – com escolha, com seleção.
lectica, -ae: *s.f.* – liteira, cadeirinha.
lecticarius, -ii: *s.m.* – carregador de cadeirinha ou de liteira.
lecticula, -ae: *s.f.* – cadeirinha, pequena liteira; leito de repouso.
lectio, -onis: *s.f.* – ação de escolher; escolha, seleção, eleição; leitura; texto.
lectio repetita placebit: a leitura repetida dará prazer.
lectisternium, -ii: *s.n.* – banquete que se oferecia aos deuses.
lectito, -as, -avi, -atum, -are: *v.t.* – ler muitas vezes.
lectiuncula, -ae: *s.f.* – leitura ligeira.
lector, -oris: *s.m.* – leitor, o que lê.
lectulus, -i: *s.m.* – leito pequeno; leito (para dormir, descansar ou de estar à mesa).
lecturis salvete: meus cumprimentos aos que vão ler este livro.
lectus, -a, -um: *adj.* – acolhido, reunido, escolhido, seleto, distinto.
lectus, -i: *s.m.* – leito, cama; leito de estar à mesa; leito mortuário, esquife.
legalis, -e: *adj.* – relativo às leis.
legata, -ae: *s.f.* – embaixatriz.
legatio, -onis: *s.f.* – embaixada, delegação, delegados, embaixadores; objeto de uma embaixada; administração por um preposto ou legado.
legator, -oris: *s.m.* – testador, o que lega.
legatorius, -a, -um: *adj.* – de legado imperial, de embaixador; o que é governado por um tenente ou preposto.
legatum, -i: *s.n.* – legado, donativo deixado em testamento.
legatus, -i: *s.m.* – enviado, legado, embaixador, deputado; tenente, preposto.
legatus a latere: embaixador extraordinário.
lege, lege, lege et relege, et invenies: lê, lê, lê e relê, e encontrarás.
lege, quaeso: lê, por favor.
lege artis: segundo a regra da arte; segundo as normas; de acordo com o método usual.
lege et fide: pela lei e pela fé.
lege et relege: lê e relê.
lege lata: pela lei tomada em seu sentido amplo; pela lei extensamente.
legem habemus: temos lei.
legens, -entis: *s.m.* – o leitor.
legentem iuvo: ajudo o leitor.
leges divumque hominumque: as leis divinas e as humanas.
leges egent armis: as leis precisam das armas.
leges meas custodite: guardai as minhas leis.
leges mori serviunt: as leis são escravas dos costumes.
leges mortuae: leis mortas; leis caídas em desuso.
leges poenales: leis penais.
leges scriptae: as leis escritas.
leges sine moribus vanae: se faltar o caráter, as leis são inúteis.
legibus omnia parent: tudo obedece a leis.
legibus parendo, liberi erimus: obedecendo às leis, seremos livres.
legifer, -era, -erum: *adj.* – o que estabelece leis; **-i**: *s.m.* – legislador.
legio, -onis: *s.f.* – escolha, faculdade de escolher; legião (divisão do exército romano).
legionarius, -a, -um: *adj.* – de uma legião, legionário; soldado de uma legião.
Legio patria nostra: a Legião é nossa pátria.
legis actiones: as ações da lei.
legislator e **legis lator, -oris**: *s.m.* – o que propõe ou apresenta uma lei, legislador.
legis manus longa: a mão da lei é longa.
legitima, -orum: *s.n.pl.* – formalidades legais.
legitima aetas: idade legítima, maioridade.
legitimae actiones: ações legais.
legitimatio ad causam: legitimação para a causa.
legitimatio ad processum: legitimação de estar em juízo.
legitime: *adv.* – legitimamente, de conformidade com as leis, legalmente.
legitime certantibus: para os que lutam pelo bem.
legitimus, -a, -um: *adj.* – legal, legítimo; regular, conforme à regra, conveniente; lícito; completo, perfeito.
legitque virum vir: um homem reconhece outro.
legiuncula, -ae: *s.f.dim.* – pequena legião, legião incompleta.
lego, -as, -avi, -atum, -are: *v.t.* – enviar em embaixada; tomar como substituto ou tenente; encarregar de; atribuir, legar.
lego, -is, legi, lectum, legere: *v.t.* – ajuntar, recolher, colher; escolher, eleger; enrolar; tomar, furtar; ir, seguir por; ler.
leguleius, -i: *s.m.* – o que se apega à letra da lei, observador das formalidades legais; formalista.

L

legum baccalaureus: bacharel em leis.
legum doctor: doutor em leis.
legumen, -inis: *s.n.* – legume; fava.
lembus, -i: *s.m.* – embarcação pequena, barca, chalupa.
lemma, -atis: *s.n.* – assunto, matéria de que se trata; título de um capítulo, de um epigrama.
lemniscatus, -a, -um: *adj.* – ornado de fitas.
lemniscus, -i: *s.m.* – fita (nas palmas ou coroas); fita (em geral).
lemures, -um: s.*m.* – duendes, espectros, almas dos mortos.
lemuria, -orum: *s.n.pl.* – lemúrias, festas em honra das almas dos mortos.
lena, -ae: *s.f.* – alcoviteira; sedutora.
Lenaeus, -i: *s.m.* – Leneu, um dos nomes de Baco; **-a, -um**: *adj.* – de Leneu, de Baco.
lene: *adv.* – docemente, suavemente.
lenearis, -e: *adj.* – linear, geométrico, de linha.
lenimem, -inis e **lenimentum, -i**: *s.n.* – lenitivo, consolo, alívio, conforto.
lenio, -is, -ivi ou **-ii, -itum, -ire**: *v.t./int.* – abrandar, acalmar; aliviar; confortar; acariciar; cativar.
lenis, -e: *adj.* – brando; suave, agradável, ameno; indulgente, benigno, afável.
lenitas, -atis e **lenitudo, -inis**: *s.f.* – brandura, suavidade; afabilidade, indulgência.
leniter: *adv.* – docemente, com suavidade.
leno, -onis: *s.m.* – alcoviteiro, rufião, corruptor.
lenocinium, -ii: *s.n.* – tráfico de escravos; lenocínio, sedução; afetação (feminina) nos enfeites, garridice; excesso nos ornatos (de estilo).
lenocinor, -aris, atus sum, -ari: *v.t.* – fazer-se alcoviteiro, prostituir escravas; seduzir, corromper; tornar sedutor, dar atrativos a; lisonjear, cortejar; afagar; auxiliar, favorecer.
lens, lentis: *s.f.* – lentilha.
lente: *adv.* – lentamente, sem pressa; calmamente, com sangue frio; com prudência.
lente, sed graviter: devagar, mas com firmeza.
lente procedere: avançar com calma.
lentesco, -is, -ere: *v.int.* – tornar-se flexível, mole, lento; amolecer-se, afrouxar-se.
lentiscifer, -era, -erum: *adj.* – que dá aroeiras.
lentiscus, -i: *s.f.* – lentisco, aroeira.
lentitudo, -inis: *s.f.* – moleza, lentidão, indolência, languidez; apatia.
lento, -as, -avi, -atum, -are: *v.t.* – tornar flexível; encurvar, dobrar, vergar.
lentulus, -a, -um: *adj.* – um tanto idolente, vagaroso.
lentus, -a, -um: *adj.* – mole, flexível; pegajoso, lento, vagaroso; indolente; frouxo, indiferente, insensível.
lenunculus, -i: *s.m.* – barquinho, bote.
leo, -onis: *s.m.* – leão.
leonem stimulas: provocas o leão.
leonina societas: uma sociedade leonina.
lepide: *adv.* – graciosamente, agradavelmente, com encanto.
lepidus, -a, -um: *adj.* – gracioso, gentil, encantador, elegante, espirituoso bom, feliz (com relação às coisas).
lepos ou **lepor, -oris**: *s.m.* – graça, encanto; beleza; finura, elegância; doçura, prazer.
lepus, -oris: *s.m.* – lebre.
lepusculus, -i: *s.m.* – lebrezinha, lebre pequena.
lessus, -i ou **us**: *s.m.* – choro, lamentação (dos funerais).
letalis, -e: *adj.* – letal, que causa ou dá a morte; mortal.
Lethaeus, -a, -um: *adj.* – leteu, do rio Letes, do inferno; que adormece; que produz o esquecimento.
lethargicus, -a, -um: *adj.* – de letargo, letárgico.
lethargus, -i: *s.m.* – letargo, sono de doença.
Lethe, -es: *s.f.* – Letes, o rio dos infernos, cujas águas produziam o esquecimento.
letifer, -era, -erum: *adj.* – mortífero, letal.
leto, -as, -avi, -atum, -are: *v.t.* – matar.
letum, -i: *s.n.* – morte, falecimento; ruína, destruição.
letum non omnia finit: a morte não termina tudo.
leucaspis, -idis: *s.f.* – a que traz um escudo branco.
leunculus, -i: *s.m.* – leãozinho.
levamen, -inis e **levamentum, -i**: *s.n.* e **levatio, -onis**: *s.f.* – alívio, conforto, diminuição.
levatio, -onis: *s.f.* – alívio, consolação, conforto.
levator, -oris: *s.m.* – ladrão.
levemus corda nostra: elevemos nossos corações.
leve vulgus: a multidão inconstante.
levibus succumbere malis: sucumbir a pequenos males.

leviculus, -a, -um: *adj.* – fútil, frívolo; um tanto vão.

levidensis, -e: *adj.* – ligeiro, leve; transparente; insignificante.

levifidus, -a, -um: *adj.* – pérfido, enganador.

levipes, -edis: *s.m.f.* – que tem pés ligeiros.

levis, -e: *adj.* – leve; rápido, ligeiro; fácil; frívolo, vão; suave; benigno; inconstante, volúvel.

levis (laevis), -e: *adj.* – liso, plano; polido; lustroso; pelado; resvaladiço; brando, delicado.

levissima res oratio: a palavra é coisa muito leve.

levis sit tibi terra!: que a terra te seja leve!

levitas (laevitas), -atis: *s.f.* – lisura; polimento, lustro.

levitas, -atis: *s.f.* – leveza; agilidade, rapidez; utilidade; leviandade, inconstância; fraqueza.

leviter: *adv.* – ligeiramente; de leve; mediocremente, pouco, facilmente; felizmente.

levo (laevo), -as, -avi, -atum, -are: *v.t.* – alisar, aplainar; polir; pelar; safar (com o roçar ou com o atrito).

levo, -as, -avi, -atum, -are: *v.t.* – erguer, levantar; tirar, livrar; aliviar, confortar; diminuir; enfraquecer; afastar.

levor (laevor), -oris: *s.m.* – polimento.

lex, legis: *s.f.* – lei, plebiscito; contrato; cláusula, condição; regra, preceito; ordem; qualidade, natureza.

lex ad tempus: uma lei temporária.

lex aeterna: a lei eterna.

lex aliquando sequitur aequitatem: a lei às vezes segue a equidade.

lex civilis iniusta non obligat: a lei civil injusta não obriga.

lex de futuro, iudex de praeterito: a lei trata do futuro; o juiz, do passado.

lex Dei lux diei: a luz do dia é lei de Deus.

lex domicilii: a lei do domicílio.

lex dubia, lex nulla: lei imprecisa, lei nula.

lex dubia non obligat: lei duvidosa não obriga.

lex est dictamen rationis: a lei é a voz da razão.

lex est quod notamus: é lei o que escrevemos.

lex et libertas: lei e liberdade.

lex humana: a lei criada pelo homem.

lex inter partes: lei entre as partes.

lex lata: lei promulgada.

lex loci: a lei do lugar.

lex loci actus: a lei do lugar do ato.

lex loci celebrationis: a lei do lugar de celebração.

lex loci contractus: a lei do lugar do contrato.

lex loci delictus: a lei do lugar do delito.

lex loci domicilii: a lei do local de domicílio.

lex loci solutionis: a lei do lugar do pagamento (ou da realização do contrato).

lex mala, lex nulla: lei má, lei inútil.

lex mitior: lei mais benigna.

lex naturae: a lei natural.

lex non est textus, sed contextus: a lei não é o texto, mas o contexto.

lex non obligat nisi promulgata.: a lei só obriga depois de promulgada.

lex non respicit retro: a lei não olha para trás.

lex non scripta: a lei não escrita (inclui os costumes gerais e locais).

lex oblivionis: lei do esquecimento; anistia.

lex posterior derogat priori: a lei posterior derroga a anterior.

lex potest plus quam pactum: a lei pode mais que o contrato.

lex praesuponit iurisdictionem: a lei pressupõe jurisdição.

lex punit mendacium: a lei pune a dissimulação.

lex quod vult, dicit; quod non vult, tacet: a lei diz o que quer e cala o que não quer.

lex rex: a lei é nosso rei.

lex scripta: a lei escrita.

lex specialis derogat generali: a lei especial derroga a lei geral.

lex succurrit ignoranti: a lei assiste o ignorante.

Lex Talionis: a lei da retaliação; a Lei de Talião.

lex terrae: a lei da terra; a lei do país.

lex voluit: a lei determinou.

libamen, -inis e **libamentum, -i**: *s.n.* e **libatio, -onis**: *s.f.* – libação; prova, primícias.

libarius, -i: *s.m.* – pasteleiro.

libella, -ae: *s.f.* – moeda de prata do valor de um asse (unidade monetária).

libellus, -i: *s.m.* – livrinho, opúsculo; livro; libelo; registro; caderno de notas; carta, bilhete; cartaz; citação, edital; petição.

libellus litis introductorius: libelo introdutório da lide.

L

libens ou **lubens, -entis**: *part.pres.* – que faz de bom grado, com prazer; contente, satisfeito; favorável; divertido, jovial.
libenter: *adv.* – de bom grado, boa vontade, com prazer.
libentia (lub-), -ae: *s.f.* – alegria, prazer.
liber, -era, -erum: *adj.* – livre, independente, libertado, isento de, permitido, licencioso, desregrado, extenso, vasto.
Liber, -eri: *s.m.* – Líbero, um dos nomes de Baco.
liber, libertas: o livro é liberdade.
liber, libri: *s.m.* – entrecasca (das árvores); casca; livro, volume; registro; diário, memorial; parte ou divisão de uma obra; peça de teatro, tratado.
liber, medicina animi: o livro é o alívio do espírito.
liberalis, -e: *adj.* – relativo à liberdade; de homem livre; bem educado; nobre, benigno, liberal; conveniente, decoroso; belo; abundante.
liberalitas, -ais: *s.f.* – nobreza; bondade, indulgência; afabilidade; generosidade; *pl.* – liberalidades, larguezas.
libera nos, Domine: livra-nos, Senhor.
liberatio, -onis: *s.f.* – livramento, absolvição; quitação; perdão.
liberator, -oris: *s.m.* – o que livra, libertador.
liberavi animam meam: libertei minha alma.
libere: *adv.* – livremente, abertamente, francamente, sem temor.
liber homo: o homem livre.
liberi poetae et pictores: poetas e pintores são livres.
liber librorum: O livro dos livros; a Bíblia.
liber mihi opus est: preciso de um livro.
libero, -as, -avi, -atum, -are: *v.t.* – libertar, dar a liberdade a; livrar, soltar; desobrigar, isentar; absolver.
libero animo: com o espírito livre; sem julgamento preconcebido; com independência.
liberta, ae: *s.f.* – alforriada, liberta.
libertas, -atis: *s.f.* – liberdade; livramento; licença, permissão; independência (de linguagem), franqueza; ousadia, excesso.
libertas arbitrii: a liberdade de escolha.
libertas capitur: a liberdade se conquista.
libertas consilii: a liberdade de decisão.
libertas conviciandi: a liberdade de censurar.
libertas in legibus: liberdade sob as leis.
libertas populi: a liberdade do povo.
libertatem perdidimus: perdemos a liberdade.
libertate opus est: a liberdade é necessária.
libertina, ae: *s.f.* – liberta, alforriada.
libertinus, -a, -um: *adj.* – de liberto; **-i**: *s.m.* – liberto, forro.
libertus, -i: *s.m.* – alforriado, forro, liberto.
liberum arbitrium: a liberdade de decisão; o livre arbítrio.
libet e **lubet, -uuit** ou **-itum est, -ere**: *v.int. unip.* – aprazer, agradar.
libidinor (lubidinor), -aris, -atus sum, -ari: *v.dep.int.* – entregar-se aos prazeres, à devassidão.
libidinosus, -a, -um: *adj.* – caprichoso, arbitrário; inconstante; incontinente, libidinoso.
libido (lubido), -inis: *s.f.* – desejo violento, paixão; capricho, vontade; desregramento, luxúria; excessos; *pl.* – torpezas.
libido dominandi: o desejo de dominar.
libido sciendi: o desejo de saber.
libido sentiendi: o desejo de sentir.
libita, -orum: *s.n.pl.* – caprichos, vontades.
libitinarius, -i: *s.m.* – o que organiza pompas fúnebres, agente de funerais.
libo, -as, -avi, -atum, -are: *v.t.* – oferecer aos deuses em libação, fazer um sacrifício; verter, entornar; saborear; colher, apanhar; tirar.
libra, -ae: *s.f.* – peso de uma libra; balança; medida de capacidade (para líquidos); contrapeso; nível, altura.
libramen, -inis e **libramentum, -i**: *s.n.* – ação de brandir; equilíbrio, peso, contrapeso; nível, prumo.
libraria, -ae: *s.f.* – a que dá a tarefa; livraria.
librariolus, -i: *s.m.* – copista; livreiro.
librarium, -ii: *s.n.* – biblioteca, armário (de livros).
librarius, -a, -um: *adj.* – relativo a livros, de livros; **-i**: *s.m.* – copista, livreiro.
líbrator, -oris: *s.m.* – o que toma o nível de, nivelador; o que manobra máquinas de guerra.
libratus, -a, -um: *adj.* – equilibrado, suspenso; brandido, dardejado; lançado.
libri muti magistri sunt: os livros são mestres mudos.
libro, -as, -aví, -atum, -are: *v.t.* – equilibrar, suspender; nivelar; brandir, dardejar; atirar.
libros lege: lê livros.
libum, -i: *s.n.* – espécie de bolo que se oferecia nos sacrifícios.
liburna, -ae: *s.f.* – embarcação baixa, de duas ordens de remos; navio de guerra ligeiro.

licens, -entis: *part.pres.* – excessivamente livre, desregrado; dissoluto, devasso.
licenter: *adv.* – muito livremente, desregradamente, sem freio.
licentia, -ae: *s.f.* – licença, permissão; abuso da liberdade, indisciplina; desregramento, corrupção; arbitrariedade; ousadia; desvario.
licentia docendi: autorização para ensinar.
licentia poetica: a licença poética.
liceo, -es, -ui, -itum, -ere: *v.int.* – ser posto em leilão, estar à venda; ser avaliado; vender-se.
liceor, -eris, -itus sum, -eri: *v.dep.t.* – dar lance (em leilão); arrematar.
licet: *conj.* – ainda que, embora, posto que, conquanto; ora pois, bem.
licet?: é permitido?; dás-me licença?
licet, -uit ou -itum est, -ere: *v.int.unip.* – ser permitido, ser lícito; ser fácil, possível.
licita, -orum: *s.n.pl.* – coisas lícitas, prazeres permitidos.
licitatio, -onis: *s.f.* – licitação, venda em leilão; arrematação.
licitator, -oris: *s.m.* – o que oferece ou dá lance em leilão; arrematante.
licitor, -aris, atus sum, -ari: *v.dep.* – oferecer lance (em leilão), licitar; pôr um preço.
licitus, -a, -um: *adj.* – permitido, lícito; legal.
licium, -ii: *s.n.* – liço do tear; trama; fio; fita, cordão.
lictor, -oris: *s.m.* – lictor, oficial que acompanhava os magistrados; executor de justiça; carrasco.
lien, -enis e **lienis, -is**: *s.m.* – baço.
ligamen, -inis e **ligamentum, -i**: *s.n.* – laço, cordão; atadura.
ligamentum, -i: *s.n.* – ligadura, atadura (termo médico).
lignarius, -a, -um: *adj.* – relativo à madeira, de madeira.
lignarius, -i: *s.m.* – lenhador, carpinteiro.
lignatio, -onis: *s.f.* – ação de se tirar lenha; provisão de lenha.
lignator, -oris: *s.m.* – lenheiro, lenhador.
ligneolus, -a, -um: *adj.dim.* – de pau, de madeira.
ligneus, -a, -um: *adj.* – de pau, de madeira feito de madeira; seco, descarnado.
lignor, -aris, -atus sum, -ari: *v.dep.t.* – lenhar, fazer provisão de lenha.
lignum, -i: *s.n.* – madeira; lenha (de queimar) trabalho de madeira; tabuinha (em que se escrevia).
lignum vitae: a árvore da vida.
ligo, -as, -avi, -atum, -are: *v.t.* – atar, prender; juntar, unir.
ligo, -onis: *s.m.* – enxada, enxadão; cultivo da terra, amanho.
ligurio, -is, -ivi ou **-ii, -itum, -ire**: *v.t./int.* – lamber, saborear; tocar de leve; comer bem, fartar-se; desejar ardentemente.
liguritio, -onis: *s.f.* – manjar, gulodice.
ligustrum, -i: *s.n.* – alfeneiro (arbusto).
lilium, -ii: *s.n.* – lírio; açucena; traves cruzadas de puas de ferro para impedir a passagem de tropas.
lima, -ae: *s.f.* – lima; ação de limar, de corrigir (uma obra literária); correção.
limatulus, -a, -um: *adj.dim.* – limado, polido.
limatus, -a, -um: *adj.* – limado, polido; emendado, revisto; aprimorado.
limbus, -i: *s.m.* – orla, debrum; barra, guarnição (de vestido); faixa; cinto.
limbus fatuorum: o paraíso dos idiotas.
limen, -inis: *s.n.* – soleira da porta; limiar, entrada; porta; morada, habitação; começo; barreira (nas corridas); fronteira.
limen senectae: o limiar da velhice.
limes, -itis: *s.m.* – atalho, caminho; rasto; leito (de um rio); sulco, rego; fronteira, limite; diferença; trincheira.
limina leti: o limiar da morte.
limito, -as, -avi, -atum, -are: *v.t.* – delimitar, limitar, circunscrever.
limo, -as, -avi, -atum, -are: *v.t.* – limar, polir; emendar; esclarecer, deslindar; tirar, cortar.
limosus, -a, -um: *adj.* – lodoso, pantanoso, lamacento.
limpidus, -a, -um: *adj.* – límpido, claro, transparente.
limus, -a, -um: *adj.* – oblíquo; que é de través.
limus, -i: *s.m.* – limo, lodo; vasa, lama; depósito, sedimento.
linea, -ae: *s.f.* – fio, linha; barbante, cordel; traço, rasgo (de pincel); linha (de parentesco); termo, limite.
lineamentum, -i: *s.n.* – linha; traço, lineamento; esboço, desenho; *pl.* – feições.
linea obliqua: linha colateral; parentesco colateral.
linea recta: linha reta; linha direta.
lineo, -as, -avi, -atum, -are: *v.t.* – alinhar.
lineus, -a, -um: *adj.* – de linho.
lingo, -is, -nxi, -nctum, -gere: *v.t.* – lamber, chupar.

L

lingua, -ae: *s.f.* – língua; palavra, linguagem; idioma, dialeto; eloquência; maledicência.
lingua amicus: amigo só de língua.
lingua bellare: guerrear com a língua.
lingua ignis est: a língua é um fogo.
lingualaca, -ae: *s.m.f.* – tagarela, loquaz.
linguarium, -i: *s.n.* – multa por ter falado demais.
lingula ou **ligula, -ae**: *s.f.* – língua de terra que entra pelo mar; correia de sapato; lingueta; palheta.
liniger, -era, -erum: *adj.* – vestido de linho.
lino, -is, -livi ou -levi, -itum, -ere: *v.t.* – untar, esfregar; cobrir com, tapar; sujar; deslustrar, desbotar.
linquo, -is, -liqui, -linquere: *v.t./int.* – largar, abandonar, deixar.
linteatus, -a, -um: *adj.* – vestido de linho.
linteo, -onis: *s.m.* – tecelão.
linter, lintris: *s.m.* e **lintris, -is**: *s.f.* – barco, canoa; gamela (vasilha usada pelos vinhateiros).
linteum, -i: *s.n.* – tecido de linho; lenço; toalha; cortina; vela.
linteus, -a, -um: *adj.* – de pano de linho.
lintriculus, -i: *s.m.* – barquinho, canoa pequena.
linum, -i: *s.n.* – linho (planta); fio; pano de linho; linha (de pescador); malha, rede; corda; vela.
lippio, -is, -ivi, -itum, -ire: *v.int.* – estar doente dos olhos; sofrer de corrimento nos olhos.
lippitudo, -inis: *s.f.* – corrimento, inflamação nos olhos; remela.
lippus, -a, -um: *adj.* – remelento; que tem corrimento nos olhos.
liquefacio, -is, -feci, -factum, -facere: *v.t.* – liquefazer, derreter, dissolver; enervar, amolecer.
liquens, -entis: *part.pres.* – líquido, fluido; sereno, puro.
liqueo, -es, -cui, -quere, ver **liquesco**.
liquesco, -is, -licui, -escere: *v.int.* – derreter-se, dissolver-se; corromper-se; tornar-se líquido, claro; enfraquecer-se; desfazer-se, perecer.
liquet!: a coisa está clara!
liquiditas, -tatis: *s.f.* – pureza (do ar).
liquido e **liquide**: *adv.* – claramente, manifestamente; com serenidade.
liquidum, -i: *s.n.* – água; líquido (em geral).
liquidus, -a, -um: *adj.* – líquido, fluido; corrente; derretido; claro, distinto; puro; evidente, manifesto; sereno, favorável; sincero.
liquo, -as, -avi, -atum, -are: *v.t.* – derreter, dissolver; filtrar; clarificar; purificar.
liquor, -eris, -i: *v.dep.t./int.* – tornar líquido, derreter, fundir.
liquor, -oris: *s.m.* – fluidez; líquido, fluido; água.
lis, litis: *s.f.* – processo, demanda; litígio; desavença, disputa, questão.
lis de verbis: uma disputa sobre vocábulos.
lis inchoata est: a lide começou.
lis omnis nostra est: a batalha é toda nossa; vencemos!
litatio, -onis: *s.f.* – sacrifício para aplacar os deuses; imolação.
lite pendente: enquanto a lide não está decidida; durante o processo.
lites finiri oportet: é preciso que as lides tenham fim.
litigare cum ventis: brigar com o vento.
litigator, -oris: *s.m.* – litigante, demandista.
litigatus, -us: *s.m.* – contestação, litígio.
litigiosus, -a, -um: *adj.* – demandista, altercador; que está em litígio; contencioso.
litigium, -i: *s.n.* – disputa, litígio, contestação.
litigo, -as, -avi, -atum, -are: *v.t.* – pleitear, litigar; demandar, disputar.
litis contestatio: contestação da lide.
litis decisio: decisão da lide.
lito, -as, -avi, -atum, -are: *v.int./t.* – sacrificar com bom agouro; fazer um sacrifício agradável aos deuses; oferecer em sacrifício; imolar.
litoralis ou **littoralis, -e** e **litoreus** ou **littoreus, -a, -um**: *adj.* – relativo à margem, à praia; do litoral, litorâneo.
littera, -ae: *s.f.* – letra; escrita; epístola, carta; epitáfio; *pl.* – carta; registro, livro de contas; escrito; edito, mandado; instrução, letras.
litterae non dant panem: as letras não dão pão.
litterarius, -a, -um: *adj.* – relativo a ler e escrever; de instrução.
litterarum ordine: em ordem alfabética.
litteras disce!: estuda as obras literárias!
litterate: *adv.* – de forma clara, legivelmente.
litterator, -oris: *s.m.* – literato, homem de instrução; mestre; gramático.
litteratura, -ae: *s.f.* – arte de escrever, escritura; alfabeto; gramática; letras, literatura.
litteratus, -a, -um: *adj.* – marcado com letras; letrado, instruído; **-i**: *s.m.* – amanuense, secretário; intérprete, crítico, comentador.

litteris deditus et omnibus artibus: dedicado ao estudo e a todas as artes.
litterula, -ae: *s.f.dim.* – letra pequena; cartinha, carta; pequena instrução.
litura, -ae: *s.f.* – riscadura, raspadura (de letras); mancha, borrão; mudança.
litus ou **littus, -oris**: *s.n.* – margem, praia; litoral.
lituus, -i: *s.m.* – clarim, trombeta, cajado (dos agoureiros).
liveo, -es, -ere: *v.int.* – ficar lívido; estar magoado, machucado; ter inveja de.
lividus, -a, -um: *adj.* – lívido, denegrido; machucado, pisado; invejoso.
livor, -oris: *s.m.* – lividez; pisadura, contusão; inveja; *pl.* – manchas.
lixa, -ae: *s.m.* – moço, servente (do exército); vivandeiro.
locatio, -onis: *s.f.* – aluguel, locação, arrendamento; contrato.
locator, -oris: *s.m.* – o que aluga, locador; arrendador.
loci communes: lugares-comuns.
loco, -as, -avi, -atum, -are: *v.t.* – por, colocar, estabelecer; dar em casamento; emprestar (dinheiro); alugar, arrendar; contratar (serviços).
loco citato: no lugar citado.
loco dolenti: no lugar dolorido.
loculus, -i: *s.m.* (usado mormente no plural) – lugar pequeno; caixinha, cofre; burra; pequena estante; cova; féretro, caixão.
locum tenens: o lugar-tenente; o substituto; o representante.
locuples, -etis: *adj.* – rico, opulento; abundante; digno de crédito, de confiança; próprio para.
locupletator, -oris: *s.m.* – o que enriquece.
locupleto, -as, -avi, -atum, -are: *v.t.* – enriquecer; prover de; ornar, enfeitar.
locus, -i: *s.m.* (*pl.* **loci**, *s.m.* ou **loca, -orum**, *s.n.*) – lugar, situação; posição, posto; sítio, região, país; morada; oportunidade, tempo; ordem; estado, condição.
locus belli: o local da guerra.
locus classicus: um lugar clássico.
locus communis: lugar-comum.
locus criminis: a cena do crime.
locus delicti: o local do delito.
locus delicti commissi: lugar onde cometido o crime.
locus in quo: o lugar em que (a cena do acontecimento).
locus regit actum: o lugar determina o ato.
locus sigilli: o lugar destinado ao selo.
locus standi: um lugar para ficar.
locusta, -ae: *s.f.* – gafanhoto.
locutio, -onis: *s.f.* – ação de falar; locução; linguagem; pronúncia, dicção; discurso.
lodix, -icis: *s.f.* – cobertor, cobertura (de cama).
logeum (logium), -i: *s.n.* – documentos antigos, arquivo.
logica, -ae ou **logice, -es**: *s.f.* – lógica.
logicus, -a, -um: *adj.* – relativo à lógica, lógico; de raciocínio.
logos (logus), -i: *s.m.* – palavra; no plural: tagarelice, discursos inúteis.
lolligo, -inis: *s.f.* – ciba, lula (peixe).
lollum, -ii: *s.n.* – joio (planta).
lomentum, -i: *s.n.* – o que serve para lavar, sabão.
longaeva, -ae: *s.f.* – mulher velha.
longaevus, -a, -um: *adj.* – muito velho, idoso, antigo, remoto.
longa manus: a mão que alcança longe.
longe: *adv.* – longe, de longe; distante; longamente; desde muito tempo; muito.
longinquitas, -atis: *s.f.* – grande distância, afastamento; longa duração.
longinquum: *adv.* – durante muito tempo, longamente.
longinquus, -a, -um: *adj.* – afastado, distante; antigo, remoto; longo; vagaroso.
longitudo, -inis: *s.f.* – extensão (em comprimento); duração.
longiusculus e **longulus, -a, -um**: *adj.* – um tanto mais longo; um tanto longo.
longo intervallo: com um longo intervalo.
longule: *adv.* – um pouco longe, muito distante, bem longe.
longulus, -a, -um: *adj.* – um tanto comprido.
longum: *adv.* – há muito tempo, desde muito.
longurius, -ii: *s.m.* – estaca, vara comprida.
longus, -a, -um: *adj.* – longo, comprido; distante; afastado; extenso.
loquacitas, -atis: *s.f.* – loquacidade, tagarelice; prolixidade.
loquax, -acis: *adj.* – verboso, loquaz; palrador; muito expressivo.
loquela, -ae: *s.f.* – termo, palavra; linguagem, idioma.
loquentia, -ae: *s.f.* – facilidade de falar.
loquere audacter: fala sem medo.
loquitur, -aris, -ari, -atus sum: *v.dep.int.* – falar muito, falar pelos cotovelos.
loquitur fama: a fama diz isso; é o que diz o povo.

L

loquor, -eris, locutus ou loquutus sum, loqui: *v.dep.int./t.* – falar, dizer; contar.
loquor quae sentio: digo o que sinto.
loquuntur vulgo: fala-se isso entre o povo.
lorica, -ae: *s.f.* – couraça; trincheira; parapeito.
loricatus, -a, -um: *adj.* – vestido de couraça, encouraçado.
lorum, -i: *s.n.* – correia; trela; látego, açoite; rédeas; bula de couro.
lotium, -i: *s.n.* – urina.
lotos e **lotus, -i**: *s.f.* – lótus (árvore e planta áquatica); flauta (de lótus); trevo; meliloto.
lube-, ver **libe-**.
lubrico, -as, -avi, -atum, -are: *v.t.* – lubrificar, tornar escorregadio.
lubricum, -i: *s.n.* – o que é escorregadio; terreno, lugar escorregadiço; dificuldade, perigo.
lubricus, -a, -um: *adj.* – escorregadiço, liso; inclinado; arriscado, perigoso; incerto; lúbrico, lascivo.
lucanica, -ae: *s.f.* e **lucanicus, -i**: *s.n.* – salsicha; chouriço.
lucanus, -a, -um: adj. – lucano, da Lucânia.
lucar, -aris: *s.n.* – imposto sobre os bosques sagrados; salário dos atores.
lucellum, -i: *s.n.dim.* – pequeno lucro.
luce lucente renascor: renasço quando o sol brilha.
luce lucet aliena: brilha com a luz alheia.
lucens globus lunae: o luzente globo da lua.
lucent in tenebris: brilham nas trevas.
luceo, -es, luxi, lucere: *v.int./t.* – ser luminoso, luzir; arder; brilhar; romper o dia; ser claro, manifesto.
lucerna, -ae: *s.f.* – lâmpada, candeia; lampião; *pl.* – vigílias.
lucesco, -is, luxi, -cescere: *v.int.* – começar a brilhar, a esclarecer; *unip.* – começar a amanhecer.
lucida sidera: estrelas de muita luz (diz-se de pessoas de alto valor).
lucide e **lucidum**: *adv.* – claramente; de modo brilhante.
lucidus, -a, -um: *adj.* – brilhante, luzidio; luminoso; límpido, transparente; manifesto.
lucifer, -era, -erum: *adj.* – radiante, luminoso; que traz a luz.
lucifugus, -a, -um: *adj.* – que foge da luz.
lucrandi animo: com a intenção de obter vantagem.
lucrativus, -a, -um: *adj.* – lucrativo, proveitoso.
lucri causa: por causa do lucro; pelo lucro.
lucrifacio, -is, -feci, -factum, -facere: *v.t* – lucrar, ganhar.
lucrificabilis, -e: *adj.* – que dá lucro.
lucrifuga, -ae: *s.m.* – que foge do ganho, que evita lucros.
lucror, -aris, -atus sum, ari: *v.dep.t.* – ganhar, lucrar; tirar proveito.
lucrosus, -a, -um: *adj.* – lucrativo, proveitoso.
lucrum, -i: *s.n.* – ganho, lucro; vantagem, proveito; haveres, riqueza.
lucrum cessans: lucro cessante.
lucrum est: é um bom negócio.
luctamen, -inis: *s.n.* e **luctatio, -onis**: *s.f.* – luta, combate; esforço, empenho.
luctator, -oris: *s.m.* – lutador.
luctifer, -fera, -ferum: *adj.* – que causa luta, desastroso, infeliz.
luctificus, -a, -um: *adj.* – triste, doloroso; funesto.
luctisonus, -a, -um: *adj.* – que produz um som triste, lúgubre.
luctor, -aris, -ari, -atus sum: *v.dep.int.* – exercitar-se na luta; lutar, combater; fazer esforços, empenhar-se em.
luctuose: *adv.* – de modo lastimoso.
luctuosus, -a, -um: *adj.* – triste, doloroso; funesto; deplorável; infeliz.
luctus, -us: *s.m.* – dor; lástima, aflição; perda, morte; soluços, lamentos; luto.
lucubratio, -onis: *s.f.* – vigília, serão; fruto de trabalho à noite; lucubração.
lucubro, -as, -avi, -atum, -are: *v.int./t.* – trabalhar à luz da lâmpada, à noite; velar trabalhando; lucubrar.
luculente e **luculenter**: *adv.* – claramente; com elegância; alegremente; bem.
luculentus, -a, -um: *adj.* – luminoso, brilhante; claro; lúcido; belo, elegante; grande, avultado; feliz; grave, importante.
lucumo, -onis: *s.m.* – chefe de tribo, sacerdote (entre os etruscos).
lucus, -i: *s.m.* – bosque sagrado; bosque, floresta.
ludens feci: eu o fiz de brincadeira.
ludia, -ae: *s.f.* – dançarina ou gladiadora profissional.
ludibrium, -ii: *s.n.* – joguete, objeto ou motivo de riso; zombaria; jogo, capricho; escárnio, ultraje, ludíbrio.
ludibundus, -a, -um: *adj.* – que brinca, que se diverte; alegre, galhofeiro.
ludicer e **ludicrus, -cra, -crum**: *adj.* – relativo aos jogos públicos; de jogo; divertido, festivo.

ludicre: *adv.* – por brincadeira, por gracejo.
ludicrum, -i: *s.n.* – divertimento, recreio; jogo público.
ludificatio, -onis: *s.f.* – ação de zombar de alguém; engano, logro; subterfúgio.
ludificator, -oris: *s.m.* – enganador, burlão.
ludifico, -as, -avi, -atum, -are: *v.int./t.* – escarnecer, zombar, iludir, enganar zombando.
ludificor, -aris, -atus sum, -ari: *v.dep.* – zombar, escarnecer de; enganar; iludir, entreter; insultar; usar de subterfúgios; evitar.
ludimagister, -tri: *s.m.* – mestre-escola.
ludimus innocui: brincamos sem fazer mal.
ludio, -onis: *s.f.* e **ludius, -ii**: *s.m.* – ator cômico; histrião, pantomimo, farsista.
ludo, -is, -si, -sum, -dere: *v.int./t.* – jogar, brincar; divertir-se, folgar; gracejar; zombar; enganar; simular; tocar, tanger.
ludus, -i: *s.m.* – jogo; divertimento; recreação; brinquedo; gracejo, zombaria; escola; *pl.* – jogos públicos, espetáculos.
lues, luis: *s.f.* – doença contagiosa; epidemia, peste; flagelo, desgraça, corrupção dos ares.
lues venerea: o mal venéreo (a sífilis).
lugeo, -es, -xi, -ctum, -gere: *v.int./t.* – estar de luto, lamentar-se, gemer; afligir-se por; chorar, deplorar.
lugubre: *adv.* – de modo sinistro, lugubremente.
lugubris, -e: *adj.* – triste, lúgubre; aflito; sinistro; de luto.
lumbricus, -i: *s.m.* – lombriga, minhoca.
lumbus, -i: *s.m.* – (usado de ordinário no plural) – rins; lombo; espinha.
lumen, -inis: *s.n.* – luz, claridade; dia; lâmpada, archote; olhos, vista; glória, ornamento.
lumen caeleste sequamur: sigamos a luz celeste.
lumen fidei: a luz da fé.
lumen gentium: a luz dos povos.
lumen gratiae: a luz da graça.
lumen in caelo: a luz no céu.
lumen mundi: a luz do mundo.
lumen naturalis rationis: a luz da razão natural.
lumen veritatis: a luz da verdade.
lumen vitae: a luz da vida.
luminare, -is: *s.n.pl.* – um luminar; luz, lâmpada; janelas; frestas.
lumino, -as, -avi, -atum, -are: *v.t.* – alumiar, iluminar.
luminosus, -a, -um: *adj.* – que dá luz, luminoso; brilhante.
luna, -ae: *s.f.* – lua; noite; mês.
luna mutabilior: muda mais que a lua.
lunaris, -e: *adj.* – relativo à lua, lunar.
lunatus, -a, -um: *adj.* – feito em forma de crescente, semilunar; arqueado.
luno, -as, -avi, -atum, -are: *v.t.* – curvar a modo de crescente; dispor em arco.
luo, -is, -i, -ere (*parti. fut.*: **luiturus**): *v.t.* – pagar, satisfazer, solver; expiar, resgatar, remir; sofrer um castigo.
lupa, -ae: *s.f.* – loba; meretriz.
lupanar, -aris: *s.n.* – bordel.
lupatria, -ae: *s.f.* – prostituta.
lupatus, -a, -um: *adj.* (usado sobretudo no plural) (**lupati** e **lupata**, subentendendo--se **freni** ou **frena**) – freio grande e duro.
lupinum, -i: *s.n.* e **lupinus, -i**: *s.m.* – tremoço.
lupinus, -a, -um: *adj.* – de lobo ou loba; lupino.
lupor, -aris, -patus sum, -ari: *v.dep.int.* – prostituir-se, procurar as cortesãs.
lupus, -i: *s.m.* – lobo; salteador; fateixa, arpão.
lupus est homo homini: o homem é o lobo do homem.
lupus lupum non est: lobo não come lobo.
lurco, -onis: *s.m.* – comilão, grande comedor.
luridus, -a, -um: *adj.* – lívido, amarelo; descorado; que torna pálido, sombrio.
luror, -oris: *s.m.* – cor amarelada, palidez, cor macilenta.
luscinia, -ae: *s.f.* e **luscinius, -ii**: *s.m.* – rouxinol.
luscitiosus, -a, -um: *adj.* – que tem a vista fraca, míope.
luscus, -a, -um: *adj.* – que vê só de um olho, zarolho; de olhos vazados.
lusio, -onis: *s.f.* – jogo, recreio; *pl.* – divertimentos, brinquedos.
lusito, -as, -avi, -atum, -are: *v.int.* – brincar, divertir-se.
lusor, -oris: *s.m.* – jogador; zombeteiro, brincalhão.
lusoriae, -arum: *s.f.pl.* – iate pequeno, navio de prazer.
lusorius, -a, -um: *adj.* – de jogo, recreativo; feito por brincadeira; fictício.
lustralis, -e: *adj.* – que serve para purificar, lustral; expiatório; relativo ao lustro (período de cinco anos).
lustramen, -inis: *s.n.* – meio de purificação, objeto expiatório.

L

lustratio, -onis: *s.f.* – purificação; ação de percorrer; curso.

lustro, -as, -avi, -atum, -are: *v.t.* – purificar; percorrer, visitar; passar em revista; examinar; esclarecer, alumiar.

lustrum, -i: *s.n.* – sacrifício expiatório (depois do censo); recenseamento, lustro; jogos públicos; *pl.* – covil; bosques, florestas; lupanares; orgias.

lusus, -us: *s.m.* – brinquedo; passatempo, divertimento; jogos públicos; prazeres.

lusus habet finem: acabou-se a brincadeira.

luteolus, -a, -um: *adj.dim.* – um tanto amarelo; amarelento.

luteus, -a, -um: *adj.* (de **lutum**) – feito de lodo; limoso; de barro; sujo; (de **lutum**) – amarelo, lívido.

luto pedem evellere: tirar o pé do lodo.

lutulentus, -a, -um: *adj.* – lamacento, coberto de lama; sujo; imundo, torpe, infame.

lutum, -i: *s.n.* – limo, lodo, lama; argila, barro de oleiro.

lutum, -i: *s.n.* – lírio-dos-tintureiros (planta que serve para tingir); amarelo.

L

lux, libertas: luz, liberdade.

lux, lucis: *s.f.* – luz, claridade; dia; brilho, esplendor; vista, olhos; vida; tempo, estação; publicidade; glória, ornamento.

lux aeterna: a luz eterna.

lux benigna: a luz generosa.

lux est umbra Dei: a luz é a sombra de Deus.

lux et lex: a luz e a lei.

lux et veritas: a luz e a verdade.

lux hominum vita: a luz é a vida dos homens.

lux in tenebris lucet: a luz resplandece nas trevas.

lux lucet in tenebris: a luz brilha nas trevas.

lux mea lex: a luz é minha lei.

lux me regit: é a luz que me governa.

lux, salubritas, felicitas: luz, saúde, felicidade.

luxo, -as, -avi, -atum, -are: *v.t.* – deslocar, desconjuntar, luxar.

luxor, -aris, -ari: *v.dep.int.* – viver na luxúria, no desregramento.

lux orta est eis: nasceu-lhes o dia.

lux solis comes: a luz é companheira do sol.

luxuria, -ae e **luxuries, -ei**: *s.f.* – superabundância; demasia, excesso; luxo, suntuosidade; sensualidade, prazeres; corrupção.

luxurio, -as, -avi, -atum, -are: *v.int.* e **luxurior, -aris, -atus sum, -ari**: *v.dep.int./t.* – produzir com abundância, brotar com força; ser vigoroso; folgar; saltar; dar-se a excessos; viver no luxo.

luxuriosus, -a, -um: *adj.* – que brota com força, vigoroso; excessivo; suntuoso; dissoluto.

luxus, -us: *s.m.* – fausto, suntuosidade; ociosidade, moleza; intemperança; excessos; devassidão.

Lyaeus, -i: *s.m.* – Lieu, nome de Baco; vinho.

lychnuchus, -i: *s.m.* – lâmpada, candeeiro; lustre.

lychnus, -i: *s.m.* – lâmpada, candeeiro.

Lydius, -a, -um: *adj.* – lídio, da Lídia; etrusco.

lygdos, -i: *s.f.* – espécie de mármore branco.

lympha, -ae: *s.f.* – água.

lymphaltus, -a, -um: *adj.* – que está fora de si, desvairado; louco.

lymphaticus, -a, -um: *adj.* – de louco, delirante.

lynceus, -a, -um: *adj.* – relativo a Linceu; de olhos de lince; perspicaz.

lynx, lyncis: *s.m.* – lince (animal a que se atribuía uma vista penetrante).

lyra, -ae: *s.f.* – lira; poesia lírica; poesia.

lyricus, -a, -um: *adj.* – relativo à lira; lírico.

M

macedo, -onis: *s.m.* – macedônio, natural da Macedônia.
macellarius, -a, -um: *adj.* – relativo aos gêneros alimentícios, relativo ao mercado.
macellum, -i: *s.n.* e **macillus, -i**: *s.m.* – mercado, feira; provisão.
maceo, -es, -ere: *v.int.* – estar magro.
macer, -cra, -crum: *adj.* – magro, definhado; escasso.
maceria, -ae: *s.f.* – parede ou muro de pedra seca (isto é, sem barro ou cal).
macero, -as, -avi, -atum, -are: *v.t.* – pôr de molho, curtir; amolecer, debilitar; consumir.
macesco, -is, -ere: *v.int.* – emagrecer, definhar.
machaera, -ae: *s.f.* – sabre, espada.
machaerophorus, -i: *s.m.* – soldado armado de **machaera**, isto é, espada curta de um só gume.
machina, -ae: *s.f.* – invenção, maquinação; máquina, aparelho; guindaste; máquina de guerra; expediente; meios, esforços.
machinalis, -e: *adj.* – relativo às máquinas; **scientia**: a mecânica.
machinamentum, -i: *s.n.* – máquina de guerra.
machinatio, -onis: *s.f.* – mecanismo, máquina (a trabalhar); fraude; maquinação.
machinator, -oris: *s.m.* – inventor (de máquinas); mecânico; engenheiro; maquinador.
machinor, -aris, -atus sum, -ari: *v.dep.t.* – inventar; executar; imaginar; maquinar, tramar.
macies, -ei: *s.f.* – magreza; aridez; pobreza, penúria.
macresco, -is, -crui, -crescere: *v.int.* – emagrecer; definhar, murchar.
macrocollum, -i: *s.n.* – papel de formato grande.
mactabilis, -e: *adj.* – que pode causar a morte, mortal.
mactator, -oris: *s.m.* – assassino.
macte: *voc.* de **mactus** (empregado como expressão de aprovação ou de estímulo) – ânimo!, coragem!, eia pois!, bravo!, muito bem!.
macte animo!: ânimo! coragem!
macto, -as, -avi, -atum, -are: *v.t.* – prover, encher de; oferecer; imolar, sacrificar; matar, destruir.
mactus, -a, -um: *adj.* – provido, recompensado com; morto, imolado; **-e**: *voc.* – **macte**.
macula, -ae : *s.f.* – mancha, nódoa; marca natural; defeito, incorreção; mácula, labéu, desonra; malha (de tecido).
macula originalis: o pecado original.
maculatio, -onis: *s.f.* – mancha.
maculo, -as, -avi, -atum, -are: *v.t.* – marcar; manchar, sujar; denegrir; corromper, viciar; desonrar.
maculosus, -a, -um: *adj.* – manchado; marcado, mosqueado; manchado, sujo; denegrido; infamado.
madefacio, -is, -feci, -factum, -facere: *v.t.* – umedecer, molhar; banhar.
madens, -entis: *adj.* – umedecido, molhado.
madeo, -es, -ui, -ere: *v.int.* – estar umedecido, molhado; amolecer-se pela cocção, estar cozido; estar repleto, transbordante de.
madesco, -is, -dui, -descere: *v.int.* – umedecer-se; ensopar-se; amolecer-se.
madidus, -a, -um: *adj.* – úmido; molhado, banhado; embebido; tinto; cozido, tenro; embriagado, cheio de.
mador, -oris: *s.m.* – umidade.
maeandratus, -a, -um: *adj.* – sinuoso, tortuoso.
maena, -ae: *s.f.* – pequeno peixe do mar (alimento de gente pobre).
maenalis, -idis: *adj.* – menálide, menálio; do monte Mênalo, na Arcádia, consagrado a Pã.
maenalius, a, um: *adj.* – menálio, de Mênalo, monte da Arcádia.
maeniana, -orum: *s.n.pl.* – balaustrada, varanda; sacada.
maenianum, -i: *s.n.pl.* – galeria exterior, sacada, varando.
Maeonia, -ae: *s.f.* – Meônia, Lídia, na Ásia menor; Etrúria, na Itália.
maeonidae, -arum: *s.m.pl.* – meonidas, lídios; etruscos.
maerens, -entis: *adj.* – triste, abatido, aflito.
maereo, -es, -ere: *v.int./t.* – estar triste, estar aflito, afligir-se.
maero e **moero, -as, -avi, -atum, -are**: *v.t.* – afligir, magoar.

maeror e **moeror, -oris**: *s.m.* – tristeza; dor, aflição.
maestitia e **moestitia, -ae**: *s.f.* – tristeza; mágoa, pesar; aflição.
maestus e **moestus, -a, -um**: *adj.* – triste, magoado; aflito; que é de mau agouro; funesto, sinistro.
maga, -ae: *s.f.* – maga, feiticeira.
magalia, -ium: *s.n.pl.* – cabanas, choupanas; tendas, barracas.
magiceus e **magicus, -a, -um**: *adj.* – relativo à magia, mágico; misterioso.
magis: *adv.comp.* – mais; antes, de preferência; em mais quantidade.
magis aequo: mais do que o justo.
magis minusve: mais ou menos.
magister, -tri: *s.m.* – o maior de todos, o que é superior, o que manda; chefe, diretor, inspetor; comandante; mestre; conselheiro.
magister barbatus: o mestre barbado (um filósofo).
magister dixit: o mestre disse.
magister inter pares: um mestre entre iguais.
magisterium, -ii: *s.n.* – cargo, dignidade de chefe; ofício de mestre, magistério; ensino, conselho.
M
magister morum: o censor dos costumes.
magister navis: o capitão do navio.
magister scientiae: mestre em ciências.
magister societatis: o administrador da sociedade.
magistra, -ae: *s.f.* – a que ensina, mestra.
magistratus, -us: *s.m.* – cargo, dignidade de magistrado; magistratura; magistrado.
magistrum metue: respeita teu professor.
Magna Charta Libertatum: a Magna Carta das Liberdades.
magna comitante caterva: acompanhado de grande multidão.
magna confusio: uma grande confusão.
magna culpa: uma grande falta; uma grande negligência.
magna cum laude: com grande louvor.
magnanimitas, -atis: *s.f.* – magnanimidade, nobreza de caráter.
magnanimus, -a, -um: *adj.* – magnânimo; nobre, generoso.
magna petis: buscas objetivos ambiciosos.
magna res gesta est: fez-se uma grande coisa.
magna vi: com grande força; com grande ímpeto; com todas as forças.
magna vis conscientiae: é grande o poder da consciência.
magna vis pecuniae: é grande o poder do dinheiro.
magnes, -etis: *adj.* – magnete, da Magnésia; ímã, pedra de cevar.
magnifacio, -is, -ere: *v.t.* – fazer caso de, dar importância.
magnifice: *adv.* – esplendidamente, ricamente, suntuosamente; nobremente, generosamente, magnificamente.
magnificentia, -ae: *s.f.* – magnificência, esplendor, suntuosidade; generosidade, grandeza de alma.
magnifico, -as, -are: *v.t.* – dar muita importância a, fazer caso de.
magnificus, -a, -um: *adj.* – grande, poderoso; suntuoso, magnífico, esplêndido; exagerado, fanfarrão.
magniloquentia, -ae: *s.f.* – elevação de linguagem; jactância.
magniloquus, -a, -um: o *adj.* – de linguagem sublime; exagerado; jactancioso.
magnis itineribus: em marcha forçada.
magnis pollicitationibus: com grandes promessas.
magnitudo, -inis: *s.f.* – grandeza; grande extensão; elevação; importância; abundância; duração.
magno clamore: com grande clamor.
magno cum labore: com grande trabalho.
magno cum metu: com grande medo.
magnopere: *adv.* – vivamente, com insistência; grandemente, fortemente.
magnum est, et valde magnum: é grande, e muito grande.
magnum lexicon latinum-lusitanum: grande dicionário latino-português.
magnum opus: uma grande obra; uma obra prima.
magnus, -a, -um: *adj.* – grande, elevado; largo; abundante; poderoso, ilustre; que dura muito; arrogante, soberbo.
magnus amator mulierum: um grande namorador.
magnus amor, magnus dolor: grande amor, grande dor.
magus, -a, -um: *adj.* – mágico.
magus, -i: *s.m.* – mago (sacerdote entre os persas); mágico, feiticeiro.
maiestas, -atis: *s.f.* – majestade, grandeza, poder, autoridade.
maior, -ius: *gen.* **-oris**: *adj.comp.* de **magnus**.
maiora canamus: cantemos coisas mais elevadas.
maiores, um: *s.n.pl.* – antepassados; avoengos.

maior fama opere: sua fama é maior do que suas obras.
maiori cede: submete-te ao mais poderoso.
maiusculus -a, -um: *adj.* – um pouco maior; um tanto mais velho.
maius, -ii: *s.m.* – o mês de maio; **-a, -um**: *adj.* – relativo ao mês de maio, em honra da deusa Maia.
majalis, -is: *s.m.* – porco castrado (termo de injúria).
majores (maiores), -um: *s.m.pl.* – os maiores, os antepassados.
mala, -ae: *s.f.* (mais usado no plural) – mandíbula, queixada; *pl.* – maçãs do rosto, faces.
mala avis: uma ave má; um mau agouro; um acontecimento desfavorável.
malacia, -ae: *s.f.* – calmaria, bonança; languidez, apatia.
malae fidei possessor: o possuidor de má-fé.
mala fides: má-fé.
mala fortuna: a má sorte.
mala gratia: contra a vontade.
mala in se: atos intrinsecamente maus; atos moralmente errados.
mala lingua: uma língua ferina.
mala praxis: a má prática; a imperícia.
malaxo, -as, -are: *v.t.* – amolecer.
male: *adv.* – mal; de modo contrário; pobremente; infelizmente.
male audire: ter má fama.
maledice: *adv.* – com maledicência.
maledicens, -entis: *adj.* – maldizente.
maledico, -is, -xi, -ctum, -cere: *v.int./t.* – falar mal de; injuriar, insultar.
maledictio, -onis: *s.f.* – maledicência; insulto, injúria (com palavras).
maledictum, -i: *s.n.* – insulto; maldição.
maledicus, -a, -um: *adj.* – maldizente.
malefacio ou **male facio, is, -feci, -factum, -ere**: *v.int.* – fazer mal, prejudicar.
malefactor, -oris: *s.m.* – malfeitor.
malefactum, -i: *s.n.* – ação má, falta, malefício.
maleficium, -ii: *s.n.* – ação má; delito; malefício; dano, prejuízo; *pl.* – feitiços.
maleficium iteratum gravius est: o crime repetido é mais grave.
maleficus, -a, -um: *adj.* – malfazejo; malévolo; daninho, prejudicial; criminoso.
maleficus, -i: *s.m.* – malfeitor, criminoso.
maleloquor ou **male loquor, -eris, -loqui**: *v.dep.int.* – dizer mal de, injuriar.
malenotus ou **male notus, -a, -um**: *adj.* – pouco conhecido, obscuro.
male sarta amicitia: uma amizade mal remendada.
malesuadus, -a, -um: *adj.* – que dá maus conselhos, que leva para o mal.
malevola, -ae: *s.f.* – mulher mal intencionada.
malevolens, -entis: *adj.* – mal intencionado, malquerente, malévolo; hostil.
malevolentia, -ae: *s.f.* – má vontade; malevolência, rancor.
malevolus, -a, -um: *adj.* – que tem má vontade, malévolo; adverso.
malifer, -era, -erum: *adj.* – que produz pomos, maçãs.
maligna species: a aparência do mal.
maligne: *adv.* – invejosamente, com maldade, malignamente.
malignitas, -atis: *s.f.* – malignidade, maldade; mesquinharia; inveja.
malignus, -a, -um: *adj.* – mau, maldoso; maligno; nocivo, prejudicial; avarento; fraco, mesquinho.
malitia, -ae: *s.f.* – maldade, vício; malícia, habilidade; velhacaria.
malitiose: *adv.* – deslealmente, traiçoeiramente, de má-fé.
malitiosus, -a, -um: *adj.* – maldoso, enganador, manhoso, velhaco, malicioso.
malleolus, -i: *s.m.* – martelinho; ramo (de plantas); projétil incendiário.
malleus, -i: *s.m.* – martelo, malho.
malo, mavis, malui, malle: *v.t.* – preferir, querer antes.
malobathron e **malobathrum, -i**: *s.n.* – árvore de que se extraía a essência de malóbatro; malóbatro (óleo para perfumar).
malo modo: de mau modo.
malum, -i: *s.n.* – maçã.
malum, -i: *s.n.* – mal; dano; perigo; desgraça; enfermidade; ação má; culpa, delito.
malum cydonlum ou **aureum**: *s.n.* – marmelo.
malum exemplum: um mau exemplo.
malum foras!: fora com esse mal!
malum in se: mau por si mesmo; intrinsecamente mau.
malum malo sarciat: repara um mal com outro.
malum punicum: *s.n.* – romã.
malum quia malum: é mau porque é mau.
malum quia prohibitum: é mau porque é proibido.

M

malus, -a, -um: *adj.* – mau, ruim; maligno; nocivo daninho; velhaco; feio, disforme; enfermo; infeliz.
malus, -i: *s.f.* – macieira.
malus, -i: *s.m.* – mastro; trave, viga.
malus animus: a má intenção; a intenção de enganar.
malus pudor: o falso pudor.
malva, -ae: *s.f.* – malva.
mamilla, -ae: *s.f.* – teta, mama; peito; meu coração.
mamma, -ae: *s.f.* – teta, mama; peito (de mulher).
manabilis, -e: *adj.* – que atravessa, que penetra.
manceps, -ipis: *s.m.* – arrematante, comprador; fiador; rendeiro; empreiteiro.
mancipium, -ii: *s.n.* ou **mancipatio, -onis**: *s.f.* e **mancipatus, -us**: *s.m.* – alienação da propriedade com as formalidades chamadas mancípio; direito de propriedade.
mancipo, -as, -avi, -atum, -are: *v.t.* – vender, alienar; entregar.
mancus, -a, -um: *adj.* – manco, maneta; aleijado; defeituoso.
mandatum, -i: *s.n.* – mandado, ordem; ação; cargo, comissão; mandato.
mandatum non praesumitur: não se presume o mandato.
mandatum solvitur morte: com a morte resolve-se o mandato.
mandatum speciale detrahit generale: o mandato especial revoga o geral.
mandatus, -us: *s.m.* – ordem, mandado, comissão; recomendação.
mando, -as, -avi, -atum, -are: *v.t.* – encarregar de; mandar, ordenar; confiar a; entregar.
mando, -is, -di, -sum, -dere: *v.t.* – mastigar, mascar; comer.
mandra, -ae: *s.f.* – rebanho de gado, tropa de animais de carga.
manduco, -as, -avi, -atum, -are: *v.t.* – mascar, mastigar, comer.
manduco, -onis: *s.m.* – comilão.
mane: *s.n.indecl.* – manhã; *adv.* – de manhã.
maneo, -es, -si, -sum, -nere: *v.int./t.* – permanecer, ficar; persistir; esperar; estar reservado a.
manes, -ium: *s.m.pl.* – manes, almas dos mortos; cinzas, restos mortais; punição (nos infernos); infernos.
manet sua quemque hora: cada um tem sua hora.
manet unica virtus: só a virtude é duradoura.
mango, -onis: *s.m.* – fabricante que enfeita as mercadorias para vendê-las mais caro; negociante de escravos.
manibus plenis: às mancheias.
manicae, -arum: *s.f.pl.* – mangas, manoplas; luvas; cadeias, algemas.
manicatus, -a, -um: *adj.* – que é feito ou guarnecido de mangas.
manifeste: *adv.* – claramente, manifestamente, evidentemente.
manifesto, -as, -avi, -atum, -are: *v.t.* – manifestar; demonstrar; descobrir.
manifesto teneor: fui apanhado em flagrante.
manifestus, -a, -um: *adj.* – claro, evidente, manifesto; descoberto; reconhecido.
maniplaris ou **manipularis, -e**: *adj.* – de manípulo; pertencente a companhia; (empregado como *s.m.)* soldado raso.
manipularis ou **manipulus, -i**: *s.m.* – punhado; manípulo, companhia (200 soldados); rancho, bando.
manipulatim: *adv.* – aos punhados; por manípulos ou companhias; em bandos.
manipulus florum: um punhado de flores.
manlianus, -a, -um: *adj.* – manliano, de mânlio; rigoroso, severo.
mannus, -i: *s.m.* – pônei, cavalo pequeno.
mano, -as, -avi, -atum, -are: *v.int./t.* – escorrer, manar; derramar-se; difundir-se; promanar, nascer.
mansio, -onis: *s.f.* – ação de morar, morada; residência; pouso, estalagem.
mansito, -as, -avi, -atum, -are: *v.int.* – estar habitualmente em; habitar.
mansuefacio, -is, -feci, -factum, -facere: *v.t.* – amansar, domesticar; abrandar.
mansuesco, -is, -evi, -etum, -escere: *v.int.* – amansar-se; policiar-se; diminuir, abrandar-se.
mansuete: *adv.* – docemente, com paciência, brandamente.
mansuetudo, -inis: *s.f.* – mansidão; bondade, brandura.
mansuetus, -a, -um: *adj.* – domesticado; brando, manso; tratável.
mantele ou **mantile, is**: *s.n.* e **mantelium, -ii** ou **mantilium, -ii**: *s.n.* – guardanapo; toalha de mãos.
mantica, -ae: *s.f.* – sacola, alforje.
manualis, -e: *adj.* – de mão; que se pode manusear; que é movido ou atirado a mão.
manubiae, -arum: *s.f.pl.* – parte dos despojos de guerra, que toca a um general; o

que rende a venda desses despojos; presa; pilhagem, rapina.

manu brevi: com a mão curta; com a mão rápida; diretamente; sem rodeios.

manubrium, -ii: *s.n.* – cabo (de utensílio ou instrumento); alça; asa (de um vaso).

manu forti: com a mão forte.

manum ferulae subduximus: demos a mão à palmatória.

manu militari: usando a força armada; à força.

manumissio, -onis: *s.f.* – alforria, ação de dar a liberdade a um escravo.

manumitto, -is, -misi, -missum, -mittere: *v.t.* – dar a liberdade a um escravo, alforriar.

manupretium, -ii: *s.n.* – preço de mão de obra; paga, salário.

manu propria: de próprio punho.

manus, -us: *s.f.* – mão; golpe, cutilada; combate; autoridade, poder; força militar; bando; letra, escrita; obra; trabalho.

manus e nubibus: a mão que vem das nuvens (uma ajuda vinda dos deuses).

manus mariti: poder do marido.

mapalia, -ium: *s.n.pl.* ou **magalia, -ium**: choupana, casebre; aldeia, lugarejo.

mappa, -ae: *s.f.* – guardanapo; lenço ou pequena bandeira que se atirava ao circo para dar o sinal de começo aos jogos.

mappa mundi: o mapa do mundo.

marceo, -es, -ui, -cere: *v.int.* – estar murcho, seco; estar debilitado, entorpecido.

marcesco, -is, -ui, -escere: *v.int.* – secar-se, murchar-se; definhar; desbotar; entorpecer-se.

marcidus, -a, -um: *adj.* – murcho; débil; caído; abatido; estragado, apodrecido.

marcor, -oris: *s.m.* – podridão, putrefação; apatia, abatimento, languidez.

mare, -is: *s.n.* – mar; água do mar; vastidão.

mare apertum: mar aberto (o mar aberto ao comércio).

mare magnum: o vasto oceano; o oceano Atlântico.

mare nostrum: o nosso mar; o mar Mediterrâneo.

mareoticum, -i: *s.n.* – mareótico, vinho fabricado na Líbia Mareótida, perto do Egito, ou de uma espécie de videira cultivada nessa região.

mareotis, -idis: *adj.* – mareótis ou mareótico, relativo à parte da Líbia próxima do Egito.

mare proluit omnia: a água tudo lava.

margarita, -ae: *s.f.* e **margaritum, -i**: *s.n.* – pérola; um tesouro.

marginalia: coisas que estão na margem; anotações à margem dum livro.

margino, -as, -aui, -atum, -are: *v.t.* – cercar, marginar, cingir; debruar.

margo, -inis: *s.f.m.* – margem, borda; fronteira.

marinus, -a, -um: *adj.* – marinho, do mar.

maris stella: a estrela do mar.

marita, -ae: *s.f.* – mulher casada, esposa.

maritalis, -e: *adj.* – conjugal, nupcial, marital.

maritimus, -a, -um: *adj.* – marítimo, do mar; marinho.

marito, -as, -avi, -atum, -are: *v.t.* – dar em casamento, casar; ajuntar, unir.

maritus, -a, -um: *adj.* – unido, emparelhado, casado; conjugal, nupcial.

maritus, -i: *s.m.* – marido, esposo; pretendente, noivo.

marmor, -oris: *s.n.* – mármore; lousa (de mármore); estátua; túmulo; marco miliário.

marmoreus, -a, -um: *adj.* – de mármore, marmóreo; branco; liso, polido.

Mars, -artis: *s.m.* – Marte, deus da guerra; guerra; combate, batalha; modo de combater; coragem, valor; recursos; lides (forenses).

mars communis: a guerra é de todos.

marsupium (-ppium), -i: *s.n.* – bolsa, bolso.

Marte et arte: com Marte e arte (usando força e habilidade).

marte nostro: com nossas próprias forças; com nosso esforço.

marte togaque: com Marte e com a toga (na guerra e na paz).

martialis, -is: *adj.* – relativo a Marte, marcial.

marticola, -ae: *s.m.f.* – que adora Marte.

martigena, -ae: *s.m.f.* – filho ou filha de Marte.

martius, -ii: *s.m.* – mês de março, terceiro mês do ano; **-a, -um**: *adj.* – relativo a março; à arte; marcial, belicoso.

mas, maris: *adj.* – do sexo masculino, macho.

mascarpio, -onis: *s.m.* – onanista.

masculinus, -a, -um: *adj.* – masculino.

masculum et feminam creavit eos: Ele os criou macho e fêmea.

masculus, -a, -um: *adj.* – masculino; másculo, viril; **-i**: *s.m.* – macho.

massa, -ae: *s.f.* – massa; reunião de várias partes amassadas; pasta; matéria bruta; caos.

massicum, -i: *s.n.* – vinho do monte Mássico.

massicus, -i: *s.m.* – mássico, do monte Mássico, na Campânia (Itália), afamado por seus vinhos.
massyli, -orum: *s.m.pl.* – massílios, povo da Numíbia, na África.
massylius e **Massylus, -a, -um**: *adj.* – massílio, africano.
mastigia, -ae: *s.m.* – o que foi açoitado muitas vezes; o que merece ser açoitado.
mastruca, -ae: *s.f.* – manto de pele usado pelos germanos.
mastrucatus, -a, -um: *adj.* – vestido com o manto de pele (**mastruca**).
matara ou **matera, -ae**: *s.f.* e **mataris** ou **materis, -is**: *s.f.* – lança usada pelos gauleses.
matella, -ae: *s.f.* – penico, urinol.
matellio, -onis: *s.m.* e **matella, -ae**: *s.f.* – vasilha para azeite; espécie de gomil; urinol.
mater, -tris: *s.f.* – mãe; ama; pátria; a que produz; causa, princÍpio; *pl.* – mulheres.
matercula, -ae: *s.f.* – mãezinha.
mater dolorosa: a mãe sofredora.
materia, -ae: *s.f.* e **materies, -ei**: *s.f.* – matéria; madeira (de construção); tronco (de árvore); assunto; ocasião, pretexto; índole, caráter.

materia iudicii: a matéria em julgamento.
materio, -as, -avi, -atum, -are: *v.t.* – construir com madeira.
materior, -aris, atus sum, -ari: *v.dep.* – fazer provisão de madeira de construção.
maternus, -a, -um: *adj.* – de mãe, materno.
mater semper certa est: a mãe é sempre certa.
matertera, -ae: *s.f.* – tia materna.
mathematicus, -a, -um: *adj.* – relativo à matemática, matemático; *s.n.pl.* – as matemáticas.
Matralia, -ium ou **-iarum**: *s.n.pl.* – Matrálias, festas em honra da deusa Matuta.
matricida, -ae: *s.m.f.* – pessoa que matou a mãe, matricida.
matricidium, -ii: *s.n.* – matricídio.
matrimonium, -i: *s.n.* – maternidade legal; matrimônio, casamento.
matrimonium non praesumitur: casamento não se presume.
matrimus, -a, -um: *adj.* – que ainda tem a mãe viva.
matrix, -icis: *s.f.* – fêmea grávida ou que cria os filhos; tronco principal da árvore que dá rebentos.
matrona, -ae: *s.f.* – mãe de família, matrona, senhora; esposa.
Matronalia, -ium: *s.n.pl.* – Matronais, festas em honra de Juno.
matronalis, -e: *adj.* – de mãe de família, de matrona.
matta, -ae: *s.f.* – esteira de junco.
mattus (matus), -a, -um: *adj.* – ébrio, bêbedo, úmido, mole.
matula, -ae: *s.f.* – vaso para líquidos; penico; imbecil, pateta.
maturate: *adv.* – prontamente, sem perda de tempo.
maturate fugam: prepara tua fuga com cuidado.
mature: *adv.* – a propósito; depressa, prontamente; antes de tempo.
maturesco, -is, -rui, -rescere: *v.int.* – amadurecer; formar-se, desenvolver-se.
maturitas, -atis: *s.f.* – maduração, maturidade; oportunidade; autoridade, sabedoria; prontidão.
maturius solito: mais cedo que é costume.
maturo, -as, -avi, -atum, -are: *v.t./int.* – amadurecer; tornar-se maduro; acelerar; concluir; apressar-se.
maturus, -a, -um: *adj.* – maduro; sábio, prudente; oportuno; pronto, prematuro; apressado.
matutinus, -a, -um: *adj.* – matutino, matinal.
maurus e **maurusius, -a, -um**: *adj.* – da Mauritânia, mouro; africano.
Mavors, -ortis: *s.m.* – Mavorte, Marte.
mavortius, -a, -um: *adj.* – relativo a Marte, mavórcio; guerreiro.
maxima cum laude: com o maior louvor.
maxima iniquitas: uma injustiça muito grande; a maior injustiça.
maxime: *adv.* – muitíssimo; extremamente; principalmente, sobretudo; exatamente.
maxime: de modo especial; especialmente; principalmente.
maximi pretii homo: um homem de muito mérito.
maximitas, -tatis: *s.f.* – grandeza.
maximopere: *adv.* – muitíssimo, grandemente.
maximus novator tempus: o tempo é o maior renovador.
mazonomum, -i: *s.n.* – salva, bandeja.
mea: meus bens; minha fortuna.
mea est ultio: a vingança é minha.
mea gloria fides: a fé é minha glória.
meatus, -us: *s.m.* – estrada, caminho, passagem; movimento, curso; andar; voo.

mechanicus, -i: *s.m.* – artista, artífice, mecânico.
mecum ou **cum me**: comigo.
Medea, -ae: *s.f.* – Medeia, formosa feiticeira.
medens, -entis: *s.m.* – médico.
medeor, -eris, -eri: *v.int.dep.* – cuidar de, curar, tratar, medicar; remediar.
medi, -orum: *s.m.pl.* – medos, habitantes da Média; persas.
medianus homo: homem da classe média.
mediastinus, -i: *s.m.* – mediastino, escravo da última classe.
mediator, -oris: *s.m.* – mediador.
medica, -ae: *s.f.* – erva-médica, melga dos prados.
medicabilis, -e: *adj.* – que pode ser tratado; curável.
medicamen, -inis e **medicamentum, -i**: *s.n.* – medicamento, remédio; droga; veneno; feitiço, sortilégio; arrebique, pintura do rosto, dos lábios.
medicatus, -us: *s.m.* – preparo mágico, feitiço.
medicina, -ae: *s.f.* – medicina; medicamentos; arrebique, pintura (no rosto das mulheres).
medicina animi: o remédio do espírito.
medicina forensis: medicina legal.
medico, -as, -avi, -atum, -are: *v.t./int.* – medicar, curar; preparar (com ingredientes); tingir, colorir.
medicor, -aris, -atus sum, -ari: *v.dep.* – medicar, tratar; curar.
medicus, -a, -um: *adj.* – de médico, medicinal; *s.m.* – médico
medicus, -a, -um: *adj.* – relativo a Média, da Pérsia.
medietas, -atis: *s.f.* – metade; meio termo; mediania.
medimnum, -i: *s.n.* e **medimnus, -i**: *s.m.* – medimno, medida grega para secos (cerca de 52 litros).
mediocris, -e: *adj.* – médio, mediano; medíocre; moderado.
mediocritas, -atis: *s.f.* – mediania; mediocridade; pequenez.
medio foro: no meio da praça.
meditamentum, -i: *s.n.* – (usado ordinariamente no plural) – exercício, preparação; rudimentos.
meditate: *adv.* – de propósito, deliberadamente.
meditatio, -onis: *s.f.* – preparação, prática; exercício, estado; meditação, reflexão.
meditatio fugae: intuito de fuga; intenção de esconder.
meditationem posse totum: a reflexão tudo pode.
meditatus, -a, -um: *adj.* – que medita; que se preparou, exercitado; meditado, refletido.
mediterraneus, -a, -um: *adj.* – que está no meio das terras, mediterrâneo.
meditor, -aris, -atus sum, -ari: *v.dep.int./t.* – exercitar-se, aplicar-se; trabalhar; meditar, refletir; estudar.
meditullium, -ii: *s.n.* – meio, espaço intermediário.
medium, -ii: *s.n.* – meio, centro; metade; intermédio; neutralidade.
medius, -a, -um: *adj.* – que está no meio, no centro; médio; meio, mediano; medíocre.
medius mensis: meados do mês.
medulla, -ae: *s.f.* – medula, tutano.
medullaris, -e: *adj.* – que penetra até a medula dos ossos.
medullitus: *adv.* – até a medula dos ossos; do fundo do coração, cordialmente.
medus, -a, -um: *adj.* – medo, da Média, da Pérsia.
Medusa, -ae: *s.f.* – Medusa, uma das Górgonas.
medusaeus, -a, -um: *adj.* – relativo a Medusa, meduseu.
me fuisse fungum: eu fui um cogumelo; cometi um lapso.
Megalesia ou **megalensia, -ium**: *s.m.pl.* – Megalésias, festas em honra de Cibele, celebradas com procissões e jogos.
megaricus, -a, -um: *adj.* – de Mégara, cidade da Grécia, megárico.
megistanes, -um: *s.m.pl.* – os grandes; senhores, magnatas.
me Hercule: *interj.* – por Hércules!
me ignaro: sem eu saber.
me invito: sem eu querer.
me iudice: sendo eu o juiz; na minha opinião.
mel, mellis: *s.n.* – mel; doçura (de linguagem).
melancholicus, -a, -um: *adj.* – atrabiliário; melancólico.
melicus, -a, -um: *adj.* – melodioso, musical; lírico.
melilotos, -i: *s.f.* – coroa de rei (planta).
melimelum, -i: *s.n.* – fruta muito doce, não identificada.
mel in ore, fel in corde: mel nos beiços, fel no coração.
meliora latent: as melhores coisas ficam escondidas.

meliores priores: os melhores em primeiro lugar.
melior est condicio defendentis: é favorecida a condição do acusado.
melioribus annis: em tempos mais ditosos.
melioribus utere fatis: aproveita a melhor sorte.
melisphyllum, -i: *s.n.* – melissa, erva cidreira.
melitesia, -ium: *s.n.pl.* – estofos ou tapetes procedentes de Melita (hoje Malta).
melius: é melhor.
meliuscule: *adv.* – um pouco melhor.
melius non tangere: é melhor não tocar.
mellifer, -era, -erum: *adj.* – que produz mel.
mellitus, -a, -um: *adj.* – de mel; temperado com mel; doce, agradável.
mellius: *adv.* – melhor, de melhor modo.
melos, eos (só no *nom.* e no *acus.*): *s.n.* – canto, poema lírico.
membrana, -ae: *s.f.* – película, pele; membrana; pergaminho.
membranula, -ae: *s.f.* – pequena membrana; pergaminho.
membratim: *adv.* – membro a membro; em pedaços, ponto por ponto.
membrum, -i: *s.n.* (mais usado no plural) – membro; membros; partes de um todo.
membrum virile: o membro viril; o pênis.
memento finis: lembra-te do fim.
memento mei: lembra-te de mim.
memento mori: lembra-te de que morrerás.
memento te mortalem esse: lembra-te de que és mortal.
memini, -isti, -isse: *v.int.defect.* – ter se lembrado, lembrar-se; fazer menção de.
memnomius, -a, -um: *adj.* – memnômio, de Memnão, oriental; negro.
memor, -ris: *adj.* – que se recorda, lembrado; que lembra, que faz recordar; que tem boa memória; digno de; reconhecido.
memorabilia: todas as coisas dignas de serem lembradas.
memorabilis, -e: *adj.* e **memorandus, -a, -um**: *adj.* – digno de ser recordado, memorável.
memorandum: coisa que deve ser lembrada.
memoratus, -a, -um: *adj.* – recordado, celebrado, famoso.
memoratus, -us: *s.m.* – ação de recordar, menção, ação de contar.
memor et fidelis: reconhecido e fiel.
memoria, -ae: *s.f.* – memória; lembrança, recordação; tempo passado, tradição; história.
memoria ac litteris: pela lembrança e pelos textos; pela tradição oral e escrita.
memoria in aeterna: em eterno reconhecimento.
memorialis, -e: *adj.* – que ajuda a memória.
memoriam in aeternam: para eterna lembrança.
memoriola, -ae: *s.f.* – memória.
memoriter: *adv.* – de memória, de cor; com memória fiel.
memoro, -as, -avi, -atum, -are: *v.t.* – lembrar, recordar; contar, referir.
menda, -ae: *s.f.* – defeito, mancha; erro, falta (de copista).
mendaces, fallaces: mentirosos são traidores.
mendacium, -ii: *s.n.* – mentira; fingimento, dissimulação; arremedo.
mendacium fugies: fugirás à mentira.
mendaciunculum, -i: *s.n.* – mentirinha.
mendax, -acis: *adj.* – mentiroso; enganador; falso; fingido, disfarçado.
mendax fama: a fama é enganadora.
mendax forma: a beleza é enganadora.
mendicatio, -onis: *s.f.* – ação de mendigar, mendicidade.
mendicitas, -atis: *s.f.* – mendicidade.
mendico, -as, -avi, -atum, -are: *v.int./t.* – mendigar, esmolar.
mendicus, -a, -um: *adj.* – de mendigo; pobre, miserável.
mendose: *adv.* – de modo falho, defeituosamente.
mendosus, -a, -um: *adj.* – que tem defeito, disforme; cheio de erros (em relação a uma cópia); falso, fingido.
mendum, -i: *s.n.* – defeito, mancha (no rosto); erro (de cópia); falta.
mens, mentis: *s.f.* – espírito; mente, inteligência; juízo, discernimento; intenção; projeto; caráter; ânimo.
mensa, -ae: *s.f.* – mesa, mesa de jantar; iguarias; banquete; cofre, banco.
mens abest in popina: na taberna, o juízo se ausenta.
mensa et toro: da mesa e da cama.
mens agitat molem: o espírito move a matéria.
mens anxia pervigilat: espírito inquieto não dorme.
mensarius, -a, -um: *adj.* – relativo às rendas públicas.
mensarius, -i: *s.m.pl.* – banqueiros, cambistas, funcionários do tesouro.

M

mens conscia recti: um espírito consciente do que é correto.
mens corpusque: a mente e o corpo.
mens cuiusque is est quisque: a mente de alguém é esse alguém.
mens est in tergoribus: meu coração está nas costas; estou apavorado!
mensio, -onis: *s.f.* – medição, apreciação; estimação.
mensis, -is: *s.m.* – mês, menstruação.
mens legis: o espírito da lei; intenção da lei.
mens legislatoris: a intenção do legislador.
mensor, -oris: *s.m.* – o que mede, medidor.
mens peregrina est: seu pensamento está viajando.
mens rea: a mente culpada; a intenção criminosa.
menstrua, -orum: *s.n.pl.* – menstruação.
menstrualis, *-e*: *adj.* – mensal.
menstruus, -a, -um: *adj.* – de mês, mensal; que sucede em cada mês; que dura um mês.
mensura, -ae: *s.f.* – medida; quantidade, dimensão.
mensura iuris est utilitas: a medida do direito é a utilidade.
mensurnus, -a, -um: *adj.* – de um mês; que dura um mês.
mensus, -a, -um: *adj.* – que mediu; que percorreu; medido; palmilhado.
menta, -ae: *s.f.* – hortelã (planta).
mente captus: insano.
mente et manu: com a mente e a mão.
mente manuque: com a inteligência e com as mãos.
mentem habes peregrinam: tua cabeça está viajando.
mentiendi licentia: a liberdade de mentir.
mentio, -onis: *s.f.* – menção, ação de mencionar; proposta.
mentior, -iris, -itus sum, -iri: *v.dep.int/t.* – mentir; prometer em vão, falsamente; faltar à palavra; enganar; fingir, dissimular.
mentior?: estou mentindo?
mentiri est turpe: mentir é vergonhoso.
mentis compos sum: estou no meu juízo perfeito.
mentitus, -a, -um: *adj.* – que mentiu; que fingiu; mentiroso, falso.
mentula, -ae: *s.f.* – membro viril.
mentum, -i: *s.n.* – barba, queixo.
meo, -as, -avi, -atum, are: *v.int.* – ir, caminhar; passar.
meo contentus sum: estou satisfeito com o que tenho.
meo periculo: por minha conta e risco; sob a minha responsabilidade.
meo vitio: por erro meu; por minha culpa.
meo voto: de minha própria vontade.
me paenitet: lamento.
mephitis, -is: *s.f.* – exalação fétida, mau cheiro.
meracus, -a, -um: *adj.* – simples, puro (sem mistura).
mercabilis, -e: *adj.* – que pode ser comprado.
mercator, -oris: *s.m.* – mercador, negociante.
mercatura, -ae: *s.f.* – negócio, comércio.
mercatus, -us: *s.m.* – comércio, negócio; tráfico; feira, mercado; assembleia, reunião.
mercede vel gratia: contra pagamento ou de graça.
mercedula, -ae: *s.f.* – pequeno salário; pequena renda.
mercenarius ou **mercearius, -a, -um**: *adj.* – que trabalha por salário.
mercenarius ou **mercearius, -ii**: *s.m.* – assalariado, alugado, mercenário.
merces, -edis: *s.f.* – salário, saldo, prêmio, recompensa, renda, rendimento; juros.
mercimonium, -ii: *s.n.* – mercadoria à venda; mercadoria comprada.
mercor, -aris, -atus sum, -ari: *v.dep.int./t.* – comerciar, negociar, traficar; comprar.
mercurialis, -e: *adj.* – de Mercúrio; relativo a Mercúrio, mensageiro de Júpiter, e deus dos viajantes, mercadores e ladrões.
merda, -ae: *s.f.* – excremento.
merebimur: seremos merecedores.
merens, -entis: *part.pres.* de **mereo** ou **mereor**: que merece, digno; que presta serviços.
mereo, -es, -ui, -itum, -ere: *v.t.* e **mereor, -eris, -itus sum, -eri**: *v.dep.* – receber como parte ou como prêmio; merecer, ser digno de; ganhar; militar, ter soldo; obter, alcançar; prestar serviços; obsequiar.
meretricie: *adv.* – como cortesã, como meretriz.
meretricem fuge: evita a meretriz.
meretricium, -ii: *s.n.* – meretrício, vida de meretriz, prostituição.
meretricius, -a, -um: *adj.* – de meretriz, meretrício.
meretricula, -ae: *s.f.dim.* – meretriz.
meretrix, -icis: *s.f.* – prostituta, meretriz.
merges, -itis: *s.f.* – molho, feixe.
mergo, -is, -si, -sum, -gere: *v.t.* – mergulhar; afundar, submergir; esconder; arruinar.
mergus, -i: *s.m.* – mergulhão (ave marítima).

M

meridianus, -a, -um: *adj.* – de meio-dia, meridiano.
meridiatio, -onis: *s.f.* – sesta.
meridies, -ei: *s.m.* – meio-dia; o sul, a parte do sul.
merito, -as, -avi, -atum, -are: *v.t.* – ganhar salário, soldo, estar assalariado.
merito: *adv.* – merecidamente, com razão.
meritoria, -orum: *s.n.pl.* – local ou casa para alugar.
meritum, -i: *s.n.* – salário merecido, valor, preço; lucro, ganho; serviço prestado; título, mérito; culpa; pena; castigo.
meritum causae: o mérito da causa.
meritus, -a, -um: *adj.* – que mereceu, que foi merecedor, que militou, que foi soldado.
merops, -opis: *s.f.* – abelharuco (ave).
merso, -as, -avi, -atum, -are: *v.t.* – mergulhar frequentemente, banhar.
merum, -i: *s.n.* – vinho puro; vinho; embriaguez.
merum ius: direito estrito.
merus, -a, -um: *adj.* – que não tem mistura; puro, simples.
merx, mercis: *s.f.* – mercadoria; negócio; *pl.* – víveres, comestíveis.
merx est quicquid vendi potest: mercadoria é tudo que se pode vender.
merx tu mala es: tu és uma péssima mercadoria; tu nada vales.
messis, -is: *s.f.* – ceifa, colheita; messe; o que é colhido; tempo da colheita.
messor, -oris: *s.m.* – segador, ceifador.
met: partícula que se junta aos pronomes, por ênfase – **egomet**, eu mesmo, eu próprio.
meta, -ae: *s.f.* – figura cônica; pirâmide; marco, baliza, meta; extremidade; fim, termo.
metallum, -i: *s.n.* – metal; *pl.* – minas, exploração de minas; riquezas.
metamorphosis, -is: *s.f.* – transformação, metamorfose.
meta optata: resultado desejado.
metaphora, -ae: *s.f.* – metáfora.
metaphrasis, -is: *s.f.* – paráfrase.
metator, -oris: *s.m.* – o que mede, demarcador; engenheiro militar; agrônomo.
methodice, -es: *s.f.* – metódica, uma das partes da gramática.
metior, -iris, mensus sum, metiri: *v.dep.t.* – medir; apreciar, avaliar; medir percorrendo; percorrer, palmilhar; andar; repartir.
meto, -is, messui, messum, metere: *v.int./t.* – fazer colheita, colher; vindimar; sugar (as flores); cortar, colher; ceifar, destruir.
metor, -aris, -atus sum, -ari: *v.dep.t.* – demarcar; determinar os limites; designar; medir; percorrer.
metricus, -a, -um: *adj.* – de medida, métrico.
metrum, -i: *s.n.* – metro, medida (de um verso).
metuendus, -a, -um: *adj.* – temível; temeroso.
metuens, -entis: *adj.* – que teme; temente, respeitador; medroso.
metu maioris mali: por medo de mal maior.
metum sedat dies: o tempo acalma o medo.
metuo, -is, -ui, -utum, -uere: *v.int./t.* – temer, recear; não querer, opor-se a; precaver-se.
metus, -us: *s.m.* – medo, temor, receio; inquietação.
metus maioris malitatis: medo de prejuízo maior.
meum et tuum: o meu e o teu (uma questão de propriedade).
meus, -a, -um: *adj.poss.* – meu, minha; que me diz respeito; que me é caro; *s.n.pl.* – minhas posses, meus haveres.
mi: *voc.sing.* de **meus**; *dat.* de **ego**, por **mihi**.
mibilito, -as, -are: *v.t.* – tornar móvel.
mica, -ae: *s.f.* – parcela, grão, migalha.
micans, -antis: *part.pres.* – brilhante, rutilante, luzente.
micarius, -i: *s.m.* – homem que vive de migalhas.
mico, -as, -ui, -are: *v.int.* – temer, agitar-se; saltar; palpitar, tremer; dardejar; cintilar, brilhar; brotar, jogar (o jogo dos dados).
micturio, -is, -ire: *v.int.* – ter vontade de urinar, urinar frequentemente.
migratio, -onis: *s.f.* – mudança de um lugar para o outro, migração.
migravit in caelum: viajou para o céu (morreu).
migro, -as, -avi, -atum, -are: *v.int/t.* – migrar, mudar-se; ir a, passar a; transportar; alterar-se, acabar em; violar.
mihi cura futuri: minha preocupação é com o futuro.
mihi haeres in medullis: tenho-te no fundo do coração.
mihi ipse nunquam satisfacio: nunca estou satisfeito comigo mesmo.
mihi proficiscendum est: eu preciso partir.
mihi tenebrae sunt: para mim, são trevas; para mim isso é um enigma.
miles, -itis: *s.m.* – soldado; soldado de infantaria; infantaria; peão (no jogo do xadrez); *pl.* – soldadesca, exército.

M

milita bonam militiam: combate o bom combate.
militaris, -e: *adj.* – de soldado, militar; relativo à guerra; homem apto para a guerra, ou nela experimentado; guerreiro.
militariter: *adv.* – militarmente, à maneira de soldados.
militia, -ae: *s.f.* – milícia, serviço militar; campanha, expedição; guerra; tropas, soldados; serviço, obrigação, trabalho.
militia est hominum vita: a vida dos homens é uma luta.
milito, -as, -avi, -atum, -are: *v.int./t.* – servir no exército, militar; combater; fazer a guerra.
milium, -ii: *s.n.* – milho (planta e grão).
mille: *adj.* e *s.n.indecl.* – mil, milhar; *pl.* (**millia, -lum**) – mil, milhares; muitíssimos, inúmeros; milha.
millesimum: *adv.* – pela milésima vez.
millesimus: *adj.num.ord.* – milésimo.
milliarium, -ii: *s.n.* – marco miliário, coluna que marca uma milha; milha.
millie(n)s: *adv.* – mil vezes, infinitas vezes.
miluus e **milvius** ou **milvus, -i**: *s.m.* – milhafre, milhano; abutre.
mima, -ae: *s.f.* – atriz que representa por mímica, comediante.
mimicus, -a, -um: *adj.* – relativo a comediante, de mimo ou farsista, mímico.
mimus, -i: *s.m.* – comediante, pantomimo, farsista; entremez.
minaciae, -arum: *s.f.pl.* – ameaças.
minaciter: *adv.* – ameaçadoramente, com ameaças, de modo ameaçador.
minae, -arum: *s.f.* – sacada, peitoril, ameias; ameaças.
minae non mordent: ameaças não mordem.
minanter: *adv.* – de modo ameaçador.
minatio, -onis: *s.f.* – ameaça.
minax, -acis: *adj.* – que está saído, iminente; ameaçador.
Minerva, -ae: *s.f.* – Minerva, deusa das ciências e da guerra; inteligência, cultura; manufatura de lã.
Minervae omnis homo: um homem de todas as artes.
Minervae suffragium: o voto de Minerva.
miniatulus, -a, -um: *adj.* – avermelhado.
miniatus, -a, -um: *adj.* – vermelho vivo.
minima de malis: dos males, os menores.
minime ou **minimum**: *adv.* – pouquíssimo, o menos possível; de nenhum modo; ainda menos.
minimum, -i: *s.n.* – a menor quantidade de, mínimo, um quase nada.
minimum: o menor; o mínimo.
minimum est nihilo proximum: o mínimo está próximo do nada.
minimum minimorum: o menor dos menores; o mínimo dos mínimos.
minimus, -a, -um: *adj.* – o menor, ínfimo, mínimo.
minister, -tri: *s.m.* – servente, doméstico; servo; o que assiste ou ajuda, ministro; instigador; conselheiro.
ministerium, -ii: *s.n.* – mister, serviço, oficio; ocupação; ministério; auxílio.
ministra, -ae: *s.f.* – servente, serva; a que ajuda, que serve; auxiliar; sacerdotisa.
ministrando dignitas: dignidade em servir.
ministrator, -oris: *s.m.* – servente, servidor; ajudante; assistente.
ministratrix, -icis: *s.f.* – a que ajuda, favorece; auxiliadora.
ministro, -as, -avi, -atum, -are: *v.t.* – ministrar, servir; pôr na mesa, servir à mesa; tratar de, fornecer, ministrar.
minitabundus, -a, -um: *adj.* – que faz muitas ameaças.
minitor, -aris, -atus sum, -ari: *v.dep.t.* – ameaçar muitas vezes.
minor, -aris, -atus sum, -ari: *v.dep.* – estar saído, proeminente, ressaltar; ameaçar, prometer.
minor, -us: *gen.* **-oris**: *adj.comp.* – menor, que está abaixo de; mais fraco, inferior; mais novo.
minor aetas: menoridade.
minor culpa, minor poena: menor culpa, menor punição.
minorem ne contempseris: não desprezes o teu inferior.
minori parce: poupa o mais fraco do que tu.
minuo, -is, -ui, -utum, -uere: *v.t./int.* – fazer em pedaços, espedaçar; diminuir; limitar, restringir; destruir, aniquilar.
minusculus, -a, -um: *adj.* – pequenino, um tanto menor.
minus delictum: o delito menor.
minus dixi quam debui: eu disse menos do que devia.
minus habens: que tem menos; menos dotado; uma pessoa de inteligência limitada.
minus scripsi quam volui: escrevi menos do que queria.
minutatim: *adv.* – em pedacinhos; aos poucos; por partes.

M

minute: *adv.* – de modo acanhado, mesquinhamente.
minutia, -ae: *s.f.* – parcela muito pequena, minúcias.
minutus, -a, -um: *adj.* – diminuído, encurtado; debilitado; pequeno, fraco; frívolo, minucioso.
mirabile dictu: coisa admirável de se dizer.
mirabile visu!: é maravilhoso de se ver!
mirabilia: coisas maravilhosas; maravilhas.
mirabilis, -e: *adj.* – maravilhoso, admirável; que provoca espanto.
mirabiliter: *adv.* – admiravelmente, maravilhosamente.
mirabundus, -a, -um: *adj.* – muito admirado, cheio de admiração.
miraculum, -i: *s.n.* – coisa admirável, prodígio, maravilha, milagre, o que é extraordinário, prodigioso.
mirandus, -a, -um: *adj.* – admirável, digno de admiração, maravilhoso.
mira res est!: que coisa espantosa!
miratio, -onis: *s.f.* – admiração, espanto.
mirator, -oris: *s.m.* – admirador.
miratrix, -icis: *s.f.* – admiradora.
mire: *adv.* – admiravelmente, prodigiosamente; extremamente.
M
mirifice: *adv.* – maravilhosamente.
mirificus, -a, -um: *adj.* – maravilhoso, extraordinário.
mirificus eventus: um acontecimento extraordinário.
mirmillo, -onis: *s.m.* – gladiador.
miror, -aris, -atus sum, -ari: *v.dep.int./t.* – admirar-se, ficar assombrado, espantado.
mirus, -a, -um: *adj.* – admirável, que é para admirar; extraordinário, espantoso.
miscellanea, -orum: *s.n.pl.* – alimentação grosseira dos gladiadores.
miscellus, -a, -um: *adj.* – misturado, confundido, de má qualidade.
misceo, -es, miscui, mixtum, -scere: *v.t.* – misturar; juntar, unir; confundir, perturbar; produzir, causar.
miscere iocis seria: misturar o sério ao gracejo.
miscere sidera ponto: juntar o céu e o mar.
misellus, -a, -um: *adj.* – infeliz, desgraçado; pobre coitado.
miser, -era, -erum: *adj.* – mísero, infeliz; deplorável; excessivo, violento.
miserabile: *adv.* – miseravelmente.
miserabile vulgus: a massa sofredora.
miserabilis, -e: *adj.* – digno de piedade; triste, deplorável.
miserandus, -a, -um: *gerund.* – digno de pena; deplorável, miserando.
miseratio, -onis: *s.f.* – compaixão, piedade; oração que move à piedade, discurso patético.
misere: *adv.* – miseravelmente, desgraçadamente, de modo digno de compaixão.
miser ego homo!: pobre deste homem!; pobre de mim!
misereor, -eris, -eritus ou **ertus sum, ereri**: *v.dep.* – ter piedade, compadecer-se; lastimar.
miserere nobis: tem piedade de nós.
miseresco, -is, -ere: *v.int.* – ter compaixão, apiedar-se.
miseret, -ere: *v.unip.int.* – apiedar-se, compadecer-se, ter compaixão.
miseria, -ae: *s.f.* – infortúnio, desgraça; miséria; provação, trabalho; dor; desassossego.
miseria invidiam non sentit: a miséria não sofre inveja.
misericordia, -ae: *s.f.* – piedade, compaixão; desventura.
misericors, -ordis: *adj.* – sensível à piedade, compassivo, misericordioso.
misericors mendacium: uma mentira inspirada pela compaixão.
miseror, -aris, -atus sum, -ari: *v.dep.* – lamentar, deplorar, lastimar.
miserrimum, fame mori: morrer de fome é muito triste.
miserum noli irridere: não te rias do infeliz.
missiculo, -as, -are: *v.t.* – enviar muitas vezes.
missile, -is: *s.n.* (usado sobretudo no plural) – arma de arremesso; dardo, flecha.
missilis, -e: *adj.* – que é de atirar.
missio, -onis: *s.f.* – envio, remessa; baixa do serviço militar; soltura (de um preso); fim, conclusão.
missito, -as, -avi, -atum, -are: *v.t.* – mandar, enviar por muitas vezes.
missor, -oris: *s.m.* – o que lança.
missus, -us: *s.m.* – mandado; ação de atirar, tiro; entrada dos carros dos gladiadores na liça; soltura das feras para o combate.
mite: *adv.* – com doçura, docemente.
mitella, -ae: *s.f.* – faixa de seda, atadura.
mitesco, -is, -ere: *v.int.* – amadurecer; tornar-se mole, tenro (pela cocção); comover-se; acalmar-se.
mitifico, -as, -avi, -atum, -are: *v.t.* – amolecer; abrandar; amansar.

mitigatio, -onis: *s.f.* – ação de abrandar, alívio, mitigação.
mitigo, -as, -avi, -atum, -are: *v.t.* – amadurecer; amolecer, amaciar; abrandar, mitigar; amansar.
mitis, -e: *adj.* – mole, tenro; doce; brando; afável; calmo, pacífico.
mitra, -ae: *s.f.* – mitra, espécie de barrete ou de turbante.
mittere digitum in vulnere: meter o dedo na ferida.
mittere lineam: atirar a linha; preparar uma armadilha para alguém.
mittere mappam: atirar o lenço (no circo, era o sinal para começarem os jogos).
mitto, -is, misi, missum, mittere: *v.t.* – mover, impelir; lançar; enviar, mandar; largar, libertar; absolver, deixar ir; brotar, soltar.
mitulus e **mitylus, -i**: *s.m.* – mexilhão (marisco).
mixtim: *adv.* – misturadamente; confusamente.
mixtura, -ae: *s.f.* – mistura, fusão.
Mnemosyne, -es: *s.f.* – Mnemósine, deusa da memória e mãe das musas.
mnemosynon (-num), -i: *s.n.* – lembrança.
mobile vulgus: a volúvel multidão.
mobilia: bens móveis.
mobilior ventis femina: a mulher é mais volúvel do que os ventos.
mobilis, -e: *adj.* – móvel, movediço; mudável, inconstante; flexível; ágil, ligeiro.
mobilitas, -atis: *s.f.* – mobilidade, inconstância; ligeireza, prontidão; agilidade.
mobiliter: *adv.* – rapidamente, com agilidade, vivamente.
moderabilis, -e: *adj.* – que pode ser governado, dirigido.
moderamen, -inis: *s.n.* – o que serve para governar, para guiar; leme; ação de conduzir.
moderanter: *adv.* – de modo dirigido.
moderate: *adv.* – moderadamente, com limite, com precaução.
moderatim: *adv.* – moderadamente, gradativamente.
moderatio, -onis: *s.f.* – ação de governar, governo, direção; autoridade, moderação, prudência, sabedoria.
moderator, -oris: *s.m.* – moderador; o que governa; guia, condutor; diretor, chefe, piloto; o que maneja (um instrumento).
moderatrix, -icis: *s.f.* – a que dirige, regula ou governa.
moderatus, -a, -um: *adj.* – regulado; moderado, temperado; prudente, circunspecto; sábio.
moderor, -aris, -atus sum, -ari: *v.dep.* – moderar; medir, conter; temperar; diminuir; dirigir, guiar; governar.
modeste: *adv.* – moderadamente, discretamente, com medida.
modestia, -ae: *s.f.* – moderação; comedimento, temperança; docilidade; recato, modéstia; discrição; mediocridade; virtude, honra.
modestus, -a, -um: *adj.* – moderado, comedido; discreto; afável, benigno; modesto; respeitador, virtuoso; honrado.
modice: *adv.* – moderadamente, dentro dos limites; com discrição; mediocremente.
modice et medice: com moderação de, com a orientação do médico.
modicum, -i: *s.n.* – pequena quantidade, pouca coisa.
modicus, -a, -um: *adj.* – regulado, moderado; mediano, medíocre; pequeno; fraco; pouco frequente, raro.
modificatio, -onis: *s.f.* – estrutura, medida, ritmo.
modifico, -as, -avi, -atum, -are: *v.t.* – medir; regular, dispor; cadenciar.
modius, -ii: *s.m.* – módio (medida de capacidade para sólidos e líquidos); medida agrária.
modo: *adv.* – somente, nem mais nem menos, apenas; pouco antes, há pouco; agora mesmo, neste instante; num momento; *conj.* – com tanto que, entretanto.
modulate: *adv.* – melodiosamente, harmoniosamente.
modulatio, -onis: *s.f.* – ação de medir, regular; melodia, modulação, cadência.
modulator, -oris: *s.m.* – modulador; o que mede, regula ou dirige; músico.
modulatus: *adj.* – tangido, tocado; harmonioso, musical.
modulor, -aris, -atus sum, -ari: *v.dep.* – medir, regular, cadenciar; modular; cantar.
modulus, -i: *s.m.* – medida, compasso, modulação.
modum adhibe: procede com moderação.
modus, -i: *s.m.* – medida; maneira; conduta; quantidade, dimensão; moderação, comedimento; cadência, música; canto.
modus acquirendi: o modo de adquirir.
modus agendi: o modo de agir; o método de trabalho.

modus argumentandi: o modo de argumentar.
modus essendi: o modo de ser.
modus faciendi: o modo de fazer; o método de trabalho.
modus operandi: o modo de agir; o método de trabalho.
modus tenendi: o modo de manter.
modus vivendi: o modo de viver.
moecha, -ae: *s.f.* – mulher adúltera.
moechor, -aris, -atus sum, -ari: *v.dep.* – cometer adultério, viver em adultério, licenciosamente.
moechus, -i: *s.m.* – homem adúltero, libertino, devasso.
moenia, -ium: *s.n.pl.* – muros, muralhas, cidade (murada); cerca, cercado, amuradas (de navio).
moer-, ver **maer-**.
moes-, ver **maes-**.
mola, -ae: *s.f.* – moinho (de água, de mão); atafona; farinha sagrada; *pl.* – mós (de um moinho).
molaris, -e: *adj.* – de moinho.
moles, -is: *s.f.* – massa, volume; mole; estatura; edifício, construção; máquinas (de guerra); importância, peso; esforço, empenho, trabalho.
molesta senectus: a velhice é penosa.
moleste: *adv.* – com pesar; molestamente, importunamente.
molestia, -ae: *s.f.* – pesar; inquietação; embaraço, estorvo.
molestus, -a, -um: *adj.* – incômodo, molesto; importuno, desagradável; embaraçoso; nocivo; afetado (estilo).
mole sua ruit: desmorona pelo seu próprio peso.
molimen, -inis e **molimentum, -i**: *s.n.* – massa, grande volume; esforço, empenho; trabalho; grandeza, importância.
molior, -iris, -itus sum, -iri: *v.dep.t./int.* – amontoar; construir, edificar; manejar com vigor; deslocar; fortificar (um lugar); executar (com esforço), empenhar-se em; causar.
molitio, -onis: *s.f.* – esforço, preparação laboriosa, meios de ação.
molitor, -oris: *s.m.* – o que edifica; construtor, autor; o que trama (planos), maquinador.
molitum, -i: *s.n.* – o que é moído, farinha.
molle atque facetum: doce e elegante.
molle cor est mihi: tenho coração mole.
mollesco, -is, -ere: *v.int.* – tornar-se mole; enervar-se, efeminar-se; domesticar-se.
mollio, -is, -ivi, -itum, -ire: *v.t.* – amolecer, amaciar; afrouxar; policiar; sujeitar; enervar.
mollipes, -pedis: *adj.* – que tem os pés moles, delicados.
mollis, -e: *adj.* – mole; flexível; brando, macio; tenro; suave, agradável; frouxo, efeminado; lascivo.
molliter: *adv.* – suavemente, frouxamente, brandamente.
molliter ossa cubent: repousem os ossos calmamente.
mollitia, -ae e **mollities, -ei**: *s.f.* – moleza, brandura; flexibilidade; fraqueza, frouxidão; sensibilidade; torpezas.
mollitudo, -inis: *s.f.* – moleza; maciez; flexibilidade; delicadeza.
molo, -is, -ui, -itum, -ere: *v.t.* – moer, triturar o grão; pisar.
Molossus, -i: *s.m.* – molosso, cão de fila.
moly: *s.n.indecl.* – espécie de alho (planta).
momen, -inis: *s.n.* – ação de mover, movimento; impulso.
momentosus, -i: *s.n.* – momentâneo, rápido, pronto.
momentum, -i: *s.n.* – impulso, movimento, mudança; parcela, quantidade; acréscimo; momento, instante; importância, pesos; influência.
monedula, -ae: *s.f.* – espécie de gralha.
mone illum ut sibi caveat: avisa-o para tomar cuidado.
moneo, -es, -ui, -itum, -ere: *v.t.* – fazer pensar, advertir, lembrar; admoestar; repreender; ensinar, instruir; predizer; excitar.
moneris, -is: *s.f.* – navio de uma só ordem de remos.
moneta, -ae: *s.f.* – casa da moeda; fabrico da moeda, molde, cunho; moeda.
monetarius, -ii: *s.m.* – cunhador de moeda, moedeiro.
monile, -is: *s.n.* – colar, joias.
monitio, -onis: *s.f.* – admoestação, advertência, aviso, conselho.
monitor, -oris: *s.m.* – o que adverte, dirige; conselheiro; apontador; nomenclador, escravo encarregado de anunciar as visitas; censor.
monitum, -i: *s.n.* – advertência, aviso; predição, oráculo.
monitus, -us: *s.m.* – advertência; oráculo, predição.
monogrammus, -a, -um: *adj.* – linear (desenho), formado só com linhas, esboçado.

monopodium, -ii: *s.n.* – mesa de um só pé.
mons, -ontis: *s.m.* – monte, montanha; grande volume; rochedo.
monstratio, -onis: *s.f.* – ação de mostrar, indicação.
monstrator, -oris: *s.m.* – o que mostra; descobridor, inventor.
monstratus, -a, -um: *adj.* – insigne, notável, distinto; mostrado, indicado; denunciado.
monstrifer, -fera, -ferum: *adj.* – que produz monstros; monstruoso, horrível.
monstrificus, -a, -um: *adj.* – monstruoso, sobrenatural.
monstro, -as, -avi, -atum, -are: *v.t.* – mostrar, indicar; referir; dar a conhecer, representar; denunciar, acusar; estimular.
monstrum, -i: *s.n.* – o que é estranho, singular; monstro, prodígio; desgraça; crime, flagelo.
monstruose: *adv.* – extraordinariamente, monstruosamente, prodigiosamente.
monstruosus, -a, -um: *adj.* – estranho, extravagante, monstruoso, extraordinário.
montanus, -a, -um: *adj.* – montanhês, serrano; montanhoso; *s.n.pl.* – regiões montanhosas.
montes auri polliceri: prometer montanhas de ouro.
monticola, -ae: *s.m.f.* – montanhês, habitante das serras.
montivagus, -a, -um: *adj.* – que vaga pelas serras, que percorre as montanhas.
montuosus, -a, -um: *adj.* – montanhoso, serrano.
monumentum, -i: *s.n.* – tudo que lembra ou serve para trazer à memória, escrito, obra literária, histórica; estátua; templo; sepultura; monumento.
mora, -ae: *s.f.* – corpo de tropa lacedemônia, constituído de 300, 500 ou 700 homens.
mora, -ae: *s.f.* – demora, espera; dilação, espaço de tempo; obstáculo, impedimento.
mora creditoris: mora do credor.
mora dat vires: o tempo dá forças.
mora debitoris: mora do devedor.
mora ex re: mora que provém da coisa.
mora in solvendo: mora em pagar.
morandae solutionis causa: para adiar ou com o objetivo de adiar o pagamento.
mora reprobatur in lege: atraso é condenado na lei.
morator, -oris: *s.m.* – o que demora, o que retarda; o que serve de estorvo; mau advogado.
moratus, -a, -um: *adj.* (de **mores**) – morigerado; em que a natureza (moral) é observada; caracterização (papel de teatro); governado.
moratus, -a, -um: *adj.* – que se demorou, que tardou.
morbidus, -a, -um: *adj.* – enfermo, doente; mórbido.
morbosus, -a, -um: *adj.* – enfermo, doente.
morbum signa precurrunt: os sintomas precedem a doença.
morbus, -i: *s.m.* – moléstia, enfermidade, doença; vício, paixão; tristeza.
morbus gallicus: o mal francês; a sífilis.
morbus sonticus: enfermidade grave.
mordaciter: *adv.* – mordendo; de modo picante, mordaz.
mordax, -acis: *adj.* – que morde; cortante, que gasta esfregando; picante; satírico, mordaz.
mordere frenum: tomar o freio nos dentes.
mordeo, -es, momordi, morsum, mordere: *v.t.* – morder; mastigar; roer, limar; satirizar, ferir; molestar, importunar; afligir.
mordicus: *adv.* – com os dentes; mordendo obstinadamente.
more: *adv.* – estupidamente, tolamente.
more duce et sensu: tendo por guias os costumes e o juízo.
more maiorum: segundo o costume dos antepassados.
morem facit usus: o uso faz o costume.
more nobilium: segundo o costume dos nobres.
morens, -entis: *part.pres.* – que merece, digno de; que prestou serviços.
more pecudum: à maneira do gado; como se fosse gado (vai para onde o leva o pastor).
more romano: segundo o costume dos romanos.
more solito: segundo o costume.
mores secundum tempus: os costumes conforme o tempo.
more suo: segundo seu costume.
moretum, -i: *s.n.* – iguaria composta de alho, ervas, queijo e vinho.
more uxorio: com a aparência de casamento (convívio como se fossem marido e mulher).
moriamur pro rege nostro: morramos pelo nosso rei.
moribundus, -a, -um: *adj.* – moribundo; perecível, mortal.
mori citius quam deserere: antes morrer que desistir.

morienti cuncta supersunt: ao morto tudo sobra.
morigeror, -aris, -atus sum, -ari: *v.dep.int.* – condescender; ser complacente com; resignar-se a.
morio, -onis: *s.m.* – um louco, um idiota.
morior, -eris, mortuus sum, mori: *v.dep.* – morrer; perecer, acabar; apagar-se, fenecer.
morior invictus: morro sem ser vencido.
moritur et ridet: está morrendo, e ri.
morituri mortuis: os que vão morrer aos mortos.
morituri salutamus: nós que vamos morrer te saudamos.
moritur omne quod nascitur: tudo que nasce morre.
moror, -aris, -atus sum, -ari: *v.dep.int./t.* – tardar, demorar-se; reter, embaraçar; deter-se, ficar, parar; conciliar, grangear o favor de.
morose: *adv.* – com desagrado; escrupulosamente, minucisamente.
morositas, -atis: *s.f.* – mau humor, casmurrice; impertinência; rigorismo (gramatical ou no uso das palavras).
morosus, -a, -um: *adj.* – impertinente, rabugento; importuno, desagradável; exigente.
Morpheus, -ei ou **-eos**: *s.m.* – Morfeu, filho do Sono e da Noite; o deus do sono.
mors, mortis: *s.f.* – morte; golpe mortal; corpo morto; fim (das coisas).
mors est latro hominis: a morte é o ladrão do homem.
mors ianua vitae: a morte é a porta da vida.
mors non separabit: a morte não nos separará.
mors omnia aequat: a morte nivela tudo.
mors omnia mutat: a morte muda tudo.
mors omnia solvit: a morte solve tudo.
mors optata recedit: a morte desejada recua.
mors sequitur, vita fugit: a morte persegue, a vida foge.
mors sua quemque manet: a cada um está reservada a sua morte.
mors tua, vita mea: tua morte é minha salvação; a desgraça de uns é o bem de outros.
mors ultima ratio: a morte é o último acerto de contas.
mors ultimum supplicium: a morte é a punição extrema.
morsum, -i: *s.n.* – bocado, pedaço tirado com os dentes.
morsus, -us: *s.m.* – mordedura, dentada; tudo que prende, agarra; dente (de âncora).
morsus morsum ducit: um bocado leva outro.
mortalia facta peribunt: as obras dos mortais se perderão.
mortalis, -e: *adj.* – mortal; perecível; passageiro.
mortalitas, -atis: *s.f.* – mortalidade; fragilidade, transitoriedade (do homem e das coisas).
morte carent animae: as almas não morrem.
morte crimina exstinguuntur: com a morte, extinguem-se os crimes.
morte moriatur: morra de morte (seja executado).
mortifer, -era, -erum: *adj.* – mortífero, mortal.
mortifere: *adv.* – mortalmente, mortiferamente, de modo a causar a morte.
mortis asylum: o templo da morte (a sepultura).
mortis causa: por causa da morte; obrigações e direitos consequentes da morte e que passam aos herdeiros.
mortis imperium: o império da morte; o poder de vida e morte.
mortui non dolent: os mortos não sofrem.
morturio, -is, -ire: *v.int.* – desejar a morte, ter vontade de morrer.
mortuus non mordet: morto não morde.
morum, -i: *s.n.* – amora, fruto da amoreira.
morus, -a, -um: *adj.* – louco, extravagente.
morus, -i: *s.f.* – amoreira.
mos, moris: *s.m.* – uso, costume, modo, maneira; processo; comportamento; natureza, estado; vontade; regra, preceito; *pl.* – costumes, caráter.
mos et lex: o costume e a lei.
mos maiorum: o costume dos antepassados.
mos pro lege: o costume em lugar da lei.
mos regit legem: o costume governa a lei.
motio, -onis: *s.f.* – movimento, agitação.
moto, -as, -avi, -atum, -are: *v.t.* – mover frequentemente, agitar.
motu cordis: por impulso do coração.
motu proprio: por movimento próprio; por iniciativa própria; por vontade própria; voluntariamente.
motus, -us: *s.m.* – movimento, abalo; agitação; transporte (de alma); entusiasmo; *pl.* – gesticulação; danças, exercício.
motus sine causa nullus est: não existe movimento sem causa.
moveo, -es, movi, motum, movere: *v.t.* – mover, agitar; impelir; deslocar, remover;

revolver, perturbar; destruir, abalar; provocar, causar, excitar; tocar, tanger (instrumentos de corda).

mox: *adv.* – logo, em pouco tempo, dentro em breve; logo após, pouco depois.

mucro, -onis: *s.m.* – ponta, extremidade; fio, gume; espada.

muginor, -aris, -atus sum, -ari: *v.dep.int.* – ruminar, refletir durante muito tempo, desperdiçar o tempo, brincar; hesitar em fazer.

mugio, -is, -ivi ou **-ii, -itum, -ire**: *v.int.* – mugir, retumbar; gritar.

mugitus, -us: *s.m.* – mugido, berro; estrondo.

mula, -ae: *s.f.* – mula.

mula ubi pepererit: quando a mula parir; nunca.

mulceo, -es, -si, -sum, -cere: *v.t.* – afagar, acariciar; acalmar; aliviar, curar; deleitar.

mulciber, -beri, -bri ou **-beris**: *s.m.* – Mulcíbero, apelido de Vulcano; fogo.

mulco, -as, -avi, -atum, -are: *v.t.* – bater, espancar, surrar; maltratar.

mulct-, ver também **mult-**.

mulcta ou **multa, -ae**: *s.f.* – multa; castigo, punição.

mulcta pecuniaria: uma multa pecuniária.

mulcto ou **multo, -as, -avi, -atum, -are**: *v.t.* – multar, condenar a uma multa; privar alguém de alguma coisa por castigo.

mulctra, -ae: *s.f.*; **mulctrale, -is**: *s.n.* e **mulctrum, -i**: *s.n.* – tarro, vaso de ordenhar; leite (ordenhado).

mulgeo, -es, -xi ou **-si, -ctum, -gere**: *v.t.* – tirar o leite, ordenhar.

muliebris, -e: *adj.* – relativo a mulher, feminil, feminino; mole, efeminado.

muliebriter: *adv.* – a maneira das mulheres; fracamente.

mulier, -eris: *s.f.* – mulher; esposa.

mulierarius, -a, -um: *adj.* – relativo a mulher, feminil, mulheril, amigo de mulheres.

muliercula, -ae: *s.f.* – mulherzinha.

muliere loquacior: mais falador do que uma mulher.

mulier es, audacter iuras: és mulher, não tens medo de jurar.

mulierositas, -atis: *s.f.* – inclinação às mulheres.

mulierosus, -a, -um: *adj.* – inclinado ou dado às mulheres; mulherengo.

mulio, -onis: *s.m.* – arrieiro, almocreve; cocheiro.

mulionicus, -a, -um: *adj.* – de almocreve; relativo a cocheiro.

mullus, -i: *s.m.* – ruivo (peixe do mar).

mulsum, -i: *s.n.* – vinho temperado com mel.

mulsus, -a, -um: *adj.* – doce; suave, terno, agradável.

multa fiducia utimur: usamos de muita sinceridade.

multa in bello nova: numa guerra há muita novidade.

multa paucis: muitas coisas em poucas palavras.

multa sapit, sed pauca refert: sabe muito, mas produz pouco.

multaticius, -a, -um: *adj.* – proveniente de uma multa.

multatio ou **mulctatio, -onis**: *s.f.* – multa.

multa verba, modica fides: muitas palavras, pouca confiança.

multibibus, -a, -um: *adj.* – que bebe muito, beberrão.

multicavus, -a, -um: *adj.* – que tem muitas cavidades, muitas aberturas.

multifariam e **multifarie**: *adv.* – em muitos lugares.

multifarius, -a, -um: *adj.* – de muitas espécies, variado.

multifidus, -a, -um: *adj.* – fendido, dividido em muitas partes; separado, partido.

multiformis, -e: *adj.* – que tem muitas formas, multiforme, variado; mutável.

multiforus, -a, -um: *adj.* – que tem muitos buracos (flauta).

multijugus, -a, -um: *adj.* – jungido com muitos; numeroso; complicado.

multiloquus, -a, -um: *adj.* – loquaz, tagarela.

multimodis: *adv.* – de muitos modos.

multimodus. -a, -um: *adj.* – de muitos modos, diverso, variado.

multiplex, -icis: *adj.* – que tem muitas dobras; que faz muitas voltas; complicado; multiplicado; diverso, variável, vasto, extenso.

multiplicabilis, -e: *adj.* – multiplicado, numeroso.

multiplicatio, -onis: *s.f.* – multiplicação; aumento.

multiplico, -as, -avi, -atum, -are: *v.t.* – multiplicar, aumentar.

multipotens, -entis: *adj.* – multipotente, poderoso.

multis cum lacrimis: com muitas lágrimas.

multis e gentibus vires: a força que vem de muitas raças.

multi sunt asini bipedes: são muitos os burros de dois pés.

multitudo, -inis: *s.f.* – grande número, multidão; povo.
multivagus, -a, -um: *adj.* – multívago, errante, caminhante.
multi vocati, pauci electi: muitos (são) os chamados, poucos os escolhidos.
multivolus, -a, -um: *adj.* – multívolo, que deseja muito, insaciável.
multo: *adv.* – muito, em quantidade.
multo ou **mulcto, -as, -avi, -atum, -are**: *v.t.* – condenar a uma multa; multar; punir, condenar.
multo non sine risu: não sem muito riso.
multorum spes: a esperança de muitos.
multum: *adv.* – muito, frequentemente.
multum, -i: *s.n.* – grande quantidade; muito de.
multum in parvo: muito no pouco; um resumo; um compêndio.
multum verborum, operis nihil: muitas palavras, nenhuma obra.
multus, -a, -um: *adj.* – muito, numeroso; abundante; grande; extenso, espaçoso; importante; que vai alto, adiantado (em relação ao dia, à noite).
mulus, -i: *s.m.* – mulo; macho; burro, estúpido.
mulus clitellarius: burro de carga.
mundanus, -i: *s.m.* – cidadão do mundo, do universo, cosmopolita.
munde: *adv.* – propriamente, precisamente, exatamente.
mundi artifex: o construtor do mundo.
munditer: *adv.* – limpamente, com decência.
munditia, -ae ou **mundities, -ei**: *s.f.* – limpeza, asseio; elegância; enfeite, adorno.
munditiis capimur: é pela elegância que somos seduzidos.
mundo, -as, -avi, -atum, -are: *v.t.* – limpar, purificar.
mundulus, -a, -um: *adj.* – limpinho, asseado, elegante.
mundus, -a, -um: *adj.* – limpo, puro; elegante, apurado.
mundus, -i: *s.m.* – céu, firmamento, conjunto de corpos celestes; mundo, universo.
mundus, -i: *s.m.* – objetos de toucador (enfeites, joias de mulher), adornos.
mundus Deo paret: o mundo obedece a Deus.
mundus est Dei viva statua: o mundo é uma estátua viva de Deus.
mundus est omnium communis patria: o mundo é a pátria comum de todos.
mundus natura administratur: o mundo é governado pela natureza.
mundus non capit duos soles: o mundo não aceita dois sóis.
mundus regitur opinionibus: o mundo e governado por suposições.
mundus senescit: o mundo envelhece.
mundus transit: o mundo passa.
munerarius, -i: *s.m.* – munerário, o que dá um espetáculo de gladiador.
munero, -as, -avi, -atum, -are: *v.t.* – presentear, dar de presente; remunerar, gratificar.
muneror, -aris, -ari, -atus sum: *v.dep.* – dar de presente; gratificar.
munia, -orum: *s.n.pl.* – cargo, emprego; funções oficiais; obrigações.
municeps, -cipis: *s.m.f.* – munícipe, habitante de um município; compatriota, concidadão.
municipalis, -e: *adj.* – municipal, de município, de pequena cidade; provinciano.
municipatim: *adv.* – de município em município.
municipium, -ii: *s.n.* – município; cidade.
munifice: *adv.* – generosamente, liberalmente.
munificentia, -ae: *s.f.* – liberalidade, munificência.
munifico, -as, -are: *v.t.* – gratificar, recompensar.
munificus, -a, -um: *adj.* – liberal, generoso.
munimen, -inis e **munimentum, -i**: *s.n.* – tudo que serve de defesa; fortificação; fosso, trincheira, cercado.
munio, -is, -ivi ou **-ii, -itum, -ire**: *v.int./t.* – trabalhar em obras de fortificação ; construir (uma obra militar); munir, fortificar; defender, assegurar.
munitio, -onis: *s.f.* – ação trabalhar em fortificações, de fortificar, de defender; obra de fortificação (muro, fosso, trincheira etc.); construção.
munito, -as, -avi, -atum, -are: *v.t.* – abrir, construir, aplainar (um caminho).
munitor, -oris: *s.m.* – o que constrói uma fortaleza, uma cidade fortificada; engenheiro militar; *pl.* – soldados que trabalham em fortificações; mineiros militares.
munitus, -a, -um: *adj.* – fortificado, munido; protegido; defendido, sustentado; construído.
munus, -eris: *s.n.* – cargo, emprego, função; obrigação, dever; serviço; obséquio; dádiva, presente; jogos ou espetáculos dados

M

ao povo por um magistrado; exéquias, funerais.
munusculum, -i: *s.n.* – pequeno presente.
munus divinum: dádiva de Deus.
munus publicum: uma função pública; um cargo público.
muraena ou **murena, -ae**: *s.f.* – moreia, lampreia.
muralis, -e: *adj.* – de muro, de muralha.
murex, -icis: *s.m.* – múrice, marisco de concha de que se extrai a púrpura; pano de púrpura; búzio, concha.
muria, -ae: *s.f.* – salmoura.
muricidus, -a, -um: *adj.* – indolente, covarde.
murinus, -a, -um: *adj.* – de rato.
murmullo, -onis, ver **mirmillo**.
murmur, -uris: *s.n.* – murmúrio (de água); som, ruído; tumor, vozes confusas.
murmuro, -as, -avi, -atum, -are: *v.int.* – murmurar (a água); fazer um ruído, cochichar, resmungar.
murra ou **murrha, -ae**: *s.f.* – arbusto que fornece a mirra; mirra, perfume da mirra; substância de que se faziam vasos preciosos.
murreus ou **murrheus, -a, -um**: *adj.* – perfumado de mirra; da cor da mirra; feito com a matéria chamada **murrha**.
murta ou **myrta, -ae**: *s.f.* e **myrtus, -i** ou **-us**: *s.f.* – murta (arbusto); coroa, ramo de murta; lança.
murteus ou **myrteus, -a, -um**: *adj.* – de murta; feito com murta; coroado de murta.
murtum, -i ou **myrtum, -i**: *s.n.* – baga de murta.
murtus, -i: *s.f.* (*o.m.q.* **murta** ou **myrta, -ae**: *s.f.*) – murta (arbusto).
murus, -i: *s.m.* – muro, muralha; parede; baluarte, defesa, abrigo; auxílio.
mus, muris: *s.m.* – rato.
Musa, -ae: *s.f.* – Musa, uma das nove Musas; poesia; cantiga; doutrina; estudo.
musca, -ae: *s.f.* – mosca; pessoa importuna.
muscipula, -ae: *s.f.* e **muscipulum, -i**: *s.n.* – ratoeira.
muscosus, -a, -um: *adj.* – musgoso, coberto de musgo.
musculus, -i: *s.m.dim.* – ratinho; músculo; máquina de guerra (para cerco de cidades).
muscus, -i: *s.m.* – musgo.
musica, -ae e **musice, -es**: *s.f.* ou **musica, -orum**: *s.n.pl.* – a música.
musica donum Dei: a música é dádiva de Deus.
musica est flos vitae: a música é a flor da vida.
musice: *adv.* – harmoniosamente.
musicus, -a, -um: *adj.* – relativo à música, músico, musical; referente à poesia; **-i**: *s.m.* – músico.
mussito e **musso, -as, -avi, -atum, -are**: *v.int./t.* – calar-se, guardar silêncio, silenciar; murmurar, resmungar; zumbir; hesitar, ocultar.
mustela, -ae: *s.f.* – doninha, lampreia.
mustum, -i: *s.n.* – mosto, vinho novo, vinho doce.
mutabilis, -e: *adj.* – mudável; variável, inconstante.
mutabilis est casus: a sorte é inconstante.
mutabilitas, -atis: *s.f.* – mutabilidade; mudança; mobilidade, inconstância.
mutae pecudes: rebanhos silenciosos.
mutatio, -onis: *s.f.* – mudança, variação; troca, permuta.
mutatio nominis: a mudança de nome.
mutatio veritatis: a alteração da verdade.
mutatis factis, ius mutatur: mudados os fatos, muda-se o direito.
mutatis mutandis: mudando o que deve ser mudado; fazendo-se as devidas mudanças.
mutilo, -as, -avi, -atum, -are: *v.t.* – mutilar, destroncar, fazer em pedaços; diminuir.
mutilus, -a, -um: *adj.* – mutilado, estroncado; truncado, encurtado.
muti magistri: os mestres mudos (os livros).
mutio, -is, -ivi ou **-ii, -itum, -ire**: *v.int./t.* – ação de murmurar; rosnar; resmungar; cochichar.
muto, -as, -avi, -atum, -are: *v.t./int.* – alterar, transformar, mudar; desfigurar, viciar; trocar, permutar; remover, deslocar.
mutua defensio tutissima: a defesa mútua é a mais segura.
mutuae actiones tolluntur: as ações mútuas se anulam.
mutuatio, -onis: *s.f.* – empréstimo.
mutue: *adv.* – reciprocamente, mutuamente.
mutuor, -aris, -atus sum, -ari: *v.dep.t.* – tomar de empréstimo.
mutus, -a, -um: *adj.* – mudo, silencioso; ignorado, obscuro.
mutuum, -i: *s.n.* – dinheiro obtido por empréstimo, reciprocidade.
mutuum testimonium dare: dar testemunho mútuo.
mutuus, -a, -um: *adj.* – que se faz por meio de trocas; recíproco, mútuo.

M

mutuus consensus: o acordo mútuo; o entendimento mútuo.
mutuus dissensus: o desentendimento mútuo.
myoparo, -onis: *s.m.* – navio veleiro, estreito e comprido, usado pelos piratas.
myrica, -ae (-ce, -es): *s.f.* – tamarindo (arbusto).
myrrha e **myrrheus**, ver **murra** e **murreus**.
myrtus, ver **murtus**.
mysta (mystes), -ae: *s.m.* – o que é iniciado em mistérios.
mystagogus, -i: *s.m.* – iniciador, guia.
mysterium, -i: *s.n.* – mistérios, segredo.
mysticus, -a, -um: *adj.* – místico, relativo aos mistérios.
myxa, -ae: *s.f.* – parte curvada de uma lâmpada, bico.

N

nabis sine cortice: nadarás sem salva-vidas; não contarás com nenhum auxílio.
nactus, -a, -um: *adj.* – que encontrou, que granjeou.
naenia ou **nenia, -ae**: *s.f.* – nênia, canto fúnebre; elegia; cantiga (das crianças).
naevus, -i: *s.m.* – mancha (no corpo); sinal congênito; verruga.
nam: *conj.* – pois, porque; ora; com efeito.
namque: *conj.* – o fato é que, em verdade, realmente, com efeito.
nanciscor, -eris, -nactus sum, -cisci: *v.dep.* – encontrar; apanhar, alcançar; adquirir, granjear.
nanus, -i: *s.m.* – anão.
Napaeae, -arum: *s.f.pl.* – Napeias, ninfas dos vales e dos bosques.
narcissus, -i: *s.m.* – narciso (flor).
nardum, -i: *s.n.* e **nardus, -i**: *s.m.* – nardo (arbusto); óleo, perfume extraído dessa planta.
naribus trahere: puxar pelo nariz; trazer pelo nariz.
naris, -is: *s.f.* (mais usado no plural) – nariz; narinas, ventas; olfato.
narrabilis, -e: *adj.* – que pode ser contado, narrável.
narrata refero: reproduzo o que me foi contado.
narratio, -onis: *s.f.* – narrativa, narração.
narrator, -oris: *s.m.* – contador, narrador; historiador.
narrat Ulixes: é o que o Ulisses conta; acredite quem quiser.
narratus, -us: *s.m.* – narração, narrativa.
narro, -as, -avi, -atum, -are: *v.t.* – fazer conhecer, contar, narrar.
narthecium, -ii: *s.n.* – frasco (de perfumes); caixinha de medicamentos.
nascentes morimur: ao nascermos já morremos.
nascor, -eris, natus sum, nasci: *v.dep.int.* – nascer; originar-se, provir; começar; formar-se.
nassa, -ae: *s.f.* – nassa, cesto de vimes (para peixes); laço, esparrela.
nasturtium, -ii: *s.n.* – mastruço (planta).
nasus, -i: *s.m.* – nariz; olfato; ventas, focinho; finura, motejo.
nasus iudicii symbolum est: o nariz é o símbolo do julgamento.
nasute: *adv.* – com sagacidade, habilmente; zombeteiramente, com mofa.
nasutus, -a, -um: *adj.* – narigudo; esperto, escarnecedor.
nata (gnata), -ae: *s.f.* – filha.
natale Domini: o nascimento do Senhor; o dia de Natal.
natales, -ium: *s.m.pl.* – nascimento, origem, raça.
natale solum: o torrão natal; a terra natal.
natalia sanctorum: os nascimentos dos santos.
natalicia, -orum: *s.n.pl.* – festa de aniversário, natalício.
natalicius, -a, -um: *adj.* – relativo ao dia de nascimento; natalício.
natalis, -e: *adj.* – relativo ao nascimento; natal.
natalis, -is: *s.m.* – dia do nascimento; gênio ou deus que preside ao nascimento de cada um e o acompanha até a morte.
natalis dies: dia do nascimento.
natatio, -onis: *s.f.* – natação; nado.
natator, -oris: *s.m.* – nadador.
nates, -ium: *s.f.pl.* – nádegas.
natio, -onis: *s.f.* – nascimento; ninhada; raça, espécie, casta; povo; nação.
nativus, -a, -um: *adj.* – que nasce; que teve começo; natural, inato.
nato, -as, -avi, atum, -are: *v.int.* – nadar, flutuar, ondular; naufragar; transbordar, derramar-se; oscilar, hesitar.
natrix, -icis: *s.f.* – hidra, cobra da água.
natu maior: o primogênito (de dois irmãos).
natu nobilis: nobre de nascimento.
natura, -ae: *s.f.* – ação de fazer nascer, nascimento; natureza, essência (das coisas); compleição, temperamento; caráter, índole; instinto; espécie, qualidade.
naturae vis maxima: a maior força é a da natureza.
natura genetrix: a mãe natureza; a natureza é nossa mãe.
naturali iure: por direito natural.
naturalis, -e: *adj.* – conforme à natureza; inato, natural; de nascimento.
naturalis ratio: a razão natural.

naturaliter: *adv.* – naturalmente, conforme a natureza.
naturam imitatur ars: a arte imita a natureza.
naturam parturit usus: o costume produz a natureza.
natura non aberrabit: a natureza não falhará.
natus, -a, -um: *adj.* – nascido; proveniente, vindo de; conformado, constituído.
natus, -us: *s.m.* (usado ordinariamente no *abl.sing.*) – nascimento.
nauclerus, -i: *s.m.* – patrão do navio.
naucum, -i: *s.n.* ou **naucus, -i**: *s.m.* – casca de noz; ninharia.
naufragium, -ii: *s.n.* – naufrágio; tempestade; perda, ruína.
naufrago, -as, -are: *v.int.* – naufragar.
naufragus, -a, -um: *adj.* – náufrago; arruinado; que fez naufragar, tempestuoso.
nausea, -ae: *s.f.* – enjoo do mar; náusea; enfado.
nauseabundus, -a, -um: *adj.* – que sofre ou tem enjoo no mar.
nauseo, -as, -avi, -atum, -are: *v.int./t.* – enjoar, ter enjoos do mar; ter náuseas; vomitar; estar enjoado.
nauseola, -ae: *s.f.* – ânsia, vontade de vomitar.
nauta, -ae: *s.m.* – marinheiro; nauta, navegante.
nauticus, -a, -um: *adj.* – relativo à navegação, de marinheiro; náutico, naval.
navale, -is: *s.n.* – lugar onde se põem os navios em seco; *pl.* – arsenal, estaleiro; aparelhamentos de navio.
navalis, -e: *adj.* – de navio, marítimo, naval.
navarchus, -i: *s.m.* – comandante, patrão de navio.
navatum, non fortuitum: premeditado, não casual.
nave (gnave) ou **naviter**: *adv.* – com cuidado, zelosamente.
navicula, -ae: *s.f.* – navio pequeno, bote, batel.
navicula fatuorum: a nau dos insensatos.
navicularia, -ae: *s.f.* – ofício de armador; empresa de navegação; comércio marítimo.
navicularius, -ii ou **naviculator, -oris**: *s.m.* – armador (de navios); o dono de um navio.
navifragus, -a, -um: *adj.* – em que se naufraga, proceloso.
navigabilis, -e: *adj.* – navegável.
navigare necesse: navegar é preciso.
navigatio, -onis: *s.f.* – navegação, viagem por mar, rio ou lago.
navigator, oris: *s.m.* – navegador, marinheiro.
navigiolum, -i: *s.n.* – pequena embarcação.
navigium, -ii: *s.n.* – navio, embarcação.
navigium haeret in vado: o navio encalhou.
navigo, -as, -avi, -atum, -are: *v.int./t.* – navegar; transportar por água; guiar, marear; obter pela navegação.
navis, -is: *s.f.* – embarcação; navio, nau.
navita, -ae: *s.m.* – navegante, marinheiro; piloto.
navitas (gnavitas), -atis: *s.f.* – empenho, prontidão.
naviter ou **gnaviter**: *adv.* – com empenho, com ardor; resolutamente.
navitus, -a, -um: *adj.* – arrefecido na neve.
navo, -as, -avi, -atum, -are: *v.t.* – fazer com zelo, aplicar-se em; executar, desempenhar; mostrar; prestar serviços.
navus, -a, -um: *adj.* – ativo, zeloso, diligente.
ne: *adv.* (de negação) – não, nem; *conj.* – que não, para que não; que; muito menos, com mais razão; quando não; contanto que não; suposto que não.
ne: *partic.enclit.* (posposto à palavra, para interrogar) – acaso?; porventura? (não se traduz geralmente); se, se por ventura, se por acaso.
ne bis in idem: não duas vezes contra a mesma coisa.
nebula, -ae: *s.f.* – névoa; nevoeiro, cerração; nuvem; escuridão.
nebulo, -onis: *s.m.* – patife, tratante, velhaco, traiçoeiro.
nebulosus, -a, -um: *adj.* – nublado, nebuloso; sujeito a nevoeiros.
nec, neque: *conj.* – nem e não; nem ainda; não.
nec amplius quam semel: não mais do que uma vez; uma única vez.
nec apes, nec mel: sem abelhas, não há mel.
nec audio, nec video: nem ouço, nem vejo.
nec caput nec pedes habet: não tem cabeça nem pés; sem pé nem cabeça.
nec cupio, nec metuo: nem desejo, nem temo.
nec Deus, nec homo: nem Deus, nem homem.
necdum ou **nedum**: *adv.* – ainda não, nem ainda; longe de; muito menos; com mais razão; quanto mais; não só.
necessaria, -ae: *s.f.* – parente, amiga íntima, confidente.
necessarie ou **necessario**: *adv.* – necessariamente, por necessidade; forçosamente.

necessarii heredes: herdeiros necessários.
necessarium malum: um mal inevitável.
necessarius, -a, -um: *adj.* – necessário, inevitável; indispensável a; urgente; ligado estreitamente (por parentesco ou amizade).
necessarius, -ii: *s.m.* – parente, amigo; protegido; protetor (de uma província); patrono.
necesse: *adj.n.indecl.* – necessário; forçoso, preciso.
necessitas, -atis: *s.f.* – fatalidade, destino; lei inelutável, fatal; necessidade; obrigação; indigência; dificuldade extrema; apuros; parentesco, amizade.
necessitas enim et deos cogit: a necessidade obriga até os deuses.
necessitas facit ius: a necessidade faz o direito.
necessitas legum prima: a necessidade é a primeira lei.
necessitudo, -inis: *s.f.* – ordem, curso regular (das coisas); necessidade; indigência, precisão; laço de parentesco, de amizade; *pl.* – parentes, amigos.
necessum: *adj.n.indecl.* (*decl.* na língua *arc.*) – necessário, indispensável.
nec flectitur nec mutatur: nem se dobra, nem se transforma.
nec hoc nec illud: nem isto nem aquilo.
ne cito credas!: não confies de pronto!
nec letum timeo: não temo a morte.
nec magis nec minus: nem mais, nem menos.
nec mel, nec apis: nem mel, nem abelha.
necne: *adv.* – ou não.
necnon, nec non ou **neque non**: *adv.* – também, ainda; e também; demais, além disso.
neco, -as, -avi ou **-ui, -atum** ou **-nectum, -necare**: *v.t.* – matar; assassinar.
nec obellum valet: não vale nem uma moedinha.
nec omne dulce bonum: nem tudo que é doce é bom.
necopinans, -antis: *adj.* – que não espera, desprevenido, descuidado.
necopinato: *adv.* – de repente, inesperadamente.
necopinatus, -a, -um: *adj.* – imprevisto, inesperado.
necopinus, -a, -um: *adj.* – inopinado, imprevisto.
nec opprimere, nec opprimi: nem oprimir, nem ser oprimido.
nec per somnium hoc velim: nem em sonho eu quereria isso.
nec plus ultra: aquilo que não pode ir além.
nec semper lilia florent: nem sempre florescem os lírios.
nec stipulam movere: não mover uma palha.
nectar, -aris: *s.n.* – néctar, bebida dos deuses; mel; leite; vinho.
nectareus, -a, -um: *adj.* – de néctar; doce; aromático.
nec temere nec timide: nem com temeridade, nem com temor.
necto, -is, nexui ou **nexi, nexum, nectere**: *v.t.* – atar, ligar; entrelaçar; tecer; prender, encadear, unir; urdir, tramar.
necubi: *conj.* – para que em nenhuma parte.
necunde: *conj.* – para que de nenhuma parte.
nec utilis, nec inutilis: nem é útil, nem inútil.
ne dei sinant!: que os deuses não o permitam!
ne dignus pilo: não merece um cabelo.
ne discere cessa: não pares de estudar.
nedum: *adv.* – com tanto mais razão, e com mais razão ainda.
nedum: *conj.* – menos ainda, muito menos, bem longe de, muito longe de.
ne exeat: que ele não saia.
nefandum, -i: *s.n.* – o mal, o crime.
nefandus, -a, -um: *adj.* – ímpio; abominável, nefando, horrível, criminoso.
nefarie: *adj.* – de modo ímpio, criminosamente.
nefarium, -ii: *s.n.* – crime abominável.
nefarius, -a, -um: *adj.* – ímpio, execrável, criminoso.
nefas: *s.n.indecl.* – o que é ímpio, sacrilégio; o que é ilícito, injusto; crime, atentado; o que é impossível.
nefasti dies: os dias nefastos.
nefastum, -i: *s.n.* – crime, impiedade.
nefastus, -a, -um: *adj.* – proibido por lei divina; detestável, criminoso; nefasto (dia em que os tribunais estavam fechados); infeliz, nocivo, maldito.
ne fronti crede: não confies em aparências.
ne furtum facias: não furtes.
negans, -antis: *part.pres.* – negativo.
negatio, -onis: *s.f.* – negação, proposição negativa.
negito, -as, -avi, -atum, -are: *v.t.* – negar por várias vezes.
neglectio, -onis: *s.f.* – ação de desprezar, indiferença, desprezo.
neglectus, -a, -um: *adj.* – posto de parte, não cuidado, não tratado,
neglectus, -us: *s.m.* – negligência, desleixo.

N

negligens, -entis: *adv.* – negligente, indiferente; descuidado; dissipador, perdulário.

negligentia, -ae: *s.f.* – negligência, incúria, desmazelo.

negligo, -is, -exi, -ectum, -igere: *v.t.* – por de parte, não cuidar de; negligenciar, desprezar.

nego, -as, -avi, -atum, -are: *v.int./t.* – dizer que não, negar; recusar; resistir a, opor-se.

negotialis, -e: *adj.* – relativo a um negócio, a uma ocupação.

negotians, -antis: *part.pres.* – negociante, banqueiro; especulador.

negotiatio, -onis: *s.f.* – negócio, comércio, empresa comercial.

negotiator, -oris: *s.m.* – comerciante, banqueiro.

negotiolum, -i: *s.n.* – pequeno negócio.

negotior, -aris, -atus sum, -ari: *v.dep.* – comerciar, negociar por atacado.

negotiorum gestio: a gerência dos negócios.

negotiosus, -a, -um: *adj.* – ocupado em muitos negócios, atarefado; em que se trata de negócios; embaraçoso, difícil.

negotiosus dies: dia de trabalho.

negotium, -ii: *s.n.* – ocupação, trabalho; obrigação; negócio; dificuldade, embaraço; processo (judiciário); *pl.* – tráfico, comércio; governo.

N

negotium ante voluptatem: a obrigação antes do prazer.

ne guttam quidem: nem uma só gota; absolutamente nada.

ne hilum quidem: nem um fiapo; absolutamente nada.

ne in somnio quidem: nem mesmo em sonho.

ne magna loquaris: não te vanglories.

nemine contradicente: sem que ninguém contradiga; por unanimidade.

nemine discrepante: sem discrepância; por unanimidade, sem que ninguém divergisse.

neminem ignorantia legis excusat: a ignorância da lei não escusa ninguém.

nemo, -inis: *s.m.* – ninguém, nenhuma pessoa; *pron.adj.* – nenhum.

nemo agit in seipsum: ninguém aciona contra si mesmo.

nemo amicus, nemo propinquus: nenhum amigo, nenhum parente.

nemo auditur propriam turpitudinem allegans: a ninguém é dado alegar a própria torpeza em seu proveito.

nemo dat quod non habet: ninguém dá o que não tem.

nemo debet inauditus damnari: ninguém deve ser condenado sem ser ouvido.

nemo deferre se cogitur: ninguém é obrigado a se denunciar.

nemo demnatur nisi per legale iudicium: ninguém pode ser condenado a não ser em um juízo legal.

nemo doctus natus: ninguém nasce ensinado.

nemo est in amore fidelis: ninguém é fiel no amor.

nemo est qui semper vivat: não há ninguém que viva para sempre.

nemo est supra leges: ninguém está acima das leis.

nemo iudex sine actore: sem autor, não há juiz.

nemo iudex sine lege: ninguém é juiz sem lei.

nemo ius ignorare censetur: considera-se que ninguém ignora a lei.

nemo magister natus: ninguém nasceu professor.

nemo nascitur dives: ninguém nasce rico.

nemo potest ignorare leges: a ninguém é dado alegar a ignorância da lei.

nemoralis, -e: *adj.* – do bosque, relativo à floresta.

nemoricultrix, -icis: *s.f.* – a que habita os bosques.

nemorivagus, -a, -um: *adj.* – o que vaga pelos bosques.

nemorosus, -a, -um: *adj.* – coberto de florestas, de bosques; cerrado, espesso.

nemo scit, nisi qui accipit: só conhece quem recebe.

nemo seipsum effugit: ninguém escapa de si mesmo.

nemo sibi nascitur: ninguém nasce só para si.

nemo videt oculum suum: ninguém vê o próprio olho.

nempe: *adv.* – com efeito, evidentemente, isto é, certamente, seguramente.

nemus, -oris: *s.n.* – bosque, floresta; região de campos e pastagens, vales; olival, vinhedo.

nenia, -ae ou **naenia, -ae**: *s.f.* – canto fúnebre; elegia; fórmulas mágicas; cantiga (de crianças).

ne nimium: nada em excesso.

ne numerare scit: não sabe nem contar.

neo, -es, -evi, -etum, -ere: *v.t.* – tecer; fiar; entrelaçar.
ne omnibus credas!: não confies em todo o mundo!
nepa ou **nepas, -ae**: *s.m.* – escorpião; caranguejo.
ne plus ultra: não mais além.
nepos, -otis: *s.m.* – neto; sobrinho; dissipador, perdulário; *pl.* – descendentes, posteridade.
nepotatus, -us: *s.m.* – prodigalidade, dissipação.
nepotor, -aris, -ari: *v.dep.int.* – viver como pródigo.
nepotulus, -i: *s.m.* – netinho.
neptis, -is: *s.f.* – neta.
Neptunius, -a, -um: *adj.* – de Netuno, netúnio; do mar; marítimo.
Neptunus, -i: *s.m.* – Netuno, deus do mar; mar, água.
nequam: *s.n.indecl.* – que não vale nada, que não presta para nada, mau, de má qualidade; tratante, vil, infame.
nequaquam: *adv.* – por forma alguma, de modo nenhum.
neque ou **nec**: *conj.* – e não, nem.
neque albus neque ater: nem é branco, nem é preto.
nequedum, ver **necdum** e **nondum**.
neque intus neque foris: não está dentro nem fora.
neque multo post: não muito depois.
nequeo, -is, -ivi ou **-ii, -itum, -ire**: *v.int.* – não poder, não ser capaz de, não estar em condições de.
neque pictum, neque fictum: nem pintado, nem esculpido.
nequicquam ou **nequidquam**: *adv.* – em vão, inutilmente; sem motivo.
ne quid nimis: nada em excesso.
nequiter: *adv.* – indignamente, mal, indevidamente; perversamente.
nequitia, -ae e **nequities, -ei**: *s.f.* – malícia, maldade, perversidade; injustiça; indolência; libertinagem, corrupção; prodigalidade; astúcia.
nequitiam in sinu condit: esconde maldade no coração.
ne regnum impuberi: não dês poder ao jovem.
Nereis, -idis: *s.f.* – Nereida, uma das Nereidas, ninfas do mar.
Nereus, -ei ou **-eos**: *s.m.* – Nereu, deus do mar; o mar.
nervia, -orum: *s.n.pl.* – músculos.
nerviae, -arum: *s.f.* – cordas de um instrumento musical.
nervis omnibus: com todas as forças.
nervose: *adv.* – vigorosamente, com força, vigor; severamente.
nervosus, -a, -um: *adj.* – que tem muitos tendões, músculos; nervoso, musculoso; forte, robusto.
nervulus, -i: *s.m.* – músculo pequeno; vigor, força.
nervus, -i: *s.m.* – nervo; músculo, tendão; força, robustez; corda (de arco, de instrumento); arco; ferros; grilhões.
nervus probandi: o nervo da comprovação; o ponto decisivo da prova.
nervus rerum: o nervo das coisas (o dinheiro).
nesapius, -a, -um: *adj.* – insensato.
ne sat rationis in armis: há pouca razão nas armas.
nesciens, -entis: *part.pres.* de **nescio** – que não sabe, que ignora.
nescio, -is, -ivi ou **-ii, -itum, -ire**: *v.int.* – não saber; ignorar, não conhecer; não perceber; não poder.
nescio vos: não vos conheço.
nescit amor fines: o amor não conhece fim.
nescit se ipsum: não conhece a si mesmo.
nesciunt quid faciunt: não sabem o que fazem.
nescius, -a, -um: *adj.* – que não sabe, que ignora; desprevenido; que não aprendeu; desconhecido, ignorado.
ne stilla quidem: não sobrou uma gota.
ne trepidaveritis!: não tremais!
neuter, -tra, -trum: *adj.* – nenhum dos dois, nem um nem outro; indiferente; neutro.
neutiquam: *adv.* – de forma alguma, de nenhum modo.
neutralis, -e: *adj.* – neutral, neutro, do gênero neutro.
neutro: *adv.* – para nenhum dos lados, para nenhuma das partes.
neve e **neu**: *conj.* – e que não, ou que não; ou não, e não.
ne verbum quidem: sequer uma palavra.
nex, necis: *s.f.* – morte (violenta), homicídio; mortandade; dano, prejuízo.
nexlis, -e: *adj.* – atado; entrelaçado.
nexum, -i: *s.n.* – obrigação, sujeição, escravidão; venda; aquisição, compra; direito de alienar; cessão, contrato.
nexus, -a, -um: *adj.* – atado, ligado; unido; entrelaçado; preso; que serve como escravo até a liquidação da dívida.

N

nexus, -us: *s.m.* – laço, ligadura; enlaçamento; encaixe; obrigação, contrato; servidão; rigor (da lei).
ni: *adv. de negação* – não.
ni: *conj.* – se não.
nicatores, -um: *s.m.* – os invencíveis (nome dado à guarda dos reis da Macedônia).
niceteria, -orum: *s.n.pl.* – insígnias de uma vitória atlética.
nicto, -as, -are: *v.int.* – piscar os olhos, pestanejar.
nictus, -us: *s.m.* – sinal dado com os olhos (piscando).
nidifico, -as, -are: *v.int.* – nidificar, construir o ninho.
nidor, -oris: *s.m.* – cheiro de coisa assada ou cozida; cheiro forte.
nidulus, -i: *s.m.* – pequeno ninho.
nidus, -i: *s.m.* – ninho; ninhada; compartimento (de uma biblioteca).
niger, -gra, -grum: *adj.* – preto luzidio; negro, escuro; tenebroso; que torna escuro, nebuloso; mal agourado, infeliz; perverso.
niger cycnus: um cisne negro; um prodígio.
niger, ergo sapiens: negro, portanto sábio.
niger tamquam corvus: negro como o corvo.
nigrans, -antis: *part.pres.* – que torna escuro; negro, preto.
nigresco, -is, -grui, -grescere: *v.int.* – tornar-se negro, enegrecer-se; obscurecer-se.
nigro, -as, -avi, -atum, -are: *v.int.* – ser negro, ter a cor negra.
nigror, -oris: *s.m.* – negrume; obscuridade, escuridão.
nigrum, -i: *s.n.* – o negro, a cor negra.
nigrum in candida vertunt: mudam o preto em branco; enganam.
nihil e **nil**: *s.n.indecl.* – nada, coisa nenhuma; *adv.* – em nada, em coisa alguma; sem motivo algum.
nihil ad rem pertinet: nada tem a ver com a coisa; a questão é irrelevante.
nihil alienum appeto: nada quero que não seja meu.
nihil clarior: não há nada mais claro.
nihildum: *adv.* – nada ainda.
nihil est perpetuum datum: nada nos é dado para sempre.
nihil est sine ratione: nada há sem uma razão.
nihil ex nihilo: nada vem do nada.
nihil fit sine causa: nada acontece sem uma causa.
nihil gratis: nada nos é dado graciosamente.
nihil infinitum est: não há nada que não tenha fim.
nihil interit: nada morre.
nihil interit, omnia mutantur: nada morre, tudo se transforma.
nihil medium est: não há meio termo.
nihil me mordet: nada me incomoda.
nihil morte certius: nada é mais certo que a morte.
nihil nimis: nada em excesso.
nihil novi sub luna: nada de novo sob a lua.
nihil novum sub sole: não há nada de novo sob o sol.
nihil novum super terram: nada de novo há sobre a terra.
nihil obstat: nada impede.
nihilominus: *adv.* – nada menos; contudo, não obstante.
nihil opus verbis: as palavras são inúteis.
nihil perfectum: nada é perfeito.
nihil periculi est: não há nenhum risco.
nihil perpetuo durat: nada dura para sempre.
nihil praeter nomen tumulo: no túmulo basta o nome.
nihil simile est idem: nada que é parecido é a mesma coisa.
nihilum, -i ou **nilum, -i**: *s.n.* – nada, coisa nenhuma.
nihil urget: nada é urgente; não há pressa.
nimbatus, -a, -um: *adj.* – semelhante a uma nuvem, *i.e.*, inexistente.
nimbifer, -fera, -ferum: *adj.* – nimbífero, que traz chuva.
nimbosus, -a, -um: *adj.* – chuvoso, tempestuoso; alto como as nuvens.
nimbus, -i: *s.m.* – nuvem carregada de chuva; chuva; aguaceiro, tempestade; auréola, nimbo.
nimia neglegentia: extrema negligência.
nimietates, aequalitates: extremidades, igualdades; os extremos se tocam.
nimio: *adv.* – muito, extremamente.
nimiopere: *adv.* – de modo excessivo.
nimirum: *adv.* – certamente, seguramente, por certo, sem dúvida.
nimis: *adv.* – demais, demasiadamente, excessivamente.
nimis avarus: avarento demais.
nimis est: é de mais.
nimium: *adv.* – muito, demais, demasiadamente, em excesso; extremamente.
nimium, -ii:, *s.n.* – demasia, excesso; *pl.* – superfluidades, demasias.

nimius, -a, -um: *adj.* – demasiado, excessivo, nímio; sem regra, desmedido;
nimius rigor damnosus est: rigor em excesso é prejudicial.
ningit ou **ninguit, ninxit, -guere**: *v.unip.int.* – neva, cai neve.
ningor, -oris: *s.m.* – queda de neve, nevada.
nisi: *conj.* – se não, a não ser; a não ser que; todavia, contudo.
nisi fallor: se não estou enganado.
nisi me fallit memoria: se não me falha a memória.
nisus, -us: *s.m.* – apoio; esforço, empenho, esforço para voar, voo; parto.
nitedula, -ae: *s.f.dim.* – ratinho do mato, esquilo.
nitela, -ae: *s.f.* – rato silvestre.
nitens, -entis: *adj.* – brilhante, luzidio; bem nutrido, nédio; vigoroso.
niteo, -es, -ui, -ere: *v.int.* – reluzir, brilhar; florescer, ser célebre; ser belo, estar aprimorado; abundar em.
nitesco, -is, -ere: *v.int.* – fazer-se brilhante, luzidio; começar a brilhar; melhorar; celebrizar-se.
nitide: *adv.* – com brilho, claramente, nitidamente.
nitidiuscule: *adv.* – um tanto corretamente, como convém.
nitidus, -a, -um: *adj.* – brilhante, lustroso; polido; resplandescente; perfumado, elegante; esmerado; gordo, nédio, vigoroso.
nitor, -eris, -nisus ou nixus sum, niti: *v. dep.int.* – apoiar-se em; esforçar-se em ou por; andar com esforço, subir, trepar; caminhar, tender para.
nitor, -oris: *s.m.* – lustre, brilho; luz; beleza, elegância; adorno; riqueza.
nivalis, -e e **niveus, -a, -um**: *adj.* – de neve; coberto de neve; alvo como a neve.
nivarius, -a, -um: *adj.* – relativo à neve, em que há neve.
nive candidior: mais branco que a neve.
ni velitis ossa mea violare: não perturbeis meus ossos.
niveus, -a, -um: *adj.* – de neve, níveo; branco como a neve; claro, puro, transparente.
nivosus, -a, -um: *adj.* – nevoso, abundante ou cheio de neve.
nix, nivis: *s.f.* – neve.
nixor, -aris, -ari: *v.dep.int.* – fazer muitos esforços; apoiar-se em, firmar-se em.
no, nas, navi, natum, nare: *v.int.* – nadar; flutuar, navegar; agitar-se (o mar).
nobilis, -e: *adj.* – conhecido; que se manifesta; célebre, ilustre, nobre.
nobilis es ex crumena: és nobre por causa da bolsa.
nobilitas, -atis: *s.f.* – notoriedade, reputação; fama, celebridade; nobreza, fidalguia; orgulho; *pl.* – os nobres, os príncipes.
nobiliter: *adv.* – de maneira distinta, notável, nobremente.
nobilito, -as, -avi, -atum, -are: *v.t.* – tornar conhecido, falado; ilustrar, nobilitar.
nobiscum ou **cum nobis**: conosco.
nobiscum Deus: Deus está conosco.
nobis invitis: contra nossa vontade.
nocens, -entis: *adj.* – perniciosa, prejudicial; que faz mal, nocivo; funesto; perverso, culpado.
nocentium est trepidare: tremer é próprio dos culpados.
noceo, -es, -ui, -itum, -cere: *v.int./t.* – causar a morte, preparar a morte; fazer mal; prejudicar, causar dano; ser funesto; cometer (falta, delito).
nocivus, -a, -um: *adj.* – prejudicial, nocivo, perigoso.
nocte ou **noctu**: *adv.* – de noite.
nocte ac die: de noite e de dia; noite e dia.
noctem dies sequitur: o dia segue a noite.
noctesque diesque: as noites e os dias; noite e dia.
noctiluca, -ae: *s.f.* – a que brilha de noite (a lua).
noctivagus, -a, -um: *adj.* – que vagueia de noite, notívago.
noctivigilus, -a, -um: *adj.* – que vela de noite.
noctua, -ae: *s.f.* – coruja.
noctuabundus, -a, -um: *adj.* – que viaja de noite.
nocturnus, -a, -um: *adj.* – feito durante a noite, noturno.
nocuus, -a, -um: *adj.* – prejudicial.
nodo, -as, -avi, -atum, -are: *v.t.* – amarrar, atar, ligar; juntar.
nodosus, -a, -um: *adj.* – que tem muitos nós, nodoso; que produz nós; que engrossa as articulações (a gota); complicado; astuto.
nodum solvere: desatar o nó.
nodus, -i: *s.m.* – nó; laço, cadeia; articulação; ligação; embaraço, dificuldade; intriga, enredo.
nodus amicitiae: o vínculo da amizade.
nolens volens: querendo ou não querendo.
noli flere: não chores.
noli intrare: não entres.

noli laetari: não te alegres.
noli me tangere: não me toques.
noli mihi umbram facere: não me faças sombra.
noli nimis alte volare: não voes alto demais.
noli perturbare: não me amoles.
noli pugnare duobus: não lutes com dois.
noli respicere post tergum: não olhes para trás.
nolite confidere in principibus: não confieis nos príncipes.
nolite detrahere alterutrum: não faleis mal uns dos outros.
nolite dolere: não vos aflijais.
nolite multum loqui: não faleis muito.
noli timere: não tenhas medo.
noli trepidare!: não tremas!
noli tristis esse: não fiques triste.
noli turbari: não te perturbes.
nolle prosequi: não prosseguir; petição para sustar uma ação.
nolo, non vis, nolui, nolle: *v.t./int.* – não querer; não consentir; recusar.
nolo episcopari: não quero virar bispo; eu não aceito essa responsabilidade.
nomem iuris: nome de direito; título do crime.
nomen, -inis: *s.n.* – nome, palavra, termo; apelido; título; família, povo; renome, celebridade; aparência; motivo, razão.
nomenclatio, -onis: *s.f.* – designação de alguém por seu nome.
nomenclator, -oris: *s.m.* – escravo encarregado de anunciar as visitas e de dizer ao seu senhor o nome das pessoas.
nomen Domini sit benedictum: bendito seja o nome do Senhor.
nomen genericum: um nome genérico.
nomen iuris: a denominação legal.
nomen specificum: um nome específico.
nominatim: *adv.* – nomeadamente, pelo nome; nominalmente; expressamente.
nominatio, -onis: *s.f.* – denominação; nomeação (para um cargo ou dignidade)
nomine suo: em seu próprio nome.
nomino, -as, -avi, -atum, -are: *v.t.* – designar pelo nome, nomear; chamar; notificar, citar para juízo; nomear (para um cargo).
nomisma, -atis: *s.n.* – moeda (de ouro ou de prata).
non: *adv. de negação* – não.
Nonae, -arum: *s.f.pl.* – nonas (o quinto ou o sétimo dia dos meses romanos).
nonagesimus, -a, -um: *adj.num.ord.* – nonagésimo.
nonagie(n)s: *adv.* – noventa vezes.
nonaginta: *adj.num.indecl.* – noventa.
non agitur de me: não se trata de mim.
nonanus, -a, -um: *adj.* – relativo à nonagésima legião; *s.m.pl.* – soldados da nonagésima legião.
non apto tempore: em hora imprópria; na hora errada.
non apud se esse: estar fora de si; estar perturbado.
non ausim: eu não ousaria.
non bis in idem: não duas na mesma coisa.
non capit regnum duos: o trono não aceita dois.
non certum scio: não sei com certeza; não tenho certeza.
non ceteris dispar: não é diferente dos outros.
non commovebitur: permanecerá inabalável.
non concupisces: não cobiçarás.
non consentio neque collaudo: nem concordo nem aprovo.
non constat: não consta; não está claro.
non credam nisi legero: não acreditarei se não ler.
non dat qui non habet: quem não tem, não dá; ninguém pode dar o que não tem.
non datur reditus: não tem volta.
non decet: não convém.
non dolet: não dói.
non dormit diabolus: o diabo não dorme.
non dormit qui custodit: quem vigia, não dorme.
non dubie ita est: sem dúvida, é assim.
non ducor, duco: não sou conduzido, conduzo.
nondum: *adv.* – ainda não.
nondum natus eram: eu ainda não era nascido.
non est aurum omne quod radiat: nem tudo que brilha é ouro.
non est cur sileas: não há por que te calares.
non est de fide: não é (questão) de fé.
non est falsum sine dolo: não há falsidade sem dolo.
non est forma satis: beleza não basta.
non est inventus: (o acusado) não foi encontrado.
non est leti fuga: não há fuga da morte.
non ex ore, sed ex pectore: não da boca, mas do coração.
non expedit: não convém.

N

non facere quod debet facere: não fazer o que deve fazer.
non furtum facies: não furtarás.
nongentesimus, -a, -um: *adj.num.ord.* – centésimo nono.
nongenti, -ae, -a: *adj.num.* – novecentos.
non hilum: nem um fio; absolutamente nada.
non homo: ninguém.
non in tempore oportuno: na hora errada.
non ita dis placuit: os deuses não quiseram assim.
non iudicio, sed nutis: não pela razão, mas pela vontade.
non libet: não agrada; não se quer.
non licet: não é permitido.
non liquet: não está claro; não há certeza.
non malitiose: sem má intenção.
non merito, sed fortuito: não por mérito, mas por acaso.
non meum est: não é meu; isso não é da minha conta.
non mihi, non tibi, sed nobis: não para mim, nem para ti, mas para nós.
non moechaberis: não cometerás adultério.
non multe post: não muito depois.
non naviges noctu: não navegues à noite.
nonne: *adv.inter.* – por ventura não?, acaso não?.
nonnihil ou **haudnihil**, ver **nihil**.
non nimium curo: pouco me importo.
non nisi grandia canto: só canto coisas grandes.
non nobis, sed omnibus: não só para nós, mas para todos.
non nocet: não prejudica; não invalida.
non nosti omnia: tu não sabes tudo.
nonnullus, -a, -um: *adj.* – algum, alguma; *pl.*- alguns, algumas pessoas.
nonnumquam: *adv.* – por vezes, algumas vezes.
nonnusquam: *adv.* – em alguns lugares, em muitas regiões.
non obiit, sed abiit: não morreu, partiu.
non occides: não matarás.
non olet: (o dinheiro) não tem cheiro.
non operae pretium est: é trabalho inútil; não vale a pena.
non opinor: acho que não; não concordo.
non plus ultra: não mais além.
non potentia, sed iure: não pela força, mas pelo direito.
non prosequitur: não tem prosseguimento.
non regi, sed legi: não para o rei, mas para a lei.
non serviam: não me hei de sujeitar.
non sibi, sed aliis: não para si, mas para os outros.
non sibi, sed bono publico: não para si, mas para o bem público.
non sibi, sed mundo: não para si, mas para o mundo.
non sibi, sed omnibus: não para si, mas para todos.
non sibi, sed patriae: não para si, mas para a pátria.
non sibi, sed suis: não para si, mas para os seus.
non sine causa: não sem causa.
non sine diis: não (se consegue) sem a ajuda dos deuses.
non sine labore: não sem esforço.
non sine lumine: sem luz não funciono.
non sine numine: não sem auxílio divino.
non sine spe: não sem esperança.
non sine umbra corpus: não há corpo sem sombra.
non sorte, sed virtute: não pelo acaso, mas pelo valor.
non sui compos: sem o domínio de si próprio; insano.
non sui iuris: não é senhor de seu direito; juridicamente incapaz.
non sum apud me: não estou em mim.
non sum liber?: não sou eu livre?
non tacebo: não me calarei.
non timeo adversa: não tenho medo da adversidade.
non tua res agitur: não se trata de coisa de teu interesse.
non uno dignus: não é digno de um só (merece mais).
nonus, -a, -um: *adj.num.* – nono.
nonusdecimus, nonadecima, nonumdecimum: *adj.num.ord.* – décimo nono.
non vales agere: não tens capacidade para acionar; não és parte legítima.
non valet lotium suum: não vale a própria urina.
non verbis, sed rebus: não com palavras, mas com atos.
non vi, sed virtute: não pela força, mas pelo mérito.
noram, **norim**, ver **nosco**.
norma, -ae: *s.f.* – esquadria, esquadro; regra; modelo.
norma agendi: o direito como norma, lei ou regra de ação (direito objetivo); norma de conduta; a norma de agir.

normae generales: as normas gerais.
normae iuris: as regras do direito.
norma loquendi: a norma de falar.
nos: *gen.*, **nostri** ou **nostrum**: *dat.* e *abl.*, **nobis**: *pron.pess.* – nós.
nosce tempus: conhece o tempo; agora não é hora.
noscito, -as, -avi, -atum, -are: *v.t.* – procurar; descobrir, notar; reconhecer; examinar.
nosco, -is, novi, notum, noscere: *v.t.* – conhecer, saber; ouvir dizer; aprender; reconhecer; considerar, examinar.
nos legem habemus: nós temos lei.
nosse, ver **nosco**.
noster, -tra, -trum: *adj.poss.* – nosso, nossa.
nostra aetate: em nosso tempo; na nossa época.
nostras, -atis: *adj.* – que é de nosso país, nossa terra.
nostris temporibus: em nossos tempos.
nota, -ae: *s.f.* – sinal, marca; indício; cunho (de moeda); marca a ferro quente; ferrete, labéu; nota, pena; sigla, abreviatura; espécie, qualidade; inscrição; escrito, carta; *pl.* – caracteres, letras; feições.
nota bene: observa bem.
notabilis, -e: *adj.* – notável; que se pode reconhecer, distinguir; insigne, formoso.
notarius, -ii: *s.m.* – o que escreve por abreviaturas, estenógrafo; copista, escrivão.
notarius publicus: tabelião de notas.
notatio, -onis: *s.f.* – ação de marcar com um sinal, notação; observação; exame, inquérito.
notatus, -a, -um: *adj.* – marcado, assinalado; traçado com letras, escrito; notado; censurado; condenado; observado; explicado.
notesco, -is, -tui, -tescere: *v.int.* – dar-se a conhecer, tornar-se conhecido.
nothus, -a, -um: *adj.* – ilegítimo, bastardo; tomado do outro.
notio, -onis: *s.f.* – ação de conhecer; noção, conhecimento, ideia; significação (de uma palavra); exame (em juízo); julgamento, jurisdição.
notitia, -ae e **notities, -ei**: *s.f.* – o fato de ser conhecido; notoriedade; faina, reputação; conhecimento, noção, ideia.
notitia criminis: notificação do crime.
noto, -as, -avi, -atum, -are: *v.t.* – pôr um sinal, marcar; escrever por cifras ou abreviaturas, anotar; observar, notar; censurar; condenar.
notor, -oris: *s.m.* – o que conhece uma pessoa, o que garante por ela, fiador.
notus, -a, -um: *adj.* – conhecido, reconhecido; averiguado; desacreditado; que conhece; *pl.* – amigos, parentes, conhecidos.
Notus, -i: *s.m.* – Noto, vento do sul; vento; sul, país meridional.
novacula, -ae: *s.f.* – navalha, faca, punhal.
nova et vetera: coisas novas e velhas.
novale, -is: *s.n.* – terra amanhada recentemente, terra de pousio; *pl.* – campos cultivados.
novalis, -e: *adj.* – deixado (terreno, campo) em descanso um ano.
novalis, -is: *s.f.* – noval; alqueire.
nova peccata, nova supplicia: pecados novos, punições novas.
nova placent: as coisas novas agradam.
novatio legis: a renovação da lei; substituição de uma lei por outra.
novatrix, -icis: *s.f.* – a que renova.
nove: *adv.* – com inovação, de um modo novo.
novellus, -a, -um: *adj.* – novo, novel; recente.
novem: *adj.num.* – nove.
november, -bris: *s.m.* – novembro, nono mês do ano romano; **-bre**: *adj.* – relativo ao mês de novembro.
novendialis, -e: *adj.* – que dura nove dias, que é feito no nono dia.
noveni, -ae, -a: *adj.num.pl.* – que é em número de nove.
Novensiles: *adj.m.pl.* (qualificando **dii**) – Novênsiles, os deuses novos tomados a outras nações, por oposição aos deuses do país (**indigetes**).
noverca, -ae: *s.f.* – madrasta.
novercalis, -e: *adj.* – de madrasta.
novicius ou **novitius, -a, -um**: *adj.* – noviço, o que é escravo há pouco tempo; novo, recente.
novie(n)s: *adv.num.* – nove vezes.
novissima verba: as palavras finais; as últimas palavras; as palavras de despedida.
novissima voluntas servatur: cumpra-se a última vontade.
novissime: *adj.superl.* – muito recentemente; afinal.
novissimus, -a, -um: *adj.superl.* de **novus** – derradeiro, último; o mais recente; o maior.
novitas, -atis: *s.f.* – novidade; começo; singularidade; estranheza.
novo, -as, -avi, -atum, -are: *v.t.* – renovar; reparar; mudar, inovar; inventar.

N

novum, -i: *s.n.* – coisa nova, novidade.
novum iudicium: novo julgamento.
novum opus: uma obra nova.
Novum Testamentum: o Novo Testamento.
novus, -a, -um: *adj.* – novo, recente; que não tem experiência, noviço; imprevisto; estranho, singular; maravilhoso.
novus homo: um homem novo.
novus rex, nova lex: novo rei, nova lei.
nox, noctis: *s.f.* – noite; sono; morte; cegueira; treva, escuridão.
noxa, -ae: *s.f.* – culpa, falta, delito, crime; agravo, prejuízo; mal; enfermidade; desgraça.
noxa item noxam parit: um dano gera outro.
noxia, -ae: *s.f.* – prejuízo, dano; ofensa; culpa, delito.
noxiosus, -a, -um: *adj.* – nocivo, prejudicial; culpado.
noxitudo, -inis: *s.f.* – falta, crime.
noxius, -a, -um: *adj.* – nocivo, prejudicial; culpado; criminoso.
nubecula, -ae: *s.f.* – nuvenzinha; manchas (no rosto).
nubes, -is: *s.f.* – nuvem; bando, multidão; pesar, infortúnio; severidade (de aspecto); escuridão.
nubes sine pluvia: nuvens sem chuva.
nubifer, -era, -erum: *adj.* – que traz nuvens, tempestuoso; coroado de nuvens.
nubigena, -ae: *adj.m.f.* – gerado das nuvens.
nubilis, -e: *adj.* – que está em idade de casar, casadoura.
nubilosus, -a, -um: *adj.* – nublado, nebuloso.
nubilum, -i: *s.n.* – céu nublado, tempo nublado; *pl.* – nuvens.
nubilus, -a, -um: *adj.* – coberto de nuvens, nublado; enevoado, sombrio; negro; tempestuoso; triste; infeliz; adverso.
nubo, -is, -psi, -ptum, -bere: *v.int./t.* – casar-se (falando-se da mulher).
nucetum, -i: *s.n.* – lugar plantado de nogueiras.
nuceus, -a, -um: *adj.* – de nogueira (madeira).
nucleus, -i: *s.m.* – pevide, miolo, caroço (de frutos); interior, núcleo.
nuda repromissio: simples promessa.
nuda veritas: a verdade nua.
nudior ovo: mais pelado que um ovo.
nudis pedibus: com os pés nus; descalço.
nudissima veritas: a verdade nua e crua.
nudis verbis: com palavras nuas; em linguagem clara.
nuditas, -atis: *s.f.* – nudez; simplicidade, falta de ornatos (no estilo).
nudius: *adv.* – o dia antes deste.
nudius tertius: há três dias, anteontem.
nudo, -as, -avi, -atum, -are: *v.t.* – despir, desnudar; descobrir; desguarnecer; dar a conhecer, revelar.
nudus, -a, -um: *adj.* – nu, despido; descoberto; privado de; estéril, vazio; desguarnecido; indigente; só, único.
nugae, -arum: *s.f.pl.* – lamúrias (das carpideiras); mentiras; ninharias, nugas, frivolidades.
nugari nugatori postulas: queres gozar um gozador.
nugator, -oris: *s.m.* – o que diz tolices, frivolidades, mentiras; contador de pilhérias, historietas; frívolo; velhaco.
nugatorius, -a, -um: *adj.* – mentiroso, fútil, frívolo.
nugax, -acis: *adj.* – frívolo, vão, pueril, farsante; inepto, importuno.
nugor, -aris, -atus sum, -ari: *v.int.* – dizer frivolidades, tolices; ocupar-se com ninharias; gracejar; mentir.
nulius iuris: sem valor para o direito.
nulla actio sine lege: não há ação sem lei (que a justifique); sem lei não há ação.
nulla est redemptio: não se pode remediar.
nulla fides fronti: não confies em aparências.
nulla fides inopi: pobre não tem crédito.
nullane habes vitia?: e tu? não tens nenhum vício?
nulla opera gratuita est: nenhum trabalho é gratuito.
nulla poena sine iudicio: não pode haver punição sem julgamento.
nulla poena sine lege: não há pena sem lei.
nulla potentia longa est: nenhum poder é duradouro.
nulla regula sine exceptione: não há regra sem exceção.
nulla rosa sine spinis: não há rosa sem espinhos.
nulla sine sole umbra: sem sol não há sombra.
nulli fallax: eu não engano a ninguém.
nulli negabimus iustitiam: a ninguém negaremos justiça.
nulli secundus: não é inferior a ninguém.
nullis exceptis: sem qualquer exceção; sem exceção.

nullitas actus: nulidade do ato.
nullius coloris homo: um homem de nenhuma cor; sem importância.
nullius in verba: (sem confiar) nas palavras de ninguém.
nullo excepto: sem qualquer exceção.
nullo labore: sem trabalho algum; sem qualquer esforço.
nullum crimen, nulla poena sine praevia lege: não há crime, nem pena sem lei anterior que os defina.
nullum crimen sine culpa: não há crime sem culpa.
nullum crimen sine lege: não há crime sem lei (anterior que o defina).
nullum ius sine actione: não há direito sem ação.
nullum malum impunitum: nenhum mal fica impune.
nullum tributum sine praevia lege: não há tributo sem lei anterior.
nullus, -a, -um: *gen.* **nullius** – nenhum, nenhuma; ninguém; nada, coisa alguma; nulo, de nenhum valor; que já não existe, reduzido a nada, perdido.
nullus omnia scire potest: ninguém pode saber tudo.
nullus sum: sou ninguém.

num: *adv.inter.* – por ventura?; por acaso?.
numen, -inis: *s.n.* – movimento (de cabeça), aceno; consentimento; permissão; vontade (dos deuses); poder, majestade, grandeza; divindade, deus.
numerabilis, -e: *adj.* – que se pode contar; pouco numeroso.
numerantum, -i: *s.n.* – dinheiro contado.
numeratio, -onis: *s.f.* – ação de contar (dinheiro).
numero, -as, -avi, -atum, -are: *v.t.* – contar, numerar; ter, possuir; considerar como; enumerar, percorrer.
numerose: *adv.* – em grande número; em cadência; harmoniosamente (com respeito à prosa).
numerosus, -a, -um: *adj.* – conforme a medida, rítmico, harmonioso, que está em cadência; numeroso; abundante.
numerus, -i: *s.n.* – parte constitutiva de um todo, número; quantidade, abundância; disposição, ordem; compasso, cadência; harmonia, ritmo, verso; corte, legião
numerus apertus: número ilimitado.
numerus clausus: número limitado; uma cota definida.
nummarius, -a, -um: *adj.* – relativo a moeda, de dinheiro; pecuniário; acessível ao suborno, venal.
nummarius iudex: um juiz venal.
nummatus, -a, -um: *adj.* – rico, endinheirado.
nummulariolus, -i: *s.m.* – pequeno banqueiro, cambista.
nummularius, -i: *s.m.* – banqueiro, cambista.
nummulus: *s.m.dim.* – dinheirinho; pequena moeda.
nummus, -i: *s.m.* – moeda, dinheiro; sestércio.
numne: *adv.inter.* – acaso?, por ventura?.
numquam ou **nunquam**: *adv.* – nunca, jamais; não.
numqui: *adv.* – de que modo?
numquidnam: *adv.* – em verdade?, realmente?.
numquid ou **nunquid**: *adj.n.* – empregado como *adv.inter.* – por ventura?, acaso?.
nunc: *adv.* – agora, neste momento, presentemente.
nunc aut nunquam: agora ou nunca.
nunc est aeternitas: a eternidade é agora.
nunc et semper: agora e sempre.
nunc et usque in saeculum: agora e para sempre.
nunc exitus est anni: eis que chega o fim do ano.
nunc nox, mox lux: agora é noite; logo virá o dia.
nunc pro tunc: agora em vez de nessa época.
nuncupatio, -onis: *s.f.* – declaração ou instituição de um herdeiro, feita de viva voz, em público; solene pronunciação de votos.
nuncupo, -as, -avi, -atum, -are: *v.t.* – chamar, denominar; invocar, proferir em voz alta; fazer votos solenes; instituir um herdeiro.
nundinae, -arum: *s.f.pl.* – mercado, feira que se realizava todos os nove dias; negócio, comércio.
nundinatio, -onis: *s.f.* – mercado, venda, comércio.
nundinor, -aris, -atus sum, -ari: *v.dep.* – vender; negociar com, mercadejar; comprar; reunir-se em grande número.
nundinum, -i ou **nundinae, -arum**: *s.n.* – feira, mercado.
nundinus, -a, -um: *adj.* – o que se realiza de nove em nove dias.
nunquam ou **numquam**: *adv.* – nunca, em tempo algum.
nunquam deflecto: nunca me curvo.

nunquam deorsum: nunca para baixo.
nunquam dormio: nunca durmo; sempre alerta.
nunquam non paratus: nunca desprevenido; sempre alerta!
nunquam obliviscar: nunca esquecerei.
nunquam satis discitur: nunca se aprende o bastante.
nunquam sumus singuli: nunca estamos sós.
nuntia, -ae: *s.f.* – a que anuncia, mensageira.
nuntiatio, -onis: *s.f.* – ação de anunciar; anunciação; declaração.
nuntio, -as, -avi, -atum, -are: *v.t.* – anunciar, dar uma nova; declarar; prescrever, ordenar.
nuntium, -ii: *s.n.* – notícia, mensagem.
nuntium radiophonicum: uma mensagem radiofônica.
nuntius, -a, -um: *adj.* – que dá a conhecer, que anuncia.
nuntius, -ii: *s.m.* – o que anuncia, mensageiro, correio; mensagem, notícia; ordem, mandado; declaração de divórcio.
nuper: *adv.* – há pouco, não há muito, recentemente; até agora.
nuperus, -a, -um: *adj.* – que aconteceu há pouco tempo, recentemente.
nupta, -ae: *s.f.* – mulher casada, esposa.
nuptiae, -arum: *s.f.pl.* – núpcias, casamento, bodas.
nuptialis, -e: *adj.* – nupcial, relativo às bodas; conjugal.
nuptus, -i: *s.m.* – que acabou de casar, recém-casado.
nurus, -us: *s.f.* – nora; moça, mulher.
nusquam: *adv.* – em nenhuma parte; em coisa alguma; para nada.
nutabundus, -a, -um: *adj.* – hesitante, vacilante.
nutatio, -onis: *s.f.* – balanceamento, oscilação; situação incerta.
nuto, -as, -avi, -atum, -are: *v.int.* – acenar (com a cabeça); mover-se; pender, vacilar; hesitar.
nuto divino: pela vontade de Deus.
nutricatus, -us: *s.m.* – ação de nutrir, nutrição.
nutricium, -i: *s.n.* – cuidados coma criação.
nutricius, -ii: *s.m.* – o que cria ou alimenta uma criança; aio.
nutrico, -as, -avi, -atum, -are: *v.t.* – nutrir com seu leite, amamentar, nutrir, criar.
nutricor, -aris, -atus sum, -ari: *v.dep.* – manter, conservar.
nutricula, -ae: *s.f.* – a que nutre; ama de leite.
nutrimen, -inis e **nutrimentum, -i**: *s.n.* – alimento, nutrição.
nutrimentum spiritus: o alimento do espírito (os livros).
nutrio, -is, -ivi ou **-ii, -itum, -ire**: *v.t.* e **nutrior, -iris, -itus sum, -iri**: *v.dep.* – nutrir, alimentar; fazer crescer; desenvolver; tratar; conservar.
nutrio et exstinguo: eu alimento (o fogo) e extingo.
nutrix, -icis: *s.f.* – a que nutre, alimenta; ama de leite.
nutus, -us: *s.m.* – movimento, aceno (de cabeça); peso, gravidade (dos corpos); vontade, poder.
nux, nucis: *s.f.* – noz; fruto de casca dura; amêndoa; nogueira, amendoeira.
nympha, -ae ou **nymphes, -es**: *s.f.* – ninfa, divindade inferior; moça.
Nyseus, -eos ou **-ei**: *s.m.* – Niseu, um dos nomes de Baco.

O

o altitudo!: ó profundeza!

ob: *prep.ac.* – diante de, em frente de; para; por causa de; por.

obaeratus, -a, -um: *adj.* – endividado.

obambulo, -as, -avi, -atum, -are: *v.int./t.* – passear diante; vagar por, percorrer; andar ao redor de.

obarmo, -as, -avi, -atum, -are: *v.t.* – armar.

obaro, -as, -avi, -atum, -are: *v.t.* – lavrar, cultivar a terra, revolver a terra.

obba, -ae: *s.f.* – vaso de fundo largo, para vinho.

obbrutesco, -is, -ere, obbrutui: *v.int.* – embrutecer-se, tornar-se estúpido.

obcaecat mentem passio: a paixão cega a mente.

obdo, -is, -didi, -ditum, -dere: *v.t.* – pôr na frente, diante; fechar; cobrir, defender, abrigar.

obdormio, -is, -ivi ou **-ii, -itum, -ire**: *v.int./t.* – dormir profundamente.

obdormisco, -is, -ere: *v.int.* – adormecer.

obduco, -is, -xi, -ctum, -dere: *v.t.* – conduzir para diante; pôr diante, sobre; opor, fechar; cobrir com; enrugar, franzir; sorver.

obductio, -onis: *s.f.* – ação de cobrir.

obducto, -as, -are: *v.tr.* – conduzir, levar frequentemente.

obduresco, -is, -rui, -rescere: *v.int.* – tornar-se duro, endurecer-se; tornar-se insensível.

obduro, -as, -avi, -atum, -are: *v.int./t.* – suportar, sofrer; não desanimar; suportar.

obeo, -is, -ivi ou **-ii, -itum, -ire**: *v.int./t.* – morrer, acabar; ir ao encontro de, visitar; fazer frente a, arrostar; sobrevir; rodear; percorrer; exercer.

obequito, -as, -avi, -atum, -are: *v.int./t.* – cavalgar diante ou ao redor de; percorrer a cavalo.

oberro, -as, -avi, -atum, -are: *v.int./t.* – vagar diante ou por; correr para um lado e para outro; percorrer; errar.

obesitas, -tatis: *s.f.* – obesidade, gordura excessiva.

obesus, -a, -um: *adj.* – gordo, obeso; intumecido; repleto.

obex, -icis: *s.m.* – obstáculo, barreira; dique; empecilho.

obf-, ver **off-**.

obhaeresco, -is, -ere: *v.int.* – aderir a, prender-se a, apegar-se a.

obiicio, -is, -eci, -ectum, -icere: *v.t.* – lançar ou pôr diante; apresentar; expor; propor; exprobrar, lançar em rosto; acusar.

obiit: morreu.

obiit sine prole: faleceu sem deixar filhos.

obiratio, -onis: *s.f.* – cólera, ressentimento, rancor.

obiratus, -a, -um: *adj.* – irritado.

obiter: *adv.* – em caminho, de passagem, em viagem.

obiter dictum: coisa dita ocasionalmente.

obiter scripta: escritos ocasionais.

obitus, -us: *s.m.* – aproximação, encontro, chegada; morte, falecimento; fim, destruição; ocaso (dos astros).

objaceo, -es, -ui, -ere: *v.int.* – estar deitado diante; estar situado ao pé, fronteiro a; confinar.

objectatio, -onis: *s.f.* – repreensão, acusação.

objecto, -as, -avi, -atum, -are: *v.t.* – pôr diante, expor; opor; exprobrar; atribuir.

objectum controversiae: o objeto da controvérsia.

objectum iudicii: a matéria em julgamento.

objectus, -us: *s.m.* – ação de pôr diante; obstáculo; interposição.

objurgatio, -onis: *s.f.* – repreensão, censura.

objurgator, -oris: *s.m.* – o que censura severamente.

objurgatorius, -a, -um: *adj.* – relativo a censura; de repreensão; objurgatório.

objurgo, -as, -avi, -atum, -are: *v.t.* – repreender, censurar; exprobrar; punir.

oblanguesco, -is, -gui, -guescere: *v.int.* – tornar-se fraco, perder o vigor, afrouxar.

oblatratix, -icis: *s.f.* – a que ladra.

oblatro, -as, -are: *v.t.* – ladrar, encolerizar-se.

oblatus, -a, -um: *adj.* – oferecido, apresentado; trazido.

oblectamen, -inis e **oblectamentum, -i**: *s.n.* – prazer, divertimento.

oblecto, -as, -avi, -atum, -are: *v.t.* – atrair ou reter pelos encantos, encantar, agradar; divertir, recrear; passar agradavelmente (o tempo).

oblenio, -is, -ivi, -itum, -ire: *v.t.* – acalmar; amenizar, abrandar.

oblido, -is, -isi, -isum, -idere: *v.t.* – esmagar; sufocar, apertar fortemente.

obligatio, -onis: *s.f.* – ação de prender (por compromisso), de empenhar a palavra; obrigação.

obligatio ad diligentiam: obrigação de ser diligente.

obligatio dandi: a obrigação de dar.

obligatio faciendi: a obrigação de fazer.

obligatio non faciendi: obrigação de não fazer.

obligatio reparandi damna: obrigação de reparar danos.

obligatio ultro citroque: obrigação recíproca; compromisso recíproco.

obligatus, -a, -um: *adj.* – obrigado, prometido, devido, penhorado; ocupado, impedido, atado, preso.

obligo, -as, -avi, -atum, -are: *v.t.* – ligar, prender; obrigar; empenhar.

oblimo, -as, -avi, -atum, -are: *v.t.* – cobrir de limo; cobrir de banha; dissipar, dilapidar.

oblino, -is, -livi ou -levi, -litum, -linere: *v.t.* – cobrir, encher de; untar; sujar; fechar, selar; apagar, riscar.

oblique: *adv.* – de esguelha, obliquamente; indiretamente.

obliquo, -as, -avi, -atum, -are: *v.t./int.* – pôr de esguelha; lançar ou fazer ir de lado; desviar.

obliquus, -a, -um: *adj.* – oblíquo, que é de esguelha; lançado de través; curvo; torto; lateral; indireto.

oblitero, -as, -avi, -atum, -are: *v.t.* – apagar, esquecer; obliterar.

oblitesco, -is, -tui, -tescere: *v.int.* – esconder-se, ocultar-se.

oblittero, -as, -avi, -atum, -are: *v.t.* – apagar as letras, fazer esquecer, apagar uma lembrança.

oblitus, -a, -um: *adj.* (*part.p.* de **oblino**) – coberto de; untado; manchado, sujo; fechado; apagado.

oblitus, -a, -um: *adj.* (*part.p.* de **obliviscor**) – que esqueceu; esquecido de.

oblivio, -onis: *s.f.* – ação de esquecer, esquecimento, olvido.

oblivio signum neglegentiae: o esquecimento é sinal de negligência.

obliviosus, -a, -um: *adj.* – esquecido, deslumbrado; que produz o esquecimento.

obliviscor, -eris, oblitus sum, oblivisci: *v. dep.* – esquecer, olvidar; esquecer-se.

oblivium, -ii: *s.n.* (empregado ordinariamente no plural) – esquecimento.

oblongus, -a, -um: *adj.* – alongado, oblongo.

obloquor, -eris, -cutus ou **-quutus sum, -loqui**: *v.dep.* – cortar a palavra; interromper; quebrar o silêncio, falar; cantar, gorjear; censurar.

obluctor, -aris, -atus sum, -ari: *v.dep.* – lutar contra, resistir.

obludo, -is, -ere, -lusi, -lusum: *v.int.* – gracejar, brincar.

obmolior, -iris, -itus sum, -iri: *v.dep.* – construir diante; reparar; amontoar.

obmurmuro, -as, -avi, -atum, -are: *v.t.* – murmurar contra.

obmutesco, -is, -tui, -tescere: *v.int.* – emudecer; calar-se.

obnatus, -a, -um: *adj.* – nascido, brotado ao redor.

obnitor, -eris, -nixus ou **-nisus sum, -niti**: *v.int.* – esforçar-se contra; resistir; lutar.

obnixe: *adv.* – com esforço; com obstinação, obstinadamente.

obnixus ou **obnisus, -a, um**: *adj.* – que faz esforços; que luta contra; que resiste.

obnoxie: *adv.* – de modo submisso, submissamente.

obnoxiosus, -a, -um: *adj.* – submisso, dependente de.

obnoxius, -a, -um: *adj.* – responsável, culpado; obrigado; sujeito a, dependente; tímido; exposto a; perigoso.

obnubilo, -as, -avi, -atum, -are: *v.t.* – cobrir de nuvens; ocultar; dissimular.

obnubilus, -a, -um: *adj.* – coberto de nuvens; toldado, escuro.

obnubo, -is, -psi, -ptum, -bere: *v t.* – cobrir com véu, velar.

obnuntiatio, -onis: *s.f.* – anunciação, prenúncio, ameaça.

obnuntio, -as, -avi, -atum, -are: *v.t.* – declarar que são desfavoráveis os agouros; protestar contra; opor-se, impedir.

oboediens ou **obediens, -entis**: *adj.* – obediente, submisso.

oboedienter: *adv.* – obedientemente, submissamente.

oboedientia ou **obedientia, -ae**: *s.f.* – obediência, submissão, dependência.

oboedientia est essentia legis: a obediência é a essência da lei.

oboedio ou **obedio, -is, -ivi** ou **-ii, -itum, -ire**: *v.t.* – obedecer a, dar ouvidos a, crer.

oborior, -eris, -ortus sum, -oriri: *v.dep.* – levantar-se diante, surgir, nascer, aparecer; acontecer.

obrepo, -is, -epsi, -eptum, -ere: *v.int.* – chegar-se pouco e pouco, insinuar-se; suceder-se insensivelmente

obretio, -is, -ere: *v.t.* – envolver em rede.

obrigesco, -is, -gui, -gescere: *v.int.* – tornar-se duro, endurecer-se.

obrodo, -is, -ere: *v.t.* – comer em volta, petiscar.

obrogo, -as, -avi, -atum, -are: *v.int.* – abrogar (uma lei); fazer oposição (a uma lei).

obruo, -is, -i, -utum, -uere: *v.t.* – oprimir, esmagar, aniquilar; afogar, mergulhar.

obrussa, -ae: *s.f.* – prova para verificação dos quilates de ouro; prova, exame.

obsaepio ou **obsepio, -is, -epsi, -eptum, -are**: *v.f.* – fechar com sebe ou cerca; tapar, fechar; embargar.

obsaturo, -as, -are: *v.t.* – fartar, saciar.

obscena pecunia: dinheiro sujo.

obscene: *adv.* – obscenamente, de modo indecente.

obscenitas, -atis: *s.f.* – indecência, obscenidade.

obscenus, -a, -um: *adj.* – torpe, obscuro; imundo; que é de mau agouro, funesto, sinistro.

obscuratio, -onis: *s.f.* – obscurecimento, escuridão.

obscure: *adv.* – de modo obscuro, confusamente; secretamente.

obscure dictum habetur pro non dictum: o que se disse de modo obscuro, tem-se por não dito.

obscuris vera involvens: esconde a verdade nas trevas.

obscuritas, -atis: *s.f.* – escuridão; obscuridade; noite; incerteza; mistério.

obscuro, -as, -avi, -atum, -are: *v.t.* – escurecer; encobrir, ocultar; tornar ignorado, obscuro.

obscurum, -i: *s.n.* – escuridão, escuro.

obscurus, -a, -um: *adj.* – escuro, sombrio; negro; tenebroso; obscuro; escondido; ignorado; disfarçado.

obsecratio, -onis: *s.f.* – súplica; preces públicas.

obsecro, -as, -avi, -atum, -are: *v.t.* – rogar, suplicar.

obsecundo, -as, -avi, -atum, -are: *v.t.* – condescender; ceder, obedecer.

obsequela, -ae: *s.f.* – deferência, obséquio.

obsequens, -entis: *part.pres.* – complacente, dócil; obediente.

obsequenter: *adv.* – complacentemente, com deferência.

obsequentia, -ae: *s.f.* – condescendência; obséquio; atenção.

obsequio, non viribus: pela gentileza, não pela força.

obsequium, -ii: *s.n.* – complacência, atenção; docilidade; submissão, obediência; precaução.

obsequium quaere: busca a boa-vontade.

obsequor, -eris, -ecutus sum, -equi: *v.dep. int./t.* – condescender, ceder; sujeitar-se, obedecer; ocupar-se com, tratar de.

obsero, -as, -avi, -atum, -are: *v.t.* – aferrolhar, trancar; cerrar.

obsero, -is, -sevi, -situm, -serere: *v.t.* – semear, plantar.

observabilis, -e: *adj.* – o que se pode ver, observável.

observandum, sed non imitandum: é para se observar, mas não para imitar.

observans, -antis: *part.pres.* – que tem respeito, consideração por alguém; atencioso.

observanter: *adv.* – com cuidado, com atenção.

observantia, -ae e **observatio, -onis**: *s.f.* – ação de observar, anotação; atenção, respeito.

observatio, -onis: *s.f.* – observação, nota, atenção, cuidado.

observator, -oris: *s.m.* – observador, o que nota ou observa.

observito, -as, -avi, -atum, -are: *v.t.* – observar cuidadosamente, anotar com atenção.

observo, -as, -avi, -atum, -are: *v.t.* – observar, dar atenção a; espreitar; manter, cumprir; respeitar.

obses, obsidis: *s.m.f.* – refém; penhor, fiador, responsável; caução.

obsessio, -onis: *s.f.* – ação de sitiar, cercar; assédio, bloqueio.

obsessor, -oris: *s.m.* – o que cerca, sitia.

obsideo, -es, -sedi, -sessum, -idere: *v.int./t.* – ocupar; assaltar; sitiar, bloquear; apoderar-se de; vigiar, guardar; não se afastar de.

obsidio, -onis: *s.f.* – cerco, bloqueio; obras para sitiar uma cidade; perigo.

obsidionalis, -e: *adj.* – relativo ao cerco; de assédio; obsidional.

obsidium, -i: *s.n.* – cerco, sítio; perigo.

obsidium, -i: *s.n.* – qualidade, condição de refém.

obsido, -is, -edi, -essum, -idere: *v.t.* – assediar, pôr cerco a; invadir, ocupar.

obsignitor, -oris: *s.m.* – o que sela ou lacra (um documento); testemunha de testamento.

obsigno, -as, -avi, -atum, -are: *v.t.* – pôr selo em, chancelar; assinar; fechar; imprimir.

obsisto, -is, -stiti, -stitum ou **-statum, -sistere**: *v.int.* – parar diante; embargar o passo; opor-se, resistir.

obsitus, -a, -um: *adj.* – plantado de; coberto de, carregado.

obsolefio, -is, -factus sum, -fieri: *v.pass.* – cair em desuso; aviltar-se.

obsoleo, -es, -evi, -etum, -ere: *v.int.* e **obsolesco, -is, -evi, -etum, -escere**: *v.int.* – cair em desuso, ser obsoleto; enfraquecer-se; apagar-se; deslustrar-se.

obsoletus, -a, -um: *adj.* – gasto, estragado pelo tempo; caído em desuso, obsoleto; comum, vulgar.

obsonatus (ops-), -us: *s.m.* – refeição, alimento.

obsonium, -ii: *s.n.* – alimento preparado ao fogo e comido com pão; comida, alimento; provisão de peixe; peixe fresco.

obsono, -as, -avi, -atum, -are e **obsonor, -aris, -atus sum, -ari**: *v.dep.* – ir fazer provisão de comestíveis; preparar a comida; comer bem.

obsorbeo, -es, -sorbui, -ere: *v.t.* – engolir, beber, corver com avidez.

obstaculum, -i: *s.n.* – obstáculo, impedimento, embaraço.

obsta principiis: impede (o mal) no começo.

obstetrix, -icis: *s.f.* – parteira.

obstinate: *adv.* – com perseverança, obstinadamente.

obstinatio, -onis: *s.f.* – constância, firmeza; obstinação.

obstinatus, -a, -um: *adj.* – perseverante; decidido; obstinado.

obstino, -as, -avi, -atum, -are: *v.int.* – insistir, obstinar-se.

obstipus, -a, -um: *adj.* – inclinado para diante; pendido; deitado para trás.

obstita, -orum: *s.n.pl.* – lugares tocados de raio.

obsto, -as, -stiti, -statum ou **stitum, stare**: *v.int.* – estar em frente; tolher o passo ou a passagem; opor-se, impedir; prejudicar.

obstragulum, -i: *s.n.* – correia que prende o calçado.

obstrepo, -is, -ui, -itum, -ere: *v.int./t.* – fazer ruído diante; interromper com ruído, perturbar; importunar.

obstringo, -is, -inxi, -ictum, -ingere: *v.t.* – apertar, ligar; prender, obrigar, empenhar; fazer responsável ou culpado.

obstructio, -onis: *s.f.* – ação de encerrar, de fechar; ação de ocultar; disfarce, dissimulação.

obstruo, -is, -uxi, -uctum, -uere: *v.t./int.* – construir diante de; fechar, tapar; obstruir.

obstupefacio, -is, -feci, -factum, -facere: *v.t.* – tornar entorpecido, tornar estático, paralisar; espantar, pasmar.

obstupesco ou **obstipesco, -is, -pui, -pescere**: *v.int.* – ficar estarrecido, estupefato; espantar-se; admirar.

obstupidus, -a, -um: *adj.* – estúpido, parvo, estupefato.

obsum, -es, -fui, -esse: *v.int.* – estar na frente, fazer obstáculo; opor-se; contrariar; prejudicar.

obsuo, -is, -ui, utum, -uere: *v.t.* – coser, coser na frente; fechar, tapar.

obsurdesco, -is, -dui, -descere: *v.int.* – tornar surdo, ensurdecer.

obtego, -is, -texi, -tectum, -tegere: *v.t.* – cobrir completamente; ocultar, dissimular.

obtemperatio, -onis: *s.f.* – obediência, submissão.

obtempero, -as, -avi, -atum, -are: *v.int.* – obedecer; conformar-se com; ceder.

obtendo, -is, -di, -sum e **-tum, -dere**: *v.t./int.* – estender, pôr diante; encobrir; apresentar por pretexto ou como razão.

obtento, -as, -are: *v.t.* – possuir, ocupar.

obtentus, -us: *s.m.* – ação de estender, de cobrir; o que oculta; excusa, pretexto.

obtero, -is, -trivi, -tritum, -terere: *v.t.* – esmagar, colocar aos pés; oprimir, vexar; derrotar, destruir.

obtestatio, -onis: *s.f.* – súplica em que se invocam os deuses por testemunhas; pedido insistente; rogos.

obtestor, -aris, -atus sum, -ari: *v.dep.* – suplicar; pedir com instância; rogar.

obtexo, -is, -xui, -extum, -xere: *v.t.* – tecer sobre ou ao redor; cobrir, envolver.

obticeo, -es, -ui, -ere: *v.int./t.* – calar-se, emudecer; cessar.

obtineo, es, -ui, -entum, -inere: *v.t./int.* – ter, segurar, guardar, possuir, reter, ocupar; governar, exercer; adquirir, obter; sustentar; prevalecer.

obtingit, -tigit, -tingere: *v.int.unip.* – acontecer, suceder.

obtingo, -is, -tigi, -ere: *v.t./int.* – suceder, acontecer, tocar a , caber por sorte a.

obtorpesco, -is, -ui, -escere: *v.int.* – entorpecer-se; ficar imóvel, tomado de espanto; tornar-se insensível.

obtorqueo, -es, -orsi, -ortum, -ere: *v.t.* – torcer, virar com força.
obtrectatio, -onis: *s.f.* – humilhação, difamação, maledicência; inveja.
obtrectatio frequens: a maledicência é frequente.
obtrectator, -oris: *s.m.* – maldizente; invejoso; detrator.
obtrecto, -as, -avi, -atum, -are: *v.int./t.* – censurar; opor-se a; difamar, caluniar.
obtrudo, -is, -usi, -usum, -dere: *v.t.* – atirar contra; impor; fechar, tapar.
obtrunco, -as, -avi, -atum, -are: *v.t.* – podar, cortar; decapitar, assassinar, matar.
obtueor (optueor), -eris, -eri: *v.dep.t.* – olhar de frente, olhar, ver.
obtundo, -is, -udi, -usum, -undere: *v.t.* – bater com força; atordoar, amortecer; enfraquecer; embotar.
obturbo, -as, -avi, -atum, -are: *v.t.* – turvar; perturbar; interromper; dispersar, derrotar.
obturgesco, -is, -ere, -tursi: *v.int.* – inchar-se, inchar.
obturo, -as, -avi, -atum, -are: *v.t.* – fechar, tapar, obstruir, cerrar.
obtusus, -a, -um: *adj.* – atordoado, ensurdecido; enfraquecido; embotado; obtuso; estúpido.
obtutus, -us: *s.m.* – olhar fixo; olhar; contemplação.
O
obumbro, -as, -avi, -atum, -are: *v.t.* – cobrir de sombra; escurecer enfraquecer; ocultar, dissimular; cobrir.
obuncus, -a, -um: *adj.* – curvo, adunco.
obustus, -a, -um: *adj.* – queimado ao redor, na ponta; aceso, endurecido ao fogo.
obvallo, -as, -avi, -atum, -are: *v.t.* – cercar com trincheiras, fortificar.
obvenio, -is, -veni, -ventum, -ire: *v.int.* – vir diante de, apresentar-se diante de; tocar por sorte, caber; socorrer; acontecer, sobrevir.
obversor, -aris, -atus sum, -ari: *v.dep.* – estar em frente a; apresentar-se; mostrar-se.
obverto, -is, -ti, -sum, -ere: *v.t.* – voltar para ou contra; fazer frente a; arrostar.
obviam: *adv.* – no caminho, diante de, ao encontro de; adiante; contra.
obvigilo, -as, -atum, -are: *v.int.* – estar vigilante, vigiar, velar.
obvius, -a, -um: *adj.* – que vai ao encontro; que avança contra; que resiste a; que se apresenta, exposto a; fácil; vulgar; acessível.
obvolvo, -is, -vi, -volutum, -ere: *v.t.* – envolver; cobrir, ocultar; disfarçar
o caecitatem mentis humanae!: ó cegueira do espírito humano!
occaeco ou **obcaeco, -as, -avi, -atum, -are**: *v.t.* – cegar, escurecer; perturbar, obcecar.
occalatus (obc-), -a, -um: *adj.* – tornado insensível.
occallesco (obc-), -is, callui, -callescere: *v.int.* – tornar-se caloso, endurecer-se; tornar-se insensível; habituar-se.
occano, -is, -ui, -entum, -ere: *v.int.* – soar (a trombeta); tocar trombeta.
occasio, -onis: *s.f.* – ensejo, ocasião; facilidade; meio.
occasio delicti: a ocasião do delito.
occasio legis: a oportunidade da lei.
occasionem arripe: agarra a oportunidade.
occasionem cognosce: reconhece a oportunidade.
occasio rapienda: deve-se agarrar a ocasião.
occasus, -us: *s.m.* – pôr do sol, ocaso; queda, ruína, termo, fim, morte.
occatio, -onis: *s.f.* – ação de gradar a terra, esterroamento.
occedo, -is, -cessi, -ere: *v.int.* – ir ao encontro de, ir na frente de, avançar, preceder.
occento, -as, -avi, -atum, -are: *v.t.* – fazer uma serenata a alguén, fazer algazarra, dizer injúrias à porta de alguém; cantar diante de uma porta.
occidens, -entis: *part.pres.* – que cai, que acaba, perece; *s.f.* – ocidente, poente.
occidio, -onis: *s.f.* – carnificina, morticínio.
occido, -is, -i, -casum, -idere: *v.int.* – cair; findar, acabar (o dia, a vida); morrer, perecer.
occido, -is, -i, -isum, -idere: *v.t.* – espancar; matar; deitar a perder, arruinar; afligir; angustiar.
occiduus, -a, -um: *adj.* – que se põe; que vai declinando; que acaba (com respeito ao dia); relativo ao poente,
occillo, -as, -are: *v.t.* – contundir, magoar.
occino, -is, -ui, -entum, -ere: *v.int.* – entoar um canto, soltar um grito de mau agouro.
occipio, -is, -epi, -eptum, -ipere: *v.t./int.* – começar, principiar, iniciar-se; entrar em.
occisio, -onis: *s.f.* – carnificina, matança, assassínio.
occisionis ala: a asa da morte.
occisor, -oris: *s.m.* – assassino.
occisus, -a, -um: *adj.* – morto.

occlamito, -as, -are: *v.int.* – gritar aos ouvidos, vociferar, berrar.
occludo, -is, -si, -sum, -dere: *v.t.* – fechar, tapar; encerrar; enfraquecer, abafar.
occo, -as, -avi, -atum, -are: *v.t.* – esterroar, gradar (um campo, um terreno).
occubo, -as, -ui, -itum, -are: *v.int.* – estar deitado em, estar encostado, estar sepultado.
occulo, -is, -ului, -ultum, -ulere: *v.t.* – esconder, ocultar; encobrir, calar.
occultatio, -onis: *s.f.* – ação de se ocultar; dissimulação.
occultator, -oris: *adj.* – que esconde, oculta; encobridor.
occulte: *adv.* – às escondidas, secretamente, ocultamente.
occulto, -as, -avi, -atum, -are: *v.t.* – esconder, encobrir; ocultar; dissimular.
occultus, -a, -um: *adj.* – escondido, oculto; dissimulado; secreto.
occumbo, -is, -ubui, -ubitum, -umbere: *v.int./t.* – cair morto; perecer.
occupata in otio: ocupada no descanso.
occupatio, -onis: *s.f.* – ação de ocupar, de invadir, de se apoderar; negócio, ocupação.
occupatus, -a, -um: *adj.* – ocupado, que tem ocupação.
occupo, -as, -avi, -atum, -are: *v.t.* – apoderar-se; ocupar, dominar; invadir; empregar (o tempo, o dinheiro); alcançar; dar-se pressa em, anteceder.
occurro, -is, -i, -cursum, -rere: *v.int./t.* – ir ao encontro; marchar contra, avançar; acudir; encontrar; opor-se, objetar; tolher, estorvar; fazer antes; apresentar-se.
occursatio, -onis: *s.f.* – ação de se apresentar a alguém, ou de envolver alguém; *pl.* – agrados, obséquios.
occurso, -as, -avi, -atum, -are: *v.int.* – ir ao encontro; vir, acorrer; apresentar-se; frequentar; ir adiante de, estorvar.
occursus, -us: *s.m.* – ação de vir ao encontro de; encontro; ação de pôr obstáculo.
Oceanus, -i: *s.m.* – Oceano, deus do mar; mar.
ocellus, -i: *s.m.* – olho pequeno; olho encantador; olho; o que é delicado, precioso.
ocior, ocius (*gen.* **-oris**): *adj.comp.* – mais rápido; muito rápido.
ocius: *adv.comp.* – mais rapidamente; prontamente, depressa.
ocliferius, -a, -um: *adj.* – que salta aos olhos, que fere os olhos.
ocrea, -ae: *s.f.* – armadura de couro que resguardava a parte anterior da perna; perneira, grevas; polainas.
ocreatus, -a, -um: *adj.* – o que anda com polainas de couro.
octavum: *adv.* – pela oitava vez.
octavus, -a, -um: *num.ord.* – oitavo.
octies (octiens): *adv.* – oito vezes.
octingentesimus, -a, -um: *adj.num.ord.* – octogentésimo.
octingenti, -ae, -a: *adj.num.* – oitocentos.
octipes, -pedis: *adj.* – que tem oito pés.
octo: *num.indecl.* – oito.
october, -bris: *s.m.* – outubro, oitavo mês do ano primitivo romano; **-bre**: *adj.* – relativo ao mês de outubro.
octodecim: *num.indecl.* – dezoito.
octogeni: *num.distr.* – em número de oitenta; de oitenta em oitenta.
octogesimus, -a, -um: *num.ord.* – octogésimo.
octogie(n)s: *adv.num.* – oitenta vezes.
octoginta: *adj.num.indecl.* – oitenta.
octoiugis, -e: *adj.* – tirado por oito cavalos; *m.pl.* – que são oito ou vão em número de oito.
octoni, -ae, -a: *adj.num.* – de oito em oito; que são em número de oito.
octophoron, -i: *s.n.* – liteira levada por oito homens.
octophoros, -on: *adj.* – conduzido por oito homens.
octuplicatus, -a, -um: *adj.* – multiplicado oito vezes; oito vezes maior.
octuplum, -i: *s.n.* – quantia oito vezes maior.
octuplus, -a, -um: *adj.* – oito vezes maior, multiplicado oito vezes.
octussis, -is: *s.m.* – soma de oito asses.
oculatus, -a, -um: *adj.* – que tem olhos, que vê bem; visível.
oculeus, -a, -um: *adj.* – que tem olhos, que vê bem; muito perspicaz.
oculis clausis agere: agir com os olhos fechados; fazer as coisas sem pensar.
oculus, -i: *s.m.* – olho, vista; gomo, renovo.
oculus Dei fortissimus: o olho de Deus é muito poderoso.
oculus malus: um olho mau.
oculus mundi: o olho do mundo (o sol).
odarium, -i: *s.m.* – canto, canção.
odeum (ium), -i: *s.m.* – teatro pequeno.
odi, -isti, -isse: *v.t.def.* – odiar, aborrecer, ter aversão a; recear.
odibilis superbia: a soberba é aborrecida.
odiosa restringenda, favorabilia amplianda: restrinja-se o odioso; amplie-se o favo-

rável: refere-se a que, em princípio, as disposições que restringem direitos devem ser interpretadas de forma estrita.

odiose: *adv.* – de modo desagradável, cansativamente.

odiosus, -a, -um: *adj.* – odioso; importuno, molesto; triste, doloroso.

odium, -ii: *s.n.* – ódio, aversão; antipatia, desagrado.

odium academicum: o ódio acadêmico (a controvérsia entre acadêmicos).

odium aestheticum: o ódio estético (a controvérsia entre artistas rivais).

odium medicum: o ódio médico (a controvérsia entre médicos).

odium musicum: o ódio musical (a controvérsia entre músicos).

odium non alendum: não se deve alimentar o ódio.

odium novercale: ódio de madrasta.

odium scholasticum: o ódio escolástico (a controvérsia entre filósofos).

odium theologicum: o ódio teológico (a controvérsia entre teólogos).

odor, -oris: *s.m.* – cheiro; mau cheiro; aroma; sinal, indício; *pl.* – perfume, essências.

odoratio, -onis: *s.f.* – ação de cheirar; sentir cheiro.

odoratus, -a, -um: *adj.* – que tem bom cheiro; aromático; perfumado.

odoratus, -us: s.*m.* – ação de cheirar; percepção de cheiro, olfato; cheiro.

odorifer, -era, -erum: *adj.* – que cheira bem, odorífero; aromático, perfumado.

odoro, -as, -avi, -atum, -are: *v.t.* – perfumar, cheirar.

odoror, -aris, -atus sum, -ari: *v.dep.* – cheirar, reconhecer pelo cheiro; ir no encalço de, sondar; prever.

odorus, -a, -um: *adj.* – cheiroso, aromático, que tem bom olfato.

o durum iter!: que caminho difícil!

oenophorum, -i: *s.n.* – vaso ou ânfora para vinho; cesto (para levar garrafa de vinho).

Oenotrius, -a, -um: *adj.* – enótrio, da Enótria; da Itália, romano.

oestrus, -i: *s.m.* – mosca, moscardo; mutuca; furor profético.

ofella, -ae: *s.f.* – pequeno pedaço de carne.

o feros animos!: ó corações selvagens!

offa, -ae: *s.f.* – pequena bola de massa ou de carne; pasta (de frutas); comida (para animais).

offatim: *adv.* – aos bocadinhos.

offendiculum, -i: *s.n.* – obstáculo, tropeço, impedimento.

offendo, -is, -fendi, -fensum, -ere: *v.int./t.* – chocar-se, esbararrar, bater; topar em, ir de encontro a; cair no desagrado de; sofrer um desastre; errar; prejudicar; incomodar; desagradar; ofender.

offensa, -ae: *s.f.* – ação de ir ao encontro, de topar; resistência; desagrado; indisposição; ofensa, agravo.

offensator, -oris: *s.m.* – o que tropeça; o que se engana ou cai em erro.

offensio, -onis: *s.f.* – encontro, topada; doença; revés; malquerença, desagrado, aversão.

offensiuncula, -ae: *s.f.* – pequeno revés, contratempo; pequena ofensa.

offenso, -as, -avi, -atum, -are: *v.t./int.* – dar contra, bater de encontro a; tropeçar, hesitar (falando); errar, falhar.

offensus, -a, -um: *adj.* – que se molestou (por um encontrão ou tropeçando); incomodado, doente; prejudicado, ofendido; adverso; desagradável; mal visto, odiado.

offero, -fers, obtuli, oblatum, obferre: *v.t.* – oferecer, apresentar; mostrar; expor; fornecer; inspirar, causar.

officina, -ae: *s.f.* – oficina, fábrica, laboratório; tenda; loja.

officina gentium: a oficina dos povos; a fábrica dos povos.

officio, -is, -feci, -factum, -ficere: *v.int./t.* – pôr-se diante, opor-se; fechar; estorvar, impedir; prejudicar.

officiose: *adv.* – cortesmente, delicadamente, obsequiosamente.

officiosus, -a, -um: *adj.* – conforme o dever; complacente; favorável; propício; justo, legítimo; atarefado; cortês, delicado, serviçal.

officiosus, -i: *s.m.* – vil, lisonjeiro (alcunha dada às pessoas imorais).

officium, -ii: *s.n.* – dever, obrigação; serviço, função, emprego; deferência, obséquio, homenagem, prova de respeito.

officium mortuorum: missa dos defuntos.

offigo (obf-), -is, -ere, -fixi, -fixum: *v.t.* – fixar, prender a.

offirmate: *ad.* – com firmeza.

offirmatus, -a, -um: *adj.* – firme, decidido, obstinado.

offirmo, -as, -avi, -atum, -are: *v.t.* – fortificar, fortalecer.

offrenatus, -a, -um: *adj.* -- dominado (sent. figurado).
offucia, -ae: *s.f.* – pintura (para o rosto); trapaças, embustes.
offulgeo, -es, -si, -gere: *v.int.* – brilhar diante, brilhar aos olhos.
offundo, -is, -udi, -usum, -undere: *v.t.* – espalhar diante ou sobre; penetrar em; escurecer.
o formosum spectaculum!: que belo espetáculo!
o fortunatam rempublicam!: ó nação afortunada!
o generatio incredula: ó geração incrédula.
oggannio (obg-), -is, -ire, -ivi (-ii), -itum: *v.t.* – repetir muitas vezes, repisar.
oggero (obg-), -is, -ere: *v.t.* – trazer em quantidade; cobrir de.
oh: *interj.* (de alegria, dor ou admiração) – oh!.
ohe: *interj.* (para chamar ou censurar) – oh!, eh!, olá!, basta!.
o hominem miserandum!: pobre homem!
o hominem nequam!: que homem desprezível!
o imitatores, servum pecus!: ó imitadores, rebanho servil!
olea, -ae: *s.f.* – oliveira; azeitona.
oleaginus, -a, -um: *adj.* – de oliveira; feito de oliveira; que é da cor de oliveira.
oleaster, -astri: *s.m.* – zambujeiro; espécie de buxo.
olens, -entis: *adj.* – odorífero, perfumado, que cheira bem ou mal; velho, caído em desuso.
olenticetum, -i: *s.n.* – lugar imundo.
olentum, -i: *s.n.* – excrementos.
olentum, -i: *s.n.* – plantação de oliveiras.
oleo, -es, -ui, -ere: *v.int.* – exalar um perfume ou um cheiro; cheirar (bem, mal); cheirar a.
oleum, -i: *s.n.* – azeite de oliva; óleo, essência; ginásio, palestra (em que os atletas se untavam de azeite); trabalho.
olfacio, -is, -feci, -factum, -facere: *v.int./t.* – cheirar, farejar.
olfacto, -as, -avi, -atum, -are: *v.t.* – cheirar, farejar; aspirar, chupar.
olfactus, -a, -um: *s.m.* – ação de cheirar, farejar.
olidus, -a, -um: *adj.* – que tem mau cheiro, infecto.
olim: *adv.* – no passado: outrora, há muito tempo; no futuro: algum dia; algumas vezes.
olitor, -oris: *s.m.* – hortelão, verdureiro.
olitorius (hol-), -a, -um: *adj.* – de hortaliça, relativo à hortaliça.
oliva, -ae: *s.f.* – oliveira (árvore); azeitona.
olivetum, -i: *s.n.* – olival.
olivifer, -era, -erum: *adj.* – que produz muitas oliveiras.
olivum, -i: *s.n.* – azeite de oliveira; perfume, óleo aromático.
olla, -ae: *s.f.* – panela (geralmente de barro).
o longum memoranda dies!: ó dia inesquecível!
olor, -oris: *s.m.* – cisne.
olorinus, -a, -um: *adj.* – de cisne.
olus (hol-), -eris: *s.n.* – hortaliças, legumes.
olusculum (hol-), -i: *s.n.dim.* – legumes, hortaliças.
Olympia, -orum: *s.n.pl.* – jogos celebrados em Olímpia, jogos olímpicos.
Olympias, -adis: *s.f.* – olimpíada: período de quatro anos; lustro: espaço de cinco anos.
olympionices, -ae: *s.m.* – vencedor nos jogos olímpicos.
Olympus, -i: *s.m.* – Olimpo, monte entre a Macedônia e a Tessália; o céu, morada dos deuses.
omasum, -i: *s.n.* – tripas de boi.
omen, -inis: *s.n.* – agouro (tirado de uma palavra); presságio, prognóstico; voto, desejo; casamento.
omen faustum: um presságio favorável.
omen infaustum: um presságio desfavorável.
o mentes amentes!: ó cabeças sem juízo!
ominor, -aris, -atus sum, -ari: *v.dep.* – agourar; pressagiar, prognosticar.
ominosus, -a, -um: *adj.* – de mau agouro.
omissus, -a, -um: *adj.* – negligente, descuidado.
omittamus lugere: não choremos.
omitto, -is, -ere, -missi, -missum: *v.t.* – deixar escapar, pôr de lado; largar, abandonar; renunciar; omitir, não fazer menção de; desprezar.
omne colligatum solvi potest: todo nó pode ser desmanchado.
omne datum, optimum: tudo que é dado é ótimo; tudo que vier é lucro.
omne futurum incertum: tudo que vai acontecer é incerto.
omne initium difficile: todo começo é difícil.
omnem iacere aleam: jogar todos os dados; arriscar tudo.
omne nimium nocet: tudo em excesso prejudica.

omne novum carum: tudo que é novo, agrada.

omne quod fulget, non est aurum: nem tudo que reluz é ouro.

omne quod ortum est, mortalitas consequitur: tudo que nasce, está sujeito a morrer.

omnes ad unum: todos juntos.

omnes eodem luto: somos todos feitos do mesmo barro.

omnes formosi fortes: todos os poderosos são bonitos.

omnes fragiles sumus: todos somos frágeis.

omne simile est dissimile: tudo que é parecido é diferente.

omnes liberi nascuntur: todos nascem livres.

omnes mortales sumus, ergo bibamus!: todos vamos morrer, bebamos pois!

omnes natura parit liberos: a natureza criou-nos todos livres.

omnia ad Dei gloriam: tudo para a glória de Deus.

omnia bona bonis: tudo de bom para os bons.

omnia cinis aequat: as cinzas igualam tudo.

omnia cum pretio: tudo tem seu preço.

omnia desuper: tudo vem do alto.

omnia fato fiunt: tudo acontece pelo destino.

O

omnia idem pulvis: tudo é o mesmo pó.

omnia in fumum abeunt: tudo acaba em fumaça.

omnia in peius ruunt: tudo vai de mal a pior.

omnia orta cadunt: tudo que nasce, morre.

omnia possum: tudo posso.

omnia rara, cara: tudo que é raro é caro.

omnia sapientibus facilia: tudo é fácil para quem sabe.

omnia sol temperat: o sol comanda todas as coisas.

omnia sunt ingrata: tudo é insatisfatório.

omnia tempus revelat: o tempo tudo descobre.

omnia videt oculus domini: o olho do dono vê tudo.

omnibus et singulis: para todos e para cada um.

omnibus nervis: com toda a energia.

omnibus ungulis: com todas as unhas; com unhas e dentes.

omnibus unus: um por todos.

omnibus viribus: com todas as forças.

omnifer, -era, -erum: *adj.* – que produz todas as coisas.

omni fine initium novum: em todo fim há um novo começo.

omnigenus, -a, -um: *adj.* – que é de todo os gêneros, de toda as espécies.

omnimodis: *adv.* – de todas as maneiras, de todos os modos.

omnino: *adv.* – inteiramente, completamente; de todo; em geral.

omni ope: com todo o esforço; com todo o empenho.

omniparens, -entis: *adj.* – oniparente, que produz todas as coisas.

omni pede stare: estar com tudo pronto para o ataque.

omnipotens, -entis: *adj.* – onipotente, todo poderoso.

omni rancore deposito: afastado qualquer rancor; sem qualquer rancor.

omnis, -e: *adj.* – todo, toda, tudo; cada um; todo inteiro; *m.pl.*- todas as coisas, tudo.

omnis homo mendax: todo homem é mentiroso.

omnis potestas a lege: todo poder vem da lei.

omnis spes abiit: toda esperança foi-se embora.

omnium consensu: com a concordância de todos.

omnium finis mors est: a morte é o fim de todos.

omnium horarum amicus: um amigo de todas as horas.

omnium horarum homo: homem de todas as horas.

omnium rerum homo mensura est: o homem é a medida de todas as coisas.

omnium victorem vici: venci o vencedor de todos.

omnivagus, -a, -um: *adj.* – que vaga por todas as partes, errante, vagabundo.

omnivolus, -a, -um: *adj.* – que tudo cobiça.

o mors, cur mihi sera venis?: ó morte, por que demoras tanto?

onager, onagrus, -i: *s.m.* – burro selvagem.

oneraria, -ae: *s.f.* – navio de carga, navio mercante.

onerarius, -a, -um: *adj.* – de transporte, de carga.

onero, -as, -avi, -atum, -are: *v.t.* – carregar; encher, cobrir; sobrecarregar, acabrunhar; agravar, aumentar; acusar.

onerosus, -a, -um: *adj.* – pesado, que pesa; molesto, penoso.

o nimium miserabilem errorem!: que erro lamentável!
o noctem illam memorabilem!: que noite memorável!
o nomen dulce libertatis!: ó doce nome da liberdade!
onus, -eris: *s.n.* – peso, carga; fardo, embaraço; trabalho; gravidez.
onus est honos: a glória é um peso.
onus officii: o ônus do cargo.
onus probandi: o encargo da prova.
onustus, -a, -um: *adj.* – carregado, coberto; pesado; saciado.
onyx, -ychis: *s.m.* – ônix, pedra preciosa; vaso de ônix (para perfumes).
opacitas, -tatis: *s.f.* – sombra (das árvores), sombra (da noite), trevas.
opaco, -as, -avi, -atum, -are: *v.t.* – dar sombra a; cobrir, escurecer.
opacus, -a, -um: *adj.* – ensombrado, sombrio; escuro, tenebroso; que está à sombra; cerrado, opaco.
ope iudicis: por ordem do juiz.
ope iuris: por força do direito; por força da lei.
ope legis: em razão da lei; por força da lei.
opella, -ae: *s.f.dim.* – cuidado insignificante; pequeno trabalho.
opera, -ae: *s.f.* – trabalho manual; ocupação, serviço; operário; atenção, cuidado; vagar; oportunidade, ocasião.
opera omnia: todas as obras; as obras completas.
operaria, -ae: *s.f.* – a que trabalha, operária.
operarius, -a, -um: *adj.* – relativo ao trabalho, de trabalhador.
operarius, -i: *s.m.* – trabalhador, operário.
operatio, -onis: *s.f.* – ação de trabalhar, obra, trabalho.
operculum, -i: *s.n.* – tampa; cobertura.
opere citato: na obra citada.
operibus, non verbis: com obras, não com palavras.
operimentum, -i: *s.n.* – coberta (de cama); cobertura, tampa.
operio, -is, -erui, -ertum, -erire: *v.t.* – fechar; cobrir, enterrar; ocultar, dissimular; acabrunhar.
operor, -aris, -atus sum, -ari: *v.dep.* – trabalhar, ocupar-se em; executar; fazer um sacrifício.
operose: *adv.* – com trabalho, laboriosamente.
operositas, -tatis: *s.f.* – excesso de trabalho, de cuidado.
operosus, -a, -um: *adj.* – ativo, operoso, trabalhador; ocupado em; feito com trabalho, completo, acabado, penoso.
operte: *adv.* – enigmaticamente.
opertorium, -i: *s.n.* – cobertura.
opertus, -a, -um: *adj.* – fechado; coberto; oculto, secreto; dissimulado; *n.* – lugar sagrado, santuário.
opes, -um, ver **ops, opis**.
opifer, -era, -erum: *adj.* – que traz socorro, benéfico; eficaz.
opifex, -icis: *s.m.f.* – o que faz uma obra, autor; trabalhador; artífice, operário.
opifex mundi: o construtor do mundo.
opificium, -ii: *s.n.* – obra, trabalho (sobretudo; com referência às abelhas).
opilio, -onis: *s.m.* – pastor (de ovelhas).
opime: *adv.* – gordamente, abundantemente.
opimus, -a, -um: *adj.* – fecundo, abundante, cheio de, opulento, gordo, bem nutrido; *n.pl.* – despojos opimos, os que tomava o general quando matava por suas próprias mãos o general inimigo.
opinabilis, -e: *adj.* – conjetural, incerto, problemático.
opinatio, -onis: *s.f.* – modo falso de pensar; juízo conjetural; opinião.
opinator, -oris: *s.m.* – que nada afirma, cético.
opinatus, -a, -um: *adj.* – imaginado; presumido, suposto.
opinio, -onis: *s.f.* – opinião, pensamento; conjetura; expectativa; estima; rumores, boato.
opiniosus, -a, -um: *adj.* – que só faz conjeturas ou tem opiniões, cético; problemático, duvidoso.
opinor, -aris, -atus sum, -ari: *v.dep.* – opinar, conjeturar; fazer uma ideia de, imaginar, pensar.
opiparus, -a, -um ou **opiparis, -e**: *adj.* opíparo, abundante em recursos, ricamente preparado.
opitulor, -aris, -atus sum, -ari: *v.dep.* – socorrer, auxiliar; acudir a.
oportet, -uit, -ere: *v.unip.* – ser mister, ser preciso, ser necessário, convir.
oppedo, -is, -di, -ere: *v.int.* – insultar, injuriar.
opperior, -iris, -iri, -pertus sum, -periri: *v. dep.* – aguardar, esperar.
oppeto, -is, ivi ou **-ii, -itum, -ere**: *v.t.* – ir contra ou ao encontro de; suportar; morrer.
oppidanus, -a, -um: *adj.* – relativo a uma pequena cidade; de cidade provinciana;

s.m.pl. – habitantes de cidade (exceto de Roma); provincianos.

oppido: *adv.* – certamente; inteiramente, de todo; muito.

oppidulum, -i: *s.n.* – cidadezinha; vila.

oppidum, -i: *s.n.* – cidade fortificada; fortaleza; cidade.

oppignero, -as, -avi, -atum, -are: *v.int.* – dar em penhor, penhorar; prometer.

oppilo, -as, -avi, -atum, -are: *v.t.* – tapar, obstruir.

oppleo, -es, -evi, -etum, -ere: *v.t.* – encher inteiramente, cobrir de todo.

oppletae tenebris mentes: cabeças cheias de trevas.

oppono, -is, -osui, -ositum, -onere: *v.t.* – pôr diante de, apresentar; opor; objetar; interpor, alegar; expor; dar de penhor.

opportune: *adv.* – a propósito, oportunamente, a tempo.

opportune tempore: no tempo oportuno.

opportunitas, -atis: *s.f.* – oportunidade, ocasião; vantagem (que oferece um, lugar), posição favorável; facilidade; utilidade, proveito.

opportunus, -a, -um: *adj.* – oportuno, favorável; fácil; próprio para; exposto a; útil, vantajoso.

oppositus, -a, -um: *adj.* – posto diante, fronteiro; oposto; exposto, voltado para, empenhado.

oppositus, -us: *s.m.* – ação de pôr diante; oposição; obstáculo, impedimento.

O

oppressio, -onis: *s.f.* – ação de oprimir; violência, opressão.

oppressor, -oris: *s.m.* – opressor; destruidor.

opprimit leges timor: o medo oprime as leis.

opprimo, -is, -essi, -essum, -imere: *v.t.* – apertar; esmagar; sufocar; oprimir, acabrunhar; subjugar; derrotar; destruir; matar; surpreender, apanhar de improviso; ocultar.

opprobrium, -ii: *s.n.* – opróbrio, vergonha, desonra; injúria, ultraje; labéu.

oppugnatio, -onis: *s.f.* – ataque; cerco; assalto.

oppugnator, -oris: *s.m.* – o que assalta (uma praça); atacante; agressor.

oppugno, -as, -avi, atum, -are: *v.t./int.* – atacar; sitiar; assaltar; agredir, acusar.

ops, opis: *s.f.* (mais usado no plural **opes, -um**) – meios, recursos; esforços; ajuda; proteção; força, autoridade, poder; tropas; riquezas.

opsonium, ver **obsonium**.

optabilis, -e: *adj.* – desejável, apetecível.

optatio, -onis: *s.f.* – escolha, opção.

optato: *adv.* – conforme o desejo; a propósito.

optatum, -i: *s.n.* – voto, desejo, vontade, voto de.

optatus, -a, -um: *adj.* – escolhido, eleito; desejado, agradável.

optima medicina risus: o riso é o melhor remédio.

optima petamus. busquemos o melhor.

optimas, -atis: *s.m.* – (usado ordinariamente no plural **optimates, -um** ou **-ium**) – o principal nobre, fidalgo; os grandes, a aristocracia; *adj.* – nobre, aristocrático.

optime: *adv.superl.* – otimamente, muito bem; perfeitamente.

optimus, -a, -um: *adj. superl.* – o melhor, o ótimo; muito bem, excelente.

optimus magister, bonus liber: o melhor mestre é um bom livro.

optimus omnium: o melhor de todos.

optio, -onis: *s.f.* – faculdade ou liberdade de eleição; escolha, livre escolha, opção.

optivus, -a, -um: *adj.* – eleito, escolhido.

opto, -as, -avi, -atum, -are: *v.t.* – escolher, eleger; pedir; desejar.

opulenter: *adv.* – com opulência; suntuosamente.

opulentia, -ae: *s.f.* – riqueza; suntuosidade; poder.

opulento, -as, -avi, -atum, -are: *v.t.* – enriquecer.

opulentus, -a, -um e **opulens, -entis**: *adj.* – rico, opulento; poderoso.

opus, -eris: *s.n.* – obra, trabalho; edifício, construção; mão de obra; arte; lavor; artifício; **opus est**: é necessário, é mister; é útil, vantajoso.

opus apocryphum: obra apócrifa.

opus citatum: a obra citada.

opusculum, -i: *s.n.* – obra pequena; opúsculo.

opus magnum: a grande obra; a obra prima.

o quae mutatio rerum!: oh! como mudam as coisas!

ora, -ae: *s.f.* – orla, beira; extremidade; margem, praia; zona; região, país.

oraculum, -i: *s.n.* – resposta de uma divindade, oráculo; sede de um oráculo; predição; adágio, sentença.

orando laborando: orando e trabalhando.

orantes autem, nolite multum loqui: quando orardes, não faleis muito.

orate pro anima: rogai pela alma.
orate pro nobis: orai por nós.
oratio, -onis: *s.f.* – discurso, linguagem; eloquência; prosa; oração; carta, memorial.
oratio est clavis caeli: a oração é a chave do céu.
oratio funebris: oração fúnebre.
oratio vibrans: um discurso veemente.
oratiuncula, -ae: *s.f.* – pequena oração; breve discurso.
orator, -oris: *s.m.* – orador; legado, emissário; o que pede intercessor.
oratorius, -a, -um: *adj.* – relativo ao orador, oratório.
oratrix, -icis: *s.f.* – a que suplica, intercessora, medianeira.
oratus, -us: *s.m.* – (geralmente só no *abl. sing.)* – súplica, pedido.
orbator, -oris: *s.m.* – o que priva alguém de seus filhos.
orbiculatus, -a, -um: *adj.* – orbicular, redondo; circular.
orbis, -is: *s.m.* – círculo; roda; disco, anel; globo; mundo, orbe; abóbada celeste; órbita, curso (dos astros); volta, giro; clima, região; mesa (redonda); escuro, pandeiro.
orbis factor: o construtor do mundo.
orbis pictus: o mapa-múndi.
orbis terrarum: o globo terrestre; o mundo.
orbis vertitur tamquam mola: o mundo gira como um moinho.
orbita, -ae: *s.f.* – rodeira; órbita, curso; linha circular; risco, traço.
orbitas, -tatis: *s.f.* – perda dos filhos, orfandade; privação.
orbo, -as, -avi, -atum, -are: *v.t.* – privar alguém dos filhos; privar de.
orbus, -a, -um: *adj.* – que perdeu os filhos; órfão; privado de.
orca, -ae: *s.f.* – arca; barrica; vaso de barro; espécie de talha para vinho.
orchas, -adis: *s.f.* – azeitona.
orchestra, -ae: *s.f.* – parte do teatro grego, reservada ao coro; lugar destinado aos senadores no teatro.
orcinus, -a, -um: *adj.* – que diz respeito à morte.
orcus, -i: *s.m.* – Plutão; inferno; morte.
ordinarius, -a, -um: *adj.* – posto em ordem; conforme à regra; ordinário; **-i**: *s.m.* – soldado raso.
ordinatim: *adv.* – em ordem, regularmente.
ordinatio, -onis: *s.f.* – ação de pôr em ordem, disposição, plano.
ordinatorium litis: instrução do processo.
ordinatus, -a, -um: *adj.* – disposto, ordenado; regulado.
ordine fortuito: em ordem casual; ao acaso; aleatoriamente.
ordine retrogrado: em ordem inversa.
ordino, -as, -avi, -atum, -are: *v.t.* – arranjar, ordenar, dispor; classificar, conferir; regular, governar, administrar.
ordior, -iris, orsus sum, ordiri: *v.dep.* – começar, começar a falar.
ordo, -inis: *s.f.* – disposição regular, arranjo; série, sucessão; ordem (de remos, de bancos no teatro); renque, fileira; classe, corpo de tropas; linha de batalhas.
ordo a chao: do caos à ordem.
ordo est anima rerum: a ordem é a vida das coisas.
ordo inversus: ordem inversa.
ordo naturalis: a ordem natural.
Oreas, -adis: *s.f.* (mais usado no plural **Oreades, -um**) – Oréade, ninfa das montanhas.
oremus: oremos.
ore vel scripto: oralmente ou por escrito.
orexis, -is: *s.p.m.* – apetite.
organarius, -ii: *s.m.* – o que faz ou vende instrumentos musicais.
organum, -i: *s.n.* – instrumento, engenho; meios.
orgia, -iorum: *s.n.pl.* – orgias; mistérios de Baco; cerimônias religiosas, mistérios.
oriens, -entis: *part.pres.* – do oriente, oriental; oriente; o sol.
orientalis, -e: *adj.* – do oriente, oriental.
oriente sole: ao nascer do sol.
originale peccatum: o pecado original.
origo, -inis: *s.f.* – origem, nascimento; família, raça; causa, princípio.
origo legis: a origem da lei.
origo mali: a origem do mal.
orimur, morimur: nós nascemos, nós morremos.
Orion, -onis: *s.m.* – Oríon ou Orião, caçador transformado por Diana em constelação; constelação.
orior, -eris, ortus sum, oriri: *v.dep.* – nascer; originar-se, provir de; levantar-se, surgir; começar.
oriundus, -a, -um: *adj.* – originário, descendente; oriundo; nascido, proveniente de.
ornamentum, -i: *s.n.* – apresto, aparato; o que serve para guarnecer, móvel, alfaia; ornamento; glória, ilustração; *pl.* – meios, recursos; vestido (de mulher); enfeites; ornatos; insígnias, riquezas; artifícios.

ornate: *adv.* – de modo elegante, com adorno, com elegância.
ornat, non onerat: honra, não pesa.
ornatrix, -icis: *s.f.* – a que veste, a que enfeita; cabeleireira, criada de quarto.
ornatus, -a, -um: *adj.* – provido de, aparelhado; enfeitado; ornado, elegante; bem tratado; considerado.
ornatus, -us: *s.m.* – apresto; recursos; ornamento; enfeite, adereço; traje; ato de pentear os cabelos; graça (do estilo).
orno, -as, -avi, -atum, -are: *v.t.* – prover de; aprestar, aparelhar; preparar; regular; adornar, enfeitar; pentear os cabelos; distinguir, honrar.
ornus, -i: *s.f.* – freixo silvestre (árvore).
oro, -as, -avi, -atum, -are: *v.t.* – falar; dizer; pedir, suplicar; interceder; pleitear, advogar; exercer as funções de embaixador ou enviado.
orsa, -orum: *s.n.pl.* – esforços, projetos; empresas.
orsus, -us: *s.m.* – tentativa, começo; empreendimento.
ortus est a se: ele nasceu de si mesmo.
oryza, -ae: *s.f.* – arroz.
os, oris: *s.n.* – boca; linguagem, palavra; língua; fama; rosto; fisionomia, cara, expressão, aspecto, presença, bico (de ave), abertura, entrada.
os, ossis: *s.n.* – osso; medula; caroço (de frutos); esqueleto, estrutura; *pl.* – ossada, restos mortais.
os ad os loqui: falar de viva voz.
o saevum scelus!: ó crime desumano!
oscen, -inis: *s.m.* – ave de agouro; ave cujo canto servia de presságio (corvo, coruja, gralha).
oscilatio, -i: *s.f.* – ação de balançar.
oscillum, -i: *s.n.* – figurinha pequena imagem que se oferecia a Baco e a Saturno, como vítima de oferenda expiatória.
oscitans, -antis: *part.pres.* – que boceja; ocioso, negligente.
oscitanter: *adv.* – negligentemente.
oscito, -as, -avi, -atum, -are: *v.int.* – bocejar, abrir a boca; estar inativo; ocioso.
osculatio, -onis: *s.f.* – ação de beijar.
osculor, -aris, -atus sum, -ari: *v.dep.* – beijar, oscular; acariciar.
osculum, -i: *s.n.* – boquinha; beijo, ósculo.
osculum pacis: o beijo da paz.
os impudens: uma boca impudente.
o si sic omnes!: oh! se todos fossem assim!
osor, -oris: *s.m.* – o que odeia, inimigo.
ostendo, -is, -di, -sum ou tum, -dere: *v.t.* – mostrar, dar a ver; expor; manifestar; ostentar; anunciar, prometer.
ostentatio, -onis: *s.f.* – ação de mostrar, de apresentar à vista; alarde, ostentação; aspecto de fingimento; promessa.
ostentator, -oris: *s.m.* – o que faz realçar; o que ostenta; fanfarrão.
ostento, -as, -avi, atum, -are: *v.t.* – mostrar, dar a ver; indicar; oferecer, apresentar; prometer; ameaçar com; fazer alarde de, ostentar; realçar.
ostentum, -i: *s.n.* – prodígio, maravilha.
ostentus, -us: *s.m.* (usado sobretudo no *dat. sing.*) – ação de mostrar; amostra, prova; exemplo; alarde.
ostiarium, -ii: *s.n.* – tributo lançado sobre as portas.
ostiatim: *adv.* – de porta em porta, de casa em casa.
ostium, -ii: *s.n.* – porta, entrada; foz, embocadura; passagem; estreito.
ostracismus, -i: *s.m.* – ostracismo, banimento estabelecido pelos atenienses, para afastar, por um tempo determinado, aqueles cujas fortunas ou cujas ambições podiam pôr em perigo a liberdade.
ostrea, -ae: *s.f.* ou **ostreum, -i**: *s.n.* – ostra.
ostrifer, -era, -erum: *adj.* – que produz ostras; abundante em ostras.
ostrum, -i: *s.n.* – púrpura; estofo de púrpura.
o te beatum!: como és feliz!
o tempora! o mores!: ó tempos! ó costumes!
o ter beata civitas!: ó cidade três vezes feliz!
otiolum, -i: *s.n.* – pequeno descanso.
otior, -aris , -atus sum, -ari: *v.dep.* – tomar repouso, descansar; estar ocioso.
otiosa sedulitas: zelo inútil.
otiosus, -a, -um: *adj.* – que está em descanso, desocupado; ocioso; tranquilo; que se mantém neutro; supérfluo; inútil.
otiosus dies: dia de descanso.
otium, -ii: *s.n.* – ociosidade; vagar, tempo; repouso; paz, felicidade; lugar de descanso, retiro.
otium cum dignitate: o ócio com dignidade.
otium cum libertate: o ócio com liberdade.
otium cum servitio: o ócio com servidão.
o utinam!: quem me dera!
ovatio, -onis: *s.f.* – ovação, pequeno triunfo.
ovatus, -a, -um: *adj.* – que tem a forma de um ovo.

oves Domini: as ovelhas do Senhor; o rebanho do Senhor.

ovicula, -ae: *s.f.* – ovelhinha.

ovile, -is: *s.n.* – redil, aprisco; curral (de ovelhas, de cabras); lugar no Campo de Marte, fechado por meio de estacadas, onde se reuniam as tribos para votar.

ovillus e **ovinus, -a, -um**: *adj.* – de ovelha.

ovis, -is: *s.f.* – ovelhas; lã (de ovelha), velo.

ovo, -as, -avi, -atum, -are: *v.int.* – ter as honras da ovação; obter um pequeno triunfo; triunfar; alegrar-se, folgar.

ovo nudior: mais pelado que um ovo.

ovum, -i: *s.n.* – ovo.

P

pabulatio, -onis: *s.f.* – ação de forragear, de pastar; forragem, pastagem.
pabulator, -oris: *s.m.* – o que vai à busca de forragem; forrageador.
pabulor, -aris, -atus sum, -ari: *v.dep.int./t.* – pastar; ir buscar víveres; forragear.
pabulum, -i: *s.n.* – o que serve para alimentar; pastagem, pasto, forragem, alimento.
pabulum Acherontis: o alimento de Aqueronte (um cadáver).
pabulum animi: o alimento do espírito.
pacalis, -e: *adj.* – de paz, pacífico.
pacate: *adv.* – pacatamente, pacificamente.
pacator, -oris: *s.m.* – pacificador.
pacatus, -a, -um: *adj.* – sossegado, pacífico; sereno; afável, pacato; *n.* – país que está em paz, região pacificada.
pace belloque fidelis: fiel na paz e na guerra.
pace et bello: na paz e na guerra.
pace et bello paratus: preparado na paz e na guerra.
pacem veniamque rogamus: pedimos paz e perdão.
pace tua: com tua permissão.
pacifer, -era, -erum: *adj.* – que traz a paz, pacificador, pacífico.
pacificatio, -onis: *s.f.* – volta à paz, acordo, pazes, reconciliação.
pacificator, -oris: *s.m.* – pacificador.
pacificatorius, -a, -um: *adj.* – que deve restabelecer a paz.
pacifico, -as, -avi, -atum, -are: *v.int./t.* – tratar da paz; apaziguar, acalmar.
pacificus, -a, -um: *adj.* – amigo da paz; pacífico.
pacis amator: um amante da paz.
paciscor, -eris, pactus sum, -cisci: *v.dep. int./t.* – fazer um tratado; ajustar, contratar; pactuar; obrigar-se a.
paco, -as, -avi, -atum, -are: *v.t.* – pacificar; subjugar, vencer; amanhar, cultivar.
pacta, -ae: *s.f.* – prometida em casamento; noiva.
pacta clara, boni amici: ajustes honestos, bons amigos.
pacta conventa: as condições convencionadas; os contratos.
pacta nuda non valent: contratos informais não têm força.
pacta sunt servanda: os contratos devem ser respeitados.
pactio, -onis: *s.f.* – ajuste, tratado; convenção; promessa; capitulação.
pactor, -oris: *s.m.* – o que ajusta, o que faz um pacto; contratador, medianeiro.
pactum, -i: *s.n.* – acordo, contrato; tratado; promessa; condição (de um pacto); *abl. sing.* – sorte, maneira, modo; (**hoc pacto**, deste modo).
pactum illicitum: um acordo ilegal.
pactum sceleris: acordo para praticar um crime; a cumplicidade.
pactum societatis: o contrato social.
pactum turpe: um acordo desonroso.
pactum vestitum: um pacto vestido; um contrato formal.
pactus, -a, -um: *adj.* – que fez uma convenção, que ajustou; convencionado, prometido.
Paean, -anis: *s.m.* – Peã, um dos nome de Apolo; hino em honra de Apolo ou de outro deus.
paedagogium, -i: *s.m.* – escola (para escravos destinados a ofícios mais elevados).
paedagogus, -i: *s.m.* – escravo encarregado de levar meninos à escola; guia; mestre, preceptor.
paedico, -as, -are: *v.t.* – dar-se à pederastia, praticar o homossexualismo.
paedico, -onis: *s.m.* – pederasta.
paedidus, -a, -um: *s.m.* – porco, sujo.
paedor, -oris: *s.m.* – imundície; andrajos.
paene ou **pene**: *adv.* – quase, por um fio.
paeninsula, -ae: *s.f.* – península.
paenitemini igitur: arrependei-vos, pois.
paenitet me: estou arrependido.
paenit-, ver também **poenit-**.
paenula ou **penula, -ae**: *s.f.* – manto de capuz, penula; capa de viagem.
paenulatus, -a, -um: *adj.* – vestido de penula, isto é, capa com capuz.
paeon, -onis: *s.m.* – peão, pé composto de três sílabas breves e uma longa.
Paeonius, -a, -um: *adj.* – peônio, de Peão (médico famoso); de esculápio; medicinal.
paetulus e **paetus, -a, -um**: *adj.* – um pouco vesgo; zarolho.

paganus, -a, -um: *adj.* – de aldeia, do campo; **-i**: *s.m.* – aldeão; o que não é soldado, paisano.
pagella, -ae: *s.f.dim.* – pequena página, folha de papel.
pagina, -ae: *s.f.* – folha de papiro; página; escrito, livro; *pl.* – compilação, compêndio.
paginula, -ae: *s.f.dim.* – paginazinha; página pequena.
pagus, -i: *s.m.* – marco ou baliza metida na terra; aldeia, povoação; distrito.
painitentia, -ae: *s.f.* – arrependimento, pesar, contrição.
painitet, -ebat, -ere, paenituit: *v.imp.int.* – não ter o bastante, não estar satisfeito com.
pala, -ae: *s.f.* – pá (de cavar); palheta; engaste (de anel).
palaestra, -ae: *s.f.* – palestra, parte de um ginásio, reservada aos exercícios de luta; ginásio, sala de exercícios; luta, exercícios; destreza, habilidade; escola, academia; letras, cultura.
palaestrica, -ae: *s.f.* – a ginástica.
palaestrice: *adv.* – à maneira dos lutadores, como lutador.
palaestricus, -a, -um: *adj.* – relativo à luta ou palestra; que favorece a palestra.
palaestrita, -ae: *s.m.* – mestre de palestra.
palam: *adv.* – em público, na frente de todos, publicamente, abertamente.
palam omnibus: na presença de todos.
palam populo: diante do povo; publicamente.
palatim: *adv.* – em desordem, sem ordem.
Palatium, -ii: *s.n.* – palácio, monte Palatino, em Roma; palácio dos Césares (no monte Palatino).
palatum, -i: *s.n.* e **palatus, -i**: *s.m.* – céu da boca, palato; paladar, gosto; apetite.
palea, -ae: *s.f.* – palha.
paleae sunt!: são palhas!; ninharias!
palear, -aris: *s.n.* ou **palearia, -ium**: s.*n.pl.* – papada do boi.
paliens, -entis: *part.pres.* – que perdeu a cor, pálido; lívido, amarelo; que empalidece.
palimpsestus, -i: *s.f.* – palimpsesto, manuscrito em pergaminho ou papiro, que se raspou para nele se escrever de novo.
paliurus, -i: *s.m.* – paliúro (planta espinhosa).
palla, -ae: *s.f.* – capa ou manto comprido usado pelas senhoras; manto de ator; manto curto dos gauleses.
pallaca, -ae: *s.f.* – concumbina.
palladius, -a, -um: *adj.* – paládio, de Palas; douto, instruído.
Pallas, -adis: *s.f.* – Palas, Pálade ou Minerva, deusa da guerra e das belas artes.
palleo, -es, -ui, -ere: *v.int./t.* e **pallesco, -is, -lui, -escere**: *v.int.* – tornar-se pálido, empalidecer; perder a cor; fazer-se amarelo, escuro; temer, recear.
palliatus, -a, -um: *adj.* – coberto com o pálio, com capa; encapotado.
pallidus, -a, -um: *adj.* – pálido, descorado; amarelo; escuro; que faz pálido.
palliolum, -i: *s.n.* – pequeno pálio; capinha; mantilha; capuz.
pallium, -ii: *s.n.* – pálio, manto grego; manto, capa; cortina que se coloca à volta da cama, rodapé, mortalha.
pallor, -oris: *s.m.* – palidez, cor pálida.
pallula, -ae: *s.f.* – pequena capa ou manto.
palma, -ae: *s.f.* – palma da mão, mão; pata (de ave); pá de remo, remo; palma, palmeira; vitória.
palmaris, -e: *adj.* – que merece a palma da vitória.
palmatus, -a, -um: *adj.* – ornado de palmas (bordadas ou pintadas); *s.f.* – túnica ou toga usada pelos triunfadores.
palmes, -itis: *s.m.* – vara de videira; videira; ramo de palmeira; rebento; renovo.
palmetum, -ii: *s.n.* – palmar, lugar onde crescem as palmeiras.
palmeus, -a, -um: *adj.* (**palma**) – de palmeira, que tem a forma da palmeira.
palmeus, -a, -um: *adj.* (**palmus**) – do comprimento de um palmo.
palmifer, -era, -erum: *adj.* – que produz palmeiras.
palmosus, -a, -um: *adj.* – abundante em palmeiras.
palmula, -ae: *s.f.dim.* – palma de mão; pá de remo, remo; tâmara.
palmus, -i: *s.m.* – palmo (medida de comprimento).
palor, -aris, -atus sum, -ari: *v.dep.* – vagar, errar; divagar, desgarrar.
palpari in tenebris: tatear nas trevas.
palpatio, -onis: *s.f.* – apalpadela, contato.
palpator, -oris: *s.f.* – lisonjeiro, adulador.
palpebra, -ae: *s.f.* – (usado ordinariamente no plural) – pálpebra.
palpitatio, -onis: *s.f.* – palpitação, pulsação.
palpito, -as, -avi, -atum, -are: *v.int.* – agitar-se, estar em movimento; bater, palpitar.
palpo, -as, -avi, -atum, are: *v.t./int.* – apalpar; acariciar, afagar; procurar obter com lisonjas.

palpor, -aris, -ari, -atus sum: *v.dep.int.* – tocar ligeiramente com a mão, apalpar, acariciar.

palpum, -i: *s.n.* ou **palpus, -i**: *s.m.* – carícia, lisonja.

paludamentum, -i: *s.n.* e **paluda, -ae**: *s.f.* (menos usado) – trajo de guerra; manto de general.

paludatus, -a, -um: *adj.* – vestido com o trajo militar, com o manto dos generais.

paludosus, -a, -um: *adj.* – pantanoso, paludoso.

palumbes, -is ou **palumbus, -i**: *s.m.* – pombo bravo.

palus, -i: *s.m.* – estaca, poste, moirão.

palus, -udis: *s.f.* – brejo, pântano; junco.

paluster, -tris, -tre: *adj.* – pantanoso, alagadiço; que vive ou nasce nos brejos.

pampineus, -a, -um: *adj.* – de pâmpano; coberto de pâmpano; de videira.

pampinus, -i: *s.m.* – renovo, rebento (de videira); folha, folhagem (de videira).

Pan, Panos: *s.m.* – Pã, deus dos pastores, inventor da flauta; *pl.* (**Panes, -um**) – Faunos, divindades campestres.

panaca, -ae: *s.f.* – espécie de vaso de barro para beber.

Panacea, -ae: *s.f.* – Panaceia, uma das quatro filhas de Esculápio; planta medicinal, panaceia.

panaetolicus, -a, -um: *adj.* – panetólico, relativo à assembleia geral dos etólios.

P

panarium, -i: *s.m.* – cesto de pão.

panchrestus, -a, -um: *adj.* – útil ou bom para tudo, remédio que cura tudo.

pancratice: *adv.* – à maneira dos atletas, atleticamente.

pandiculor, -aris, -ari: *v.int.* – estender-se, alongar-se.

Pandionius, -a, -um: *adj.* – Pandiônio, de Pandião, rei de Atenas; de Atenas.

pando, -as, -avi, -atum, -are: *v.t.* – curvar, vergar, dobrar.

pando, -is, -pandi, -panssum e **-passum, -ere**: *v.t.* – estender, desdobrar, afastar, fender, mostrar, revelar.

pandus, -a, -um: *adj.* – arqueado, encurvado; que se inclina; pendido, dobrado.

panegyricus, -a, -um: *adj.* – apologético, elogio.

panegyricus, -i: *s.m.* – Panegírico (de Isócrates); panegírico.

pane lucrando: para ganhar pão.

panem et circenses: (tudo o que o povo quer é) pão e espetáculos circenses; pão e circo.

pango, -is, -panxi e **pepigi, -pactum, -pangere**: *v.t./int.* – pregar, fincar; plantar; traçar em cera; escrever, compor; louvar, contratar, ajustar.

panicum, -i: *s.n.* – milho painço.

panificium, -i: *s.n.* – panificação, qualquer coisa cozida no forno; bolo, bolacha.

panis, -i: *s.m.* – pão.

panis angelicus: o pão dos anjos.

Paniscus, -i: *s.m.* – (usado sobretudo no plural) – Paniscos, Faunos, Silvanos.

panis et circences: pão e circo.

panis et vinum: pão e vinho.

panis vitae: pão da vida.

panniculus, -i: *s.m.* – pedaço de pano, trapo.

pannosus, -a, -um: *adj.* – coberto de andrajos, esfarrapado; enrugado.

pannuceus (-ius), -a, -um: *adj.* – remendado.

pannus, -i: *s.m.* – pedaço de estofo, remendo; trapo, andrajo; pano; atadura; faixa, cueiro.

pansa, -ae: *s.m.* – que anda com as pernas arqueadas.

pantex, -icis: *s.m.* – tripas, intestinos, abdômen.

panthera, -ae: *s.f.* – pantera.

pantomimus, -i: *s.m.* – o que representa por gestos.

pantomina, -ae: *s.f.* – mulher que representa por gestos.

papae: *interj.* – oh!, ah!, irra!.

papaver, -eris: *s.n.* – papoula.

papavereus, -a, -um: *adj.* – de papoula.

papilio, -onis: *s.m.* – borboleta.

papilla, -ae: *s.f.* – borbulha pequena; bico do seio; peito, mama; úbere.

pappus, -i: *s.m.* – velho, ancião.

papula, -ae: *s.f.* – pústula, borbulha; furúnculo.

papyrifer, -era, -erum: *adj.* – que produz papiro.

papyrus, -i: *s.m.* e **papyrum, -i**: *s.n.* – papiro, planta cultivada no vale do Nilo, e de que se fabricava o papel para escrever; papel; folha, escrito; livro.

par, paris: *adj.* – igual, que é da mesma idade ou condição; semelhante; rival; par; conveniente, justo; que resiste a, capaz de.

parabilis, -e: *adj.* – que se obtém facilmente, de fácil aquisição.

parabola, -ae ou **parabole, -es**: *s.f.* – comparação, semelhança (termo de retórica).
paradoxon, -i: *s.n.* – paradoxo.
paralyticus, -i: *s.m.* – paralítico.
paraphrasis, -is: *s.f.* – paráfrase.
pararius, -i: *s.m.* – intermediário, corretor, agente.
parasita, -ae: *s.f.* – parasita.
parasitus, -i: *s.m.* – parasita, papa-jantares.
parate: *adv.* – com preparação, diligentemente, prontamente.
paratio, -onis: *s.f.* – preparação; empenho para obter.
paratragoedo, -as, -are: *v.int.* – declamar, exprimir-se com ênfase, à maneira de um ator trágico.
paratur pax bello: com a guerra prepara-se a paz.
paratus, -a, -um: *adj.* – preparado, aparelhado, pronto, disposto a; ordenado; destro, hábil; alcançado.
paratus, -us: *s.m.* – preparação, apresto; aparelho; luxo, pompa, aparato.
parazomium, -i: *s.n.* – cinturão com a espada.
Parca, -ae: *s.f.* – Parca, uma das divindades filhas de Erebo e da Noite, e que presidiam a sorte da vida humana; destino.
parce: *adv.* – com comedimento, moderadamente.
parce fatenti: perdoa a quem confessa.
parce sepulto: poupa o morto.
parcimonia, -ae: *s.f.* – economia, parcimônia; sobriedade; temperança.
parcitas, -tatis: *s.f.* – economia, moderação, raridade.
parcitas et labor: economia e trabalho.
parco, -is, parsi e **peperci, parsum** e **parcitum, parcere**: *v.int./t.* – poupar; abster-se de, guardar; perdoar.
parcus, -a, -um: *adj.* – parco, sóbrio, econômico; avaro; pouco, pequeno; brando.
pardalis, -is: *s.f.* – pantera.
pardus, -i: *s.m.* – leopardo.
pareas, -ae: *s.m.* – espécie de serpente.
parem gratiam referre: pagar na mesma moeda.
parendo vinces: obedecendo, vencerás.
parens, -entis: *part.pres.* – dócil, obediente; *s.m.pl.* – súditos.
parens, -entis: *s.m.f.* – pai ou mãe; avô; autor, fundador; *pl.* – antepassados.
parens patriae: o pai da pátria.
parens philosophiae: o pai da filosofia.
Parentalia, -ium ou **-iorum**: *s.n.pl.* – Parentálias, cerimônias anuais em honra dos mortos da família.
parentalis, -e: *adj.* – relativo aos pais; referente às parentálias.
parentes ama: ama teus pais.
parentes cole: honra teus pais.
parentes reverere: respeita teus pais.
parentia, -ae: *s.f.* – submissão, obediência.
parento, -as, -avi, -atum, -are: *v.int.* – fazer sacrifício ou realizar cerimônia em honra de um morto; celebrar funerais.
pareo, -es, -ui, -itum, -ere: *v.int.* – aparecer; assistir a; atender a, cuidar de, obedecer.
pareo, non servio: obedeço, mas não sou escravo.
pares curiae: os pares da corte.
pares regni: os pares do reino.
par est: é justo.
paria cum paribus compensantur: as coisas iguais se compensam.
pari causa: em causa igual; em igualdade de direito.
pari delicto: em delito igual.
paries, -etis: *s.f.* – parede; cerca (de vimes, de sebe); barbacã (de madeira).
parietes habent aures: paredes têm ouvidos.
parieti loqueris: falas a uma parede; pregas no deserto.
parietinae, -arum: *s.f.pl.* – paredes arruinadas; ruínas, destroços.
parilis, -e: *adj.* – igual, semelhante.
pari materia: sobre a mesma matéria.
pario, -is, peperi, partum, parere: *v.int./t.* – dar à luz; pôr (ovos); produzir; gerar, criar; causar; inventar; adquirir.
pari passu: a passo igual; ao mesmo tempo; simultaneamente.
pari ratione: por razão igual.
pariter: *adv.* – emparelhamento, a par; do mesmo modo, igualmente; ao mesmo tempo.
paritur pax bello: a paz nasce da guerra.
Parlis, -a, -um: *adj.* – pário, da ilha de Paras.
parma, -ae: *s.f.* – escudo redondo (usado pela infantaria ligeira e pela cavalaria); escudo.
parmatus, -a, -um: *adj.* – armado de pequeno escudo (**parma**).
parmula, -ae: *s.f.dim.* – pequeno escudo redondo.
Parnassius ou **Parnasius, -a, -um**: *adj.* – parnásio, do Parnaso; relativo às musas.

Parnassus ou **Parnasus, -i**: *s.m.* – Parnaso, monte da Fócida, na Grécia, morada de Apolo e das Musas.
par non est: não é justo.
paro, -as, -avi, -atum, -are: *v.t.* – (deriv. de **par**) igualar, emparelhar; dividir; comparar.
paro, -as, -avi, -atum, -are: *v.t./int.* – preparar, aparelhar; ordenar, dispor; ajustar; decretar, alcançar, adquirir.
paro, -onis: *s.m.* – pequeno navio de guerra.
parochus, -i: *s.m.* – fornecedor dos que viajam em serviço público; dono da casa, anfitrião.
par pari: o igual pelo igual; elas por elas.
par pari coit: o igual acompanha o igual.
parra, -ae: *s.f.* – nome de uma ave de mau agouro.
parricida, -ae: *s.m.f.* – o que mata o pai ou a mãe, parricida; assassino de um parente; matador de um concidadão; sacrílego.
parricidium, -ii: *s.n.* – parricídio; assassínio de um parente; assassínio de um príncipe, de um concidadão.
pars, partis: *s.f.* – parte; quinhão; facção, partido; lado; região, país; papel (de ator); dever, obrigação; mira, objetivo.
parsimonia, -ae, ver **parcimonia**.
pars litigans: a parte litigante.
pars maior vincit meliorem: a parte maior vence a melhor.
pars pro toto: a parte pelo todo.
pars ultima vitae: a última parte da vida.
parthi, -orum: *s.m.pl.* – partos, povo da Pérsia; persas.
particeps, -ipis: *adj.* – que tem parte em, participante; companheiro.
particeps criminis: o cúmplice.
participo, -as, -avi, -atum, -are: *v.t.* – ter parte em, participar; partilhar, comunicar.
particula, -ae: *s.f.* – pequena parte, parcela; partícula; pedacinho.
partim: *adv.* – em parte; uns ou outros; principalmente; em grande parte.
partio, -is, -ivi, -itum, -ire: *v.f.* e **partior, -iris, -itus sum, -iri**: *v.dep.* – partir, repartir; dividir; distribuir; partilhar.
partite: *adv.* – por partes, metodicamente, distintamente.
partitio, -onis: *s.f.* – repartição, divisão.
partitus, -a, -um: *adj.* – que tomou seu quinhão, que repartiu; dividido, partido; participado.
parturio, -is, -ivi ou **-ii, -itum, -ire**: *v.int./t.* – estar de parto, dar à luz; gerar; produzir, causar.
parturit ira minas: a ira gera ameaças.
partus, -a, -um: *adj.* – dado à luz; que deu à luz; obtido, alcançado; *s.n.pl.* – coisas havidas, o que se adquiriu.
partus, -us: *s.m.* – parto, dores do parto; feto, criança; ninhada.
parum: *s.n.indecl.* – um pouco, pouca coisa; *adv.* – pouco.
parum loqui et multa facere: falar pouco e fazer muito.
parumper: *adv.* – por um pouco, por pouco tempo.
parum veneni non nocet: um pouco de veneno não faz mal.
parunculus, -i: *s.m.* – bote.
parva non spernenda: não se devem desprezar as coisas pequenas.
parvitas, -atis: *s.f.* – pequenez; fraqueza, temeridade.
parvulum occidit invidia: a inveja mata o tolo.
parvulus, -a, -um: *adj.dim.* – pequenino; fraco; insignificante; **-i**: *s.m.* – criança, menino.
parvum, -i: *s.n.* – pequena quantidade; pouco.
parvus, -a, -um: *adj.* – pequeno; pouco; fraco; que é de pouca idade; breve, curto; pobre; mesquinho.
pascitur vento: ele se alimenta de vento.
pasco, -is, pavi, pastum, pascere: *v.t./int.* – apascentar; criar, nutrir; alimentar, sustentar; pastar.
pascor, -eris, pastus sum, pasci: *v.dep.* – pastar, apascentar-se; alimentar-se; comer.
pascua, -orum: *s.n.pl.* – pastagem, pastos.
pascuus, -a, -um: *adj.* – próprio para pastagem.
passer, -eris: *s.m.* – pardal; rodovalho (peixe do mar).
passerculus, -i: *s.m.dim.* – pardalzinho.
passibus aequis: com passos iguais.
passim: *adv.* – aqui e ali, por toda parte; a cada passo; em desordem, confusamente.
passum, -i: *s.n.* – vinho de uvas secas; passas.
passu pari: com passo igual.
passus, -a, -um: *adj.* (de **patior**) que sofreu, que tem padecido ou passado por; que permitia; (de **pando**) estendido, solto; seco ao sol, passo, passado (com relação à uva).
passus, -us: *s.m.* – passo, passada; pegada; passo, medida de comprimento itinerária, de 5 pés ou 1,4 m.

pastillus, -i: *s.m.* – pastilha; pílula.
pastio, -onis: *s.f.* – pasto, pastagem.
pastor, -oris: *s.m.* – o que leva o gado ao pasto, pastor.
pastoralis, -e: *adj.* – de pastor, pastoral; campestre.
pastor angelicus: o angélico pastor.
pastoricius e **pastorius, -a, -um**: *adj.* – de pastor, pastoral.
pastus, -a, -um: *adj.* – levado ao pasto, apascentado; pastado; nutrido; aumentado.
pastus, -us: *s.m.* – pasto, alimento (do gado); pastagem, pastos.
patefacio, -is, -feci, -factum, -facere: *v.t.* – abrir, mostrar, revelar; esclarecer.
patefactio, -onis: *s.f.* – ação de desvendar, de dar a conhecer; manifestação, revelação.
patella, -ae: *s.f.* – prato pequeno usado nos sacrifícios; prato.
patens, -entis: *part.pres.* – aberto, descoberto, descortinado; patente.
patenter: *adv.* – manifestamente, abertamente.
pateo, -es, -ui, -ere: *v.int.* – estar aberto, exposto; estender-se; abrir-se; estar descoberto; manifestar-se; ser evidente.
pater, -tris: *s.m.* – pai; chefe, senhor, dono; pais, avós; antepassados.
patera, -ae: *s.f.* – pátera, vaso usado nos sacrifícios; copo, taça.
pater historiae: o pai da história.
paternus, -a, -um: *adj.* – de pai, paternal, paterno; de pátria, pátrio, natal.
pater patriae: o pai da pátria.
pater pauperum: o pai dos pobres.
patesco, -is, -tui, -escere: *v.int.* – começar a abrir; descobrir-se; estender-se; revelar-se.
patibilis, -i: *adj.* – tolerável; passível, que pode sofrer; sujeito a paixões.
patibulum, -i: *s.n.* – pelourinho a que atavam os escravos para os açoitar; cruz; patíbulo.
patiens, -entis: *part.pres.* – que sofre, que suporta; que resiste a; que padece privações; paciente, sofredor; firme, resistente; resignado.
patienter: *adv.* – pacientemente, com tolerância; com resignação.
patientia, -ae: *s.f.* – ação de sofrer ou de suportar; experiência, exercício; paciência, resignação; submissão, tolerância; firmeza.
patientia lobi: paciência de Jó.
patientia maxima virtus: a paciência é a maior das virtudes.
patina, -ae: *s.f.* – prato fundo; frigideira, panela.
patior, -eris, passus sum, -pati: *v.dep.* – sofrer; suportar, tolerar; permitir.
patrator, -oris: *s.m.* – executor, autor.
patratus, -a, -um: *adj.* – executado, alcançado; cumprido; **pater patratus**, chefe dos feciais que ratificava os tratados por meio de cerimônias religiosas.
patres conscripti: os senadores romanos.
patria, -ae: *s.f.* – terra dos pais, país natal, pátria; região, estado, nação.
patriae fidus: fiel à minha pátria.
patriae impendere vitam: dedicar a vida à pátria.
patriae magnitudini: para a grandeza da pátria.
patriam grandibo: engrandecerei minha pátria.
patriam versus: em direção à pátria.
patria potestas: poder pátrio.
patriciatus, -us: *s.m.* – patriciado, qualidade de patrício.
patricida, -ae ou **parricida, -ae**: *s.m.* – parricida.
patricius, -a, -um: *adj.* – de patrício; patrício, nobre; *s.m.pl.* – patrícios, a nobreza.
patrie: *adv.* – paternalmente.
patrimonium, -ii: *s.n.* – patrimônio, bens de família; herança; bens, haveres.
patrimus, -a, -um: *adj.* – que tem ainda o pai vivo.
patrisso, -as, -are: *v.int.* – proceder como pai.
patritus, -a, -um: *adj.* – de pai, paterno, paternal.
patrius, -a, -um: *adj.* – do pai, paterno; próprio de pai, paternal; que vem dos pais, tradicional; pátria, da pátria.
patro, -as, -avi, -atum, -are: *v.t.* – executar, cumprir; realizar; terminar.
patrocinium, -ii: *s.n.* – proteção dos patrícios aos plebeus, patronagem; defesa (em juízo); patrocínio, socorro; cliente.
patrocinor, -aris, -atus sum, -ari: *v.dep.int.* – tomar sob a proteção, patrocinar; defender (em juízo), justificar.
patrona, -ae: *s.f.* – protetora, defensora; antiga senhora de um liberto.
patronus, -i: *s.m.* – patrono, protetor (dos plebeus); senhor de um liberto; defensor, advogado.
patruelis, -is: *s.m.f.* – primo, prima; *adj.* – de primo paterno.

patruus, -i: *s.m.* – tio paterno; homem severo, ralhador; **-a, -um**: *adj.* – do tio paterno.
patulus, -a, -um: *adj.* – aberto, largo; amplo, extenso; frondoso.
pauca, -orum: *s.n.* – poucas coisas, pouco.
pauca sed bona: pouco, mas bom.
pauci, -orum: *s.m.pl.* – poucos, um pequeno número, apenas algumas pessoas.
pauciloquium, -i: *s.n.* – laconismo, sobriedade nas palavras.
paucis ante diebus: há poucos dias.
paucis post diebus: dentro de poucos dias; poucos dias depois.
paucis verbis: em poucas palavras.
paucitas, -atis: *s.f.* – pequeno número; parcimônia; governo de poucos.
pauculus, -a, -um: *adj.* (mais usado no plural) – que é em pequeno número; pouco numeroso.
paucus, -a, -um: *adj.* – (ordinariamente usado no plural) – pouco numeroso, que é em pequeno número; *pl.* – pouco numeroso, poucos; alguns; *s.m.pl.* – as pessoas principais; a aristocracia.
paulatim ou **paullatim**: *adv.* – aos poucos, pouco e pouco; sucessivamente.
paulatim sed firmiter: devagar, mas com firmeza.
paulisper ou **paullisper**: *adv.* – durante algum tempo; por pouco tempo.
paulisper attende: espera um pouco.
paulo (paullo): *adv.* – pouco.
paululo: *adv.* – um pouquinho.
paululum e **paullulum**: *adv.* – muito pouco, algum pouco; **-i**, *s.n.* – muito pequena quantidade, um quase nada.
paululus e **paullulus, -a, -um**: *adj. dim.* – muito pouco; muito pequeno.
paulum e **paullum**: *adv.* – pouco, de leve; **-i**: *s.n.* – um pouco de, pouca coisa.
paulus e **paullus, -a, -um**: *adj.* – que é em pequena quantidade, pouco; diminuto, pequeno.
pauper, -eris: *adj.m.f.n.* – pobre; pequeno; estéril; *pl.* – os pobres.
paupereculus, -a, -um: *adj.* – pobrezinho; indigente, necessitado.
pauperies, -ei: *s.f.* – pobreza; necessidade, indigência.
paupero, -as, -avi, -atum, -are: *v.t.* – empobrecer; privar de.
paupertas, -atis: *s.f.* – pobreza; indigência, miséria.
paupertas non est probro: pobreza não é vergonha.
pausa (paussa), -ae: *s.f.* – pausa, cessação.
pavefactus, -a, -um: *adj.* – espantado, assustado.
pavens, -entis: *part.pres.* – admirado; amedrontado; espavorido.
paveo, -es, -pavi, -pavere: *v.int./t.* – estar agitado; ter medo; estar atemorizado; recear, temer.
pavesco, -is, pavi, -escere: *v.int./t.* – assustar-se; temer, recear.
pavet animus: minha alma treme.
pavide: *adv.* – com espanto, com pavor, com medo.
pavidus, -a, -um: *adj.* – medroso; espantado; que teme; que denota terror; pavoroso.
pavimentatus, -a, -um: *adj.* – calçado, ladrilhado.
pavimentum, -i: *s.n.* – pedra (para calçada), lájea; mosaico; pavimento (ladrilhado)
pavio, -is, -ivi, -itum, -ire: *v.t.* – bater, calcar (a terra); aplainar, nivelar.
pavito, -as, -avi, -atum, -are: *v.int./t.* – estar atemorizado; temer, recear.
pavo, -onis: *s.m.* – pavão.
pavor, -oris: *s.m.* – agitação, comoção; medo, espanto; pavor.
pax, pacis: *s.f.* – paz; tratado de paz; tranquilidade, sossego; calmaria; indulgência, permissão.
pax Christi: a paz de Cristo.
pax Dei: a paz de Deus.
pax ecclesiae: a paz da igreja.
pax et bonum: a paz e o bem.
pax et securitas: paz e segurança.
pax facta est: fez-se a paz.
pax huic domui: paz para esta casa.
paxillus, -i: *s.m.* – escora, esteio.
pax in caelo, et gloria in excelsis: paz no céu, e glória nas alturas.
pax mihi est cum mortuis: estou em paz com os mortos.
pax orbis terrarum: a paz do mundo; a paz universal.
pax perpetua et libertas: paz perpétua e liberdade.
pax romana: a paz romana.
pax tecum: que a paz esteja contigo.
pax tibi!: paz para ti!
pax vobis: paz para vós.
peccata clamantia: erros clamorosos; crimes que clamam (por vingança).
peccata minuta: pequenos erros; erros sem importância.
peccatum, -i: *s.n.* – falta, culpa; erro; crime, delito.

peccatum mortale: um pecado mortal.
peccatum originale: o pecado original.
peccatum satis est: basta de crimes.
peccavi!: pequei!
pecco, -as, -avi, -atum, -are: *v.int./t.* – cometer uma falta; proceder mal; pecar; enganar-se; errar.
pecten, -inis: *s.m.* – pente; peça do tear; ancinho; plectro, lira; disposição e forma de pente.
pecto, -is, pexi, pexui ou **pectivi, pexum** ou **pectitum, pectere**: *v.t.* – pentear; cardar (a lã).
pectore tenus: até o peito.
pectus, pectoris: *s.n.* – peito; alma, coração; coragem, valor; afeição; espírito, inteligência.
pecuaria, -ae: *s.f.* – gado; rebanhos, manadas.
pecuaria, -orum: *s.n.pl.* – rebanhos de gado; manadas.
pecuarius, -a, -um: *adj.* – de gado, de rebanhos.
peculator, -oris: *s.m.* – peculador, peculatário, ladrão de dinheiro público.
peculatus, -us: *s.m.* – furto de dinheiros públicos, peculato, concussão.
peculiaris, -e: *adj.* – de pecúlio; adquirir com o pecúlio próprio; peculiar, particular; notável.
peculiatus: *adj.* – que tem pecúlio; enriquecido.
peculium, -ii: *s.n.* – pecúlio; economias; bens, haveres.
pecullo, -as, -avi, -atum, -are: *v.t.* – presentear, recompensar, gratificar com pecúlio.
pecunia, -ae: *s.f.* – riqueza em gado; riqueza, haveres; moeda, dinheiro.
pecunia pecuniam parit: dinheiro produz dinheiro.
pecuniarius, -a, -um: *adj.* – de dinheiro, pecuniário.
pecuniosus, -a, -um: *adj.* – rico em gado; rico, endinheirado.
pecus, -oris: *s.n.* – grande número de animais da mesma espécie; gado; rebanho.
pecus, -udis: *s.f.* – animal doméstico; animal (em geral); rês; estúpido, pateta.
pedalis, -e: *adj.* – que é de um pé (de comprimento, largura ou altura).
pedarii senatores: senadores que ainda não tinham exercido cargo algum e não tinham, por isso, voto deliberativo.
pedarius, -a, -um: *adj.* – relativo ao pé, que vai a pé.
pede aequo: com a vela igualmente esticada.
pede aequo congredi: atacar firmemente.
pedem conferre: bater-se com, combater.
pedem efferre: sair.
pedem facere: manobrar uma escota.
pedem ferre: ir, vir.
pedem inferre: entrar.
pedem non discedere, non egredi: não se afastar, não arredar pé.
pedes, -itis: *s.m.* – que vai a pé, pedestre, peão; soldado de infantaria.
pedes conjicere: fugir.
pede secundo: com o pé favorável; afortunadamente.
pede sinistro: com o pé esquerdo; desafortunadamente; com azar.
pedester, -tris, -tre: *adj.* – de pé, que anda a pé, pedestre; que é feito em terra; escrito em prosa, prosaico.
pedetemptim: *adv.* – pé ante pé, cautelosamente; pouco a pouco.
pedibus ambulo meis: eu ando com meus próprios pés.
pedibus claudere verba: encerrar as palavras em pés (métricos).
pedibus merere: servir na infantaria.
pedica, -ae: *s.f.* – laço em que se prendem os pés; peia; armadilha.
pediculos, -i: *s.m.* (**pedis**) – piolho.
pediculos, -i: *s.m.* (**pes**) – pé pequeno.
pediculosus, -a, -um: *adj.* – piolhento, cheio de piolhos.
pedisequa, -ae: *s.f.* – escrava ou criada que acompanha a pé.
pedisequus, -i: *s.m.* – escravo que acompanha a pé; pajem, criado; sequaz, partidário.
peditatus, -us: *s.m.* – infantaria.
pedo, -is, -ere, pepedi, peditum: *v.int.* – expelir ares, peidar, flatulência.
pedule, -is: *s.n.* – chinela.
pedum, -i: *s.n.* – cajado (de pastor).
Pegaseus ou **pegasius, -a, -um** e **pegasis, -idis**: *adj.* – do Pégaso, das musas; poético.
Pegasus, -i: *s.m.* – Pégaso, cavalo alado que fez jorrar a fonte de Hipocrene; mensageiro veloz.
pegma, -atis: *s.n.* – andaime; palanque; estante (de livros); alçapão, máquina de teatro; cena, palco.
peiero, -as, -avi, -atum, -are: *v.int./t.* – perjurar, jurar falso, fazer um juramento falso.

peior (pejos), -us *gen.* **-oris**: *adj.comp.* – pior; mais perverso; mais infeliz; que é de condição inferior.

pelagius ou **pelagicus, -a, -um**: *adj.* – do mar, marítimo; que é de alto mar.

pelagus, -i: *s.m.* – pélago, alto mar; mar.

Pelasgi, -orum: *s.m.pl.* – pelasgos, habitantes da Pelasgia; gregos.

Peliacus, -a, -um: *adj.* – do monte Pélio, na Tessália, pelíaco.

pelicatus, -us: *s.m.* – concubinato.

pellacia, -ae: *s.f.* – engano, embuste, perfídia; cilada.

Pellaeus, -a, -um: *adj.* – peleu, de Pela; macedônio.

pellax, -acis: *adj.* – enganador, pérfido, traiçoeiro, insidioso.

pellectio ou **perlectio, -onis**: *s.f.* – leitura por inteiro, do princípio ao fim.

pellego, ver **perlego**.

pellex, -icis: *s.f.* – concubina, corruptora.

pellicatus, -us: *s.m.* – concubinato.

pellicio ou **perlicio, -is, -lexi** ou **-licui, -licere**: *v.t.* – levar por afagos, atrair com carícias, aliciar, seduzir.

pellicula, -ae: *s.f.dim.* – película; pele.

pellis, -is: *s.f.* – pele; pele curtida, couro; pergaminho; manto, capa; exterior; *pl.* – tendas, barracas.

pellitus, -a, -um: *adj.* – coberto, vestido de peles.

pello, -is, pepuli, pulsum, pellere: *v.t.* – bater, ferir; tocar (um instrumento); excitar, mover; repelir, rechaçar; expelir.

P

pelluceo ou **perlucio, -es, -ere, uxi**: *v.int.* – ser transparente, ser diáfano.

pellucidus ou **perlucidus, -a, -um**: *adj.* – transparente, diáfano.

peloris, -idis: *s.f.* – amêijoa (marisco).

pelta, -ae: *s.f.* – escudo pequeno, chanfrado em meia lua, usado pelos trácios.

peltastes, -ae: *s.m.* (mais usado no plural **peltastae, -orum**) – soldado armado do escudo chamado pelta.

pelvis, -is: *s.f.* – bacia de lavar os pés.

peminosus (paen-), -a, -um: *adj.* – que se fende, que racha.

penarius, -a, -um: *adj.* – relativo aos víveres; em que se guardam víveres

Penates, -ium ou **-um**: *s.m.pl.* – Penates, deuses do lar, da casa, da morada, da família; deuses de um país.

penatiger, -era, -erum: *adj.* – que leva os Penates.

pendente lite: enquanto a ação está em curso; com a ação em curso; durante a ação.

pendeo, -es, pependi, pensum, pendere: *v.int.* – pender, estar suspenso; estar a ponto de cair; hesitar; estar pendente; estar iminente; estar preso, pegado; ter os olhos postos em, estar absorto; depender de.

pendo, -is, pependi, pensum, pendere: *v.t./t.* – pesar; ponderar, examinar; pagar.

pendulus, -a, -um: *adj.* – pendente, suspenso; que está num declive; desassossegado, irresoluto.

penes: *prep.ac.* – em, entre; em poder de, na mão de.

penetrabilis, -e: *adj.* – que pode ser penetrado; que entra, penetrante.

penetrale, -is: *s.n.* (usado geralmente no plural: **penetralia, -ium**) – interior, lugar íntimo de uma casa; santuário; âmago, íntimo.

penetralia mentis: o fundo do coração; os segredos do coração.

penetralis, -e: *adj.* – íntimo, interior, secreto; que penetra, agudo (com respeito ao frio).

penetro, -as, -avi, -atum, -are: *v.int./t.* – penetrar, entrar por; introduzir-se; insinuar-se; vir ao pensamento; impressionar

penicillus, -i: *s.m.* ou **penicillum, -i**: *s.n.* – pincel; pintura.

penitus: *adv.* – interiormente, até o fundo; profundamente; inteiramente, de todo; ao longe.

penna, -ae: *s.f.* – pena (das asas ou da cauda); pena (em geral); plumagem, pluma; asa, voo.

pennatus, -a, -um: *adj.* – guarnecido de penas, alado; emplumado, que tem pontas.

penniger, -era, -erum: *adj.* – coberto de penas, alado, que tem barbatanas.

pennula, -ae: *s.f.dim.* – penazinha; asa pequena.

pensatio, -onis: *s.f.* – compensação.

pensilis, -e: *adj.* – pendente, pendurado; suspenso, pênsil.

pensio, -onis: *s.f.* – pagamento, paga, pensão.

pensito, -as, -avi, -atum, -are: *v.t./int.* – pesar; pagar; ponderar, pensar, examinar.

penso, -as, -avi, -atum, -are: *v.t.* – pesar; pagar, recompensar; comprar; remir; resgatar; ponderar, refletir, pensar.

pensum, -i: *s.n.* – porção de lã para fiar, tarefa (de uma fiandeira); tarefa; dever, obrigação.

pensum solvere: acabar a tarefa.
pensus, -a, -um: *adj.* – pesado; ponderado, apreciado; examinado; prezado, importante.
pentameter, -tra, -trum: *adj.* – que tem cinco pés, pentâmetro.
pentaurum, -i: *s.n.* – trampolim.
Pentelicus, -a, -um: *adj.* – pentélico, do monte Pentélico, na Ática, famoso por seus mármores.
penteres, -is: *s.f.* – navio de cinco ordem de remos.
penum, -i, ver **penus**.
penuria, -ae: *s.f.* – falta, necessidade, privação, escassez de víveres, carência, pobreza.
penus, -i ou **-us**: *s.m.f.* ou **penu**: *indecl.* e **penum, -i**: *s.n.* – víveres, comestíveis.
peplum, -i: *s.n.* e **peplus, -i**: *s.m.* – vestido muito simples que as mulheres gregas traziam sobre a pele; vestido de mulher, semelhante pela sua simplicidade ao pelo primitivo.
per: *prep.ac.* – por; por entre; por meio de, por causa de; durante.
pera, -ae: *s.f.* – alforje, sacola.
perabsurdus, -a, -um: *adj.* – muito absurdo.
per accidens: por acidente; por acaso.
per acclamationem: por aclamação.
peraccommodatus, -a, -um: *adj.* – muito conveniente.
peracer, -cris, -cre: *adj.* – muito ácido, muito azedo; agudo, penetrante.
peracerbus, -a, -um: *adj.* – muito azedo; muito desagradável.
peractio, -onis: *s.f.* – acabamento; conclusão.
per actum caritatis: por ato de amor.
peractum est: está concluído.
peracute: *adv.* – muito engenhosamente, com muita finura.
peracutus, -a, -um: *adj.* – muito afiado, agudo; muito espirituoso.
per adoptionem: por adoção.
peradulescentulus, -a, -um ou **peradolescens, -entis**: *adj.* – mocinho, rapaz.
peraeque: *adv.* – do mesmo modo, igualmente; exatamente.
per aevum: para sempre.
peragito, -as, -avi, -atum, -are: *v.t.* – agitar, excitar; acossar.
perago, -is, -egi, -actum, -agere: *v.t.* – levar ao fim, acabar, perseguir; acossar; não cessar de; atravessar, percorrer, levar a termo, executar; expor, apresentar.
peragratio, -onis: *s.f.* – ação de percorrer, excursão.
peragro, -as, -avi, -atum, -are: *v.int./t.* – percorrer (em viagem); viajar por; atravessar.
peralbus, -a, -um: *adj.* – muito branco.
peramans, -antis: *adj.* – muito amigo de, dedicadíssimo a alguém.
peramanter: *adv.* – muito afetuosamente.
per ambages: em círculos; por circunlóquios.
perambulo, -as, -avi, -atum, -are: *v.t.* – percorrer, atravessar, visitar sucessivamente.
peramoenus, -a, -um: *adj.* – muito agradável, ameno.
peramplus, -a, -um: *adj.* – muito vasto, muito extenso.
peranguste: *adv.* – muito brevemente; muito estreitamente.
perangustus, -a, -um: *adj.* – muito apertado, muito estreito.
per annum: durante o ano; por ano.
perantiquus, -a, -um: *adj.* – muito antigo.
perappositus, -a, -um: *adj.* – muito apropriado ou conveniente a.
perarduus, -a, -um: *adj.* – muito difícil.
perargutus, -a, -um: *adj.* – muito agudo, muito espirituoso.
peraridus, -a, -um: *adj.* – muito seco, inteiramente árido.
perarmatus, -a, -um: *adj.* – bem armado.
peraro, -as, -avi, -atum, -are: *v.t.* – sulcar; escrever.
per aspera ad astra: chega-se aos astros através de dificuldades.
per assensum partium: pelo assentimento das partes.
perattente: *adv.* – com muita atenção.
perattentus, -a, -um: *adj.* – muito atento.
perbacchor, -aris, -atus sum, -ari: *v.dep.* – entregar-se a orgias, embriagar-se.
perbasio, -as, -are: *v.t.* – beijar com paixão, com ternura.
perbeatus, -a, -um: *adj.* – muito feliz.
perbelle: *adv.* – muito bem, de modo muito agradável.
perbene: *adv.* – muito bem, perfeitamente.
perbenevolus, -a, -um: *adj.* – muito benévolo, bem disposto para com.
perbenigne: *adv.* – com muita benevolência, muita bondade.
perbibo, -is, -bibi, -bibitum, -bibere: *v.t.* – beber inteiramente, embeber-se; impregnar-se de; imbuir-se de.

P

perbito, -is, -ere: *v.int.* – ir embora para sempre, desaparecer.
perblandus, -a, -um: *adj.* – muito amistoso, muito afável, insinuante.
perbonus, -a, -um: *adj.* – muito bom, boníssimo, excelente.
perbrevis, -e: *adj.* – muito breve; muito conciso.
perbreviter: *adv.* – muito sucintamente.
percalleo, -es, -ui, -ere: *v.int./t.* – endurecer-se; saber bem, profundamente.
percallesco, -is, -lui, -escere: *v.int.* – endurecer-se, torra-se calejado.
per capita: pelas cabeças; de acordo com o número de indivíduos.
percarus, -a, -um: *adj.* – que custa muito, muito caro; muito querido.
percautus, -a, -um: *adj.* – muito cauteloso.
percelebratus, -a, -um: *adj.* – muito conhecido ou falado.
percelebro, -as, -avi, -atum, -are: *v.t.* – falar muitas vezes de.
perceler, -eris: *adj.* – muito ligeiro, rápido.
perceleriter: *adv.* – muito depressa.
percello, -is, -culi, -culsum, -cellere: *v.t.* – mover batendo; bater em, ferir; derrubar, vencer; comover, espantar.
percenseo, -es, -ui, -sum, -ere: *v.t.* – recensear; contar, enumerar; percorrer.
per centum: por cada cento.
perceptio, -onis: *s.f.* – ação de colher, colheita; percepção.
P
percido, -is, -cidi, -cisum, -ere: *v.t.* – cortar em pedaços, destruir, destroçar.
percieo, -es, -ivi ou **-ii, -itum, -ere**: *v.t.* – pôr em movimento, agitar com força.
percipio, -is, -cepi, -ceptum, -cipere: *v.t.* – apoderar-se de, tomar; colher; perceber, ouvir, escutar; aprender; receber; prestar juramento.
percitus, -a, -um: *adj.* – agitado, excitado; irritado, furioso.
percivilis, -e: *adj.* – cheio de bondade.
perclamo, -as, are: *v.t.* – gritar fortemente.
percolo, -as, -avi, -atum, -are: *v.t.* – coar, filtrar, fazer passar através de; digerir.
percolo, -is, -lui, -cultum, -colere: *v.t.* – acabar, rematar; aperfeiçoar; adornar; honrar.
percolopo, -as, -are: *v.t.* – esbofetear a valer.
percomis, -e: *adj.* – muito afável.
percommode: *adv.* – muito comodamente; muito a propósito.
percommodus, -a, -um: *adj.* – muito favorável ou conveniente; que vem muito a tempo.
percontatio ou **percunctatio, -onis**: *s.f.* – ação de informar, pergunta, interrogação.
percontator ou **percunctator, -oris**: *s.m.* – o que interroga, perguntador.
percontor ou **percunctor, -aris, -atus sum, -ari**: *v.dep.t./tnt.* – perguntar, interrogar, inquirir.
per contra: em direção contrária; ao contrário; por outro lado.
percoquo, -is, -coxi, -coctum, -coquere: *v.t.* – cozinhar bem (ao fogo); aquecer; amadurecer bem.
percrebresco, -is, -brui ou **-bui, -brescere**: *v.t.* – divulgar-se, tornar-se público; tornar-se frequente.
percrepo, -as, -ui, -itum, -are: *v.int/t.* – fazer grande estrondo; retumbar de; celebrar.
percrucio, -as, -are: *v.t.* – atormentar cruelmente.
percupides, -a, -um: *adj.* – ansioso de; muito dedicado.
percupidus, -a, -um: *adj.* – muito ligado, muito amigo.
percupio, -is, -ere: *v.t.* – desejar ardentemente.
percuriosus, -a, -um: *adj.* – muito atento; muito curioso
percuro, -as, -avi, -atum, -are: *v.t.* – curar completamente.
percurro, -is, -curri e **-cucurri, -cursum, -currere**: *v.int./t.* – correr; percorrer, atravessar; consultar, ler, tocar de leve (em um assunto).
percursatio, -onis: *s.f.* – ação de percorrer; digressão por.
percursio, -onis: *s.f.* – ação de percorrer; resenha, apanhado.
percurso, -as, -avi, -atum, -are: *v.t.* – percorrer.
percursus, -a, -um: *adj.* – percorrido; passado em revista, particularizado.
percussio, -onis: *s.f.* – percussão, golpe, pancada; tempo, cadência, ritmo.
percussor, -oris: *s.m.* – o que fere, matador, assassino.
percutio, -is, -cussi, -cussum, -utere: *v.t.* – atravessar batendo, bater com força, ferir, matar; cunhar (moeda); tanger (lira); tocar, impressionar; afligir, engodar.
perdelirus, -a, -um: *adj.* – muito insensato, extravagante.

perdere tempus: perder o tempo; gastar o tempo com coisas inúteis.
perdidi operam: perdi meu esforço.
per diem: por dia: durante o dia.
perdifficilis, -e: *adj.* – muito difícil.
perdifficiliter: *adv.* – muito dificilmente.
perdignus, -a, -um: *adj.* – muito digno.
perdiligens, -entis: *adj.* – muito cuidadoso.
perdiligenter: *adv.* – com muita diligência, exatidão.
per directum: diretamente; por via reta.
perdisco, -is, -didici, -discere: *v.t.* – aprender inteiramente, aprender do princípio ao fim, ir a fundo.
perdiserte: *adv.* – muito eloquentemente.
perdis operam: trabalhas em vão.
perdite: *adv.* – de maneira infame, torpemente, criminosamente, com excesso, perdidamente.
perditionis via: o caminho da perdição.
perditor, -oris: *s.m.* – destruidor; flagelo, peste.
perditus, -a, -um: *adj.* – perdido, depravado; imoderado, excessivo.
perdiu: *adv.* – durante muito tempo.
perdiuturnus, -a, -um: *adj.* – que dura muito tempo.
perdives, -itis: *adj.* – extremamente rico.
perdix, -icis: *s.f.* – perdiz.
perdo, -is, -didi, -ditum, -dere: *v.t.* – perder, deitar a perder; dissipar; corromper; destruir, arruinar; matar.
perdoceo, -es, -cui, -ctum, -cere: *v.t.* – instruir bem; ensinar profundamente.
perdocte: *adv.* – muito sabiamente, profundamente.
perdoctus, -a, -um: *adj.* – bem ensinado, douto, sábio.
perdolesco, -is, -dolui, -escere e **perdoleo, -es, -ui, -itum, -ere**: *v.int.* – ter uma grande dor; afligir-se muito.
per dolum: por dolo; por meio de dolo.
perdomisco, -is, -ere: *v.int.* – dormir profundamente.
perdomitor, -oris: *s.m.* – o que venceu, dominador de.
perdomo, -as, -ui, -itum, -are: *v.t.* – subjugar completamente; submeter.
perduco, -is, -xi, -ctum, -cere: *v.t.* – conduzir até o fim, levar até; prolongar, estender; resolver a, persuadir untar, esfregar.
perducto, -as, -are: *v.t.* – levar alguém a, aliciar.
perductor, -oris: *s.m.* – condutor, guia; corruptor, subornador.
perdudum: *adv.* – há muito tempo.
perduellio, -onis: *s.f.* – crime de lesa-pátria; revolta contra o Estado.
perduellis, -is: *s.m.* – inimigo.
perduim, perduis, -duit, -duint: *subj.arc.* por **perdas, -dat, -dant**, usado em fórmulas de imprecação; **dii te perduint**, os deuses te percam.
perduro, -as, -avi, -atum, -are: *v.t./int.* – durar muito tempo, perdurar; aturar.
peredo, -is, -edi, -esum, -edere: *v.t.* – devorar; roer, corroer; consumir.
peregre: *adv.* – ao longe, no estrangeiro, de fora, do exterior.
peregrinabundus, -a, -um: *adj.* – que viaja muito; habituado a viajar.
peregrinatio, -onis: *s.f.* – peregrinação, longa viagem.
peregrinatio vita est: a vida é uma peregrinação.
peregrinator, -oris: *s.m.* – o que viaja por terras distantes; que vive viajando.
peregrinitas, -atis: *s.f.* – condição de estrangeiro, costume, uso de país estrangeiro; estrangeirice.
peregrinor, -aris, -atus sum, -ari: *v.dep.* – viajar em país estrangeiro, peregrinar; viajar, percorrer; morar no estrangeiro.
peregrinus, -a, -um: *adj.* – que viaja no estrangeiro, peregrino; estranho.
perelegans, -antis: *adj.* – que é de muito bom gosto, elegantíssimo.
pereleganter: *adv.* – muito delicada ou elegantemente.
pereloquens, -entis: *adj.* – muito eloquente.
peremnia, -ium: *s.n.pl.* – auspícios tomados antes de atravessar um rio.
peremptalis, -e: *adj.* – que destrói.
peremptor, -oris: *s.m.* – assassino.
peremptorius, -a, -um: *adj.* – que mata, mortal.
perendie: *adv.* – depois de amanhã.
perendimus, -a, -um: *adj.* – de depois de amanhã.
perennis, -e: *adj.* – que dura, durável; duradouro, perene; inesgotável, fixo; constante, contínuo.
perenniservus, -i: *s.m.* – escravo perpétuo.
perennitas, -atis: *s.f.* – perenidade, perpetuidade.
perenno, -as, -avi, -atum, -are: *v.t./int.* – durar um ano; durar muito.

P

pereo, -is, -ivi ou **-ii, -itum, -ire**: *v.int./t.* – ir embora para sempre, passar por, sair de; perecer, morrer; perder-se, arruinar-se; amar apaixonadamente.
per epistulam: por carta.
perequito, -as, -avi, -atum, -are: *v.int./t.* – percorrer a cavalo.
pererro, -as, -avi, -atum, -are: *v.int./t.* – vagar, correr por; percorrer, atravessar.
pereruditus, -a, -um: *adj.* – muito instruído, doutíssimo.
perexcelsus, -a, -um: *adj.* – muito alto, muito elevado.
perexigue: *adv.* – com muita escassez; muito exiguamente, mesquinhamente.
perexiguus, -a, -um: *adj.* – que é de pouca importância, pequenino; insignificante.
perexpeditus, -a, -um: *adj.* – muito fácil; muito ligeiro, expedito.
per extensum: por extenso; exaustivamente.
perfacete: *adv.* – com muita graça.
perfacetus, -a, -um: *adj.* – muito espirituoso, divertido.
perfacile: *adv.* – muito facilmente, com muita benevolência.
perfacilis, -e: *adj.* – muito fácil; muito condescendente.
perfamiliaris, -e: *adj.* – muito amigo; **-is**: *s.m.* – amigo íntimo.
perfecte: *adv.* – completamente, perfeitamente.
perfectio, -onis: *s.f.* – remate; perfeição.
perfector, -oris: *s.m.* – o que realiza inteiramente; o que aperfeiçoa.
perfectus, -a, -um: *adj.* – acabado, completo; feito com arte, bem trabalhado; aperfeiçoado; perfeito.
perferens, -entis: *part.pres.* – que suporta; paciente, sofredor.
perfero, -fers, -tuli, -latum, -ferre: *v.t.* – levar, trazer; sustentar até o fim; cumprir, satisfazer; sofrer, tolerar; apresentar; referir.
perficio, -is, -feci, -fectum, -ficere: *v.t.* – acabar, perfazer; trabalhar, fabricar (com arte); realizar; aperfeiçoar; conseguir; completar.
perfidelis, -e: *adj.* – muito fiel, muito digno de confiança.
perfidens e **praefidens, -entis**: *adj.* – que tem muita confiança.
perfidia, -ae: *s.f.* – perfídia, traição.
perfidiose: *adv.* – perfidamente, à traição.
perfidus e **perfidiosus, -a, -um**: *adj.* – pérfido, falso; que falta à palavra; em que há perfídia.
perfixus, -a, -um: *adj.* – furado, atravessado, transpassado.
perflabilis, -e: *adj.* – aéreo, que é de natureza aérea.
perflagitiosus, -a, -um: *adj.* – muito vergonhoso, infame.
perflo, -as, -avi, -atum, -are: *v.t./int.* – soprar com força; abanar soprando; ventilar.
perfluo, -is, -xi, -xum, -ere: *v.int./t.* – correr por, até o fim; vazar; estar inundado; escapar-se.
perfodio, -is, -odi, -ossum, -odere: *v.t.* – varar, furar; trespassar.
perforo, -as, -avi, -atum, -are: *v.t.* – varar, perfurar; abrir.
perfortiter: *adv.* – com muita bravura.
per fraudem: por fraude.
perfrequens, -entis: *adj.* – muito frequentado.
perfrico, -as, -aui, -catum ou **-ctum, -are**: *v.t.* – esfregar bem; coçar; limpar.
perfrigidus, -a, -um: *adj.* – muito frio.
perfringo, -is, -fregi, -fractum, -fringere: *v.t.* – fazer em pedaços; fender, quebrar; romper, destruir.
perfruor, -eris, -fructus sum, -frui: *v.dep.t./int.* – gozar, ter grande prazer em; cumprir, executar.
perfuga, -ae: *s.m.* – transfuga, desertor; refugiado.
perfugio, -is, -ugi, -itum, -ugere: *v.int.* – refugiar-se em, escapar para.
perfugium, -ii: *s.n.* – refúgio, abrigo.
perfunctio, -onis: *s.f.* – exercício de um cargo, de uma função; emprego.
perfunctorie: *adv.* – ligeiramente, superficialmente.
perfundo, -is, -udi, -usum, -undere: *v.t.* – verter em ou sobre; umedecer; regar, banhar; encher de; cobrir.
perfungor, -eris, -functus sum, -fungi: *v. dep.int.* – exercer, desempenhar; ter passado por, estar livre de.
perfuro, -is, -ere: *v.int./t.* – encolerizar-se, enfurecer-se.
perfusio, -onis: *s.f.* – ação de molhar, banhar.
perfusorius, -a, -um: *adj.* – superficial, vago, impreciso.
pergaudeo, -es, -ere: *v.int.* – regozijar-se, alegrar-se muito.
perge audacter: prossegue corajosamente.
perge, sed caute: avança, mas com cautela.
pergnarus, -a, -um: *adj.* – que conhece perfeitamente.

pergo, -is, -rexi, -rectum, -gere: *v.t./int.* – andar, ir seu caminho, prosseguir, encaminhar-se, continuar.
per gradus: por graus; por passos; pouco a pouco.
pergrandis, -e: *adj.* – muito grande, importante; avançado em (com relação à idade).
pergratus, -a, -um: *adj.* – muito agradável.
pergravis, -e: *adj.* – de grande peso; muito importante, muito grave, fidedigno.
pergraviter: *adv.* – muito gravemente, muito fortemente.
pergula, -ae: *s.f.* – pérgula, balcão, varanda; escola; observatório de astrônomo; quarto de meretriz.
perhibeo, -es, -ui, -itum, -ere: *v.t.* – dar, fornecer; dar nome, chamar; citar; contar, referir.
perhonorifice: *adv.* – de modo muito honroso.
perhonorificus, -a, -um: *adj.* – muito honroso; muito respeitoso.
perhorreo, -es, -ui, -ere: *v.int./t.* – tremer de medo, arrepiar-se, eriçar-se; estremecer (de horror).
perhorresco, -is, -ui, -escere: *v.int./t.* – estremecer todo; ter horror a, detestar.
perhorridus, -a, -um: *adj.* – terrível, espantoso, horrível.
perhumaniter: *adv.* – com toda a cortesia, afabilidade.
perhumanus, -a, -um: *adj.* – muito cortês, benigno.
periclitatio, -onis: *s.f.* – prova, ensaio, experiência.
periclitatus, -a, -um: *adj.* – que ensaiou; que correu o risco de; provado, experimentado.
periclitor, -aris, -atus sum, ari: *v.dep.t./int.* – experimentar, tentar; correr perigo, arriscar-se; estar sujeito a; pôr em perigo.
periculose: *adv.* – com risco, perigosamente.
periculo suo: por própria conta e risco.
periculosus, -a, -um: *adj.* – arriscado, perigoso.
periculum, -i: *s.n.* – ensaio, prova; experiência; risco, perigo; doença; (mais raramente) causa, processo; condenação.
periculum creditoris est: o risco é do credor.
periculum est emptoris: o risco é do comprador.
periculum in mora: perigo de mora, perigo na demora.
per idem tempus: na mesma época.
peridoneus, -a, -um: *adj.* – muito próprio para, apto para.
periectio, -onis: *s.f.* – leitura por inteiro, do princípio ao fim.
perillustris, -e: *adj.* – muito conhecido, célebre, afamado.
perimbecillus, -a, -um: *adj.* – muito fraco, muito débil.
perimo, -is, -emi, -emptum, -imere: *v.t.* – destruir; abolir; aniquilar; matar.
per imprudentiam: por imprudência; por inadvertência.
perinanis, -e: *adj.* – inteiramente vazio.
perincertus, -a, -um: *adj.* – muito incerto, inseguro.
perincommode: *adv.* – muito fora de tempo ou de propósito.
perincommodus, -a, -um: *adj.* – muito incômodo.
per incuriam: por negligência.
perinde: *adv.* – igualmente; do mesmo modo.
perinde ac cadaver: como se fosse um cadáver.
perindulgens, -entis: *adj.* – condescendente demais.
per infamiam et bonam famam: por infâmia e por boa fama.
perinfamis, -e: *adj.* – que é de péssima reputação, desacreditado.
perinfirmus, -a, -um: *adj.* – muito débil; insignificante.
per infortunium: por infortúnio; sem intenção.
peringeniosus, -a, -um: *adj.* – muito engenhoso, espirituoso.
peringratus, -a, -um: *adj.* – muito ingrato.
periniquus, -a, -um: *adj.* – muito injusto; muito indignado.
perinsignis, -e: *adj.* – muito notável; disforme; extraordinário.
per interim: enquanto isso.
perinvisus, -a, -um: *adj.* – muito detestado.
perinvitus, -a, -um: *adj.* – muito constrangido, muito contra a vontade.
per iocum: por brincadeira; por gracejo.
periodus, -i: *s.f.* – período.
Peripateticus, -a, -um: *adj.* – peripatético, relativo à escola de Aristóteles; **-i**: *s.m.* – filósofo que segue a doutrina de Aristóteles.
peripetasma, -atis: *s.n.* – tapeçarias, tapete, armação.
periphrasis, -is: *s.f.* – perífrase, circunlóquio.
periplus, -i: *s.m.* – circunavegação.

periratus, -a, -um: *adj.* – muito irritado, encolerizado.
periscelis, -idis: *s.f.* – argolas ou ornatos em forma de anel que as mulheres traziam acima do tornozelo.
peristasis, -is: *s.f.* – assunto, argumento.
peristroma, -atis: *s.n.* – cobertura ou guarnição de leito.
peristylum, -i e **perstylium, -ii**: *s.n.* – série de pórticos à volta de um espaço livre; galeria de colunas construída em torno do pátio principal de uma casa.
perite: *adv.* – com perícia, habilmente, com arte.
peritia, -ae: *s.f.* – experiência; habilidade, saber.
peritus, -a, -um: *adj.* – experimentado; hábil, perito; que sabe; instruído.
perjucunde: *adv.* – muito agradavelmente, com muito prazer.
perjucundus, -a, -um: *adj.* – muito agradável; muito aprazível, ameno.
perjurium, -ii: *s.n.* – juramento falso, perjúrio.
perjuro, -as, -avi, -atum, -are: *v.int.* – jurar falso, perjurar.
perjurus, -a, -um: *adj.* – perjuro; falso, impostor.
perlabor, -eris, -lapsus sum, -labi: *v.dep. int./t.* – passar por cima, deslizar sobre; atravessar por; chegar a.
per laborem progredimur: progredimos pelo trabalho.
perlaetus, -a, -um: *adj.* – muito alegre.
perlate: *adv.* – muito longe.
perlateo, -es, -ui, -ere: *v.int.* – estar sempre oculto.
perlatus, -a, -um: *adj.* – trazido, levado até; chegado a.
perlecebra, -ae: *s.f.* – isca, engodo, meio de sedução.
per legem terrae: pela lei do país.
perlego, -is, -lexi, -lectum, -legere: *v.t.* – recolher até o fim; examinar, ler até o fim.
perlepide: *adv.* – com muita graça, com muito agrado.
perlevis, -e: *adj.* – muito pequeno, leve; insignificante.
perleviter: *adv.* – muito ligeiramente, muito fracamente.
perlibens, -entis: *adj.* – que faz de muito bom grado; que é muito condescendente.
perlibenter: *adv.* – de muito boa vontade, com muito gosto.
perliberalis, -e: *adj.* – muito generoso, liberal; muito bem educado.
perliberaliter: *adv.* – com muita generosidade; muito obsequiosamente.
perlicio, ver **pellicio**.
perlito, -as, -avi, -atum, -are: *v.int./t.* – sacrificar com auspícios muito favoráveis, oferecer um sacrifício agradável aos deuses.
per litteras: por carta.
perlitteratus, -a, -um: *adj.* – muito instruído.
perlongus, -a, -um: *adj.* – muito comprido, longo demais, muito dilatado.
perlucens, -entis: *part.pres.* – muito claro, transparente.
perluceo, -es, -uxi, -ucere: *v.int.* – ser transparente; deixar ver, mostrar-se; brilhar
perlucidulus, -a, -um: *adj.dim.* de **perlucidus**.
perlucidus, -a, -um: *adj.* – claro, límpido; transparente; muito luminoso.
perluctuosus, -a, -um: *adj.* – muito triste, funesto, lamentável.
per ludibrium: por zombaria.
per ludum: por brincadeira; por gracejo.
perluo, -is, -lui, -utum, -uere: *v.t.* – lavar; banhar.
perlustro, -as, -avi, -atum, -are: *v.t.* – percorrer; passar em revista; perlustrar.
permagno: *adv.* – muito caro, de preço muito elevado.
permagnus, -a, -um: *adj.* – muito grande; muito importante.
permale: *adv.* – pessimamente.
permananter: *adv.* – em comunicação, comunicando-se.
permaneo, -es, -ansi, -ansum, -nere: *v.int./t.* – permanecer; persistir, perseverar.
permano, -as, -avi, -atum, -are: *v.int.* – correr através; introduzir-se, penetrar; divulgar-se.
permansio, -onis: *s.f.* – ação de morar, morada; estada, permanência; perseverança.
per manus: pelas mãos; por meios violentos.
per mare, per ecclesiam: pelo mar, pela igreja.
per mare, per terras: por mar, por terra.
permarinus, -a, -um: *adj.* (usado no plural com as palavras **dii**, **lares**) – protetor (deus) dos marinheiros.
permaturesco, -is, -rui, -rescere: *v.int.* (usado geralmente no *pret.perf.)* – amadurecer bem.
permediatus, -a, -um: *adj.* – bem instruído.
permediocris, -e: *adj.* – muito medíocre.

per mensem: por mês; mensalmente.
permeo, -as, -avi, -atum, -are: *v.int./t.* – chegar a; atravessar; penetrar em.
permetior, -iris, -mensus sum, -metiri: *v. dep.* – medir inteiramente; percorrer.
per minas: por meio de ameaças.
permingo, is, -ere, -minxi: *v.t.* – urinar sobre, inundar de urina.
permirus, -a, -um: *adj.* – muito admirável.
permisceo, -es, -cui, -ixtum ou **-istum, -iscere**: *v.t.* – misturar; confundir, pôr em desordem; perturbar.
per misericordiam Dei: pela misericórdia divina.
permissa venia: com a devida licença.
permissio, -onis: *s.f.* – ação de entregar, entrega; permissão.
permissum, -i: *s.n.* – permissão.
permissus, -us: *s.m.* (usado só no *abl.sing.*) – licença, autorização.
permissu superiorum: com permissão dos superiores.
permitto, -is, -misi, -missum, -mittere: *v.t.* – dirigir para diante; impelir; arrojar, atirar; enviar para longe; deixar passar; entregar, ceder; autorizar, permitir.
permixtio, -onis: *s.f.* – mistura; confusão.
permodestus, -a, -um: *adj.* – muito moderado, circunspecto.
permodicus, -a, -um: *adj.* – pouco extenso, de pouca importância.
permoleste: *adv.* – com grande pesar, com muito desagrado.
permolestus, -a, -um: *adj.* – muito incômodo, insuportável.
permotio, -onis: *s.f.* – perturbação, comoção; paixão.
permoveo, -es, -ovi, -otum, -ere: *v.t.* – agitar fortemente; comover, abalar; excitar; perturbar; cansar.
permulceo, -es, -si, -sum ou **-ctum, -cere**: *v.t.* – acariciar; encantar, deleitar; acalmar.
permulto: *adv.* – muitíssimo, extremamente.
permultum: *adv.* – sumamente, muitíssimo.
permultus, -a, -um: *adj.* – que é em grande quantidade; *pl.* – muitíssimos, numerosos.
permunio, -is, -ivi ou **-ii, -itum, -ire**: *v.t.* – fortificar bem; acabar de fortificar.
permutatio, -onis: *s.f.* – grande alteração; mudança; troca, permuta.
permuto, -as, -avi, -atum, -are: *v.t.* – alterar completamente, mudar de todo; trocar, permutar; comprar.
perna, -ae: *s.f.* – perna (de porco); pernil, presunto.
pernecessarius, -a, -um: *adj.* – muito necessário, muito íntimo.
pernecesse, -est, -fuit, -esse: *v.unip.* – ser muito necessário.
pernego, -as, -avi, -atum, -are: *v.t.* – negar a pés juntos; recusar resolutamente.
perniciabilis e **pernicialis, -e**: *adj.* – pernicioso, funesto; mortal.
pernicies, ei: *s.f.* – massacre, morticínio; perda, destruição; ruína; desgraça; condenação.
perniciosus, -a, -um: *adj.* – nocivo, funesto; pernicioso.
pernicitas, -atis: *s.f.* – rapidez (na corrida); velocidade.
perniciter: *adv.* – depressa, velozmente.
pernix, -icis: *adj.* – rápido, veloz; incansável (na carreira, no trabalho); pronto em ou a.
pernobilis, -e: *adj.* – muito conhecido, célebre.
per noctem: durante a noite.
pernocto, -as, -avi, -atum, -are: *v.int./t.* – pernoitar; velar.
pernosco, -is, -ovi, -otum, -oscere: *v.t.* – conhecer perfeitamente, estudar a fundo.
pernotesco, -is, -tui, -escere: *v.int.* – ser bem conhecido, tornar-se notório.
pernotus, -a, -um: *adj.* – muito conhecido.
pernox, noctis: *adj.* – que dura toda a noite.
pernumero, -as, -avi, -atum, -are: *v.t.* – contar bem, fazer a conta; pagar.
pero, -onis: *s.m.* – bota, polaina de couro.
per obitum: por morte; em consequência do falecimento.
per obliquum: por caminho indireto; por via indireta.
perobscurus, -a, -um: *adj.* – muito obscuro.
perodiosus, -a, -um: *adj.* – muito impertinente, insuportável.
perofficiose: *adv.* – muito afavelmente, com grande cortesia.
perolesco, -is, -evi, -ere: *v.int.* – desenvolver-se inteiramente, aumentar.
per omnia saecula benedictus: para sempre abençoado.
peropportune: *adv.* – muito oportunamente, a propósito.
peropportunus, -a, -um: *adj.* – que vem muito a propósito, muito oportuno.
peroptato: *adv.* – muito a contento, muito a gosto.

P

peroratio, -onis: *s.f.* – ação de falar por muito tempo, peroração.
per ordinem alphabeti: em ordem alfabética.
perorno, -as, -avi, -atum, -are: *v.t.* – ornar bem; encher de honras.
peroro, -as, -avi, -atum, -are: *v.t.* – terminar um discurso, perorar; advogar até o fim; expor; declarar.
perosus, -a, -um: *adj.* – que abomina, que detesta; aborrecido.
perpaco, -as, -avi, -atum, -are: *v.t.* – pacificar completamente.
perparvulus, -a, -um: *adj.dim.* – muito pequenino.
perparvus, -a, -um: *adj.* – muito pequeno, pequenino.
perpastus, -a, -um: *adj.* – bem nutrido, gordo.
perpauci, -ae, -a: *adj.* – muito pouco numerosos; muito poucos.
perpauculi, -ae, -a: *adj.pl.dim.* – muito pouco numerosos, pouquíssimos.
perpaullulum, -i: *s.n.* – em quase nada de, um pouquinho.
perpaullum: *adv.* – muito pouco.
perpauper, -eris: *adj.* – paupérrimo.
perpello, -is, -puli, -pulsum, -pellere: *v.t.* – impelir; pôr em ação, agitar; comover, decidir a.
perpendiculum, -i: *s.n.* – prumo, nível.
perpendo, -is, -di, -sum, -dere: *v.t.* – pesar com exatidão; ponderar, julgar.
perperam: *adv.* – indevidamente; mal; falsamente.
perpes, -etis: *adj.* – não interrompido, contínuo; completo.
perpessio, -onis: *s.f.* – ação de sofrer, paciência, resignação.
perpetim: *adv.* – continuamente, sem interrupção.
perpetior, -eris, -essus sum, -eri: *v.dep.t.* – suportar, sofrer; tolerar; resignar-se a; estar sujeito a; consentir.
perpetro, -as, -avi, -atum, -are: *v.t.* – levar a cabo, executar; cumprir.
perpetualis, -e: *adj.* – geral, universal.
perpetue: *adv.* – de modo contínuo, sem interrupção.
perpetuitas, -atis: *s.f.* – continuidade; seguimento, continuação; constância; perpetuidade.
perpetuo: *adv.* – continuadamente, sem interrupção; sempre, perpetuamente.
perpetuo, -as, -avi, -atum, -are: *v.t.* – fazer sem interrupção; não cessar de; perpetuar.
perpetuum mobile: o movimento perpétuo.
perpetuus, -a, -um: *adj.* – não interrompido, contínuo; inteiro; que dura toda a vida, perpétuo; geral, universal.
perplaceo, -es, -ui, -itum, -ere: *v.int.* – agradar muito.
perplexor, -aris, -ari: *v.dep.t.* – enredar, equivocar, embrulhar.
perplexus, -a, -um: *adj.* – confundido, misturado; que dá muitas voltas; tortuoso; emaranhado; ambíguo, obscuro.
perpluo, -is, -ere: *v.int.* – deixar correr, deixar passar a chuva ou a água.
per plures: pela maioria.
perpolio, -is, -ivi, -itum, -ire: *v.t.* – polir, limar; rever.
perpolitio, -onis: *s.f.* – última demão, acabamento (de uma obra).
perpolitus, -a, -um: *adj.* – muito polido, brilhante; muito cultivado; bem ornado; acabado, perfeito.
perpopulatus, -a, -um: *adj.* – que devastou inteiramente; assolado.
perpopulor, -aris, -atus sum, -ari: *v.dep.t.* – devastar, saquear, assolar.
perporto, -as, -avi, -atum, -are: *v.t.* – levar até o seu destino.
perpotatio, -onis: *s.f.* – ação de beber com excesso; *pl.* – orgias.
perpoto, -as, -avi, -atum, -are: *v.t./int.* – beber demais; embriagar-se.
perprimo, -is, -pressi, -pressum, -primere: *v.t.* – apertar sempre; fazer sair apertando; prender-se a.
per procurationem: por procuração.
perpropinquus, -a, -um: *adj.* – muito próximo, muito vizinho.
perprosper, -pera, -perum: *adj.* – muito feliz, muito favorável.
perprurisco, -is, -ere: *v.int.* – sentir grande comichão.
perpugnax, -acis: *adj.* – muito obstinado; argumentador pertinaz.
perpurgo, -as, -avi, -atum, -are: *v.t.* – limpar, purgar bem; esclarecer; liquidar (contas).
perpusillum: *adv.* – muito pouco.
perputo, -as, -are: *v.t.* – explicar completamente, esquadrinhar.
perquam: *adv.* – inteiramente, sumamente.
perquiro, -is, -sivi, -situm, -rere: *v.t.* – procurar com cuidado; inquirir, perguntar; esquadrinhar.
perquisite: *adv.* – profundamente, cuidadosamente.

perquisitor, -oris: *s.m.* – o que busca, pesquisador.
perraro: *adv.* – muito raramente.
perrarus, -a, -um: *adj.* – muito raro.
perreconditus, -a, -um: *adj.* – muito oculto, muito misterioso.
per recte et retro: para a frente e para trás.
perrepo, -is, -psi, -ptum, -pere: *v.int./t.* – arrastar-se sobre; estender-se.
perrepto, -as, -avi, -atum, -are: *v.t.* – arrastar-se para, introduzir-se, penetrar, percorrer.
perridiculus, -a, -um: *adj.* – sumamente ridículo.
perrogo, -as, -avi, -atum, -are: *v.t.* – perguntar sucessivamente a todos, interrogar um por um; propor (uma lei).
perrumpo, -is, -upi, -uptum, -umpere: *v.t./int.* – quebrar, fender; despedaçar; fazer irrupção em; derrotar; vencer.
persaepe: *adv.* – muitíssimas vezes.
persalse: *adv.* – com muita graça, espirituosamente.
persalsus, -a, -um: *adj.* – muito espirituoso, engraçado.
persalutatio, -onis: *s.f.* – saudação dirigida a todos, cumprimentos.
persaluto, -as, -avi, -atum, -are: *v.t.* – saudar um por um, saudar a todos.
persancte: *adv.* – muito religiosamente.
persapiens, -entis: *adj.* – muito prudente, sábio.
persapienter: *adv.* – muito sabiamente.
perscienter: *adv.* – muito prudentemente.
perscindo, -is, -idi, -issum, -indere: *v.t.* – fender, rasgar; despedaçar.
perscitus, -a, -um: *adj.* – muito bonito; muito engenhoso.
perscribo, -ipsi, -iptum, -bere: *v.t.* – escrever por extenso, miudamente; compor, referir; transcrever por inteiro; fazer a escrituração de, fazer assento; pagar (em letras).
perscriptio, -onis: *s.f.* – escrituração, diário; ato de registrar; livro de lançamentos ou de contas; letra de câmbio.
perscriptor, -oris: *s.m.* – escriturário, escrevente, copista.
perscrutor, -aris, -atus sum, -ari: *v.dep.t.* – procurar minuciosamente; esquadrinhar; pesquisar; perscrutar, examinar.
per se: por si; por si mesmo; desligado de outras questões.
perseco, -as, -cui, -ectum, -ecare: *v.t.* – cortar, dissecar; decompor, separar; deduzir.
persector, -aris, -atus sum, -ari: *v.dep.t.* – persseguir incessantemente, procurar muito bem, investigar.
persecutio, -onis: *s.f.* – prosseguimento (de uma causa, de uma empresa), instância; perseguição.
persecutio criminis: persecução criminal: perseguição do crime.
persedeo, -es, -edi, -essum, -dere: *v.int.* – estar sentado, manter-se imóvel; morar.
persegnis, -e: *adj.* – muito preguiçoso, muito moroso, inativo.
persenesco, -is, -enui, -escere: *v.int.* (usado somente no *pret.perf.)* – tornar-se muito velho.
persenex, -senis: *adj.* – muito velho.
persentio, -is, -si, -sum, -tere: *v.t.* – sentir profundamente; advertir, reparar.
Persephone, -es: *s.f.* – Perséfona, Prosérpina; a morte.
per se quisque: cada um por si.
persequor, -eris, -cutus ou **-quutus sum, -qui**: *v.dep.* – seguir até o fim sem parar; seguir; prosseguir, continuar; perseguir; procurar, reclamar; instar; executar; compor, escrever.
persero, -is, -serui, -ere: *v.t.* – passar através, inserir.
per se stante: por si próprio.
perseverans, -antis: *part.pres.* – que persevera; constante, pertinaz.
perseveranter: *adv.* – com perseverança, com persistência; constantemente.
perseverantia, -ae: *s.f.* – persistência, perseverança.
perseveranti dabitur: quem persiste, consegue.
persevero, -as, -avi, -atum, -are: *v.int./t.* – perseverar, persistir; não cessar de, continuar; prosseguir.
perseverus, -a, -um: *adj.* – rigoroso demais, muito severo.
persicum, -i: *s.n.* – pêssego.
persideo, -es, -ere: *v.int.* – morar, residir.
persido, -is, -sedi, -ere: *v.int.* – sentar-se, fixar-se; entrar até, penetrar em.
persigno, -as, -avi, -atum, -are: *v.t.* – anotar, registrar.
per signum crucis: pelo sinal da cruz.
persimilis, -e: *adj.* – muito parecido, semelhante.
persimplex, -icis: *adj.* – muito simples.
persisto, -is, -stiti, -stitum, -sistere: *v.int.* – perseverar, continuar; não desistir.

persobeo, -es, -ere, -sorbui: *v.int.* – beber completamente, absorver.
persolla, -ae: *s.f.* – máscara pequena.
persolvo, -is, -solvi, -solutum, -solvere: *v.t.* – resolver; dar, prestar; cumprir, desempenhar-se de; pagar por inteiro, dar quitação de; sofrer.
persona, -ae: *s.f.* – máscara; personagem, papel (de teatro); figura; indivíduo, pessoa.
persona capax: pessoa capaz.
persona capax proprietatis: pessoa habilitada a ser proprietária.
persona grata: pessoa bem-vinda.
persona ingrata: pessoa indesejável.
persona iuridica: pessoa jurídica.
personalitas iuridica: personalidade jurídica.
persona non grata: pessoa indesejável.
persona sui iuris: pessoa juridicamente capaz.
personatus, -a, -um: *adj.* – coberto com máscara, mascarado; disfarçado, aparente; que se disfarça.
persono, -as, -ui, -itum, -are: *v.int.* – ressoar, retumbar; aclamar; entoar; fazer ressoar, tocar; atroar.
personus, -a, -um: *adj.* – que ressoa, que retumba.
per sortem: por sorteio.
perspecte: *adv.* – com sagacidade, astuciosamente.
perspectus, -a, -um: *part.p.* – examinado; provado, experimentado; reconhecido; manifesto.
perspeculor, -aris, -atus sum, -ari: *v.dep.* – observar minuciosamente, com cuidado.
perspergo, -is, -spersi, -spersum, -spergere: *v.t.* – regar, derramar sobre; adubar, temperar.
perspicacitas, -atis: *s.f.* – agudeza (do espírito), perspicácia.
perspicax, -acis: *adj.* – que vê bem, penetrante, perspicaz.
perspicientia, -ae: *s.f.* – perfeita compreensão, conhecimento exato.
perspicio, -is, -exi, -ectum, -icere: *v.int./t.* – ver através, descortinar; observar com atenção, examinar; perceber, compreender; aprofundar; reconhecer.
perspicue: *adv.* – com muita clareza; evidentemente.
perspicuitas, -atis: *s.f.* – clareza; transparência; evidência.
perspicuus, -a, -um: *adj.* – claro, transparente; manifesto.
perspiro, -as, -are: *v.int.* – soprar através, transpirar.
perspisso: *adv.* – muito lentamente.
persta et obdura: suporta e resiste.
persterno, -is, -stravi, -stratum, -sternere: *v.t.* – calçar, ladrilhar, pavimentar.
perstimulo, -as, -avi, -atum, -are: *v.t.* – excitar muito, estimular; exasperar, irritar.
persto, -as, -stiti, -statum, -stare: *v.int.* – ficar de pé, firme; persistir, perseverar; continuar a; durar.
perstringo, -is, -inxi, -ictum, -ingere: *v.t.* – apertar; ferir, impressionar (a vista, o ouvido); deslumbrar, ofuscar; atroar; comover, abalar.
perstudiose: *adv.* – com grande ardor, muito empenho, muito zelo.
perstudiosus, -a, -um: *adj.* – muito inclinado a, apaixonado por.
persuadeo, -es, -si, -sum, -dere: *v.t.* – persuadir, convencer; induzir, decidir a.
persuasibilis, e: *adj.* – persuasivo, próprio para persuadir.
persuasio, -onis: *s.f.* – persuasão, convicção; crença.
persuasus, -us: *s.m.* (usado somente no *abl.sing.)* – conselho, instigação.
persubtilis, -e: *adj.* – muito sutil, engenhoso.
persulto, -as, -avi, -atum, -are: *v.int./t.* – saltar, pular; dançar; correr por, fazer correrias.
per summa capita: pelo alto das cabeças; superficialmente; sem entrar em detalhes.
pertaedet, -taesum est, -dere: *v.unip.* – estar muito desgostoso; aborrecido; enfadar-se de.
pertaesus, -a, -um: *adj.* – aborrecido, enfastiado de.
pertego, -is, -texi, -tectum, -ere: *v.t.* – cobrir, encobrir.
per tempus: no momento propício; na hora certa.
pertendo, -is, -di, -sum, -dere: *v.t./int.* – acabar; ir até o fim, chegar a; empenhar-se até o fim.
pertento, -as, -avi, -atum, -are: *v.t.* – tentar, sondar; experimentar; examinar, aprofundar; abalar, comover.
pertenuis, -e: *adj.* – muito fino, tênue; muito fraco.
pertergeo, -es, -si, -sum, -gere ou **pertego, -is, -si, -sum, -gere**: *v.t.* – limpar bem.

perterrefacio, -is, -feci, -factum, -facere ou **perterreo, -es, -ui, -itum, -rere**: *v.t.* – amedrontar muito, aterrorizar.

pertexo, -is, ui, -xtum, -ere: *v.t.* – tecer bem, completamente; acabar de dizer; expor por miúdo, desenvolver perfeitamente.

pertica, -ae: *s.f.* – vara, estaca; pértiga; medida de superfície (cerca de 3 m).

perticatus, -a, -um: *adj.* – que traz uma vara.

pertimesco, -is, -mui, -escere: *v.int./t.* – atemorizar-se; temer, recear.

pertinacia, -ae: *s.f.* – obstinação, pertinácia; teima; perseverança.

pertinaciter: *adv.* – com pertinácia, obstinadamente; com resistência.

pertinax, -acis: *adj.* – que agarra bem; aferrado a; obstinado, pertinaz; perseverante; que dura muito, constante.

pertinet, -uit, -ere: *v.int.* (usado somente na 3ª *pes. sing.* e *pl.*) – ir, chegar até; estender-se a; dirigir-se para; abranger; tender a; referir-se, dizer respeito a.

pertingo, -is, -ere: *v.int.* – atingir, alcançar.

pertolero, -as, -avi, -atum, -are: *v.t.* – aturar, suportar até o fim.

per totam vitam: por toda a vida.

pertractate: *adv.* – de modo repetido, comum.

pertractatio, -onis: *s.f.* – manejo (dos negócios), administração; manuseio; leitura, estudo (feito com assiduidade).

pertracto, -as, -avi, -atum, -are: *v.t.* – ter constantemente entre mãos, manusear; estudar, examinar atentamente; rever; sondar, aprofundar.

pertraho, -is, -xi, -ctum, -ere: *v.t.* – arrastar para, conduzir; prolongar.

pertrecto, ver **pertracto**.

pertristis, -e: *adj.* – muito triste; muito severo.

pertritus, -a, -um: *adj.* – esmigalhado; muito repisado, surrado; muito vulgar.

pertumultuose: *adv.* – em grande tumulto, desordenadamente.

pertundo, -is, -tudi, -tussum, -undere: *v.t.* – varar, perfurar.

perturbate: *adv.* – desordenadamente, em confusão.

perturbatio, -onis: *s.f.* – desordem, perturbação.

perturbatrix, -icis: *s.f.* – perturbadora.

perturbatus, -a, -um: *adj.* – muito perturbado; cheio de desordem, tumultuoso.

perturbo, -as, -avi, -atum, -are: *v.t.* – perturbar; pôr em desordem, agitar; amotinar; comover.

perturpis, -e: *adj.* – muito vergonhoso, torpíssimo.

perula, -ae: *s.f.* – alforje pequeno.

perunctio, -onis: *s.f.* – ação de untar, fricção.

perungo, -is, -xi, -ctum, -gere: *v.t.* – untar completamente, esfregar com; enlambuzar.

perurbanus, -a, -um:, *adj.* – muito fino, sutil, astuto, muito espirituoso.

perurgeo, -es, -si, -gere: *v.t.* – apertar muito, oprimir; instar muito; perseguir sem descanso.

peruro, -is, -ussi, -ustum, -urere: *v.t.* – queimar inteiramente; abrasar, inflamar; consumir; exasperar.

perustus, -a, -um: *adj.* – queimado, abrasado; consumido; devorado.

perutilis, -e: *adj.* – utilíssimo.

pervado, -is, -si, -sum, -dere: *v.int./t.* – ir além, escapar-se; ir, penetrar em; percorrer, atravessar.

pervagatus, -a, -um: *adj.* – que vagueou, que percorreu, que se espalhou; muito conhecido, vulgar.

pervagor, -aris, -atus sum, -ari: *v.dep.int./t.* – vaguear; percorrer, atravessar; tornar-se conhecido, vulgar.

pervagus, -a, -um: *adj.* – que anda por toda parte, errante.

pervarie: *adv.* – de modo muito variado.

pervasto, -as, -avi, -atum, -are: *v.t.* – assolar, devastar.

perveho, -is, -exi, -ectum, -ehere: *v.t.* – transportar, carrear; levar para.

pervello, -is, -velli ou **-vulsi, -vulsum, -vellere**: *v.t.* – puxar; arrancar; molestar, afligir; incitar, estimular; dizer mal de, desacreditar.

pervenio, -is, -eni, -entum, -venire: *v.int./t.* – chegar a, alcançar até.

pervenor, -aris, -ari: *v.dep.t.* – correr, percorrer caçando.

per veritatem vis: o poder pela verdade.

perverse: *adv.* – de través, às avessas; viciosamente, erradamente; mal.

perversitas, -atis: *s.f.* – desordem, transtorno; falsidade; extravagância; corrupção; maldade, vício.

perversus, -a, -um: *part.p* – virado, posto às avessas; feito contra a regra; desordenado; vicioso; absurdo; perverso.

perverto, -is, -ti, -sum, -tere: *v.t.* – virar às avessas; desordenar; deitar a perder, arruinar; destruir; corromper, viciar, perverter.

pervesperi: *adv.* – muito tarde, ao anoitecer.

P

pervestigatio, -onis: *s.f.* – investigação cuidadosa, indagação (profunda).
pervestigo, -as, -avi, -atum, -are: *v.t.* – seguir o rasto de; pesquisar cuidadosamente; perscrutar.
pervetus, -eris: *adj.* – muito antigo, muito velho.
pervetustus, -a, -um: *adj.* – muito antigo, arcaico.
perviam: *adv.* – de modo acessível, mais facilmente.
per vias rectas: por caminhos direitos.
pervicacia, -ae: *s.f.* – persistência, obstinação.
pervicaciter: *adv.* – obstinadamente, encarniçadamente.
pervicax, -acis: *adj.* – teimoso, obstinado; pertinaz; resistente, rebelde; temerário.
pervideo, -es, -vidi, -visum, -dere: *v.t.* – ver bem, claramente ou com vagar; compreender bem, penetrar; investigar com cuidado; descobrir.
pervigeo, -es, -gui, -ere: *v.int.* – continuar poderoso; continuar a florescer.
pervigil, -ilis: *adj.* – que vela toda a noite, que não dorme; sempre desperto.
pervigilatio, -onis: *s.f.* – o velar toda a noite; longa vigília.
pervigilium, -ii: *s.n.* – vigília prolongada; culto noturno.
pervigilo, -as, -avi, -atum, -are: *v.int./t.* – passar a noite velando.
pervilis, -e: *adj.* – muito barato; que é de muito pouco valor.
per vim: à força; pela força.
per vim legis: por força da lei.
pervinco, -is, -ici, -ictum, -incere: *v.int./t.* – vencer completamente, dominar; levar vantagem a, prevalecer; obter com esforço; demonstrar; decidir a.
pervium, -ii: *s.n.* – passagem, caminho através de.
pervius, -a, -um: *adj.* – por onde se pode passar; aberto, acessível; exposto.
per vivam vocem: a viva voz.
pervolito, -as, -avi, -atum, -are: *v.int./t.* – voar através de; percorrer voando; percorrer rapidamente.
pervolo, -as, -avi, -atum, -are: *v.int./t.*- voar por; percorrer voando; atravessar rapidamente.
pervolo, -vis, -volui, -velle: *v.int.* – desejar muito.
per voluntatem Dei: pela vontade de Deus.
per voluntatem imperatoris: pela vontade do chefe.
pervoluto, -as, -avi, -atum, -are: *v.t.* – revolver, folhear constantemente.
pervolvo, -is, -vi, -volutum, -volvere: *v.t.* – revolver; agitar, exercitar; folhear (um livro).
pervulgatus, -a, -um: *adj.* – divulgado, espalhado; comum, vulgar.
pervulgo, -as, -avi, -atum, -are: *v.t.* – espalhar, divulgar; oferecer a todos; prodigalizar.
pes, pedis: *s.m.* – pé; metro, pé de verso; medida de comprimento (0,296 m).
pes secundus, felix: favoravelmente.
pessime: *adv.* – muito mal, pessimamente; muito cruelmente.
pessimus, -a, -um: *adj.* – péssimo, detestável; muito perverso, desumano; celerado.
pessulus, -i: *s.m.* – ferrolho, lingueta de fechadura.
pessum: *adv.* – para baixo, ao fundo, até o fundo.
pessumdo ou **pessundo, -as, -dedi, -datum, dare**: *v.t.* – submergir, afogar, afundar; deitar a perder; arruinar.
pestifer, -era, -erum: *adj.* – funesto; infeto; pestífero, infestado; venenoso.
pestifere: *adv.* – de maneira desastrada, funestamente.
pestilens, -entis: *adj.* – nocivo, funesto; insalubre; infecto, pestilencial.
pestilentia, -ae: *s.f.* – insalubridade; doença, epidemia, peste; contágio, pestilência.
pestis, -is: *s.f.* – desgraça, ruína; calamidade; peste, flagelo; destruição; peste (pessoa funesta).
petasatus, -a, -um: *adj.* – coberto com o chapéu de abas largas (**petasus**).
petasio, -onis: *s.m.* – presunto.
petasus, -i: *s.m.* – chapéu de abas largas usado em viagens.
petendo itur Romae: perguntando vai-se a Roma.
petenti dabitur: a quem pede, será dado.
petere est oppetere: pedir é morrer.
petesso e **petisso, -is, -ere**: *v.t.* – procurar, desejar; pedir com instância.
petite, et accepietis: pedi e recebereis.
petitio, -onis: *s.f.* – ataque, assalto, investida; solicitação, pedido; reclamação; pretensão, candidatura.
petitio principii: petição de princípio; sofisma que supõe verdadeiro o que ainda deve ser provado.

P

petitio verbalis: pedido verbal.

petitor, -oris: *s.m.* – o que busca, vai atrás de; pretendente, candidato; requerente; querelante, autor (em juízo).

petitum, -i: *s.n.* – pedido.

petiturio, -is, -ire: *v.int.* – ter vontade de se apresentar candidato, ter desejo de obter.

peto, -is, -ivi ou **-ii, -itum, -ere**: *v.t.* – dirigir-se para, ir ou vir, chegar a; acercar-se de; atirar-se a ou contra; atacar, investir; buscar, tomar; aspirar a, reclamar; suplicar, pedir.

petoritum, -i: *s.n.* – carro de quatro rodas e sem toldo (para transporte de escravos).

petra, -ae: *s.f.* – rocha, pedra, penhasco.

petra scandali: pedra de escândalo.

petro, -onis: *s.m.* – carneiro velho (que tem carne dura).

petrosus, -a, -um: *adj.* – pedregoso.

petulans, -antis: *adj.* – atrevido, insolente; arrebatado, petulante; lascivo.

petulanter: *adv.* – de modo insolente, atrevidamente; com excesso.

petulantia, -ae: *s.f.* – insolência, atrevimento; petulância; excesso, demasia; luxúria.

petulcus, -a, -um: *adj.* – provocante; o que brinca, que pula; que dá marradas.

pexatus, -a, -um: *adj.* – que veste um traje de pêlos compridos.

pexus, -a, -um: *adj.* – peludo, cabeludo; bem penteado; que tem pelo novo.

phaeax, -acis: *adj.* – que gosta dos prazeres, gordo, bem nutrido.

phaecasiatus, -a, -um: *adj.* – de sapato branco.

phalangae, -arum: *s.f.* (mais usado no plural) – pau grosso e roliço, usado para facilitar o deslocamento de volumes pesados.

phalangites, -ae ou **phalangita**: *s.m.* – soldado de uma falange.

phalanx, -angis: *s.f.* – falange, disposição das tropas em coluna para o combate; batalhão, exército.

phalerae, -arum: *s.f.pl.* – colar dado como recompensa ou condecoração militar; honra, recompensa; colar de mulher; colar que servia de ornamento aos cavalos.

phaleratus, -a, -um: *adj.* – ornado com o colar chamado **phalerae**.

phantasia, -ae: *s.f.* – ideia, noção; fantasma, visão, aparição.

phantasma, -atis: *s.n.* – ser imaginário, falsa aparição, visão, espectro.

pharetra, -ae: *s.f.* – aljava, carcás.

pharetratus, -a, -um: *adj.* – que traz aljava.

pharmaceutria, -ae: *s.f.* – mágica, feiticeira.

pharmacopola, -ae: *s.m.* – farmacêutico, boticário.

phaselus ou **phaselos, -i**: *s.m.f.* – embarcação ligeira à vela e remo, chalupa; espécie de feijão.

Phasiacus e **phasianus, -a, -um**: *adj.* – fasíaco, ou fasiano, de Fasis.

phasiana (**avis**): *s.n.* – faisão.

phiala (fiaia), -ae: *s.m.f.* – copo pouco fundo e largo, feito de metal.

phiditia ou **philitia, -orum**: *s.n.pl.* – banquetes públicos dos espartanos.

philologia, -ae: *s.f.* – instrução, erudição; literatura; saber; filologia.

philologus, -a, -um: *adj.* – letrado, erudito; **-i**: *s.m.* – homem douto, instruído, sábio; filólogo.

Philomela, -ae: *s.f.* – Filomela, filha de Pandião, rei de Atenas, transformada em rouxinol.

philosophandum est: é preciso filosofar.

philosophia, -ae: *s.f.* – filosofia; doutrina, escola (filosófica); moral.

philosophiae baccalaureus: bacharel em filosofia.

philosophiae doctor: doutor em filosofia.

philosophor, -aris, -atus sum, -ari: *v.dep.* – filosofar, tratar de filosofia; proceder como filósofo.

philosophus, -a, -um: *adj.* – próprio de filósofo; **-i**: *s.m.* – o que professa a filosofia, filósofo.

philyra, -ae: *s.f.* – entrecasca da tília; cordão feito dessa casca para entrançar coroas; folha de papiro ou do papel dessa casca.

phimus, -i: *s.m.* ou **pyrgus, -i**: *s.m.* – copo de lançar os dados.

Phlegethon, ontis: *s.m.* – Flegetonte, rio de chamas nos infernos.

phoca, -ae: *s.f.* – foca.

Phoebe(i)us, -a, -um: *adj.* – Febeu, de Febo, de Apolo.

Phoebe, -es: *s.f.* – Febe, irmã de Febo; Diana; lua.

Phoebus, -i: *s.m.* – Febo, Apolo; sol.

Phoenissa, -ae: *s.f.* – Fenícia, da Fenícia.

phoenix, -icis: *s.f.* – fênix (ave fabulosa).

phonascus,-i: *s.m.* – mestre de declamação.

phrasis, -is: *s.f.* – dicção, elocução, estilo.

phrenesis, -is: *s.f.* – frenesi, delírio frenético.

phreneticus ou **phreniticus, -a, -um**: *adj.* – frenético; que sofre de frenesi (**phrenesis**) ou delírio frenético.
Phrixeus, -a, -um: *adj.* – frixeu, de Frixo; **phrixeum mare, phrixeus pontus**, o Helesponto, o velo de ouro.
phrygianus, -a, -um: *s.m.* – bordado a ouro.
Phrygius, -a, -um: *adj.* – frígio, da Frígia; de Troia, dos troianos.
phylaca, -ae: *s.p.f.* – cárcere, prisão.
phylacista, -ae: *s.m.* – carcereiro.
phylarchus, -i: *s.m.* – chefe de uma tribo.
physica, -ae: *s.f.* e **physice, -es**: *s.f.* ou **physica, -orum**: *s.f.pl.* – física, ciências naturais.
physicus, -a, -um: *adj.* – relativo à natureza, às ciências naturais; físico.
physiognomon, -onis: *s.m.* – fisiognomista.
physiologia, -ae: *s.f.* ou **physica, -ae**: física, as ciências naturais.
piabilis, -e: *adj.* – que pode ser expiado, expiável.
piacularis, e: *adj.* – expiatório.
piaculum, -i: *s.n.* – sacrifício expiatório, expiação; crime; impiedade, sacrilégio; vingança, punição.
pia desideria: desejos piedosos.
pia fraus: uma fraude piedosa.
piamen, -inis: *s.n.* – sacrifício expiatório, expiação.
pica, -ae: *s.f.* – pega (ave); tagarela.
picaria, -ae: *s.f.* – oficina ou fábrica de pez.
picea, -ae: *s.f.* – espécie de abeto, abeto negro, pinheiro alvar.
piceus, -a, -um: *adj.* – de pez; sombrio, escuro.
pico, -as, -are, -avi: *v.t.* – engordurar, untar com resina.
pictor, -oris: *s.m.* – pintor.
pictura, -ae: *s.f.* – pintura; painel, obra de pintura; quadro, descrição.
picturatus, -a, -um: *adj.* – matizado de cores diferentes; bordado.
pictus, -a, -um: *adj.* – pintado; colorido, esmaltado; mosqueado; ornado de pinturas; bordado; ornado, florido.
picus, -i: *s.m.* – picanço (ave).
pie: *adv.* – piedosamente, devotamente, religiosamente; com afeto filial; patrioticamente; com humanidade.
Pieria, -ae: *s.f.* – (usado sobretudo no plural) – Musa.
Pierides, -um: *s.f.pl.* – Piéridas, filhas de Piero, transformadas em pegas pelas musas; musas.
Pierius, -a, -um: *adj.* – piério, de Piero; do monte Piero, consagrado às musas; poético.
pietas, -atis: *s.f.* – justiça; culto, devoção, piedade; virtude; amor filial, paternal; amor à pátria; afeição; bondade, benevolência.
pietate et iustitia: com bondade e justiça.
pietatis causa: por amor; por solidariedade.
pigenda verba: palavras lamentáveis.
piger, -gra, -grum: *adj.* – lento, vagaroso; preguiçoso, indolente; calmo; tardio, demorado; desocupado, ocioso; que deixa inerte, que entorpece.
piget, -uit ou **-itum est, ere**: *v.imp.int.* – ter pesar, enfadar-se de; ter vergonha de; arrepender-se de.
pigmentarius, -ii: *s.m.* – negociante de tintas; vendedor de perfumes.
pigmentum, -i: *s.m.* (usado quase sempre no plural) – tinta (para pintar); arrebique, cor postiça; ornamento (de estilo).
pignerator, -oris: *s.m.* – o que penhorou; o que recebeu penhor ou hipoteca.
pignero, -as, -avi, -atum, -are: *v.t.* – empenhar, penhorar; dar em penhor, em garantia.
pigneror, -aris, -atus sum, -ari: *v.dep.t.* – tomar como penhor, receber como garantia.
pignus, -oris e **-eris**: *s.n.* – penhor, garantia; hipoteca; caução; estipulação, ajuste; prova, sinal, testemunho; objeto de afeição.
pignus sine traditione: penhor sem entrega; hipoteca.
pigre: *adv.* – preguiçosamente, lentamente.
pigresco, -is, -ere: *v.int.* – correr mais lentamente, tornar-se preguiçoso.
pigrifies, -ei: *s.f.* – lentidão.
pigritia, -ae e **pigrities, -ei**: *s.f.* – preguiça; lentidão; vagar, descanso.
pigror, -aris, -atus sum, -ari: *v.dep.int.* – estar preguiçoso; ser lento em; demorar-se.
pila, -ae: *s.f.* – pela; globo, esfera; bola (para votação), sufrágio; novelo de pano (para amedrontar touros).
pila, -ae: *s.f.* – pilha; pilão; dique; pilar, coluna de sustentação.
pilanus, -i: *s.m.* – soldado armado de dardo.
pilarius, -ii: *s.m.* – prestidigitador; o que faz habilidades com bolas, pelotiqueiro.
pilatus, -a, -um: *adj.* (de **pila**) – que é em coluna cerrada; denso, compacto; (de **pilum**) armado de dardo.
pile-, ver também **pille-**.

pileatus, -a, -um, ver **pilleatus**.
pilentum, -i: *s.n.* – carro de gala, alto e de duas rodas, para uso das senhoras em ocasiões de cerimônia.
pilleatus, -a, -um: *adj.* – coberto com o barrete **pilleus** (em sinal de alforria), ver **pilleum**.
pilleolus, -i: *s.m.* e **pilleolum, -i**: *s.n.* – barretinho.
pilleum, -i: *s.n.* e **pilleus, -i**: *s.m.* – gorro ou barrete que usavam os escravos alforriados; liberdade, alforria; barrete de pele.
pilosus, -a, -um: *adj.* – cabeludo, peludo.
pilum, -i: *s.n* – dardo (usado pelos soldados romanos).
pilus, -i: *s.m.* – companhia de soldados chamados **pilani** ou **triarii**; manípulo dos pilanos ou triários.
pilus, -i: *s.m.* – pelo; cabelo; um nada.
Pimpleis, -idis: *s.f.* – Pimpleide, musa; poesia, versos.
pinetum, -i: *s.n.* – mata de pinheiros, pinhal.
pineus, -a, -um: *adj.* – de pinheiro.
pingo, -is, -inxi, -ictum, -ingere: *v.t.* – pintar; figurar, representar; colorir, matizar; retratar, descrever; ornar; bordar (à agulha).
pingue, -is: *s.n.* e **pinguedo, -inis**: *s.f.* – gordura, banha.
pinguefacio, -is, -feci, -factum, -ere: *v.t.* – engordar.
pinguesco, -is, -ere: *v.int.* – engordar; tornar-se fértil; fazer-se espesso, oleoso.
pinguis, -e: *adj.* – gordo, bem nutrido; fértil, fecundo; opulento; espesso; calmo, tranquilo.
pinifer, -era, -erum: *adj.* – coberto de pinheiros; que dá pinheiros.
pinna, -ae: *s.f.* – pena (grossa das aves), asa; todo objeto em forma de asa; ameia (de muro); pena do mar, nácar (marisco de concha).
pinnaculum, -i: *s.n.* – ponta, cume; pináculo.
pinnatus, -a, -um: *adj.* – provido de asas, alado; que tem pontas; que tem penas.
pinniger, -era, -erum: *adj.* – alado; coberto de penas, emplumado.
pinnoteres, -ae: *s.m.* – caranguejo que vive na concha; espécie de crustáceo de concha.
pinnula, -ae: *s.f.* – asa pequena; asinha; pequena barbatana.
pinsito, -as, -are: *v.t.* – esmagar bem, moer.
pinso (piso), -as, -atus, -are: *v.t.* – pisar, triturar, moer.
pinus, -i ou **-us**: *s.f.* – pinheiro; coroa de pinheiro; remo; navio.
pio, -as, -avi, -atum, -are: *v.t.* – purificar, expiar, reparar; oferecer sacrifícios expiatórios, aplacar com sacrifícios; aplacar; punir; vingar.
piper, -eris: *s.n.* – pimenta; espírito causticante.
pipilo, -as, -avi, -atum, -are: *v.int.* – piar, chilrear, pipilar.
pirata, -ae: *s.m.* – corsário, pirata.
piratica, -ae: *s.f.* – pirataria.
piraticus, -a, -um: *adj.* – de pirata.
pirum, -i: *s.n.* – pera (fruto).
pirus, -i: *s.f.* – pereira (árvore).
piscari in aquis turbidis: pescar nas águas turvas.
piscarius, -a, -um: *adj.* – de peixe.
piscator, -oris: *s.m.* – pescador, comerciante de peixes.
piscatores hominum: pescadores de homens.
piscatorius, -a, -um: *adj.* – de pescador; relativo a peixe.
piscatus, -us: *s.m.* – ação de pescar, pesca; pescado.
pisciculus, -i: *s.m.* – peixinho.
piscina, -ae: *s.f.* – viveiro de peixes; tanque, reservatório de água.
piscinarius, -ii: *s.m.* – que tem viveiros de peixe, que cria peixes.
piscis, -is: *s.m.* – peixe.
piscor, -aris, -atus sum, -ari: *v.dep.int.* – pescar.
piscosus, -a, -um: *adj.* – piscoso, abundante em peixes.
pistor, -oris: *s.m.* – o que tritura trigo para fazer pão; padeiro; pasteleiro.
pistorius, -a, -um: *adj.* – de padeiro, de pasteleiro.
pistrinum, -i: *s.n.* – moinho, atafona; padaria.
pistrix, -icis: *s.f.* – baleia; Baleia (constelação); padeira.
pisum, -i: *s.n.* – ervilha.
pithecium, -i: *s.n.* – mulher feia, macaca.
pitheus, -ei ou **-eos; pithias, -ae; pithus, -i**: *s.m.* – espécie de cometa.
pitisso, -as, -are: *v.int.* – cuspir fora.
pittacium, -i: *s.n.* – tabuinha de escrever bilhete; etiqueta, rótulo.
pituita, -ae: *s.f.* – goma, resina que escorre das árvores; humor, mucosidade; pituita.

pituitosus, -a, -um: *adj.* – flegmático, endefluxado.
pius, -a, -um: *adj.* – piedoso; justo, virtuoso; que presta culto aos deuses, religioso, piedoso; sagrado; dedicado aos pais, à família; afetuoso; benigno.
pius esto: sê piedoso.
pix, picis: *s.f.* – pez.
placabilis, -e: *adj.* – aplacável, que pode ser aplacado; brando, moderado; que aplaca, mitiga.
placabilitas, -atis: *s.f.* – clemência; facilidade em abrandar-se, em ceder; benignidade.
placamen, -inis e **placamentum, -i**: *s.n.* – meio de aplacar ou pacificar.
placate: *adv.* – com calma, com benignidade, com paciência.
placatio, -onis: *s.f.* – ação de abrandar, de aplacar.
placatus, -a, -um: *adj.* – acalmado, aplacado; favorável; benévolo; plácido, sereno.
placebo: agradarei.
placens, -entis: *part.pres.* – que agrada; amado, querido.
placenta, -ae: *s.f.* – bolo, fogaça; bolo sagrado.
placeo, -es, -cui e **-citus sum, -cere**: *v.int.* – agradar a, ser agradável; parecer bem.
placet: agrada; satisfaz.
placide: *adv.* – mansamente, com brandura; com serenidade; tranquilamente; pacientemente; sem trabalho.
placiditas, -tatis: *s.f.* – bom humor, mansidão, brandura.
placidus, -a, -um: *adj.* – acalmado, apaziguado; manso, calmo, sereno, sossegado, benévolo, favorável.
placita iuris: os preceitos do direito; os preceitos da lei.
placitum, -i: *s.n.* – o que agrada, desejo, vontade; plácito, aprovação; *pl.* – prescrições, preceitos.
placitus, -a, -um: *adj.* – que agradou, agradável.
placo, -as, -avi, -atum, -are: *v.t.* – acalmar, abrandar; fazer por aplacar (com sacrifícios), prestar culto aos deuses; apaziguar.
plaga, -ae: *s.f.* – golpe, pancada; lesão; dano, prejuízo; calamidade, desgraça.
plaga, -ae: *s.f.* – região, plaga; território; país; (sobretudo no plural) – rede de caça; laço, emboscada.
plagiarius, -ii: *s.m.* – o que desencaminha ou dá refúgio a escravos alheios; plagiário.
plagiger, -gera, -gerum e **plagigerulus, -a, um**: *adj.* – o que leva muita pancada, saco de pancadas.
plagipatida, -ae: *s.m.* – saco de pancadas, o que leva muita pancada.
plagosus, -a, -um: *adj.* – coberto de cicatrizes ou feridas; que gosta de dar pancadas, desalmado.
plagula, -ae: *s.f.* – cortina (de cama ou de liteira); tapete.
planctus, -us: *s.m.* – ação de dar em si (golpes, pancadas) por aflição; demonstrações da grande dor; lamentos.
plane: *adv.* – claramente; inteiramente; perfeitamente.
plango, -is, -nxi, -nctum, -gere: *v.t./int.* – bater com ruído; ressoar, retumbar; chorar, lamentar; lastimar-se.
plangor, -oris: *s.m.* – ação de bater, pancada; dar em si por uma grande dor; prantos, lamentos.
planguncula, -ae: *s.f.* – boneca (de cera).
planiloquus, -a, -um: *adj.* – que fala com clareza.
planitas, -atis: *s.f.* – simplicidade, clareza.
planitia, -ae ou **planities, -ei**: *s.f.* – planície, superfície plana.
planta, -ae: *s.f.* – estaca, haste ou rebento; planta vegetal.
planta, -ae: *s.f.* – planta ou solado do pé, pé.
plantare, -is: *s.n.* (usado quase somente no plural) – estaca, muda (para plantar); rebento; planta nova.
plantarium, -i: *s.n.* – viveiro de plantas.
plantatio, -onis: *s.f.* – plantação.
plantiger, -gera, -gerum: *adj.* – que produz rebentos.
planto, -as, -avi, -atum, -are: *v.t.* – plantar.
planus, -a, -um: *adj.* – plano, igual; chão raso; fácil; claro, manifesto.
planus, -i: *s.m.* – impostor, charlatão; vagabundo.
plarabundus, -a, -um: *adj.* – todo banhado em lágrimas.
plasma, -atis: *s.n.* – criatura (o homem formado de barro).
plastes, -ae: *s.m.* – modelador, escultor.
plastica, -ae e **plastice, -es**: *s.f.* – a plástica, a arte de modelar.
platalea ou **platalia, -ae**: *s.f.* – pelicano.
platanus, -i: *s.f.* – plátano (árvore).
platea, -ae: *s.f.* – rua larga, praça pública.
plaudite manibus!: batei palmas!

P

plaudo, -is, -si, -sum, -dere: *v.int./t.* – dar, bater com ruído; bater; aplaudir.
plausibilis, -e: *adj.* – digno de ser aplaudido; plausível; aprovado.
plausor, -oris: *s.m.* – o que bate palmas, o que aplaude.
plaustrum, -i: *s.n.* – carro, carreta (para transporte).
plausum date!: aplaudi!
plausus, -us: *s.m.* – o bater (das asas, das mãos, dos pés); palmas, aplauso; aprovação.
plebecula, -ae: *s.f.* – povinho, ralé; populaça.
plebeius, -a, -um: *adj.* – da plebe, plebeu, do povo; comum, vulgar.
plebes ou **plebs, -ebis**: *s.f.* – plebe, classe social em que se confundiam, por oposição ao povo das *gentes* (**populus romanus**), imigrados, refugiados e outros elementos; classe ínfima do povo, multidão.
plebicola, -ae: *s.m.* – o que corteja a plebe, demagogo.
plebiscitum, -i: *s.n.* e **plebiscitus, -us**: *s.m.* (usado só no *abl.sing.)* – lei aprovada pela plebe, decreto do povo, plebiscito.
plectilis, -e: *adj.* – enlaçado, entrelaçado.
plecto, -is, -ere: *v.t.* – bater, açoitar; ferir; punir, castigar.
plecto, -is, -xi e **-xui, -xum, -ctere**: *v.t.* – dobrar, vergar; tecer, entrelaçar; frisar (o cabelo).
plectrum, -i: *s.n.* – plectro, pequeno instrumento (de marfim, metal ou madeira) que servia para fazer vibrar as cordas da lira; lira; poesia lírica.
Pleias ou **plias, -adis**: *s.f.* – umas das Pleiadas, filhas de Apolo, transformadas na constelação do mesmo nome; chuva, tempestade.
plena manu: às mancheias.
plena operibus bonis: cheia de boas obras.
plene: *adv.* – por completo; completamente, inteiramente; abundantemente.
plenilunium, -i: *s.n.* – tempo de lua cheia.
plenis velis: com as velas enfunadas; de vento em popa.
plenitudine potestatis: com plenos poderes.
pleno gradu: a toda pressa.
pleno iure: de pleno direito.
pleno ore: de boca cheia.
plenum arbitrium: o arbítrio completo.
plenum dominium: o pleno domínio.
plenus, -a, -um: *adj.* – cheio, pleno; abundante; bem provido de, repleto; corpulento; numeroso; completo; todo, inteiro.
plerique, -aeque, -aque: *adj.pl.* – a maior parte; quase todos, quase tudo; grande número de.
plerumque: *adv.* – a maior parte do tempo, ordinariamente, geralmente.
plicatura, -ae: *s.f.* – ação de dobrar, de franzir.
plico, -as, -avi ou **-ui, -atum** ou **-itum, -are**: *v.t.* – dobrar; fechar; enroscar.
plorator, -oris: *s.m.* – o que chora, o que se lamenta.
ploratus, -us: *s.m.* – pranto, choro; lamentos.
ploro, -as, -avi, -atum, -are: *v.int./t.* – chorar copiosamente; lamentar; afligir-se.
plostellum ou **plaustellum, -i**: *s.n.* – carro pequeno, carreta.
ploxemum ou **ploxenum, -i**: *s.n.* – caixa ou corpo de carro de duas rodas, tirado por cavalo.
pluit, -uit ou **-uvit, -utum, -uere**: *v.unip.int.* – chover; gotejar, escorrer.
pluma, -ae: *s.f.* – pena (de ave); plumagem; *pl.* – escama (de couraça).
plumatilis, -e: *adj.* – bordado.
plumatus, -a, -um: *adj.* – coberto de penas, emplumado; coberto de escamas (couraça).
plumbarirus, -a, -um: *adj.* – de chumbo.
plumbeum, -i: *s.n.* – vaso de chumbo.
plumbeus, -a, -um: *adj.* – de chumbo, plúmbeo; pesado; bronco, inepto.
plumbeus gladius: uma espada de chumbo; um argumento fraco.
plumbo, -as, -avi, -atum, -are: *v.t.* – chumbar, soldar com chumbo.
plumbum, -i: *s.n.* – chumbo; bala (de chumbo); cesto, manopla.
plumeus, -a, -um: *adj.* – de penas, de penugem; leve como uma pena.
plumipes, -pedis: *adj.* – que tem os pés cobertos de penas.
plumosus, -a, -um: *adj.* – emplumado; aveludado.
pluralis, -e: *adj.* – plural (termo de gramática).
pluries: *adv.* – muitas vezes.
plurifariam: *adv.* – em diversos lugares, em muitos pontos.
plurimum, -i: *s.n.* – a maior parte de; muito de, grande quantidade.

P

plurimum: *adv.* – muito, grandemente; muitíssimo.
plurimus, -a, -um: *adj.superl.* – numerosíssimo, mais numeroso; muitíssimo; muito grande, amplo, grosso; muito abundante de; *pl.* – a maior parte de, muitíssimos.
plurimus: diversos, muitos.
pluris *gen.* de **plus** (usado adverbialmente) – por maior preço, mais caro; mais, de mais valor, de maior preço.
plus, pluris: *adj.comp.* – mais, maior quantidade de; *pl.* (**plures, -a**) – maior número de, mais numerosos.
plus: *adv.* – mais.
plus aequo: mais do que justo: com demasiado rigor.
plus animi quam roboris: mais coragem que força.
plusculum, -i: *s.n.* – um pouco mais de.
plusculus, -a, -um: *adj.* – em quantidade um pouco maior, um pouco mais.
plus docet quam scit: ele ensina mais do que sabe.
plus iusto: mais do que é o justo; além da medida.
plus minusve: mais ou menos.
plusscius, -a, -um: *adj.* – que sabe mais.
plus ultra: mais além.
pluteum, -i: *s.n.* – tudo que é feito de tábuas.
pluteus, -i: *s.n.* e **pluteum, -i**: *s.n.* – parapeito, balaustrada; peitoril; espaldar (de leito de mesa); tabique; estante ou armário (de livros).
Pluto(n), -onis: *s.m.* – Plutão, irmão de Júpiter, deus dos infernos.
Plutonius, -a, -um: *adj.* – de Plutão, plutônio.
Plutus, -i: *s.m.* – Pluto, deus das riquezas.
pluvia, -ae: *s.f.* – chuva.
pluvialis, -e: *adj.* – pluvial, de chuva; chuvoso; produzido pela chuva.
pluviosus, -a, -um: *adj.* – pluvial, de chuva; chuvoso.
pocillum, -i: *s.n.* – copo pequeno, copinho.
poculum, -i: *s.n.* – copo; bebida encantada; beberagem, filtro; veneno.
podagra, -ae: *s.f.* – podagra, gota (nos pés).
podex, -icis: *s.m.* – o ânus.
podium, -i: *s.n.* – balcão, parapeito, muro largo; lugar elevado.
poema, -atis: *s.n.* – poema, poesia; comédia.
poena, -ae: *s.f.* – pena; punição, castigo; multa; a vingança (personificada); sofrimento.
poena corporalis: o castigo físico.
poenalis, -e: *adj.* – penal, relativo à punição, que serve de castigo.
poena praesupponit culpam: pena pressupõe culpa.
poenarius, -a, -um: *adj.* – penal.
poenitens, -entis: *part.pres.* – que se arrepende; pesaroso de, arrependido.
poenitentia, -ae: *s.f.* – pesar, arrependimento.
poenitet, -uit, -ere: *v.unip.int.* – ter pesar de, arrepender-se; estar descontente de; queixar-se de
poenus, -i: *s.m.* – cartaginês.
poesis, -is: *s.f.* – poesia, obra poética.
poeta, -ae: *s.m.* – poeta, o que faz (alguma coisa), artista.
poetica, -ae: *s.f.* e **poetice, -es**: *s.f.* – poesia, versos; arte da poesia, poética.
poeticum ius: a licença poética.
poeticus, -a, -um: *adj.* – poético, de poesia, dos poetas.
poetria, -ae: *s.f.* – poetisa.
pogonias, -ae: *s.m.* – cometa com cabeleira.
pol-: *interj.* (fórmula de juramento) – por Pólux!, palavra!.
polenta, -ae: *s.f.* – farinha de cevada (torrada); polenta.
polio, -is, -ivi ou **-ii, -itum, -ire**: *v.t.* – polir, dar lustro; igualar, aplainar; alisar; brunir; lapidar; rever, limar (uma obra); rematar.
polite: *adv.* – com esmero, corretamente; elegantemente.
politia, -ae: *s.f.* – organização política, governo.
politicus, -a, -um: *adj.* – político, relativo ao governo ou Estado.
politor, -oris: *s.m.* – o que dá o último amanho à terra.
politura, -ae: *s.f.* – polimento, ação de igualar.
politus, -a, -um: *adj.* – alisado, polido; lustroso; limado, castigado; ornado; instruído.
pollen, -inis: *s.n.* e **pollis, -inis**: *s.m.f.* – flor de farinha, farinha-flor, farinha fina.
pollens, -entis: *part.pres.* – muito poderoso, opulento; superior; terrível.
pollentia, -ae: *s.f.* – poder, força, superioridade.
polleo, -es, -ui, -ere: *v.int./t.* – ter muito poder, ser muito poderoso; exceder a; ter muito valor; estar em voga; dominar.
pollex, -icis: *s.m.* – dedo polegar; dedo (sobretudo o polegar e o índice); polegada (medida linear equivalente a 24,6 mm).

polliceor, -eris, -itus sum, -eri: *v.dep.* – fazer uma oferta, propor, oferecer; prometer.
pollice verso: com o polegar voltado para baixo.
pollicitatio, -onis: *s.f.* – proposta, oferecimento; promessa.
pollicitor, -aris, -atus sum, -ari: *v.dep.* – prometer muitas vezes.
pollicitum, -i: *s.n.* – promessa.
pollinctor (pollictor), -oris: *s.m.* – o que lava os cadáveres e os prepara para os ritos fúnebres.
pollingo, -is, pollinxi, pollinctum, -ere: *v.t.* – lavar o cadáver e prepará-lo para os ritos fúnebres.
polluceo, -es, polluxi, polluctum, -ere: *v.t.* – colocar iguarias no altar para um banquete de sacrifício, colocar como oferenda, oferecer em sacrifício.
pollucibiliter: *adv.* – esplendidamente.
polluo, -is, -ui, -utum, -uere: *v.t.* – molhar; manchar, sujar; poluir; desonrar; profanar; violar.
pollutus, -a, -um: *adj.* – manchado, poluído; profanado; transgredido, violado.
poluctura, -ae: *s.f.* – refeição esplêndida, mesa lauta.
polus, -i: *s.m.* – polo; norte; abóbada celeste, céu.
polymitus, -a, -um: *adj.* – tecido com várias cores.
polymyxos, -i: *s.f.* – lâmpada de muitos bicos ou braços.
polyphagus, -i: *s.m.* – comilão.
polypus, -i: *s.m.* – pólipo; ladrão.
pomarium, -ii: *s.n.* – vergel, pomar, horto.
pomarius, -ii: *s.m.* – vendedor de frutas, fruteiro.
pomeridianus e **postmeridianus, -a, -um**: *adj.* – que é depois do meio-dia.
pomerium, -i: *s.n.* – espaço considerado sagrado onde não se podia construir nem plantar.
pomerium e **pomoerium, -ii**: *s.n.* – espaço consagrado dentro ou fora dos muros de Roma; recinto de uma cidade.
pomifer, -era, -erum: *adj.* – abundante em frutos, frutífero.
pomiferae, -arum: *s.f.pl.* – árvores frutíferas, fruteiras.
pomosus, -a, -um: *adj.* – abundante em frutos.
pompa, -ae: *s.f.* – séquito, cortejo; procissão; pompa, aparato; ostentação, brilho.
Pompeianus, -i: *s.m.* – pompeiano, soldado do partido de Pompeu; habitante de Pompeia.
pomum, -i: *s.n.* – pomo, fruta; fruto (em geral); árvore frutífera; semente, grão.
pomus, -i: *s.f.* – árvore frutífera; fruto.
pondera modulique: pesos e medidas.
pondero, -as, -avi, -atum, -are: *v.t.* – pesar, tomar o peso de; ponderar, examinar; apreciar.
ponderosus, -a, -um: *adj.* – que é de muito peso; grave; extenso, circunstanciado.
pondo, *abl.* antigo de **pondus** (usado como *adv.* e *s.indecl.)* – em peso, de peso; libra; peso de uma libra.
pondus, -eris: *s.n.* – peso; carga; grande quantidade; juízo, valor; importância.
pone: *adv.* – atrás, por detrás; *prep.ac.* – atrás de, por detrás de.
pono, -is, posui, positum, ponere: *v.t./int.* – pôr, colocar; depositar; estabelecer; fazer; construir, edificar; pôr na mesa, oferecer, propor; largar, depor; ordenar, instituir, arranjar, dispor; dizer; referir.
pons, pontis: *s.m.* – ponte; lugar por onde se entrava no recinto *(ovile)* do Campo de Marte, para votar; ponte levadiça (usada nos cercos); prancha lançada de um navio à terra; pontão.
ponticulus, -i: *s.m.* – pontezinha; ponte pequena.
Ponticus, -a, -um: *adj.* – pôntico, do ponto Euxino (Mar Negro).
pontifex, -icis: *s.m.* – sacerdote, pontífice.
pontifex: construtor de pontes.
pontifex maximus: o sumo pontífice.
pontificalis, -e: *adj.* – de pontífice, pontifical.
pontificatus, -us: *s.m.* – pontificado, dignidade de pontífice.
pontificius, -a, -um: *adj.* – pontifício, de pontífice.
ponto, -onis: *s.m.* – navio de transporte.
pontus, -i: *s.m.* – o alto mar, o mar.
popa, -ae: *s.f.* – sacerdote encarregado de preparar o sacrifício e conduzir ao altar a vítima, que derrubava com uma pancada na cabeça.
popellus, -i: *s.m.* – povinho, turba.
popina, -ae: *s.f.* – tasca, taverna; estalagem barata.
popino, -onis: *s.m.* e **popinator, -oris**: *s.m.* – frequentador de tavernas; comilão.
poples, -itis: *s.m.* – joelho.

poppysma, -atis: *s.n.* – sibilo, assobiada, murmúrio, rumor em sinal de aprovação.
populabilis, -e: *adj.* – que pode ser devastado.
populabundus, -a, -um: *adj.* – devastador, assolador.
popularis, -e: *adj.* – relativo ao povo, popular; comum, vulgar; público; amigo do povo, popular.
popularis, -is: *s.m.* – o que é do mesmo país, patrício; concidadão; companheiro.
popularis aura: a popularidade.
popularis strepitus: o clamor da multidão.
popularitas, -atis: *s.f.* – afeição ao povo, simpatia pelo povo.
populariter: *adv.* – à maneira do povo, vulgarmente; em linguagem comum; de modo agradável ao povo; sediciosamente.
populatio, -onis: *s.f.* – devastação; depredação; presa, despojos.
populator, -oris: *s.m.* – devastador, saqueador, destruidor.
populatus, -a, -um: *adj.* – que devastou; assolado, saqueado; destruído; mutilado.
populeus, -a, -um: *adj.* – de álamo, de choupo.
populifer, -era, -erum: *adj.* – que produz álamos, abundante em choupos.
populiscitum, -i: *s.n.* – decreto do povo.
populor, -aris, -atus sum, -ari: *v.dep.* e **populo, -as, -avi, -atum, -are**: *v.t.* – assolar, devastar, pilhar; destruir, arruinar.
populorum vox: a voz dos povos.
populus, -i: *s.f.* – álamo, choupo.
populus, -i: *s.m.* – povo; multidão; população; país, nação.
porca, -ae: *s.f.* – porca.
porcellus, -i: *s.m.* – porquinho.
porcus, -i: *s.m.* – porco; homem gordo, amigo de prazeres, glutão.
porgo, -is, -ere, ver **porrigo**.
porpolluo, -is, -ere: *v.t.* – poluir, contaminar.
porrectio, -onis: *s.f.* – desenvolvimento, extensão.
porrectus, -a, -um: *adj.* (*part.p.* de **porricio**) oferecido em sacrifício; (*part.p.* de **porrigo**) estendido; prolongado; estirado; liso; oferecido.
porricio, -is, -eci, -ectum, -icere: *v.t.* – lançar ao mar (as entranhas das vítimas); oferecer sacrifício.
porrigo, -inis: *s.f.* – espécie de tinha (doença); impigem (doença de pele).
porrigo, -is, -rexi, -rectum, -gere: *v.t.* – estender, alongar; deitar por terra; derrubar; prolongar; dar, oferecer.
porro: *adv.* – para frente, para diante, de ora em diante depois; demais, além disso; antigamente, outrora; ora, certamente, mas, contudo.
porta, -ae: *s.f.* – passagem, porta, portão, abertura, saída.
portatio, -onis: *s.f.* – carreto, transporte.
portendo, -is, -di, -tum, -dere: *v.t.* – pressagiar; predizer, anunciar.
portentosus, -a, -um: *adj.* – prodigioso, espantoso; monstruoso.
portentum, -i: *s.n.* – presságio, prognóstico; prodígio; monstro; *pl.* – fábulas, lendas.
porticula, -ae: *s.f.dim.* – pequeno pórtico.
porticus, -us: *s.m.* – pórtico, galeria rodeada de uma série de colunas; manta de guerra.
portio, -onis: *s.f.* – parte, quinhão; porção; proporção.
portitor, -oris: *s.m.* – recebedor dos direitos de entrada e saída de um porto; barqueiro.
porto, -as, -avi, -atum, -are: *v.t.* – levar, trazer; transportar; dar, prestar; encerrar.
portorium, -ii: *s.n.* – direito de entrada e saída de mercadorias; direitos de alfândega.
portula, -ae: *s.f.* – pequena porta, portinhola.
Portunus ou **Portumnus, -i**: *s.m.* – Portuno, deus dos portos.
portuosus, -a, -um: *adj.* – que tem muitos portos.
portus, -us: *s.m.* – passagem, porta, entrada; porto; enseada, baía; ancoradouro; asilo, refúgio.
portus salutis: o porto da salvação.
posco, -is, poposci, poscere: *v.t.* – exigir; reivindicar, reclamar; citar, intimar; requerer; pedir, solicitar.
positio, -onis: *s.f.* – posição, situação, lugar; disposição.
positor, -oris: *s.m.* – o que institui, fundador.
positura, -ae: *s.f.* – disposição, arranjo.
positus, -a, -um: *adj.* – posto; assentado; situado; estendido, morto; depositado; largado, perdido; estabelecido.
positus, -us: *s.m.* – posição, situação (de um lugar); disposição, arranjo.
possessio, -onis: *s.f.* – posse, propriedade; ocupação (militar); *pl.* – bens, posses.
possessio bona(e) fide: posse de boa-fé.
possessio mala fide: posse de má-fé.
possessiuncula, -ae: *s.f.* – pequena propriedade.

possessor, -oris: *s.m.* – possuidor, proprietário; senhor.
possessus, -us: *s.m.* – propriedade.
possibilis, -e: *adj.* – possível.
possideo, -es, -sedi, -sessum, -ere: *v.t.* – tomar posse de, apoderar-se de; tornar-se senhor, invadir, ocupar.
possido, -is, -ere, -sedl, -sessum: *v.t.* – possuir, estar de posse; apossar-se de; ocupar, invadir.
possum, potes, potui, posse: *v.int./t.* – poder, ser capaz de; ter poder; ser poderoso, eficaz; ser possível.
post: *adv.* – atrás, detrás; depois; *prep.ac.* – para trás, atrás de; depois de; a partir de; desde.
post amara dulcia: depois do amargo, o doce.
post brevem moram: após uma pequena espera.
post breve tempus: depois de algum tempo.
post Christum: depois de Cristo.
post Christum natum: depois do nascimento de Cristo.
post cibum: depois da refeição.
post cineres: depois das cinzas; depois da morte.
post diem: depois do dia.
postea: *adv.* – depois, em seguida.
posteaquam: *conj.* – depois que.
posteri, -orum: *s.m.pl.* – os descendentes, a posteridade.
posterior, -us *gen.* **-oris**, *adj.comp.* – posterior; que é em segundo lugar; derradeiro; inferior.
posteritas, -atis: *s.f.* – o futuro, o porvir; posteridade, descendência.
posterius: *adv.* – depois, posteriormente; mais tarde; em outro momento.
posterus, -a, -um: *adj.* – que vem depois, seguinte; futuro; que resulta.
post factum: depois do fato.
postfero, -fers, -tuli, -latum, -ferre: *v.t.* – pôr em segundo lugar; colocar depois.
postgeniti, -orum: *s.m.pl.* – descendentes, posteridade.
posthabeo, -es, -ui, -itum, ere: *v.t.* – pospor, deixar por; menosprezar.
posthaec: *adv.* – em seguida, depois; ao depois, de ora em diante, depois disto.
post hanc diem: depois deste dia; de hoje em diante; doravante.
postibilis, -e: *adj.* – prostituído.
postica, -ae: *s.f.* – porta traseira.
posticulum, -i: *s.n.* – pequeno quarto que fica nos fundos da casa.
posticum, -i: *s.n.* – porta traseira de uma casa.
posticus, -a, -um: *adj.* – que é de trás, traseiro.
postidea: *adv.* – a seguir, depois.
postis, -is: *s.m.* – umbral, umbreira; poste, mourão.
postliminium, -ii: *s.n.* – volta à pátria, recuperação.
post mediam noctem: depois da meia-noite.
postmeridianus e **pomeridianus, -a, -um**: *adj.* – que é depois do meio-dia.
post meridiem: depois do meio-dia.
postmodo ou **postmodum**: *adv.* – logo depois, em seguida; mais tarde, depois.
post mortem: depois da morte.
post natus: o que nasceu depois.
post nubila, Phoebus: depois do nevoeiro, o sol.
post obitum: depois da morte.
postocum, -i: *s.n.* – porta traseira, fundos (de um edifício).
postpartor, -oris: *s.m.* – futuro proprietário, herdeiro, sucessor.
post partum: depois do parto.
postpono, -is, -osui, -ositum, -onere: *v.t.* – colocar depois ou abaixo de, pospor; pôr de parte; ter em menos.
postquam: *conj.* – depois que, desde que; visto que, como.
postremo e **postremum**: *adv.* – enfim, por útimo, pela derradeira vez; finalmente.
postremus, -a, -um: *adj.superl.* – último, derradeiro.
postridie: *adv.* – no dia seguinte.
postscribo, -is, -psi, -ptum, -bere: *v.t.* – escrever depois.
post scriptum: depois do escrito.
post tantum temporis: tanto tempo depois.
postulatio, -onis: *s.f.* – súplica, petição; reclamação; requerimento; demanda, processo; expiação (exigida pelos deuses).
postulator, -oris: *s.m.* – o que reclama em juízo, o queixoso.
postulatum, -i: *s.n.* – pedido; pretensão.
postulatus, -us: *s.m.* – (usado somente no *abl.sing.)* – reclamação.
postulo, -as, -avi, -atum, -are: *v.t.* – pedir, requerer; reclamar; pretender; procurar; acusar, processar.
postumus, -a, -um: *adj.* – último, derradeiro; extremo.

post urbem conditam: depois da fundação de Roma.

potatio, -onis: *s.f.* – ação de beber; orgia, bebedeira.

potatio et comestio: o beber e o comer.

potens, -entis: *adj.* – que pode, capaz de; poderoso; eficaz, influente; que governa, que domina; que tem a posse de; notável.

potentatus, -us: *s.m.* – poder (político), autoridade, mando.

potenter: *adv.* – segundo suas forças.

potentes non irritandi: os poderosos não devem ser provocados.

potentia, -ae: *s.f.* – força, poder; faculdade; eficácia; meios, recursos; influência, autoridade; domínio.

potestas, -atis: *s.f.* – força; virtude; capacidade; faculdade; influência; poder, autoridade; domínio, cargo, dignidade; *pl.* – autoridades, magistrados.

potestas abstinendi: a faculdade de renunciar.

potestas alienandi: o poder de alienar.

potestas coercendi: o poder de coerção.

potestas et auctoritas: poder e autoridade.

potestas imperii: o poder de comando.

potestas in temporalibus: o poder temporal.

potestas spiritualis: o poder espiritual.

potestas vitae necisque: o poder de vida e morte.

potio, -is, -ivi, -itum, -ire: *v.t.* – pôr sob o poder de, sujeitar-se a.

potio, -onis: *s.f.* – ação de beber; bebida; beberagem; remédio, poção.

potior, -iris e **-eris, -itus sum, -iri**: *v.dep.* – possuir, ter; apoderar-se, ser senhor de; ter poder, dominar.

potior, -us *gen.* **-oris**: *adj.comp.* – mais poderoso, mais forte; melhor, preferido.

potis, -e: *adj.indecl.* – que pode; poderoso; possível.

potissimum: *adv.superl.* – sobretudo, acima de tudo; mormente.

potissimus, -a, -um: *adj.* – o mais importante, o melhor; o principal.

potito, -as, -are: *v.t.* – beber muito, beber frequentemente.

potitor, -oris: *s.m.* – o que se apodera de.

potius: *adv.* – antes, de preferência.

poto, -as, -avi, -atum e **potum, -are**: *v.int./t.* – beber; beber em excesso, embriagar-se; embeber-se.

potor, -oris: *s.m.* – o que bebe; bebedor, bêbado.

potrix, -icis: *s.f.* – a que bebe; bêbada.

potulentum, -i: *s.n.* – o que se bebe; bebida.

potulentus, -a, -um: *adj.* – que é para beber.

potus, -a, -um: *adj.* – bêbado; que bebeu bem; embriagado.

potus, -us: *s.m.* – ação de beber; gole, trago; bebida; beberagem.

prae: *prep.abl.* – diante de; entre; à vista de; com respeito a; além de; de preferência a, mais que; por causa de, por; *adv.* – diante, adiante; em comparação.

praeacutus, -a, -um: *adj.* – aguçado, terminado em ponta.

praealtus, -a, -um: *adj.* – muito elevado, muito alto, muito profundo.

praebeo, -es, -ui, -itum, -ere: *v.t.* – apresentar, oferecer; prestar; dar, fornecer; fazer; causar; mostrar.

praebibo, -is, -bibi, -ere: *v.t.* – beber antecipadamente, beber à saúde de.

praebita, -orum: *s.n.pl.* – fornecimento das coisas necessárias à vida, manutenção.

praebitio, -onis: *s.f.* – ação de fornecer, contribuição.

praebitor, -oris: *s.m.* – fornecedor.

praecalidus, -a, -um: *adj.* – muito quente.

praecano, -is, -ere: *v.t.* – profetizar, predizer.

praecanto, -as, -avi, -atum, -are: *v.t.* – submeter a encantamento previamente.

praecantrix (-centrix), -icis: *s.f.* – a que destrói os encantamentos.

praecanus, -a, -um: *adj.* – precocemente encanecido, com os cabelos brancos antes do tempo.

praecaveo, -es, -avi, -autum, -avere: *v.int/t.* – acautelar-se, precaver-se; prevenir-se contra.

praecedo, -is, -essi, -essum, -edere: *v.int./t.* – ir na frente, preceder; levar vantagem, exceder.

praecellens, -entis: *adj.* – eminente, superior; notável.

praecello, -is, -ui, -elsum, -ere: *v.int./t.* – estar à frente de, proceder a; avantajar-se, a, sobressair.

praecelsus, -a, -um: *adj.* – muito alto, muito elevado.

praecentio, -onis: *s.f.* – prelúdio (antes de um sacrifício).

praecento, -is, -ere: *v.t.* – recitar uma fórmula mágica preventiva.

P

praeceps: *adv.* – de cima para baixo, precipitadamente.
praeceps, -ipitis: *adj.* – que se precipita; que caminha rapidamente para; apressado; temerário; perigoso; escarpado.
praeceps, -ipitis: *s.n.* – declive; despenhadeiro; altura; abismo; perigo.
praecepta, non homines: princípios, não homens.
praeceptio, -onis: *s.f.* – ideia, juízo, preceito, prescrição; doutrina.
praeceptivus, -a, -um: *adj.* – que ensina, didático.
praeceptor, -oris: *s.m.* – o que ordena; mestre, preceptor.
praeceptrix, -icis: *s.f.* – a que ensina, mestra.
praeceptum, -i: *s.n.* – preceito, lição, instrução; ordem, mandado; prescrição.
praeceptum legis: um preceito da lei.
praecerpo, -is, -psi, -ptum, -pere: *v.t.* – colher antes do tempo; arrancar; arrogar-se, usurpar.
praecido, -is, -idi, -isum, -idere: *v.t./int.* – ferir pela frente; cortar pela ponta, aparar; romper; suprimir; abreviar.
praecingo, -is, -nxi, -nctum, ngere: *v.t.* – pôr à cinta; cingir, cercar; coroar, vestir.
praecino, -is, -cinui, -centum, -cinere: *v.t.* – cantar, tocar primeiro; entoar; predizer.
praecipio, -is, -epi, -eptum, -ipere: *v.t.* – tomar, ocupar antes; entrar primeiro em, anteceder; prover a; regular; prescrever, ordenar; ensinar, instruir.
praecipitanter: *adv.* – precipitadamente.
praecipitio, -as, -avi, -atum, -are: *v.t./int.* – atirar, lançar (de cima para baixo); impelir; arrojar-se, precipitar-se; apressar.
praecipitium, -i: *s.n.* – precipício, abismo.
praecipue: *adv.* – particularmente; principalmente, sobretudo; muito.
praecipuus, -a, -um: *adj.* – recebido primeiramente; particular; que é o primeiro, principal; notável.
praecise: *adv.* – em poucas palavras, sucintamente; precisamente; positivamente.
praecisus, -a, -um: *adj.* – aparado; encurtado; cortado a pique, alcantilado; tirado, suprimido; abreviado.
praeclara sunt rara: as coisas excelentes são raras.
praeclare: *adv.* – claramente; com muito brilho; bem, perfeitamente.
praeclarus, -a, -um: *adj.* – muito claro, brilhante; ilustre, preclaro, notável; muito belo, magnífico.
praecludo, -is, -si, -usum, -dere: *v.t.* – fechar diante, tapar; vedar, tolher; impedir.
praeco, -onis: *s.m.* – pregoeiro (de leilão); oficial de justiça, meirinho; panegirista, arauto.
praecogito, -as, -avi, -atum, -are: *v.t.* – pensar com antecedência em; premeditar.
praecognosco, -is, -ovi, -otum, -scere: *v.t.* – conhecer de antemão.
praecolo, -is, -ui, -ultum, -ere: *v.t.* – honrar de preferência; predispor-se, afeiçoar-se.
praecompositus, -a, -um: *adj.* – composto com antecedência, preparado.
praeconium, -ii: *s.n.* – ofício de pregoeiro (público); publicação, anúncio; elogio.
praeconsumo, -is, -psi, -ptum, -mere: *v.t.* – gastar por antecipação, consumir.
praecontrecto, -as, -avi, -atum, -are: *v.t.* – tocar antes, apalpar.
praecordia, -orum: *s.n.pl.* – diafragma; entranhas, vísceras; coração.
praecorrumpo, -is, -upi, -uptum, -ere: *v.t.* – corromper de antemão; subornar, seduzir.
praecox, -ocis: *adj.* – precoce, prematuro; temporão.
praecurro, -is, -curri e **-cucurri, -cursum, -currere**: *v.int./t.* – correr diante; preceder, antecipar; prevenir, exceder em.
praecursio, -onis: *s.f.* – ação de ir adiante, precedência; escaramuça; motivo.
praecursor, -oris: *s.m.* – o que vai adiante; batedor, explorador; espião.
praecutio, -is, -ussi, -ussum, -utere: *v.t.* – sacudir diante; abalar, agitar.
praeda, -ae: *s.f.* – presa, captura; saque, pilhagem; roubo; lucro.
praedabundus, -a, -um: *adj.* – que se entrega ao saque; que faz pilhagem.
praedamno, -as, -avi, -atum, -are: *v.t.* – condenar de antemão; rejeitar.
praedatio, -onis: *s.f.* – pilhagem, rapina; extorsão.
praedator, -oris: *s.m.* – saqueador, ladrão; caçador; sedutor, corruptor.
praedatorius, -a, -um: *adj.* – de saqueador, predatório; de ladrão, de pirata.
praedelasso, -as, -avi, -atum, -are: *v.t.* – amortecer, abrandar.
praedestino, -as, -avi, -atum, -are: *v.t.* – reservar, destinar de antemão; predestinar.
praediator, -oris: *s.m.* – o que adquire (propriedades) em hasta pública.
praediatorius, -a, -um: *adj.* – relativo à aquisição em hasta pública.

P

praedicabilis, -e: *adj.* – digno de elogio, louvável.

praedicatio, -onis: *s.f.* – pregão, proclamação; publicação, louvor, apologia.

praedicator, -oris: *s.m.* – pregoeiro, arauto; encomiador, panegirista.

praedico, -as, -avi, -atum, -are: *v.t.* – apregoar; proclamar, anunciar; dizer (em público); declarar, publicar; revelar; elogiar.

praedico, -is, -xi, -ctum, -cere: *v.t.* – avisar, prevenir; designar com antecedência; predizer.

praedictio, -onis: *s.f.* – ação de predizer; predição.

praedictum, -i: *s.n.* – o que foi tratado, convencionado; ajuste; predição, presságio.

praediolum, -i: *s.n.* – pequena propriedade.

praedisco, -is, -didici, -discere: *v.t.* – aprender antes, saber de antemão

praedispositus, -a, -um: *adj.* – preparado, exercitado, adestrado.

praeditus, -a, -um: *adj.* – que possui, que tem, provido de; dotado; ornado, revestido.

praedium, -ii: *s.m.* – propriedade, bens de raiz, terreno; prédio.

praedives, -itis: *adj.* – muito rico, opulento.

praedo, -onis: s.*m.* – devastador; salteador, ladrão; pirata; usurpador.

praedoceo, -es, -cui, -octum, -cere: *v.t.* (mais usado no *adj.*) – instruir de antemão; avisar, advertir.

praedor, -aris, -atus sum, -ari: *v.dep.int./t.* – saquear, pilhar; roubar; raptar, caçar.

P

praeduco, -is, -xi, -ctum, -cere: *v.t.* – levar diante; traçar, construir diante.

praedulcis, -e: *adj.* – muito doce; muito agradável.

praeduro, -as, -avi, -atum, -are: *v.t.* – tornar muito duro, endurecer.

praedurus, -a, -um: *adj.* – muito duro, rijo; robusto.

praeemineo, -es, -ui, -ere: *v.int.* – estar acima de, sobressair; exceder.

praeeo, -is, -ii ou **-ivi, -itum, -ire**: *v.int./t.* – ir adiante, preceder; passar além; dizer, pronunciar antes; ditar, prescrever.

praefandus, -a, -um: *adj.* – desonesto, obsceno.

praefatio, -onis: *s.f.* – o que é pronunciado antes; o que é dito do princípio; preâmbulo, exposição de motivos (de uma lei); exórdio; prefácio.

praefatus, -a, -um: *adj.* – dito ou falado ao princípio; mencionado antes.

praefectura, -ae: *s.f.* – prefeitura, dignidade de prefeito; intendência; administração, governo, comando.

praefectus, -i: *s.m.* – o que está à testa de; chefe; comandante; intendente, prefeito; administrador; governador.

praefero, -fers, -tuli, -latum, -ferre: *v.t.* – levar adiante; levar, trazer; fornecer; mostrar, ostentar; adiantar; preferir.

praeferox, -ocis: *adj.* – muito altivo, arrogante, muito violento.

praefervidus, -a, -um: *adj.* – muito quente, ardente, arrebatado.

praefestino, -as, -avi, -atum, -are: *v.int./t.* – apressar-se muito em; passar rapidamente por; apressar.

praefica, -ae: *s.f.* – choradeira, carpideira.

praeficio, -is, -eci, -ectum, -icere: *v.t.* – prepor, pôr à frente de; dar por chefe, encarregar da direção de; atribuir.

praefidens, -entis: *adj.* – que tem muita confiança.

praefigo, -is, -ixi, -ixum, -igere: *v.t.* – fincar na ponta, fixar; pendurar; ligar, amarrar.

praefinio, -is, -ivi, -itum, -ire: *v.t.* – regular com antecedência, fixar com antecipação.

praefloro, -as, -avi, -atum, -are: *v.t.* – murchar antes do tempo, desflorar; empanar, deslustrar.

praefluo, -is, -uxi, -uxum, -uere: *v int./t.* – correr diante de; banhar, regar.

praefoco, -as, -avi, -atum, -are: *v.t.* – obstruir, tapar, sufocar, estrangular.

praefodio, -is, -odi, -ossum, -dere: *v.t.* – abrir em frente de, cavar; soterrar.

praefor (desusado), **-aris, -fatus sum, -ari**: *v.dep.t.* – começar a falar; dizer antes; ditar (uma fórmula), nomear-se em primeiro lugar; predizer.

praeformo, -as, -avi, -atum, -are: *v.t.* – preparar, formar; traçar, esboçar.

praefracte: *adv.* – inflexivelmente, com obstinação, teimosamente.

praefractus, -a, -um: *adj.* – quebrado na ponta; quebrado, despedaçado; desligado; rígido, obstinado.

praefrigidus, -a, -um: *adj.* – muito frio, gelado.

praefringo, -is, -egi, actum, -ingere: *v.t.* – quebrar a ponta, despontar.

praefulcio, -is, -ulsi, -ultum, -lcire: *v.t.* – fortalecer, apoiar, corroborar.

praefulgeo, -es, -ulsi, -gere: *v.int.* – brilhar, luzir muito, resplandecer.

praegelidus, -a, -um: *adj.* – muito frio, glacial.
praegestio, -is, -ivi, -itum, -ire: *v.int.* – desejar ardentemente, estar ansioso por.
praegnans, -antis: *adj.* – grávida, prenhe; intumecido; que está para brotar.
praegnatio, -onis: *s.f.* – gravidez, gestação.
praegracilis, -e: *adj.* – muito delgado.
praegrandis, -e: *adj.* – muito grande, enorme, colossal.
praegravidus, -a, -um: *adj.* – muito pesado.
praegravis, -e: *adj.* – muito pesado; carregado de, sobrecarregado; molesto.
praegravo, -as, -avi, -atum, -are: *v.t./int.* – sobrecarregar; preponderar, exceder a; rebaixar; ofuscar.
praegredior, -eris, -essus sum; -edi: *v.dep.* – caminhar, ir adiante; preceder; exceder, ultrapassar.
praegressio, -onis: *s.f.* – ação de preceder, antecipação.
praegressus, -us: *s.m.* – ação de ir adiante; prioridade, antecipação.
praegustator, -oris: *s.m.* – pregustador, escravo incumbido de provar antes as iguarias; o que recebe as primícias de.
praegusto, -as, -avi, -atum, -are: *v.t.* – tomar o gosto a, provar primeiro.
praehibeo, -es, -ere, -hibui, – hibitum: *v.t.* – fornecer, dar, ministrar.
praeiaceo, -es, -ui, -itum, -ere: *v.int./t.* – ficar em frente, estar situado diante.
praeiudicatum, -i: *s.n.* – primeiro julgamento; preconceito, prevenção.
praeiudicatus, -a, -um: *adj.* – já julgado; assentado de antemão; antecipado.
praeiudicium, -ii: *s.n.* – julgamento anterior; antecedente; juízo antecipado; preconceito; presságio; lesão, prejuízo.
praeiudico, -as, -avi, -atum, -are: *v.t.* – julgar previamente (ou em primeira instância); fazer juízo antecipado; prever; prejudicar.
praeiuvo, -as, -avi, -atum, -are: *v.t.* – ajudar de antemão.
praelabor, -eris, -lapsus sum, -labi: *v.dep.* – escorregar diante; resvalar por; introduzir-se para; decorrer.
praelambo, -is, -bi, -ere: *v.t.* – provar antes, provar primeiro.
praelatio, -onis: *s.f.* – preferência, escolha.
praelatus, -a, -um: *adj.* – levado adiante, arrebatado; fixado antecipadamente; concedido antes; preferido.
praelautus, -a, -um: *adj.* – faustoso.
praelectio, -onis: *s.f.* – explicações preliminares.
praelego, -is, -egi, -ectum, -egere: *v.t.* – escolher de antemão; explicar, discorrer; costear.
praeligo, -as, -avi, -atum, -are: *v.t.* – atar, ligar adiante (por cima, ao redor).
praelongus, -a, -um: *adj.* – muito longo; muito alto.
praeluceo, -es, -uxi, -cere: *v.int./t.* – brilhar antes ou diante; brilhar mais; alumiar, esclarecer; fazer luzir.
praelustris, -e: *adj.* – muito brilhante.
praemandata, -orum: *s.n.pl.* – mandado de prisão.
praemando, -as, -avi, -atum, -are: *v.t.* – recomendar antecipadamente, ou com empenho.
prae manibus: entre as mãos.
praemature: *adv.* – prematuramente, muito cedo.
praematurus, -a, -um: *adj.* – precoce, prematuro.
praemedicatus, -a, -um: *adj.* – que tomou antes um contraveneno; que se tratou de antemão.
praemeditatio, -onis: *s.f.* – premeditação, previsão, reflexão sobre o que está por vir.
praemeditatus, -a, -um: *adj.* – previamente ajustado, combinado, meditado.
praemeditor, -aris, -atus sum, -ari: *v.dep.* – refletir antes; preludiar.
praemercor, -aris, -atus sum, -ari: *v.dep.t.* – comprar antes, comprar antecipadamente.
praemetuenter: *adv.* – com uma grande apreensão.
praemetuo, -is, -ui, -ere: *v.int.* – temer antes, recear muito.
praemigro, -as, -are: *v.int.* – retirar-se antecipadamente.
praemineo, -es, -ere: *v.int./t.* – elevar-se acima de; exceder, sobressair.
praemior, -aris, -ari: *v.dep.t.* – estipular um ganho, beneficiar, premiar.
praemitto, -ii, -isi, -issum, -ittere: *v.t.* – mandar adiante ou antes; mandar prevenir.
praemium, -ii: *s.n.* – recompensa, prêmio; paga; presa, despojos; utilidade, beneficio.
praemolestia, -ae: *s.f.* – aborrecimento antecipado, desgosto, inquietação.
praemolior, -iris, -itus sum, -iri: *v.dep.* – dispor de antemão, preparar.

praemollio, -is, -itum, -ire: *v.t.* – adoçar, suavizar de antemão.
praemollis, -e: *adj.* – muito mole, muito tenro.
praemoneo, -es, -ui, -itum, -ere: *v.t.* – advertir, prevenir; pressagiar.
praemonitus, -us: *s.m.* – advertência prévia, aviso.
praemonstro, -as, -avi, -atum, -are: *v.t.* – mostrar de antemão; anunciar; predizer.
praemorior, -eris, -mortuus sum, -mori: *v.int.* – morrer prematuramente.
praemortuus, -a, -um: *adj.* – já morto, paralisado; esgotado, perdido.
praemostrator, -oris: *s.m.* – guia.
praemunio, -is, -ivi ou **-ii, -itum, -ire**: *v.t.* – fortificar antecipadamente; munir de antemão, premunir; prevenir.
praemunitio, -onis: *s.f.* – precaução, prevenção, preparação.
praenarro, -as, -are: *v.t.* – narrar antes.
praenato, -as, -avi, -atum, -are: *v.int.* – nadar diante; correr ao longo de, banhar.
praenavigatio, -onis: *s.f.* – navegar ao longo de.
praeniteo, -es, -ui, -ere: *v.int.* – brilhar muito, ou mais, resplandecer; exceder em.
praenomen, -inis: *s.n.* – prenome.
praenosco, -is, -novi, -notum, -noscere: *v.t.* – conhecer com antecedência, adivinhar.
praenotio, -onis: *s.f.* – conhecimento antecipado; prenoção.
praenubilus, -a, -um: *adj.* – muito escuro, muito sombrio.
praenuntia, -ae: *s.f.* – a que anuncia, mensageira.
praenuntio, -as, -avi, -atum, -are: *v.int./t.* – anunciar, prevenir; pressagiar.
praenuntius, -a, -um: *adj.* – que anuncia, que pressagia; que declara.
praenuntius, -ii: *s.m.* – o que anuncia, mensageiro; precursor.
praeoccupatio, -onis: *s.f.* – ocupação prévia (de um lugar).
praeoccupo, -as, -avi, -atum, -are: *v.t.* – ocupar antes de qualquer outro, invadir; apoderar-se antecipadamente de; adiantar-se em, preceder.
praeolo, -is, -ere: *v.int.* – exalar cheiro (de longe).
praeopto, -as, -avi, -atum, -are: *v.t.* – escolher antes, preferir.
praepando, -is, -di, -sum, -dere: *v.t.* – abrir, estender diante; anunciar; derramar.

P

praeparatio, -onis: *s.f.* – preparação.
praeparatus, -a, -um: *adj.* – disposto de antemão, preparado.
praeparatus, -us: *s.m.* – preparativos, aprestos.
praeparo, -as, -avi, -atum, -are: *v.t.* – preparar, aprestar; dispor.
praepedimentum, -i: *s.n.* – impedimento, obstáculo.
praepedio, -is, -ivi ou **-ii, -itum, -ire**: *v.t.* – impedir, criar obstáculos a; embaraçar; sufocar.
praependeo, -es, -di, -sum, -dere: *v.int.* – pender, estar pendurado pela frente.
praepes, -etis: *adj.* – alado, que voa alto; rápido, veloz.
praepes, -etis: *s.f.* – ave de rapina, águia; ave (em geral).
praepeto, -is, -ere: *v.t.* – pedir com insistência, desejar ardentemente.
praepilatus, -a, -um: *adj.* – arredondado na ponta, abolado.
praepinguis, -e: *adj.* – muito gordo, obeso (tratando-se de animais); muito fértil (tratando-se de terrenos).
praepollens, -entis: *adj.* – muito poderoso.
praepolleo, -es, -ere: *v.int.* – ser muito poderoso; levar vantagem, exceder em.
praepondero, -as, -avi, -atum, -are: *v.t.* – ter maior peso; inclinar-se, preponderar.
praepono, -is, -posui, -positum, -ponere: *v.t.* – pôr (diante, em frente, antes); prepor, pôr à testa de; dizer antes.
praeporto, -as, -avi, -atum, -are: *v.t.* – levar diante de si, estar armado.
praepositio, -onis: *s.f.* – ação de prepor; fim proposto, alvo; destino.
praepositus, -a, -um: *adj.* – colocado diante; preposto, posto à frente de; **-i**: *s.m.* – comandante; administrador; preposto.
praepossum, -potes, -tui, -posse: *v.int.* – poder mais; levar vantagem, preponderar.
praepostere: *adv.* – em ordem inversa, às avessas; desajeitadamente.
praeposterus, -a, -um: *adj.* – que é ao contrário, que é às avessas; que é fora de propósito, intempestivo; desajeitado.
praepotens, -entis: *adj.* – muito poderoso.
praepropere: *adv.* – com grande pressa, de atropelo; precipitadamente.
praeproperus, -a, -um: *adj.* – muito apressado, ligeiro; precipitado.
praequam: *adv.* – em comparação de, com relação a.

praequeror, -eris, -questus sum, -queri: *v.int.* (usado sobretudo no *adj.*) – queixar-se antes.

praeradio, -as, -avi, -atum, -are: *v.t.* – ofuscar, deslumbrar.

praerapidus, -a, -um: *adj.* – muito rápido, veloz; precipitado.

praereptus, -a, -um: *adj.* – tomado por iniciativa ou com antecipação; arrebatado; precipitado.

praerigesco, -is, -gui, -escere: *v.int.* – (usado geralmente no *pret.perf.)* – enregelar-se completamente.

praeripio, -is, -ui, -eptum, -ipere: *v.t./int.* – apoderar-se em primeiro lugar; roubar; antecipar; preceder; agir com precipitação.

praerodo, -is, -osi, -osum, -dere: *v.t.* – roer na frente ou pela ponta.

praerogativa, -ae: *s.f.* – direito ou ação de votar em primeiro lugar; primeiro voto; indício, testemunho; prerrogativa.

praerogativus, -a, -um: *adj.* – concernente ao primeiro voto.

praerumpo, -is, -upi, -uptum, -umpere: *v.t.* – quebrar, romper antes ou na ponta; cortar.

praerupta, -orum: *s.n.pl.* – alcantis, despenhadeiros.

praeruptus, -a, -um: *adj.* – aberto ou cortado a pique; íngreme, escarpado; arrebatado, violento.

praes, praedis: *s.m.* – fiador, garante; penhor.

praesae-, ver **praese-**.

praesagio, -is, -ivi, -itum, -ire: *v.t.* – pressagiar; adivinhar, prever; anunciar, indicar.

praesagitio, -onis: *s.f.* – pressentimento, presságio; previsão.

praesagium, -ii: *s.n.* – agouro, presságio; pressentimento; previsão; predição.

praesagus, -a, -um: *adj.* – que pressente, que adivinha, pressago; que anuncia, que prediz; profético.

praescio, -is, ivi ou **-ii, -itum, -ire**: *v.t.* – saber antes, pressentir.

praescisco, -is, -scivi, -scitum, -iscere: *v.t.* – procurar saber de antemão; prever, adivinhar.

praescius, -a, -um: *adj.* – instruído, informado antecipadamente; que pressente, que adivinha; profético.

praescribo, -is, -psi, -ptum, -bere: *v.t.* – escrever na frente, pôr por título; marcar, designar; prescrever.

praescriptio, -onis: *s.f.* – ação de pôr título (a um escrito); determinação; prescrição; preceito, regra; alegação, pretexto.

praescriptum, -i: *s.n.* – modelo de escrito; traçado; traslado, exemplar; ordem, preceito.

praeseco, -as, -ui, -secatum ou **-sectum, -secare**: *v.t.* – cortar pela ponta, aparar; roer.

praesens, -entis: *adj.* – presente, que assiste; que acontece atualmente, imediato; prestes, disposto; eficaz, poderoso.

praesens in tempus: para o tempo presente; para o presente.

praesensio, -onis: *s.f.* – pressentimento, previsão, primeira noção, ideia inata.

praesentaneus, -a, -um: *adj.* – que produz efeito rapidamente, eficaz; violento.

praesente cadavere: na presença do cadáver; de corpo presente.

praesentia, -ae: *s.f.* – presença; tempo presente; ânimo, coragem; poder.

praesentio, -is, -si, -sum, -tire: *v.t.* – conhecer antes ou por intuição; pressentir, prever.

praesento, -as, -avi, -atum, -are: *v.t.* – apresentar, oferecer, dar.

praesepe (praesaepe), -is; praesepium (praeseapium), -i: *s.n.* – **prasepes (praseapes), -is; prasepis (praseapis), -is**: *s.f.* – presépio, estábulo, curral, estrebaria; manjedoura; lugar onde se come; colmeia; prostíbulo.

praesepio (praesaepio), -is, -sepsi, -septum, -ire: *v.t.* – obstruir, fechar, tapar.

praesertim: *adv.* – especialmente, principalmente, sobretudo.

praeservio, -is, -ire: *v.int.* – servir com cuidado.

praeses, -idis: *s.m.f.* – o que ou a que preside, presidente; chefe; defensor, protetor.

praesidens, -entis: *part.pres.* – o que preside; governador, presidente.

praesideo, -es, -sedi, -sessum, -idere: *v.int./t.* – estar sentado antes ou no primeiro lugar; estar à testa de, presidir; governar, dirigir; guardar.

praesidiarius, -a, -um: *adj.* – que é de guarda ou de observação; colocado à frente; relativo a posto avançado.

praesidium, -ii: *s.n.* – força (militar) de guarda, de defesa ou observação; posto, guarnição; acampamento; presídio; asilo; apoio; defesa, socorro.

P

praesignifico, -as, -avi, -atum, -are: *v.t.* – mostrar antes, dar a conhecer.
praesignis, -e: *adj.* – muito notável.
praesigno, -as, -avi, -atum, -are: *v.t.* – marcar previamente, marcar antes.
praesono, -as, -ui, -itum, -are: *v.int./t.* – ressoar antes; exceder em (pelo som).
praespargo ou **praespergo, -is, -ere**: *v.t.* – espalhar adiante.
praestabilis, -e: *adj.* – excelente, notável, útil, vantajoso.
praestans, -antis: *adj.* – que excede, superior, notável, eminente; prestante.
praestantia, -ae: *s.f.* – superioridade, preeminência; vantagem; excelência.
praesta te virum: mostra que és homem; comporta-te como homem.
praestatio, -onis: *s.m.* – satisfação, pagamento; garantia.
praestes, -stitis: *s.m.f.* – o que preside, presidente; chefe; protetor.
praestigiae, -arum: *s.f.* – encantamento; magia, feitiço; *pl.* – artifícios, sutilezas; astúcias.
praestino, -as, -avi, -atum, -are: *v.t.* – fixar de antemão o preço de um objeto, apreçar, comprar.
praestituo, -is, -ui, -utum, -uere: *v.t.* – fixar de antemão; marcar, designar.
praestituta die: no dia marcado.
praesto: *adj.indecl.* e *adv.* – presente, pronto (para acudir, socorrer); em presença.
praesto, -as, -stiti e **-stavi, -stitum** e **-statum, -stare**: *v.int./t.* – estar diante; abrigar, proteger; sobressair; ser preferível, mais útil; apresentar; fornecer, dar; cumprir, executar; responder por, afiançar; preservar.
praestolor, -aris, -atus aum, -ari: *v.dep.* – esperar, aguardar.
praestringo, -is, -inxi, -ictum, -ingere: *v.t.* – tocar de leve, resvalar por; arranhar; molestar; ferir.
praestruo, -is, -uxi, -uctum, -uere: *v.t.* – erguer antecipadamente; construir; predispor, preparar; obstruir, fechar.
praesul, -ulis: *s.m.f.* – o primeiro dançarino (nos jogos); o que dirige as danças; o que está ou sai à frente de.
praesulto, -as, -avi, -atum, -are: *v.int.* – saltar diante de; sair à frente de, avançar para.
praesum, praees, -fui, -esse: *v.int.* – estar à frente de, presidir; estar de guarda a, proteger; prevalecer a; ter a iniciativa de; instigar.
praesumo, -is, -psi, -ptum, -mere: *v.t.* – tomar primeiro ou antes do tempo, usurpar; julgar antes, suspeitar, presumir; atrever-se a, ousar.
praesumptio, -onis: *s.f.* – conjetura, previsão; expectativa, confiança; constância.
praesumptio iuris et de iure: presunção absoluta que não admite prova em contrário.
praesumptor, -oris: *s.m.* – usurpador.
praesuo, -is, -ui, -utum, -uere: *v.t.* – coser pela frente; guarnecer de.
praetego, -is, -texi, -tectum, -ere: *v.t.* – cobrir pela frente, cobrir; proteger, abrigar.
praetendo, -is, -di, -tum e **-sum, -dere**: *v.t.* – pôr, estender diante, para diante; alongar; apresentar; encobrir; pretextar, alegar.
praetento, -as, -avi, -atum, -are: *v.t.* – estender, trazer diante; mostrar, apresentar; sondar, apalpar; experimentar; tentar.
praetentus, -a, -um: *adj.* – estendido por diante ou para diante; alongado.
praetepesco, -is, -pui, -escere: *v.int.* (usado quase somente no *pret.perf.)* – aquecer-se antes.
praeter: *adv.* – além disso; exceto, menos; *prep.ac.* – ao longo de, diante de; acima de; além de; contra, em oposição; afora de, exceto.
praeterago, -is, -egi, -actum, -agere: *v.t.* – fazer passar além, levar além.
praeter consuetudinem: fora do costume.
praeterea: *adv.* – além disso, demais; depois disto, depois; desde então, de então em diante.
praetereo, -is, -ivi ou **-ii, -itum, -ire**: *v.int./t.* – passar adiante ou ao pé de; passar além, ultrapassar; preceder; levar vantagem, sobrepujar; decorrer (o tempo); esquecer, omitir, preterir; desdenhar.
praeterequito, -as, -avi, -atum, -are: *v.int.* (usado sobretudo no *part.pres.*) – avançar, adiantar-se a cavalo.
praeterferor, -erris, -latus sum, -ferri: *v.pass.* – ser levado além; ultrapassar.
praeterfluo, -is, -uxi, -uxum, -uere: *v.int./t.* – correr ao pé ou ao longo de; banhar; escapar, perder-se.
praetergredior, -eris, -gressus sum, -edi: *v.dep.int.* – caminhar para diante, passar; sobrepujar.
praeterhaec: adv. – daqui por diante, a partir deste momento, além disso.

praeteritis temporibus: nos tempos idos.
praeteritus, -a, -um: *adj.* – decorrido, passado (o tempo); omitido, preterido; que já passou, finado.
praeterlabor, -eris, -lapsus sum, -labi: *v.dep.* – correr junto a, banhar; costear; escapar.
praeter legem: fora da lei; à margem da lei.
praetermeo, -as, -are: *v.t.int.* – passar além ou adiante.
praetermissio, -onis: *s.f.* – omissão, preterição.
praetermitto, -is, -misi, -missum, -mittere: *v.t.* – transportar além; deixar passar, esquecer, omitir; deixar impune, perdoar.
praeter modum: além da medida; imoderadamente.
praeternavigo, -as, -avi, -atum, -are: *v.int.* – passar navegando, navegar ao longo de; aportar.
praetero, -is, -trivi, -tritum, -ere: *v.t.* – esfregar por diante, usar, gastar.
praeterpropter: *adv.* – pouco mais ou menos, com pouca diferença, aproximadamente, quase, cerca de.
praeterquam: *adv.* – além de, de mais que; exceto, menos.
praeter solitum: fora do costume; extraordinariamente.
praeter spem: contra toda esperança.
praetervectio, -onis: *s.f.* – travessia, passagem, trajeto; viagem (por mar).
praetervehor, -eris, -vectus sum, -vehi: *v. dep.* – navegar diante, passar navegando; ultrapassar.
praetervolo, -as, -avi, -atum, -are: *v.int.* – voar além de, passar voando; ir-se, escapar; passar despercebido.
praetexo, -is, -xui, -xtum, -xere: *v.t.* – tecer diante; guarnecer; colocar diante; bordar, orlar; pretextar, alegar.
praetexta, -ae: *s.f.* – toga pretexta (branca, orlada de púrpura, usada pelos meninos até os 17 anos e pelos moços até o casamento, como sacerdotes e magistrados); tragédia (em que os atores usavam a toga pretexta).
praetextatus, -a, -um: *adj.* – vestido da toga pretexta; menino, adolescente; dissoluto, obsceno.
praetextum, -i: *s.n.* – pretexto, desculpa.
praetextus, -us: *s.m.* – cobertura, disfarce; ornamento; pompa, aparato; pretexto.
praetinctus, -a, -um: *adj.* – (*desus.* do verbo **praetingo**) – molhado antes, embebido de antemão.
praetingo, -is, -tinctum, -ere: *v.t.* – molhar primeiro.
praetor, -oris: *s.m.* – o primeiro, o principal; chefe; comandante; pretor (magistrado encarregado da justiça); governador (de província).
praetorianus, -a, -um: *adj.* – de pretor, do pretório; pretoriano, relativo à guarda pretoriana (guarda do general, do cônsul, do imperador).
praetorium, -ii: *s.n.* – tenda, barraca do general; quartel-general; conselho de guerra; pretório, casa e tribunal do pretor; guarda pretoriana; alvéolo da abelha mestra; casa de recreio; *pl.* – palácio.
praetorius, -a, -um: *adj.* – de chefe, de general; pretoriano; de pretor, pretório.
praetrepidans, -antis: *adj.* – tremendo muito, muito agitado.
praetrepidus, -a, -um: *adj.* – muito agitado, muito trêmulo.
praetura, -ae: *s.f.* – pretura, cargo de pretor.
praeumbrans, -antis: *adj.* – que ofusca, que eclipsa.
praeuro, -is, -ussi, -ustum, -ere: *v.t.* – queimar por diante, pela ponta; tostar.
praeut: *adv.* – em comparação de.
praevaleo, -es, -ui, -ere: *v.int.* – valer mais, ser superior em; prevalecer, exceder.
praevalidus, -a, -um: *adj.* – muito robusto, muito sólido; bem fortificado; respeitável, poderoso; fecundo.
praevallo, -as, -avi, -atum, -are: *v.t.* – construir ao lado; fortificar.
praevaricatio, -onis: *s.f.* – prevaricação.
praevaricator, -oris: *s.m.* – prevaricador; advogado que trai a causa que devia defender.
praevaricor, -aris, -atus sum, -ari: *v.dep.* – faltar ao dever, prevaricar; trair os interesses do cliente.
praevehor, -eris, -vectus sum, -vehi: *v.dep. int./t.* – passar adiante, ao lado de ou por; caminhar ao longo de; atravessar.
praevelox, -ocis: *adj.* – muito rápido, muito veloz.
praevenio, -is, -eni, -entum, -ire: *v.int./t.* – tomar a dianteira, vir diante, preceder; antecipar; prevenir.
praeverto, -is, -ti, -sum, -tere: *v.t./int.* – tomar antes, apoderar-se primeiro de; surpreender, ocupar; passar adiante de, preceder; levar vantagem; preferir; prevenir, atalhar; impedir.

P

praevia censura: censura prévia.
praevideo, -es, -idi, -isum, -dere: *v.t.* – ver antes, prever; descobrir.
praevitio, -as, -avi, -atum, -are: *v.t.* – corromper, viciar previamente, envenenar.
praevius, -a, -um: *adj.* – que precede, que vai adiante, guia, precursor.
praevolo, -as, -avi, -atum, -are: *v.t.* – voar na frente, correr ao encontro de.
pragmaticus, -a, -um: *adj.* – relativo aos negócios políticos, à ação pública; que tem experiência, hábil; **-i**: *s.m.* – entendido em leis, consultor jurídico.
prandeo, -es, -di, -sum, -dere: *v.int./t.* – almoçar; comer ao almoço.
prandium, -ii: *s.n.* – almoço (a segunda refeição, tomada geralmente ao meio-dia); o que constitui o almoço; refeição (em geral).
pransor, -oris: *s.m.* – o que almoça fora de casa, convidado.
pransus, -a, -um: *adj.* – que já almoçou.
prasinatus, -a, -um: *adj.* – vestido de verde.
prasinus, -a, -um: *adj.* – verde.
pratensis, -e: *adj.* – relativo ao campo, que nasce nos prados.
pratulum, -i: *s.n.dim.* – pequeno prado; tabuleiro de relva.
pratum, -i: *s.n.* – prado, campo; relva; sítio, terreno.
prave: *adv.* – de través, defeituosamente; depravadamente, perversamente.
pravitas, -atis: *s.f.* – deformidade; defeito (físico); desacerto, sem razão; depravação; perversidade.
pravus, -a, -um: *adj.* – torto; mal feito, disforme; insensato; mau, perverso; corrupto.
praxis, -is: *s.f.* – maneira de proceder, prática.
precario: *adv.* – com instância; por empréstimo; precariamente.
precarius, -a, -um: *adj.* – precário; concedido de favor; tomado de empréstimo; passageiro, mal seguro.
precatio, -onis: *s.f.* – ação de pedir, súplica, rogo; imprecação.
precator, -oris: *s.m.* – o que pede, o que implora; intercessor.
precatrix, -icis: *s.f.* – intercessora.
preces, -um: *s.f.pl.* – pedidos, súplicas; desejos (manifestados); pragas, imprecações.
preciae, -arum: *s.f.pl.* (subentendido **vites**) – espécie de videira.
precor, -aris, -atus sum, -ari: *v.dep.int./t.* – rogar, suplicar; desejar, querer (bem ou mal).
prehendo e **prendo, -is, -di, -sum, -dere**: *v.t./int.* – tomar, segurar; agarrar, prender; apanhar; surpreender.
prehenso e **prenso, -as, -avi, -atum, -are**: *v.t.* – segurar, agarrar com força; chamar à parte alguém; rogar, implorar.
prelum ou **praelum, -i**: *s.n.* – vara do lagar; prensa.
premo, -is, pressi, pressum, premere: *v.t.* – fazer pressão, pesar sobre; comprimir; abaixar, abater; sobrepujar; oprimir, esmagar; acabrunhar; plantar, imprimir; constranger; abreviar; desbastar; suprimir, estancar; enterrar; perseguir; ferir, matar.
prendo, -is, -di, -sum, -dere, ver **prehendo**.
prensatio, -onis: *s.f.* – empenho para obter, busca, solicitação.
prepulcher, -chra, -chrum: *adj.* – muito belo.
prerrogatio, -onis: *s.f.* – aprovação (de uma lei).
presse: *adv.* – apertadamente, no atropelo de; rente, curtamente; brevemente; com precisão.
pressio, -onis: *s.f.* – pressão, peso; apoio (para se levantar peso).
presso, -as, -avi, -atum, -are: *v.t.* – apertar, comprimir.
pressura, -ae: *s.f.* – ação de apertar, pressão.
pressus, -a, -um: *adj.* – apertado, imprensado; oprimido; cravado; submergido; impresso, traçado; abatido; sucinto, preciso.
pressus, -us: *s.m.* – pressão; ação de apertar; peso, encargo.
prester, -eris: *s.m.* – meteoro ígneo, coluna de fogo.
pretiose: *adv.* – ricamente, magnificamente.
pretiosus, -a, -um: *adj.* – que custa caro, precioso, caro; rico; excelente; virtuoso.
pretium, -ii: *s.n.* – preço, valor; paga, salário; prêmio; dinheiro, moeda; riqueza; gasto, despesa; utilidade, merecimento.
pretium aestimationis: o valor estimativo.
pretium affectionis: o valor sentimental.
pretium doloris: o preço do sofrimento; indenização por dano moral.
pretium hominis: o valor de um homem.
pretium luctus: o preço do luto; indenização pela perda de um parente.
pretium sceleris: o preço do crime.
prex, precis: *s.f.* – pedido, súplica.
pridem: *adv.* – há já algum tempo; há muito tempo, desde muito.
pridianus, -a, -um: *adj.* – da véspera.
pridie: *adv.* – no dia anterior, na véspera.

P

pridie eius diei: na véspera daquele dia.
prima, -orum: *s.n.pl.* – princípio, começo; os elementos, os princípios.
primae, -a, -um: *adj.* – primeiro lugar, primeira categoria.
primaevus, -a, -um: *adj.* – que está na primeira idade; jovem.
prima facie: à primeira vista.
prima luce: à primeira luz; ao amanhecer; ao romper do dia.
primanus, -a, -um: *adj.* (usado sobretudo no plural) – soldado da primeira legião.
primarius, -a, -um: *adj.* – primeiro, principal, que é da primeira ordem, um dos primeiros.
primas, -atis: *adj.m.f.* – que está na primeira categoria.
primigenius, -a, -um: *adj.* – primitivo, original, o primeiro da espécie.
primigenus, -a, -um: *adj.* – o primeiro (no tempo), mais velho.
primipilaris, -is: *s.m.* ou **primipilus, -i**: *s.m.* – primípilo, centurião da primeira centúria dos triários.
primis temporibus: nos primeiros tempos.
primitiae, -arum: *s.f.pl.* – primícias; parte primeira dos despojos (oferecida a uma divindade); primeiros frutos; estreia, começo.
primitus: *adv.* – no começo, primitivamente; desde o começo.
primo: *adv.* – em primeiro lugar, no começo; a princípio.
primo: o primeiro.
primo aspectu: à primeira vista.
primo ictu oculi: ao primeiro olhar; à primeira vista.
primo mihi: a mim em primeiro lugar.
primo occupanti: ao primeiro ocupante.
primordium, -ii: *s.n.* – origem, princípio, começo; primórdio.
primoris, -is: *adj.m.f.* e *n.* (e também às vezes *s.m.)* – primeiro, que está na parte anterior; que vem primeiro; *pl.m.* – os que formam as primeiras linhas, vanguarda; os principais, os grandes.
primulum: *adv.* – para começar, em primeiro lugar.
primulus, -a, -um: *adv.* – o primeiro.
primum: *adv.* – em primeiro lugar, primeiramente; pela primeira vez; primeiro que tudo; (em combinação com **ut**, **ubi**, **simul ac**; **ut primum**, **ubi primum**, **simul ac primum**) *conj.* – logo que, tanto que.
primum movens: o primeiro motivo; a primeira causa.
primus, -a, -um: *adj.superl.* – primeiro; que está adiante, no começo; que é na ponta; dianteiro, anterior; o principal, o melhor; o preferido.
primus inter pares: o primeiro entre os seus iguais.
princeps, -ipis: *adj.m.f.* e *s.m.* – o primeiro (em relação ao tempo, ao lugar; em ordem, dignidade); principal; chefe, maioral; comandante; presidente; príncipe, imperador; autor; *pl.* – os grandes ases; nobres príncipes.
principalis, -e: *adj.* – primitivo, originário; primeiro, principal; melhor; relativo a príncipe; do imperador, imperial.
principaliter: *adv.* – à maneira de um príncipe.
principatus, -us: *s.m.* – começo, origem; primazia, preeminência, superioridade; autoridade, poder, mando, governo; presidência; principado; império.
principia, -iorum: *s.n.pl.* – princípios, primórdios, fundamento, origem.
principialis, -e: *adj.* – primitivo, originário.
principiis obsta: impede no começo.
principium, -ii: *s.n.* – princípio, começo; entrada; prelúdio; *pl.* – princípios, elementos; fundamentos, regras; praça de armas (diante da tenda do pretor); as primeiras linhas, vanguarda.
prior, -us *gen.* **-oris**: *adj.comp.* – o primeiro (com relação a dois), o mais importante; que excede, superior a; o primeiro a dar, a fazer; anterior, antecedente; *pl.* – avós, antepassados.
prior in tempore, potior in iure: primeiro no tempo, mais forte ou mais poderoso no direito.
prisca fides: a fidelidade antiga.
prisce: *adv.* – à antiga, no modo dos antigos, austeramente.
priscus, -a, -um: *adj.* – antigo, velho; arcaico; primitivo; que é de antes, antecedente; que é dos tempos antigos; virtuoso, severo.
pristinus, -a, -um: *adj.* – que antecedeu imediatamente, precedente, passado; antigo, primitivo; primeiro.
pristis ou **pistris, -is**: *s.f.* – baleia; monstro marinho; navio veleiro; Baleia (constelação).
prius: *adv.* – antes, de preferência; primeiramente; outrora, noutro tempo.
priusquam: *conj.* – antes que; primeiro que.
privatim: *adv.* – em particular, à parte; pessoalmente; em casa.

privatio, -onis: *s.f.* – falta de, privação.

privato sumpto: à própria custa; por conta própria.

privatus, -a, -um: *adj.* (de **privus**) – próprio, particular, individual; privado, de particular; que vive como particular; *adj.* (de **privo**) – privado, isento de; malogrado.

privigna, -ae: *s.f.* – enteada.

privignus, -i: *s.m.* – enteado.

privilegium, -ii: *s.n.* – lei relativa a um particular ou a poucos; favor, privilégio.

privilegium clericale: privilégio do clero.

privilegium fori: privilégio de foro.

privilegium imunitatis: privilégio da imunidade.

privo, -as, -avi, -atum, -are: *v.t.* – livrar; eximir; despojar, privar.

privus, -a, -um: *adj.* – particular, especial; cada, cada um.

pro: *interj.* ou **proh** (de admiração, de espanto) – oh!, ah!.

pro: *pref.* – que significa posição diante de (**pro-pono**); ação de defender, proteger (**pro-pugno**); de fazer público (**pro-clamo**); de anterioridade (**pro-avus**); de descendência (**pro-genies**); de substituição (**pro-consul**).

pro: *prep.abl.* – diante, em frente a; em lugar de; à maneira de; conforme, com respeito a; pelo preço de; em, durante.

proagorius, -ii ou **proagorus, -i**: *s.m.* – primeiro magistrado, prefeito em cidades da Sicília.

P

proauctor, -oris: *s.m.* – fundador, primeiro autor.

proavi, -orum: *s.m.pl.* – os antepassados.

proavia, -ae: *s.f.* – bisavó.

proavitus, -a, -um: *adj.* – relativo ao bisavô; que vem dos antepassados.

proavus, -i: *s.m.* – bisavô; *pl.* – avoengos, antepassados.

probabilis, -e: *adj.* – provável, que pode ser provado, verossímil, plausível; digno de aprovação, apreciável; excelente, aprazível.

probabilitas, -atis: *s.f.* – probabilidade, verossimilhança.

probabiliter: *adv.* – provavelmente, com verossimilhança; de modo louvável ou digno de aprovação.

probatio, -onis: *s.f.* – prova, ensaio, experiência, exame, argumento; probabilidade.

probatio incumbit asserenti: a prova cabe a quem afirma.

probatio incumbit neganti: a prova cabe a quem nega.

probator, -oris: *s.m.* – o que aprova.

probatum est: está comprovado.

probatus, -a, -um: *adj.* – aprovado; experimentado, claro, manifesto; apreciado; respeitável, excelente.

probe: *adv.* – bem, muito bem; circunspectamente; com probidade; completamente.

probitas, -atis: *s.f.* – honradez, retidão, probidade; virtude.

probitate et labore: com honestidade e trabalho.

problema, -atis: *s.n.* – problema, questão a resolver.

probo, -as, -avi, -atum, -are: *v.t.* – experimentar, provar; verificar; julgar; apreciar, aprovar; fazer gostar de; demonstrar.

pro bono et malo: pelo bem e pelo mal.

pro bono omnium: para o bem de todos.

pro bono pacis: pela paz; em favor da paz.

pro bono publico: pelo bem público; em benefício do público.

proboscis, -idis: *s.f.* – focinho, tromba (do elefante).

probrosus, -a, -um: *adj.* – torpe, vergonhoso; infame; injurioso.

probrum, -i: *s.n.* – censura (feita a alguém); desonra, torpeza, infâmia; vergonha, labéu; adultério; injúrias.

probus, -a, -um: *adj.* – que é de boa qualidade, bom; íntegro, probo, honrado; casto, virtuoso; hábil.

procacitas, -atis: *s.f.* – imprudência; ousadia, insolência; lascívia, impudicícia.

procaciter: *adv.* – descaradamente; com desplante, com atrevimento.

procax, -acis: *adj.* – imprudente, descarado; impertinente; atrevido; torpe, lascivo; obsceno.

procedo, -is, -essi, -essum, -edere: *v.int.* – avançar, ir para adiante, adiantar-se; progredir; sair de ou para fora; sobressair; abrolhar; aparecer, nascer; sair-se bem; servir, ser útil a; proceder de.

procella, -ae: *s.f.* – tempestade, procela; aguaceiro; furacão; sedição, tumulto; desgraça, revés; derrota.

procello, -is, -ere: *v.t.* – pôr em movimento, levar para diante.

procellosus, -a, -um: *adj.* – tormentoso, tempestuoso, que traz ou provoca tempestades; borrascoso.

proceres, -um: *s.m.pl.* – os primeiros, os principais; próceres, maiorais; magnatas; nobres; generais, comandantes.
proceritas, -atis: *s.f.* – alongamento, longura; altura; elevação.
procerus, -a, -um: *adj.* – alongado, comprido; alto, grande; elevado.
processio, -onis: *s.f.* – ação de ir para diante; marchar, avançar.
processus, -us: *s.m.* – ação de ir para diante, andar, marcha; adiantamento, progresso; êxito; acontecimento.
procido, -is, -di, -dere: *v.int.* – cair para frente, de bruços; prostrar-se.
prociduus, -a, -um: *adj.* – caído para a frente.
procinctus, -us: *s.m.* – estado de prontidão para o combate; tropa formada; campanha; campo de batalha.
proclamator, -oris: *s.m.* – rábula; mau orador.
proclamo, -as, -avi, -atum, -are: *v.t.* – gritar, bradar; exclamar; reclamar.
proclino, -as, -avi, -atum, -are: *v.t.* – inclinar para diante.
proclive, -is: *s.m.* – declive, ladeira; inclinação.
proclive ou **procliviter**: *adv.* – em declive, em ladeira, rapidamente.
proclivis e **proclivus, -a, -um**: *adj.* – pendente, inclinado; ladeirento; pendurado; fácil de executar; propenso a; sujeito a.
proclivitas, -atis: *s.f.* – declive, ladeira; tendência; inclinação.
Procne e **Progne, -es**: *s.f.* – Procne, irmã de Filomela, transformada em andorinha; andorinha.
proco, -as, -avi, -atum, -are: *v.t.* e **procor, -aris, -atus sum, -ari**: *v.dep.* – pedir, exigir.
proconsul, -ulis: *s.m.* – procônsul; governador de uma província.
proconsularis, -e: *adj.* – proconsular, de procônsul.
proconsulatus, -us: *s.m.* – dignidade de procônsul, proconsulado.
procrastinatio, -onis: *s.f.* – procrastinação, delonga, demora, adiamento.
procrastino, -as, -avi, -atum, -are: *v.int.* – demorar; adiar, diferir, procrastinar.
procreatio, -onis: *s.f.* – procriação; criação, progenitura.
procreator, -oris: *s.m.* – o que gera, pai; criador, autor.
procreatrix, -icis: *s.f.* – geradora; mãe.
procreo, -as, -avi, -atum, -are: *v.t.* – procriar, gerar; criar, produzir.
procubo, -as, -bui, -bitum, -bare: *v.int.* – estar deitado; estender-se, projetar-se.
procudo, -is, -di, -sum, -dere: *v.t.* – forjar; aperfeiçoar, polir; cunhar (moeda); bater, rechaçar; produzir.
procul: *adv.* – longe; longe de; de ou para longe; por muito tempo; perto, perto de.
proculco, -as, -avi, -atum, -are: *v.t.* – calcar com os pés; pisar, esmagar; desprezar.
procumbo, -is, -ubui, -ubitum, -umbere: *v.int.* – inclinar-se, atirar-se para diante; debruçar-se; prostrar-se; abaixar-se; cair por terra; deitar-se.
procuratio, -onis: *s.f.* – administração, direção; governo; cargo, emprego; cerimônia expiatória, expiação.
procurator, -oris: *s.m.* – administrador, diretor; intendente; governador, regente; procurador.
procuratrix, -icis: *s.f.* – a que cuida de; guarda.
procuro, -as, -avi, -atum, -are: *v.t.* – administrar, cuidar de, olhar por; dirigir; tratar dos negócios de alguém, ser procurador de, oferecer sacrifício expiatório.
procurro, -is, -curri e **-cucurri, -cursum, currere**: *v.int.* – avançar para; correr a, recorrer; sair para fora, projetar-se; estender-se.
procursatio, -onis: *s.f.* – escaramuça.
procursator, -oris: *s.m.* – o que faz escaramuças, soldado de vanguarda.
procursio, -onis: *s.f.* – avanço, ação de avançar.
procurso, -as, -avi, -atum, -are: *v.int.* – avançar, correr na frente, travar escaramuças.
procursus, -us: *s.m.* – marcha rápida; investida, incursão; carreira; impulso.
procurvus, -a, -um: *adj.* – encurvado; recurvo; sinuoso.
procus, -i: *s.m.* – o que solicita uma mulher para casamento; requestador, pretendente.
pro defectu iustitiae: por falta de justiça.
prodeo, -is, -ivi ou **-ii, -itum, -ire**: *v.int.* – ir para diante, avançar; ir; sair; destacar-se, projetar-se; nascer, brotar; aparecer.
pro derelicto: em completo abandono; em desamparo.
prodico, -is, -xi, -ctum, -cere: *v.t.* – adiar, diferir, fixar, aprazar; predizer.
prodictator, -oris: *s.m.* – magistrado com investidura de ditador.
prodige: *adv.* – com prodigalidade, profusamente.

P

prodigentia, -ae: *s.f.* – prodigalidade, esbanjamento; profusão
prodigialiter e **prodigiale**: *adv.* – portentosamente, de modo prodigioso.
prodigiosus, -a, -um: *adj.* – maravilhoso, estupendo; monstruoso; inaudito.
prodigium, -ii: *s.n.* – prodígio, portento; presságio; monstro; praga, flagelo.
prodigo, -is, -egi, -actum, -igere: *v.t.* – levar adiante de si; prodigalizar, dissipar.
prodigus, -a, -um: *adj.* – que dá ou gasta abundantemente; pródigo, liberal, dissipador; fecundo; prodigalizado; voluptuoso.
proditio, -onis: *s.f.* – denúncia, traição; conspiração.
proditor, -oris: *s.m.* – o que revela (um segredo); denunciador; traidor.
proditor patriae: traidor da pátria.
prodo, -is -idi, -itum, -dere: *s.t.* – dar à luz, produzir; revelar, descobrir; publicar, propagar; expor, abandonar; entregar (por traição), trair; nomear; adiar.
prodoceo, -es, -cui, -ctum, cere: *v.t.* – ensinar publicamente.
pro domo sua: em seu próprio benefício.
prodromus, -i: *s.m.* – o que corre diante, precursor, mensageiro; *pl.* – ventos que precedem a canícula.
produco, -is, -uxi, -uctum, -ucere: *v.t.* – conduzir para diante; fazer sair, apresentar; dar à luz, produzir; criar, educar; fazer avançar; projetar, prolongar; mostrar, denunciar; pôr à venda; expor.
P
producta, -orum: *s.n.pl.* – as coisas boas.
producta sceleris: produtos do crime.
producte: *adv.* – com alongamento, fazendo longa (uma sílaba).
productio, -onis: *s.f.* – alongamento, extensão; demora.
productus, -a, -um: *adj.* – levado para diante, apresentado; dado à luz, produzido; estendido, prolongado; longo, comprido; induzido a, diferido, dilatado.
proeliaris, -e: *adj.* – de combate, de batalha campal.
proeliator, -oris: *s.m.* e *adj.* – guerreiro; aguerrido, belicoso.
proelior, -aris, -atus sum, -ari: *v.dep.* – combater, lutar.
proelium, -ii: *s.n.* – combate, peleja; batalha; guerra; jogo (dos ladrões).
pro eo: no lugar dele.
pro et contra: a favor e contra (os dois lados da questão).
profano, -as, -avi, -atum, -are: *v.t.* (de **pro** e **fanum**) oferecer um sacrifício (aos deuses), (de **pro-fanus**) poluir, profanar.
profanus, -a, -um: *adj.* – consagrado (pela religião); não sagrado, profano; não iniciado nos mistérios; ímpio, sacrílego; sinistro.
profatum, -i: *s.n.* – adágio, sentença.
profatus, -us: *s.m.* – ação de falar, pronúncia.
profectio, -onis: *s.f.* – partida; origem, princípio.
profecto: *adv.* – em verdade, certamente; sem dúvida; inteiramente.
profectus, -us: *s.m.* – progresso, avanço; sucesso, bom êxito.
profero, -fers, -tuli, -latum, -ferre: *v.t.* – exibir, mostrar, revelar, divulgar; proferir, expor; produzir, criar; passar (o tempo); estender, prolongar; levar para frente, tirar para fora.
proferre in apricum: trazer à luz; tornar conhecido o fato.
professe: *adv.* – abertamente, sem rodeios.
professio, -onis: *s.f.* – manifestação; declaração de censo, renda; profissão, mister, ocupação; ensino.
professio fidei: a profissão de fé.
professor, -oris: *s.m.* – o que exerce uma profissão; o que é versado em; mestre, professor.
professoria lingua: linguagem professoral.
professorius, -a, -um: *adj.* – de professor, professoral.
professor sapientiae: um filósofo.
profestus, -a, -um: *adj.* – não feriado; de trabalho; profano.
profestus dies: dia não feriado; dia de trabalho.
proficiat!: que tenha bom êxito!
proficio, -is, -eci, -ectum, -icere: *v.int.* – adiantar-se; progredir; sair-se bem; aproveitar; servir; ser útil.
proficiscor, -eris, -fectus sum, -ficisci: *v. dep. int.* – partir; dirigir-se a, marchar para; ausentar-se, sair de; começar por; provir de, derivar.
profiteor, -eris, -fessus sum, -eri: *v.dep.* – declarar (perante um magistrado), fazer declaração do que possui; dar o seu nome, apresentar-se; confessar, denunciar; divulgar; prometer, protestar; obrigar-se; fazer profissão de, professar.
profligator, -oris: *s.m.* – pródigo, dissipador.

profligatus, -a, -um: *adj.* – abatido; derrotado, arruinado; quase acabado, concluído; torpe; depravado.
profligo, -as, -avi, -atum, -are: *v.t.* – deitar por terra, abater; derrotar; destruir, arruinar; levar quase ao fim; desperdiçar.
proflo, -as, -avi, -atum, -are: *v.t.* – deitar pelo sopro; exalar, soprar.
profluens, -entis: *part.pres.* – que corre abundantemente, que dimana; abundante, fácil; *s.m.* – água corrente, riacho, regato.
profluenter: *adv.* – abundantemente, em grande número.
profluentia, -ae: *s.f.* – abundância (de linguagem); verbosidade, eloquência.
profluo, -is, -uxi, -uxum, -uere: *v.int.* – correr, sair abundantemente; dimanar; derivar; ser fácil, corrente (estilo, linguagem); correr; chegar a.
profluvium, -ii: *s.n.* – escoamento, fluxo, corrimento.
profor (*desus.*), **-faris, -atus sum, -ari**: *v. dep.int./t.* – falar, dizer; declarar; revelar.
pro forma: por mera formalidade.
profugio, -is, -ugi, -itum, -ere: *v.int./t.* – sair precipitadamente, fugir; fugir de ou a; desterrar-se.
profugus, -a, -um: *adj.* – que fugiu, escapado de; fugitivo; banido, exilado; errante.
profundo, -is, -fudi, -fusum, -fundere: *v.t.* – derramar, verter; lançar; espalhar, estender; exalar; proferir, dizer; dispender; prodigalizar; dar à luz; produzir.
profundum, -i: s.*n.* – profundeza; fundo do mar, abismo.
profundus, -a, -um: *adj.* – profundo, imenso, desmedido, oculto, impenetrável.
profuse: *adv.* – profusamente, com prodigalidade; em desordem, confusamente.
profusus, -a, -um: *adj.* – vertido com abundância; espalhado; projetado; generoso; pródigo, dissipador; suntuoso; excessivo, desenfreado.
progener, -eris: *s.m.* – marido da neta.
progenero, -as, -avi, -atum, -are: *v.t.* – gerar, criar.
progenies, -ei: *s.f.* – progenitura, filhos; descendência; progênie; família; raça.
progenitor, -oris: *s.m.* – avô; antepassado; progenitor.
progero, -is, -ere, -gessi, -gestum: *v.t.* – levar diante ou para diante, levar para fora.
progigno, -is, -genui, -genitum, -gignere: *v.t.* – procriar, gerar; produzir.
prognatus, -a, -um: *adj.* – descendente de; nascido; filho.
progrediamur: avancemos.
progrediente tempore: com o passar do tempo.
progredior, -eris, -gressus sum, -gredi: *v.dep.* – avançar, ir; sair de; adiantar-se, progredir; chegar a.
progressio, -onis: *s.f.* – adiantamento, progresso.
progressus, -us: *s.m.* – ação de avançar, de ir para diante; desenvolvimento; progresso.
proh ou **pro**: *interj.* – (de admiração e espanto) oh!, ah!.
prohibeo, -es, -ui, -itum, -ere: *v.t.* – arredar, desviar; repelir; preservar, livrar; impedir, opor-se a; proibir, velar.
prohibitio, -onis: s.*f.* – proibição, interdição.
proiicio, -is, -ieci, -ectum, -cere: *v.t.* – lançar para diante; estender, alongar; depor, abandonar, rejeitar; banir; enjeitar; adiar.
proin: *adv.* – por isso, por isso mesmo.
proinde: *adv.* – assim; por conseguinte, pois; igualmente.
pro indiviso: por inteiro.
projecticius, -a, -um: *adj.* – exposto, abandonado.
projectio, -onis: *s.f.* – ação de estender para frente, alongamento.
projectus, -a, -um: *adj.* – lançado para frente, proeminente, saliente.
projectus, -us: *s.m.* – ação de estender, extensão.
prolabor, -eris, -lapsus sum, -labi: *v.dep.* – escorregar, resvalar, cair, deixar-se levar de, chegar a, cometer uma falta, errar, degenerar.
pro labore: pelo trabalho.
prolapsio, -onis: *s.f.* – desmoronamento, queda; ruína, falta, erro.
prolatio, -onis: *s.f.* – ação de estender, aumento, espera; adiamento, prorrogação; articulação, pronunciação (de uma palavra); citação.
prolato, -as, -avi, -atum, -are: *v.t.* – alargar, aumentar; prolongar; adiar, diferir; demorar.
prolecto, -as, -avi, -atum, -are: *v.t.* – atrair; seduzir, aliciar.
proles, -is: *s.f.* – prole, filhos; descendentes, linhagem; família; raça, nação.
proletarius, -a, -um: *adj.* – homem do povo, das classes humildes.
proletarius, -ii: *s.m.* – proletário, das últimas classes.

P

pro libito: de acordo com a própria vontade.
prolicio, -is, -exi, -ectum, -icere: *v.t.* – aliciar, atrair, seduzir engodar; provocar, estimular.
prolixe: *adv.* – abundantemente, largamente; com empenho.
prolixus, -a, um: *adj.* – longo, extenso; abundante; prolongado, adiantado; benévolo, liberal feliz.
pro loco et tempore: de acordo com o lugar e o tempo.
proloquor, -eris, -cutus e **-quutus sum, -qui**: *v.dep.* – falar; proferir; declarar, expor, contar.
prolubium, -i: *s.n.* – vontade, desejo, capricho.
proludo, -is, -si, -sum, -dere: *v.int./t.* – preparar-se, exercitar-se (para o combate); começar, preludiar.
proluo, -is, -i, -utum, -uere: *v.t.* – molhar bem, ensopar; regar, banhar; inundar; regar-se (bebendo a valer); arrastar na corrente.
prolusio, -onis: *s.f.* – preparação (para o combate); começo, ensaio; prelúdio.
proluvies, -ei: *s.f.* – inundação; enxurrada.
pro memoria: para a recordação; como auxílio à memória.
promereo, -es, -ui, -itum, -ere: *v.int.* e **promereor, -eris, -itus sum, -eri**: *v.dep.* – merecer, ser digno; tornar-se benemérito perante alguém; bem merecer.
prominens, -entis: *part.pres.* – que sobressai, que se projeta; proeminente; que se alonga.
promineo, -es, -ui, -ere: *v.int.* – sobressair, ser proeminente; projetar-se; estender-se; elevar-se acima de.
promiscuus, -a, -um: *adj.* – promíscuo, misturado; comum, geral; público.
promiscue: *adv.* – promiscuamente; confusamente, misturadamente.
promissio, -onis: *s.m.* – ação de prometer, promessa.
promissor, -oris: *s.m.* – prometedor, useiro em fazer promessas.
promissum, -i: *s.n.* – promessa; o prometido; anúncio, declaração.
promissus, -a, -um: *adj.* – crescido, longo; prometido; consagrado.
promitto, -is, -misi, -missum, -mittere: *v.t.* – enviar para; lançar longe; estender-se, prolongar; deixar crescer; oferecer; apresentar; prometer; dedicar, consagrar.
promo, -is, prompsi, promptum, promere: *v.t.* – tirar, fazer sair; tomar de; dar, fornecer; publicar, exprimir.
promonco ou **proemoneo, -es, -ui, -itum, -ere**: *v.t.* – avisar com antecedência, prevenir.
promontorium, -ii: *s.n.* – píncaro, contraforte de uma montanha; serra muito elevada; cabo, promontório.
promotor fidei: promotor da fé.
promotor iustitiae: promotor de justiça.
promoveo; -es, -movi, -motum, -movere: *v.t.* – mover, impelir para diante; prolongar, levar para fora, fazer sair; promover, elevar a; adiantar; adiar, diferir.
promptarius, -a, -um: *adj.* – onde se guarda, onde se conserva fechado.
prompte: *adv.* – depressa, com pressa, de boa vontade, prontamente; com solicitude; correntemente.
prompto, -as, -are: *v.t.* – distribuir, despender, gastar à larga.
promptus, -a, -um: *adj.* – tirado fora; exposto, descoberto; visível; disposto, preparado a; pronto; resoluto; firme; fácil.
promptus, -us: *s.m.* (usado somente no *abl. sing.)* **in promptu** *(habere* ou *esse)* – ter à mão, à disposição; em evidência, à vista; ser claro, evidente, fácil.
promulgatio, -onis: *s.f.* – promulgação, publicação (de uma lei).
promulgo, -as, -avi, -atum, -are: *v.t.* – promulgar, publicar (uma lei); propor; mostrar, ensinar.
promulsis, -idis: *s.f.* – primeiro prato servido à mesa.
promus, -i: *s.m.* – despenseiro.
promutuus, -a, -um: *adj.* – pago adiantado.
prone: *adv.* – estando inclinado para a frente; com a cabeça baixa.
pronepos, otis: *s.m.* – bisneto.
proneptis, -is: *s.f.* – bisneta.
pronomen, -inis: *s.n.* – pronome.
pronuba, -ae: *s.f.* – a que assiste uma noiva; madrinha (de casamento).
pronuntiatio, -onis: *s.f.* – publicação, declaração; anúncio; proposição, tese; declamação.
pronuntiatio iudicis: a sentença do juiz.
pronuntiator, -oris: *s.m.* – narrador, historiador.
pronuntiatum, -i: *s.n.* – proposição (enunciativa).

pronuntio, -as, -avi, -atum, -are: *v.t.* – anunciar, proclamar; declarar; nomear, eleger; julgar, dar (uma sentença); exprimir; pronunciar.

pronurus, -us: *s.f.* – mulher do neto.

pronus, -a, -um: *adj.* – inclinado, debruçado; que cai para diante; que desce; precipitado; dado a, propenso; fácil; benévolo.

prooemium, -ii: *s.n.* – proêmio, prelúdio; começo; prefácio; introdução; exórdio.

propagatio, -onis: *s.f.* – ação de mergulhar; prolongamento; extensão.

propago, -as, -avi, -atum, -are: *v.t.* – pôr, reproduzir (a planta) por mergulhia; prolongar, estender; aumentar; propagar, multiplicar; difundir.

propago, -inis: *s.f.* – mergulhão, vara de mergulhar; rebento; filhos, descendentes; raça, nação.

propalam: *adv.* – evidentemente, abertamente; em público.

pro patria pugnare: lutar pela pátria.

propatulos: *adv.* ou **in propatulo** – aos olhos de todos, abertamente, em público.

propatulus, -a, -um: *adj.* – descoberto, público.

prope: *adv.* – perto, próximo; quase, pouco mais ou menos.

propediem: *adv.* – em breve, dentro de poucos dias; dentro em pouco.

propello, -is, -pulsi, -pulsum, -pellere: *v.t.* – impelir para diante; mover, fazer andar; induzir, excitar a; afastar, repelir; arrojar.

propemodum: *adv.* – pouco mais ou menos, quase.

propendeo, -es, -di, -sum, -dere: *v.int.* – pender para diante; pender, estar pendente; baixar (o prato da balança); inclinar-se por.

propense: *adv.* – por um movimento natural, espontaneamente.

propensio, -onis: *s.f.* – tendência, propensão.

propensus, -a, -um: *adj.* – que pende; inclinado a, propenso; que pende para, tirante a; bem disposto para, favorável.

properans, -antis: *adj.* – que se apressa, pronto, rápido.

properanter: *adv.* ou **propere**: *adv.* – depressa, com empenho.

properantia, -ae: *s.f.* – pressa, diligência; precipitação.

properato: *adv.* – às pressas, com diligência.

properatus, -a, -um: *adj.* – apressado; feito com diligência; prematuro, temporão.

propere: *adv.*ou **properanter** e **properato**: *adv.* – apressadamente, às carreiras; com empenho.

propero, -as, -avi, -atum, -are: *v.t./int.* – apressar, acelerar; precipitar; apressar-se.

properus, -a, -um: *adj.* – apressado, rápido; ligeiro.

propexus, -a, -um: *adj.* – longo, pendente; penteado para diante.

propinatio, -onis: *s.f.* – provocação ou convite para beber, brinde à saúde de alguém.

propino, -as, -avi, -atum, -are: *v.int./t.* – dar a beber; beber à saúde de; oferecer, entregar.

propinqua, -ae: *s.f.* – parenta.

propinquitas, -atis: *s.f.* – proximidade, vizinhança; parentesco.

propinquo, -as, -avi, -atum, -are: *v.int./t.* – aproximar-se, avizinhar-se; apressar, adiantar.

propinquus, -a, -um: *adj.* – próximo, vizinho; que tem relação com, parecido, semelhante; parente.

propior, -us *gen.* **-oris**: *adj.comp.* – que está mais perto, mais próximo; mais semelhante a, mais chegado (parente); mais estreito, íntimo.

propiora, -um: *s.n.pl.* – lugares mais próximos.

propitio, -as, -avi, -atum, -are: *v.t.* – tornar propício por meio de um sacrifício, tornar favorável, propiciar.

propitius, -a, -um: *adj.* – propício, favorável, benévolo.

propola, -ae: *s.m.* – vendedor, mercador.

propono, -is, -posui, -positum, -ponere: *v.t.* – pôr diante, expor; pôr na mesa; pôr à venda; apresentar, oferecer; propor; anunciar; prometer; expor, contar, referir; marcar; prescrever, ordenar.

proporro: *adv.* – demais, além disso.

proportio, -onis: *s.f.* – relação, proporção, analogia.

propositio, -onis: *s.f.* – apresentação, ideia, mira, propósito; proposição (parte de um discurso).

propositum, -i: *s.n.* – proposição, tese; assunto; proposição maior (de um silogismo); plano, desígnio, propósito; resolução.

propositus, -a, -um: *adj.* – posto diante, exposto; posto à venda; proposto, oferecido; afixado; publicado; resolvido.

propraetore (de **pro**, em lugar de, e **praetore**, *abl.*, pretor) – o que está em lugar do pretor, substituto do pretor.

P

propria cures: cuida do que é teu.
proprie: *adv.* – propriamente, em particular; com propriedade, de modo próprio.
proprietas, -atis: *s.f.* – propriedade, o que é próprio de; particularidade; dependência.
proprio Marte: com as próprias forças; com os próprios recursos.
proprio motu: por iniciativa própria.
proprio nomine: em seu próprio nome.
proprio sensu: em sentido próprio.
proprio vigore: por sua própria força; pelo significado intrínseco.
propritim: *adv.* – de maneira própria.
proprium, -i: *s.n.* – propriedade, o que se possui.
proprius, -a, -um: *adj.* – que pertence como próprio, especial; próprio; peculiar a um povo; firme; durável.
propter: *adv.* – perto, na proximidade; *prep. ac.* – perto de, na vizinhança de; ao longo de; à beira de; por, por causa de; por amor de.
propterea: *adv.* – por essa razão, por isso; por conseguinte.
propterea ut – a fim de que, para que.
propter legem: por causa da lei.
propter nuptias: em razão do casamento.
propter officium: por obrigação; em razão do cargo.
propter pacem: por causa da paz; pela paz.
propudiosus, -a, -um: *adj.* – que não tem vergonha, desavergonhado.
propudium, -ii: *s.n.* – desonestidade, torpeza; infâmia.
propugnaculum, -i: *s.n.* – fortaleza, baluarte; fortificação; propugnáculo; meio de defesa; proteção.
propugnatio, -onis: *s.f.* – defesa (de uma cidade); defesa (em geral).
propugnator, -oris: *s.m.* – defensor (de uma praça de guerra); combatente, soldado; defensor.
propugno, -as, -avi, -atum, -are: *v.t.* – combater em sua própria defesa, defender combatendo; defender, propugnar; proteger.
propulsatio, -onis: *s.f.* – propulsão, ação de repelir.
propulso, -as, -avi, -atum, -are: *v.t.* – afastar, repelir; rebater, defender-se ou reagir contra; desviar.
proquam ou **pro quam**: *adv.* – à proporção que, ao passo que, à medida que.
prora, -ae: *s.f.* – proa; embarcação, navio.
prorabilis, -e: *adj.* – lamentável.
pro rata: em proporção.
pro rata itineris: em proporção à distância percorrida.
pro rata parte: em proporção; proporcional.
pro rata temporis: em proporção ao tempo.
pro ratione temporum: segundo a exigência dos tempos.
pro re nata: conforme as circunstâncias.
prorepo, -is, -psi, -ptum, -pere: *v.int.* – arrastar-se, ir ou caminhar de gatinhas; sair de rastos, esgueirar-se.
proreus, -eos e **-ei** ou **-proreta, -ae**: *s.m.* – marinheiro postado na proa do navio, para observação; vigia.
proripere, -se: *adv.* – sair às pressas, atirar-se; descer rapidamente; fugir.
proripio, -is, -ipui, -eptum, -ipere: *v.t./int.* – tirar, arrastar para fora; levar arrebatadamente.
prorito, -as, -avi, -atum, -are: *v.t.* – provocar, estimular, excitar.
prorogatio, -onis: *s.f.* – alargamento, extensão; espera, demora; prorrogação, adiamento.
prorogo, -as, -avi, -atum, -are: *v.t.* – prolongar; adiar, diferir, prorrogar.
prorsus e **prorsum**: *adv.* – para diante, diretamente; inteiramente, de todo; perfeitamente; em suma.
prorumpo, -is, -upi, -uptum, -umpere: *v.t./int.* – impelir, empurrar; atirar com força; precipitar-se, arrojar-se; sair com ímpeto; jorrar.
prosapia, -ae: *s.f.* – linhagem, prosápia; nobreza.
proscaenium ou **proscenium, -ii**: *s.n.* – proscênio, parte da cena em que os atores representavam a peça; palco.
proscindo, -is, -idi, -issum, -indere: *v.t.* – fender, sulcar; rasgar; lavrar; maldizer, difamar.
proscribo, -is, -psi, -ptum, -bere: *v.t.* – anunciar por escrito, por cartas; publicar; pôr à venda; despojar, confiscar; proscrever.
proscriptio, -onis: *s.f.* – anúncio (de venda); confisco; proscrição.
proscripturio, -is, -ivi ou **-ii, -itum, -ire**: *v.t.* – ter muita vontade de proscrever.
proscriptus, -a, -um: *adj.* – anunciado por escrito, publicado; posto à venda; proscrito.
proseco, -as, -ui, -ectum, -ecare: *v.t.* – retalhar, cortar (as entranhas das vítimas); sacrificar.

prosecta, -orum: *s.n.pl.* – vísceras, entranhas cortadas das vítimas (para o sacrifício).
prosectus, -us: *s.m.* – golpe, incisão, corte.
proseda, -ae: *s.f.* – prostituta.
prosemino, -as, -avi, -atum, -are: *v.t.* – semear; produzir, criar; disseminar.
prosentio, -is, -sensi, -sensum, -ire: *v.t.* – pressentir.
proseqor, -eris, -cutus ou **-quutus sum, -equi**: *v.dep.t.* – seguir, acompanhar (longe, por muito tempo); fazer cortejo a; perseguir, ir atrás de; prosseguir; expor, referir; cumular de; recompensar.
prosero, -is, -sevi, -satum, -ere: *v.t.* – produzir.
proserpo, -is, -psi, -ptum, -pere: *v.int.* – arrastar-se; sair de rojo, vagarosamente.
prosilio, -is, -ui e **-ivi** ou **-ii, -sultum, -ire**: *v.int.* – saltar (para diante, para fora), atirar-se; sair violentamente; apressar-se a; acudir; romper, brotar.
prosit tibi!: que te seja favorável.
prosocer, -eri: *s.m.* – avô da mulher, pai do sogro.
pro societate: em benefício da sociedade.
pro soluto: a título de pagamento; para valer como pagamento.
pro solvendo: para pagar; destinado ao pagamento.
prospecto, -as, -avi, -atum, -are: *v.*t. – olhar (para diante, de longe); estender a vista, contemplar; fazer por descobrir; buscar; estar voltado para; esperar.
prospectus, -us: *s.m.* – ação de olhar ao longe; vista, perspectiva; altura (donde se divisa), eminência; aspecto.
prospeculor, -aris, -atus sum, -ari: *v.dep.* – olhar de longe, observar.
prosperante Deo: se Deus favorecer; com o favor de Deus.
prospere: *adv.* – com felicidade, prosperamente, favoravelmente.
prosper e **prosperus, -a, -um**: *adj.* – feliz, próspero; favorável; *n.pl.* – sucessor, vantagens, vitórias.
prosperitas, -atis: *s.f.* – ventura, prosperidade.
prospero, -as, -avi, -atum, -are: *v.t./int.* – felicitar, prosperar; favorecer; ser favorável, ser útil a.
prospicientia, -ae: *s.f.* – previdência, precaução.
prospicio, -is, -exi, -ectum, -icere: *v.t.* – olhar (adiante, de longe, ao longe); divisar, descortinar; dar para um lugar, ter vista para; velar, olhar por, vigiar; prever; predispor; arranjar (para o futuro).
prospicuus, -a, -um: *adj.* – elevado (que se vê ao longe ou que tem longa vista), profético, que vê o futuro.
prosterno, -is, -stravi, -stratum, -sternere: *v.t.* – deitar, lançar por terra; derrubar, prostrar; deitar a perder, arruinar.
prostibulum, -i: *s.n.* – prostituta, cortesã.
prostituo, -is, -i, -utum, -uere: *v.t.* – expor, pôr à venda; vender, mercadejar; divulgar.
prosto, -as, -are, -stiti, -stitum: *v.int.* – avançar, estar exposto ao público, estar à venda.
pro sua parte: cada um de acordo com seus recursos.
prosum, -des, -fui, -desse: *v.int.* – ser útil, aproveitar a, servir; ser eficaz.
pro tanto: para tanto.
protego, -is, -exi, -ectum, -egere: *v.t.* – cobrir, abrigar; fazer beira ao telhado; esconder; proteger, amparar.
pro tempore: para certo tempo; de acordo com as necessidades.
pro tempore et pro re: conforme o tempo e a ocasião.
protendo, -is, -di, -tum ou **-sum, -dere**: *v.t.* – estender, alongar; erguer, entesar; enristar; apresentar, desenvolver; retardar.
protenus ou **protinus**: *adv.* – ao longe, de longe; muito longe; para diante, direito; sem parar, continuadamente; logo em seguida, logo depois; imediatamente.
protero, -is, -trivi, -tritum, -terere: *v.t.* – pisar, esmagar; insultar; derrotar, destruir.
proterreo, -es, -ui, -itum, -ere: *v.t.* – afugentar pelo medo.
proterve: *adv.* – sem comedimento, atrevidamente, impudentemente.
protervitas, -atis: *s.f.* – audácia, atrevimento; impudência; falta de vergonha; devassidão.
protervus, -a, -um: *adj.* – desabrido, audacioso; insolente; impudente, descarado; libertino.
protestor, -aris, -ari, -testatus sum: *v.dep.t.* – declarar alto e bom som, protestar, afirmar.
prothymia, -ae: *s.f.* – boa vontade, benevolência, boa disposição.
protinus, ver **protenus**.

P

protopraxia, -ae: *s.f.* – crédito privilegiado.
prototomus, -i: *s.m.* – brócolos (planta).
protraho, -is, -axi, -actum, -ahere: *v.t.* – arrastar, levar à força; impelir; trazer a lume, publicar, divulgar; prolongar; protelar; diferir.
protrudo, -is, -si, -sum, -dere: *v.t.* – impelir para diante, empurrar; dar impulso; expulsar.
proturbo, -as, -avi, -atum, -are: *v.t.* – impelir adiante; repelir, pôr em fuga; derrotar; derrubar.
prout: *conj.* – segundo o que, conforme o que, à medida que.
provectus, -a, -um: *adj.* – impelido, levado para diante; que se adiantou; elevado a, protelado.
provectus, -us: *s.m.* – adiantamento; promoção.
proveho, -is, -xi, -ectum, -ehere: *v.t.* – levar (por força, para diante), fazer andar; transportar, carrear; fazer subir, adiantar-se; aumentar.
provenio, -is, -veni, -ventum, -ire: *v.int.* – vir para diante, aparecer (em público); nascer, brotar; provir; divulgar-se; acontecer; sair-se bem.
proventus, -us: *s.m.* – produção; progenitura, filhos; colheita, frutos; abundância; bom êxito.
proverbium, -ii: *s.n.* – adágio, provérbio, ditado.
pro veritate habetur: é tido como coisa verdadeira.
providens, -entis: *adj.* – previdente, o que provê, acautelado; seguro, prudente.
providenter: *adv.* – prudentemente, com precaução.
providentia, -ae: *s.f.* – previdência, presciência, conhecimento do futuro.
providentia divina: a providência divina.
provideo, -es, -idi, -isum, -idere: *v.t./int.* – perceber antes, pressentir; prever; precaver-se contra; olhar por, prover a; prover-se de.
providus, -a, -um: *adj.* – que prevê, previdente; precatado, provido; prudente.
provincia, -ae: *s.f.* – governo, cargo de governador de uma província; cargo, função.
provincialis, -e: *adj.* – provincial, relativo a província; de governo ou de governador de província.
provincialis, -is: *s.m.* – habitante de uma província, provinciano.
pro viribus: com toda força.
provisio, -onis: *s.f.* – ação de prever, previsão, previdência.
proviso, -is, -ere: *v.int./t.* – ir ou vir antecipadamente, informar-se.
provisor, -oris: *s.m.* – o que prevê; o que provê a.
provisus, -us: *s.m.* – previsão.
pro vita: pela vida.
provivo, -is, -vixi, -ictum, -ere: *v.int.* – continuar a viver, prolongar a vida.
provocatio, -onis: *s.f.* – desafio, provocação; apelação.
provocatio ad agendum: provocação a agir.
provocator, -oris: *s.m.* – o que incita, desafia; provocador.
provoco, -as, -avi, -atum, -are: *v.t.* – mandar vir, mandar sair; chamar; convidar; desafiar, provocar; apelar, recorrer a.
provolo, -as, -avi, -atum, -are: *v.int.* – voar, fugir voando; atirar-se, correr a; avançar; propagar-se rapidamente.
provolvo, -is, -vi, -volutum, -volvere: *v.t.* – rolar, lançar para diante; arrojar, precipitar; prostrar diante; derrubar; ultrajar.
provomo, -is, -ere: *v.t.* – vomitar, lançar para diante.
provulgo (provolgo), -as, -avi, -atum, -are: *v.t.* – tornar público, divulgar.
proxeneta (tes), -ae: *s.m.* – agente, intermediário, proxeneta.
proxime: *adv.superl.* – muito próximo, muito perto; quase igualmente; o mais possível; logo depois, agora mesmo, ultimamente.
proxime accessit: chegou muito perto.
proxime vel remote: perto ou longe.
proximitas, -atis: *s.f.* – proximidade, vizinhança; semelhança; parentesco.
proximo anno: no ano seguinte; no próximo ano.
proximo mense: no mês seguinte; no próximo mês.
proximus, -a, -um: *adv.superl.* – o que está mais perto, o que é mais vizinho; o mais próximo; o mais íntimo; o mais semelhante; fácil; passado, último, seguinte.
prudens, -entis:, *adj.* – previdente; atilado, sagaz, perito, versado em; hábil; experimentado; acautelado, prudente.
prudens, -entis: *adj.* – que prevê, previdente; experiente, sagaz, hábil.
prudenter: *adv.* – com sagacidade, habilmente, prudentemente.

prudentia, -ae: *s.f.* – previdência, previsão; tino, sabedoria; inteligência; saber, conhecimento; prudência.

prudentior cedit: o mais prudente cede.

pruina, -ae: *s.f.* – geada, neve; saraiva; *pl.* – as neves, o inverno.

pruinosus, -a, -um: *adj.* – coberto de geada, de gelo; frio; gelado.

pruna, -ae: *s.f.* – brasa, tição.

prunicius, -a, -um: *adj.* – de madeira, de ameixeira.

prunum, -i: *s.n.* – ameixa.

prunus, -i: *s.f.* – ameixeira.

prurigo, -inis: *s.f.* – prurido, comichão.

prurio, -is, -ere: *v.int.* – ter comichão, desejar ardentemente.

prytaneum, -i: *s.n.* – Pritaneu, lugar de reunião dos prítanes (primeiros) ou representantes de cada uma das dez tribos no senado ateniense.

prytanis, -is: *s.m.* – prítanis, ou pritaneu, representante de cada tribo, em cada uma das dez seções em que se dividia o senado em Atenas; primeiro magistrado.

psallo, -is, -i, -ere: *v.int./t.* – tocar a lira, a cítara (com os dedos); cantar ao som da cítara.

psalterium, -ii: *s.n.* – cítara, lira; canto satírico, sátira (em verso).

psaltria, -ae: *s.f.* – a que toca cítara; cantora; a que cultiva a música.

psecas, -adis: *s.f.* – escrava camareira e cabeleireira.

psephisma, -atis: *s.n.* – decreto votado pela assembleia do povo (entre os gregos).

pseudomenos, -i: *s.m.* – espécie de falso silogismo.

pseudothyrum, -i: *s.n.* – porta traseira, porta escusa; escapatório, subterfúgio.

psitana, -ae: *s.f.* – cevada moída e sem casca, tisana.

psithia, -ae: *s.f.* – variedade de uvas de que se faziam passas e um certo tipo de vinho (**psithium vinum**).

psittacus, -i: *s.m.* – papagaio.

psychomantium, -ii: *s.n.* – lugar onde se evocam os espíritos dos mortos.

pte: partícula que se junta aos possessivos e aos pronomes pessoais: **meo-pte**, **sua-pte**, **me-pte**.

ptisanarium, -ii: *s.n.* – tisana de cevada ou de arroz.

pubens, -entis: *part.pres.* – que chegou à puberdade, já crescido; adolescente; desenvolvido, desabrochado.

puber, -eris: *adj.* – que já está na puberdade, púbere, adolescente; rapaz; novo, fresco, viçoso.

pubertas, -atis: *s.f.* – puberdade; idade da puberdade; adolescência; mocidade.

pubes, -eris, ver **puber, -eris**.

pubes, -is: *s.f.* – buço, penugem, pelo; puberdade, mocidade; gente apta a pegar em armas; povo, nação.

pubesco, -is, -bui, -bescere: *v.int.* – cobrir-se de penugem, entrar na puberdade; fazer-se adolescente brotar, crescer; cobrir-se de flores.

publicana, -ae: *s.f.* – mulher de publicano.

publicanus, -i: *s.m.* – publicano, rendeiro público, cobrador de impostos.

publicatio, -onis: *s.f.* – venda em hasta pública; confiscação.

publice: *adv.* – para o bem público, para o interesse comum; em nome ou por conta do estado; em prejuízo público; em corporação; publicamente, em público.

publico, -as, -avi, -atum, -are: *v.t.* – dar ao público, tornar público; mostrar-se em público; anunciar, publicar; confiscar.

publico sumpto: à custa do erário.

publicum, -i: *s.n.* – propriedade do estado, bem, domínio público; lugar público; serviço, interesse público; tesouro do estado; imposto, contribuição.

publicus, -a, -um: *adj.* – público, relativo ao público, que é de interesse comum; que é de propriedade do estado; que é do domínio público; que é de todos, geral, comum; vulgar.

pudendus, -a, -um: *part.fut./p.* – de que se deve ter vergonha, desonroso.

pudens, -entis: *part.pres.* – que tem pudor, modesto, recatado.

pudenter: *adv.* – com pudor, modestamente, com moderação.

pudeo, -es, -pudui, -puditum, -ere: *v.int./t.* – ter vergonha, causar vergonha.

pudet, -uit e -itum est, -ere: *v.imp.int.* – ter vergonha, envergonhar-se de.

pudibundus, -a, -um: *adj.* – que cora de vergonha; pudico, modesto; que é de envergonhar, desonroso.

pudice: *adv.* – pudicamente, castamente, com honra.

pudicitia, -ae: *s.f.* – pudor, castidade; recato.

pudicus, -a, -um: *adj.* – casto; pudico; honesto; recatado.

pudor, -oris: *s.m.* – vergonha; pudor, castidade; honra; honestidade, pureza; respeito; infâmia, labéu; opróbrio, desonra.
puella, -ae: *s.f.* – menina; moça.
puellaris, -e: *adj.* – próprio de menina; tenro, delicado; inocente.
puellarius, -i: *s.m.* – que ama os jovens.
puellula, -ae: *s.f.dim.* – menininha, filhinha.
puellus, -i: *s.m.* – criança pequena, rapaz novo.
puer, -i: *s.m.* – menino, rapazinho; criança; filho (pequeno); jovem, rapaz; escravo moço.
puer aeternus: o eterno menino.
puerasco, -is, -ere: *v.int.* – entrar na adolescência; fazer-se rapaz.
pueri erunt pueri: crianças serão crianças.
puerilis, -e: *adj.* – de menino, pueril; relativo à infância; irrefletido; frívolo.
pueriliter: *adv.* – como crianças; inocentemente; de modo irrefletido; puerilmente.
pueritia, -ae ou **puertia, -ae**: *s.f.* – infância, meninice; adolescência; mocidade.
puer minoris aetatis: um rapaz de menor idade.
puerpera, -ae: *s.f.* – mulher que acaba de dar à luz, ou que está de parto; puérpera; mãe.
puerperium, -ii: *s.n.* – parto; filhos; linhagem, descendência.
puerulus, -i: *s.m.dim.* – rapazinho; pequeno escravo.
puga, -ae: *s.f.* – nádega.
pugil, -ilis: *s.m.* – pugilista.
pugilatio, -onis: *s.f.* – pugilato.
pugillares, ium: *s.m.pl.* – tabuinhas de cera para notas, caderno de lembranças, pasta, carteira.
pugio, -onis: *s.m.* – punhal.
pugiunculus, -i: *s.m.dim.* – punhalzinho.
pugna, -ae: *s.f.* – arma de combate; briga, luta; disputa; conflito; combate, batalha.
pugnacitas, -atis: *s.f.* – combatividade, ardor belicoso.
pugnaciter: *adv.* – encarniçadamente; com obstinação.
pugna classium: a luta de classes.
pugnator, -oris: *s.m.* – combatente, guerreiro; brigador.
pugnatorius, -a, -um: *adj.* – próprio para o combate.
pugnax, -acis: *adj.* – belicoso, ardente no combate; aguerrido; obstinado; pertinaz; violento; oposto, contrário.
pugno, -as, -avi, -atum, -are: *v.int./t.* – brigar, bater-se; combater, dar batalha; lutar contra; esforçar-se por.
pugnus, -i: *s.m.* – punho; murro, punhada; pugilato.
pulchellus: *adj.dim.* – bonitinho; encantador; lindo, bonito.
pulcher, -chra, -chrum: *adj.* – belo, bonito; excelente; precioso; glorioso, ilustre; magnífico; valente; feliz.
pulcherrima mulierum: a mais formosa das mulheres.
pulchre: *adv.* – bem, perfeitamente; muito bem; felizmente; com largueza; inteiramente, de todo.
pulchritudo, -inis: *s.f.* – beleza, formosura.
puleium, -i: *s.n.* – poejo (planta); perfume, suavidade, encanto.
pulex, -icis: *s.m.* – pulga.
pullarius, -ii: *s.m.* – o que tira agouro dos frangos sagrados; agoureiro.
pullatus, -a, -um: *adj.* – vestido de luto, de toga escura.
pullulo, -as, -avi, -atum, -are: *v.int./t.* – brotar, crescer; encher-se de; pulular; estender-se.
pullus, -a, -um: *adj.* – escuro, pardo, castanho; preto.
pullus, -i: *s.m.* – filhote, cria (de animal); potro; criança gordinha, robusta, pimpolho.
pulmentarium, -ii: *s.n.* e **pulmentum, -i**: *s.n.* – papa; iguaria, manjar; comida.
pulmillo, -onis: *s.m.f.* – anão; anã.
pulmo, -onis: *s.m.* – pulmão, bofes (das vítimas), entranhas.
pulpa, -ae: *s.f.* – carne magra, carne.
pulpamen, -inis ou **pulpamantum, -i**: *s.n.* – carne; conduto, condimento.
pulpitum, -i: *s.n.* – cadeira, tribuna; tablado; palco, teatro.
puls, pultis: *s.f.* – suco (de legumes), papas, massa.
pulsatio, -onis: *s.f.* – ação de bater, pancada, golpe; encontrão.
pulsis cunctis dubiis: eliminadas todas as dúvidas.
pulso, -as, -avi, -atum, -are: *v.t.* – bater; dar de encontrão; tocar (as cordas de um instrumento); agitar, comover; repelir; expelir.
pulsus, -us: *s.m.* – ação de bater, choque, pancada; ação de tanger (as cordas da lira); pulsação; impressão; tremor, abalo, agitação.
pulto, -as, -are: *v.t.* – bater.

pulvereus, -a, -um: *adj.* – de pó, de poeira; coberto de pó, empoeirado.
pulvero, -as, -avi, -atum, -are: *v.t.* – cobrir de poeira.
pulverulentus, -a, -um: *adj.* – coberto de pó, empoeirado.
pulvillum consulere: aconselhar-se com o travesseiro.
pulvillus, -i: *s.m.dim.* – almofada pequena, almofadinha.
pulvinar, -aris ou **pulvinarium, -ii**: *s.n.* – leito em que se deitavam as imagens dos deuses; lectistérnio; leito de mesa; leito nupcial.
pulvinus, -i: *s.m.* – almofada; travesseiro; canteiro, tabuleiro (de relva); tamborete; cadeirinha.
pulvis, -eris: *s.m.* – poeira, pó; cinzas (dos mortos); liça, carreira; secura; esforço, trabalho.
pumex, -icis: *s.m.f.* – pedra-pomes, pedra; rochedo.
pumico, -as, -avi, -atum, -are: *v.t.* – alisar, polir com pedra-pomes.
pumilus, -i e **pumilio, -onis**: *s.m.* – anão, pigmeu.
punctim: *adv.* – de ponta, com a ponta.
punctio, -onis: *s.f.* – picada, punção.
punctum, -i: *s.n.* – picada, picadura; ponto; pequeno espaço; instante, momento; sinal de voto ou sufrágio; lance (no jogo e dados).
punctum dolens: o ponto que causa dor; o ponto sensível.
punctum finale: ponto final.
punctum pruriens iudicii: ponto incômodo do juízo, contestação.
punctum saliens: ponto saliente; ponto principal.
punctum temporis: um instante; um momento.
pungo, -is, pupugi e **punxi, punctum, -ungere**: *v.t.int.* – picar, dar picada; penetrar, furar; espicaçar, torturar, afligir; impressionar.
punicanus, -a, -um: *adj.* – de cartaginês, púnico; que é próprio ou de uso dos cartagineses.
puniceus ou **poeniceus, -a, -um**: *adj.* – da cor de púrpura, vermelho, rosado.
punicum, -i: *s.n.* – romã.
punicus, -a, -um: *adj.* – de Cartago, próprio de cartagineses, púnico; vermelho.
punio, -is, -ivi ou **-ii, -itum, -ire**: *v.t.* e **punior, -iris, -itus sum, -iri**: *v.dep.* – punir, castigar; vingar.
punitio, -onis: *s.f.* – punição.
punitor, -oris: *s.m.* – o que castiga; vingador.
pupa, -ae: *s.f.* – menina; boneca.
pupilla, -ae: *s.f.dim.* – pupila; menina; menina (dos olhos).
pupillaris, -e: *adj.* – pupilar, relativo a órfão, a pupilo.
pupillus, -i: *s.m.* – pupilo, órfão que está sob tutela.
puppis, -is: *s.f.* – popa do navio.
pupula, -ae: *s.f.* – pupila, menina dos olhos; menina.
pupulus, -i: *s.m.dim.* – menino, rapazinho.
pupus, -i: *s.m.* – rapazinho, menino.
pure: *adv.* – limpamente, sem mancha; com pureza; claramente; inteiramente.
purgamen, -inis: *s.n.* – imundícies; mancha, nódoa; expiação.
purgamentum, -i: *s.n.* – imundície; escórias; o que mancha; coisa abjeta, vil.
purgatio, -onis: *s.f.* – purgação; expiação; justificação.
purgator, -oris: *s.m.* – o que limpa; o que repele, destrói.
purgatorius, -a, -um: *adj.* – que purifica; purgativo.
purgo, -as, -avi, -atum, -are: *v.t.* – limpar; purgar; purificar; desfazer, dissipar; desembaraçar de; apurar (uma conta); justificar.
purificatio, -onis: *s.f.* – purificação, expiação.
purifico, -as, -avi, -atum, -are: *v.t.* – limpar; apagar uma mancha; purificar.
purpura, -ae: *s.f.* – púrpura; cor de púrpura; estojo ou pano tinto de púrpura; debrum de púrpura, toga pretexta; o que veste de púrpura; rei, magistrado; consulado.
purpurarius, -a, -um: *adj.* – relativo à púrpura; **-ii**: *s.m.* – mercador ou fabricante de estofos de púrpura.
purpurasco, -is, -ere: *v.int.* – fazer-se da cor de púrpura.
purpuratus, -a, -um: *adj.* – vestido de púrpura; purpurado, cortesão; sátrapa.
purpureus, -a, -um: *adj.* – que é da cor de púrpura; vermelho; rosado; coberto de púrpura; escuro (como a púrpura); brilhante; belo.
purpurissatus, -a, -um: *adj.* – pintado, arrebicado.
purulentus, -a, -um: *adj.* – purulento.
purus, -a, -um: *adj.* – puro, que é sem mistura; limpo; claro; purificado; virtuoso; simples; livre, desimpedido.

P

purus idiota: uma pessoa absolutamente idiota.

pus, puris: *s.n.* – pus, peçonha, imundície, escória.

pusillum, -i: *s.n.* – um pouquinho de.

pusillus, -a, -um: *adj.dim.* – pequenino, ainda pequeno; raquítico, enfezado; tímido.

pusio, -onis: *s.m.* – rapazinho.

pustula, -ae: *s.f.* – pústula, bolha; falha (no metal).

putamen, -inis: *s.n.* – casca (de noz); concha.

putatio, -onis: *s.f.* – ação de cortar, poda, corte.

puteal, -alis: *s.n.* – boca (de poço); lugar de reunião dos banqueiros (no fórum).

putealis, -e: *adj.* e **puteanus, -a, -um**: *adj.* – de poço.

puteo, -es, -ui; -ere: *v.int.* – estar podre, cheirar mal.

puter (putris), -tris, -tre: *adj.* – podre, apodrecido, estragado.

putesco, -is, -tui, -escere: *v.int.* – começar a cheirar mal; estragar-se, apodrecer.

puteus, -i: *s.m.* – poço; cisterna; cova (para plantio); masmorra (de escravos).

putide: *adv.* – com afetação.

putidiusculus, -a, -um: *adj.* – um pouco afetado.

putidulus, -a, -um: *adj.* – afetado.

putidus, -a, -um: *adj.* – que cheira mal; pútrido, infecto; molesto, impertinente; afetado.

putie: *adv.* – com muito empenho; com afetação.

putisco, -is, -ere, ver **putesco**.

puto, -as, -avi, -atum, -are: *v.t.* – limpar; podar, desbastar; contar, calcular; apreciar, estimar; julgar.

putor, -oris: *s.m.* – mau cheiro, fedor.

putredo, -inis: *s.f.* – podridão; corrupção.

putrefacio, -is, -feci, -factum, -facere: *v.t.* – apodrecer; corromper, dissolver.

putresco, -is, -trui, -escere: *v.int.* – apodrecer, estragar-se; corromper-se.

putridus, -a, -um: *adj.* – podre, apodrecido; carcomido; seco, murcho.

putris, -e: *adj.* – podre, estragado; carcomido; que se dissolve; mole, frágil; arruinado.

putus, -a, -um: *adj.* – limpo; depurado, apurado; puro.

putus, -i: *s.m.* – rapazinho, menino.

pycta ou **pyctes, -ae**: *s.m.* – pugilista; brigador.

pylae, -arum: *s.f.pl.* – desfiladeiros, gargantas.

pylaicus, -a, -um: *adj.* – pilaico, de Pilas, relativo às Termópilas.

pyra, -ae: *s.f.* – pira, fogueira fúnebre.

pyramis, -idis: *s.f.* – pirâmide.

pyropus: *s.m.* – liga de cobre e ouro.

pythia, -ae: *s.f.* – pítia ou pitonisa, sacerdotisa de Apolo.

pythia, -orum: *s.n.pl.* – jogos pítios que se celebravam em Delfos, em honra de Apolo, a cada quatro anos.

pyxis, -idis: *s.f.* – caixinha, estojo; cofrezinho.

Q

qua: *adv.* – por onde, até onde; donde; como; tanto quanto; **qua...qua** – já...já, tanto... como.

quacumque: *adv.* e *conj.* – por qualquer lugar; por um meio qualquer; por qualquer parte que.

quacumque via data: não importa qual seja o caminho.

quadamtenus: *adv.* – até certo ponto; um pouco.

quadra, -ae: *s.f.* – quadrado, um quarto (de pão ou bolo); base, pedestal.

quadragenarius, -a, -um: *adj.num.* – de quarenta; que contém ou leva quarenta.

quadrageni, -ae, -a: *adj.num.distr.* – quarenta de cada vez, quarenta para cada um.

quadragesima, -ae: *s.f.* – quadragésima parte; imposto de quarenta por cento.

quadragie(n)s: *adv.* – quarenta vezes.

quadraginta: *num.indecl.* – quarenta.

quadrans, -antis: *s.m.* – quarta parte do asse (moeda); moeda de pouco valor; quarta parte (de uma polegada, de um pé).

quadrantarius, -a, -um: *adj.* – que custa um quatro de asse.

quadratus, -a, -um: *adj.* – quadrado; tirado à esquadria, esquadriado; esmerado.

quadriduum, -i: *s.n.* – espaço de quatro dias; quatríduo.

quadriennium, -ii: *s.n.* – quadriênio, espaço de quatro anos.

quadrifariam: *adv.* – fendido em quatro partes.

quadrifidus, -a, -um: *adj.* – fendido em quatro; dividido em quatro.

quadriga, -ae: *s.f.* (usado sobretudo no plural) – quadriga, tiro de quatro cavalos; carro tirado por quatro cavalos; carro do Sol, da Noite; tirado a quatro (burros, camelos).

quadrigarius, -ii: *s.m.* – cocheiro de quadriga.

quadrigatus, -a, -um: *adj.* – marcado de uma quadriga, moeda (que tem por cunho a quadriga).

quadrigulae, -arum: *s.f.pl.dim.* – pequena quadriga; figurinha de quadriga.

quadriiugis, -e: *adj.* – de quatro cavalos.

quadriiugus, -a, -um: *adj.* – tirado por quatro cavalos.

quadrimestris, -e: *adj.* – quadrimestre, espaço de quatro meses.

quadrimus, -a, -um: *adj.* – que tem quatro anos de idade.

quadringenarius, -a, -um: *adj.* – que contém quatrocentos.

quadringeni e **quadringenteni, -ae, -a**: *adj. num.pl.* – que são em número de quatrocentos.

quadringentie(n)s: *adv.num.* – quatrocentas vezes.

quadripartitus, -a, -um: *adj.* – dividido em quatro partes, quatripartido.

quadriremis, -is: *s.f.* – navio de quatro ordens de remos.

quadrivium, -ii: *s.n.* – encruzilhada de quatro caminhos.

quadro, -as, -avi, -atum, -are: *v.t./int.* – esquadriar; pôr em simetria; assentar bem, quadrar, convir.

quadrum, -i: *s.n.* – quadrado; forma regular, simetria.

quadrupedans, -antis: *adj.* – quadrúpede, que tem quatro pés; *s.m.* – cavalo.

quadrupes, -edis, *adj.* – que tem quatro pés, quadrúpede; *s.m.f.* – cavalo, égua.

quadruplator, -oris: *s.m.* – delator (que tinha a quarta parte dos bens do acusado).

quadruplator, -oris: *s.m.* – o que quadruplica; o que exagera; o que cobra impostos mediante a comissão da quarta parte; denunciante que recebe a quarta parte dos bens do acusado.

quadruplex, -icis: *adj.* – quádruplo; quatro; que faz quatro vezes.

quadruplico, -as, -avi, -atum, -are: *v.t.* – quadruplicar.

quadruplor, -aris, -itus sum, -ari: *v.dep.* – denunciar, recebendo a quarta parte dos bens do acusado.

quadruplum, -i: *s.n.* – o quádruplo.

quadruplus, -a, -um: *adj.* – quádruplo.

quadrus, -a, -um: *adj.* – quadrado; enquadrado (em coluna cerrada).

quae: *adv.* e *conj.* – o/a qual, o/a que.

quae ignoramus, spernuntur: despreza-se o que não se conhece.

quae legeris, memento: lembra-te do que leres.
quae nocent, docent: o que prejudica, ensina.
quae rara, cara: o que é raro, é caro.
quae recta tene: mantém-te no caminho reto.
quaere verum: busca a verdade.
quaerito, -as, -avi, -atum, -are: *v.t.* – andar à procura de, buscar por muito tempo; solicitar.
quaero, -is, -sivi ou **-ii, -situm, -rere**: *v.t.* – procurar, buscar; desejar; estar ansioso por, empenhar-se em; granjear, obter; ajuntar; interrogar; informar-se; pedir, requerer.
quaesitio, -onis: *s.f.* – busca, procura, indagação; tortura, tormentos.
quaesitor, -oris: *s.m.* – o que procura; indagador, cético; juiz, relator.
quaesitum, -i: *s.n.* – pergunta; o adquirido, que se ganhou; *pl.* – provisões.
quaesitus, -a, -um: *adj.* – procurado; estudado; afetado; esquisito, precioso; interrogado.
quaeso, -is, -sivi ou **quaesi, -ere**: *v.t.* – procurar; pedir; perguntar.
quaesticulus, -i: *s.m.* – pequeno lucro.
quaestio, -onis: *s.f.* – procura; problema, questão; interrogatório; tratos, tortura.
quaestio cadit: cai a questão; o assunto está encerrado.
quaestio facti: questão de fato.
quaestio iuris: questão de direito.
quaestio voluntatis: questão de vontade.
quaestiuncula, -ae: *s.f.* – pequena questão, questão de pouca importância; questiúncula.
quaestor, -oris: *s.m.* – questor (magistrado romano); assessor do procônsul ou do pretor.
quaestorium, -ii: *s.n.* – casa ou tenda do questor.
quaestorius, -a, -um: *adj.* – relativo ao questor, de questor.
quaestuosus, -a, -um: *adj.* – lucrativo; que dá lucro, proveito ou fruto; amigo do ganho; rico.
quaestura, -ae: *s.f.* – questura, cargo ou dignidade do questor; fundos a cargo do questor.
quaestus, -us: *s.m.* – ganho, lucro; vantagem; profissão rendosa; ofício.
quae sunt Caesaris, Caesari: a César o que é de César.

quale forum, tale vectigal: tal mercado, tal preço.
qualibet ou **qualubet**: *adv.* – por qualquer lugar; por qualquer meio que seja.
qualis, -e: *adj.* – qual, de que sorte; tal como; qual! (empregado como exclamação).
qualis ab incepto: tal como no princípio; o mesmo desde o começo.
qualiscumque, qualecumque: *adj.* – qualquer que seja, todo aquele que.
qualis grex, talis lex: tal povo, tal lei.
qualislibet ou **qualelibet**: *adj.* – qualquer que.
qualis mater, talis et filia: tal mãe, tal filha.
qualis pater, talis filius: tal pai, tal filho.
qualis vita, finis ita: tal vida, tal fim.
qualitas, -atis: *s.f.* – qualidade, natureza das coisas.
qualiter: *adv.* – como?, de que modo?; assim como.
qualubet ou **qualibet**: *adv.* – por qualquer lugar; por qualquer meio que seja.
qualum, -i: *s.n.* e **qullus, -i**: *s.m.* – cesto de vime entrelaçado.
quam: *adv.* e *conj.* – quão, quanto; como; do que (depois de *comp.);* antes que, que; quanto possível, o mais possível (com um *superl.).*
quamdiu: *adv.* – quanto?, por quanto tempo; enquanto; por tanto tempo quanto.
quam dulce meminisse!: como é gostoso recordar!
quam dulcis libertas!: como é doce a liberdade!
quamlibet: *adv.* – quanto aprouver, à vontade; quanto possível.
quam mellea res sit oratio!: como é doce o poder da palavra!
quamobrem: *adv.* – por quê?, por qual razão?, por que razão; por isso.
quamprimum: *adv.* – o mais cedo possível, quanto antes.
quamquam: *conj.* ou **quanquam** – ainda que, posto que; todavia.
quamvis: *conj.* – ainda que, posto que, embora; bem que, com quanto; *adv.* – quanto possível, quanto aprouver.
quanam: *adv.* – por onde, por que lado; por que meio, como.
quando: *adv.* – quando; quando?, em que tempo?, em que época?.
quandocumque: *adv.* e *conj.* – todas as vezes que, quando quer que; em algum tempo; tanto quanto.

Q

quandoque: *adv.* e *conj.* – um dia, algum dia, algumas vezes, às vezes; quando, visto que, pois que.
quandoquidem: *conj.* – pois que, visto que.
quanquam: *conj.* – ainda que, com quanto que, posto que; entretanto, todavia.
quanta dementia!: que loucura!
quanta pax!: que serenidade!
quanti est sapere!: quanto vale o saber!
quanti fama?: qual é o preço da fama?
quantillus, -a, -um: *adj.dim.* – quão pequeno, quão pouco.
quanti minoris: de quanto menos.
quantitas, -atis: *s.f.* – quantidade; soma, quantia.
quantitas delicti: a gravidade do crime.
quantopere: *adv.* – quanto?, até que ponto?.
quantulus, -a, -um: *adj.dim.* – quão pequeno, quão pouco; por pequeno que.
quantuluscumque, quantulacumque, quantulumcumque: *adj.* – ainda que pequeno; tão pequeno que.
quantum: *adv.* – quanto; tanto quanto, ao passo que; tão depressa quanto.
quantum, -i: *s.n.* – quanto de; quão grande; quanto de!.
quantum arbitror: na minha opinião.
quantum debeatur: o quanto se deve.
quantum libet: tanto quanto quiser; a gosto.
quantum meruit: tanto quanto mereceu.
quantum placet: quanto te agradar; a gosto.
quantum satis: o quanto suficiente.
quantum vis: quanto quiseres; a gosto.
quantus, -a, -um: *adj.* – quão grande, quanto; tanto quanto, tão grande quão; tal qual.
quantuscumque, -acumque, -umcumque: *adj.* – tão grande quanto; por grande que seja tanto quanto.
quantuslibet, -alibet, -umlibet: *adj.* – por grande que seja; ainda que grande.
quantusvis, -avis, -umvis: *adj.* – tão grande quanto possível, tão grande que seja.
quapropter: *adv.* – por que razão?, por quê?; por que motivo?; por isso, portanto.
quaqua: *adv.* – por toda a parte que, por onde quer que.
quaquaversus: *adv.* – de todos os lados.
quare: *adv.* – por que, por qual razão; por que motivo?, por quê?; a fim de que; por isso, por tanto.
quare hodie, et non cras?: por que hoje, e não amanhã?
quarta, -ae: *s.f.* – o quarto, a quarta parte.
quartadecumani ou **quartadecimani, -orum**: *s.m.pl.* – soldados da décima quarta legião.
quartana, -ae: *s.f.* – febre quartã.
quartarius, -ii: *s.m.* – quarta parte do sextário (medida de capacidade); almocreve, tropeiro (que tinha a quarta parte do ganho).
quartini, -orum: *s.m.* – soldados da quarta legião.
quarto: *adv.* – em quarto lugar, pela quarta vez.
quartum: *adv.* – pela quarta vez.
quartus, -a, -um: *adj.num.* – quarto.
quasi: *adv.* – como se, da mesma forma que, de algum modo, por assim dizer.
quasillaria, -ae: *s.f.* – fiandeira.
quasillum, -i: *s.n.* e **quasillus, -i**: *s.m.* – cestinho.
quassabilis, -e: *adj.* – que pode ser abalado.
quassatio, -onis: *s.f.* – sacudidela; abalo, tremor; agitação.
quasso, -as, -avi, -atum, -are: *v.t./int.* – sacudir, brandir; abalar; abanar.
quassus, -a, -um: *adj.* – abatido, abalado; rachado, fendido; arruinado.
quatefacio, -is, -feci, -factum, -facere: *v.t.* – abalar, sacudir; sobressaltar.
quatenus: *adv.* e *conj.* – até onde, até que ponto; até quando; visto que, pois que.
quater: *adv.num.* – quatro vezes.
quatercenties: *adv.num.* – quatrocentas vezes.
quaterdecies: *adv.num.* quatorze vezes.
quaterni, -ae, -a: *adj.num.* – que são em número de quatro; que são de quatro em quatro.
quaternio, -onis: *s.m.* – o número quatro; turma ou grupo de quatro (soldados).
quatio, -is, quassi, quassum, quaterre: *v.t.* – sacudir, agitar; bater, abalar; tocar; atacar; fatigar.
quatriduum, -i: *s.n.* – espaço de quatro dias.
quattuor: *adv.num.indecl.* – quatro.
quattuordecies: *adv.num.* – quatorze vezes.
quattuordecim: *adv.num.indecl.* – quatorze.
quattuor essentiae: os quatro elementos essenciais (terra, água, ar, fogo).
quattuorviratus, -us: *s.m.* – quatuorvirato, cargo ou dignidade de quatuórviro.
quattuorviri, -orum: *s.m.pl.* – quatuórviros, comissão de quatro magistrados incumbidos da fiscalização das ruas; os quatro mais altos magistrados nas cidades das colônias.

Q

quavis: *adv.* – em qualquer direção, para qualquer lado, indiferentemente.
quavis re dignus: digno de qualquer coisa.
que: *conj.* (usada sempre posposta à palavra) – e; e logo, então; também, mas, porém; ou.
quem ad finem?: a que propósito?
quemadmodum: *adv.* e *conj.* – como?, por que meio?; do mesmo modo; de que modo?.
quem quaeritis?: a quem procurais?
quem quaeritis adsum: sou aquele a quem procurais.
queo, -is, ivi ou **-ii, -itum, -ire**: *v.int.* – poder (ser capaz de).
quercetum, -i: *s.n.* – carvalhal.
querceus, -a, -um: *adj.* – de carvalho.
quercus, -us, *s.f.* – carvalho; bolota (fruto do carvalho); coroa (de folhas de carvalho).
querela, -ae: *s.f.* – queixa, queixume; repreensão; acusação; epitáfio; voz ou grito (de animais).
queribundus, -a, -um: *adj.* – lamentável; queixoso.
querimonia, -ae: *s.f.* – queixa, lamentação; pesar; agastamento.
querneus e **quernus, -a, -um**: *adj.* – de carvalho.
queror, -eris, questus sum, -eri: *v.dep.int./t.* – queixar-se (de alguma coisa, a alguém); lamentar; gemer, suspirar (com respeito aos animais); murmurar.
querquetulanus, -a, -um: *adj.* – relativo ou pertencente à mata dos carvalhos; de carvalhal.
querquetum ou **quercetum, -i**: *s.n.* – mata de carvalhos; carvalhal.
querulus, -a, -um: *adj.* – que se queixa, queixoso; lastimoso; que murmura (com respeito à água); que faz ruído; que grita (com respeito aos animais).
questus, -us: *s.m.* – queixa, lamentação, gemidos.
qui: quem; aquele que.
qui: *abl.sing.* de **qui**, **quiae**, **quod** (usado em **quicum** – com o qual, com a qual); *adv.* (ou tomado adverbialmente) – em que, de que, com que; como, de que modo.
qui, quae, quod, *gen.* **cuius**: *pron.* e *adj.relat.* – que, o qual, a qual; aquele, aquela, aquilo que; quem; qual; alguém, algum; tal que; quem, que?.
quia: *conj.* – porque, porquanto.
qui actum habet, iter habet: quem tem o direito de conduzir, tem o caminho.
quianam: *adv.* – por quê?
quiane: *adv.* – é por esse motivo?, é por isso quê?.
quia nominor leo: porque eu me chamo leão.
qui appellat, prior agit: quem apela é o primeiro a agir.
qui bibit, bibet: quem bebeu, beberá; quem o foi, sempre será.
quibuscumque viis: por quaisquer caminhos; por quaisquer meios.
qui cantat, bis orat: quem canta, reza em dobro.
qui capit, capitur: quem caça é caçado.
quicquam ou **quidquam**, ver **quisquam**.
quicquid: tudo o que.
quicquid ou **quidquid**, ver **quisquis**.
quicum ou **quocum** ou **quacum**: (*prep.* **cum** e *pron.* **qui**) – com quem, com o qual, com a qual.
quicumque, quaecumque, quodcumque: *adj.* – todo aquele, toda aquela, tudo aquilo que; qualquer que; quem quer que.
quicumque: aquele que.
quid: o quê; o ponto difícil.
quid actum est?: que aconteceu?
quid ad aeternum?: que (significa isso) diante da eternidade?
quid agendum? que se deve fazer? que fazer?
quid agis? quid fit?: como vais? como vão as coisas?
quidam, quaedam, quoddam e quiddam: *adj.* – um certo, uma certa; alguém, algum, alguma.
quidam: uma certa pessoa.
quid custodiet custodes?: quem vigiará os vigilantes?
quid deceat, quid non: o que convém e o que não convém.
quid divinum: um quê de divino.
quidem: *adv.* – na verdade, por certo; seguramente; exatamente; ao menos; mas, porém; todavia, contudo.
quid ergo?: e daí?
quid est homo?: o que é o homem?
quid est veritas?: que coisa é a verdade?
quid fecisti?: que fizeste?
quid festinas?: por que te apressas?
quid habes?: que tens?
quid hoc sibi vult?: que quer dizer isso?
quid igitur lex?: para quê, então, a lei?
quid iuris?: quê de direito?
quid lucidius sole?: que é mais brilhante do que o sol?

quid multa?: para que mais palavras?
quidnam est hoc?: que é isto?
quidni: *adv.* – por que não?, como não?.
quid novi?: que há de novo?; quais as novidades?.
quid nunc?: que há agora?
qui docet, discit: quem ensina, aprende.
qui dormit, non peccat: quem dorme, não peca.
quid prodest?: para que serve?
quid pro quo: isto por aquilo; uma coisa por outra (quiproquó: um equívoco; uma confusão).
quidquam, ver **quisquam**.
quidquid: *pron.n.* – tudo o que, tudo aquilo.
quidquid ou **quicquid**, *n.* de **quisquis** – tudo aquilo que; qualquer coisa que; uma coisa qualquer, tudo.
quid rides, berbex?: de que ris, estúpido?
quid significat?: que quer dizer isso?
quid tentare nocebit?: que mal fará tentar?
quidum: *adv.* – como então?, de que modo?.
quies, -etis: *s.f.* – repouso, descanso; cessação, termo; calma; inação; sono; morte, silêncio.
quiesco, -is, -evi, -etum, escere: *v.int./t.* – repousar, descansar; dormir; morrer; cessar, acalmar; calar-se.
quieta non movere: não agitar o que está quieto.
quiete: *adv.* – tranquilamente, pacificamente.
quieti sitis: procurai ficar quietos.
quietus, -a, -um: *adj.* – que repousou; repousado; calmo, tranquilo, quieto; modesto; benévolo; *m.pl.* – os mortos.
qui inde?: onde o direito? qual a solução do direito?.
quilibet, quaelibet, quodlibet: *adj.* – qualquer que seja; todo aquele que; qualquer, todo; ordinário, vulgar.
quilibet: cada um; todo; qualquer.
qui medium vult, finem vult: quem quer o meio, quer o fim.
qui monet, amat: quem avisa, amigo é.
quin: *adv.* e *conj.* – por que não?, como não?, ora pois; demais, além disso; mas, porém; que (depois de um verbo que exprima dúvida); que não.
quinam, **quaenam**, **quodnam**: *pron.inter.* – em lugar de **quisnam**, **quaenam**, **quodnam** – que?, qual?, quem?.
quinctilis, ver **quintilis**.
quincunce, modo de plantar em forma de xadrez; que é em forma de xadrez.
quincunx, -uncis: *s.m.* (e às vezes *adj.*) – medida equivalente a cinco onças.
quincupedal, -alis: *s.n.* ou **quinquepeda, -ae**: *s.f.* – régua de cinco pés.
quincuplex, -icis: *adj.* – dobrado em cinco.
quindecie(n)s: *adv.num.* – quinze vezes.
quindecim: *adj.num.indecl.* – quinze.
quindecimprimi, -orum: *s.m.pl.* – os quinze primeiros magistrados de uma cidade municipal.
quindecimviralis, -e: *adj.* – quindecenviral, relativo aos quindecênviros.
quindecimviri, -orum: *s.m.pl.* – os quindecênviros, comissão de quinze magistrados encarregados da guarda dos livros sibilinos.
quingenarius, -a, -um: *adj.* – de quinhentos.
quingeni, -ae, -a: *adj.num.pl.* – que são em número de quinhentos.
quingentesimus, -a, -um: *adj.num.* – um de quinhentos.
quingenti, -ae, -a: *adj.num.* – quinhentos.
quingentie(n)s: *adv.num.* – quinhentas vezes.
quini, -ae, -a: *adj.num.* – de cinco em cinco, a cada cinco; cinco.
quinquageni, -ae, -a: *adj.num.* – que são em número de cinquenta.
quinquagesima, -ae: *s.f.* – imposto da quinquagésima parte.
quinquagesimus, -a, -um: *adj.num.* – quinquasésimo.
quinquaginta: *adj.num.indecl.* – cinquenta.
quinquatres, -ium: *s.f.pl.* e **quinquatrus, -iorum**: *s.n.pl.* ou **quinquatrius, -uum**: *s.f.pl.* – quinquátrios, festas em honra de Minerva, celebradas cinco dias depois dos idos de março.
quinque: *adv.num.* – cinco.
quinquennalia, -ium: *s.n.pl.* – quinquenais, jogos celebrados de cinco em cinco anos.
quinquennalis, -e: *adj.* – que é de todos os cinco anos, quinquenal; que dura cinco anos.
quinquepartitus, -a, -um: *adj.* – dividido em cinco partes.
quinqueprimi, -orum: *s.m.pl.* – os cinco primeiros de uma cidade nos municípios e colônias.
quinqueremis, -is: *s.f.* – navio de cinco ordens de remos.
quinquevir, -i: *s.m.* – (mais usado no plural) – quinquêviro, um dos cinco magistrados, constituídos em comissão ou colégio para regular questões acerca de dívidas.

Q

quinqueviratus, -us: *s.m.* – quinquevirato, dignidade de quinquêviro.
quinquie(n)s: *adv.num.* – cinco vezes.
quinquiplico ou **quinqueplico, -as, -avi, -atum, -are**: *v.t.* – quintuplicar.
quintadecimanus, -i: *s.m.* – (mais usado no plural) – soldado da décima quinta legião.
quintana, -ae: *s.f.* – pequena rua; pequeno mercado no acampamento.
quintanus, -a, -um: *adj.* – que é de cinco em cinco.
quintilis, -is: *s.m.* – o quinto mês do ano, no antigo calendário, e que depois foi chamado **Iulius** (julho).
quinto: *adv.* – em quinto lugar.
quintum: *adv.* – pela quinta vez.
quintus, -a, -um: *adj.num.* – quinto.
quintusdecimus, quintadecima, quintumdecimum: *adj.num.* – décimo quinto.
quippe: *adv.* e *conj.* – porquanto, porque; pois que, a saber; certamente, sem dúvida; decerto.
quippiam, ver **quispiam**.
qui prodest?: a que isto serviu? a quem isto aproveitou?
qui pro quo: este por aquele; uma coisa por outra.
Quirinalia, -ium ou **-iorum**: *s.n.pl.* – festas que se celebravam a 17 de fevereiro em honra de Rômulo ou Quirino.
quirinalis, -e: *adj.* – quirinal, relativo a Rômulo ou Quirino.
Quirinus, -i: *s.m.* – Quirino, nome dado a Rômulo depois de sua morte; um romano; **-a, -um**: *adj.* – de Quirino ou Rômulo; romano.
quiris, -is: *s.f.* – dardo, lança.
quiris, -itis: *s.m.* – (usado mais frequentemente no plural) – cidadão romano, um particular; *pl.* (**quirites, -ium** ou **-um**) – quirites, cidadãos romanos que viviam na condição de particulares; os romanos, o povo romano.
quiritatio, -onis: *s.f.* e **quiritatus, -us**: *s.m.* (empregado somente no *ac.pl.*) – ação de gritar por socorro; gritos de medo ou de aflição.
quirito, -as, -avi, -atum, -are: *v.int.* – gritar por socorro, apelar.
quis, quae ou **qua, quod** (e **quid**): *pron.inter.* – quem?, que?, qual?, de que sorte?, como?; *adj.* e *pron.* – (sem interrog.) que, quem; qual; alguém, alguma.
qui seminat, metet: quem semear, colherá.
quis est hic?: quem é este?
quisi: *adv.* e *conj.* – quase, pouco mais ou menos como, do mesmo modo que; como se.
qui sitiunt, silentio bibunt: quem tem sede, bebe em silêncio.
quisnam, quacnam, quodnam (e **quidnam**): *pron.inter.* – quem?, que?, qual?, (e sem interrog.) – qual, que.
quispiam, quaepiam, quodpiam (e **quidpiam** ou **quippiam**): *adj.* – alguém, algum, um; *n.sing.* (**quidpiam**) – um pouco.
quisquam, quaequam, quodquam e **quidquam**: *adj.* – alguém, alguma, algum; qualquer; um; alguma coisa.
quisque, quaquee, quodque e **quidque**: *adj.* – cada um, cada qual; cada; qualquer.
quisque quod possit gerat: cada qual faça o que puder.
quisquilliae, -arum: *s.f.pl.* – aparas, folhagem seca; cisco; ralé, gentalha.
quisquis, quidquid ou **quicquid**: *pron.* – todo aquele que, tudo aquilo que; qualquer coisa que; uma coisa qualquer.
qui suo iure utitur neminem laedit: quem exerce o seu direito a ninguém prejudica.
qui tacet, consentit: quem cala, consente.
qui tacit, consentire videtur: quem cala parece consentir.
qui transigit, recte alienat: quem transgride de fato aliena.
qui ventum seminant, et turbinem metent: os que semeiam vento, colherão tempestade.
quivis, quaevis, quodvis e **quidvis**: *adj.* – qualquer, qualquer que; *n.sing.* (**quidvis**) – qualquer coisa, uma coisa qualquer.
qui vituperat, vult emere: quem desdenha, quer comprar.
quo: *conj.* e *adv.* – para que; porque; aonde, para onde; até que ponto; por isso, portanto; **eo** ou **hoc...quo**, tanto mais... quanto mais; tanto mais quanto; *inter.* – por quê?, para que?, aonde?, para onde?.
quoad: *adj.* – até quando; *conj.* – até quando, até que; que; enquanto que, tanto que; até onde, tanto quanto.
quoadusque: *conj.* – até que.
quo agis?: aonde vais?
quo animo?: com que intenção?
quo capita, tot sententiae: tantas cabeças, tantas sentenças.
quocirca: *conj.* – por isso, por conseguinte, em consequência.

quocumque: *conj.* – por onde quer que, em qualquer lugar que; *adv.* – para qualquer parte, para qualquer lado.
quocumque modo: de qualquer maneira; de qualquer modo.
quocumque nomine: sob qualquer nome.
quod: o que (condicional).
quod: *pron.n.sing.* de **qui** e **quis**: *pron.* – que, o que; *conj.* – que; porque, por isso que; desde que; para que; ainda que, posto que.
quod abundant non nocet: o que é demais não prejudica: o excesso de clareza não prejudica.
quod ad me attinet: no que me concerne.
quodammodo: *adv.* – de algum modo, por certa maneira.
quod approbo non reprobo: o que eu aprovo, não reprovo.
quod bene notandum: isso deve ser cuidadosamente registrado.
quod dixi, dixi!: o que eu disse, está dito!
quod erat demonstrandum (QED): é isto que era para ser demonstrado.
quod erat faciendum: é o que devia ser feito.
quod erat inveniendum: é o que devia ser encontrado.
quod genus hoc hominum?: que raça de homens é essa?
quod instat agamus: façamos o que está à mão.
quod libet: o que agrada; o que se quer.
quod nimium est laedit: o que é excessivo prejudica.
quod non est vetitum, licet: o que não é proibido, é permitido.
quod plerumque accidit: é o que geralmente acontece.
quod potui, perfeci: realizei o que pude.
quod tuum, tene!: segura o que é teu!
quod verum, tutum: o que é verdadeiro, é seguro.
quod vide: vê isto.
quod vidimus testamur: damos testemunho do que vimos.
quo fata ferunt: para onde conduz o destino.
quo iure?: com que direito?; com que autoridade?
quolibet: *adv.* – para qualquer lugar, para onde se quiser.
quominus: *conj.* – que não; para que não.
quomodo: *adv.* – como?; de que modo?; de que maneira?
quomodocumque: *conj.* e *adv.* – de qualquer modo que; por um modo qualquer.
quomodo vales?: como vais?; como passas?
quonam: *adv.inter.* – para onde?
quondam: *adv.* – outrora, noutro tempo, às vezes; um dia (com referência ao futuro).
quoniam: *conj.* – porque; visto que, porquanto.
quo plerumque fit: aquilo que geralmente acontece: é lícito admitir o fato singular somente quando provado.
quoquam: *adv.* – para qualquer parte, para um lugar qualquer.
quoque: *adv.* – também; até, ainda, ainda agora.
quoquo: *adv.* – para qualquer lado que; para onde quer que.
quoquoversum ou **quoquoversus**: *adv.* – para todos os lados; em qualquer direção.
quorsum ea res spectat? qual é a finalidade disso?
quorsum e **quorsus**: *adv.* e *conj.* – para que lugar, para onde; em que direção; a que fim, a que, aonde.
quo ruis?: para onde corres?
quorum: número mínimo para funcionamento de um órgão colegiado.
quot: *adj.indecl.pl.* – quantos (em correlação com **tot** ou **totidem**); todos.
quotannis: *adv.* – todos os anos, anualmente.
quotcumque: *adj. indecl.* – tantos quantos, quantos quer que; quantos (em correlação com **tot**).
quot delicta, tot poenae: tantos crimes, tantas penas.
quoteni, ae, -a: *adj.pl.* – quantos (em número).
quotidianus, -a, -um: *adj.* – de cada dia, cotidiano; diário; habitual; vulgar.
quotidie: *adv.* – diariamente, todos os dias.
quotie(n)s: *adv.* – quantas vezes (com interrogação ou sem ela); *conj.* – todas as vezes que.
quotie(n)scumque: *conj.* – todas as vezes que.
quotquot: *adj.indecl.pl.* – quantos, quaisquer que, todos.
quotus, -a, -um: *adj.* – de que número?, em que número?; quanto?
quotusquisque, quotaquaeque, quotumquodque: *adj.* – em quão pequeno número, quão pouco (com ou sem interrogação).
quousque: *adv.* – até quando?, até que ponto?

Q

quousquam: *adv.* – por toda a parte que.
quousque tandem? até quando?
quo vadis?: aonde vais?
quovis modo: de qualquer maneira; de qualquer modo.

quum ou **cum**: *conj.* – quando; depois que; em que; visto que, já que, como; ainda que; entretanto; *adv.* (em correlação com **tum**) – por um lado... por outro lado; não só... mas também; quer... quer.

Q

R

rabide: *adv.* – raivosamente, com raiva, com furor.

rabidus, -a, -um: *adj.* – enraivecido, furioso; feroz, encarniçado; delirante.

rabies, -ei: *s.f.* – raiva (do cão, doença); fúria; furor, delírio.

rabio, -is, -ere: *v.int.* – estar raivoso, furioso, desesperado, arrebatado.

rabiosulus, -a, -um: *adj.dim.* – um tanto raivoso, enraivecido.

rabiosus, -a, -um: *adj.* – raivoso; violento; furioso.

rabula, -ae: *s.m.* – gritador; mau orador; rábula.

racemifer, -era, -erum: *adj.* – que dá cachos de uva.

racemus, -i: *s.m.* – cacho; cacho de uva; vinho.

racinduculus, -a, -um: *adj.* – um tanto desagradável.

radians, -antis: *part.pres.* – radiante, brilhante, luminoso.

radiatio, -onis: *s.f.* – brilho luminoso, radiação.

radiatus, -a, -um: *adj.* – que tem raios, que é de raios, radiado; resplandecente, radiante.

radicatus, -a, -um: *adj.* – que deitou raízes, enraizado.

radicitus: *adv.* – até a raiz, pela raiz; radicalmente, inteiramente.

radicor, -aris, -atus sum, -ari: *v.dep.int.* – criar raízes, enraizar.

radicula, -ae: *s.f.* – raiz pequena, radícula; rabanete.

radio, -as, -avi, -atum, -are: *v.t./int.* – irradiar, enviar raios; brilhar, luzir.

radiolus, -i: *s.m.dim.* – raiozinho de luz; espécie de azeitona.

radiosus, -a, -um: *adj.* – radioso, radiante.

radius, -ii: *s.m.* – raio (de roda); ramo de árvore cortado; varinha; compasso; lançadeira; raio (de luz); sulco (luminoso), brilho.

radix, -icis: *s.f.* – raiz; fundamento, base; origem, tronco; base, fraldas (de um monte); nome de diversas plantas (rabão de cavalo, alcaçuz).

rado, -is, -si, -sum, -dere: *v.t.* – raspar, rapar; fazer a barba, barbear; tosquiar; limpar; arranhar; tocar de leve, resvalar por; costear; banhar, regar; riscar.

raeda e **reda** ou **rheda, -ae**: *s.f.* – carro de quatro rodas, carroça; carro de viajar.

raedarius, -ii: *s.m.* – cocheiro; carroceiro.

ramalia, -ium: *s.n.pl.* – ramagem; lenha seca.

rameus, -a, -um: *adj.* – de ramos secos.

Ramnenses, -rum ou **ramnes, -ium**: *s.m.pl.* – Ramnenses, Ramnos, uma das três centúrias de cavaleiros que Rômulo estabeleceu; a ordem equestre.

ramosus, -a, -um: *adj.* – ramalhudo, copado, espesso.

ramulus, -i: *s.m.* – pequeno ramo, raminho, haste.

ramus, -i: *s.m.* – ramo, galho; coroa de ramos, de folhas; árvore (frutífera); maçã, clava; galhada, cornos (dos veados).

ramusculus, -i: *s.m.dim.* – raminho.

rana, -ae: *s.f.* – rã.

rancens, -entis: *part.pres.* e **rancidus, -a, -um**: *adj.* – estragado, rançoso; infecto; desagradável, molesto.

rancidus, -a, -um: *adj.* – rançoso, estragado; desagradável, insuportável.

ranunculus, -i: *s.m.* – rãzinha; o que vive em brejo ou lugar pantanoso.

rapacida (-des), -ae: *s.m.* – filho, ou descendente, de ladrão.

rapacitas, -atis: *s.f.* – rapacidade, tendência para o roubo.

rapax, -acis: *adj.* – que agarra rapidamente, ávido; inclinado à rapacidade, ao roubo; rapinante; que arrebata, que arrasta; cobiçoso, avarento.

rapere in ius: levar à justiça.

rape, trahe, fuge, late: pega, carrega, foge, esconde-te.

rapide: *adv.* – rapidamente.

rapiditas, -atis: *s.f.* – rapidez, violência.

rapidus, -a, -um: *adj.* – que toma ou é inclinado a tomar rapidamente; arrebatador, impetuoso; rápido, ligeiro.

rapienda est occasio: deve-se agarrar a oportunidade.

rapina, -ae: *s.f.* – roubo, rapina, pilhagem; rapto.

rapio, -is, -pui, -ptum, -pere: *v.t.* – arrebatar; arrastar; tirar ou tomar rapidamente; roubar, saquear; seduzir.
raptim: *adv.* – a toda pressa, precipitadamente; às escondidas.
rapto, -as, -avi, -atum, -are: *v.t.* – arrebatar, arrastar; roubar, saquear; devastar.
raptor; -oris: *s.m.* – o que rouba, ladrão; arrebatador; raptor; usurpador.
raptum, -i: *s.n.* – roubo, rapina.
raptus, -us: *s.m.* – ação de arrebatar, de impelir; impulsão; rapto; roubo, rapina.
rapulum, -i: *s.n.dim.* e **rapum, -i**: *s.n.* – rabanete; rábão.
rapum, -i: *s.n.* – rábão (planta).
rara avis: uma ave rara; um fenômeno; um prodígio; uma maravilha.
rara iuvant: as coisas raras agradam.
rare: *adv.* – raramente.
rarefacio, -is, -feci, -factum, -ere: *v.t.* – refazer.
raresco, -is, -ere: *v.int.* – rarefazer-se; tornar-se ralo; dissipar-se; alargar-se; rarear.
rari quippe boni: os homens honestos são raros.
raritas, -atis: *s.f.* – porosidade; pouca densidade, transparência; fenda, abertura; escassez, raridade.
raro ou **rare**: *adv.* – raramente, raras vezes.
rarum, carum: o que é raro, é caro.
rarus, -a, -um: *adj.* – pouco cerrado, ralo, transparente; disseminado; espaçado; raro, pouco numeroso.
rarus fidus amicus: amigo fiel é coisa rara.
rasilis, -e: *adj.* – que se pode polir; aplainar; alisado, brunido.
rasito, -as, -avi, -atum, -are: *v.t.* – raspar muitas vezes.
raster, -tri: *s.m.* (usado sobretudo no plural: **rastri, -orum**) – instrumento de dentes, empregado na lavoura; enxada (de dentes); ancinho.
rastra, -i: *s.n.* – enxada (de dentes), ancinho; grade (de destorroar).
ratio, -onis: *s.f.* – cálculo, conta; razão, livro de contas; medida, proporção; comércio; relação; interesse; propósito, desígnio; plano; método; sistema; argumento, raciocínio; inteligência, razão.
ratio agendi: a maneira de agir.
ratiocinatio, -onis: *s.f.* – raciocínio; argumentação, silogismo.
ratiocinativus, -a, -um: *adj.* – em que se emprega o raciocínio.
ratiocinator, -oris: *s.m.* – calculador; avaliador.
ratiocinor, -aris, atus sum, -ari: *v.dep.int/t.* – calcular, contar; avaliar; apreciar.
ratio decidendi: razão de decidir.
ratio dubitandi: a razão da dúvida.
ratio essendi: a razão de ser; a maneira de ser.
ratio fori: em razão do fórum.
ratio iuris: a razão do direito; o fato gerador do direito.
ratio legis: a razão da lei.
ratio loquendi: a maneira de falar.
rationabilis, -e: *adj.* – racional, dotado de razão.
rationalis, -e: *adj.* – racional, dotado de razão.
rationarium, -ii: *s.n.* – estatística.
ratione auctoritatis: em razão da autoridade.
ratione contractus: em razão do contrato.
ratione domicilii: em razão do domicílio.
ratione fori: em razão do fórum.
ratione legis: em razão da lei.
ratione loci: em razão do lugar.
ratione materiae: em razão da matéria.
rationem reddere: prestar contas.
ratione muneris: em razão do cargo; em razão da função.
ratione, non vi: pela razão, não pela força.
ratione officii: em razão do cargo; do ofício.
ratione personae: em razão da pessoa.
ratione soli: em razão do lugar.
ratione temporis: em razão do tempo.
ratione vel vi: pela razão ou pela força.
ratio stricta: a razão estrita.
ratio summa: a razão suprema.
ratis, -is: *s.f.* – conjunto de remos; jangada; barco.
ratiuncula, -ae: *s.f.* – pequena conta; argumento de pouco valor; sutileza.
ratus, -a, -um: *adj.* – calculado, contado; regular; fixado; ratificado, válido; cumprido; que crê firmemente, persuadido.
raucisonus, -a, -um: *adj.* – que tem um som rouco.
raucitas, -itis: *s.f.* – rouquidão.
raucus, -a, -um: *adj.* – rouco; enrouquecido; que tem o som rouco; retumbante.
raudus ou **rudus, -eris**: *s.n.* – caliça, entulho; *pl.* – restos (de demolição).
ravastellus (ravistellus), -a, -um: *adj.* – que fica grisalho.
ravis, -is: *s.f.* – rouquidão.
ravus, -a, -um: *adj.* – pardo-amarelado.
rea, -ae: *s.f.* – ré, mulher acusada em juízo.
reapse: *adv.* – na realidade, com efeito.

R

reatus, -us: *s.m.* – estado ou condição do réu; acusação; culpa.

rebellatio, -onis: *s.f.* – rebelião, revolta.

rebellatrix, -icis: *s.f.* – a que se rebela, rebelde.

rebellio, -onis: *s.f.* – rebelião, revolta.

rebellis, -e: *adj.* – que se subleva, rebelde; sedicioso; obstinado.

rebello, -as, -avi, -atum, -are: *v.t.* – entrar de novo em guerra; revoltar-se, sublevar-se; opor-se.

rebito, -is, -ere: *v.int.* – voltar.

reboo, -as, -avi, -atum, -are: *v.int./t.* – reboar, ressoar; retumbar.

rebus in stantibus: estando assim as coisas (cláusula).

rebus, non verbis: com fatos, não com palavras.

rebus sic stantibus: permanecendo as coisas como estão.

recalcitro, -as, -avi, -atum, -are: *v.int.* – recalcitrar, resistir.

recaleo, -es, -ui, -ere: *v.int.* – aquecer-se de novo, requentar-se; reacender-se.

recalesco, -is, -ui, -escere: *v.int.* – aquentar-se de novo.

recalfacio, -is, -feci, -factum, -facere: *v.int.* – reaquecer, requentar.

recandesco, -is, -dui, -escere: *v.int.* – embranquecer-se; empalidecer; tornar-se quente, ardente.

recano, -is, -ere: *v.int.* – responder cantando; destruir um encantamento.

recantatus, -a, -um: *adj.* – retratado, desdito; curado, afastado por encantamentos ou magias.

recanto, -as, -avi, -atum, -are: *v.t.* – repetir tornar a dizer; curar por meio de feitiços; retratar.

recedo, -is, -cessi, -cessum, -cedere: *v.int.* – retroceder, tornar atrás; retirar-se, sair; ir-se; apartar-se, desviar-se; cessar.

recello, -is, -ui, -ere: *v.t./int.* – retirar; tornar atrás, recuar.

recens, -entis: *adj.* – recente; próximo, último; que não está cansado, fresco; moderno.

recenseo, -es, -ui, -sum ou **-situm, -ere**: *v.t.* – contar novamente; passar em revista, percorrer; relatar, referir.

recensio, -onis: *s.f.* e **recensitio, -onis**: *s.f.* – enumeração, recenseamento; revista, resenha.

recensus, -us: *s.m.* – recenseamento; exame, revista.

receptaculum, -i: *s.n.* – receptáculo; reservatório; asilo, refúgio.

receptio, -onis: *s.f.* – ocultamento, sonegação.

recepto, -as, -avi, -atum, -are: *v.t.* – retirar, retomar; recuperar, reaver; dar refúgio; ocultar.

receptor, -oris: *s.m.* – o que oculta, sonegador.

receptorium, -ii: *s.n.* – asilo, refúgio.

receptrix, -icis: *s.f.* – a que encobre, a que sonega.

receptui canere: tocar a retirada.

receptum, -i: *s.n.* – fiança, garantia.

receptus, -us: *s.m.* – ação de se retirar, retirada; refúgio, acolhida; retiro.

recessim (recessum): *adv.* – recuando, fazendo retroceder.

recessus, -us: *s.m.* – ação de tornar atrás, de se retirar; retirada; lugar retirado; profundidade; fundo; recesso.

recidivus, -a, -um: *adj.* – que brota de novo, que renasce; que reaparece, recidivo.

recido, -is, -idi, -casum, -cidere: *v.int.* – cair de novo; cair; descer, decair; recair em ou sobre, pertencer, caber; vir a ser, acabar por; abater-se.

recido, -is, -idi, -isum, -idere: *v.t.* – tirar cortando, cortar; tirar, suprimir, cercar, diminuir; destruir.

recingo, -is, -inxi, -inctum, -gere: *v.t.* – tirar o cinto de; desatar, soltar.

recino, -is, -ui, -centum, -cinere: *v.int./t.* – cantar muitas vezes, repetir um canto; ressoar; repetir.

recipe, ver **recupe-**.

recipio, -is, -cepi, -ceptum, -cipere: *v.t.* – retomar, recuperar; retirar; receber, acolher; aceitar; tomar; encarregar-se de; permitir, suportar; reservar.

reciproco, -as, -avi, -atum, -are: *v.t./int.* – fazer ir e vir; fazer retroceder; manejar, brandir; respirar; ter fluxo e refluxo, refluir.

reciprocus, -a, -um: *adj.* – que vai e vem; alternativo; recíproco; repetido; que é respondido, trocado.

recisus, -a, -um: *adj.* – diminuído, curto, abreviado.

recitatio, -onis: *s.f.* – recitação, leitura em voz alta; leitura pública.

recitator, -oris: *s.m.* – o que lê por ofício; autor que lê em público seus trabalhos.

recito, -as, -avi, -atum, -are: *v.t.* – ler em voz alta; ler (sua obra), fazer leitura pública; recitar; nomear, mencionar; repetir.

R

reclamatio, -onis: *s.f.* – aprovação ruidosa, aclamação.

reclamito, -as, -avi, -atum, -are: *v.int.* – gritar contra, protestar.

reclamo, -as, -avi, -atum, -are: *v.int./t.* – gritar, exclamar; responder a; protestar contra; reclamar.

reclinis, -e: *adj.* – inclinado para trás, reclinado; deitado.

reclino, -as, -avi, -atum, -are: *v.t./int.* – inclinar para trás, reclinar; recostar, repousar; deitar; pousar, depor.

recludo, -as, -avi, -atum, -are: *v. int.* – abrir; patentear; dar a conhecer, revelar.

recogito, -as, -avi, -atum, -are: *v.int.* – refletir, meditar.

recognitio, -onis: *s.f.* – revista, inspeção; verificação, exame.

recognosco, -is, -ovi, -itum, -oscere: *v.t.* – passar em revista, inspecionar; verificar, inventariar; conferir; trazer à memória; reconhecer.

recolligo, -is, -egi, -ectum, -igere: *v.t.* – ajuntar, reunir; reaver, recobrar; recordar-se de; reconciliar.

recolo, -is, -ui, -ultum, -olere: *v.t.* – cultivar de novo; exercer ou exercitar de novo; renovar; passar revista a; trazer à memória, revolver no espírito.

recompono, -is, -osui, -ositum, -onere: *v.t.* – reparar, recompor.

reconciliatio, -onis: *s.f.* – reconciliação, restauração, acomodamento.

reconciliator, -oris: *s.m.* – reconciliador, pacificador.

reconcilio, -as, -avi, -atum, -are: *v.t.* – trazer outra vez; ajuntar de novo; reconciliar, pacificar; recuperar; corrigir.

R

reconcinno, -as, -avi, -atum, -are: *v.t.* – reparar, consertar; restaurar.

reconditus, -a, -um: *adj.* – encerrado, escondido; retirado; recôndito, secreto; esquisito; reservado.

recondo, -is, -didi, -ditum, -dere: *v.t.* – encerrar, esconder, conservar oculto; dissimular.

recoquo, -is, -oxi, -octum, quere: *v.t.* – tomar a cozer (ao fogo); reforjar; reacender.

recordatio, -onis: *s.f.* – lembrança, recordação.

recordor, -aris, -atus sum, -ari: *v.dep.t./ int.* – pensar em; recordar-se, lembrar-se.

recrastino, -as, -avi, -atum, -are: *v.t.* ou **procrastino** – adiar, diferir.

recreatio, -onis: *s.f.* – restabelecimento.

recreo, -as, -avi, -atum, -are: *v.t.* – restabelecer, restaurar; renovar; reanimar; recrear, divertir.

recresco, -is, -crevi, -cretum, escere: *v.int.* – crescer de ovo; rebrotar, renascer.

recrudesco, -is, -ui, -escere: *v.int.* – encarniçar-se, irritar-se; recrudescer.

recta: *adv.* – em linha reta, diretamente.

recta ratio: a razão certa.

recte: *adv.* – em linha reta; diretamente, sem rodeios; bem, convenientemente; a propósito.

recte et suaviter: reta e suavemente.

rectio, -onis: *s.f.* – ação de reger, de dirigir; administração, governo.

rectius: mais corretamente; ou melhor.

rector, -oris: *s.m.* – o que rege, governa; guia, diretor; piloto.

rectrix, -icis: *s.f.* – a que dirige, senhora, rainha, soberana, diretora.

rectum, -i: *s.n.* – linha reta; o bem, o que é justo, o direito; o que é conforme à razão.

rectus, -a, -um: *adj.* – erguido; governado, regido; direito, direto; simples, reto, justo; bom, conveniente; firme, seguro.

rectus in curia: reto na corte (pessoa que está em gozo de todos os seus direitos).

recubo, -as, -ui, -itum, -are: *v.int.* – recostar-se, descansar em; estar deitado.

recula, -ae: *s.f.dim.* – pequenas posses.

recumbo, -is, -cubui, -cubitum, umbere: *v.int.* – deitar-se; recostar-se; pôr-se à mesa; cair; pender, descer; cair morto.

recuperatio, -onis: *s.f.* – recobro, recuperação.

recuperator, -oris: *s.m.* – o que recupera ou recobra; recuperador, juiz nos processos de recuperação ou causas movidas para reaver o que se perdeu.

recuperatorius, -a, -um: *adj.* – pertencente ou relativo ao recuperador.

recupero, -as, -avi, -atum, -are: *v.t.* – recuperar, reaver; recobrar; libertar.

recuro, -as, -avi, -atum, -are: *v.t.* – tornar a curar; tratar, medicar.

recurro, -is, -ri, -rsum, -rere: *v.int./t.* – correr para trás, retroceder; voltar correndo, refluir; acudir; voltar.

recurso, -as, -avi, -atum, -are: *v.int.* – correr para trás; correr de novo; vir, voltar muitas vezes.

recursus, -us: *s.m.* – volta (correndo), tornada; caminho para voltar.

recursus ad superius tribunal: um recurso a tribunal superior.

recursus adversus sententiam: um recurso contra a sentença.

recurvo, -as, -avi, -atum, -are: *v.t.* – encurvar, recurvar.

recurvus, -a, -um: *adj.* – curvo, recurvado; adunco.

recusatio, -onis: *s.f.* – recusa; desculpa, defesa.

recuso, -as, -avi, -atum, -are: *v.t.* – recusar, recusar-se a; rejeitar; não estar por; não querer.

recutio, -is, -cussi, -cussum, , -ere: *v.t.* – fazer ressoar, abalar, sacudir.

recutitus, -a, -um: *adj.* – esfolado; circuncidado.

reda, ver **raeda**.

redactus, -a, -um: *adj.* – levado a; reduzido a.

redamo, -as, -avi, -atum, -are: *v.t.* – corresponder ao amor de alguém.

redarguo, -is, -ui, -utum, -uere: *v.t.* – redarguir, convencer de falsidade; refutar.

reddo, -is, -didi, -ditum, -dere: *v.t.* – restituir, devolver; pagar, dar em resposta; entregar; dar, conceder; responder; dizer, proferir; exprimir, reproduzir; fazer, prestar, executar.

redeamus ad rem: voltemos ao assunto.

redemptio, -onis: *s.f.* – compra, tráfico, resgate, soma dada para resgatar; o tomar de renda ou de aluguel.

redempto, -as, -avi, -atum, -are: *v.t.* – reaver por compra; resgatar.

redemptor, -oris: *s.m.* – o que toma de renda, rendeiro; lançador (de impostos); fornecedor; empreiteiro (de serviços públicos).

redemptura, -a: *s.f.* – arrendamento (de rendas públicas); empreitada (de trabalhos públicos).

redeo, -is, -ivi ou **-ii, -itum, -ire**: *v.int./t.* – tornar a vir, voltar; começar de novo, recuperar; vir ou chegar a, ser reduzido a; acabar por; caber (por sorte, por herança); ser lançado em; render, ganhar.

redhalo, -as, -are: *v.t.* – exalar.

redhibeo, -es, -ui, -itum, -ere: *v.t.* – devolver ao vendedor o objeto vendido (por defeito redibitório); tornar sem efeito a venda de; tomar outra vez a coisa vendida.

redigo, -is, -egi, -actum, -igere: *v.t.* – trazer para trás, reconduzir.

redimiculum, -i: *s.n.* – atilho, fita, cordão; faixa, laço.

redimio, -is, -ivi ou **-ii, -itum, -ire**: *v.t.* – atar, ligar; cingir, cercar; ornar; coroar.

redimo, -is, -emi, -emptum, -imere: *v.t.* – reaver por compra; resgatar, redimir; libertar, salvar; afastar; evitar (mediante pagamento); compensar, remir; comprar.

redintegro, -as, -avi, -atum, -are: *v.t.* – recomeçar inteiramente, renovar; restaurar; reparar, completar; recrear.

reditio, -onis: *s.f.* – volta, retorno.

reditus, -us: *s.m.* – volta, tornada; renda, rendimento; lucros.

redivia ou **reduvia, -ae**: *s.f.* – espiga (na raiz das unhas).

redivivus, -a, -um: *adj.* – renovado, restaurado; ressuscitado; que volta a servir; *n.pl.* – materiais velhos (que podem servir para nova construção).

redoleo, -es, -uli, -itum, -ere: *v.int./t.* – exalar cheiro; cheirar a; ser cheiroso, cheirar mal.

redomitus, -a, -um: *adj.* – seguro de si, domado pela razão.

redono, -as, -avi, -atum, -are: *v.t.* – tornar a dar; gratificar novamente, fazer o sacrifício de.

reduco, -is, -xi, -ctum, -cere: *v.t.* – reconduzir, restabelecer; trazer de, retirar; trazer para si; tirar para trás; recuar; reproduzir, renovar; tirar, trazer, levar.

reductio, -onis: *s.f.* – ação de tornar a trazer, de reconduzir; restabelecimento, restauração.

reductio ad absurdum: redução ao absurdo.

reductio ad impossibile: redução ao impossível.

reductor, -oris: *s.m.* – o que reconduz; o que faz reviver.

reductus, -a, -um: *adj.* – reconduzido, conduzido para trás; retirado, afastado.

reduncus, -a, -um: *adj.* – curvado para trás; adunco.

redundans, -antis: *part.pres.* – que transborda; superabundante, cheio de; difuso, prolixo.

redundantia, -ae: *s.f.* – superabundância, excesso, demasia, redundância.

redundo, -as, -avi, -atum, -are: *v.int./t.* – transbordar, refluir; correr em abundância, espalhar-se por; redundar; abundar em; ser supérfluo, excessivo.

redux, -ucis: *adj.* – que está de volta, que voltou; que reconduz, que torna a trazer.

refectio, -onis: *s.f.* – reparação; descanso, repouso; alívio; remédio; refeição, alimento.

refello, -is, -fedi, -ere: *v.t.* – refutar, rebater; desmentir.

refercio, -is, -ersi, -ertum, -ercire: *v.t.* – atulhar, amontoar; acumular.

referio, -is, -ire: *v.t.* – revidar com um golpe, ferir por sua vez; reverberar, refletir.

refero, -fers, -latum, -ferre: *v.t./int.* – levar para trás, retirar; levar consigo; obter; voltar atrás; dar, restituir; trazer; oferecer; reverberar, refletir; referir; expor, relatar; atribuir a; pensar em, ruminar; apresentar a; pôr no número de, inscrever.

refert, retulit, referre: *v.unip.* – importar; relevar; dizer respeito a; ser útil, ser necessário.

refertus, -a, -um: *adj.* – cheio, atulhado; bem fornecido de; opulento, abastado.

refervens, -entis: *part.pres.* – muito quente, ardente.

referveo, -es, -bui, -ere: *v.int.* e **refervesco, -is, bui** ou **-vi, -escere**: *v.int.* – aquecer-se muito; ferver em cachão.

refibulo, -as, -are: *v.t.* – desfivelar, tornar livre, desapertar as fivelas.

reficio, -is, -eci, -ectum, -icere: *v.t.* – reparar, restaurar; refazer; preencher, completar; compensar; reeleger; reanimar, recrear.

refigo, -is, -xi, -xum, -gere: *v.t.* – desprender, arrancar; tirar.

refingo, -is, -inxi, -ictum, -gere: *v.t.* – refazer, modelar de novo; consertar.

reflagito, -as, -avi, -atum, -are: *v.t.* – pedir com empenho, com insistência.

reflatus, -us: *s.m.* – vento contrário.

reflecto, -is, -exi, -exum, -ectere: *v.t./int.* – voltar para trás, virar; encurvar, dobrar; acalmar.

reflo, -as, -avi, -atum, -are: *v.int./t.* – soprar em direção contrária; ser contrário.

refluo, -is, -uxi, -uxum, -uere: *v.int.* – correr em direção contrária, refluir; transbordar.

refluus, -a, -um: *adj.* – que refluiu, que corre para trás.

refocillo, -as, -avi, -atum, -are: *v.t.* – restabelecer, confortar; curar.

refodio, -is, -ere, -fodi, -fossum: *v.t.* – arrancar, desenterrar; tornar a cavar.

reformatio, -onis: *s.f.* – transformação, metamorfose; reforma (de costumes).

reformatio in pejus: reforma para pior.

reformator, -oris: *s.m.* – reformador.

reformidatio, -onis: *s.f.* – apreensão, temor, receio.

reformido, -as, -avi, -atum, -are: *v.t.* – recuar de pavor, recear, temer.

reformo, -as, -avi, -atum, -are: *v.t.* – dar a primeira forma a; fazer de novo, restabelecer; reformar.

refoveo, -es, -ovi, -otum, -overe: *v.t.* – reaquecer; fomentar; reanimar, alentar; reparar.

refractariolus, -a, -um: *adj.* – um tanto obstinado, teimoso.

refractarius, -a, -um: *adj.* – refratário, rebelde, indócil.

refragor, -aris, -atus sum, -ari: *v.dep.* – votar contra, impugnar; opor-se a, ser de opinião contrária.

refrenatio, -onis: *s.f.* – ação de refrear; repressão.

refreno, -as, -avi, -atum, -are: *v.t.* – sofrear; refrear, conter; domar, reprimir; moderar.

refrico, -as, -ui, -catum, -are: *v.t./int.* – abrir de novo (uma chaga); avivar, despertar.

refrigeratio, -onis: *s.f.* – frescura, refrigério.

refrigero, -as, -avi, -atum, -are: *v.t./int.* – refrescar; arrefecer; ser refrigerante.

refrigesco, -is, -ixi, -gescere: *v.int.* – resfriar-se, arrefecer-se; afrouxar-se; cair em descrédito.

refringo, -is, -fregi, -fractum, fringere: *v.t.* – quebrar; romper, arrombar; reprimir, refrear; destruir.

refugio, -is, -gi, -gitum, -gere: *v.int./t.* – fugir; retirar-se; refugiar-se; estar afastado; internar-se; esquivar-se a; recusar; temer.

refugium, -ii: *s.n.* – refúgio, guarida; asilo.

refugus, -a, -um: *adj.* – fugitivo.

refulgeo, -es, -ulsi, -ulgere: *v.int.* – brilhar, resplandecer; ser ilustre.

refundo, -is, -udi, -usum, -undere: *v.t.* – verter, derramar; deitar fora; entornar, despejar, repelir (com respeito à água); dissipar.

refutatio, -onis: *s.f.* – refutação.

refuto, -as, -avi, -atum, -are: *v.t.* – rebater; reprimir; repreender asperamente, refutar.

regaliolus, -i: *s.m.* – picanço (ave).

regalis, -e: *adj.* – real, de rei; relativo à realeza; digno de rei.

regaliter: *adv.* – como rei, à maneira de rei.

regelo, -as, -avi, -atum, -are: *v.t.* – derreter o gelo, arrefecer.

regemo, -is, -ere: *v.int.* – responder com um gemido.

regenero, -as, -are: *v.t.* – reproduzir, fazer reviver.

regero, -is, -essi, -estum, -erere: *v.t.* – tornar a trazer; tirar, levar; lançar (em retorno); refletir, reverberar.

regia, -ae: *s.f.* – residência real, palácio do rei; capital, corte; reino.

regia via: a estrada real.
regibus mos est: é costume dos reis.
regie: *adv.* – ao modo de um rei, regiamente, magnificamente.
regificus, -a, -um: *adj.* – régio, real; magnífico.
regigno, -is, -ere: *v.t.* – reproduzir.
regimen, -inis: *s.n.* – ação de conduzir, guiar; manobra (do piloto); leme; direção; governo.
regina, -ae: *s.f.* – rainha; filha de rei, princesa, soberana.
regina caeli: a rainha do céu.
regio, -onis: *s.f.* – direção; linha reta; situação; marco, limites; lugar, região, país.
regionatim: *adv.* – por região, por distrito, por bairro.
regius, -a, -um: *adj.* – régio, real, de rei; digno de rei; esplêndido, magnífico; despótico.
reglutino, -as, -avi, -atum, -are: *v.t.* – despregar, descolar.
regnant populi: os povos governam.
regnat populus: o povo governa.
regnator, -oris: *s.m.* – senhor; monarca, soberano; o primeiro, o principal.
regno, -as, -avi, -atum, -are: *v.int./t.* – reinar; ser soberano, ser rei; dominar; vencer, triunfar.
regnum, -i: *s.n.* – realeza, autoridade real; domínio, poder; reino, império.
regnum peccati: o reino do pecado.
rego, -is, rexi, rectum, regere: *v.t.* – dirigir, guiar; reger, governar; reinar; comandar.
regredior, -eris, -gressus sum, -edi: *v.dep. int.* – andar para trás, voltar, retroceder; tornar.
regressus, -us: *s.m.* – volta, regresso.
regula, -ae: *s.f.* – regra; norma, lei; barra de ferro, tranca.
regula fidei: a regra da fé.
regula regularum: a regra suprema.
regulus, -i: *s.m.dim.* – rei ainda criança; rei de pequeno estado, príncipe, régulo.
regusto, -as, -avi, -atum, -are: *v.t.* – tornar a provar; saborear outra vez.
reiectio, -onis: *s.f.* – ação de lançar para fora; rejeição; recusa.
re infecta: estando incompleto o trabalho; não tendo sido realizado o negócio.
reiicio, -is, -ieci, -iectum, iicere: *v.t.* – lançar, pôr de parte; largar; repelir; rejeitar; transferir; diferir.
rei sitae: onde a coisa se encontra.
rejectanea, -orum: *s.n.pl.* – o refugo, o rebotalho.
rejectio, -onis: *s.f.* – ação de lançar fora; rejeição, recusa.
rejecto, -as, -avi, -atum, -are: *v.t.* repercutir, repetir.
relabor, -eris, -lapsus sum, -labi: *v.dep.int.* – correr para trás, refluir; retroceder; voltar de novo a; tornar.
relanguesco, -is, -gui, -escere: *v.int.* – tomar-se lânguido; enfraquecer-se; abrandar-se.
relata refero: conto o que me foi contado.
relatio, -onis: *s.f.* – ação de imputar a outro; ação de dar em retorno; relação; proposta, discussão; exposição.
relator, -oris: *s.m.* – relator; narrador, historiador.
relatus, -us: *s.m.* – ação de apresentar uma proposta, de relatar; relatório, relação; exposição; discurso.
relaxatio, -onis: *s.f.* – descanso, repouso; folga.
relaxo, -as, -avi, -atum, -are: *v.t.* – afrouxar, desapertar; relaxar, alargar; separar; desembaraçar; dar folga, descansar.
relegatio, -onis: *s.f.* – exílio, desterro; relegação.
relego, -as, -avi, -atum, -are: *v.t.* – arredar, apartar; banir; relegar; imputar a, atribuir; rejeitar.
relego, -is, -egi, -ectum, -ere: *v.t.* – tornar a passar por, percorrer de novo; tomar a revisitar, reler; ler.
relentesco, -is, -ere: *v.int.* – afrouxar-se, diminuir.
relevo, -as, -avi, -atum, -are: *v.t.* – reerguer, aliviar, descarregar; suavizar, livrar de; distrair, recrear.
relictio, -onis: *s.f.* – abandono, desamparo.
religatio, -onis: *s.f.* – ação de atar (videiras).
religio, -onis: *s.f.* – religião, culto religioso; objeto sagrado; piedade; santidade; divindade; oráculo; temor supersticioso; escrúpulo; dever, consciência; sacrilégio, profanação.
religio loci: o espírito do lugar.
religiose: *adv.* – religiosamente, com escrúpulo religioso.
religiosus, -a, -um: *adj.* – religioso, sagrado; conforme à religião; escrupuloso, piedoso; proibido pela religião, sacrilégio.
religo, -as, -avi, -atum, -are: *v.t.* – ligar, atar, apertar; desatar, desamarrar.

relino, -is, -lini, -levi ou **-livi, -litum, -linere**: *v.t.* – abrir, destampar.
remigo, -as, -avi, -atum, are: *v.int./t.* – remar, conduzir remando.
remigro, -as, -avi, -atum, -are: *v.int.* – tornar a vir morar; voltar, tornar.
reminiscor, -eris, -nisci: *v.dep.int.* – recordar-se, lembrar-se.
remis ventisque: com remos e ventos (apressadamente).
remisceo, -es, -iscui, -ixtum, -ere: *v.t.* – tornar a misturar; misturar, confundir.
remisse: *adv.* – brandamente, com meio termo; desleixadamente; com folga.
remissio, -onis: *s.f.* – ação de mandar para trás, de pôr novamente a caminho; renovação; ação de afrouxar; diminuição, cessação; folga, descanso; indulgência; isenção (de impostos).
remissus, -a, -um: *adj.* – relaxado, frouxo; tornado a lançar; posto de parte; dispensado; permitido; que está em repouso; negligente, remisso; folgazão.
remitto, -is, -misi, -missum, -mittere: *v.t./int.* – repelir; reenviar, remeter; entregar; despedir, licenciar; renunciar a; conceder, permitir; afrouxar; perdoar; cansar; fazer cessar.
remolior, -iris, -itus sum, -iri: *v.dep.t.* – remover, afastar com dificuldade; levantar com esforço.
remollesco, -is, -ere: *v.int.* – amolecer-se; enervar-se; abrandar-se.
remollio, -is, -ivi, -itum, -ire: *v.t.* – amolecer; enervar; abrandar-se.
remora, -ae: *s.f.* – demora, obstáculo.
remoramen, -inis: *s.n.* – impedimento, atraso, empecilho, estorvo.
R
remordeo, -es, -orsi, -orsum, -ordere: *v.t.* – morder de novo, defender-se, vingar-se; ferir vivamente; afligir, inquietar.
remoror, -aris, -atus sum, -ari: *v.dep.int.* – tardar, demorar-se; retardar, fazer esperar; prender, enlear; impedir.
remote: *adv.* – ao longe, afastadamente.
remotio, -onis: *s.f.* – ação de afastar, afastamento.
remotus, -a, -um: *adj.* – removido, apartado; afastado de, estranho a; retirado; distante, remoto.
removeo, -es, -movi, -motum, -movere: *v.t.* – apartar, afastar; arredar; suprimir, cortar; acabar com.
remugio, -is, -ivi, -itum, -ire: *v.int.* – responder com mugidos; ressoar, retumbar.
remulceo, -es, -ere: *v.t.* – afagar; acalmar, abrandar; mitigar.
remulcum, -i: *s.n.* e **remulcus, -i**: *s.m.* – reboque, cabo de trazer a reboque; barco de reboque.
remuneratio, -onis: *s.f.* – recompensa, remuneração.
remuneror, -aris, -atus sum, -ari: *v.dep.t.* – remunerar, recompensar; punir (em represália).
remurmuro, -as, -avi, -atum, -are: *v.int./t.* – responder por um murmúrio; murmurar; resmungar; repetir.
remus, -i: *s.m.* – remo.
renarro, -as, -avi, -atum, -are: *v.t.* – recontar, tornar a relatar.
renascor, -eris, -natus sum, -asci: *v.int.* – renascer.
renavigo, -as, -avi, -atum, -are: *v.int./t.* – voltar por mar, navegar de novo.
reneo, -es, -ere: *v.t.* – tornar a fiar.
renes, -um(-ium): *s.m.pl.* : rins.
renideo, -es, -ere: *v.int.* – brilhar, luzir; estar risonho, alegre; folgar.
renitor, -eris, -nisus sum, -niti: *v.dep.int.* – esforçar-se contra, resistir, opor-se.
reno, -as, -avi, -atum, -are: *v.int./t.* – nadar de novo; sobrenadar, andar à tona da água.
reno ou **rheno, -onis**: *s.m.* – gibão ou casaco germânico, de pele de carneiro.
renodo, -as, -avi, -atum, -are: *v.t.* – desatar, desprender, soltar.
re, non verbis: com ato, não com palavras.
renovamen, -inis: *s.n.* – renovação; metamorfose.
renovate animos: restaurai vossa coragem.
renovatio, -onis: *s.f.* – renovação; acumulação de juros.
renovo, -as, -avi, -atum, -are: *v.t.* – renovar, tornar a começar; reparar, restaurar; descansar, restabelecer.
renumero, -as, -avi, -atum, -are: *v.t.* – contar, pagar, reembolsar.
renuntiatio, -onis: *s.f.* – declaração, anúncio; proclamação.
renuntiatio praetensionis: renúncia à pretensão.
renuntio, -as, -avi, -atum, are: *v.t.* – declarar, anunciar; proclamar; nomear; não aceitar um convite; renunciar a.
renuo, -is, -ui, -utum, -uere: *v.int./t.* – fazer sinal que não; não consentir; recusar.
renuto, -as, -are: *v.int.* – recusar.

reor, -eris, ratus sum, reri: *v.dep.* – contar, calcular; ser de parecer, julgar, pensar.
repagula, -orum: *s.n.pl.* – ferrolho; tranca (de porta); barreira.
repandus, -a, -um: *adj.* – revirado, arqueado; curvo; proeminente.
reparabilis, -e: *adj.* – que pode ser adquirido de novo, recobrado; reparável.
reparco, -is, -ere: *v.int.* – abster-se.
reparo, -as, -avi, -atum, -are: *v.t.* – recomeçar, preparar de novo; reaver, recobrar; substituir; reparar, restaurar; restabelecer.
repastinatio, -onis: *s.f.* – ação de lavrar de novo; segundo amanho.
repecto, -is, -ere: *v.t.* – tornar a pentear.
repello, -puli, -pulsum, -pellere: *v.t.* – repelir; afastar, arredar; livrar de; defender-se contra; rejeitar, desprezar.
rependo, -is, -pendi, -pensum, -pendere: *v.t.* – contrapesar, equilibrar; compensar; retribuir, recompensar; dar (em pagamento); restituir; indenizar.
repens, -entis: *adj.* – inesperado, repentino.
repenso, -as, -avi, -atum, -are: *v.t.* – compensar.
repente: *adv.* – de repente, repentinamente, subitamente.
repente, tamquam procella: de repente, como uma tempestade.
repentinus, -a, -um: *adj.* – súbito, imprevisto, repentino; novo, recente.
repercussus, -us: *s.m* – ação de repelir; repercussão, reflexo.
repercutio, -is, -ussi, -ussum, -utere: *v.t.* – repelir; rebater, responder a um ataque; refutar; refletir, reverberar.
repere in ius: levar a justiça.
reperio, -is, -peri, -pertum, -perire: *v.t.* – encontrar de novo; achar, descobrir; inventar; reconhecer; granjear, adquirir.
repertor, -oris: *s.m.* – inventor, autor; maquinador.
repertus, -a, -um: *s.n.pl.* – descobrimentos, invenções.
repertus, -us: *s.m.* – ação de encontrar, descoberta, invenção.
repetentia, -ae: *s.f.* – ação de lembrar-se, recordação.
repetita iuvant: as coisas repetidas agradam.
repetitio, -onis: *s.f* – repetição, recapitulação.
repetitor, -oris: *s.m.* – que reclama, reclamante.
repeto, -is, -ivi ou **-ii, -itum, -ere**: *v.t./int.* – atacar de novo. voltar de novo, tornar; recomeçar, repetir; rebater; reconduzir; tomar a, tirar de; reivindicar, reclamar.
repetundae, -arum: *s.f.* – dinheiro que deve ser reclamado; concussão, peculato.
repleo, -es, -evi, -etum, -ere: *v.t.* – tornar a encher; completar; preencher, substituir; cumular de; saciar, fartar; restabelecer.
replicatio, -onis: *s.f.* – giro em torno do eixo, movimento de rotação.
replico, -as, -avi e **-ui, -atum** e **-itum, -are**: *v.t.* – dobrar para trás; encurvar; desenrolar; referir, contar.
repo, -is, -epsi, -eptum, -pere: *v.int.* – arrastar-se; andar devagar; insinuar-se.
repono, -is, -posui, -positum, -podere: *v.t.* – repor, restabelecer; dar em retorno, pagar; pôr em lugar de; substituir; pôr de parte; em reserva; pousar sobre, apoiar; largar, depor.
reporto, -as, -avi, -atum, -are: *v.t.* – levar para trás; retirar; reconduzir; adquirir, obter; relatar, referir.
reposco, -is, -ere: *v.t.* – pedir; reclamar, reivindicar; exigir.
repositorium, -i: *s.n.* – prato, bandeja, travessa.
repositus, -a, -um: *adj.* – colocado em lugar à parte, afastado.
repostor, -oris: *s.m.* – restaurador (de monumentos).
repostus, -a, -um: *adj.* (em vez de **repositus**) – restabelecido; restaurado; restituído a; tornado a pôr (na mesa); guardado, depositado, gravado.
repotia, -orum: *s.n.pl.* – banquete do dia seguinte às bodas; segundo festim.
repraesentatio, -onis: *s.f.* – ação de pôr sob os olhos; imagem, representação; pagamento à vista.
repraesento, -as, -avi, -atum, -are: *v.t.* – apresentar; dar logo, realizar sem demora; adiantar; apresentar à vista; pagar à vista, representar (pela pintura, pela linguagem), reproduzir.
reprehendo, -is, -di, -sum, dere: *v.t.* – agarrar por de trás; segurar; reter; conter; apanhar, retirar; censurar; acusar.
reprehensio, -onis: *s.f.* – ato de reter, segurar; correção; repreensão, censura.
reprehenso, -as, -avi, -atum, -are: *v.t.* – reter de novo, agarrar.
reprehensor, -oris: *s.m.* – censor, crítico, reformador.

repressor, -oris: *s.m.* – o que reprime, repressor.

reprimo, -is, -pressi, -pressum, -primere: *v.t.* – reter, segurar; fazer cessar; conter, reprimir; impedir; abafar; repelir.

reprobo, -as, -avi, -atum, -are: *v.t.* – desaprovar, rejeitar; condenar.

repromissio, -onis: *s.f.* – promessa mútua.

repromitto, -is, -isi, -issum, -ittere: *v.t.* – prometer também ou de uma parte.

reptatio, -onis: *s.f.* – ação de arrastar.

repto, -as, -avi, -atum, -are: *v.int.* – engatinhar, andar de rojo; arrastar-se, caminhar devagar.

repudiatio, -onis: *s.f.* – ação de rejeitar, recusa.

repudio, -as, -avi, -atum, -are: *v.t.* – recusar; abster-se de, excluir; renunciar a; repudiar (uma mulher).

repudiosus, -a, -um: *adj.* – rejeitável, indigno.

repudium, -ii: *s.n.* – recusa, renúncia; repúdio, divórcio.

repuerasco, -is, -ere: *v.int.* – tornar-se menino, fazer-se criança.

repugnanter: *adv.* – contra a vontade, de má vontade.

repugnantia, -ae: *s.f.* – desacordo, antipatia, oposição.

repugnatio, -onis: *s.f.* – oposição, resistência.

repugno, -as, -avi, -atum, -are: *v.int./t.* – defender-se contra, opor-se; resistir; lutar contra, combater; estar em oposição; ser incompatível, repugnar.

repulsa, -ae: *s.f.* – repulsa; recusa; mau êxito, revés.

repulsus, -a, -um: *adj.* – repelido, afastado.

R

repulsus, -us: *s.m.* (usado sobretudo no *abl. sing.*) – percussão, embate; repercussão (de um som); reflexo.

repungo, -is, -pupugi ou **-punxi, -punctum, -pungere**: – *v.t.* – picar (a quem picou); replicar.

repurgo, -as, -avi, -atum, -are: *v.t.* – limpar; desimpedir; purificar.

reputatio, -onis: *s.f.* – ponderação, consideração, meditação.

reputo, -as, -avi, -atum, -are: *v.t.* – meditar, refletir sobre; cuidar em.

requies, -etis ou **-iei**: *s.m.* – descanso, repouso; paz (de espírito).

requies aeterna: o descanso eterno.

requiescat in pace: descanse em paz.

requiescite pusillum: descansai um pouco.

requiesco, -is, -evi, -etum, -escere: *v.int./t.* – repousar, descansar; deitar-se a dormir; dormir; acalmar-se; apoiar-se; divertir-se, folgar; aplacar, abrandar.

requietus, -a, -um: *adj.* – repousado, que descansou.

requirito, -as, -are: *v.t.* – indagar, pesquisar.

requiro, -is, -sivi ou **-sii, -situm, -rere**: *v.t.* – buscar, procurar; pedir, reclamar; exigir; perguntar, inquirir, indagar.

res, rei: *s.f.* – coisa, objeto; fato; matéria, assunto; trabalho, empresa; ação; o que pertence, propriedade; utilidade, vantagem; negócio; a coisa (pública); causa, motivo.

resacro ou **resecro, -as, -avi, -atum, -are**: *v.t.* – levantar a interdição; retratar as imprecações proferidas (contra alguém).

res acta est: a questão está encerrada.

res adiudicata: uma coisa julgada; uma coisa decidida.

res adversae: a adversidade; o infortúnio.

resaevio, -is, -ivi, -itum, -ire: *v.int.* – irritar-se, exasperar-se.

res aliena: a coisa alheia; a propriedade de terceiro.

resalutatio, -onis: *s.f.* – saudação retribuída.

resaluto, -as, -avi, -atum, -are: *v.t./int.* – ressaudar, responder à saudação.

res amissa: a coisa perdida.

resanesco, -is, -ere, -sandi: *v.int.* – recuperar a razão, recuperar a saúde, começar a sarar.

res angustae: a adversidade; o infortúnio.

resano, -as, -avi, -atum, -are: *v.t.* – curar, sarar.

resarcio, -is, -sarsi, -sartum, -cire: *v.t.* – remendar, consertar, ressarcir, indenizar.

rescindo, -is, -scidi, -scissum, -scindere: *v.t.* – abrir, cortar; romper; destruir; anular, rescindir; violar.

rescio, -is, -ire, -ivi: *v.t.* – vir a saber, ser informado, descobrir.

rescisco, -is, -scivi, -scitum, -iscere ou **rescio, -is, -ivi** ou **-ii, -itum, -ire**: *v.t.* – vir a saber, ser informado de.

res communis omnium: uma propriedade comum.

res controversa: uma matéria controvertida.

rescribo, -is, -psi, -ptum, -bere: *v.t.* – inscrever de novo, pôr em outra lista; escrever em resposta; refutar; corrigir (um escrito); restituir (dinheiro), pagar.

rescriptum, -i: *s.n.* – resposta (por carta); resposta (por escrito) do imperador.

res debita: a coisa devida.
res de que agitur: a coisa de que se trata.
res derelicta: uma propriedade abandonada.
res divinae: coisas divinas.
res dubia: a coisa duvidosa; a incerteza.
res dura: a extrema necessidade.
reseco, -as, -cui, -sectum ou -secatum, -secare: *v.t.* – cortar; cercear; suprimir.
resemino, -as, -avi, -atum, -are: *v.t.* – semear de novo, reproduzir.
resequor, -eris, -cutus sum, -equi: *v.dep.t.* – responder logo, replicar.
reservo, -as, -avi, -atum, -are: *v.t.* – reservar, guardar; pôr de reserva, deixar para; conservar.
reses, -idis: *adj.m.f.* – que permanece; que dura; ocioso.
res est in tuto: o negócio está em segurança.
res familiaris: bens de família.
res fungibiles: coisas fungíveis.
res furtiva: coisa furtada.
res geritur haud male: a coisa não vai mal.
res gestae: as coisas realizadas; os feitos; as transações.
resideo, -es, -edi, -essum, -idere: *v.int./t.* – ficar, permanecer, residir, morar; parar, permanecer, durar; estar ocioso; celebrar, festejar.
resido, -is, -edi, -essum, -idere: *v.int.* – assentar-se ou estar sentado; deter-se, ficar; retirar-se para; diminuir; abrandar.
residuum, -i: *s.n.* – resto, resíduo; saldo.
residuus, -a, -um: *adj.* – que ainda subsiste; que resta de, restante; que está por pagar; resto de conta, que é de saldo.
resigno, -as, -avi, -atum, -are: *v.t.* – abrir (uma carta, um testamento); declarar; desvendar, descobrir; quebrar, violar; entregar; resignar.
resilio, -is, -ui, -ivi ou -sultum, -ire: *v.int.* – saltar para trás; ressaltar; ser rebatido, rebentar; recolher-se; encurtar-se.
resimus, -a, -um: *adj.* – revirado; arrebitado.
res incorporales: os bens incorpóreos.
res in iudicio deducta: coisa deduzida em juízo.
res inter alios: coisa entre terceiros.
resipio, -is, -ui ou **-ii, -pere**: *v.int./t.* – ter gosto de, ter sabor de, ter perfume de.
resipisco, -is, -sipivi, -ii ou **-ui, -iscere**: *v.int.* – recobrar os sentidos; voltar a si; arrepender-se.
res ipsa loquitur: o fato fala por si mesmo.
resisto, -is, restiti, -titum, sistere: *v.int.* – ficar para trás, voltar; deter-se, ficar; persistir; erguer-se; resistir, opor-se; recolher-se.
res iudicanda: uma questão que deve ser julgada.
res iudicata: coisa julgada.
res iudicata pro veritate habetur: tem-se por verdade a coisa julgada.
res litigiosa: a coisa litigiosa.
res mobiles: bens móveis.
res non verba: atos, não palavras.
res nullius: coisa de ninguém; coisa sem dono.
resolutus, -a, -um: *adj.* – mole, fraco, brando.
resolvo, -is, -solvi, -solutum, -solvere: *v.t.* – desatar, desligar; desfraldar; soltar, libertar; dissolver; explicar, resolver; afrouxar, desunir; romper; pagar; indenizar.
resonabilis, -e: *adj.* – que repete (o som), que faz eco.
resono, -as, -ui, -itum, -are: *v.int./t.* – repetir o som, fazer eco; ressoar, retumbar.
resonus, -a, -um: *adj.* – que repete (o som), que faz eco; ruidoso, retumbante.
res optimae: a sorte favorável; a prosperidade; a felicidade.
resorbeo, -es, -bui ou **-psi, -ptum, -bere**: *v.t.* – tornar a sorver, engolir de novo; recalcar.
res palam omnibus est: o fato está diante de todos.
respecto, -as, -avi, -atum, -are: *v.int./t.* – olhar muitas vezes para trás; olhar para; olhar sempre ou muito; tomar interesse em ou por; aguardar.
respectus, -us: *s.m.* – ação de olhar para trás; reflexão sobre, consideração; atenção (para com alguém), respeito; asilo, refúgio.
respergo, -is, -si, -sum, -gere: *v.t.* – salpicar, borrifar; manchar; derramar, verter.
res perridicula est: é uma coisa grotesca.
res petita: coisa pedida.
respice finem: considera o resultado.
respice in nos: olha para nós.
respice metam: considera o objetivo.
respicio, -is, -pexi, -pectum, -picere: *v.t.* – olhar para trás; olhar para; examinar, considerar, olhar por, cuidar de; tocar a, dizer respeito a.
respiramen, -inis: *s.n.* – traqueia; respiração.
respiratio, -onis: *s.f.* – respiração; pausa (para respirar); exalação.
respiratus, -us: *s.m.* – respiração.

R

respiro, -as, -avi, -atum, -are: *v.int./t.* – respirar; tornar a si, recobrar alento; exalar.
resplendeo, -es, -di, -sum, -dere: *v.int./t.* – refletir a luz; brilhar, cintilar.
respondeat superior: o superior é o responsável.
respondeo, -es, -di, -sum, -dere: *v.int./t.* – responder; comparecer; afiançar, responder por; corresponder, satisfazer; prometer; pagar; ficar, estar situado de frente; concordar com.
responsa prudentum: respostas dos juristas.
responsio, -onis: *s.f.* – resposta.
responsito, -as, -avi, -atum, -are: *v.t.* – responder frequentemente; afirmar, prometer muitas vezes; replicar; resmungar; dar conselhos (em direito).
responso, -as, -avi, -atum, -are: *v.int.* – responder, replicar.
responsum, -i: *s.n.* – resposta; oráculo, predição; conselho, decisão.
res, pretium et consensus: coisa, preço e concordância.
res privatae: bens privados.
res prosperae: a sorte favorável; a prosperidade.
respublica, -ae: *s.f.* – bem público, bem comum; negócios públicos; governo, poder; forma de governo; república; estado, pátria, direito (dos cidadãos).
res publica: coisa pública.
res publicae: bens públicos.
respuo, -is, -i, -putum, -uere: *v.t.* – lançar de si; apartar, repelir; rebater; desdenhar, rejeitar; fugir de; evitar.
restagno, -as, -avi, -atum, -are: *v.int.* – inundar, transbordar.
R
restat iter caeli: resta o caminho do céu.
restauro, -as, -avi, -atum, -are: *v.t.* – reparar; reconstruir, restaurar.
resticula, -ae: *s.f.* – cordel, corda delgada.
restillo, -as, -avi, -atum, -are: *v.t.* – infiltrar.
restinctio, -onis: *s.f.* – ação de apagar; o matar (a sede).
restinguo, -is, -xi, -ctum, -guere: *v.t.* – apagar, extinguir; acalmar, mitigar; fazer cessar; suprimir.
restipulatio, -onis: *s.f.* – estipulação recíproca.
restis, -is: *s.f.* – corda, cabo.
restito, -as, -avi, -atum, -are: *v.int.* – parar muitas vezes; fazer frente a, resistir.
restituo, -is, -i, -utum, -uere: *v.t.* – repor, reintegrar; restituir; restabelecer, reparar.
restitutio, -onis: *s.f.* – restabelecimento; reparação, reconstrução; restituição; reintegração.
restitutio in integrum: restituição por inteiro, recuperação ao estado original da coisa.
restitutor, -oris: *s.m.* – o que restitui; reparador, reconstrutor.
resto, -as, -titi, -atum, -are: *v.int.* – ficar para trás, permanecer, parar; persistir; resistir; sobreviver; restar.
restricte: *adv.* – restritamente, rigorosamente, com moderação.
restrictus, -a, -um: *adj.* – bem apertado; amarrado, atado a; acanhado, estreito; restrito, rigoroso; econômico; avarento.
restringo, -is, -inxi, -ictum, -ingere: *v.t.* – apertar, atar com força; reprimir, restringir; conter; abrandar, acalmar.
resudo, -as, -avi, -atum, -are: *v.int./t.* – ressumar; ser úmido.
resulto, -as, -avi, -atum, -are: *v.int./t.* – saltar para trás; pular; escoar, retumbar.
resumo, -is, -psi, -ptum, -mere: *v.t.* – tomar outra vez; reaver, recobrar; recomeçar.
resupino, -as, -avi, -atum, -are: *v.t.* – inclinar para trás, arrebitar; deitar de costas.
resupinus, -a, -um: *adj.* – inclinado para trás; altivo, soberbo; deitado de costas; derrubado.
resurgo, -is, -surrexi, -rectum, -surgere: *v.int.* – reerguer-se; reanimar-se, restabelecer-se; tornar a aparecer.
resuscito, -as, -avi, -atum, -are: *v.t.* – despertar, reanimar.
retardatio, -onis: *s.f.* – demora, retardamento, atraso.
retardo, -as, -avi, -atum, -are: *v.t.* – demorar, retardar, atrasar; deter, reter; impedir.
retaxo, -as, -are: *v.t.* – censurar por sua vez.
rete, -is: *s.n.* – rede; teia (de aranha); laço, esparrela.
retego, -is, -texi, -tectum, -tegere: *v.t.* – descobrir, despir; desvendar; manifestar, revelar.
retendo, -is, -di, -sum ou **-tum, -dere**: *v.t.* – desentesar; afrouxar, desapertar.
retentio, -onis: *s.f.* – ação de reter; retenção, suspensão; o que se retém, dedução.
retento, -as, -avi, -atum, -are: *v.t.* (*freq.* de **retineo**) – reter; reprimir, refrear; conter; conservar; (de **re** e **tento**) – retomar; ferir de novo (as cordas de uma lira); tentar outra vez.
retexo, -is, -xui, -xtum, -xere: *v.t.* – tornar a tecer; tornar a fazer, recomeçar; destecer; desfazer, dissipar.

reticentia, -ae: *s.f.* – silêncio obstinado; omissão do que se deveria dizer, reticência.

reticeo, -es, -ui, -ere: *v.int./t.* – guardar silêncio, calar-se; ocultar, dissimular.

reticulum, -i: *s.n.* e **reticulus, -i**: *s.m.* – pequena rede; rede de malhas miúdas; alfanje, sacola.

retinaculum, -i: *s.n.* – o que serve para atar ou prender; laço, liame; corda; enxárcias, cordoalha; rédeas.

retinens, -entis: *part.pres.* – que mantém, que conserva; apegado a.

retineo, -es, -ui, -tentum, -tinere: *v.t.* – reter, deter; reprimir; conter; ter, possuir; conservar; prender, encantar.

retinnio, -is, -ire: *v.int.* – ressoar, retumbar.

retiolum, -i: *s.n.* – rede pequena.

retono, -as, -ui, -itum, -are: *v.int.* – retumbar.

retorqueo, -es, -orsi, -ortum, -quere: *v.t.* – voltar para; dirigir para trás ou em direção oblíqua; fazer vir, trazer; percorrer, andar por; retorquir; repelir.

retorridus, -a, -um: *adj.* – queimado ao sol, mirrado, seco; astuto, matreiro.

retractatio, -onis: *s.f.* – retratação; recusa, resistência; hesitação.

retractatus, -a, -um: *adj.* – tratado de novo; revisto, corrigido, retocado.

retracto, -as, -avi, -atum, -are: *v.t.* – tornar a tocar; tomar outra vez; retocar, emendar; tratar de novo; trazer de novo à memória.

retractus, -a, -um: *adj.* – apartado, tirado para trás, repuxado; obrigado a voltar, afastado.

retraho, -is, -axi, -actum, -ahere: *v.t.* – puxar para trás; trazer por força; retirar; arrastar novamente; afastar; desviar; restabelecer.

retribuo, -is, -ui, -utum, -uere: *v.t.* – dar em troca, retribuir; dar; restituir, entregar.

retritus, -a, -um: *adj.* – muito usado, muito gasto pelo uso.

retro: *adv.* – para trás; atrás, por de trás; ao contrário, às avessas; para o passado; por sua vez.

retrocedo, -is, -essi, -essum, -dere: *v.int.* – voltar (pelo mesmo caminho), retroceder, recuar.

retroeo (retro eo), -is, -ire: *v.int.* – retroceder.

retrogradis, -e: *adj.* – retrógrado.

retrogradus, -a, -um: *adj.* – retrógrado.

retrorsum e **retrorsus**: *adv.* – para trás; para o tempo passado; reciprocamente, vice-versa.

retro, Satana!: para trás, Satanás!

retroversus: *adj.* – voltado, virado para trás.

retrusus, -a, -um: *adj.* – atirado para um lado; arredado; encoberto.

retundo, -is, -tudi, -tusum; -tundere: *v.t.* – rebater; embotar; repelir, reprimir; impedir, estorvar.

retusus, -a, -um: *adj.* – batido; reprimido; embotado; rombo, obtuso; estúpido.

reus, -i: *s.m.* – réu, acusado (em juízo); parte litigante; que contraiu obrigação, responsável por; *pl.* – as partes (litigantes).

reus est mortis: é réu de morte.

reus sacra res est: o réu é coisa sagrada.

revalesco, -is, -lui, -escere: *v.int.* – recobrar a saúde, restabelecer-se.

reveho, -is, -exi, -ectum, -ehere: *v.t.* – tornar a trazer, a transportar.

revello, -is, -elli ou **-ulsi, -usum, -ellere**: *v.t.* – arrancar com esforço; tirar, arrancar; abater, destruir.

revelo, -as, -avi, -atum, -are: *v.t.* – descobrir, mostrar, manifestar; revelar.

revenio, -is, -veni, -ventum, -ire: *v.int.* – tomar a vir; voltar.

revera: *adv.* – na verdade, com efeito.

reverbero, -as, -avi, -atum, -are: *v.t.* – rebater; reverberar, refletir.

reverendus, -a, -um: *part.fut.pass.* – que é para ser venerado; respeitável, digno de reverência; autorizado.

reverens, -entis: *part.pres.* – que teme; que respeita, reverente.

reverenter: *adv.* – com reverência, respeitosamente.

reverentia, -ae: *s.f.* – receio de, temor; pudor, comedimento; respeito, consideração, reverência.

revereor, -eris, -veritus sum, -eri: *v.dep.* – recear, temer; venerar, reverenciar.

reversio, -onis: *s.f.* – volta; retirada.

reversus, -a, -um: *adj.* – que voltou.

revertor, -eris, -versus sum, -verti: *v.dep. int.* – voltar, tornar.

revilesco, -is, -ere: *v.int.* – perder o valor, tornar-se vil ou desprezível.

revincio, -is, -inxi, -inctum, -incire: *v.t.* – atar com força; ligar, prender, amarrar; submeter.

revinco, -is, -vici, -victum, -vincere: *v.t.* – vencer de novo; refutar completamente; convencer.

reviresco, -is, -rui, -escere: *v.int.* – reverdecer; tomar novo vigor; reviver; remoçar.

reviso, -is, -si, -sum, -ere: *v.int./t.* – tornar a visitar; tornar a ver.

revivisco, -is, revixi, reviviscere: *v.int.* – reviver, renascer; renovar-se.
revivo, -is, -ere: *v.int.* – reviver.
revocabilis, -e: *adj.* – que se pode fazer voltar; reparável, revogável.
revocamen, -inis: *s.n.* – ação de desviar; dissuasão.
revocatio, -onis: *s.f.* – chamamento, chamado; retirada.
revoco, -as, -avi, -atum, -are: *v.t.* – chamar, fazer voltar; fazer recuar; afastar; dissuadir; revogar, anular.
revolo, -as, -avi, -atum, -are: *v.int.* – revoar; voltar voando; voltar depressa.
revolubilis, -e: *adj.* – que pode ser desenrolado; que pode ser percorrido de novo.
revolutus, -a, -um: *adj.* – rolado para trás; desenrolado; que voltou; repelido, derrubado.
revolvo, -is, -vi, -olutum, -olvere: *v.t.* – rolar para trás; enrolar; fazer girar outra vez; revolver (no espírito); desdobrar; desenvolver, contar; folhear, ler, percorrer (um caminho).
revomo, -is, -ui, -itum, -ere: *v.t.* – vomitar; repelir (um corpo); fazer esguichar.
rex, regis: *s.m.* – rei, soberano; dignidade real; príncipe, filho do rei; o principal, o maior.
rex aut asinus: ou rei ou asno; ou tudo ou nada.
rex suae quisque domi: em sua casa, cada um é rei.
rex sum: eu sou o rei.
rhadine, -es: *adj.f.* – delicada, delgada.
rhapsodia, -ae: *s.f.* – rapsódia, canto dos poemas de Homero.
rheda, -ae: *s.f.* ou **raeda ou reda, -ae**: *s.f.* – carro de quatro rodas.
rhetor, -oris: *s.m.* – orador, retor; retórico.
rhetorica, -ae: *s.f.* e **rhetorice, -es**: *s.f.* – retórica.
rhetorice: *adv.* – como orador, retoricamente.
rhetoricus, -a, -um: *adj.* – relativo à eloquência, à retórica.
rhinoceros, -otis: *s.m.* – rinoceronte.
rhombus, -i: *s.m.* – fuso de que se serviam nos encantamentos; rombo; rodovalho (peixe).
rhonchus, -i: *s.m.* – ronco; zombaria.
rhythmicus, -i: *s.m.* (usado geralmente no plural) – orador afetado, que exagerava; o ritmo ou a cadência do período oratório.
rhythmus, -i: *s.m.* – ritmo, cadência.
ricinium, -ii: *s.n.* ou **ricinius, -ii**: *s.m.* – véu ou capinha de que usavam as mulheres.
rictus, -us: *s.m.* e **rictum, -i**: *s.n.* – ação de mostrar os dentes, ricto, abertura, contorno ou feição da boca; beira dos lábios; boca.
ridendo castigat mores: rindo, corrige os costumes.
rideo, -es, -si, -sum, -dere: *v.int./t.* – rir; sorrir para; rir-se de; agradar, deleitar.
rideo, ergo sum: eu rio, logo existo.
ridibundus, -a, -um: *adj.* – todo risonho.
ridicularius, -a, -um: *adj.* – bobo, gracejos.
ridicule: *adv.* – alegremente, com graça, espirituosamente.
ridiculum, -i: *s.n.* – que faz rir, gracejo, facécia, brinquedo.
ridiculus, -a, -um: *adj.* – que faz rir; jocoso, faceto; extravagante, ridículo; **-i**: *s.m.* – chocarreiro, bobo.
rigeo, -es, -ui, -ere: *v.int.* – estar duro, endurecer-se; estar hirto, imóvel; estar enregelado (de frio); estar insensível.
rigesco, -is, -gui, -gescere: *v.t./int.* – endurecer-se; fazer-se rígido; enregelar-se.
rigide: *adv.* – rigidamente, solidamente, duramente.
rigido, -as, -are: *v.t.* – tornar-se rijo, endurecer.
rigidus, -a, -um: *adj.* – rijo; hirto, teso; enregelado; rígido, rigoroso; inflexível.
rigo, -as, -avi, -atum, -are: *v.t.* – banhar, regar; umedecer; verter, derramar.
rigor, -oris: *s.n.* – dureza; rigidez; frio; solidez; inflexibilidade, rigor.
rigor iuris: o rigor da lei.
rigor mortis: a rigidez da morte.
rigori aequitas praeferenda est: deve-se preferir a equidade ao rigor.
riguus, -a, -um: *adj.* – regado, molhado; úmido; que banha; que refresca.
rima, -ae: *s.f.* – fenda, greta; racha.
rimor, -aris, -atus sum, -ari: *v.dep.t.* – fender, abrir; buscar, farejar; sondar.
rimosus, -a, -um: *adj.* – fendido, gretado, esburacado.
ringor, -eris, -gi: *v.int.* – arreganhar (os dentes); enfurecer; assanhar-se.
ripa, -ae: *s.f.* – ribanceira, margem; costa, praia.
ripula, -ae: *s.f.* – pequena margem; prainha.
risio, -onis: *s.f.* – ação de rir, riso.
risor, -oris: *s.m.* – zombeteiro, motejador; chocarreiro, bobo.

R

risus, -us: *s.m.* – riso; motejo, zombaria; alvo, objeto de riso.

rite: *adv.* – conforme os ritos, religiosamente; segundo as fórmulas; conforme o costume; convenientemente; felizmente; com razão.

rituales libri: *s.m.* – livros que tratam dos ritos.

ritus, -us: *s.m.* – rito, cerimônia religiosa; costume; formalidades, usos; modo, maneira.

rivalis, -is: *s.m.* – rival; êmulo, concorrente.

rivalitas, -atis: *s.f.* – rivalidade, concorrência, ciúme.

rivulus, -i: *s.m.* – riacho, regato.

rivus, -i: *s.m.* – ribeirão, riacho; nascente; corrente, torrente (de lágrimas, de sangue).

rixa, -ae: *s.f.* – rixa, desavença; contenda; contestação.

rixor, -aris, -atus sum, -ari: *v.dep.int.* – altercar, brigar; contender, disputar; resistir.

robiginosus, -a, -um: *adj.* – enferrujado; invejoso.

robigo ou **rubigo, -inis**: *s.f.* – ferrugem; esquecimento; preguiça, inação.

roboreus, -a, -um: *adj.* – de carvalho.

roboro, -as, -avi, -atum, -are: *v.t.* – fortificar, fortalecer; corroborar.

robur, -oris: *s.n.* – carvalho; madeira de carvalho; o que é feito de carvalho; lança, dardo; navio; madeira dura; masmorra, prisão; força, robustez.

robustus, -a, -um: *adj.* – de carvalho; duro, forte; firme, sólido; vigoroso, robusto; poderoso.

rodo, -is, -si, -sum, -dere: *v.t.* – roer; carcomer, mirar; falar mal de.

rogalis, -e: *adj.* – referente a fogueira funerária, pira.

rogatio, -onis: *s.f.* – súplica, pedido; cabala (por um candidato); proposta de lei.

rogatio legis: propositura da lei.

rogatiuncula, -ae: *s.f.* – pequena pergunta; lei sem importância.

rogator, -oris: *s.m.* – o que interroga; o que pede (votos); o que propõe (uma lei); mendicante.

rogatum, -i: *s.n.* – pergunta.

rogatu meo: a meu pedido.

rogatus, -us: *s.m.* (usado somente no *abl. sing.*) – súplica, pedido.

rogitatio, -onis: *s.f.* – proposta de lei.

rogito, -as, -avi, -atum, -are: *v.t.* – interrogar, perguntar; pedir com instância.

rogo, -as, -avi, -atum, -are: *v.t.* – perguntar, interrogar; propor (uma lei, um candidato); nomear, eleger; pedir (votos); solicitar, rogar.

rogus, -i: *s.m.* – fogueira funerária, pira.

Romanus, -a, -um: *adj.* – romano, relativo aos romanos, a Roma; *m.pl.* – romanos.

romphaea ou **rhomphaea, -ae**: *s.f.* – lança usada pelos trácios.

Romulides, -ae: *s.m.* (mais usado no plural) – romúlida, descendente de Rômulo, romano.

rorarius, -ii: *s.m.* (usado geralmente no plural) – soldados à ligeira que davam começo ao combate.

roridus, -a, -um: *adj.* – de orvalho; orvalhado.

roro, -as, -avi, -atum, -are: *v.int./t.* – cair orvalho, escorrer em, estar banhado; orvalhar; regar; umedecer; destilar.

ros, roris: *s.m.* – orvalho; água; lágrimas; líquido (em geral).

rosa, -ae: *s.f.* – rosa, roseira.

rosarium, -ii: *s.n.* – roseiral.

rosarius, -a, -um: *adj.* – relativo a rosas, de rosas.

rosa rubicundior: mais vermelho do que uma rosa.

roscidus, -a, -um: *adj.* – de orvalho; orvalhado; regado; úmido, fresco; que orvalha.

roseus, -a, -um: *adj.* – róseo, de rosa; rosado, vermelho; corado.

rosidus, -a, -um: *adj.* ou **roscidus** e **roridus**.

rostratus, -a, -um: *adj.* – encurvado como bico, armado de esporão (navio); rostral (coluna; coroa).

rostrum, -i: *s.n.* – bico (de ave); focinho, tromba; bico (de lâmpada); ponta (de terra, de relha); esporão de navio; *pl.* – tribuna (na praça pública) para os oradores; praça pública.

rota, -ae: *s.f.* – roda; carro; roda (de oleiro, de máquina); órbita, giro; roda (instrumento de suplício).

rota fortunae: a roda da fortuna.

roto, -as, -avi, -atum, -are: *v.t./int.* – fazer girar, rodar; fazer saltar ao redor; rolar; brandir.

rotunda tabula: mesa redonda.

rotunde: *adv.* – redondamente; elegantemente.

rotundo, -as, -avi, -atum, -are: *v.t.* – dar forma redonda, arredondar.

rotundus, -a, -um: *adj.* – redondo, esférico; arredondado, bem construído (período).

rubefacio, -is, -feci, -factum, -facere: *v.t.* – tornar vermelho.
rubellus, -a, -um: *adj.* – vermelho.
rubens, -entis: *adj.* – avermelhado; vermelho; corado, ardente.
rubeo, -es, -ui, -ere: *v.int./t.* – estar vermelho; tornar-se vermelho, corar.
ruber, -bra, -brum: *adj.* – vermelho rubro; ruivo; ardente.
rubesco, -is, -bui, -escere: *v.int.* – tornar-se vermelho; enrubescer, corar.
rubeta, -ae: *s.f.* – espécie de rã (de moita).
rubetum, -i: *s.n.* – silvado, moita de silvas.
rubeus, -a, -um: *adj.* – de silva, de espinheiro.
rubicundus, -a, -um: *adj.* – vermelho; rubicundo, corado.
rubigo, -inis: *s.f.* – ou **robigo, -inis**: *s.f.* – ferrugem.
rubor, -oris: *s.m.* – vermelhidão; rubor; pejo; modéstia, pudor; vergonha.
rubrica, -ae: *s.f.* – tinta vermelha; vermelhão, cor postiça (para o rosto).
rubricatus, -a, -um: *adj.* – avermelhado.
rubus, -i: *s.m.* – amora brava, silva, sarça.
ructabundus, -a, -um: *adj.* – que arrota sem cessar.
ructo, -as, -avi, -atum, -are: *v.int./t.* e **ructor, -aris, -atus sum, -ari**: *v.dep.* – arrotar, vomitar; dizer com ênfase.
ructus, -us: *s.m.* – arroto.
rudens, -entis: *s.m.f.* – amarra; cordame, enxárcia.
rudiarius, -ii: *s.m.* – gladiador veterano.
rudimentum, -i: *s.n.* – primeiras instruções, aprendizado; primeiras obras; rudimentos; esboço, ensaio.
R
rudis, -e: *adj.* – tosco, rude, inculto; inexperiente; novo, não experimentado; franco, sincero.
rudis, -is: *s.f.* – vara tosca usada pelos gladiadores para exercícios de esgrima; vara que recebiam do pretor, ao serem dispensados do serviço.
ruditas, -tatis: *s.f.* – imperícia.
ruditus, -us: *s.m.* – zurro (do burro).
rudo, -is, -ivi, -itum, -ere: *v.int.* – zurrar, ornear; berrar; rugir, bramir.
rudor, -oris: *s.m.* – estrondo.
rudus, -eris: *s.n.* – caliça, entulho, cascalho; *pl.* – restos (de demolição).
rufo, -as, -are: *v.int.* – tornar-se ruivo.
rufulus, -a, -um: *adj.dim.* – um tanto vermelho, arruivado.
rufulus, -i: *s.m.* (usado geralmente no plural) – tribuno militar, nomeado pelo cônsul.
rufus, -a, -um: *adj.* – avermelhado, vermelho; ruivo.
ruga, -ae: *s.f.* – ruga; rugosidade; rosto carregado; *pl.* – rugas, velhice.
rugo, -as, -avi, -atum, -are: *v.t./int.* – enrugar, franzir.
rugosus, -a, -um: *adj.* – enrugado, rugoso, feito em pregas.
ruina, -ae: *s.f.* – desabamento, queda; embate; derrota; ruína, desgraça; morte; destruição; *pl.* – destroços, ruínas.
ruinosus, -a, -um: *adj.* – que ameaça, ruína, ruinoso, desmoronado.
ruit caelum: desabou o céu.
ruit hora: o tempo voa.
rumex, -icis: *s.m.f.* – labaça azeda (planta); espécie de lança.
rumigo, -as, -are: *v.t.* – ruminar.
ruminalis, -e: *adj.* – ruminante.
ruminatio, -onis: *s.f.* – ruminação; o que é meditado, ruminado; meditação.
rumino, -as, -avi, -atum, -are: *v.int./t.* e **ruminor, -aris, -atus sum, -ari**: *v.dep.* – ruminar; meditar.
rumor, -oris: *s.m.* – ruído, rumor; murmúrio; boato, notícia; fama, reputação; opinião pública.
rumores fuge: evita os boatos.
rumpia, -ae: *s.f.* ou **ronphoca** ou **ronphaca**.
rumpo, -is, rupi, ruptum, rumpere: *v.t.* – romper; despedaçar; quebrar; violar, infringir; interromper; parar de repente, fazer cessar; perturbar; fazer sair violentamente, precipitar; fatigar.
rumusculus, -i: *s.m.* – boato sem importância; falatório, mexerico.
ruo, -is, -i, rutum, ruere: *v.t./int.* – empurrar, atirar para diante; derrubar; arruinar; lançar-se contra ou para diante; sair correndo; precipitar-se de; cair; desmoronar-se; sair-se mal; acabar.
rupes, -is: *s.f.* – rocha; penedo, rochedo; serra (de penedias).
ruptor, -oris: *s.m.* – o que rompe, quebra; violador.
ruricola, -ae: *adj.m.f.* – que cultiva os campos; que mora no campo; *s.m.* – agricultor, camponês.
rurigena, -ae: *adj.m.f.* – nascido no campo; lavrador, camponês.
rursum prorsum: de um lado para o outro.

rursum, rursus: *adv.* – para trás; ao contrário, por outro lado; outra vez, de novo; reciprocamente; em seguida, depois.

rus, ruris: *s.n.* – campo (em oposição à cidade: **domus** e **urbs**); casa de campo; herdade, quinta; grosseria, rusticidade, país.

rus in urbe: o campo na cidade.

russus, -a, -um: *adj.* – vermelho carregado.

rustica veritas: a rude verdade; a verdade nua e crua.

rusticanus, -a, -um: *adj.* – relativo ao campo, rústico; grosseiro, incivil.

rusticatio, -onis: *s.f.* – estada ou morada no campo; vida de campo.

rustice: *adv.* – à maneira de camponês, rusticamente; desajeitadamente; com grosseria.

rusticitas, -atis: *s.f.* – rusticidade, caráter, maneiras ou costumes de camponês; simplicidade, rudeza.

rusticor, -aris, -atus sum, -ari: *v.dep.int.* – viver no campo.

rusticulus, -i: *s.m.* – camponês; aldeão.

rusticus, -a, -um: *adj.* – que é do campo, rústico, campestre; relativo à lavoura rural; inculto; simples, desajeitado; arisco; tosco, grosseiro.

ruta, -ae: *s.f.* – arruda (planta); amargura.

rutilo, -as, -avi, -atum, -are: *v.t./int.* – tingir de vermelho; ser brilhante, rutilar.

rutilus, -a, -um: *adj.* – que é de cor vermelha; ruivo; afogueado, brilhante, ardente.

rutrum, -i: *s.n.* – enxada.

rutula, -ae: *s.f.* – arruda (planta).

R

S

sabbata, -orum: *s.n.pl.* – sábado.
sabulum, -i: *s.n.* – areia.
saburra, -ae: *s.f.* – lastro (de navio).
saccaria, -ae: *s.f.* – profissão do carregador de sacos.
saccatum, -i: *s.n.* – urina.
saccellus, -i: *s.m.* – bolsa, sacola.
saccharon (-um), -i: *s.n.* – açúcar.
sacciperium, -i: *s.n.* – algibeira para trazer dinheiro.
sacco, -as, -avi, -atum, -are: *v.t.* – filtrar, coar.
saccularius, -ii: *s.m.* – peculatário.
sacculus, -i: *s.m.* – saco pequeno; bolsa.
saccus, -i: *s.m.* – saco; sacola, alforje, saco de filtrar, coador.
saccus pertusus: um saco furado; é um saco sem fundo.
sacellum, -i: *s.n.* – pequeno recinto consagrado, capela.
sacer, -cra, -crum: *adj.* – sagrado, santo, venerável, augusto, divino.
sacerdos, -otis: *s.m.f.* – o que realiza cerimônias sagradas; sacerdote, sacerdotisa.
sacerdotalis, -e: *adj.* – sacerdotal, de sacerdote.
sacerdotium, -ii: *s.n.* – sacerdócio, dignidade sacerdotal.
sacer esto!: maldito sejas!
Sacrae Litterae: as Sagradas Escrituras.
sacramentum, -i: *s.n.* – depósito que as partes litigantes deixavam nas mãos do pontífice; pleito, litígio; juramento militar; serviço militar; juramento.
sacrarium, -ii: *s.n.* – tesouro de um templo; sacristia; oratório, santuário.
sacratus, -a, -um: *adj.* – consagrado, santificado, sagrado, augusto, venerável.
sacricola, -ae: *s.m.* – sacerdote.
sacrifer, -era, -erum: *adj.* – que traz ou leva coisas sagradas.
sacrificalis, -e: *adj.* – relativo aos sacrifícios.
sacrificatio, -onis: *s.f.* – cerimônia (do culto), sacrifício.
sacrificium, -ii: *s.n.* – sacrifício.
sacrifico, -as, -avi, -atum, -are: *v.int./t.* – oferecer um sacrifício; sacrificar, imolar.
sacrificulus, -i: *s.m.* – sacrificador, sacerdote subalterno encarregado dos sacrifícios.
sacrificus, -a, -um: *adj.* – que sacrifica; relativo ao sacerdote, aos sacrifícios.
sacrilegus, -a, -um: *adj.* – que rouba objetos sagrados; sacrílego, profanador; ímpio.
sacrilegium, -ii: *s.n.* – roubo de objeto sagrado; profanação, impiedade; sacrilégio.
sacro, -as, -avi, -atum, -are: *v.t.* – sagrar, consagrar; dedicar; reservar para; imortalizar.
sacrosanctus, -a, -um: *adj.* – santo, sagrado; inviolável.
sacrum, -i: *s.n.* (usado sobretudo no plural) – coisa sagrada; objetos de culto; ritos, cerimônia religiosa; sacrifício; santidade; oferenda, consagração.
Sacrum Sepulchrum: o Santo Sepulcro.
saecularis, -e: *adj.* – secular, de século.
saeculum ou **seculum, -i**: *s.n.* – século, espaço de cem anos; longa duração; idade; época; império, reinado; espécie, raça.
saeculum sic est: o mundo é assim.
saepe: *adv.* – muitas vezes, frequentemente.
saepe, -ius: muitas vezes; com frequência; geralmente.
saepe mecum ipse cogito: muitas vezes penso comigo mesmo.
saepenumero: *adv.* – várias vezes, muitas vezes.
saepes ou **sepes, -is**: *s.f.* – sebe, cerca; tapada.
saepimentum ou **sepimentum, -i**: *s.n.* – cerca, cercado; trincheira.
saepio ou **sepio, -is, -psi, -ptum, -pire**: *v.t.* – cercar com sebe; fechar, tapar; encerrar, proteger, defender.
saepta, -orum: *s.n.pl.* – recinto, cercado.
saeptum ou **septum, -i**: *s.n.* – cerca, cercado; curral, redil; tapada.
saeta ou **seta, -ae**: *s.f.* – seda, cerdas (de porco, de javali); crina (de cavalo); pelo áspero (sobretudo dos animais).
saetiger ou **setiger, -era, -erum**: *adj.* – que traz cerdas; tecido de pelo grosseiro.
saetosus ou **setosus, -a, -um**: *adj.* – cheio ou ouriçado de cerdas; peludo.
saeve: *adv.* – cruelmente.
saevidicus, -a, -um: *adj.* – que ameaça, ameaçador, de linguagem violenta.

saevio, -is, -ii, -itum, -ire: *v.int.* – estar furioso, estar irritado, enraivecer-se; endurecer-se; encarniçar-se, praticar crueldades.
saeviter: *adv.* – com rigor, severamente.
saevitia, -ae: *s.f.* – fúria, violência; cólera; dureza; rigor; crueldade; sevícia.
saevus, -a, -um: *adj.* – exasperado, furioso; desumano, cruel; perigoso; terrível, sinistro, sevo.
saevus iocus: um gracejo cruel.
saga, -ae: *s.f.* – bruxa, feiticeira.
sagacitas, -atis: *s.f.* – finura (de olfato); sagacidade, penetração.
sagaciter: *adv.* – sutilmente, com perspicácia.
sagatus, -a, -um: *adj.* – vestido de sagu; vestido com o manto militar.
sagax, -acis: *adj.* – que tem o olfato ou o ouvido fino, sagaz, perspicaz.
sagina, -ae: *s.f.* – ação de engordar animais; o que é bom para engordar; comida, sustento; lugar em que se cevam os animais.
saginatus, -a, -um: *adj.* – engordado, cevado; bem nutrido, farto.
sagino, -as, -avi, -atum, -are: *v.t.* – tratar bem, alimentar; engordar, cevar; fartar.
sagiro, -is, -ivi, -itum, -ire: *v.int.* – ter sentidos apurados; ter excelente olfato.
sagitta, -ae: *s.f.* – flecha, seta; a Flecha (constelação).
sagittarius, -ii: *s.m.* – soldado armado de arco e flechas, sagitário.
sagittifer, -era, -erum: *adj.* – armado de flechas; que contém flechas.
sagmen, -inis: *s.n.* – raminho de verbena, colhido por um pretor ou cônsul na cidade de Roma e que os embaixadores traziam para se resguardarem de qualquer violência.
sagulatus, -a, -um: *adj.* – vestido de sagu.
sagulum, -i: *s.n.* – sagu; vela de barco.
sagum, -i: *s.n.* – manto gaulês; bago, casaco militar; manto de general.
sagus, -a, -um: *adj.* – que pressagia, profético.
sal, salis: *s.n.* e *m.* – sal; água salgada; mar; graça; espírito; mordacidade; dito satírico; elegância, bom gosto.
salaco(n), -onis: *s.m.* – vaidoso, fanfarrão.
salaputtium, -i: *s.n.* – pigmeu, significação pejorativa de um homem pequenino.
salaria, -ae: *s.f.* – Via Salária, estrada de Roma para o país dos sabinos.
salarium, -ii: *s.n.* – soldo, paga (de soldado), salário, ordenado.
salarius, -a, -um: *adj.* – relativo ao sal.
salarius, -i: *s.m.* – negociante de carne ou peixe salgado.
sal atticum: o sal ático; a finura, a sagacidade no expressar o pensamento.
salax, -acis: *adj.* – lascivo; luxurioso; afrodisíaco; torpe.
salbuca, -ae: *s.f.* – espécie de harpa, sambuca.
sal culinarius: o sal de cozinha.
sal dicendi: a graça no dizer.
salebra, -ae: *s.f.* – (usado sobretudo no plural) asperezas (do chão); terreno ou caminho escabroso, difícil; desigualdade; rudezas (de estilo).
salebrosus, -a, -um: *adj.* – áspero, pedregoso; duro, difícil (com referência ao estilo).
sal est vita: o sal é vida.
saliaris, -e: *adj.* – relativo aos sacerdotes sálios; próprio dos sálios, esplêndido.
saliarus, -us: *s.m.* – dignidade de sacerdote sálio.
salictum, -i: *s.n.* – salgueiral, salgueiro.
salientes, -ium: *s.n.pl.* – bocas de cano, bicas; chafariz, jorro (de água).
salignus, -a, -um: *adj.* – de salgueiro.
salillum, -i: *s.n.* – pequeno saleiro.
salinae, -arum: *s.f.pl.* – salinas; palavras picantes, ditos conceituosos.
salinum, -i: *s.n.* – saleiro.
salio, -is, -ii ou **-ui, -saltum, -lire**: *v.int./t.* – saltar, pular; bater; sair para fora, brotar.
saliunca, -ae: *s.f.* – nardo céltico; alfazema.
salius, -a, -um: *adj.* – sálio, relativo aos sacerdotes sálios.
saliva, -ae: *s.f.* – saliva.
salivam hoc movet: isto dá água na boca.
salivo, -as, -are: *v.t.* – produzir um líquido viscoso, curar pela salivação.
salix, -icis: *s.f.* – salgueiro; vimeiro, vime.
sallo, -is, -ere: *v.t.* – salgar.
sal nigrum: o sal negro; uma sátira ofensiva.
sal non inest illi: é uma pessoa insossa.
salsamentum, -i: *s.n.* – salmoura.
sal sapit omnia: o sal tempera tudo.
salse: *adv.* – com sal, com espírito.
salsipotens, -entis: *s.m.* – rei dos mares (Netuno).
salsus, -a, -um: *adj.* – salgado, salso; engenhoso; espirituoso, divertido.
saltatio, -onis: *s.f.* – dança, ação de dançar.
saltator, -oris: *s.m.* – bailarino; pantomimo.
saltatorie: *adv.* – aos saltinhos, saltitando.
saltatorius, -a, -um: *adj.* – relativo a dança.
saltatrix, -icis: *s.f.* – dançarina.
saltatus, -us: *s.m.* – dança.

saltem (saltim): *adv.* – pelo menos, ao menos.
salto, -as, -avi, atum, -are: *v.int./t.* – dançar; representar (uma pantomima, uma tragédia); fazer o papel de.
saltuarius, -i: *s.m.* – guarda-florestal.
saltuosus, -a, -um: *adj.* – coberto de matas.
saltus, -us: *s.m.* (de sálio) – salto; corrida, dança, baile; mata, floresta, pastagem; garganta, desfiladeiro.
saluber, -bris, -bre: *adj.* – saudável, salubre; que está bem de saúde, sadio; útil, vantajoso; razoável.
salubritas, -atis: *s.f.* – salubridade; saúde, bem-estar.
salubriter: *adv.* – salutarmente; vantajosamente; por preço razoável.
salum, -i: *s.n.* – mar alto, mar; balanço (de navio).
salus, -utis: *s.f.* – salvação; saúde, cura; bem estar, felicidade; cumprimentos, saudação.
salus et felicitas: saúde e felicidade.
salus in fide: a salvação está na fé.
salus mundi: a salvação do mundo; o bem-estar do mundo.
salus tua ego sum: eu sou a tua salvação.
salutaris, -e: *adj.* – útil, favorável; eficaz; salutar, saudável.
salutatio, -onis: *s.f.* – saudação; acolhimento; deferência, respeito; cortejo, roda de visitantes.
salutator, -oris: *s.m.* – o que saúda ou vem saudar; cliente, cortesão.
salutem plurimam: saudações; cumprimentos.
salutifer, -era, -erum: *adj.* – que dá saúde, salutar, saudável; feliz.
saluto, -as, -avi, -atum, -are: *v.t.* – saudar; vir saudar, visitar; mandar cumprimentos; curvar-se diante de; suplicar, invocar.
salva animam tuam: salva a tua vida.
salva conscientia: sem comprometer a consciência.
salva dignitate: sem comprometer a dignidade.
salva fide: sem quebra do dever; sem quebra da fidelidade; sem quebra da honra.
salva iustitia: resguardada a justiça.
salvator mundi: o salvador do mundo.
salva veritate: resguardada a verdade.
salve: *adv.* – com saúde, em bom estado.
salveo, -es, -ere: *v.int.* – estar bem de saúde; mandar cumprimentos; saudar.
salvis legibus: respeitadas as leis.
sal vitae amicitia: a amizade é o sal da vida.
salvo iure: resguardado o direito; sem prejuízo de seu direito.
salvo officio: sem faltar à obrigação.
salvo pudore: sem ofensa ao pudor.
salvus, -a, -um: *adj.* – que está bem de saúde, saudável; incólume, salvo.
salvus et sospes: são e salvo.
sambuca, -ae: *s.f.* – espécie de harpa.
sambucistria, -ae: *s.m.* – tocadora de sambuca (harpa).
sanabilis, -e: *adj.* – que pode ser curado; sanável, salutar.
sanae mentis: de mente sã.
sanatio, -onis: *s.f.* – cura.
sancio, -is, sanxi, sancitum ou **sanctum, sancire**: *v.t.* – tornar sagrado ou inviolável, consagrar; estabelecer (uma lei) prescrever; nomear, eleger; ratificar, confirmar; punir.
sancta sanctorum: o santuário.
sanctae nomine crucis: em nome da santa cruz.
sancte: *adv.* – de modo sagrado, inviolável; religiosamente, fielmente, honrosamente.
sanctimonia, -ae: *s.f.* – santidade, pureza; probidade, honradez.
sanctio, -onis: *s.f.* – ação de sancionar, sanção; lei; pena, castigo.
sanctitas, -atis: *s.f.* – santidade, caráter sagrado; culto; castidade; honradez, retidão.
sanctitudo, -inis: *s.f.* – santidade, caráter sagrado, inviolabilidade.
sanctor, -oris: *s.m.* – o que decreta.
sanctum sanctorum: o santo dos santos.
sanctus, -a, -um: *adj.* – sancionado, consagrado, santo; inviolável; augusto; puro, virtuoso; honrado.
sandalium, -i: *s.n.* – sandália, espécie de calçado usado pelas mulheres.
sandyx, -ycis: *s.m.* – zarcão, espécie de vermelho artificial.
sane: *adv.* – de modo são, razoavelmente; por certo, sem dúvida; completamente; sim, de acordo; muito.
sanguinarius, -a, -um: *adj.* – de sangue, sanguinário.
sanguine flere: chorar sangue.
sanguineus, -a, -um: *adj.* – de sangue; sangrento; sanguinário, cruel.
sanguinis effusione: com derramamento de sangue.
sanguino, -as, -avi, -atum, -are: *v.t.* – sangrar, estar ensanguentado.

S

sanguinolentus, -a, -um: *adj.* – ensanguentado, sangrento.
sanguis, -inis: *s.m.* – sangue; efusão de sangue, carnificina; prole, descendência; raça.
sanguis meus: meu sangue (meu filho).
sangunculus, -i: *s.m.* – salsicha.
sanies, -ei: *s.f.* – sangue corrompido, sânie, pus; veneno, baba.
sanitas, -atis: *s.f.* – saúde; bom estado de; integridade (do espírito); bom senso, razão.
sanna, -ae: *s.f.* – careta; zombaria, escárnio.
sannio, -onis: *s.m.* – bobo, palhaço; farsista, chocarreiro.
sano, -as, -avi, -atum, -are: *v.t.* – tornar são, curar, sarar; sanar, compensar; mitigar, abrandar.
sanqualis, -is: *s.f.* – xofrango (ave de rapina).
sanus, -a, -um: *adj.* – são; forte, robusto; que está em bom estado, bem conservado; sensato, prudente, judicioso.
sanus et salvus: são e salvo.
sanus tu non es: não estás em teu juízo.
sapa, -ae: *s.f.* – vinho reduzido pela cocção; arrobe.
sapere aude: ousa ser sábio.
sapiens, -entis: *part.pres.* – que conhece, que sabe; inteligente; sábio, prudente.
sapiens qui prospicit: é sábio quem olha à frente.
sapienter: *adv.* – sabiamente, judiciosamente, razoavelmente.
sapientia, -ae: *s.f.* – saber; prudência, razão, sabedoria; aptidão, instrução.
sapientia donum Dei: a sabedoria é dádiva de Deus.
sapientia est ars: a sabedoria é uma arte.
sapientis est carere patria: o sábio não tem pátria.
sapientis est ordinare: cabe ao sábio organizar.
sapientissimus et peccat: até o mais sábio erra.
sapio, -is, -ui, -ivi ou **-ii, -ere**: *v.int./t.* – ter sabor de, saber a; ser prudente; sensato; saber, conhecer.
sapor, -oris: *s.m.* – sabor, gosto; sentido do gosto, paladar; gracejo; tino, razão.
sarcina, -ae: *s.f.* – pacote, embrulho; bagagem; roupa, utensílios; carga, peso, fardo.
sarcinarius, -a, -um: *adj.* – relativo à bagagem, à carga; **sarcinaria iumenta** – bestas de carga.
sarcinas colligere: recolher a bagagem; levantar acampamento.
sarcinator, -oris: *s.m.* – alfaiate, remendão.
sarcinula, -ae: *s.f.* – pequena bagagem; trouxa; enxoval.
sarcio, -is, sarsi, sartum, sarcire: *v.t.* – remendar, consertar; reparar.
sarcophagus, -i: *s.m.* – sacófago, túmulo.
sarculum, -i: *s.n.* e **sarculus, -i**: *s.m.* – sacho; enxada.
Sardous, -a, -um: *adj.* – da Sardenha ou Sardínia.
sario ou **sarrio, -is, -ui** ou **-ivi, -itum, -ire**: *v.t.* – sachar, mondar.
sarissa, -ae: *s.f.* – lança comprida usada pelos macedônios.
sarissophorus, -i: *s.m.* – soldado armado de lança chamada **sarissa**.
sarmentum, -i: *s.n.* – sarmento, vara de videira; pâmpano; *pl.* – vides cortadas.
sarracum, -i: *s.n.* – carro de duas rodas.
sartor resartus: o remendão remendado.
sartura, -ae: *s.f.* – conserto, remendo.
sartus, -a, -um: *adj.* – remendado, consertado; reparado; bem conservado.
sat: *adv.* (por **satis**) – assaz, bastante, muito.
sata, -orum: *s.n.pl.* – terras semeadas; sementeiros; searas.
satagito, -as, -are: *v.int.* – estar muito embaraçado, ter grandes dificuldades com.
satago, -is, -egi, -actum, -agere: *v.int.* – impacientar-se, inquietar-se; estar azafamado.
satelles, -itis: *s.m.* – satélite; guarda (de um príncipe); companheiro, servidor; defensor; fautor; *pl.* – guarda, escolta.
satias, atis: *s.f.* – fartura, saciedade, fastio.
satietas, -atis: *s.f.* – fartura, abundância; saciedade, fastio; saturação.
satin (**satisne**) – por acaso... bastante?
satio, -as, -avi, -atum, -are: *v.t.* – satisfazer; saciar; fartar, encher, saturar; enfastiar.
satio, -onis: *s.f.* – ação de semear, semeadura; sementeira; plantação.
satira ou **satyra** e **satura, -ae**: *s.f.* – mistura de prosa e verso; sátira.
satis: *adv.* – assaz, bastante; mediocremente; muito.
satis ac nimium: dá e sobra.
satisdatio, -onis: *s.f.* – caução, garantia.
satisdato: *adv.* – com ou por caução.
satisdo, -as, -dedi, -datum, dare: *v.int.* – prestar fiança, dar caução.

satisfacio, -is, -feci, -factum, -facere: *v.t.* – satisfazer; cumprir, executar; pagar, desobrigar-se de; reparar; dar satisfação por; sair-se bem de; contentar.
satisfactio, -onis: *s.f.* – pagamento (de uma dívida); satisfação, reparação; castigo.
satis verborum est: basta de palavras.
sator, -oris: *s.m.* – semeador; plantador; autor, criador; fautor.
satrapa, -ae e **satrapes, ae**: *s.m.* – sátrapa, governador de província, entre os persas.
satur, -ura, -urum: *adj.* – abundante, farto, saciado; saturado.
satura, -ae: *s.f.* – salva com vários frutos oferecida a Ceres; prato de iguarias diversas; entremez ou farsa em que a música e a dança se misturavam à declamação; mistura de prosa e de verso [ver **satira**].
satureia, -ae: *s.f.* e **satureium, -i**: *s.n.* – segurelha (planta).
saturitas, -atis: *s.f.* – fartura; saciedade.
Saturnalia, -ium ou **-iorum**: *s.n.pl.* – Saturnais, festas celebradas todos os anos em honra de Saturno.
Saturnius, -a, -um: *adj.* – saturnino, de Saturno.
saturo, -as, -avi, -atum, -are: *v.t.* – satisfazer, fartar; saturar.
satus, -a, -um: *adj.* – semeado; plantado; gerado, nascido.
satus, -us: *s.m.* – ação de semear ou de plantar; semeadura; semente; nascimento; descendência, geração.
satyrus, -i: *s.m.* – sátiro, divindade campestre; peça de teatro em que entravam os sátiros.
sauciatio, -onis: *s.f.* – ação de ferir; ferimento.
saucio, -as, -avi, -atum, -are: *v.t.* – ferir; dilacerar, rasgar; lesar.
saucius, -a, -um: *adj.* – ferido, lesado; maltratado; fatigado, doente; embriagado.
sautem: *adv.* – pelo menos.
savior e **savium,** ver **suavior** e **suavium**.
saxetum, -i: *s.n.* – lugar pedregoso, pedregal.
saxeus, -a, -um: *adj.* – de pedra, de rochedo; duro, empedernido.
saxificus, -a, -um: *adj.* – que petrifica.
saxifragus, -a, -um: *adj.* – que se quebra contra as pedras.
saxosus, -a, -um: *adj.* – pedregoso, escarpado.
saxulum, -i: *s.n.* – pequeno rochedo.
saxum, -i: *s.n.* – rochedo, penedo, mármore, pedra, parede, muro, sepulcro.
scabellum e **scabilum, -i**: *s.n.* – banquinho, escabelo; instrumento musical que era tocado com o pé (nos teatros, antigos).
scaber, -bra, -brum: *adj.* – áspero, escabroso, coberto de caspa, sujo.
scabies, -ei: *s.f.* – rugosidade, aspereza; sarna; comichão; vivo desejo; atrativo.
scabo, -is, -i, -ere: *v.t.* – coçar; esfregar; raspar.
scaena ou **scena, -ae**: *s.f.* – cena; teatro; arte dramática; espetáculo; pompa; aparato; artifício.
scaenice: *adv.* – como na cena, como no teatro.
scaenicus ou **scenicus, -a, -um**: *adj.* – relativo à cena, ao teatro; cênico, teatral.
scaeva, -ae: *s.f.* – presságio, agouro.
scaevus, -a, -um: *adj.* – esquerdo, que fica à esquerda; desastrado, infeliz; malévolo.
scalae, -arum: *s.f.pl.* – escada, escadaria; degraus (de escada); andar (de uma casa).
scalmus, -i: *s.m.* – tolete, cavilha (de prender os remos); remo; embarcação.
scalpellum, -i: *s.n.* – escalpelo, bisturi.
scalpo, -is, -psi, -ptum, -pere: *v.t.* – raspar, arranhar; gravar.
scalprum, -i: *s.n.* ou **scalper, -pri**: *s.m.* – instrumento cortante; trinchete; formão; escopro, cinzel; panceta, escalpelo.
scalptotium, -i: *s.n.* – raspadeira.
scalptura, -ae: *s.f.* – ação de gravar, escultura.
scammonia, -ae: *s.f.* – escamônia (planta medicinal).
scamnum, -i: *s.n.* – banco; escabelo, tamborete; estrado.
scando, -is, -di, -sum, -dere: *v.int./t.* – subir, trepar; escalar; elevar-se; medir (versos) escandir.
scapha, -ae: *s.f.* – bote, esquife; barco; chalupa.
scaphium, -ii: *s.n.* – copo (com feitio de barco), vaso; bacia; urinol.
scapulae, -arum: *s.f.pl.* – ombros, espáduas; lombo, costas.
scarus, -i: *s.m.* – sargo, peixe do mar.
scatebra, -ae: *s.f.* (mais usado no plural) – água que brota; nascente, borbulhão.
scateo, -es, -ere e **scato, -is, -ere**: *v.int.* – brotar, jorrar; afluir; abundar.
scatufigo, -inis: *s.f.* – fonte, nascente.
scaturio ou **scaturrio, -is, -ivi, -itum, -ire**: *v.int.* – sair abundantemente; correr sempre (líquido).

scaurus, -a, -um: *adj.* – escauros, que tem os calcanhares saídos para fora.
scelerate: *adv.* – criminosamente, malvadamente.
sceleratus, -a, -um: *adj.* – criminoso, celerado; perigoso; cruel; sacrílego; desgraçado, funesto; manchado, poluído.
scelero, -as, -avi, -atum, -are: *v t.* – tornar criminoso; manchar (com um crime), profanar.
scelerus, -a, -um: *adj.* – abominável.
sceleste: *adv.* – criminosamente.
scelestus, -a, -um: *adj.* – malvado; criminoso; celerado; sacrílego; desgraçado, maldito.
scelus, -eris: *s.n.* – crime; desgraça; flagelo; celerado, perverso.
scena, -ae, ver **scaena**.
sceptrifer, -era, -erum: *adj.* – que traz ou empunha um cetro.
sceptrum, -i: *s.n.* – cetro; trono, reino; reinado.
sceptuchus, -i: *s.m.* – o que leva o cetro.
scheda, -ae: *s.f.* – folha de livro, página; manuscrito.
schedium, -i: *s.n.* – versos improvisados, improviso.
schedula, -ae: *s.f.* – bilhete.
schema, -atis: s.*n.* – aspecto, forma; figura (geométrica); figura (de retórica); costume.
schematismus, -i: *s.m.* – expressão figurada.
schola, -ae: *s.f.* – escola, aula; sistema, ocupação literária; doutrina.
schola cantorum: escola de cantores.
scholasticus, -a; -um: *adj.* – de escola, escolástico.
scholasticus, -i: *s.m.* – estudante; homem de letras; retórico, declamador.
sciens, -entis: *part.pres.* – que sabe; hábil, instruído; que faz de caso pensado, de propósito.
sciens, cavebo: agora que sei, tomarei cuidado.
sciens, tace: sabendo, cala-te.
scienter: *adv.* – com conhecimento, cientemente.
scienter et volenter: sabendo e querendo; conscientemente.
scientia, -ae: *s.f.* – conhecimento; arte, habilidade; saber, ciência; instrução.
scientia intuitiva: o conhecimento intuitivo.
scientia nobilitat: o saber enobrece.
scientia scientiarum: a ciência das ciências (a filosofia).
scientia sol mentis: o saber é o sol da mente.
scilicet: *adv.* – convém saber, isto é; com efeito; pois; certamente; contudo.
scilla, -ae: *s.f.* – cebola silvestre; albarrã.
scindo, -is, scidi, scissum, scindere: *v.t.* – fender, rasgar; romper; talhar, retalhar; separar, dividir; arrancar.
scintilla, -ae: *s.f.* – faísca, centelha.
scintillo, -as, -avi, -atum, -are: *v.t.* – cintilar, brilhar, faiscar.
scintillula, -ae: *s.f.* – pequena centelha.
scio, -is, -ivi ou **-ii, -scitum, -ire**: *v.int./t.* – saber, conhecer; reparar; aprender; ter conhecimento.
scio quis sis: sei quem és.
scipio, -onis: *s.m.* – bordão, bastão, cetro.
scire litteras: saber ler e escrever.
scirpea, -ae: *s.f.* – cesto (de junco).
scirpeus, -a, -um: *adj.* – de junco.
scirpus, -i: *s.m.* – junco.
sciscitatio, -onis: *s.f.* – informação, indagação.
sciscitator, -oris: *s.m.* – o que se informa, o que indaga.
sciscitor, -aris, -atus sum, -ari: *v.dep.t.* – perguntar, inquirir; tomar informações de; consultar.
scisco, -is, scivi, scitum, sciscere: *v.t./int.* – procurar saber, informar-se de; decidir, decretar.
scissor, -oris: *s.m.* – o que trincha (a carne).
scissura, -ae: *s.f.* – divisão, corte, separação.
scissus, -a, -um: *adj.* – fendido; rasgado; dividido; arrancado.
scitamenta, -orum: *s.m.* – manjares deliciosas, gulodices.
scite: *adv.* – bem, habilmente, artisticamente.
scitor, -aris, -atus sum, -ari: *v.dep.t.* – procurar saber, interrogar, perguntar; consultar.
scito teipsum: conhece a ti mesmo.
scitulus, -a, -um: *adj.* – bonito, encantador, elegante.
scitum, -i: *s.n.* – decisão, decreto; máxima, princípio de um filósofo.
scitus, -a, -um: *adj.* – conhecido, sabido, que sabe, instruído; hábil, esperto.
scitus, -us: *s.m.* – decreto; ordem, mandado.
scobis, -is: *s.f.* – apara, raspa, limalha.
scopae, -arum: *s.f.pl.* – vassoura; coisa inútil.
scopulis canere: cantar para as pedras.
scopulosus, -a, -um: *adj.* – cheio de rochas, escolhos; difícil, perigoso.
scopulus, -i: *s.m.* – rocha, penedo; pedra; escolho; perigo.

scordalia, -ae: *s.f.* – querela, disputa.
scordalus, -i: *s.m.* – disputador, altercador.
scorpio, -onis e **scorpios** ou **scorpius, -ii**: *s.m.* – escorpião (animal ou signo do Zodíaco).
scortator, -oris: *s.m.* – homem dissoluto, libertino.
scortatus, -us: *s.m.* – libertinagem, devassidão.
scortea, -ae: *s.f.* – capa de pele.
scorteus, -a, -um: *adj.* – de couro, de pele.
scortor, -aris, -ari: *v.dep.int.* – frequentar os prostíbulos; ser devasso, libertino.
scortum, -i: *s.n.* – pele, couro; meretriz.
screator, -oris: *s.m.* – o que escarra.
screatus, -us: *s.m.* – expectoração, ação de escarrar.
screo, -as, -are: *v.int.* – escarrar, expectorar.
scriba, -ae: *s.m.* – escrivão, copista; escrevente; secretário.
scriblita, -ae: *s.f.* – pastel de queijo.
scribo, -is, -psi, -ptum, -bere: *v.t.* – escrever; traçar; marcar, gravar; dar, instituir (por testamento); referir; inscrever, alistar.
scrinium, -ii: *s.n.* – caixinha, cofre (de joias); escrínio; carteira.
scripta manent: as coisas escritas são permanentes.
scriptio, -as, -avi, -atum, -are: *v.t.* – escrever muitas vezes; compor.
scriptio, -onis: *s.m.* – ação de escrever, escritura, escrito.
scriptor, -oris: *s.m.* – escrivão, copista, secretário; escritor.
scriptum, -i: *s.n.* – escrito, escritura; manuscrito; texto de lei; *pl.* – obras literárias.
scriptura, -ae: *s.f.* – ação de escrever; escritura, escrita; texto de lei; tributo lançado sobre as pastagens.
Scripturae Sacrae: as Sagradas Escrituras.
scriptus, -us: *s.m.* – cargo de escrevente, de notário.
scripulum, -i, ver **scrupulum**.
scrobis e **scrobs, -obis**: *s.m.f.* – cova (para plantar uma árvore), cova (para enterros).
scrofa, -ae: *s.f.* – porca.
scrupeus, -a, -um: *adj.* – pedregoso, áspero.
scruposus, -a, -um: *adj.* – pedregoso, áspero; rude, grosseiro
scrupulose: *adv.* – minuciosamente, escrupulosamente.
scrupulosus, -a, -um: *adj.* – áspero, espinhoso; minucioso; escrupuloso; impertinente.
scrupulum, -i: *s.n.* – escrúpulo (24ª parte de uma onça ou 1,125 gramas); pequeno peso.
scrupulus, -i: *s.m.* – pedrinha; dificuldade, embaraço; inquietação; escrúpulo.
scrupus, -i: *s.m.*- escolho, penedia; cuidado, inquietação.
scruta, -orum: *s.m.pl.* – roupa ou calçado velho; móveis velhos.
scrutatio, -onis: *s.f.* – perscrustação, pesquisa minuciosa.
scrutator, -onis: *s.m.* – o que sonda (algum lugar ou alguém).
scrutinium, -i: *s.n.* – busca, investigação, pesquisa.
scrutor, -aris, -atus sum, -ari: *v.dep.* – sondar; explorar; buscar; perscrutar.
sculpo, -is, -psi, -ptum, -pere: *v.t.* – esculpir, gravar, lavrar.
sculptilis, -e: *adj.* – esculpido, cinzelado; lavrado.
sculptor, -oris: *s.m.* – escultor.
sculptura, -ae: *s.f.* – escultura; gravura uma pedra.
scurra, -ae: *s.m.* – paisano; civil, bobo, farsista, chocarreiro, papa-jantares.
scurrilis, -e: *adj.* – de bobo; divertido.
scurrilitas, -atis: *s.f.* – chocarrice; palhaçada.
scurror, -aris, -atus sum, -ari: *v.dep.* – fazer de bobo, divertir com chocarrices; adular.
scutale, -is: *s.n.* – couro da funda (em que se põe a pedra).
scutarius, -i: *s.m.* – fabricante de escudos.
scutatus, -a, -um: *adj.* – armado de escudo.
scutatus, -i: *s.m.* – (mais usado no plural) – soldado armado de escudo.
scutella, -ae: *s.f.* – escudela; pires.
scutica, -ae: *s.f.* – açoite de correia; azorrague.
scutula, -ae: *s.f.* – escudela; pratinho, pires; rolo de pau (para facilitar a remoção de grandes pesos).
scutulum, -i: *s.n.* – pequeno escudo.
scutum, -i: *s.n.* – escudo.
scymnos (-us), -i: *s.m.* – filhote de animal.
scyphus, -i: *s.m.* – vaso de beber; copo.
scytala, -ae e **scytale, -es**: *s.f.* – rolo em torno do qual se envolvia uma tira de pergaminho (para transmissão de notícias).
se: *ac* e *abl.* de **sui**.
se: *pref.* – que significa afastamento, divisão, separação (**seiungo**, **separo**).
secedo, -is, -essi, -essum, -dere: *v.int.* – afastar-se, retirar-se; refugiar-se; estar distante, afastado.

secerno, -is, -crevi, -cretum, -cernere: *v.t.* – pôr de parte, separar; dividir; distinguir, discernir.
secessio, -onis: *s.f.* – ação de retirar, retirada; levante, sublevação; deserção; separação.
secessus, -us: *s.m.* – ação de se retirar, retirado; lugar retirado; recôncavo; solidão, retiro.
secius e **sequius**: *adv.comp.* de **secus** – menos.
secludo, -is, -clusi, -clusum, -dere: *v.t.* – separar (pôr barreira), encerrar separadamente; pôr de parte, expelir.
seco, -as, -cui, -sectum, -secare: *v.t.* – cortar, separar; fender, abrir; passar através de, percorrer; dilacerar; maltratar.
secretarium, -i: *s.n.* – lugar retirado, conselho privado.
secretio, -onis: *s.f.* – separação, dissolução.
secreto: *adv.* – à parte, em separado; em segredo; sem ruído.
secretum, -i: *s.n.* – lugar retirado, retiro; solidão; conversação particular; meio secreto.
secretus, -a, -um: *adj.* – separado, afastado; solitário; escondido, secreto; pouco usado.
secta, -ae: *s.n.pl.* – seita, escola (filosófica); princípios; gênero de vida, partido.
sectator, -oris: *s.m.* – o que frequenta a casa (de alguém); o que acompanha; seguidor, discípulo; *pl.* – cortejo, partido.
sectilis, -e: *adj.* – que se pode partir ou cortar.
sectio, -onis: *s.f.* (de **secare**) – ação de corte; amputação; (de **sequi**) – venda em hasta pública (de objetos confiscados).
sector, -aris, -atus sum, -ari: *v.t.* – seguir, acompanhar; ir no encalço de, perseguir; buscar, procurar; frequentar.
sector, -oris: *s.m.* – o que corta, cortador.
sectura, -ae: *s.f.* – corte, incisão; mina.
secubo, -as, -ui, -itum, -are: *v.int.* – dormir à parte, dormir só; pernoitar (fora de casa); viver retirado.
secularis e **seculum**, ver **saecularis** e **saeculum**.
secum (**cumse**): *pron.* – consigo.
secunda: a sorte favorável; a prosperidade; a felicidade.
secundanus, -i: *s.m.* (mais usado no plural) – soldado da segunda legião.
secundarius, a, um: *adj.* – secundário; que é de segunda qualidade.
secundis ventis: com ventos favoráveis.
secundo: *adv.* – em segundo lugar.
secundo, -as, -avi, atum, -are: *v.t.* – favorecer; tornar feliz; secundar.
secundo amni: a favor da corrente.
secundum: *prep.ac.* – atrás de, detrás; junto de; depois de, durante; conforme, segundo.
secundum arbitrium tuum: segundo a tua decisão; segundo a tua escolha.
secundum artem: segundo a arte; com método.
secundum bonos mores: de acordo com os bons costumes; de acordo com o uso.
secundum formam statuti: de acordo com a forma do estatuto.
secundum intentionem: segundo a intenção; intencionalmente.
secundum legem: de acordo com a lei.
secundum maius et minus: num grau maior ou menor.
secundum meum consilium: conforme o meu conselho.
secundum normam legis: segundo a norma da lei.
secundum ordinem: de acordo com a ordem.
secundum praeceptum: de acordo com a norma.
secundum regulam: de acordo com a regra.
secundum usum: de acordo com o uso.
secundus, -a, -um: *adj.* – segundo; que está em segundo lugar; que vem depois; que é de segunda qualidade; vantajoso, favorável.
secure: *adv.* – com ou em sossego, sem preocupação, tranquilamente.
securicula, -ae: *s.f.* – machadinha.
securifer ou **securiger, -era, -erum**: *adj.* – que traz uma machadinha.
securis, -is: *s.f.* – machadinha, machado; golpe; acha de armas; segure rodeada de feixe de varas (fasces) que os lictores levavam diante dos magistrados; poder, consulado.
securitas, -atis: *s.f.* – tranquilidade, descanso; segurança; descuido, negligência.
securitas altera: uma segunda segurança.
securus, -a, -um: *adj.* – sossegado, tranquilo; seguro; que não receia, confiante; indiferente a; que traz sossego.
securus est ebrius: o bêbedo não se preocupa.
secus: *adv.* – diferentemente, de outro modo; menos; desfavoravelmente, mal.

S

secus: *s.n.indecl.* – sexo (gênero).

secutor, -oris: *s.m.* – o que segue alguém, companheiro.

sed: *conj.* – mas, porém; e; pois bem; mas antes; mas enfim.

sed contra: mas contrariamente

sedamen, -inis: *s.n.* – alívio, consolação.

sedate: *adv.* – com calma, tranquilamente, pacificamente, com sossego.

sedatio, -onis: *s.f.* – ação de abrandar, calma, tranquilidade.

sedatus, -a, -um: *adj.* – aplacado, acalmado; calmo, tranquilo.

sedecim ou **sexdecim**: *adj.num.indecl.* – dezesseis.

sedecula, -ae: *s.f.* – cadeirinha; banquinho.

sedem, non animum muto: troco de lugar, não de espírito.

sedentarius, -a, -um: *adj.* – o que trabalha sentado; sedentário, imóvel.

sedeo, -es, sedi, sessum, sedere: *v.int./t.* – estar ou ficar sentado; sentar-se; permanecer, residir; estar ou ficar ocioso; estar, ficar; estar à venda; estar resolvido; assentar, pousar.

sedes sapientiae: a casa do saber.

sedes, -is: *s.f.* – assento, cadeira; morada, habitação; sepultura; sítio; lugar; sede.

sedile, -is: *s.n.* – cadeira; banco, assento.

seditio, -onis: *s.f.* – contenda; revolta, sedição; tumulto.

seditiose: *adv.* – sediciosamente, com indiciplina.

seditiosus, -a, -um: *adj.* – turbulento, sedicioso; brigão.

sedo, -as, -avi, -atum, -are: *v.t./int.* – fazer assentar, fazer voltar ao estado anterior; abater; abrandar, acalmar; cessar.

sed quaere: mas questiona.

S

seduco, -is, -xi, -ctum, -cere: *v.t.* – desviar, afastar; chamar à parte; dividir, separar; subtrair a, livrar de.

seductio, -onis: *s.f.* – ação de chamar ou tomar de parte; separação.

seductus, -a, -um: *adj.* – chamado à parte; separado, dividido; retirado.

sedulitas, -atis: *s.f.* – empenho; zelo, diligência; importunação.

sedulo: *adv.* – cuidadosamente, com zelo, racamente; de caso pensado; exatamente, pontualmente.

sedulus, -a, -um: *adj.* – zeloso, diligente, que tem talento; excessivamente cuidadoso; molesto.

seges, -etis: *s.f.* – terra a semear ou semeada; semente; campo de trigo; seara; colheita, rendimento, lucro; multidão.

segmentum, -i: *adj.* – entalhe, golpe, corte, segmento.

segnepes, orum: *adj.* – que caminha lenta gato mente.

segni gradu: a passo lento; devagar.

segnis, -e: *adj.* – lento, vagaroso; preguiçoso, inativo; indolente; fraco, poltrão.

segniter: *adv.* – com lentidão, com pouca vivacidade, negligentemente; com indiferença.

segnitia, -ae e **segnities, -ei**: *s.f.* – lentidão; preguiça; fraqueza; estupidez.

segrego, -as, -avi, -atum, -are: *v.t.* – segregar, separar, apartar; isolar; arredar; tomar.

segrex, -egis: *adj.* – separado, colocado à parte.

seiugatus, -a, -um: *adj.* – separado, posto de lado.

seiuges, -ium: *s.m.pl.* – tiro de seis cavalos.

seiugis, -e: *adj.* – tirado por seis cavalos.

seiunctio, -onis: *s.f.* – separação.

seiungo, -is, -xi, -ctum, -gere: *v.t.* – separar, desunir, afastar.

selectio, -onis: *s.f.* – escolha, seleção.

selibra, -ae: *s.f.* – meia libra (seis onças, ou pouco mais de 163 g.).

seligo, -is, -egi, -ectum, -igere: *v.t.* – escolher, extremar; preferir.

sella, -ae: *s.f.* – assento, cadeira; trono; cadeirinha (de transportar), liteira de mão.

sellaria, -ae: *s.f.* – quarto mobiliado com cadeiras ou bancos.

sellariolus, -a, -um: *adj.* – de devassidão, de orgia.

sellarius, -i: *s.m.* – devasso.

sellisternium, -ii: *s.n.* – cerimônia que consistia em colocar em assentos as estátuas dos deuses.

sellula, -ae: *s.f.* – cadeirinha, banquinho.

sellularius, -a, -um: *adj.* – relativo à cadeira ou cadeirinha; que trabalha sentado.

semel: *adv.* – uma vez; de uma vez; uma vez por todas.

semel et simul: de uma só vez.

semel in die: uma vez por dia.

semel in hebdomada: uma vez por semana.

semel pro semper: uma vez para sempre; uma vez por todas.

semel satis est: uma vez basta.

semen, -inis: *s.n.* – semente, grão; sangue, raça; prole; fonte, causa; elemento; origem, princípio.

sementis, -is: *s.f.* – sementeira.
sementivus, -a, -um: *adj.* – relativo às sementeiras.
semento, -as, -are: *v.int.* – dar semente.
semermis ou **semiermis, -e** e **semiermus, -a, -um**: *adj.* – metade armado.
semestris, -e: *adj.* (de **sex** e **mensis**) – de seis meses; que dura seis meses; (de **semi** e **mensis**) – de meio mês, de quinze dias.
semet: *ac.* e *abl.* de **suimete** – a si mesmo.
semi: meio, metade – só é empregado como primeiro termo justaposto ou primeiro elemento de compostos.
semiadapertulus, -a, -um: *adj.* – meio fechado.
semiadapertus, -a, -um: *adj.* – meio aberto.
semiambustus, -a, -um: *adj.* – meio queimado, chamuscado.
semianimis, -a, -um: *adj.* – meio morto, quase morto.
semiapertus, -a, -um: *adj.* – meio aberto, entreaberto.
semibarbarus, -a, -um: *adj.* – semibárbaro.
semibos, -bovis: *s.m.f.* – que é metade boi.
semicaper, -pri: *s.m.* – meio homem, meio bode; semicapro; sátiro.
semicrematus, -a, -um: *adj.* – meio queimado, tostado.
semicrudus, -a, -um: *adj.* – meio cru, meio cozido.
semicubitalis, -e: *adj.* – de meio côvado.
semidea, -ae: *s.f.* – semideusa.
semideus, -i: *s.m.* – semideus.
semidoctus, -a, -um: *adj.* – meio sábio, pouco instruído.
semiermis, -e e **semiermus, -a, -um**: *adj.* – meio ou mal armado.
semifactus, -a, -um: *adj.* – meio feito, mal acabado.
semifer, -era, -erum: *adj.* – que é metade homem e metade animal, ser monstruoso, centauro.
semigermanus, -a, -um: *adj.* – meio germano.
semigraece: *adv.* – meio à grega.
semigraecus, -a, -um: *adj.* – meio grego.
semigravis, -e: adj. – meio carregado, meio pesado, meio bêbado.
semigro, -as, -avi, -atum, -are: *v.int.* – separar-se de; emigrar.
semigultus, -i: *s.n.* – meio apoiado.
semihians, -antis: *adj.* – meio aberto, entreaberto.
semihomo, -inis: *s.m.* – meio homem e meio homem.
semihora, -ae: *s.f.* – meia hora.
semilacer, -era, -erum: *adj.* – meio rasgado.
semilautus, -a, -um: *adj.* – meio lavado.
semiliber, -era, -erum: *adj.* – meio livre.
semilixa, -ae: *s.m.* – uma espécie de servente.
semimas, -aris: *adj.* e *s.m.* – que é metade macho e metade fêmea, hermafrodita; andrógino, eunuco; libertino.
semimortuus, -a, -um: *adj.* – meio morto, quase morto.
seminarium, -ii: *s.n.* – viveiro (de plantas); germe, princípio; escola, seminário.
seminator, -oris: *s.m.* – semeador; germe, causa, princípio.
seminex, -inecis: *adj.* – meio morto.
semino, -as, -avi, -atum, -are: *v.t.* – semear; produzir.
seminudus, -a, -um: *adj.* – quase nu, mal vestido.
semiorbis, -is: *s.m.* – semicírculo.
semiperfectus, -a, -um: *adj.* – inacabado; incompleto.
semiplenus, -a, -um: *adj.* – meio cheio, quase cheio.
semiputatus, -a, -um: *adj.* – meio podado.
semirasus, -a, -um: *adj.* – meio rapado.
semireductus, -a, -um: *adj.* – meio curvado para trás.
semirefectus, -a, -um: *adj.* – meio reparado.
semirutus, -a, -um: *adj.* – meio arruinado.
semis, -issis: *indecl.* – metade, meio.
semisepultus, -a, -um: *adj.* – meio enterrado.
semisomnis, -e ou **semisomnus, -a, -um**: *adj.* – meio adormecido.
semita, -ae: *s.f.* – atalho, vereda; caminho; meio.
semitae sapientiae: os caminhos da sabedoria.
semitarius, -a, -um: *adj.* – de atalho.
semita vitae: o caminho da vida.
semitectus, -a, -um: *adj.* – meio coberto.
semito, -as, -are: *v.t.* – dividir em atalhos.
semiustulatus, -a, -um: *adj.* – meio queimado.
semiustulo, -as, -are: *v.t.* – queimar metade, queimar uma parte.
semiustus, -a, -um: *adj.* – meio queimado.
semivir, -iri: *adj.* e *s.m.* – que é metade homem e metade animal (centauro); que é meio homem; eunuco; efeminado.
semivivus, -a, -um: *adj.* – semivivo, meio morto.
semotus, -a, -um: *adj.* – separado, apartado; distante.

S

semoveo, -es, -ovi, -otum, -ere: *v.t.* – apartar, afastar.
semper: *adv.* – sempre; de uma vez por todas, sem cessar; para sempre.
semper eadem: sempre as mesmas coisas.
semper et ubique: sempre e em toda parte.
semper et ubique unum ius: direito é o mesmo sempre e em toda parte.
semper felix: sempre feliz.
semper fidelis: sempre fiel.
semper gaudete: estai sempre alegres.
semper idem: sempre o mesmo.
semper paratus: sempre preparado; sempre pronto.
semper progrediamur: avancemos sempre; sempre avante.
semper sic: sempre assim.
semper spero meliora: sempre espero o melhor.
semper sursum: sempre para o alto.
semper vigilans: sempre alerta.
semper virescit virtus: o valor sempre florescerá.
sempervivus, -a, -um: *adj.* – sempre vivo; perpétuo.
sempiterno nominabitur: o nome dele viverá para sempre.
sempiternus, -a, -um: *adj.* – que dura sempre; eterno.
semuncia ou **semiuncia, -ae**: *s.f.* – meia onça; 24ª parte (de um todo); parcela.
semunciarius, -a, -um: *adj.* e **semuncialis, -e**: *adj.* – de meia onça.
Semurium, -ii: *s.n.* – Semúrio, lugar perto de Roma, onde havia um templo de Apolo.
semusus, -a, -um: *adj.* – meio roído, meio comido.
senaculum, -i: *s.n.* – sala de conferências do senado;
senariolus, -i: *s.m.* (usado geralmente no plural) – pequena poesia em versos jâmbicos.
senarius, -a, -um: *adj.* – composto de seis; que é de seis pés; verso jâmbico trímetro.
senator, -oris: *s.m.* – senador.
senatorius, -a, -um: *adj.* – de senador, senatorial.
senatus, -us: *s.m.* – senado; sala do senado; sessão do senado; bancadas reservadas aos senadores (no teatro).
senatusconsultum, -i: *s.n.* – decreto do senado.
senecta, -ae: *s.f.* – velhice.
senectus, -a, -um: *adj.* – envelhecido, idoso.
senectus, -utis: *s.f.* – velhice; cabelos brancos; austeridade.
seneo, -es, -ui, -ere: *v.int.* – envelhecer, estar ou ser velho.
senesco, -is, -senui, -escere: *v.int.* – envelhecer, enfraquecer-se; declinar; cair em desuso.
senex, senis: *s.m.* e *adj.* – velho, velha, ancião, idoso.
senex recoctus: um velho recozido; um velho metido a jovem.
seni, -ae, -a: *adj.num.* – que são em número de seis.
senideni, -ae, -a: *adj.num.* – que são em número de dezesseis.
senilis, -e: *adj.* – velho, senil.
senior, -oris: *adj.comp.* – mais velho, mais antigo; idoso, velho.
seniores priores: os mais velhos são os primeiros.
senium, -ii: *s.n.* – velhice; ancianidade; magreza; languidez, inação; rigor, impertinência.
sensibilis, -e: *adj.* – sensível, que pode ser percebido pelos sentidos.
sensiculus, -i: *s.m.* – pensamento pequeno, sentença curta.
sensifer, -era, -erum: *adj.* – que produz sensação.
sensilis, -e: *adj.* – sensível, que pode ser percebido pelos sentidos.
sensim: *adv.* – insensivelmente, naturalmente; pouco a pouco; moderadamente.
sensu lato: em sentido amplo.
sensu stricto: em sentido restrito.
sensus, -us: *s.m.* – sentido; ação de sentir; sensação; sentimento; inteligência; juízo, opinião; significado.
sententia, -ae: *s.f.* – parecer, opinião; intento, desígnio; pensamento; voto, sufrágio; decreto; tino, prudência; significação.
sententia anceps: uma sentença ambígua.
sententia contra ius constitutum lata: sentença proferida contra direito constituído.
sententia contra sententiam nulla est: sentença contra sentença é nula.
sententia est: esta é a senteça.
sententiola, -ae: *s.f.* – pensamento, máxima breve.
sententiose: *adv.* – com grande riqueza de ideias, sentenciosamente.
sententiosus, -a, -um: *adj.* – sentencioso, rico de ideias.
sentina, -ae: *s.f.* – sentina, porão de navio onde se acumula água; rebotalho, ralé.

S

sentio, -is, -si, -sum, -tire: *v int./t.* – perceber (pelos sentidos), sentir; sofrer; entender, conhecer; advertir; pensar, julgar.
sentis, -is: *s.m.* (mais usado no plural) – sarça, espinhos.
sentisco, -is, -ere: *v.incoat.int.* – começar a sentir, a perceber.
sentus, -a, -um: *adj.* – espinhoso; feio, horrível.
seorsum ou **seorsus**: *adv.* – separadamente, à parte; independente de.
separ, -aris: *adj.* – separado, à parte.
separa et impera: divide e governa.
separabilis, -e: *adj.* – separável.
separatim: *adv.* – separadamente, à parte, em particular; de modo geral.
separatio, -onis: *s.f.* – separação; distinção.
separatio bonorum: separação dos bens.
separatus, -a, -um: *adj.* – separado; retirado, solitário; dividido, distinto.
separo, -as, -avi, -atum, -are: *v.t.* – separar, pôr à parte, dividir; apartar; distinguir.
sepelibilis, -e: *adj.* – que se pode esconder ou dissimular.
sepelio, -is, -ivi ou **-ii, -pultum, -pelire**: *v.t.* – enterrar, sepultar; queimar; destruir.
sepes ou **saepes, -is**: *s.f.* – sebe, cerca; lugar fechado, cercado.
sepia, -ae: *s.f.* – siba (molusco), tinta preta.
sepio ou saepio, -is, -psi, -ptum, -pire: *v.t.* – cercar com sebe; rodear, fechar; defender; interceptar.
sepono, -is, -osui, -ositum, -onere: *v.t.* – pôr de lado, reservar; afastar, excluir; desterrar.
sepositus, -a, -um: *adj.* – posto à parte; isolado, reservado; escondido; exilado.
septa ou **saepta, -orum**: *s.n.pl.* – cercas no campo de Marte (em Roma).
septem: *num.card.* – sete.
september, -bris: *s.m.* – setembro, sétimo mês do ano romano; **-bre**: *adj.* – relativo ao mês de setembro.
septemdecim ou **septendecim**: *adj.num. indecl.* – dezessete.
septemdecim: *adj.num.indecl.* – dezessete.
septemfluus, -a, -um: *adj.* – que deságua por sete bocas; que tem sete braços (o rio Nilo).
septemgeminus, -a, -um: *adj.* – que contém ou é em número de sete.
septemplex, -icis: *adj.* – que tem sete dobras, que tem sete partes.
septem sigillis: a sete selos; a sete chaves.
septemtrio ou **septentrio, -onis**: *s.m.* – (usado ordinariamente no plural) – as sete estrelas da Ursa Menor; setentrião, vento do norte; região setentrional.
septemvir, -iri: s.*m.* (ordinariamente usado no plural) – setênviro, membro de uma comissão de sete sacerdotes (**septemviri**), encarregados de determinadas funções civis e religiosas.
septemviralis, -e: *adj.* – relativo ao setênviro, setenviral.
septemviratus, -us: *s.m.* – setenvirato, dignidade de setênviro.
septenarius, -a, -um: *adj.* – que contém sete, composto de sete; setenário.
septeni, -ae: *adj.num.distr.* – de sete em sete, em cada sete.
septennium, -ii: *s.n.* – espaço de sete anos, setênio.
septentrio, -onis, ver **septemtrio, -onis**.
septide(n)s: *adv.num.* – sete vezes.
septimanus, -i: *s.m.* (usado ordinariamente no plural) – soldado da sétima legião.
septimum: *adv.* – pela sétima vez.
septimus, -a, -um: *adj.num.ord.* – sétimo.
septimusdecimus, septimadecima, septimumdecimutm: *adj.num.ord.* – décimo sétimo.
septingentesimus, -a, -um: *adj.num.ord.* – setingentésimo; um de setecentos.
septingenti, -ae, -a: *adj.num.* – setecentos.
septiremis, -e: *adj.* – que tem sete ordens de remos.
septuagenarius, -a, -um: *adj.num.* – que tem setenta anos.
septuagesimus, -a, -um: *adj.num.ord.* – septuagésimo.
septuaginta: *adj.num.indecl.* – setenta.
septum ou **saptum, -i**: *s.n.* – cerca; tapada; curral, redil.
septunx, -uncis: *s.m.* – peso de sete onças (189 grs.); medida para líquidos.
sepulcralis, -e: *adj.* – sepulcral.
sepulcretum, -i: *s.n.* – lugar de sepulturas, cemitério.
sepulcrum, -i: *s.n.* – túmulo, sepulcro; *pl.* – os mortos.
sepultura, -ae: *s.f.* – enterro, exéquias; túmulo, sepultura.
sequax, -acis: *adj.* – que segue frequentemente; que prossegue sem descanso; que caminha sempre; que não larga; seguidor; constante, assíduo.

S

sequens, -entis: *adj.* – que segue, seguinte.
sequenti die: no dia seguinte.
sequester, -tra, -trum: *adj.* – que vem de permeio; que intervém; mediador.
sequester, -tri ou **-tris**: *s.m.* – o que intervém, mediador; depositário (de objeto sequestrado).
sequior, -us: *adj.comp.* – inferior, que é de qualidade inferior; pior.
sequor, -eris, -cutus sum, -sequi: *v.dep.* – seguir, ir atrás de; acompanhar; deixar-se ir; ceder; ir no encalço de, perseguir; buscar; percorrer; vir depois; prosseguir; suceder a.
sera, -ae: *s.f.* – ferrolho; aldrava.
sera: *adv.* – tarde; tardiamente.
serenitas, -atis: *s.f.* – serenidade; calma; placidez.
sereno, -as, -avi, -atum, -are: *v.t.* – serenar, tornar sereno; abrandar.
serenum, -i: *s.n.* (mais usado no plural) – céu sereno; bom tempo.
serenus, -a, -um: *adj.* – sereno, calmo; límpido, limpo de nuvem; plácido, feliz; favorável.
serere ne dubites: não hesites em semear.
seresco, -is, -ere: *v.incoat.int.* – tornar-se seco, secar.
seria, -ae: *s.f.* – vasilha de barro; jarro, cântaro.
seria res est, non ludus: isso é coisa séria, não é brincadeira.
serica, -orum: *s.n.pl.* – tecidos,vestidos de seda.
sericatus, -a, -um: *adj.* – trajado de seda.
sericeus, -a, -um: *adj.* – de seda.
sericum, -i: *s.n.* – vestido de seda.
sericus, -a, -um: *adj.* – de seda.
series, -ei: *s.f.* – série, ordem; fileira; encadeamento, ligação; linhagem, descendência.
serio: *adv.* – seriamente.
serius, -a, -um: *adj.* – sério, grave; verdadeiro, real; *n.pl.* coisas sérias.
sermo, -onis: *s.m.* – linguagem; conversa, assunto de conversação; falatório; verso; discurso (em estilo prosaico); língua, idioma.
sermocinatio, -onis: *s.f.* – palestra, conversação.
sermocinor, -aris, -atus sum, -ari: *v.dep.* – conversar.
sermo Latinus: língua latina, latim.
sermo plebeius: a linguagem do povo; o latim vulgar.
sermunculus, -i: *s.m.* – pequeno discurso; *pl.* – rumores malévolos, falatório.
sero venisti!: chegaste tarde!
sero, -as, -avi, -atum, -are: *v.t.* – fechar com chave; aferrolhar.
sero, -is, serui, sertum, serere: *v.t.* – travar; ajuntar; encadear; enredar.
sero, -is, sevi, satum, serere: *v.t.* – semear, plantar; criar, gerar; instituir.
sero: *adv.* – à tarde, pela tarde; tardiamente, fora de tempo; com vagar.
serpens, -entis: *s.f.* – cobra, serpente.
serpentigena, -ae: *s.m.* – nascido de uma serpente.
serpentipes, -edis: *adj.* – que tem as pernas em forma de serpentes.
serperastra, -orum: *s.n.pl.* – talas para endireitar pernas tortas de crianças; processos de corrigir, de emendar.
serpo, -is, -psi, -ptum, -pere: *v.int./t.* – andar de rojo, serpear; entrar devagar, insinuar-se; rastejar; difundir.
serpullum ou **serpillum, -i**: *s.n.* – serpão ou serpol (planta).
serra, -ae: *s.f.* – serra (ferramenta).
serracum, -i, ver **sarracum**.
serratus, -a, -um: *adj.* – feito à maneira de serra.
serrula, -ae: *s.f.* – serrinha (ferramenta).
serta, -orum: *s.n.pl.* – grinalda, coroa de flores.
sertum, -i: *s.n.* – grinalda, coroa (de flores).
serum, -i: *s.n.* – a tarde.
serum, -i: *s.n.* – soro do leite.
serus, -a, -um: *adj.* – idoso, anoso; que vem tarde; que se faz de tarde ou à noite.
serva modum: sê moderado.
serva, -ae: *s.f.* – escrava.
servabilis, -e: *adj.* – que se pode conservar; que pode ser salvo.
servabo fidem: guardarei a fé.
servans, -antis: *part.pres.* – que observa.
servatio, -onis: *s.f.* – observação de uma regra.
servatis servandis: conservadas as coisas que devem ser conservadas.
servator, -oris: *s.m.* – salvador, libertador; conservador.
servatrix, -icis: *s.f.* – libertadora, salvadora.
serviendum est tempori: devemos adaptar-nos ao tempo.
servilis, -e: *adj.* – relativo a escravos, de escravo; servil.

serviliter: *adv.* – à maneira de escravos; servilmente.
servio, -is, -ivi ou **-ii, -itum, -ire**: *v.int./t.* – ser escravo; servir, obedecer; sujeitar-se; atender a.
servire populo: servir ao povo.
servitium, -ii: *s.n.* – escravidão, cativeiro; obediência, submissão; servilidade.
servitricius, -a, -um: *adj.* – de ou dos escravos.
servitus, -utis: *s.f.* – escravidão, servidão; bando de escravos, escravaria.
servo, -as, -avi, -atum, -are: *v.t.* – perseverar, conservar; salvar, livrar; observar; manter, reservar; permanecer, ficar em pé.
servo non est otium: servo não tem descanso.
servula, -ae: *s.f.* – escrava pequena.
servulus, -i: *s.m.dim.* – escravo pequeno; escravo de baixa categoria.
servus, -a, -um: *adj.* – de escravo, próprio de escravo; sujeito, dependente, servil.
servus, -i: *s.m.* – escravo, servo; sujeito, submisso a.
servus a manibus: o secretário.
sescuplex, -icis: *adj.* – que contém uma vez e meia.
seselis, -is: *s.f.* – espécie de funcho.
sesqui: *adv.* – outro tanto e mais metade, uma vez e meia.
sesquialter, -era, -erum: *adj.* – que contém outro tanto e mais metade, um e meio.
sesquimodius, -ii: *s.m.* – alqueire e meio.
sesquioctavus, -a, -um: *adj.* – que contém nove oitavos.
sesquipedalis, -e: *adj.* – de pé e meio (de comprido); de comprimento desmedido.
sesquiplaga, -ae: *s.f.* – ferida e meia; golpe e meio.
sesquitertius, -a, -um: *adj.num.* – que contém três terços.
sessilis, -e: *adj.* – que pode servir de assento; baixo, pouco elevado.
sessio, -onis: *s.f.* – ação de sentar-se; assento, cadeira; pouso; audiência; reunião, sessão.
sessito, -as, -avi, -atum, -are: *v.int.* – estar sempre assentado ou descansando.
sessiuncula, -ae: *s.f.dim.* – pequena roda de pessoas (em conversação).
sessor, -oris: *s.m.* – o que está sentado, espectador; cavaleiro; habitante.
sestertiarius, -a, -um: *adj.* – de pouco valor.
sestertius, -a, -um: *adj.* – que contém dois e meio; pequena quantia ou soma de.
sestertius, -ii: *s.m.* ou **sestertii**: *m.pl.* e **sestertia, -orum, -e, -ium**: *n.pl.* – sestércio, moeda de prata do valor de dois asses e meio.
seta, -ae: *s.f.* – seda, cerdas; crina; pelo áspero (de animais).
setiger, -era, -erum: *adj.* – ouriçado de cerdas.
setosus, -a, -um: *adj.* – cheio ou ouriçado de cerdas; peludo.
seu: *conj.* – ou se; ou antes; **seu...seu**, ou... ou; quer...quer.
severe: *adv.* – severamente, duramente, rigorosamente.
severitas, -atis: *s.f.* – gravidade; severidade; rigor.
severus, -a, -um: *adj.* – severo, grave; austero; exato; áspero, rigoroso; cruel.
sevoco, -as, -avi, -atum, -are: *v.t.* – chamar à parte; arredar, afastar; distinguir.
sex: *adj.num.indecl.* – seis.
sexagenarius, -a, -um: *adj.* – que tem sessenta anos; sexagenário.
sexageni, -ae, -a: *adj.num.distr.* – que são em número de sessenta.
sexagesimus, -a, -um: *adj.num.ord.* – sexagésimo.
sexagie(n)s: *adv.num.* – sessenta vezes.
sexaginta: *adj.num.indecl.* – sessenta.
sexangulus, -a, -um: *adj.* – que tem seis ângulos, hexágono.
sexcenarius, -a, -um: *adj.* – composto de seiscentos.
sexceni e **sexcenteni, -ae, -a**: *adj.num.distr.* – de seiscentos cada um; que são em número de seiscentos.
sexcentesimus, -a, -um: *adj.num.* – um de seiscentos, sexcentésimo.
sexcenti, -ae, -a: *num.card.* – seiscentos.
sexcentie(n)s: *adv.num.* – seiscentas vezes.
sexdecim ou **sedecim**: *adj.num.indecl.* – dezesseis.
sexennis, -e: *adj.* – de seis anos (de idade)
sexennium, -ii: *s.n.* – espaço de seis anos.
sexie(n)s: *adv.num.* – seis vezes.
sexprimi, -orum: *s.m.pl.* – os seis primeiros (de um colégio).
sextadecimanus, -i: *s.m.* (mais usado no plural) – soldado da décima sexta legião.
sextans, -antis: *s.m.* – moeda do valor da sexta parte de um asse.
sextarius, -ii: *s.m.* – sextário, medida de capacidade (para líquidos); sexta parte (de um todo).

sextilis, -is: *s.m.* – agosto, o sexto mês do ano romano, em honra a Augustus; **-e**: *adj.* – relativo ao mês de agosto.
sextula, -ae: *s.f.* – sexta parte de uma onça, a sexta parte da **bemina**, medida de capacidade para líquidos.
sextum: *adv.* – pela sexta vez.
sextus, -a, -um: *adj.num.* – sexto.
sexus, -us: *s.m.* – sexo.
si: *conj.* – se; todas as vezes que; no caso que; posto que, ainda quando.
sibi imputet: que ele culpe a si mesmo.
sibilo, -as, -avi, -atum, -are: *v.int./t.* – assobiar; sibilar; apupar.
sibilus, -a, -um: *adj.* – sibilante.
sibilus, -i: *s.m.* – assobio; silvo, sibilo.
sibi prospera somnia fingere: inventar para si sonhos favoráveis; fazer castelos no ar.
sibyllinus, -a, -um: *adj.* – sibilino, da Sibilia (profetisa), relativo às sibilas.
sic: *adv.* – assim, deste modo; de tal sorte, tanto, negligentemente, ao acaso.
sica, -ae: *s.f.* – adaga; punhal.
sicarius, -ii: *s.m.* – assassino, sicário.
sicce: *adv.* – em lugar seco; concisamente, secamente.
siccesco, -is, -ere: *v.incoat.int.* – tornar-se seco.
siccine: *adv.* – é dessa maneira quê?, é assim quê?.
siccitas, -atis: *s.f.* – secura.
sicco, -as, -avi, -atum, -are: *v.t./int.* – secar; dessecar; esvaziar; esgotar.
siccus, -a, -um: *adj.* – seco, dessecado; esvaziado; que não bebe ou não bebeu; magro; sólido, conciso.
sic Deus nos adiuvet: que Deus nos ajude.
sic dii fata ordinaverunt: assim os deuses decidiram os destinos.
sic dii statuerunt: assim determinaram os deuses.
sic dii voluerunt: assim quiseram os deuses.
sic erat in principio: assim era no começo.
sic est: assim é; sim.
sic et simpliciter: pura e simplesmente.
sic faciunt reges: assim agem os reis.
sic incipit amor: assim começa o amor.
sic itur ad astra: assim se vai aos astros.
sic lex, sic iudex: assim como é a lei, assim decide o juiz.
sic mihi videtur: assim me parece; essa é minha opinião.
sic natura iubet: assim manda a natureza.
sic odia fiunt: assim nascem os ódios.
si contingat: se acontecer.
sic passim: assim em vários lugares.
sic scriptum est: assim está escrito.
sic sum ut vides: sou como me vês.
sicubi: *conj.* – se em alguma parte; se alguma vez; onde quer; onde quer que.
sicula, -ae: *s.f.* – pequeno punhal.
sicunde: *conj.* – se de alguma lugar.
sicut ou **sicuti**: *adv.* – como, assim como; do mesmo modo que; ainda que; de algum modo, por assim dizer.
sicut ante: como era antes.
sicut audio, iudico: assim como ouço, julgo.
sicut erat in principio: foi assim no princípio.
sicut erat in votis: era assim que estava em nossos desejos.
sicut meus est mos: de acordo com meu costume.
sicut vita, finis ita: como é a vida, assim é o fim.
sic visum superis: assim aprouve aos deuses.
sic voluere priores: assim quiseram nossos antepassados.
sidera errantia: estrelas errantes.
sidereus, -a, -um: *adj.* – relativo às estrelas; estrelado; sidéreo, celeste; brilhante, formoso.
sido, -is, sedi ou **sidi, sidere**: *v.int.* – assentar-se, pousar; encalhar; ir ao fundo; acalmar-se.
sidus, -eris: *s.n.* – astro, estrela, constelação; abóbada celeste; céu; sina; tempestade, estação (do ano); clima, região.
si enim fallor, sum: se cometo erros, eu existo.
si et in quantum: agora e enquanto perdurar a mesma situação.
si fabula vera est: se essa história é verdadeira; se é verdade o que contam.
si fecisti, nega: se o fizeste, nega.
sigillatus, -a, -um: *adj.* – ornado de pequenas figuras em relevo; aberto em cinzel.
sigillum, -i: *s.n.* – pequena imagem, estatueta; objetos de relevo; selo, sinete.
sigma, -atis: *s.n.* – leito (de mesa) semicircular.
signator, -oris: *s.m.* – o que cunha moeda; signatário (de um documento).
signifer, -era, -erum: *adj.* – ornado de estátuas ou de imagens; semeado de estrelas.
signifer, -eri: *s.m.* – porta-bandeira; guia, condutor; o Zodíaco.

S

signifex, -icis: *s.m.* – escultor, estatuário.
significanter: *adv.* – de modo significativo; claramente; com energia.
significatio, -onis: *s.f.* – ação de dar ou fazer sinal; manifestação; designação; sinal, indício; significação.
significo, -as, -avi, -atum, -are: *v.t.* – dar a entender por sinais; fazer sinal, mostrar significação; anunciar, prognosticar.
signo, -as, -avi, -atum, -are: *v.t.* – marcar ou indicar por um sinal; assinalar; designar; gravar, imprimir; selar, lacrar.
signum, -i: *s.n.* – sinal, marca; efígie; cunho; selo, sinete; pegadas, estandarte, bandeira; sinal de reunião; imagem; estátua; corpo de tropas.
signum crucis: o sinal da cruz.
signum salutis: o símbolo da salvação.
si ita est: se assim é.
si ita loqui fas est: se é que se pode falar assim.
silanus, -i: *s.m.* – torneira, fonte.
silendo nemo peccat: calando ninguém erra.
silens: *part.pres.* – que se cala; silencioso; que não faz ruído, sossegado; (**silentis**) *s.m.pl.* – as sombras dos mortos.
silens loquor: calado eu falo.
silentium, -ii: *s.n.* – silêncio; sossego; sombra, obscuridade; esquecimento.
sileo, -es, -ui, -ere: *v.int./t.* – calar-se; estar silencioso; acalmar-se, descansar; passar em silêncio, ocultar.
siler, -eris: *s.n.* – amieiro (árvore).
silesco, -is, -ere: *v.int.* – tornar-se silencioso, tornar-se calmo.
silex, -icis: *s.f.* – pedra, seixo; rochedo; calçada.
si libet, licet: se nos agrada, é permitido.
silicernium, -i: *s.n.* – cadáver ambulante (termo injurioso).
siligo, -inis: *s.f.* – trigo de primeira qualidade.
siliqua, -ae: *s.f.* – síliqua; vagem (de legumes); legume seco.
silus ou **simus, -a, -um**: *adj.* – de nariz rombo ou chato.
silva, -ae: *s.f.* – selva, floresta; bosque; árvore, vegetação; grande número, multidão; miscelânea.
silvesco, -is, -ere: *v.int.* – tornar-se silvestre, tornar-se inculto.
silvestris, -e: *adj.* – silvestre; coberto de florestas; agreste, rústico; selvagem.
silvicola, -ae: *s.m.* – habitante das selvas, silvícola.
silvifragus, -a, -um: *adj.* – que quebra árvores.
silvosus, -a, -um: *adj.* – coberto de florestas; espesso.
simia, -ae: *s.f.* – macaca.
si mihi vera nuntiantur: se me dizem a verdade.
simila, -ae: *s.f.* – farinha.
simile, -is: *s.n.* – semelhança, parecença.
similia similibus percipiunt: os semelhantes se compreendem.
simili modo: do mesmo modo.
simili ratione: da mesma razão.
similis, -e: *adj.* – parecido, semelhante.
similiter: *adv.* – igualmente, do mesmo modo, com semelhança, exatamente.
similitudo, -inis: *s.f.* – semelhança, analogia; uniformidade; imitação, imagem.
simiolus, -i: *s.m.dim.* – macaco pequeno.
simitu: *adv.* – ao mesmo tempo, simultaneamente.
simius, -ii: *s.m.* – macaco, bugio.
simo, -as, -avi, -atum, -are: *v.t.* – achatar.
simplex, -icis: *adj.* – simples, não composto, um só; singelo, natural; cândido; sincero, franco.
simplex dictum: uma mera asserção; uma asserção sem comprovação.
simplex munditiis: elegante na simplicidade.
simplex ratio veritatis: é simples a lógica da verdade.
simplex veritas: a pura verdade.
simplicitas, -atis: *s.f.* – simplicidade; candura, singeleza; lealdade.
simpliciter: *adv.* – unicamente; simplesmente; sem artifício, lealmente; com imparcialidade; à parte.
simpulum, -i: *s.n.* – símpulo, vaso empregado nos sacrifícios para tirar vinho da cratera; espécie de copo.
simul: *adv.* – juntamente, ao mesmo tempo, simultaneamente; *conj.* – tanto que, logo que, apenas.
simulacrum, -i: *s.n.* – imitação, representação; imagem, retrato; estátua; fantasma, espectro.
simulamen, -inis: *s.n.* – imitação, representação.
simulans, -antis: *adj.* – imitador.
simulanter e **simulate**: *adv.* – de modo simulado, com fingimento.
simulatio, -onis: *s.f.* – imitação, aparência; disfarce; fingimento; dissimulação.

simulator, -oris: *s.m.* – imitador; o que finge, dissimulador; falso, dissimulado.
simulatus, -a, -um: *adj.* – feito semelhante, imitado; simulado; falso, fingido; suposto.
simul et dictum et factum: dito e feito.
simul et semel: de uma vez por todas; tudo ao mesmo tempo; tudo junto.
simul et semper: sempre juntos.
simulo, -as, -avi, -atum, -are: *v.t.* – imitar; reproduzir, representar com exatidão; afetar, fingir; dissimular.
simultas, -atis: *s.f.* – inimizade; ódio; rancor; desavença; rivalidade.
simus, -a, -um: *adj.* – de nariz rombo ou achatado.
sin: *conj.* – mas se; ou se; se ao contrário.
sincere: *adv.* – sem alteração, de modo claro, de modo puro; sinceramente, francamente.
sincere et constanter: com sinceridade e constância.
sinceritas, -atis: *s.f.* – pureza; saúde; vigor; sinceridade, franqueza.
sincerus, -a, -um: *adj.* – puro, sem mistura; que é de boa qualidade; são, inato; verdadeiro; leal, sincero.
sincipitamentum, -i: *s.n.* – metade da cabeça (de um animal).
sinciput, -itis: *s.n.* – meia cabeça, metade de cabela; miolos.
sine: *prep.abl.* – sem.
sine animo revertendi: sem intenção de voltar.
sine anno: sem indicação do ano.
sine capite fabula: história sem pé nem cabeça.
sine causae cognitione: sem conhecimento de causa.
sine controversia: sem contestação.
sine crimine: sem recriminação; censura.
sine cruce, sine luce: sem a cruz, sem a luz.
sine cura: sem preocupação.
sine debita licentia: sem a devida licença.
sine Deo nihil: sem Deus, nada.
sine die: sem dia determinado; sem fixar o dia.
sine dubio: sem dúvida.
sine effusione sanguinis: sem derramamento de sangue.
sine feriis: sem descanso; incessantemente.
sine fine: sem fim.
sine fuco: sem disfarce; lealmente; sem rebuço.
sine fuco et fallaciis: sem qualquer enfeite nem engano.
sine haesitatione: sem hesitação.
sine ictu oculi: sem um piscar de olho.
sine industria: sem intenção; sem esforço.
sine invidia: sem maldade.
sine ira ac studio: sem ira nem paixão.
sine ira et disceptatione: sem ódio e sem contenda.
sine iure: sem direito
sine iusta causa: sem causa justa.
sine iustitia, confusio: sem justiça, só desordem.
sine iustitia nulla libertas: sem justiça, não há liberdade.
sine labe: sem mancha; sem desonra.
sine labe fides: fidelidade sem mancha.
sine loco: sem indicação de lugar.
sine macula: sem mancha.
sine magno damno: sem grande prejuízo.
sine missione nascimur: nascemos para morrer.
sine mora: sem demora; sem adiamento.
sine nobilitate: sem título de nobreza.
sine nomine: sem indicação de nome.
sine nomine vulgus: a multidão anônima; o zé-povinho.
sine offensa: sem ofensa.
sine ordine: sem ordem; desordenadamente.
sine pavore sine favore: sem medo nem favor.
sine periculo friget lusus: sem risco, o jogo esfria.
sine praeiudicio: sem julgamento prévio; sem opinião prévia.
sine prole: sem descendência.
sine qua non: sem a qual não (é redução da expressão: **condicio sine qua non potest**, condição sem a qual não se pode).
sine secundo: sem igual.
sine sole nihil: sem sol, nada.
sinesteritas, -tatis: *s.f.* – rusticidade, falta de jeito.
sine sudore et sanguine: sem suor nem sangue.
sine ulla condicione: sem qualquer condição.
sine ulla dubitatione: sem qualquer dúvida.
sine ulla limitatione: sem qualquer limitação.
sine ullis ambagibus: sem quaisquer rodeios.
sine ullis feriis: sem descanso; incessantemente.
singillatim: *adv.* – separadamente, à parte; um por um.
singularis, -e: *adj.* – único, singular; particular, próprio; notável.

singulariter: *adv.* – individualmente, isoladamente.
singuli, -ae, -a: *adj.num.distr.* – um a um, todos separadamente; cada um.
singulis annis: anualmente.
singulis diebus: diariamente.
singulis hebdomadis: semanalmente.
singulis mensibus: mensalmente.
singultatio, -is, -ere: *v.int.* – soluçar, estar com soluços.
singultin: *adv.* – em soluços; gaguejando.
singulto, -as, -avi, -atum, -are: *v.int./t.* – palpitar, sair como que aos arrancos; estertorar.
singultus, -us: *s.m.* – soluço, suspiro; estertor.
sinister, -tra, -trum: *adj.* – esquerdo, que é do lado esquerdo; favorável, feliz; contrário, funesto; sinistro; perverso.
sinistra, -ae: *s.f.* – mão esquerda; lado ou braço esquerdo.
sinistre: *adv.* – mal, a má parte; desfavoravelmente.
sinistro pede: com o pé esquerdo.
sinistrorsum ou **sinistrorsus**: *adv.* – à esquerda, para esquerda.
sino, -is, sivi, situm, sinere: *v.t.* – colocar, deixar, permitir, consentir.
si non habes, non vales: se não tens, não podes.
sint tibi serenae: que as horas te sejam serenas.
sinum, -i: *s.n.* – vaso largo e fundo (para vinho).
sinuo, -as, -avi, -atum, -are: *v.t.* – encurvar, arquear; ondular.
sinuosus, -a, -um: *adj.* – curvo, arqueado, cheio de voltas, sinuoso.
sinus, -us: *s.m.* – curvatura, sinuosidade; cavidade; dobra, prega; seio, regaço; golfo; enseada; porto; refúgio.
siparium, -ii: *s.n.* – pano de boca do teatro; cortina; comédia, teatro.
si peccator est, nescio: se ele é pecador, não o sei.
si peccavi, insciens feci: se errei, fi-lo sem saber.
siperlabor, -eris, -labi: *v.dep.int.* – rolar, correr, deslizar por cima.
sipho, -onis: *s.m.* – sifão, cano, tubo, jato (de um líquido).
siquando: *adv.* – se em algum tempo.
siqui ou **si qui**: *adv.* – se de qualquer forma.
siquidem: *conj.* – se contudo; com tanto que; já que; *adv.* – pois, com efeito.
siquis ou **si quis**: *pron.indef.* – se alguém, se algum, se alguma coisa.
si regnas, iube: se és governante, ordena.
Siren, -enis: *s.f.* (mais usado no plural) – sereia; divindades marinhas.
si rite recordor: se bem me recordo.
Sirius, -ii: *s.m.* – Sírio, uma da estrelas da constelação do Grande Cão; canícula, sol.
si satis est, multum est: se basta, é muito.
siser, -eris: *s.n.* – cherívia (planta).
sis ou **sivis** – se é de tua vontade; se queres; por favor.
sisto, -is, stiti, statum, sistere: *v.t./int.* – embargar, suster; pôr, colocar; pousar; estabelecer, construir; reter, impedir; parar, deter-se; fazer comparecer (em juízo).
sistrum, -i: *s.n* – sistro, instrumento musical usado em festas egípcias.
sisymbrium, -i: *s.n.* – agrião.
sit anathema: seja anátema; seja excomungado.
sitella, -ae: *s.f.dim.* – urna (de votação).
siticulosus, -a, -um: *adj.* – seco, dessecado; árido.
sitiens, -entis: *part.pres.* – que está sequioso, sedento.
sitienter: *adv.* – avidamente, ardentemente.
sitio, -is, -ivi, -itum, -ire: *v.int.* – ter sede, estar sedento; estar seco; produzir secura; desejar ardentemente.
sitis, -is: *s.f.* – sede; seca, aridez; desejo ardente, paixão.
sitis auri: a sede de ouro.
sitis sanguinis: a sede de sangue.
sit tibi terra levis!: que a terra te seja leve!
sittybus ou **sillybus, -i**: *s.m.* e **sittyba, -ae**: *s.f.* – rótulo (de livro).
situs, -a, -um: *adj.* – posto, colocado; situado; levantado, construído; enterrado.
situs, -us: *s.m.* – situação, posição; sítio, lugar, região; disposição, ordem; construção; bolor; ferrugem; pouso, inação; velhice; esquecimento.
sive: *conj.* – ou se; **sive...sive** – quer...quer.
si vera est fama: se é verdadeiro o que dizem.
si vera sunt exposita: se são verdadeiros os fatos narrados.
si verum audire vis: se queres ouvir a verdade.
sive velis, sive nolis: quer queiras, quer não.
si virgula cadit, actio nequit: se faltar a vírgula, perde-se a ação.

S

si virgula nequit, cadit causa: se faltar uma vírgula, perde-se a causa.
si vis pacem, para bellum: se queres a paz, prepara-te para a guerra.
si vis, potes: se queres, podes.
si vis ut loquar, ipse tace: se queres que eu fale, cala-te.
smaragdus, -i: *s.m.* – esmeralda.
soboles, -is: *s.f.* – filho; rebento; raça; linhagem.
sobrina, -ae: *s.f.* – prima pelo lado materno.
sobrinus, -i: *s.m.* – primo coirmão.
sobrius, -a, -um: *adj.* – sóbrio (no beber); que não embriaga; moderado, frugal; que tem bom senso; refletido, prudente.
soccatus, -a, -um: *adj.* – calçado com socos ou borzeguins.
socculus, -i: *s.m.dim.* – pequeno borzeguim.
soccus, -i: *s.m.* – borzeguim, coturno; calçado dos atores cômicos; comédia.
socer, -eri: *s.m.* – sogro.
socia, -ae: *s.f.* – companheira.
sociabilis, -e: *adj.* – sociável; que pode ser unido.
socialis, -e: *adj.* – de sociedade; social; sociável; de aliança ou relativo a aliado; conjugal.
socialitas, tatis: *s.f.* – os familiares, séquito.
socialiter: *adv.* – em boa companhia.
societas, -atis: *s.f.* – associação; sociedade, comunidade, companhia, liga, aliança; afinidade, relação.
societas criminis: a sociedade do crime.
societas delinquere non potest: a sociedade não pode delinquir; uma pessoa jurídica não pode cometer crime.
societas florebit: a união florescerá.
socio, -as, -avi, -atum, -are: *v.t.* – associar; juntar; unir (em matrimônio); partilhar.
sociofraudus, -a, -um: *adj.* – o que engana seu associado.
socius, -a, -um: *adj.* – associado, unido; aliado, confederado; conjugal; protetor, auxiliar.
socius, -i: *s.m.* – associado, companheiro; aliado.
socius criminis: o cúmplice.
socordia, -ae: *s.f.* – apatia, indolência; desmazelo; imprudência, estupidez.
socors, -ordis: *adj.* – estúpido, sem inteligência; indolente; descuidado; imprudente, desatinado.
socrus, -us: *s.f.* – sogra.

sodalicium ou **sodalitium, -ii**: *s.n.* – companhia, sociedade; amizade; ajuntamento político.
sodalicius e **sodalitius, -a, -um**: *adj.* – próprio de camaradagem; de confraria; de corporação religiosa.
sodalis: *adj.* – que acompanha; amigo de; **-is**: *s.m.* – companheiro, amigo; camarada; partidário.
sodalitas, -atis: *s.f.* – companhia, sociedade, amizade; confraria; reunião de convidados.
sodes por **si audes** – se te apraz, peço-te por favor.
sol, solis: *s.m.* – o sol; luz, dia; calor (do sol).
sola apis mel conficit: só a abelha produz mel; cada qual com seu ofício.
solaciolum, -i: *s.n.* – pequeno alívio, ligeiro conforto.
solamen, -inis: *s.n.* – consolação, conforto.
solamen, triste solamen: consolo, triste consolo.
solaris, -e: *adj.* – solar, relativo ao sol.
solarium, -ii: *s.n.* – soalheiro, terraço (para tomar sol); relógio de sol.
solatiolum, -i: *s.n.* – pequena consolação, pequeno conforto.
solatium, -ii: *s.n.* – alívio, conforto; consolação; compensação; socorro (em trigo).
solator, -oris: *s.m.* – consolador.
sola virtus nobilitat: só a virtude enobrece.
soldurius, -ii: *s.m.* (usado sobretudo no plural) – amigo fiel, companheiro dedicado.
solea, -ae: *s.f.* – sandália; peias (que se ligavam aos pés dos criminosos); ferraduras.
soleatus, -a, -um: *adj.* – calçado de sandálias.
solemne ou **solenne** e **sollenne, -is**: *s.n.* (usado sobretudo no plural – **sollemnia, -ium**) – solenidade, rito religioso; o que é habitual; festa; *pl.* – funerais.
solemnis ou **solennis** e **sollennis, -e**: *adj.* – que é segundo o rito, consagrado; que é segundo o costume; legítimo; ordinário, habitual.
soleo, -es, -itus sum, -ere: *v.int.* – estar habituado, ter costume.
solers, solerter e **solertia**, ver **sollers, sollerter** e **sollertia**.
solide: *adv.* – solidamente, compactamente.
solidesco, -is, -ere: *v.incoat.int.* – tornar sólido.
soliditas, -atis: *s.f.* – dureza, solidez; estabilidade, firmeza.

soliditas, -tatis: *s.f.* – solidez, firmeza, dureza.
solido, -as, -avi, -atum, -are: *v.t.* – tornar sólido, consolidar, endurecer.
solidum, -i: *s.n.* – o que é duro, sólido; a totalidade.
solidus, -a, -um: *adj.* – sólido, maciço; firme; seguro; rijo, duro; inteiro, todo inteiro; durável, constante; substancial.
solifer, -fera, -ferum: *adj.* – oriental, de onde nasce o sol.
soliferreum, -i: *s.n.* – dardo todo de ferro.
solis defectio: o eclipse do sol.
solis occasus: o pôr do sol.
solis ortus: o nascimento do sol.
solistimum, -i (usado na expressão **solistimum e tripudium, -ii**) – agouro tirado dos grãos que os frangos sagrados deixam cair ao comer.
solitarius, -a, -um: *adj.* – único; isolado; solitário; retirado.
solitas, -tatis: *s.f.* – solidão, isolamento.
solitudo, -inis: *s.f.* – solidão, retiro; abandono; falta, privação.
solitudo caeli ianua: a solidão é a porta do céu.
solitum, -i: *s.n.* – o que é habitual.
solitus, -a, -um: *adj.* – costumeiro; habitual, ordinário.
solium, -ii: *s.n.* – assento elevado; sólio, trono; leito fúnebre; banheira, banho.
solivagus, -a, -um: *adj.* – que anda só, solitário, pouca comunicativo.
sollemne, -is: *s.n.* – solenidade, rito ou cerimônia religiosa.
sollemnis, -e: *adj.* – solenemente seguido, feito com solenidade.
sollemniter: *adv.* – solenemente, segundo o rito, segundo o costume.
sollers ou **solers, -ertis**: *adj.* – hábil, destro, engenhoso; instruído; ardiloso; sagaz.
sollerter ou **solerter**: *adv.* – habilmente, industriosamente; com sagacidade.
sollertia ou **solertia, -ae**: *s.f.* – habilidade, destreza; sagacidade; penetração; ardil, astúcia.
sollicitatio, -onis: *s.f.* – cuidado, precaução; solicitação, instância.
sollicitator, -oris: *s.m.* – sedutor.
sollicite: *adv.* – com inquietação, com precaução, cuidadosamente.
sollicito, -as, -avi, atum, -are: *v.t.* – atormentar, inquietar; pôr em movimento, mexer, agitar; perseguir, molestar, provocar; atrair, seduzir; convidar; pedir, solicitar.
sollicitudo, -inis: *s.f.* – inquietação; solicitude, cuidado.
sollicitus, -a, -um: *adj.* – posto em movimento, agitado; perturbado, inquieto; solícito; cuidadoso.
sol lucet omnibus: o sol brilha para todos.
solo animo: única intenção.
soloecus, -a, -um: *adj.* – que peca contra a língua.
sol omnia aperit: o sol tudo descobre.
sol omnia videt, et revelat: o sol tudo vê, e revela.
solor, -aris, -atus sum, -ari: *v.dep.t.* – consolar, confortar; abrandar; aliviar; ajudar; contentar.
solo, salo, caelo potentes: poderosos na terra, no mar, no céu.
solstitialis, -e: *adj.* – do solstício; do estio, do verão; solar, anual.
solstitium, -ii: *s.n.* – solstício; estio, verão.
solum, -i: *s.n.* – base, fundamento; planta do pé; sola; chão, solo; terreno; país, região.
solum: *adv.* – somente, unicamente.
solum genitale: o solo natal.
solus, -a, -um: *adj.* – só, único; isolado, solitário.
solus currens vicit: só venceu quem correu.
soluta oratione: em prosa.
solute: *adv.* – de modo desembaraçado, facilmente.
solutilis, -e: *adj.* – que se pode desmanchar.
solutio, -onis: *s.f.* – desprendimento, desligação; pagamento; fluxo; soltura; decomposição.
solutio indebiti: pagamento indevido.
solutione tantum: somente pelo pagamento.
solutio super unguem: pagamento à vista.
solutus, -a, -um: *adj.* – desligado; aberto; dissolvido; decomposto; solto, desatado; desimpedido, livre; mole, brando; afeminado.
solutus a vinculo: livre de vínculo.
solve et repete: paga e depois reclama.
solvere et compensare paria sunt: pagar e compensar se equivalem.
solvit ad diem: pagou no dia certo.
solvo, -is, -i, solutum, solvere: *v.t./int.* – dissolver, decompor; desprender; libertar; romper, violar; largar; afrouxar, amolecer; pagar, saldar, dar quitação de; banir, dissipar.
somniator, -oris: *s.m.* – intérprete de sonhos, visionário.
somniculose: *adv.* – indolentemente.
somniculosus, -a, -um: *adj.* – que dorme, sonolento.

somnifer, -era, -erum: *adj.* – sonífero, o que produz sono, narcótico.
somnio, -as, -avi, -atum, -are: *v.int./t.* – sonhar; devanear, delirar.
somnium, -ii: *s.n.* – sonho; devaneio, quimera; um nada, bagatela.
somnum ne rumpe leoni: não interrompas o sono do leão.
somnus, -i: *s.m.* – sono; ociosidade, repouso.
somnus mortis imago: o sono é o retrato da morte.
sonabilis, -e: *adj.* – sonoro, retumbante.
sonans, -antis: *adj.* – que soa, sonoro; retumbante; pomposo.
sonipes, -edis: *adj.* – que faz barulho com os pés; cavalo, corcel.
sonitus, -us: *s.m.* – som, ruído; estrondo; clamor.
sonivius, -a, -um: *adj.* – que faz ruído (língua dos áugures).
sono, -as, -ui e **-avi, -itum** e **-atum, -are**: *v.int./t.* – ressoar, fazer ruído; retumbar; ladrar; cantar, declamar; celebrar.
sonor, -oris: *s.m.* – som, ruído; estrondo; brado, clamor.
sonorus, -a, -um: *adj.* – sonoro, ruidoso; retumbante.
sons, sontis: *adj.* – nocivo, funesto; culpado, criminoso.
sontibus parent boni: os bons obedecem aos maus.
sonus, -i ou **sonus, -us**: *s.m.* – som, ruído; estrondo; voz (dos animais); canto (das aves); linguagem, palavra.
sophia, -ae: *s.f.* – a sabedoria.
sophista e **sophistes, -ae**: *s.m.* – sofista, retórico; filósofo.
sophos e **sophus, -i**: *s.m.* – sábio, filósofo.
sopio, -is, -ivi ou **-ii, -itum, -ire**: *v.t.* – adormecer; entorpecer; mitigar.
sopor, -oris: *s.m.* – sono; torpor; beberagem, ópio.
soporatus, -a, -um: *adj.* – adormecido; entorpecido.
soporifer, -era, -erum: *adj.* – soporífico, narcótico.
soporo, -as, -avi, -atum, -are: *v.t./int.* – adormecer; entorpecer; extinguir.
soporus, -a, -um: *adj.* – soporífero.
sorbeo, -es, -ui e **sorpsi, sorptum, sorbere**: *v.t.* – engolir, devorar; beber; absorver; aspirar.
sorbilis, -e: *adj.* – que se pode engolir.
sorbitio, -onis: *s.f.* – ação de sorver, absorção; poção, beberagem; papas; sopa.
sordeo, -es, -ui, -ere: *v.int.* – ser ou estar sujo; estar manchado; ser avaro; não agradar; ser desprezado.
sordes, -is (mais usado no plural): *s.f.* – sujeira, imundície; miséria; mesquinharia; mancha, desonra.
sordesco, -is, -dui, -desdere: *v.int.* – sujar-se; manchar-se.
sordidatus, -a, -um: *adj.* – mal vestido; sujo, maltrapilho.
sordide: *adv.* – sordidamente; de modo vulgar, inconveniente; pobremente.
sordidus, -a, -um: *adj.* – sujo, imundo; maltratado; grosseiro; baixo, humilde; ignóbil, abjeto.
sorditudo, -inis: *s.f.* – imundície.
sorex, -icis: *s.m.* – rato.
soricinus, -a, -um: *adj.* – de reto.
sorites, -ae: *s.m.* – sorites, raciocínio constituído de uma série de proposições encadeadas, espécie de argumento.
soror, -oris: *s.f.* – irmã; companheira, amiga.
sororicida, -ae: *s.m.* – assassino de sua irmã.
sororius, -a, -um: *adj.* – de irmã.
sors bona, nihil aliud: boa sorte, nada mais.
sors omnia versat: a sorte revolve tudo.
sors, sortis: *s.f.* – ação de tirar à sorte, sorte; partilha (feita à sorte), bilheteria de loteria; bola (para se tirar à sorte); acaso; êxito; oráculo.
sorsum, ver **seorsum**.
sortilegus, -a, -um: *adj.* – profético, adivinho.
sortior, -iris, -itus sum, -iri: *v.dep.t.* – tirar à sorte; obter por sorte; receber em partilha; escolher.
sortitio, -onis: *s.f.* – sorteio.
sortito: *adv.* – por sorte; pelo destino.
sortitus, -a, -um: *adj.* – que obteve ou a quem coube por sorte; que escolheu; tirado à sorte.
sortitus, -us: *s.m.* – ato de tirar à sorte; sorteio.
sospes, -itis: *adj.m.f.* – são e salvo, incólume; próspero, feliz.
sospita, -ae: *s j.* – libertadora, salvadora, protetora.
sospitalis, -e: *adj.* – salvador, protetor, tutelar.
sospito, -as, -are: *v.t.* – salvar, conservar são e salvo, proteger.
sotyriscos, -i: *s.m.* – pequeno sátiro.
spadix, -icis: *s.m.* – cavalo baio; instrumento musical; ramo de palmeira com o seu fruto.

S

spado, -onis: *s.m.* – eunuco.
spargo, -is, -arsi, -arsum, -gere: *v.t.* – espalhar; dispersar; partir, separar; borrifar; semear; juncar.
sparsus, -a, -um: *adj.* – espalhado, disperso; semeado; banhado; coberto; repartido; solto; grande, largo.
spartum, -i: *s.n.* – esparto, espécie de junco.
sparus, -i: *s.m.* – dardo ou lança curta.
spatha, -ae: *s.f.* – espada larga; instrumento de tear; espátula.
spatia ultima vitae: os últimos tempos (anos) da vida.
spatior, -aris, atus sum, -ari: *v.dep.int.* – estender-se, alargar-se; propagar-se; passear, vaguear.
spatiosus, -a, -um: *adj.* – extenso, vasto; espaçoso.
spatium, -ii: *s.n.* – espaço, extensão; grandeza; medida; intervalo, distância; volta, giro; tempo; passeio; lugar de passeio.
specialia derogant generali: as coisas especiais derrogam as gerais.
specialis, -e: *adj.* – especial, particular.
specialiter: *adv.* – em particular, especialmente.
species decipit: a aparência engana.
species, -ei: *s.f.* – vista, olhar; aspecto, aparência; imagem, retrato; espetáculo; beleza; ornamento; dignidade, qualidade; espécie.
specillum, -i: *s.n.* – sonda.
specimen, -inis: *s.n.* – marca, sinal, indício; espécime; imagem; exemplo, modelo.
specio, -is, -ixi, -ectum, -ere: *v.t.* – avistar, ver, olhar, contemplar.
speciosus, -a, -um: *adj.* – belo, formoso; elegante, rico; especioso, enganador.
spectabilis, -e: *adj.* – visível, descoberto; que atrai a vista, brilhante, notável; glorioso.
spectaculum, -i: *s.n.* – vista, aspecto; espetáculo; teatro; *pl.* – lugares em um espetáculo.
spectamen, -inis: *s.n.* – espetáculo, prova, indício.
spectatio, -inis: *s.f.* – ação de olhar; assistência a um teatro; espetáculo; prova, ensaio.
spectator, -oris: *s.m.* – observador, espectador; o que examina, perito.
spectatrix, -icis: *s.f.* – espectadora.
spectatur in ignibus aurum: no fogo se conhece o ouro.
spectatus, -a, -um: *adj.* – olhado, visto; experimentado; que deu provas (de pericia); notável.
spectio, -onis: *s.f.* – observação (com referência aos áugures).
specto, -as, -avi, -atum, -are: *v.int./t.* – olhar, observar; voltar os olhos para; assistir a um espetáculo; reparar; atender, considerar; apreciar; olhar por; estar voltado para.
spectrum, -i: *s.n.* – visão; espectro, fantasma.
specula, -ae: *s.f.* – lugar de observação, atalaia; píncaro, altura.
specula, -ae: *s.f.* – pequena esperança, fio de esperança.
speculabilis, -e: *adj.* – visível, colocado à vista.
speculabundus, -a, -um: *adj.* – que está de observação; que está à espera.
specularia, -ium (-iorum): *s.n.pl.* – vidros, vidraça de uma janela.
specularis, -e: *adj.* – de espelho.
speculator, -oris: *s.m.* – observador; vigia; espião; explorador; correio.
speculatorius, -a, -um: *adj.* – de espião; que é de observação, de exploração.
speculatrix, -icis: *s.f.* – observadora; espiã.
speculor, -aris, -atus sum, -ari: *v.dep.t.* – observar (de lugar alto); estar de atalaia; olhar, espiar; observar.
speculum, -i: *s.n.* – espelho, reprodução fiel.
speculum vitae: (eu sou) o espelho da vida.
specus, -us: *s.m.* – caverna; cova; profundidade; abismo.
spelaeum, -i: *s.n.* – covil; caverna.
spelunca, -ae: *s.f.* – caverna, gruta; antro, espelunca.
spe meliori vehor: sou conduzido pela esperança do melhor.
spem reduxit: restaurou a esperança.
sperabilis, -e: *adj.* – que se pode esperar.
spera in Deo: espera em Deus.
sperno, -is, sprevi, spretum, spernere: *v.t.* – não admitir; excluir; rejeitar; desprezar.
spernor, -aris, -ari: *v.dep.t.* – desprezar.
spero, -as, -avi, -atum, -are: *v.int./t.* – esperar; ter esperança, ter confiança que; recear, temer.
spes, spei: *s.f.* – esperança; o que é esperado; expectativa; temor, receio.
spes actionis: a expectativa de ação.
spes ancora vitae: a esperança é a âncora da vida.
spes est pacis: há esperança de paz
spes in virtute: na coragem há esperança.

S

spes iuris: a expectativa de direito.
spes nulla fugae: não há esperança de fuga.
spes sibi quisque: cada qual confia em si mesmo.
sphaera, -ae: *s.f.* – esfera, globo; esfera celeste.
spica, -ae: *s.f.* – espiga; a Espiga (estrela na constelação de Virgem).
spiceus, -a, -um: *adj.* – de espigas.
spiculo, -as, -are: *v.t.* – aguçar, tornar pontiagudo.
spiculum, -i: *s.n.* – ponta de lança, de dardo ou de flecha; ferrão.
spicum, -i: *s.n.* e **spicus, -i**: *s.m.* – espiga.
spina, -ae: *s.f.* – espinheiro; espinho, ponta; espinha dorsal.
spinetum, -i: *s.n.* (empregado só no plural) – sarça, espinhal.
spineus, -a, -um: *adj.* – de espinhos.
spinosus, -a, -um: *adj.* – que tem espinhos, espinhoso; agudo, picante; escarpado; sofístico, capcioso.
spinus, -i: *s.m.* – espinheiro.
spira, -ae: *s.f.* – espiral; anéis (de serpentes); fita, presilha.
spirabilis, -e: *adj.* – respirável, vital; aéreo.
spiraculum, -i: *s.n.* – respiradouro, abertura.
spiramentum, -i: *s.n.* – abertura, respiradouro; órgão de respiração; ar; vento.
spiritum Deo reddidit: entregou a alma a Deus.
spiritus, -us: *s.m.* – sopro; hálito, respiração; vento; espírito; inspiração; ânimo; paixão, sentimentos.
spiritus flat, ubi vult: o vento sopra onde quer.
spiritus libertatis: o espírito da liberdade.
spiritus rector: o espírito guia.
spiro, -as, -avi, -atum, -are: *v.int./t.* – soprar; respirar, viver; exalar; aspirar a; parecer-se com, mostrar; estar ou ser inspirado.
spisse: *adv.* – espessamente; lentamente, com vagar.
spissesco, -is, -ere: *v.incoat.int.* – tornar-se espesso, condensar-se.
spissigradus, -a, -um: *adj.* – que anda lentamente.
spissitudo, -inis: *s.f.* – condensação.
spisso, -as, -avi, -atum, -are: *v.t.* – condensar, tornar espesso, coagular.
spissus, -a, -um: *adj.* – espesso, denso; consistente; cheio, apertado; frequente; pesado, lento, vagaroso.
splendeo, -es, -ui, ere: *v.int.* – brilhar, resplandecer; ser ilustre.
splendesco, -is, -dui, -escere: *int.* – começar a luzir; tomar brilho.
splendide: *adv.* – brilhantemente, magnificamente, esplendidamente.
splendide atque verissime: de modo brilhante e muito justo.
splendidus, -a, -um: *adj.* – brilhante, luminoso; magnífico, esplêndido; honrado; ilustre; glorioso.
splendor, -ortis: *s.m.* – brilho, esplendor; lustre, ornamento; fausto; glória.
spoliatio, -onis: *s.f.* – roubo, pilhagem, rapina.
spoliator, -oris: *s.m.* – espoliador.
spoliatrix, -icis: *s.f.* – espoliadora.
spolio, -as, -avi, -atum, -are: *v.t.* – despojar, privar de; roubar, pilhar.
spolium, -ii: *s.n.* – despojos (de um animal), pele, couro, despojos (de guerra), presa; vitória.
sponda, -ae: *s.f.* – armação de cama; leito; beira do leito.
spondaulium, -ii: *s.n.* – canto (nos sacrifícios) ou declamação com acompanhamento de flauta.
spondeo, -es, spopondi, sponsum, -ere: *v.t./int.* – tomar um compromisso solene, prometer solenemente.
spondeus, -i: *s.m.* – espondeu, pé composto de duas silabas longas.
spondo, -es, spopondi, sponsum, spondere: *v.int./t.* – prometer, assegurar; responder por alguém; prometer em casamento; anunciar.
spongia, -ae: *s.f.* – esponja; almofada de esponja usada pelos gladiadores.
spongia bibacior: mais beberrão que uma esponja.
spongia solis: as manchas solares.
spons, spontis: *s.f.* (usado apenas no *abl. sing.*) – vontade, desejo; poder, autoridade.
sponsa, -ae: *s.f.* – noiva, prometida.
sponsalia, -orum: *s.n.pl.* – esponsais; bodas.
sponsio, -onis: *s.f.* – promessa; garantia, obrigação; consignação, depósito; tratado.
sponsor, -oris: *s.m.* – fiador.
sponsum, -i: *s.n.* – promessa; objeto de uma promessa.
sponsus, -i: *s.m.* – prometido em casamento, noivo.
sponsus, -us: *s.m.* – promessa, obrigação.
sponte, *abl.* de **spons** (desusado) – por vontade, por desejo; por autoridade; do poder.

sponte mea: por minha vontade; de acordo com minha vontade.
sponte sua: espontaneamente, por vontade própria.
sporta, -ae: *s.f.* – cesto, alcofa.
sportella ou **sportula, -ae**: *s.f.* – pequena alcofa; cestinho.
spretio, -onis: *s.f.* – desprezo.
spretor, -oris: *s.m.* – desprezador.
spretus, -a, -um: *adj.* – rejeitado, desprezado.
spretus, -us: *s.m.* – desprezo.
spuma, -ae: *s.f.* – espuma, baba.
spumans, -antis: *part.pres.* – que espuma, espumante; espumoso.
spumeus, -a, -um: *adj.* – espumante, espumoso.
spumifer, -era, -erum: *adj.* – espumante.
spumo, -as, -avi, -atum, -are: *v.int./t.* – espumar, escumar; ser espumoso.
spumosus, -a, -um: *adj.* – espumante, espumoso.
spuo, -is, -i, -utum, -uere: *v.int./t.* – cuspir.
spurcidicus, -a, -um: *adj.* – obsceno, torpe.
spurcificus, -a, -um: *adj.* – culpado de ações torpes.
spurcus, -a, -um: *adj.* – sujo, imundo; negro; impuro; torpe, dissoluto; vergonhoso.
spurso, -as, -avi, -atum, -are: *v.t.* – sujar.
sputo, -as, -avi, -atum, -are: *v.int./t.* – cuspir frequentemente; cuspinhar.
sputum, -i: *s.n.* – cuspo, escarro.
squaleo, -es, -ui, -ere: *v.int.* – ser ou estar áspero; estar por cultivar; estar seco; estar coberto de; estar de luto.
squalidus, -a, -um: *adj.* – áspero; inculto; vestido com desalinho; sujo, esquálido; obscuro, tenebroso.
squalor, -oris: *s.m.* – aspereza; crosta; sujeira; desalinho; pobreza; dor, aflição.
squalus, -i: *s.m.* – lixa (peixe do mar).
squama, -ae: *s.f.* – escama; malhas (de metal), asperezas.
squameus, -a, -um: *adj.* – coberto de escamas, escamoso.
squamiger, -era, -erum: *adj.* – escamoso, coberto de escamas.
squamosus, -a, -um:. *adj.* – escamoso, cheio de escamas.
squilla, -ae, ver **scilla**.
sta!: alto!
stabilimentum, -i: *s.n.* – apoio, sustentáculo.
stabilio, -is, -ivi, -itum, -ire: *v.int./t.* – firmar, escorar; estabelecer; fortificar.
stabilis, -e: *adj.* – firme, estável; sólido; seguro, permanente; certo, resolvido.
stabilitas, -tatis: *s.f.* – firmeza, estabilidade; consistência; solidez.
stabiliter: *adv.* – solidamente, com firmeza.
stabilitor, -oris: *s.m.* – apoio, sustentáculo.
stabulo, -as, -avi, -atum, -are: *v.t./int.* – guardar em estrebaria; viver em estábulo.
stabulor, -aris, -atus sum, -ari: *v.dep.int.* – viver em estábulo, em curral; habitar (com respeito aos animais).
stabulum, -i: *s.n.* – morada (de animais); estrebaria, estábulo; estalagem; retiro.
stadium, -ii: *s.n.* – estádio, medida itinerária (1/8 da milha ou 184 metros); lugar em que se realizam corridas.
stagno, -as, -avi, -atum, -are: *v.int./t.* – estagnar, fazer lago; estar inundado; alagar; submergir.
stagnum, -i: *s.n.* – água parada; brejo, pântano; lago, lagoa; mar.
stamen, -inis: *s.n.* – fio da roca; fio de aranha; fio (em geral); tecido, fibra; corda (de instrumento).
stannum, -i: *s.n.* – estanho.
statarius, -a, -um: *adj.* – quedo, imóvel; que é feito de pé; firme, assentado.
stat contra ratio: a razão se opõe a isso.
statera, -ae: *s.f.* – balança.
staticulum, -i: *s.n.* – estatueta.
staticulus, -i: *s.m.* – dança lenta.
statim: *adv.* – logo, sem demora.
statio, -onis: *s.f.* – estado de repouso; morada, paragem; posto avançado; acampamento, guarnição; ancoradouro, porto.
stativa, -orum: *s.n.pl.* – acampamento; posto, guarnição (militar); tempo de repouso.
stativus, -a, -um: *adj.* – que fica no mesmo lugar; fixo, parado.
stator, -oris: *s.m.* – escravo empregado para recados.
statu quo (ante): no estado em que se encontrava anteriormente.
statua, -ae: *s.f.* – estátua.
statumen, -inis: *s.n.* – base, fundação; esteio; mourão; caverna (do navio).
statumino, -as, -are: *v.t.* – escorar, apoiar.
statunculum, -i: *s.n.* – estatueta.
statuo, -is, -i, -utum, -uere: *v.t.* – pôr de pé, colocar; estabelecer; decretar, determinar; decidir, resolver; calcular, contar; parar.
statura, -ae: *s.f.* – estatura.
status, -a, -um: *adj.* – fixo, imóvel; decidido; assentado; regular, constante.
status, -us: *s.m.* – maneira de estar de pé, postura, atitude, posição.

status, -us: *s.m.* – repouso; posição, atitude; situação; estado (das coisas); ordem, condição; arrimo; haveres, riqueza.
status civitatis: direito de cidade.
status libertatis: estado de liberdade.
status necessitatis: o estado de necessidade; o estado de emergência.
status quo: o estado em que.
statuto tempore: no tempo fixado; no tempo determinado.
statuto termino: no prazo combinado; no prazo contratado.
statutum mercatorum: estatuto dos comerciantes.
stella, -ae: *s.f.* – estrela, astro; constelação.
stella maris: a estrela do mar.
stellans, -antis: *adj.* – estrelado; luminoso, cintilante.
stellatus, -a, -um: *adj.* – estrelado; cintilante.
stellifer, -era, -erum: *adj.* – estrelado.
stellio, -onis: *s.m.* – lagarto.
stello, -as, -atum, -are: *v.t.* – semear estrelas, cobrir de estrelas.
stercoro, -as, -avi, -atum, -are: *v.t.* – adubar, estrumar; estercar.
stercus, -oris: *s.n.* – esterco, estrume.
sterilis, -e: *adj.* – estéril, infecundo; que não rende, improdutivo; desprovido, privado de.
sterilitas, -atis: *s.f.* – esterilidade; falta, penúria; privação.
sternax, -acis: *adj.* – que deita abaixo (o cavaleiro); que cai prostrado.
sterno, -is, stravi, stratum, sternere: *v.t.* – estender por cima; cobrir de, juncar; calçar, fazer a cama; aplainar; abater, derrubar.
sternumentum, -i: *s.n.* – espirro.
sternuo, -is, -ui, -utum, -uere: *v.int.* – espirrar, faiscar, crepitar.
sterquilimum ou esterculinium, -ii: *s.n.* – esterqueira.
sterto, -is, -ui, -ere: *v.int.* – ressonar; dormir a sono solto.
steteruntque sol et luna: e o sol e a lua pararam.
stigma, -atis: *s.n.* – marca feita com ferro em brasa, ferrete.
stigmatias, -ae: *s.m.* – escravo marcado a ferro.
stigmosus, -a, -um: *adj.* – marcado com ferro em brasa.
stilla, -ae: *s.f.* – gota, pingo.
stillarium, -i: *s.n.* – pequena adição, pequeno acréscimo.
stillicidium, -ii: *s.n.f.* – água que pinga, goteira; água de goteira.
stillo, -as, -avi, -atum, -are: *v.int./t.* – escorrer; pingar, destilar.
stilus, -i: *s.m.* – estilete com que se escrevia nas tabuinhas enceradas; trabalho de escrever; estilo.
stimulatio, -onis: *s.f.* – aguilhão; estímulo.
stimulo, -as, -avi, -atum, -are: *v.t.* – aguilhar; estimular, incitar; exasperar; atormentar.
stimulus, -i: *s.m.* – aguilhão, ferrão; incitamento, estímulo; dor que punge; exasperação.
stimulus ego nunc sum tibi: agora eu sou o teu tormento.
stinguo, -is, -xi, -ctum, -guere: *v.t.* – extinguir, apagar.
stipatio, -onis: *s.f.* – condensação; amontoamento; aperto de gente, multidão, cortejo.
stipator, -oris: *s.m.* – o que acompanha, homem de séquito.
stipendiarius, -a, -um: *adj.* – tributário, contribuinte; que ganha soldo.
stipendiarius, -ii: *s.m.* – o que paga tributo; o que recebeu soldo.
stipendium, -ii: *s.m.* – imposto, tributo, contribuição; soldo; serviço militar, exército.
stipes, itis: *s.m.* – estaca redonda (fixada ao chão); tronco; árvore; esteio; pau; bastão.
stipo, -as, -avi, -atum, -are: *v.t.* – apertar, acumular; condensar; amontoar, aglomerar; encher; fazer cortejo a, escoltar.
stips, stipis: *s.f.* – pequena moeda de cobre; esmola; pequena contribuição; tinta ou derrama; lucro.
stipula, -ae: *s.f.* – haste, colmo; flauta pastoril.
stipulatio, -onis: *s.f.* – ajuste, contrato; estipulação.
stipulatiuncula, -ae: *s.f.* – pequeno contrato; pequena promessa.
stipulator, -oris: *s.m.* – o que reclama uma promessa solene.
stipulor, -aris, -atus sum, -ari: *v.dep.int./t.* – ajustar, contratar; estipular, exigir por contrato; obrigar-se a; prometer.
stiria, -ae: *s.f.* – gota gelada que pende.
stirpesco, -is, -ere: *v.int.* – deitar rebentos, ter filhos.
stirpitus: *adv.* – radicalmente.
stirps, stirpis: *s.m.f.* – tronco, cepa; raiz; árvore; base, fundamento; origem, princípio; progênie, linhagem, família; *pl.* – vegetação, arbustos.
stiva, -ae: *s.f.* – rabiça do arado.

S

sto, -as, steti, statum, stare: *v.int.* – estar de pé; estar parado, parar; estar à espera; ficar a pé firme, resistir; perseverar; estar em lugar, achar-se em; erguer-se; estar em posição de combate; estar ou passar bem; estar a servir (à mesa).

stoicus, -a, -um: *adj.* – relativo aos estoicos, estoico.

stola, -ae: *s.f.* – estola, vestido próprio de senhoras; dama de alta categoria.

stolatus, a, um: *adj.* – vestido de estola; puro, casto.

stolide: *adv.* – estupidamente.

stolidus, -a, -um: *adj.* – estúpido, desarrazoado, louco, insensato.

stomachor, -aris, -atus sum, -ari: *v.dep. int./t.* – estar de mau humor; irritar-se; agastar-se, encolerizar-se.

stomachosus, -a, -um: *adj.* – irritado, agastado.

stomachus, -i: *s.m.* – estômago; apetite; mau humor, irritação, agastamento.

storea ou **storia, -ae**: *s.f.* – esteira de junco ou de esparto.

strabo, -onis: *s.m.* – vesgo, zarolho.

strages, -is: *s.f.* – ruína, destruição; montão; derrota; carnificina.

stragula, -ae: *s.f.* – cobertura, coberta para a cama.

stragulum, -i: *s.n.* – o que se estende sobre a cama, coberta, colcha; tapete.

stragulus, -a, -um: *adj.* – que é para estender sobre a cama.

stramen, -inis: *s.n.* – o que se estende no chão; palha; cama de palha.

stramenticius, -a, -um: *adj.* – de palha, feito de palha.

stramentum, -i: *s.n.* – palha; cama de palha (para animais).

stramineus, -a, -um: *adj.* – de palha; coberto de colmo ou de palha.

strangulatio, -onis: *s.f.* – estrangulamento, sufocação.

strangulo, -as, -avi, -atum, -are: *v.t./int.* – estrangular; sufocar; apertar, comprimir.

stranguria, -ae: *s.f.* – retenção da urina.

strata, -ae: *s.f.* – estrada ou rua calçada.

stratagemata forensia: artifícios usados nas lides forenses.

strategema, -atis: *s.n.* – estratagema; ardil.

strategus, -i: *s.m.* – general, comandante.

stratioticus, -a, -um: *adj.* – de soldado, militar.

stratum, -i: *s.n.* – coberta (de cama); cobertor; cama; teliz, chairel.

strena, -ae: *s.f.* – presente dado, em dia de festa, para bom agouro; bom agouro; *pl.* – mimos, presentes.

strenue: *adv.* – diligentemente, sem demora; depressa.

strenuitas, -atis: *s.f.* – força; atividade, diligência; zelo.

strenuus, -a, -um: *adj.* – forte, vigoroso; rápido, diligente, ativo; valente; turbulento.

strepito, -as, -avi, -atum, -are: *v.int.* – fazer grande barulho; estrépito, retumbar; uivar.

strepitus, -us: *s.m.* – estrépito; ruído, estrondo; vozeria, tumulto.

strepo, -is, -ui, -itum, -ere: *v.int./t.* – fazer ruído, retumbar; ressoar.

strictim: *adv.* – de leve, sucintamente; depressa.

stricto iure: pelo direito estrito; pelo rigor do direito.

stricto sensu: em sentido restrito.

strictum ius: o direito estrito.

strictura, -ae: *s.f.* – barra de ferro em brasa.

strictus, -a, -um: *adj.* – apertado, cerrado; estreito; breve, conciso; ferido levemente; arrancado.

strideo, -es, -di, -dere: *v.int.* – dar ou fazer um ruído estridente; ranger, chiar; espirrar.

stridor, -oris: *s.m.* – estridor, rangido; grito; ruído, murmúrio.

stridulus, -a, -um: *adj.* – agudo, estridente; sibilante.

striga, -ae: *s.f.* – feiticeira.

strigilis, -is: *s.f.* – almofada (usada, nos banhos, para esfregar).

strigosus, -a, -um: *adj.* – magro; descarnado.

stringo, -is, -xi, -ictum, -ingere: *v.t.* – apertar, comprimir; passar rente de, tocar de leve; contrair; arrancar, cortar; desembainhar, empunhar; sujeitar; dirigir contra.

strix, strigis: *s.f.* – coruja, mocho (ave).

structor, -oris: *s.m.* – pedreiro, construtor; o que prepara um festim.

structura, -ae: *s.f.* – construção, edificação; estrutura; arranjo.

strues, -is: *s.f.* – montão; monte, pilha; bolo sagrado.

struma, -ae: *s.f.* – escrófula; caxumba; chaga.

struo, -is, -uxi, -uctum, -uere: *v.t.* – ajuntar; preparar, ordenar, aprestar; inventar; levantar, construir; cobrir, cumular.

strupum, -i: *s.n.* – violência, estupro; desonra, infâmia; corrupção.

studeo, -es, -ui, -ere: *v.int.* – aplicar-se a; desejar; prosseguir; inclinar-se a, comprazer-se em; ligar-se a, interessar-se por; ter afeição; trabalhar em; estudar, instruir-se.

studiis et rebus honestis: com intenções e ações nobres.
studiose: *adv.* – com aplicação, zelosamente; com desejo; com interesse; afetuosamente.
studiosus, -a, -um: *adj.* – aplicado, zeloso; inclinado a; que gosta de; que toma interesse por; partidário; que estuda; letrado, instruído.
studium, -ii: *s.n.* – aplicação, empenho; desejo; parecer, opinião; tendência; interesse, favor; partido; estudo, instrução; ocupação.
studium placendi: o desejo de agradar.
stulte: *adv.* – loucamente, totalmente, estupidamente.
stultiloquentia, -ae: *s.f.* – estupidez ao falar, eloquência tola, discurso tolo.
stultiloquus, -a, -um: *adj.* – que diz tolices.
stulti prope omnes: quase todos somos insensatos.
stultitia, -ae: *s.f.* – loucura; imprudência, desatino; estupidez.
stultividus, -a, -um: *adj.* – que vê mal, que tem catarata nos olhos.
stultorum plena sunt omnia: o mundo está cheio de tolos.
stultus, -a, -um: *adj.* – louco, imprudente; insensato; inepto, estúpido.
stultus stulta loquitur: o tolo diz tolices.
stupefacio, -is, -ere, -feci, -factum: *v.t.* – entorpecer, tornar estupefato.
stupendus, -a, -um: *adj.* – estupendo, admirável.
stupens, -entis: *adj.* – estupefato.
stupeo, -es, stupui, -ere: *v.int./t.* – estar entorpecido, estar parado.
stupesco, -is, -ere: *v.int.* – espantar-se, tornar-se estupefato, admirar-se.
S
stupete, gentes: admirai, povos.
stupiditas, -tatis: *s.f.* – falta de senso, estupidez.
stupidus, -a, -um: *adj.* – estupefato, pasmado, abismado, espantado; estúpido, tolo, imbecil.
stupor, -oris: *s.m.* – entorpecimento; estupor, pasmo; assombro; loucura, estupidez.
stupor mundi: maravilha do mundo.
stuppa, -ae: *s.f.* – estopa.
stuppeus, -a, -um: *adj.* – de estopa; de cânhamo.
stupro, -as, -avi, -atum, -are: *v.t.* – violentar, desonrar, deflorar; manchar, sujar.
stuprosus, -a, -um: *adj.* – corruptor, sedutor.
stuprum, -i: *s.n.* – desonra, vergonha; violência, estupro.
sturnus, -i: *s.m.* – estorninho (ave).
Stygius, -a, -um: *adj.* – do Estige, estígio, dos infernos; sinistro, infernal.
Styx, stygis: *s.f.* – Estige, lago dos infernos; os infernos.
sua cuique hora: cada um tem sua hora.
sua cuique utilitas: cada coisa tem sua utilidade.
suadela, -ae: *s.f.* – persuasão, talento persuasivo.
suadente diabolo: por tentação do diabo.
suadeo, -es, -si, -sum, -dere: *v.int./t.* – aconselhar, exortar; propor; convidar; impelir a, persuadir.
suadet licentia luxum: a liberdade conduz ao excesso.
suadus, -a, -um: *adj.* – convidativo, insinuante, persuasivo.
suasio, -onis: *s.f.* – ação de aconselhar, conselho, discurso para persuadir.
suasor, -oris: *s.m.* – aconselhador, conselheiro.
sua tenenda cuique: cada um deve guardar o que é seu.
suave: *adv.* – agradavelmente.
suaveolens (suave olens), -entis: *adj.* – que exala um cheiro agradável, perfumado.
suaviatio (saviatio), -onis: *s.f.* – beijo terno.
suavidicus, -a, -um: *adj.* – de sons agradáveis, hamoniosos.
suavillum (sav-), -i: *s.m.* – espécie de bolo feito com mel e queijo.
suaviloquens, -entis: *adj.* – que fala de modo agradável.
suaviloquentia, -ae: *s.f.* – linguagem agradável, suavidade no falar.
suaviolum, -i: *s.n.* – beijinho.
suavior ou **savior, -aris, -atus sum, -ari**: *v. dep.t.* – beijar com ternura.
suavis, -e: *adj.* – suave, agradável (ao ouvido, ao olfato ou paladar); doce; harmonioso; amável; benigno.
suavitas, -tatis: *s.f.* – sabor agradável, de gosto bom, doçura, suavidade, perfume.
suaviter: *adv.* – de modo doce, suavemente, agradavelmente.
suavitudo, -inis: *s.f.* – meu amor (termo de afeição).
suavium ou **savium, -i**: *s.n.* – beijo terno, beijo de amor, beijo.

sub: *prep.abl.* – sob, debaixo de, em presença de, perante; perto de; para; depois de; com; no tempo de; durante; *prep.ac.* – sob, por debaixo, debaixo de; para, para as proximidades de; imediatamente depois.
subabsurde: *adv.* – aparentemente com absurdo; muito fora de propósito.
subabsurdus, -a, -um: *adj.* – um pouco absurdo, que parece absurdo; ridículo.
subactio, -onis: *s.f.* – trituração; cultura (do espírito).
subacusso, -as, -avi, -atum, -are: *v.t.* – acusar levemente.
subadroganter: *adv.* – com um pouco de presunção, de vaidade.
subagrestis, -e: *adj.* – um tanto rústico; pouco cultivado.
subalaris, -e: *adj.* – que está debaixo das asas; que está sob o braço.
subamarus, -a, -um: *adj.* – um pouco amargo.
subaquilus, -a, -um: *adj.* – um tanto escuro, pardo.
subarroganter: *adv.* – um pouco arrogantemente; com certa presunção.
subauratus, -a, -um: *adj.* – ligeiramente dourado.
subausculto, -as, -avi, -atum, -are: *v.t.* – escutar às escondidas, espiar.
subbibo, -is, -ere: *v.t.* – beber um pouco.
sub censura: debaixo de censura, sujeito à crítica de outrem.
sub colore iuris: sob a cor da lei.
sub condicione: sob condição; com a condição de.
subcontumeliose: *adv.* – não muito decentemente; de modo um tanto desonroso.
subcrispus, -a, -um: *adj.* – um tanto crespo.
subcustus, -odis: *s.m.* – substituto do guarda.
subdebilitatus, -a, -um: *adj.* – um pouco enfraquecido.
sub Deo et lege: sob Deus e a lei.
sub die: ao ar livre.
subdifficilis, -e: *adj.* – um tanto difícil.
subdiffido, -is, -isus sum, -ere: *v.int.* – desconfiar um pouco.
subditivus, -a, -um: *adj.* – suposto, falso, substituído.
subditus, -a, -um: *adj.* – posto de baixo; sujeito, submetido; ilegítimo; suposto.
subdo, -is, -idi, -itum, -ere: *v.t.* – pôr, colocar de baixo; atirar sobre; avizinhar de; substituir; supor; expor; sujeitar.
subdoceo, -es, -cui, -octum, -cere: *v.t.* – ensinar em lugar de um professor, substituir um mestre.
subdole: *adv.* – de modo um tanto artificial.
subdolus, -a, -um: *adj.* – astuto; manhoso; pérfido.
subdomo, -as, -are: *v.t.* – submeter, domar.
subdubito, -as, -avi, -atum, -are: *v.int.* – duvidar um pouco.
subduco, -is, -xi, -ctum, -cere: *v.t.* – tirar por baixo; retirar, tomar; elevar, erguer; trazer para si; puxar; fazer avançar; furtar; calcular, contar.
subductio, -onis: *s.f.* – ação de retirar, ação de tirar (fora da água); cálculo, conta.
subdurus, -a, -um: *adj.* – um tanto duro.
subedo, -is, -edi, -esum, -dere: *v.t.* – roer por baixo, solapar.
subeo, -is, -ivi ou **-ii, -itum, -ire**: *v.int./t.* – ir para baixo; ir para, aproximar-se de; marchar contra; expor-se, arrastar; brotar; vir, aparecer; seguir, suceder; subir, trepar.
suber, -eris: *s.n.* – rolha de cortiça; sobreiro (árvore).
subere levior: mais volúvel do que uma rolha.
sub examine: sob exame; em tela.
subf-, ver **suff-**.
subg-, ver também **sugg-**.
sub galli cantum: ao cantar do galo; de madrugada.
subgitatio, -onis: *s.f.* – carícia lasciva.
subgitatrix, -icis: *s.f.* – sedutora, a que seduz.
subgito, -as, -are: *v.t.* – solicitar, procurar seduzir.
subgrandis, -e: *adj.* – um tanto grande.
sub hac lege: sob esta lei.
sub hasta vendere: vender em leilão.
sub hoc respectu: a respeito disso; desse ponto de vista.
subhorridus, -a, -um: *adj.* – um tanto desagradável; descomposto.
subicio, -is, -eci, -ectum, -icere: *v.t.* – pôr debaixo; esconder; expor; pôr depois; apresentar, fornecer; sujeitar; subordinar, subornar; substituir, supor.
subiectio, -onis: *s.f.* – ação de pôr debaixo ou diante; sujeição; suposição, falsificação.
subiectio voluntaria: sujeição voluntária.
subiecto, -as, -avi, -atum, -are: *v.t.* – pôr debaixo; aproximar; levantar, erguer.
subiector, -oris: *s.m.* – o que supõe; falsificador.

S

subiectus, -a, -um: *adj.* – posto debaixo; situado debaixo; aproximado; submetido, subjugado; subornado; exposto.
subigo, -is, -egi, -actum, -igere: *v.t.* – meter debaixo; sujeitar, subjugar; amanhar, lavrar; obrigar, constranger; amansar; conduzir, dirigir para.
sub imo corde: no fundo do coração.
subinanis, -e: *adj.* – um tanto vão.
subinde: *adv.* – logo depois; seguidamente; um após outro; de tempo a tempo; entretanto.
subinsulsus, -a, -um: *adj.* – um tanto insípido, desenxabido.
subinvideo, -es, -vidi, -visum, -dere: *v.int.* – ter um pouco de inveja.
subinvito, -as, -avi, -atum, -are: *v.t.* – convidar (quase por cortesia, sem insistir); insinuar, provocar.
sub Iove: sob Júpiter; ao relento; ao ar livre.
subirascor, -eris, -i: *v.dep.* – enfadar-se, irritar-se um pouco.
subiratus, -a, -um: *adj.* – um tanto agastado.
subitarius, -a, -um: *adj.* – feito à pressa.
subito: *adv.* – feito às pressas, repentinamente, de improviso; logo, depressa.
subitum, -i: *s.n.* – coisa inesperada, improviso.
subitus, -a, -um: *adj.* – repentino, súbito; que é de improviso; imprevisto; fresco, recente; urgente.
sub iudice: sob o juiz; dependente de decisão judicial.
subiugo, -as, avi, -atum, -are: *v.t.* – submeter, subjugar; domar.
subiungo, -is, -nxi, -iunctum, -ere: *v.t.* – jungir, pôr a canga em; prender; ligar a; juntar, unir.
sub iureiurando: sob juramento.
subjaceo, -es, subjacui, -ere: *v.t.* – estar deitado ou colocado debaixo, estar submetido ou subordinado.
subjectissime: *adv.* – o mais modestamente, muito humildemente.
subjectum iuris: sujeito de direito.
subjectus, -a, -um: *adj.* – vizinho, próximo, limítrofe; submetido, dependente.
sublabor, -eris, -lapsus sum, -labi: *v.dep.* – deslizar por baixo, recuar, retirar-se lentamente.
sublata causa, tollitur effectus: suprimida a causa, cessa o efeito.
sublate: *adv.* – num estilo elevado, orgulhosamente.
sublatio, -onis: *s.f.* – ação de levantar; arrebatamento; supressão.
sublatus, -a, -um: *adj.* – levantado; elevado; ensoberbecido; que foi criado, educado; tirado, suprimido.
sublecto, -as, -are: *v.t.* – seduzir, enganar.
sub lege libertas: liberdade sob a lei.
sub legibus arma: as armas sob a lei.
sublego, -is, -egi, -ectum, -gere: *v.t.* – ajuntar, recolher; subtrair, roubar; escolher, eleger.
sublestus, -a, -um: *adj.* – leve, fraco, frívolo.
sublevatio, -onis: *s.f.* – alívio, consolo, socorro; ação de levantar.
sublevo, -as, -avi, -atum, -are: *v.t.* – levantar, erguer; socorrer, auxiliar; defender (alguém); aliviar, abrandar; enfraquecer.
sublica, -ae: *s.f.* – estaca; escora.
sublicius, -a, -um: *adj.* – construído sobre estacas; de madeira.
subligaculum, -i e **subligar, -aris**: *s.n.* – espécie de calção ou saiote usado pelos atores.
subligo, -as, -avi, -atum, -are: *v.t.* – ligar por baixo, atar; cingir.
sublime: *adv.* – nas alturas, nos ares, em cima; sublime, de modo superior.
sublimis, -e: *adj.* – alto, elevado; altivo; grande, sublime; ilustre, glorioso.
sublimitas, -atis: *s.f.* – altura, elevação; grandeza, sublimidade.
sublimo, -as, -avi, -atum, -are: *v.t.* – elevar, levantar; exaltar.
sub litteris: sob as letras; implicitamente.
sub luce: na luz; durante o dia.
subluceo, -es, -xi, -ere: *v.int.* – luzir um pouco; dar pouca luz.
subluo, -is, -ui, -utum, -uere: *v.t.* – cavar por baixo, solapar; lavar por baixo; regar, banhar.
sublustris, -e: *adj.* – que espalha pouca luz.
submergo, -is, -si, -sum, -gere: *v.t.* – submergir, meter a pique, afundar.
subministrator, -oris: *s.m.* – fornecedor.
subministro, -as, -avi, -atum, -are: *v.t.* – fornecer, produzir; subministrar.
submisse: *adv.* – modestamente, humildemente, frouxamente, levemente; em tom pouco elevado; de modo suplicante.
submissio, -onis: *s.f.* – ação de abaixar; submissão.
submissus, -a, -um: *adj.* – posto de baixo; enviado em lugar de; curvado, abatido; submissa, humilde; abjeto.

submitto, -is, -isi, -issum, -tere: *v.t.* – pôr debaixo; abaixar, submeter; enviar em lugar de; mandar em segredo; fornecer, produzir.
sub modo: sujeito a uma restrição; sujeito a limites.
submoleste: *adv.* – um pouco molestamente, de modo um tanto desagradável.
submolestus, -a, -um: *adj.* – um tanto importuno, um pouco desagradável.
submoneo (summoneo), -es, -monui, -ere: *v.t.* – advertir, avisar secretamente.
submorosus, -a, -um: *adj.* – um tanto mal-humorado, impertinente.
submoveo, -es, -ovi, -otum, -ere: *v.t.* – apartar, afastar; desviar; desterrar; repelir.
submuto, -as, -avi, -atum, -are: *v.t.* – trocar, permutar.
subnascor, -eris, -natus sum, -nasci: *v. dep.* – nascer, brotar por baixo.
subnecto, -is, -xui, -xum, -ctere: *v.t.* – ligar por baixo; suspender; acrescentar.
subnego, -as, -avi, -atum, -are: *v.t.* – negar de algum modo.
subnixus, -a, -um: *adj.* – apoiado, assentado sobre; que descansa em, confiado; ensoberbecido.
subnuba, -ae: *s.f.* – amante, concubina.
subnubilus, -a, -um: *adj.* – um tanto escuro, um pouco nublado.
subo, -as, -are: *v.t.* – estar no cio.
subobscenus, -a, -um: *adj.* – um tanto livre ou obsceno.
sub obscurum noctis: na escuridão da noite.
subobscurus, -a, -um: *adj.* – um pouco obscuro.
subodiosus, -a, -um: *adj.* – um tanto enfadonho.
suboffendo, -is, -di, -sum, -dere: *v.t.* – desagradar um pouco a.
suboles ou **soboles, -is**: *s.f.* – rebento; filho; raça, linhagem.
subolesco ou **sobolesco, -is, -ere**: *v.int.* – nascer em seguida, vir depois.
subolet, -ebat, -ere: *v.imp.int.* – exalar um odor, sentir um cheiro, farejar.
subolfacio, -is, -feci, -factum -facere: *v.t.* – farejar.
suborior, -iris (-eris), -iri: *v.t.* – brotar por baixo, reproduzir-se, refazer-se.
suborno, -as, -avi, -atum, -are: *v.t.* – equipar, preparar, armar em segredo; subornar, corromper.
sub ortum fere lucis: quase ao nascer do sol.
subp-, ver **supp-**.
sub pedibus esse: ser desprezado.
subrancidus, -a, -um: *adj.* – um pouco rançoso.
subraucus, -a, -um: *adj.* – um tanto rouco.
subremigo, -as, -avi, -atum, -are: *v.int./t.* – remar em baixo; remar na esteira (de outra embarcação).
subrepo, -is, -psi, -ptum, -pere: *v.int./t.* – introduzir-se por baixo; esgueirar-se, insinuar-se.
subrepticius, -a, -um: *adj.* – clandestino, sub-reptício.
subrideo, -es, -si, -sum, -dere: *v.int.* – sorrir.
subridicule: *adv.* – bastante ridículo, ridiculamente.
subrigo, -is, -exi, -ectum, -igere: *v.t.* – erguer, levantar, elevar; endireitar.
subringor, -eris, -gi: *v.dep.* – agastar-se, irritar-se.
subripio ou **surripio, -is, -ripui, -reptum, -ere**: *v.t.* – tirar furtivamente, subtrair, desviar, furtar, roubar.
subrogo, -as, -avi, -atum, -are: *v.t.* – mandar ou pôr em lugar de, substituir.
sub rosa dictum: dito em segredo.
subrostranus ou **subrostrarius, -a, -um**: *adj.* – frequentador na praça pública; amigo de novidades, ocioso.
subruo, -is, -ui, -utum, -uere: *v.t.* – ruir, escavar, minar, destruir.
subrusticus, -a, -um: *adj.* – um tanto rústico ou grosseiro.
subscribo, -is, -psi, -ptum, -bere: *v.t./int.* – escrever em baixo ou no fim, subscrever; inscrever; estar por, favorecer; assinar-se como parte contrária, acusar; censurar, repreender.
subscriptio, -onis: *s.f.* – subscrição, assinatura; inscrição; minuta, extrato; acusação; censura.
subsctiptor, -oris: *s.m.* – acusador, advogado da parte contrária.
subseco, -as, -cui, -ctum, -are: *v.t.* – cortar por baixo.
subsellium, -ii: *s.n.* (mais usado no plural) – tamborete, banco; assento (no teatro: de juízes, de senadores); banco (dos réus); *pl.* – tribunal, senado.
subsentio, -is, -sensi, -ire: *v.t.* – suspeitar, presentir.
subsequor, -eris, -cutus ou **-quutus bum, -qui**: *v.dep.* – seguir de perto, acompanhar; imitar.

S

subservio, -is, -ire: *v.t.* – servir, obedecer, estar sob as ordens de.

subsessor, -oris: *s.m.* – o que está de emboscada, o que está à espera.

subsicivum, -i: *s.n.* – pequena porção de terra que fica além da medida.

subsicivus, ou **subsecivus, -a, -um**: *adj.* – que é cortado de, que é tirado às ocupações; que resta; que é de passatempo, secundário.

subsideo, -es, -edi, -essum, -idere: *v.int./t.* – parar, ficar; residir; restar; ficar no fundo; encalhar.

subsidiarius, -a, -um: *adj.* – que é de reserva, que é de reforço.

subsidium, -ii: *s.n.* – reserva, reforço (de tropas); auxílio, socorro; defesa; posto, guarnição.

subsido, -is, -edi ou **-idi, -essum, -idere**:*v. int./t.* – parar, ficar; inclinar-se; abater-se, abaixar-se; ir ao fundo; desaparecer; acalmar-se.

subsignanus, -a, -um: *adj.* – que não é legionário, que milita sob bandeira particular.

subsigno, -as, -avi, -atum, -are: *v.t.* – subscrever, assinar; registrar, inscrever.

subsilio, -is, -lui ou **lii, -sultum, -ire**: *v.int.* – saltar; desprender-se.

subsisto, -is, -stiti, -stitum, -sistere: *v.t./ int.* – parar; ficar, residir; demorar; resistir, opor-se; cessar.

subsolanus, -a, -um: *adj.* – voltado para o oriente.

subsolanus, -a, -um: *s.m.* – vento leste.

sub sole nihil perfectum: debaixo do sol, não há nada perfeito.

sub sole nihil stabile: debaixo do sol, não há nada permanente.

subsortior, -iris, -itus sum, -iri: *v.dep.t.* – tirar a sorte.

subsortitio, -onis: *s.f.* – ação de tirar a sorte para substituição de magistrados, segundo sorteio de nomes.

sub specie aeternitatis: na perspectiva da eternidade.

sub spe rati: com a esperança de aprovação.

substantia, -ae: *s.f.* – substância, essência; realidade, matéria; objeto; posses, haveres.

substerno, -is, -stravi, -stratum, -sternere: *v.t.* – estender, aplicar por baixo; deitar, estender; cobrir.

substituo, -is, -ui, -utum, -uere: *v.t.* – pôr debaixo; expor; pôr em lugar de, substituir.

substo, -as, -are: *v.int.* – estar embaixo.

substractum: a essência; o fundo; o princípio da coisa.

substrictus, -a, -um: *adj.* – apertado, delgado, magro, estreito; seco.

substringo, -is, -xi, -ictum, -ingere: *v.t.* – apertar, atar; segurar; cortar; suprimir; reter.

substructio, -onis: *s.f.* – fundamento, alicerce; parte inferior de um edifício; grande construção.

substruo, -is, -truxi, -structum, -ere: *v.t.* – construir no subsolo, construir embaixo ou na base.

subsultim: *adv.* – aos pulinhos.

subsulto, -as, -avi, -are: *v.int.* – saltar de alegria.

subsum, -es, -fui, -esse: *v.int.* – estar debaixo, por baixo; estar oculto; estar próximo; estar exposto a.

sub tegmine fagi: à sombra da faia.

subtemen, -inis: *s.n.* – trama; fio (de tecido).

subter: *prep.ac. e abl.* – abaixo de, sob; *adv.* – debaixo, por baixo.

subterfugio, -is, -fugi, -itum, -gere: *v.int./t.* – fugir às escondidas; escapar; esquivar-se a, evitar.

subterlabor, -eris, -lapsus sum, -labi: *v.dep.int.* – correr debaixo; escapar por baixo.

subterraneus, -a, -um: *adj.* – subterrâneo.

subtervacans, -antis: *adj.* – que está vazio por baixo.

subtervolo, -as, -are: *v.int.* – voar sob.

subtexo, -is, -xui, -xtum, -xere: *v.t.* – tecer ou coser por baixo; pôr diante, cobrir; escrever; acrescentar.

subtilis, -e: *adj.* – tênue, delgado; engenhoso, sutil, sagaz; exato, minucioso.

subtilitas, -atis: *s.f.* – tenuidade, delicadeza; finura, sutileza; cuidado; exatidão, rigor; simplicidade.

subtiliter: *adv.* – sutilmente, judiciosamente; exatamente, com rigor.

subtimeo, -es, -ui, -ere: *v.t.* – temer, recear um pouco.

subtraho, -is, -xi, -ctum, -here: *v.t.* – tirar, subtrair; furtar; afastar, retirar; passar em silêncio.

subtristis, -e: *adj.* – malancólico.

subturpiculus, -a, -um: *adj.dim.* – um tanto ou pouco vergonhoso.

subturpis, -e: *adj.* – um tanto feio, vergonhoso.
subtus: *adv.* – embaixo, por baixo.
subtusus, -a, -um: *adj.* – levemente magoado.
subucula, -ae: *s.f.* – túnica de baixo; camisa.
subulcus, -i: *s.m.* – guardador de porcos, porqueiro.
sub umbra alarum tuarum: à sombra das tuas asas.
suburbanitas, -atis: *s.f.* – proximidade da metrópole.
suburbanus, -a, -um: *adj.* – situado perto da cidade, suburbano; *m.pl.* – habitantes dos arredores (de uma cidade).
suburbium, -ii: *s.n.* – subúrbio, arrabalde.
suburgeo, -es, -ere: *v.t.* – aproximar a, impelir para perto de, aproximar.
subutaneus, -a, -um: *adj.* – súbito, repentino.
subvectio, -onis: *s.f.* – transporte, chegada (por água).
subvecto, -as, -avi, -atum, -are: *v.t.* – transportar (por água); carrear, transportar.
subveho, -is, -xi, -ctum, -here: *v.t.* – transportar (subindo); levantar; levar para acima.
subvenio, -is, -eni, -entum, -enire: *v.int.* – vir, chegar; acudir (ao pensamento); vir em auxílio de; defender; remediar a; aliviar.
subvereor, -eris, -veritus sum, -eri: *v.dep.* – recear, temer.
subversor, -oris: *s.m.* – o que destrói, demolidor.
subverto, -is, -ti, -sum, -tere: *v.t.* – demolir, derrubar; destruir; abolir.
sub vesperam: ao cair da noite; ao anoitecer.
subvexus, -a, -um: *adj.* – que se eleva de baixo para cima, levemente inclinado.
sub vino: sob o efeito do vinho.
subviridis, -e: *adj.* – esverdeado.
sub voce: no mesmo capítulo; na mesma seção.
subvolo, -as, -avi, -atum, -are: *v.int.* – elevar-se voando.
subvolvo, -is, -vi, -volutum, -ere: *v.t.* – rolar para cima, elevar.
succedaneus, -a, -um: *adj.* – posto em lugar de; substituído a ou por, que se segue a.
succedo, -is, -essi, -essum, -edere: *v.int./t.* – entrar debaixo ou em; aproximar-se de; subir por; colocar-se diante; vir depois, suceder a; acontecer; ter êxito.
succendo, -is, -di, -ensum, -dere: *v.t.* – pôr fogo a, incendiar; iluminar; inflamar.
succenseo, -es, -ui, -ere: *v.int./t.* – censurar, submeter à censura; irritar-se; indignar-se; exasperar.
succenturio ou **subcenturio, -as, -avi, -atum, -are**: *v.t.* – ajuntar para completar uma centúria; ter de reserva; substituir.
successio, -onis: *s.f.* – ação de suceder, sucessão; herança; substituição; êxito, resultado.
successor, -oris: *s.m.* – sucessor, herdeiro.
successus, -us: *s.m.* – aproximação, chegada; decurso de tempo; bom êxito, sucesso.
succidia, -ae: *s.f.* – pedaço de carne de porco, carne cortada.
succidius, -a, -um: *adj.* – vacilante, cambaleante.
succido, -is, -cidi, -casum, -dere: *v.int.* – vergar, sucumbir ao peso; desfalecer.
succido, -is, -cidi, -cisum, -dere: *v.t.* – cortar rente (ou por baixo); ceifar; matar.
succiduus, -a, -um: *adj.* – que verga; vacilante; interrompido.
succinctus, -a, -um: *adj.* – apertado com o cinto; que tem o vestido curto; vestido de túnica curta; desembaraçado, ágil; cingido de; rodeado, cercado.
succino, -is, -ere: *v.int.t.* – acompanhar com o próprio canto.
succlamatio, -onis: *s.f.* – gritos, clamores.
succlamo, -as, -avi, -atum, -are: *v.int.* – responder com gritos, gritar em resposta.
succollo, -as, -avi, -atum, -are: *v.t.* – carregar aos ombros, levar às costas.
succresco, -is, -crevi, -cretum, -ere: *v.int.* – crescer por baixo, crescer de novo, reproduzir-se, suceder.
succubuit medicina malis: o remédio foi vencido pela doença.
succumbo, -is, -cubui, -cubitum, -ere: *v.int.* – deitar por baixo, cair sob, sucumbir, ceder.
succurre ruenti: socorre quem caiu.
succurro, -is, -curri, -cursum, -ere: *v.int.* – correr debaixo, correr para afrontar; socorrer, ocorrer.
succussio, -onis: *s.f.* – abalo (da terra).
succussus, -us: *s.m.* – abalo, sacudidela.
succutio, -is, -ussi, -ussum, -utere: *v.t.* – sacudir, abalar.
sucidus, -a, -um: *adj.* – cheio de seiva, gordo, suculento.
sucinum ou **succinum, -i**: *s.n.* – âmbar, alambre amarelo.
suco ou **succo, -onis**: *s.m.* – sanguessuga; usurário.

S

sucosus, -a, -um: *adj.* – cheio de seiva, úmido; rico.
suctus, -us: *s.m.* – sucção, ação de sugar.
sucula, -ae: *s.f.* – leitoa, porquinha.; *pl.* – as Híadas (estrelas).
suculentus, -a, -um: *adj.* – suculento, cheio de seiva, cheio de vida.
sucus ou **succus, -i**: *s.m.* – suco (das plantas), seiva; sumo, essência; suco; força, vigor.
sudare sanguinem: suar sangue.
sudarium, -ii: *s.n.* – lenço (para enxugar o rosto).
sudatio, -onis: *s.f.* – ação de suar, transpiração.
sudatorium, -i: *s.n.* – estufa.
sudatorius, -a, -um: *adj.* – sudorífico.
sudatrix, -icis: *s.f.* – que faz suar.
sudiculum (suduculum), -i: *s.n.* – espécie de açoite (que faz suar).
sudis ou **sudes, -is**: *s.f.* – estaca; ponta, espinho; azagaia.
sudo, -as, -avi, -atum, -are: *v.int./t.* – suar, transpirar; esforçar-se; gotejar, destilar.
sudor, -oris: *s.m.* – suor, transpiração; trabalho, esforço; líquido (que goteja).
sudore et sanguine: com suor e sangue.
sudum, -i: *s.n.* – céu claro, sereno; bom tempo.
sudus, -a, -um: *adj.* – seco (com relação ao tempo), sem chuva; limpo, sereno.
suesco, -is, -evi, -etum, -escere: *v.int.* – acostumar-se; habituar-se a.
suetus, -a, -um: *adj.* – acostumado, afeito a; habitual.
sufes ou **suffes, -etis**: *s.m.* – súfete, primeiro magistrado em Cartago.
suffarcino, -as, -avi, -atum, -are: *v.t.* – carregar, cumular (de presentes).
suffero (subfero), -fers, sustuli, sublatum, sufferre: *v.t.* – pôr debaixo, sujeitar; suster; incorrer, (numa pena); sofrer, suportar, resistir, sustentar.
suffertus, -a, -um: *adj.* – farto, cheio, nutrido.
sufficiens, -entis: *adj.* – suficiente, adequado.
sufficio, -is, -eci, -ectum, -icere: *v.t./int.* – pôr debaixo; pôr em lugar de; fornecer; prover; apresentar-se; bastar; resistir.
sufficit: é bastante; basta.
suffigo, -is, -fixi, -fixum, -gere: *v.t.* – pregar por baixo; cravar; dependurar, suspender.
suffimen, -inis ou **suffimentum, -i**: *s.n.* – fumo (de substância queimada nos sacrifícios), fumugação, defumação; perfume.
suffio, -is, -lvi ou **-ii, -itum, -ire**: *v.t.* – defumar, fumigar; perfumar.
sufflamino, -as, -are: *v.t.* – travar, moderar.
sufflatus, -a, -um: *adj.* – cheio de orgulho, orgulhoso.
sufflo, -as, -avi, -atum, -are: *v.t.* – soprar; inchar.
suffocatio, -onis: *s.f.* – sufocação, abafamento.
suffoco, -as, -avi, -atum, -are: *v.t.* – sufocar, abafar, asfixiar, estrangular.
suffodio, -is, -odi, -ossum, -dere: *v.t.* – cavar por baixo; minar, solapar.
suffragante natura: com a aprovação da natureza.
suffragatio, -onis: *s.f.* – ato de dar o voto, o sufrágio; aprovação.
suffragator, -oris: *s.m.* – o que dá seu voto, partidário.
suffragatorius, -a, -um: *adj.* – que depende de um voto; pouco seguro.
suffragium, -ii: *s.n.* – voto, sufrágio; aprovação, estima.
suffragor, -aris, -atus sum, -ari: *v.dep.* – dar o seu voto; aprovar; favorecer, patrocinar.
suffringo, -is, -fregi, -fractum, -fringere: *v.t.* – quebrar (por baixo); despedaçar.
suffucio (subf-), -onis: *s.f.* – subfusão, derramamento.
suffugio, -is, -fugi, -fugitum, -fugere: *v.int.* – escapar por baixo, fugir; esquivar-se.
suffugium, -ii: *s.n.* – refúgio, abrigo.
suffulcio (subfulcio), -is, -ere, -fulsi, -fultum: *v.t.* – sustentar por baixo, sustentar, manter.
suffundo, -is, -udi, -usum, -undere: *v.t.* – verter; derramar; espalhar; cobrir de ou com.
suffuror, -aris, -ari: *v.dep.t.* – roubar furtivamente, às escondidas.
suffuscus, -a, -um: *adj.* – meio escuro (de pele), pardacento.
suggero, -is, -gessi, -gessum, -gerere: *v.t.* – pôr debaixo; ajuntar; fornecer; pôr depois ou em seguida; dar, sugerir.
suggestio (subgetio), -onis: *s.f.* – sugestão.
suggestum, -i: *s.n.* e **suggestus, -us**: *s.m.* – elevação (construída); lugar alto, camarote; púlpito, tribuna.
suggillatio, -onis: *s.f.* – contusão; nódoa, desonra; ultraje.
suggillo, -as, -avi, -atum, -are: *v.t.* – contundir, pisar; desonrar, denegrir.

suggredior, -eris, -gressus sum, -gredi: *v. dep.* – aproximar-se sorrateiramente; ir às escondidas.
sugo, -is, -xi, -ctum, -gere: *v.t.* – chupar, sugar; sorver.
sui: *pron.refl.gen.sing.* e *pl.* – de si, dele, dela, deles, delas.
sui dissimilis est: está diferente do que é.
sui generis: único do seu gênero; especial; exclusivo; original.
sui iuris: pessoa capaz.
sui non sunt: estão fora de si.
suillus, -a, -um: *adj.* – de porco.
suis verbis: com suas próprias palavras; textualmente.
sulco, -as, -avi, -atum, -are: *v.t.* – lavrar, amanhar; sulcar; percorrer, atravessar.
sulcus, -i: *s.m.* – lavra, amanho; rego; sulco.
sulfulcio, -is, -fulsi, -fultum, -ire: *v.t.* – estear, escorar; sustentar.
sulfur ou **sulphur** ou **sulpur, -uris**: *s.n.* – enxofre; *pl.* – águas, banhos sulfurosos.
sulfureus ou **sulphureus** ou **sulpureus, -a, -um**: *adj.* – sulfúreo, sulfuroso.
sultis: *contr.* de **si vultis** – se quereis; se vos apraz, peço-vos.
sum, es, fui, esse: *v.subst.* – ser; existir; estar, achar-se em, morar; dar-se, acontecer; ser para, servir de; bastar parta; ir; ver, chegar.
sumen, -inis: *s.n.* – bico de seio, mamilo, teta.
sum, ergo edo: eu existo, logo eu como.
sum imus: eu sou o mais humilde.
sum in trivio: estou numa encruzilhada.
sum qualis eram: continuo sendo o que eu era.
summ-, ver **subm-**.
summa, -ae: *s.f.* – suma, o todo, a totalidade; fundo, capital; a parte principal, o essencial; chefe, supremo poder; sumário, resumo.
summa arbore: no alto da árvore.
summa cum laude: com o máximo louvor.
summa est potestas: o poder é uma grande coisa.
summa imperii: o poder supremo.
summam manum addere: dar a última demão; dar o retoque final.
summano, -as, -are: *v.t.* – umedecer.
summa potestas: o poder supremo.
summas, -atis: *adj.* – da mais alta categoria, eminente, superior.
summa summarum: a conclusão.
summatim: *adv.* – em resumo; sumariamente, superficialmente, em traços gerais.
summatus: *adv.* – soberania.
summa vi defendere: defender com a maior força.
summe: *adv.* – extremamente, com o maior empenho.
summe Pater! ó Pai supremo!
summis ingredi pedibus: andar na ponta dos pés.
summo: *adv.* – por fim, finalmente.
summoneo ou **submoneo, -es, -ui, -itum, -ere**: *v.t.* – advertir em segredo; excitar.
summopere: *adv.* – com o maior cuidado, empenho ou esforço.
summo studio: com o maior zelo.
summula, -ae: *s.f.* – pequena soma, pequena quantia.
summum: *adv.* – ao máximo, quando muito.
summum, -i: *s.n.* – a parte mais alta, o cimo, o apogeu.
summum bonum: o bem supremo.
summum imperium: o poder supremo.
summum ius: o direito extremo; o direito rigoroso; o rigor da lei.
summum malum dolor: a dor é o maior dos males.
summus, -a, -um: *adj.* – o mais alto ou elevado; extremo; último; o mais importante, o principal; sumo, supremo.
summus iudex: o juiz supremo.
sumo, -is, -psi, -ptum, -mere: *v.t.* – tomar, pegar; apoderar-se; roubar; escolher; receber; revestir; infligir; empreender, encarregar-se de; empregar em; despender, gastar; estabelecer, supor.
sumpitito, -as, -are, -avi: *v.t.* – tomar muitas vezes.
sumptibus publicis: à custa do erário.
sumptifacio, -is, -feci, -factum, -ere: *v.t.* – fazer (correr bem) as despesas de, pagar.
sumptio, -onis: *s.f.* – ação de tomar, de empreender; suposição; proposição menor (de um silogismo).
sumptuarius, -a, -um: *adj.* – relativo à despesa.
sumptuose: *adv.* – com grandes gastos, dispêndio, suntuosamente.
sumptuosus, -a, -um: *adj.* – dispendioso; caro, suntuoso; gastador.
sumptus, -us: *s.m.* – gasto, despesa, custo.
sunt animae rerum: as coisas têm vida.
sunt enim iudicia libera: as opiniões são livres.

sunt superis sua iura: até os deuses têm suas leis.
suo, -is, sutum, sure: *v.t.* – coser (com agulha), costurar.
suo arbitrio: por sua autoridade; por sua decisão.
suo iure: por seu direito.
suo malo sapit: sabe por experiência.
suo Marte: com suas próprias forças; com recursos próprios.
suo nomine: em seu próprio nome; por seu nome.
suo periculo: por seu próprio risco.
suo similis patro: é igual ao pai.
suo tempore: no momento oportuno.
suovetaurilia, -ium: *s.n.pl.* – sacrifício em que se imolavam uma porca, uma ovelha e um touro.
supellex, lectilis: *s.f.* – móveis, alfaias; ferramenta, utensílios; bagagem; posses, haveres; recurso.
super: *prep.ac. e abl.* – sobre, em cima de; além de; acerca de; por causa de; durante; *adv.* – em cima, até em cima; além, demais, ainda.
supera: *adv.* – mais acima.
superabilis, -e: *adj.* – superável, vencível; que pode ser movido, abalado.
superaddo, -is, -didi, -ditum, -dere: *v.t.* – pôr em cima; gravar sobre; acrescentar.
super arenam aedificare: construir sobre areia.
superator, -oris: *s.m.* – vencedor.
superauratus, -a, -um: *adj.* – dourado.
superavit: o que sobra.
superbe: *adv.* – orgulhosamente, com arrogância, soberbamente.
superbia, -ae: *s.f.* – orgulho, presunção, soberba; despotismo; altivez.
S
superbibo, -is, -ere: *v.t.* – beber por cima, beber depois.
superbificus, -a, -um: *adj.* – que inspira orgulho.
superbiloquentia, -ae: *s.f.* – linguagem arrogante.
superbio, -is, -ivi, -itum, -ire: *v.int.* – tornar-se arrogante, ensoberbecer-se; destacar-se, brilhar.
superbus, -a, -um: *adj.* – presunçoso, arrogante; soberbo; tirânico; altivo; grande, glorioso.
superciliosus, -a, -um: *adj.* – carrancudo, demasiadamente severo.
supercilium, -ii: *s.n.* – supercílio, sobrancelha; cimo, cume, crista; austeridade, aspecto severo; orgulho.
supercresco, -is, -ere, -crevi: *v.int.* – crescer por cima, ajuntar-se.
supercurro, -is, -ere: *v.t.* – exceder em velocidade, ultrapassar.
superduco, -is, -duxi, -ductum, -ere: *v.t.* – conduzir, levar sobre; acrescentar.
superemineo, -es, -nui, -ere: *v.int./t.* – elevar-se ou sair acima de, ultrapassar; sobressair.
superfero, -fers, -ferre, -tuli, -latum: *v.t.* – levar acima, levar além, colocar sobre.
superficies, -ei: *s.f.* – superfície; o que sai do chão ou está sobre o solo; construção.
superfio, -is, -fieri: *v.int.* – restar, sobrar.
superfixus, -a, -um: *adj.* – sobreposto, pregado ou cravado sobre.
super flumina: sobre os rios.
superfluo, -is, -xi, -xum, -uere: *v.int./t.* – transbordar; superabundar; passar além de.
superfluus, -a, -um: *adj.* – transbordado; supérfluo.
superfundo, -is, -fudi, -fusum, -dere: *v.t.* – derramar por cima de; estender-se, espalhar; envolver.
supergredior, -eris, -gressus sum, -gredi: *v.dep.* – marchar sobre; passar além, ultrapassar; superar.
superiacio (superjacio), -is, -ieci, -iectum, -ere: *v.t.* – lançar sobre, colocar por cima.
superilligo, -as, -are: *v.t.* – ligar, atar por cima.
superillino, -is, -ere, -litum: *v.t.* – estender sobre, untar.
superimmineo, -es, -ui, -ere: *v.int.* – estar suspenso sobre; estar iminente.
superimpendens, -entis: *adj.* – iminente, pendente sobre, ameaçador.
superimpono, -is, -posui, positum, ponere: *v.t.* – pôr em cima de; sobrepor.
superincido, -is, -ere: *v.int.* – cair em cima de.
superincubans, -antis: *adj.* – deitado sobre.
superincumbo, -is, -cubui, -cubitum, -umbere: *v.int.* – deitar-se por cima.
superinduco, -is, -duxi, -ductum, -ere: *v.t.* – espalhar, derramar por cima.
superinduo, -is, -ui, -utum, -uere: *v.t.* – pôr em cima, vestir por cima.
superingero, -is, -ere, -gestum: *v.t.* – pôr sobre, acumular por cima.

superiniicio, -is, -ieci, -iectum, -iicere: *v.t.* – lançar por cima, atirar sobre.

superinsterno, -is, -stravi, -stratum, -sternere: *v.t.* – estender sobre, cobrir.

superior, -ius *comp.* de **superus**: mais alto, mais elevado, precedente.

superiorum permissu: com a autorização dos superiores.

superlatio, -onis: *s.f.* – exageração; hipérbole.

superlatus, -a, -um: *adj.* – elevado acima; exagerado.

supermando, -is, -ere: *v.t.* – comer em cima, comer depois.

supermeo, -as, -are: *v.t.* – ir, deslizar, correr sobre.

supermitto, -is, -misi, -missum, mittere: *v.t.* – atirar, derramar sobre.

supernas, -atis: *adj.* – que vem do alto, do Adriático.

supernato, -as, -avi, -atum, -are: *v.int.* – flutuar, sobrenadar, vagar sobre.

superne: *adv.* – do alto, de cima; em cima, para cima.

supernus, -a, -um: *adj.* – que está em cima, superior; que é de cima, supremo, celeste.

supero, -as, -avi, -atum, -are: *v.t./int.* – elevar-se, estar acima de; passar além; atravessar; ultrapassar; vencer; exceder; restar; sobreviver.

superoccupo, -are, -as: *v.t.* – surpreender.

superpendens, -entis: *adj.* – suspenso em cima de.

super petram aedificare: construir sobre pedra.

superpono, -is, -posui, -positum, -ponere: *v.t.* – pôr sobre, sobrepor; preferir.

superscando ou **superscendo, -is, -ere**: *v.int.* – saltar sobre; trepar a.

superscribo, -is, -scripsi, -scriptum, -ere: *v.t.* – escrever por cima, escrever como correção.

supersedeo, -es, -edi, -esmum, -dere: *v.t./int.* – estar sentado ou pousado sobre; suspender; cessar.

superstagno, -as, -avi, -atum, -are: *v.int.* – transbordar, formar um lago.

supersterno, -is, -stravi, -stratum, -sternere: *v.t.* – estender sobre; cobrir de.

superstes, -stitis: *adj.* – que está ou fica em cima; que resta; que sobrevive.

superstitio, -onis: *s.f.* – superstição, temor; culto, religião; adivinhação.

superstitiose: *adv.* – supersticiosamente, com muito cuidado.

superstitiosus, -a, -um: *adj.* – supersticioso; profético.

superstito, -as, -are: *v.int./t.* – preservar, conservar, fazer durar; sobreviver.

supersto, -as, -stiti, -statum, -are: *v.int./t.* – estar por cima, dominar; descansar ou apoiar-se em.

superstruo, -is, -xi, -xtum, -uere: *v.t.* – construir em cima, edificar sobre.

supersum, -es, -fui, -esse: *v.int.* – ser a mais, restar; escapar; durar; viver ainda, sobreviver; chegar a, vencer; superabundar, ser supérfluo.

supertego, -is, -ere, -texi, -tectum: *v.t.* – cobrir por cima, abrigar.

supertraho, -is, -ere: *v.t.* – arrastar sobre.

superurgens, -entis: *part.pres.* – que aperta, que comprime (de cima para baixo).

superus, -a, -um: *adj.* – que está em cima, superior, alto; que é do céu, celeste; que está sobre (em relação aos infernos), terrestre; *s.m.pl.* – os deuses.

supervacaneus, -a, -um: *adj.* – que é de reserva, sobresselente ou sobressalente; demasiado, supérfluo.

supervacuo: *adv.* – desnecessário, supérfluo, inutilmente.

supervacuus, -a, -um: *adj.* – superabundante, supérfluo, inútil.

supervado, -is, -si, -sum, -dere: *v.int./t.* – passar por cima de, transpor; escalar.

supervehor, -veheris, -vectus sum, -vehi: *v.int.* – ser levado através de, ser transportado sobre, transpor.

supervenio, -is, -veni, -ventum, -venire: *v.int./t.* – vir sobre, colocar-se em cima; vir depois; chegar de repente, sobreviver; vir, chegar; surpreender.

superventus, -us: *s.m.* – chegada imprevista, vinda súbita.

super vires: acima das nossas forças.

supervolito, -as, -avi, -atum, -are: *v.int./t.* – esvoaçar por cima.

supervolo, -as, -avi, -atum, -are: *v.int/t.* – voar por cima; passar acima de.

supine: *adv.* – com indolência, molemente.

supino, -as, -avi, -atum, -are: *v.t.* – dobrar, inclinar para trás.

supinus, -a, -um: *adj.* – dobrado, inclinado; deitado de costas; voltado para cima; inclinado para trás; orgulhoso; que está em declive; ladeirento; desleixado.

suporventus, -us: *s.m.* – chegada (repentina).

S

suporvivo, -is, -xi, -ctum, -ere: *v.int.* – sobreviver.

suppaenitet, ver **suppoenitet**.

suppar, -paris: *adj.* – quase igual.

supparasitor (subparasitor), -aris, -ari: *v.int.* – lisonjear alguém (como um parasita), fazer por agradar alguém.

suppeditatio, -onis: *s.f.* – abundância.

suppedito, -as, -avi, -atum, -are: *v.t./int.* – fornecer, subministrar; afluir, ser em abundância; bastar.

suppedo (subpedo), -is, -ere: *v.int.* – expelir ares, peidar.

suppernatus, -a, -um: *adj.* – cortado, desramado.

suppetiae, -arum: *s.f.pl.* – recursos, auxílio, socorro.

suppetior, -aris, -atus sum, -ari: *v.dep.* – prestar ajuda, socorrer.

suppeto, -is, ivi ou -ii, -itum, -ere: *v.int.* – estar presente, estar à mão; achar-se em abundância; ser suficiente, bastar.

suppilo (subpilo), -as, -atum, -are: *v.t.* – roubar secretamente, furtar.

suppingo, -is, -pegi, -pactum, -ere: *v.t.* – pregar debaixo, ficar debaixo.

supplanto, -as, -avi, atum, -are. *v.t.* – dar uma rasteira em alguém; derrubar; dar cabo de.

supplementum, -i: *s.n.* – suplemento; complemento, o que é para completar; ajuda, socorro.

suppleo, -es, -evi, -etum, -ere: *v.t.* – encher de novo, preencher; acrescentar; suprir; completar.

supplex, -icis: *adj.* – suplicante; *s.m.* – o que implora, suplicante.

supplicatio, -onis: *s.f.* – preces públicas; ação de graças (aos deuses).

suppliciter: *adv.* – de modo suplicante, humildemente.

S

supplicium, -ii: *s.n.* – suplicação, preces públicas; ramo levado pelos suplicantes; oferendas (aos deuses); pena, castigo, suplício.

supplico, -as, -avi, -atum, -are: *v.int./t.* – dirigir súplicas (aos deuses); fazer oferendas; pedir, suplicar.

supplodo ou **supplaudo, -is, -ere**: *v.t./int.* – bater no chão com; dar sinal de desaprovação.

supplosio, -onis: *s.f.* – ação de bater no chão.

suppoenitet, -uit, -ere: *v.unip.* – arrepender-se um pouco de.

suppono, -is, -posui, -positum, -ponere: *v.t.* – pôr debaixo; submeter; pôr depois, em segundo lugar; aproximar a; acrescentar; pôr em lugar de, substituir; supor.

supporto, -as, -avi, -atum, -are: *v.t.* – levar de baixo para cima; transportar.

suppositicius (subp-), -a, -um: *adj.* – posto em lugar de, substituto.

supposito (subp-), -onis: *s.f.* – substituição fraudulenta.

suppositus ou **suppostus, -a, -um**: *adj.* – posto debaixo; que está em baixo, subordinado, posto em lugar de; suposto.

suppressio, -onis: *s.f.* – opressão, sufocação; retenção indébita (de dinheiro)

suppressus, -a, -um: *adj.* – baixo; reprimido; metido para dentro, escondido; posto a pique.

supprimo, -is, -pressi, -pressum, -primere: *v.t.* – afundar, enterrar fazendo pressão; reprimir, apertar (por baixo); abafar; conter, reter; cessar; guardar, ocultar; suprimir.

suppudet, -uit, -ere: *v.unip.* – estar um tanto vergonhoso de.

suppuratio, -onis: *s.f.* – supuração, abcesso, tumor.

suppuro, -as, -avi, -atum, -are: *v.int./t.* – supurar, expelir pus.

supputo, -as, -avi, -atum, -are: *v.t.* – contar, computar; podar.

supra: *prep.ac.* – sobre, por cima de; além de; mais de; antes de; *adv.* – acima, mais acima; além, mais além; mais longe; mais.

supra quam cuiquam credibile est: mais do que se pode imaginar.

suprascando, -is, -ere: *v.t.* – passar além, ultrapassar.

supra summum: o mais alto grau; o máximo.

supra vires: acima das nossas forças.

suprema, -orum: *s.n.pl.* – últimos momentos; enterro, funerais; últimas disposições.

suprema voluntas potior habetur: a última vontade prevalece.

supremum: *adv.* – pela última vez; em último lugar.

supremum tribunal: tribunal supremo.

supremum vale: o último adeus.

supremus, -a, -um: *adj.superl.* – o mais alto; supremo; último, extremo, derradeiro; o mais perigoso.

sura, -ae: *s.f.* – barriga da perna.

surculus, -i: *s.m.* – rebento; raminho, vergôntea; garfo (de enxerto).

surdaster, -tra, -trum: *adj.* – meio surdo.

surdior saxis: é mais surdo que as pedras.
surditas, -atis: *s.f.* – surdez.
surdo canis: cantas para um surdo.
surdus, -a, -um: *adj.* – surdo; que não quer escutar, indócil; que não é sonoro; mudo, silencioso; desconhecido; secreto.
surena, -ae: *s.m.* – surena, antigo magistrado, imediato ao rei (entre os Partos).
surge et ambula: ergue-te e anda.
surgo, -is, -rexi, -rectum, -gere: *v.int.* – levantar-se, erguer-se; sublevar-se; elevar-se, crescer; nascer, aparecer.
surpite, surpere: *contrac.* por **sur-ripite, sur-ripere**.
surripio ou **subripio, -is, -ipui, -eptum, -ipere**: *v.t.* – subtrair, furtar; roubar; esconder, ocultar; separar.
sursum: *adv.* – para cima, para o alto; em ascensão.
sursum corda: corações ao alto.
sus, suis: *s.m.f.* – javali, porco.
suscenseo, -es, -ui, -sum, -ere: *v.int.* – estar irritado contra.
susceptio, -onis: *s.f.* – ato de receber, acolhimento; ação de se encarregar de; aceitação.
susceptor, -oris: *s.m.* – o que recebe em sua casa, encobridor; defensor.
susceptum, -i: *s.n.* – empresa.
suscipio, -is, -epi, -eptum, -ipere: *v.t.* – suster, não deixar cair; sustentar, reerguer; tomar, receber; acolher (em sua casa); aceitar; encarregar-se de, empreender; defender; criar, gerar; celebrar (cerimônias religiosas); responder.
suscito, -as, -avi, -atum, -are: *v.t.* – levantar, erguer; fazer alçar voo; despertar, acordar; pôr de pé (um doente); atiçar (fogo); excitar, estimular.
suspecto, -as, -avi, -atum, -are: *v.t.* – olhar para cima; desconfiar, suspeitar de.
suspectus, -a, -um: *adj.* – suspeito; adiado; arriscado, perigoso.
suspectus, -us: *s.m.* – ação de olhar para cima; altura; admiração.
suspendatur per collum: que seja enforcado.
suspendium, -ii, *s.n.* – ação de enforcar, enforcamento.
suspendo, -is, -di, -sum, -ere: *v.t.* – suspender, pendurar; enforcar; pendurar (oferendas), consagrar; levantar, erguer; construir; sustentar, estear; reter; sobrestar, interromper.
suspensus, -a, -um: *adj.* – suspenso, pendurado; elevado; apoiado sobre; leve, ligeiro; que está na dúvida; desassossegado; que depende de; parado; incompleto; adiado.
suspicax, -acis: *adj.* – suspeitoso; desconfiado.
suspicio, -is, -exi, -ectum, -icere: *v.t.* – olhar para cima; olhar com admiração, ficar extasiado com; erguer o pensamento a.
suspicio, -onis: *s.f.* – suspeita; suspeição; conjectura; suposição; sinal, vestígio; noção.
suspiciose: *adv.* – de modo a suscitar suspeita, suspeitosamente.
suspiciosus, -a, -um: *adj.* – suspeito, que causa suspeitas; desconfiado; tímido; temeroso.
suspicor, -aris, atus sum, -ari: *v.dep.* – suspeitar; conjecturar; imaginar.
suspiratio, -onis: *s.f.* – ação de suspirar, suspiro.
suspiratus, -us: *s.m.* – respiração, suspiro.
suspiritus, -us: *s.m.* – suspiro profundo.
suspirium, -ii: *s.n.* – respiração; fôlego; suspiro.
suspiro, -as, -avi, -atum, -are: *v.int./t.* – respirar; estar ofegante; suspirar; ter saudades de, ansiar por; exalar.
susque deque: *loc.adv.* – para cima, para baixo, de cima para baixo; mais ou menos.
sustentaculum, -i: *s.n.* – apoio; sustentáculo.
sustentatio, -onis: *s.f.* – ação de sustentar, alimentação; demora, adiamento.
sustento, -as, -avi, -atum, -are: *v.t.* – sustentar, segurar; olhar por, cuidar-se; proteger; manter, alimentar; fazer parar; suportar; resistir a; adiar.
sustine paulum: tem um pouco de paciência.
sustineo, -es, -ui, -entum, -ere: *v.t.* – suspender, ter suspenso no ar, não deixar cair; sustentar; proteger; alimentar; manter, conservar; sofrer, suportar; reter, fazer parar; encarregar-se de; resistir; adiar, diferir.
sustollo, -is, -tuli, sublatum, -tollere: *v.t.* – tomar, levantar; fazer nascer, produzir.
susurro, -as, -avi, -atum, -are: *v.int./t.* – murmurar, sussurrar; cochichar.
susurrus, -i: *s.m.* – sussurro, murmúrio; cochicho; boato; delação.
sutela, -ae: *s.f.* – astúcia, manha.
sutilis, -e: *adj.* – cosido (com agulha); composto de pedaços cosidos.

sutor, -oris: *s.m.* – sapateiro, remendeiro, o que cose.

sutorius, -a, -um: *adj.* – de sapateiro.

sutrimus, -a, -um: *adj.* – de sapateiro; *f. (scil.* **officina**) – oficina de sapateiro.

sutum, -i: *s.n.* – o que é costurado; reunião de pedaços.

sutura, -ae: *s.f.* – costura.

suum cuique tribue: concede a cada um o que lhe pertence.

suum negotium agere: cuidar dos próprios interesses.

suus, -a, -um: *adj.poss.* – seu, sua; próprio, especial, particular; concernente; livre, que é senhor de si; *m.pl.* – os seus parentes, amigos.

suus cuique mos: cada qual tem seu costume.

sycophanta (suc-), -ae: *s.m.* – sicofanta, impostor, hipócrita, parasita.

sycophantiose: *adv.* – com trapaça, astuciosamente.

syllaba, -ae: *s.f.* – sílaba; versos, poesia.

syllabatim: *adv.* – palavra por palavra, literalmente.

syllogismus, -i: *s.m.* – silogismo.

symbola, -ae: *s.f.* – cota, contribuição.

symbolus, -i: *s.m.* – marca, sinal, selo.

sympathia, -ae: *s.f.* – simpatia, afinidade, analogia.

symphonia, -ae: *s.f.* – som de instrumentos; concerto; sinfonia.

symphoniacus, -i: *s.m.* – músico.

symposium, -ii: *s.n.* – ação de beber juntos; banquete.

synedrus, -i: *s.m.* – senador (entre os macedônios).

syngrapha, -ae: *s.f.* – termo de contrato; letra de obrigação.

syngraphus, -i: *s.m.* – contrato escrito, salvo-conduto.

synoecium, -i: *s.n.* – quarto comum (para várias pessoas).

synthesina, -ae: *s.f.* – vestimenta.

synthesis, -is: *s.f.* – coleção, conjunto.

syrinx, -ingis: *s.f.* – gaita de cana; flauta pastoril, siringe.

Syrtis, -is ou **-idis**: *s.f.* – Sirte, uma das sirtes (nome de dois golfos ao norte da África); banco de areia, areal, solidão.

T

tabella, -ae: *s.f.* – tabuinha; painel, quadro; tabuleiro; leque; cédula (de votar); *pl.* – tabuinhas (de escrever); cartas; título de contrato.

tabellarius, -a, -um: *adj.* – relativo aos votos (dados por escrito); relativo às cartas, de correio.

tabellarius, -i: *s.m.* – correio, mensageiro.

tabeo, -es, ui, -ere: *v.int.* – fundir-se, derreter-se; apagar-se; consumir-se, definhar, acabar-se; putrefazer-se.

taberna, -ae: *s.f.* – cabana, barraca; loja, armazém; taverna.

tabernaculum, -i: *s.n.* – tenda, barraca; habitação, morada; abrigo.

tabernarius, -a, -um: *adj.* – próprio das tavernas; grosseiro, vulgar.

tabernarius, -i: *s.m.* – negociante, lojista.

tabes, -is: *s.f.* – derretimento; languidez, consunção; pus, matéria, podridão; infecção; contágio; peste, flagelo.

tabesco, -is, -bui, -escere: *v.int.* – fundir-se, derreter-se; definhar, consumir-se; decrescer; mirrar de inveja; putrefazer-se, corromper-se.

tabidus, -a, -um: *adj.* – derretido; lânguido, consumido; corrompido; que corrompe, que consome, destruidor.

tabificus, -a, -um: *adj.* – que faz derreter; que consome, que causa languidez; que destrói; corrupto, empestado.

tabula, -ae: *s.f.* – tábua; tabuleiro (de jogos); quadro, painel; mapa; cédula (para votar); tabuinha (de escrever); tábua (de leis), decreto; anúncio, leilão; *pl.* – carta escrita; testamento; contrato; registro (de contas).

tabula rasa: tábua lisa onde nada foi escrito: em linguagem literária, significa que nada foi dito.

tabularium, -i: *s.n.* – arquivo público, cartório; depósito de arquivos.

tabulatio, -onis: *s.f.* – tabuado, assoalho.

tabum, -i: *s.n.* – vírus, peçonha; pus; sangue corrupto.

taceo, -es, -ui, -itum, -ere: *v.int./t.* – calar-se, estar silencioso; não fazer ruído; calar, passar em silêncio.

tace, vives in pace: cala-te, viverás em paz.

tacita condicio non est condicio: uma condição tácita não é condição.

tacite: *adv.* – tacitamente, em silêncio; sem falar; sem ruído; secretamente; obscuramente.

tacite illiterateque: tacitamente e sem ato formal.

taciturnitas, -atis: *s.f.* – taciturnidade, silêncio; discrição.

taciturnitas tempestiva: o silêncio na hora certa.

taciturnus, -a, -um: *adj.* – silencioso; taciturno, calado.

taciturnus amnis: o rio silencioso.

tacitus, -a, -um: *adj.* – calado, silencioso; calmo, tranquilo; que não é sentido; oculto, secreto.

tactilis, -e: *adj.* – tangível, palpável.

tactio, -onis: *s.f.* – ação de tocar, toque; tato, sentido do tato.

tactus, -us: *s.m.* – ação de tocar, toque; tato; o que é tocado; influência, efeito.

taeda, -ae: *s.f.* – árvore resinosa; acha ou tábua de pinheiro; archote, tocha; casamento.

taedet, -uit ou **taesum est,-ere**: *v.unip.* – estar desgostoso, aborrecido de.

taedet me: isso me cansa.

taedifer, -era, -erum: *adj.* – que traz uma tocha.

taedium, -ii: *s.n.* – desgosto, aborrecimento; tédio.

taedium vitae: o tédio da vida; o cansaço da vida.

taenarius, -a, -um: *adj.* – tenário, de Tênaro da Lacônia; dos infernos.

taenia, -ae: *s.f.* – fita, faixa; ligadura; tênia, lombriga.

taeter ou **teter, -tra, -trum**: *adj.* – negro, sombrio; feio, horrível; abominável; áspero, atroz; sinistro; infecto, empestado.

taetre: *adv.* – de modo horrível, odiosamente.

taetricus, -a, -um: *adj.* – severo, cruel, ameaçador, funesto.

taetritudo, -inis: *s.f.* – ar sombrio, carrancudo.

tagax, -acis: *s.m.* – gatuno, ladrão.

talaria, -ium: *s.n.pl.* – artelhos, tornozelos; capa roçagante.

talaris, -e: *adj.* – artelhos, tronozelos; que vai até aos tornozelos; talar; roçagante.

talarius, -a, -um: *adj.* – de dados; do jogo de dados.
talea, -ae: *s.f.* – vara com ponta de ferro; estrepe; estaca (para plantar); viga.
talentum, -i: *s.n.* – talento, peso (26 quilos); talento, soma de dinheiro (6.000 dracmas).
tales sunt hominum mentes: assim são os pensamentos dos homens.
talio, -onis: *s.m.f.* – Talião, pena de Talião.
talis, -e: *adj.* – tal; igual; semelhante; este, esta; tão grande, tamanho.
talis effectus, qualis causa: qual causa, tal efeito.
talis pater, talis filius: tal pai, tal filho.
talis vita, talis fama: tal vida, tal reputação.
talpa, -ae: *s.f.* – toupeira (animal).
talpa caecior: é mais cego que uma toupeira.
talus, -i: *s.m.* – tornozelo; calcanhar, pé; dado (de jogar).
tam: *adv.dem.* – tão, tanto; de tal modo.
tamdiu: *adv.* – por tanto tempo; desde muito tempo.
tamen: *conj.* – contudo, entretanto; com quem quer que seja; pois; afinal.
tamenetsi: *conj.* – ainda que, se bem que, posto que.
tametsi: *adv.* – posto que; contudo, entretanto.
tam multae scelerum facies: são tão diversos os aspectos dos crimes.
tam nudus quam natus erat: estava nu como quando nasceu.
tam opportune, ut nihil magis: nada mais conveniente do que isso.
tam prope, tam proculque: tão perto, e, no entanto, tão longe.
tamquam: *adv.* – como que, enfim, em suma; afinal; então, pois então.
tamquam aegri somnia: como os delírios de um doente.
tamquam in tabula: como numa pintura.
tandem: *adv.* – por fim, por último; enfim, finalmente.
tangis ulcus: estás pondo o dedo na ferida.
tango, -is, tetigi, tactum, tangere: *v.t.* – tocar; saborear; tentar, experimentar; alcançar, ferir; entestar com; aportar.
tangomenas facere: beber em excesso.
tanta est caritatis vis: é grande o poder do amor.
tanti, *adv.gen.* de **tantus** (indicando preço) – tão caro, de preço tão alto; tão importante, de tanto valor.
tantidem: *adv.* – de igual valor, pelo mesmo preço; tanto.
tantillus, -a, -um: *adj.* – tão pequeno.
tantisper: *adv.* – durante tanto tempo, por tanto tempo.
tanto: *adv.* – tanto, tão (*comparativo*).
tantopere: *adv.* – de tal maneira, tanto, de tal modo.
tantulum, -i: *s.n.* – um pouco de, um quase nada de.
tantulus, -a, -um: *adj.* – tão pequeno, tão pouco importante; tão curto.
tantum: *adv.* – tanto; somente.
tantum, -i: *s.n.* – tanto de; tanto; tão pouco de.
tantumdem ou **tantundem**: *adv.* – tanto, tamanha quantidade; outro tanto.
tantummodo: *adv.* – somente.
tantum non cecidit: por pouco ele não caiu; escapou por pouco.
tantum pellis et ossa: (está que é) só pele e osso.
tantum vales, quantum habes: tanto vales, quanto tens.
tantundem: o mesmo.
tantus, -a, -um: *adj.* – tão grande; tal (que), de tal sorte (que); tão pequeno; tão numeroso.
tantusdem, -adem, -umdem: *adj.* – tão grande, tão considerável; igual.
tapanta, -ae: *s.n.pl.* – todas as coisas, tudo.
tapes, -etis: *s.m.* ou **tapete, -is**: *s.n.* –, **tapetum, -i**: *s.n.* – tapete, chairel, teliz.
tarde: *adv.* – vagarosamente, lentamente; tarde.
tardesco, -is, -ere, tardui: *v.int.* – tornar-se lento, fazer-se vagaroso, entorpecer-se.
tarde sed tute: devagar, mas com segurança; devagar e sempre.
tarde venit: chegou atrasado.
tardiloquus, -a, -um: *adj.* – que fala devagar.
tardipes, -edis: *adj.* – que anda devagar.
tarditas, -atis: *s.f.* – lentidão; marcha vagarosa; vagar; rudeza (de espírito).
tarditles, -ei: *s.f.* – lentidão, indolência.
tarditudo, -inis: *s.f.* – marcha lenta, lentidão.
tardo, -as, -atum, -are: *v.t./int.* – tornar lento, retardar; deter, fazer parar; demorar-se.
tardus, -a, -um: *adj.* – vagaroso, lento; preguiçoso, indolente; rude, tardo (de espírito).
tartara, -orum: *s.n.pl.* e **tartarus, -i**: *s.m.* – Tártaro; o inferno.
tartareus, -a, -um: *adj.* – relativo ao Tártaro, infernal; espantoso, horrível.
tata, -ae: *s.m.* – papai (termo infantil).
taurea, -ae: *s.f.* – correia de couro de boi.
taureus, -a, -um: *adj.* – de touro, taurino.

tauriformis, -e: *adj.* – que tem a forma de um touro.
taurinus, -a, -um: *adj.* – de touro, taurino; de boi.
taurus, -i: *s.m.* – touro, boi; o Touro (constelação).
taxatio, -onis: *s.f.* – avaliação, apreciação.
taxillus, -i: *s.m.* – dado de jogar.
taxo, -as, -avi, -atum, are: *v.t.* – taxar, avaliar; apreciar; notar; repreender, censurar.
taxus, -i: *s.f.* – teixo (árvore).
te: *ac.* e *abl.* de **tu**.
te: *suf.pron.* – de reforço; **tute**, **tete** – tu mesmo, a ti mesmo.
te adoramus: adoramos-te.
te aetas male habet: o tempo te trata mal.
te auxiliante: com o teu auxílio.
techna, -ae: *s.f.* – ardil, manha.
tecte: *adv.* – às escondidas; sem se expor; encobertamente; com meias palavras.
tector: *s.m.* – rebocador; estucador.
tectoriolum, -i: *s.n.* – obra de estuque.
tectorium, -ii: *s.n.* – cobertura, coberta; reboco; obra de estuque; obra de gesso.
tectum, -i: *s.n.* – telhado, teto; forro do teto; cobertura.
tectus, -a, -um: *adj.* – coberto; protegido, abrigado; encoberto, oculto; dissimulado; acautelado.
tecum habita: vive contigo; conhece-te a ti mesmo.
te Deum laudamus: nós te louvamos, ó Deus.
tegeacus, -a, -um: *adj.* – tegeu, de Tegeia, cidade da Arcádia.
tegimentum (tegumentum), -i: *s.n.* – cobertura; vestido; pele, couro; abrigo, proteção.
tegmen (tegimen, tegumen), -inis: *s.n.* – cobertura, envoltório; pele, couro; capacete, couraça; vestido; teto; abrigo.
tego, -is, -exi, -ectum, -gere: *v.t.* – cobrir; vestir; abrigar, defender; esconder, ocultar; encobrir, dissimular.
tegula, -ae: *s.f.* (usado sobretudo no plural) – telha; cobertura, telhado.
te invito: contra a tua vontade.
teipsum inspice: olha a ti mesmo.
te iubente: por tua ordem.
te iudice: sendo tu o juiz; na tua opinião.
tela, -ae: *s.f.* – teia, fio de teia; tecido; lã; ofício de tecelão; trama, intriga.
tellus, -uris: *s.f.* – a terra; chão, terreno; país, região.
tellus amat imbrem: a terra ama a chuva.
telum, -i: *s.n.* – arma de arremesso (dardo, flecha); arma ofensiva (lança, punhal); cesto, manopla; golpe; aguilhão, ferrão; estímulo.
telum ira facit: a ira faz a arma.
temedias, -atis: *s.f.* – temeridade, audácia, irreflexão, desatino; leviandade; acaso.
temerarius, -a, -um: *adj.* – que é devido ao acaso, casual, acidental; temerário, audacioso; desatinado; impostor; fortuito.
temere: *adv.* – ao acaso, às cegas; temerariamente, sem reflexão; facilmente; sem ordem; sem motivo.
temere et inconsulte: temerariamente e sem pensar; precipitadamente.
temeritas, -tatis: *s.f.* – acaso; irreflexão, temeridade.
temero, -as, -avi, -atum, -are: *v.t.* – não respeitar, violar; manchar, poluir; corromper, desonrar.
temetum, -i: *s.n.* – vinho puro.
temno, -is, -psi ou **-si, -ptum, -temnere**: *v.t.* – desprezar, desdenhar.
temo, -onis: *s.m.* – timão (de arado); cabeçalho (de um carro); carro de guerra, Carro (constelação).
temperamentum, -i: *s.n.* – mistura em proporções determinadas; consistência, compleição; temperamento; medida, moderação.
temperans, -antis: *part.pres.* e *adj.* – que regula, tempera; comedido, moderado.
temperanter: *adv.* – com moderação; modestamente.
temperantia, -ae: *s.f.* – medida, proporção; temperança; sobriedade, moderação.
temperare linguae: moderar a língua.
temperate: *adv.* – com moderação, com medida.
temperatio, -onis: *s.f.* – mistura, combinação; compleição, constituição; temperança.
temperator, -oris: *s.m.* – o que tempera; regulador.
temperatura, -i: *s.n.* – mistura em proporções determinadas; consistência, compleição; temperamento; medida, moderação.
temperatus, -a, -um: *adj.* – misturado (em dadas proporções), temperado; composto; comedido, moderado; sóbrio.
temperi e **tempoti**: *adv.* – em tempo, a propósito.
temperies, -ei: *s.f.* – mistura, combinação; temperatura; moderação; comedimento.

tempero, -as, -avi, -atum, -are: *v.t.* – misturar, combinar; temperar (um metal); regular; abrandar; modular; refrear, moderar; governar; conter.
tempestas, -atis: *s.f.* – parte, hora do dia; tempo, época; tempo favorável, bom tempo; mau tempo; tempestade, borrasca; perturbação; desgraça, ruína; flagelo.
tempestas ex pelvi: tempestade numa bacia.
tempestive: *adv.* – oportunamente, a propósito; a tempo.
tempestivitas, -atis: *s.f.* – tempo próprio, oportunidade; constituição, temperamento.
tempestivus, -a, -um: *adj.* – oportuno, tempestivo; a propósito; maduro; que começa cedo; acertado, favorável.
templum, -i: *s.n.* – espaço marcado no ar (para agouros); terreno consagrado pelos agoureiros; espaço amplo, espaço; templo, santuário; bosque sagrado.
tempora acta: os tempos passados.
temporalis, -e: *adj.* – temporário, temporâneo.
temporarius, -a, -um: *adj.* – que dura pouco tempo, temporário; variável; inconstante.
tempore opportuno: no momento oportuno.
tempori: *adv.* – a tempo.
tempori parce: poupa o tempo.
temporis filia veritas: a verdade é filha do tempo.
temptabundus, -a, -um: *adj.* – que andas às apalpadelas, tateante.
temptamem, -inis: *s.n.*- experiência, tentativa.
temptamentum, -i: *s.n.* – ensaio, tentativa.
temptatio, -onis: *s.f.* – experiência, ensaio, prova.
temptator, -oris: *s.m.* – o que atenta contra a honra (de uma mulher), sedutor.
tempto (tento), -as, -avi, -atum, -are: *v.t.* – tocar, apalpar, tatear; tentar, experimentar.
tempus, -oris: *s.n.*(usado ordinariamente no plural) – fonte (da cabeça); fronte, cabeça, rosto.
tempus, -oris: *s.n.* – tempo; época; momento; hora; ano, estação; oportunidade, ensejo; circunstância; situação.
tempus adest: já é tempo; chegou a hora.
tempus agendi: é tempo de agir.
tempus animae medicus: o tempo é o médico da alma.
tempus breve est: o tempo é breve.
tempus dolorem lenit: o tempo mitiga a dor.
tempus est optimus iudex rerum omnium: o tempo é o melhor juiz de todas as coisas.
tempus est vitae magister: o tempo é o mestre da vida.
tempus moriendi: o tempo de morrer.
tempus nosce: conhece teu tempo.
tempus optimus iudex: o tempo é o melhor juiz.
tempus regit actum: o tempo rege o ato.
temulentus, -a, -um: *adj.* – bêbedo, ébrio; embriagado.
tenacitas, -atis: *s.f.* – força para agarrar; tenacidade; avareza.
tenaciter: *adv.* – com força; com tenacidade; obstinadamente.
tenax, -acis: *adj.* – que agarra; que não larga; tenaz; espesso, cerrado; firme; que retém; aferrado a; avaro; obstinado.
tenax et fidelis: persistente e fiel.
tendicula, -ae: *s.f.* – laço, armadilha; *pl.* – varas ou cordas para estender roupa.
tendo, -is, tetendi, -tensum e **tentum, tendere**: *v.int./t.* – estender-se; ir para; dirigir-se ou tender para; esforçar-se, fazer por; resistir; estender, armar, lançar; oferecer, apresentar, prolongar; acampar, alojar-se.
teneat, luceat, floreat: dure, brilhe, floresça.
tenebrae, -arum: *s.f.pl.* – trevas, escuridão; noite; cegueira, morte; obscuridade; esconderijo, prisão; infernos.
tenebras inducere rebus: levar trevas às coisas; criar confusão.
tenebricosus, -a, -um: *adj.* – tenebroso, escuro, secreto.
tenebricus, -a, -um: *adj.* – tenebroso, sombrio.
tenebris ingruentibus: com a chegada da escuridão; ao anoitecer.
tenebrosus, -a, -um: *adj.* – tenebroso, sombrio, obscuro.
tene linguam: controla tua língua.
tenellus, -a, -um: *adj.* – um tanto tenro, delicado.
teneo, -es, -ui, -tentum, -nere: *v.t./int.* – agarrar, segurar; tomar; conservar; ocupar; prender, deitar raiz; deter; possuir; adquirir, ganhar; perceber, compreender; cativar; durar.
tener, -era, -erum: *adj.* – tenro, mole; brando, delicado; que é dos primeiros anos, infantil; terno, sensível; amoroso, afeminado.
tenere: *adv.* – maciamente, delicadamente.
teneresco, -is, -ere: *v.int.* – tornar-se tenro, tronar-se mole.
teneritas, -atis: *s.f.* – ternura; moleza; delicadeza.

T

tenor, -oris: *s.m.* – movimento ou andamento contínuo; continuidade curso; ordem; cor geral; teor.
te nosce: conhece a ti mesmo.
tentabundus, -a, -um: *adj.* – que anda às apalpadelas.
tentamen, -inis: *s.n.* – e **tentamentum, -i**: *s.n.* – experiência, ensaio; tentativa contra o pudor.
tentare non nocet: tentar não prejudica.
tentator, -oris: *s.n.* – o que tenta contra a honra (de uma mulher).
tento, -as, -avi, -atum, -are: *v.t.* – tocar, apalpar; sondar, tentar, experimentar; assaltar; seduzir.
tentorium, -ii: *s.n.* – tenda, barraca.
tenuiculus, -a, -um: *adj.* – muito fino, muito tênue; magrinho.
tenuis, -e: *adj.* – tênue, delgado; franzino; sutil; fraco; pequeno; mesquinho; frívolo, superficial; humilde, obscuro.
tenuitas, -atis: *s.f.* – finura, tenuidade; delgadeza; delicadeza; sutileza; fraqueza.
tenuiter: *adv.* – delicadamente; levemente; com sutileza, com finura; pobremente.
tenuo, -as, -avi, -atum, -are: *v.t.* – afinar, adelgaçar; atenuar; enfraquecer; rebaixar.
tenus: *prep.* – até; somente.
tenus: *s.n.* – laço, armadilha.
tepefacio, -as, -feci, -factum, -facere: *v.t.* – amornar, tornar tépido.
tepefacto, -as, -are: *v.t.* – aquecer.
tepeo, -es, -ui, -ere: *v.int.* – estar morno, tépido; estar lânguido; estar enamorado de.
tepesco, -is, -pui, -escere: *v.int.* – aquentar-se, tornar-se morno; arrefecer; resfriar-se.
tepidarium, -i: *s.n.* – sala de banhos mornos.
tepidus, -a, -um: *adj.* – tépido, morno; ainda tépido, quase frio; lânguido.
tepor, -oris: *s.m.* – tepidez, calor moderado, tepidez, frieza.
ter: *adv.num.* – três vezes.
terdecie(n)s: *adv.num.* – treze vezes.
terebinthus, -i: *s.f.* – terebinto (árvore resinosa).
terebra, -ae: *s.f.* – instrumento que serva para furar, broca, verruma.
terebro, -as, -svi, -atum, -are: *v.t.* – furar com verruma; furar, escavar.
teredo, -inis: *s.f.* – verme que rói a madeira, caruncho; traça.
teres, -atis: *adj.* – redondo, arredondado; bem torneado, bem feito; elegante.
teres atque rotundus: polido e perfeito.
terga dare: dar as costas; fugir.
tergeminus, -a, -um: *adj.* – que foi o terceiro a nascer do mesmo parto; trigêmeo; triplo.
tergeo, -es, -tersi, -tersum, -gere: *v. t.* – enxugar, esfregar, limpar; polir.
terginum, -i: *s.n.* – chicote, açoite, correia.
tergiversatio, -onis: *s.f.* – subterfúgio, escapatória; tergiversação.
tergiversor, -aria, -atus sum, -ari: *v.dep.* – buscar escusas, esquivar-se; tergiversar.
tergo, -is, -tersi, -tersum, -gere: *v.t.* – esfregar, limpar; limar, polir, aperfeiçoar.
tergoro, -a, -are: *v.t.* – cobrir com couraça, revestir, cobrar.
tergum, -i: *s.n.* – pele que cobre as costas, couro; envoltório, cobertura; superfície.
tergus, -oris: *s.n.* – pele que cobre costas; lombo (dos animais); corpo (de animal); pele, couro; couraça; escudo.
termentum, -i: *s.n.* – prejuízo.
termes, -itis: *s.m.* – ramo (separado ou cortado da árvore).
terminatio, -onis: *s.f.* – demarcação, definição, distinção; apreciação; determinação.
termini technici: os termos técnicos; a terminologia.
termino, -as, -avi, -atum, -are: *v.t./int.* – demarcar, marcar, limitar; determinar; terminar, acabar.
terminus, -i: *s.m.* – limite, marco; termo, extremidade.
terminus ad quem: limite até o qual.
terminus a quo: limite a partir do qual.
terminus ante quem: limite antes do qual.
terminus post quem: limite depois do qual.
terminus technicus: um termo técnico.
terni, -ae, -a: *adj.num.distr.* – que são em número de três; de três em três.
tero, -is, -trivi, -tritum, -rere: *v.t.* – esfregar, polir; esmagar, pisar; moer; trilhar (um caminho); andar; malhar; estragar, destruir.
terra, -ae: *s.f.* – a terra; mundo, universo; terra firme; terreno solo; superfície; país, região.
terra continens: a terra firme; o continente.
terra culta: uma terra cultivada.
terrae filius: filho da terra.
terra ignota: uma terra desconhecida.
terra marique potens: valoroso em terra e no mar.
terram video: vejo terra; terra à vista!
terraneola, -ae: *s.f.* – cotovia ou calhandra.
terra nova: um país novo.
terra oblivionis: a terra do esquecimento.
terra volat: a terra voa.

terrenum, -i: *s.n.* – terra, terreno, território.
terrenus, -a, -um: *adj.* – feito de terra; terrestre, da terra; *n.* – terra, terreno; *n.pl.* – os animais que vivem em terra.
terreo, -es, -ui, -itum, -ere: *v.int.* – fazer tremer, aterrorizar, espantar; afugentar (pelo medo); impedir (pelo terror).
terrestris, -e: *adj.* – terrestre, de terra.
terreus, -a, -um: *adj.* – feito de terra, térreo.
terribllis, e: *adj.* – terrível, medonho, horrendo.
terribilis dea: a deusa terrível.
terricula, -i: *s.f.* – objeto para meter medo, espantalho.
terriculum, -i: *s.n.* – objeto para meter medo, espantalho.
terrifico, -as, -avi, -atum, -are: *v.t.* – espantar, aterrorizar.
terrificus, -a, -um: *adj.* – espantoso, horrível, medonho.
terrigena, -ae: *adj.m.f.* e **terrigenus, -a, -um**: *adj.* – nascido da terra; filho da terra.
terriloquus, -a, -um: *adj.* – horrível, assustador (quanto às palavras).
terripavium, -ii: *s.n.* – e **terripudium, -ii**: *s.n.* – ou **tripudium**: dança religiosa; dança; agouro tirado dos grãos que os frangos sagrados deixavam cair ao comer
territo, -as, -avi, -atum, -are: *v.t.* – atemorizar, assustar.
territorium, -ii: *s.n.* – território.
terror, -oris: *s.m.* – tremor produzido pelo medo, espanto; pavor, terror.
tersus, -a, -um: *adj.* – limpo; esfregado, polido; elegante, terso.
tertiadeci(u)mani, -orum: *s.m.pl.* – soldados da décima terceira legião.
tertianus, -a, -um: *adj.* – que volta de três em três dias.
tertianus, -i: *s.m.* (usado ordinariamente no plural) – soldado da terceira legião.
tertia vice: pela terceira vez.
tertio e **tertium**: *adv.* – pela terceira vez; em terceiro lugar.
tertio interveniente: intervindo uma terceira pessoa; com a intervenção de terceiro.
tertium: *adv.num.ord.* – pela terceira vez.
tertius, -a, -um: *adj.num.ord.* – terceiro.
tertiusdecimus, -a, -um: *adj.num.ord.* – décimo terceiro.
teruncius, -ii: *s.m.* – terúncio, a quarta parte de um asse; a quarta parte de um todo.
tesqua ou **tesca, -orum**: *s.n.pl.* – lugares em que são tomados agouros; lugares desertos.
tessello, -as, -are, avi, -atum: *v.t.* – assoalhar ou ladrilhar de mosaico.
tessera, -ae: *s.f.* – dado (para jogar); senha, contrassenha; vale (para alimentação, de dinheiro).
tesserarius, -ii: *s.m.* – oficial que transmite a senha dada pelo general; fabricante de dados.
tesserula, -ae: *s.f.* – pequeno dado; pedrinha de mosaico; tabuinha em que se escrevia o voto.
testa, -ae: *s.f.* – concha, casca, ostra; vaso, vasilha de barro (para azeite, vinho etc.); jarro; ânfora, cântaro; copo.
testaceus (testacius), -a, -um: *adj.* – de barro cozido, de tijolo, da cor de tijolo.
testamentarius, -a, -um: *adj.* – relativo a testamentos, testamentário.
testamentarius, -ii: *s.m.* – o que altera um testamento; falsificador de testamento.
testamentum, -i: *s.n.* – testamento.
testatio, -onis: *s.f.* – ação de tomar por testemunha; prova, depoimento.
testator, -oris: *s.m.* – testador.
testatus, -a, -um: *adj.* – atestado, certificado, reconhecido, manifesto.
teste illo: com o testemunho dele.
testes egregios!: que testemunhas corajosas!
testiculus, -i: *s.m.* – testículo.
testificatio, onis: *s.f.* – depoimento, testamento, declaração.
testificatus, -a, -um: *adj.* – que atestou, que certificou; que tomou por testemunho.
testificor, -aris, -atus sum, -ari: *v.dep.* – atestar, testemunhar; certificar; tomar por testemunha.
testimonium, -ii: *s.n.* – testemunho, depoimento; prova.
testis, is: *s.m.f.* – testemunha; espectador.
testis auritus: testemunha auricular; testemunha por ter ouvido dizer.
testis et spectator: uma testemunha ocular.
testis non est iudicare: à testemunha não cabe julgar.
testis unus, testis nullus: uma testemunha, nenhuma testemunha.
testor, -aris, -atus sum, -are: *v.dep.* – testemunhar, atestar; depor (como testemunha); tomar por testemunha; declarar, afirmar.
testu: *s.n.indecl.* – vaso de barro cozido; tampa de barro, testo.
testudine tardior: mais lento do que a tartaruga.

T

testudineus, -a, -um: *adj.* – relativo a tartaruga, de tartaruga.

testudo, -inis: *s.f.* – tartaruga; casca de tartaruga; espécie de aríete (máquina de guerra); coberto; manobra militar, que consistia em marcharem os soldados, unidos e cobertos de seus escudos contra os muros de uma praça; abóbada; quarto, alcova.

testula, -ae: *s.f.dim.* – concha em que se escrevia o voto de condenação ao degredo; ostracismo; pedaço de telha, caco de ladrilho.

tete: *pron.pess.ac.* ou *abl.* (**te**) – com o reforço da partícula **te**:a ti mesmo, de ti, por ti mesmo.

teter, -tra, -trum: *adj.* – negro, sombrio; feio, horrível; abominável; áspero, atroz; sinistro; infecto, empestado.

tethys, -yos: *s.f.* – Tétis, mulher do oceano, mãe dos rios; mar.

tetrachmum, -i ou **tetra-drachmum, -i**: *s.n.* – tetradracma, moeda grega de prata do valor de quatro dracmas.

tetrarcha, -ae e **tetrarches, -ae**: *s.m.* – tetrarca, senhor da quarta parte de um reino.

tetrarchla, -ae: *s.f.* – tetrarquia, governo da quarta parte de um reino.

tetricus, -a, -um: *adj.* – severo, cruel, ameaçador, funesto.

tetricus, -a, -um: *adj.* – sombrio, carregado; severo; funesto; cruel.

tetritudo, -inis: *s.f.* – ar sombrio, carrancudo.

texo, -is, -xui, -xtum, -ere: *v.t.* – tecer, urdir; entrelaçar; construir; dispor, arranjar.

textile, -is: *s.n.* – tecido, teia, bordado.

textilis, -e: *adj.* – tecido entrelaçado.

textor, -oris: *s.m.* – tecelão.

textorius, -a, -um: *adj.* – de tecelão, de tecido.

textrina, -ae: *s.f.* – oficina de, ofício de tecelão.

textum, -i: *s.n.* – tecido, pano; contextura; construção, armação (de navio).

textura, -ae: *s.f.* – tecido, contextura, encadeamento, ligação.

textus, us: *s.m.* – tecido, pano; contextura.

thalamus, -i: *s.m.* – quarto de dormir; leito; câmara, leito nupcial; casamento.

thalassicus, -a, -um: *adj.* – de cor verde-mar.

theatralis, -e: *adj.* – referente ao teatro, teatral; falso, fingido.

theatrum, -i: *s.n.* – teatro; cena; auditório; lugar para jogos públicos.

theatrum mundi: o teatro do mundo.

theca, -ae: *s.f.* – estojo, bainha; caixinha, cofre.

thema, -atis: *s.n.* – tema, assunto, tese, proposição.

thema decidendum: tema a decidir; uma questão a decidir.

thema probandum: uma questão a comprovar.

theologus, -i: *s.m.* – o que escreve sobre teologia; teólogo.

theoractus, -i: *s.m.* – Dementado por Deus (apelido que deu Cícero a Teomnasto, fautor e cúmplice de Verres).

thermae, -arum: *s.f.pl.* – caldas, termas, banhos quentes.

thermodontiacus e **thermodontius, -a, -um**: *adj.* – de Termodonte, das amazonas.

thermopoto, -as, -are, -avi: *v.t.* – umedecer, molhar com bebida quente.

thermulae, -arum: *s.f.* – pequenas termas.

thesaurarius (thens-), -a, -um: *adj.* – de tesouro.

thesaurus (thens-), -i: *s.m.* – tesouro; armazém, depósito; haveres, riquezas; provisões.

thesis, -is: *s.f.* – tese, proposição, tema.

thessali(c)us, -a, -um: *adj.* e **thessalis, -idis**: *adj.f.* – tessálico, da Tessália; mágico; feiticeira.

tholus, -i: *s.m.* – abóbada (de um templo), cúpula.

thorax, -acis: *s.m.* – couraça, armadura; peito, tórax.

thrascias, -ae: *s.m.* – vento que sopra do norte-noroeste.

thronus, -i: *s.m.* – trono.

thymum (thimus), -i: *s.m.* – tomilho (planta).

thynuus (thunuus), -i: *s.m.* – atum.

thyrsus, -i: *s.m.* – haste das plantas.

tiara(s), -ae: *s.f.m.* – tiara (cobertura para a cabeça usada pelos persas e pelos frígios).

tibia, -ae: *s.f.* – flauta; tíbia, canela.

tibialis, -e: *adj.* – de flauta, próprio para fazer flauta.

tibicen; -cinis: *s.m.* – flautista, tocador de flauta; pilar, esteio.

tibicinium, -i: *s.n.* – arte de tocar flauta.

tibi es pessimus inimicus: és o teu pior inimigo.

tibi gratias ago: apresento-te meus agradecimentos.

tibi gratulor ex toto corde: felicito-te de todo o coração.
tibi soli: só a ti.
tigillum, -i: *s.n.* – pedaço de madeira, pequeno barrote; vigazinha, vigota.
tignarius, -a, -um: *adj.* – de carpinteiro, de obra de carpinteiro.
tignum, -i: *s.n.* – trave; barrote, viga.
tigris, -is ou **-idis**: *s.m.* – tigre.
tilia, -ae: *s.f.* – tília (árvore).
timefactus, -a, -um: *adj.* – atemorizado, assustado.
timenda, -orum: *s.n.pl.* – as coisas temíveis, que apavoram.
timendus, -a, -um: *adj.* – que é para temer, horrível.
timens, -entis: *adj.* – temente, receoso, apavorado, tímido.
timeo, -es, -ui, -ere: *v.t./int.* – temer, recear; hesitar.
timeo hominem unius libri: temo o homem de um só livro.
timide: *adv.* – timidamente, com medo.
timiditas, -atis: *s.f.* – timidez, receio.
timidus, -a, -um: *adj.* – tímido, medroso; receoso.
timor, -oris: *s.m.* – medo; susto; temor; receio; objeto que mete medo; temor religioso.
timor officit: o medo cria impedimento.
tincta, -orum: *s.n.pl.* – cores, tintas.
tinctilis, -e: *adj.* – que serve para pintar ou tingir.
tinctus, -a, -um: *adj.* – molhado, ensopado.
tinea, -ae: *s.f.* – traça; lombriga; lagarta.
tingo, -is, -nxi, -nctum, -gere: *v.t.* – molhar, ensopar; salpicar; tingir, colorir.
tinnio, -is, -ivi ou **-ii, -itum, -ire**: *v.int./t.* – tinir, retinir; soar; cantar; abrir a bolsa, pagar, em moeda sonante; contar dinheiro.
tinnitus, -us: *s.n.* – tinido; som estridente, som agudo.
tinnulus, -a, -um: *adj.* – que retine, agudo; sonoro.
tintinnabulum, -i: *s.n.* – campainha, sirene.
tintinnaculus, -i: *s.m.* – escravo que açoitava os outros.
tinus, -i: *s.f.* – loureiro silvestre.
tiro, -onis: *s.m.* – soldado raso, recruta; aprendiz, noviço; jovem que acaba de tomar a toga viril.
tirocinium, -ii: *s.n.* – preparação militar, aprendizado da guerra; recrutas; primeiros ensaios; noviciado, tirocínio.
tirunculus, -i: *s.m.* – recruta, aprendiz, noviço.
tisipgoneus, -a, -um: *adj.* tisifoneu, de tisífona, uma das fúrias; malvado.
titan, -anis: *s.m.* – Titã ou Titão, irmão de Saturno e pai dos titãs; filho de Hiperião; o sol, dia.
titiensis, -ium: *s.m.pl.* – ticienses, uma das centúrias de cavaleiros instituídos por Rômulo.
titillatio, -onis: *s.f.* ou **titillatus, -us**: *s.m.* – cócegas.
titillo, -as, -avi, -atum, -are: *v.t.* – fazer cócegas; lisongear, afagar; mover.
titivillicium, -i: *s.n.* – coisa sem valor, um nada.
titubanter: *adv.* – com hesitação, titubeando.
titubatio, -onis: *s.f.* – hesitação; gagueira.
titubo, -as, -avi, -atum, -are: *v.int./t.* – vacilar, tropeçar; hesitar, titubear; gaguejar.
titulus, -i: *s.m.* – inscrição; epitáfio; título, rótulo; escrito, anúncio, edital (para vender, alugar); sinal, indício; título de honra.
tocullio, -onis: *s.m.* – usurário, avaro.
tofus, -i: *s.m.* – tufo (espécie de pedra porosa).
toga, -ae: *s.f.* – cobertura, toga (traje peculiar ao cidadão romano); traje civil; traje de paz; paz; eloquência judiciária.
togata, -ae: *s.f.* – meretriz; mulher adúltera; (*scil.* **fabula**) – peça teatral de assunto romano.
togatus, -a, -um: *adj.* – que traz toga, vestido de toga; concernente à paz; civil; de cliente.
togula, -ae: *s.f.* – pequena toga.
tolerabilis, -e: *adj.* – suportável, tolerável; sofrível; complacente.
tolerabiliter: *adv.* – de modo suportável; com paciência.
tolerans, -antis: *adj.* – tolerante, paciente, que suporta.
toleranter: *adv.* – com resignação; pacientemente.
tolerantia, -ae: *s.f.* – constância no sofrer, tolerância, paciência.
tolerantus, -a, -um: *adj.* – suportável.
toleratio, -onis: *s.f.* – capacidade em suportar, paciência.
tolero, -as, -avi, -atum, -are: *v.t./int.* – sofrer; suportar, aturar; manter, sustentar; mitigar; dar para, suprir a.
tolleno, -onis: *s.m.* – aparelho para tirar água (de um poço); guindaste.

T

tollitur quaestio: acabou-se a questão; não se fala mais nisso!; suprimida a questão.

tollo, -is, sustuli, sublatum, tollere: *v.t.* – erguer, levantar; elevar; tomar; ajuntar, apanhar; criar (um filho), gerar; tirar, suprimir; destruir, matar.

tolutim: *adv.* – a trote.

tomentum, -i: *s.n.* – tudo que serve para encher ou estofar: crina, lã, penas etc.

tomus, -i: *s.m.* – pedaço, bocado.

tonans, -antis: *part.pres.* – que troveja, tonante; que faz retumbar.

tondeo, -es, totondi, tonsum, -dere: *v.t.* – tosquiar; desbastar, limpar; segar, ceifar; comer (pastando); despojar.

tonitrus: *s.m.* e **tonitruum, -ii**: *s.n.* – trovão.

tono, -as, -avi, -atum, -are: *v.int./t.* – trovejar; fazer grande ruído, retumbar; falar aos gritos.

tonor, -oris: *s.m.* – verdugo; carrasco.

tonsa, ae: *s.f.* (usado sobretudo no plural) – remo.

tonsiliae, -arum: *s.f.pl.* – amígdalas.

tonsor, -oris: *s.m.* – tosquiador; barbeiro.

tonsorius, -a, -um: *adj.* – que serve para tosquiar, para rapar; de barbeiro.

tonstricula, -ae: *s.f.* – barbeira, cabelereira.

tonstrina, -ae: *s.f.* – loja de barbeiro, barbearia.

tonstrinus, -i: *s.m.* – barbeiro.

topiaria, -ae: *s.f.* – arte de aparar as plantas dando-lhes formas diversas; arte de jardinagem; topiaria.

topiarius, -a, -um: *adj.* – relativo a arte de jardineiro; **-ii**: *s.m.* – topiário, jardineiro.

topica, -orum: *s.n.pl.* – tópicos, tratado dos lugares comuns.

topice, -es: *s.f.* – a tópica, arte de encontrar os argumentos.

topothesia, -ae: *s.f.* – situação fictícia de um lugar.

toral, -alis: *s.n.* – coberta de cama, colcha.

toraria, -ae: *s.f.* – enfermeira.

toreo, -es, -ui, tostum, torrere: *v.t./int.* – secar; queimar; torrar, assar; estar estancado.

toreuma, -atis: *s.n.* – obra de cinzeladura, trabalho feito em relevo.

tormentum, -i: *s.n.* – máquina de guerra, para arremesso de projéteis; projétil, lançado por máquina (pedra, dardo); instrumento de tortura; suplício; angústia, sofrimento.

tormina, -um: *s.n.pl.* – dores nos intestinos; cólicas.

torminosus, -a, -um: *adj.* – predisposto a cólicas; que tem facilmente cólicas.

torno, -as, -avi, -atum, -are: *v.t.* – tornear; arredondar.

tornus, -i: *s.m.* – torno.

torosus, -a, -um: *adj.* – musculoso, carnudo, sólido.

torpedo, -inis: *s.f.* – entorpecimento; torpor.

torpeo, -es, -ui, -ere: *v.int.* – estar entorpecido, imóvel; estar trôpego; estar inerte; estar pasmado.

torpesco, -is, -pui, -escere: *v.imp.* – entorpecer-se; tornar-se trôpego; enfraquecer--se, enervar-se.

torpidus, -a, -um: *adj.* – entorpecido, imóvel; trôpego.

torpor, -oris: *s.m.* – entorpecimento, torpor; inércia; languidez.

torquatus, -a, -um: *adj.* – que traz um colar.

torqueo, -es, torsi, tortum, torquere: *v.t.* – torcer, dobrar; enrolar; levar rolando; brandir, arremessar; torturar; inquietar.

torquis ou **torques**: *s.m.f.* – colar; coleira; grinalda, coroa.

torrens, -entis: *part.pres.* – que queima, ardente; rápido, impetuoso; *s.m.* – torrente; onda; multidão.

torreo, -es, -ere, torrui, tostum: *v.t.* – fazer secar, secar.

torridus, -a, -um: *adj.* – seco, estancado; tostado, queimado; assado; que queima.

torris, -is: *s.m.* – tição (aceso ou apagado).

torte: *adv.* – de lado, atravessado.

tortilis, -e: *adj.* – torcido, retorcido.

tortor, -oris: *s.m.* – o que submete à tortura, carrasco, algoz.

tortum, -i: *s.n.* – corda (instrumento de tortura).

tortuosus, -a, -um: *adj.* – tortuoso, sinuoso, emaranhado, complicado; cheio de rodeios; sutil.

tortus, -a, -um: *part.p.* – torcido, tortuoso; enrolado; complicado; tortuoso; brandido, arremessado.

tortus, -us: *s.m.* – rosca, anel (de serpente).

torulus, -i: *s.m.* – trança de cabelo, penacho, enfeite de cabelos.

torus, -i: *s.m.* – corda pequena, pedaço de corda; músculo, tendão; base (de coluna), pilar; cama; leito; leito (de mesa); leito nupcial.

torvitas, -atis: *s.f.* – aspecto feroz, ameaçador; austeridade.

torvus, -a, -um: *adj.* – que olha de través, de esguelha; ameaçador; rude, severo; terrível.
tostus, -a, -um: *adj.* – dessecado; tostado; assado; queimado.
tot: *adj.pl.indecl.* – tantos, tão grande número.
tota vita dies unus: a vida inteira é um só dia.
totidem: *adj.pl.indecl.* – precisamente tantos, outros tantos.
totidem verbis: em tantas palavras.
totie(n)s: *adv.* – tantas vezes, tão frequentemente.
totiens quotiens: tantas vezes quanto seja necessário.
totis viribus: com todas as forças.
toto caelo erras: vagas por todo o céu.
toto corde: de todo o coração; do fundo do coração.
toto corpore: com todo o corpo; com todas as forças.
totum, -i: *s.n.* – um todo, a totalidade; a soma; o essencial.
totus, -a, -um: *adj.* – todo, inteiro, tão grande.
totus gaudeo: fico muito satisfeito.
toxicum, -i: *s.n.* – veneno com que se embebiam as setas; veneno.
trabalis, -e: *adj.* – relativo às vigas, às traves.
trabea, -ae: *s.f.* – manto branco debruado de púrpura; ordem equestre.
trabeatus, -a, -um: *adj.* – vestido com a trábea, capa branca, ornada de bandos de púrpura.
trabs, trabis: *s.f.* – viga, trave; mesa; teto, telhado; casa, habitação.
tractabilis, -e: *adj.* – que pode ser tocado; manejável; tratável.
tractatio, -onis: *s.f.* – ação de tocar, de manejar; manejo, exercício; modo de tratar (um assunto); tratamento.
tractator, -oris: *s.m.* – massagista.
tractatrix, -icis: *s.f.* – massagista.
tractatus, -us: *s.m.* – manejo, ação de manejar; cultura, prática, exercício.
tractim: *adv.* – seguidamente, sem interrupção, vagarosamente.
tracto, -as, -avi, -atum, -are: *v.t.* – arrastar; tocar, manejar; governar, dirigir; tratar.
tractus, -a, -um: *adj.* – arrastado; tirado; proveniente de; adiado.
tractus, -us: *s.m.* – ação de puxar, arrastar ou de rolar; ação de se arrastar; andar, curso; continuidade; prolongamento; espaço de tempo; lugar, região.
traditio, -onis: *s.f.* – ação de entregar; entrega; tradição; transmissão, ensino; narração.
traditio longa manu: tradição de coisa ao alcance da mão.
traditor, -otis: *s.m.* – traidor.
trado, -is, -didi, -ditum, -dere: *v.t.* – passar a outrem; dar, entregar; confiar; ceder, renunciar a; restituir; transferir; transmitir; ensinar; contar, referir; atraiçoar.
traduco, -is, -xi, -ctum, -cere: *v.t.* – conduzir além; transferir, transportar; rebaixar, desonrar; levar ou expor ao ridículo, comprometer; passar (o tempo); exercer; traduzir, verter; publicar.
traductio, -onis: *s.f.* – ação de transferir, transferência; andar, curso (do tempo); ação de levar ao lugar do suplício; humilhação; hipérbato.
traductor, -oris: *s.m.* – o que transfere (de uma ordem a outra).
tradunt operas mutuas: eles trocam favores.
tragice: *adv.* – tragicamente.
tragicus, -a, -um: *adj.* – relativo a tragédia, trágico; funesto, cruel.
tragicus, -i: *s.m.* – ator trágico; poeta trágico.
tragoedia, -ae: *s.f.* – tragédia (peça, teatro, gênero trágico); estilo patético.
tragoedus, -i: *s.m.* – ator, autor trágico.
tragula, -ae: *s.f.* – dardo usado pelos celtas; espécie de rede; anzol; trapaça.
tragus, -i: *s.m.* – catinga, mal cheiro.
trahax, -acis: *adj.* – que puxa tudo para si, ávido.
trahea ou **traha, -ae**: *s.f.* – grade (de desterroar); trilhadeira.
traho, -is, -axi, -actum, -trahere: *v.t./int.* – arrastar, puxar, tirar, rolar, atrair, tomar, levar, roubar, despojar, beber, aspirar, extrair, contrair, encolher, estender, tecer, fiar, prolongar, imputar, atribuir, interpretar.
traicio, -is, -ieci, -iectum, -iicere: *v.t./int.* – atirar, lançar além, baldear, transvasar, transportar, atravessar, traspassar, varar, atribuir a.
traiectio, -onis: *s.f.* – ação de atravessar; passagem, trajeto; viagem (por mar).
traiectus, -us: *s.m.* – passagem, travessia; trajeto.
traj-, ver **trai-**.
trala-, ver **transla-**.
tram-, ver também **transm-**.
trama, -ae: *s.f.* – trama, tecido; teia; urdidura.
trames, -itis: *s.m.* – atalho, vereda; caminho, estrada; via, meio.

T

tranato e **trano, -as, -avi, -atum, -are**: *v.int./t.* – atravessar a nado; passar através de, atravessar.
tranquilitas, -atis: *s.f.* – calma, calmaria, tranquilidade; repouso.
tranquille: *adv.* – tranquilamente, calmamente.
tranquillus, -a, -um: *adj.* – calmo; sereno, tranquilo; comedido, sossegado.
trans: *prep.ac.* – além de, para lá de.
transabeo, -is, -ivi ou **-ii, -itum, -ire**: *v.int./t.* – ir além de; varar, atravessar.
transactor, -oris: *s.m.* – intermediário, medianeiro.
transadigo, -is, -egi, -actum, -igere: *v.t.* – fazer passar através de; varar de lado a lado.
transcendo, -is, -di, -sum, -dere: *v.int./t.* – elevar-se além, passar subindo, escalar; subir; transpor, atravessar; ultrapassar, transgredir; omitir.
transcido, -is, -ere, -cidi, -cisum: *v.t.* – bater até ferir, ferir batendo.
transcribo, -is, -psi, -ptum, -bere: *v.t.* – transcrever, copiar; alistar; passar a, transferir.
transcurro, -is, -curri e **-cucurri, -cursum, -currere**: *v.int./t.* – correr para; passar de um estado a outro; atravessar, transpor; tratar de leve (um assunto).
transcursus, -us: *s.m.* – ação de atravessar, passagem; trajeto.
transd-, ver **trad-**.
transeat in exemplum: que isto passe a servir de exemplo.
transenna, -ae: *s.f.* – corda estirada; amarra; laço, armadilha; cilada; janela (de grades).
transeo, -is, -ivi ou **-ii, -itum, -ire**: *v.int./t.* – ir além, passar a ou para; chegar a; transpor; desertar; passar (o tempo, a vida); correr, percorrer; passar (em silêncio); omitir; desprezar; converter-se, mudar-se em.
transfero, -fers, -tuli, -latum, -ferre: *v.t.* – passar além, transportar, transferir; transplantar; transladar, verter; transcorrer; adiar, diferir.
transfigo, -is, -xi, -ctum, -gere: *v.t.* – transpassar, varar; atravessar.
transfiguratio, -onis: *s.f.* – transformação, mudança, metamorfose, transfiguração.
transfiguro, -as, -avi, -atum, -are: *v.t.* – transformar, mudar, metamorfosear, transfigurar.
transfluo, -is, -ere, -fluxi: *v.int.* – correr para além, correr através.
transfodio, -is, -odi, -ossum, -dere: *v.t.* – varar de lado a lado, traspassar.
transformis, -e: *adj.* – que se transforma.
transformo, -as, -avi, -atum, -are: *v.t.* – transformar, converter em.
transfreto, -as, -avi, -are, -atum: *v.t.* – fazer uma travessia.
transfuga, -ae: *s.f.* – trânsfuga, desertor.
transfugio, -is, -i, -itum, -ere: *v.int./t.* – fugir para o outro lado, passar-se para o inimigo, desertor; apartar-se de; abandonar.
transfugium -ii: *s.n.* – ação de passar para o inimigo, deserção.
transfundo, -is, -fudi, -fusum, -fundere: *v.t.* – transvazar, transfundir; derramar; espalhar, transferir.
transfusio, -onis: *v.t.* – ação de transvasar, transfusão; mistura (de povos).
transgero, -is, -ere: *v.t.* – trasnsportar.
transgredior, -eris, -essus sum, -edi: *v.dep.* – atravessar, transpor; passar, vir a; ultrapassar.
transgressio, -onis: *s.f.* – passagem, travessia; transposição; transição; hipérbato.
transgressus, -us: *s.m.* – ação de transpor, travessia, passagem.
transigere est alienare: transigir é alienar.
transigo, -is, -ere, -egi, -actum: *v.t.* – atravessar, traspassar; percorrer; passar (o tempo), viver; terminar, concluir; transigir.
transiit in rem iudicatam: passou a coisa julgada.
transsilio, -is, -ire, -silui: *v.int./t.* – saltar de um para outro lado, saltar por cima.
transit hora, manet opera: a hora passa, mas a obra fica.
transitio, -onis: *s.f.* – passagem; fuga, deserção; contágio; transição.
transitorius, -a, -um: *adj.* – que serve de passagem, por onde se passa.
transitus, -us: *s.m.* – ação de passar, passagem; fuga, deserção, via, canal; mudança, transição.
translaticius, -a, -um: *adj.* – tradicional, costumado; ordinário; estranho; tomado a outros povos.
translatio, -onis: *s.f.* – transferência; mudança; imputação; metáfora.
translatio imperii: a transmissão do comando.
translativus, -a, -um: *adj.* – que produz ou requer urna mudança.
translator, -oris: *s.m.* – que leva para outra parte, que transfere.

T

translatus ou **tralatus, -a, -um**: *adj.* – transportado, transferido; transcrito; traduzido.
transloquor ou **tralaquor, -eris, -loqui**: *v. dep.t.* – dizer, narrar do princípio ao fim.
transluceo, -es, -xi, -cere: *v.t.* – brilhar através de; deixar passar a luz; refletir-se.
translucidus, -a, -um: *adj.* – transparente, diáfano.
transmarinus, -a, -um: *adj.* – que é de além mar, ultramarino.
transmeo, -as, -avi, -atum, -are: *v.int./t.* – passar além; atravessar.
transmigro, -as, -avi, -atum, -are: *v.t.* – passar de um lugar para outro, emigrar, mudar.
transmissio, -onis: *s.f.* – passagem, travessia; trajeto.
transmissus, -us: *s.m.* – travessia, trajeto.
transmitto, -is, -misi, -missum, -mittere: *v.t.* – enviar para o lado de lá, transferir; impelir através, traspassar; transmitir, legar; atravessar; deixar passar; esquecer, desprezar; passar (o tempo).
transmontanus, -a, -um: *adj.* – que está além dos montes, ultramontano.
transmoveo, -es, -ovi, -otum, -ere: *v.t.* – transportar remover.
transmuto, -as, -avi, -atum, -are: *v.t.* – transportar, transferir, mudar.
transnato, transno, ver **tranato, trano**.
transpicio, -is, -ere: *v.t.* – ver através de.
transpono, -is, -possui, -positum, -ponere: *v.t.* – transportar, transpor, transferir.
trasnportatio, -onis: *s.f.* – emigração.
transporto, -as, -avi, -atum, -are: *v.t.* – transportar, passar por.
transsilio, -is, -ui, -ivi ou **-ii, -sultum, -silere**: *v.int./t.* – saltar para ou por cima; transpor saltando; passar, ultrapassar; omitir, desprezar.
transso, -is, -ere, -sui, -sutum: *v.t.* – coser, furar com a agulha.
tran(s)sulto, -as, -avi, -atum, -are: *v.int.* – saltar (de um cavalo a outro).
tran(s)suo, -is, -ui, -utum, -uere: *v.t.* – coser; transpassar.
transtrum, -i: *s.n.* – banco (dos remeiros); viga, trave.
transvectio e **travectio, -onis**: *s.f.* – ação de transportar; passagem, travessia; trajeto; revista (militar).
transveesum ou **transversin** e **transverse**: *adv.* – de través, obliquamente; transversalmente.
transveho e **traveho, -is, -exi, -ectum, -ehere**: *v.t.* – transportar através de; fazer passar, transpassar, varar, levar em triunfo, passar (o tempo).
transverbero, -as, -avi, -atum, -are: *v.t.* – traspassar; atravessar.
transversarius, -a, -um: *adj.* – transversal.
transverso, -as, -are: *v.t.* – remexer através de.
transversus, -a, -um: *adj.* – posto a través; oblíquo, atravessado; transversal; vesgo; desviado; contrário, adverso.
transvolo, -as, -avi, -atum, -are: *v.t./int.* – atravessar voando; transpor rapidamente; correr, voar; passar por cima, omitir.
trapes, -etis: *s.m.* (mais usado no plural) e **trapetum, -i**: *s.n.* ou **trapetus**: *s.m.* – mó de lagar (de azeite).
trapezita, -ae: *s.m.* – cambista, banqueiro.
trav-, ver **transv-**.
treceni, -ae, -a: *num.distr.* – trezentos cada vez.
trecentesimus, -a, -um: *adj.num.ord.* – trecentésimo.
trecenti, -ae, -a: *num.card.* – trezentos.
trecenties: *adv.* – trezentas vezes.
tredecin: *num.card.* – treze.
tremebundus, -a, -um: *adj.* – que treme, trêmulo; que estremece; palpitante.
tremefacio, -is, -feei, -factum, -facere: *v.t.* – fazer tremer; abalar; assustar, aterrar.
tremendus, -a, -um: *adj.* – que faz tremer, tremendo, temível.
tremo, -is, -ui, -ere: *v.int./t.* – tremer; agitar-se; palpitar; temer, recear.
tremor, -oris: *s.m.* – tremor, abalo; agitação; terror.
tremulus, -a, -um: *adj.* – trêmulo; vacilante, trôpego; agitado; que faz tremer.
trepidanter: *adv.* – timidamente; com medo.
trepidatio, -onis: *s.f.* – precipitação, desordem; agitação, tremor.
trepide: *adv.* – com precipitação; em desordem; com agitação.
trepido, -as, -avi, -atum, -are: *v.int./t.* – agitar-se; apressar-se; estar atemorizado, receoso; tremer, temer, recear; andar precipitadamente, correr em desordem; precipitar-se.
trepidus, -a, -um: *adj.* – agitado, inquieto, desassossegado; apressado; atemorizado; precipitado; que assusta, inquietante.
tres, treis, tria, tris, *gen.* **trium**: *adj.num.* – três.

tresviri, *gen.* **triumvirorum**: *s.m.pl.* – triúnviros, comissão de três magistrados.
treveni: *num.distr.* – de trezentos em trezentos; cada vez trezentos.
tria iuncta in uno: três reunidos num só.
triangulum, -i: *s.n.* e **triangulus, -i**: *s.m.* – triângulo.
triangulus, -a, -um: *adj.* – triangular, que tem três ângulos.
triarii, -orum: *s.m.pl.* – triários, veteranos que constituíam a terceira linha (nos exércitos).
tribolus, ver **tribulus**.
tribuarius, -a, -um: *adj.* – relativo a uma tribo.
tribulis, -e: *adj.* – que é da mesma tribo; homem do povo; *s.m.* – pobre, indigente.
tribulum, -i: *s.n.* – grade ou trilho para debulhar o trigo.
tribulus, -i: *s.m.* – abrolho, espinho; estrepe.
tribunal, -alis: *s.n.* – tribunal; assento dos juízes; cadeira curul; casa do pretor.
tribunatus, -us: *s.m.* – dignidade de tribuno, tribunado.
tribunicius, -a, -um: *adj.* – tribunício, de tribunal.
tribunus, -i: *s.m.* – tribuno, magistrado romano.
tribuo, -is, -i, -utum, -uere: *v.t./int.* – repartir, distribuir; dividir; dar, conceder; destinar; assinar; atribuir, imputar.
tribus, -us: *s.f.* – tribo, divisão do povo romano, povo, classe pobre; classe.
tribus verbis: em três palavras; em resumo.
tributarius, -a, -um: *adj.* – de tributo, relativo a tributo; que paga tributo, tributário.
tributim: *adv.* – por tribos.
tributio, -onis: *s.f.* – distribuição, divisão; tributo.
tributum, -i: *s.n.* – imposto, tributo.
tributus, -a, -um: *adj.* (de **tribuo**) repartido; distribuído, concedido; *adj.* – (de **tribus**) – de tribo; por tribos.
tricae, -arum: *s.f.* – ninharia, bagatelas; embaraço, tricas.
triceni, -ae, -a: *num.distr.* – trinta de cada vez.
triceps, ipitis: *adj.* – que tem três cabeças.
tricesimus (trigesimus), -a, -um: *adj.num. ord.* – trigésimo.
tricies (-iens): *adv.* – trinta vezes.
triclinium, -ii: *s.n.* – triclínio, leito de mesa (para três pessoas); sala de jantar.
trico, -onis: *s.m.* – trapaceiro, intrigante.
tricor, -aris, -atus sum, -ari: *v.dep.* – buscar subterfúgios; fazer velhacarias, trapacear.
tricorpor, -oris: *adj.* – que tem três corpos.
tricuspis, -idis: *adj.* – que tem três pontas.
tridens, -entis: *adj.* – de três pontas; *s.m.* – tridente, forcado de três dentes; arpão; tridente (de Netuno).
tridentifer, -era, -erum: *adj.* – que traz um tridente.
triduum, -i: *s.n.* – espaço de três dias, tríduo.
triennium, -ii: *s.n.* – triênio, espaço de três anos.
triens, -entis: *s.m.* – triente, moeda do valor de um terço do asse; o terço da libra; o terço, a terça parte de.
trieris, -e: *adj.* – navio de três ordens de remos; *s.f.* – que tem três ordens de remos.
trietericus, -a, -um: *adj.* – que é de três em três anos; *n.pl.* – festas em honra de Baco, orgias.
trieteris, -eridis: *s.f.* – espaço de três anos; *pl.* – festas em honra de Baco, orgias.
trifariam: *adv.* – em três lugares, partes ou lados.
trifaux, -aucis: *adj.* – trifauce, de três gargantas; triplo.
trifer, -era, -erum: *adj.* – que dá frutos de três em três anos.
trifidus, -a, -um: *adj.* – de três pontas; fendido em três.
triformis, -e: *adj.* – de três formas.
trifur, -uris: *s.m.* – ladrão refinado.
trifurcifer, -feri: *s.m.* – patife refinado.
trigeminus, -a, -um: *adj.* – trigêmeo; triplo.
trigesimus, ver **tricesimus**.
triginta: *adj.num.* – trinta.
trilibris, -e: *adj.* – que tem três libras de peso.
trilinguis, -e: *adj.* – de três línguas, que fala três línguas.
trilix, -icis: *adj.* – tecido de três fios.
trimestris, -e: *adj.* – de três em três meses, que tem três meses.
trimeter, -tra, -trum: *adj.* – que tem três metros; (medida de um verso) ou seis pés; *s.m.* – trimetro ou verso jâmbico trímetro (de seis pés).
trimus, -a, -um: *adj.* – de três anos, que tem três anos de idade.
trini, -ae, -a: *adj.num.distr.* – que são de três em três; que são em número de três; triplos.
trinoctialis, -e: *adj.* – de três noites.
trinodis, e: *adj.* – que tem três nós.
triones, -um: *s.m.pl.* – bois de lavra; as duas Ursas (constelações).

triparcus, -a, -um: *adj.* – mesquinho, avaro.
tripartito: *adv.* – em três lugares; em três partes.
tripartitus, -a, -um: *adj.* – dividido em três.
tripectorus, -a, -um: *adj.* – que tem três peitos.
tripedalis, -e: *adj.* – de três pés de comprimento.
tripertito e **tripertitus**, ver **tripartito** e **tripartitus**.
tripes, -edis: *adv.* – que tem três pés.
triplex, -icis: *adj.* – tríplice; triplo.
triplico, -a, -are, -avi, -atum: *v.t.* – triplicar, multiplicar por três.
triplus, -a, -um: *adj.* – triplo.
tripudio, -as, -avi, -atum, -are: *v.int.* – dançar (uma dança religiosa); bailar; exultar (de alegria), tripudiar.
tripudium, -ii: *s.n.* – dança religiosa; dança; agouro tirado dos grãos que os frangos sagrados deixavam cair ao comer.
tripus, -odis: *s.m.* – assento ou mesa de três pés; tripeça em que se sentava a sibila de Delfos quando proferia seus oráculos; oráculo.
triquetrus, -a, -um: *adj.* – triangular, que tem três ângulos.
triremis, -e: *adj.* – que tem três ordens de remos; *s.m.* – trirreme, navio de três ordens de remos.
tristiculus, -a, -um: *adj.dim.* – um tanto triste.
tristificus, -a, -um: *adj.* – que entristece.
tristis, -e: *adj.* – triste; grave, austero; agastado; cruel; feio; infeliz, desgraçado; funesto.
tristitia, -ae: *s.f.* – tristeza; austeridade, severidade; cólera, agastamento; *pl.* – objeto de mágoa.
tristitia corrugat vultus: tristeza provoca rugas no rosto.
tristoficus, -a, -um: *adj.* – que contrista, entristecedor.
trisulcus, -a, -um: *adj.* – fendido, rachado, em três; de três pontas.
triticelus, -a, -um: *adj.* – de trigo.
triticum, -i: *s.n.* – trigo.
tritura, -ae: *s.f.* – ação de esfregar, debulha (do trigo); tempo da colheita.
tritus, -a, -um: *adj.* – pisado, moído; trilhado, frequentado; gasto, surrado; habitual, conhecido; exercitado em; afiado.
tritus, -us: *s.m.* (usado somente no *abl. sing.*) – ação de esfregar, esfregadura.
triumphalis, -e: *adj.* – relativo ao triunfo ou ao triunfador, triunfal.
triumpho, -as, -avi, -atum, -are: *v.int./t.* – triunfar, obter as honras do triunfo; triunfar de, subjugar, vencer.
triumphus, -i: *s.m.* – triunfo, entrada vitoriosa de um general em Roma; vitória.
triumvir, -viri: *s.m.* (usado ordinariamente no plural) – triúnviro, membro de uma comissão de três.
triumviralis, -e: *adj.* – de triúnviro.
triumviratus, -us: *s.m.* – triunvirato.
trivialis, -e: *adj.* – trivial, comum, vulgar.
trivium, -ii: *s.n.* – lugar em que se cruzam três caminhos; encruzilhada; praça pública.
trochaeus, -i: *s.m.* – troqueu, pé composto de duas sílabas, uma longa e uma breve;
trochlea, -ae: *s.f.* – roldana.
trochus, -i: *s.m.* – arco de metal com que os meninos brincavam, fazendo-o rolar com uma vara de ferro.
troglodytae, -arum: *s.m.pl.* – trogloditas, habitantes das cavernas.
tropaeum, -i: *s.n.* – troféu; vitória, monumento.
tropica, -orum: *s.n.* – resoluções mudanças.
trucidatio, -onis: *s.f.* – matança, carnificina.
trucido, -as, -avi, -atum, -are: *v.t.* – matar cruelmente, trucidar; esmagar, destruir.
truculenter: *adv.* – com aspecto feroz; violentamente.
truculentia, -ae: *s.f.* – violência, dureza; inclemência (do tempo).
truculentus, -a, -um: *adj.* – de aspecto feroz, ameaçador; duro; insensível; cruel; terrível.
trudis, -is: *s.f.* – lança com ferro em forma de meia lua; arpéu, fateixa.
truditur dies die: um dia é impelido pelo outro.
trudo, -is, -usi, -usum, -dere: *v.t.* – empurrar, impelir; acossar; afastar, desviar.
trulla, -ae: *s.f.* – vaso ou frasco de barro (para vinho); panela; colher; escumadeira.
trunco, -as, -avi, -atum, -are: *v.t.* – truncar, cortar; mutilar; suprimir; matar.
truncus, -a, -um: *adj.* – cortado, mutilado; truncado; privado de, encurtado; imperfeito; curto, pequeno.
truncus, -i: *s.m.* – tronco (de árvore); árvore; ramo; tronco (do corpo humano); pedaço de asno, estúpido.
trusito, -as, -avi, -atum, -are: *v.t.* – fazer andar aos empurrões ou às pancadas.
trutina, -ae: *s.f.* – balança.
trutinos, -aris, -ari: *v.t.* – examinar, pesar.

trux, trucis: *adj.* – feroz, cruel; terrível; áspero; selvagem.
trybilium, -i: *s.n.* – prato, tijela.
tu, tui, tibi, te: *pron.pess.* – tu, te, ti.
tuba, -ae: *s.f.* – trombeta, tuba; sinal do combate; o que dá o sinal; poesia épica.
tuber, -eris: *s.m.* – tumor, inchação.
tubicen, -cenis: *s.m.* – trombeteiro.
tubilustrium, -ii: *s.n.* – cerimônia da benção das trombetas, usadas nos sacrifícios.
tubulatus, -a, -um: *adj.* – que tem tubos ou canudos.
turbucinor, -aris, -atus sum, -ari: *v.dep.t.* – comer com sofreguidão, devorar.
tubus, -i: *s.m.* – tubo, canal, conduto.
tu dicis: és tu quem o diz.
tudito, -as, -are: *v.t.* – impelir, chocar.
tueor, -eres, tuitus ou **tutus sum, eri**: *v. dep.t.* – ver, olhar, observar; examinar, descobrir, perceber; conservar, guardar; defender; sustentar; honrar.
tu es ille vir: tu és esse homem.
tu es iudex: tu és o juiz.
tugurium, -ii: *s.n.* – cabana, casebre; tugúrio.
tuitio, -onis: *s.f.* – guarda, conservação; defesa.
tulit alter honores: outro levou as honras.
tum: *adv.* – então; naquele caso, naquele tempo; depois, depois disto; de mais, além disto; não só... mas também, quer... quer.
tu maior: tu és o mais velho.
tumefacio, -is, -feci, -factum, -facere: *v.t.* – inchar, intumescer.
tumeo, -es, -ui, -ere: *v.int.* – estar intumescido, inchado; crescer, elevar-se; estar irritado; estar cheio de; estar em agitação.
tumesco, -is, -mui, -escere: *v.int.* – inchar, intumescer-se; fermentar; irritar.
tumidus, -a, -um: *adj.* – inchado, intumescido; alvorotado; que faz inchar; orgulhoso, violento; irritado; empolado (estilo).
tumor, -oris: *s.m.* – inchação, intumescimento; perturbação, agitação; cólera; exagero, ênfase de linguagem.
tumulo, -as, -avi, -atum, -are: *v.t.* – sepultar, enterrar.
tumulosus, -a, -um: *adj.* – que tem muitas elevações, cheio de colinas; acidentado (terreno).
tumultuarius, -a, -um: *adj.* – alistado às pressas; feito precipitadamente; tumultuário.
tumultuatio, -onis: *s.f.* – desordem, tumulto.
tumultuor, -aris, -atus sum, -ari: *v.dep.* – causar desordem, tumultuar; amotinar-se; agitar-se.
tumultuose: *adv.* – em desordem, amotinadamente; ruidosamente, em tumulto.
tumultuosus, -a, -um: *adj.* – desordenado, confuso; tumultuoso, alvorotado; turbulento.
tumultus, -us: *s.m.* – perturbação, desordem; tumulto, motim; sedição; estrondo, tempestade; afluência, multidão.
tumulus, -i: *s.m.* – altura, elevação, eminência; oiteiro; túmulo.
tunc: *adv.* – então, depois disto; naquele tempo.
tundo, -is, tutudi, tunsi, tunsum e **tusum, tundre**: *v.t.* – malhar; martelar; bater; pisar, moer; atordoar.
tunica, -ae: *s.f.* – túnica.
tunicatus, -a, -um: *adj.* – vestido de túnica.
tu nosti: tu o sabes.
turba, -ae: *s.f.* – tumulto, desordem; perturbação; algazarra; desregramento; turba, multidão.
turba multa: a multidão desordenada.
turbamentum, -i: *s.n.* – desordem, agitação; o que perturba.
turbate: *adv.* – em desordem.
turbatio, -onis: *s.f.* – desordem, confusão; tumulto; perturbação.
turbatio sanguinis: mistura de sangue.
turbator, -oris: *s.m.* – agitador; amotinador, sedicioso.
turbatus, -a, -um: *adj.* – posto em desordem; agitado, perturbado; tempestuoso; irritado.
turbelae, -arum: *s.f.* – pertubação, desordem, confusão.
turbide: *adv.* – em confusão, desordenadamente; turbulentamente.
turbidus, -a, -um: *adj.* – agitado, desordenado; perturbado, turvo, toldado; tempestuoso; turbulento, facioso; desatinado; infeliz.
turbineus, -a, -um: *adj.* – rápido, impetuoso.
turbo, -as, -avi, -atum, -are: *v.t./int.* – perturbar, agitar; alvorotar; transtornar; toldar, turvar; acossar, infringir; quebrar; deitar a perder; agitar-se.
turbo, -inis: *s.m.* – turbilhão, redemoinho; agitação, motim; tempestade; movimento (de rotação); pilo, pitorra; força, impetuosidade, rapidez.
turbulente e **turbulenter**: *adv.* – com perturbação; em desordem; arrebatadamente.

T

turbulentus, -a, -um: *adj.* – agitado, turbulento; inquieto; sedicioso; violento; tempestuoso; turvo, toldado; acidental.
turdus, -i: *s.m.* – tordo (pássaro).
tureus, -a, -um: *adj.* – relativo ao incenso, de incenso.
turgeo, -es, tursi, -gere: *v.int.* – estar duro, inchado, estar cheio de; estar irritado; brotar, abrolhar; ser enfático (estilo).
turgesco, -is, -ere: *v.int.* – inchar-se, intumescer-se; encher-se de.
turgidus, -a, -um: *adj.* – inchado, intumescido; engrossado; alvorotado; irritado, furioso; empolado (estilo).
turibulum, -i: *s.n.* – turíbulo, incensório.
turicremus, -a, -um: *adj.* – que queima incenso.
turifler, -era, -erum: *adj.* – que produz incenso.
turilegus, -a, -um: *adj.* – que colhe incenso.
turma, -ae: *s.f.* – esquadrão, companhia; turma; troço de gente, magote; multidão.
turmalis, -is: *s.m.* – o que é da mesma companhia, do mesmo esquadrão; camarada (de armas).
turmatim: *adv.* – por companhia, por esquadrão; aos bandos.
turpe: *adv.* – vergonhosamente.
turpe cognomen: um apelido insultuoso.
turpiculus, -a, -um: *adj.* – bastante feio.
turpificatus, -a, -um: *adj.* – sujo, manchado, estragado.
turpis, -e: *adj.* – feio, disforme; torpe, vergonhoso; indigno; desonesto; desonrado.
turpis causa: causa torpe.
turpis pax: uma paz desonrosa.
turpiter: *adv.* – de modo disforme; vergonhosamente, de modo indigno; indecentemente.
turpitudo, -inis: *s.f.* – fealdade; torpeza, desonra; indecência.
turpo, -as, -avi, -atum, -are: *v.t.* – tornar feio, afear, desfigurar; manchar; desonrar.
turriger, -era, -erum: *adj.* – que traz uma torre; rodeado, coroado ou defendido de torres.
turris, -is: *s.f.* – torre; máquina de guerra; baluarte, casa forte; castelo.
turritus, -a, -um: *adj.* – que tem torres; munido de torres; torreado; coroado de torres.
turtur, -uris: *s.m.* – pomba-rola (ave).
tus, turis: *s.n.* – incenso; grão de incenso.
tussio, -is, -ivi, -itum, -ire: *v.int.* – tossir.
tussis, -is: *s.f.* – tosse.
tutamen, -inis e **tutamentum, -i**: *s.n.* – defesa, proteção; abrigo; arma defensiva.
tute: *adv.* – seguramente, com segurança; sem receio.
tute: *pron.pess.* **tu** e *suf.* **te** – tu mesmo.
tu te consule: aconselha-te contigo mesmo.
tutela, -ae: *s.f.* – tudo o que protege ou defende; defesa, proteção; arrimo; tutela; guarda, patrono; protetor; o que é protegido.
tutelare numen: o deus protetor do lugar.
tuticus ou **medixtuticus, -i**: *s.m.* – supremo magistrado entre os campanos.
tutius in terra: em terra é mais seguro.
tuto: *adv.* – com segurança, tranquilamente; sem perigo.
tuto et celeriter: em segurança e rapidamente.
tutor, -aris, -atus sum, -ari: *v.dep.* – proteger, defender; fazer, representar o papel de; acudir a; afastar.
tutor, -oris: *s.m.* – guarda, protetor; tutor, curador.
tutor et ultor: protetor e vingador.
tutum, -i: *s.n.* (usado ordinariamente no plural) – lugar de segurança, abrigo; segurança, descanso.
tutus, -a, -um: *adj.* – que está em segurança; salvo, seguro; com que se pode contar; que oferece segurança; prudente, circunspeto.
tutus stat ordo civicus: o estado está em segurança.
tuum est munus hoc: a tarefa é tua; a obrigação é tua.
tuus, -a, -um: *adj.poss.* – teu, tua; *m.pl.* – os teus, teus parentes, teus amigos; *n.pl.* – teus haveres, teus bens.
tympaum, -i: *s.n.* – tambor (frígio); adule; roda de uma só peça; mó fixa; *pl.* – pratos (chatos e redondos).
typus, -i: *s.m.* – figura, estátua; imagem.
tyrannice: *adv.* – com tirania, tiranicamente.
tyrannicus, -a, -um: *adj.* – tirânico; violento, cruel.
tyrannus, -i: *s.m.* – tirano, rei absoluto; déspota, usurpador.
tyrotarichum, -i: *s.n.* e **tyrotarichus, -i**: *s.m.* – manjar feito de queijo.
tyrranis, -idis: *s.f.* – tirania, governo de um só; poder absoluto.

U

uber, -eris: *adj.* – fértil; abundante; gordo; lucrativo, proveitoso.

uber, -eris: *s.n.* – peito, mama, úbere; fecundidade; abundância.

uberius, uberrime: *adv.* – muito abundante, o mais abundante.

ubertas, -atis: *s.f.* – fertilidade, fecundidade; abundância; lucro, proveito.

ubertim: *adv.* – abundantemente.

uberto, -as, -are: *v.t.* – tornar fecundo, fecundar, fertilizar.

ubi: *adv.* – onde?; *conj.* – logo que, tanto que, quando.

ubi amici, ibi opus: onde estão os amigos, aí está o trabalho.

ubi amor, ibi fides: onde há amor, há confiança.

ubi apes, ibi mel: onde há abelhas, há mel.

ubicumque: *conj.* – em qualquer lugar que, em toda a parte que; *adv.* – em toda parte.

ubi eadem est ratio, ibi idem ius: a mesma razão autoriza o mesmo direito.

ubi emolumentum, ibi onus: onde há receita, há despesa.

ubi est veritas?: onde está a verdade?

ubi gentium sumus?: em que terra estamos?

ubi ius, ibi obligatio: onde há lei, há obrigação.

ubi lex, ibi poena: onde está a lei, aí está a pena.

ubillibet: *adv.* – em qualquer lugar que seja.

ubi mures, ibi fures: onde há ratos, há ladrões.

ubinam: *adv.* – em que lugar?, onde?.

ubi non est culpa, non est delictum: onde não há acusação, não há delito.

ubi non est culpa, non est poena: onde não há acusação, não há punição.

ubi paveris, impera: onde fores temido, dá as ordens.

ubiquaque: *adv.* – por toda a parte.

ubique: *adv.* – por toda a parte, em qualquer lugar que.

ubique est labor: o trabalho está em toda parte.

ubique mors est: a morte está em toda parte.

ubiubi: *conj.* – onde quer que, em qualquer lugar que.

ubivis: *adv.* – por toda a parte, em todos os lugares.

udo, -onis: *s.m.* – espécie de calçado de couro, ou de pelo de cabra.

udus, -a, -um: *adj.* – úmido, molhado; banhado; chuvoso; embriagado.

ulceratio, -onis: *s.f.* – ulceração, úlcera.

ulcero, -as, -avi, -atum, -are: *v.t.* – ulcerar, fazer uma chaga, ferir.

ulcerosus, -a, -um: *adj.* – coberto de chagas, ulceroso; esfolado; ferido.

ulciscor, -eris, ultus sum, ulcisci: *v.dep.* – vingar-se; castigar, punir; vingar alguém.

ulcus (hulcus), -eris: *s.n.* – chaga, úlcera; ferida.

ulcusculum, -i: *s.n.* – pequena chaga.

uligo, -inis: *s.f.* – umidade (natural) da terra.

ullus, -a, -um: *adj.* – algum, alguma; alguém.

ulmus, -i: *s.f.* – olmo, olmeiro; vara (para castigar escravos).

ulna, -ae: *s.f.* – antebraço; braça (medida de comprimento); *pl.* – braços.

ulpicum, -i: *s.n.* – espécie de alho.

ulterior, -ius: *gen.* **-oris**: *adj.comp.* – que está além de, ulterior; que está mais afastado.

ulteriores, -um: *s.m.pl.* – as pessoas mais afastadas, mais distantes (em oposição a **proximi**).

ulterius: *adv.comp.* (de **ultra**) – mais longe, mais além; de mais; além de, além disso.

ultima, -orum: *s.n.pl.* – as coisas mais afastadas, mais remotas, as últimas coisas; o fim, a morte.

ultima derogant prioribus: as últimas disposições derrogam as anteriores.

ultima poena: o último castigo; a pena de morte.

ultima ratio: a razão final; o último argumento; o último recurso.

ultimatum: ultimato (últimas propostas).

ultima verba: as últimas palavras.

ultime: *adv.* – no último ponto, tanto quanto possível, no máximo; por fim, em último lugar.

ultimi, -orum: *s.m.pl.* – os últimos, as pessoas mais afastadas.

ultimo: *adv.* – enfim, finalmente.

ultimo mense: no mês anterior.

ultimum, -i: *s.n.* – fim, o extremo; o último grau.
ultimum auxilium: o último recurso.
ultimum supplicium: o último castigo; a pena de morte.
ultimus, -a, -um: *adj.superl.* – o mais afastado, supremo, o último; o derradeiro; o primeiro, o mais antigo; *n.pl.* – as provas mais duras; os sofrimentos extremos.
ultio, -onis: *s.f.* – vingança, punição, castigo.
ultor, -oris: *s.m.* – vingador, o que castiga; *adj.* – vingador.
ultra: *adv.* e *prep.ac.* – além de, adiante de; fora de; depois de; além, mais longe; de mais; por mais tempo; depois.
ultra legem: fora da lei.
ultralibet: *adv.* – de um lado ou de outro.
ultra licitum: além do permitido.
ultra modum, sine causa: além dos limites, sem motivos.
ultra petita: além do solicitado.
ultra posse, nemo obligatur: ninguém é obrigado além do que pode.
ultra quam satis est: é mais do que o suficiente.
ultra vires: além de suas forças; além de sua autoridade.
ultrix, -icis: *s.f.* – a que castiga; vingadora.
ultro: *adv.* – além; longe; de mais, além disso; até, primeiramente.
ulula, -ae: *s.f.* – coruja.
ululatus,-us: *s.m.* – grito agudo; gemido; uivo.
ululo, -as, -avi, -atum, -are: *v.int./t.* – uivar, ulular; gritar chamar aos gritos; vociferar.
ulva, -ae: *s.f.* – planta de brejo; caniço.
umbella, -ae: *s.f.* – guarda-sol, sombrinha.
umbilicus, -i: *s.m.* – umbigo; ponto central, centro; o meio de; cilindro em volta do qual se enrolam os manuscritos.
umbo, -onis: *s.m.* – tudo que faz saliência em uma superfície: centro de escudo, escudo; cotovelo, prega ou dobra da toga.
umbra, -ae: *s.f.* – sombra; escuro, escuridão; imagem, quimera; fantasma, sombra de um morto; abrigo; refúgio; solidão.
umbraculum, -i: *s.n.* (usado sobretudo no plural) – o que faz sombra; guarda-sol; abrigo, estufa; escola.
umbra demonstrat lucem: a sombra mostra a luz.
umbra mortis: a sombra da morte.
umbras timet: tem medo até das sombras.
umbraticola, -ae: *s.m.f.* – um molenga, um efeminado.
umbraticus, -a, -um: *adj.* – de sombra, relativo à sombra; retirado, privado.
umbratilis, -e: *adj.* – que passa o tempo à sombra; que vive em casa, ocioso, desocupado.
umbrifer, -era, -erum: *adj.* – que faz sombra, sombrio.
umbro, -as, -avi, -atum, -are: *v.t.* – fazer sombra a, ensombrar; escurecer.
umbrosus, -a, -um: *adj.* – ensombrado, sombrio; que dá sombra, umbroso.
umecto, ver **humecto**.
umens, ver **humens**.
umeo, ver **humeo**.
umerus, ver **humerus**.
umesco, ver **humesco**.
umidus, ver **humidus**.
umor, -oris: *s.m.* ou **humor** – liquido; água; humor, linfa.
umor Bacchi: o líquido de Baco; o vinho
umquam (unquam): *adv.* – em algum momento, algum dia, alguma vez.
una: *adv.* – juntamente; com; ao mesmo tempo.
unanimis, -e e **unanimus, -a, -um**: *adj.* – que está ou vive em harmonia; concorde, unânime.
unanimitas, -atis: *s.f.* – acordo; concórdia, harmonia.
una opera: de uma só vez.
una vice: de uma só vez; uma única vez.
una voce: com uma só voz; unanimemente; com a concordância de todos.
uncia, -ae: *s.f.* – onça, a duodécima parte da libra romana; a duodécima parte do sextário.
unciarius, -a, -um: *adj.* – que é do peso de uma onça; relativo à duodécima parte.
unciatim: *adv.* – moeda por moeda.
uncinatus, -a, -um: *adj.* – encurvado à maneira de garra; curvo, adunco.
unco, -as, -are: *v.int.* – roncar, rosnar (do urso).
unctio, -onis: *s.f.* – ação de untar, fricção; exercícios do ginásio, luta.
unctor, -oris: *s.m.* – escravo que unta com azeite ou essência.
unctorium, -i: *s.n.* – lugar onde se friccionava azeite ou essência, sala de fricção.
unctum, -i: *s.n.* – boa mesa, bom jantar, luxo na mesa.
unctura, -ae: *s.f.* – ação de perfumar ou de ungir (um cadáver); embalsamamento.

unctus, -a, -um: *adj.* – esfregado; ungido, perfumado; untado; tinto de, molhado; temperado; lauto, opulento; polido, elegante.
uncus, -a, -um: *adj.* – recurvado, adunco, curvo.
uncus, -i: *s.m.* – gancho; arpéu; gato-de-ferro (para segurar as pedras de um muro).
unda, -ae: *s.f.* – água em movimento; onda, vaga; água do mar; marulho, turbilhão.
undas numeras!: contas as ondas!; fazes trabalho inútil.
undatus, -a, -um: *adj.* – que tem ondas, ondulado.
unde: *adv.* – donde, de que lugar, da parte do qual.
undecim: *adj.num.card.* – onze.
undecimus, -a, -um: *adj.num.ord.* – undécimo.
undecumque: *conj.* – de qualquer parte que; *adv.* – de uma parte qualquer.
undeni, -ae, -a: *adj.num.distr.* – que são em número de onze; onze de cada vez.
undenonaginta: *adj.num.card.* – oitenta e nove.
undeoctoginta: *adj.num.card.* – setenta e nove.
undequadraginta: *adj.num.card.* – trinta e nove.
undequinquagesimus, -a, -um: *adj.num. ord.* – quadragésimo nono.
undequinquaginta: *adj.num.card.* – quarenta e nove.
undesexaginta: *adj.num.card.* – cinquenta e nove.
undetricesimus: *adj.num.ord.* – vigésimo nono.
undevicesimanus, -i: *s.m.* – soldado da décima nona legião.
undeviginti: *adj.num.card.* – dezenove.
undicola, -ae: *s.m.f.* – o que vive na água, aquático.
undique: *adv.* – de todas as partes; por todos os lados.
undo, -as, -avi, -atum, -are: *v.int./t.* – estar agitado, alvorotado; ferver; ondular.
undosus, -a, -um: *adj.* – cheio de ondas, agitado, revolto, tempestuoso.
unetvicesimanus, -i: *s.m.* – soldado da vigésima primeira legião.
ungo ou **unguo, -is, -nxi, -nctum, -gere**: *v.t.* – esfregar com; ungir, untar; perfumar; molhar.
unguen, -inis: *s.n.* – substância gorda, gordura; unguento.
unguentarius, -a, -um: *adj.* – de perfume, relativo a perfume; **-ii**: *s.m.* – perfumista.
unguentum, -i: *s.n.* – óleo, essência (aromática); unguento; perfume.
unguiculus, -i: *s.m.dim.* – unha.
unguis, -is: *s.m.* – unha; garra; casco.
ungula, -ae: *s.f.* – unha; garra; casco.
unguo, ver **ungo**.
unice: *adv.* – mormente, particularmente; sobretudo.
unico homine regente: sob o comando de um único homem.
unicolor, -oris: *adj.* – de uma só cor.
unicuique suum: a cada um o seu.
unicus, -a, -um: *adj.* – único; singular; insigne, raro; notável.
uniformis, -e: *adj.* – uniforme, homogêneo.
unigena, -ae: *adj.* – nascido só; único (filho).
unimanus, -a, -um: *adj.* – que tem uma só mão.
unio, -is, -ire: *v.t.* – unir, reunir.
unio, -onis: *s.f.* – pérola grande.
unita virtus valet: o esforço unido é forte.
unitas, -tatis: *s.f.* – unidade, identidade.
unitas remedii: remédio único.
uniter: *adv.* – de maneira a só fazer um.
uniusmodi: *adj.indecl.* – da mesma espécie.
universalis, -e: *adj.* – universal, comum a todos, geral.
universe e **universim**: *adv.* – geralmente, em geral.
universi, -orum: *s.m.pl.* – todos juntos (em oposição a **singuli**), todos sem exceção.
universitas, -atis: *s.f.* – universalidade, totalidade; universo.
universitas personarum: uma universalidade de pessoas.
universitas rerum: uma universalidade de bens.
universum, -i: *s.n.* (usado ordinariamente no plural) – o universo, conjunto das coisas.
universus, -a, -um: *adj.* – todo, todo inteiro; *s.n.pl.* – todos.
uno consensu: com unanimidade de votos.
uno ore: com uma só voz.
uno verbo: numa só palavra; em resumo.
unoculus, -i: *s.m.* – pessoa de um só olho.
unquam e **umquam**: *adv.* – jamais, algum dia; nunca.
unum et idem: uma única e mesma coisa; dá no mesmo.
unus, -a, -um (*gen.* **unius**): *adj.num.* – um, uma; um só; simples; alguém, um certo.
unus, nullus: um, nenhum.

U

unus post alium: um atrás do outro.

unusquisque, unaquaeque, unumquodque: *adj.* – cada um; cada uma; cada qual.

upilio, -onis, ver **opilio**.

upupa, -ae: *s.f.* – poupa (ave); enxada ou picareta.

urbane: *adv.* – civilmente, cortesmente; com urbanidade; delicadamente.

urbanitas, -atis: *s.f.* – vida na cidade, morada em Roma; polidez, urbanidade; graça, elegância, galanteria; gracejo.

urbanus, -a, -um: *adj.* – de cidade, relativo à cidade; da cidade de Roma; pacífico; urbano, polido, delicado, espirituoso.

urbi et orbi: à cidade e ao mundo.

urbs, urbis: *s.f.* – cidade; a cidade, Roma; povo de uma cidade; estado; república.

urbs aeterna: a cidade eterna; Roma.

urceatim: *adv.* – a cântaros.

urceus, -i: *s.m.* – jarro, bilha, pote.

urco, -as, -are: *v.int.* – emitir sons, gritar.

uredo, -inis: *s.f.* – alforra (doença das plantas); ferrugem (dos navios).

urere suas messes: queimar a própria colheita; causar o próprio dano.

urgeo, -es, -ursi, -ere: *v.t.* – empurrar, impelir; arremessar; ir no encalço; ameaçar; apertar com, instar; estimular; fatigar.

urina, -ae: *s.f.* – urina.

urinator, -oris: *s.m.* – mergulhador.

urinor, -aris, -atus sum, -ari: *v.dep.int.* – mergulhar.

urna, -ae: *s.f.* – urna (de guardar dinheiro; de lançar votos, para tirar as sortes, funerária); vaso grande (para tirar água); medida de capacidade (meia ânfora).

urnula, -ae: *s.f.* – pequena urna.

uro, -is, -ussi, -ustum, -urere:, *v.t.* – queimar; abrasar, incendiar; inflamar; secar, maltratar; assolar, destruir.

ursa, -ae: *s.f.* – ursa, a Ursa (constelação).

ursina, -ae: *s.f.* – carne de urso.

ursus, -i: *s.m.* – urso.

urtica, -ae: *s.f.* – urtiga.

uruca, -ae: *s.f.* – lagarta (das plantas).

urus, -i: *s.m.* – uro, búfalo.

usitate: *adv.* – segundo o costume, conforme o uso.

usitatus, -a, -um: *adj.* – admitido pelo uso; costumado, ordinário.

usitor, -aris, -ari: *v.int.* – usar frequentemente.

uspiam: *adj.* – em algum lugar.

usquam: *adv.* – de algum modo, em alguma parte; em ou para algum lugar; em alguma coisa.

usque: *prep.ac. e abl.* – até a ou para; desde, a partir de; salvo, exceto; *adv.* – sem interrupção; sempre; muito.

usque ad aeternum: para sempre.

usque ad finem: até o fim.

usque ad praesentia tempora: até os tempos atuais.

usque ad sanguinis effusionem: até o derramamento de sangue.

usque ad terminum: até o limite; até o fim.

usque ad terminum vitae suae: até o fim de sua vida.

usque ad ultimum terrae: até as extremidades da terra.

usque ad vesperum manet dies: o dia dura até o anoitecer.

usquedum: *conj.* – até que.

usque in consummationem saeculi: até o fim dos tempos.

usque in hodiernum diem: até o dia de hoje.

usquequaque: *adv.* – em todo o lugar; por toda a parte; em qualquer tempo; inteiramente.

ustio, -onis: *s.f.* – queimadura, inflamação.

ustulo, -as, -avi, -atum, -are: *v.t.* – queimar.

ustus, -a, -um: *adj.* – queimado; *n.pl.* – queimaduras.

usucapio, -is, -cepi, -captum, -capere: *v.t.* – tomar pelo uso, adquirir por usucapião ou por prescrição.

usucapio, -onis: *s.m.* – usucapião.

usufacio, -is, -feci, -factum, -ere: *v.t.* – apropriar-se de.

usura, -ae: *s.f.* – uso, proveito (de uma coisa); lucro, rendimento; juros; dinheiro dado a juros.

usurarius, -a, -um: *adj.* – de que se tem o gozo, que serve ou é próprio para uso.

usurpatio, -onis: *s.f.* – ação de se utilizar, de se valer de; uso, emprego.

usurpo, -as, -avi, -atum, -are: *v.t.* – usar, valer-se de; exercer, praticar; entregar-se a; apropriar-se, adquirir; usurpar, nomear; apelidar.

usus, -us: *s.m.* – uso, emprego, prática, experiência, exercício; hábito, costume; o que é de necessidade; trato, intimidade.

usus est tyrannus: o costume é um tirano.

usus forensis: os usos do foro, praxe.

usus fori: uso do foro.

usus legem imitatur: o uso imita a lei.
usus loquendi: a expressão na linguagem oral.
usus me docuit: a experiência me ensinou.
usus, non abusus: uso, não abuso.
usus rationis: o uso da razão.
usuvenit (usu venit), -iebat, -ire: *v.int.imp.* – suceder, acontecer, dar-se.
ut ou **uti**: *conj.* – que; para que, a fim de que; de forma que, de sorte que; ainda que, embora; quando; desde que, logo que; *adv.* – como; segundo, com relação a; quando, que (em exclamação); o mais possível (junto a um superlativo).
ut ameris, ama: para seres amado, ama.
ut amnis vita labitur: a vida flui como um rio.
ut civis: como cidadão.
ut creditur: conforme se acredita.
ut dicitur: como se costuma dizer.
utens, -entis: *adj.* – que possui, rico, abastado.
utensilia, -ium: *s.n.pl.* – utensílios; petrechos; ferramentas; móveis, provisões.
uter, -tra, -trum: *adj.* (*gen.* **utrius**) – qual dos dois, das duas; um e outro; uma e outra; um dos dois.
uter, utris: *s.m.* – odre; que incha de vaidade; poço de orgulho.
ut erat exspectandum: como era de se esperar.
utercumque, utracumque, utrumcumque: *adj.* – qualquer dos dois, seja qual for dos dois; qualquer.
utere dum liceat: aproveita (a vida), enquanto podes.
utere praesenti: aproveita a hora presente.
utere sorte tua: aproveita a tua sorte.
utere temporibus: aproveita o momento.
utere virtute: pratica a virtude.
uteris, -travis, -trumvis: *adj.* – qualquer dos dois.
uterlibet, utralibet, utrumlibet: *adj.* – qualquer dos dois, seja qual for dos dois.
uterque, utraque, utrumque: *adj.* – um e outro, uma e outra; ambos.
uterus, -i: *s.m.* – útero, ventre; parto; feto; seio, cavidade, interior.
ut fama est: como é fama, segundo consta.
ut fata trahunt: conforme o destino conduz.
ut fieri solet: como costuma acontecer.
ut fit: como abaixo (está escrito).
ut infra: como (está escrito) abaixo.
utique: *adv.* – em todo o caso; mormente, sobretudo; sempre, absolutamente; seguramente.
uti, non abuti: usar, não abusar.
uti partum, ita aptum: feito, acabado.
uti possidetis: como possuís.
utile dulci: (juntar) o útil ao agradável.
utile per inutile non vitiatur: o útil não é viciado pelo inútil.
utilis, -e: *adj.* – útil, proveitoso.
utilitas, -atis: *s.f.* – uso, faculdade de se servir, proveito, vantagem; utilidade.
utilitati communi parere: servir aos interesses comuns.
utiliter: *adv.* – utilmente, com vantagem, com proveito.
utinam: *conj.* – oxalá que; queira Deus que.
utinam dives essem!: quem me dera ser rico!
ut ita dicam: por assim dizer.
ut libet: como lhe agradar; à vontade; a gosto.
ut mihi mos est: como é meu hábito.
ut mos est: como é costume.
ut ne longius abeam: para não ir mais longe; para não estender mais o assunto.
ut nunc sunt homines: os homens de hoje são assim.
ut nunc sunt mores: segundo os costumes atuais.
ut omnes unum sint: para que eles sejam todos um.
utor, -eris, -usus sum, -uti: *v.dep.* – usar, servir-se de; valer-se de; despender, gastar; ser amigo de, ter intimidade com.
ut par est: como é justo.
ut pignus amicitiae: como penhor de amizade.
ut plerumque fit: como costuma acontecer.
ut plura non dicam: para não dizer mais.
utpote: *adv.* – como; pois que, visto que.
ut puta: como acontece; como, por exemplo.
ut puto: segundo creio.
utraque haurit manu: ele colhe com ambas as mãos.
utrarius, -ii: *s.m.* – aguadeiro, que transporta água em odres.
ut retro: conforme (foi exposto) atrás.
utricularius, -i: *s.m.* – tocador de gaita de foles.
utrimque ou **utrinque**: *adv.* – de um lado e de outro; de ambas as partes.
utrimque paratus: pronto para tudo.
utro: *adv.* – para qual dos dois lados.
utrobique: *adv.* – de ambos os lados, em ambos os casos.
ut rogas: como solicitas.
utroque: *adv.* – para ambos os lados.

utroque pede: com os dois pés; com todas as forças.

utrum: *adv.* – acaso?, porventura?; *conj.* – se porventura, se acaso, se.

ut saepe: como acontece frequentemente.

ut semper: como sempre.

ut singuli: como indivíduos; individualmente; em separado.

ut solet: como costuma acontecer.

ut sors feret: como a sorte trouxer.

ut sunt humana: assim são as coisas humanas.

ut supra: como acima (**ut supra dictum est**: como foi dito acima).

ut suspicor: como eu suspeito.

utut: *conj.* – como que, de qualquer modo que.

ut vales?: como vais?

ut valetis?: como passais?

uva, -ae: *s.f.* – uva; videira; enxame, cacho (de abelhas).

uvesco, -is, -ere: *v.int.* – umedecer-se; bebericar.

uvidus, -a, -um: *adv.* – úmido; fresco; molhado, regado; que bebeu demais.

uxor, -oris: *s.f.* – mulher casada, esposa.

uxorius, -a, -um: *adj.* – relativo à esposa ou ao casamento, de esposa, de mulher casada.

V

vacanter: *adv.* – em excesso, inutilmente.
vacantia legis: vacância da lei.
vacatio, -onis: *s.f.* – dispensa, isenção; direito ao descanso; baixa, dispensa (do serviço militar).
vacatio legis: isenção da lei (espaço vago entre uma lei extinta e a vigência da outra).
vacca, -ae: *s.f.* – vaca.
vaccula, -ae: *s.f.* – vaca pequena.
vacefio, -is, -fieri: *v.int.* – tornar-se vazio.
vacillatio, -onis: *s.f.* – balanceamento, hesitação.
vacillo, -as, -avi, -atum, -are: *v.int.* – vacilar, cambalear; tremer.
vacive: *adv.* – à vontade, descaradamente.
vacivitas, -tatis: *s.f.* – defeito, falta de.
vacivum laboris tempus: tempo vazio de trabalho.
vacivus, -a, -um: *adj.* – desprovido; vazio, desocupado.
vacivus virium: destituído de forças; fraco; impotente.
vaco, -as, -avi e **vacui, -atum, -are**: *v.int.* – estar vazio, desocupado; estar vago; estar livre, isento de; ter vagas, estar em descanso; dar-se a, empregar-se com.
vacuefacio, -is, -feci, -factum, -facere: *v.t.* – esvaziar, despejar; despovoar.
vacuitas, -atis: *s.f.* – espaço vazio, vácuo; ausência; vacância.
vacuo, -as, -avi, -atum, -are: *v.t.* – tornar vazio, esvaziar, despejar.
vacuum legis: o vazio da lei (a inexistência de lei).
vacuus, -a, -um: *adj.* – vazio; desprovido, privado de; isento, livre; despreocupado; amplo, espaçoso.
vadas ad diabolum!: vai para o diabo!
vade, et tu fac similiter: vai, e faze tu o mesmo.
vade foras!: cai fora!
vade in pace: vai em paz.
vade mecum: vai comigo.
vade, Satana: vai-te, Satanás.
vadimonium, -ii: *s.n.* – obrigação de comparecer em juízo; promessa, obrigação.
vado, -is, -ere: *v.int.* – ir, caminhar; marchar.
vado piscari: eu vou pescar.
vador, -aris, -atus sum, -ari: *v.dep.* – receber caução, prestar caução; citar ou intimar para comparecer em juízo.
vadosus, -a, -um: *adj.* – que dá vau, que pode ser passado a vau em muitos lugares.
vadum, -i: *s.n.* e **vadus, -i**: *s.m.* – vau, lugar em que se pode passar a vau; água, rio, mar; fundo (do mar).
vae: *interj.* – ai!, ah! (indica sofrimento ou infelicidade).
vae mortuis!: coitados dos mortos!
vae soli!: ai de quem está sozinho!
vae victis!: ai dos vencidos!
vaecors, vaegrandis e **vaesanus**, ver **vecors, vegrandis** e **vesanus**.
vaens, -entis: *part.pres.* – forte, robusto; que tem saúde, que passa bem; espesso, vigoroso.
vafer, -fra, -frum: *adj.* – astuto, sagaz; matreiro, velhaco.
vafre: *adv.* – com esperteza, astuciosamente.
vafritia, -ae: *s.f.* – sutileza, esperteza, astúcia.
vafrum iuris: uma artimanha do direito.
vagatio, -onis: *s.f.* – vida errante.
vage: *adv.* – aqui e ali; por um lado e por outro.
vagina, -ae: *s.f.* – bainha; estojo; casulo.
vagio, -is, -ivi ou **-ii, -itum, -ire**: *v.int.* – vagir, dar vagidos.
vagitus, -us: *s.m.* – vagido, grito ou berro (dos animais).
vagor, -aris, -atus sum, -ari: *v.dep.int.* – vaguear, errar, ir ao acaso.
vagus, -a, -um: *adj.* – errante, vagabundo; ambulante; que se espalha, que transborda; livre, aberto; ondulante; inconstante; vago, incerto.
valde: *adv.* – excessivamente, muito, grandemente; seguramente.
vale!: passe bem!; saúde!; adeus!
valedico, -is, -xi, -ctum, -cere: *v.int.* – dizer adeus; saudar.
valens, -entis: *adj.* – forte, robusto, vigoroso.
valenter: *adv.* – fortemente, com vigor.
valentulus, -a, -um: *adj.* – bastante vigoroso.
valeo, -es, -ui, -ere: *v.int.* – ser forte, vigoroso; estar de saúde, passar bem; ter força, levar vantagem, prevalecer; ter bom resultado; ser capaz de, poder, valer.
vale, sape: sê forte, sê sábio.

valesco, -is, -ere: *v.int.* – tornar-se forte, restabelecer-se; ganhar força, predomínio; sair-se bem, fortalecer-se.
valet ancora virtus: a virtude é âncora forte.
valetudo, -inis: *s.f.* – saúde; boa saúde, boa compleição; enfermidade, doença (do espírito).
valide: *adv.* – muito, grandemente, fortemente.
validus, -a, -um: *adj.* – forte, robusto, vigoroso; salutar; rijo, sólido; poderoso.
vallaris, -e: *adj.* – relativo à trincheira.
valles ou **vallis, -is**: *s.f.* – vale.
vallo, -as, -avi, -atum, -are: *v.t.* – entrincheirar, munir; fortificar.
vallum, -i: *s.n.* – trincheira, estacada; baluarte; proteção.
vallus, -i: *s.m.* – estaca; trincheira, paliçada.
valvae, -arum: *s.f.pl.* – batentes ou as duas metades de uma porta.
vana est sine viribus ira: vã é a ira sem a força.
vana tonitrua: são trovões sem consequência.
vana verba: palavras vãs.
vanesco, -is, -nui, -escere: *v.int.* – desfazer-se, desvanecer-se; dissipar-se.
vaniloquentia, -ae: *s.f.* – frivolidade (no falar); vaidade; ostentação.
vaniloquus, -a, -um: *adj.* – mentiroso, vanglorioso; fanfarrão.
vanitas, -atis: *s.f.* – vaidade; jactância; vanglória; mentira, impostura.
vanitas vanitatum!: vaidade de vaidades!
vani timoris iusta excusatio non est: a escusa do vão temor não é justa.
vannus, -i: *s.m.* – ciranda, joeira.
vanus, -a, -um: *adj.* – vazio; vão; frívolo, inútil; malogrado; enganador; falso, mentiroso.
vapidus, -a, -um: *adj.* – estragado; corrupto.
vapor, -oris: *s.m.* – vapor, exalação; fumo; ar quente; fogo; calor.
vaporarium, -ii: *s.n.* – instalação para os banhos de vapor; estufa de vapor.
vaporatio, -onis: *s.f.* – evaporação, exalação; transpiração.
vaporo, -as, -avi, -atum, -are: *v.t./int.* – exalar vapores, evaporar, encher de vapores, evaporar-se.
vapor, umbra, nihil: um vento, uma sombra, nada.
vappa, -ae: *s.f.* – vinho estragado, zurrapa; vadio, malandro.
vapularis, -e: *adj.* – que recebe ou apanha açoites, que é açoitado.
vapulo, -as, -avi, -atum, -are: *v.int.* – apanhar, ser açoitado; sofrer uma derrota; ser vencido.
variae lectiones: há leituras variantes.
variae sententiae: opiniões discordantes.
variantia, -ae: *s.f.* – variedade.
varia sors rerum: é inconstante a sorte das coisas.
variat omnia tempus: o tempo muda tudo.
variatio, -onis: *s.f.* – ação de variar, variação; diversidade.
variatus, -a, -um: *adj.* – variado, mudado; dividido; matizado.
varia vita est: a vida é instável.
varico, -as, -avi, -atum, -are: *v.int.* – afastar as pernas, andar a passos largos.
varicus, -a, -um: *adj.* – que afasta as pernas.
varie: *adv.* – com diferentes matizes, de modo variado, diversamente.
varietas, -atis: *s.f.* – variedade, diversidade; diferença; inconstância.
varie variis: para situações diferentes, soluções diferentes.
vario, -as, -avi, -atum, -are: *v.t./int.* – variar; matizar; mudar, alterar; ser colorido, pintado; ser diverso.
variorum: de vários.
varium et mutabile vulgus: a multidão mutável e inconstante.
varius, -a, -um: *adj.* – que é de várias cores; variegado, matizado; variado, diverso; incerto; inconstante.
varix, -icis: *s.f.* – variz.
varus, -a, -um: *adj.* – cambaio; vergado, encurvado; oposto.
vas, vadis: *s.m.* – fiador.
vas, vasis: *s.n.* (usado sobretudo no plural: **vasa, -orum**) – vaso; vasilha, baixela; trem de cozinha; bagagens (de um exército).
vasarium, -ii: *s.n.* – fornecimento, equipamento; ajuda de custo (concedida aos magistrados para gastos de viagem e outras despesas).
vascularius, -ii: *s.m.* – fabricante de vasos (de ouro, de prata).
vasculum, -i: *s.n.* – vaso pequeno.
vastatio, -onis: *s.f.* – devastação; saque.
vastator, -oris: *s.m.* – o que devasta; assolador, saqueador.
vaste: *adv.* – grosseiramente, sem arte, sem graça, rudemente.

vastificus, -a, -um: *adj.* – que assola, devastador.
vastitas, -atis: *s.f.* – devastação, destruição; ruína; deserto, solidão; imensidade.
vasto, -as, -avi, -atum, -are: *v.t.* – devastar, assolar; despovoar; destruir.
vastus, -a, -um: *adj.* – devastado, despovoado, deserto, assolado; inculto, desagradável; vasto, imenso, espaçoso; grande.
vates ou **vatis, -is**: *s.m.f.* – adivinho, oráculo; vate, poeta; sibila; poetisa.
vates sacer: um poeta inspirado.
vaticinatio, -onis: *s.f.* – vaticínio, predição; oráculo.
vaticinator, -oris: *s.m.* – profeta, adivinho.
vaticinium, -i: *s.n.* – predição, oráculo, vaticínio.
vaticinor, -aris, -atus sum, -ari: *v.dep.t.* – profetizar, vaticinar; exortar, advertir; celebrar; delirar, tresvariar.
vaticinus, -a, -um: *adj.* – profético.
vatus, -a, -um: *adj.* – devastado; deserto, despovoado; grande; imenso, vasto; áspero, inculto.
vavato, -onis: *s.m.* – boneco, boneca.
ve: *conj.* – ou; e.
vecordia, -ae: *s.f.* – loucura, demência; maldade; estupidez; fúria, delírio.
vecors, -cordis: *adj.* – louco, furioso; insensato; tolo, estúpido.
vectabilis, -e: *adj.* – transportável.
vectatio, -onis: *s.f.* – ação de ser transportado, transporte.
vectigal, -alis: *s.n.* – imposto, tributo; contribuição; lucro, renda.
vectigalia decoquunt: as rendas esgotam-se.
vectigalis, -e: *adj.* – de imposto; sujeito a tributo, tributário; que é de aluguel.
vectio, -onis: *s.f.* – transporte.
vectis, -is: *s.f.* – alavanca; barra, tranca (de porta); ferrolho.
vecto, -as, -avi, -atum, -are: *v.t.* – arrastar, levar, transportar.
vector, -oris: *s.m.* – o que é transportado; passageiros (de um navio); cavaleiro.
vectorius, -a, -um: *adj.* – que serve para transportar, de transporte.
vectura, -ae: *s.f.* – transporte, carreto; frete.
vegeo, -es, -ere: *v.int./t.* – ser vivo, ardente, fogoso; animar, excitar, impelir.
vegetus, -a, -um: *adj.* – vivo, animado, bem disposto; vigoroso, robusto; poderoso.
vegrandis, -e: *adj.* – pequeno, franzino; muito grande (maior que o tamanho normal).
vehemens, -entis: *adj.* – violento, ardente, impetuoso, veemente; severo; irritado; exagerado.
vehementer: *adv.* – com violência, impetuosamente, ardentemente; com veemência; com rigor; muito.
vehementer errasti: cometeste um grande erro.
vehementia, -ae: *s.f.* – veemência, força, intensidade.
vehicula scientiae: os veículos do conhecimento.
vehiculum, -i: *s.n.* – meio de transporte, veículo; carro.
vehi suis pedibus: andar com os próprios pés.
veho, -is, -exi, -ectum, -here: *v.t./int.* – arrastar, puxar; transportar; levar (em carro, em liteira); arrebatar; levar rolando; caminhar.
vel: *conj.* – ou; até, ainda; além disso; (com o *superl.)* – possível, o mais possível.
vela contrahere: recolher velas (ceder diante das pretensões de outrem).
velamen, -inis: *s.n.* – vestimenta, cobertura; faixa; insígnias (de magistrado).
velamentum, -i: *s.n.* – túnica, envoltório (de plantas); *pl.* – ramo de oliveira rodeado de fitas, ramo de suplicante.
vel caeco appareat: será evidente até para um cego.
veles, -itis: *s.m.* (usado ordinariamente no plural) – vélites, soldados armados da infantaria ligeira, que dava início aos combates.
velificatio, -onis: *s.f.* – ação de soltar as velas, de navegar.
velifico, -as, -avi, -atum, -are: *v.int./t.* e **velificor, -aris, -atus sum, -ari**: *v.dep.* – dar à vela, navegar; trabalhar por.
velis nolis: quer queiras ou não.
velitaris, -e: *adj.* – relativo aos vélites, soldados armados da infantaria ligeira.
velitatio, -onis: *s.f.* – escaramuça, disputa, investida.
velitor, -aris, -atus sum, -ari: *v.dep.int./t.* – travar combate, combater, disputar, altercar.
velivolans, -antis: *adj.* e **velivolus, -a, -um**: *adj.* – que vai à vela; em que se navega à vela.
velle non discitur: não se aprende a querer.
vellicatio, -onis: *s.f.* – picadura; dito mordaz.
vellico, -as, -avi, -atum, -are: *v.t.* – picar, espicaçar; beliscar; dizer mal de.

V

vello, -is, velli ou **vulsi, vulsum, vellere**: *v.t.* – arrancar; puxar por; destruir, deitar por terra.

vellus, -eris: *s.n.* – pele de ovelha com lã, velo; lã; ovelha; velocino; pele de; animal (em geral); formação encarneirada de nuvens.

velo, -as, -avi, -atum, -are: *v.t.* – cobrir (com um véu), velar; cingir; vestir; ornar, enfeitar; encobrir.

velocitas, -atis: *s.f.* – rapidez, velocidade.

velociter: *adv.* – velozmente, rapidamente, com presteza.

velox, -ocis: *adj.* – rápido, veloz, ativo, pronto, ligeiro.

vel plus vel minus: ou mais, ou menos.

vel prece vel pretio: ou pedindo ou comprando.

velum, -i: *s.n.* (mais usado no plural) – vela (de navio); reposteiro, jogo de tapeçarias, capa pequena; véu, máscara; toldo.

velut ou **veluti**: *adv.* – como, assim como; por exemplo, a saber; por assim dizer.

velut exanimum corpus: como um corpo sem vida.

velut speculum: como um espelho.

velut umbra sequi: seguir como uma sombra.

vena, -ae: *s.f.* – veia; artéria, pulso; veia (de metal, de madeira); cavidade; âmago; seio.

venabulum, -i: *s.n.* – chuço, dardo (empregado na caça); venábulo.

venalicium, -i: *s.n.* – mercado de escravos (expostos à venda).

venalicius, -a, -um: *adj.* – posto à venda; de escravos postos à venda; **-ii**: *s.m.* – mercador de escravos.

venalis, -e: *adj.* – que está à venda; que se obtém por dinheiro, venal, corrupto.

venalis, -i: *s.m.* – escravo posto à venda; escravo.

venaticus, -a, -um: *adj.* – referente à caça, de caça.

venatio, -onis: *s.f.* – caça; produto de caçada.

venator, -oris: *s.m.* – caçador; observador, explorador.

V

venatorius, -a, -um: *adj.* – de caça, de caçador.

venatrix, -icis: *s.f.* – caçadora.

venatu perire: morrer na caçada.

venatus, -us: *s.m.* – caça, caçada; produto de caça.

vendere fumum: vender fumaça; contar vantagem.

vendibilis, -e: *adj.* – vendável; fácil de vender; agradável, recomendável.

vendidit hic auro patriam: pelo ouro, ele vendeu a pátria.

venditatio, -onis: *s.f.* – ação de fazer valer, ostentação.

venditator, -oris: *s.m.* – o que se gloria de, fanfarrão.

venditio, -onis: *s.f.* – venda, ação de pôr à venda.

venditio ad corpus: venda conforme a coisa; venda pela totalidade da coisa.

venditio ad mensuram: venda de acordo com a medida.

vendito, -as, -avi, -atum, -are: *v.t.* – procurar vender; negociar, traficar; gabar, elogiar, fazer valer.

venditor, -oris: *s.m.* – vendedor.

venditum, -i: *s.n.* – venda.

vendo, -is, -didi, -ditum, -dere: *v.t.* – vender, pôr à venda; mercadejar com; exaltar, gabar.

venefica, -ae: *s.f.* – bruxa; feiticeira.

veneficium, -ii: *s.n.* – crime de envenenamento; envenenamento; feitiço, sortilégio.

veneficus, -a, -um: *adj.* – mágico; **-i**: *s.m.* – envenenador; encantador, feiticeiro.

venenarius, -i: *s.m.* – envenenador.

venenatus, -a, -um: *adj.* – envenenado; peçonhento, venenoso; mágico.

venenifer, -era, -erum: *adj.* – venenoso.

veneno, -as, -avi, -atum, -are: *v.t.* – envenenar.

venenum, -i: *s.n.* – veneno, peçonha; filtros, sortilégio.

veneo e **vaeneo, -is, -ii** ou **-ivi, -itum, -ire**: *v.int.* – ir à venda, ser vendido.

venerabilis, -e: *adj.* – venerável, digno de respeito.

venerabundus, -a, -um: *adj.* – cheio de respeito, respeitoso.

venerandus, -a, -um: *adj.* – venerável; respeitável.

venerarius, -a, -um: *adj.* – amoroso.

veneratio, -onis: *s.f.* – acatamento, respeito; veneração.

venerator, -oris: *s.m.* – o que respeita, venerador.

veneratus, -a, -um: *adj.* – acatado, honrado; que respeitou, que venerou.

venereus e **venerius, -a, -um**: *adj.* – de Vênus; relativo ao amor; voluptuoso, lascivo.

venerivagus, -a, -um: *adj.* – devasso, libertino.

veneror, -aris, -atus sum, -ari: *v.dep.* – respeitar, honrar; venerar; cortejar; suplicar.
venia, -ae: *s.f.* – graça, favor; permissão, licença; perdão.
venia aetatis: dispensa da idade.
venia docendi: autorização para lecionar.
veniat: que ele venha.
venia tua: com tua permissão.
veni et vide: vem e vê.
veni in tempore: age no momento certo.
venimus ad summam lineam: chegamos ao ponto mais alto.
venio,- is, veni, ventum, -ire: *v.int.* – vir, chegar; aportar; romper, abrolhar, provir; suceder, acontecer; avançar, agredir; entrar em; caber por sorte.
venite, appotemus: vinde, vamos beber.
venite et videte: vinde e vede.
venit hora: chegou a hora.
venit suprema dies: chegou o último dia.
veni, vidi, vici: vim, vi, venci.
veni, vidi, vinxi: vim, vi, amarrei.
venor, -aris, -atus sum, -ari: *v.dep.* – caçar, andar à caça de; procurar, buscar.
venter, -tris: *s.f.* – ventre, barriga, intestinos, estômago.
ventilo, -as, -avi, -atum, -are: *v.t.* – expor ao ar, ventilar, arejar; abanar; brandir; aquecer, excitar.
ventio, -onis: *s.f.* – vinda, chegada.
ventis loqueris: falas aos ventos.
ventito, -as, -avi, -atum, -are: *v.int.* – vir frequentemente.
venti valde sunt secundi: os ventos estão muito favoráveis.
ventosa plebs: a multidão inconstante.
vento secundo: com o vento favorável.
ventosus, -a, -um: *adj.* – cheio de vento; batido de vento, ventoso; rápido como o vento; inconstante; vaidoso.
vento vivere: viver de vento.
ventriculus, -i: *s.m.dim.* – ventre; estômago; ventrículo.
ventriosus, -a, -um: *adj.* – barrigudo, bojudo.
venturis ventis: para os ventos vindouros.
venturus, -a, -um: *part.fut.* – que há de vir; futuro.
ventus, -i: *s.m.* – vento; hálito, sopro; aura popular; rumor, boato.
venum, -i: *s.n.* – tráfico, negócio; venda.
Venus, -eris: *s.f.* – Vênus, deusa da beleza; amor; graça, beleza.
venustas, -atis: *s.f.* – beleza, formosura; graça, elegância.
venuste: *adv.* – com graça, com elegância, com encanto.
venustulus, -a, -um: *adj.* – bonitinho, encantador.
venustus, -a, -um: *adj.* – formoso; elegante, encantador; gracioso; espirituoso, divertido.
vepallidus, -a, -um: *adj.* – muito pálido.
veprecula, -ae: *s.f.dim.* – pequeno espinheiro.
vepres, -is: *s.m.* (usado geralmente no plural – **vepres, -ium**) – espinheiro; sarças; cerca de silvas.
ver, veris: *s.n.* – primavera; flores; flor da idade, mocidade.
vera dicunt ebrii: os bêbados falam a verdade.
vera didici dicere: aprendi a falar a verdade.
vera efigies: a imagem verdadeira; o retrato verdadeiro.
vera pro gratiis: (prefiro) a verdade ao favor.
verax, -acis: *adj.* – verdadeiro; sincero, fiel.
verax et probus: sincero e honesto.
verba dat in ventos: fala ao vento.
verba legis: as palavras da lei.
verba mollia et efficacia: palavras suaves e eficazes.
verba non sunt verbera: palavras não são pancadas.
verba perdidi: perdi as palavras.
verba rebus proba: comprova tuas palavras com tuas ações.
verba sunt indices animi: as palavras são indicadores da mente.
verbatim: palavra por palavra; literalmente; textualmente.
verbatim et litteratim: palavra por palavra e letra por letra.
verbatin: palavra por palavra.
verba volant: palavras voam.
verbena, -ae: *s.f.* (usado sobretudo no plural) – folhas de qualquer árvore consagrada a uma divindade; ramo sagrado; ramo de alecrim; verbena.
verbenatus, -a, -um: *adj.* – coroado com um ramo sagrado.
verber, -eris: *s.n.* (usado sobretudo no plural: **verbera, -erum**) – azorrague, açoite; correia (de funda); açoites, pancadas; golpes, embates, réfregas.
verberabundus, -a, -um: *adj.* – que açoita, que bate, que fere.
verberalis, -e: *adj.* – que merece ser açoitado.

verberatio, -onis: *s.f.* – ação de açoitar; correção, repreensão.
verbero, -as, -avi, -atum, -are: *v.t.* – açoitar; espancar; bater em; castigar.
verbero, -onis: *s.m.* – que é digno de açoites, velhaco, patife.
verbi causa: por exemplo.
verbi gratia [v.g.] (*o.m.q.* **exempli gratia** [e.g.]): por exemplo.
verbis: textual.
verbis et factis: com palavras e ações.
verbis tantum: apenas por palavras.
verbosus, -a, -um: *adj.* – palavroso, extenso, longo; loquaz.
verbum, -i: *s.n.* – palavra; termo, expressão; linguagem, discurso; ditado, provérbio; *pl.* – injúrias, palavrões.
verbum ad verbum: palavra por palavra.
Verbum caro factum est: e o Verbo se fez carne.
verbum de verbo: palavra de palavra (diz-se da tradução exata).
verbum divinum: a palavra divina.
verbum pro verbo: palavra por palavra.
verbum publicum: uma expressão popular.
verbum sat est!: basta de conversa!
vercunde: *adv.* – com reserva, reservadamente, discretamente.
vere: *adv.* – verdadeiramente; com razão; realmente; francamente.
verecundia, -ae: *s.f.* – discrição, modéstia; decoro; pudor, recato; temor; respeito.
verecundiam serva: observa a modéstia.
verecundor, -aris, -atus sum, -ari: *v.dep.* – ter vergonha, ter respeito, temer; ter discrição.
verecundus, -a, -um: *adj.* – comedido, discreto; modesto; casto, pudico.
verendus, -a, -um: *part.fut.pass.* – digno de respeito, venerável.
vereor, -eris, -itus sum, -eri: *v.dep.t./int.* – respeitar; temer, recear; estar em dúvida; hesitar.
vere primo: no começo da primavera.
ver erat aeternum: a primavera então era permanente.
veretrum, -i: *s.n.* – partes sexuais.
vergo, -is, -gere: *v.t./int.* – voltar vergar; verter; estar voltado, inclinado para; tornar a; tender, declinar.
vergobretus, -i: *s.m.* – primeiro magistrado entre os éduos.
veri amoris nullus est finis: o verdadeiro amor não tem fim.
veridictum: *s.n.* – veredicto, declaração dos jurados sobre a culpabilidade ou não do acusado.
veridicus, -a, -um: *adj.* – verídico, verdadeiro.
verisimilis, -e: *adj.* – provável, verossímil.
verisimilitudo, -inis: *s.f.* – probabilidade, verossimilhança.
veritas, atis: *s.f.* – verdade, realidade; sinceridade, franqueza; justiça.
veritas cum libertate: a verdade com liberdade.
veritas et virtus: verdade e virtude.
veritas evidens non probanda: a verdade evidente não precisa de prova.
veritas invicta: a verdade não é vencida.
veritas odium parit: a verdade gera o ódio.
veritas omnia vincit: a verdade tudo vence.
veritas praevalebit: a verdade prevalecerá.
veritas vos liberabit: a verdade vos libertará.
veritatem dilexi: amei a verdade; escolhi a verdade.
vermina, -um: *s.n.pl.* – espasmos, convulsões.
verminatio, -onis: *s.f.* – doença causada por vermes.
vermino, -as, -are: *v.int.* – ter vermes, ser roído pelos vermes; ter comichão, cócegas.
verminor, -aris, -ari: *v.dep.int.* – ter dores (da gota).
verna, -ae: *s.m.* – escravo nascido em casa; escravo; escravo que faz de bobo; velhaco.
vernaculus, -a, -um: *adj.* – de escravo nascido em casa; em casa; de casa, doméstico; próprio do país, nacional.
vernaculus, -i: *s.m.* – criado, escravo que se faz de bobo.
vernilis, -e: *adj.* – de escravo nascido em casa; servil, ignóbil, chocarreiro.
verno, -as, -avi, -atum, -are: *v.int.* – reverdecer; florescer; entrar a cantar, a trabalhar; estar na flor da idade, brilhar.
vernus, -a, -um: *adj.* – relativo à primavera, primaveril, vernal.
vero: *adj.* – verdadeiramente; deveras, seguramente, sem dúvida; de mais, até; *conj.* – mas, porém; então.
verpus, -i: *s.m.* – circuncidado.
verres, -is: *s.m.* – varrão, porco.
verriculum, i: *s.m.* – espécie de rede (para pescar).
verro, -is, -i ou **-si, -sum, -rere**: *v.t.* – varrer, apanhar varrendo; arrastar pelo chão; impelir; levar, pilhar.

verruca, -ae: *s.f.* – altura, eminência; verruga; mancha (numa pedra preciosa), defeito.

verrucosus, -a, -um: *adj.* – que tem verruga; áspero, grosseiro.

verrunco, -as, -avi, -atum, -are: *v.int.* – voltar, virar; sair-se (bem ou mal); ter resultado.

versabilis, -e: *adj.* – móvel; variável; inconstante.

versabundus, -a, -um: *adj.* – que gira em torno de si mesmo, que redemoinha.

versatilis, -e: *adj.* – móvel; flexível; variável, versátil, inconstante.

versatio, -onis: *s.f.* – aço de virar, de fazer andar à roda;mudança, alteração.

versatus, -a, -um: *adj.* – voltado, revirado; que se ocupa com, versado em; que exerceu.

versa vice: ao contrário; ao inverso; pelo contrário; vice-versa.

versicolor, -oris: *adj.* – que é de várias cores; furta-cor; que é de cor de púrpura.

versiculus, -i: *s.m.* – pequena linha (escrita); pequeno verso.

versifico, -as, -avi, -atum, -are: *v.t.* – pôr em verso, escrever em verso, versificar.

versipelli (vors), -e: *adj.* – que muda de pele, de forma; dissimulado, manhoso.

verso, -as, -avi, -atum, -are: *v.t.* – fazer voltar; virar; revirar, revolver; rolar; conduzir de um lado para outro; atormentar; meditar; alterar, mudar; administrar.

versor, -aris, -atus sum, -ari: *v.dep.* – repassar; aplicar-se a; tratar, versar; viver; morar, residir.

versum ou **versus**: *prep.ac.* – para, em direção a.

versura, -ae: *s.f.* – ação de voltar, volta; ângulo; canto, esquina; dinheiro emprestado; empréstimo.

versus: *adv.* – na direção de, do lado de, contra.

versus, -us: *s.m.* – ação de voltar; renque, fileira, ordem (de remos); linha (de escritura); rego, sulco.

versute: *adv.* – com sutileza, com astúcia, habilmente.

versutia, -ae: *s.f.* – astúcia; manha, velhacaria.

versutus, -a, -um: *adj.* – esperto, sagaz; astucioso; velhaco.

vertagus, -i: *s.m.* – cão de caça, perdigueiro.

vertebra, -ae: *s.f.* – articulação, vértebra.

vertebratus, -a, -um: *adj.* – vertebrado, que tem a forma de vértebra; móvel, flexível.

verte vela: vira as velas; muda a direção; muda teu objetivo.

vertex, -icis: *s.m.* – turbilhão, redemoinho (de água); coroa (de cabeça); cabeça; cume, píncaro; ponto mais alto (de uma árvore, de um edifício, do céu); eixo, polo; cúmulo; vértice.

verticosus ou **vorticosus, -a, -um**: *adj.* – que tem sorvedouros.

vertigo, -inis: *s.f.* – movimento de rotação, giro; redemoinho; vertigem.

verto, -is, -ti, -sum, -tere: *v.t./int.* – voltar, virar; girar; mudar, trocar; atribuir, imputar; verter, traduzir; tratar de, versar; voltar, tornar-se em; destruir, derrubar; decorrer (o tempo).

veru, -us: *s.n.* – espeto; espécie de chuço ou dardo.

verum: *adv.* – em verdade, certamente.

verum, -i: *s.n.* – verdade; realidade.

verum est id quod est: a verdade é o que é.

verum est quod dicis: é verdade o que dizes.

verum illud verbum est: é uma afirmação verdadeira.

verumtamen: *conj.* – mas; contudo; entretanto, pois.

verus, -a, -um: *adj.* – verdadeiro, real; sincero; justo; legitimo, razoável; bem fundado.

verus dominus: o verdadeiro proprietário; o verdadeiro dono.

verus et fidelis semper: sempre verdadeiro e fiel.

verutus, -a, -um: *adj.* – armado de dardo; que é em forma de espeto.

vervecum in patria: na terra dos tolos.

vervex, -ecis: *s.m.* – carneiro capado; homem covarde ou estúpido.

vesania, -ae: *s.f.* – loucura, extravagância, desatino.

vesanus, -a, -um: *adj.* – louco; insensato; violento; furioso.

vescor, -eris, -esci: *v.dep.* – alimentar-se, nutrir-se; comer.

vescus, -a, -um: *adj.* – que come, que rói; que não engorda; magro, enfezado.

vesgigator, -oris: *s.m.* – aquele que segue os rastros, que procura, caçador; espião.

vesica, -ae: *s.f.* – bexiga; tumor; vaidade, orgulho.

vesicula, -ae: *s.f.dim.* – bexiga; vesícula; folhelho (de plantas).

vespa, -ae: *s.f.* – vespa.

vesper, -eris: *s.m.* e **vesperus, -i**: *s.m.* – Vênus, vésper, estrela da tarde; tarde; poente, ocidente.
vespera, -ae: *s.f.* – a tarde.
vesperascit, -ere: *v.int.unip.* – fazer-se tarde; cair a noite; vir anoitecendo.
vespertilio, -onis: *s.m.* – morcego.
vespertinus, -a, -um: *adj.* – vespertino, da tarde; que fez ou feito à tarde; ocidental.
Vesta, -ae: *s.f.* – Vesta, deusa do fogo; o templo de Vesta; o fogo.
vestalis, -e: *adj.* – de Vesta ou das vestais, vestal.
vester, -tra, -trum: *adj.poss.* – vosso, vossa; que vos pertence; que vos é caro.
vestiarium, -i: *s.m.* – guarda-roupa, vestiário.
vestibulum, -i: *s.n.* – vestíbulo, lugar,entre as duas alas e a porta principal do edifício ou espaço entre a rua e a porta de entrada; alpendre; entrada, limiar; exórdio.
vesticontubernium, -i: *s.n.* – companhia de cama.
vestigium, -ii: *s.n.* – pegada, rasto, pisada; pista; planta dos pés; sinal, marca; restos, vestígio; instante; sítio; lugar.
vestigo, -as, -avi, -atum, -are: *v.t.* – seguir o rasto, ir na pista de; buscar, procurar; encontrar.
vestimentum, -i: *s.n.* – vestido, roupa, traje; coberta, colcha.
vestio, -is, -ivi ou **-ii, -itum, -ire**: *v.t./int.* – vestir; cobrir; revestir; vestir-se, trajar-se.
vestiplica, -ae: *s.f.* – criada de quarto.
vestis, -is: *s.f.* – vestido, trajo; pano de linho, estofo; coberta (de cama).
vestitus, -us: *s.m.* – vestido, trajo; vestidura; adorno.
vestrum negotium agatis: tratai do vosso negócio.
veteranium, -i: *s.n.* – adega para vinho velho.
veteranus, -a, -um: *adj.* – velho, antigo, veterano.
veterasco, -is, -ere: *v.int.* – envelhecer
veterator, -oris: *s.m.* – o que tem envelhecido em, versado, experimentado em, matreiro.
veteratorie: *adv.* – habilmente.
veteres, -um: *s.m.pl.* – os antigos, os antepassados.
veternosus, -a, -um: *adj.* – letárgico, adormecido, inativo.
veternus, -i: *s.m.* – velhice, modorra, preguiça, languidez.
vetitum, -i: *s.n.* – coisa proibida; proibição.
veto: eu proíbo; eu veto.
veto, -as, -avi e **-ui, -itum, -are**: *v.t.* – vetar, proibir; tolher, estorvar; impelir, retardar; opor-se.
vetulus, -a, -um: *adj.* – bastante velho; velho; **-i**: *s.m.* – velhinho.
vetus, -eris: *adj.m.* – velho, idoso; antigo.
vetustas, -atis: *s.f.* – velhice; antiguidade; longa duração, ancianidade.
vetustas vicem legis obtinet: os velhos costumes transformam-se em lei.
Vetus Testamentum: Velho Testamento.
vetustus, -a, -um: *adj.* – velho, idoso; antigo, vetusto; antiquado.
vexamem, -inis: *s.n.* – forte agitação, abalo.
vexata quaestio: questão levada de lá para cá, por isso batida, agitada, tormentosa: questão controvertida.
vexatio, -onis: *s.f.* – movimento violento, agitação, abalo; vexame, mortificação; sofrimento; enfermidade; trabalhos, provação.
vexator, -oris: *s.m.* – perseguidor, verdugo, algoz.
vexillarius, -ii: *s.m.* – porta-bandeira.
vexillum, -i: *s.n.* – estandarte, bandeira (de esporte); companhia, pelotão.
vexo, -as, -avi, -atum, -are: *v.t.* – agitar, sacudir; impelir; maltratar, vexar; derrotar.
vi: à força.
via, -ae: *s.f.* – caminho, estrada; caminho andado ou percorrido; trajeto, passagem; corredor, canal; curso (de um rio); meio, via, modo.
Via Crucis: o Caminho da Cruz.
via lactea: o caminho de leite.
vialis, -e: *adj.* – das ruas.
via media: o caminho do meio.
viam pandere: abrir caminho.
viam tuam abi: segue teu caminho.
via sceleris: o caminho do crime.
viaticum, -i: *s.n.* (usado ordinariamente no plural) – farnel; ajuda de custo (para viagem), as provisões de viagem; pecúlio, economias (de soldado).
viaticus, -a, -um: *adj.* – de viagem.
viator, -oris: *s.m.* – viajante; peregrino; correio, mensageiro; lictor; oficial às ordens de um tribuno.
viatus, -a, -um: *adj.* – mole, maduro; maduro demais, murcho; fraco; apodrecido.
via vicinalis: estrada vicinal.
viarius, -a, -um: *adj.* – relativo às estradas.

V

vibro, -as, -avi, -atum, -are: *v.t./int.* – brandir, agitar; arremessar; agitar-se, dardejar; vibrar; cintilar.
viburnum, -i: *s.n.* – vime.
vicanus, -a, -um: *adj.* – de aldeia, aldeão; *s.m.pl.* – habitantes de uma aldeia, de um lugarejo.
vicarius, -a, -um: *adj.* – que faz as vezes de outro; que substitui.
vicarius, -i: *s.m.* – substituto.
vicatim: *adv.* – por aldeias; de bairro em bairro.
vice altera: pela segunda vez.
vicem: *adv.* – no lugar de.
vicenarius, -a, -um: *adj.* – que tem vinte anos de idade, vinte polegadas de diâmetro.
viceni, -ae, -a: *adj.num.distr.* – que são em número de vinte, de vinte em vinte.
vicesima, -ae: *s.f.* (*scil.* **pars**) – a vigésima parte, imposto da vintena (sobre o valor dos escravos alforriados); sobre mercadorias e heranças).
vicesimanus, -i: *s.m.* – soldado da vigésima legião.
vicesimarius, -a, -um: *adj.* – que provém do imposto da vintena.
vicesimus, -a, -um: *adj.num.ord.* – vigésimo.
vice versa: ao contrário; ao inverso; pelo contrário.
vicia, -ae: *s.f.* – ervilhaca (planta).
vicie(n)s: *adv.num.* – vinte vezes.
vicina, -ae: *s.f.* – uma vizinha.
vicinalis, -e: *adj.* – de vizinhança, vizinho.
vicinia, -ae: *s.f.* e **vicinitas, -atis**: *s.f.* – vizinhança, proximidade; arredores, imediações; relação; semelhança, parentesco.
vicinitas, -tatis: *s.f.* – vizinhança, proximidade; relação, afinidade.
vicinus, -a, -um: *adj.* – vizinho, próximo; que tem relação, que se parece; análogo.
vicis (*desus. gen.* de **vis**; **vix**: *s.f.; abl.* – **vice**; *pl.* – **vices**; *dat.* e *abl.* – **vicibus**) – lugar ocupado por alguém; vez, sucessão; alternativa; troca, sorte, destino; tempo; ofício, função.
vicissatim: *adv.* – alternadamente, sucessivamente.
vicissim: *adv.* – inversamente, ao contrário.
vicissitudo, -inis: *s.f.* – mudança, alteração, vicissitude, troca.
vicit cum legibus arma: com as leis venceu as armas.
victima, -ae: *s.f.* – vítima (animal oferecido em sacrifício).
victimarius, -ii: *s.m.* – vitimário, que é encarregado dos preparativos para os sacrifícios.
victis honos: honra aos vencidos.
victi vicimus: vencidos, vencemos.
victor, -oris: *s.m.* – o que venceu, vencedor; vitorioso.
victoria, -ae: *s.f.* – vitória, superioridade, triunfo.
victoriae gloria merces: a glória é o prêmio da vitória.
victoria, non praeda: vitória, não pilhagem.
victoria paenitenda: uma vitória lamentável.
victoriatus, -i: *s.m.* – moeda de prata com a efígie da Vitória.
victor ludorum: o vencedor dos jogos; o campeão.
victrix, -icis: *adj.f.* – vitoriosa, relativa à vitória, vencedora.
victualis, -e: *adj.* – relativo à alimentação, alimentar.
victurus, -a, -um: *part.fut.* – que há de viver.
victus, -us: *s.m.* – alimentação, sustento; comestíveis; modo, hábitos de vida.
victus et amictus: comida e roupa.
viculus, -i: *s.m.* – vila, lugarejo.
vicus, -i: *s.m.* – aldeia, povoação; bairro; rua; granja, sítio.
vide: veja, confira.
vide ante: ver o precedente.
vide arcum: contempla o arco-íris.
videbimus infra: veremos abaixo, depois.
vide cui fidas: vê em quem confias.
vide et crede: vê e crê.
vide infra: ver abaixo.
videlicet: *adv.* – evidentemente, de certo, seguramente.
video, -es, vidi, visum, -ere: *v.t.* – ver, avistar; olhar; perceber; ir ver, visitar; observar; examinar; cuidar de.
videor, -eris, -visus sum, -deri: *v.pass.* – ser visto, parecer; *unip.* – parece (que); parece bem, apraz.
vide post: ver o que segue.
vide supra: ver acima.
videtur quod non: parece que não.
videtur quod sic: parece que sim.
vidua, -ae: *s.f.* – viúva.
viduitas, -atis: *s.f.* – privado; viuvez.
vidulus, -i: *s.m.* – mala de viagem, alforge.
viduo, -as, -avi, -atum, -are: *v.t.* – ficar viúvo, enviuvar; esvaziar, privar, despojar de.
viduus, -a, -um: *adj.* – privado, despojado de; viúvo, que não é casado, solteiro, solitário.

vieo, -ere, -etum: *v.t.* – entrelaçar, ligar, prender.
vi et armis: pela força e pelas armas.
vietus, -a, -um: *adj.* – que pende, murcho, mole; débil, fraco.
vigeo, -es, -ui, -ere: *v.int.* – ser vigoroso, forte; estar cheio de vida, ser florescente, prosperar; ser poderoso; estar em voga, vigorar.
vigesco, -is, -ere: *v.int.* – tornar-se vigoroso, recuperar a vida ou o vigor.
vigil, -ilis: *adj.* – bem vivido, que não dorme, que vela; atento, vigilante; que não se apaga; que passa acordado; feito à noite, em serão.
vigil, -ilis: *s.m.* – sentinela, vigia, guarda-noturno.
vigilans, -antis: *part.pres.* – vigilante, atento, cuidadoso.
vigilans dormit: está alerta enquanto dorme.
vigilans somniat: sonha acordado.
vigilante et ora: mesmo vigiando, ora.
vigilanter: *adv.* – com vigilância, vigilantemente, cuidadosamente.
vigilantia, -ae: *s.f.* – hábito de vigiar, de estar acordado; vigilância, atenção.
vigilarium, -i: *s.n.* – casa da guarda.
vigilax, -acis: *adj.* – que está alerta, acordado; vigilante.
vigilia, -ae: *s.f.* – vigília, insônia; vigília ou vigia, uma das quatro partes (de três horas cada uma) em que se dividia a noite (das 18h às 6h); trabalho assíduo; vigia, guarda; *pl.* – guardas, sentinelas noturnas.
vigilo, -as, -avi, -atum, -are: *v.int./t.* – velar, não dormir; estar alerta, vigilante; estar sempre aceso; passar sem dormir; aplicar-se a; fazer com o maior cuidado.
viginti: *adj.num.card.* – vinte.
vigintivir, -viri: *s.m.pl.*- membro de uma comissão de vinte; *pl.* – comissão de vinte magistrados.
vigintiviratus, -us: *s.m.* – dignidade de vigintíviro, isto é, de magistrado de uma comissão de vinte.
vigor, -aris, -atus sum, -ari: *v.dep.* – vaguear, andar ao acaso; estender-se, espalhar-se.
vigor, -oris: *s.m.* – vigor, robustez; força; vitalidade.
viis et modis: por todos os meios e modos.
vili-, ver **villi-**.
vilis, -e: *adj.* – que é de baixo preço, barato; que é de pouco valor, insignificante; vil; vulgar, comum.
vilitas, -atis: *s.f.* – baixo preço, barateza; vulgaridade; desprezo.
viliter: *adv.* – por baixo preço, barato.
villa, -ae: *s.f.* – casa de campo, granja, quinta.
villica, -ae: *s.f.* – caseira, rendeira.
villicatio, -onis: *s.f.* – administração de uma fazenda.
villico, -as, -avi, -atum, -are: *v.t./int.* – administrar, governar (uma quinta).
villicus, -i: *s.m.* – administrador (de uma granja); caseiro, feitor.
villosus, -a, -um: *adj.* – peludo, felpudo; ouriçado de.
villula, -ae: *s.f.* – pequena casa de campo; pequena granja.
villum, -i: *s.n.* – vinho fraco.
villus, -i: *s.m.* – pelo (de animais, tecidos ou plantas),
vim, clam et precaria: posse violenta, clandestina e precária.
vimen, -inis: *s.n.* – vime, vara flexível; cesto.
vimentum, -i: *s.n.* – ramada de vime (varas flexíveis).
vimineus, -a, -um: *adj.* – feito de vime ou de varas flexíveis.
vim vi repellere licet: é lícito reprimir a força com a força.
vin: *contr.* – por; **vis-ne**, 2ª *pess.sing.* do *indic.pres.* de **volo**: *inter.* – queres ou não?
vinaceum, -i: *s.n.* (mais usado no plural) – grainha (da uva).
vinarium, -ii: *s.n.* – vaso para vinho.
vinarius, -a, -um: *adj.* – relativo ao vinho, de vinho.
vinarius, -i: *s.m.* – negociante de vinho.
vincam aut moriar: vencerei ou morrerei.
vincat amor: que vença o amor.
vincenter: *adv.* – de maneira vitoriosa, vitoriosamente.
vincere aut mori: vencer ou morrer.
vinces in hoc: com isto vencerás.
vincibilis, -e: *adj.* – que pode ser facilmente vencido, vencível.
vincio, -is, -inxi, -inctum, -cire: *v.t.* – ligar, atar; prender; acorrentar; cercar; ajuntar; refrear, conter; seduzir.
vincit omnia veritas: a verdade tudo vence.
vincit veritas: a verdade vence.
vinclum, ver **vinculum**.
vinco, -is, vici, victum, vincere: *v.t./int.* – vencer; domar, triunfar de; convencer; levar vantagem a, sobrepujar.
vincti spei: prisioneiros da esperança.
vincula legum: os vínculos das leis.

V

vinculum, -i: *s.n.* – laço, atadura, liame; correia; corrente; *pl.* – ferros, grilhões.
vinculum iuris: o vínculo jurídico.
vinculum matrimonii: o vínculo matrimonial.
vindemia, -ae: *s.f.* – vindima, colheita da uva.
vindemiator, -oris: *s.m.* – vindimador, o que colhe uvas.
vindemiola, -ae: *s.f.dim.* – pequena vindima, colheita.
vindemitor, -oris: *s.m.* – vindimador, o que colhe uvas.
vindex, -icis: *s.m.f.* – o que garante caução; fiador; defensor, protetor; vingador.
vindicatio, -onis: *s.f.* – defesa, proteção; ação de castigar, vingança; ação de reivindicação.
vindiciae, -arum: *s.f.pl.* – pedido de posse provisória de uma coisa em litígio; reclamação em juízo.
vindico, -as, -avi, -atum, -are: *v.t.* – reclamar (em juízo), reivindicar; atribuir-se; recobrar, reaver; livrar, defender; preservar; punir; vingar.
vindicta, -ae: *s.f.* – reivindicação; vara de alforria (usada pelo lictor na cerimônia de libertação do escravo); defesa, proteção; castigo, vingança.
vinea, -ae: *s.f.* – vinha, vinhedo; videira; máquina de guerra (para assalto às fortificações).
vinetum, -i: *s.n.* – vinhedo.
vinitor, -oris: *s.m.* – vinhateiro, vindimador.
vinnulus, -a, -um: *adj.* – agradável, insinuante (tratando-se da voz).
vinolentia, -ae: *s.f.* – embriaguez, bebedeira.
vinolentus, -a, -um: *adj.* – embriagado, bêbedo; feito ou preparado com vinho.
vinosus, -a, -um: *adj.* – abundante em vinho; dado ao vinho, à embriaguez, bêbedo.
vinum, -i: *s.n.* – vinho; vinho bebido, embriaguez; uva colhida, vindima.
vinum et musica laetificant cor: o vinho e a música alegram o coração.
vinum et veritas: vinho e verdade; a verdade está no vinho.
vinum memoriae mors: o vinho é a morte da memória.
viola, -ae: *s.f.* – violeta; cor de violeta.
violabilis, -e: *adj.* – que pode ser ferido, violado; violável.
violatio secreti: a violação de segredo.
violatio, -onis: *s.f.* – estrago; destruição; violação, profanação.
violator, -oris: *s.m.* – o que transgride, infrator; violador; profanador.
violens, -entis: *adj.* – violento; arrebatado.
violentia, -ae: *s.f.* – violência, impetuosidade; rigor, dureza; ferocidade.
violentus, -a, -um: *adj.* – violento, impetuoso, forte, enérgico.
violo, -as, -avi, -atum, -are: *v.t.* – violar, fazer violência a; ultrajar, violentar.
vipera, -ae: *s.f.* – víbora; cobra.
vipereus, -a, -um: *adj.* – de víbora, de serpente; que tem serpentes ou formado de serpentes.
viperinus, -a, -um: *adj.* – de víbora, de serpente; viperino.
vir, viri: *s.m.* – homem, varão; virilidade; *pl.* – os homens, o gênero humano.
virago, -inis: *s.f.* – virago; mulher varonil, forte ou corajosa; guerreira.
virectum, -i: *s.n.* – lugar coberto de verdura; bosque, arvoredo.
virens, -entis: *part.pres.* – que está verde, verdejante; *n.pl.* – vegetação.
vireo, -es, -ui, -ere: *v.int.* – estar verde, verdejar; ser vigoroso; ser florescente.
vires duplicat dolor: a dor duplica as forças.
viresco, -is, -ere: *v.int.* – tornar-se verde, verdejar.
viretum, ver **virectum**.
virga, -ae: *s.f.* – vergôntea, rebento; vara; ramo; vara (para bater); varinha mágica; vara (de lictores); bordão; estaca, esteio.
virga directionis: o bastão de comando; o cetro.
virga divina: a vara de condão.
virgator, -oris: *s.m.* – o que açoita (os escravos).
virgatus, -a, -um: *adj.* – feito com varas de vime; raiado, listrado de várias cores.
virgetum, -i: *s.n.* – salgueiral.
virgeus, -a, -um: *adj.* – feito de varas de vime; de vergônteas, de salgueiro.
virginalis modestia: o pudor virginal.
virginalis, -e: *adj.* – de virgem, virginal, relativo às moças.
virgineus, -a, -um: *adj.* – de virgem, virgíneo, virginal; relativo às virgens ou moças.
virginitas, -atis: *s.f.* – virgindade.
virgo, -inis: *s.f.* – virgem, donzela; moça; ninfa; vestal; Virgo (signo do Zodíaco).
virgo intacta: virgem.
virgula, -ae: *s.f.* – raminho, vara pequena.
virgultum, -i: *s.n.* (usado ordinariamente no plural) – moita; matagal; ramos secos.

virguncula, -ae: *s.f.* – menina nova, mocinha.
viri et vires in unum: homens e forças unidos.
viridans, -antis: *adj.* – verdejante.
viridarium, -ii: *s.n.* – jardim, parque, vergel.
viride: *adv.* – de cor verde.
viridia, -ium: *s.n.pl.* – as plantas verdes; campos; arvoredo, pomar, jardins.
viridis, -e: *adj.* – verde, verdejante; forte, robusto, vigoroso; fresco, recente.
viriditas, -atis: *s.f.* – verdura; flor da idade, vigor.
virido, -as, -avi, -atum, -are: *v.t./int.* – tornar verde; verdejar.
virilis, -e: *adj.* – de homem, masculino, viril; digno de homem, varonil; forte, corajoso.
virilitas, -itis: *s.f.* – virilidade.
viriliter: *adv.* – virilmente; de modo másculo, com denodo.
viriola, -ae: *s.f.*- bracelete pequeno.
viripotens, -entis: *adj.* – poderoso.
viritim: *adv.* – por homem, por cabeça; separadamente, a cada um.
virosus, -a, -um: *adj.* – de mau cheiro, fétido.
vir sapiens fortis est: o homem sábio é forte.
virtus, -utis: *s.f.* – robustez, vigor; coragem; virtude; força, poder, influência; boa qualidade de, merecimento.
virtus est in medio: a virtude está no meio-termo.
virtus et labor: coragem e trabalho.
virtus iunxit: a virtude nos uniu.
virtus probandi: a força da prova.
virtus sola nobilitat: só a virtude enobrece.
virtus tentamine gaudet: o valor aprecia desafio.
virtute et amore: com coragem e amor.
virtute et armis: com coragem e armas.
virtute et labore: com coragem e trabalho.
virtute et opera: com coragem e dedicação.
virtute fideque: com coragem e fidelidade.
virtute, non astutia: pelo valor, não por artifício.
virtute, non verbis: com coragem, não com palavras.
virtute officii: em virtude do dever.
virtute quies: tranquilidade pela coragem.
virtuti, non armis, fido: confio no valor, não nas armas.
virtutis amore: por amor à virtude.
vir unus haud vir est: um homem só não é ninguém.
virus, -i: *s.m.* – suco das plantas; veneno, peçonha; virulência.
vis, vis: *s.f.* (*pl.* **vires, -ium**) – força, violência; eficácia; poder, influência; grande quantidade de, multidão; *pl.* – forças militares, tropas.
vis absoluta: violência física.
vis adjuvat aequum: a força protege a justiça.
vis armata: a força armada.
vis attractiva: a força que atrai.
viscatus, -a, -um: *adj.* – untado com visgo, envisgado.
visceratio, -onis: *s.f.* – distribuição de carne ou de víveres (ao povo); banquete em que se comiam as vítimas imoladas.
vis comica: a força cômica; o talento cômico.
vis compulsiva ou **vis impulsiva**: violência moral; coação.
vis conservatrix: a força conservadora.
vis corporalis: a força física.
viscum, -i: *s.n.* – visgo.
viscus, -eris: *s.n.* – vísceras, intestino; entranhas; ventre; fruto das entranhas, filho; âmago, interior; coração; recursos.
vis divina: a força divina.
vis et auctoritas: força e autoridade.
visibilis, -e: *adj.* – visível.
vis improvisa leti: a força imprevista da morte.
vis inertiae: a força da inércia.
visio, -onis: *s.f.* – visão; vista, espetáculo; sonho, aparição; ideia.
visito, -as, -avi, -atum, -are: *v.t.* – ver muitas vezes; ir ver; visitar.
vis ius contra iuris vim: o direito da força contra a força do direito.
vis legibus est inimica: a força é inimiga das leis.
vis maior: a força maior.
vis materialis: a força material.
vis mea in labore: minha força está no trabalho.
vis medicatrix naturae: a força curativa da natureza.
vis minima: a lei do menor esforço.
vis moralis: a força moral.
vis mortua: a força morta; a força que não funciona.
vis motiva: a força propulsora.
viso, -is, -i, -sum, -ere: *v.t.* – procurar ver, examinar; ir ver; visitar; ir fazer reconhecimento (militar).
vis ordinatrix: a força ordenadora.

vis poetica: a força poética.
vis sanatrix: o poder saneador.
visum, -i: *s.n.* – visão; o que é visto; imagem; espetáculo; prodígio.
vi summa: com todas as forças.
vis unita fortior: a força unida é mais forte; a união faz a força.
visus, -us: *s.m.* – vista, sentido da vista; ação de ver, de olhar; o que se vê; vista, espetáculo; aspecto; fantasma, visão.
vis vim generat: violência gera violência.
vis vim repellit: a violência repele a violência.
vis vitae: a força da vida; o vigor da vida.
vis viva: a força viva; a energia.
vita, -ae: *s.f.* – vida; alimento, subsistência; curso, duração da vida, sistema de vida; biografia, história.
vita aeterna: a vida eterna.
vita anteacta: a vida pregressa.
vita brevis est: a vida é breve.
vita est somnium: a vida é sonho.
vita mutatur, non tollitur: a vida se transforma, não se perde.
vita privata: a vida privada.
vita quam sit brevis cogita: pensa em como a vida é curta.
vita spinosa: a vida é espinhosa.
vita vinum est: vinho é vida.
vitabilis, -e: *adj.* – digno de ser evitado, que se deve evitar.
vitabundus, -a, -um: *adj.* – que procura evitar.
vitae curriculum breve: a curta carreira da vida.
vitalia, -ium: *s.n.pl.* – as partes vitais, os órgãos essenciais à vida; o princípio vital.
vitalis, -e: *adj.* – da vida, relativo à vida, vital; que conserva a vida, vivificante; capaz ou digno de viver muito.
vitalitas, -tatis: *s.f.* – vitalidade, o princípio da vida, a vida.
vitaliter: *adv.* – com sopro de vida, de modo vital.
vitam impendere vero: consagrar a vida à verdade.
vitanda multiloquentia: deve-se evitar a parolice.
vitatio, -onis: *s.f.* – ação de evitar.
vitellus, -i: *s.m.* – gema de ovo; bezerrinho, vitelo.
viteus, -a, -um: *adj.* – de videira.
vitia sua nemo videt: ninguém vê os próprios defeitos.
vitiatio, -onis: *s.f.* – violação, corrupção.
vitiator, -oris: *s.m.* – corruptor, sedutor.
viticula, -ae: *s.f.* – cepa de videira.
vitio, -as, -avi, -atum, are: *v.t.* – viciar, estragar; alterar, falsificar; corromper; desonrar.
vitiose: *adv.* – de modo defeituoso, mau; defeituosamente.
vitiositas, -atis: *s.f.* – defeito, corrupção, vício; maldade.
vitiosus, -a, -um: *adj.* – estragado, corrompido; irregular, defeituoso; vicioso; depravado; que corrompe.
vitis, -is: *s.f.* – videira, cepa (de videira); pâmpano; vinho; vara de que usavam os centuriões, vara de centurião.
vitium, -ii: *s.n.* – falha, defeito, imperfeição, vício; erro; crime; ultraje; injúrias; mau agouro.
vitium scriptoris: um erro de copista.
vitium sermonis: um erro de linguagem.
vito, -as, -avi, -atum, -are: *v.t.* – evitar, esquivar-se a; fugir de, desviar.
vitor, -oris: *s.m.* – cesteiro, o que entrelaça vime.
vitrearius, -i: *s.m.* – vidraceiro, aquele que trabalha com ou fabrica vidro.
vitreus, -a, -um: *adj.* – de vidro, feito de vidro; frágil, claro, transparente.
vitricus, -i: *s.m.* – padrasto.
vitrum, -i: *s.n.* – vidro, cristal; planta que dá uma cor azul.
vitta, -ae: *s.f.* – fita (de enfeitar as vítimas, os altares); laço de fita; cinto; ramo de oliveira adornado de fitas, ramo do suplicante.
vittatus, -a, -um: *adj.* – enfeitado de fitas.
vitula, -ae: *s.f.* – novilha, bezerra.
vitulina, -ae: *s.f.* (*scil.* **caro**) – carne de bezerro, vitela.
vitulinus, -a, -um: *adj.* – de novilho, de vitelo.
vitulor, -aris, -ari: *v.dep.int.* – estar em festa depois de uma vitória, regozijar-se, celebrar a vitória.
vitulus, -i: *s.m.* – novilho, bezerro.
vituperabilis, -e: *adj.* – censurável, repreensível.
vituperatio, -onis: *s.f.* – repreensão, censura; crítica.
vituperator, -oris: *s.m.* – censor, crítico.
vitupero, -as, -avi, -atum, -are: *v.t.* – achar defeitos; desaprovar, censurar, criticar.
viva voce: de viva voz.
vivacitas, -tatis: *s.f.* – força vital, vida longa, duração longa.
vivamus et amemus: vivamos e amemos.

vivarium, -ii: *s.n.* – viveiro; local para criação de animais de caça.
vivat iustitia!: viva a justiça!
vivat regina!: viva a rainha!
vivat respublica!: viva a nação!
vivat rex!: viva o rei!
vivatus, -a, -um: *adj.* – animado, que vive.
vivax, -acis: *adj.* – que vive muito; que não se apaga; durável; vivo, vivaz; rápido; ardente.
vive (vivide): *adv.* – vivamente, com muita intensidade.
vive et me ama: vive e me ama.
vive hodie: vive hoje.
vive in diem: vive o presente.
viventi nulla hereditas: a herança de quem está vivo é nula.
vive memor leti: vive lembrando-te da morte.
vive ut vivas: fica vivo para aproveitares a vida.
vivere est cogitare: viver é pensar.
vivere militare est: viver é lutar.
vivesco (vivisco), -is, -vixi, -ere: *v.int.* – tomar vida, começar a viver; animar-se, avivar-se.
vivi, -orum: *s.m.pl.* – os vivos, os seres vivos, os viventes.
vi victa vis: a força foi vencida pela força.
vivida vis animi: a enérgica força da mente.
vividus, -a, -um: *adj.* – cheio de vida; que tem vivacidade; ativo, enérgico; veemente; ardente, impetuoso.
viviradix, -icis: *s.f.* – planta viva, planta com raiz.
vivit amor: o amor vive.
vivite et bibite: vivei e bebei.
vivit post funera amor: o amor sobrevive ao túmulo.
vivo, -is, -ixi, -ictum, -ere: *v.int.* – viver, existir; durar; passar a vida; ser feliz; viver nos prazeres.
vivum, -i: *s.n.* – o vivo, a carne viva.
vivum cadaver: um morto-vivo.
vivunt fortes: os homens valentes vivem.
vivus, -a, -um: *adj.* – vivo; cheio de vida, que parece falar (retrato); aceso, ativo; enérgico; de vida, que dá vida, vital; duradouro.
vix: *adv.* – com dificuldade, dificilmente, apenas.
vixdum: *adv.* – apenas, ainda não, mal.
vixerunt: eles viveram (estão mortos).
vixit: viveu (está morto).
vixit, dum vixit, bene: enquanto viveu, viveu bem.
vocabula artis: os vocábulos da arte (os termos técnicos).
vocabulum, -i: *s.n.* – nome; termo, palavra; vocábulo.
vocalis, -e: *adj.* – relativo à voz (humana), da voz; que tem boa voz; harmonioso; eloquente; que entoa um canto; sonoro; *f.pl.* – vogais.
vocamen, -inis: *s.n.* – nome (de uma coisa).
vocatio, -onis: *s.f.* – convite.
vocator, -oris: *s.m.* – aquele que chama, que convoca, o que convida.
vocatus, -us: *s.m.* – súplica, invocação; convite (para jantar); convocação.
voce magna: em voz alta.
vociferatio, -onis: *s.f.* – gritos, gritaria; vociferação.
vociferor, -aris, -atus sum, -ari: *v.dep.* – bradar, gritar alto.
vocito, -as, -avi, -atum, -are: *v.int./t.* – chamar, nomear; chamar habitualmente.
voco, -as, -avi, -atum, -are: *v.t.* – nomear, chamar; mandar vir; citar; convidar (para jantar); suplicar; invocar; provocar, excitar.
vocula, -ae: *s.f.* – voz fraca, meia voz; murmuração.
volat aetas: o tempo voa.
volaticus, -a, -um: *adj.* – que voa, alado; volátil; volúvel, inconstante.
volatilis, -e: *adj.* – volátil; rápido; efêmero; passageiro.
volatus, -us: *s.m.* – ação de voar, voo.
volema, -orum: *s.n.pl.* – espécie de peras grandes.
volens, -entis: *part.pres.* – que faz de boa vontade, que consente; dócil; favorável; *n.pl.* – coisas agradáveis.
volens et potens: querendo e podendo.
volens nolens: querendo ou não.
volente Deo: se Deus quiser.
volenter: *adv.* – voluntariamente, de boa vontade.
volenti nihil difficile: ao que quer nada é difícil.
volenti non fit injuria: a quem consente não é feita injúria.
volgatos (vulgatus), -a, -um: *adj.* – divulgado, espalhado, difundido, mostrado.
volgo (vulgo), -as, -avi, -atum, -are: *v.t.* – espalhar, propagar; entregar ao público; publicar; divulgar; estender a todos; *pass.* – ter convivência com; frequentar.
volgus e **volgaris**, ver **vulgus** e **vulgaris**.

V

volito, -as, -avi, -atum, -are: *v.int.* – esvoaçar, revoar; correr de uma parte para outra; discorrer; tomar voo, elevar-se.

volo, -as, -avi, -atum, -are: *v.int.* – voar; velozmente; tomar voo; fugir.

volones, -um: *s.m.pl.* – escravos que, depois, da batalha de Canes, se apresentavam como soldados; voluntários.

volo, non valeo: quero, mas não posso.

volo, vis, vult, volui, velle: *v.t.* – querer, desejar; consentir; querer (bem ou mal) a alguém.

volubilis, -e: *adj.* – que roda facilmente; que se faz girar; que roda, que corre, rolando; redondo; rápido; fluente; variável; volúvel, inconstante.

volubilitas, -atis: *s.f.* – giro, rotação; faculdade de rodar, rolar; forma redonda; volubilidade, inconstância; fluência (de discurso).

volucer, -cris, -cre: *adj.* – que voa, volátil, alado; rápido, veloz; inconstante; passageiro.

volucris, -e: *s.f.* – ave.

volumen, -inis: *s.n.* – movimento de rotação, giro, volta; redemoinho; revolução; anéis, roscas (de uma serpente); rolo (de folhas manuscritas); volume; livro, tratado.

voluntarius, -a, -um: *adj.* – que age de livre vontade; espontâneo, voluntário; *s.m.pl.* – voluntários.

voluntarius daemon: um louco voluntário (um beberrão).

voluntas, -atis: *s.f.* – desejo, intenção; boa vontade, desejo; consentimento; plano, desígnio; voto, sufrágio; disposição (testamentária), testamento.

voluntas ad necem: a vontade de matar.

voluntas est mihi: é minha vontade.

voluntas legis: a intenção da lei.

voluntas sceleris: resolução criminosa.

voluntas vincit omnia: a vontade tudo vence.

voluntate et labore: com vontade e esforço.

volup: *adv.* – de acordo com os desejos, satisfatoriamente, agradavelmente.

voluptabilis, -e: *adj.* – agradável, aprazível.

voluptarie: *adv.* – com prazer, voluptuosamente.

voluptarius, -a, -um: *adj.* – de prazer, de alegria relativo aos prazeres; aprazível; que dá prazer, agradável; dado aos prazeres, voluptuoso efeminado.

voluptas, -atis: *s.f.* – prazer, alegria; contentamento; prazeres; voluptuosidade, sensualidade; festas, divertimentos; recreio.

volutabrum, -i: *s.n.* – lamaçal, atoleiro (de porcos monteses).

volutabundus, -a, -um: *adj.* – que gosta de revolver-se na lama.

volutatio, -onis: *s.f.* – ação de rolar; rotação ação de girar, de balançar, balanço redemoinho; ação de espojar-se.

voluto, -as, -avi, -atum, -are: *v.t./int.* – rolar, impelir rolando; revolver (no espírito), tratar de; agitar; revolver-se, espojar-se.

volutus, -us: *s.m.* – ação de rastejar (serpentes).

volventibus annis: com o passar dos anos.

volvo, -is, volvi, volutum, -ere: *v.t./int.* – rolar, fazer girar; revirar, enrolar; impelir, despedir; lançar (rolando); precipitar, derrubar; exprimir com facilidade; desenrolar, folhear, revolver (no espírito); meditar; passar, decorrer (o tempo).

vomer, -eris: *s.m.* – relha do arado; arado.

vomica, -ae: *s.f.* – abscesso, acumulação de maréria ou pus, tumor.

vomis, -eris, ver **vomer, -eris**.

vomitio, -onis: *s.f.* – vômito.

vomo, -is, -ui, -itum, -ere: *v.int./t.* – vomitar; lançar, expelir; arrojar; recitar mal e com ênfase.

voracitas, -atis: *s.f.* – voracidade, avidez.

vorago, -inis: *s.f.* – voragem, sorvedouro; pântano; abismo.

vorare hamum: engolir o anzol; morder a isca.

vorax, -acis: *adj.* – que devora, voraz; ávido, sôfrego; insaciável.

vormica, -ae: *s.f.* – abcesso, tumor; peste; flagelo.

voro, -as, -avi, -atum, -are: *v.t.* – devorar, engolir, comer com sofreguidão.

vos: *pron.pess.* (*gen.* **vestri**, e **vestrum**) (*dat.* e *abl.* **vobis**) – vós.

vos autem qui estis?: quem sois vós?

vos estis lux mundi: vós sois a luz do mundo.

vos estis sal terrae: vós sois o sal da terra.

votiva tabella: ex-voto.

votivus, -a, -um: *adj.* – prometido (por um voto), votivo; oferecido; consagrado.

votum, -i: *s.n.* – promessa (feita aos deuses), voto; desejo; objeto de desejos; *pl.* – súplicas; oferendas.

votum consultativum: voto consultivo.

votum deliberativum: voto deliberativo; voto decisório.

voveo, -es, vovi, votum, vovere: *v.int./t.* – fazer voto, prometer por voto; oferecer, consagrar; desejar; pedir suplicando.
vox, vocis: *s.f.* – voz; som; murmúrio, ruído; canto; palavra, linguagem; língua, idioma; acento.
vox clandestina: uma voz secreta; um cochicho.
vox edita in auras: a palavra lançada ao vento.
vox hoc nuntiat omnis: toda voz anuncia isso; está na boca do povo.
vox populi, vox Dei: a voz do povo é a voz de Deus.
vox populi, vox insaniae: a voz do povo é a voz da loucura.
vox populi, vox naturae: a voz do povo é a voz da natureza.
vox publica: a voz pública.
vox rerum: o som das coisas.
vox sanguinis: a voz do sangue.
vox unius, vox nullius: voz de um, voz de nenhum.
vulgaris, -e: *adj.* – vulgar, comum, geral; trivial, rasteiro.
vulgariter: *adv.* – vulgarmente, comumente.
vulgator, -oris: *s.m.* – o que revela; divulgador.
vulgi opinio: a opinião pública.
vulgivagus (volg-), -a, -um: *adj.* – o que anda por toda parte, sem destino, andarilho.
vulgo: *adv.* – por toda a parte; a torto e a direito, indistintamente; em público, abertamente; comumente, de ordinário.
vulgo, -as, -avi, -atum, -are: *v.t.* – espalhar, propagar; entregar ao público; publicar; divulgar; estender a todos; *pass.* – ter convivência com; frequentar.
vulgus, -i: *s.m.* – vulgo, populacho; povo; multidão.
vulgus indoctum: a massa ignara.
vulnerabilis, -e: *adj.* – vulnerável.
vulnera non dantur ad mensuram: as lesões corporais não são praticadas sob medida.
vulnerarius (voln-), -a, -um: *adj.* – relativo a feridas.
vulnerarius, -i: *s.m.* – cirurgião.
vulneratio, -onis: *s.f.* – golpe; ferida, lesão.
vulneratus, non victus: ferido, mas não vencido.
vulnero, -as, -avi, -atum, -are: *v.t.* – ferir; atacar, ofender; mortificar; estragar.
vulnificus, -a, -um: *adj.* – que fere, homicida.
vulnus, -eris: *s.n.* – golpe, ferida; corte, talho; flecha, dardo, rojão; mágoa; sofrimento, desgraça.
vulpecula, -ae: *s.f.* – raposinha.
vulpes, -is: *s.f.* – raposa; astúcia, dissimulação.
vulpina lingua: uma língua de raposa; uma língua ferina.
vulpio, -onis: *s.m.* – velhaco, matreiro.
vulticulus, -i: *s.m.dim.* – rosto magro.
vultuosus, -a, -um: *adj.* – carrancudo; excessivamente grave, severo.
vultur, -uris: *s.m.* – abutre; o que anda à cata de heranças; ladrão.
vulturius, -ii: *s.m.* – abutre; espoliador, ladrão.
Vulturnus, -i: *s.m.* – Vulturno, vento do sudoeste.
vultus, -us: *s.m.* – rosto, semblante; face; rosto carrancudo, severo; imagem; aparência, aspecto.
vultus imago animi: o rosto é o espelho da alma.
vultus indicat mores: o rosto revela o caráter.
vulva, -ae: *s.f.* – vulva, útero; ventre.

X

xanthium, -ii: *s.n.* – planta que serve para tingir o cabelo de louro.

xenium, -ii: *s.n.* – presente de hospitalidade; tudo o que se oferece a um estrangeiro, a um hóspede; sala reservada a hóspedes.

xystus, -i: *s.m.* – passeio coberto (para exercícios ginásticos); pórtico, galeria; passeio (de jardim), alameda.

Z

zamia, -ae: *s.f.* – perda, dano, prejuízo.

zaplutus, -i: *adj.* – extremamente rico.

zelotipa, -ae: *s.f.* – ciumenta.

zelotypia, -ae: *s.f.* – inveja.

zelotypus, -a, *-um*: adj. – invejoso, ciumento.

zelotypus, -i: s.m. – *um* invejoso, um ciumento.

zephyria ova: *s.n.pl.* – ovos estéreis.

Zephyrus, -i: *s.m.* – Zéfiro, filho da Aurora; vento do poente; vento.

Zolius,- i: *s.m.* – Zoilo, sofista, gramático de Alexandria, detrator de Homero; detrator.

zona, -ae: *s.f.* – cinto (de que se serviam homens e mulheres para apertar o vestido); cinto largo que traziam as moças; cinto largo, formado de duas bandas de couro costuradas somente embaixo e em que se podia guardar dinheiro; zona, espaço da esfera celeste (termo de astronomia).

zythum, -i: *s.n.* – bebida feita de cevada e de trigo.

Este livro foi impresso pela Gráfica PlenaPrint
em fonte Arial sobre papel Offset 75 g/m²
para a Edipro no inverno de 2023.